LA BIBBIA VIA VERITÀ E VITA

Edizioni San Paolo srl - Cinisello Balsamo (MI) - Italy

Piazza Soncino, 5 – 20092 Cinisello Balsamo (Milano)
www.edizionisanpaolo.it
Distribuzione: Diffusione San Paolo s.r.l.
Corso Regina Margherita, 2 – 10153 Torino

본서는 이탈리아에서 출간된 **LA BIBBIA** VIA VERITÀ E VITA의 예언서 편을 따로 묶은 것입니다.

길 진리 생명 해설 성경 예언서 편

발행일 2021. 11. 26

기획 성바오로(이탈리아)
편역 안소근
펴낸이 서영주
총편집 황인수
편집 김정희 **디자인** 최영미
제작 김안순 **마케팅** 서영주

펴낸곳 성바오로
출판등록 7-93호 1992. 10. 6
주소 서울특별시 강북구 오현로7길 20(미아동)

취급처 성바오로보급소 **전화** 944-8300, 986-1361
팩스 986-1365 **통신판매** 945-2972
E-mail bookclub@paolo.net
인터넷 서점 www.paolo.kr

취급처 바오로딸중앙보급소 **전화** 984-3611
팩스 984-3612 **통신판매** 944-0944~5
E-mail edit@pauline.or.kr
인터넷 서점 www.pauline.or.kr

값 32,000원
ISBN 978-89-8015-933-8
교회인가 서울대교구 2021. 9. 10 SSP 1081

길
진리 생명

해설 성경

예언서 편

안소근 편역

바오로딸

성바오로

추천의 말

성경의 첫 권, 창세기는 창조하시는 하느님의 말씀으로 시작합니다. 그리고 창세기에 이어지는 구원의 역사는 "성경은 하느님께서 당신 백성에게 보내시는 편지다."라고 한 대 그레고리오 성인의 말씀처럼 하느님께서 당신 백성에게 보여 주시는 사랑의 말씀을 담고 있습니다. 신약의 요한 복음서는 그 "말씀이 사람이 되시어 우리 가운데 사셨다"(1,14)고 장엄하게 선포합니다.

성경은 창조하시고 구원하시는 하느님의 말씀에 응답하는 백성들의 이야기도 전합니다. "주님, 말씀하십시오. 당신 종이 듣고 있습니다."(1사무 3,9)라고 아뢰는 소년 사무엘의 듣는 마음이 있고, "말씀대로 저에게 이루어지기 바랍니다."(루카 1,37)라고 말씀에 순명하는 나자렛의 마리아가 있으며, "한 말씀만 해 주십시오. 그러면 제 종이 나을 것입니다."(마태 8,8)라고 종을 위해 간청하는 백인대장의 따뜻한 이야기도 있습니다. 이렇게 하느님의 말씀과 인간들의 응답이 씨줄과 날줄이 되어 거룩한 역사의 이야기, 성경의 이야기를 지어 냅니다. 하느님의 나라를 향해 걷고 있는 우리 신앙인들의 여정 또한 하느님의 말씀을 듣고 응답하는 과정이기에 성경은 곧 우리의 이야기가 되고, 우리 삶의 지침이며 양식이 됩니다.

'길 진리 생명 해설 성경'의 출간을 기뻐하며 이 해설 성경이 우리 신앙인들의 삶에 큰 도움이 되기를 바랍니다. 하느님 말씀의 뜻을 알고(진리), 그것을 일상에서 실천하며(길), 전례와 기도 생활에서 하느님과 일치하는(생명) 여정을 걷는 사람들이 사도 바오로의 염원대로 '언제나 기뻐하고' '끊임없이 기도하며' '모든 일에 감사하는'(1테살 5,16-18 참조) 삶을 체험하시기를 기도하는 마음입니다.

'길 진리 생명 해설 성경'을 펴내기 위해 애쓴 관계자 여러분께 치하의 말씀을 드리며 이 성경을 읽는 "모든 이의 마음과 삶에 복음의 기쁨"(복음의 기쁨, 1 참조)이 가득하기를 빕니다.

주교회의 성서위원회 위원장 주교
김종수 아우구스티노

여는 말

하나의 책이자 체험인 성경

이 해설서는 성경이 책일 뿐만 아니라 무엇보다 체험이기도 하다는 통찰에서 태어났다. 성경은 믿는 이들의 공동체(이스라엘과 교회)가 하느님의 구원 계획에 드리는 응답인 믿음의 체험이며 이는 우리가 성경이라고 부르는 책들의 모음집 안에 글자 형태로 담겨 있다. 다른 한편으로 이 믿음의 체험은 동시에 하느님의 호소에 생생하고 관대한 응답을 드리도록 하는데, 이런 응답은 성령의 감도를 받은 본문들의 의미를 깊게 하고 그 이해를 풍성하게 한다.

바오로가족의 창립자인 야고보 알베리오네 신부(1884-1971)는 제2차 바티칸 공의회 이전에 이미 이러한 생각을 성숙시켜 나갔다. 바오로가족의 성경 사도직은 그 초창기부터 특징적인 면모를 지니고 있었다. 그것은 성경을 보급하는 데만 머물지 않고, 성경 본문을 이해하고 참된 삶을 살 수 있도록 주석을 제공하는 것이었다. 이는 "사람들을 그들의 자리에서 그들 모습대로 하느님께 데려가기"(Apostolato Stampa, 107쪽) 위함이었다. 알베리오네 신부에게 성경은 "주님께서 당신 자녀들에게 쓰신 거룩한 편지"로서, 성경에 다가가기 위해서는 신자 자신의 온전한 참여가 요구된다. 즉 '지성으로' 믿음의 진리를 이해하는 것으로는 충분치 않으며, 자신의 '의지를 다해' 역사 안에 투신하고 '마음을 다해' 하느님과 친밀한 일치를 이루며 성장해 나가야 한다. 이러한 삼중 표현은 요한 복음서에서(14,6) 자신을 길, 진리, 생명으로 정의하신 예수님의 표현에서 가져온 것이다. 예수님의 이 자기 정의가 특히 이 책의 세 단계 구조의 주석에 영감을 주었다.

길 진리 생명 주석

본서의 주석들은 성경 본문을 이해하는 것뿐만 아니라 그것을 살아 내는 것 또한 돕고자 한다. 이 주석들은 신학적-사목적(길), 주석학적(진리), 전례적(생명) 성격의 세 단계 구조로 되어 있다.

첫째 단계 신학적-사목적 주석은 독자들이 내적인 양식을 얻게 하려는 목표를 가지고 있다. 성경 각 권 저자들이 사용한 이미지들이나 주제들을 통해 그들의 구체적인 신학적 특징들을 요약하고, 그 성경 저자가 이미 전제하고 있는 습관과 관례들을 상기시키면서 저자의 상황을 명확히 설명한다. 이 단계는 책 모양의 아이콘( )으로 표시했다.

반면, 주석학적 설명은 복잡한 문제점들을 골라내어 용어나 문장들의 의미를 명확하게 하며, 더 나아가 가끔 어떤 진술의 의미를 불명확하게 만드는 본문의 문제들에 대해 광범위한 정보를 제공한다.

마지막으로 전례적 설명은 한 성경 본문이 전례주년의 흐름 안에서 읽히는 경우나 성사 혹은 준성사 거행 때 읽히는 경우에 제시된다. 또한 이 설명은 한 본문이 선포되는 특정 전례 행위 안에서 그 본문이 어떠한 의미를 가지는지를 설명한다. 이 각주들은 십자가 모양의 아이콘( )으로 제시했다.

본문 디자인 역시 "길, 진리, 생명"이라는 세 가지 주석의 특성을 분명하게 담고 있다. 이는 유다교와 그리스도교 세계에서 중세 시기부터 17세기까지 출판된 성경 주해판이 채택한 배치에서 영감을 얻었다. 곧 주해는 성경 본문 가장자리를 둘러싸면서 본문과 하나를 이룬다. 신학적 전례적 성격의 설명들은 각주처럼 성경 본문 아래에 자리하며, 주석학적 설명들은 성경 본문 옆 날개 부분에 위치한다. 하지만 본문을 가두기보다는 독서와 열린 체험을 위해 개방된 구조에 따라 본문을 제시한다.

이 해설서의 새로움

이 해설서의 새롭고 폭넓은 입문 글들은 네 단계로 구조화되어 성경 각 권을 이해하는 데 필수적인 정보를 제공하고 있다.

병행 구절과 유사 구절에 대한 지침을 담고 있는 주석도 완전히 새로우며, 꼼꼼하고 정확한 참조 구절들을 제시하고 있다. 성경 연구가 오래전부터 확인해 온 사실, 곧 성경의 각 권이 다른 성경의 책들과 연결되어 있으며 무엇보다도 바로 그 성경 내부의 본문과도 관련되어 있다는 것이 이 주석에서 적용되고 있는 셈이다.

성경 본문에 대한 전례적 해석에도 주의를 기울여, 시편과 4복음서에 대한 전례적 설명이 풍요롭게 제시되고 있다.

고대와 현대의 다른 번역문들을 소개하는 것과 같이 본문에 대한 정보 역시 폭넓게 제공하고 있다. 그래서 독자는 어떤 한 단어 뒤에 얼마나 많은 문제가 있을 수 있는지를 볼 수 있고 다른 해석 가능성을 알 수 있으며 선택된 번역문을 평가할 수 있는 기회를 얻을 수 있다. 전례에서 더 많이 읽히는 책들에 우선순위를 두면서 보다 중요한 이문異文들에 대한 분석에 치중했다.

채택된 언어는 정확하면서도 너무 전문적이지 않도록 하였다. 고대 사본들에 대해 일반적으로 말할 경우에 시리아어 사본들과 타르굼 사본들(아람어)의 중요성을 염두에 두지만, 무엇보다도 (칠십인역) 그리스어본과 대중 라틴말 번역본을 언급하고 있다. 새 대중 라틴말 번역본은 현재 본문 번역과 다를 때만 언급했으며, 설명에서 "(새) 대중 라틴말"이라는 말은 대중 라틴말 성경과 새 대중 라틴말 성경의 번역이 동일하다는 것을 의미한다. 히브리어와 그리스어 단어들은 필요할 때만 언급했다.

축원

복자 알베리오네 신부는 즐겨 말하곤 했다. "거룩한 책을 읽는 사람은 거룩한(하느님의) 논리를 받아들이고 거룩한 언어를 구사하며 거룩한 효과를 얻게 된다."(Leggete le SS. Scritture, 120쪽) 이 해설서가 단순히 한 권의 책에 머무는 것이 아니라, 모든 독자에게 체험이 되고 알베리오네 신부가 말한 그 여정을 걷는 데 도움이 되기를 바란다.

자코모 페레고Giacomo Perego 신부, ssp
국제성바오로성서센터International saint Paul biblical center

한국어판 여는 말

일찍이 위대한 성경학자였던 성 예로니모는 "성경을 모르면 그리스도를 모르는 것이다."라고 하였습니다. 온 세상을 창조하시고 당신 자신을 계시하시는 하느님, 그리고 우리에게 그분을 온전히 알려 주신 그리스도를 아는 길은 여러 가지가 있겠지만 성경만큼 그분을 직접적으로 보여 주는 확실한 길을 찾기란 쉽지 않습니다. 모르는 것을 사랑할 수는 없는 법입니다. 알아야 사랑할 수 있으며 더 많이 아는 이는 더 많이 사랑할 수 있기에 성경은 그분을 깊이 사랑할 수 있게 하는 분명한 길입니다. 그리고 그분에 대한 앎과 사랑은 사고방식과 삶의 변화와 같은 우리 실존의 변화로까지 이어집니다. 이처럼 하느님과 맺는 관계에서나 우리 존재의 차원에서나 성경이 차지하는 중요성은 이루 말할 수 없기에 성경을 잘 아는 것은 신앙생활에 필수 불가결한 요소로 자리 잡고 있습니다.

이러한 필요성에 기초를 두고, 학적인 기반을 외면하지 않은 채 좀 더 대중적이고 우리 삶의 체험 영역에까지 가 닿을 수 있는 차원의 성경 주석서를 한국 신자들에게 제공하기 위해 이탈리아 성바오로출판사에서 펴낸 길 진리 생명 해설 성경을 소개하고자 합니다. 이 주석서는 다양한 분야의 전문가들 특히 성경 전문가들이 합심하여 오랜 기간 심혈을 기울여 내놓은 작품으로, 이탈리아 신자들에게 이미 좋은 평을 얻어 그 가치를 인정받은 책입니다.

다만 이 주석서를 한국 독자들에게 소개하기 위해서 불가피한 수정 작업을 거쳐야 했습니다. 본래 성경 번역이라는 것 자체가 하나의 해석 작업입니다. 하나의 현대어로 성경을 옮겨 놓기 위해서는 먼저 히브리어와 그리스어 본문에 대한 비평 작업이 있어야 하고 선정된 본문에 대해서도 번역의 다양한 가능성 가운데서 선택하는 과정을 거쳐야 하기 때문입니다. 단락을 나누는 것에서도 이러한 해석의 여지가 개입하게 됩니다. 따라서 성경학자들의 개인적 견해보다 객관적인 정통 해석을 따른다 하더라도 이탈리아 주교회의에서 공인된 성경 번역과 한국 교회에서 사용하는 성경 번역이 본문 자체에서 완전하게 일치할 수는 없습니다. 더욱이 이 번역된 성경 본문에 주석이 덧붙여지기 때문에 성경 본문이나 단락 구분에서 차이가 있을 경우에 이탈리아본 주석서의 설명을 그대로 사용할 수가 없었습니다.

이러한 이유로 한국 교회 공용 성경에 맞춰진 주석서 발행을 위해 성서학을 전공한 이들을 중심으로 출간 위원회가 구성되었습니다. 김태훈 신부(성바오로 수도회), 안소근 수녀(성도미니코선교수녀회), 염철호 신부(부산교구), 임숙희 박사(엔아르케성경삶연구소)가 이 위원회의 구성원들입니다. 이 위원회를 중심으로 이탈리아어판 주석서의 내용에 대한 수정, 첨가, 삭제 등의 과정을 거쳐 우리 성경의 내용과 한국 독자들의 실정에 맞는 본문 설명을 제시하고자 했습니다. 이 길 진리 생명 해설 성경을 펴내는 데 귀중한 도움을 주신 말씀학교 회원들에게 이 자리를 빌려 감사를 드립니다.

성 대 그레고리오의 말처럼 하느님 말씀은 그 말씀을 읽는 이와 함께 자랍니다. 하느님 말씀을 더 깊이 이해함에 따라 우리가 성장할수록 그 하느님 말씀은 우리에게 더 크고 넓은 지평을 열어 주게 될 것입니다. 이러한 성장과 진보의 여정에 이 주석서가 조금이라도 보탬이 되기를 진심으로 기원합니다.

길 진리 생명 해설 성경 출간위원회를 대표하여
김태훈 신부, ssp

일러두기

1. 주석서의 해설의 대상이 되고 있는 성경은 주교회의 성서위원회에서 편찬하고 한국천주교주교회의에서 승인한 한국 교회 공용 번역본이다.

2. 성경 각 권의 순서와 각 권에 대한 약어, 성경 구절의 줄임 표기는 이 공용 번역본 성경의 것을 따른다. 하지만 독자들의 편의를 위해 약어표를 따로 제시하였다. 성경 구절의 줄임 표시에 대한 예시를 성경 일러두기에서 차용하여 표시한다면 다음과 같다. 예) 창세 5 ⇒ 창세기 5장 / 창세 3,15 ⇒ 창세기 3장 15절 / 창세 5,2ㄱ ⇒ 창세기 5장 2절 전반부 / 창세 3,5-10 ⇒ 창세기 3장 5절부터 10절까지 / 창세 4-6 ⇒ 창세기 4장부터 6장까지 / 잠언 1,28; 아가 5,6 ⇒ 잠언 1장 28절과 아가 5장 6절 / 욥 14,18; 18,4 ⇒ 욥기 14장 18절과 18장 4절 / 시편 22,3.15.24 ⇒ 시편 22편 3절과 15절과 24절 / 언급되고 있는 책의 구절은 그 책 이름을 별도로 기재하지 않고 숫자로만 표기하므로, 예를 들어 시편에 관한 책인 경우 11,7; 민수 12,8 ⇒ 시편 11편 7절과 민수기 12장 8절을 의미한다.

3. 우리말 표기는 국립국어연구원(현 국립국어원)에서 펴낸 『표준국어대사전』을 기준으로 삼으며, 외래어 표기는 정부에서 제시한 '외래어 표기법'을 따르되 이 책이 성경에 대한 주석서이기 때문에 몇몇 예외를 제외하고 되도록 성경의 외래어 표기법을 존중하여 따랐다.

4. 성경 외의 용어들은 가톨릭 교회교리서, 교회법전, 제2차 바티칸 공의회 문헌 등과 같은 교회 주요 문헌과 천주교 용어집(한국천주교주교회의, 2017년 개정증보판)을 따랐으며 한국가톨릭대사전(한국교회사연구소), 전례사전(가톨릭출판사), 천주교 용어사전(도서출판 작은예수) 등도 참조하였다.

5. 전례에 관한 설명에서 언급되고 있는 책들은 한국천주교주교회의에서 편찬한 『로마 미사 경본』(제3판, 한국어판), 미사독서집들, 여러 예식서들, 성무일도서를 지칭한다.

6. 성경 각 구절에 대해 참조 구절들을 제시하고 있는 주석 부분에서 // 표시는 병행 구절을 의미한다.

7. 설명 부분에서 다른 설명을 참조하라고 가리키는 경우, '주'라는 말은 보통 성경 본문의 날개 부분에 설명이 나와 있는 주석학적 설명을 지칭하고, '주해'라는 말은 📖 표시가 있는 신학적 사목적 설명을 가리킨다.

성경 약어표

구약 성경

오경 **(약어)**

창세기 ······ (창세)
탈출기 ······ (탈출)
레위기 ······ (레위)
민수기 ······ (민수)
신명기 ······ (신명)

역사서

여호수아기 ······ (여호)
판관기 ······ (판관)
룻기 ······ (룻)
사무엘기 상권 ······ (1사무)
사무엘기 하권 ······ (2사무)
열왕기 상권 ······ (1열왕)
열왕기 하권 ······ (2열왕)
역대기 상권 ······ (1역대)
역대기 하권 ······ (2역대)
에즈라기 ······ (에즈)
느헤미야기 ······ (느헤)
토빗기 ······ (토빗)
유딧기 ······ (유딧)
에스테르기 ······ (에스)
마카베오기 상권 ······ (1마카)
마카베오기 하권 ······ (2마카)

시서와 지혜 **(약어)**

욥기 ······ (욥)
시편 ······ (시편)
잠언 ······ (잠언)
코헬렛 ······ (코헬)
아가 ······ (아가)
지혜서 ······ (지혜)
집회서 ······ (집회)

예언서

이사야서 ······ (이사)
예레미야서 ······ (예레)
애가 ······ (애가)
바룩서 ······ (바룩)
에제키엘서 ······ (에제)
다니엘서 ······ (다니)
호세아서 ······ (호세)
요엘서 ······ (요엘)
아모스서 ······ (아모)
오바드야서 ······ (오바)
요나서 ······ (요나)
미카서 ······ (미카)
나훔서 ······ (나훔)
하바쿡서 ······ (하바)
스바니야서 ······ (스바)
하까이서 ······ (하까)
즈카르야서 ······ (즈카)
말라키서 ······ (말라)

신약 성경

마태오 복음서 ······ (마태)
마르코 복음서 ······ (마르)
루카 복음서 ······ (루카)
요한 복음서 ······ (요한)
사도행전 ······ (사도)
로마 신자들에게 보낸 서간 ······ (로마)
코린토 신자들에게 보낸 첫째 서간 ······ (1코린)
코린토 신자들에게 보낸 둘째 서간 ······ (2코린)
갈라티아 신자들에게 보낸 서간 ······ (갈라)
에페소 신자들에게 보낸 서간 ······ (에페)
필리피 신자들에게 보낸 서간 ······ (필리)
콜로새 신자들에게 보낸 서간 ······ (콜로)
테살로니카 신자들에게 보낸 첫째 서간 ······ (1테살)
테살로니카 신자들에게 보낸 둘째 서간 ······ (2테살)
티모테오에게 보낸 첫째 서간 ······ (1티모)
티모테오에게 보낸 둘째 서간 ······ (2티모)
티토에게 보낸 서간 ······ (티토)
필레몬에게 보낸 서간 ······ (필레)
히브리인들에게 보낸 서간 ······ (히브)
야고보 서간 ······ (야고)
베드로의 첫째 서간 ······ (1베드)
베드로의 둘째 서간 ······ (2베드)
요한의 첫째 서간 ······ (1요한)
요한의 둘째 서간 ······ (2요한)
요한의 셋째 서간 ······ (3요한)
유다 서간 ······ (유다)
요한 묵시록 ······ (묵시)

차례

길 진리 생명 해설 성경 입문

한처음에 말씀이

"한처음에… 하느님께서 말씀하시기를 '빛이 생겨라.' 하시자 빛이 생겼다."(창세 1,1.3)

"한처음에 말씀이 계셨다."(요한 1,1)

구약 성경과 신약 성경은 하느님 말씀으로 시작된다. 다시 울려 퍼지고 일하시는 하느님 말씀이다. 곧 하느님께서는 우주와 인류를 피어나게 하는 당신 창조의 목소리로 무無의 침묵을 파괴하신다. 이것이 하느님의 첫 계시이다. "하늘은 하느님의 영광을 이야기하고 창공은 그분 손의 솜씨를 알리네. 말도 없고 이야기도 없으며 그들 목소리조차 들리지 않지만 그 소리는 온 땅으로, 그 말은 누리 끝까지 퍼져 나가네."(시편 19,2.4-5) 우주에 퍼져 가는 이 메시지를 들으며 인간은 "창조물의 위대함과 아름다움"을 보고 누가 이들을 만들었는지를 알 수 있다(지혜 13,5).

그러나 계시의 둘째 길이 있다. 하느님께서는 한 백성의 역사에서 일어나는 사건들을 통해 말씀하신다. 그분 목소리는 이스라엘의 조상을 움직이고 억압받는 민족을 해방으로 이끈다. 하느님께서는 그들에게 선물로 땅을 주신다. 그분은 경배해야 할 황금 우상이 아니라 높은 곳에서 내려와 인간의 의식을 흔들어 놓는, 살아 있는 힘 있는 말씀이시다. "너희는 말씀하시는 소리는 들었지만, 어떤 형상도 보지 못하였다. 너희는 소리만 들었을 뿐이다."(신명 4,12)

그렇지만 하느님께서는 더 나아가 인간의 사건에 온전히 참여하기를 원하신다. 역사와 어떤 인간들을 통하여 자신을 계시하시는 것만으로 만족하지 않으신다. 인간의 역사에 들어와 사람이 되시어 시간과 공간, 웃음과 눈물, 생명과 죽음을 인간과 함께 나누신다. "말씀이 사람이 되시어 우리 가운데 사셨다."(요한 1,14) "하느님께서 예전에는 예언자들을 통하여 여러 번에 걸쳐 여러 가지 방식으로 조상들에게 말씀하셨지만 이 마지막 때에는 하느님 영광의 광채이시며

하느님 본질의 모상인 아드님을 통하여 우리에게 말씀하셨다."(히브 1,1-3 참조)

하느님 말씀의 길은 그렇게 사람이 되신 분, "어제도, 오늘도 그리고 항상"(히브 13,8 참조) 계시는 예수 그리스도의 계시로 당신 땅에 도달한다. 그러나 하느님 말씀은 창조물 안에서 반향을 일으키고 족장과 예언자, 현자들에 의해 표현되며, 그리스도 안에서 사람이 되시고, 그리스도와 그분 사도들에 의해 세상에 선포된다. 이 하느님 말씀은 또한 성경이라는 책이 된다. 지금 우리가 열고 있는 성경은 『가톨릭교회교리서』(81항)에서 말하듯이 "성령의 영감에 의해서 기록된 하느님 말씀"이다. 이탈리아어로 성경Bibbia은 "책들"을 의미하는 그리스어 '비블리아'에서 파생한 용어이다. 첫 번째 성경, 곧 구약에는 다양한 범주의 책 마흔여섯 권이 들어 있다. 구약 성경은 주님께서 한 백성, 여러 민족 가운데에서 하느님의 사자使者, "사제들의 나라가 되고 거룩한 민족이 될"(탈출 19,6) 이스라엘에게 처음으로 자신을 드러내신 계시이다. 신약 성경은 스물일곱 권으로 구성된다. 하느님께서 그리스도와 교회, "선택된 겨레고 임금의 사제단이며 거룩한 민족이며 어둠에서 불러내어 당신의 놀라운 빛 속으로 이끌어 주신 분의 위업을 선포하기 위해 당신 소유로 삼은 백성"(1베드 2,9 참조) 안에서 결정적으로 그분 자신을 계시하신 내용을 소개한다.

인간의 말에 담긴 하느님 말씀

그러므로 우리는 지금 "영원히 머물러 계시는 말씀"(1베드 1,25; 이사 40,8 참조)을 자체 안에 간직하고 있는 인간의 말이라는 광대한 전망에 직면하고 있다. 구약 성경에 들어 있는 히브리어 단어는 305,441개이다(그 가운데 4,828개는 자매어인 아람어에 속한다). 그리스어로 기록된 다른 구약 성경 일곱 권도 있다. 신약 성경에는 그리스어 단어 138,013개가 들어 있다. 책들 안에 말이 마치 작은 대양처럼 자리 잡고 있다고 할 수 있다. 성경은 같은 종류의 항목에 따라 전통적으로 다음과 같이 구분할 수 있다. 첫 번째 계약은 세 항목으로 나뉘는데 첫째 항목은 창세기부터 마카베오기까지 전개되는 역사서로 구성된다. 여기에서 중요한 위치를 차지하는 것은 첫 책들, 히브리인들이 '토라' 곧 "율법", "가르침"이라고 부르는 다섯 권이다. 토라는 '펜타테우코스'Pen-tateuco라고도 불리는데 양피지 두루마리에 책을 쓸 때 그 책들을 보관한 다섯 개의 작은 상자를 가리킨다. 둘째 항목은 지혜문학에 속하는 책들이다. 히브리인들은 이런 책들을 '크투빔', 곧 성문서라고 부르는데 존재와 삶의 신비를 성찰하는 지혜의 목소리가 담겨 있다. 셋째 항목에는 히브리어로 '느비임'이라고 부르는 예언서들이 있다. 예언자들은 역사를 심판하고 구원하시며 역사 안으로 들어오시는 하느님 말씀에 대한 위대한 증인이다. 이사야부터 말라키에 이르기까지 하느님 말씀 선포에 헌신한 중요한 인물들과 덜 알려진 인물들이 우리 앞에 줄지어 나타나는데 메시아 희망과 함께 우리를 신약으로 데려간다.

신약도 세 항목으로 구분된다. 네 복음서와 사도행전은 거의 구약의 역사서와 병행한다. 사도들이 쓴 서간은 스물한 개인데 지혜문학 모델을 반영하고 있다. 성경 전체를 끝마치는 요한 묵시록은 예언자적 목소리와 유사하다(묵시 1,3; 22,7.10 참조). 성경에 들어 있는 책들은 세 개의 역사적인 언어(히브리어, 아람어, 그리스어)에 속하는 인간의 말로 기록되었기에 인간 저자의 참여에서 비롯된 특성, 스타일, 당시의 역사와 문화와 관련된 사항을 포함하고 있다. 그러므로 하느님 말씀과 인간의 말 사이에 섬세하고 복잡하게 얽혀 있는 요소들을 풀어내야 성경이 어떤 책인지 이해할 수 있다.

성경 전체는 하느님의 영감을 받는다

지금은 전통이 된 세 용어로 표현되는 요소들을 통해 우리는 하느님 말씀과 인간의 말이 어떻게 함께 짜이는지에 대해 여러 세기 동안 진행된 광범위한 연구를 살펴볼 것이다. 첫째 용어는 '영감'ispirazione이다. 용어 자체가 말하듯 성경 역사의 인물, 안내자, 신앙의 스승, 특히 성경 저자들의 정신과 마음, 증언을 통해 전달되는 성령의 감도를 가리킨다.

성 바오로는 이미 제자 티모테오에게 "성경은 전부 하느님의 영감으로 쓰인 것으로, 가르치고 꾸짖고 바로잡고 의롭게 살도록 교육하는 데에 유익"(2티모 3,16)하다는 것을 상기시켰다. 바오로의 말에 대한 메아리처럼 성 베드로는 그리스도인들에게 "예언은 결코 인간의 뜻에서 나온 것이 아니라, 사람들이 성령에 이끌려 하느님에게서 받아 전한 것입니다."(2베드 1,21)라고 권고하고 있다. 그는 "성령에 의해 움직이는" 사람들 가운데 "우리가 사랑하는 형제 바오로"가 쓴 기록들도 배치하였다(3,15-16).

이 지점에서 우리는 교회의 전통적인 가르침의 흐름을 받아들여 선언한 제2차 바티칸 공의회의 가르침을 체계적으로 살펴볼 수 있다. 성경에 있는 책들은 "성령의 감도로 기록된 것이고 하느님께서 저자이시며, 또 그렇게 교회에 맡겨졌다. 성경을 저술하는 데에 하느님께서는 인간을 선택하시고, 자기의 능력과 역량을 이용하는 사람들을 활용하신다. 하느님께서 몸소 그들 안에 또 그들을 통하여 활동하시어 하느님께서 원하시는 모든 것을, 또 원하시는 것만을 그들이 참 저자로서 기록하여 전달하도록 하셨다."(『계시 헌장』 11항).

신학자들은 두 개의 자유, 곧 계시자 하느님이 지닌 최고의 자유와 고유한 공간과 표현을 지닌 인간의 자유 사이의 미묘한 교차를 깊이 탐구하는 데 헌신했다. 이 말의 의미를 이해하려면 성경 본문 몇 개를 읽는 것만으로 충분하다. 히브리 문학의 단테로 불리는 이사야처럼 화려한 경력을 지닌 예언자가 쓴 본문, "가축을 키우고 돌무화과나무를 가꾸는 사람"(아모 7,14) 아모스의 열정과 예리한 현실 감각이 담긴 본문, 예레미야의 아주 낭만적인 글이나 에제키엘의 바로크식 이미지, 다니엘서, 즈카르야서, 요한 묵시록에 담긴 열정적이고 감정적인 환시, 또는 복음서 저자들이 예수님 모습을 묘사하기 위해 제시하는 다양한 전망, 바오로의 어렵고 치밀한 서간 탐구 등의 본문들이다. 이런 몇 가지 예를 통해 하느님께서 우리에게 전하시는 메시지가 성령으로 감도된 저자의 인격을 통해 여과된다는 것이 무슨 뜻인지를 쉽게 이해할 수 있다.

거룩한 책 73권의 정경

이런 방식으로 성경 안에 육화의 신비가 예시되는 것을 이해할 수 있다. 말씀은 성경의 기록된 페이지를 통해서도 가시적인 형태를 갖춘다. 이제 둘째 용어인 '정경'canone을 통해 설명해야 할 다른 주제가 등장한다. '정경'이라는 말의 원래 의미는 길이를 측정하는 갈대를 가리킨다. '정경'은 측정 단위로 경계를 정의하고 영역을 결정하는 것이다. 우리의 경우에는 영감을 받은 책들, 성경을 구성하는 책들의 정확한 범위를 가리키는데 지금 우리 손 안에 있는 한 권의 성경에 들어 있는 책들이다.

물론 이런 책들을 선택하고 정의하려면 인간의 기준에 따른 검증만을 고려할 수 없고 구세사의 주인공들을 움직이시는 성령과 함께 하느님께서 직접 역사 장면에 등장하셔야 한다. 그리스도께서는 생애 마지막 날 저녁에 다락방에 모인 제자들에게 성령께서 "그분이 그들에게 말한 모든 것을 기억하게 해 주시고"(요한 14,26) 그들을 "모든 진리 안으로 이끌어 주실"(16,13) 것이며, 앞으로 그들과 함께하실 것임을 다섯 차례나 약속하셨다. 기원전 초세기 말경 이스라엘은 영감을 받은 책들에 대해 질문하기 시작했고 그런 범주에 속하는 책으로 기록된 스물네 권을 정경으로 받아들였다. 히브리어가 아니라 그리스어로 기록된 책들은 이 범주에서 제외되었다. 토빗기, 유딧기, 마카베오기 상·하권, 지혜서, 집회서, 바룩서가 이런 책들이다.

마찬가지로 교회도 기원후 2세기부터 글자로 기록된 하느님 말씀을 파악하기 위하여 성령의 인도 아래 길고 점진적인 탐구 과정을 거쳤다. 이 과정은 빛과 어둠이 교차하는 여러 단계를 거쳤는데 4세기부터 어느 정도 이미 가닥이 잡힌 이 여정은 1546년 트리엔트 공의회로 마침내 종지부를 찍었다. 73권의 책이 정경 목록에 포함되었으며 지금 읽고 있는 이 성경도 바로 그 책들을 담고 있다. 히브리 성경의 정경 목록을 따르는 개신교는 가톨릭과 다른 정경 목록을 선택하며, 앞에서 인용한 일곱 권의 그리스어 구약 책들을 정경에 포함하지 않는다. 가톨릭에서는 이런 책들을 "제2경전"(두 번째 순간에 정경으로 결정된 것)이라고 부른다. 이것은 실제로(본문의 사소한 차이를 넘어서) 가톨릭 성경과 개신교 성경의 차이이다.

성경의 역사적-문학적 해석

이제 아주 범위가 넓고 복잡한 사항을 살펴보자. 학자들에 따르면 원래 그리스어 전문 용어로 "에르메네우티카"ermeneutica라 불리는 해석학이다. 이것이 우리가 심화해야 할 셋째 용어이다. 먼저 이 용어에 감추어진 몇 가지 질문, 성경을 읽을 때 자주 우리를 당황스럽게 하는 질문들에 대한 전반적인 개관을 제시하겠다. 해석학을 이해하려면 하느님 계시의 핵심으로 우리를 인도하는 성경의 일반적인 특성을 먼저 이해해야 하기 때문이다. 그렇게 할 때 하느님 말씀과 인간의 말, 말씀과 육肉, 영원과 시간, 하느님의 무한과 인간의 유한한 공간, 하느님과 인간 사이에 지속적인 일치가 이루어진다. 그러므로 성경을 읽을 때 항상 사용해야 할 두 가지 전망이 있는데 이것은 신앙인 독자의 해석학적 여정을 비추어 줄 빛이다.

첫째, 역사적-문학적 측면이 있는데 이 주제를 조금 길게 다룰 것이다. 독자에게는 특정 지식에 대한 중요한 도구가 필요하다. 이것은 "주석"esegesi이 하는 작업인데 이 용어는 그리스어 본문의 표현 수단과 형태를 파악하면서 내용과 메시지의 풍요로움을 모두 본문 "밖으로 끌어내는 것"을 가리킨다. 본문 형태에서 중요한 것은 문학 유형, 곧 다양한 내용을 표현하는 방식을 파악하는 것이다. 말하려는 내용에 따라 채택하는 언어들이 다르다. 법규에 관한 본문, 찬미가, 역사 사건 묘사, 기도 중의 도움, 서간, 성찰을 통해 주제를 심화하는 것, 한

가지 개념을 묘사하기 위해 사용하는 비유, 예언자가 선포하는 하느님의 신탁, 훈계, 윤리 행동을 선택하라는 권고 등이 그것들이다.

문학 유형 외에도 성경 본문의 역사적-문학적 특성을 존중하면서 본문을 올바로 해석하도록 이끄는 많은 다른 문학 양식, 상징, 시대별 역사 편찬 같은 유형학도 있다. 나아가 특히 20세기 후반기 중반 무렵 성경 본문에서 문학적 측면과 내용을 더 잘 파악하기 위해 여러 가지 본문 분석 방법이 증가했다. 예를 들어 성경의 사람들이 살았고 거룩한 기록에도 반영된 사회적 차원에 관심을 둔다. 어떤 예언 체험이나 이미지와 성경 상징의 언어를 더욱 잘 설명하기 위해 심리학과 심리 분석에 호소하기도 한다. 페미니즘 성경 독서도 있는데 이는 인간 창조에 대한 성경의 메시지와 고대 히브리 사회의 어떤 역사 모델과 가부장적 표현을 혼동하지 않는 데 주목한다. 성경 이야기 분석이나 수사학, 곧 설득 기법을 통한 확실한 논제 전개에 초점을 맞추는 접근, 본문 구조 연구에 대한 현대적인 접근(기호학)도 있다.

성경의 "진리"

역사적-문학적으로 본문을 올바르게 해석하는 훈련을 할 때 우리 시대의 사고와도 연결되기 때문에 자주 생생한 관심을 불러일으키는 환경 두 가지가 있다. 첫째, 성경이 우리에게 전달하기를 원하는 "진리"에 대한 것이다. 과거에는 표현과 내용의 단계가 혼합되어 있어 학문과 신앙 사이에 강한 긴장이 생겼다. 한 가지 예로 진화론에 대해 생각해 보자. 물론 성경 저자는 학문 모델이 고정된 문화 안에서 살았기 때문에 지구 중심 방식으로 인간을 바라보며 인간을 이미 충만하고 완성된 존재로 여긴다. 성경이 우리에게 제공하고자 했던 가르침은 이것인가?

그러나 사실 성경은 인간학이나 천문학과 관련된 학문이 제시하는 질문을 하지 않는다. 성경은 인생의 의미, 인간 피조물, 실존, 그들과 창조주의 관계에 대해 질문한다. 성 아우구스티노는 자신의 확신을 생생하게 표현한다. "'어떻게 해와 달이 움직이는지를 가르치기 위해 나는 너희에게 성령을 보낸다.'라고 주님께서 말씀하셨다는 내용을 복음서에서 읽을 수는 없습니다. 주님께서는 수학자가 아니라 그리스도인을 교육하기를 원하셨습니다."(De Genesi ad litteram[창세기의 문자적 의미] 2,9,20). 따라서 성경이 제공하기를 원하지 않는 대답을 달라고 강요하거나 답변을 인위적으로 끌어내려 하지 말고 성경에 올바른 방식으로 질문해야 한다.

성경의 무오류는(과거에 자주 말했듯이) 학문이나 역사 이야기가 아니라 종교적인 진술과 관련된다. 달리 말하면 성경이 우리에게 전달하고 싶어 하는 "진리"는 제2차 바티칸 공의회에서 명확히 강조하듯이 학문적인 진리가 아니라 신학 유형의 진리다. "성경은 하느님께서 우리의 구원을 위하여 성경에 기록되기를 원하신"(『계시 헌장』 11항) 진리이다. 그러므로 성경 본문들이 우리에게 가르치는 진리는 우리 구원을 목적으로 하는 진리이다.

성경 안에 있는 당혹스러운 본문

그러나 우리는 피와 폭력, 온갖 종류의 비윤리적인 내용이 자주 그에 대한 부정적인 판단 없이 성경에 나온다는 사실을 지나칠 수 없다. 이런 본문들은 암묵적으로나 명시적으로 하느님의 동의 아래 이루어지는 일들로 소개된다. 그런데 이 내용은 복음이 전하는 사랑의 메시지와 순수하고 단순한 인간적 가치에 민감한 독자들에게 걸림돌이 된다. 이것은 훨씬 더 예민하고 어려운 해석학적 문제이므로 주의를 요한다. 여호수아기 처음 몇 장에서 약속의 땅 정복 과정을 다룬 대목만 봐도 이것을 충분히 이해할 수 있다. 이 대목에서 하느님의 명령과 허락 아래 이루어지는 잔인한 사건과 절멸 이야기를 발견할 수 있다. 이른바 저주 시편(예를 들어 58; 109; 137,8-9)에서도 저자의 격렬한 분노는 강한 인상을 준다.

앞에서 언급한 문학 분석은 이런 본문들이 고대 근동 문화의 언어와 특징적인 스타일에 영향을 받고 있음을 즉시 이해하게 한다는 것은 확실한데, 그 고대 근동 문화의 언어와 스타일은 동사들의 과도함, 생생한 표현 방식, 과장된 어조를 사랑하고 구전 유형의 문명에서 중요한 요소인 말 자체의 공격하는 힘을 신뢰했다. 그러므로 악에 대한 미움과 정의에 대한 염려가 우선적으로 말의 차원에서 이루어지고 있다. 나아가 셈족의 사고는 상징과 구체성을 사랑하기 때문에 악은 개념의 차원에서 공격받거나 단죄되기보다는 마치 살과 뼈를 가진 존재처럼 바로 "원수" 안에 인격화되어 묘사되고 있다. 그러나 이 모든 설명이 그런 본문들의 "비윤리성"을 정당화하는 데는 충분하지 않다. 성경 독자 앞에 놓인 이 장애물을 제거하기 위해서는 다른 사항들을 고려하는 것이 중요하다.

전쟁이나 폭력, 또는 비윤리적인 내용이 담긴 본문을 올바로 이해하기 위한 길은 성경 계시의 구체적인 특성을 다시 고려하는 것이다. 성경 계시는 매우 역사적이다. 하느님 말씀과 행동은 신화적이고 신비로운 하늘에서만 멈추는 것이 아니라 인간적인 사건들의 괴롭고 힘든 줄거리 안에서 일어난다. 이것들은 선집選集에 수집된, 논제나 진리 시리즈 같은 것이 아니라 메마르며 돌이 많고 그늘진 역사와 실존의 땅에서 싹을 틔우는 씨앗과 같다.

하느님께서는 그 자리에 가까이 다가오시고 인내로우시며 자유를 지닌 인간의 한계와 심지어는 그의 잔인함에 이르기까지 자신을 맞추시면서 인간을 점진적으로 더욱더 높은 지평으로 이끌어 가신다. 그 지평은 사랑과 용서라는 복음의 법에서 절정에 이르는데 이 법은 구약 안에 이미 광범위하고 심오하게 빛나고 있다. "당신께서는 힘의 주인이시므로 너그럽게 심판하시고 저희를 아주 관대하게 통솔하십니다. 당신께서는 무엇이든지 원하시는 때에 하실 능력이 있으십니다. 당신께서는 이렇게 하시어 의인은 인자해야 함을 당신 백성에게 가르치시고 지은 죄에 대하여 회개할 기회를 주신다는 희망을 당신의 자녀들에게 안겨 주셨습니다."(지혜 12,18-19).

성경 계시의 이런 역사적이고 점진적인 차원은 종교 운동들에서 실행하는 근본주의 성경 독서가 얼마나 위험하고 그릇된 것인지를 이해하게 한다. 근본주의 성경 독서는 마치 모델처럼 제시되기도 하는데, 그 독서의 본문에 충실한 나머지 자구적이고 절대적이며 물리적으로 들리는 그대로 말과 문장들을 맹목적으로 신뢰하기 때문이다. 하지만 이 독서는 성경 저자가 고대의 암시적인 언어를 통해 전달하고자 했던 것을 발견하도록 인도하는 올바른 해석을 적용하지 않는다. 그 언어는 지금 우리가 살고 있는 세상과는 거리가 먼, 구체적인 문화적, 사회적 세계에 연결되어 있는 언어이다.

그러므로 진정으로 성경의 참된 의미에 충실하려면 주석과 해석의 도움이 꼭 필요하다.

독자는 이런 길을 통해 성경의 "문자"와 역사성이 사라지게 하지 않고 성경이 우리에게 전달하고 싶은 "진리"를 받아들일 수 있다. 그래야 성경이 독자의 삶에서 "제 발에 등불, 저의 길에 빛"(시편 119,105)이 될 수 있다. 이런 노선에서 성 바오로가 "문자는 사람을 죽이고 성령은 사람을 살립니다."(2코린 3,6)라고 훈계한 이유를 이해할 수 있다.

성경의 신학적 해석

성경은 자체 안에 하느님께 기도하는 인간의 목소리(시편을 가리킨다)와 인간을 구원으로, 또 신적 생명과 친교를 이루도록 초대하시는 하느님 목소리를 결합한다. 성경은 또한 자체 안에 역사와 영원을 함께 엮는다. 성경은 창조주이자 주님이신 분과 그분 피조물 사이의 만남과 대화를 생생하고 구체적으로 전하는 이야기이다. 그러나 하느님 말씀은 인간이 빗나가거나 "죽은 자들에게 이른"(잠언 2,18) 길에서 방황할 때에도 울려 퍼진다. 나아가 바오로가 관찰하듯이 예언자 이사야는 심지어 이렇게까지 말한다. "나를 찾지도 않는 자들을 내가 만나주었고 나에 관하여 묻지도 않는 자들에게 나를 드러내 보였다."(로마 10,20; 이사 65,1 참조).

그러나 성경의 이 신적이고 초월적인 차원을 발견하기 위해, 성경 안에서 주님께서 계시하시는 구원 계획을 통찰하고 저자들 가운데 최고 저자(하느님)의 영감을 받기 위해서 지금까지 우리가 묘사한 역사적-문학적 접근과는 다른 인식의 여정이 필요하다. 우리는 그것을 "성경의 신학적 해석"이라고 부를 것이다. 이것은 기록된 하느님 말씀을 보존하고, 소개하며, 전파하고 해석하며, 역사 안에서 하느님 말씀을 육화하는 교회의 살아 있는 전통 안에서 성령의 인도에 따라 이루어진다. 제2차 바티칸 공의회에서 선언하듯이 "성경과 성전은 밀접하게 연결된다."(『계시 헌장』 9항)

성전Tradizione은 민간전승과 동일한 것이 아니다. 민간전승들도 가치가 있고 진리의 섬광을 드러내지만 종종 창의성, 신심, 심지어는 환상을 토대로 양육된다. 이것은 "외경"(직역하면 "감추어진")이라 부르는 다양한 작품에서 볼 수 있다. 외경은 정경에서 제외된 책인데 정경과 비교할 때 정경과 동시대나 후대에 싹이텄다. 성전은 "진리의 영"(요한 16,13)의 인도를 받고 교회 안에서, 교회의 공적 가르침 안에서 현실화된다. 또한 믿는 이들의 공통된 의견에서도 현실화되는데, 신자들이 하느님 말씀을 듣고 이해하면서 가슴이 뜨겁게 타오르게 하시는(루카 24,32) 성령께서는 믿는 이들의 이 공통된 숨결 내부에서도 똑같이 활동하신다.

그러나 성전은 "하느님 말씀 위에 있지 않으며 하느님 말씀에 봉사"(『계시 헌장』 10항)한다. 그리고 자구적 의미나 역사적 문학적 의미에 연결되고, 그 저변에 깔려 있는 내적이고 충만하며 영적인 의미가 하느님 말씀에서 드러나게 한다. 저자와 사건들, 또 성경의 개별 책들이 여기저기 흩어져 있는 것처럼 보이고 그 단계가 다양할지라도 이것들을 넘어 성경이 그 깊은 단일성 안에서 자신을 드러내는 것은 바로 이런 길을 통해서이다. 고대 라삐 스승들이 암시적으로 말하기를 좋아했듯이 모든 거룩한 말씀에 들어 있는 "일흔 개의 얼굴"이 드러나는 것은 바로 이런 안내를 통해서이다.

그러므로 모든 성경 본문에 담긴 내용을 영적으로 일치시키며 전개해 나가는 중요한 노선을 간파할 수 있다. 그것은 하느님 나라의 선포 곧 구원과 해방, 진리와 사랑, 평화와 정의에 대한 보편적인 계획의 선포인데, 이는 메시아의 활동을 통해 이미 현재 역사 안에서 이루어지고 "첫 번째 하늘과 땅은 사라질 것이기 때문에 새 하늘과 새 땅에서"(묵시 21,1 참조) 온전히 꽃피기로 정해져 있다. 신약은 아브라함과 다윗의 자손 나자렛 예수님 안에서 메시아의 얼굴만이 아니라 그 나라를 시작하기 위해 인간 역사 안에 들어오신 하느님 아들의 얼굴도 본다. "때가 차서 하느님의 나라가 가까이 왔다. 회개하고 복음을 믿어라."(마르 1,15)

작고 땅속에 숨겨진 겨자씨와 비슷한 하느님 나라는 싹이 트고 거대한 나무로 성장한다(마르 4,30-32 참조). 이제 "다시는 죽음이 없고 다시는 슬픔도 울부짖음도 괴로움도 없는"(묵시 21,4) 날에 대한 큰 희망이 지평선에 서서히 모습을 드러내고 평화와 빛, 생명과 사랑의 도성, 새롭고 완전한 예루살렘이 등장할 것이다. 그리고 마침내 하느님께서는 모든 것 안에서 모든 것이 되실 것이다(1코린 15,28 참조). 그리스도께서는 그분의 죽음과 부활로 모든 예언자의 기대와 하느님의 모든 약속을 결정적으로 봉인하시는 분이시다. "하느님의 그 많은 약속이 그리스도에게서 '예!'가 됩니다."(2코린 1,20) 그리스도의 일을 통해 하느님의 입양 자녀가 된 새로운 인간이 탄생(로마 8,15 참조)하며 그들은 하느님을 아버지라고 부른다. 그리고 "하느님의 자녀들이 누리는 영광의 자유를 얻도록"(로마 8,21) 받아들여진 새로운 창조, "멸망의 종살이에서 해방된" 새로운 창조가 시작된다.

성령 안의 해석을 통해 성경은 하느님의 위대한 책일 뿐만 아니라 죽음에서 구원된 하느님 자녀들의 위대한 책으로 드러난다. 하느님 자녀는 성경 안에서 생명의 샘과 영적 양육의 원천을 발견한다. 성경 말씀은 "꿀보다 생청보다 더욱 달다."(시편 19,11) 성경은 하늘에서 내려오는 비처럼 마른땅에 내려와 싹이 돋아나게 한다. "씨 뿌리는 사람에게 씨앗을 주고 먹는 이에게 양식을 준다."(이사 55,10) 그러나 성경 안에서 심판하며 정화하고 변형시키는 목소리도 만나게 된다. "나의 말이 불과 같고 바위를 부수는 망치와 같지 않으냐? 주님의 말씀이다."(예레 23,29) "하느님의 말씀은 살아 있고 힘이 있으며 어떤 쌍날칼보다도 날카롭습니다. 그래서 사람 속을 꿰찔러 혼과 영을 가르고 관절과 골수를 갈라, 마음의 생각과 속셈을 가려냅니다."(히브 4,12)

교회 삶 안의 성경

말씀이 선포되고 해설되고 묵상의 대상이 되며 삶으로 이어지는 자리인 전례의 핵심에 성경이 자리하는 것은 이 때문이다. 성경은 또한 신앙과 교리 선포의 영혼이다. 성경은 렉시오 디비나를 통해 영성 생활을 양육한다. 렉시오 디비나는 믿는 이의 삶에 하느님의 뜻을 전달하며 내적 결실을 낳는 성경 읽기이다. 성경은 신학의 토대이며 이 말씀의 샘에서 신학은 자신이 설명하고 심화해야 할 진리를 길어 낸다. 성경은 개인과 공동체가 어떤 것을 선택할 때 추구해야 할 윤리 규범을 제공한다. 성경은 유다교와 그리스도교 관계의 뿌리이며 그리스도교 종파들의 종교 간 대화에서 아주 중요한 토양이다. 그리스도인들은 마치 밤하늘에 떠 있는 북극성을 바라보듯 성경을 바라본다. 나아가 성경의 인물, 사건, 주제들은 손질되고 변형된 형태이긴 하지만 이슬람교 성전인 코란 안에도 스며들어 있다.

성경은 문화의 "대헌장"이기도 하다. 여러 세기에 걸쳐 성경의 인물, 사건, 상징, 사고, 주제들이 아주 중요한 그림과 조각 작품 창작에 필요한 이미지를 제공하였고 음악으로 변형되고 문학 작품으로 재창조되었다. 철학적 성찰을 자극하고 윤리 탐구에 영향을 미쳤다. 고대부터 새로운 문화와 영성 환경에서 사는 독자가 더 쉽게 성경에 다가갈 수 있도록 새 언어로 성경을 번역하는 일이 진행되었다.

기원전 2-3세기에 구약을 그리스어로 번역한 칠십인역이 탄생하였다. 전설처럼 내려오는 전승은 이 과업을 실행하기 위해 이집트 알렉산드리아에 모인 학자 일흔 명을 이 칠십인역의 저자로 본다. 성 예로니모는 382년부터 413년까지 로마와 베들레헴에서 은수하면서 헌신적으로 작업한 결과 대중 라틴말 성경을 펴냈다. 이 성경이 여러 세기에 걸쳐 가톨릭교회에 중요한 역할을 하게 되는 "대중"판 라틴말 역이다. 고대의 여러 그리스도교 공동체, 시리아, 콥트, 아르메니아, 에티오피아, 아랍, 그루지야 공동체는 각자 언어로 번역된 성경을 제작하였다. 오늘날까지도 지구상의 모든 언어로 성경 번역 작업이 계속되고 있다.

성경은 처음에는 파피루스에, 후에는 양피지 "사본", 토기 조각 위에 기록되다가 인쇄된 책(구텐베르크 성경, 1452년)으로 출판되었다. 성경은 인류 문화와 믿는 이의 신앙 안에서 항상 생생하게 현존해 왔다. 정보화 문명 시대에는 전자책으로도 등장한다. 지금 우리 앞에 본질적인 요소와 풍요로운 내용이 결합되고 전례와 사목에 요긴한 귀한 자료와 정확하고 엄격하며 필수적인 해석을 담고 있는 성경이 있다.

이런 방식으로, 우리가 계속 말해왔던 하느님 말씀과 인간의 말, 신앙과 역사, "말씀"Verbo과 "육"이라는 두 차원의 활동이 만나게 된다. 성경은 이렇게 믿는 이들의 삶의 여정과 그들 현존의 빛 안에서 그들의 "길, 진리, 생명"이 될 수 있을 것이다.

잔프랑코 라바시Gianfranco Ravasi

구약 성경 입문

처음으로 "구약"舊約, 그리스어로 '팔라이아 디아테케'를 창안한 사람은 사도 바오로이다. "우리는, 광채가 완전히 사라지는 것을 이스라엘 자손들이 쳐다보지 못하게 하려고 자기 얼굴에 너울을 드리운 모세처럼 하지도 않습니다. 그런데도 이스라엘 자손들은 생각이 완고해졌습니다. 그리하여 오늘날까지도 그들이 옛 계약을 읽을 때에 그 너울이 벗겨지지 않고 남아 있습니다. 그것은 그리스도 안에서만 사라지기 때문입니다."(2코린 3,13-14) 바오로의 선언은 주님과 이스라엘 사이에 맺은 계약(그리스어로 같은 '디아테케'), 곧 히브리 백성이 자주 위반한 계약이며 바오로 사도를 통해 그리스도 안에서 충만함에 도달하기로 되어 있는 계약도 언급한다. 2-3세기에 바오로의 발자취를 따라 산 두 그리스도인, 테르툴리아노와 오리게네스는 그리스도교에서도 수용한 이스라엘의 거룩한 책들을 정의하기 위해서 처음으로 "구약"이라는 표현을 사용하였다. 그들은 그 책들이 모두 단일하며 신약과 연결된다고 여겼다.

그것이 하느님의 말씀 즉 성령의 감도를 받은 본문이기 때문에, 구원의 역사는 단일한 여정이며 그리스도교 신자들은 모두 그 단계들을 따라야 한다는 인식에서 이제는 첫째 계약Primo Testamento이라는 이름이 즐겨 받아들여진다. 어쨌든 구약과 첫째 계약이라는 두 가지 용어 모두 수용할 만하다. 둘 다 하느님의 우선적이고 직접적인 임무가 탄생하는 계약, 유언, 조약, 약속을 그 중심에 두고 있기 때문이다. 하느님께서는 심판과 구원을 위해 자신을 계시하신다. 인간을 자유와 충만하고도 완전한 삶으로 데려가기 위해 말씀과 행위로 역사의 다양한 단계에 먼저 등장하신다. 당신 자신과 그분의 사랑과 진리를 드러내고 그분 나라와 구원 계획을 시작하시기 위해 이스라엘 역사 안에서 이미 활동하고 계신다. 인간은 하느님 말씀을 듣도록 불리고 자신의 자유와 믿음과 삶의 헌신으로 하느님 계획에 협력하도록 초대받는다.

구약 성경은 다양한 역사-문학의 영역에서 많은 여정을 통과해야 할 약속의 땅과 같다. 이제 이 구약 성경을 객관적으로 보면서 두 가지 관점을 살펴볼 것이다. 우리 앞에 한 백성의 공간과 시간, 그 안에서 활동하는 하느님의 영원한 목소리가 숨겨진 책 사십육 권이 펼쳐질 것이다. 첫째 관점의 목표는 구약 성경 본문이 펼쳐지는 지도를 발견하는 것이다.

히브리 전통은 잘 분할되고 배치된 삼부작에 따라 히브리어(아주 적은 분량이 아람어로 기록됨)로 기록된 여러 정경, 성령의 감도를 받은 책들을 배열하였다. 이미 전체 입문에서 언급했듯이 그리스어로 기록된 일곱 권의 책은 이 삼부작에서 제외되었다. 그러나 그리스도교 전승에서는 이 책들을 성경으로 인정하였다. 이 이상적인 삼부작의 첫째 목록은 '토라', 곧 "율법", "가르침"으로 불리는데 구약의 첫 다섯 권을 구성한다. 이스라엘이 특히 소중하게 여기고 공경하는 책들이다. 후대 그리스도교 전승은 이 책들을 오경五經이라고 부르게 된다. 삼부작 둘째 목록은 '느비임', 곧 예언서인데 두 항목으로 나뉜다. 한편에는 여호수아기부터 룻기까지 여러 권의 역사서가 있다. 이 책들을 전기 예언서라고 부르는데 단순한 역사 작품이 아니다. 전기 예언서의 목적은 이야기하는 사건들의 심오한 종교적 의미(정확하게 말하면 예언직 의미)를 발견하는 것이다. 다른 한편에는 후기 예언서가 있다. 구원의 역사에 담긴 내밀한 의미를 체계적으로 보여 준 저자들과 그들이 쓴 책들이다. 마지막으로 삼부작 셋째 목록은 '크투빔', 곧 성문서인데 지혜문학 작품이나 다양한 전례 유형과 용도에 속하는 작품 모음집으로 시편으로 시작해서 역대기로 마친다.

그리스도교 전통에서도 삼부작 배열을 선택하지만 약간 다르다. 첫째 항목에 속하는 책은 오경, 히브리 토라와 여호수아기부터 마카베오까지 해당하는 역사서이다. 그리스어로 기록되었고 토빗기, 유딧기, 마카베오기처럼 제2경전에 속하는 책들도 이 항목에 해당한다. 둘째 항목에 속하는 책들은 지혜문학인데 이 책들도 구원의 역사를 표현하지만 다른 각도에서 실존과 일상, 개인과 사회에서 일어나는 일을 기록한다. 여기에 해당하는 책은 욥기, 시편, 잠언, 코헬렛, 아가인데 그리스어로 기록되고 제2경전에 속하는 두 권의 책, 지혜서와 집회서까지 확장된다. 지혜문학에는 과거의 역사와 현재의 지혜에 이어 희망의 미래가 등장한다. 그러나 이 미래는 역사 안에서 이미 싹튼 것이다. 삼부작의 세 번째이자 마지막 항목을 차지하는 것은 예언자의 목소리로 이사야서부터 말라키까지인데 히브리 정경 목록에는 없는 바룩서가 첨가된다.

이제 구약 성경을 객관적으로 바라보는 둘째 관점을 소개하겠다. 체계적이고 제한된 독서가 아니라 선택적이고 본질적인 독서를 통해 구약 성경의 기본적인 줄거리와 주제를 살펴본다. 이런 방식으로 구약 성경의 여러 책을 훑어볼 것이다. 가장 먼저 우주의 대성당 같은 장면이 우리 앞에 모습을 드러낸다. 창조물은 음악과 노래, 나아가 창조주의 은밀한 계시가 기록된 악보로 해독해야 한다. 창세기의 첫 페이지들, 성경의 다른 광대한 본문들은 창조물 안에 증언된 하느님 말씀을 해독하려고 노력한다. 이상적인 이 대성당 안에서 '하 아담'ha-'adàm, "사람"이 자신의 윤리적 모험과 함께 "선과 악을 알게 하는 나무" 아래에 등장한다. 여기에는 남자와 여자의 존재, 자유, 죄, 인간이라는 창조물의 위대함과 비참함에 대한 상징적 성찰이 들어 있다.

아브라함과 함께 좁은 의미에서 구원의 역사가 시작되는데 인간이 지은 죄의 역사와 대조된다. 아브라함은 믿음의 참된 개념, 자신을 부르신 주님께 대한 순종, 언약이자 희망, 모험과 기다림을 육화하는 인물이다. 그 옆에 다른 족장 아브라함의 자손인 야곱이 등장하여 임무를 맡는다. 야곱은 믿음과 믿음의 신비에 대한 힘든 모험을 증언하면서 하느님과 함께 싸울 것이다. 이어지는 중요한 사건은 이집트 종살이인데 하느님 계시의 특권적인 장소로서 역사에 대한 성경의 비전을 묘사하는 전형적인 사건이다.

이 탈출 이야기를 성경의 여러 역사서에서 말하는 히브리 역사만이 아니라 예언서에까지 확장할 수 있을 것이다. 예언자들은 무엇보다도 수치스럽고 처절하게 고통스러운 인간사 아래에서 심판하고 구원하시는 하느님의 활동이 어떻게 이어지는가를 알아보려고 애쓴 사람들이기 때문이다. 성경 본문은 길게 전개되다가 시나이에서 정점에 이른다. 시나이산 정상에서 하느님의 분명한 말씀이 내려오는데 십계명 안에 이 말씀이 정확하게 표현된다. 십계명은 참되고 고유한 윤리와 사회 법규 안에서 더 세부적으로 나누어진다. 이 율법들에서 이스라엘의 예배 또한 부각된다. 예배는 성경 전통에서 많은 사랑을 받고 시편집에 있는 백오십 편의 기도로 풍요롭게 된다. 그러나 예언자들의 작품에서는 예배가 윤리적인 삶의 생생한 참여이자 그것을 길어 내는 양분이 아니라 외적 의식에만 그칠 위험성에 대해서 경고한다.

가나안 땅을 정복하고 나서 얼마 후에 첫 계약의 백성은 국가 건설이라는 모험을 시작한다. 그러나 시간이 흐르면서 다윗 임금과 그 왕조의 면모는 "메시아"(히브리어로 "기름부음받은" "성별된")라는 용어와 동일시할 수 있는 신학적 표징으로 바뀌게 된다. 메시아는 성경 전체에서 근본적인 존재로서 성경 이야기가 충만함이라는 목표를 향해 점진적이고 긴박하게 흘러가게 하는 동력이 된다.

다윗에 이어 솔로몬이 왕위를 계승하는데 솔로몬도 신학적 표징이 된다. 솔로몬 안에서 새로운 종교의 비전, 곧 지혜의 비전이 종합된다.

그러나 현인賢人에게 인생이란 고뇌와 깊은 상흔, 특히 악과 고통이라는 이해하기 힘든 문제를 가진 것으로 보인다. 하느님의 영감을 받은 사람들, 기원전 586년 예루살렘 함락과 바빌론 유배, 유다교의 위기를 체험하고 돌아온 사람들에게서 새로운 지혜가 솟아난다. 이 지혜는 마음과 인생의 고통에 대해 질문한다. 이런 성찰을 대변하는 소리가 시적이고 영적 작품인 욥기와 기원전 3세기경의 현자인 코헬렛이다.

기원전 6세기 이스라엘 역사(바빌론 유배민들이 조상의 땅으로 귀환)는 조용하게 전진하다가 기원전 2세기 마카베오 혁명이 불붙었을 때 갑자기 요동한다. 그리고 폭풍우처럼 묵시문학이 모습을 드러낸다. 이 시기에 이스라엘도 헬레니즘 문화 환경이라는 더 넓은 지평에서 호흡하며 살게 된다. 지혜서는 이런 환경에서 나온 책으로 의인이 누리는 복된 불멸에 관해 묘사한다.

마지막으로 초기 예언자들 가운데 한 사람인 트코아 사람 아모스의 예언에 대해 전하는 일이 남아 있다. 아모스는 기원전 8세기에 하느님 정의를 전하도록 소명을 받았다. "보라, 그날이 온다. 주 하느님의 말씀이다. 내가 이 땅에 굶주림을 보내리라. 양식이 없어 굶주리는 것이 아니고 물이 없어 목마른 것이 아니라 주님의 말씀을 듣지 못하여 굶주리는 것이다."(아모 8,11) 그리고 기원전 6세기 중요한 대예언자 예레미야가 선언하듯이 사람들과 주님 사이에 "새 계약"이 맺어질 것이다. "나는 그들의 가슴에 내 법을 넣어 주고, 그들의 마음에 그 법을 새겨 주겠다. 그리하여 나는 그들의 하느님이 되고 그들은 나의 백성이 될 것이다. …그들이 낮은 사람부터 높은 사람까지 모두 나를 알게 될 것이기 때문이다. 주님의 말씀이다. 나는 그들의 허물을 용서하고, 그들의 죄를 더 이상 기억하지 않겠다."(예레 31,33-34)

잔프랑코 라바시Gianfranco Ravasi

예언서 입문

“이스라엘에는 모세와 같은 예언자가 다시는 일어나지 않았다.”(신명 34,10) 모세는 엄밀한 의미의 예언이 출현하기 수백 년 전에 살았지만, 성경은 이집트 탈출의 위대한 지도자를 예언자의 모습으로, 최고의 완전한 예언자로 그려 보인다. 아브라함에 대해서도 예언자라 칭했고(창세 20,7), 이스라엘이 지파들에서 군주 국가로 넘어가는 제도적 변천을 이룩한 사무엘의 경우도 그러할 것이다. 이러한 적용들은 옳다. 예언자는 먼 미래를 예고하는 사람이 아니라 오히려 역사적 현재 안에서 행동하고 말하며, 하느님께서 주신 카리스마의 은총으로 시대의 표징들을 꿰뚫어 보는 사람이기 때문이다. 그의 일차적 임무는 백성이 지금 살고 있는 역사의 감추어진 신학적 의미를 드러내고, 숨겨져 있지만 분명히 움직이는 하느님의 작용을 짚어 주는 것이다.

예언자를 지칭하는 히브리어 단어는 여러 가지이다. 기본적인 것은 ‘나비’인데, 어원은 분명치 않으나 아마도 “부름받은 사람” 또는 “부르는 사람”을 뜻하는 것으로 보인다. 하느님의 부르심과 하느님의 대변인이 되는 사명이 그 중심이 되는 것이다. ‘호제’ 곧 “환시가”라고도 하는데, 그는 초월적인 지식을 통하여 실재의 신비를 직관할 수 있는 사람을 뜻한다. 환시들이 때로는 초현실적인 색채를 띠고 아모스, 에제키엘, 즈카르야와 같은 일부 예언자들의 책에 나타나는 것은 이유가 있다. 이에 병행되는 호칭 ‘로에’, “선견자”는 예언자가 사건들의 표면을 넘어 그 내적이고 종교적인 의미를 밝혀내는 능력을 지니고 있음을 뜻한다.

또한 예언자는 탁월한 의미에서 “하느님의 사람”이다. 이 호칭은 특히 엘리야와 엘리사에게 적용하는데, 이들은 엄밀한 의미의 첫 예언자들로서 기원전 9세기 북왕국 이스라엘에서 활동했다. 그들은 말로 선포하는 사명만을 수행했다. 그들에 대해서는 열왕기 상하권에 들어 있는 전기적 설화들만이 전해지는데, 여기에는 매우 자유롭고 창의적인 성인전적 요소들이 없지 않다. 그러나 성경의 카리스마적 인물들은 주로 기록들을 남겼다. 제자들이 그 기록들을 수집했으며(예레미야의 서기였던 바룩을 생각해 보라), 칠십인역이라고 일컬어지는 고대의 그리스어 번역본에서부터 이들은 전통적으로 "예언자"(그리스어 '프로페테스') 라고 일컬어진다.

그리스어 단어 '프로페테스'는 다른 사람을 "대신하여", 다른 이들 "앞에서", 어떤 일을 "미리" 말하는 사람을 뜻한다. 이것이 "말하다"를 뜻하는 동사 '페미' 앞에 붙은 전치사 '프로'의 의미들이다. 그 가운데 "대신하여"라는 첫 번째 의미가 가장 중요하다. 예언자는 하느님과 그분 뜻의 대변인이어서, 예언자들의 신탁을 도입하는 가장 전형적인 문장은 "전언" 또는 "전령"의 양식인 "주님께서 이렇게 말씀하신다."이다. 예언자는 자신의 것이 아닌 메시지를 받아 전달하는 사람이다. 그는 "영감을 받은" 사람, 초월적 말씀을 선포하고 그 말씀이 살, 곧 인간의 말을 입도록 하는 사람이다. 흔히는 그의 인간성, 문체, 경험이 여기에 색채를 더하게 된다.

예언자는 그의 시대와 단절된 채로 이해할 수 없다. 그의 사명은 무엇보다도 역사 안에서 심판하고 구원하시는 하느님의 행위의 표지들을 찾아내는 것이기 때문이다. 그래서 예언자는 그의 역사적-공간적 배경에서 "연대를 추정"하게 되는데, 많은 경우 최종 편집자들이 예언자의 신탁들 모음의 첫머리에 이를 명시한다(이사야서, 예레미야서, 에제키엘서, 호세아서, 아모스서, 미카서, 스바니야서, 하까이서, 즈카르야서의 첫 줄들을 보라). 예언자가 종교적 역할만이 아니라 역사적으로도 결정적 역할을 행하는 경우도 드물지 않다. 사마리아의 불의하고 부패한 정치 구조에 대한 아모스의 맹렬한 논박을 살펴보거나, 시리아-에프라임 전쟁 때 이사야의 개입들을 짚어 보거나(이사 7-12장), 기원전 587년 예루살렘이 무장한 바빌론인들에게 함락될 때 예레미야의 중요한 역할을 고찰해 보거나, 바빌론 유배 후에 성전과 거룩한 도성과 히브리 제도들을 재건하는 데에서 하까이와 즈카르야의 활동이 얼마나 결정적이었는지를 보면 이를 충분히 알 수 있다.

그러면서도 예언자들의 메시지는 보편적이고 영구적이다. 그들은 구체적인 그들의 역사 안에서 하느님께서 점진적으로 이루어 가시는 전반적인 구원 계획을 드러내야 하기 때문이다. 그들은 "영원히 서 있는 하느님의 말씀"을, 우리에게 이르기까지 여러 세기 동안 다시 울려 퍼지고 우리에게 말을 걸며 우리를 끌어들이는 그 말씀을 선포한다. 이렇게 볼 때 진정 성경 전체가 "예언적"이라고 말할 수 있고 아브라함과 모세도 예언자라고 말할 수 있으며, 그리스도 역시 탁월한 최고의 예언자가 되신다. 그분께서는 아버지를 충만하고 완전하게 계시하시고, 그래서 복음서들은(특히 루카) 그분을 예언자의 모습으로 묘사한다. 그러므로 앞서 본 바와 같이 구약의 역사서들을 "전기 예언서"라고 부르는 히브리인들은 그럴 만한 이유가 있는 것이다.

실상 예언자들은 신통력에 의해서가 아니라 사건들의 표면을 넘어 그 안에 담겨 있는 하느님의 신비를 찾아내는 카리스마적 능력으로 하느님께서 당신의 구원 계획을 이루시는 그 기저의 논리를 직관하고 드러낼 줄 알았고 그래서 미래가 어떻게 전개될 것인지도 꿰뚫어볼 수 있었다. 현재의 인간인 예언자는 그래서 제한된 시간의 한계를 초월하고 역사 안에서 하느님께서 이루시는 불변의 행위와 연관되어 있어 미래에도 보편적인 타당성을 갖는 메시지를 전해 준다. 특히 우리는 예언자들이 신성함 그 자체를 목적으로 추구하는 주장에 맞서 실존적인 거룩함을 강조한다는 뚜렷한 특징을 강조할 것이다.

이를 "예언자적인 케리그마" 곧 그들의 일차적이고 주된 선포라고 말한다. 이를 표현하기 위한 언어는 극단적이며, 점진적인 것이 아니라 배타적인 셈어의 문체를 보여 준다. "정녕 내가 바라는 것은 희생 제물이 아니라 신의다. 번제물이 아니라 하느님을 아는 예지다."(호세 6,6; 마태 9,13; 12,7 참조) 다른 예언자들도 여러 방식으로 사용했던 이러한 표현은 역설적으로 예식을 거부하는 것으로 보인다. 그러나 그 의미는, 주님께서 "내가 바라는 것은 신의이며, 희생 제물이나 예식만이 아니다."라는 것이다. 그렇지 않다면 전례는 외적 형식에 불과한 것이 되고 심지어 주술이 되어 버릴 것이다. 여기서 강조하는 것은 정의이고 삶에서의 실천이다. 사무엘이 사울에게 말했다. "진정 말씀을 듣는 것이 제사드리는 것보다 낫고 말씀을 명심하는 것이 숫양의 굳기름보다 낫습니다."(1사무 15,22)

이러한 예언자의 선포는 분열이 아니라 결합을 이루고자 하는 것이다. 삶과 동떨어진 예식을, 정의와 분리된 의식을, 매일 하느님의 법을 따르는 것과 별개인 기도를, 사회에서 멀어진 성전을, 도덕적 일관성이 없는 종교심을, 행위가 없는 믿음을 비판한다. 그래서 예언자들의 목소리는 강렬하게 울려 퍼지고 양심을 흔들어 놓는다. "악행을 멈추고 선행을 배워라. 공정을 추구하고 억압받는 이를 보살펴라. 고아의 권리를 되찾아 주고 과부를 두둔해 주어라."(이사 1,16-17) "사람아, 무엇이 착한 일이고 주님께서 너에게 요구하시는 것이 무엇인지 그분께서 너에게 이미 말씀하셨다. 공정을 실천하고 신의를 사랑하며 겸손하게 네 하느님과 함께 걷는 것이 아니냐?"(미카 6,8)

성경 신앙의 순수함을 지키고 사적인 이익과 권력에 대한 온갖 타협에 맞서며 영성과 정의를 증언한 예언자들은 히브리 전통에서나 그리스도교 전통에서나 매우 중요한 인물들이다. 그들이 더 의로운 질서를, 하느님과 그분의 진리로 비추어진 세상을 향한 메시아적 긴장을 지니고 있었고 구원하시는 하느님의 정의를 특징으로 하고 있었기 때문이다. 그래서 임금 메시아에 대한 희망을 향하는 예언서의 많은 부분들은(예를 들어, 이사 7장; 9장; 11장 참조) 그리스도교에 수용되었다. 그리스도교는 그리스도의 모습을 비추기 위하여 다른 본문들도 취했는데, 유명한 주님의 종의 노래 네 편이 그 예이다(이사 42장; 49장; 50장; 53장 참조).

그러므로 이러한 본문들과 그 밖의 예언서 본문들은 무엇보다 먼저 그들의 역사적 종교적 맥락 안에서 읽어야 하고, 이들을 "대예언자들"(복수의 예언자들의 목소리를 담고 있는 이사야서와 예레미야서, 에제키엘서, 그리고 묵시문학적 예언인 다니엘서)과 열두 "소예언자들"로 나누는 전통적 구분에 따라 읽어야 할 것이다. "소예언자들"이라고 일컬어지는 이들 가운데에는 대단히 뛰어난 인물들이 포함되어 있다(호세아, 요엘, 아모스, 오바드야, 요나, 미카, 나훔, 하바쿡, 스바니야, 하까이, 즈카르야, 말라키). 이들은 다양하고 서로 다른 모습들을 지니고 있지만, 모두 하느님의 말씀에 대한 충실하고 힘찬 증인들이라는 것이 이들의 공통점이다.

잔프랑코 라바시Gianfranco Ravasi

이사야서

제목과 정경 내의 위치

예언서들 가운데 첫 번째 책은 아모츠의 아들 이사야의 이름을 지니고 있다. 이사야는 우찌야, 요탐, 아하즈, 히즈키야 임금 때, 아마도 기원전 734년에서 701년 사이에 예루살렘에서 활동했다. 그의 가르침들은 헬레니즘 시대까지 보존되고 재해석되어 "야훼(주님)께서 구원하신다."라는 그의 이름에 들어 있는 고대의 신앙 고백을 구성하게 되었다.

구조와 문학적 특성

마소라 학자들의 계산에 따르면 1273절로 되어 있는 매우 방대한 이 두루마리는 보통 1-39장, 40-55장, 56-66장의 삼부로 구분된다. 각 부분의 짜임은 아직 논의되고 있다. 여기서는 이들을 부분과 장면, 단락과 문단으로 구분한다. 제1부는 네 부분으로, 제2부는 두 부분, 제3부는 세 부분으로 전개된다.

전체적으로 백성에게 그들의 주님을 알아 뵙기를 호소한 다음(1장) 유다와 이스라엘을 향한 신탁들이 나온다(2-12장). 이어서 민족들의 운명을 고찰하는데, 이 민족들은 한편으로는 하느님의 심판을 충실하게 실행하는 이들이며 다른 한편으로는 위험한 배신의 계기가 되는 불의한 억압자들이다(13-27장). 다시 이스라엘과 유다를 꾸짖고 경고한 다음, 정의와 구원의 약속으로 마무리하고(28-35장), 아시리아인들이 포위했다가 곧 떠난 일과 히즈키야의 기적적 치유를 이야기한다(36-39장). 40장은 새로운 단계로 넘어간다. 아시리아인들은 더 이상 두려움을 불러일으키지 않으며, 예루살렘을 파괴하고 주민들을 유배시킨 강력한 군대인 바빌론도 과거에 속한다. 민족들 위에 계시는 유일한 주님이신 야훼께서 무상으로 베푸시는 위로의 말씀이 울려 퍼진다. 예언자는 그의 하느님이 우주의 창조주시며 홀로 역사를 이끄시는 분이시라고 말하지만, 주님의 위대하심을 증언해야 할 백성인 이스라엘의 마음은 아직도 완고하다. 주님의 명에 따라 바빌론 제국을 멸망시킨 페르시아 임금 키루스는, 예언자가 "종"이라는 군왕의 호칭으로 부르는 인물에게 맡겨진 사명의 표지가 된다(41-48장). 야곱을 다시 일으키고 민족들에게 빛을 비추어 주기 위하여 파견된 그 종은 자신의 죽음으로 이스라엘의 경계 너머까지 이르는 새 계약의 은총을 얻는다(49-55장). 동심 구조로 되어 있는 마지막 장들은 시온을 기린다. 시온은 마침내 자신의 주님께 충실하게 되고, 땅끝에서 오는 순례자들에게 열려 있으며, 기쁜 소식을 전하도록 축성된 예언자의 사제적 왕적 직분을 통하여 새로워진다(60-62장). 백성들 가운데 일부의 죄는 계속되지만, 종의 발자취를 따르는 이들은 충만한 기쁨을 누릴 것이다(56-59장; 63-66장).

주로 운문으로 되어 있는 이 책의 본문은 표현 수단들을 놀라우리만큼 섬세하게 사용한다. 운율은 때로는 일정하고 때로는 자유로우며(그래서 리듬이 있는 산문과 구별하기 어려운 경우도 있다), 병행의 효과와 동음 반복, 교차 구조, 각운, 발음이 유사한 단어들의 사용, 의성어, 언어유희, 음운의 반복과 어떤 소리들을 지배적으로 사용하는 것 등이 나타난다. 특별한 주제와 동기들은 효과적인 수사학직 징치들로 도입되는데, 그 예들로는 동의어(2,11-18 참조), 반복(40,1; 51,9 참조), 아이러니(30,7; 43,26 참조), 돈호법(49,12-13 참조), 풍자(47장 참조), 역설(34,11 참조), 중의법(54,11 참조), 생략법(2,3 참조), 과장법(66,20 참조) 등이 있다. 다양한 문학 유형들이 열정적인 문체로 함께 엮어진다. 첫 장에서와 같은 법정 논쟁('립')이(1,2-31 참조) 교훈(1,10-17 참조), 대화(3,6-7; 21,11-12 참조), 사랑 노래(5,1-7; 62장 참조), 조가(5,8-24 참조), 고발(8,5-8 참조), 풍자(14장; 37,22-29 참조), 민족들에 대한 심판의 신탁(15장 참조), 건배의 말(22,13 참조), 환시(21,2-5 참조), 묵시문학적 심판 장면(24-27장 참조), 불행 선언(28장 참조), 구원 신탁(40,1-11 참조), 찬가(42,10-17 참조), 신화적인 기원(51,9 참조), 공동 탄원(63,7-64,11 참조), 신현 묘사(66,15-18 참조)와 결합된다. 특히 제1부에 집중된 산문들로는 소명담(6장 참조), 상징적 행위(8,1-4; 20장 참조), 역사적 서술이 있다(36-39장 참조).

주요 신학 노선

구약 성경 안에서 아마도 가장 명확하고 풍부한 이사야서의 신학은 아시리아의 지배에 위협받던 예루살렘이 겪은 고통스러운 사건들을 출발점으로 한다. 외국 군대가 나라에 침입하여 파괴의 씨앗을 뿌리고 있을 때 아모츠의 아들 이사야는 외국인들의 교만한 폭력을 고발하기에 앞서 자신의 백성에게 분별력을 가지고 그들이 겪은 악이 공동체 안에서 벌어지고 있는 불의의 표출임을 알아보라고 말한다. 그의 주장은 합리적 계산에 따른 것이라기보다 인간과 하느님의 신비에 대한 깊은 이해로 감도된 것이다. 한 나라의 군사적 약함은 내부적 긴장들이 있음을 보여 주는 표지들이라고 생각할 수 있으므로 결국 개인적으로 범한 악과 하느님의 징벌이 고통과 죽음을 가져오는 것이다(1,2-31 참조). 징벌은 계약의 조항들을 지키지 않은 것에 대한 갚음으로서 저주의 형식으로 선고되며, 이들은 이스라엘 안에서 인간적인 조약이나 임금들보다 훨씬 위대한 계약과 임금이신 하느님의 중요성을 다시 인식시키기 위한 것이다. 임금들이 (이집트, 아시리아, 사마리아 또는 아람에게서) 간절히 보호를 찾으며 계약을 맺으려 할 때 이사야는 유일하게 안전한 계약은 거룩한 임금이신 하느님과의 계약뿐이라고 말한다. 그러므로 일어나는 사건들은 주님과의 관계 안에서 해석되어야 한다. 그분께서는 계약에 의한 이스라엘의 하느님이시며, 그래서 군주와 봉신의 관계를 가족의 호칭들로 나타내는 관습에 따라 "아버지"로 지칭된다. 그러한 의미에서 원수들의 공격은 반항하는 아들이 멸망하지 않고 뉘우쳐 살기를 바라기에 그 아들을 꾸짖기로 결정한 아버지의 매이다(1,4-6).

예언자는 백성을 책망하고, 더 나아가서 완고해진 마음을 치유시켜 주는 정화의 길에서 그 백성을 앞서간다. 그의 눈앞에는 주님의 거룩하심이 나타나고, 그의 귀들은 천상의 말들을 들으며, 타는 숯이 닿은 그의 입술은 사명을 수행할 수 있게 된다(6,1-8). 이렇게 하여 그는 형제들이 하느님의 말씀을 보고 들으며, 예루살렘이 자신의 반항의 결과로 겪게 될 재앙을 받아들임으로써 민족들 앞에서 증인이 될 수 있도록 그 형제들에게 파견된다. 주님께서 개입하시는 것은 선택된 백성에게 모든 이들을 위한 빛이 되고 구원의 도구가 되도록 선택된 거룩한 민족이라는 특별한 정체성을 세워 주시기 위해서이다(2,1-5). 그러므로 죄인은 하느님의 생명을 맛보고 다른 이들을 같은 목적지로 이끌기 위하여 회개해야 한다. 위에 언급된 가족 관계의 은유에서, 아버지는 아들을 구하고자 하실 뿐만 아니라 그 아들이 아버지가 되게 하려 하신다.

하느님 앞에서 오만과 불신을 택한 결과인 죽음은(창세 3장 참조) 피할 수 없지만, 앞서 말한 바와 같이 끝은 아니다. 살아 계신 하느님께서는 가장 짙은 어둠 속에서도 행동하실 수 있다. 이것은 상징적으로 표현된다. 희망이 이미 사라질 때 젊은 여인이 아들을 낳으며(이사 7,14), 마른 그루터기에서 싹이 튼다(11,1-9). 자신의 잘못을 인정하지 않으려 하는 본성적 저항으로 그 백성은 주님의 손에서 재앙을 당하면서도 고집을 부렸던 파라오의 발자취를 따른다(탈출 7,13 참조).

그래서 다른 민족들이 이들을 멸망시키기에 이르는데, 하느님의 마지막 개입으로 공격자는 벌을 받고 유다의 아들들은 마치 갈대 바다를 건널 때와 같이 주님의 선하심을 노래하며 돌아올 수 있게 된다(10,5-34; 11,10-12,6; 탈출 14-15장 참조). 많은 이들이 시온으로 몰려오지만, 꿈에서 깨어날 때처럼 사라지고 만다(29,7-8).

죽음에서 생명으로 건너가는 데에는 어떤 임금 곧 기름부음받은이, "메시아"가 관련된다. 재판과 예식, 그리고 영토를 지키는 데에 첫째로 책임을 지닌 임금은 (온갖 형태의 위선과 우상 숭배에서 벗어나도록 하는) 정의와 종교적 실천, 그리고 부당하게 그 지역을 침입하는 이들에 대한 지배를 확립하기 위한 자연적인 도구이다. 평화를 예고하는 그의 도래는 억압이 커져 가는 속에서 이루어지며(9,1-6), 그의 성공은 수도가 파괴되는 충격 속에서 이루어진다(32장). 히즈키야의 이야기에서 분명히 나타나듯이(38장), 그는 이러한 운명을 단순히 관망하는 것이 아니라 거기에 참여한다. 그는 곧 숨질 백성과 같이 심한 병에 걸리지만, 뜻밖에 건강을 되찾는다. 여기서 이미 사신의 죽음으로 구원을 가져오고 수치를 당한 후에 성공을 거두는 고통받는 임금인 종의 운명이 지평에 떠오르기 시작한다(52,13-53,12).

바빌론 제국이 돌연 무너지고 이와 함께 유배자들이 고향에 돌아올 수 있는 가능성이 주어심으로써 약속이 실현된다. 조상들의 하느님께서는 가나안의 제한된 작은 땅에서만 지배권을 행사하시는 것이 아니며, 온 세상의 역사의 중심인물로 나타나신다. 바빌론의 임금이며 세상의 창조자로 여겨지던 마르둑에게 승리를 거두시고, 하늘과 땅의 참된 창조주로서 마르둑을 능가하는 분으로 당신 자신을 계시하신다(40장). 다른 신들의 헛됨과 주님의 유일하심이 예언자를 다른 민족들 앞에서 증언하게 하며, 그 민족들은 야곱의 후손들과 더불어 주님과 계약을 맺게 된다(55장). 야곱의 후손들은 종을 통하여 먼저 계약에 도달한다(42,6; 49,6 참조).

이사야 제자들의 손에 전해지고 그들을 거쳐 아브라함의 후손들에게 전해진 이 두루마리는 나자렛의 회당에서 예수님의 손으로 펼쳐지며, 그분은 그 충만한 성취를 선포하신다(루카 4,16-21 참조). 그분께서 눈먼 이들의 눈을 뜨게 하시고 귀먹은 이들을 듣게 하시어 그들은 입이 풀려 찬양과 증언을 하며(마태 20,33-34; 마르 7,33-37 참조), 이 두루마리에서 이스라엘 집안의 흩어진 양들과 다른 민족들을 향한 당신의 직분을 예고함을 보신다(마태 12,21; 15,24; 루카 2,32

참조). 동정 마리아에게서 태어나신 임마누엘은(마태 1,22; 이사 7,14 참조) 어둠 속에 사는 이들에게 빛을 비추시고(마태 4,15-16; 이사 8,23-9,1 참조) 위선적인 예식을 꾸짖으시며(마태 15,8-9; 이사 29,13 참조), 그들의 질병을 짊어지시고(마태 8,17 참조) 거부를 당하신다(요한 12,37-41 참조). 종의 비유에서 예고된 대로 수난당하시고 돌아가신 다음 현양되시어, 당신 백성이 겪고 있는 죽음 속으로 들어가심으로써 그들에게 생명을 가져다주신다. 이로써 예루살렘은 새로워지고 찬란하게 되며, 자신의 주님을 위하여 단장한 신부와 같이 빛을 내며 모든 민족과 언어의 백성들에게 열린 도성이 된다(묵시 5,9; 21-22장; 이사 60장; 62장; 65,17-66,24 참조). 예수님 안에서 한 이스라엘인이 계약에 명기된 대로 임금이요 사제요 예언자가 되어 모든 민족들이 유일하신 하느님을 알게 하는 사명을 실현하며 또한 우리와 함께 계신 하느님이신 주님의 팔이 계시된다(이사 51,9 참조).

본문의 작성과 전수

서로 간격이 있는 역사적 사건과 시대에 대한 언급들이나 길고 짧은 본문들이 삽입된 명백한 흔적들을 볼 때 편집 작업이 기원전 8세기부터 시작되어 기원전 5세기까지 어느 정도 계속되었음을 알아볼 수 있다. 이 책에서는 사마리아가 아직 수도였던 시대에 대한 증언들이 있고(예를 들어, 7,9; 28,1 참조), 다마스쿠스와 접경지대의 아람 왕국들의 영향을 알아볼 수 있으며(7,1; 9,11; 17,1 참조), 아시리아가 위협하고 있는 상황과(30,27-31,9 참조) 바빌론의 멸망이 기록되고(46,1-2 참조), 페르시아의 키루스 대왕이 언급된다(44,28; 45,1 참조). 유배지에서 고국에 돌아갈 수 있게 되어 열정도 일어나지만(48,20-21 참조) 수십 년이 지나도 혼합적인 예배 형태와 예루살렘 주민들의 고집스러운 악행이 사라지지 않음에 강한 실망도 나타난다(66,3-4.17 참조).

파피루스 두루마리가 팔레스티나의 기후 조건에서 40-60년간 보존될 수 있었다고 계산할 때 책을 다시 필사하는 시기가 이전의 더 오래된 신탁들에 이들을 해석하는 전승들이 더해지기에 적절한 기회가 되었으리라고 상상할 수 있다. 이러한 전승들은 책의 끝부분에 쉽게 더해졌고, 좀 더 편집 작업을 하여 일부 단락들을 대체하기도 했으며, 어떤 단락들의 첫머리나 중간 또는 마지막에 덧붙여지기도 하고 어떤 경우는 개별 구절들에 대한 주석으로 삽입되기도 했다. 이러한 과정은 길가메쉬 서사시와 같이 하나의 작품에 여러 판본들을 전수해 온 주변 문화들의 필사 관습과 완전히 일치한다. 세 개의 제목이 이어지는 것이나(1,1; 2,1; 13,1 참조) 1장과 65-66장의 긴밀한 연관, 36-39장의 산문 사용, 1-35장의 문학적 짜임에서 여러 가지 구성 요소들이 함께 엮어 있다는 점, 많은 신탁들이 재해석되었다는 점(22,20-25 참조, 엘야킴에 관하여), 40장 이후 부분들에서 나타나는 사상적 통일성 등도 이렇게 설명된다.

마소라 전통을 통하여 우리에게 전수된 히브리어 본문은 쿰란에서 21개의 사본이 나타난다. 기원전 150-120년의 것으로 추정되는 첫 번째 쿰란 동굴의 온전한 두루마리(1QIs[a])에는 이문들이 있는데, 필사자의 실수가 아닌 경우 대개 철자법상의 이문들이다. 기원전 170년부터 132년 사이에 완성된 그리스어 번역본인 소위 칠십인역 역시 그러한 본문을 기초로 한 것으로 보인다. 칠십인역은 원문과 문자적으로는 차이가 있지만, 자주 문장을 풀어 쓰거나 해석을 더한 것은 프톨레마이오스 왕조 시대의 사건들 안에서 이사야가 예고한 것이 성취되었음을 보이고자 하는 명시적 의도에 의한 것으로 볼 수 있다.

마르코 세템브리니Marco Settembrini

이사야 예언서

머리글

1 [1] 아모츠의 아들 이사야가 유다의 임금 우찌야, 요
탐, 아하즈, 히즈키야 시대에 유다와 예루살렘에
관하여 본 환시.

어리석은 하느님의 백성

[2] 하늘아, 들어라! 땅아, 귀를 기울여라!
— 주님께서 말씀하신다.—
내가 아들들을 기르고 키웠더니
그들은 도리어 나를 거역하였다.
[3] 소도 제 임자를 알고
나귀도 제 주인이 놓아준 구유를 알건만
이스라엘은 알지 못하고
나의 백성은 깨닫지 못하는구나.

1,1. 이 책은 개별 단락의 첫머리들에서 반복될 표현으로 시작한다(2,1; 13,1). 최종 편집자에 의하여 덧붙여졌을 이 제목은 이사야 예언자가 살았던 시대에 대한 기억을 보존하고 있다(언급된 임금들은 1-39장의 배경이 되는 상황에 대응된다). 예언자를 "선견자"로 여겼던 고대의 개념에 따라(1사무 9,9; 2역대 16,7 참조), 신탁들은 포괄적으로 하나의 "환시"로 간주된다. "선견자"는 깊이 잠든 밤에 하느님의 목소리를 듣는다(창세 15,1.12; 1사무 3,1.3-4.19-21 참조). 이 환시의 개념으로 "예언하다"라는 히브리어 어근을 피하고 있는데, "본래의" 이사야 신탁들에서 이 어근은 부정적 의미를 지닌다(이사 3,2; 9,14; 28,7; 29,10).

1,2ㄷ. "아들"에 대한 언급에서 아버지이신 하느님이라는 주제가 나타난다. 63,16; 64,7 참조.

1,2ㄹ. 죄는 무엇보다도 "거역" 곧 계약의 파기로 지칭된다. 정치적 영역에서도(1열왕 12,19; 2열왕 1,1 참조) 종교적 영역에서도 그러하다(1열왕 8,50; 이사 43,27; 66,24; 예레 2,8.29; 3,13; 33,8; 에제 2,3; 호세 7,13; 스바 3,11 참조).

1,3. 계약을 맺은 분을 알지 못할 때 그 관계는 기초부터 깨진 것이다. 그러므로 죄의 근원은 주님을 "알지 못함"에 있다(예레 2,8; 호세 2,10 참조). 동사 "알다"는 이 책 전체에서 특징적으로 나타난다(76회 사용한다).

1,1 2역대 32,32. 1,2 30,9; 신명 4,26; 30,19; 31,28; 32,1.

1,1. 독자에게 주어지는 말씀은 "환시" 곧 개별 사건들을 넘어서는 역사에 대한 깊은 시각으로, 그 안에서 주님의 은총과 죄, 인간 마음의 길 등 심층의 역동들을 파악하게 된다. 이 책의 핵심 주제는 예언자의 이름 자체에서 나타난다. "이사야"는 "주님께서 구원하시다" 또는 "주님께서는 구원이시다"를 뜻한다. 다른 인간 임금들이 있다 해도, 주님께서는 승리와 구원을 보증하는 유일한 군주이시다.

1,2-31. 계약의 인간 모세의 후계자인(신명 18,15 참조) 예언자는 계약 위반을 고발하기 위하여 말을 한다. 이렇게 하여 하느님과 이스라엘 사이의 법정 논쟁('립')이 시작된다. 이것은 법률적 가치를 지니는 논쟁으로, 피해를 입은 쪽의 증인들 앞에서 이루어지며 잘못한 이를 회심하게 하여 정의를 다시 세우기 위한 것이다. 먼저 계약의 증인들인 하늘과 땅을 향해 말하고(2-9절) 이어서 백성을 대표하는 지도자들을 향한다(10-20절). 그다음 엄중하면서도 선을 가져오는 주님의 개입을 말하고(21-26절), 회개하는 이와 계속해서 우상에 의지하는 이들의 서로 다른 종말을 이야기한다(27-31절). 이사야서 전체의 마지막 장은 이 장의 요소들을 다시 취한다(이사 66,17.23-24 참조).

1,2-3. 계약에 힘입어 이스라엘은 "아들"이 되고 주님은 "아버지"가 되신다(탈출 4,22; 호세 11,1 참조). 이는 군주가 신하의 "아버지"인 것과 유사하다(1사무 24,12.17 참조). 이러한 가족 관계의 은유를 따르면 백성은 거역하는 아들로서 사형을 받을 것이다(신명 21,18-21 참조).

소돔과 고모라와 같은 백성

4 아아, 탈선한 민족
죄로 가득 찬 백성
사악한 종자
타락한 자식들!
그들은 주님을 버리고
이스라엘의 거룩하신 분을 업신여겨
등을 돌리고 말았다.
5 너희는 얼마나 더 맞으려고
자꾸만 반항하느냐?
머리는 온통 상처투성이고
마음은 온통 골병들었으며
6 발바닥에서 머리까지
성한 데라곤 없이
상처와 상흔
새로 맞은 자국뿐인데
짜내지도 싸매지도 못하고
기름을 바르지도 못하였구나.
7 너희의 땅은 황폐하고
너희의 성읍들은 불에 탔으며
너희의 밭은 너희 앞에서
이방인들이 먹어 치우는구나.
이방인들이 파괴한 것처럼 황폐해졌구나.
8 딸 시온이 남아 있는 모습은
포도밭의 초막 같고
참외 밭의 원두막 같으며
포위된 성읍 같구나.
9 만군의 주님께서
우리에게 생존자들을 조금이나마 남겨 주지 않으셨더라면
우리는 소돔처럼 되고
고모라같이 되고 말았으리라.

1,4. "거룩하신 분"은 이사야가 특징적으로 사용하는 주님의 호칭이다. 제1부 안에서는 5,16.19.24; 6,3; 10,20; 12,6; 17,7; 29,19.23; 30,11.12.15; 31,1; 37,23에서 다시 나타난다. 40,25과 57,15 참조.

1,6. 예언서들의 전형적 모티브인 백성의 상처라는 주제가 나타난다. 이 상처는 고통의 원인이면서 또한 구원의 원인이 된다. 30,26; 38,21; 58,8; 예레 6,14; 8,21; 10,19; 14,17; 15,18; 30,12; 33,6; 호세 5,13 참조.

1,7. "이방인들이 파괴한 것처럼"은 히브리어 본문에 따른 번역이다. 소돔은 자주 종말론적인 징벌의 견본처럼 묘사(13,19; 신명 29,22)되고 있기 때문에 학자들은 "소돔이 파괴된 것처럼"으로 수정하여 읽기도 한다.

1,8. "시온"과 "만군의 주님"(9절)은 시온을 안전한 보루로 여기는 거룩한 산의 전승들을 연상시킨다(시편 46편; 48편 참조). 그러나 그 피신처가 "원두막"이 되어 버렸다.

1,9-10. 죄악의 상징인 소돔과 고모라는 유다의 도시들을 나타내는 표상이다. 유다에서는 피가 흘려지고 반항하는 백성이 살고 있다.

1,9. "생존자들" 황폐함 속에서도 한줄기 빛이 비친다. 파국에서 살아남은 공동체 자신이 목소리를 내며, 주님께서 보호해 주셨고 구원이 하느님의 은혜로 주어진 것임을 인정한다. 이 표현은 이사야 예언서 제1부에 들어 있는 "남은 자들"이라는 주제와 연관된다.

1,4ㄱ 40,2. 1,4 5,24; 50,5; 신명 31,16.20. 1,5 레위 26,21; 신명 28,59. 1,6 53,3-7; 잠언 20,30; 시편 38,4.8; 53,3-7; 루카 10,34. 1,7 탈출 23,29; 레위 26,33. 1,9 로마 9,29; 또한 레위 26,36.39 참조.

1,4-9. 히브리어 본문에서는 동음 반복을 통하여 중심 메시지를 즉시 알아보게 된다. 이스라엘('이스라엘') 후손들은 주님을 버리고('나조루') 반항('사라')을 거듭했으며 그 때문에 이민족들이('자림') 와서 땅을 폐허로 만든다. 아시리아 군대에 의해 황폐해진 땅을 바라보면서 회개하도록 주님께 맞은 반항하는 아들의 은유가 제시된다.

1,10. 전쟁을 배경으로, 이스라엘 지도층에 대한 비판은 "(군사) 지도자들"로 시작한다.

1,15. 제물을 바치는 이들의 손에 아직도 남아 있는 희생 제물의 피는 주님의 눈에 악행으로 흘려진 피를 상기시킨다(16.21절).

1,17. "억압받는 이를 보살펴라."는 고대 그리스어 번역본과 대중 라틴말 성경의 번역문에 상응한다. 히브리어 본문은 아마도 "억압하는 이를 인도하여라."로 번역되어, 폭력이 회개하도록 돌보라는 의미로 이해할 수 있을 것이다.

거짓 경신례와 참된 경신례

10 소돔의 지도자들아
주님의 말씀을 들어라.
고모라의 백성들아
우리 하느님의 가르침에 귀를 기울여라.

11 무엇하러 나에게 이 많은 제물을 바치느냐?
— 주님께서 말씀하신다. —
나는 이제 숫양의 번제물과
살진 짐승의 굳기름에는 물렸다.
황소와 어린양과 숫염소의 피도
나는 싫다.
12 너희가 나의 얼굴을 보러 올 때
내 뜰을 짓밟으라고
누가 너희에게 시키더냐?
13 더 이상 헛된 제물을 가져오지 마라.
분향 연기도 나에게는 역겹다.
초하룻날과 안식일과 축제 소집
불의에 찬 축제 모임을 나는 견딜 수가 없다.
14 나의 영은
너희의 초하룻날 행사들과 너희의 축제들을 싫어한다.
그것들은 나에게 짐이 되어
짊어지기에 나는 지쳤다.
15 너희가 팔을 벌려 기도할지라도
나는 너희 앞에서 내 눈을 가려 버리리라.
너희가 기도를 아무리 많이 한다 할지라도
나는 들어 주지 않으리라.
너희의 손은 피로 가득하다.
16 너희 자신을 씻어 깨끗이 하여라.
내 눈앞에서
너희의 악한 행실들을 치워 버려라.
악행을 멈추고
17 선행을 배워라.
공정을 추구하고

1,10 13,19; 창세 19,24; 신명 29,22; 예레 23,14; 애가 4,6. 1,11 1사무 15,22; 시편 50,12-13. 1,13 66,23; 신명 7,25; 18,9; 잠언 15,8. 1,14 호세 2,13; 아모 8,5. 1,17 탈출 22,21.

1,10-17. 계약의 필수적인 부분인 경신례는(탈출 24,3-8 참조) 그 계약과 무관한 것이 될 때 의미를 잃는다. 제사를 바치기 위한 정화는 정결례의 형식으로 완성되는 것이 아니라 올바른 삶과 정의를 위한 노력으로 완성된다. 아모 5,21-24; 마태 5,23-24 참조.

억압받는 이를 보살펴라.
고아의 권리를 되찾아 주고
과부를 두둔해 주어라.

용서와 순종과 불순종

18 주님께서 말씀하신다.
"오너라, 우리 시비를 가려보자.
너희의 죄가 진홍빛 같아도
눈같이 희어지고
다홍같이 붉어도
양털같이 되리라.
19 너희가 기꺼이 순종하면
이 땅의 좋은 소출을 먹게 되리라.
20 그러나 너희가 마다하고 거스르면
칼날에 먹히리라."
주님께서 친히 말씀하셨다.

예루살렘의 죄상과 새로운 희망

21 충실하던 도성이
어쩌다 창녀가 되었는가?
공정이 가득하고
정의가 그 안에 깃들어 있었는데
이제는 살인자들만 가득하구나.
22 너의 은은 쇠 찌꺼기가 되고
너의 술은 물로 싱거워졌다.
23 네 지도자들은 반역자들이요
도둑의 친구들.
모두 뇌물을 좋아하고
선물을 쫓아다닌다.
고아의 권리를 되찾아 주지도 않고
과부의 송사는 그들에게 닿지도 못한다.
24 그러므로 이스라엘의 장사
주 만군의 주님께서 말씀하신다.
"아아, 나의 적들에게 복수하고
나의 원수들에게 보복하리라.

1,18. 히브리어 본문은 "너희의 죄가 진홍빛 같다고 해도 희어질 수 있다."로 옮길 수도 있다. 즉 듣는 이가 정화되기를 선택하는지 여부에 따라 달라질 수 있다는 것이다(19절 참조). 같은 문장을 "너희의 죄가 진홍빛 같다면 그것이 희어질 수 있겠느냐?"로 이해할 수도 있다. 구원 사건은 하느님의 자비와 인간의 자유가 만남으로써 이루어진다.

1,21. "어쩌다"는 장례 때의 탄식에서 특징적으로 사용하는 표현이다(2사무 1,19-27; 이사 14,4; 예레 48,17 참조).

1,23. "지도자들"은 사회의 가장 상류층에 속하는 이들이며 왕실도 포함한다("군주들").

1,24. "아아"('호이')는 장례 때의 탄식에 사용되는 표현이다(4절 참조).

1,18 43,25; 44,22. 1,19 28,12; 30,19; 레위 26,21; 여호 24,10. 1,21 예레 2,20; 에제 6,9; 호세 1,2. 1,24 34,8.

1,18-20. 외국인들이 침략하는 상황에서 백성은 주님에게서 멀어졌을 때 죽음을 겪게 되고 그분의 말씀에 순종할 때에는 생명이 보장된다는 것을 깨달아야 한다.

25 그러고 나서 나의 손을 너에게 돌려
잿물로 씻어 내듯 너의 쇠 찌꺼기를 걸러 내고
너의 불순물을 모두 없애 버리리라.
26 너의 판관들을 처음처럼 돌려놓고
너의 고문들을 시작처럼 돌려놓으리라.
그런 다음에야 너는 '정의의 도읍'
'충실한 도성'이라 불리리라."
27 시온은 공정으로 구원을 받고
그곳의 회개한 이들은 정의로 구원을 받으리라.
28 그러나 반역자들과 죄인들은 다 함께 파멸하고
주님을 버린 자들은 멸망하리라.

우상 숭배자들의 종말

29 너희가 좋아하는 그 참나무들 때문에
너희는 정녕 수치를 당하리라.
너희가 선택한 그 정원들 때문에
너희는 창피를 당하리라.
30 너희는 정녕
잎이 시든 향엽나무처럼 되고
물이 없는 정원처럼 되리라.
31 강자는 삼베 조각이 되고
그의 행적은 불티가 되어
둘 다 타 버리는데도
꺼 줄 자가 하나도 없으리라.

2

1 아모츠의 아들 이사야가 유다와 예루살렘에 관하여 환시로 받은 말씀.

영원한 평화

2 세월이 흐른 뒤에 이러한 일이 이루어지리라.

2,2ㄱ. "세월이 흐른 뒤에"는 보통 "장차, 곧"을 뜻한다. 묵시문학의 영향으로 이미 고대의 주해자들은 이를 종말론적 의미인 "마지막 때"로 이해하였다(창세 49,1; 민수 24,14; 신명 31,29; 예레 23,20; 30,24; 48,47; 49,39; 에제 38,16; 다니 2,28; 10,14; 호세 3,5; 미카 4,1 참조).

2,2ㄴ. 예루살렘은 그리 높은 곳에 있지 않지만, 스스로 교만하게 높아지려고 애쓸 필요가 없다(2,9.12.13.14 참조). 주님께서 친히 예루살렘을 드높이실 것이기 때문이다. 주님께서는 홀로 "높이 솟아오른" 분이시다(6,1).

1,25 48,10; 예레 6,29; 다니 11,35; 12,10; 즈카 13,9; 말라 3,2-3. 1,28.31 66,24. 1,29 17,10; 57,5; 65,3; 66,17. 2,1 1,1; 13,1. 2,2-5 // 미카 4,1-3.

1,27-31. 주님께서는 회개하는 이들의 정의와 공정으로 시온을 구원하실 것이다. 그러나 푸른 나무와 잘 가꾼 정원에서 숭배되는 우상들에 의지하는 이들은 그 우상들이 안전과 힘의 원천이 아니며 오히려 말라 버려 그들을 실망시키게 됨을 알게 될 것이다.

✠ 2,1-5. 전례에서는 가해 대림 제1주일에 이 예언 말씀을 읽는다. 전례력으로 한 해를 시작할 때부터 몇 가지 주제들이 드러난다. 구원은 모든 이들을 위한 것이고 일치와 수렴이며, 하느님에게서 오는 것이고 하느님을 향한다. 또한 구원은 근본적인 변모를 요구한다.

2,2-4,6. 예루살렘의 이상적인 역할을 기리는 두 본문(2,2-5; 4,2-6 참조) 사이에 들어 있는 단락은 평화와 시온에 계시는 주님을 온 세상이 인정하는 것이 아직 실현되지 않은 이유를 보여 주며, 이와 더불어 이스라엘의 고통이 그러한 결과를 가져올 것임을 말한다. 여기에는 이 책 전체의 메시지가 축약되어 있다.

주님의 집이 서 있는 산은
모든 산들 위에 굳게 세워지고
언덕들보다 높이 솟아오르리라.
모든 민족들이 그리로 밀려들고
3 수많은 백성들이 모여 오면서 말하리라.
"자, 주님의 산으로 올라가자.
야곱의 하느님 집으로!
그러면 그분께서 당신의 길을 우리에게 가르치시어
우리가 그분의 길을 걷게 되리라."
이는 시온에서 가르침이 나오고
예루살렘에서 주님의 말씀이 나오기 때문이다.
4 그분께서 민족들 사이에 재판관이 되시고
수많은 백성들 사이에 심판관이 되시리라.
그러면 그들은 칼을 쳐서 보습을 만들고
창을 쳐서 낫을 만들리라.
한 민족이 다른 민족을 거슬러 칼을 쳐들지도 않고
다시는 전쟁을 배워 익히지도 않으리라.

5 야곱 집안아
자, 주님의 빛 속에 걸어가자!

주님의 날

6 당신께서는 정녕 당신의 백성
야곱 집안을 내치셨습니다.
그곳에는 동방에서 온 점쟁이들이 가득하고
필리스티아처럼 요술쟁이들이 가득하며
이방인의 자식들이 득실거립니다.

2,3. "야곱의 하느님"이라는 호칭은 예언서들 안에서는 미카서(4,2)와 여기서만 사용하며, 시편집에서 자주 사용한다(시편 46,8.12; 75,10; 76,7; 81,2.5; 84,9; 94,7; 114,7; 146,5 참조).

2,4. 최고의 재판관이며 심판관으로 묘사된 주님께서는 온 세상의 임금으로 나타나신다.

2,6. 고대 번역문들이 다양하게 나타난다는 데서 알 수 있듯이, 마지막 구절은 매우 어렵다. 고대 그리스어 번역본은 "그들에게 많은 이방인 자식들이 태어났습니다."로 되어 있다. 대중 라틴말 성경은 "그들은 외국 아이들과 결합했습니다."로 옮긴다. 히브리어 동사 '사팍'은 "박수치다" 또는 "풍부하다"를 뜻할 수도 있다. 전자의 경우 본문을 ('브얄데'는 '비데'["손으로"]로) 수정하여 "이방인들에게 박수칩니다."라고 번역하며, 우리말 성경은 후자의 뜻으로 "이방인들의 자식들이 득실거립니다."라고 번역한다.

2,3 즈카 8,21. 2,4 에제 39,9; 즈카 9,10. 2,5 42,6-7; 46,3. 2,6 레위 19,26; 신명 18,9-11; 2열왕 17,17; 21,6; 사도 19,19

2,2-5. 본문은 몇 가지 차이점을 포함하면서 미카 4,1-3에도 나타난다(또한 이사 4,2-6 참조). 시온은 모든 민족들이 참여하는 순례의 목적지로 제시된다. 이러한 전망은 바벨의 움직임과 대비된다. 바벨에서는 움직임이 위를 향했고, 여기에서는 중심을 향하고 있다. 역사는 지속적인 퇴보와 해체가 아니다. 주님 말씀은 그 역사 안에서 일치와 고양의 힘을 불어넣고 있으며, 그래서 죽음의 충동들이 생명과 평화의 힘으로 변모된다.

2,6-9. 이스라엘은 세력이 절정에 달해 있고, 전쟁으로 재산과 자원이 풍부해졌다(7절). 이 상황은 오직 자신의 힘을, 즉 "사람 손의 작품"(시편 115,4 참조)인 우상들을 믿게 만든다(6.8절). 부유함과 우상 숭배 사이의 관계는 주변 민족들과의 상업적 계약이나 동맹 관습에서 상대편의 신들을 인정해야 했던 관습에 비추어 이해할 수 있다. 9절은 이 백성의 체험을 인류의 운명으로 확장하여 적용한다.

2,6-22. 이 단락은 앞 단락에 연결되며, 앞에서 선포된 것이 이루어지기 위해서 어떤 일들이 일어나야 하는가를 말한다. 시각은 보편적이며, 가장 먼저 회개해야 할 야곱 집안에 특별한 위치를 부여한다. 이사 3,1-4,1의 고발 배경이 될 몇 가지 주요 주제들이 도입된다.

2,9. 용서는 비판을 받아들인 후에 이루어질 것이다(33,24 참조).

2,10. 히브리어 본문에는 없는 문구가 고대 그리스어 번역본에는 첨가되어("주님께서 세상을 경악케 하시려 일어나실 때") 19절과 21절에서 같은 표현이 세 번 반복된다.

2,12ㄱ. "주님의 날"은 주님의 원수들이 격파되는 날이다. 이날은 이방 민족들뿐만 아니라(13,6; 34,8; 63,4; 예레 46,10; 에제 30,3 참조), 반항하는 백성에게도 해당된다(아모 5,18 참조).

2,12ㄴ. "닥치리라." 자구적으로는 "그리고 낮아지리라."(40,4 참조)

7 그들의 땅은 은과 금으로 가득하고
그들의 보화는 끝이 없습니다.
그들의 땅은 군마로 가득하고
그들의 병거는 끝이 없습니다.
8 그들의 땅은 우상으로 가득합니다.
그들은 자기들 손으로 만든 작품에,
자기들 손가락으로 만든 것에 경배합니다.
9 이렇듯 인간은 비천해지고 사람은 낮아졌습니다.
그들을 용서하지 마소서.

10 너희는 주님에 대한 공포와
그분의 영광스러운 위엄을 피하여
바위 속으로 들어가고
먼지 속에 몸을 숨겨라.
11 인간의 거만한 눈은 낮아지고
사람들의 교만은 꺾이리라.
그날
주님 홀로 들어 높여지시리라.

12 정녕 만군의 주님의 날이 오리라.
오만하고 교만한 모든 것,
방자하고 거만한 모든 것 위로 그날이 닥치리라.
13 높고 우뚝 솟은
레바논의 모든 향백나무들과
바산의 모든 참나무들 위로
14 높이 솟은 모든 산들과
우뚝 솟은 모든 언덕들 위로
15 드높은 모든 성탑들과
가파른 모든 성벽들 위로
16 타르시스의 모든 배들과
호화로운 모든 선박들 위로 그날이 닥치리라.
17 인간의 거만은 꺾이고
사람들의 교만은 수그러지리라.
그날

2,9 5,15; 잠언 14,19; 25,7. 2,10 탈출 33,21-23; 판관 6,2; 1사무 13,6. 2,11 10,12; 시편 18,28; 101,5; 잠언 6,17. 2,13 33,9; 시편 29,5; 37,35, 즈카 11,2. 2,14 40,4; 57,5.7. 2,15 창세 11,1-4; 신명 9,1. 2,16 66,19.

2,10-19. 이 부분의 중심에서는 주님의 개입을 예고한다(12-16절). 그 앞뒤에서는 개입의 결과들을 묘사하며(11.17절), 특히 우상들에 대해 언급하고(18절; 8절 참조) 몸을 피할 것을 권고한다(10.19절).

주님 홀로 들어 높여지시리라.
18 우상들도 모조리 사라지리라.

19 주님께서 세상을 경악케 하시려 일어나실 때
너희는 그분에 대한 공포와
그분의 영광스러운 위엄을 피하여
바위 굴 속으로,
땅굴 속으로 들어가라.

20 그날에 인간들은
자기들이 경배하려고 만든
은 우상들과 금 우상들을
두더지와 박쥐들에게 던져 버리리니
21 주님께서 세상을 경악케 하시려 일어나실 때
그분에 대한 공포와
그분의 영광스러운 위엄을 피하여
바위 동굴과
암석 틈으로 들어가기 위함이다.

22 너희는 더 이상 인간에게 의지하지 마라.
코에 숨이 붙어 있을 뿐
무슨 가치가 있느냐?

예루살렘과 유다의 난세

3 1 자 보라, 주 만군의 주님께서는
예루살렘과 유다에서
너희가 의지할 모든 것을,
저장된 모든 빵과
저장된 모든 물을 없애 버리시리라.
2 용사와 전사

2,19.21. "경악케 하시려" 고대 그리스어 번역본과 (새) 대중 라틴말 성경은 "뒤흔드시려"에 가깝다. 히브리어는 "두려워하게 하다, 위협하다"이다.

3,1. 주님께서는 헛된 인간적 안전을 무너뜨리시는 분으로 나타나신다. 이 거짓된 의지할 곳들을 없애심으로써 주님께서는 당신 백성에게 하느님 안에서 자신의 힘과 미래를 찾는 신앙을 불러일으키려 하신다. 히브리어 본문에서는 같은 단어가 세 차례 반복된다("의지", 문맥에 따라 "저장된"으로 번역됨). 이와 동일한 생각이 레위 26,26; 시편 105,16; 에제 4,16; 5,16; 14,13;에서도 나타난다.

2,20 30,22; 31,7; 57,5. 2,22 시편 118,8; 146,3-4; 예레 17,5. 3,2 2,6.

2,20-21. 심판을 피해 급히 도망가느라 우상들을 던져 버리게 될 것이다. 우상들은 금이나 은으로 되어 있지만(7절) 동굴 속에 몸을 숨기는 부정한 짐승들에게 주어질 것이다(20절).

2,22. 지혜문학적 문체로 된 맺음말은 독자들을 향해 앞에서 한 말에서 교훈을 얻어 하느님께 의지하라고 권고한다.

3,1-4,1. 이어지는 본문은 바빌론의 침입에 비추어 옛 예언자의 여러 신탁들을 제시한다. 그 침입은 예루살렘과 유다에 대한 하느님의 심판으로 해석된다.

3,1-12. 처음에는 보편적이던 예언자의 전망이 이제 예루살렘과 유다로 좁혀진다. 백성의 자만이 무너진 배경은 아시리아 군대의 진군과(기원전 701년) 그 후 바빌론 유배 시대로(8-9절) 가정할 수 있다.

3,3. "장인" 또는 "주술 전문가" 고대 그리스어 번역본과 대중 라틴말 성경은 동음이의어로 이해하여 "지혜로운 건축가"로 옮긴다.

3,4. "철부지"는 "풋내기"와 병행을 이루기 위하여 선택한 단어이다. 히브리어 본문은 자구적으로 "변덕쟁이"를 뜻하는 단어로 되어 있다(지도자가 된 풋내기). 이 표현이 이해하기 어렵다는 것은 여러 번역본들에서 나타난다. "빈정꾼"(고대 그리스어 번역본), "유약한 사람"(대중 라틴말 성경), "어린아이"(새 대중 라틴말 성경)

3,5. 폭력과 억압은 보통 원수들이 행하는 것이다(9,3; 14,2; 53,7 참조).

3,8. 예루살렘은 "비틀거리고" 유다는 "쓰러진다." 의지할 곳이 없기 때문이다(1절).

3,11. "불행하여라"는 히브리어 '오이'에 해당하며 고통스러운 상황 앞에서 괴로워하며 외치는 소리를 나타낸다(1,4.24).

3,12-15. 이제 12절에서는 1-4절의 경고가 실현된다. 주님께서는 백성을 책임지는 자들의 탐욕과 약자들에 대한 횡포 때문에 그들에 맞서 일어서신다.

3,12. 이 절의 첫 부분은 이해하기 어렵다. 고대 번역본들도 서로 차이를 보인다. "너희 세리들은 너희를 청소하고 너희 빚쟁이들은 너희를 지배하는구나."(칠십인역) "세리들이 내 백성을 약탈하고 여자들이 그들을 다스리는구나."(대중 라틴말 성경)

재판관과 예언자
점쟁이와 원로
3 장교와 귀족
고문관과 장인과 마술사를 없애 버리시리라.

4 그런 다음 나는 풋내기들을 그들의 제후로 세우고
철부지들이 그들을 다스리게 하리라.
5 백성들은 서로가 서로를,
저마다 제 이웃을 괴롭히고
젊은이가 노인에게,
천민이 귀인에게 대들리라.
6 저마다 제 집안의 형제를 붙잡고서
"자네는 겉옷이라도 가졌으니
우리의 지도자가 되어 주게나.
이 폐허를 자네 손으로 맡아 주게나." 하고 간청하리라.
7 그러나 바로 그날로 그는 소리쳐 말하리라.
"나는 치유자가 되고 싶지 않네.
내 집에는 빵도 없고 겉옷도 없으니
나를 백성의 지도자로 세우지 말게나."

8 정녕 예루살렘은 비틀거리고
유다는 쓰러졌으니
말과 행동으로 주님을 거슬러
그분의 영광스러운 현존을 거역하였기 때문이다.
9 그들의 얼굴 표정이 자기들의 죄를 증언하고
그들은 소돔처럼 자기들의 죄악을 감추지 않고 드러낸다.
그들은 불행하여라!
스스로 재앙을 불러들였다.

10 너희는 이렇게 말하여라. "의인들은 잘되고
자기가 한 일의 성과를 누리리라."
11 악인은 불행하여라! 그는 잘못되리라.
제 손이 저지른 대로 되갚음을 받을 것이다.

12 나의 백성을 아이들이 억누르고

3,5 애가 4,16; 5,12. 3,6 판관 11,6. 3,7 1,6; 에제 34,4.16. 3,8 호세 5,5; 아모 5,2. 3,9 5,23; 잠언 28,21. 3,10 1,19; 65,13.

3,10-11. 유다의 폭력배들에 대한 단죄는 모든 시대의 악인들에게 해당된다. 마찬가지로, 억압받는 이들에 대한 옹호는 올바른 이들을 격려하는 역할을 한다. 이 절들은 65-66장의 유배 후 신학을 반영한다.

여자들이 다스리는구나.
아, 내 백성아! 너희 지도자들이 너희를 잘못 이끌고
너희가 걸어야 할 길을 혼란하게 하는구나.

지도자들에 대한 심판

13 주님께서 재판하러 일어서신다.
백성들을 심판하러 일어나신다.
14 주님께서 당신 백성의 원로들과
고관들에 대한 재판을 여신다.
"바로 너희가 포도밭을 망쳐 놓았다.
너희의 집은 가난한 이에게서 빼앗은 것으로 가득하다.
15 어찌하여 너희는 내 백성을 짓밟고
가난한 이들의 얼굴을 짓뭉개느냐?"
주 만군의 주님의 말씀이다.

예루살렘 여인들에 대한 경고

16 주님께서 말씀하셨다.
"시온의 딸들이 교만을 부리고
목을 빼고 걸어 다니면서
호리는 눈짓을 하고
살랑살랑 걸으며
발찌를 잘랑거린다."
17 그러므로 주님께서는 시온의 딸들의 정수리를 드러내시고
그들의 이마를 벗겨 보이시리라.
18 그날에 주님께서는 패물들을 없애 버리시리라. 발찌와
태양 목걸이와 반달 목걸이, 19 귀걸이와 팔찌와 머리쓰개,
20 모자와 발목 걸이와 가슴 띠, 향수병과 부적, 21 인장 가
락지와 코걸이, 22 예복과 덧옷, 장옷과 손지갑, 23 망사 옷
과 아마 속옷, 머릿수건과 너울을 없애 버리시리라.
24 향수 내음 대신 썩은 내가 나고
허리띠 대신 밧줄이 감기리라.
곱게 땋았던 머리가 대머리가 되고
호사로운 옷 대신 자루 조각이 감기리라.
정녕 아름다움 대신 수치가 자리 잡으리라.

3,13. 주님께서 "일어서신다."는 고발을 시작하기 위해 일어나시는 것으로, 아마도 억눌린 이들의 부르짖음에 대한 응답이다(시편 74,22 참조). "백성들을"은 히브리어 본문과 (새) 대중 라틴말 성경을 따른 것이며, 고대 그리스어 번역본에는 "당신 백성을"로 되어 있다.

3,14. 백성은 주님의 포도밭이며 가난한 이들은 그분의 보호를 받는다. 이들에게 저질러지는 불의는 언제나 하느님을 거스르는 잘못이다.

3,16. "교만을 부리고" 예언자는 여러 차례 이러한 태도를 꾸짖는다(2,11-17; 5,15-16; 10,33; 55,9; 57,7 참조).

3,17. 고대 번역본들이 이해한 것처럼 정수리를 드러내는 것은 포로들에게 모욕을 주는 행위로 읽을 수 있다.

3,18-23. 열거된 물건들 각각이 무엇을 가리키는지 정확히 밝히기는 어렵다. 명사들을 나열함으로써 한껏 치장한 장신구 전체를 연상시킨다.

3,14 5,1-8; 10,2. 3,15 잠언 22,22-23.

3,13-15. 앞 절들 특히 12절에서 기술한 상황에 대해 하느님께서 응답하신다.

3,16-4,1. 궁정의 여인들 때문에도 징벌이 내린다. 예언자는 남편의 마음에 들고자 하는 여인의 갈망을 비난하거나 아름답고 장식이 달린 옷차림을 꾸짖지 않는다. 그가 단죄하는 것은 오히려 주변에 있는 이들을 희생시키면서 자신이 중요한 인물이 되려 하는 것이다. 그들은 교만에 빠져 주님 앞에서 자신을 낮추지 못한다.

25 너의 남편들은 칼에 쓰러지고
너의 용사들은 전쟁터에서 넘어지리라.
26 시온의 성문들이 슬피 통곡하고
시온은 황폐해져 땅바닥에 주저앉으리라.

4 1 그날에 여자 일곱이
남자 하나를 붙잡고 애원하리라.
"우리 양식은 우리가 장만하고
우리 옷도 우리가 마련할 터이니
제발 당신을 남편이라고 부르게만 해 주셔요.
우리의 이 수치를 모면하게 해 주셔요."

예루살렘의 부흥

2 그날에
주님께서 돋게 하신 싹이
영화롭고 영광스럽게 되리라.
그리고 그 땅의 열매는
이스라엘의 생존자들에게
자랑과 영예가 되리라.
3 또한 시온에 남은 이들
예루살렘에 남아 있는 이들
곧 예루살렘에 살도록 기록된 이들이 모두
거룩하다고 일컬어지리라.
4 주님께서는 심판의 영과 불의 영으로
시온의 딸들의 오물을 씻어 내시고
예루살렘의 피를 닦아 내신 뒤에
5 시온산의 모든 지역과
그 회중 위에
낮에는 구름을,
밤에는 타오르는 불길로 연기와 광채를 만들어 주시리라.
정녕 주님의 영광이 모든 것을 덮어 주는 지붕과
6 초막이 되어, 낮의 더위를 피하는 그늘이 되어 주고
폭우와 비를 피하는 피신처와 은신처가 되어 주리라.

포도밭 노래

4,1. 도성의 재앙으로 인해 남자들이 부족하여 일곱 여자가 남편과 자녀들을 갖기 위하여 한 남자와 결혼하고 그에게 매달리게 되리라는 것이다. 여자들에게 결혼하지 못하는 것은 부끄러운 일로 여겨졌고, 자녀가 없으므로 미래도 없기 때문이었다(신명 25,5-6; 이사 54,1 참조).

4,2-3. 전쟁과 유배로 정화된 다음, 그 폐허에서 이스라엘의 거룩함이 드러날 것이다. 거룩함은 거룩하신 주님의 특전적인 소유물이다(탈출 19,6; 레위 19,2 참조). 이사 6,13; 7,22; 10,19-22; 11,11.16; 28,5; 37,31; 62,12 참조.

4,2. "싹"으로 번역한 단어는 식물의 다른 부분이 아닌 땅에서 자라나는 것을 지칭한다(이사 61,11 참조). "열매"와 병행을 이루면서 식물의 무성함을 연상시키는데, 이는 폐허가 된 때에 주어지는 하느님의 호의 표지이다. 다른 곳에서는 이 단어를 군왕적 메시아적 의미로도 사용했으며, 아람어 번역본과 타르굼은 여기서도 그렇게 이해했다. 예레 23,5; 33,15; 즈카 3,8; 6,12 참조.

4,3. 주민들의 명부와(에즈 2장; 느헤 7장; 11장; 12,22-23 참조) 비망록을(에스 6,1 참조) 보존하던 궁정의 관습과 유사하게 천상 조정에도 살아 있는 사람들의 이름이 들어 있는 책이 있다고 상상했다. 그 책은 지금 살아 있는 사람들 또는 앞으로 살 사람들의 명단으로(탈출 32,32-33; 시편 69,29; 이사 34,16-17; 다니 12,1 참조), 각자의 공로가 적혀 있는 두루마리였다(시편 56,9; 87,6; 이사 65,6; 말라 3,16 참조).

4,5. 이 구원 예고에서는 "만들다, 창조하다"('바라')라는 단어가 나타나는데, 이는 이 책의 제2부에서 자주 사용될 단어이다(이사 40,26 참조). 시온산 위에 나타났던 "주님의 영광"은(탈출 24,16 참조) 계약을 갱신하기 위해 다시 나타난다. 이 계약으로 주님께서는 아버지가 되시고(이사 1,2-3 참조) 남편이 되신다(호세 1-2장 참조). "지붕"으로 번역된 히브리

3,26 2사무 12,16; 애가 1,1. 4,1 54; 62,2; 탈출 21,10; 레위 26,26. 4,5 52,12; 58,8; 탈출 13,21-22; 14,19-20; 40,34-38. 4,6 25,4-5; 28,2.17; 30,3; 32,2.

3,25-4,1. 전쟁으로 파괴된 도성에 남은 여인들은 거만함을 완전히 잊어버리고, 남편을 가지려고 애를 쓰게 될 것이다.

4,2-6. 심판의 영, 곧 주님의 영이 파괴와 정화를 마치면 이스라엘은 다시 출애굽 하느님의 현존을 경험하고 그분과 계약으로 결합되어 거룩하게 될 것이다.

5 [1] 내 친구를 위하여 나는 노래하리라,
내 애인이 자기 포도밭을 두고 부른 노래를.

내 친구에게는 기름진 산등성이에
포도밭이 하나 있었네.
2 땅을 일구고 돌을 골라내어
좋은 포도나무를 심었네.
그 가운데에 탑을 세우고
포도 확도 만들었네.
그러고는 좋은 포도가 맺기를 바랐는데
들포도를 맺었다네.

3 자 이제, 예루살렘 주민들아
유다 사람들아
나와 내 포도밭 사이에
시비를 가려 다오!
4 내 포도밭을 위하여 내가 무엇을 더 해야 했더란 말이냐?
내가 해 주지 않은 것이 무엇이란 말이냐?
나는 좋은 포도가 맺기를 바랐는데
어찌하여 들포도를 맺었느냐?
5 이제 내가 내 포도밭에 무슨 일을 하려는지
너희에게 알려 주리라.
울타리를 걷어치워 뜯어 먹히게 하고
담을 허물어 짓밟히게 하리라.
6 그것을 황폐하게 내버려 두어
가지치기도 못 하고
김매기도 못 하게 하여
가시덤불과 엉겅퀴가 올라오게 하리라.
또 구름에게 명령하여
그 위에 비를 내리지 못하게 하리라.

어 '후파'는 신방을 지칭하기도 한다(시편 19,6; 요엘 2,16 참조). 오늘날에는 혼인 예식 때 부부 위에 덮는 가리개를 이렇게 부른다.

5,2. 동사 "일구다"는 히브리 성경에서 여기에만 사용된다. 고대 그리스어 번역본과 (새) 대중 라틴말 성경은 "울타리를 치다"로 번역한다(마태 21,33; 마르 12,1의 본문은 이로써 설명된다). 히브리어 본문에 따르면 썩고 병든 열매가 달린다. 고대 그리스어 번역본에서는 "가시"를 언급하고, (새) 대중 라틴말 성경은 "신 포도"로 되어 있다.

5,6. "가시덤불과 엉겅퀴"는 이어지는 장들에서 다시 나타난다(7,23-25; 9,17; 10,17; 27,4 참조).

5,1-7 27,2-6; 탈출 15,17; 2사무 7,10; 시편 44,3; 80,9-17; 예레 2,21; 호세 10,1.
5,5 시편 89,41. 5,6 신명 11,17; 28,24.

5,1-7. 이사야는 비유를 통해 고발을 제기한다. 하느님의 치유를 강조하는데, 그 치유는 시간적으로 지속되며 결실을 맺기 위하여 하느님께서는 인내롭게 기다리신다(2.4.7절에서 동사 "바라다", "기다리다"가 반복된다). 반면 이스라엘은 감사할 줄 모른다. 이 이야기는 2사무 12,1-7에서와 마찬가지로 듣는 이들이 판결을 받고(3절) 자신들이 그 안에 연관되어 있음을 발견한다(7절). 보호를 잃는 것은(5절) 아시리아가 침입하는 순간 치명적인 결과를 가져올 것이다(6-12장).

✠ 5,1-7. 가해 연중 제27주일에 이 단락을 마태 21,33-43 나쁜 포도밭 소작인들의 비유와 함께 읽는다. 이러한 연결은 논리적이며, 예수님의 개입으로 사실들에 대한 묘사가 듣는 이들을 연루시키게 된다. 고해성사 예식은 이 본문을 독서에 포함한다.

5,7. 히브리어 본문은 강한 언어 유희로 되어 있다. "그분께서는 '미스팟'을 바라셨는데 '미스파'가 웬 말이냐? '츠다카'를 바라셨는데 '츠아카'가 웬 말이냐?" "공정"이라는 단어는 재판과 관련된다. 재판관의 판결을 가리키지만 그 판결의 내용, 그리고 법과 공의에 따른 행동을 뜻하기도 한다. 한편 "정의"는 특히 인간과, 그리고 하느님과의 관계를 지칭한다. 정의롭게 산다는 것은 이웃과, 하느님과 올바르고 적절한 관계를 갖는 것을 뜻한다. 성경에 따르면 임금의 임무는 "정의와 공정을 행하는 것" 곧 사회적 관계들이 지배와 억압이 되지 않도록 통치하는 것이다.

5,10. 동사 "내다"는 8-10절을 같은 어근이 일곱 번 반복되는 (2.4.5절) 포도밭 노래에 연결시킨다. 농장은 그 땅을 가꾸기 위하여 뿌린 씨의 10분의 1의 결실을 낼 것이다. "열흘 갈이"는 하루 동안 소들의 "멍에" 열 개로 갈 수 있는 땅을 가리킨다. '밧'이나 '에파'는(에제 45,11 참조) 약 45리터이며 10분의 1호메르이다(호메르는 본래 당나귀 한 마리가 지는 짐을 가리킨다).

5,11. 두 번째 불행 선언은 포도밭의 열매인(1-7.10절) 포도주에 연관된다. 지나친 음주는 현인들의 가르침에 반대된다(잠언 20,1; 23,29-35; 호세 4,11; 아모 4,1; 미카 2,11 참조).

5,12. "주님의 업적"은 전형적인 이사야의 표현으로 당신 백성에 대한 하느님의 돌보심, 역사 안에서 생명과 구원을 위하여 하느님께서 하시는 일들을 가리킨다. 5,19; 10,12.23; 19,25; 29,23; 43,13; 45,11; 60,21; 64,7 참조.

5,13. "지각이 없어"는 (새) 대중 라틴말 성경에 따른 번역이다. 고대 그리스어 번역본은 "그들은 주님을 알지 못하여"로 옮긴다(호세 4,6 참조).

7 만군의 주님의 포도밭은
이스라엘 집안이요
유다 사람들은
그분께서 좋아하시는 나무라네.
그분께서는 공정을 바라셨는데
피 흘림이 웬 말이냐?
정의를 바라셨는데
울부짖음이 웬 말이냐?

여섯 가지 재앙의 선포

8 불행하여라, 빈터 하나 남지 않을 때까지
집에 집을 더해 가고
밭에 밭을 늘려 가는 자들!
너희만 이 땅 한가운데에서 살려 하는구나.
9 만군의 주님께서 나의 귀에다 말씀하셨다.
"정녕 수많은 집들이 폐허가 되어
크고 좋은 집들에도 사는 사람이 없으리라.
10 열흘 갈이 포도밭이 포도주 한 밧밖에 내지 못하고
한 호메르의 씨앗이 곡식 한 에파밖에 내지 못하리라."

11 불행하여라, 아침 일찍부터
독한 술을 찾아다니고
저녁 늦게까지
술로 달아오르는 자들!
12 그들은 비파와 수금, 손북과 피리 소리와 더불어
술을 마셔 대면서
주님의 업적에는 관심도 기울이지 않고
주님의 손이 이루신 일에는 눈도 돌리지 않는다.
13 그러므로 나의 백성은
지각이 없어 포로로 끌려가리라.
귀족들은 굶주리고
평민들은 갈증으로 목이 타리라.
14 그리하여 저승이 목구멍을 한껏 벌리고
그 입을 한없이 열어젖히면

5,7 66,12; 잠언 8,30-31; 예레 31,20. 5,8 1,4. 5,12 아모 6,1.3-6. 5,14 하바 2,5.

5,8-24. 예언자는 서로 연결된 여섯 개의 불행 선언("불행하여라" 8.11.18.20.21.22; 이사 1,4 참조) 끝에 심판을 예고한다. 그는 점층법으로 소유욕과 부유함으로 인한 방탕함, 가난한 이들에 대한 무관심, 거룩하신 분의 말씀에 대한 경멸의 위험성을 고찰한다.

그들의 영화와 법석거림이,
떠들썩하게 기뻐 뛰던 자들이 그곳으로 빠져 들리라.
15 인간이 비천해지고 사람이 낮아지리라.
거만한 자들의 눈도 낮아지리라.
16 그러나 만군의 주님께서는 공정으로 드높으시고
거룩하신 하느님께서는 정의로 거룩하심을 드러내시리라.
17 어린양들은 그곳에서 제 목장인 양 풀을 뜯고
살진 새끼 염소들은 그 폐허에서 풀을 뜯어 먹으리라.

18 불행하여라, 거짓의 끈으로 죄를 끌어당기고
수레의 줄을 당기듯 죄악을 끌어당기는 자들!
19 "우리가 볼 수 있게
그분께서 당신 일을 빨리 서둘러 해 보시라지.
우리가 알 수 있게
이스라엘의 거룩하신 분의 뜻이
드러나 이루어져 보라지." 하고 말하는 자들!
20 불행하여라, 좋은 것을 나쁘다 하고
나쁜 것을 좋다 하는 자들!
어둠을 빛으로 만들고
빛을 어둠으로 만드는 자들!
쓴 것을 단 것으로 만들고
단 것을 쓴 것으로 만드는 자들!
21 불행하여라, 스스로 지혜롭다 하는 자들
자신을 슬기롭다 여기는 자들!
22 불행하여라, 술 마시는 데에는 용사들이요
독한 술을 섞는 데에는 대장부인 자들!
23 뇌물 때문에 죄인을 죄 없다 하고
죄 없는 이들의 권리를 빼앗는 자들!

24 그러므로 불길이 시푸라기를 삼키듯
검불이 불꽃에 스러지듯
그들의 뿌리는 썩고
그들의 꽃은 먼지처럼 날아가리라.
그들은 만군의 주님의 가르침을 업신여기고
이스라엘의 거룩하신 분의 말씀을 경멸하였다.

5,15-16 2,9.11. 5,18 예레 2,19. 5,19 예레 17,15. 5,22-23 28,7; 잠언 31,4-5.
5,23 1,23. 5,24 1,4; 33,11; 40,24; 아모 2,4.

5,17. "살진 새끼 염소들" 히브리어 본문은 "외국인들"('가림')을 언급한다([새] 대중 라틴말 성경도 동일). 그러나 많은 저자들은 '그다임'을 필사자가 잘못 옮겨 적은 것으로 본다. 이 가설은 "어린 양들"로 되어 있는 고대 그리스어 번역본에 의해서도 부분적으로 지지를 받는다.

5,19. 하느님의 "일"에 대한 언급으로 앞의 불행 선언과 연결된다(12절). 여기서 주님의 "뜻, 계획"이라는 모티브가 나타난다. 모든 민족은(아시리아, 아람, 이집트, 에돔, 사마리아, 예루살렘) 자신들의 전략을 세운다. 임금들은 자기 고문관과 현인들에게서 어떤 계약을 맺어야 할지, 어떤 전쟁을 해야 할지를 묻고 백성의 행복과 번영, 왕실의 특권을 보장하며 평화와 구원을 도모한다. 온 세상의 임금이시며 지극히 지혜로우신(31,2 참조) 주님께서도 당신 계획을 갖고 계신다. 그 계획은 평화와 승리를 보증하지만 죽음도 예견한다. 8,10; 11,2; 14,26; 16,3; 19,3.11.17; 25,1; 28,29; 29,15; 30,1; 36,5; 40,13; 44,26; 46,10-11; 47,13 참조.

5,20. 네 번째 불행 선언은 19절에 연결된다("불행하여라, … 라고 말하는 자들").

5,22-24. 마지막 불행 선언은 앞의 내용을 요약하고 끝맺으면서 정의의 부재를 강조한다(어근 '체덱'이 23절에서 세 번 반복되면서 7절에 연결된다).

5,25. 결론을 내리는 의미를 지니는 접속사들이 여러 차례 나온 다음(13.14.24절) 여기서 "그러므로"로써 앞의 절들에서 말한 것들에 대한 논평으로 여겨지는 단락이 도입된다.

5,26. 아시리아의 침입을 가리킬 가능성이 매우 크다. 그러나 아시리아는 그 후 곧 징벌을 받는다(10,5.12 참조).

주님의 분노

25 그러므로 주님의 분노가 당신 백성 위에 타올라
당신 손을 뻗치시어 그들을 치시니
산들이 뒤흔들리고 그들의 주검들이
오물처럼 거리 한가운데에 널려 있다.
이 모든 것에도 그분의 분노는 풀리지 않아
그분의 손은 여전히 뻗쳐 있다.

아시리아인들의 침입

26 그분께서는 먼 곳의 민족에게 깃발을 올리시고
휘파람을 부시어 그들을 땅끝에서 불러오신다.
보라, 그들이 서둘러 날쌔게 달려온다.
27 그들 가운데에는 지친 자도 없고 비틀거리는 자도 없으며
아무도 졸지 않고 잠들지 않는다.
허리띠가 풀린 자도 신발 끈이 끊어진 자도 없다.
28 그들의 화살은 날카롭고
활시위는 모두 당겨져 있다.
그들의 말발굽은 차돌과 같고
병거의 바퀴들은 폭풍과 같다.
29 그들은 암사자처럼 포효하고
힘센 사자들처럼 함성을 지른다.
으르렁거리다 먹이를 잡아채 끌어가면
아무도 빼내지 못한다.
30 그날 그들은 노호하는 바다처럼
이 백성에게 으르렁거리리라.
땅을 바라보면 암흑과 고난뿐
빛마저 구름으로 어두워지리라.

5,25ㄱ 1,5; 14,27; 23,11; 31,3; 탈출 32,10-11. 5,25ㄴ 51,20; 시편 18,8; 나훔 1,5; 즈카 14,5. 5,25ㄷ 9,11.16.20; 10,4. 5,26 7,18; 11,12; 13,2; 49,22; 신명 28,49. 5,30 2,5; 8,22; 창세 1,2; 예레 4,23-26.

5,25-30. 하느님의 가르침을 고의적으로 거부한 백성에게 내려진 선고를 선포한다. 외국 군대의 손으로 선고가 집행되며 멸망을 가져온다. 사용된 표상들은 대격변을 나타낸다.

이사야의 소명

6 1 우찌야 임금이 죽던 해에, 나는 높이 솟아오른 어
좌에 앉아 계시는 주님을 뵈었는데, 그분의 옷자락
이 성전을 가득 채우고 있었다. 2 그분 위로는 사랍들이 있
는데, 저마다 날개를 여섯씩 가지고서, 둘로는 얼굴을 가
리고 둘로는 발을 가리고 둘로는 날아다녔다. 3 그리고 그
들은 서로 주고받으며 외쳤다.
"거룩하시다, 거룩하시다, 거룩하시다, 만군의 주님!
온 땅에 그분의 영광이 가득하다."
4 그 외치는 소리에 문지방 바닥이 뒤흔들리고 성전은 연
기로 가득 찼다. 5 나는 말하였다.
"큰일 났구나. 나는 이제 망했다.
나는 입술이 더러운 사람이다.
입술이 더러운 백성 가운데 살면서
임금이신 만군의 주님을 내 눈으로 뵙다니!"
6 그러자 사랍들 가운데 하나가 제단에서 타는 숯을 부집
게로 집어 손에 들고 나에게 날아와, 7 그것을 내 입에 대
고 말하였다.
"자, 이것이 너의 입술에 닿았으니
너의 죄는 없어지고 너의 죄악은 사라졌다."
8 그때에 나는 이렇게 말씀하시는 주님의 소리를 들었다.

6,1 14,28-29; 1열왕 22,19. 6,3 시편 99; 하바 2,14. 6,5 잠언 6,12-14; 마태 15,18.

6. 유다에 임금이 없을 때 예언자는 불사의 참된 임금이 누구신지를 알게 된다. 아시리아 군대가 쳐들어올 때 궁정의 고문관들은 어떤 동맹이 더 유리할지를 찾지만, 이사야는 조상들의 가르침의 가치를 발견한다. "주님께서는 영원무궁토록 다스리신다."(탈출 15,18) 구원은 시나이에서 그분과 맺은 계약에 뿌리를 두는 데 있을 것이다. 백성 안에 이러한 확신을 새롭게 하도록 부름받은 이사야는 모세의 체험을 재현하도록 신비롭게 이끌린다.

6,1-8. 이 부분은 소명과 파견 설화의 전형적 요소들을 담고 있다(예레 1장; 에제 1-3장 참조). 신현, 부름받은 사람의 이의 제기, 하느님의 확인 표지, 파견이 그 요소들이다. 주님께서 주도권을 쥐시고, 인간은 뜻밖의 일이므로 이에 저항한다. 그 후 하느님은 그에게 친밀한 관계를 맺으시려는 당신 결정을 보여 주신다. 소명은 파견으로 옮겨진다. 주님을 알게 되는 것은 자기 백성의 하느님을 알게 되는 것을 의미하기 때문이다. 그분께 자신을 열어 놓는 것은 언젠가 스스로 그분 백성의 형제임을 의식하고 그들에게 자신을 열어 놓는 것을 뜻한다(신명 18,15 참조). 이사야는 이렇게 하여 백성이 갈 길로 나아간다. 불타는 숯으로 정화된 그의 입술은 유다가 불탈 것을 예고하고, 또한 이로써 유다가 정화되고 거룩하신 분께서 영광을 받으실 것을 예고한다.

6,1-2ㄱ.3-8. 다해 연중 제5주일은 부르심이라는 주제를 중심으로 이사야 예언자의 부르심과 첫 제자들이자 사도가 될 "사람 낚는 어부들"의 부르심에 대해 읽는다. 그래서 이 본문은 사제 및 수도 성소 기원 미사의 독서에 들어 있다.

6,7-11. 하느님께서 그에게 제시하신 사명을 행하기 위하여 예언자는 정화되어야 한다(6-7절). 그 사명에서 이사야는 하느님의 말씀을 거스르는 눈멀고 완고한 이스라엘에 부딪힐 것이다(9-10절). 이러한 전망은 예언자를 당황시키지만(11절), 그는 "남은 자들"이 시련과 징벌을 통하여 구원되고 하느님께 충실해지리라는 보증을 받는다("그 그루터기는 거룩한 씨앗이다.").

6,1ㄱ. 임금이 세상을 떠나는 것은 내적 분열과 정복 지역의 반란을 가져와 정치적으로 불안해지는 시기가 되었다. 2역대 26,6-8; 28,18; 이사 14,2 참조.

6,1ㄴ. 성전에 들어가면서 예언자는 하느님 현존의 신비를 느낀다(탈출 40,35 참조). 그는 주님께서 어좌에 앉아 계시면서도 성전보다 무한히 더 높은 곳에 계심을 본다. 성전에서는 상징적으로 그분 옷자락만 보인다.

6,2. 그리스어 번역본과 대중 라틴말 성경은 거룩하신 분 주위에 있는 피조물들의 이름을 번역하지 않으며 단순히 히브리어 '사랍'을 음역한다. 이 단어는 "타오르는"을 뜻하며 민수 21,6과 신명 8,15에서 독사와 관련하여 사용된다. 그 독사가 물면 "타오르게" 된다. 이들은 날개가 있으며, 이사 14,29과 30,6처럼 어좌를 지키는 역할을 한다. 아마도 숯 위에 태운(6절) 향을 피워 올렸던 느후스탄과 같은 기물에서 영향을 받은 개념일 것이다(2열왕 18,4 참조).

6,3-4. 이스라엘은 거룩함을 경멸했으나(1,4; 5,19.24 참조) 타오르는 존재들은 "거룩하시다"고 외친다. 거룩함은 귀가 먹먹해지고 접근할 수 없는 것, 연기로 뒤덮이고 문지방 바닥이 요동치면서 성전 자체를 뒤흔드는 것이다. 시나이의 체험이 재현된다(탈출 19,16-19 참조).

6,5. "만군"은 별들의 군대를 지칭한다.

6,5-7. 거룩한 분 앞에서 이사야는 회개의 길을 시작하며 자기 자신을 의식하고 백성에 대한 책임을 맡는다. 그는 자기 잘못을 고백하고 그 중대함을 알게 된다. 그는 백성과 달리 하느님께서 임금이심을 보고 깨달으며(5,12.19 참조), 고통을 통하여 속죄를 얻는다(7절). 이렇게 하여 새로워진 이스라엘의 모습을 그려 보인다(10,20; 12,6 참조).

6,9-10. 보고도 깨치지 못한다는 모티브는 죄를 고발하기 위하여(29,9-10 참조) 또는 구원을 선포하기 위하여 다시 사용된다(32,3-4; 35,5-6 참조). 예수님의 사명도 같은 방향으로 이루어지는데, 이는 마르 4,12(병행)과 눈먼 이들과 귀먹은 이들의 치유 기적들에서 알아볼 수 있다.

"내가 누구를 보낼까? 누가 우리를 위하여 가리오?"
"제가 있지 않습니까? 저를 보내십시오." 하고 내가 아뢰었더니
9 그분께서 말씀하셨다.
"너는 가서 저 백성에게 말하여라.
'너희는 듣고 또 들어라. 그러나 깨닫지는 마라.
너희는 보고 또 보아라. 그러나 깨치지는 마라.'
10 너는 저 백성의 마음을 무디게 하고
그 귀를 어둡게 하며 그 눈을 들어붙게 하여라.
그들이 눈으로 보고 귀로 듣고
마음으로 깨닫고서는 돌아와 치유되는 일이 없게 하여라."
11 그래서 내가 아뢰었다.
"주님, 언제까지입니까?"
그분께서 말씀하셨다.
"성읍들이 주민 없이
황폐하게 되고
집집마다 사람이 없으며
경작지도 황무지로 황폐해질 때까지다.
12 주님이 사람들을 멀리 쫓아내
이 땅에는 황량함이 그득하리라.
13 아직 그곳에 십분의 일이 남아 있다 하여도
그들마저 다시 뜯어 먹히리라.
향엽나무와 참나무가 잘릴 때
거기에 남는 그루터기와 같으리라.
그 그루터기는 거룩한 씨앗이다."

6,11 5,9; 시편 74,10; 79,5; 94,3.

6,9-10. 예언자는 백성과 달리 보고 들으면서 회개를 향한다. 이 구절은 이 일들이 이미 일어난 후 곧 예언자의 설교가 실패한 다음에 말한 내용을 담고 있을 수 있다. 그보다 더 가능성이 큰 것은, 본문이 이스라엘의 반항에도 불구하고 하느님의 주권을 선포한다는 것이다. 어떤 경우든지 인간의 마음이 완고해지는 것은 신비롭게 하느님께 종속된다. 탈출 7,3.22; 14,17 참조.

유형무형한 모든 피조물을 초월하는 주님의 무한한 엄위의 신비를 이렇게 드높게 표현한 성경 본문은 드물다. 이 엄위하심은 이사야의 설교를 특징짓는데, 그는 하느님의 거룩하심을 끊임없이 선포하여 그분을 "이스라엘의 거룩하신 분"으로 정의하며(예를 들어 1,4; 5,19.24 참조) 이스라엘을 비롯해 역사에 대한 그분의 지배를 선포한다. 여기서 예언자의 소명은 천상 조정의 회의에 참석하는 것, 곧 하느님의 신비와 역사에 대한 그분의 계획을 알게 되는 것으로 이해된다.

6,11-13. 징벌의 시간이 다가온다. 그러나 죽음 속에서 희망이 피어난다. 남은 자들이 "거룩한 씨앗"이 남아 있을 것이다.

아하즈에게 내린 첫 번째 경고

7 1 우찌야의 손자이며 요탐의 아들인 유다 임금 아
하즈 시대에, 아람 임금 르친과 르말야의 아들인
이스라엘 임금 페카가 예루살렘을 치러 올라왔지만 정복
하지는 못하였다. 2 아람이 에프라임에 진주하였다는 소식
이 다윗 왕실에 전해지자, 숲의 나무들이 바람 앞에 떨듯
임금의 마음과 그 백성의 마음이 떨렸다.
3 그러자 주님께서 이사야에게 말씀하셨다. "너는 네 아들
스아르 야숩과 함께 '마전장이 밭'에 이르는 길가 윗저수
지의 수로 끝으로 나가서 아하즈를 만나, 4 그에게 말하여
라.

'진정하고 안심하여라, 두려워하지 마라.
르친과 아람, 그리고 르말야의 아들이
격분을 터뜨린다 하여도
이 둘은 타고 남아
연기만 나는 장작 끄트머리에 지나지 않으니
네 마음이 약해지는 일이 없도록 하여라.
5 아람이 에프라임과 르말야의 아들과 함께
너를 해칠 계획을 꾸미고 말하였다.
6 '우리가 유다로 쳐 올라가
유다를 질겁하게 하고 우리 것으로 빼앗아
그곳에다 타브알의 아들을 임금으로 세우자.'
7 주 하느님께서 이렇게 말씀하셨다.
'그런 일은 이루어지지 않으리라. 그렇게 되지 않으리라.
8 아람의 우두머리는 다마스쿠스요
다마스쿠스의 우두머리는 르친이기 때문이다.
이제 예순다섯 해만 있으면
에프라임은 무너져 한 민족으로 남아 있지 못하리라.

7,3. 임금은 아마도 도성의 저수지를 조사하고 있다. 스스로 하느님의 표지인 이사야는 "남은 자가 돌아올 것이다."라는 이름의 아들과 함께 임금을 만나러 간다.

7,4. 적군의 임금들은 두려워할 대상이 아니다. "연기만 나는 장작 끄트머리"는 그들 분노의 힘이 이미 사라졌음을 뜻한다. 그들은 장차 불태워질 나뭇가지에 지나지 않는다.

7,6. 히브리어 원문에는 그 허수아비 임금의 모음 표기가 '타브알'로 되어 있다("아무 쓸모없는"). 칠십인역에는 '타브엘'("하느님은 좋으시다")로 되어 있다.

7,8ㄴ. 아마도 일종의 해설로, 에프라임에 이스라엘의 거주지를 재건하리라는 믿음이 깨진 상황을 암시한다. 현대어 번역자들은 8절 후반을 9절 전반 다음으로 옮기기도 하지만, 히브리어 본문이나 고대 번역본들(새 대중 라틴말 성경 포함)에는 그런 예가 없다.

7,1 2열왕 16,5. 7,3 36,2. 7,8-9 1열왕 19,15-16.

7. 6,10에서 예고된 대로 백성의 마음이 완고해지는 것은 아하즈의 마음에서부터 드러나기 시작한다. 믿지 못하는 임금에게 이사야는 고통의 때에 구원을 예고하는 아기의 탄생을 통하여 생명의 표지를 보여 준다. 표제 역할을 하는 1절은 임금이 예언자와 만나게 되는 상황을 묘사하며 예루살렘 포위의 결과를 언급한다. 2-17절은 도성의 해방이 어떻게 이루어지는지를 보여 준다. 18-25절은 여기에 전해진 사건 안에서 앞으로 일어나야 할 일들에 대한 계시를 읽어 낸다. 그 아기에게는 신비로운 축복이 결부되는데, 이는 시련의 때에 특별히 강렬하게 체험된다. 그 아기 안에서 앞서 찬양받으신 주님의 왕권이 구체적 형태를 취한다(6,1-5 참조).

7,2-9. 아하즈에게 주님의 첫 말씀이 전해지며, 그에게 다윗 왕조의 기틀이 되는 약속을 되새길 것을 권고한다. 그가 믿음을 갖는다면 왕조는 굳건할 것이다(2사무 7,16 참조).

9 에프라임의 우두머리는 사마리아요
사마리아의 우두머리는 르말야의 아들이기 때문이다.
너희가 믿지 않으면
정녕 서 있지 못하리라.'"

두 번째 경고: 임마누엘의 표징

10 주님께서 아하즈에게 다시 이르셨다. 11 "너는 주 너의
하느님께 너를 위하여 표징을 청하여라. 저 저승 깊은 곳
에 있는 것이든, 저 위 높은 곳에 있는 것이든 아무것이나
청하여라." 12 아하즈가 대답하였다. "저는 청하지 않겠습
니다. 그리고 주님을 시험하지 않으렵니다."
13 그러자 이사야가 말하였다. "다윗 왕실은 잘 들으십시
오! 여러분은 사람들을 성가시게 하는 것으로는 부족하
여 나의 하느님까지 성가시게 하려 합니까? 14 그러므로 주
님께서 몸소 여러분에게 표징을 주실 것입니다. 보십시오,
젊은 여인이 잉태하여 아들을 낳고 그 이름을 임마누엘이
라 할 것입니다. 15 나쁜 것을 물리치고 좋은 것을 선택할
줄 알게 될 때, 그는 엉긴 젖과 꿀을 먹을 것입니다. 16 그
아이가 나쁜 것을 물리치고 좋은 것을 선택할 줄 알게 되
기 전에, 임금님께서 혐오하시는 저 두 임금의 땅은 황량
하게 될 것입니다. 17 주님께서는 아시리아의 임금을 시켜,
임금님과 임금님의 백성과 임금님 부친의 집안에, 에프라
임이 유다에서 떨어져 나간 날 이후 겪어 본 적이 없는 날
들을 닥치게 하실 것입니다."

7,9 탈출 14,31; 하바 2,1-4. 7,11 1사무 9,6-10,16.

✠ 7,10-14. 가해 대림 제4주일과 주님 탄생 예고 대축일(3월 25일)에는 메시아적 의미와 성모님께 적용된 의미로 이 단락을 읽는다. 위에 언급된 "젊은 여인"('알마')에 대한 두 가지 해석 때문이다.

7,10-17. 죽음이 임박해 보일 때 포위한 군대의 등 뒤에서 예언자는 표지와 함께 두 번째 말씀을 선포한다. 이로써 주님께서, 살아 계신 분께서, 태어나게 하시고 생명을 주시는 분께서 지금도 당신 백성 가운데 계심을 일깨운다(14절). 아마도 임금의 아내를 암시하는데, 그에게서 히즈키야가 태어날 것이다. 히즈키야에 대해서는 "주님께서는 그와 함께" 계시다고 일컬어지며(2열왕 18,7), 이 문장은 "임마누엘"이라는 의미를 암시한다("하느님께서 우리와 함께 계시다"). 주님의 도우심은 전통에서와 마찬가지로(1사무 18,14 참조) 아기가 판단을 내릴 수 있는 나이가 되기 전(16절) 이른 시일 내에 이루어질 군사적 승리에 결부된다. 전해진 신탁은 호의적이다. 그러나 그 구원은 아시리아 임금의 무서운 침입을 예상하며 수수께끼와 같은 면모를 지닌다(17절).

7,9ㄴ. 히브리어 문장에는 동사 '아만'의 두 형태 '로 타아미누'("믿다") '로 테아메누'("서 있다")로 언어유희를 이룬다.

7,12. 자신을 위하여 그리고 임금으로서 백성을 위하여 응답하도록 부름받은 아하즈는 겉으로는 신명 6,16의 규정을 구실삼아 뒤로 물러난다. 그러나 그의 말에 비추어 보면 위선이 명백하다(2열왕 16,1-4 참조). 그는 자신을 아람과 에프라임에게서 해방해 줄 아시리아와 계약을 맺으려 하고, 간섭받기를 원치 않는다.

7,14. "젊은 여인"은 히브리어 '알마'의 번역이다. 이 단어는 사춘기에 이른 여자를 지칭하며, 처녀에도 사용한다(창세 24,43; 탈출 2,8 참조). 그러므로 고대 그리스어 번역본의 '파르테노스'("처녀")는 원문에 대한 무리한 번역은 아니다. 마태 1,23은 이 단락(그리스어)을 인용하여 예수님의 잉태가 어떻게 이루어졌는지 설명한다. 근접 문맥을 볼 때(마태 1,20 참조), 이 예언이 특별한 방법으로 자구적으로 성취된 것으로 보고 있음을 알 수 있다. 젊은 여인 마리아는 동정녀로서 잉태했다는 것이다.

7,15. 이 구절의 의미는 이중적이다. 엉긴 젖(버터)과 꿀을 먹는다는 것은 "젖과 꿀이 흐르는"(탈출 3,8; 레위 20,24; 민수 13,27; 신명 6,3; 여호 5,6; 예레 11,5 참조) 약속된 땅을 향유하는 것을 의미할 수도 있고, 곡식도 없고 고기도 먹을 수 없는("우유"가 "엉긴 젖"이므로) 궁핍한 시기를 나타낼 수도 있다(아래 22절에서와 같이). 시간을 나타내는 접속사 역시 "…전에"라고 옮길 수도 있고 "…할 때"로 옮길 수도 있다. 그러므로 네 가지 조합이 가능하다. 잠시 동안의 번영, 아직 잠시 동안 지속될 곤궁함, 곧 있을 번영 또는 곧 있을 곤궁함을 뜻할 수 있다. 한편으로는 시리아-에프라임의 위협이 사라지리라고 말하고(16절), 다른 한편으로는 아시리아의 진군을 예고한다(17절).

'그날'에 일어날 멸망과 구원

18 그날에 이러한 일이 일어나리라.
주님께서 휘파람을 부시어
이집트 강들 끝에 있는 파리들과
아시리아 땅에 있는 벌들을 불러오시리라.
19 그것들은 모두 몰려와서
험한 계곡들과 바위틈에,
모든 가시 덩굴과 모든 물터에 내려앉으리라.

20 그날에 주님께서는 강 건너편에서 빌려 온 칼로
아시리아의 임금을 시켜
머리털과 다리털을 밀고
수염까지도 깎아 버리게 하시리라.

21 그날에 이러한 일이 일어나리라.
사람마다 젊은 암소 한 마리와 양 두 마리를 키우리라.
22 이것들이 내는 젖이 넉넉하여
엉긴 젖을 먹게 되리라.
정녕 이 땅에 남은 자들은 모두
엉긴 젖과 꿀을 먹게 되리라.

23 그날에 이러한 일이 일어나리라.
값이 은전 천 닢이나 되는
포도나무 천 그루가 있는 곳이 모두
가시덤불과 엉겅퀴로 덮이리라.
24 온 땅이 가시덤불과 엉겅퀴로 뒤덮여
살과 활을 가지고서야 그리로 들어갈 수 있으리라.
25 괭이로 일구어 오던 모든 산에도
가시덤불과 엉겅퀴가 무서워 너는 그리로 들어가지 못하리라.
다만 소나 먹이고 양이나 밟고 다니는 곳이 되고 말리라.

7,19. 아시리아 군대에 비하면 에프라임과 아람의 공격은 흐릿한 예고에 불과하다. 2절과 19절에서 같은 히브리어 동사가 사용된다(각각 "진주하였다"와 "내려앉으리라"로 번역하였다).

7,20. "강"은 약속된 땅의 이상적 경계인 유프라테스강을 지칭한다(탈출 23,31; 1열왕 5,1 참조).

7,18 5,26; 즈카 10,8. 7,22 1,8-9; 4,3. 7,23 5,6. 7,25 10,6.

7,18-25. "그날에"라는 표현으로 구분된(18.20.21.23절) 네 개의 신탁이 여러 표상들로 침략을 예고한다. 아시리아는 구석구석 몰려드는 파리와 벌들처럼 쳐들어올 것이다. 아시리아는 이스라엘의 털을 깎아 수치를 입히는(2사무 10,4-5 참조) 면도날과 같다. 땅은 가시 덩굴과 엉겅퀴로 덮이고, 밭에는 짐승들만 풀을 뜯을 것이다. 그러나 그 상황에서도 적은 짐승들과 함께 살아남은 이들은 풍요로움을 누릴 것이며 땅의 축복을 입을 것이다("젖과 꿀").

이사야의 아들의 탄생과 그의 상징적 이름

8 1 주님께서 나에게 말씀하셨다. "너는 커다란 서판
을 가져다가, 거기에 보통 글씨로 '마헤르 살랄 하
스 바즈를 위하여'라고 써라." 2 그래서 나는 사제인 우리야
와 여베레크야의 아들 즈카르야를 믿을 만한 증인들로 내
세웠다. 3 그런 다음 나는 여예언자를 가까이하였다. 그러
자 그 여자가 잉태하여 아들을 낳았는데, 그때에 주님께
서 나에게 분부하셨다. "그의 이름을 마헤르 살랄 하스 바
즈라고 하여라. 4 이 아이가 '아빠', '엄마'라 부를 줄 알기
전에 다마스쿠스의 재물과 사마리아의 전리품이 아시리
아의 임금 앞으로 운반될 것이기 때문이다."

아시리아의 침공

5 주님께서 나에게 다시 말씀하셨다.
6 "이 백성이 잔잔히 흐르는 실로아 물을 업신여기고
르친과 르말야의 아들 앞에서 용기를 잃었다."
7 그러니 보라, 주님께서는 세차고 큰 강물이,
아시리아의 임금과 그의 모든 영광이
그들 위로 치솟아 오르게 하시리라.
그것은 강바닥마다 차올라
둑마다 넘쳐흐르리라.
8 그리하여 강물은 유다로 밀려들어 와
목까지 차게 되리라.
그 날개를 활짝 펴서
너의 땅을 온통 뒤덮으리라, 아, 임마누엘!

승리의 표징인 임마누엘

9 민족들아, 발악해 보아라. 그러나 질겁하고 말리라.
세상의 먼 나라들아, 모두 귀를 기울여라.

8,1. "보통 글씨로" 대신에 고대 그리스어 번역본과 (새) 대중 라틴말 성경에 따라 "보통 철필로, 사람의 철필로"로 이해할 수도 있다. '마헤르 살랄 하스 바즈' 곧 "약탈물은 재빨리, 노략물은 날래게"는 예루살렘을 포위하고 있는 군대의 패배를 예고한다.

8,2. 우리야는 대사제일 가능성이 크다(2열왕 16,10-16 참조). 즈카르야는 아하즈의 외할아버지일 것이다(2열왕 18,2 참조).

8,5-10. 백성과 믿지 못하는 왕조에 대한 선고는 갑작스러운 해방의 예고로 끝난다. 아시리아의 침입은 저항할 수 없이 휩쓸려 버리는 홍수에 비유된다.

8,6. 실로아는 예루살렘의 기혼 샘 물을 끌어오는 수로이다(시편 46,5 참조). "용기를 잃었다"는 이해하기 어려운 동사 형태를 번역한 것이다. 고대 그리스어 번역본은 "르친과 르말야의 아들을 너희의 임금으로 삼으려 했다."는 뜻으로 되어 있다.

8,8. "그 날개"는 적진의 끝을 가리킬 수 있고(고대 그리스어 번역본) 하느님의 보호를 암시할 수도 있다(룻 2,12; 시편 17,8; 36,8; 57,2; 61,5; 63,8; 91,4; 마태 23,37 참조).

8,9. "허리를 동여매어라. 그러나 질겁하고 말리라." 이 구절은 히브리어 본문, 칠십인역, (새) 대중 라틴말 성경에서 두 번씩 반복된다. 많은 이들이 이 중복을 오류로 여긴다. 쿰란에서 발견된 히브리어 이사야서 두루마리에서도 중복하지 않는다.

8,3 2열왕 22,14. 8,6 7,4. 8,9-10 시편 46.

8,1-23ㄱ. 다마스쿠스와 사마리아는 아시리아에 패배할 것이지만(1-4절), 유다도 같은 운명을 겪을 것이다(5-8절). 궁정 전문가들의 계산이 빗나가고 나면 이미 이사야를 통해 전해진 주님의 말씀을 받아들일 수밖에 없을 것이다(11-20절). 백성에게는 캄캄한 밤이 될 것이다(21-22절).

8,1-4. 이사야는 어떤 물건에 한 사람의 이름을 써야 한다. 누군가 그 이름을 읽을 것이며 거기에서 침입이 임박했다는 예고를 알아볼 것이다. 무서운 의미를 지닌 그 이름은 예언자의 둘째 아들을 부르거나 언급할 때마다 다시 나올 것이다.

8,5-10. 아하즈는 사마리아와 다마스쿠스에 맞서 아시리아와 동맹을 맺지만(2열왕 16,7 참조), 예루살렘의 다른 분파는 아시리아에 맞서 사마리아와 다마스쿠스와 결합하기를 원한다. 그러나 아무도 하느님의 축복을 나타내는 실로아의 잔잔한 물을 믿지는 않는다. 그래서 그들이 찾았던 외국 군대들이 거센 물살로 덮쳐올 것이다. 약속된 구원의 표지인 임마누엘은 죽음의 위험 속에서도 구원될 것이다(이사 8,8.10 참조).

허리를 동여매어라. 그러나 질겁하고 말리라.
허리를 동여매어라. 그러나 질겁하고 말리라.
10 계획을 의논해 보아라. 그러나 깨져 버리리라.
결의를 말해 보아라. 그러나 성사되지 못하리라.
하느님께서는 우리와 함께 계시다.

주님만을 두려워하여라

11 주님께서 당신 손으로 나를 붙잡으시고 이 백성의 길을
걷지 말라고 경고하시며 이렇게 말씀하셨다.
12 이 백성이 모반이라고 하는 모든 것을
너희는 모반이라고 하지 마라.
그리고 그들이 두려워하는 것을
두려워하지도 말고 무서워하지도 마라.

13 너희는 만군의 주님만을 거룩히 모셔라.
그분만이 너희가 두려워해야 할 분이시고
그분만이 너희가 무서워해야 할 분이시다.
14 그분께서는 이스라엘의 두 집안에게
성소가 되시고
차여 넘어지게 하는 돌과
걸려 비틀거리게 하는 바위가 되시며
예루살렘 주민들에게는
덫과 올가미가 되시리라.
15 많은 이들이 거기에 걸려 비틀거리고
넘어져서 깨어지며
걸려들어 사로잡히리라.

봉인된 증언 문서

16 나는 이 증언 문서를 묶고
나의 제자들 앞에서 이 가르침을 봉인하리라.
17 그리고 주님을 기다리리라.
야곱 집안에서 당신 얼굴을 감추신 분
나는 그분을 고대하리라.
18 보라, 주님께서 나에게 주신 자녀들과 나야말로

8,16. "나의 제자들 앞에서" 자구적으로는 "나의 제자들 사이에서"이다.

8,14 24,17-18; 신명 32,4.13; 로마 9,33; 1베드 2,8. 8,15 28,13. 8,17-18 히브 2,13.

8,16-20. 백성이 귀를 기울이지 않자, 예언자는 자신과 자녀들을 백성을 위한 표징으로 내놓는다. 그들의 이름과(7,3; 8,1.3 참조) 별난 행동은 호기심을 불러일으킬 수도 있으며, 우리와 함께 계신 하느님을 신뢰하게 하는 초대가 될 수도 있다. 원수가 지배하고 주님의 말씀을 간절히 바라게 될 때가 되면(1사무 28,3-8; 아모 8,11 참조), 예언자의 증언을 보존한 이들 사이에서 그 증언을 찾아야 할 것이다.

시온산에 계시는 만군의 주님께서
이스라엘에 세우신 표징과 예표이다.

우매한 종교에 대한 경고

19 사람들이 너희에게 말한다. "속살거리며 중얼대는 영매
들과 점쟁이들에게 물어보아라. 백성마다 자기네 신들에
게 물어보고, 산 자들에 대하여 죽은 자들에게 물어보아
야 하지 않느냐?" 20 그러나 가르침과 증언을 살펴보아라!
그렇게 말하는 자들에게는 정녕코 서광이 없다.

역경의 때

21 그들은 억눌리고 허기진 채 걸어간다.
허기가 지면 그들은 화를 내며
자기네 임금과 자기네 하느님을 저주한다.
위를 향하여 고개를 쳐들었다가
22 땅을 내려다보건만
보라, 고난과 암흑, 답답한 어둠뿐.
그 흑암 속으로 그들은 내던져지리라.

23 그러나 곤궁에 처해 있는 그 땅에
더 이상 어둠이 없으리라.

장차 태어날 임금

23 옛날에는 즈불룬 땅과 납탈리 땅이
천대를 받았으나
앞으로는 바다로 가는 길과
요르단 건너편과 이민족들의 지역이
영화롭게 되리이다.

8,19. "영매들"이 히브리어 단어는 질문하러 불려 나오는 죽은 이의 "영"을 가리킬 수도 있고, 그 영을 불러 물을 수 있는 사람을 지칭하기도 한다. 신명 18,11 참조.

8,21. 이 신탁은 갑작스럽고 이해하기 어려운 방식으로 시작된다. 아마도 히브리어 본문이 손상되었을 것이다.

8,22. "그 흑암 속으로 그들은 내던져지리라." 본문이 다음 절과 조화를 이루도록 "그러나 그 어둠은 흩어지리라."로 수정하여 옮기기도 한다. 원문대로는 23절에서 새로운 단락이 시작한다.

8,23ㄱ. "지금은 곤궁에 처해 있는 그 땅에게 더 이상 어둠이 없으리라."로 옮길 수도 있다.

8,23ㄴ. 아람과 아시리아의 군사 공격으로 인한 이스라엘 북부의 피해를 암시한다. 본문을 이렇게 옮길 수도 있다. "그때에 먼저 … 천대하셨으나 마지막에는 바다로 가는 길 위에 새겨 두셨다."(또는 "그러나 마지막에는 분명 바다로 가는 길을 영광스럽게 하실 것이다.") 바다로 가는 길, 요르단 동편, 이민족들의 지역 갈릴래아는 이스라엘 땅에 아시리아인들이 만든 세 속주에 해당한다(두루, 갈라주, 마기두). 히브리어 '갈릴'은 원통형 또는 원형 물건을 지칭하지만, 여기서는 지명으로서 팔레스티나 북부를 지칭한다. 이것이 후에 갈릴래아로 불리게 된 지역과 정확히 일치하는지는 확인하기 어렵다(1열왕 9,11; 2열왕 15,29 참조).

8,19 신명 18,10-11. 8,22 5,30. 8,23-9,1 // 마태 4,15-16. 8,23ㄴ 2열왕 15,29.

8,23ㄴ-9,6. 억압과 수치의 운명에서 주님의 놀라운 개입으로 구원이 열린다. 그 구원은 훌륭한 임금을 통해 주어진다. 히즈키야가 "임금으로 태어나는" 즉위를 배경으로 하는 것일 수 있는 이 신탁은, 성경 전체 안에서 마리아의 아들이며 하느님의 아들이신 예수님과 연결된 구원의 때를 예고한다. 그분은 다윗의 왕좌에서 영원히 통치하실 것이다(루카 1,31-33 참조).

9 1 어둠 속을 걷던 백성이
큰 빛을 봅니다.
암흑의 땅에 사는 이들에게
빛이 비칩니다.
2 당신께서는 즐거움을 많게 하시고
기쁨을 크게 하십니다.
사람들이 당신 앞에서 기뻐합니다,
수확할 때 기뻐하듯
전리품을 나눌 때
즐거워하듯.
3 정녕 당신께서는 그들이 짊어진 멍에와
어깨에 멘 장대와
부역 감독관의 몽둥이를
미디안을 치신 그날처럼 부수십니다.
4 땅을 흔들며 저벅거리는 군화도
피 속에 뒹군 군복도
모조리 화염에 싸여
불꽃의 먹이가 됩니다.
5 우리에게 한 아기가 태어났고
우리에게 한 아들이 주어졌습니다.
왕권이 그의 어깨에 놓이고
그의 이름은 놀라운 경륜가,
용맹한 하느님, 영원한 아버지
평화의 군왕이라 불리리이다.
6 다윗의 왕좌와
그의 왕국 위에 놓인
그 왕권은 강대하고
그 평화는 끝이 없으리이다.
그는 이제부터 영원까지
공정과 정의로
그 왕국을 굳게 세우고 지켜 가리이다.
만군의 주님의 열정이 이를 이루시리이다.

9,2. 히브리어 본문이 손상된 것으로 보고 수정 번역한 것이다. 대중 라틴말 성경은 자구적으로 옮긴다. "당신께서 백성을 많게 하셨고, 기쁨을 크게 하지 않으셨습니다." 그렇게 옮길 경우에 기쁨은 백성 숫자가 많아졌다는 것을 확인하는 데서 나오기보다 주님 앞에 설 수 있다는 데서 나온다는 뜻이 된다("당신 앞에서 기뻐합니다.").

9,4. "땅을 흔들며 저벅거리는" 히브리어 본문은 큰 소리를 가리키는 단어를 사용하는데, 이것이 여기서 군인들의 발걸음과 연결된다. 전투의 소리와 연결지어 "격투를 벌이는"으로 옮길 수도 있다.

9,5. 신적 특징이나 호칭들을 임금에게 적용하는 것은 당시 군왕 사상에 따른 것이다(2사무 14,17; 시편 45,7; 즈카 12,8 참조).

9,3 14,5; 판관 7,19-25; 시편 81,7. 9,5ㅁ 28,29; 신명 10,17; 판관 13,18; 시편 77,15; 예레 32,18. 9,5ㅂ 창세 45,8; 판관 6,24; 시편 72,5; 미카 5,4. 9,6 37,32; 시편 89,15.

✠ 9,1-6. 전례에서는 이 본문을 분명한 메시아적 의미로 해석하며 주님 성탄 대축일에 읽는다. 성탄 시기에 가까운 가해 연중 제3주일(8,23ㄷ-9,3)에도 같은 의미로 읽는다.

에프라임을 벌하시는 주님의 손

7 주님께서 야곱을 거슬러 말씀을 보내시니
그것이 이스라엘 위로 떨어졌다.
8 모든 백성이,
에프라임과 사마리아의 주민들이 이를 알고서도
오만하고 자만한 마음으로 말하였다.
9 "토담이 허물어졌으니 네모 돌로 쌓자.
돌무화과나무가 부서졌으니 향백나무로 대신하자."
10 그래서 주님께서는 그들을 거슬러 적들을 일으키시고
원수들을 부추기셨다.
11 동에서는 아람이, 서에서는 필리스티아가
입을 크게 벌려 이스라엘을 삼켜 버렸다.

이 모든 것에도 그분의 진노는 풀리지 않아
그분의 손은 여전히 뻗쳐 있다.

12 그러나 이 백성은 자기를 치신 분에게 돌아가지 않았고
만군의 주님을 찾지도 않았다.
13 그래서 주님께서는 이스라엘의 머리와 꼬리를,
종려나무 가지와 골풀을 단 하루에 잘라 버리셨다.
14 원로와 고관이 머리고
거짓을 가르치는 예언자가 꼬리다.
15 이 백성의 지도자들이 잘못 이끌어
그 지도를 받은 이들이 혼란에 빠졌다.
16 그러므로 주님께서는 그들의 젊은이들을 탐탁히 여기
지 않으시고
그들의 고아와 과부들을 가엾이 여기지 않으셨다.
그들은 모두 무도한 자이며 악행을 저지르는 자이고
입이란 입은 모두 몰지각한 것만을 말한다.

이 모든 것에도 그분의 진노는 풀리지 않아

9,10. 히브리어 본문에는 "주님께서 그를 거슬러 르친의 적들을 일으키시고 원수들을 부추기셨다."로 되어 있다. 르친의(7,8ㄱ에도 언급된) 이름은 아마도 "적들"이 누구인지를 구체화하려는 설명에서 덧붙여졌다. "적들"은 르친 자신이거나 그가 두려워한 아시리아인들이다.

9,11. 주님께서는 이집트를 거슬러 손을 뻗으시는 것이 아니라(탈출 6,6; 7,5; 15,12 참조) 당신 백성을 거슬러 손을 드신다.

9,13. "종려나무 가지와 골풀" 이 표현은 이집트에서 나라의 상부와 하부 곧 양극단을 나타냈다.

9,16. "탐탁히 여기지 않으시고"로 번역된 동사를 필사자의 오류로 여기기도 한다. 드문 동사인 '샤마'("돌보다, 동정하다")를 더 흔한 동사인 '사마'("기뻐하다, 즐기다")와 혼동했다고 보아 "불쌍히 여기지 않으시고"로 수정한 것이다. 이 해석은 쿰란에서 발견된 이사야서 두루마리의 지지를 받는다. 하지만 우리말 성경처럼 고대 번역본들과 새 대중 라틴말 성경은 히브리어 사본 전통과 일치한다.

9,12 호세 2,10; 10,12; 아모 5,4; 스바 1,6. 9,13 19,15; 9,15 19,13.

9,7-10,4. 구원의 약속에 바로 뒤이어(8,23ㄴ-9,6 참조) 다시 백성의 완고함을 언급한다. 이 완고함을 벌하는 주님의 "진노"는(9,11.16.20; 10,4 참조) 회개를 불러일으키기 위한 것이다(9,12). 이사야는 북왕국 이스라엘에서 시작해, 기원전 9세기 아람과 필리스티아와 전쟁을 하면서 겪게 된 파괴에도 백성의 교만은 점점 더 커졌음을 이야기한다(9,7-11 참조). 내적 고통에 대한 언급은 아마도 예후의 혁명을 암시한다(9,12-16; 2열왕 9-10장 참조). 또한 사마리아의 권력 분쟁과(2열왕 14,23-29; 15,8-31; 17,1-41 참조) 이스라엘과 유다 사이의 다툼(이사 9,17-20 참조), 그리고 유다 땅의 불의를 지적한다(이사 10,1-4와 5,8-24 참조).

그분의 손은 여전히 뻗쳐 있다.

17 정녕 사악함이 불처럼 타올라
가시덤불과 엉겅퀴를 집어삼키고
잡목 숲을 사르니
연기 기둥이 휘돌며 치솟는다.
18 만군의 주님의 분노로 땅은 타 버리고
백성은 불꽃의 먹이처럼 되어 버렸다.
아무도 제 이웃을 불쌍히 여기지 않는다.
19 오른쪽을 잘라 먹어도 배가 고프고
왼쪽을 뜯어 먹어도 배가 부르지 않아
사람마다 제 팔의 살을 뜯어 먹는다.
20 므나쎄는 에프라임을, 에프라임은 므나쎄를 뜯어 먹고
이들은 함께 유다에게 달려든다.

이 모든 것에도 그분의 진노는 풀리지 않아
그분의 손은 여전히 뻗쳐 있다.

유다의 유력가들에 대한 일곱 번째 저주

10 1 불행하여라, 불의한 법을 세우고
고통을 주는 규정들만 써 내려가는 자들!
2 이자들은 힘없는 이들의 소송을 기각시키고
내 백성 가운데 가난한 이들의 권리를 박탈하며
과부들을 약탈하고
고아들을 강탈한다.
3 너희는 징벌의 날에,
멀리서 들이닥치는 폭풍의 날에 어찌하려느냐?
누구에게 도망하여 도움을 청하고
너희 재산은 어디에 갖다 놓으려느냐?
4 포로들 사이에 쭈그려 앉거나
살해된 자들 사이에 쓰러지는 수밖에 없다.

이 모든 것에도 그분의 진노는 풀리지 않아
그분의 손은 여전히 뻗쳐 있다.

9,17-20. 당신 백성에 대한 하느님의 벌은 이제까지 '삼켜 버림'(11절)과 '잘라 버림'(13절)으로 표현되었으나 지금은 집어삼키는 불처럼 묘사된다. 하느님의 진노는 북왕국과 남왕국 사이의 전쟁, 이민족들에 의한 이스라엘 침공 등을 통해 드러나며, 재앙은 점점 더 심해지는 형태로 표현된다.

10,3. "너희 영광은 어디에 갖다 놓으려느냐?"로 옮길 수도 있다.

9,17 5,6; 7,23.24.25; 10,17; 27,4. 9,19 갈라 5,15.

10,5. "불행하여라!"는 "아아!"와 같다(1,24의 주 참조).

10,9. 아시리아가 북에서 남으로 진군할 때 정복한 도시들이다.

10,12. "오만한 마음에서 나온 소행" 성경의 언어에서 마음은 의지와 결정이 이루어지는 자리이므로 "오만한 결정들"이라고 옮길 수 있다.

10,13. "힘센 장사처럼" 여기서 사용한 히브리 단어는 "강한, 힘센"을 의미하여 용감하고 힘센 전사를 지칭하는 듯하다. 그러나 고대 그리스어 번역본은 파괴적인 지진으로 이해한다("사람 사는 도시들을 뒤흔들리라.").

아시리아 임금에 대한 벌

5 불행하여라, 내 진노의 막대인 아시리아!
그의 손에 들린 몽둥이는 나의 분노이다.
6 나는 그를 무도한 민족에게 보내고
나를 노엽게 한 백성을 거슬러 명령을 내렸으니
약탈질을 하고 강탈질을 하며
그들을 길거리의 진흙처럼 짓밟게 하려는 것이었다.
7 그러나 그는 그렇게 생각하지 않고
그러한 뜻을 마음에 품지도 않았다.
오로지 그의 마음속에는 멸망시키려는 생각과
적지 않은 수의 민족들을 파멸시키려는 생각뿐이었다.
8 사실 그는 이렇게 말하였다.
"나의 제후들은 모두 임금이 아니냐?
9 칼노는 카르크미스처럼 되지 않았느냐?
하맛은 아르팟처럼 되고
사마리아는 다마스쿠스처럼 되지 않았느냐?
10 예루살렘과 사마리아보다 더 많은 신상들을 차려 놓고
우상을 섬기는 이 왕국들을 내 손이 장악한 것처럼
11 사마리아와 그 신상들에게 한 것처럼
그렇게 내가 예루살렘과 그 물신들에게 하지 못하겠느냐?"
12 그러므로 주님께서는 시온산과 예루살렘에서 하실 일
을 다 마치신 다음, 아시리아 임금의 오만한 마음에서 나
온 소행과 그 눈에 서린 방자한 교만을 벌하실 것이다.
13 그는 이렇게 말한다.
"나는 내 손의 힘으로 이것을 이루었다.
나는 현명한 사람이기에 내 지혜로 이루었다.
나는 민족들의 경계선을 치워 버렸고
그들의 재산을 빼앗았으며
왕좌에 앉은 자들을 힘센 장사처럼 끌어내렸다.
14 내 손이 민족들의 재물을
새 둥지인 양 움켜잡고,
버려진 알들을 거두어들이듯
내가 온 세상을 거두어들였지만

10,5 2사무 7,14; 시편 89,33; 잠언 13,24. 10,9-11 36,19; 37,24-25; 아모 6,2. 10,13 신명 19,14; 27,17; 에제 28,4.

10,5-34. 주님께서 아시리아의 손을 빌어 마지막으로 치시는 것은 결정적 전환이 된다. 이스라엘을 치도록 위임받은 민족은 자신이 받은 임무에 그치지 않고 거만해져 많은 민족들을 멸망시켰다(7절). 그래서 하느님께서는 아시리아를 벌하기로 결정하시고 당신 백성에게는 새로운 탄생을 허락하신다. 이 단락은 네 부분으로 나뉜다. 5-19절(아시리아의 운명에 대한 탄식), 20-23절(미래에 대한 약속인 남은 자들), 24-27ㄱ절(아시리아에 대한 하느님의 정의로운 심판), 27ㄴ-34절(시온에 대한 공격과 실패).

날개를 치거나
입을 열거나 재잘거리는 자가 없었다."

15 도끼가 도끼질하는 사람에게 뽐낼 수 있느냐?
톱이 톱질하는 사람에게 으스댈 수 있느냐?
마치 몽둥이가 저를 들어 올리는 사람을 휘두르고
막대가 나무도 아닌 사람을 들어 올리려는 것과 같지 않으냐?

16 그러므로 주 만군의 주님께서는
그 비대한 자들에게 질병을 보내어 야위게 하시리라.
마치 불로 태우듯
그 영화를
불꽃으로 태워 버리시리라.
17 이스라엘의 빛은 불이 되시고
이스라엘의 거룩하신 분께서는 불길이 되시어
그의 엉겅퀴와 가시덤불을
단 하루에 태워 삼켜 버리시리라.
18 그 화려한 숲과 과수원을
그분께서는 모조리 파괴시켜 버리시리라.
그러면 그는 병자처럼 말라 가리라.
19 그 숲의 나무들 가운데 남은 것은 몇 그루 되지 않아
아이라도 그것들을 기록해 둘 수 있으리라.

이스라엘의 남은 자

20 그날에 이러한 일이 일어날 것이다. 이스라엘의 남은 자
들과 야곱 집안의 생존자들이 더 이상 자기들을 친 자에
게 의지하지 않고, 이스라엘의 거룩하신 분 주님께만 충
실히 의지할 것이다. 21 남은 자들이 돌아올 것이다. 야곱
의 남은 자들이 용맹하신 하느님께 돌아올 것이다.

22 이스라엘아, 네 백성이 설사 바다의 모래 같다 하여도,
그들 가운데 남은 자들만 돌아올 것이다. 파멸은 이미 결
정된 것, 정의가 넘쳐흐를 것이다. 23 정녕 주 만군의 주님
께서는 이미 결정된 멸망을 온 세상 한가운데에서 집행하
실 것이다.

10,16. "그 비대한 자들에게" 재앙은 "비대한 자"(강한 자) 또는 "비옥한 땅"이 쇠퇴하게 되는 데 있다.

10,17. 주님께서는 자주 당신 백성의 "빛"('오르')으로 기려진다(2,5; 60,1; 미카 7,8 참조; 우리엘, 우리, 우리야 등의 이름을 보라). 그분의 빛이 ㅏ붙은 원수들에게서 보호가 되기도 한다. 주님은 "태우는 불"이시다(신명 4,24; 이사 33,14 참조). "엉겅퀴와 가시덤불"은 여기서 이스라엘의 악이 아니라(이사 9,17 참조) 원수들이다.

10,20. "충실히"는 "믿음으로" 또는 "진리로"를 뜻한다(7,9; 예레 4,2; 즈카 8,8 참조).

10,21. 귀환은 단순한 지리적·정치적 사실에 그치지 않고 더 근본적으로 주님을 향한 회심이 될 것이다.

10,17 즈카 12,6. 10,22-23 로마 9,27-28.

10,24. 이 신탁은 아시리아의 억압에서 해방을 선포한다. 아시리아는 이집트처럼 징벌을 받을 것이다. 몽둥이라는 주제는 이집트 탈출과 바다가 갈라짐, 그리고 미디안의 오렙에 대한 승리를 환기시킨다(판관 7,25 참조).

10,27. 이 구절의 마지막 본문은 어려워서 추측하여 번역되기도 한다. 대중 라틴말 성경은 히브리어 본문을 자구적으로 이해하여 "멍에가 기름 앞에서 사라지리라."로 옮긴다("기름"은 풍요로운 시기 또는 기름부음 받은 임금의 도래를 지칭하는 것으로 해석한다). "파괴자가 람몬에서 올라와" 라고 옮기기도 하는데, 이는 히브리어 자음("기름 앞에서")이 지명을 가리킨다고 보는 것이다.

10,28-32. "여행담"의 훌륭한 본보기로, 빠른 리듬의 운문으로 되어 있으며 동음 반복이 나타난다. 여러 지명이 언급되는데(열두 곳 + 시온), 분명히 확인되지는 않지만 아마도 산헤립(기원전 701년) 또는 사르곤(기원전 713-711년)의 인도 하에 아시리아 군대가 북쪽에서부터 올리브산까지 거쳐 온 길을 나타낸다. 그들은 거기에서 예루살렘 주민들을 위협했다.

10,33-34. 숲을 없애 버리는 기술로 유명했던 아시리아인들은(37,24 참조) 그들 자신의 방법으로 주님께 벌을 받는다. 향백나무로 널리 알려진 "레바논"은 여기서 아시리아 세력을 나타내는 표상이 된다(2,13; 37,24; 에제 31,3 참조).

10,33ㄴ. 나무들을 쓰러뜨리는 방법은 분명치 않다(다른 곳에서는 나타나지 않는 단어들이 사용된다).

아시리아를 두려워하지 마라

24 그러므로 주 만군의 주님께서 이렇게 말씀하신다. "시온
에 사는 나의 백성아, 너를 막대로 때리고 이집트처럼 너
에게 몽둥이를 치켜드는 아시리아를 두려워하지 마라. 25
이제 아주 조금만 지나면 너를 향한 나의 진노는 다하고,
오히려 저들의 파괴 행위를 향하여 나의 분노를 터뜨릴 것
이다." 26 만군의 주님께서는 오렙 바위 곁에서 미디안을
치신 것처럼 아시리아에게 채찍을 휘두르시고, 바다 위에
있는 당신의 몽둥이를 이집트에서처럼 치켜드실 것이다.

27 그날에 이러한 일이 일어나리라.
너의 어깨에서 그의 짐이 벗겨지고
너의 목에서 그의 멍에가 사라지리라.

침략자들의 공격과 실패

27 아시리아는 사마리아에서 올라와
28 아얏에 이른다.
미그론을 지나
미크마스에 군수품을 맡긴다.
29 그들은 협곡을 지나면서
"우리는 게바에서 하룻밤을 묵으리라." 한다.
라마는 떨고
사울의 기브아는 달아난다.
30 밧 갈림아, 크게 소리 질러라.
라이사야, 귀를 기울여라.
아나톳아, 대답하여라.
31 마드메나는 도망치고
게빔 주민들은 피난 간다.
32 바로 그날 아시리아는 놉에 머물면서
딸 시온산을 향하여,
예루살렘 동산을 향하여 주먹을 휘두른다.

33 보라, 주 만군의 주님께서
무서운 힘으로 가지들을 잘라 내신다.
높이 솟아오른 것들은 잘려 나가고
드높은 것들은 거꾸러진다.
34 잡목 숲은 쇠도끼로 찍혀 넘어지고
레바논은 그 영화와 함께 쓰러진다.

10,24 10,5. 10,26 탈출 14,16; 판관 7,25. 10,27 9,3.

메시아와 평화의 왕국

11

1 이사이의 그루터기에서 햇순이 돋아나고
그 뿌리에서 새싹이 움트리라.
2 그 위에 주님의 영이 머무르리니
지혜와 슬기의 영
경륜과 용맹의 영
지식의 영과 주님을 경외함이다.
3 그는 주님을 경외함으로 흐뭇해하리라.
그는 자기 눈에 보이는 대로 판결하지 않고
자기 귀에 들리는 대로 심판하지 않으리라.
4 힘없는 이들을 정의로 재판하고
이 땅의 가련한 이들을 정당하게 심판하리라.
그는 자기 입에서 나오는 막대로 무뢰배를 내리치고
자기 입술에서 나오는 바람으로 악인을 죽이리라.
5 정의가 그의 허리를 두르는 띠가 되고
신의가 그의 몸을 두르는 띠가 되리라.

6 늑대가 새끼 양과 함께 살고
표범이 새끼 염소와 함께 지내리라.
송아지가 새끼 사자와 더불어 살쪄 가고
어린아이가 그들을 몰고 다니리라.
7 암소와 곰이 나란히 풀을 뜯고
그 새끼들이 함께 지내리라.
사자가 소처럼 여물을 먹고
8 젖먹이가 독사 굴 위에서 장난하며
젖 떨어진 아이가 살무사 굴에
손을 디밀리라.

11,1. "햇순" 또는 "가지, 잔가지"(고대 그리스어 번역본과 [새] 대중 라틴말 성경) "그루터기"는 밑동이다. "새싹" 대신 고대 그리스어 번역본과 (새) 대중 라틴말 성경은 "꽃"으로 되어 있다.

11,4. 임금은 폭력을 멈추기 위해 필요한 권위와 힘을 행사할 것이다(49,2; 시편 2,9 참조).

11,5. 허리를 두르는 띠와 몸을 두르는 띠는 움직임을 더 민첩하게 해 준다(45,5 참조).

11,6-7. 정의가 회복되면 사회적 공존이 가능해질 것이다. 동물들의 은유로 그러한 공존이 묘사된다(집회 13,17-19; 에제 22,27; 스바 3,3 참조).

11,1-5 42,1-4; 예레 23,5-6; 에제 34,23-25; 미카 5,1-3; 즈카 6,12; 9,9-10. 11,1 욥 14,8-9. 11,2 5,21; 창세 41,39; 신명 1,13.15; 1사무 16,18; 1열왕 3,12.

11,1-9. 파괴의 장면 다음에(10,33-34 참조) 새로운 탄생의 장면이 이어진다. 꺾어지고 그루터기만 남은 나무에서 새싹이 움튼다. 고대 근동에서 널리 사용되던 이러한 식물 표상은 왕위 계승자를 나타낸다. 9,5-6에서도 예고한 계승자는 이사이의 아들 다윗의 후손에게 주어지는 영을 받을 것이며(1사무 16,13), 그래서 지혜롭고 용감하며 하느님을 두려워하게 될 것이다. 이렇게 하여 예언자가 고발한 상황을 치유할 인물이 나타나게 된다. 그는 지식으로 가득하여 백성의 어리석음을 치유할 것이며, 주님을 경외하여 주님께 대한 진정한 예배를 회복시킬 것이다. 그는 의로운 인물로서 횡포를 물리칠 것이며, 용맹하여 원수의 공격에 맞서고 평화를 보증할 것이다.

11,1-10. 주석적 및 신학적 주해에서 설명한 이유들로, 가해 대림 제2주일에 성탄을 준비하는 맥락에서 이 예언서 본문을 읽는다. 성령과 그 선물들에 대한 언급이 있어 이 본문은 견진 예식(11,1-4ㄴ) 독서이다.

9 나의 거룩한 산 어디에서도
사람들은 악하게도 패덕하게도 행동하지 않으리니
바다를 덮는 물처럼
땅이 주님을 앎으로 가득할 것이기 때문이다.

유배자들의 귀향

10 그날에 이러한 일이 일어나리라.
이사이의 뿌리가 민족들의 깃발로 세워져
겨레들이 그에게 찾아들고
그의 거처는 영광스럽게 되리라.

11 그날에 이러한 일이 일어나리라.
주님께서 당신 손을 두 번째로 다시 드시리니
아시리아와 이집트
파트로스와 에티오피아와 엘람
신아르와 하맛과 바다 섬들에 생존해 있는
당신 백성의 남은 자들을 속량하시려는 것이다.
12 또한 그분께서는 민족들에게 깃발을 올리시어
사방의 땅으로부터
쫓겨난 이스라엘 사람들을 모으시고
흩어진 유다 사람들을 모아들이시리라.
13 에프라임의 질투는 사라지고
유다의 적개심은 없어지리라.
에프라임은 유다를 질투하지 않고
유다는 에프라임을 적대하지 않으리라.
14 그들은 서쪽으로 필리스티아의 어깨를 내리 덮치고
함께 동쪽 백성들을 약탈하리라.
그들은 에돔과 모압으로 손을 내뻗고
암몬 사람들도 그들에게 복종하리라.

15 주님께서는 이집트 바다의 물목을 말리시고
당신 폭풍의 위력을 떨치시며
강 위로 당신의 손을 휘두르시고

11,11. "신아르"는 바빌론을 가리킨다.

11,12. 주님께서는 더 이상 아시리아를 불러오기 위한 신호를 보내지 않으시고(5,26 참조) 오히려 유배된 이들의 귀향을 돕도록 민족들에게 신호를 하신다(49,22-23; 62,10; 66,19-20 참조).

11,15ㄷ. 고대 아람어 번역본인 타르굼은 "당신 예언자들의 말을 통하여"로 해석한다.

11,9 하바 2,14. 11,12 5,26; 49,22; 56,8. 11,15 50,2; 51,10.

11,10-16. 메시아의 도래는 주님께서 절대적으로 무상으로 관대하고 보편적으로 개입하시는 때를 시작한다. 예루살렘은 영광스럽게 될 것이며 유배 간 모든 이들은 이집트 탈출의 기적을 체험하며 돌아올 것이다. 백성은 화해하고 원수들은 더 이상 그들을 두렵게 하지 않을 것이다.

그것을 일곱 개울로 쪼개 놓으시어
신을 신은 채 건너가게 하시리라.
16 이집트 땅에서 올라오던 날
이스라엘에게 일어난 것과 같이
아시리아에 생존해 있는
당신 백성에게도 큰길이 생겨나리라.

11,16. 돌아가는 "큰길"이라는 모티브는 19,23; 40,3-5; 62,10-12에서 다시 나타난다.

구원된 이들의 감사 노래

12 1 그날에 너는 이렇게 말하리라.
"주님, 당신을 찬송합니다.
당신께서는 저에게 진노하셨으나
분노를 거두시고 저를 위로해 주셨습니다.

2 보라, 하느님은 나의 구원.
신뢰하기에 나는 두려워하지 않는다.
주님은 나의 힘, 나의 굳셈.
나에게 구원이 되어 주셨다."

3 너희는 기뻐하며
구원의 샘에서 물을 길으리라.
4 그날에 너희는 이렇게 말하리라.
"주님을 찬송하여라. 그 이름을 받들어 불러라.
그 업적을 민족들에게 알리고
그 이름 높으심을 선포하여라.
5 위업을 이루셨으니 주님께 찬미 노래 불러라.
이를 온 세상에 알려라.
6 시온 주민들아, 소리 높여 환호하여라.
너희 가운데에 계시는 이스라엘의 거룩하신 분께서는 위대하시다."

12,1 40,1. 12,2 탈출 15,2. 12,4 // 시편 105,1. 12,6 1,4.

12,1-6. 홍해를 건넌 다음처럼 예언자는 백성에게 주님의 선하심에 대한 찬양을 권고한다(탈출 15장 참조). 불의를 벌하셨던 하느님의 분노는 오직 모든 이들이 마실 수 있는 물과 같이 넘치는 생명을 회복시키기 위한 것이다. 시온에게 일어나는 일은 그 죽음과 부활의 역사에 신비롭게 연관된 다른 민족들에게 전해져야 한다.

13,1. 바빌론은 이사야서 앞부분의 아시리아와 유사한 역할을 한다. 바빌론은 하느님과 인간과 우주를 거스르는 세력의 전형이다. 이를 거슬러 주님께서는 당신의 백성, 당신께 봉헌된 이들과 함께 싸우실 뿐만 아니라 그분의 엄위에 환호하는 모든 이들과도 함께 싸우신다(3절). 그들은 인류를 예속에서 해방시키는 그분의 계획에 동참한다.

13,3. "봉헌된 이들"은 하느님의 분노와 계획을 실행한다는 점에서 주님의 전쟁을 위해 축성된 이들이다(신명 23,10-15; 예레 6,4; 51,27-28 참조).

13,4. 메디아의 산지에서 바빌론으로 내려오는, 여러 민족으로 구성된 군대를 암시하는 것일 수 있다.

13,6. 요엘 1,15과 같이 닥쳐오는 파멸('숏')을 전능하신 분이라는 이름('사따이')에 연결한다. "주님의 날"이 오는 것이다(이사 2,12; 22,5).

바빌론의 멸망

13 1 아모츠의 아들 이사야가 본 바빌론에 관한
신탁.

2 너희는 민둥산 위에 깃발을 올려라.
그들에게 소리를 높여라.
그들이 '귀족 문'으로 들어오도록
손을 흔들어라.
3 내게 봉헌된 이들에게 나는 명령을 내렸다.
내 분노의 심판을 위하여 나의 용사들도,
내 엄위에 환호하는 자들도 불러 모았다.

4 들어라, 수많은 백성들이 모인 것처럼
저 산들 위에서 떠들어 대는 소리를.
들어라, 왕국들이,
모여든 민족들이 왁자지껄하는 소리를.
만군의 주님께서
전투에 나갈 군대를 사열하신다.
5 그들은 먼 땅에서,
하늘 끝에서 온다.
주님께서 당신 진노의 도구들로
온 땅을 멸망시키러 오신다.

6 슬피 울어라. 주님의 날이 다가왔다.
그것은 파멸과도 같은 것, 전능하신 분에게서 온다.

13,1-22 21,1-10; 47; 예레 50-51; 묵시 17-18. 13,2 5,26. 13,5 5,26; 신명 28,49. 13,6 // 요엘 1,15.

13,1. 아모츠의 아들 이사야의 환시에 대한 세 번째 언급으로(1,1; 2,1), 새로운 한 부분의 시작을 표시한다(13-27장). 이스라엘 주변 민족들은 이스라엘이 주님께, 예루살렘으로 돌아갈 수 있도록 타격을 입어야 한다(27,12-13 참조). '마싸' 곧 "신탁"이라는 단어로 구분된 단락들이 먼저 나오고(13,1; 14,28; 15,1; 17,1; 19,1; 21,1.11.13; 22,1; 23,1), 이어서 바빌론의 운명과 회복된 예루살렘의 운명이 대비된다(24-27장).

13,1-14,32. 첫 신탁은 유다에 대한 아시리아의 권력을 이어받은 바빌론에 대한 것이다. 징벌을 실행해야 할 이들을 부르고, 이스라엘의 구원을 선포하기 위하여 교만한 도시의 전복을 예고한다(13장). 운명은 뒤바뀌고 억압자들이 이전에 그들이 억누르던 이들의 종이 된다(14,1-2 참조). 키루스에 정복되고(기원전 539년) 크세르크세스에게 더 심한 굴욕을 당한(기원전 482년) 메소포타미아의 수도 바빌론은 조롱 노래의 대상이 된다(14,3-23 참조). 바빌론에 관한 신탁 이후 다시 아시리아에 대해 기억하게 되는데, 여기 사용된 비유는 다음 시대를 위한 교훈을 담고 있다(14,24-27 참조). 마지막으로, 아시리아가 약해진 상황은 필리스티아에 대한 신탁의 배경이 된다(14,28-32 참조). 이 신탁은 예루살렘 궁정을 위한 메시지를 포함한다(32절). 예루살렘은 멸망할 다른 민족들과 계약을 맺어서는 안 되며, 오직 주님을 신뢰해야 한다.

7 그래서 손이란 손은 모두 맥이 빠지고
사람들의 마음은 모두 녹아내리며
8 불안에 떨리라.
그들은 경련과 고통에 사로잡히고
해산하는 여인처럼 몸부림치리라.
서로 넋 나간 듯 쳐다보는데
그들의 얼굴은 불처럼 달아오르리라.

9 보라, 주님의 날이 온다.
무자비한 그날이 진노와 격분과 함께
땅을 황폐하게 만들고
그 죄인들을 땅에서 절멸시키러 온다.
10 하늘의 별들과 별자리들은
제빛을 내지 못하고
해는 떠올라도 어둡고
달도 제빛을 비추지 못하리라.
11 나는 세상을 그 사악한 때문에 벌하고
죄인들을 그 죄악 때문에 벌하리라.
나는 오만한 자들의 교만을 끝장내고
포악한 자들의 거만을 꺾으리라.
12 나는 사람을 순금보다,
인간을 오피르의 금보다 드물게 하리라.

13 그러므로 하늘은 떨고
땅은 흔들리다 제자리에서 벗어나리라.
만군의 주님의 진노로
그분 격분의 날에 그러하리라.
14 마치 쫓기는 영양들처럼
모으는 이 없는 가축 떼처럼
저마다 제 겨레에게 돌아가고
저마다 제 땅으로 도망가리라.
15 그러나 발각되는 자마다 찔려 죽고
붙잡히는 자마다 칼에 맞아 쓰러지리라.
16 그들의 어린것들은
그들 눈앞에서 내동댕이쳐지고

13,9-13. 제국 수도의 운명 역전이 우주의 질서를 어지럽히는 것으로 보인다. 땅, 세상, 천체, 온 인류가 여기에 연관된다. 폭정과 사악함에 대한 승리가 새 시대를 연다. 이것이 “새 하늘과 새 땅” (65,17)과 “묵시문학적” 본문들의 전형적 표현을 설명해 준다.

13,16. 죽음을 씨 뿌리고 완고히 의도적으로 악을 추구하는 상징인 제국 수도가 제거된다. 도시의 열매는 씨도 남지 않도록 모두 파괴된다.

13,7-8 19,1; 여호 2,11; 예레 6,24; 30,6; 50,43. 13,10 마태 24,29; 마르 13,24-25. 13,16 신명 28,30; 시편 137,9.

그들의 집들은 약탈당하고
그들의 아내들은 욕을 당하리라.

17 보라, 나는 그들을 거슬러 메디아인들을 일으키리라.
메디아인들은 은에도 관심이 없고
금도 좋아하지 않는다.
18 그들은 활로 젊은이들을 거꾸러뜨리고
태아를 가엾이 여기지 않는다.
그들에게는 아이들도 불쌍하게 보이지 않는다.

19 나라들 가운데 보배요
칼데아인들의 자랑스러운 영광인 바빌론은
하느님께서 뒤엎으신
소돔과 고모라처럼 되리라.
20 거기에는 영원토록 거주하는 사람이 없고
세세 대대 이주하는 사람이 없으리라.
아랍인들도 그곳에는 천막을 치지 않고
목자들도 그곳으로는 양 떼를 몰고 가지 않으리라.
21 오히려 사막의 짐승들이 그곳에 깃들이고
그들의 집들은 부엉이로 우글거리리라.
타조들이 그곳에서 살고
염소 귀신들이 그곳에서 춤추며 놀리라.
22 그 궁성에서는 늑대들이 울부짖고
안락하던 궁궐에서는 승냥이들이 울부짖으리라.
그때가 다가오고 있다.
그날들은 미루어지지 않으리라.

이스라엘의 귀향

14 1 주님께서는 정녕 야곱을 가엾이 여기시고 이
스라엘을 다시 선택하시어, 그들을 고향에 자
리 잡게 하실 것이다. 이방인들이 그들과 합류하고 야곱
집안에 받아들여지며, 2 민족들이 야곱 집안을 맞아들여
고향으로 인도해 줄 것이다. 이스라엘 집안은 주님의 땅에
서 그 민족들을 남종과 여종으로 차지하고, 자기들을 포
로로 잡아간 자들을 포로로 잡아 오며, 자기네 압제자들

14,1 30,18; 49,10.13.15; 54,8.10; 55,7; 60,10.

14,1-2. 이스라엘은 바빌론과 달리(13,18-19 참조) 자비를 입을 것이다(예레 30,18; 31,20; 에제 39,25 참조). 은혜로이 거저 베푸시는 하느님의 호의가 백성을 새 계약으로 이끌며(예레 31,31-34; 에제 36,24-32; 37,26 참조), 다시 선택이 이루어지게 될 것이다(이사 41,8-9; 43,10; 44,1-2; 49,7 참조).

을 지배할 것이다.

바빌론 임금의 종말

3 주님께서 너의 괴로움과 불안에서, 너에게 지워진 심한
노역에서 너를 풀어 주시는 날에, 4 너는 바빌론 임금에 대
하여 이러한 조롱의 노래를 지어 부를 것이다.
어찌하다 압제자가 종말을 고하고
억압이 끝나게 되었는가?
5 주님께서 악인들의 몽둥이와
통치자들의 홀을 부수어 버리셨네.
6 화를 내며
쉴 새 없이 민족들을 내리치고
성을 내며 사정없이 핍박하고
겨레들을 짓밟던 그 홀을.
7 온 세상은 안식과 평온을 누리고
사람들은 기쁨에 넘쳐 소리 지르네.
8 방백나무들도 너 때문에 기뻐하고
레바논의 향백나무들은 말하네.
"네가 쓰러진 뒤로는
우리를 베러 올라오는 자가 없다."

9 땅 밑 저승은 너를 위하여
너의 도착을 환영하려고 소란을 떨며
너를 위하여
세상의 수령이었던 그림자들을 모두 깨우고
민족들의 임금을 모두
그 왕좌에서 일으켜 세우는구나.
10 그들이 모두 너에게
"너도 우리처럼 허약해졌구나.
너도 우리와 똑같이 되었구나." 하고 말하네.
11 너의 영화도 네 수금 소리도
저승으로 떨어졌구나.
구더기가 네 밑에 요로 깔리고
벌레가 네 이불이 되었구나.

12 어찌하다 하늘에서 떨어졌느냐?

14,3. "…날에" 미래를 지칭하는 히브리어 표현의 번역이다("주님께서 너를 풀어 주시리라."). 또한 23,15; 24,21; 27,12.13과 호세 2,1의 주를 참조한다.

14,4ㄱ. 탄식의 극적 강도가 "노래"에서와 유사한 조롱의 특징들로 더욱 예리해진다(37,22-29 참조).

14,4ㄴ. "억압"이라고 옮긴 히브리어는 단어의 자음을 수정해 번역한 것이다. 새 대중 라틴말 성경은 이러한 수정을 받아들인다. 반면 대중 라틴말 성경은 이 단어가 아마도 "금"을 뜻하는 셈어 어근을 포함한다고 보아, 히브리어 본문을 "조공"으로 옮긴다(종속된 나라에서 세금으로 바치는 금). 고대 그리스어 번역본은 단어 안에 서두름을 뜻하는 어근이 있다고 보고 "간수"의 동의어인 "초조한 감시자"로 이해한다(그가 결국은 동요를 멈추게 된다는 뜻).

14,12. '헤렐'은 "빛을 발하다"를 뜻하는 어근에서 파생되어 "빛나는 별"(고대 그리스어 번역본), 루치펠([새] 대중 라틴말 성경), "금성"을 뜻할 수 있다. 또 그 단어는 달의 신을 가리킬 수도 있다.

14,3 23. 전형적 표현인 "어찌하다"("아아")로 시작되고 "떨어짐"을 언급하는(12절) 이 탄식은 전통적으로 과거의 영광과 현재의 비참함을 대비시킨다(2사무 1,19.23.25.27; 이사 1,21-22; 에제 31,3-12 참조).

14,13-14. 아마도 금성과 관련된 신화를 암시한다. 금성은 찬란하지만 곧 사라진다. 우가릿 문헌들에서 알려져 있는 표현들을 사용하여, 북쪽 지역에 별들과 높은 산들보다 더 높이 앉아 있는 최고 신 엘의 조정으로 오르려 했던 작은 신의 생각을 표현한다. "북녘 끝"은 신들이 거처하는 곳이다.

빛나는 별, 여명의 아들인 네가!
민족들을 쳐부수던 네가
땅으로 내동댕이쳐지다니.
13 너는 네 마음속으로 생각했었지.
'나는 하늘로 오르리라.
하느님의 별들 위로
나의 왕좌를 세우고
북녘 끝
신들의 모임이 있는 산 위에 좌정하리라.
14 나는 구름 꼭대기로 올라가서
지극히 높으신 분과 같아져야지.'
15 그런데 너는 저승으로,
구렁의 맨 밑바닥으로 떨어졌구나.
16 너를 보는 자마다 너를 자세히 들여다보고
눈여겨 살펴보면서 말하리라.
"이자는 세상을 뒤흔들고
나라들을 떨게 하던 자가 아닌가?
17 땅을 사막처럼 만들고
성읍들을 파괴하며
포로들을 고향으로 보내 주지 않던 자가 아닌가?"

18 모든 민족의 임금들은
저마다 제 능묘 속에
영광스럽게 누워 있지만
19 너는 사람들이 꺼리는 유산아처럼
무덤도 없이 내던져져,
구렁의 돌바닥으로 내려가는 살해된 자들,
칼에 찔려 죽은 자들로 옷처럼 뒤덮이고
발에 짓밟히는 송장처럼 되었구나.
20 너는 네 나라를 멸망시키고
네 백성을 죽였으니
그들과 함께 묻히지 못하리라.
이 악독한 종자는
영원히 그 이름이 불리지 않으리라.

21 너희는 그의 아들들을
그 조상들의 죄악 때문에 학살할 준비를 하여라.

14,13-15 루카 10,15. 14,13 시편 48,3. 14,14 47,8.10. 14,19 1열왕 13,21-22; 예레 22,19.

그들이 일어나 땅을 차지하고
세상을 성읍들로 채워서는 안 된다.

바빌론의 멸망

22 만군의 주님의 말씀이다.
"나는 그들을 거슬러 일어나
바빌론의 명성과 그 생존자들을,
그 자손과 후손들을 뿌리 뽑으리라.
주님의 말씀이다.
23 나는 또 그곳을 고슴도치의 차지로,
물웅덩이로 만들고
그곳을 멸망의 빗자루로 쓸어버리리라."
만군의 주님의 말씀이다.

아시리아의 멸망

24 만군의 주님께서 맹세하여 말씀하셨다.
"내가 생각한 것은 그대로 실현되고
내가 결정한 것은 그대로 성사되리라.
25 나는 아시리아를 내 땅에서 쳐부수고
내 산들 위에서 짓밟으리라.
그러면 내 백성에게서 그의 멍에가 벗겨지고
그들의 어깨에서 그의 짐이 벗겨지리라."
26 이것이 온 세상에 대하여 내려진 결정이며
이것이 모든 민족들 위로 뻗쳐진 손이다.
27 만군의 주님께서 결정하셨는데
누가 그것을 꺾을 수 있으랴?
그분의 손이 뻗쳐 있는데
누가 그것을 돌릴 수 있으랴?

필리스티아에 대한 경고

28 아하즈 임금이 죽던 해에 이러한 신탁이 내렸다.

29 필리스티아 사람들아, 너를 내리치던 막대가 부러졌다고
모두 기뻐하지 마라.
뱀의 뿌리에서 독사가 나오고
뱀의 열매는 날아다니는 불 뱀이 된다.
30 힘없는 이들의 맏이들이 배불리 먹고
가난한 이들이 안심하고 드러누워 쉬리라.

14,24 37,26; 46,10. 14,25 10,27. 14,26-27 9,11.16.20; 10,4.

14,24-27. 산헤립 때 유다를 침공한(기원전 701년) 아시리아를 심판하는 신탁이다.

14,28. 아하즈의 죽음(기원전 727년경)에 대한 언급은 필리스티아의 도시 가자와 아스클론에게 조공을 강요했던 티글랏 필에세르 3세가 사라지는 것에 연결되며(25절 참조), 새로운 임금을 기다리며 누구와 동맹을 맺는 것이 적절한지를 헤아리던 왕궁 당파들 사이의 논쟁을 암시한다.

14,28. "신탁이 내렸다." 히브리어 동사는 "이다, 일어나다"를 뜻한다. 신탁이 있었다는 것은 그 말씀이 선포된 사건을 의미한다.

14,29-30. 필리스티아는 다시 티글랏 필에세르의 후계자에게 공격을 받고, 가난한 이들이 먹고사는 지역이 될 것이다(스바 2,6-7 참조).

14,30ㄱ. (새) 대중 라틴말 성경은 히브리어 본문의 모음 부호에 따라 "가난한 이들의 맏이들이 목장으로 인도되리라."로 번역한다. 그들은 그곳에서 먹고 "배부르게" 될 것이다.

그러나 나는 굶주림으로 너의 뿌리를 죽게 하고
너의 남은 자들도 내가 죽이리라.
31 성문아, 슬피 울어라. 성읍아, 울부짖어라.
필리스티아 사람들아, 모두 불안에 떨어라.
북녘에서부터 연기가 내려온다.
그 대열에는 낙오자가 하나도 없으리라.
32 이민족의 사절들에게 무어라 대답하리오?
"주님께서 시온을 세우셨으며
그분 백성 가운데 가련한 이들이 그리로 피신한다." 하여라.

14,32ㄱ. "이민족의" 자구적으로는 "백성의"이다([새] 대중 라틴말 성경도). 필리스티아인들이 반(反)아시리아 동맹을 제안한 배후에는 아마도 이집트가 있었을 것이다.

모압에 내릴 재앙

15

1 모압에 대한 신탁.
정녕 밤사이에 파멸하였구나.
아르 모압이 멸망하였구나.
정녕 밤사이에 파멸하였구나.
키르 모압이 멸망하였구나.
2 바잇과 디본이
통곡하러 산당으로 올라갔구나.
느보와 메드바 위에서
모압이 슬피 우는구나.
머리는 모두 벗겨지고
수염은 모두 깎였구나.
3 길거리에서는 사람들이 자루옷을 두르고
지붕 위와
광장들에서는 모두 슬피 울며
눈물을 흘리는구나.
4 헤스본과 엘알레가 울부짖으니
그들의 소리가 야하츠까지 들리는구나.
이 때문에 모압의 허리들이 떨리고
그들의 넋마저 떨고 있구나.

15,2. "머리는 모두 벗겨지고"는 장례 표시이다(22,12; 에제 7,18 참조).

15,1-16,14. 예언자는 사해 북동쪽에 자리한 모압의 파괴를 묘사한 다음(15,1-4 참조) 남쪽에 피신한 이들에 대한 자신의 안타까움을 표현한다(5-8절). 그러나 그는 하느님께서 다시 개입하실 것을 예고한다(9절). 예루살렘에 어린양을 보냄으로써 피신처와 보호를 요청하려면 메시아의 도래를 기다려야 한다(16,1-5 참조). 지금 모압은 자신의 운명을 겪어야 한다. 북부 도시들의 상황은 불쌍하지만 그것은 교만한 행실로 인한 것이며(6-12절), 더욱 악화될 것이다(13-14절). 번역하기 어려운 이 단락은 여러 점에서 민수 21,27-30과 예레 48-49에 연결된다.

5 나의 마음은 모압 때문에 울부짖는다.
그의 피난민들이 초아르까지, 에글랏 슬리시야까지 도망치면서
루힛의 오르막을
통곡하며 올라가고
호로나임으로 가는 길에서
몰락의 절규 소리를 높이는구나.
6 아, 니므림의 샘이 메말라
황폐하게 되어
풀은 시들고 목초는 타 버렸으니
푸른 것이라고는 하나도 없구나.
7 그리하여 그들은 자기들이 남겨 놓은 것과
간직해 둔 재물을
버드나무 개울 건너로
짊어지고 가는구나.
8 아, 절규 소리가
모압 전역을 휘돌고
그 울부짖음은 에글라임까지,
그 울부짖음은 브에르 엘림까지 이르는구나.
9 정녕 디몬의 물은 피로 가득하구나.
그러나 나는 디몬 위로 또 다른 재앙을,
모압의 생존자들에게,
그 땅의 남은 자들에게 사자를 보내리라.

유다에게 한 모압의 호소

16 1 이 땅을 다스리는 이의
어린양을 보내어라.
셀라에서 광야를 거쳐
딸 시온의 산으로.
2 퍼덕이며 달아나는 새들처럼
둥지에서 쫓겨난 어린 새들처럼
모압의 딸들이
아르논강의 건널목에서 헤매리라.
3 "고견을 들려주십시오.
결정을 내려 주십시오.
한낮에
그대의 그늘을 밤처럼 펼쳐 주십시오.
쫓기는 이들을 숨겨 주고

16,1 2열왕 3,4.

16,2. 주님의 날개 아래 피신하듯이, 시온에서 피신처를 찾는다(시편 17,8; 36,8; 57,2; 63,8 91,1-2 참조).

16,4-5. 모압의 교만과 불손함에 대한 심판을 탄원하는 가운데, 예루살렘의 주권에 굴복하는 것이 유일한 희망이다. 이는 예루살렘이 주님의 성전이 있는 자리이며 다윗 왕조에게 하신 하느님 약속들의 수혜자이기 때문이다. 또한 도성은 모압 피난민들의 피난처가 되어 주라는 절박한 초대를 받는다(4절). 9,6과 11,3-5에서 묘사한 다윗 왕좌에 앉을 임금의 도래는 모압에게도 평화를 보증해 줄 것이다.

16,7. "키르 하레셋의 건포도 과자"는 우상 숭배 관습을 암시한다(호세 3,1 참조). 그러한 우상 숭배는 구원을 가져올 수 없음이 드러난다(이사 16,12 참조).

16,9.10. 포도 수확으로 인한 기쁨의 "환호"는 원수들이 지르는 전쟁의 "함성"에 뒤덮인다.

도망치는 이들이 들키지 않게 해 주십시오.
4 모압에서 쫓겨난 이들을
그대 곁에 머물게 하여
파괴자 앞에서
그들에게 피난처가 되어 주십시오.
억압이 그치고
파괴가 끝나
압제자가 이 땅에서 사라지면
5 다윗의 천막 안에는
신의로 왕좌가 굳게 세워져
공정을 추구하며
정의에 밝은 이가
그 위에 진실과 함께 좌정하리이다."

모압에 대한 애도

6 우리는 너무나 도도한
모압의 교만에 대하여 들었다.
그의 거만과 교만과 방자함
그의 허풍에 대하여 들었다.
7 그리하여 모압이 그 자신 때문에 슬피 우는구나.
모두가 슬피 우는구나.
그들은 키르 하레셋의 건포도 과자 생각에
더없이 상심하며 탄식하는구나.
8 정녕 헤스본의 포도밭들과
시브마의 포도 줄기들이 황폐하게 되었구나.
그 고급 포도들은
여러 민족의 군주들을 도취시켰었건만.
그것들은 야제르까지 뻗어 나가고
사막까지 퍼져 나갔으며
그 덩굴들은 무성하게 자라
바다 건너까지 다다랐었건만.
9 나 이제 야제르가 통곡하듯
시브마의 포도 줄기 때문에 통곡하리라.
헤스본과 엘알레아
나의 눈물로 너를 적시리라.
네 과일과 곡식의 수확 위로
적군의 함성이 덮쳤다.
10 과수원에서는 기쁨과 즐거움이 사라지고
포도밭에서는 환호도 환성도 울리지 않는다.

포도 확에는 포도 밟는 사람이 없고
흥겨운 소리가 그쳐 버렸다.
11 그래서 나의 내장은 모압 때문에,
나의 속은 키르 헤레스 때문에 비파처럼 떨린다.
12 모압이 산당으로 올라가 애를 쓰더라도
자기 성소로 가 기도를 드리더라도
아무 소용이 없으리라.
13 이것은 예전에 주님께서 모압에 대하여 하신 말씀이다.
14 그러나 지금은 주님께서 이렇게 말씀하신다. "날품팔이
햇수 같은 삼 년이 지나면, 그 수많은 무리 전체와 함께 모
압의 영광은 땅에 떨어지고, 남은 자라야 아주 조금밖에
되지 않아 보잘 것이 없을 것이다."

다마스쿠스와 이스라엘의 멸망

17 1 다마스쿠스에 대한 신탁.

보라, 다마스쿠스는 이제 성읍이 아니라
폐허 더미가 되리라.
2 아로에르의 성읍들은 버려져
짐승들의 차지가 되고
그것들이 거기에 자리 잡아도
놀라 달아나게 할 자가 없으리라.
3 에프라임에서 보루가,
다마스쿠스에서 왕국이 없어지고
아람의 남은 자들은
이스라엘 자손들의 영화와 같은 꼴이 되리라.
만군의 주님의 말씀이다.

4 그날에 이러한 일이 일어나리라.
야곱의 영화는 보잘 것이 없어지고
그 몸의 기름기는 다 빠지리라.

17,1-3. 이 신탁은 시리아-에프라임 전쟁에 참여했던(7장 참조) 다마스쿠스와 북왕국 이스라엘의 종말을 알린다.

17,2. "아로에르의 성읍들은 버려져" 히브리어 본문을 따른 번역이지만, 아로에르는 다마스쿠스 근처에 있지 않고 모압 영토에 있으므로 이해하기 어렵다(같은 이름을 가진 다른 지역을 지칭하는 것일 수는 있다. 그런 경우라면 의미가 통한다). 이 문제를 극복하기 위하여 고대 그리스어 번역본은 "영원히 버려져"로 번역하고 다마스쿠스에 대한 서술로 본다. 고대 아람어 번역본(타르굼)은 "그의 도시들"(또는 마을들) 곧 다마스쿠스 도시들로 이해한다.

16,11 예레 4,19; 애가 1,20. 17,2 6,11; 11,6; 13,21; 14,30; 신명 28,26; 나훔 2,12. 17,3 5,13-14; 2열왕 17,5-6.

17,1-18,7. 여러 민족들이 거짓으로 동맹을 제안한 것 때문에 단죄를 받는다. 그 거짓 제안들은 예루살렘이 유일한 구원의 바위이신 주님께 대한 신뢰를 잃게 했다(17,10 참조). 다마스쿠스와 에프라임은 아시리아의 침입에 맞서 도움이 되기는커녕 곧 멸망할 것이다(17,1-3; 7,1-9; 8,1-4 참조). 유다 지역 역시 압박을 받지만(4-6절), 바로 이를 통하여 회개로 인도될 것이다(7-8절). 이방 신들에게 의지하려 했기에 땅은 황폐해지고 버림받을 것이다(9-11절). 그러나 주님께서 다시 사건들의 흐름에 개입하실 것이다(12-14절). 에티오피아 역시 하느님께서 당신께로 이끌어 주실 때까지 멸망을 겪을 것이다(18,1-7 참조).

5 이는 수확꾼이 곡식을 거두어들인 뒤
팔로 이삭을 모아들일 때와 같고
르파임 골짜기에서
이삭을 주워 모을 때와 같으리니
6 거기에는 올리브 나무를 떨고 났을 때처럼
남은 열매를 따는 일만 남아 있을 뿐.
과일나무 끝 가지에 두세 알
줄기에 너덧 알만 남아 있으리라.
주 이스라엘의 하느님 말씀이다.

우상 숭배의 끝

7 그날에 사람들은 자기를 지으신 분을 바라보고, 이스라
엘의 거룩하신 분께로 눈을 들 것이다. 8 그리고 자기들 손
으로 만든 작품인 제단들을 바라보지 않고, 자기들 손가
락으로 만든 아세라 목상들과 분향 제단들을 쳐다보지 않
을 것이다.

우상 숭배와 멸망

9 그날에 그 견고한 성읍들은
이스라엘 자손들 앞에서 버리고 도망친
히위족과 아모리족의 성읍들처럼 내버려져
황폐하게 되리라.
10 정녕 너는 네 구원이신 하느님을 잊어버리고
네 피신처이신 반석을 기억하지 않았다.
그러므로 네가 희열의 식물들을 심고
낯선 신의 덩굴나무 묘목을 심어
11 네가 심은 그날로 자라게 하고
씨앗을 뿌린 그 아침으로 싹이 트게 하여도
그것이 병드는 날 수확은 사라져
너에게 회복할 수 없는 고통이 되리라.

침략자들의 멸망

12 아아, 수많은 민족들의 고함 소리!
그들은 바다가 노호하듯 고함을 지른다.
겨레들의 함성!
그들은 거대한 물이 포효하듯 함성을 지른다.
13 큰 물이 포효하듯 겨레들이 함성을 지른다.

17,7 10,20. 17,8 2,8. 17,9 여호 9,1-2; 11,3-6. 17,10 호세 8,14. 17,12 51,15; 예레 5,22.

17,5. 르파임 골짜기는 예루살렘 일대에서 유일하게 좋은 곡식을 산출하던 곳이다. 원수들은 필리스티아인들 시대에 했듯이(2사무 5,18 참조) 그곳에 도달할 것이고 격퇴되지 않을 것이다.

17,10. "희열의 식물들"은 아마도 풍요로움과 때 이른 죽음과 재생에 연관된 이방 신들(아도니스, 바알, 오시리스, 탐무즈)을 위하여 경작되던, 낮에 자라다가 곧 시드는 작은 식물들을 지칭한다. 65,3; 66,17; 에제 8,14 참조.

17,11. "그것이 병드는 날"은 정치·군사적 억압을 나타내는 표상이다(예레 17,16; 30,12-17; 미카 1,9 참조).

17,12. "고함 소리… 노호하듯 고함" 히브리어 본문은 '임', '온', '운'으로 끝나는 단어들을 계속 배치해 고함 소리를 묘사한다. 아시리아와 그 종속국들의 연합군("수많은 민족들") 수는 대단히 많지만 주님께는 그들을 물리치기 위한 단 한 번의 고함 소리로 충분하다(13절).

17,13. 태초의 바다에서 혼돈의 힘을 꺾으시고 갈대 바다에서 이스라엘을 해방하신 주님은(탈출 14,24-31; 시편 46,4-7; 104,5-9; 106,9 참조), 역사에 대한 당신의 지배권을 확증하신다(이사 14,1-2.26-27; 18,3-6; 37,36 참조).

그러나 그분께서 그들을 꾸짖으시자
그들은 멀리 도망친다.
산 위에서 바람에 날리는 겨처럼,
폭풍 앞의 방랑초처럼 그들은 쫓겨난다.
14 보라, 저녁때에 닥쳐온 두려움을.
아침이 되기 전에 그들은 이미 사라지고 없다.
이것이 우리를 약탈하는 자들의 몫이요
우리를 노략하는 자들의 운명이다.

에티오피아에 대한 말씀

18 1 아아, 에티오피아의 강 건너편
날개 달린 배들의 땅!
2 사신들을 바다로,
왕골 배에 태워 물 위로 보내는 땅!

너희 날쌘 특사들아, 가거라,
훤칠하고 말쑥한 겨레에게로.
어디에서나 두려움을 일으키는 민족,
강줄기가 여러 갈래로 뻗은 땅에 사는
강력하고 승승장구하는 겨레에게로.

3 세상의 모든 주민들아, 땅에 사는 사람들아
산들 위에 깃발이 오르거든 쳐다보아라.
나팔 소리가 울리거든 들어 보아라.
4 정녕 주님께서 나에게 이렇게 말씀하셨다.
"햇볕 아래 따가운 더위처럼
수확 철 더위 때의 이슬 구름처럼
나는 내 처소에서 조용히 바라보리라.
5 수확하기 전에 꽃철이 지나서
꽃이 포도로 여물어 갈 때
가지들은 낫으로 잘리고
덩굴들은 걷혀 뜯겨 나가리라.
6 그것들은 모두 산의 맹금들과
들의 맹수들에게 넘겨져
맹금들이 그 위에서 여름을 나고
들의 온갖 맹수들이 그 위에서 겨울을 나리라."

18,2. 아마도 동맹 제안에 답변을 전해야 하는 유다의 특사들을 향한 말이다. 에티오피아로 가는 특사 배후에는 이집트가 있었다. 이집트는 사르곤 2세가 세상을 떠난 후(기원전 705년) 아시리아에 정복된 나라들과의 접촉을 강화했다.

18,3 13,2. 18,5 예레 5,10; 48,32. 18,6 신명 28,26; 예레 7,33.

18,7. "그때에" 군사 전략을 계획하기 위해서가 아니라 성전에 선물을 바치기 위하여 예루살렘에 사절이 올 것이다(시편 68,32; 이사 45,14; 스바 3,9-10 참조). 이 구절은 유배 이후에 신탁을 재해석한 것으로, 보편주의 본문들인 이사 60,1-14; 하깨 2,7-9에 근접한다.

19,1-2. 주님께서는 하늘을 다니시며(신명 33,26; 시편 68,5 참조) 어디서나 당신 백성을 구하신다. 그분께서 오시는 것만으로도 원수는 무너진다(여호 2,11; 판관 7,22; 즈카 14,13 참조). 아마도 국내의 반란을 암시한다.

19,3. 주님의 계획을 알고 이를 따르는 것이 참된 지혜이다. 이집트의 소위 현인들에게는 이 참된 지혜가 없다.

19,4. 나라가 약해지면서 외국의 통치를 받게 된다. 그 통치자는 기원전 8세기부터 2세기까지 이스라엘을 굴복시킨 민족들인 아시리아(사르곤 2세와 산헤립), 페르시아(캄비세스), 셀레우코스(안티오코스 3세) 가운데 한 명일 것이다.

19,5. 이집트는 바로 그들의 자랑거리 나일강 때문에 타격을 입는다. 전통적인 경제의 주축인 나일강 물이 마르게 된다.

7 그때에 훤칠하고 말쑥한 민족과 어디에서나 두려움을 일
으키는 민족에게서, 강줄기가 여러 갈래로 뻗은 땅에 사
는 강력하고 승승장구하는 겨레에게서, 만군의 주님의 이
름을 모신 곳 시온산으로 만군의 주님께 드릴 선물이 보
내질 것이다.

이집트의 멸망

19

1 이집트에 대한 신탁.

보라, 주님께서 빠른 구름을 타시고
이집트로 가신다.
이집트의 우상들은 그분 앞에서 벌벌 떨고
이집트 사람들의 마음은 속에서 녹아내린다.

2 내가 이집트인들을 부추겨서
동기끼리 이웃끼리 싸우고
성읍끼리 왕국끼리 싸우게 하리라.
3 이집트 안에서 사람들은 혼이 빠지고
나는 그들의 계획을 무산시켜 버리리라.
그러면 그들은 우상들과 혼령들
영매들과 점쟁이들에게 물어보리라.
4 내가 이집트인들을 냉혹한 군주의 손에 넘겨
포악한 임금이 그들을 다스리게 하리라.
주 만군의 주님의 말씀이다.

5 바다에서는 물이 마르고
강은 바싹 메마르리라.
6 개천들은 악취를 풍기고
이집트의 나일강과 지류들은 물이 줄고 메말라
갈대와 부들이 시들어 버리리라.
7 나일강 어귀 강가에 있는 풀밭과
나일강 변의 파종된 밭들은 모조리 말라
바람에 날려 아무것도 남지 않으리라.

19,1-15 예레 46; 에제 29-32. 19,1 13,7.

19,1-20,6. 심판은 이제 예루살렘에 인간적 힘으로 구원을 얻을 수 있다고 현혹하던 세력을 향한다. 서로 구분되고 다른 시대에 속하는 세 단락에서 이집트의 수치와(19,1-15; 20,1-6 참조) 주님께서 당신 구원을 보여 주시고 이집트와 계약을 맺으실 정황이 예고된다(19,16-25 참조). 이스라엘의 전통적 원수들은 모세 시대와 같이 공격을 받지만(탈출 12,23 참조), 결국은 주님을 알게 될 것이다(탈출 7,5; 14.4.18 참조). 그들은 예루살렘과 마찬가지로 주님께 상처를 입은 다음 다시 치유될 것이며(이사 30,26; 호세 6,1 참조), 판관 시대의 이스라엘인들처럼 억압을 받은 다음 구원될 것이다(판관 3,9 참조).

8 어부들은 탄식하고
나일강에 낚시를 던지는 자들은 모두 슬퍼하며
물에 그물을 치는 자들은 생기를 잃어 가리라.
9 아마포를 만드는 자들은 실망에 빠지고
삼을 삼는 여인들과 삼베를 짜는 자들은 얼굴이 창백해지며
10 그 직조공들은 기가 꺾이고
품팔이꾼들은 모두 낙담하리라.
11 초안의 제후들은 어리석기만 하고
파라오의 현명하다는 고문관들은 우둔한 고문들이다.
그런데 너희가 어찌 파라오에게
"저는 현인들의 자손이며 옛 임금들의 자손입니다." 하고
말할 수 있느냐?
12 너희의 현인들은 도대체 어디 있느냐?
만군의 주님께서 이집트에 대하여 무엇을 계획하셨는지
그들이 너희에게 말하여 알리도록 해 보려무나.
13 초안의 제후들은 바보가 되고
멤피스의 제후들은 착각에 빠졌으며
그 종족들의 수장들은 이집트를 잘못 이끌었다.
14 주님께서 그 가운데에 혼란의 영을 섞어 놓으시자
그들은 하는 일마다 이집트를 비틀거리게 하여
주정꾼이 제가 토해 낸 것 위에서 비틀거리는 꼴이 되게
하였다.
15 그리하여 머리든 꼬리든, 종려나무 가지든 골풀이든
누가 하든지 이집트에는 되는 일이 없으리라.

이집트의 미래

16 그날에 이집트인들은 여자들처럼 되어, 자기들 위로 휘
두르시는 주님의 손 앞에서 무서워 떨 것이다. 17 유다 땅
은 이집트인들에게 공포의 대상이 되어, 유다 땅에 대하
여 듣는 자들은 모두 만군의 주님께서 지신들을 거슬러
세우신 계획 때문에 무서워할 것이다.
18 그날에 이집트 땅에는 가나안 말을 하고 만군의 주님께
충성을 맹세하는 다섯 성읍이 생길 터인데, 그 가운데 하
나는 '태양의 도시'라 불릴 것이다. 19 그날에 이집트 땅 한
가운데에 주님을 위한 제단 하나가 세워지고, 그 국경에
는 주님을 위한 기념 기둥 하나가 세워질 것이다. 20 이것
이 이집트 땅에서 만군의 주님을 위한 표징과 증인이 되
어, 그들이 압제자들 때문에 주님께 부르짖으면, 그들에게

19,13 9,15. 19,15 9,13. 19,16 13,8; 예레 4,31. 19,19 창세 28,18. 19,20 탈출 3,7-10.

19,16.18.19.23.24. 민족들이 패배할 주님의 날은("그날") 그들 자신의 구원 기회임이 드러난다.

19,17. 유다 땅에 대한 언급은 아마도 페르시아 또는 셀레우코스의 군사 작전들을 연상시킨다. 이들은 이집트 왕국의 운명에 치명적 영향을 미친다.

19,18. 이 구절은 이집트에 유다인 디아스포라가 역사적으로 존재함을 전제한다. "주님께 충성을 맹세하는"은 그분을 자신의 하느님으로 인정함을 뜻한다(예레 12,16 참조). "태양의 도시"라는 번역은 (새) 대중 라틴말 성경과, 히브리어 '헤레스'(heres, "파괴")를 '헤레스'(cheres, "태양")로 읽는 두 개의 쿰란 사본을 따른 것이다. 이로써 라(Ra) 신의 도시를 지칭하게 된다.

구원자를 보내시어 그들을 보호하고 구원해 주실 것이다.
21 주님께서는 이렇게 당신 자신을 이집트인들에게 알리시
고, 그날에 이집트인들은 주님을 알게 될 것이다. 그들은
희생과 제물을 봉헌하며 주님께 서원을 하고 그대로 채울
것이다. 22 주님께서는 이집트인들을 치시겠지만, 치신 뒤
에는 곧바로 고쳐 주실 것이다. 그들은 주님께 돌아오고,
그분께서는 그들의 간청을 들으시어 그들을 고쳐 주실 것
이다.
23 그날에 이집트에서 아시리아로 가는 큰길이 생겨, 아시
리아인들은 이집트로 가고 이집트인들은 아시리아로 가며,
이집트인들이 아시리아인들과 함께 예배를 드릴 것이다.
24 그날에 이스라엘은 이집트와 아시리아에 이어 세 번째
로 이 세상 한가운데에서 복이 될 것이다. 25 곧 만군의 주
님께서 "복을 받아라, 내 백성 이집트야, 내 손의 작품 아
시리아야, 내 소유 이스라엘아!" 하고 말씀하시면서 복을
내리실 것이다.

19,21. 서로 다른 이유로 서로 다른 시대에 겪은 것이지만 주님의 뜻으로 공통된 고통을 겪은 결과 민족들은 유일한 하느님을 경배하게 된다. 주님께서 민족들을 치시는 날이던 "주님의 날"은 그들의 회개와 평화와 조화의 날이 된다.

이집트와 에티오피아의 멸망

20 1 아시리아 임금 사르곤이 파견한 총사령관이
아스돗으로 진군해 와서, 아스돗을 공격하여
그곳을 점령하던 해의 일이다. 2 그때에 주님께서 아모츠의
아들 이사야를 시켜 이렇게 이르셨다. "자, 네 허리에 두
른 자루옷을 풀고 네 발에서 신을 벗어라." 그는 그렇게 하
고서 알몸과 맨발로 다녔다. 3 그 뒤에 주님께서 말씀하셨
다. "나의 종 이사야가 이집트와 에티오피아에 대한 표징
과 예표로서, 삼 년 동안 알몸과 맨발로 다닌 것처럼, 4 그
렇게 아시리아 임금이 이집트 포로들과 에티오피아 유배
자들을 젊은이나 늙은이나 할 것 없이, 이집트에게 수치
스럽게도, 엉덩이까지 드러낸 채 알몸과 맨발로 끌고 갈
것이다. 5 그러면 사람들은 자기네 희망이었던 에티오피아
와 자기네 자랑이었던 이집트 때문에 놀라며 부끄러워할
것이다. 6 그리고 그날에 이 바닷가 주민들은 말할 것이다.
'보라, 우리의 희망이었던 나라가 이 꼴이 되었구나. 아시
리아 임금에게서 구해 달라고 도움을 청하러 그곳으로 도
망쳤었는데, 이제 우리는 어떻게 난을 피한단 말인가?'"

20,1. "총사령관"으로 번역한 '타르탄'은 아시리아 임금의 대리인이다.

20,4. 해변 도시 아스돗을 점령한 것은 기원전 711년이다. 기원전 705년부터는 이집트까지 징벌하기 위하여 원정하였다.

---

20. 반아시리아 연합으로 이집트와 동맹을 맺은 아스돗의 징벌에서 이사야는 징조를 보고 자신의 삶으로 이를 해석한다. 에제키엘의 경우에 특히 분명하게 나타나듯이, 예언자들은 그들의 말과 함께 그들 자신의 삶을 개입시키는 상징적 행동들을 보여 주었다(1사무 15,27-28; 1열왕 11,29-32; 이사 7,3; 8,1-4; 예레 16,1-4; 27장; 32장; 에제 4,1-12; 5장; 12,17-20; 24,15-27; 호세 1,2-9; 3장 참조).

바빌론의 멸망

21

[1] 바닷가 광야에 대한 신탁.
네겝을 휩쓸고 지나가는
폭풍처럼
그것은 사막에서,
무서운 땅에서 몰아쳐 온다.
[2] 준엄한 환시가
나에게 전해졌다.
배신자가 배신하고
파괴자가 파괴한다.
"엘람아, 올라가거라.
메디아야, 포위하여라.
내가 모든 탄식을
그치게 하리라."
[3] 이 때문에 나의 허리는
온통 경련으로 뒤틀리고
해산하는 여인의 진통과 같은
통증이 나를 덮친다.
듣고 있자니 놀라 자지러지고
보고 있자니 몸이 떨려 온다.
[4] 내 마음은 혼란스러운데
공포마저 들이닥친다.
내가 갈망하던 저녁때가
나에게 두려움이 되어 버렸구나.
[5] 상을 차리고
자리를 편 다음
먹고 마신다.
"제후들아, 일어나라.
방패에 기름을 발라라."
[6] 주님께서 나에게 이렇게 말씀하셨다.
너는 가서 파수꾼을 세워
그가 본 바를 보고하게 하여라.

21,1-10 13-14; 47,1-15; 예레 50-51; 묵시 17-18.

21. 바빌론에 대한 신탁에(1-10절) 서쪽 인접 지역에 관한 세 개의 짧은 경고가 덧붙여진다(11-12.13-15.16-17절).

21,1-10. 민족들에 대한 심판의 중심 위치에서 이 단락은 바빌론의 멸망을 예고한다. 이는 억압받는 이들에게 위로가 되며(2절), 특히 종속되어 짓밟힌 이스라엘에게 위안이 된다(10절). 엘람과 메디아에 대한 언급이 페르시아의 정복을 생각하게 한다면 본문이 아시리아 임금의 공격을 예고하던(사르곤 2세, 산헤립 또는 아수르바니팔) 더 오래된 신탁을 다시 편집한 것일 가능성도 배제할 수 없다.

21,1. "바닷가 광야"라는 표현은 논쟁의 대상이다. 아카드어를 토대로 이해하면 아마도 바닷가 근처 거주지의 주변부인 티그리스강과 유프라테스강 삼각주 지역을 지칭할 것이다. "온다"의 주어는 네겝 지역과 연결된 바빌론 멸망의 참된 주역이신 주님일 수 있다(신명 33,2 참조). "무서운 땅"이라고 하는 것은 그 땅에서 공격이 준비되고 또 그 땅이 멀리 있어 알려져 있지 않기 때문이다.

21,5. 바빌론인들은 기습을 당한다. 잔치를 벌이고 있을 때(다니 5,1.30 참조) 전투를 준비하라는 명령이 내린다. 기름을 바르는 것은 아마도 가죽을 매끄럽게 하고, 또한 액땜을 위한 예식으로 주술적 힘을 불어넣어 유해한 영향을 멀리하기 위해서이다.

21,6. 이사야는 자신이 본 환시를 전한 다음(2-5절) 주님의 명으로 망루에 세워진 망꾼에 대해 말한다. 그러므로 "주님께서 나에게 이렇게 말씀하셨다."부터 새로운 담화가 시작되는 것이다.

7 병거와
두 줄 기마대,
나귀 대열과
낙타 대열을 보면
주의를 기울여,
단단히 주의를 기울여 들으라고 하여라.

8 망꾼이 외쳤다.
"주님, 저는 온종일 쉴 새 없이
보초를 서고 있습니다.
밤마다
망대 위에 서 있습니다.
9 아, 옵니다!
병거 부대가,
두 줄 기마대가 옵니다."
그는 다시 말하였다.
"무너졌습니다, 무너졌습니다, 바빌론이!
그 신상들도 모조리
땅바닥에 부서졌습니다."
10 짓밟힌 나의 백성아
타작마당에서 으깨진 나의 겨레야
내가 이스라엘의 하느님
만군의 주님에게서
들은 바를
너희에게 전하였다.

에돔족에 대한 경고

11 두마에 대한 신탁.

세이르에서 나에게 외친다.
"파수꾼아, 밤이 얼마나 지났느냐?
파수꾼아, 밤이 얼마나 지났느냐?"
12 파수꾼이 말한다.
"아침이 왔다.
그러나 또 밤이 온다.

21,8. "망꾼" 전통적인 히브리어 본문에는 "사자"(lion)로 되어 있다('아르예', 대중 라틴말 성경도). 쿰란에서 발견된 첫 번째 이사야서 사본은 "망꾼"('하로에')으로 되어 있다. 흥미롭게도 고대 그리스어 번역본은 우리야를 언급한다. 망꾼의 목소리에서 5절에 예고된 전투의 결과를 알게 된다.

21,10ㄱ. 히브리어 본문을 자구적으로 옮기면 "타작된 것아, 나의 타작마당의 아들아"이다.

21,11-12. 두마는 아라비아 북부의 오아시스지만(창세 25,14 참조), 그 이름은 "침묵"을 뜻하기도 한다(시편 94,17; 115,17 참조). 세이르는 시온이 유다를 나타내듯이 에돔 땅을 나타내는 산이다. 망꾼은 밤, 곧 억압이 얼마나 남았는지 묻는 질문에 대답을 회피한다.

21,12. 마지막 구절은 "돌아가라, 오너라."로 옮길 수 있다. 망꾼은 집에 돌아갔다가 다시 와서 물어보라고 말하는 것으로 보인다.

21,9 2사무 18,24-32; 2열왕 9,17-19. 21,11-17 예레 49,7-8.28; 에제 25,13.

21,11-12. 바빌론의 종말을 예고한 다음, 세이르(에돔)에서 그들의 지배가 얼마나 오래 지속될지를 물어 온다. 망꾼은 아라비아의 두마에 일어날 일에 대해 알고 있는 듯하다. 변화의 표징이 있지만("아침이 왔다") 억압은 지속된다("또 밤이 온다"). 본래 이 신탁은 아시리아의 지배권에 관한 것일 수 있다.

너희가 묻고 싶거든 물어보아라.
다시 와서 물어보아라."

드단족에 대한 경고

13 광야의 신탁.

드단족의 대상들아
너희는 광야의 덤불 속에서 밤을 새우리라.
14 테마 땅의 주민들아
목마른 자들에게로
물을 가져가거라.
먹을 것을 가지고 피난민을 마중 나가라.
15 그들은 칼을 피하여,
빼든 칼과
당긴 활을 피하여,
전란을 피하여 도망 나왔다.

케다르족의 멸망

16 주님께서 나에게 이렇게 말씀하셨다. "날품팔이 햇수
같은 한 해가 지나면 케다르의 모든 영화가 다할 것이다.
17 그리고 케다르족 전사들에게 남은 활은 몇 개 되지 않
을 것이다." 정녕 주 이스라엘의 하느님께서 말씀하셨다.

예루살렘에 대한 책망

22 1 '환시의 계곡'에 대한 신탁.

도대체 너희가 어떻게 되었기에
모두 지붕으로 올라갔느냐?
2 소음으로 가득 차
법석대는 도성아
희희낙락하는 도시야!

21,13-17. "광야" 또는 "아라비아" 드단, 테마, 케다르는 아라비아의 도시이다.

21,16. "날품팔이 햇수 같은"은 수고스러운 한 해를 뜻한다.

22,1. "환시의 계곡"은 예언자가 환시 가운데 인도된 계곡으로, 아마도 "결판의 골짜기"(요엘 4,14 참조)라고도 일컬어지는 여호사팟 골짜기(요엘 4,2.12 참조) 또는 예루살렘 근처의 힌놈 골짜기(게엔나)일 것이다.

21,16-17 60,7. 22,2 3,25.

21,13-17. 드단의 대상들과 테마의 주민들에게, 아시리아인들 또는 케다르의 아랍인들에게 쫓기는 세이르의 난민들을 구해 줄 것을 권고한다. 결국에는 드단과 테마 역시 바빌론의 마지막 임금 나보니두스에게 공격을 받아 케다르의 지배를 받는다.

22. 산헤립이 침입하여 파괴하고 있을 때 이사야는 도시들과(1-14절) 교만하고 무능한 그 지도자들을 향한다(15-25절). 아시리아 연감들에서는 유다 도성 46개를 함락시키고 주민 20만 150명을 유배시켰음을 자랑한다(기원전 701년).

22,1-14. 반아시리아 동맹을 선택한 예루살렘은 약탈을 당했다(1-8ㄱ절). 예언자는 포위에 저항하기 위해 행한 조치들과 한때 기뻐하며 한 행동들, 그리고 역사 속에서 하느님의 행위를 깨달으려 하지 않은 생각 없음을 일깨운다(8ㄴ-14절).

너희 가운데 죽은 자들은 칼에 찔려 죽은 자들도 아니고
전투하다 죽은 자들도 아니다.
3 너희 지휘관들은 모두 함께 도망치다
활을 쏘아 보지도 못한 채 붙잡히고
너희 가운데에 있던 자들도
멀리 달아났지만 모두 함께 붙잡혔다.

4 그래서 내가 말하였다.
내게서 눈을 돌려 다오.
나 슬피 울지 않을 수가 없구나.
내 딸 백성이 멸망한 것을 두고
나를 위로하려고 애쓰지 마라.
5 주 만군의 주님께서 내리신
혼란과 유린과 혼돈의 날이다.
'환시의 계곡'에서는 벽이 무너져 내리고
도와 달라 외치는 소리가 산으로 치솟았다.
6 엘람은 화살통을 메고
병거대와 기마대와 함께 오며
키르는 방패를 꺼내 들었다.
7 너희들의 가장 좋은 골짜기마다
병거들로 가득하고
기병들은 성문을 마주하여 정렬하니
8 유다의 방어진이 무너졌다.
그날에 너희는 '수풀궁'에 있는
무기들을 찾아내고
9 다윗성에
균열이 많음을 살펴 알았으며
아랫저수지에 물을 모아들였다.
10 그리고 너희는 예루살렘의 가옥 수를 파악하고
성벽에 접근하지 못하도록 가옥들을 허물었으며
11 옛 저수지의 물을 받아 놓으려고
두 성벽 사이에 저장소를 만들었다.
그러나 너희는 이 모든 것을 이루신 분을 찾아보지 않았고
이 모든 것을 멀리서 꾸미신 분을 살펴보지 않았다.

12 그날에 주 만군의 주님께서 너희에게
통곡하고 애곡하라고,
머리털을 깎고 자루옷을 두르라고 이르셨다.

22,4 예레 31,15. 22,12 15,2-3; 32,11.

22,5. "벽이 무너져 내리고"는 가설적 번역이다. 다른 이들은 "요란한 소리"를 제안하기도 한다. 고대 번역본들도 여러 가지로 옮긴다.

22,6. 키르(메소포타미아 남부)와 엘람(동부) 사람들이 아시리아 군대에 있었다는 것이다.

22,8. "수풀궁"은 솔로몬이 지은 궁전이다(1열왕 7,2-6 참조).

22,11. "옛 저수지"는 기혼샘의 물을 조절하는 저수지였다. "두 성벽 사이에 저장소"는 실로아샘과 히즈키야가 파게 한 수로를 가리킨다.

13 그러나 보아라, 기뻐하고 즐거워하며
소를 잡고 양을 죽여
고기를 먹고 술을 마시면서
"내일이면 죽을 몸, 먹고 마시자." 하는구나.
14 그래서 만군의 주님께서 내 귀에 일러 주셨다.
"이 죄는 너희가 죽기까지 결코 용서받지 못하리라."
주 만군의 주님께서 말씀하셨다.

세브나에게 내릴 심판

15 주 만군의 주님께서 이렇게 말씀하셨다.
"너는 궁궐을 관리하는
저 세브나 시종장에게 가서 말하여라.
16 '높은 곳에 제 무덤을 파고
바위에다 제 거처를 만든 자야!
네가 여기에 무슨 권한이 있기에,
네가 여기에 무슨 연고가 있기에
여기에다 너를 위해 무덤을 팠느냐?
17 보라, 너 세도가야
주님이 너를 사정없이 쓰러뜨리고
너를 단단히 묶어
18 세찬 발길로 너를 공처럼
넓은 땅으로 걷어차 버리리라.
너는 거기에서 죽고
네 영광의 마차들도 거기에 버려지리라,
네 상전 집안에 치욕인 자야!
19 나는 너를 네 자리에서 내쫓고
너를 네 관직에서 끌어내리리라.'"

엘야킴의 등용과 파멸

20 그날에 이러한 일이 일어나리라.
나는 힐키야의 아들인 나의 종 엘야킴을 불러

22,16. "네가 여기에 무슨 권한이 있기에"라는 말은 새로운 인물의 지위에 대한 질문으로 보인다. 그는 그 직분을 맡을 만한 집안 출신이 아니다("힐키야의 엘야킴"과 다르다. 20절).

22,17-18. 세브나는 유배지에서 죽게 되리라고 예고한다.

22,20-21. 엘야킴에게는 대단히 중요한 호칭들이 주어진다. 그는 부름을 받았으며(42,6; 45,3-4; 49,1 참조) 주님의 "종"(2사무 3,18 참조)이고, "아버지"이다(창세 45,8 참조). 그는 장엄한 옷차림을 하고 권력을 받는다(미카 4,8 참조).

22,13 1코린 15,32. 22,22 묵시 3,7.

22,15-25. 예외적으로 한 개인을 대상으로 하는 이 신탁은(예레 20,1-6; 28,12-17; 아모 7,16-17 참조) 세브나를 친 이집트 정책을 지지하는 히즈키야의 주요 측근으로 본다. 교만했던 그는 이사 3,4.12에 언급된 이들 가운데 한 사람으로 보인다. 반면 엘야킴에 관해서는 이사 9,5-6과 11,1-5의 약속들을 반향하는 장엄한 말들이 전해진다(22,20-23 참조). 그러나 다음 구절에서 그는 집안 사람들만을 편들었다는 비판을 받는다(24절). 세브나와 엘야킴은 36,3.22에 다시 나타난다.

22,19-23. 가해 연중 제21주일에는 예수님께서 베드로의 직무를 설정하시는 것을 묘사하는 복음 본문을(마태 16,13-20) 해석하기 위한 전제로 이 단락을 읽는다. 복음에서도 열쇠와 그것이 의미하는 하느님의 굳건하심과 봉사의 겸손함이 중요하다.

21 그에게 너의 관복을 입히고
그에게 너의 띠를 매어 주며
그의 손에 너의 권력을 넘겨주리라.
그러면 그는 예루살렘 주민들과
유다 집안의 아버지가 되리라.
22 나는 다윗 집안의 열쇠를 그의 어깨에 메어 주리니
그가 열면 닫을 사람이 없고
그가 닫으면 열 사람이 없으리라.
23 나는 그를 말뚝처럼 단단한 곳에 박으리니
그는 자기 집안에 영광의 왕좌가 되리라.
24 그러면 그 집안의 온갖 것들 곧 새싹과 이파리들, 온갖
작은 그릇과 대접에서 온갖 항아리들에 이르기까지 모두
그에게 매달릴 것이다. 25 만군의 주님의 말씀이다. 그날에
단단한 곳에 박힌 말뚝은 휘고 꺾여서 떨어질 것이다. 그
러면 그 위에 있던 것들이 깨질 것이다. 주님께서 말씀하
셨다.

22,22-23. 어깨에 멘 열쇠는 왕궁의 안전에 대한 책임과 임금 바로 다음가는 절대적 권위를 상징한다. "말뚝"은 다윗의 초막과(아모 9,11 참조) 예루살렘의 천막을 지탱한다(이사 33,20 참조).

22,24. 그의 위치로 인하여 영광스럽게 된 가족들이 견딜 수 없이 무거운 짐이 된다.

티로와 시돈에 내릴 심판

23 1 티로에 대한 신탁.
통곡하여라, 타르시스의 배들아.
집 하나 남김없이 파괴되었다.
키팀 땅에서 오는 길에
그들에게 이 소식이 전해졌다.
2 바닷가 주민들아
시돈의 상인들아, 입을 다물어라.
너의 대리인들이
큰 바다를 오가곤 하였다.
3 시호르의 곡식과 나일강의 수확이 그의 수입.
티로는 뭇 민족들의 장터였다.
4 시돈아, 바다가 말하였으니,
바다의 요새가 이렇게 말하였으니 부끄러워하여라.
"나는 산고를 겪지도 않았고 아이를 낳지도 않았다.
총각들을 기른 일도 없고

23,1. "키팀 땅"은 키프로스이다.

23,3. 시호르(이집트어로 "호루스의 못")는 수에즈 운하 가까이 있는 호수이거나 나일강의 지류 또는 수로를 가리킨다(예레 2,18 참조).

23,4. 티로의 불행은 바다로부터 선포되는데, 페니키아가 번영한 것은 바다 덕분이다. 물들은 남편에게(물에 의지했던 도시들에게) 자녀들을(미래를) 낳아 주지 못한 여인에 비유된다. "바다의 요새"는 보충 설명으로, 바다를 티로로 보게 해 준다.

23,1-14 에제 26-28; 아모 1,9-10; 즈카 9,3-4.

23. 이 신탁은 페니키아의 큰 도시들의 번영이 끝남을 예고한다. 티로가 포위되었다는 것은 산헤립(기원전 705-701년) 또는 에사르 하똔(기원전 678-671년)의 공격을 가리킬 수 있지만, 네부카드네자르(기원전 585-573년), 또는 아르타크세르크세스 3세(기원전 343년), 알렉산드로스 대왕(기원전 332년)을 지칭할 수도 있다. 황폐해진 도시를 주님께서 찾아오실 것이다.

처녀들을 키운 일도 없다."
5 티로에 대한 소식이 이집트에 전해지면
사람들은 몸서리치리라.
6 타르시스로 건너가거라.
통곡하여라, 바닷가 주민들아!
7 이것이 너희의 흥겹던 성읍이냐?
그 기원이 먼 옛날까지 거슬러 올라가고
먼 곳까지 가서
식민지를 만들던 성읍이냐?
8 누가 왕관의 수여자 티로를 두고
이러한 결정을 내렸는가?
그 상인들은 제후들이며
그 무역상들은 세상에서 존경을 받는데.
9 모든 영화의 교만을 짓밟고
세상에서 존경받는 자들이 모두 망신당하도록
만군의 주님께서 이러한 결정을 내리셨다.

10 딸 타르시스야
나일강처럼 네 땅으로 건너가거라.
굴레가 벗겨졌다.
11 주님께서 바다 위로 당신 손을 뻗치시어
왕국들을 떨게 만드셨다.
주님께서 가나안을 거슬러
그 요새들을 파괴하라고 명령하셨다.
12 그리고 말씀하셨다.
"짓밟힌 여자, 처녀 딸 시돈아
네가 다시는 기뻐 뛰지 못하리라.
일어나 키팀으로 건너가 보아라.
거기에서도 편안하지 못하리라."
13 칼데아인들의 땅을 보아라.
이제 그 백성은 없다.
아시리아가 그곳을 사막 짐승들이나 사는 곳으로 만들었다.
그들은 공격 축대를 세워
그 궁궐들을 허물어뜨리고
그곳을 폐허로 만들어 버렸다.
14 통곡하여라, 타르시스의 배들아.
너희의 요새가 파괴되었다.

23,9 13,11.19; 14,11; 16,6.

23,6. "타르시스로 건너가거라." 수사학적 표현이다. 타르시스는 팔레스티나 서쪽의 먼 연안 지방으로, 아마도 카르타고(고대 그리스어 번역본) 또는 에스파냐일 것이다.

23,8. "왕관의 수여자" 아마도 티로가 다른 영토와 식민지들을 지배했음을 암시한다.

23,10. "네 땅으로 건너가거라." 쿰란의 한 히브리어 사본과 고대 그리스어 번역본에 따라 본문을 "네 땅을 경작하여라."로 수정하기도 한다. 이 경우에 티로가 더 이상 해상 무역에 의지할 수 없게 되었으므로 농업을 행하게 된다는 의미로 이해한 것이다. "굴레가 벗겨졌다."도 수정하여 "더 이상 (너에게) 항구가 없다."로 번역하기도 한다.

23,11. 여기서는 페니키아를 "가나안"이라고 칭한다(창세 10,15; 여호 5,1; 1역대 1,13 참조).

23,13. 이 구절은 잘 알려진 원정 때 아시리아의 침입을 받은 바빌론인들의 땅을 가리킨다. 페르시아만에서 출항한 시돈과 키프로스의 배들도 이 원정에 참여했다. "사막 짐승들"은 "배들"로도 번역할 수 있다. 일부 히브리어 표현들은("공격 축대", "허물어뜨리고"로 번역된) 이해하기 어렵다.

15 그날에 이러한 일이 일어날 것이다. 티로는 한 임금의
수명과 같은 일흔 해 동안 잊힐 것이다. 일흔 해가 지난 뒤
에 티로는 창녀에 대한 이 노래처럼 될 것이다.
16 수금을 들고
성읍을 돌아다녀라,
너 잊어진 창녀야.
사람들이 너를 다시 생각하도록
수금을 멋지게 뜯으며
마냥 노래 불러라.
17 일흔 해가 지난 뒤에 주님께서는 티로를 돌보아 주실 것
이다. 그러면 그는 다시 해웃값을 받게 되어, 땅 위에 있는
세상의 모든 왕국들에게 몸을 팔 것이다. 18 그러나 그 벌
이와 해웃값은 쌓이거나 모이지 않고 주님께 봉헌될 것이
다. 그 벌이는 주님 앞에서 사는 이들이 넉넉한 음식과 값
진 의복을 장만하도록 바쳐질 것이다.

23,18. 교역의 이윤은 예루살렘과 그곳으로 모여들 가난한 이들이 누릴 것이다(신명 26,10-11 참조). 거룩한 봉헌물이 된다는 것은 티로의 회개를 암시한다(이사 19,21; 56,6-7 참조).

세상에 내릴 하느님의 심판

24 1 보라, 주님께서 땅을 파괴하고 황폐시키시며
그 표면을 뒤엎고 주민들을 흩으신다.
2 서민도 사제도
종도 상전도
여종도 안주인도
사는 이도 파는 이도
빌려 주는 이도 빌리는 이도
빚 준 이도 빚진 이도 마찬가지다.
3 땅은 온통 파괴되고
모조리 약탈당하리라.
주님께서 이렇게 말씀하셨다.

4 땅은 말라 시들고
누리는 생기를 잃어 시들며
하늘도 땅과 함께 생기를 잃는다.
5 땅은 그 주민들 밑에서 더럽혀졌으니
그들이 법을 어기고 명령을 거슬러

24,5. "영원한 계약"은 모든 민족들의 조상 노아와 맺으신 계약처럼(창세 9,16 참조) 모든 사람들에게 해당한다. 이 계약은 누구에게나 알려진 법과 계명의 준수를 규정한다(창세 9,1-9 참조). 피를 흘리는 것은 땅을 부정하게 만든다(민수 35,33; 시편 106,38; 에제 36,18 참조).

23,15 2사무 5,4; 시편 90,10; 예레 25,11.12. 24,1 창세 11,8. 24,5 창세 6,12-13.

24. 땅은 저주로, 곧 불경함과 하느님에게서 멀어짐으로 인하여 파괴되었다(1-6절). 황폐해진 도시에는 기쁨과 생명이 사라진다(7-13절). 사람들은 혼돈의 도시 파멸에 대해 기뻐하지만(14-16ㄴ절) 파멸은 모두에게 닥칠 것이다(16ㄷ-18ㄱ절). 다시 온 세상이 홍수로 뒤덮이듯이 주님께서 지상에서나 초인간적 영역에서나 온갖 악행을 없애시고 절대적 통치권을 행사하신다(18ㄴ-23절).

영원한 계약을 깨뜨렸기 때문이다.
6 그러므로 저주가 땅을 집어삼키고
그 주민들은 죗값을 받는다.
그러므로 땅의 주민들은 소멸되어
사람들이 얼마 남지 않는다.

멸망한 도시

7 햇포도주는 마르고 포도나무는 생기를 잃으며
마음에 기쁨이 넘치던 자들은 모두 한숨짓는다.
8 손북의 흥겨운 소리도 그치고
희희낙락하던 자들의 소란도 멎었으며
수금의 흥겨운 소리도 그쳤다.
9 더 이상 노래 부르며 포도주를 마시지도 못하고
술은 입에 쓰기만 하다.
10 혼돈의 도시는 파괴되고
집들은 모두 닫혀 들어가는 사람이 없다.
11 거리에서는 포도주를 찾아 외치는 소리가 들리는데
기쁨은 모두 자취를 감추고
세상의 즐거움도 사라졌다.
12 성읍에는 파멸만이 남아 있고
부서진 성문만이 황량하게 버려져 있다.
13 정녕 세상 한가운데에,
민족들 사이에 이러한 일이 일어나리라,
올리브 나무를 떨고 났을 때처럼
포도 수확이 끝나고 남은 것을 딸 때처럼.

온 땅의 환호

14 그들은 소리 높여
주님의 위엄에 환호하고
바다에서부터 환성을 올린다.
15 "동쪽에서 주님께 영광을 드리고
바닷가에서 주 이스라엘의 하느님께 영광을 드려라."
16 우리는 땅끝에서 울려오는 노랫소리를 듣는다.
"의로운 이에게 영광이어라."

온 세상의 파멸

16 그러나 나는 말하였다.
나는 끝장이다, 나는 끝장이다, 큰일 났구나!
배신자들이 배신하였다.

24,10. "혼돈의 도시"는 하느님 말씀이 부재하여 태초의 혼돈 속에 던져진 곳이다(같은 히브리 단어 '토후'가 창세 1,2; 이사 40,23; 41,29에서 사용된다). 이 도시는 악이 집중된 곳을 상징하는 듯하다. 그 도시의 종말은 징벌로 그치는 것이 아니라 주님께서 이루시는 충만한 새 세상의 서곡이다. 집의 입구가 닫힌다는 것은 부정해졌음을 알린다(레위 14,38 참조).

24,12. 도시 성문은 사회생활의 중심으로 시장이 서고 재판이 이루어지는 장소였다.

24,14. "그들"은 대제국들의 위기를 기뻐하는 디아스포라 유다인들일 수 있다.

24,16ㄴ. "의로운 이"는 주님일 수도 있고(시편 11,7; 이사 45,21 참조) 여기서 "영광"이라고 일컬어진 땅을 받을 충실한 의인일 수도 있다(다니 8,9; 11,16.41에서 "영광"이라는 단어를 "영화로운 땅"으로 번역했고 이는 팔레스티나를 지칭한다).

24,16ㄹ. "나는 끝장이다, 나는 끝장이다" 고대 그리스어 번역본은 "나는 불행하다, 나는 불행하다"이다. (새) 대중 라틴말 성경에 따라 "나에게 비밀이 있다, 나에게 비밀이 있다"로 번역하면, 예언자는 배신이 계속된다면 기뻐하는 것이 옳지 않음을 폭로하는 것이다(말라 2,10-11 참조).

배신자들이 배신하고야 말았다.
17 세상 주민들아
공포와 구렁과 올가미가 너희 위로 덮쳐 온다.
18 공포의 소리를 피하여 도망하는 자는
구렁에 빠지고
구렁에서 올라오는 자는
올가미에 걸린다.

심판 예고의 계속

18 정녕 하늘의 창문들이 열리고
땅의 기초들이 뒤흔들린다.
19 땅이 마구 부서진다.
땅이 마구 갈라진다.
땅이 마구 흔들린다.
20 땅이 주정꾼처럼 마구 비틀거리고
원두막처럼 흔들거린다.
땅은 자기가 지은 죄에 짓눌려
쓰러져서 다시는 일어서지 못한다.

21 그날에 주님께서
하늘에서는 하늘의 군대를,
땅에서는 땅의 임금들을 벌하시리라.
22 그들은 죄수처럼 구덩이에 한데 모아지고
감옥에 갇혔다가
오랜 시일이 흐른 뒤에 벌을 받으리라.
23 만군의 주님께서
시온산과 예루살렘에서 임금이 되시어
그 영광이 당신 원로들 앞에서 빛나리니
달은 수치스러워하고
해는 부끄러워하리라.

24,21. 지상 군대들 사이의 충돌에 대응되는 바가 하늘에도 있다(다니 4,32; 8.10; 10,13.20-21 참조). 하늘에 "부대, 군대"가 있는 것이다("만군의 주님" 표현 참조).

24,22. "빛나는 별"이라고 일컬어진 바빌론 임금에 관한 내용을 이어 간다(14,15). 마지막 심판을 위하여 반역자들을 가둔다는 모티브는 에녹 1서(고대 외경)의 묵시 문학 전통과 묵시 20장에서 폭넓게 전개된다.

24,23. 패배한 천상 군대와(21절) 해와 달은 그 매력을 잃는다. 더 이상 아무도 그들이 인간의 운명을 결정짓는다고 믿지 않을 것이며(예레 8,2 참조) 오직 시온에서 통치하시고 이스라엘과 계약을 맺으신(탈출 24,9-18 참조) 주님만을 공경할 것이다.

24,17 8,14. 24,18 13,13; 창세 7,11; 예레 4,23-26. 24,20 1,8. 24,23 40,5.

감사 기도

25 [1] 주님, 당신은 저의 하느님.
제가 당신을 높이 기리며 당신 이름을 찬송하
리니
당신께서 예로부터 세우신 계획대로
진실하고 신실하게 기적들을 이루신 까닭입니다.
2 성읍을 돌무더기로,
요새 도시를 폐허로 만드신 까닭입니다.
이방인들의 성채는 더 이상 성읍이라 할 수 없고
다시는 영원히 복구되지 못하리이다.
3 그리하여 힘센 겨레가 당신께 영광을 드리고
포악한 민족들의 도시가 당신을 경외하리이다.
4 당신께서는 힘없는 이들에게 피신처가,
곤경에 빠진 가난한 이들에게 피신처가 되어 주시고
폭우에는 피난처, 폭염에는 그늘이 되어 주셨습니다.
포악한 자들의 기세는
겨울에 쏟아지는 폭우와 같고
5 메마른 땅에 내리쬐는 폭염과 같습니다.
당신께서 이방인들의 소란을 잠잠하게 하시어
폭염이 구름 그늘로 스러지듯
포악한 자들의 승리 노래가 스러지리이다.

모든 민족들을 위한 하느님의 잔치

6 만군의 주님께서는 이 산 위에서
모든 민족들을 위하여
살진 음식과
잘 익은 술로 잔치를,
살지고 기름진 음식과

25,1. "진실하고 신실하게" 예언자는 비슷한 두 단어를 결합한다. '에무나'는 "충실"을 뜻하지만 "진리"도 가리킨다(시편 36,6의 주해; 37,3의 주; 40,11의 주 참조). 드문 단어 '오멘'은 대략 같은 의미를 갖는다. 어떤 이들은 두 단어의 결합이 강조의 의미를 갖거나("절대적으로 진실하게") 두 단어가 함께 하나의 의미를 갖는다고 본다("참으로 진실하게").

25,2.5. "이방인들"('자림')은 대부분의 히브리어 사본들과 대중 라틴말 성경을 따른 번역이다. 어떤 이들은 두 개의 히브리어 사본과 고대 그리스어 번역본, 그리고 새 대중 라틴말 성경을 따라 "오만한 이들"('제딤')로 옮긴다.

25,3. 주님께 영광을 드리는 "힘센" 겨레는 군사적 의미가 아니라, 미천한 이들의 의지할 곳인 하느님을 신뢰하는 것으로 규정된다.

25,6. 마침내 살지고 기름진 음식과 포도주(24,9 참조)가, 곧 기쁨이 넘치게 된다. 잘 익고 잘 거른 포도주는 고급스러운 것이다.

25,1 9,5; 14,24-27; 시편 31,15; 33,4. 25,2 17,1. 25,5 4,6; 32,2. 25,6 56,7; 57,13; 65,11.25; 66,20.

📖 25,1-26,6. 교만하고 잘 방비된 도시의 함락은 더 이상 억압을 받지 않게 된 가난한 이들에게 기쁨이 된다. 그들은 정의와 진실이 지배하는 곳에 받아들여진다. 구원이 나타나는 곳인 시온산 위에서 주님의 보편적 왕권을 기리게 될 것이다.

📖 25,1-5. 요새화된 도시의 파괴는 미천한 이들에게는 즐거움이 되고, 자기 도시의 부를 믿었던 이들이 놀라서 이제 회개한다(3절). 55,5 참조.

📖 25,6-10ㄱ. 임금으로 인정된 주님께서는(24,23 참조) 마치 즉위 기념 축제를 하듯이 모든 민족을 잔치에 초대하신다. 모든 민족은 계약으로 부름을 받지만, 이스라엘은 그분의 산 위에서(25,6.7 참조) 특전 위치를 보유한다. 2,1-5 참조.

✠ 25,6-10ㄱ. 11월 2일 위령의 날과 장례 예식에서 이 본문을 읽을 수 있다. 또 가해 연중 제28주일에는 혼인 잔치의 비유와 함께 읽는다. 그 비유에서 초대된 한 사람은 혼인 예복을 입지 않고 온다. 부르심을 받은 이들은 많지만 선택된 이들은 적다(마태 22,1-14).

25,7. "너울"은 애도의 표지일 수 있고(2사무 19,5 참조) 영적 눈멂의 상징도 될 수 있다(이사 6,10; 2코린 3,14 참조).

25,8. 죽음에 대한 승리는 바알 신화나 마르둑 신화에도 나오며, 그들의 절대적 왕권의 증거가 된다. 주님께서는 죽음을 물리치심으로써 삶에 새로운 의미를 부여하신다. 병, 고통, 죽음은 더 이상 절망의 이유가 되지 않는다.

25,10. 유배 후 시기에 모압은 이스라엘의 예속을 좋아했던 이들의 상징이 되어 매우 비난을 받는다(창세 19,30-39; 신명 23,4-7; 느헤 13,1-2 참조). 반면 룻기는 모압 여인을 다윗의 조상으로 본다. "거름"('마드메나')의 표상은 그 지역 한 도시 이름에서 연상된 것이다(이사 10,31 참조).

잘 익고 잘 거른 술로 잔치를 베푸시리라.
7 그분께서는 이 산 위에서
모든 겨레들에게 씌워진 너울과
모든 민족들에게 덮인 덮개를 없애시리라.
8 그분께서는 죽음을 영원히 없애 버리시리라.
주 하느님께서는 모든 사람의 얼굴에서 눈물을 닦아 내시고
당신 백성의 수치를 온 세상에서 치워 주시리라.
정녕 주님께서 말씀하셨다.

9 그날에 이렇게들 말하리라.
"보라, 이분은 우리의 하느님이시다.
우리는 이분께 희망을 걸었고 이분께서는 우리를 구원해 주셨다.
이분이야말로 우리가 희망을 걸었던 주님이시다.
이분의 구원으로 우리 기뻐하고 즐거워하자.
10 주님의 손이 이 산 위에 머무르신다."

모압의 파멸

그러나 검불이 거름 구덩이에서 짓밟히듯
모압이 제자리에서 짓밟히리라.
11 헤엄치는 자가 헤엄치려고 손을 내뻗듯
모압이 그 구덩이 속에서 손을 내뻗지만
허우적거리는 그 손과 함께
그의 오만은 꺾이리라.
12 견고하고 드높은 너의 성벽은 무너지고 헐려서
먼지 바닥에 내던져지리라.

유다의 승리 노래

26 1 그날 유다 땅에서는 이러한 노래가 불리리라.
"우리에게는 견고한 성읍이 있네.
그분께서 우리를 보호하시려고
성벽과 보루를 세우셨네.
2 신의를 지키는
의로운 겨레가 들어가게

25,8 1코린 15,54; 묵시 7,17; 21,4. 26,2 24,12.

25,10ㄴ-12. 이 책의 다른 부분들과 마찬가지로 구원은 원수의 파멸 선언과 결합된다(65,13-14; 66,5 참조).

26,1-6. 앞서 나온 여러 단락들을 암시하면서 주님의 도우심으로 굳세어진 견고한 성읍을 노래한다(1절). 주님과 같이 의롭고 충실한 이들이 여기에 받아들여진다(2절; 24,16; 25,1 참조). 이 성읍은 새 예루살렘의 표상이다(묵시 21장 참조).

너희는 성문들을 열어라.

3 한결같은 심성을 지닌 그들에게
당신께서 평화를, 평화를 베푸시니
그들이 당신을 신뢰하기 때문입니다.
4 너희는 길이길이 주님을 신뢰하여라.
주 하느님은 영원한 반석이시다.
5 그분께서는 높은 곳의 주민들을 낮추시고
높은 도시를 헐어 버리셨으며
그것을 땅바닥에다 헐어 버리시어 먼지 위로 내던지셨다.
6 발이 그것을 짓밟는다.
빈곤한 이들의 발이,
힘없는 이들의 발길이 그것을 짓밟는다."

신앙 고백의 시
7 의인의 길은 올바릅니다.
당신께서 닦아 주신 의인의 행로는 올곧습니다.
8 당신이 판결에 따라 걷는 길에서도
주님, 저희는 당신께 희망을 겁니다.
당신 이름 부르며 당신을 기억하는 것이
이 영혼의 소원입니다.
9 저의 영혼이 밤에 당신을 열망하며
저의 넋이 제 속에서 당신을 갈망합니다.
당신의 판결들이 이 땅에 미치면
누리의 주민들이 정의를 배우겠기 때문입니다.
10 악인이 자비를 입는다면
정의를 배우지 못하여
의로운 세상에서도 불의를 저지르며
주님의 위엄을 보지 못하리이다.

11 주님, 당신의 손이 높이 들렸건만
그들은 보려 하지 않습니다.
그들이 당신 백성을 위한 당신의 열정을 보고 부끄러워하

26,3. 인간의 성향은 이제 더 이상 악하지 않고(창세 6,5 참조) 한결같이 주님께 충실하다.

26,8. 의인은 예배에서 선포되는 하느님의 이름을 듣는 것을 기뻐한다(탈출 3,15 참조).

26,11. 심판은 악을 드러내고 제거할 것이다. 악은 불에 타 없어질 것이다(1,31; 66,15-16.24; 다니 7,11 참조).

26,5 24,10; 25,12. 26,6 25,4. 26,7-11 시편 1.

26,7-27,1. 큰 시련의 때 공동체는, 정의를 실천하는 이의 길은 주님께서 지켜 주시고(7-9절) 악인들의 길은 멸망에 이른다는(10-11절) 믿음을 표현한다. 과거에 있었던 억압과 새로운 탄생을 회상하고(12-15절), 마지막에 곤궁한 현재를 바라본다(16-18절). 죽은 이들에게 생명을 주시는 주님께 대한 신앙 고백이 있고(19절) 이어서 신탁이 뒤따른다(20-21절). 하느님께서 분노하신 때는 지나갈 것이며, 악은 영원히 정복될 것이다(26,20-27,1 참조). 하느님의 개입에 대한 희망과 기대를 특징으로 하는 이 단락은 59,9-20과 63,7-64,11에 가깝다.

26,14. 여기 언급된 "죽은 자들"은 하느님 대신 이스라엘을 지배하려던 이들이다(13절).

26,16ㄴ. 히브리어 본문이 어렵다. 우리말 성경은 자구적 번역에 가깝다.

26,19ㄱ-ㄷ. 풀어 쓰면, "그들의 죽은 이들과는 달리"(14절) "우리의 죽은 이들은 살아나리이다." 은유적으로 표현하여 죽음이 잠이고(시편 88,11 참조) 먼지로 내려가는 것이라면(창세 3,19 참조), 부활은 먼지 속에서 깨어나는 것이다. "그림자"(14절)가 아닌 "주검"을 언급하는 것은 육신의 부활을 생각하게 한다.

26,19ㄹ. 하늘에서 내려오는 찬란한 이슬은 땅의 먼지와 그림자들의 어두움을 이기는 주님 축복의 상징이다.

26,20-27,1. 마지막 구원은 이집트에서 있었던 파스카 상황을 연상시킨다. 그때 이스라엘은 주님께서 파괴자와 함께 지나가실 때까지 집 안에 머물렀다(탈출 12,22-23 참조). 그리고 물을 건너가는 것은 레비아탄이 죽임을 당했기 때문에 가능했다(이사 51,9-10 참조). 신화적 존재인 레비아탄과 용('탄닌')에 대한 언급은 이집트와 바빌론의 정치 세력에 대한 암시를 감추고 있으며(이사 30,7; 예레 51,34 참조) 더 근본적으로는 초역사적 악의 세력을 나타낸다(묵시 12-13장 참조).

게 하소서.
당신 적들에게 내리시는 불이 그들을 삼켜 버리게 하소서.

12 주님, 당신께서는 저희에게 평화를 베푸십니다.
저희가 한 모든 일도 당신께서 저희를 위하여 이루신 것입니다.
13 주 저희 하느님, 당신 아닌 상전들이 저희를 지배하였으나
저희는 당신만을, 당신 이름만을 생각하였습니다.
14 죽은 자들은 이제 살아나지 못하고
그림자들은 이제 일어서지 못합니다.
정녕 당신께서는 그들을 벌하여 멸망시키시고
그들에 대한 기억도 모두 없애 버리셨습니다.
15 주님, 당신께서는 이 겨레를 번성하게 하셨습니다.
이 겨레를 번성하게 하시어 당신의 영광을 드러내시고
이 땅의 경계를 모두 넓히셨습니다.
16 주님, 사람들이 곤경 중에 당신을 찾고
당신의 징벌이 내렸을 때 그들은 기도를 쏟아 놓았습니다.
17 임신한 여인이 해산할 때가 닥쳐와
고통으로 몸부림치며 소리 지르듯
주님, 저희도 당신 앞에서 그러하였습니다.
18 저희가 임신하여 몸부림치며 해산하였지만 나온 것은 바람뿐.
저희는 이 땅에 구원을 이루지도 못하고
누리의 주민들을 출산하지도 못합니다.

19 당신의 죽은 이들이 살아나리이다. 그들의 주검이 일어서리이다.
먼지 속 주민들아, 깨어나 환호하여라.
당신의 이슬은 빛의 이슬이기에
땅은 그림자들을 다시 살려 출산하리이다.

나의 백성아, 숨어라

20 자 나의 백성아, 네 방으로 들어가
문을 닫아걸고
분노가 지나가기까지
잠깐 숨어 있어라.
21 땅에 사는 주민들의 죄악을 벌하시려
주님께서 당신 거처에서 나오신다.

26,12-18 에즈 9,7-9; 느헤 9,30-31.36-37. 26,12 탈출 14,14. 26,18 37,3; 미카 4,10. 26,19 에제 37,12; 다니 12,2; 호세 14,6. 26,20 2,10; 54,8. 26,21 미카 1,3.

땅은 피를 드러내고
살해된 자들을 더 이상 덮어 두지 않으리라.

용을 쳐부수시다

27 1 그날에 주님께서는
날카롭고 크고 세찬 당신의 칼로
도망치는 뱀 레비아탄을,
구불거리는 뱀 레비아탄을 벌하시고
바닷속 용을 죽이시리라.

포도밭 노래

2 그날에 너희는
이 아름다운 포도밭을 이렇게 노래하여라.
3 "주님인 나는 이 포도밭을 지키는 이.
시간마다 물을 주고
아무도 해치지 못하도록
밤낮으로 지킨다.
4 나는 성내지 않는다.
가시덤불과 엉겅퀴가 있으면
그것을 쳐 없애려고 달려들어
모조리 불태워 버린다.
5 이렇게 되지 않으려거든 내 보호에 매달리고
나와 평화를 이루어라,
나와 평화를 이루어라."

용서받는 야곱과 처벌받는 압제자

6 장차 야곱은 뿌리를 내리고
이스라엘은 싹이 트고 꽃이 피어
그 열매가 누리에 가득 차리라.

7 그를 내리친 자들을 내리치신 것처럼 그분께서 그를 내
리치셨더냐?
그를 죽인 자들을 죽이신 것처럼 그분께서 그를 죽이셨더냐?
8 그분께서는 그를 내몰고 내쫓으시어 벌하시고

27,4. 5,6부터 여러 차례 언급한 "가시덤불과 엉겅퀴"는 외국의 침입자들이나 백성 내부에서 발생하는 어려움을 암시할 수 있다.

27,6-9. 야곱 곧 북왕국 이스라엘에 대한 희망의 말로, 이스라엘이 다시 꽃피게 되고 유다-예루살렘의 포도밭처럼 열매를 맺으리라는 것이다. 유배의 징벌은 우상 숭배의 종말과(9절) 마지막 회개에 자리를 내준다.

27,6. "장차"는 분사형 하나만 있는("올 것들") 히브리어 본문에 대한 해석으로, 개연성이 크다. 코헬 2,16 참조.

27,7. 자구적으로는 "그를 내리치던 이들의 그 내리침들로 그를 내리치셨으며, 그의 죽임 당한 이들의 죽임으로 그가 죽임 당했더냐?"이다. 이 구절은 주어와 대명사들을 어떻게 보느냐에 따라 여러 가지로 해석한다. 아마도 주님께서는 이스라엘을 그 박해자들처럼 벌하지는 않으셨다는 뜻으로 보인다. 이스라엘은 다시 일으켜지고 박해자들은 전멸한다.

27,8. "내몰고"는 의미가 불명확한("흠칫하게 하다" 또는 "적절한 정도로") 히브리어를 번역한 것이다.

27,1 시편 74,13-14; 욥 3,8; 7,12; 40,25. 27,2-5 5,1-7. 27,8 창세 41,6; 에제 17,10; 시편 48,8.

27,2-13. 분노가 지나간 다음(26,20; 27,4 참조) 포도밭은 지켜지고(2-5절) 우상 숭배에서 완전히 벗어난 이스라엘과 유다는 온 세상을 위한 열매를 맺을 것이다(6-9절). 그들은 주님 곁에 예루살렘에 모여들 것이다(12-13절). 반면 창조주 하느님을 거부했던 성읍은 황폐해질 것이다(10-11절).

27,9. 주님께서 앞서 예고한 파괴를 불러일으키시고(24,1-27,1 참조) 이교 제단들을 모두 허물어뜨리실 때 백성은 다시 불경한 예식을 위한 장소들을 만들지 않을 것이다(17,8 참조).

27,10-11. 버려진 요새 성읍과 꺾어져 불타는 가지들은 다시 "허무의 도시" 운명을 보여 준다.

27,11. "슬기가 없는" 백성은 완고하게 하느님과 그분의 약속을 인정하지 않는다(11,2 참조).

27,13. 민족들에 대한 신탁에서 예고된 군사적 혼란들이 모두 일어난 후의 나팔 소리는 전투를 알리는 것이 아니라 주님을 경배하기 위한 전례 모임을 알리는 것이다.

샛바람이 부는 날 그를 거센 바람으로 몰아내셨다.

9 이리하여 야곱의 죄는 용서받으리라.
그가 제단의 모든 돌들을
부서진 횟돌처럼 만들고
아세라 목상들과 분향 제단들을 다시는 세우지 않으리니
이것이 모두 그 죄악을 없앤 결과가 되리라.

10 요새 성읍은 적막해지고
광야처럼 버려져 텅 빈 마을이 되리라.
거기에서 송아지가 풀을 뜯고
거기에 누워 나무줄기들을 모조리 먹어 치우리라.
11 그 가지들이 말라 꺾어지면
여자들이 와서 그것들로 불을 지피리니
이 백성이 슬기가 없는 백성이기 때문이다.
그러므로 그들을 지으신 분조차 그들을 가엾이 여기지 않으시고
그들을 빚으신 분조차 그들에게 자비를 베풀지 않으시리라.

이스라엘의 귀향

12 그날에 이러한 일이 일어나리라.
이스라엘 자손들아
주님께서는 유프라테스강 줄기에서
'이집트 마른내'에 이르기까지 마당질을 하시어
너희들을 하나하나 모아들이시리라.

13 또 그날에 이러한 일이 일어나리라.
큰 나팔 소리가 울리리니
아시리아 땅에서 멸망해 가던 이들과
이집트 땅에 흩어진 이들이 모여 와
예루살렘의 거룩한 산에서
주님을 경배하리라.

27,9 22,14; 2열왕 17,7-12; 로마 11,26. 27,10 25,2. 27,12-13 요엘 2,1. 27,12 10,21-22; 11,11-12.15-16; 14,1-2. 27,13 19,23-25.

사마리아에 대한 경고

28 [1]불행하여라, 에프라임 주정꾼들의 거만한 화관!
그 화려한 아름다움을 잃고 시들어 버린 꽃!
술에 빠진 자들의 머리 위에,
기름진 골짜기 위에 자리 잡은 것!
2 보라, 주님께서 보내신 힘세고 굳센 이를.
그는 우박 섞인 폭우처럼, 들부수는 폭풍처럼
엄청나게 밀려와 물을 쏟아붓는 폭우처럼
그것을 집어 땅으로 내동댕이치리라.
3 에프라임 주정꾼들의 거만한 화관은
발에 짓밟히리라.
4 기름진 골짜기 위에 자리 잡은,
그 화려한 아름다움을 잃고 시들어 버린 꽃은
수확 때가 되기도 전에 익어 버린 무화과 같으리니
누구든 그것을 보게 되면
손에 잡히는 대로 삼켜 버리리라.

5 그날에 만군의 주님께서는 당신 백성의 남은 자들에게
화려한 화관과 아름다운 꽃 관이 되어 주시고
6 법정에 앉은 이에게는 공정의 영이,
적군을 성문으로 몰아내는 이들에게는 용맹이 되어 주시리라.

그릇된 사제들과 예언자들

7 이자들마저 포도주에 취해 휘청거리고
술에 취해 비틀거린다.
사제와 예언자가 술에 취해 휘청거리고
포도주로 정신을 차리지 못한다.
술로 비틀거리고
환시 중에도 휘청거리며

28,1.4. 성벽으로 둘러싸인, 에프라임의 왕관으로 여겨지던 사마리아는 술취한 이들의 화관에 비유된다(에제 23,42 참조). 아시리아가 공격할 때 통치자의 왕관은 떨어질 것이며 도성은 사라질 것이다.

28,5-6. 산문으로 된 부분으로, 남은 자들을 위한 구원의 날을 알린다(4,3 참조). 그들은 주님만을 자랑할 것이며(아모 8,7 참조), 공정의 영을 받은 다윗 후손과 함께 있을 것이다(이사 11,2-3 참조).

28,7. "정신을 차리지 못한다." 자구적으로는 "삼켜졌다."이다.

28,7 29,9; 레위 10,9.

28,1-31,9. 다섯 번의 "불행하여라!"에(28,1; 29,1.15; 30,1; 31,1; 1,24의 주 참조) 예루살렘과 백성에 대한 경고와(28,14-15; 29,1-4.15-16; 30,1-17; 31,1-3 참조) 보증이 뒤따른다(28,16-17; 29,5-8.17-21; 30,29-33; 31,4-5.8-9 참조). 이스라엘은 주님을 신뢰하지 못하여 징벌을 받지만 다시 갑자기 구원을 받을 것이다.

28. 아시리아의 공격으로 사마리아와 그 지도자들은 종말을 맞을 것이며(1-6절) 예루살렘 종교 전문가들의 주장도 끝날 것이다(7-13절). 자신의 권위와 지식에 의지하는 이들은 모두 술취한 이들과 같아 백성을 인도하지 못한다. 외국 군대와 외국 신들을 믿으려 하는 거짓된 정치적 계산에, 하느님께서 시온에 확고히 세우실 것이 대비된다(14-22절). 더 뛰어난 지혜를 드러내기 위한 비유가, 역사 속에서 이루어지는 하느님의 행위가 수수께끼와 같지만 그래도 은혜로운 것임을 말해 준다(23-29절).

판결을 내릴 때에도 비척거린다.
8 정녕 식탁마다 토한 것으로 그득하여
더럽지 않은 곳이 없다.
9 "저자가 누구에게 가르침을 베풀며
누구에게 계시를 설명하려는가?
겨우 젖 뗀 아이들에게나,
고작 어미젖에서 떨어진 것들에게나 하려는가?
10 정말 저자는 '차우 라차우 차우 라차우
카우 라카우 카우 라카우
즈에르 삼 즈에르 삼'이라고 말해 댄다."
11 과연 그분께서는 이렇게 더듬거리는 말씨와
다른 나라 말로
이 백성에게 말씀하시리라.
12 그분께서는 예전에 이들에게 말씀하셨다.
"이곳은 안식처이니
고달픈 이들을 편히 쉬게 하여라.
이곳은 쉼터이다."
그러나 그들은 들으려 하지 않았다.
13 그래서 주님께서는 그들에게
"차우 라차우 차우 라차우
카우 라카우 카우 라카우
즈에르 삼 즈에르 삼"이라고 말씀하시리니
그들이 가다가 뒤로 넘어져 다치고
덫에 걸려 포로로 잡히게 하시려는 것이다.

시온의 모퉁잇돌

14 그러므로 주님의 말씀을 들어라,
너희 빈정거리는 사내들아!
예루살렘에 사는
이 백성을 다스리는 자들아!
15 정녕 너희는 이렇게 말한다.
"우리는 죽음과 계약을 맺고
저승과 협약을 체결하였지.
사나운 재앙이 지나간다 해도
우리에게는 미치지 않으니
거짓을 우리의 피신처로 삼고
속임수 속에 우리 몸을 숨겼기 때문이다."

28,11-12 1코린 14,21. 28,12 시편 132,8.14. 28,13 8,15.

28,9. "계시"는 일반적으로 "들은 것"을 뜻할 수 있는 단어의 번역이다. 이 문맥에서는 예언자 직무의 한 측면을 언급하는 것으로 보인다. 예언자는 7절에 언급한 "환시"를 볼 뿐 아니라 하느님의 말씀을 듣고 백성에게 전달한다. 그래서 여기서는 "계시"로 번역할 수 있다고 본다.

28,10. 때로는 단죄를, 때로는 위로를 담고 있는 이사야의 가르침은 백성의 선택과 연관된 약속들과 모순되고 조화될 수 없는 것으로 보인다.

28,11. 동태복수법에 따라 예언자를 어린아이의 말로 조롱하는 이는 외국인들이 말하는 혼란스러운(그리고 무서운) 말을 듣게 될 것이다(33,19 참조).

28,15. 아시리아의 침입이 임박한 극적 상황 속에서 지도자들은 죽음의 악령(모트)을 부르는 맹세를 한다. 모트는 폭풍우의 신 바알-아닷의 무자비한 적수이다. 그를 부르는 것은 살아 있는 이들을 집어삼키려는 그의 열망을 가라앉히고 저승으로 내려가는 것을 늦추며, 아닷의 공격에서(자구적으로는 "밀어 닥치는 재앙에서") 보호받기 위해서이다. "거짓"과 "속임수"도 신들의 종류와 연관될 가능성이 크다(1사무 28,7; 이사 2,6; 8,19 참조).

16 그러므로 주 하느님께서 이렇게 말씀하신다.
"보라, 내가 시온에 돌을 놓는다.
품질이 입증된 돌
튼튼한 기초로 쓰일 값진 모퉁잇돌이다.
믿는 이는 물러서지 않는다.
17 그리고 나는 공정을 줄자로,
정의를 저울로 삼으리라.
우박이 거짓의 피신처를 쓸어 가고
물이 은신처를 씻어 가리라.
18 죽음과 맺은 너희의 계약은 파기되고
저승과 맺은 너희의 협약은 유지되지 못하리라.
사나운 재앙이 지나가게 되면
너희는 그것에 짓밟히리라.
19 그것은 지나갈 때마다
너희를 낚아채고
아침마다,
또 낮에도 밤에도 지나가리니
그 소식을 듣는 것만으로도
놀랄 수밖에 없으리라.
20 침상은 짧아서 눕지 못하고
이불은 작아서 덮지 못하리라."

21 과연 주님께서는 프라침산에서처럼 일어서시고
기브온 골짜기에서처럼 격노하시리라.
이는 당신의 일을 이루시려는 것이니
그분의 일은 기이하기도 하여라.
이는 당신의 사업을 수행하시려는 것이니
그분의 사업은 기묘하기도 하여라.
22 자, 이제 너희는 그만 빈정거려라.
그러지 않으면 너희의 오라가 더욱 조여 오리라.
온 세상을 멸망시키기로 결정하셨다는 말씀을
내가 주 만군의 주님에게서 들었다.

농부의 비유

23 귀를 기울여 내 소리를 들어라.
주의를 기울여 내 말을 들어라.
24 농부가 씨를 뿌리려고 날마다 밭만 갈겠느냐?
제 땅을 뒤집고 써레질만 하겠느냐?

28,16 로마 9,33; 10,11; 1베드 2,6. 28,24 예레 26,18; 미카 3,12.

28,16. 예언자는 참된 해결책을 밝혀 준다. 모퉁잇돌의 표상은 새로운 건물, 새로운 성전, 또는 믿음과 정의에 기초한 새로운 사회의 건설을 예고한다(7,9 참조).

28,16ㅁ. 이 구절은 아마도 관습대로 주춧돌에 새긴 구절을 나타낼 것이다. 혼돈 세력들은 결코 그 바위에 미치지 못한다. "물러서지 않는다."는 이해하기 어려운 히브리어 동사를 번역한 것이다. 보통은 "서두르다"를 의미하여, "침몰하지 않는다, 비틀거리지 않는다." 등의 움직임을 나타내는 동사로 번역하기도 한다. 이 단어가 "동요하다, 당황하다"를 뜻한다고 보는 이들도 있다. 고대 그리스어 번역본은 "부끄러움을 당하지 않을 것이다."로 옮겼고 신약 성경에도 그렇게 인용된다(성경에서 부끄러움이라는 주제와 관련하여 시편 6,11의 주 참조).

28,17. "줄자"는 10절의 "카우"와 같은 단어이다.

28,21. 프라침과(2사무 5,17-20 참소) 기브온에서(여호 10,10-12 참조) 주님께서 행하신 놀라운 일들에 대한 전승 때문에 사제들이 미혹되어서는 안 된다. 전투에 능하신 주님께서는 구원을 위해 일어서시지만 침략자들 편에 서실 것이다(10-12절 참조).

28,23-29. 모든 것에는 때가 있고 모든 농사에는 방법이 있다. 바라는 만큼 수확하기 위해서는 밭과 땅을 적절히 갈아야 한다. 이와 같이 주님의 포도밭인 예루살렘도(5,1-7; 27,2-5 참조) 싹을 내기 위해서는 재앙을 겪어야 한다.

25 그보다는 밭을 고르고 나서
검정풀 씨를 뿌리고
소회향 씨를 뿌린 다음
줄줄이 밀을 심고 적당한 자리에 보리를,
가장자리에는 귀리를 심지 않느냐?
26 이렇게 그의 하느님께서
그에게 법칙을 일러 주시고 그를 가르쳐 주신다.

27 또 검정풀을 타작기로 떨지도 않고
소회향 위로 수레바퀴를 굴리지도 않는다.
오히려 검정풀은 막대기로,
소회향은 작대기로 두드린다.
28 밀알을 바서지도록 떨겠느냐?
아니다, 무턱대고 떨지는 않는다.
수레바퀴를 돌릴 때에도
말들이 밀알을 바수지 않게 한다.
29 이것도 만군의 주님께서 가르쳐 주신 것.
그분의 뜻은 놀랍고 그분의 지혜는 위대하다.

예루살렘의 곤경과 구원

29 1 불행하여라, 너 아리엘아, 아리엘아
다윗이 진을 쳤던 도성아!
한 해에 한 해를 거듭하면서
축제들이 돌아오게 하여라.
2 그러나 나는 아리엘을 압박해 가리니
슬픔과 서러움이 일리라.
예루살렘은 나에게 아리엘처럼 되리라.
3 나는 네 둘레에 진을 쳐서
토성을 쌓아 너를 조이고
너를 향해 공격 축대를 세우리라.
4 그러면 너는 땅바닥에 쓰러진 채 말하리니
네 말소리는 먼지 속에서 가늘게 들려오리라.
네 목소리는 유령의 소리처럼 땅에서 올라오고
네 말소리는 먼지 속에서 웅얼웅얼 들려오리라.

29,1. 아리엘은 예루살렘을 지칭한다. 도성을 하느님의 강력한 사자(lion)로 나타내거나("엘의 사자") 제유법으로 희생 제사를 바치는 장소를 나타내기 위하여 제단의 화덕을 지칭하는 이름을 사용함으로써(에제 43,15 참조) 예루살렘을 생각하게 하는 것이다. 또한 이 단어는 동음 반복으로 하느님의 산('하르엘')을 연상시킨다.

29,1 2사무 5,6-7.

29,1-14. 예루살렘은 포위를 당했다가 죽음 가까이 있는 사람에게 구원을 가져다주는 하느님의 계획을 보여 주는 사건을 통하여 갑자기 해방될 것이다(36,1-2과 37,33-37 참조). 신비로운 호칭 "아리엘"은 이미 희생 제단이 된 이에게 사자의 생기를 불어넣으시는 주님의 행위를 잘 보여 준다(1-8절). 그러나 이스라엘 귀족들은 이 모든 것을 이해하지 못한다(9-14절).

5 그러나 네 적들의 무리도 작은 티끌처럼 되고
포악한 자들의 무리도 흩날리는 겨처럼 되리라.

그리고 한순간 갑자기
6 만군의 주님께서 너를 찾아오시리라.
천둥과 지진과 굉음
태풍과 폭풍, 삼킬 듯한 불길과 함께 찾아오시리라.
7 그러면 아리엘을 치러 나온 모든 민족들의 무리,
그를 치러 나온 자들, 그 요새와 그를 압박해 가는 자들이 모두
꿈처럼, 밤의 환시처럼 되리라.
8 배고픈 자가 먹는 꿈을 꾸어도
깨어나면 계속 속이 비어 있듯이,
목마른 자가 마시는 꿈을 꾸어도
깨어나면 기진한 채 여전히 목이 타듯이,
시온산을 치러 나온
모든 민족들의 무리도 그렇게 되리라.

분별없는 백성

9 너희는 깜짝 놀라서 어리둥절해하리라.
스스로 눈을 들어붙게 하여 눈이 멀리라.
포도주 없이도 취하리라.
술이 없이도 비틀거리리라.
10 주님께서는 너희 위로
깊은 잠의 영을 부으시고
너희 예언자들의 눈을 감기시며
너희 선견자들의 머리를 덮어 버리셨다.
11 이 모든 것에 대한 환시는 너희에게, 봉인된 문서의 말
씀처럼 되어 버렸다. 그래서 사람들이 글을 아는 이에게
"이것 좀 읽어 주시오." 하고 그것을 내주면, 그는 "봉인되
어 있어서 못 읽겠소." 하고 대답한다. 12 그리고 글을 모르
는 이에게 "이것 좀 읽어 주시오." 하고 그 문서를 내주면,
그는 "나는 글을 모르오." 하고 대답한다.

13 주님께서 말씀하셨다.
"이 백성이 입으로는 나에게 다가오고
입술로는 나를 공경하지만

29,9 6,9; 28,7; 30,10. 29,10 애가 2,14; 즈카 13,2-3; 로마 11,8. 29,13 마태 15,8-9; 마르 7,6-7.

29,10-11. 마음이 완고하면 예언을 전달하는 두루마리에 다가가지 못한다(8,16-18 참조). 반면, 두루마리를 무시하는 것은 눈을 멀어지게 한다.

29,11. 하느님 계획을 해독할 수 없는 것이 아니다. 인간이 눈멀어 이해하지 못하는 것이다.

그 마음은 내게서 멀리 떠나 있고
나에 대한 그들의 경외심은
사람들에게서 배운 계명일 뿐이니
14 나는 이 백성에게 놀라운 일을,
놀랍고 기이한 일을 계속 보이리라.
그리하여 지혜롭다는 자들의 지혜는 사라지고
슬기롭다는 자들의 슬기는 자취를 감추리라."

29,14. 주님은 임금의 고문관들 계획을 들러 엎으시며 예상치 못한 놀라운 일들을 하실 것이다(시편 77,15 참조).

그릇된 자문관들

15 불행하여라, 자기네 계획을
주님 모르게 깊이 숨기는 자들!
어둠 속에서 행동하는 이자들은
"누가 우리를 보랴?
누가 우리를 알랴?" 하고 말한다.
16 아, 거꾸로 행동하는 너희들!
진흙이 옹기장이와 똑같이 인정받을 수 있느냐?
작품이 제작자를 두고
"그가 나를 만들지 않았다." 할 수 있느냐?
빚어진 것이 자기를 빚은 자를 두고
"그는 아무것도 모른다." 할 수 있느냐?

29,15-16. 지도자들은 아시리아에 맞서는 정치·군사적 합의를 계획하면서 마치 주님 말씀이 자신들의 영리함에 미치지 못한다는 듯이 그 말씀에 귀 기울이지 않는다. 피조물이 그 창조주를 멸시하는 것이다.

대역전

17 정녕 이제 조금만 있으면
레바논은 과수원으로 변하고
과수원은 숲으로 여겨지리라.
18 그날에는 귀먹은 이들도 책에 적힌 말을 듣고
눈먼 이들의 눈도 어둠과 암흑을 벗어나 보게 되리라.
19 겸손한 이들은 주님 안에서 기쁨에 기쁨을 더하고
사람들 가운데 가장 가난한 이들은
이스라엘의 거룩하신 분 안에서 즐거워하리니
20 포악한 자가 없어지고 빈정대는 자가 사라지며
죄지을 기회를 엿보는 자들이 모두 잘려 나가겠기 때문이다.
21 이들은 소송 때 남을 지게 만들고
성문에서 재판하는 사람에게 올가미를 씌우며
무죄한 이의 권리를 까닭 없이 왜곡하는 자들이다.

29,17. 자연 경관이 뒤바뀌는 것과 마찬가지로 주님의 계획들은 예측할 수 없다. 향백나무가 많은 레바논은 기름진 땅이 될 수 있고 기름진 땅은 메마른 땅이 될 수 있다.

29,18. 귀먹음과 눈멀음은 결국 극복되며 예언자의 말들이 적힌 책도 이해될 것이다(11-12절 참조).

29,21. "재판하는 사람" 또는 "감찰관"은 행한 일에 대해 설명을 요구하고 정의를 회복시키기 위해 개입한다.

29,14ㄴ 1코린 1,19. 29,16 창세 2,7; 욥 10,9; 예레 18,1-6. 29,18 35,5; 42,7; 마태 11,5.

29,15-24. 정치적으로 계산하는 이들이 자기들의 슬기로움을 내세울 때(15-16절), 이사야는 자연과 사회 질서 안에서 의심하는 마음을 회개시킬 만큼 강력한 새로운 장면을 펼치시는 하느님 계획의 위대함을 대비시킨다.

22 그러므로 아브라함을 구원하신
야곱 집안의 하느님이신 주님께서 이렇게 말씀하신다.
"야곱은 더 이상 부끄러운 일을 당하지 않고
더 이상 얼굴이 창백해지는 일이 없으리라.
23 그들은 자기들 가운데에서 내 손의 작품인 자녀들을 보게 될 때
나의 이름을 거룩하게 하리라."
그들은 이스라엘의 거룩하신 분을 거룩하게 하며
이스라엘의 하느님을 두려워하게 되리라.
24 그리고 정신이 혼미한 자들은 슬기를 얻고
불평하는 자들은 교훈을 배우리라.

이집트의 도움은 헛되다

30 1 불행하여라, 반항하는 자식들!
주님의 말씀이다.
그들은 계획을 실행하지만 그것은 나에게서 나온 것이 아니며
동맹을 맺지만 내 뜻에 따라 한 것이 아니다.
그들은 죄악에 죄악을 더할 뿐이다.
2 그들은 내 뜻을 물어보지도 않고
이집트로 내려가서
파라오의 보호 속에 안전을 찾고
이집트의 그늘 속에 피신하려 한다.
3 그러나 파라오의 보호는 너희에게 수치가 되고
이집트의 그늘로 피신함은 치욕이 되리라.
4 제후들이 이미 초안에 있고
사신들이 이미 하네스에 다다랐지만
5 자기들에게 이익이 되지 않는 민족에게
모두 수치만 당하리라.
그 민족은 도움도 이익도 되지 않고
수치와 모욕만 줄 뿐이다.

6 네겝의 들짐승들에 대한 신탁.

29,22. 아브라함을 우르와 이집트에서 구하신 주님께서는(창세 12장 참조) 그 후손들도 아시리아와 바빌론에서 해방하실 것이다(이사 35,10; 51,11 참조). 이것은 성조가 언급되는 드문 예언서 본문들 가운데 하나이다(이사 41,8; 51,2; 63,16; 예레 33,26; 에제 33,24; 미카 7,20 참조).

29,23. 당신 백성과 결속된 속량자, 구원자로 나타나시는 주님의 업적을 인정하는 것은 자신이 받은 구원 은총에 따른 삶으로 그분 이름을 거룩하게 빛낸다.

30,1. "동맹을 맺지만" 히브리어 표현은 아마도 계약을 맺는 예식의 맥락에서 "제주를 붓지만"인데, 새 대중 라틴말 성경과 우리말 성경은 그 의미를 밝힌다. 계약이라는 관점에서 "죄악"은 충실할 의무를 다하지 못하는 것으로 이해된다. 예루살렘은 정복자 아시리아에게 했던 말에(2열왕 18,14 참조), 그리고 주님께 충실하지 못했다.

30,4. "제후들"은 유다 임금의 귀족들이다.

30,6. 그들이 이집트로 가는 것을 비밀로 하려고 예루살렘 사절들은 파라오에게 가져다줄 선물을 싣고 바닷가가 아니라 광야의 길로 간다. 이 구절 첫 부분은 "네겝의 들짐승들 위의 짐"으로도 번역할 수 있다.

29,23 8,13; 에제 36,23. 30,1 1,5.21.

30. 이 장은 계속 이집트의 원조를 구하려 하는 예루살렘 주민들에 대한 질책을 담고 있다(6-7절). 그들을 위해 이사야는 그들이 듣지 않던 예언 메시지를 담아 영원한 가치를 지닌 기록을 남겨야 한다. 그 내용은 구원이 이집트에 있지 않고 주님 업적에 내맡기는 데 있다는 것이다(8-17절). 장차 이 말씀들이 받아들여지고 백성이 번영할 때가 올 것이다. 약속대로 아시리아가 하느님께 꺾일 것이기 때문이다(27-33절).

30,7. "움직이지 못하는 라합"은 이해하기 어려운 표현을 가설적으로 번역한 것이다. 다른 이들은 본문의 자음을 보존하면서 "이들은 라합인가? 움직이지 못함!(또는 황폐함!)" 또는 "황폐하게 하는(또는 황폐해진) 라합!"으로 옮긴다. 라합은 혼돈의 괴물을 가리킨다(시편 87,4; 89,11; 이사 51,9 참조).

30,10. "예언자들" 자구적으로는 "환시가들"이다. 이사야서에서 "예언자"는 부정적 의미를 지닌다(1,1의 주 참조).

위험과 고난의 땅,
암사자와 으르렁대는 수사자와
독사와 날아다니는 불 뱀의 땅을 거쳐
그들은 나귀 등에 재물을 싣고
낙타 등에 보화를 실어
이익이 되지 않는 민족에게로 간다.
7 이집트의 도움은 헛되고 허황될 뿐이니
나는 그것을
'움직이지 못하는 라합' 이라고 한다.

순종하지 않는 백성

8 이제 너는 가서 이것을 그들 앞에서 서판에 적고
책에 기록하여
훗날
영원한 증거가 되게 하여라.
9 이들은 거역하는 백성
거짓된 자식들이며
주님의 가르침을
들으려 하지 않는 자식들이다.
10 이자들은 선견자들에게 "계시를 보지 마시오." 하고
예언자들에게 "우리에게 올바른 것은 예언하지 말고
솔깃한 말이나 하고
환상 같은 것들이나 예언해 주시오.
11 정도를 버리고
바른길에서 벗어나
이스라엘의 거룩하신 분에 대한 말은
우리 앞에서 이제 그만하시오." 하고 말한다.

12 그러므로 이스라엘의 거룩하신 분께서 말씀하신다.
"너희가 이 말을 배척하고
억압과 탈선을 믿어
그것에 의지하니
13 이 죄는 너희에게
점점 부풀어 올랐다가 떨어지는,
갑자기 일순간에 부서져 내리는
높은 성벽의 돌담과 같으리라.
14 그것은 옹기그릇이 부서지면서
산산조각으로 깨져

30,8 8,16-18; 예레 30,2. 30,9 1,4.20. 30,10 예레 11,21.

그 깨진 것들 가운데에서는
아궁이에서 불을 담아 내거나
웅덩이에서 물을 퍼낼 조각 하나 찾지 못하는 것과 같으리라."

필사적인 도주

15 이스라엘의 거룩하신 분 주 하느님께서 이렇게 말씀하신다.
"회개와 안정으로 너희가 구원을 받고
평온과 신뢰 속에 너희의 힘이 있건만
너희는 싫다고 하면서
16 '아닙니다.
말을 타고 도망하렵니다.' 하고 말하였다.
그러므로 너희가 도망치게 되리라.
'날랜 말을 몰고 가렵니다.' 하였으니
너희의 추격자들이 날래게 쫓아가리라.
17 한 사람의 고함에 천 명이 도망치고
다섯 사람의 고함에
너희 가운데 몇 명만이 남아
산꼭대기의 깃대처럼,
언덕 위의 깃발처럼 될 때까지
너희가 모두 도망치리라."

구원의 때

18 그러므로 주님께서는 너희에게 자비를 베푸시려고 기다리시며
너희를 가엾이 여기시려고 일어서신다.
주님은 공정의 하느님이시다.
행복하여라, 그분을 기다리는 이들 모두!

19 정녕 예루살렘에 사는 너희 시온 백성아
너희는 다시 울지 않아도 되리라.
네가 부르짖으면 그분께서 반드시 너희에게 자비를 베푸시고
들으시는 대로 너희에게 응답하시리라.

30,15. 인간이 예언자들의 말을 거부하고 자기 마음에 드는 말들을 찾을 때 이스라엘의 거룩하신 분이신 주님께서는 그와 무관하게 계시지 않고 안전을 위한 쓸모없는 인간적 계획들에 진정한 대안을 제시하신다. 오직 그분께 대한 신뢰에서 나오는 회개와 평온함에 구원이 있다.

30,16. 말은 군사력의 상징이다(신명 17,16; 욥 39,19-25; 시편 33,17 참조).

30,18. 매우 강한 절로, 번역하기 어려운 언어유희로 되어 있다. 주님께서는 백성을 심판하기 위해서가 아니라, 당신을 "기다리는"('호케') 이들에게 자비를 베풀고 그들을 가엾이 여김으로써 당신의 공정을 드러내시려고 "기다리신다."('여하께') 하느님의 기다림과 인간의 기다림이 일치한다.

30,18. 모세와 마찬가지로 백성도 주님께서 자비롭고 너그러우며 의로운 분이심을 알게 될 것이다(탈출 34,6-7 참조).

30,15 7,4.9; 12,2.6; 32,17. 30,17 신명 32,30.

30,18-26. 백성이 주님을 기다리듯이 주님께서도 초조하게 당신 자비와 정의를 보여 주시고 자기 죄에 억눌린 이에게 미래를 열어 주시며 억압받는 이를 구하실 때를 기다리신다(18절). 예언자들의 밀 또는 스승이신 하느님의 가르침들이 받아들여지고 우상들이 버려지며(19-22절) 땅이 새롭게 될 것이다(23-26절).

30,20ㄹ.21. 이스라엘은 이제 마침내 더 이상 눈멀고 귀먹지 않게 되어 보고 듣게 될 것이다(6,9-10 참조).

30,21. 뒤에서 말씀하시는 스승은 아마도 하느님이시다. 그분은 뒷모습만 볼 수 있다(탈출 33,19-23 참조). 그러나 그분의 말씀은 과거 스승들인 예언자들의 가르침을 통해서 받는다. 이사 50,4-11; 52,13-53,12의 종은 그들의 전형이다(처음에는 멸시받고 나중에야 인정받는다).

30,22. 하느님과 만남으로써 우상이 쓸모없어진다. 탈출 32,20 참조.

30,25. 원수들은 더 이상 위협이 되지 않으며(큰 살육이 있을 것이다) 방어를 위해 만들어진 시설들을 관개 수로들이 대체할 것이다(탑들은 무너져 더 이상 중요하지 않다).

20 비록 주님께서 너희에게
곤경의 빵과 고난의 물을 주시지만
너의 스승이신 그분께서는 더 이상 숨어 계시지 않으리니
너희 눈이 너희의 스승을 뵙게 되리라.
21 그리고 너희가 오른쪽으로 돌거나 왼쪽으로 돌 때
뒤에서 "이것이 바른길이니 이리로 가거라." 하시는 말씀을
너희 귀로 듣게 되리라.
22 그러면 너희는 은을 입힌 너희의 우상들과
금을 입힌 너희의 주물들을 더럽게 여겨
그것을 오물처럼 내던지며
"사라져 버려라!" 하고 말하리라.

23 그분께서 너희가 밭에 뿌린 씨앗을 위하여
비를 내리시니
밭에서 나는 곡식이
여물고 기름지리라.
그날에 너희의 가축은
넓은 초원에서 풀을 뜯고
24 밭일을 하는 소와 나귀는
삽과 거름대로 까불러
간을 맞춘 사료를 먹으리라.
25 큰 살육이 일어나는 날
탑들이 무너질 때
높은 산 위마다
솟아오른 언덕 위마다
물이 흐르는 도랑들이 생기리라.
26 또 주님께서 당신 백성의 상처를 싸매 주시고
당신의 매를 맞아 터진 곳을 낫게 해 주시는 날
달빛은 햇빛처럼 되고
햇빛은 일곱 배나 밝아져
이레 동안의 빛을 한데 모은 듯하리라.

아시리아에 대한 심판

27 보라, 주님의 이름이 멀리서 오신다.
그분의 진노가 타올라 연기 자욱하고
그분의 입술은 분노로 가득하며
그분의 혀는 집어삼키는 불과 같다.

30,26 1,6.

30,27-33. 대살육에 대한 언급은(25절) 이집트에서 해방을 연상시키는 표현들로(탈출 9,23-24; 15,1.16-17.20 참조) 아시리아의 종말을 묘사하는 단락으로 이어진다.

28 그분의 입김은 목까지 차오르는
격류와 같다.
그분께서는 겨레들을 파멸의 체로 뒤흔드시며
민족들의 턱에 미혹의 재갈을 물리신다.
29 그러나 너희는 축일을 거룩히 지내는 밤처럼
노래를 부르리라.
주님의 산으로, 이스라엘의 반석이신 분께 가려고
피리 소리와 함께 나아가는 사람처럼
너희 마음이 기쁘리라.
30 또 주님께서는 격분과 집어삼키는 불길과
호우와 폭우와 우박덩이를 퍼부으시며
당신의 우렁찬 소리를 듣게 하시고
내리치시는 당신의 팔을 보게 하시리라.
31 주님께서 몽둥이로 치실 때
정녕 아시리아인들은 그분의 소리에 놀라 자지러지리라.
32 주님께서 그들 위로 내리치시는
형벌의 막대가 휘둘릴 때마다
손북과 수금이 울리고
그분께서는 손을 휘저으시면서
그들과 싸우시리라.
33 그들을 태울 소각장이 이미 마련되었다.
임금을 태우려고 준비되었으니
불구덩이는 깊고 넓으며
불도 장작도 넉넉하다.
주님의 숨결이
유황 개울처럼 거기에서 타오르리라.

이집트와 맺는 동맹은 헛되다

31 1 불행하여라, 도움을 청하러 이집트로 내려가
는 자들!
군마에 의지하는 자들!
그들은 병거의 수가 많다고 그것을 믿고
기병대가 막강하다고 그것을 믿으면서
이스라엘의 거룩하신 분을 바라보지도 않고
주님을 찾지도 않는다.

30,28.31. 아시리아는 홍수와 같았고(8,7 참조) 몽둥이와 같았으므로(10,5 참조), 홍수를 당하고 몽둥이로 맞을 것이다.

30,33. 시신들은 예루살렘의 벤 힌놈 골짜기('게엔나')에서 예식적인 희생 제사로 토펫의 불로 소각된다(1열왕 18,40; 예레 7,31 참조).

31,1. "그것을 믿고… 바라보지도 않고" 히브리어 본문에서 두 동사에('이씨에누… 시우') 동음 반복이 나타난다. 주님을 바라보는 것은 그분께 의지하는 것과 같다. 17,7-8 참조.

31,1 30,16.

31. 마지막 다섯 번째 불행 선언에서 예언자는 이집트 원조에 의지하는 이들의 헛된 희망을 비판하고, 반항하는 당신 자녀들을 돌보며 이집트와 아시리아를 꺾으시는 거룩한 분을 찾으라고 권고한다.

2 그러나 그분 역시 지혜로우시기에 재앙을 내리시고
당신의 말씀을 거두지 않으신다.
악을 저지르는 자들의 집안에 맞서,
나쁜 짓 하는 자들을 돕는 자들에게 맞서 일어서시리라.
3 이집트인들은 인간일 뿐 하느님이 아니다.
그들의 군마는 고깃덩어리일 뿐 영이 아니다.
주님께서 손을 뻗치시면
돕는 자는 비틀거리고 도움을 받는 자는 쓰러져
모두 함께 망하리라.

시온은 구원받고 아시리아는 멸망한다

4 주님께서 나에게 이렇게 말씀하셨다.
"사자와 새끼 사자가
먹이를 놓고 으르렁거릴 때
목자들의 무리가 몰려와
소리쳐도 놀라지 않고
소란을 피워도 아랑곳하지 않듯
만군의 주님이
시온산과 그 언덕에 내려와 싸워 주리라.
5 둥지 위를 맴도는 새들처럼
만군의 주님이 예루살렘을 지켜 주리라.
지키고 건져 주며
감싸고 구원해 주리라."
6 이스라엘 자손들아, 너희가 그토록 배신하였던 분께로
돌아오너라! 7 정녕 그날에는 너희가 저마다 자신을 위하
여 제 손으로 마련해 죄를 지은 은 우상과 금 우상들을 내
던질 것이다.
8 그러면 아시리아는 사람의 것이 아닌 칼에 맞아 쓰러지
리라.
인간의 것이 아닌 칼이 그를 멸망시키리라.
그는 칼 앞에서 도망치고
그의 젊은이들은 강제 노동을 하게 되리라.
9 그리고 그의 반석은 질겁하여 떠나가 버리고
그의 제후들은 놀라 깃발을 버리고 달아나리라.
시온에 불을 가지고 계시고
예루살렘에 화덕을 가지고 계신 주님의 말씀이다.

31,5. "둥지 위를 맴도는 새들처럼" 새끼들을 보호하려고 둥지 위를 날아다니는 새들을 생각해야 한다. "감싸고"로 번역한 히브리어 동사는 "지나가다"이다('파스카'라는 단어의 어원이다. 탈출 12,13 참조).

31,9. "반석"은 아마도 군사 지도자들과 정예 부대를 가리킨다(32,1-2 참조). 이 행은 "그[아시리아]는 질겁하여 그의 반석을 버리리라."로 옮길 수도 있다.

31,2 1,4. 31,3 시편 20,8-9. 31,4 창세 49,9. 31,5 37,35; 38,6; 즈카 9,15; 12,8. 31,8 37,36. 31,9 10,17.

정의의 나라

32 [1]보라, 임금이 정의로 통치하고
제후들이 공정으로 다스리리라.
[2]그들은 저마다 바람 앞에 피신처,
폭우 앞에 대피처 같으며
물기 없는 곳의 시냇물,
메마른 땅의 큰 바위 그늘 같으리라.
[3]그러면 보는 자들의 눈은 더 이상 들러붙지 않고
듣는 자들의 귀는 잘 듣게 되리라.
[4]분별없는 자들의 마음은 깨달음을 얻고
더듬거리는 자들의 혀는 분명하고 거침없이 말하리라.
[5]어리석은 자를 더 이상 고귀한 이라 부르지 않고
간교한 자를 더 이상 존귀한 이라 말하지 않으리라.

[6]어리석은 자는 어리석은 것을 말하고
마음으로 죄악을 지어 내어
불경한 짓을 저지르며
주님을 거슬러 배신을 말하고
굶주린 이의 속을 빈 채로 버려두며
목마른 이에게 마실 것을 주지 않는다.
[7]간교한 자의 수단은 사악하여
그는 술책을 꾸미고
가난한 이가 올바른 것을 주장하여도
거짓말로 빈곤한 이들을 파멸시킨다.
[8]그러나 고귀한 이는 고귀한 것을 계획하고
고귀한 것을 위하여 일어선다.

태평스러운 여인들

[9]걱정 없이 사는 아낙네들아, 일어나라.
내 소리를 들어라.
태평스러운 딸들아

32,1 잠언 8,15-16; 20,8.26.28. 32,2 16,4; 25,5; 28,15.17; 30,2-3.25; 잠언 21,1. 32,3 6,10; 29,9.18. 32,5 잠언 17,7.

32,1-33,24. 이스라엘의 죄와 멸망과 재생이 다시 기술된다. 여기서 구원은 어떤 군주의 도래로 이루어진다(32,1-8; 33,17-24 참조).

32. 의로운 임금과(1절) 높은 데서 오는 영이(15절) 함께 정의와 평화의 시대를 이룬다(1-8.15-20절). 그러나 이를 위해서는 깊은 충격이 있어야 하고 예루살렘의 파괴를 겪어야 한다(9-14절).

32,1-8. 영감을 받은 정치를 하는 메시아는 현인들의 가르침을 존중하는 좋은 사회생활을 촉진할 것이다. 그 덕분에 "폭우 앞에 대피처"(2절)인 주님의 행위가 드러날 것이다(4,6 참조).

32,9. 예루살렘의 파괴가 간접적으로 예고된다. 여인들에게(결혼한 아낙네와 아직 결혼하지 않은 "딸들"에게) 애도를 시작할 임무를 맡긴다. 그들은 이집트의 군사력에 희망을 두고('사안') 신뢰하는('바타') 백성 가운데 "걱정 없고"('사아난놋') "태평스럽다"('봇홋'). 이 표현은 아모 6,1에서 상류층 주민들에게 사용한다.

32,14. "언덕"으로 번역한 '오펠'은 예루살렘, 특히 성전 지역을 지칭하는 고유명사로도 본다.

32,15. 폐허에서(14절) 생명으로 바뀌는 것은 영에 의해 가능하다(44,3; 에제 36,26; 37,5.9-10; 요엘 3,1 참조). 광야는 과수원처럼 나무가 많아지고, 과수원의 나무들은 숲의 나무들처럼 많아질 것이다(이사 29,17 참조).

32,17ㄴ. "평온과 신뢰"는 30,15의 요구 조건들이다.

32,19. 숲과 성읍이 사라지면 낙원에는 큰 과수원만 남는다. 51,3에서는 에덴이 돌아옴을 말할 것이다(창세 2,8 참조).

내 말에 귀를 기울여라.
10 태평스러운 여인들아, 한 해가 조금 지나면
너희는 무서워 떨게 되리니
포도 수확은 망치고
곡식 추수 때는 오지 않을 것이기 때문이다.
11 걱정 없이 사는 여인들아, 몸서리쳐라.
태평스러운 여인들아, 무서워 떨어라.
옷을 벗고 알몸이 되어
허리에 자루 조각을 둘러라.
12 가슴을 쳐라,
아름다운 들판과
열매 풍성한 포도나무를 생각하며,
13 찔레나무와 가시덤불이 올라오는
내 백성의 땅을 생각하며.
기쁨이 넘치던 그 모든 집들과
흥겨워하던 도시를 생각하며 가슴을 쳐라.
14 정녕 궁궐은 버려지고
붐비던 도성은 황량해지며
언덕과 망대는 영원히 짐승의 소굴이 되어
들나귀들의 기쁨이 되고
가축들의 풀밭이 되리라.

정의와 평화의 나라

15 그러나 마침내 하늘에서 영이 우리 위에 쏟아져 내려
광야는 과수원이 되고
과수원은 숲으로 여겨지리라.
16 그리고 광야에 공정이 자리 잡고
과수원에 정의가 머무르리라.
17 정의의 결과는 평화가 되고
정의의 성과는 영원히 평온과 신뢰가 되리라.
18 그러면 나의 백성은 평화로운 거처에,
안전한 거주지와 걱정 없는 안식처에 살게 되리라.
19 그러나 숲은 모조리 쓰러지고
성읍은 남김없이 무너져 내리리라.
20 물길이 닿는 곳마다 씨를 뿌리고
소와 나귀를 놓아기를 수 있으리니
너희는 행복하여라.

32,13 7,23; 22,2; 24,8.

구원을 비는 기도

33 [1] 불행하여라, 자기는 파괴되지 않았으면서 파
괴만 하는 너!
자기는 배신당하지 않았으면서 배신만 하는 너!
네가 파괴를 끝내면 너 자신이 파괴되고
네가 배신을 마치면 너 자신이 배신을 당하리라.

2 주님, 저희에게 자비를 베푸소서.
저희가 당신만을 바랍니다.
아침마다 저희의 팔이 되어 주소서.
곤경의 때에 저희 구원이 되어 주소서.
3 요란한 소리에 민족들이 도망치고
당신께서 일어나시면 겨레들이 흩어집니다.
4 메뚜기 떼가 모여들 듯 약탈품이 모이고
누리 떼가 달려들 듯 사람들이 그것에 달려듭니다.

5 높은 데에 계시니 주님께서는 드높으시고
시온을 공정과 정의로 채우셨다.
6 그분께서 너의 시대에 안녕을 주시리라.
지혜와 지식은 풍성한 구원이 되고
주님을 경외함은 시온의 보화가 되리라.

역경과 주님의 도우심

7 보라, 아리엘 주민들이 거리에서 울부짖고
평화의 사절들이 슬피 운다.
8 큰길들은 황량해져
길손이 끊겼다.
계약은 깨지고 증인들은 배척을 받으며
사람들은 무시를 당한다.
9 땅은 슬퍼하며 생기를 잃어 가고
레바논은 부끄러워하며 메말라 간다.
사론은 사막처럼 되고

33,2 8,17; 25,9. 33,5 1,21; 2,11. 33,7 2사무 10,4.

33,1-16. 막을 수 없던 파괴자는(아시리아, 바빌론, 그리고 그 후에 지배할 이들은) 주님께 격파될 것이다(1절; 10,12; 21,2; 24,16 참조). 백성은 이러한 신뢰를 가지고 주님께서 그들을 도와주심을 믿고 탄원한다(2-6절). 이어서 기도는 고뇌에 차게 되는데, 계약을 깨뜨린 결과들이 드러나기 때문이다. 산헤립은 배신한 예루살렘의 임금을 징벌하러 오고(2열왕 18,13-17 참조), 이스라엘이 계약을 무시하여 거슬렀던 주님께서도(이사 24,5 참조) 시온에게 자신이 범한 악을 갚게 하신다. 그러나 예루살렘에게 엄중한 하느님의 심판은 다른 민족들에게는 더욱 두려운 심판이 된다. 일어나는 모든 사건들은 시온 주민들을 반성하게 한다(7-16절).

33,4. 이 표상은 민족들에게서 약탈한 물품들을 쌓아 두었으나(1절) 메뚜기처럼 맹렬한 적들에게 공격을 받게 됨을 나타낸다. 요엘 1,4-6에서는 주님의 날에 메뚜기 떼가 나타난다.

33,6. 주님께서 "너의 시대에 안녕이 되시리라."로 옮길 수도 있다. 지혜와 지식, 주님을 경외함, 공정과 정의는(5절) 주님과의 관계가 완전히 회복됨을 나타내며(11,2-4 참조), 이것이 원수에 맞서는 진정한 보호이다(2,7 참조).

33,7. 이 구절 첫 부분은 번역에 어려움이 있다. "아리엘 주민들"로 번역한 표현에 대하여 "나는 그들에게 나타나리라", "나는 그들을 본다", "용사들", "그들의 용감한 이들"(2사무 23,20) 등으로도 번역한다. "아리엘"을 택할 경우에 "평화의 사절들"로 옮긴 것을 "살렘의 사절들"로도 번역한다. 아리엘과 살렘은 모두 예루살렘을 지칭하기 때문이다.

33,9. 이 네 곳은 풍부한 식물들로 유명하다. 신명 32,14; 1역대 5,16; 이사 2,13; 예레 50,19 참조.

33,11. "너희의 입김은 너희 자신을 집어삼키는 불이다." 새 대중 라틴말 성경은 고대 아람어 번역본(타르굼)과 같이 약간 다른 본문으로 되어 있다. "나의 입김이 불처럼 너희를 삼킬 것이다."

33,12. "불에 타 석회가 되고"(아모 2,1 참조) 또는 "석회를 만드는 화로"

33,14-15. 불처럼 나타나시는 주님을 만나기 위해서는 준비가 필요하며(탈출 19,10-15 참조) 사회 안에서 올바른 행동이 요구된다(시편 15편; 에제 18,5-9 참조).

33,16. 높은 곳에 사시는 하느님 곁에서(5절) 의인은 피신처와 삶에 필요한 것들을 찾을 것이다(3,1 참조).

33,18. 두 번 사용한 동사 "수를 세다"('소페르')는 성읍에 세금을 부과하기 위한 조사를 가리킨다(22,10 참조).

바산과 카르멜은 벌거숭이가 된다.
10 나 이제 일어선다.
주님께서 말씀하신다.
나 이제 몸을 일으킨다.
나 이제 일어난다.
11 너희는 검불을 잉태하여 지푸라기를 낳는다.
너희의 입김은 너희 자신을 집어삼키는 불이다.
12 민족들은 불에 타 석회가 되고
잘려 타들어 가는 가시덤불처럼 되리라.

13 멀리 있는 자들아, 내가 한 일을 들어 보아라.
가까이 있는 자들아, 나의 힘을 깨달아라.

14 시온에서 죄인들은 두려워 떨고
무도한 자들은 전율에 사로잡힌다.
"우리 가운데 누가 이 집어삼키는 불 속에 머물 수 있으랴?
우리 가운데 누가 이 영원한 불꽃 속에 머물 수 있으랴?"
15 의롭게 걷는 이와 정직하게 말하는 이
강압으로 얻는 이익을 업신여기는 이
뇌물을 받지 않으려고 제 손을 뿌리치는 이
살인하자는 소리를 듣지 않으려고 귀를 막는 이
악한 일을 보지 않으려고 눈을 감는 이
16 이런 이는 높은 곳에 살게 되리라.
바위로 된 산성이 그의 피신처가 되고
그에게는 빵이 주어지며 물도 떨어지지 않으리라.

주님께서 임금이 되실 때

17 네 눈은 수려한 모습의 임금을 바라보리라.
널리 펼쳐진 땅을 보리라.
18 무서웠던 일들이 네 마음에 떠오르리라.
"수를 세던 자는 어디에 있지?
무게를 달던 자는 어디에 있지?
탑의 수를 세던 자는 어디에 있지?"
19 너는 뻔뻔스러운 민족을 보지 않으리라.

33,16 요한 4,14; 6,35; 7,38-39.

33,17-24. "수려한 모습의 임금"(다윗처럼. 1사무 17,42)이 나타나는 것이 눈멂의 극복과 연결된다(이사 28,7; 29,9.18; 30,10; 32,3 참조). 17.19-20절에서 "바라보다"와 "보다"가 반복되는 것도 이를 부각시킨다. 그분께서는 폐허에서 백성을 다시 일으키실 것이다. 그분의 현존이 침입자들을 몰아내고 안정을 보장하며, 주님께서 통치자, 지도자, 임금이셨던(22절) 옛날과 같이 주님의 인도가 효과를 발할 것이다.

알아듣지 못하는 괴이한 말을 하고
이해할 수 없는 말을 웅얼거리는 민족을 더는 보지 않으리라.
20 너는 시온을 바라보아라, 우리 축제의 도시를.
네 눈은 예루살렘을 보리라.
안전한 거처, 거두어지지 않는 천막,
말뚝이 다시는 뽑히지 않고
줄이 하나도 끊기지 않는 천막을 보리라.
21 거기에서 주님께서는 우리에게 엄위하신 분이 되시리라.
그곳은 넓은 강과 시내들이 흐르는 곳이 되리라.
그러나 노 젓는 큰 배는 그리로 가지 못하고
위풍을 뽐내는 배는 지나지 못하리라.
22 정녕 주님은 우리의 통치자
주님은 우리의 지도자
주님은 우리의 임금님
그분께서 우리를 구원하시리라.

23 너의 밧줄들은 늘어져
돛대의 버팀목을 단단히 잡아 주지 못하고
깃발을 펴지도 못하리라.

그때에 사람들은 수많은 전리품과 노획품을 나누어 받고
다리저는 이들도 노략하려고 달려들리라.
24 그곳에 사는 이는 아무도 "나는 병들었다." 하지 않고
거기에 거주하는 백성은 죄를 용서받으리라.

민족들에 대한 심판

34 1 민족들아, 가까이 와서 들어라.
겨레들아, 주의를 기울여라.
땅과 거기에 가득 찬 것들,

33,21. 시온을 "넓은 강과 시내들이 흐르는 곳"으로 나타내는 표상은 흔치 않은데, 에제 47,1-12; 요엘 4,18; 즈카 14,8을 연상시킨다.

33,22. "통치자" (새) 대중 라틴말 성경은 "입법자"로 되어 있다. 고대 그리스어 번역본은 히브리어를 따라 "지도자, 지휘관"으로 옮긴다(의도적으로 전통적이고 예스러운 표현을 사용한다. 판관 5,14 참조).

33,23. "너의 밧줄들"은 히브리어와 고대 번역본들에 따른 번역이지만, 21절 원수들의 배와 연결해 "그(의) 밧줄들"로 수정하기도 한다.

33,24. 관용적 표현인 "다리 저는 이들"은(23절. 2사무 5,6 참조) 예루살렘에 더 이상 질병이 없으리라는 뜻이다.

34,1-17 63,1-6; 예레 49,7-22.

34,1-35,10. 이사야의 두루마리 가운데에 위치하는 이 단락은 1-33장의 내용을 요약하며, 책 전체를 종합하여 이스라엘과 다른 민족들의 역사 전체의 결과를 제시한다. 에돔과 시온은 서로 대비된다. 에돔은 하느님 징벌의 대상이고 시온은 구원의 수혜자가 된다. 이들은 각각 반항하는 이들과 충실한 이들을 상징한다. 이 두 장은 복수(34,8; 35,4 참조), 물의 흐름(34,9; 35,6 참조), 지나감(34,10; 35,8 참조), 식물(34,13; 35,7 참조), 위험한 동물들(34,13-14; 35,7.9 참조) 등의 요소들로 서로 연결된다. 특히 이사야 예언서 제3부와의 접촉점들이 눈길을 끈다(59,15ㄴ-20; 62,1-63,6; 65,13-14; 66,18.24 참조).

34. 에돔은 이후 다른 본문들에서와 마찬가지로(시편 137,7; 애가 4,21-22; 오바 10-16절), 바빌론이 예루살렘을 포위하던 때 예루살렘에게 보여 준 적대적이고 기회주의적인 태도 때문에 심판을 받아야 한다. 복수에 대한 갈망이 나타나지만, 악이 벌을 받아야 한다는 필요성도 보인다(8절). 징벌은 모든 민족들에게 이르고(2절), 묵시문학적 특징으로 우주 전체에도 이른다(4절). 에돔이 상징하는 죄악에서 해방되기 위해서이다.

누리와 거기에서 자라는 모든 것들은 들어라.
2 주님께서 모든 민족들에게 진노하시고
그들의 모든 군대들에게 분노하시어
그들을 전멸시키기로 작정하시고
그들이 살해되도록 버려두셨다.
3 살육된 자들은 내던져지고
시체들에서는 악취가 솟아오르며
산들은 그들의 피로 녹아내리리라.
4 하늘의 군대는 모두 없어지고
하늘은 두루마리처럼 말리며
그 군대는 모두 시들리니
포도 잎이 시들 듯,
무화과나무에서 열매가 시들 듯하리라.

34,2. 전멸시키는 것이나 술에 취한 주님의 칼(5절)에 대해 말하며 폭력을 신성화하는 것이 독자에게는 난점이 된다. 그러나 에돔이 이미 거의 절대적 악의 상징이 되었다는 점을 고려한다면 이러한 폭력은 정의와 당신 백성의 구원을 위한 하느님의 열정을 뜻하게 된다.

34,3-4. 시체들이 너무 많아서 묻을 수도 없다. "산들"에 대한 언급은 다른 우주적 공간인 "하늘"을 생각하게 한다(13,10.13 참조). 다른 민족들이 신으로 여기는 별들이 살고 있는 하늘은 그들이 보호하는 민족들과 함께 뒤흔들린다(24,21.23 참조).

에돔 땅의 대살육

5 정녕 나의 칼이 하늘에서 잔뜩 취하였다.
보라, 그것이 에돔 위로 내려온다.
내가 심판에 부쳐 전멸시키기로 작정한 민족 위로 내려온다.

6 주님의 칼은 피로 흥건하고
기름기로 덮여 있으며
어린양과 숫염소들의 피에,
숫양들의 콩팥 기름에 젖어 있다.
주님께서 보츠라에서 제사를 지내시고
에돔 땅에서 큰 살육을 집행하신다.
7 들소들도 함께 쓰러지고
황소들과 함께 힘센 소들도 쓰러진다.
그들의 땅은 피로 흠뻑 물들고
그들의 흙은 기름기로 덮인다.
8 주님께 복수의 날이요
시온의 옹호자께 응보의 해이다.
9 에돔의 강들은 역청으로,
그 흙은 유황으로 변하고
땅은 불타는 역청이 되어
10 밤에도 낮에도 꺼지지 않아
그 연기가 끊임없이 치솟는다.
그 땅은 대대로 폐허가 되어
영영 그곳을 지나는 이가 없으리라.

34,6. 이 구절은 히브리어로 '헤렙'("칼")/'헬렙'("기름기"), '담'("피")/'에돔'("에돔")을 중심으로 동음 반복이 나타난다. 참조 예레 46,10; 스바 1,7-8.

34,8. "복수"는 고대 이스라엘과 그 시대의 다른 많은 문명들에 있던 제도이다. 각자 피해를 입힌 사람에게 그가 끼친 손해를 되갚을 권리-의무를 인정하는 것인데, 그럼으로써 잘못한 사람이 벌을 받지 않은 채로 있거나 희생자의 죽음이 아무 상관없는 것이 되지 않도록 한 것이다. 창세 4,15; 탈출 21,20; 신명 32,35; 이사 1,24; 35,4; 47,3; 59,17; 61,2; 63,4. 재판('립')에 관하여 미카 6,1-2의 주 참조.

34,4 마르 13,24-25. 34,9-10 창세 19,24-25; 예레 49,17-18.

11 올빼미와 고슴도치가 그곳을 차지하고
부엉이와 까마귀가 거기에 살리라.
그분께서는 그 위에 '혼돈의 줄'을 펴시고
'불모의 추'를 내리시리라.
12 그곳에서는 귀족들에게 더 이상 왕국이 선포되지 않고
제후들도 모두 없어지리라.
13 궁궐에는 가시나무가 올라오고
요새에는 쐐기풀과 엉겅퀴만 무성하여
승냥이들의 소굴이 되고
타조들의 마당이 되리라.
14 그곳에서는 사막 짐승들이 늑대들과 만나고
염소 귀신들이 서로를 부르리라.
도깨비도 그곳에 쉬면서
안식을 얻으리라.
15 독사가 그곳에 깃들여 알을 낳고
제 그늘 아래 그것을 품어 부화시키리라.
거기에는 솔개들도
저마다 짝을 지어 모여들리라.

16 주님의 책에서 찾아 읽어 보아라.
이것들 가운데 하나도 빠지지 않고
제짝이 없는 것이 없으니
그분께서 친히 명령하시고
그분의 영이 그것들을 모으셨기 때문이다.
17 그분께서 그것들을 위하여 제비를 뽑으시고
손수 줄로 재어 그것들에게 나누어 주셨으니
그것들은 영원히 그 땅을 차지하고
대대로 그곳에서 살아가리라.

34,11-15. 여러 동물들의 이름이 언급되는데 실존하는 동물들 대부분은 부정한 것들이고 사람들이 살지 않는 폐허에 사는 것들이며, 상상 속 동물들은 혼돈세계와 연관된다.

34,11. "혼돈"과 "불모"는 '토후'와 '보후'의 번역인데, 이들은 창세 1,2에서 하느님의 창조 말씀 이전의 땅을 묘사하는 단어들이다. 이사 24,10의 주 참조.

34,14. "도깨비"로 번역한 '릴릿'은 성경에서 여기서만 언급되는데, 메소포타미아에서는 잘 알려져 있다. 본래는 폭풍의 세 마귀 가운데 하나인 여성적 인물로, 특히 밤에 활동하며 출산을 방해하는 것으로 알려져 있다.

34,16. 15절까지 묘사된 심판의 선포가 아마도 성경(오경 또는 예언서) 또는 형성 과정 중이던 상태의 이사야서 두루마리를 가리키는 그 "책"에 나와 있음을 말하고 있다. 그 예고는 11-15절에 언급된 부정한 동물들로 더 어두워진다(레위 11,14-18; 신명 14,13-17과, 니네베와 바빌론에 관한 이사 13,19-22; 스바 2,14-15 참조).

34,17. 정복 후에 분배될 땅은(여호 13,7 참조) 부정한 동물들 사이에서 나누어진다.

34,16 4,3.

35,1-2. 광야는 아이를 낳지 못하는 여인이 갑자기 활짝 핀 수선화(아가 2,1 참조)처럼 축제의 옷을 입고 자녀를 갖는 모습으로 그려진다. 식물을 사용한 은유에서 새 옷은 레바논의 숲이고 또한 하느님 영광의 표지인 카르멜과 사론의(이사 65,10 참조) 영화이다. 이사 60,13; 62,4 참조.

35,4. 하느님의 "보복"은 불경한 자들에 대한 징벌이라기보다 주님께서 백성에 대해 특히 가장 낮은 이들에게 행하시는 구원을 뜻한다. 주님은 법적으로 그들을 속량하는 분, 곧 그들과 양도할 수 없는 연대성의 유대를 가지신 분이다.

35,7ㄱ. 번역문은 고대 그리스어 번역본과 (새) 대중 라틴말 성경을 따랐다. 히브리어 본문은 "타오르는 열기는 저수지가 되리라." 이다.

이스라엘의 귀향과 행복

35 [1] 광야와 메마른 땅은 기뻐하여라.
사막은 즐거워하며 꽃을 피워라.
[2] 수선화처럼 활짝 피고
즐거워 뛰며 환성을 올려라.
레바논의 영광과
카르멜과 사론의 영화가 그곳에 내려
그들이 주님의 영광을,
우리 하느님의 영화를 보리라.

[3] 너희는 맥 풀린 손에 힘을 불어넣고
꺾인 무릎에 힘을 돋우어라.
[4] 마음이 불안한 이들에게 말하여라.
"굳세어져라, 두려워하지 마라.
보라, 너희의 하느님을!
복수가 들이닥친다,
하느님의 보복이!
그분께서 오시어 너희를 구원하신다."

[5] 그때에 눈먼 이들은 눈이 열리고
귀먹은 이들은 귀가 열리리라.
[6] 그때에 다리저는 이는 사슴처럼 뛰고
말 못하는 이의 혀는 환성을 터뜨리리라.
광야에서는 물이 터져 나오고
사막에서는 냇물이 흐르리라.
[7] 뜨겁게 타오르던 땅은 늪이 되고
바싹 마른 땅은 샘터가 되며
승냥이들이 살던 곳에는
풀 대신 갈대와 왕골이 자라리라.

35,4 32,4; 34,8. 35,5-6 마태 11,5. 35,5 32,3; 42,16. 35,6 예레 31,8.

✠ 35,1-10. 이 단락에 있는 상징적인 아름다움과 위로라는 주제로 인해, 여러 계기들에 전례에서 사용된다. 병자성사 예식에서는 이 단락을 독서에 포함시켰다. 가해 대림 제3주일(35,1-6ㄴ.10)에는 이를 메시아 예언으로 읽는다. 나해 연중 제23주일에는 4-7ㄴ절을 마르 7,31-37에서 이야기하는 귀먹은 벙어리의 치유와 연결해서 읽는다.

35. 죄, 전쟁, 파괴의 흐름은 구원하시는 주님께서 오심으로써 마침내 잊힌다. 백성은 이제 거룩하신 분의 영광을 뵙는다(2절. 6,3 참조). 몇 가지 모티브들은 이사야 예언서 제2부와 제3부에 나타난다. 예를 들면, 기뻐하라는 권고(1절. 61,10; 62,5; 65,18; 66,10.14 참조), 마른 땅의 운명(1절. 41,18; 53,2 참조), 보복이 이루어짐(4절. 59,18; 66,6 참조), 구원(9절. 41,14; 43,1.14; 44,6.22-24; 47,4; 48,17.20; 49,7.26; 51,10; 52,3.9; 54,5.8; 59,20; 60,16; 62,12; 63,9.16 참조).

8 그곳에 큰길이 생겨
'거룩한 길'이라 불리리니
부정한 자는 그곳을 지나지 못하리라.
그분께서 그들을 위해 앞장서 가시니
바보들도 길을 잃지 않으리라.
9 거기에는 사자도 없고
맹수도 들어서지 못하리라.
그런 것들을 볼 수 없으리라.
구원받은 이들만 그곳을 걸어가고
10 주님께서 해방시키신 이들만 그리로 돌아오리라.
그들은 환호하며 시온에 들어서리니
끝없는 즐거움이 그들 머리 위에 넘치고
기쁨과 즐거움이 그들과 함께하여
슬픔과 탄식이 사라지리라.

예루살렘에 대한 산헤립의 위협

36 1 히즈키야 임금 제십사년에, 아시리아 임금 산
헤립이 유다의 모든 요새 성읍으로 올라와서
그곳들을 점령하였다. 2 아시리아 임금은 라키스에서 랍
사케에게 많은 병력을 주어, 예루살렘으로 히즈키야 임금
에게 보냈다. 그는 '마전장이 밭'에 이르는 길가 윗저수지
의 수로 곁에 주둔하였다. 3 그러자 힐키야의 아들 엘야킴
궁내 대신과 세브나 서기관과 아삽의 아들 요아 역사 기
록관이 그에게 마주 나갔다.

35,8ㄹ. 이 행은 의미가 분명치 않으며, 앞 행의 길을 설명하는 식으로 "그것(그 길)은 그들이 걸어가야 할 길"로도 옮긴다.

36,2. 2열왕 18,17에는 이렇게 되어 있다. "타르탄과 랍 사리스와 랍 사케… 그들이 올라와 예루살렘에 이르렀다. 그들은 올라와 그곳에 이르러… 주둔하였다."

36,3. 2열왕 18,18에는 이렇게 되어 있다. "그들이 임금을 부르자, …그들에게 마주 나갔다."

35,8 40,3; 49,11; 묵시 21,27. 35,9 41,14. 36,2 7,3.

36,1-39,8. 이사야서의 중심부에 전해지는 이 사건들, 곧 멸망을 눈앞에 둔 예루살렘이 갑자기 구원되고 죽음에 임박한 그 임금이 뜻밖에 치유되는 것은 백성의 운명과 이사야 선포의 본보기가 된다. 이 장들은 2열왕 18,1-20,19에 전해지는 사건들을 조금 다른 형태로 이야기한다. 열왕기에 비하여 히즈키야의 항복에 대한 보도가 없고(2열왕 18,14-16 참조) 치유된 임금의 기도가 삽입된다(이사 38,9-20 참조). 7-8장에서 이사야가 아하즈에게 파견되었을 때와는 달리, 여기서 이사야의 사명은 성공한다(이사 36,2; 37,6.30에서 각각 이사 7,3.4.11에 연결됨을 살펴본다).

36,1-37,38. (필리스티아, 이집트, 에티오피아, 그리고 작은 나라 유다로 이루어진) 반아시리아 동맹에 맞서 산헤립이 팔레스티나에 침입하여(기원전 701년) 히즈키야 왕국에서 46개 성읍을 정복했다. 산헤립의 비문이라고 알려진 고고학 유물에서 나타나듯이 히즈키야는 무거운 조공을 바쳐야 했으나, 예루살렘은 함락되지 않았다. 라키스에서(36,2 참조) 산헤립은 그의 고위 관리에게 맡긴 위협 연설로 히즈키야에게 수도의 포위 공격을 피하기 위하여 항복하라고 권유한다(36,1-37,7 참조). 라키스가 함락된 후(37,8 참조) 이집트(에티오피아 출신 파라오 타르하카에 대한 언급)가 곧 개입하리라는 소식을 들은 아시리아 임금은 다시 예루살렘의 임금을 위협하려 한다(37,8-38 참조). 이 장들은 아마도 같은 상황에 대한 두 가지 보도를 결합하고 있다(36,1-37,9ㄱ.37-38과 37,9ㄴ-36 참조). 그 각각은 아시리아의 랍 사케의 오만한 말들과 이사야의 개입(임금이 문의하는 부분도 있고, 이사야 스스로 개입하는 부분도 있다), 히즈키야가 성전을 찾아가는 것으로 되어 있다.

4 랍 사케가 그들에게 말하였다. "히즈키야에게 전하여라.
대왕이신 아시리아 임금님께서 이렇게 말씀하신다. '네가
무엇을 믿고 이렇게 자신만만하단 말이냐? 5 너는 전쟁 계
획과 능력이 고작 입술에서 나오는 말뿐이라고 생각하느
냐? 네가 지금 누구를 믿고 나에게 반역하느냐? 6 너는 저
부러진 갈대 지팡이에 지나지 않는 이집트를 믿는다마는,
그것에 몸을 기대는 사람마다 손바닥만 찔리게 된다. 이
집트 임금 파라오는 자기를 믿는 모든 자에게 바로 그러하
다. 7 그리고 너는 나에게 '우리는 주 우리 하느님을 믿소.'
하고 말한다. 그러나 그분은, 히즈키야가 그의 산당들과
제단들을 치워 버리고 유다와 예루살렘 백성에게 '너희
는 이 제단 앞에서만 경배드려라.' 하고 말한 그런 하느님
이 아니냐?' 8 자, 이제 아시리아의 임금님이신 나의 주군
과 내기를 해 보아라. 네가 기수들을 마련할 수만 있다면,
내가 너에게 말 이천 마리를 주겠다. 9 병거와 기병 때문에
이집트를 믿고 있는 네가, 어떻게 내 주군의 하찮은 신하
들 가운데에서 총독 하나라도 물리칠 수 있겠느냐? 10 그
리고 내가 주님의 분부도 없이 이 땅을 멸망시키려고 올라
왔겠느냐? 바로 주님께서 나에게 '저 땅으로 공격해 올라
가서 그곳을 멸망시켜라.' 하고 분부하셨다."
11 그러자 엘야킴과 세브나와 요아가 랍 사케에게 말하였
다. "저희가 아람 말을 알아들으니, 제발 이 종들에게 아
람 말로 말씀해 주십시오. 성벽 위에 있는 백성이 듣고 있
으니, 저희에게 유다 말로는 말씀하지 말아 주십시오." 12
그러나 랍 사케는 대답하였다. "나의 주군께서 너희 주군
과 너희뿐만 아니라, 너희와 함께 제 똥을 먹고 제 오줌을
마셔야 할 저 성벽 위에 앉아 있는 자들에게도 이 말을 하
라고 보내신 것이 아니겠느냐?"
13 이어 랍 사케는 일어서서 유다 말로 크게 외쳤다. "대
왕이신 아시리아 임금님의 말씀을 들어라. 14 이 임금님
께서 이렇게 말씀하신다. '너희는 히즈키야에게 속지 마
라. 그자는 너희를 구해 내지 못한다. 15 히즈키야가 '주님
께서 우리를 반드시 구해 내신다. 이 도성은 아시리아 임
금의 손에 넘어가지 않는다.' 하면서, 너희가 주님을 신뢰
하게 하는 일이 없게 하여라.' 16 히즈키야의 말을 곧이듣
지 마라. 아시리아의 임금님께서 이렇게 말씀하신다. '너
희는 나와 화친하고 나에게로 나와라. 그러면 너희는 저마
다 제 포도나무와 무화과나무에서 열매를 따 먹고, 제 저
수 동굴에서 물을 마시게 될 것이다. 17 때가 되면 내가 와

36,4. 이사야서의 특징인 믿음이라는 주제가 이 단락 전체에서 반복된다(4-7.9.15절; 37,10 참조).

36,7. 2열왕 18,22에는 "예루살렘에 있는 이 제단 앞에서만"으로 되어 있다.

36,10. "이 땅을 멸망시키려고" 2열왕 18,25에서는 성전을 암시한다("이곳을 멸망시키려고").

36,11. "엘야킴" 2열왕 18,26에는 "힐키야의 아들"이 첨가되어 있다.

36,11. "유다 말로" 2열왕 18,26.28의 주 참조.

36,14. "너희를 구해 내지 못한다." 2열왕 18,29은 "너희를 내 손에서 구해 내지 못한다."이다. 이 동사는 이사 36,15.18.19.20에서 다시 사용한다.

36,17-18. 2열왕 18,32에는 이렇게 되어 있다. "곧 곡식과 새 포도주의 땅, 빵과 포도밭의 땅, 새 올리브기름과 꿀이 나는 땅으로 너희를 데려가겠다. 그러면 너희는 죽지 않고 살 것이다. 히즈키야가… 너희를 부추길 때, 그의 말을 듣지 마라."

서 너희를 너희 땅과 다름없는 땅으로, 곧 곡식과 새 포도
주의 땅, 빵과 포도밭의 땅으로 데려가겠다. 18 히즈키야가
'주님께서 우리를 구해 내신다.' 하면서, 너희를 부추기는
일이 없게 하여라. 뭇 민족의 신들 가운데 누가 제 나라를
아시리아 임금의 손에서 구해 낸 적이 있더냐? 19 하맛과
아르팟의 신들은 어디에 있느냐? 스파르와임의 신들은 어
디에 있느냐? 그들이 사마리아를 내 손에서 구해 냈더냐?
20 이 나라들의 모든 신 가운데 누가 자기 나라를 내 손에
서 구해 낸 적이 있기에, 주님이 예루살렘을 내 손에서 구
해 낼 수 있다는 말이냐?'" 21 그러나 그들은 침묵을 지킨
채 그에게 한마디도 대답하지 않았다. "그에게 대답하지
마라." 한 임금의 명령이 있었기 때문이다.
22 힐키야의 아들 엘야킴 궁내 대신과 세브나 서기관과 아
삽의 아들 요아 역사 기록관은 찢어진 옷을 입은 채 히즈
키야에게 와서 랍 사케의 말을 전하였다.

히즈키야가 이사야에게 문의하다

37 1 히즈키야 임금은 그 말을 듣자 제 옷을 찢고
자루옷을 두르고서는, 주님의 집으로 들어갔다.
2 그리고 자루옷을 두른 엘야킴 궁내 대신과 세브나 서기
관과 원로 사제들을 아모츠의 아들 이사야 예언자에게 보
냈다. 3 그들이 이사야에게 말하였다. "히즈키야 임금님께
서 이렇게 말씀하십니다. '이날은 환난과 징벌과 굴욕의
날이오. 아이들이 태어나려고 하는데 낳을 힘이 없구려. 4
주 그대의 하느님께서 랍 사케의 말을 들으셨기를 바라오.
그는 살아 계신 하느님을 조롱하려고 자기 주군인 아시리
아 임금이 보낸 자요. 주 그대의 하느님께서 들으신 그 말
에 벌을 내리시기를 바라오. 그대도 아직 살아남아 있는
이들을 위하여 기도해 주시오.'"
5 히즈키야 임금의 신하들이 이사야에게 와서 이렇게 전
하니, 6 이사야가 그들에게 말하였다. "그대들의 주군께
이렇게 말씀드리시오. 주님께서 이렇게 말씀하십니다. '너
는 아시리아 임금의 종들이 나를 모욕한 그 말을 듣고 두
려워하지 마라. 7 보라, 내가 영 하나를 그에게 내려보내
면, 그는 뜬소문을 듣고 자기 나라로 돌아갈 것이다. 그
리고 나는 그가 자기 나라에서 칼에 맞아 쓰러지게 하겠
다.'"
8 랍 사케는 돌아가서 리브나를 공격하는 아시리아 임금
을 만났다. 그는 임금이 라키스를 떠났다는 소식을 들었

36,18-20. 랍 사케가 이집트 곧 사람들을 믿는 것이 헛되다고 말하고 지금 일어나는 일들이 주님 뜻에 따른 것이라고 말할 때 이것은 이사야가 언제나 강조해 온 것이다. 그러나 주님을 다른 민족들의 신들과 같은 차원에 놓고 그분께서 예루살렘을 해방시킬 수 없다고 선언하는 것은 하느님께 대한 모독이다. 이러한 모독에 맞서 예언자는 인간적으로 전혀 출구가 없을 때에도 주님께서는 구원을 이루신다고 선포한다.

36,19. 2열왕 18,34에는 "헤나와 아와의 (신들)"이 첨가되어 있다.

36,21. "그들"은 "백성"이다(2열왕 18,36 참조).

던 것이다. 9 그때 아시리아 임금은 에티오피아 임금 티르
하카가 자기와 싸우려고 나왔다는 말을 들었다.

예루살렘에 대한 산헤립의 새로운 위협

9 아시리아 임금은 이 말을 듣고 히즈키야에게 사신들을
보내며 이렇게 말하였다. 10 "너희는 유다 임금 히즈키야
에게 이렇게 말하여라. '네가 믿는 너의 하느님이, '예루살
렘은 아시리아 임금의 손에 넘어가지 않는다.' 하면서, 너
를 속이는 일이 없게 하여라. 11 자, 아시리아 임금들이 다
른 모든 나라를 전멸시키면서 어떻게 하였는지 너는 듣지
않았느냐? 그런데도 너만 구원받을 수 있을 것 같으냐? 12
나의 선왕들이 멸망시킨 고잔과 하란과 레첩, 그리고 틀라
사르에 있는 에덴족을 그 민족들의 신들이 구해 낼 수 있
었더냐? 13 하맛 임금과 아르팟 임금, 그리고 스파르와임
성읍과 헤나와 아와의 임금들은 어디에 있느냐?'"

히즈키야의 기도

14 히즈키야는 사신들의 손에서 편지를 받아 읽었다. 그
런 다음 히즈키야는 주님의 집으로 올라가서, 그것을 주
님 앞에 펼쳐 놓았다. 15 그리고 히즈키야는 주님께 이렇
게 기도하였다. 16 "커룹들 위에 좌정하신 이스라엘의 하
느님, 만군의 주님, 세상의 모든 왕국 위에 당신 홀로 하느
님이십니다. 당신께서는 하늘과 땅을 만드셨습니다. 17 주
님, 귀를 기울여 들어 주십시오. 주님, 눈을 뜨고 보아 주
십시오. 살아 계신 하느님을 조롱하려고 산헤립이 보낸 이
말을 모두 들어 보십시오. 18 주님, 사실 아시리아 임금들
은 모든 나라들과 그 영토를 황폐하게 하고, 19 그들의 신
들을 불에 던져 버렸습니다. 그것들은 신이 아니라 사람의
손으로 만든 작품으로서 나무와 돌에 지나지 않았으므
로, 사람들이 그것을 없애 버릴 수 있었습니다. 20 그러나
이제 주 저희 하느님, 저희를 저자의 손에서 구원하여 주
십시오. 그러면 세상의 모든 왕국이 당신 홀로 주님이심을
알게 될 것입니다."

산헤립에게 내린 말씀

21 아모츠의 아들 이사야가 히즈키야에게 사람을 보내어
말하였다. "주 이스라엘의 하느님께서 이렇게 말씀하십니
다. '너는 아시리아 임금 산헤립 때문에 나에게 기도를 바
쳤다.' 22 주님께서 그를 두고 하시는 말씀은 이러합니다.

37,11. 두 번째 이야기 역시 구원할 분이 누구이신가를 보여 주고자 한다. 12.20.35절 참조.

37,12. "에덴족" 자구적으로는 "에덴의 아들들"로, "에덴 사람들, 에덴 주민들"로 옮길 수 있다.

37,14-20. 산헤립의 도전에 유다의 임금은 그가 가진 유일한 무기, 곧 세상의 창조주이시며 역사의 지배자이신 주님께 대한 신앙을 맞세운다.

37,16. 2열왕 19,15은 "만군의"를 생략한다.

37,18. 2열왕 19,17에 따라 "민족들과 그 영토를"로도 번역한다.

37,20. "당신 홀로 주님이심을." 2열왕 19,19은 "주님, 당신 홀로 하느님이심을"이다.

37,21. 2열왕 19,20은 "네가 나에게 바친 기도를 내가 들었다."이다.

처녀 딸 시온이
너를 경멸한다, 너를 멸시한다.
딸 예루살렘이
네 뒤에서 머리를 흔든다.
23 네가 누구를 조롱하고 모욕하였느냐?
네가 누구에게 큰소리를 치고
눈을 치켜들었느냐?
바로 이스라엘의 거룩한 분이다.
24 너는 신하들을 보내어 주님을 조롱하였다.
너는 말하였다. '수많은 병거를 몰아
나는 높은 산들을 오르고
레바논의 막다른 곳까지 다다라
그 큰 향백나무들과
빼어난 방백나무들을 베어 버리고
그 정상 끝까지,
가장 울창한 수풀까지 나아갔다.
25 나는 우물을 파서
물을 마셨으며
내 발바닥으로
이집트의 모든 강을 말려 버렸다.'

26 너는 듣지 못하였느냐?
내가 오래전에 그것을 결정하고
옛날에 그것을 계획하여
이제 실행에 옮겼음을.
그래서 네가 요새 성읍들을 파괴시켜
무너져 내린 돌무더기로 만들 수 있었다.
27 그곳 주민들은 기운이 다하여
놀라고 부끄러워하였다.
그들은 들의 풀처럼
여린 잔디처럼
자라기도 전에 말라 버리는
지붕 위의 잡초처럼 되었다.
28 나는 네가 서고 앉는 것도
나고 드는 것도
나에게 격노하고 있음도 알고 있다.
29 네가 나에게 격노하고

37,24 10,33-34. 37,26 45,21; 46,10-12. 37,27 40,7; 시편 90,5-6. 37,29 30,28.

37,23. "눈을 치켜들었느냐?"는 교만한 태도를 나타낸다.

37,24. "신하들"은 "사신들"이다(2열왕 19,23).

37,26ㅂ. "무너져 내린 돌무더기"는 폐허를 가리킨다.

37,27. "자라기도 전에 말라 버리는 지붕 위의 잡초처럼"의 히브리어 원문은 번역하기 어려운 구절이다. 우리말 성경은 2열왕 19,26에 따라 본문을 수정했다. 쿰란에서 발견된 이사야서 두루마리에 따라 "자라기도 전에" 대신 "동풍에"로도 옮긴다. 새 대중 라틴말 성경도 그렇게 번역한다.

37,29ㄴ. "소란"에 해당하는 원래 단어는 "걱정 없음"이지만, 문맥상 맞지 않아 비슷한 히브리어 단어로 대체하여 번역했다.

너의 소란이 내 귀에까지 올라왔으니
나는 네 코에 나의 갈고리를 꿰고
네 입술에 나의 재갈을 물려
네가 왔던 그 길로
너를 되돌아가게 하리라.

히즈키야에게 내린 표징

30 이것이 너를 위한 표징이다.
너희가 올해에는 떨어진 낟알에서 난 곡식을 먹고
내년에는 뿌리지 않고 저절로 난 곡식을 먹으리라.
그러나 후년에는 씨를 뿌려서 곡식을 거두고
포도밭을 가꾸어 그 열매를 먹으리라.
31 유다 집안의 살아남은 생존자들은
다시 밑으로 뿌리를 내리고 위로 열매를 맺으리니
32 남은 자들이 예루살렘에서 나오고
생존자들이 시온산에서 나올 것이기 때문이다.
만군의 주님의 열정이 이를 이루리라.

33 그러므로 주님께서 아시리아 임금을 두고 이렇게 말씀
하셨습니다.
그는 이 도성에 들어오지 못하고
이곳으로 활을 쏘지도 못하리라.
방패를 앞세워 접근하지도 못하고
공격 축대를 쌓지도 못하리라.
34 자기가 왔던 그 길로 되돌아가고
이 도성에는 들어오지 못하리라.
주님의 말씀이다.
35 나는 이 도성을 보호하여 구원하리니
이는 나 자신 때문이며 나의 종 다윗 때문이다."

산헤립의 말로

36 그런 다음 주님의 천사가 나아가 아시리아 진영에서 십
팔만 오천 명을 쳤다. 아침에 일어나 보니 그들이 모두 죽
어 주검뿐이었다. 37 아시리아 임금 산헤립은 그곳을 떠나

37,35. "나 자신 때문이며"에 관하여 43,25의 주 참조.

37,36. 2열왕 19,35에는 "그날 밤"이 첨가된다. 천사의 개입은 탈출 12,23; 14,19.24을 연상시킨다.

37,32 9,6. 37,36 31,8.

37,30-35. 아하즈 시대와 마찬가지로 지금도 이사야는 표징을 제시한다(30절. 7,11.14 참조). 이 표징은 멸망과 "남은 자들"의 구원을 예고한다(4,2-3; 10,19-22 참조). 주님께서는 약속하신 대로(31,5 참조) 당신 이름과(49,7; 55,5 참조) 다윗에 대한 사랑으로(9,6; 16,5; 55,3 참조) 당신 도성을 지키신다.

되돌아가서 니네베에 머물렀다. 38 그런데 그가 그의 신 니
스록의 신전에서 예배드리고 있을 때, 그의 두 아들 아드
람멜렉과 사르에체르가 그를 칼로 쳐 죽이고는 아라랏 땅
으로 도망쳤다. 그의 아들 에사르 하똔이 그 뒤를 이어 임
금이 되었다.

히즈키야의 발병과 치유

38 1 그 무렵 히즈키야가 병이 들어 죽게 되었는
데, 아모츠의 아들 이사야 예언자가 그에게 와
서 말하였다. "주님께서 이렇게 말씀하십니다. '너의 집안
일을 정리하여라. 너는 회복하지 못하고 죽을 것이다.'" 2
그러자 히즈키야가 얼굴을 벽 쪽으로 돌리고 주님께 기도
하면서 3 말씀드렸다. "아, 주님, 제가 당신 앞에서 성실하
고 온전한 마음으로 걸어왔고, 당신 보시기에 좋은 일을
해 온 것을 기억해 주십시오." 그러고 나서 히즈키야는 슬
피 통곡하였다.
4 주님의 말씀이 이사야에게 내렸다. 5 "가서 히즈키야에
게 말하여라. '너의 소상 다윗의 하느님인 주님이 이렇게
말한다. 나는 네 기도를 들었고 네 눈물을 보았다. 자, 내
가 너의 수명에다 열다섯 해를 더해 주겠다. 6 그리고 아시
리아 임금의 손아귀에서 너와 이 도성을 구해 내고 이 도
성을 보호해 주겠다. 7 이것은 주님이 말한 일을 그대로 이
룬다는 표징으로서, 주님이 너에게 보여 주는 것이다. 8 보
라, 지는 해를 따라 내려갔던 아하즈의 해시계의 그림자
를 내가 열 칸 뒤로 돌리겠다.'" 그러자 아하즈의 해시계
위에 드리워졌던 해가 열 칸 뒤로 돌아갔다.

히즈키야의 찬미가

9 병이 들었다가 그 병에서 회복된 유다 임금 히즈키야의
글이다.
10 "나는 생각하였네. '내 생의 한창때에
나는 떠나야 하는구나.
남은 햇수를 지내러

38,3-6 // 2열왕 20,3-6. 38,3 1역대 28,9; 29,9.

38. 아시리아 임금의 죽음에(37,38 참조) 유다 임금의 치유가 대비되면서 두 민족이 맞을 서로 다른 운명을 보여 준다. 다윗의 합당한 후계자인 히즈키야는 진실한 신뢰와 신심이 어떻게 놀라운 갚음을 받는지를 보여 준다. 그의 감사 시편은 이 단락과 책 전체의 중심에 위치하면서 용서에 희망을 둘 것을 강력히 권고한다(17절). 끝맺음은 열려 있으며, 임금은 이스라엘과 같은 처지로 아직 생명을 기다리고 있다(그 생명은 40,1에서야 선포된다).

38,1. 이사야의 말은 곧 부정될 것이다(5절). 예언자의 선포는 사람들의 응답에 열려 있다(요나 3,10 참조).

38,1. "죽게 되었는데"는 자구적 번역이다. 심한 병이 들었다고 옮길 수 있다.

38,2. 2열왕 20,2의 히브리어 본문에는 "히즈키야"가 생략되어 있다.

38,3. "온전한 마음"은 히브리어의 숙어적 표현을 그대로 옮긴 것으로, "온전히 주님을 향한 마음"을 뜻한다(2역대 6,14의 주 참조).

38,4. 2열왕 20,4에는 앞에 "이사야가 가운데뜰을 나가기 전에"가 있다.

38,5. 2열왕 20,5은 이렇게 되어 있다. "너는 돌아가서 내 백성의 영도자 히즈키야에게 말하여라. '…이제 내가 너를 치유해 주겠다. 사흘 안에 너는 주님의 집에 올라가게 될 것이다.'"

38,6. 하느님의 보증은 38장의 위치가 사건들의 시간적 순서에 맞지 않는다는 것을 생각하게 한다(38-39장은 37,36-38을 전제하지 않는다). 2열왕 20,6에는 "나 자신과 나의 종 다윗을 생각하여"가 첨가되어 있고(이사 37,35 참조) 그다음에 이사 38,21(=2열왕 20,7)이 이어진다.

38,7. 2열왕 20,8-9ㄱ에는 앞에 첨가된 부분이 있다. "히즈키야가 이사야에게 물었다. '주님께서 나를 치유해 주시어 내가 사흘 안에 주님의 집에 올라갈 수 있으리라고 하셨는데, 그 표징이 무엇이오?' 이사야가 대답하였다."

38,8. 더 상세한 2열왕 20,9ㄴ-11의 단락이 이 구절에 상응한다. "'그림자가 열 칸 앞으로 나가기를 원하십니까? 열 칸 뒤로 돌아가기를 원하십니까?' 그러자 히즈키야가 대답하였다. '그림자가 열 칸 앞으로 길어지는 것은 쉬운 일이오. 그러니 열 칸 뒤로 돌아가게 해 주시오.' 그래서 이사야 예언자가 주님께 청하니, 주님께서 아하즈의 해시계에 드리운 그림자를 열 칸 뒤로 돌아가게 하셨다."

나는 저승의 문으로 불려 가는구나.'
11 나는 또 생각하였네. '산 이들의 땅에서
주님을 뵙지 못하고
이제는 세상 주민들 가운데
한 사람도 보지 못하겠구나.'
12 목자들의 천막처럼
나의 거처가 뽑혀 내게서 치워졌으니
나는 베 짜는 이처럼 내 생을 감아 들여야 했네.
그분께서 나를 베틀에서 잘라 버리셨네.

낮이나 밤이나 당신께서는 저를 막바지로 몰고 가시니
13 저는 구해 달라 아침까지 부르짖습니다.
당신께서 사자처럼 저의 뼈들을 모두 부수십니다.
낮이나 밤이나 당신께서는 저를 막바지로 몰고 가십니다.
14 저는 제비처럼 두루미처럼 울고
비둘기처럼 탄식합니다.
위를 보느라 제 눈은 지쳤습니다.
주님, 곤경에 빠진 이 몸, 저를 돌보아 주소서.

15 나 무어라 말하리오? 그분께서 나에게 말씀하셨고
그분께서 행하셨는데!
내 영혼의 쓰라림 때문에
내 잠이 모두 달아나 버렸다네.

16 주님, 사람들은 그것들로 해서 살아가고
제 목숨은 그러한 모든 것들에 달려 있습니다.
저를 낫게 해 주소서. 저를 살려 주소서.

17 보소서, 저의 쓰디쓴 쓰라림은 행복으로 바뀌었습니다.
당신께서는 멸망의 구렁텅이에 빠지지 않게
제 목숨을 지켜 주셨습니다.
정녕 저의 모든 죄악을
당신의 등 뒤로 던져 버리셨습니다.
18 저승은 당신을 찬송할 수 없고
죽음은 당신을 찬양할 수 없으며
구렁으로 내려가는 자들은
당신의 성실하심에 희망을 두지 못합니다.
19 오늘 제가 하듯이
산 사람, 살아 있는 사람만이 당신을 찬송할 수 있습니다.

38,14. 새들의 탄식은 죽은 이들의 속삭임이나 부르짖음을 예고한다(8,19; 26,16ㄴ 참조).

38,16. 히브리어 본문이 손상되어 모든 번역은 가설적이다.

38,18. "찬송"에 관하여 시편 92,2의 주 참조.

아버지는 자식들에게
당신의 성실하심을 알립니다.

20 주님은 나를 구하시는 분.
우리 한평생 모든 날에
주님의 집에서
현악기 타며 노래 부르세."

21 이사야가 "무화과 과자를 가져다가 종기 위에 발라 드리면, 임금님께서 나으실 것이오." 하고 말하였다. 22 히즈키야가 "내가 주님의 집에 오를 수 있다는 표징은 무엇이오?" 하고 물었다.

바빌론의 사절단

39 1 그때에 발아단의 아들인 바빌론 임금 므로닥 발아단이, 히즈키야가 병들었다가 나았다는 소식을 듣고 그에게 편지와 예물을 보냈다. 2 히즈키야는
그들을 반가이 맞아들이고, 그들에게 자기의 보물 창고와 은과 금, 향료와 고급 기름, 병기고 전체와 창고 안에 있는 것을 다 보여 주었다. 히즈키야가 자기 궁궐과 나라 안에 있는 것 가운데 그들에게 보여 주지 않은 것은 하나도 없었다.
3 그때에 이사야 예언자가 히즈키야 임금에게 와서 물었다. "이 사람들이 무슨 말을 하였습니까? 어디에서 왔습니까?" 히즈키야가 대답하였다. "먼 나라에서 나를 찾아온 사람들이오. 바빌론에서 왔소." 4 이사야가 다시 물었다.
"그들이 임금님의 궁궐에서 무엇을 보았습니까?" 히즈키야가 대답하였다. "내 궁궐 안에 있는 것을 다 보았소. 내 창고 안에 있는 것 가운데 내가 그들에게 보여 주지 않은 것은 하나도 없소."
5 그러자 이사야가 히즈키야에게 말하였다. "만군의 주님의 말씀을 들으십시오. 6 '보라, 네 궁궐 안에 있는 모든 것

38,20. 마지막 간구는 주님 백성의 기도를 집약한다. 이 기도는 하느님 앞에서의 구원 곧 생명을 청하는 것이다. "생명/살아 있는"이라는 단어는 11.12.16.19절에서도 사용된다.

39,1. "나았다"('와예헤작')라는 동사는 히즈키야의 이름(히브리어로 '히즈키야후')을 반향한다. 이 이름은 "주님께서 나를 굳세게 하셨다/치유하셨다"를 뜻한다.

39,2. 이 구절은 2열왕 20,13과 거의 동일하며, "전부"의 위치만 다르다. "보물 창고와… 병기고 전체와"("보물 창고 전체와… 병기고와")

39,5. 2열왕 20,16에는 "만군의" 가 생략되었다.

39. 히즈키야는 므로닥 발아단("마르둑이 나에게 후계자를 주셨다")의 사절단을 맞아 그가 가진 모든 것을 그들에게 보여 준다. 이러한 우정의 행위는 곧 이사야에게 단죄를 받는데, 이사야는 이것이 자기 재산에 대한 위험한 신뢰의 표지이며 외교적 협약의 전조라고 해석한 것이다(화려한 재산을 과시하는 것은 예루살렘 임금이 믿을 만한 동맹 상대임을 보여 주려는 것이다). 임금은 멀리서 온 이들을 맞으며(3절), 여호수아처럼 속아 넘어간다(여호 9,6 참조). 고대 관습에서 재산을 보는 것은 그것을 소유하게 됨을 의미한다(창세 13,14-15; 신명 34,1.4 참조). 외국인들이 본 것은 곧 그들의 것이 될 것이다(2열왕 24-25장 참조). 이렇게 하여 유배 시기가 다가온다.

과 네 조상들이 오늘날까지 쌓아 온 것들이 바빌론으로
옮겨져, 하나도 남지 않을 날이 다가오고 있다. 주님이 말
한다. 7 너에게서 태어날 아들들 가운데 더러는 끌려가서
바빌론 왕궁의 내시가 될 것이다.'" 8 히즈키야가 이사야
에게 말하였다. "그대가 전한 주님의 말씀은 지당하오." 그
러면서도 그는 '내가 살아 있는 동안은 평화와 안정이 지
속되겠지.' 하고 생각하였다.

39,8. 흔한 히브리어 접속사를 "…동안은"이라고 번역함으로써 여러 의미를 지닐 수 있는 구절의 해석을 결정짓고 있다. 히즈키야는 비겁한 모습을 보인 것일 수도 있지만, 주님의 말씀이 바뀔 수 있음을 알고 희망을 남겨 두는 것일 수도 있다(38,1 참조). 그는 하느님의 평화와 안정을 체험했고(38,17.19ㄹ 참조) 아버지처럼(38,19ㄷ 참조) 그의 백성을 이 평화와 안정에 맡긴다. "평화"와 "안정"은 이 책 제2부와 제3부에서 선포될 내용이다(42,3과 45,7 참조).

이사야 예언서 제2부

위로와 구원의 선포

40 1 위로하여라, 위로하여라, 나의 백성을.
— 너희의 하느님께서 말씀하신다.—
2 예루살렘에게 다정히 말하여라.
이제 복역 기간이 끝나고
죗값이 치러졌으며
자기의 모든 죄악에 대하여
주님 손에서 갑절의 벌을 받았다고 외쳐라.

3 한 소리가 외친다.
"너희는 광야에 주님의 길을 닦아라.
우리 하느님을 위하여
사막에 길을 곧게 내어라.
4 골짜기는 모두 메워지고
산과 언덕은 모두 낮아져라.
거친 곳은 평지가 되고
험한 곳은 평야가 되어라.

40,1. 위로하라는 부름은 누구를 향한 것인가? 예언자들(아람어 번역본 또는 타르굼) 또는 사제들(고대 그리스어 번역본, 2절), 아니면 더 가능성이 큰 것은 천상 조정의 구성원들이다. 위로는 진노가 끝나고 하느님께서 자비를 베푸실 때 주어진다(12,1; 49,13; 51,3.12.19; 52,9; 61,2; 66,13 참조).

40,2. "복역 기간" 또는 "(강제) 노역" "갑절"은 법적 관습에 따른 것일 수 있고(탈출 22,3 참조) 경고된 바에 상응하며(예레 16,18; 17,18 참조) 두 세대가 겪는 운명을 암시할 수도 있다(애가 5,7 참조). 그러나 같은 표현을 "두 손에" 곧 "손에 가득히"로도 이해할 수 있다.

40,2 1,4; 6,7; 61,7; 레위 26,41; 호세 8,13. 40,3-5 루카 3,4-6; 또한 이사 48,20-21; 55,12-13 참조. 40,3 마태 3,3; 마르 1,3; 요한 1,23.

40. 이사야 예언서 제2부는 대화를 통하여 구원의 때를 선포하며 시작한다. 하느님은 예루살렘을 위로하라고 지시하신다(1-2절). 천상 시종이 당신 백성에게 오시기로 결정하신 천상 임금을 위한 길을 마련하라고 명한다(3-5절). 천상 조정의 대화에 참여하는 예언자는(6,2-8 참조) 그의 백성이 처한 비참한 처지를 들어 이의를 제기하고(6-7절), 형제들에게 전할 위로의 말씀을 두 번에 걸쳐 받는다(8.9-11절).

✠ 40,1-5.9-11. 신약 성경에서는 이 본문을 명시적으로 세례자 요한의 사명에 적용한다(주해 참조). 그래서 전례에서는 이를 나해 대림 제2주일에 읽는다.

5 이에 주님의 영광이 드러나리니
모든 사람이 다 함께 그것을 보리라.
주님께서 친히 이렇게 말씀하셨다."

6 한 소리가 말한다. "외쳐라."
"무엇을 외쳐야 합니까?" 하고 내가 물었다.
"모든 인간은 풀이요
그 영화는 들의 꽃과 같다.
7 주님의 입김이 그 위로 불어오면
풀은 마르고 꽃은 시든다.
진정 이 백성은 풀에 지나지 않는다.
8 풀은 마르고 꽃은 시들지만
우리 하느님의 말씀은 영원히 서 있으리라."

9 기쁜 소식을 전하는 시온아
높은 산으로 올라가라.
기쁜 소식을 전하는 예루살렘아
너의 목소리를 한껏 높여라.
두려워 말고 소리를 높여라.
유다의 성읍들에게
"너희의 하느님께서 여기에 계시다." 하고 말하여라.

10 보라, 주 하느님께서 권능을 떨치며 오신다.
당신의 팔로 왕권을 행사하신다.
보라, 그분의 상급이 그분과 함께 오고
그분의 보상이 그분 앞에 서서 온다.
11 그분께서는 목자처럼 당신의 가축들을 먹이시고
새끼 양들을 팔로 모아
품에 안으시며
젖 먹이는 어미 양들을 조심스럽게 이끄신다.

하느님의 위대하심

12 누가 손바닥으로 바닷물을 되었고

40,5. "보리라." 이는 구원의 때에 대해 예고된 바와 같으며(29,18; 32,3; 35,5 참조), 예언자가 하느님의 영광을 본 체험에서와 같이(6,1.3 참조) 백성의 죄를 치유하는 것이기도 하다(6,10; 29,9; 30,10 참조).

40,6. 이사야는 지금까지 되풀이해야 했던 불행의 예고들을 기억한다. 28,1-4를 인용하면서 간략하게 이를 암시한다.

40,8. 백성은 약하지만(풀과 같다, 7절) 주님의 말씀은 강력하다.

40,10-11. 주님은 전투에 승리한 임금처럼 전리품과 노획물을 갖고 오신다. 그분께서는 예루살렘의 유배 간 이들을 위해 싸우셨고, 그들이 그분과 함께 있다(창세 14,16.21; 에제 29,19 참조). 임금은 백성에게 먹을 것과 마실 것을 주고 그들을 보호하는 목자와 같이 기려진다(2사무 5,2 참조).

40,12. 주님께서는 특히 "바닷물을 되는 이"로 불리던 바빌론의 신 마르둑보다 우위에 계신 것으로 선포된다.

40,6-8 1베드 1,24-25. 40,10 // 62,11.

40,12-31. 두 부분으로 나누는 이 단락은(12-26.27-31절) 이스라엘의 하느님이신 주님이 다른 모든 신들 위에 계심을 단언한다. 그분은 당신 행위로써 당신이 창조나 역사 흐름에서 힘 있고 신비로운 분임을 보여 주신다(12-17절). 그에 비하면 다른 신들은 그들을 묘사하는 우상들처럼 생명이 없다(18-20절). 땅과 하늘의 기초를 놓으신 하느님께서는 통치자들도 별들도 두려워하지 않으시며, 그들은 모두 그분의 피조물이다(21-26절). 그분의 지혜와 힘은 유배 간 백성 야곱을 위하신다(27-31절).

장뼘으로 하늘을 재었으며
되로 땅의 먼지를 되었느냐?
누가 산들을 저울로 달고
언덕들을 천칭으로 달았느냐?
13 누가 주님의 영을 지도하였으며
누가 그분의 조언자가 되어 그분을 가르쳤느냐?
14 그분께서 누구와 의논하시어 깨우침을 받으셨고
누가 그분께 올바른 길을 가르쳐 드렸느냐?
누가 그분께 지식을 가르쳤으며
슬기의 길을 깨치시게 하였느냐?

15 보라, 민족들은 두레박에서 떨어지는 물 한 방울 같고
천칭 위의 티끌같이 여겨질 뿐.
진정 그분께서는 섬들도 먼지처럼 들어 올리신다.
16 레바논은 땔감으로도 모자라고
그곳 짐승들은 번제물로도 모자란다.
17 민족들 모두가 그분 앞에는 없는 것이나 마찬가지
그분께는 아무것도 아니며 헛것으로만 여겨진다.

18 너희는 하느님을 누구와 비교하겠느냐?
그분을 어떤 형상에 비기겠느냐?
19 우상이냐? 그것은 장인이 쇠를 부어 만들고
도금장이가 금으로 입혔으며
은사슬을 만들어 걸친 것이다.
20 너무 가난하여 이런 봉헌물을 마련할 수 없는 자는
썩지 않은 나무를 고르고
재주 있는 장인을 찾아내어
흔들리지 않는 우상을 만들게 한다.

21 너희는 알지 않느냐? 듣지 않았느냐?
처음부터 너희에게 알려지지 않았느냐?
땅의 기초가 세워질 때부터 그것을 깨닫지 않았느냐?
22 그분께서는 땅 위 궁창에 좌정하여 계시고
땅의 주민들은 메뚜기 떼와 같다.
그분께서는 하늘을 엷은 휘장처럼 펴시고
거기에 사시려고 천막처럼 쳐 놓으셨다.
23 그분께서는 지배자들을 없애 버리시고
세상의 통치자들을 허수아비처럼 만들어 버리신다.

40,13 로마 11,34; 1코린 2,16ㄱ.

40,14. 이와 달리 에누마 엘리쉬에 따르면 마르둑은 인간이 창조되던 때에 다른 신인 에아와 의논한다.

40,15. 주님께서는 세상을 창조하기 위해 아무 도움을 필요로 하지 않으셨듯이 역사를 구원으로 이끄시는 데에도 누구의 보조도 필요로 하지 않으신다. 민족들은 천상 조정의 천사들과 마찬가지로 단순히 그분의 명을 따를 뿐이다.

40,18. 하느님께서는 무엇과도 비교될 수 없으시며(18.25절) 사람이 만든 우상과는 더욱 비길 수 없다. 그분의 비교 불가능성은 이론적 사변의 결과가 아니라 이스라엘 신앙의 구체적 경험의 결과이다. 아무도 주님께서 인간 역사와 창조물 안에서 이루시는 일들을 행할 수 없다.

40,20ㄱㄴ. 어려운 구절로, 고대 그리스어 번역본과 대중 라틴말 성경에는 생략되었다. 다른 번역도 가능하다. “봉헌을 주재하는 사람은…” “썩지 않는 나무인 뽕나무를 봉헌물로 선택할 것인가?”

24 그들이 심기기가 무섭게
그들의 씨가 뿌려지기가 무섭게
그들의 줄기가 땅에 뿌리를 내리기가 무섭게
그분께서 입김을 부시면 그들은 말라 버리고
폭풍이 그들을 지푸라기인 양 쓸어 가 버린다.
25 "너희는 나를 누구와 비교하겠느냐? 나를 누구와 같다
고 하겠느냐?"
거룩하신 분께서 말씀하신다.
26 너희는 눈을 높이 들고 보아라.
누가 저 별들을 창조하였느냐?
그 군대를 수대로 다 불러내시고
그들 모두의 이름을 부르시는 분이시다.
그분께서는 능력이 크시고 권능이 막강하시어
하나도 빠지는 일이 없다.

신뢰를 가져라

27 야곱아, 네가 어찌 이런 말을 하느냐?
이스라엘아, 네가 어찌 이렇게 이야기하느냐?
"나의 길은 주님께 숨겨져 있고
나의 권리는 나의 하느님께서 못 보신 채 없어져 버린다."
28 너는 알지 않느냐?
너는 듣지 않았느냐?
주님은 영원하신 하느님
땅끝까지 창조하신 분이시다.
그분께서는 피곤한 줄도 지칠 줄도 모르시고
그분의 슬기는 헤아릴 길이 없다.
29 그분께서는 피곤한 이에게 힘을 주시고
기운이 없는 이에게 기력을 북돋아 주신다.
30 젊은이들도 피곤하여 지치고
청년들도 비틀거리기 마련이지만
31 주님께 바라는 이들은 새 힘을 얻고
독수리처럼 날개 치며 올라간다.
그들은 뛰어도 지칠 줄 모르고
걸어도 피곤한 줄 모른다.

40,25. "거룩하신 분"이라는 이름은 제2부에도 다시 나타난다(41,14.16.20; 43,3.14.15; 45,11; 47,4; 48,17; 49,7; 54,5; 55,5 참조). 1,4의 주와 57,15의 주 참조.

40,26. 고대인들은 별들을 가장 강한 신들로 여겼다. 그러나 별들은 주님의 작품일 뿐이다.

40,27-31. 이 단락은 앞의 절들을 되풀이하며, 미천해진 이스라엘이 첫 번째로 주님의 위대하심의 은혜를 입는다는 것을 보여 준다(26ㅁ.29 참조).

40,27. "야곱"은 40-55장에서 유다 공동체를 지칭한다(41,8.14.21; 42,24; 43,1.22.28; 44,1.2.5.21.23; 45,4.19; 46,3; 48,1.12.20 참조). "길"과 "권리"는 14절에 연결된다.

40,28. 분명하게 14.21.26절과 창조라는 주제에 연결된다.

40,24 40,7. 40,26 창세 1,14.

40,26. 구원을 체험한 백성은 주님께서 생명의 원천이심을 알아보기에 이르고 그분께서 창조주이심을 선언한다(40,28; 41,20; 42,5; 43,1.7.15; 45,7-8.12.18; 48,7; 54,16 참조).

키루스의 소명

41 1 섬들아, 조용히 내 말을 들어라.
겨레들은 새 힘을 얻어라.
가까이 와서 말하여라.
우리 함께 재판하러 나아가자.
2 발길이 닿는 곳마다 승리를 불러오는 이를
누가 동방에서 일으키셨느냐?
그분께서 그에게 민족들을 넘겨주시어
그가 임금들을 굴복시킨다.
그는 자기 칼로 그들을 먼지처럼 만들고
자기 활로 그들을 지푸라기처럼 날려 버린다.
3 그가 그들을 뒤쫓으며 거침없이 나아가는데
미처 발이 땅에 닿지도 않는다.

4 누가 이를 이루고 실행하였느냐?
처음부터 세대들을 불러일으킨 이
나 주님이 시작이고
마지막에도 나는 변함이 없으리라.
5 섬들이 보고 두려워하며
땅끝들이 무서워 떤다.
그들이 다가온다, 그들이 모여 온다.
6 서로가 서로를 도와주며
자기 동료에게 "힘을 내!" 하고 말한다.
7 장인은 도금장이를 격려하고
망치로 쇠를 고르는 자는 모루를 치는 자를 격려하며
땜질이 잘되었다고 말하면서
흔들리지 않게 그것을 못으로 고정시킨다.

이스라엘과 함께 계시는 하느님

8 그러나 너 이스라엘, 나의 종아
내가 선택한 야곱아

41,1-5. 예언자의 신탁은 제2이사야의 다른 부분에서와 마찬가지로(41,21-29; 43,8-15; 44,6-8; 45,20-23 참조) 법정 논쟁의 형태를 취한다(미카 6,1-2의 주 참조).

41,2. 키루스에 대한 첫 암시로, 그는 44,28과 45,1에 명시적으로 언급된다. 보통 "정의"로 번역되는 히브리어 '체덱'은 "승리"를 뜻할 수 있다. 대중 라틴말 성경은 그리스도론적으로 해석한다. "누가 동방으로부터 의인을 일으키셨느냐?"

41,4. 주님은 과거와 미래의 역사를 주관하신다("마지막에도" 묵시 1,8.17; 2,8; 21,6 참조). "나"는('아니 후', "바로 내가") 이사야서 제2부의 특징적 표현으로(이사 43,10.13; 46,4; 48,12; 52,6 참조), 요한 복음서에서 '에고 에이미'로 다시 나타난다(요한 8,24.28.58; 13,19; 18,5 참조).

41,5-7. 위협이 다가올 때 민족들은 서둘러 우상들에게서 보호를 찾는다.

41,5. "섬들"로 번역한 히브리어 단어는 해변 지대를 가리킬 수도 있다(20,6의 바닷가 주민과 같이).

41,8. 바빌론에 유배 간 백성은 마치 그 지역에 살던 아브라함과 같이 주님에게서 사명으로 부르심을 받는다. 예루살렘 함락(기원전 587년) 이후의 본문들에서만 아브라함이 언급된다는 점은 주목할 만하다. 시편 105,6; 예레 33,26; 에제 33,24; 미카 7,20; 이사 29,22 참조.

41,1-7 45,1-8. 41,1 40,31. 41,8-16 43,1-7.

41. 바빌론의 창조 설화에서는 신들이 천상 조정에서 서로 논쟁하는 것으로 묘사된다. 이 장에서도 주님께서 하시는 대화를 듣는다. 공동체가 논쟁의 결과에 대해 응답하도록 주님께서는 드러내 놓고 여러 민족들과(1-7절) 그 신들에게 말씀하시며(21-24절), 그들이 당신의 우위를 인정하게 하신다. 오직 그분만이 바빌론을 멸망시키고 예루살렘에게 위로를 가져다준 키루스를 이끄셨다. 아무도 그분의 구원 계획에 함께 참여하고 있지 않았으므로, 누구도 사건들을 예고할 수 없었다. 이제 민족들은 그들의 신들이 쓸모없는 우상에 불과하다는 것을 인정해야 한다.(25-29절) 주님의 백성인 이스라엘에게는 새로운 시대가 열린다. 이제는 불행의 시대가 아니라 능력의 시대가 온다. 그들은 다시 땅을 차지할 것이며(8-16절) 그 땅은 더 이상 황무지가 아니라 생명의 장소가 될 것이다(17-20절).

나의 벗 아브라함의 후손들아!
9 내가 너를 땅끝에서 데려오고
그 가장자리에서 불러와
너에게 말하였다. "너는 나의 종
내가 너를 선택하였고 너를 내치지 않았다."
10 나 너와 함께 있으니 두려워하지 마라.
내가 너의 하느님이니 겁내지 마라.
내가 너의 힘을 북돋우고 너를 도와주리라.
내 의로운 오른팔로 너를 붙들어 주리라.
11 보라, 너에게 격분하는 자들은 모두
부끄러워하며 수치를 당하리라.
너와 다투는 사람들은
아무것도 아닌 자들처럼 되어 멸망하리라.
12 너에게 대적하는 사람들을
네가 찾으려 해도 찾아내지 못하리라.
너와 전쟁을 벌이는 자들은
아무것도 아닌 자들처럼, 없어진 자들처럼 되리라.
13 나 주님이 너의 하느님
내가 네 오른손을 붙잡아 주고 있다.
나는 너에게 말한다. "두려워하지 마라.
내가 너를 도와주리라."

14 두려워하지 마라, 벌레 같은 야곱아
구더기 같은 이스라엘아!
내가 너를 도와주리라.
주님의 말씀이다.
이스라엘의 거룩한 분이 너의 구원자이다.

15 보라, 내가 너를 날카로운 타작기로,
날이 많은 새 타작기로 만들리니
너는 산들을 타작하여 잘게 바수고
언덕들을 지푸라기처럼 만들리라.
16 네가 그것들을 까부르면 바람이 쓸어 가고
폭풍이 그것들을 흩날려 버리리라.
그러나 너는 주님 안에서 기뻐 뛰놀고
이스라엘의 거룩한 분 안에서 자랑스러워하리라.

41,9. 신명기계 역사에서 "종"은 임금과(2사무 3,18 참조) 예언자에게만(신명 34,5; 2열왕 17,13 참조) 유보된 표현이다. 종은 선택의 대상이다(이사 42,1; 43,10; 44,1-2; 45,4 참조).

41,10.13. "두려워하지 마라"는 전형적인 구원 신탁 표현이다(7,4; 10,24; 37,6; 40,9; 43,1.5; 44,2; 51,7; 54,4 참조).

41,14ㄴ. "구더기 같은 이스라엘아"는 히브리어 본문을 수정한 것이며, 자구적으로는 "이스라엘 사람들아"로 되어 있다.

41,14ㅁ. "구원자"는 혈연으로 친척의 권리를 찾아주고 종살이에서 속량하는 사람이다(레위 25,47-49; 민수 35,19 참조). 어근 "구원하다, 속량하다"는 이사야서 제2부와 제3부를 특징짓는다(이사 43,1.14; 44,6.22-24; 47,4; 48,17.20; 49,7.26; 51,10; 52,3.9; 54,5.8; 59,20; 60,16; 62,12; 63,9.16 참조).

41,9 40,27. 41,11-12 40,17. 41,15 아모 1,3.

경이로운 귀향길

17 가련한 이들과 가난한 이들이 물을 찾지만
물이 없어 갈증으로 그들의 혀가 탄다.
나 주님이 그들에게 응답하고
나 이스라엘의 하느님이 그들을 버리지 않으리라.
18 나는 벌거숭이산들 위에 강물이,
골짜기들 가운데에 샘물이 솟아나게 하리라.
광야를 못으로,
메마른 땅을 수원지로 만들리라.
19 나는 광야에 향백나무와 아카시아
도금양나무와 소나무를 갖다 놓고
사막에 방백나무와
사철가막살나무와 젓나무를 함께 심으리라.

20 이는 주님께서 그것을 손수 이루시고
이스라엘의 거룩하신 분께서 그것을 창조하셨음을
모든 이가 보아 알고
살펴 깨닫게 하시려는 것이다.

41,20. 생명을 주시는 하느님의 능력은 백성을 새로 태어나게 하시며, 신앙의 눈으로 이를 알아볼 것을 요구한다.

주님만이 하느님

21 "너희의 소송거리를 가져오너라."
주님께서 말씀하신다.
"너희의 증거를 제시해 보아라."
야곱의 임금님께서 말씀하신다.
22 다가와서 우리에게 알려라,
앞으로 무엇이 일어날지를.
예전의 일들이 어떤 것인지 알려라.
그러면 우리가 그것들을 살펴
그 결말을 알게 되리라.
아니면 앞으로 올 일들을 우리에게 말해 보아라.
23 너희가 신이라는 것을 우리가 알 수 있도록
다가올 일들을 알려 보아라.
우리가 함께 겁내며 두려워하도록
좋은 일이든 나쁜 일이든 해 보아라.
24 보라, 너희는 아무것도 아니요
너희의 업적 따위는 있지도 않으니
너희를 선택하는 자는 혐오스러울 뿐이다.

41,21. 마르둑이 "임금"으로 선포되었듯이(40,12의 주 참조) 주님은 당신 백성을 구하시기 위하여 싸우는 "야곱의 임금님"이시다(43,15; 44,6; 52,7).

41,18 35,7; 시편 107,33-35.

키루스의 승리를 예고하신 주님

25 내가 북쪽에서 한 사람을 일으키니 그가 왔다.
나는 해 뜨는 곳에서 그를 지명하여 불렀다.
그는 옹기장이가 흙을 밟아 짓이기듯
통치자들을 진흙처럼 짓밟으리라.
26 누가 처음에 이것을 알려 주어 우리가 알게 되었고
누가 오래전에 알려 주어 우리가 "옳다!" 하고 대답할 수 있게 되었느냐?
알려 준 자가 아무도 없고 들려준 자가 아무도 없으며
너희의 말을 들어 본 자가 아무도 없다.
27 나는 먼저 시온에게 "보라, 이들을 보라!" 하였고
이제 예루살렘에 기쁜 소식을 전할 이를 보낸다.
28 그러나 내가 둘러보니 아무도 없다.
내가 물었을 때 대답할 수 있는 조언자가
그들 가운데에는 아무도 없다.
29 보라, 그들은 모두 아무것도 아니요
그들의 행적은 있지도 않으며
그들이 부어 만든 상들은 바람이요 헛것일 뿐이다.

'주님의 종'의 첫째 노래

42 1 여기에 나의 종이 있다. 그는 내가 붙들어 주는 이,
내가 선택한 이, 내 마음에 드는 이다.
내가 그에게 나의 영을 주었으니
그는 민족들에게 공정을 펴리라.
2 그는 외치지도 않고 목소리를 높이지도 않으며
그 소리가 거리에서 들리게 하지도 않으리라.
3 그는 부러진 갈대를 꺾지 않고

41,25ㄴ. 히브리어 본문은 "나의 이름으로 부르리라."이다. 이 표현은 여러 가지로 해석되었다. "그들은 내 이름으로 불리리라."(고대 그리스어 번역본), "내 이름을 부르리라."(대중 라틴말 성경), "내가 그를 이름으로 불렀다."(새 대중 라틴말 성경; 이사 45,3 참조).

42,1ㄱㄴ. "붙들어 주는 이"는 종이 겪을 역경들을 예고한다.

42,1ㅁ.3.4. "공정"은 공평한 재판을 가리킬 수도 있고 정의에 기반을 둔 사회 질서를 가리킬 수도 있다(51,4 참조). 시온의 구원을 위해 공정이 이루어지기를 기다렸고(1,27 참조), 그 공정은 횡포와 남용을 바로잡는다(1,21; 5,7 참조).

42,3. "성실"에 관하여 시편 25,5의 주 참조.

41,27 40,9; 52,7; 60,6; 61,1. 42,1 11,1; 61,1.

42,1-9. 첫 번째 "주님의 종의 노래"로, 신약 성경에서 예수님의 공생활을 설명하기 위하여 인용되고(마태 3,17; 11,5; 12,18-21; 마르 1,11; 루카 1,79; 2,30.32; 3,22; 9,35; 23,35; 요한 8,12; 사도 26,18 참조) 주석 전통에서 다양한 주해가 이루어졌다. 근접 문맥 안에서 종은 키루스(이사 41,25-29 참조) 또는 이스라엘 백성을 가리킬 수 있다(이사 42,19; 43,8.10; 44,1-2.21; 45,4; 48,20 참조). 후자의 경우 이스라엘은 집단적으로 그 깊고 "이상적인" 정체성을 고찰한 것이거나 민족의 정체성과 참된 보편적 사명을 해석하는 어떤 인물을 통하여(과거 위대한 인물들과 같이) 묘사된 것이다. 그리스도론적 해석은 종의 신원에 대한 이 마지막 해석에 연결된다.

42,1-4.6-7. 성주간 첫 3일 동안 전례는 우리에게 주님의 종의 노래 첫 세 편을 묵상하게 한다. 넷째 노래는 성금요일 주님 수난 예식 때 읽는다. 가해 주님 세례 축일에는 이 본문을 마태오 복음서에서 전하는 예수님의 세례에 관한 본문과(마태 3,13-17), 백인대장 코르넬리우스의 집에서 베드로가 한 설교와(사도 10,34-38) 함께 읽는다. 견진 예식은 이 본문을 독서에 포함시켰다.

42,4. "가르침" 또는 "법"(21절 참조).

42,6. 창조주는 종에게 보편적인 사명을 부여하신다.

42,9. 유배 중의 이스라엘에게 주어지는 구원은 특별하고 전례가 없으며 "새롭다"(43,19; 48,6; 62,2; 65,17; 66,22; 예레 31,22; 에제 36,26 참조). 그것은 새 계약을 이루며(예레 31,31 참조) "새로운 노래"가 생겨나게 한다(이사 42,10).

꺼져 가는 심지를 끄지 않으리라.
그는 성실하게 공정을 펴리라.
4 그는 지치지 않고 기가 꺾이는 일 없이
마침내 세상에 공정을 세우리니
섬들도 그의 가르침을 고대하리라.

5 하늘을 창조하시고 그것을 펼치신 분
땅과 거기에서 자라는 온갖 것들을 펴신 분
그곳에 사는 백성에게 목숨을,
그 위를 걸어 다니는 사람들에게 숨을 넣어 주신 분
주 하느님께서 이렇게 말씀하신다.
6 "주님인 내가 의로움으로 너를 부르고
네 손을 붙잡아 주었다.
내가 너를 빚어 만들어
백성을 위한 계약이 되고
민족들의 빛이 되게 하였으니
7 보지 못하는 눈을 뜨게 하고
갇힌 이들을 감옥에서,
어둠 속에 앉아 있는 이들을 감방에서 풀어 주기 위함이다.
8 나는 야훼, 이것이 나의 이름이다.
나는 내 영광을 남에게 돌리지 않고
내가 받을 찬양을 우상들에게 돌리지 않는다.
9 보라, 예전에 알려 준 일들은 이루어졌고
새로 일어날 일들은 이제 내가 알려 준다.
싹이 트기도 전에 내가 너희에게 들려준다."

승리의 찬가

10 주님께 노래하여라, 새로운 노래를.
땅끝에서부터 그분께 찬양을 드려라.
바다와 그를 채운 것들,
섬들과 그 주민들은 소리를 높여라.
11 광야와 그 성읍들
케다르족이 사는 부락들은 큰 소리로 외치고
셀라 주민들은 환성을 올리며

42,5 창세 1,1.7; 2,7. 42,6 41,13; 예레 1,5. 42,7 29,18; 42,22; 43,8; 45,1; 사도 26,17-18. 42,10 44,23; 49,13; 54,1; 시편 33,3; 40,4; 96,1; 98,1; 144,9; 149,1.

42,10-17. 키루스의 도래는 종의 도래와 마찬가지로 주님 자신의 오심을 예고한다. 주님은 참으로 승리하시는 용사로서, 원수들을 패배시키고 구원을 가져올 능력을 갖고 계신다. 사방 지역들인 서쪽의 섬들, 동쪽의 광야, 남쪽의 케다르와 셀라, 북쪽의 산봉우리들이 찬미의 노래를 부르도록 초대된다.

산봉우리에서마다 기뻐 소리쳐라.
12 주님께 영광을 드리고
섬에서마다 그분에 대한 찬양을 알려라.
13 주님께서 용사처럼 나가시고
전사처럼 사기를 돋우신다.
고함을 치시고 함성을 터뜨리시며
당신 적들을 압도하신다.
14 나는 오랫동안 조용히
입을 다물고 참아 왔다.
이제 나는 해산하는 여인처럼 부르짖으리라.
헐떡이며 숨을 내쉬리라.
15 나는 산과 언덕들을 황폐하게 하고
그 초목들을 모두 메마르게 하리라.
강들을 땅으로 만들고
못들을 메마르게 하리라.
16 나는 눈먼 이들을 그들이 모르는 길에서 이끌고
그들이 모르는 행로에서 걷게 하며
그들 앞의 어둠을 빛으로,
험한 곳을 평지로 만들리라.
이것들이 내가 할 일
나는 그 일들을 포기하지 않으리라.

17 우상을 믿는 자들
"당신들이 저희의 신입니다." 하고
부어 만든 상에게 말하는 자들
그들은 뒤로 물러나
크게 부끄러운 일을 당하리라.

귀먹고 눈먼 이스라엘

18 너희 귀먹은 자들아, 들어라.
너희 눈먼 자들아, 눈을 뜨고 보아라.

42,13-14. 주님께서 외치시는 전쟁의 강렬한 고함은 해산하는 여인의 부르짖음을 연상시킨다. 하느님께서 침묵하시고 백성이 수치를 겪던 시기는 돌이켜 보면 임신 기간과 같이 해석된다.

42,17. 제2이사야의 특징적 요소인 우상들에 대한 풍자가 계속된다(40,19-20; 44,9-20; 45,20; 48,5 참조).

42,18-20. 43,22-24과 48,1-2과 마찬가지로, 구원의 선포는 죄에 대한 고발 즉 죄를 고백하라는 권고를 포함한다.

42,16 40,4; 탈출 13,21; 예레 31,8; 사도 26,17-18.

42,18-43,21. 이 부분은 이스라엘을 종의 표상과 연결한다. 백성은 지금까지 눈이 멀어 종의 사명을 수행할 수 없었지만(42,18-25 참조), 이제 주님의 사랑을 신뢰하고(43,1-7 참조) 그분의 유일하심을 증언하며(43,8-13 참조) 귀향을 허락하시는 주님을 찬미할 수 있다(43,14-15.16-21 참조).

42,18-25. 위로의 말에 꾸짖는 말이 뒤따른다. 주님께서는 지금까지 백성의 죄 때문에 침묵하셨다(14절). 백성은 하느님께서 하시는 일에도(20절. 신명 4,3; 29,1 참조) 그분의 율법에도(21.24절. 신명 26,17 참조) 주의를 기울이지 않았다.

42,19ㄴ. 이 구절은 역설적이다. 귀먹은 전령은 아무것도 전달할 수 없기 때문이다. 그러나 이것이 히브리어 본문의 가장 단순한 번역이다. 고대 번역본들은 보다 논리적인 문장을 만들려고 했다. "눈먼 자가 누구냐? 나의 종이 아니냐! 귀먹은 자가 누구냐? 그들을 지배하는 이들이 아니냐! 하느님의 종들은 눈이 멀었다."(대중 라틴말 성경)

42,19ㄷ. "하느님께 봉헌된" 여기에 해당하는 히브리어는('므술람') "대신하는, 신심 깊은, 완전한, 갚음을 받은, 상을 받은"을 뜻할 수 있다. 이스라엘의 별명일 수도 있다(44,2의 "여수룬"처럼).

19 눈먼 자가 누구냐? 나의 종이 아니냐!
귀먹은 자가 누구냐? 내가 보내는 사자가 아니냐!
하느님께 봉헌된 이자처럼 눈먼 자 누가 있느냐?
주님의 종처럼 눈먼 자 누가 있느냐?
20 그는 많이 보면서도 주의를 기울이지 않고
귀가 열려 있으면서도 듣지 못한다.

21 주님께서는 당신의 의로움을 위해
당신의 법을 드높이시고 영광스럽게 만드시기를 원하셨다.
22 그러나 이들은 약탈과 노략질을 당한 백성
모두 굴속에 묶여 있고
감방에 갇혀 있다.
이들은 약탈품이 되었지만 구해 주는 이 없고
노략품이 되었지만 "돌려주어라." 하고 말해 주는 이 없다.
23 너희 가운데 누가 이것에 귀를 기울이고
앞날을 위하여 주의 깊게 들으려느냐?
24 누가 야곱을 노략질당하게 내놓으시고
이스라엘을 약탈자들에게 내놓으셨느냐?
바로 주님이 아니시냐? 우리가 그분께 죄를 짓지 않았느냐?
그들은 그분의 길을 걸으려 하지 않았고
그분의 법에 순종하지 않았다.
25 그래서 그분께서 당신 분노의 열기와
전쟁의 폭력을 그들 위에 퍼부으시어
그것이 그들 주위에 타올랐지만 그들은 깨닫지 못하고
그것이 그들을 태웠지만 그들은 알아듣지 못하였다.

이스라엘의 구원

43 1 그러나 이제 야곱아, 너를 창조하신 분,
이스라엘아, 너를 빚어 만드신 분,
주님께서 이렇게 말씀하신다.
"내가 너를 구원하였으니 두려워하지 마라.
내가 너를 지명하여 불렀으니 너는 나의 것이다.
2 네가 물 한가운데를 지난다 해도 나 너와 함께 있고
강을 지난다 해도 너를 덮치지 않게 하리라.

42,19 29,18. 42,22 42,7. 43,1-7 41,8-16. 43,1 40,26; 41,14.25. 43,2 51,10; 예레 1,8; 30,11.

43,1-7. 이스라엘의 고집에(42,18-25 참조) 백성의 구원을 바라시는 주님의 사랑이 대비된다. 4ㄱㄴ절의 핵심 내용 전후로 보증의 말씀들이 자리한다. 주님은 창조주시며(1.7절) 당신 자녀들의 귀향길을 돌보시고(2.5-6절), 당신 백성을 되찾기 위하여 몸값을 치르려 하신다(3.4ㄷㄹ절).

네가 불 한가운데를 걷는다 해도 너는 타지 않고
불꽃이 너를 태우지 못하리라.
3 나는 주 너의 하느님
이스라엘의 거룩한 이, 너의 구원자이다.
내가 이집트를 너의 몸값으로 내놓고
에티오피아와 스바를 너 대신 내놓는다.
4 네가 나의 눈에 값지고 소중하며
내가 너를 사랑하기 때문이다.
내가 너 대신 다른 사람들을 내놓고
네 생명 대신 민족들을 내놓는다.
5 내가 너와 함께 있으니 두려워하지 마라.
내가 해 뜨는 곳에서 너의 후손들을 데려오고
해 지는 곳에서 너를 모아 오리라.
6 내가 북녘에 이르리라. '내놓아라.'
남녘에도 이르리라. '잡아 두지 마라.
나의 아들들을 먼 곳에서,
나의 딸들을 땅끝에서 데려오너라.
7 나의 이름으로 불리는 이들,
나의 영광을 위하여 내가 창조한 이들,
내가 빚어 만든 이들을 모두 데려오너라.'"

주님만이 하느님

8 눈이 있어도 눈먼 이 백성을,
귀가 있어도 귀먹은 이자들을 나오게 하여라.
9 모든 민족들은 함께 모이고
겨레들은 모여들어라.
그들 가운데 누가 이것을 미리 알려 주었으며
예전의 일들을 우리에게 미리 들려주었느냐?
그들이 증인들을 내세워서 자기들이 옳다는 것을 밝혀
사람들이 듣고 "사실이다." 하고 말하게 해 보아라.
10 주님의 말씀이다.
너희가 나의 증인이다.
너희는 내가 선택한 나의 종이다.
이는 너희가 깨쳐서 나를 믿고
내가 바로 그분임을 깨닫게 하려는 것이다.
나 이전에 신이 만들어진 일이 없고

43,3. 하느님께서 당신께 귀먹고 눈먼 백성을 소중하고 귀하게 여기실 만큼 사랑하신다는 것은 놀랍다. 주님의 눈에는 팔레스티나의 작은 땅이 이집트 왕국보다, 그 지역 전체(에티오피아와 소말리아를 아우르는 아프리카의 뿔 지역을 포함한)보다 더 소중하다. 시편 72,10과 이사 45,14 참조.

43,7. 창조를 묘사하는 세 개의 동사가 사용된다. '바라'("창조하다" 창세 1,1.27 참조), '야차르'("빚다" 창세 2,7 참조), '아사'("만들다" 창세 1,7.26 참조).

43,10ㅂㅅ. 마르둑과 달리 주님께서는 신들의 족보에 포함되지 않는다.

43,8-13. 눈이 멀었으나 구원된 백성은 이제 민족들 앞에서 증인으로 나서도록 부름받는다. 그 민족들도 자신들의 증인을 데려오라는 권고를 받는다. 이렇게 하여 다른 신들과의 대비가 이어진다(41,1-7.21-29 참조).

나 이후에 어떤 신도 존재하지 않으리라.
11 내가, 바로 내가 주님이다.
나 말고는 구원해 주는 이가 없다.
12 미리 알려서 구원하고 이를 들려준 것은 나지
너희 가운데에 있는 어떤 낯선 신이 아니다.
주님의 말씀이다. 너희는 나의 증인이고
나는 하느님이다.
13 앞으로도 나는 그러하리니
내 손에 든 것을 빼내 갈 자 없으리라.
내가 하는 일을 누가 돌이킬 수 있겠느냐?

바빌론의 멸망

14 너희의 구원자, 이스라엘의 거룩하신 분
주님께서 이렇게 말씀하신다.
"너희 때문에 내가 바빌론으로 사람을 보내어
빗장을 모두 벗기리니
칼데아인들의 아우성이 통곡으로 바뀌리라.
15 나는 주님, 너희의 거룩한 이
이스라엘의 창조자, 너희의 임금이다."

새로운 탈출

16 주님께서 말씀하신다.
그분은 바다 가운데에 길을 내시고
거센 물속에 큰길을 내신 분,
17 병거와 병마
군대와 용사들을 함께 나오게 하신 분.
그들은 쓰러져 다시는 일어나지 못하고
꺼져 가는 심지처럼 사그라졌다.

18 예전의 일들을 기억하지 말고
옛날의 일들을 생각하지 마라.
19 보라, 내가 새 일을 하려 한다.
이미 드러나고 있는데 너희는 그것을 알지 못하느냐?

43,12. 앞일을 내다보고 실현시키시는 주님께서는, 역사를 이끄는 유일한 분이시며 따라서 유일한 하느님이시다. "너희 가운데 어떤 낯선 신이 아니다." 자구적으로는 "너희 가운데에는 낯선 이가 없었다."로, 여러 가지 해석이 가능하다("외국 예언자" 또는 "너희에게 낯선 신").

43,14. "아우성이 통곡으로 바뀌리라." 고대 번역본들과 주해자들은 히브리어 문장을 여러 가지로 해석한다. 새 대중 라틴말 성경은 고대 그리스어 번역본을 거의 그대로 따른다. "나는 모든 난민들과 그들의 배를 자랑삼던 칼데아인들을 아래로 잡아끌었다."

43,18. "예전의 일들"(첫 번째 것들, '리소놋')은 제2이사야의 특징적인 표현이다(41,22; 42,9; 43,9; 46,9; 48,3 참조).

43,19. 하느님께서 이루시는 새 일은 백성을 내적으로 변화시키는 것이다. 그들은 주님을 찬양하게 될 것이다(21절). 광야가 물 댄 정원으로 바뀌는 것은 이를 상징한다.

43,14 45,1. 43,16-17 탈출 15,1.8.

43,14-21. 주님께서 과거에 행하신 업적들을 찬양한 다음(11-13절) 현재 실현하시는 일과 가까운 장래에 이루신 일들을 칭송한다. 이스라엘은 그들을 유배 가게 한 이들의 패배를 볼 것이며(14-15절) 이집트 탈출 때처럼 돌아갈 수 있을 것이다(16-21절).

✠ 43,16-21. 다해 사순 제5주일에는 이 본문을 예수님께서 간음한 여인을 용서하시는 요한 복음의 장면과 연결한다(요한 8,1-11). 파스카가 가까운 시점에서 전례가 "새 일"에 어떤 의미를 부여하는지 쉽게 파악할 수 있다.

정녕 나는 광야에 길을 내고
사막에 강을 내리라.
20 들짐승들과
승냥이와 타조들도 나를 공경하리니
내가 선택한 나의 백성에게 물을 마시게 하려고
광야에는 샘을 내고
사막에는 강을 내기 때문이다.
21 이들은 내가 나를 위하여 빚어 만든 백성
이들이 나에 대한 찬양을 전하리라.

배은망덕한 이스라엘

22 야곱아, 너는 나를 부르지 않았다.
이스라엘아, 너는 나에게 싫증을 내었다.
23 너는 번제를 올리려고 나에게 양을 가져오지도 않았고
희생 제물을 바쳐 나를 공경하지도 않았다.
나는 봉헌물 때문에 너를 괴롭히지도 않았고
유향 때문에 너를 싫증 나게 하지도 않았다.
24 너는 나를 위하여 돈을 주고 향초를 사지도 않았고
희생 제물의 기름기로 나를 흡족하게 하지도 않았다.
너는 도리어 너의 죄로 나를 괴롭히고
너의 죄악으로 나를 싫증 나게 만들었다.
25 나, 바로 나는 나 자신을 위하여 너의 악행들을 씻어 주는 이
내가 너의 죄를 기억하지 않으리라.

26 내 기억을 되살려 보아라. 우리 함께 시비를 가려보자.
너 말해 보아라, 네가 옳다는 것이 밝혀지도록.
27 너의 첫 조상부터 죄를 지었고
너의 대변자들도 나에게 반역하였다.
28 그래서 나는 성소의 제후들을 더럽혀지게 만들고
야곱이 전멸당하게,

43,20-21 1베드 2,9. 43,24 44,22; 시편 51,3.11.

43,22-44,23. 앞 단락의 모티브들이(42,18-43,21) 그대로 다시 사용된다. 이스라엘은 부당하지만(43,22-28; 42,18-25 참조) 그를 빚어 만드신(44,1-5; 43,1-7 참조) 유일한 하느님(44,6-20; 43,8-13 참조), 구원하시는 분께서(44,21-23; 43,14-21 참조) 그를 축복하신다.

43,22-28. 고해성사 예식은 이 본문을 독서에 포함시켰고, 참회자들에게 자신의 죄책감이 아니라 오직 하느님께서 부어 주시는 사랑에 의탁하라고 권고한다.

43,22-28. 죄를 위하여 희생 제물을 바치는 것이 아니라(레위 4장 참조) 이스라엘은 죄만을 바쳤다(24절). 이스라엘의 반항은 일시적인 것이 아니라 처음부터 계속되었다(27절). 그러므로 성전이 모독된 책임은 백성에게 있다(28절).

43,25. 하느님께서는 지고한 자유로 죄를 용서하시며, 오직 당신 사랑과 일관성에 따라 행하신다. 여기서 "나 자신을 위하여"로 번역한 표현은 자구적으로 "나 때문에"를 뜻한다. 용서는 하느님의 신비에서 내려온다. 37,35 참조.

43,27. 첫 "조상"은 야곱을(58,14; 호세 12,3-4 참조), "대변자들"은 경신례의 창설자이자 첫 지도자였던 모세와 아론을 암시하는 것 같다(민수 20,12 참조). "대변자"라고 번역한 단어는 뜻이 모호해 "통역"(창세 42,23), "사절"(2역내 32,31), "중개자"(욥 33,23)로도 번역하며 칠십인역에서는 "통치자"로 제시한다.

43,28. 첫 행은 매우 강한 내용을 담고 있어, 고대 그리스어 번역본은 이를 누그러뜨리려 한다("제후들이 나의 거룩한 것들을 더럽혔다"). 전멸의 단죄를 받은 이스라엘은(여호 6,17-21; 이사 34,2 참조) 거룩한 전쟁을 치르는 바빌론의 공격을 받는다(신명 13,16 참조).

이스라엘이 모욕당하게 내어 놓았다.

하느님의 강복

44 [1] 이제 들어라, 나의 종 야곱아
내가 선택한 이스라엘아.

2 너를 만드신 분
모태에서부터 너를 빚으시고 너를 도우시는 분
주님께서 이렇게 말씀하신다.
"두려워하지 마라, 나의 종 야곱아
내가 선택한 여수룬아.
3 내가 목마른 땅에 물을,
메마른 곳에 시냇물을 부어 주리라.
너의 후손들에게 나의 영을,
너의 새싹들에게 나의 복을 부어 주리라.
4 그들은 물길 사이의 풀처럼,
흐르는 물가의 버드나무처럼 솟아나리라.
5 그때에 어떤 이는 '나는 주님의 것'이라 말하고
어떤 이는 야곱의 이름을 따라 자신을 부르리라.
또 어떤 이는 제 손에 '주님의 것'이라 쓰고
이스라엘의 이름을 제 이름으로 삼으리라."

주님만이 하느님

6 주 이스라엘의 임금님,
이스라엘의 구원자이신 만군의 주님께서 이렇게 말씀하신다.
"나는 처음이며 나는 마지막이다.
나 말고 다른 신은 없다.
7 나와 같은 자 누구냐? 누구든 말해 보아라.
그것을 알리고 내 앞에 펼쳐 보아라.
다가올 일들을 누가 예전에 들려주었느냐?
앞으로 닥칠 일들을 우리에게 알려 보아라.
8 너희는 무서워하지 마라. 겁내지 마라.
내가 예전부터 너희에게 들려주고 알려 주지 않았느냐?

44,2. "여수룬"이라는 호칭(신명 32,15; 33,5.26)은 "이스라엘"이라는 이름과 유사한 '야사르', "의로운"을 연상시킨다. "야곱"(=속이는 자)이라고 불린 백성은 "올바른" 사람이 되라는 소명을 일깨우는 이름으로 권고를 받는다. 이 두 히브리어 어근은 이사 40,4에서도 대비된다("거친 곳"-"평지").

44,4. 백성이 풀들 사이에 있고(덧없음의 상징. 40,7 참조) 마른 땅에 있다고 해도(3절) 영에 힘입어 숫자가 많아질 것이다.

44,5. 많은 이들이 손의 문신을 보여 주면서까지(이것은 종들 사이에서 행하던 관습이다) 스스로 주님께 충실한 이 백성의 일원이라고 말할 것이다. 그들은 태어날 자손들, 또는 개종한 이방인들이다. 49,16의 주 참조.

44,7ㄷ. (새) 대중 라틴말 성경은 이렇게 옮긴다. "내가 옛 백성을 만들었다/창조했다."

44,3 11,2; 32,2.15; 40,13; 42,1.5.

44,1-5. 주님께서는 죄를 없애 주심으로써 용서의 요청에 응하시고(43,25 참조) 새로운 생명을 불어넣으시며(1-4절) 새로이 당신을 따르게 하신다(5절).

44,6-20. 역사를 지배하시는 주님께서는(6-8절) 조롱조로 우상들이 나타내는 표상들과 동일시되는 다른 신들과 대조를 이루신다(9-20절). 그 우상들은 피조물의 손으로 만든 것이며 창조주와는 거리가 멀다.

너희가 나의 증인이다. 나 말고 다른 신이 또 있느냐?
다른 반석은 없다. 나는 그런 것을 모른다."

어리석은 우상 숭배자들

9 우상을 빚어 만드는 자들은 모두 헛것들이고
이들이 좋아하는 우상들은 쓸모가 없다.
그들의 증인들은 보지 못하고 알지 못하여
수치만 당할 뿐이다.
10 누가 쓸모없는 신을 빚어 만들고
우상을 부어 만드느냐?
11 보라, 그것을 신봉하는 자들은 모두 수치를 당한다.
그것을 만든 장인들은 인간일 따름이다.
그들이 모두 모여 나서게 하여라.
무서워하며 수치만 당하리라.
12 철공이 연장을 잡고
숯불에 달구어 작업을 한다.
망치로 두드려 그것을 만들면서
힘센 팔로 작업을 한다.
그러면 그는 허기져서 힘을 잃고
물을 마시지 못하여 지쳐 버린다.
13 목공은 줄을 늘여
석필로 그 모양을 그리고
대패질을 한 뒤
걸음쇠로 그 모양을 그리고
사람의 모습처럼
인간의 아름다움을 본떠
우상을 만들어서
신전에 세운다.
14 그는 향백나무들을 찍어 오거나
솔잣나무와 참나무를 골라
그것들을 숲의 나무들 사이에서 튼튼히 자라게 한다.
그가 월계수를 심으면 비가 그것을 자라게 한다.
15 그것은 사람에게 땔감이 되기도 하니
그 일부를 가져다가 제 몸을 덥히고
불을 피워 빵을 굽기도 한다.
그러고서는 신을 제작하여 그것에 경배하고
신상을 만들어 그 앞에 엎드린다.
16 그는 나무 반 토막에는 불을 붙여

44,13. 하느님의 창조 활동에 쓰인 동사들('늘이다[펴다]' 이사 40,22; 42,5; 시편 104,2 / '만들다, 하다' 이사 41,4.20; 44,24; 창세 1,7.16.25.26.31; 2,2.4.18) 이 여기서는 인간이 우상을 만드는 데 적용되지만 하느님의 작품과 달리 인간의 작품은 생명이 없는 물건에 불과하다(18절).

44,9-20 예레 10,1-6. 44,9 예레 2,5.

그 위에서 고기를 굽고
구운 고기를 배불리 먹는다.
또 제 몸을 덥히면서
"아, 따뜻한 불기운이 느껴지는구나." 하고 말한다.
17 그 나머지로는 신을,
자기 우상을 만들고 그 앞에 엎드려 경배한다.
그리고 그것에게 기도하며
"당신은 저의 신이시니 저를 구하소서." 하고 말한다.
18 그것들은 알지도 못하고 깨닫지도 못하니
눈은 들러붙어 보지 못하고
마음은 알아듣지 못하기 때문이다.
19 아무도 깊이 생각하지 않고
지각도 없고 분별력도 없어
"나는 그 반 토막에 불을 붙여
그 숯불 위에서 빵을 굽고
고기를 구워 먹었지.
이제 남은 것으로 혐오스러운 것을 만들어
그 나무 조각 앞에 엎드려야지." 하고 말할 줄도 모른다.
20 재를 뒤쫓는 자, 그는 현혹된 마음에 이끌려
제 목숨을 구하지도 못하고
"내 오른손에 있는 것은 거짓이 아닌가?" 하고 말할 줄도 모른다.

회개하여라

21 야곱아, 이것을 기억하여라.
이스라엘아, 너는 나의 종이다.
내가 너를 빚어 만들었다. 너는 나의 종이다.
이스라엘아, 나는 너를 잊지 않으리라.
22 내가 너의 악행들을 구름처럼,
너의 죄악들을 안개처럼 쓸어버렸다.
나에게 돌아오너라. 내가 너를 구원하였다.

44,18.20 6,10.

44,21-23. 이스라엘의 용서와(22절. 43,25 참조) 구원은 보편적 구원의 전조가 된다. 온 우주가(하늘, 땅속, 땅) 찬미로 초대된다(로마 8,19-21 참조).

환희의 노래

23 주님께서 이 일을 이루셨으니, 하늘아, 환성을 올려라.
땅속 깊은 곳들아, 함성을 질러라.
기뻐 소리쳐라, 산들아
수풀과 그 안에 있는 모든 나무들아.
주님께서 야곱을 구원하셨고
이스라엘에게 당신 영광을 드러내셨다.

주님의 권능

24 너의 구원자이신 주님,
너를 모태에서부터 빚어 만드신 분께서 이렇게 말씀하신다.
"나는 주님, 모든 것을 만든 이다.
나는 혼자서 하늘을 펼치고
나 홀로 땅을 넓혔다.
25 나는 수다쟁이들의 표징을 부수어 버리고
점쟁이들을 바보로 만든다.
나는 현자들을 물리치고
그들의 지식을 어리석은 것으로 만든다.
26 나는 내 종의 말을 실현시키고
내 사자들의 계획을 성취시킨다.
나는 예루살렘에게는 '사람들이 살리라.' 하고
유다의 성읍들을 두고는 '이것들은 재건될 것이다.
그 폐허들을 내가 복구하리라.' 하고 말한다.
27 나는 깊은 물에게 '말라 버려라.
너의 물줄기들을 내가 메마르게 하리라.' 하고 말한다.
28 나는 키루스에 대하여 말한다. '그는 나의 목자.
그가 나의 뜻을 모두 성취시키며
예루살렘을 두고 '그것은 재건되고
성전은 그 기초가 세워지리라.' 하고 말하리라.'"

44,27. "깊은 물"은(성경에서 다른 곳에서는 나타나지 않는 단어로 표현되어 있다) 홍해(탈출 15,5 참조) 또는 역경의 물을 암시하거나(시편 69,3 참조) 아람어 번역본에서 말하듯이 바빌론을 나타낼 수 있다(시편 68,23에서는 어떤 지명과 함께 바다 깊은 곳을 언급한다).

44,28. "목자"는 고대 근동에서 일반적으로 임금을 지칭했다.

44,23 49,3; 55,5; 60,7.9.13.21; 61,3.10. 44,24 40,22; 42,5; 43,1; 44,2. 44,26 에제 36,10. 44,28 사도 13,22.

44,24-45,8. 이스라엘의 구원자이신 주님께서는 예루살렘을 구하시기 위하여 세상에서 활동하시고 현자들의 계산에 개입하시는 분으로(5,19 참조) 나타난다(24-26절). 심연을 이기시는 창조주께서는 또한 이제 이름이 나오는 키루스를 사용하시는 바로 그분이시다(27-28절). 그분의 승리는 역사에 대한 주님의 절대적 권능을 드러내야 한다(45,1-8 참조).

45,1. "기름부음받은이에게" 즉위식에서 사용되는 상징들은 임금의 손을 잡고(1절) 그의 이름을 선포하게(4절) 되어 있었다. 페르시아 임금 키루스가 바빌론을 재건하기 위하여 신에 의하여 일으켜지고 부름을 받았다고 말하는 소위 키루스의 원통형 인장에서는 이러한 일들이 마르둑의 업적으로 여겨진다.

45,3-6. 키루스의 정복은 주님을 인정하는 것을 전제한다("알다, 알게 하다"가 반복됨에 주목).

45,5. "나 너를 무장시키리니" 자구적으로는 "너에게 띠를 띠게 하리니"를 뜻하는 히브리어 표현의 의미를 풀이한 번역이다. 11,5 참조.

주님께서 키루스를 세우시다

45 1 주님께서 당신의 기름부음받은이에게,
당신께서 오른손을 붙잡아 주신 키루스에게
말씀하시니
민족들을 그 앞에 굴복시키고
임금들의 허리띠를 풀어 버리며
문들을 열어젖히고
성문들이 닫히지 않게 하시려는 것이다.

2 내가 네 앞을 걸어가면서
산들을 평지로 만들고
청동 문들을 부수며
쇠 빗장들을 부러뜨리리라.
3 내가 어둠 속에 있는 보화와
숨겨진 보물을 너에게 주리니
내가 바로 너를 지명하여 부르는 주님임을,
이스라엘의 하느님임을 네가 알게 하려는 것이다.
4 나의 종 야곱 때문에
내가 선택한 이스라엘 때문에
내가 너를 지명하여 부르고
너는 나를 알지 못하지만 나 너에게 칭호를 내린다.
5 나는 주님이다. 다른 이가 없다.
나 말고는 다른 신이 없다.
너는 나를 알지 못하지만 나 너를 무장시키니
6 해 뜨는 곳에서도 해 지는 곳에서도
나밖에 없음을, 내가 주님이고 다른 이가 없음을 알게 하
려는 것이다.
7 나는 빛을 만드는 이요 어둠을 창조하는 이다.
나는 행복을 주는 이요 불행을 일으키는 이다.
나 주님이 이 모든 것을 이룬다.

8 하늘아, 위에서 이슬을 내려라.
구름아, 의로움을 뿌려라.
땅은 열려
구원이 피어나게,
의로움도 함께 싹트게 하여라.
나 주님이 이것을 창조하였다.

45,7 아모 3,6; 4,13. 45,8 시편 85,9-13.

비할 데 없는 주님의 권능

9 불행하여라, 자기를 빚어 만드신 분과 다투는 자!
오지그릇 한 조각에 지나지 않으면서 그렇게 하는 자.
진흙이 자기를 빚어 만드는 이에게
"당신은 무얼 만드는 거요?"
"당신이 만든 것에는 손잡이가 없잖소." 하고 말할 수 있느냐?
10 불행하여라, 제 아버지에게 "무얼 낳고 계십니까?" 하고
여인에게 "무엇 때문에 산고를 겪고 계십니까?" 하고 말하는 자!

11 이스라엘의 거룩하신 분, 그를 빚어 만드신 분
주님께서 이렇게 말씀하신다.
"그래, 너희가 내 아들들에 대하여 나에게 물으려느냐?
내 손의 작품에 대하여 너희가 나에게 명령하려느냐?
12 바로 내가 땅을 만들었고
그 위에 있는 인간을 창조하였다.
바로 이 내 손으로 하늘을 펼쳤고
그 모든 군대에게 명령을 내린다.
13 바로 내가 의로움으로써 그를 일으켰으니
그의 모든 길을 곧게 하리라.
그가 내 도성을 재건하고
유배 간 나의 백성을
대가도 선물도 아니 받고 풀어 주리라."
만군의 주님께서 말씀하신다.

이민족들이 주님께 돌아오다

14 주님께서 이렇게 말씀하신다.
"이집트의 재산과 에티오피아의 소득과
키 큰 족속 스바인들이
너에게 건너와서 너의 것이 되고
너의 뒤를 따르리라. 그들은 사슬에 묶여 건너와서
네 앞에 엎드려 빌며 말하리라.

45,9-13. 예언자는, 이스라엘 또는 민족들 편에서 페르시아인들을 구원하기 위한 당신의 도구로 선택하셨다는 데 이의를 제기할 수 있다는 가정을 생각한다. 여러 곳에서 옹기장이로(창세 2,7; 이사 29,16; 64,7 참조), 모든 것을 만드신 분으로 일컬어지는 주님께서는 당신 명령을 확인하신다. 키루스는 유배 간 하느님의 백성을 해방시키고 예루살렘을 재건할 것이다.

45,14-17. 민족들이 유일한 주님을 알아보리라는 주님의 말씀과(14절) 예언자의 설명이 있은 후에(15절), 우상 숭배자들의 운명과 구원된 이스라엘의 운명이 대조된다(16-17절).

45,9. 불행 선언은 40-66장에서는 잘 사용되지 않는다. 히브리어 자음은 변경하지 않으면서 고대 그리스어 번역본을 따라 "맞설 수 있으랴?"라는 수사 의문문으로 번역할 수 있다.

45,14. 2인칭 여성 대명사 "너"는 유배 간 이들의 공동체를 지칭한다(13절). "스바인"에 관하여 43,3 참조.

'과연 당신에게만 하느님이 계십니다.
다른 이가 없습니다. 다른 신이 없습니다.'"

15 아, 구원을 베푸시는 이스라엘의 하느님!
정녕 당신은 자신을 숨기시는 하느님이십니다.

16 그들은 모두 함께 부끄러워하며 수치를 당하리라.
우상을 만드는 자들은 치욕 속에 물러가리라.

17 이스라엘은 주님께 구원을 받았으니
이는 영원한 구원이어라.
영원무궁토록
너희는 부끄러움도 수치도 당하지 않으리라.

주님의 언행은 뚜렷하시다

18 주님께서 말씀하신다.
하늘을 창조하신 분
그분께서 하느님이시다.
땅을 빚으시고 땅을 만드신 분
그분께서 그것을 굳게 세우셨다.
그분께서는 그것을 혼돈으로 창조하지 않으시고
살 수 있는 곳으로 빚어 만드셨다.

내가 주님이다. 다른 이가 없다.
19 나는 숨어서도 이야기하지 않았고
어두운 땅 어느 구석에서도 이야기하지 않았다.
나는 야곱의 후손들에게
"너희는 나를 혼돈 속에서 찾아라." 하고 말하지 않았다.
나 주님은 의로운 것을 말하고
바른 것을 알린다.

주님은 만방의 하느님

20 민족들 가운데에서 살아남은 자들아
모여 오너라. 다 함께 가까이 오너라.
나무 우상을 떠받들고 다니는 자들과

45,15. 주님께서는 당신 자신을 숨기시고 당신께 충실한 이들이 탄원하고 간청하게 하시지만(시편 89,47; 예레 33,5 참조), 그들을 구원하신다.

45,19. "숨어서도" 또는 "비밀리에"(15절 참조). 주님께서는 땅이 어둠과 공허로 머물도록 창조하신 것이 아니라 사람이 살도록 만드셨다(18절 참조).

45,20. "민족들 가운데에서 살아남은 자들"은 다른 민족들 사이에 피난해 있는 유다인들일 수도 있지만, 키루스의 정복 후 자기 민족들에게서 피신한 외국인들일 가능성이 더 크다.

45,18 45,5-7. 45,19 요한 18,20.

45,18-25. 주님께서는 땅의 모든 지역들을 창조하셨고 모든 이들에게 구원을 주신다. 세상의 땅끝들은(이미 40,28; 41,5.9에 언급되었다) 이스라엘 안에서 드러난 영광에 참여하도록 초대된다(22.25절). 로마 14,11; 필리 2,10-11 참조.

구원을 베풀지 못하는 신에게 기도하는 자들은
지각없는 자들이다.
21 말해 보아라. 설명해 보아라.
함께 의논도 해 보아라.
누가 이것을 옛날에 들려주었느냐?
누가 이것을 예전에 알려 주었느냐?
나 주님이 아니냐?
나밖에는 다른 신이 아무도 없다.
의롭고 구원을 베푸는 하느님
나 말고는 아무도 없다.

22 땅끝들아, 모두
나에게 돌아와 구원을 받아라.
나는 하느님, 다른 이가 없다.
23 내가 나 자신을 두고 맹세한다.
내 입에서 의로운 말이 나갔으니
그 말은 돌이킬 수 없는 것이다.
정녕 모두 나에게 무릎을 꿇고
입으로 맹세하며
24 말하리라. "주님께만
의로움과 권능이 있다.
그분께 격분하는 자들은 모두
그분 앞에 와서 부끄러운 일을 당하리라.
25 이스라엘의 모든 후손들은
주님 안에서 승리와 영예를 얻으리라."

바빌론 신들의 몰락

46 1 벨 신이 꺾인다. 느보 신이 고꾸라진다.
그 우상들이 짐승과 가축에 실린다.
너희가 떠받들고 다니던 것들이
지친 동물들에게 짐으로 지워진다.
2 그들은 다 함께 고꾸라지고 꺾여서
짐을 건지기는커녕
저희들 자신이 유배를 간다.

45,21ㄷ. 바빌론의 파괴에 대한 예언을 암시한다(14장; 21장 참조).

45,23-25. 같은 어근의 단어가 세 번 반복되는데, 각각 "의로운, 의로움, 승리"로 번역했다. 41,2의 주 참조.

46,1. "벨"("주인"이라는 뜻)은 느보 신의 아버지인 마르둑 신의 호칭이었다(느보 신의 이름은 네부카드네자르의 이름 안에도 들어 있다. 그 이름은 "느보가 국경을 지키신다."를 뜻한다).

46,1-7. 동사 "지다"(히브리어 '나사', 여기서 "짐"을 뜻하는 '마싸'가 파생된다)를 반복함으로써 인간이 만들어 세워 둔 우상들과 당신 백성이 태어나는 것을 보셨고 언제나 그 백성을 지탱하시는 주님이 대조된다.

45,23 아모 1,3.

46,1-47,15. 바빌론은 패배했고 그 신들은 무너졌다(46,1-7 참조). 백성은 종이 되었고 거래에서도 완전히 배제되었으며, 그들의 점성가들이 예견하지 못했으나(47장) 유일한 하느님이신 주님께서 예고하신 운명을 맞이했다(46,8-13 참조).

46,3. "남은 자"를 지칭하는 단어는 37,4.32에서도 사용된다.

3 내 말을 들어라, 야곱 집안아
이스라엘 집안의 남은 자들아,
모태에서부터 업혀 다니고
태중에서부터 안겨 다닌 자들아.
4 너희가 늙어 가도 나는 한결같다.
너희가 백발이 되어도 나는 너희를 지고 간다.
내가 만들었으니 내가 안고 간다.
내가 지고 가고 내가 구해 낸다.

5 너희는 나를 누구와 비교하고 견주겠느냐?
우리를 누구와 맞대어 비슷하다고 하겠느냐?
6 주머니에서 금을 쏟아 내고
은을 저울로 다는 자들
그들은 금세공인을 고용하여 그것들로 신을 만들고
그 앞에 엎드려 경배한다.
7 그들이 그것을 어깨에 올려 메고 가서
제자리에 내려놓으면 거기에 선 채로
그것은 움직이지도 못한다.
누가 그에게 소리 질러도 대답하지 못하고
그를 곤경에서 구해 주지도 못한다.

미래의 주인이신 주님

46,8-9. 기억하라는 권고는 역사에서 현재를 위한 가르침을 얻으라는 것이다.

46,8. "알아들어라"로 번역한 히브리어 동사는 여기서만 쓰이고 여러 가지로 번역된다. 고대 그리스어 번역본은 "탄식하여라"로 옮긴다.

8 너희는 이것을 기억하고 알아들어라.
너희 죄인들아, 마음을 가다듬고
9 먼 옛날의 일들을 기억해 보아라.
내가 하느님, 다른 이가 없다.
내가 하느님, 나 같은 이가 없다.
10 나는 처음부터 장래 일들을 알려 주고
예전부터 아직 이루어지지 않은 일들을 알려 주며
"내 계획은 성사되고
나는 내 뜻을 모두 이룬다."고 말하는 이다.

46,11. 왕족인 "맹금"은 아마도 신속히 정복을 달성한 키루스를 암시한다. 41,2; 45,1.3 참조.

11 나는 해 뜨는 곳에서 맹금을 불러오고
먼 나라에서 내 계획을 이룰 사람을 불러오는 이다.
내가 말하였으니 그것을 반드시 이루리라.
내가 계획하였으니 그것을 반드시 실행하리라.

46,3 시편 22,11. 46,4 시편 71,9; 92,15. 46,5 40,18.25. 46,11 예레 12,9.

46,8-13. 바빌론의 운명에 관한 부분의 중심에 이스라엘인들을 향한 한 단락이 있다. 주님께서는 그들을 구원하셨으나 백성은 아직도 반항한다(42,18-25; 43,22-24; 45,9-13 참조). 자신과 하느님 사이를 계속 죄로 막아서는 안 된다(59,9 참조)

[12] 내 말을 들어라, 마음이 굳은 자들아
의로움에서 멀리 떨어져 있는 자들아.
[13] 나는 내 의로움을 가까이 가져왔다. 그것은 멀리 있지
않다.
나의 구원은 지체하지 않는다.
나의 영광인 이스라엘을 위하여
나는 시온에 구원을 베푼다.

바빌론의 몰락

47 [1] 처녀 딸 바빌론아
내려와 먼지 위에 앉아라.
딸 칼데아야
왕좌가 없으니, 땅바닥에 앉아라.
사람들이 너를 더 이상 부드러운 여인이라고,
상냥한 여인이라고 부르지 않으리라.
[2] 맷돌을 돌려 가루를 내어라.
너울을 벗고
치맛자락을 걷어 올려 다리를 드러낸 채
강을 건너라.
[3] 네 알몸이 드러나고
네 치부까지 보이게 하여라.
나는 복수하리라.
어떤 인간도 그냥 두지 않으리라.

[4] 우리의 구원자
그 이름 만군의 주님
그분은 이스라엘의 거룩하신 분이시다.

[5] 딸 칼데아야
잠자코 앉아 있다 어둠 속으로 들어가거라.
사람들이 너를 더 이상
만국의 여왕이라 부르지 않으리라.
[6] 나는 내 백성에게 진노하여
내 재산을 내버렸다.
내가 그들을 네 손에 넘겼는데
너는 그들을 동정하지 않고
노인들에게도 네 멍에를
너무나 무겁게 짊어지웠다.

47,6 10,5-7.15-16.

47,2. 맷돌을 돌리는 일은 종들이 했고, 바빌론에서는 감옥을 "맷돌의 집"이라고 불렀다. 판관 16,21; 애가 5,13 참조.

47,3. "복수"의 개념에 관하여 34,8의 주 참조. "어떤 인간도 그냥 두지 않으리라."라는 구절은 어려운 형태의 히브리어 동사를 번역한 것이다. 두 가지로 본문을 수정할 것이 제안된다. 대중 라틴말 성경을 참조하여 전구를 의미하여 "아무도 나에게 마주 서지 못하리라."로 옮기도 하고(예레 7,16 참조), 새 대중 라틴말 성경에 따라 단죄의 심판과 관련하여 "아무도 보아 주지 않으리라."로 옮기기도 한다.

47,8. 바빌론 찬가들에서 마르둑은 스스로 "나뿐이다. 나밖에는 없다."고 자랑한다.

47,13. "의견들" 또는 "생각들" (5,19 참조). "연구하는" 자구적으로는 "자르는"이다. 하늘을 황도대의 별자리들이 속하는 "집들"로 구분하는 것을 뜻한다.

7 "나는 언제까지나 영원한 여왕이리라."
너는 이렇게 말하면서
이런 일들을 네 마음에 두지도 않고
장래 일을 생각하지도 않았다.

8 그러나 이제 이것을 들어 보아라, 음탕한 여인아
태평스레 앉아 있는 여인아.
너는 마음속으로
'나뿐이다. 나밖에는 없다.
나는 과부로 나앉지도 않고
자녀들을 잃는 일도 겪지 않으리라.' 생각하였다.
9 그러나 이 두 가지가
한날에 갑자기 너에게 들이닥치리라.
너의 그 많은 마술에도,
너의 그 강력한 주술에도
자녀들을 잃고 과부 신세가 되는 일이
여지없이 너에게 들이닥치리라.

10 너는 네 사악함으로 자신만만하여
"아무도 나를 보지 않는다." 하고 말하였다.
너의 지혜와 너의 지식이
너를 현혹시켜
너는 마음속으로
'나뿐이다. 나밖에는 없다.' 하고 생각하게 되었다.
11 그러나 이제 불행이 너에게 들이닥치리니
너는 그것을 요술로도 막아 내지 못하리라.
이제 파멸이 너를 덮치리니
너는 그것에서 벗어나지 못하리라.
또 네가 알지도 못하는 멸망이
순식간에 너에게 들이닥치리라.

12 그러니 네가 젊어서부터 애써 익혀 온
너의 그 주술들과
그 많은 마술들을 가지고 나서 보아라.
어쩌면 네가 도움을 얻을 수 있을지도 모르고
어쩌면 네가 위협하여 쫓아낼 수 있을지도 모르지.
13 너는 너의 그 많은 의견들 때문에 지쳤구나.
자, 하늘을 연구하는 자들

47,7.10 에제 28,2.4-5; 스바 2,15. 47,8-9.14-15 묵시 18,7-8.23.

별들을 관찰하는 자들
너에게 무슨 일이 닥칠지
매달 초에 알려 주는 자들
그들에게 나서서 너를 구해 보라고 하여라.
14 보라, 그들은 지푸라기처럼 되어
불이 그들을 살라 버리리라.
그들은 그 불길의 위력 앞에서
저 자신도 구해 내지 못한다.
그 불은 몸을 덥힐 숯불도 아니고
그 앞에 앉아 쬘 불도 아니다.
15 너와 함께 애써 온 자들,
젊어서부터 사귀어 온 자들이 너에게 바로 이러하다.
그들은 하나같이 어긋나서
너를 구할 자 하나도 없다.

47,14. 주술과 점성술은 음식을 만들거나 몸을 따뜻하게 하는 데 사용하는 숯도 남기지 않고 타 버리는 "지푸라기"와 같이 헛되다.

창조주시며 구원자이신 하느님

48 1 이 말을 들어라, 야곱 집안아
이스라엘이라는 이름으로 불리는 자들아
유다의 몸에서 나온 자들아
주님의 이름으로 맹세하고
이스라엘의 하느님을 기리기를
진실과 의로움으로 하지 않는 자들아.
2 이들은 거룩한 도성의 백성이라 자처하고
그 이름 만군의 주님이신
이스라엘의 하느님께 의지한다 하는구나.

3 나는 예전의 일들을 이미 예로부터 알려 주었다.
그것들은 내 입에서 나갔다. 내가 그것들을 들려주었다.
내가 순식간에 행하니
그것들이 이루어졌다.
4 나는 정녕 네가 완고함을,
네 목이 쇠막대기임을,

48,1. 북왕국 주민들이 이미 흩어진 때 예루살렘과 유다 출신으로 유배에서 돌아온 이들은 "이스라엘"이라는 이름을 주장한다. 다른 한편으로 이들은 "의로움"이 없었고 죄 중에 그들을 낳은 조상의 후손이다(창세 38,26; 이사 57,3 참조). "몸"으로 번역한 히브리어 단어는 "물"로, 정액을 뜻한다(민수 24,7; 집인 5,15-16; 9,17 참조).

48,2. 이사야서에서는 이 절과 52,1에서만 예루살렘을 "거룩한 도성"이라고 일컫는다.

48,1 예레 4,2. 48,3 43,18. 48,4 에제3,7.

48. 네 단락으로 구분되는 이 장은(1-11.12-16.17-19.20-22절) 이스라엘에게 기쁜 소식을 전하며 40-47장에서 이미 되풀이된 바와 같이 그들을 위로한다. 이 부분 첫머리에서 격려의 말씀들이 주로 있었다면, 이제는 반대로 하느님의 계획에 야곱-이스라엘의 완고함이 맞서고 있다. 충실한 "남은 자"는 없는 것으로 보이지만, 주님께서는 광야를 통해 백성을 이끄신다. 이 장은 반복되는 단어들(히브리어와 그 어근 기준으로)을 통해 하나로 결합되어 있다. '듣다'(1.3.5.6ㄱ.6ㄹ.7.8.12.14.16.20절), '부르다'(1.2.8.12.13.15절), '나가다'(1.3.19.20ㄱ.20ㄴ절), '알려 주다'(3.5.6.14.20절), '(행)하다'(3.5.11.14절), '명령하다'(5.18절), '이름'(1ㄴ.1ㄹ.2.9.19절), '물'(1.21절).

네 이마가 구리임을 안다.
5 내가 그것을 예로부터 알려 주었고
일어나기도 전에 너에게 들려주었으니
너는 "내 우상이 그 일들을 이루었고
깎아 만든 내 신상과 부어 만든 내 신상이 그것을 명령하였다." 하고 말하지 못한다.
6 네가 이미 들었으니 이 모든 것을 살펴보아라.
너희도 그것을 알려야 하지 않느냐?
내가 지금부터 너에게 새로운 일들을,
네가 모르던 감추어진 일들을 들려주겠다.
7 이것들은 옛적이 아니라 지금 창조되어
오늘 이전에는 네가 들어 본 적이 없으니
"나는 이미 알고 있었다." 하고 말하지 못한다.
8 너는 듣지도 못하였고 알지도 못하였다.
예로부터 네 귀가 열리지 않았으니
네가 배신만 하고
모태에서부터 반역자라 불릴 것임을 내가 알았기 때문이다.

9 나는 내 이름 때문에 노여움을 참고
내 명예 때문에 너에 대한 분노를 억눌러
너를 멸망시키지 않는다.
10 보라, 나는 너를 단련시켰으나 은을 녹이듯 하지는 않고
고난의 도가니 속에서 너를 시험하였다.
11 나 자신 때문에, 나 자신 때문에 내가 이 일을 하는데
어찌 내 이름이 더럽혀질 수 있겠느냐?
나는 내 영광을 남에게 넘겨주지 않는다.

주님의 일꾼 키루스

12 내 말을 들어라, 야곱아
나의 부름을 받은 이스라엘아.
내가 바로 그분이다. 나는 처음이며
나는 마지막이다.
13 내 손이 땅의 기초를 놓았고
내 오른손이 하늘을 펼쳤다.
내가 그들을 부르면
다 함께 일어선다.

48,9. 주님께서는 "자비하고 너그러운 하느님, 분노에 더디신 분"(탈출 34,6)이라는 당신 이름에 충실하실 것이다.

48,10. 이스라엘은 은처럼 금속을 정련하는 도가니에서 단련되지 않았으나, 고난이라는 더 뜨거운 도가니에서 정화되었다(신명 4,20; 예레 11,4). "너를 시험하였다." 쿰란에서 발견된 사본의 히브리어 본문을 옮긴 것이다(동사 '바한'). 전통적인 히브리어 본문은 "너를 선택하였다."로 되어 있다(동사 '바하르'). 고대 번역본들도 "선택하였다."이다.

48,11. "나 자신 때문에" 43,25의 주 참조.

48,5 예레 44,17. 48,8 시편 51,7. 48,12-19 시편 81. 48,12 41,4; 44,6. 48,13 51,13.16.

14 너희 모두 모여 와 들어 보아라.
그들 가운데 누가 이 일들을 알려 주었느냐?
주님께서는 그를 사랑하시니 그가 바빌론을 거슬러,
칼데아 족속을 거슬러 그분의 뜻을 실행하리라.

15 내가, 바로 내가 그것을 이야기하고 그를 불렀으며
그를 오게 하였으니 그는 제 길을 성공으로 이끌리라.
16 너희는 나에게 다가와 이 말을 들어라.
처음부터 나는 숨어서 이야기하지 않았고
이 일이 생길 때부터 나는 거기에 있었다.

이제 주 하느님께서는
나와 함께 당신의 영을 보내셨다.

이스라엘을 인도하신 하느님의 계획

17 이스라엘의 거룩하신 분
너의 구원자이신 주님께서 이렇게 말씀하신다.
"나는 주 너의 하느님
너에게 유익하도록 너를 가르치고
네가 가야 할 길로 너를 인도하는 이다.
18 아, 네가 내 계명들에 주의를 기울였다면
너의 평화가 강물처럼,
너의 의로움이 바다 물결처럼 넘실거렸을 것을.
19 네 후손들이 모래처럼,
네 몸의 소생들이 모래알처럼 많았을 것을.
그들의 이름이 내 앞에서
끊어지지도 없어지지도 않았을 것을."

바빌론 탈출과 귀향길

20 너희는 바빌론에서 나와라.
칼데아인들에게서 도망쳐라.
환호 소리 올리며 이 일을 알리고 전하여라.
땅끝까지 퍼뜨려라.
"주님께서 당신 종 야곱을 구원하셨다." 하여라.
21 그분께서 그들을 사막으로 인도하셨지만
그들은 목마르지 않았다.

48,14ㄷ. "주님께서는 바빌론에 대한 그분의 뜻을 실행하는 이를 사랑하신다."로 옮기기도 한다. 키루스를 지칭한다. 44,28; 45,1.4 참조.

48,16ㅁ. 42,1; 61,1 참조.

48,20-22. 종의 사명은(49,1에서 다시 수세가 될) 이 짧은 단락으로 도입된다. 종은 상징적으로 야곱이 바빌론에서 도망치게 한다. 52,11-12은 52,12-53,12에 대하여 이와 유사한 역할을 한다.

48,20 묵시 18,4. 48,21 탈출 17,1-7; 민수 20,2-13; 시편 78,15-16; 105,41; 114,8.

그분께서는 그들을 위하여
바위에서 물이 솟게 하셨다.
그분께서 바위를 가르시자
물이 쏟아져 나왔다.

22 주님께서 말씀하신다. "악인들에게는 평화가 없다."

'주님의 종'의 둘째 노래

49 1 섬들아, 내 말을 들어라.
먼 곳에 사는 민족들아, 귀를 기울여라.
주님께서 나를 모태에서부터 부르시고
어머니 배 속에서부터 내 이름을 지어 주셨다.
2 그분께서 내 입을 날카로운 칼처럼 만드시고
당신의 손 그늘에 나를 숨겨 주셨다.
나를 날카로운 화살처럼 만드시어
당신의 화살통 속에 감추셨다.
3 그분께서 나에게 말씀하셨다. "너는 나의 종이다.
이스라엘아, 너에게서 내 영광이 드러나리라."

4 그러나 나는 말하였다. "나는 쓸데없이 고생만 하였다.
허무하고 허망한 것에 내 힘을 다 써 버렸다.
그러나 내 권리는 나의 주님께 있고
내 보상은 나의 하느님께 있다."
5 이제 주님께서 말씀하신다.
그분께서는 야곱을 당신께 돌아오게 하시고

49,3. 종은 한편으로는 이스라엘과 동일시되지만, 다른 한편으로는 백성을 위한 역할을 수행한다. 그러므로 그는 주님께서 자랑하시는 진정한 이스라엘이다. 그리스도론적 해석은(루카 2,32의 해석) 종에 대한 집단적 해석의 가능성을 무효화하지 않으며, 그리스도에게서 충만한 실현을 본다.

49,4. 종은 자기 사명의 실패에 대해 주님께 탄원한다. 그러나 여기에 역설이 있다. 실패로 보이는 것이 많은 결실을 맺는다. 하느님께서 종의 수고를 받아들이시고 갚아 주시기 때문이다. 그래서 종의 사명은 더 확실하고 넓게 계속된다. 하느님께서는 이스라엘을 위하여 흩어진 백성을 다시 통합하는 놀라운 일을 실현하실 뿐만 아니라, 모든 민족들을 위하여 구원을 확산시키고자 하신다.

48,22 // 57,21. 49,1 48,8. 49,3 44,23. 49,4 40,10.27.

49,1-55,13. 이 부분에서는 키루스의 사명을 뒤로 하고 종을 부각시킨다. 종은 그 백성의 일원으로서 이스라엘과 땅끝의 구원을 위해 지명된다(49,3.5-7; 50,10; 52,13; 53,11 참조). 종의 개입은 다른 "종들"이 나타나게 한다(54,17).

49,1-7. 두 번째 "주님의 종의 노래"(1-6절)를 6절 또는 9절까지 한 단락으로 보는 이들이 있다. 첫 번째 "주님의 종의 노래"(42,1-9)가 종의 부르심과 선택을 주제로 하고 있다면, 이 두 번째 노래는 종의 사명을 언급하고 있다. 그리고 멸시를 받지만 영광스럽게 되는 종의 모습(7절)은 네 번째 "주님의 종의 노래"(52,13-53,12)를 암시한다. 신약 성경에서 여러 차례 인용된 이 둘째 노래는(1절. 갈라 1,15 / 2절. 에페 6,17; 히브 4,12; 묵시 1,16; 2,12; 19,15 / 4절. 필리 2,16 / 6절. 루카 2,32; 사도 1,8; 13,47; 묵시 7,4) 종에게 주의를 기울인다. 이스라엘의 아들이며 따라서 이스라엘을 대표하는 종은(3절) 기본적으로 예언자의 특징을 보인다. 그는 모태에서 부르심을 받았고(예레 1,5 참조) 날카로운 말씀을 받으며(호세 6,5 참조) 실망을 겪는다(1열왕 19,4.14; 예레 15,16-17 참조). 그는 백성의 귀환(회개)을 위해 수고해야 한다(예레 50,19; 말라 3,24 참조). 그것은 이스라엘이 민족들 사이에서 영광스럽게 되기 위한 전제이다.

✠ 49,1-6. 주님의 종의 둘째 노래는 성주간 화요일과 세례자 요한의 탄생 대축일인 6월 24일에 읽는다. 일부는(3.5-6절) 가해 연중 제2주일에 세례자 요한과 참된 "민족들의 빛"이신 예수님의 예언과 관련하여 읽는다.

이스라엘이 당신께 모여들게 하시려고
나를 모태에서부터 당신 종으로 빚어 만드셨다.
나는 주님의 눈에 소중하게 여겨졌고
나의 하느님께서 나의 힘이 되어 주셨다.
6 그분께서 말씀하신다. "네가 나의 종이 되어
야곱의 지파들을 다시 일으키고
이스라엘의 생존자들을 돌아오게 하는 것만으로는 충분
하지 않다.
나의 구원이 땅끝까지 다다르도록
나는 너를 민족들의 빛으로 세운다."
7 이스라엘의 구원자, 그의 거룩하신 분 주님께서
심한 멸시를 받는 이, 민족들에게 경멸을 받는 이,
지배자들의 종이 된 이에게 말씀하신다.
"임금들이 보고 일어서며
제후들이 땅에 엎드리리니
이는 신실한 주,
너를 선택한 이스라엘의 거룩한 분 때문이다."

기적적인 귀향과 복구

8 주님께서 이렇게 말씀하신다.
"은혜의 때에 내가 너에게 응답하고
구원의 날에 내가 너를 도와주었다.
내가 너를 빚어내어 백성을 위한 계약으로 삼았으니
땅을 다시 일으키고
황폐해진 재산을 다시 나누어 주기 위함이며
9 갇힌 이들에게는 '나와라.' 하고
어둠 속에 있는 이들에게는 '모습을 드러내어라.' 하고 말
하기 위함이다."
그들은 가는 길마다 풀을 뜯고
민둥산마다 그들을 위한 초원이 있으리라.
10 그들은 배고프지도 않고 목마르지도 않으며

49,8 42,6.

49,8-26. 이 단락은 주님께서 이스라엘을 고향으로 돌아가게 하시고 그 귀향길에서 보호하시며 귀환 이후 삶도 약속하심을 언급한다. 제2이사야는 이스라엘에게 옛 이집트 탈출을 상기시키면서(10절) 당신 백성을 아끼고 구원하시는 하느님을 바라보게 한다(13절). 이 하느님은 이스라엘의 죄에도 그를 불쌍히 여기시는 자비로운 분이시며(15절) 이스라엘의 회복은 바로 그분의 자비 덕분이다(18절). 그리고 이스라엘이 체험하는 구원은 다른 모든 민족을 위한 계시가 된다(26절).

49,8-13. 종의 개입은 40,1에서 예고된 위로를 체험하게 한다(13절). 신약 성경의 여러 곳이 이 부분을 연상시킨다. 2코린 6,2→8절 / 루카 2,32→9절 / 요한 7,37; 로마 9,16; 묵시 7,16-17→10절 / 루카 13,29→12절 / 루카 2,25; 2코린 7,6; 묵시 12,12→13절.

49,6. 종은 "빛"이 되도록 파견된다(42,6 참조). "빛"은 "구원"과 같은 의미를 갖는다(2,5; 51,4; 60,2-3).

49,7. "멸시를 받는 이… 종"은 이스라엘이 먼저 바빌론인들에게서, 그리고 그 후 페르시아인들에게서, 그리고 헬레니즘 시대의 왕조들에게서 겪어야 했던 예속을 가리킨다.

49,8. "황폐해진 재산을 다시 나누어 주기 위함이며" 자구적으로는 "황폐해진 유산을 너에게 유산으로 주기 위하여"이다. 여호수아 시대와 같이 유배에서 돌아올 때에도 땅은 조상들의 몫을 되돌려 주며 다시 분배된다. 신명 3,28; 여호 13-19장; 2열왕 25,12; 예레 39,10; 에제 11,14-17; 33,24 참조.

49,10.13. 하느님의 자비는 내장과 연관된(15절 참조) 본능적인 사랑과 동정의 감정으로 제시되며, 용서의 시기를 특징짓고 유배에서 귀환으로(54,8.10; 55,7; 60,10 참조), 계약 실패에서 새 계약으로(신명 30,3; 예레 31,20; 33,26; 에제 39,25 참조) 바뀌는 순간이 된다.

열풍도 태양도 그들을 해치지 못하리니
그들을 가엾이 여기시는 분께서 그들을 이끄시며
샘터로 그들을 인도해 주시기 때문이다.

11 나는 나의 모든 산들을 길로 만들고
큰길들은 돋우어 주리라.
12 보라, 이들이 먼 곳에서 온다.
보라, 이들이 북녘과 서녘에서 오며
또 시님족의 땅에서 온다.

13 하늘아, 환성을 올려라. 땅아, 기뻐 뛰어라.
산들아, 기뻐 소리쳐라.
주님께서 당신 백성을 위로하시고
당신의 가련한 이들을 가엾이 여기셨다.

14 그런데 시온은 "주님께서 나를 버리셨다.
나의 주님께서 나를 잊으셨다." 하고 말하였지.
15 여인이 제 젖먹이를 잊을 수 있느냐?
제 몸에서 난 아기를 가엾이 여기지 않을 수 있느냐?
설령 여인들은 잊는다 하더라도
나는 너를 잊지 않는다.
16 보라, 나는 너를 내 손바닥에 새겼고
너의 성벽은 늘 내 앞에 서 있다.
17 너를 다시 세우려는 이들이 서두르니
너를 허물던 자들과 너를 부수던 자들이
너에게서 물러간다.
18 네 눈을 들어 주위를 둘러보아라.
그들이 모두 너에게로 모여 온다.
주님의 말씀이다.
내가 살아 있는 한
너는 그들을 모두 패물처럼 걸치고
그들로 신부처럼 치장하리라.
19 너의 폐허와 너의 황무지
황폐해진 너의 땅이
네가 살기에는 이제 너무 비좁게 되고

49,12. 시님족의 땅이 어디인지는 밝히기 어렵다. 고대 그리스어 번역본은 페르시아를 생각하고, 대중 라틴말 성경과 아람어 번역본(타르굼)은 "남부"로 되어 있다. 시님은 신의 주민들을 뜻할 수 있는데, 신은 팔레스티나 남부의 서로 다른 두 곳의 지명이다(탈출 16,1; 에제 30,15 참조).

49,14. 종은 49-55장에서 자주 사용된 기법에 따라 "시온"과 밀접하게 연관된다. 백성을 이렇게 부르는 것은 51,3.11.16; 52,1-2.7-8; 59,20에서도 나타난다.

49,15. 당신 백성에 대한 주님의 충실하심과 자애는 자기 아이에 대한 어머니의 사랑을 포함하여 모든 인간적 애정을 능가한다.

49,16. 주님께서 당신 손바닥에 당신 도성의 모양을 새겨 기억을 되살리려 하신다고 생각하는 것이다. 44,5의 주 참조.

49,19. 생략된 문장이다. 풀어 쓰면 다음과 같다. "그렇다. 너의 폐허와 너의 황무지, 황폐해진 너의 땅이었던 곳에 지금은 사람들이 살고 있고, 네 주민들이 모두 살기에 비좁게 되었다. 너를 집어삼키던 자들은 멀리 있다."

49,11 40,3. 49,12-19 시편 81,6-17.

✠ 49,14-15. 하느님의 자비는 인간이 하느님을 향하는 모든 진지한 관계의 중심이다. 이것은 이사야서의 이 본문을 마태 6,24-34과 대비시키며 읽는 가해 연중 제8주일의 주제이다. 하느님께서는 우리에게 무엇이 필요한지를 아신다.

너를 집어삼키던 자들은 멀어져 가리라.
20 잃었던 네 자식들이
너의 귀에다 대고
"이곳은 너무 비좁으니
제가 살 수 있도록 자리를 넓혀 주셔요." 하고 말하리라.
21 그러면 너는 마음속으로 이렇게 생각하리라.
'누가 나에게 이 아이들을 낳아 주었지?
나는 자식들을 잃고 다시 낳을 수도 없는 몸이 되어
유배당하고 쫓겨났었는데
이 아이들을 누가 키워 주었지?
나 혼자 남아 있었는데
이 아이들은 도대체 어디에서 왔을까?'

22 주 하느님께서 이렇게 말씀하신다.
"보라, 내가 민족들에게 내 손을 쳐들고
겨레들에게 내 깃발을 올리리라.
그러면 그들은 네 아들들을 품에 안아 데려오고
네 딸들을 어깨에 메고 오리라.
23 임금들은 너의 시종이 되고
그들의 왕비들은 너의 보모가 되리라.
그들은 얼굴을 땅에 대고 너에게 경배하며
네 발의 먼지를 핥으리라.
그때에 너는 내가 주님임을,
나를 고대하는 이들은 부끄러운 일을 당하지 않음을 알게
되리라."

24 용사에게서 전리품을 빼앗을 수 있느냐?
폭군에게서 포로들을 빼낼 수 있느냐?
25 그러나 주님께서는 이렇게 말씀하신다.
"용사에게서 포로들을 빼앗을 수도 있으며
폭군에게서 전리품을 빼낼 수도 있다.
너를 대적하는 자에게 내가 대적하여
너의 자식들을 내가 구해 내리라.
26 나는 너의 압제자들에게 제 살을 먹게 하고
제 피를 새 포도주처럼 마셔 취하게 하리라.
그러면 모든 인간이 나 주님이 너를 구해 주는 이요
너의 구원자가 야곱의 장사임을 알게 되리라."

49,22 5,26; 11,12.

49,25. "폭군에게서" 자구적으로는 "의인에게서"이다. 용사는 바빌론을 나타낸다. 주님께서는 바빌론에게 이스라엘을 포로로 만들 권한을 주셨다(그러므로 바빌론 백성은 "의인"이다). 루카 11,22 참조.

49,26. 언제나 굶주린 맹수들로 그려진 원수들은 먹을 것을 빼앗겨도 끈질기게 먹으려 하여 서로를 잡아먹는다. 이것이 자멸하여 사라지는 악의 결과이다.

50,1. 이혼 증서도 없고, 주님의 채권자도 없다. 백성은 스스로의 뜻으로 멀리 갔고, 어머니(=시온)는 자녀들(=이스라엘인들)을 위하여 값을 치렀다.

50,2. 질문은 예루살렘의 원수들을 향하는 것으로 보인다. 주님께서는 그들을 심판으로 부르신다. 그들은 할 말이 없고 일관되지 못한다(41,21-29 참조).

50,3. 하느님의 능력은 이미 이집트에서 드러난 바와 같이 광대한 바다와 하늘도 맞서지 못한다(탈출 7,21; 10,21-22; 15,8.10 참조).

50,4. "제자의 혀"는 히브리어 '림뭇'이 8,16; 54,13에서 지닌 의미를 다시 취한다. 그러나 습관 또는 연습의 결과 곧 "훈련됨"을 뜻할 수도 있으므로, "훈련된 혀"라고도 말할 수 있다.

50,5. "내 귀를 열어 주시니" 아카드어에서도 알려진 이 표현은 지혜 주심을 뜻한다.

50,5-6. 스승과 아버지의 매는 (백성이) 원수에게 맞은 매와 같이 훈육 도구이며(53,5 참조) 깨달아 지혜를 얻게 한다(잠언 13,24; 23,13 참조). 완고하고 반항하는 아들인 이스라엘은 교육을 받으려고 하지 않지만(이사 1,4; 예레 5,23; 31,18 참조), 마침내 종 안에서 귀를 기울인다.

이스라엘의 잘못

50 1 주님께서 이렇게 말씀하신다.
"내가 너희 어미를 쫓아내며 써 준
이혼 증서가 어디 있기라도 하더냐?
네 빚쟁이들 가운데 누구에게
내가 너희를 팔아넘겼단 말이냐?
바로 너희 죄 때문에 너희가 팔려 갔고
너희 죄악 때문에 너희 어미가 쫓겨 갔다.
2 내가 왔을 때 왜 아무도 없었느냐?
내가 불렀을 때 왜 아무도 대답하지 않았느냐?
내 손이 너무 짧아 구해 낼 수가 없다는 말이냐?
아니면 내가 힘이 없어 구원할 수가 없다는 말이냐?
보라, 나는 호령 한마디로 바다를 말리고
강들을 광야로 만든다.
물고기들은 물이 없어 썩어 가고
목말라 죽어 간다.
3 나는 흑암으로 하늘을 입히고
자루옷으로 그 덮개를 만든다."

'주님의 종'의 셋째 노래

4 주 하느님께서는 나에게
제자의 혀를 주시어
지친 이를 말로 격려할 줄 알게 하신다.
그분께서는 아침마다 일깨워 주신다.
내 귀를 일깨워 주시어
내가 제자들처럼 듣게 하신다.
5 주 하느님께서 내 귀를 열어 주시니
나는 거역하지도 않고
뒤로 물러서지도 않았다.
6 나는 매질하는 자들에게 내 등을,

50,2 11,15; 51,10; 58,9; 65,1.12; 66,4. 50,4 1,4; 51,9; 예레 5,23; 31,18. 50,6 예레 20,2; 37,15.

✠ 50,1-9ㄴ. 셋째 노래는 파스카의 맥락에서 주님 수난 성지 주일(50,4-7)과 성주간 수요일에 읽는다. 나해 연중 제24주일에는 이 본문을 마르코가 복음의 중심에 둔(마르 8,27-35) 수난에 관한 예수님 말씀의 도입으로 읽는다.

50,4-11. 낙담한 이들에게 약속된 위로(40,27-31 참조)는 종을 통해 전해진다. 종의 사명은 주님의 말씀에 순종하는 만큼 더 반대를 받는다. 그러나 종-예언자의 진정성은 공공연히 열리는 재판에서처럼 입증될 것이다(8-9절. 41,1-5.21-29; 요한 7,24; 8,15-16.26.50 참조). 마지막에는 충실한 이들에게 종과 결합할 것을 권고한다. 이 세 번째 "종의 노래"는 신약 성경에서 다시 나타난다(6절. 마태 5,39; 26,67; 27,30; 마르 10,34 / 7절. 루카 9,51 / 8절. 로마 8,33 / 9절. 히브 1,11; 1베드 3,13).

수염을 잡아 뜯는 자들에게 내 뺨을 내맡겼고
모욕과 수모를 받지 않으려고
내 얼굴을 가리지도 않았다.
7 그러나 주 하느님께서 나를 도와주시니
나는 수치를 당하지 않는다.
그러기에 나는 내 얼굴을 차돌처럼 만든다.
나는 부끄러운 일을 당하지 않을 것임을 안다.
8 나를 의롭다 하시는 분께서 가까이 계시는데
누가 나에게 대적하려는가?
우리 함께 나서 보자.
누가 나의 소송 상대인가?
내게 다가와 보아라.
9 보라, 주 하느님께서 나를 도와주시는데
나를 단죄하는 자 누구인가?
보라, 그들은 모두 옷처럼 해지고
좀이 그들을 먹어 버리리라.

10 너희 가운데 누가 주님을 경외하고
그분 종의 말에 순종하느냐?
빛이 없이
어둠 속을 걷는 자는
주님의 이름을 신뢰하고
자기 하느님께 의지하여라.
11 그러나 스스로 불을 피우고
불화살에 불을 당기는 너희는 모두
자기가 피운 불 속으로,
자기가 댕긴 불화살 속으로 들어가거라.
이것이 너희가 내 손에서 받아야 할 바이니
너희는 고통 속에 드러누워야 하리라.

아브라함 사손들의 구원

51 1 내 말을 들어라, 의로움을 추구하는 이들아
주님을 찾는 이들아.
너희가 떨어져 나온 반석을 우러러보고
너희가 파내 올려진 저수 동굴을 쳐다보아라.

50,7. 이사야 예언에서 종은 예수님의 예표가 된다. 예수님께서도 "얼굴을 차돌처럼 만든다."(루카 9,51의 주 참조). 예수님께서는 수난과 죽음이라는 당신 운명을 용감하게 맞이하시며, 하느님께서 원수를 물리치시고 당신이 파견하신 이의 무죄함을 보여 주실 것임을 아신다.

50,8. 욥의 저항과 유사한 도전의 말이다(욥 13,18-19; 19,25-27ㄱ; 31,35 참조).

50,11. 밤(곧 시련의 때)에 종의 말에서 빛을 찾는 이들에게 스스로 자신의 안전을 찾으려는 이들이 대비된다. "불화살에 불을 당기는" 이는 바빌론이 그랬듯이 헛되이 이스라엘을 공격하려 하는 이일 것이다(종에게 보증된 구원은 그의 도성을 위한 안전의 보증이 될 것이다). "불화살들을 띠 두르는"으로 번역하면, 밤중에 걸어가기 위하여 어리석게도 허리에 불을 묶는 이를 그려 보이는 것이 된다. 66,24의 주 참조.

51,1-52,12. 이 부분은 약속된 위로의 말씀을 되풀이하며(51,3.12.19; 52,9 참조), 그 말씀을 받아들이라고 권고한다.

51,1-8. "내 말을 들어라."(1.4.7절) 권고가 세 차례 반복된다. 이 부분은 종처럼(7절) 반대와 멸시를 받으면서도 구원을 신뢰하는 백성을 향한다. 반대자들은 종을 모욕하는 이들과 같은 운명을 겪을 것이다(8절. 50,9 참조).

51,2. 바빌론에서 돌아온 이스라엘인들은 선조들의 신앙을 본받아야 한다. 그 선조들은 칼데아 우르에서 이미 사람들이 살고 있던 땅으로 왔고 후손이 없었으나 약속에 의지했다. "우러러보아라."는 창세 15,5에서 아브라함에게 하신 권고를 되풀이한다. 구약 성경에서 사라는 창세기 외에는 여기서만 언급된다.

51,3. 창세 1-2장의 기원에 대한 본문은 유배 후인 이 시기에 형성된 것으로 보인다. 이때에 이르러 황폐한 땅에 대한 창조를 생각하고(40,26 참조) 에덴 동산에 대해 말하기 시작한다(에제 28,13; 31,9.16.18; 36,35 참조).

51,4. 신탁 수신인은 번역본에 따라 여러 가지로 나타난다. "내 백성아, 내 겨레야"(대부분의 히브리어 사본들), "내 백성아, 임금들아"(고대 그리스어 번역본), "내 백성아, 지파들/민족들아"([새] 대중 라틴말 성경), "백성들아, 겨레들아"(시리아어 번역본)

2 너희 조상 아브라함과
너희를 낳은 사라를 우러러보아라.
내가 그를 부를 때 그는 혼자였으나
나는 그에게 복을 내려 그의 자손을 번성하게 하였다.

3 주님께서는 정녕 시온을 위로하시고
그 모든 폐허를 위로하신다.
그 광야를 에덴처럼,
그 황무지를 주님의 동산처럼 만드시니
그 안에는 기쁨과 즐거움이,
감사와 찬미 노랫소리가 깃들리라.

하느님의 의로운 통치

4 내 백성아, 내 말을 들어라.
내 겨레야, 내게 귀를 기울여라.
나에게서 가르침이 나가리라.
나의 공정을 내가 민족의 빛으로 만들리라.
5 내가 재빠르게 나의 정의를 가까이 가져오리니
나의 구원이 나아가고
나의 팔이 민족들을 심판하리라.
섬들이 나를 고대하며
나의 팔에 희망을 걸리라.
6 너희는 하늘로 눈을 들어라.
아래로 땅을 바라보아라.
하늘은 연기처럼 스러지고
땅은 옷처럼 해지며
그 주민들은 모기 떼처럼 죽어 가리라.
그러나 나의 구원은 영원하고
나의 의로움은 꺾이지 않으리라.
7 내 말을 들어라, 의로움을 아는 이들아
내 가르침을 마음속에 간직한 백성아.
사람들의 모욕을 두려워하지 말고
그들의 악담에 낙심하지 마라.
8 그들을 옷인 양 좀이 먹어 버리고
그들을 양털인 양 벌레가 먹어 버릴 것이다.
그러나 나의 의로움은 영원하고
나의 구원은 대대에 미치리라.

51,4 42,6. 51,5 42,4. 51,6 시편 102,27. 51,7 41,10.

주님의 깨어나심

9 깨어나소서, 깨어나소서, 힘을 입으소서,
주님의 팔이시여.
옛날처럼,
오래전 그 시절처럼 깨어나소서.
라합을 베어 쓰러뜨리시고
용을 꿰찌르신 이가 당신이 아니십니까?
10 바다를,
그 큰 심연의 물을 말리신 이가 당신이 아니십니까?
구원받은 이들이 건너가도록
당신께서 깊은 바다를 길로 만드셨습니다.

11 주님께서 구해 내신 이들이 돌아오리이다.
환호 소리와 함께 시온으로 들어서리이다.
끝없는 즐거움이 그들의 머리 위에 넘치고
기쁨과 즐거움이 그들과 함께하여
슬픔과 탄식이 사라지리이다.

전능한 위로자이신 주님

12 내가, 바로 내가 너희의 위로자이다.
그런데 죽을 인생을 두려워하고
풀 같은 운명을 타고난 인간의 아들을 두려워하는 너는
누구냐?

13 너는 잊었다, 너를 만드신 주님을
하늘을 펼치시고 땅의 기초를 놓으신 분을.
압제자가 너를 멸망시키기로 작정하였다고
너는 날마다 그의 노여움 앞에서
줄곧 겁을 내고 있다.
그러나 압제자의 노여움이 어디 있느냐?

14 사슬에 묶인 이들이 곧 풀려나리니
그들은 죽지도, 구렁으로 내려가지도 않고
그들에게는 양식이 모자라지도 않으리라.
15 나는 주 너의 하느님
바다를 뒤흔들어 파도를 울부짖게 하는 이

51,9. "깨어나소서." 주님께서 종의 귀를 일깨워 주시듯이(자구적으로는 "깨워 주신다." 50,4 참조) 주님께 깨어나시기를 호소하며, 시온에게도 깨어나라고 부른다(51,17; 52,1 참조). 가나안 신화에 따르면 라합과 용('탄닌')은 혼돈의 괴물들이다(27,1; 30,7 참조).

51,10 11,15; 50,2. 51,11 48,20. 51,13 48,13.

51,9-16. 앞의 권고에 탄원이 뒤따른다(9-11절). 창조 때 있었던 혼돈에 대한 승리와 홍해에서의 해방을 기억한다. 창조주요 해방자인 주님께서 곧 응답하신다(12-16절).

51,16. 주님께서는 앞서 예언자에게 하신 말씀들을 이제 백성에게 말씀하신다(49,2; 50,4; 예레 1,9 참조).

51,17. 단죄받은 이에게 부어지는 잔의 표상은 시편 75,9; 예레 25,15; 에제 23,33에서 다시 나타난다. 그 안에 담긴 음료는 취하여 마비시키며, 정신을 잃게 하고, 옷을 벗고 비틀거리며 쓰러지게 한다(예레 25,16.27; 애가 4,21; 하바 2,15 참조). 신약 성경에서 마태 26,39; 묵시 14,10 참조.

51,18. 자식은 취한 어머니의 손을 잡고 집으로 인도해야 할 것이다. 이 모티브는 우가릿(아카트 1,30-31)과 창세 9,21-24에서 이미 알려져 있었다.

그 이름 만군의 주님이다.
16 나는 네 입에 내 말을 담아 주고
내 손 그늘에 너를 숨겨 준다.
나는 하늘을 심고 땅의 기초를 놓으며
시온에게 말한다. "너는 나의 백성이다."

예루살렘의 깨어남

17 깨어라, 깨어라
일어나라, 예루살렘아.
주님의 손에서
진노의 잔을 받아 마신 너,
비틀거리게 하는 술잔을
바닥까지 마신 너.
18 제가 낳은 모든 자식들 가운데
저를 인도해 줄 자 하나도 없고
제가 키운 모든 자식들 가운데
손을 붙잡아 주는 자 하나도 없는 신세.
19 이 두 가지가 너에게 닥쳐왔건만
누가 너를 동정하리오?
파멸과 파괴, 굶주림과 칼이 닥쳐왔건만
누가 너를 위로하리오?
20 네 아들들은 주님의 노여움을,
네 하느님의 질책을 가득 입어
그물에 걸린 영양처럼
실신하여 길모퉁이마다 쓰러져 있구나.
21 그러니 이 말을 들어라, 너 가련한 여인아
술을 마시지도 않았는데 취한 여인아.
22 너의 주인이신 주님이시며 당신 백성을 변호해 주시는
너의 하느님께서 이렇게 말씀하신다.
"보라, 내가 네 손에서
비틀거리게 하는 그 술잔을 거두리니
너는 내 진노의 술잔을
다시는 마시지 않으리라.
23 내가 너를 괴롭히는 자들의 손에 그 술잔을 놓으리라.
그들은 너에게
'엎드려라. 우리가 딛고 지나가겠다.' 하였고

51,20 애가 2,19; 아모 8,13.

51,17-23. 하느님이 깨어나야 하는 것이 아니라(9절), 재앙들에 의해 마치 술에 취하듯 정신을 잃은 예루살렘이 깨어나야 하고 신앙을 되찾아야 한다.

너는 네 등을 땅바닥처럼 만들어
그들이 바닥을 밟듯 그 위를 지나가게 하였다."

예루살렘의 해방

52 [1] 깨어나라, 깨어나라.
시온아, 힘을 입어라.
거룩한 도성 예루살렘아
네 영화의 옷을 입어라.
할례 받지 않은 자와 부정한 자가
다시는 너에게 들지 않으리라.
2 포로가 된 예루살렘아
먼지를 털고 일어나라.
포로가 된 딸 시온아
너의 목에서 굴레를 벗어 버려라.

3 정녕 주님께서 이렇게 말씀하신다.
"너희가 대가 없이 팔려 갔으니
돈을 내지 않고 구원을 받으리라.
4 — 정녕 주 하느님께서 이렇게 말씀하신다.—
내 백성이 처음에는 나그네살이하려고 이집트로 내려갔는데
나중에는 아시리아가 그들을 까닭 없이 억압하였다.
5 그런데 나는 지금 여기에서 무엇을 하고 있는가?
주님의 말씀이다.
내 백성이 대가 없이 붙잡혀 왔고
그 지배자들이 윽박지르며
내 이름은 날마다 끊임없이 멸시를 당하는데.
주님의 말씀이다.
6 그리하여 내 백성은 나의 이름을 알게 되리라.
그날에 그들은 '나 여기 있다.'고 말한 이가
바로 나임을 알게 되리라."

52,1. 시온은 새로운 상태가 되었으므로, 새로운 신분의 표지인 새 옷을 입어야 한다(창세 41,14; 이사 49,18; 61,10 참조). "할례 받지 않은 자와 부정한 자"는 외국인들일 수도 있고 백성 중 일부일 수도 있다.

52,1 묵시 21,27. 52,5 로마 2,24.

52,1-12. 종살이에서 해방된 시온은 자신의 새로운 신분을 인식해야 한다. 예속과 죄의 모든 표지들을 떼어 버려야 하고, 주님의 영광을 받아들이고 바빌론에서 나와야 한다(1-2.11-12절; 48,20-22 참조). 예언자는 한편으로 유배지에서 어떤 이유도 없이 해방된 이들의 놀라움과 다른 한편으로 예루살렘에서 형제들이 주님의 뒤를 따라 돌아온다고 알리는 파수꾼의 선포에 놀라는 것 모두를 고찰한다(3-6.7-10절; 40,10 참조).

52,7. 전령은 40,9에서 예고된 바를 전달한다. 고대 그리스어 번역본에서는 '므바쎄르'를 번역하기 위하여 동사 '에우앙겔리조'("기쁜 소식을 전하다")를 선택했고, 첫 그리스도인들은 하느님 나라의 도래를 선포하시는 예수님의 직무를 말할 때 다시 이 단어를 사용했다(마르 1,15 참조).

52,8. 파수꾼들은 비유적으로 예언자들을 나타낼 수 있다(61,1; 예레 6,17; 에제 3,17 참조). "들어 보아라!" 자구적으로는 "목소리!"이다. 이사 40,3.6.9 참조.

구원의 선포

7 얼마나 아름다운가,
산 위에 서서 기쁜 소식을 전하는 이의 저 발!
평화를 선포하고 기쁜 소식을 전하며
구원을 선포하는구나.
"너의 하느님은 임금님이시다." 하고
시온에게 말하는구나.
8 들어 보아라. 너의 파수꾼들이 목소리를 높인다.
다 함께 환성을 올린다.
주님께서 시온으로 돌아오심을
그들은 직접 눈으로 본다.
9 예루살렘의 폐허들아
다 함께 기뻐하며 환성을 올려라.
주님께서 당신 백성을 위로하시고
예루살렘을 구원하셨다.
10 주님께서 모든 민족들이 보는 앞에서
당신의 거룩한 팔을 걷어붙이시니
땅끝들이 모두
우리 하느님의 구원을 보리라.

11 떠나라, 떠나라, 거기에서 나와라.
부정한 것에 손대지 마라.
그 가운데에서 나와라, 몸을 정결하게 하여라,
주님의 기물들을 나르는 자들아.
12 너희는 황급히 나오지 않아도,
도망쳐 달아나지 않아도 되리니
주님께서 너희 앞에 서서 가시고
이스라엘의 하느님께서 너희 뒤를 지켜 주시기 때문이다.

52,7 로마 10,15ㄴ. 52,10 41,5; 45,22; 시편 98,1-3. 52,11 2코린 6,17.

✠ 52,7-10. 구원자 주님의 오심이 마침내 이루어진다. 이러한 정신으로 이 본문은 성탄 때 선포된다(낮 미사).

'주님의 종'의 넷째 노래

13 보라, 나의 종은 성공을 거두리라.
그는 높이 올라 숭고해지고 더없이 존귀해지리라.
14 그의 모습이 사람 같지 않게 망가지고
그의 자태가 인간 같지 않게 망가져
많은 이들이 그를 보고 질겁하였다.
15 그러나 이제 그는 수많은 민족들을 놀라게 하고
임금들도 그 앞에서 입을 다물리니
이제까지 알려지지 않은 것을 그들이 보고
들어 보지 못한 것을 깨닫기 때문이다.

53 1 우리가 들은 것을 누가 믿었던가?
주님의 권능이 누구에게 드러났던가?
2 그는 주님 앞에서 가까스로 돋아난 새순처럼,
메마른 땅의 뿌리처럼 자라났다.
그에게는 우리가 우러러볼 만한 풍채도 위엄도 없었으며
우리가 바랄 만한 모습도 없었다.
3 사람들에게 멸시받고 배척당한 그는
고통의 사람, 병고에 익숙한 이였다.
남들이 그를 보고 얼굴을 가릴 만큼
그는 멸시만 받았으며 우리도 그를 대수롭지 않게 여겼다.

4 그렇지만 그는 우리의 병고를 메고 갔으며
우리의 고통을 짊어졌다.

52,15 로마 15,21. 53,1 로마 10,16; 또한 요한 12,38 참조. 53,4 마태 8,17; 또한 1베드 2,24 참조.

52,13-53,12. 네 번째 "노래"에서는 종이 그의 고통에도 이룰 승리가 제시되고(52,13-15 참조), 이어서 그의 수난과 그 의미가 전해지며(53,1-10 참조) 마지막으로 다시 그의 고통으로 얻어진 승리를 보여 준다(53,11-12 참조). 그의 운명에서, 백성이 약속된 땅을 상속받을 수 있도록 느보산에서 숨을 거두는 위대한 모세와(신명 34,1-5 참조) 예레미야와 에제키엘처럼 그의 뒤를 따라 자신의 몸에 이스라엘의 죄를 짊어졌던 예언자들의 이야기를 되짚어 볼 수 있다(예레 20,7; 37,15; 에제 3,24-5,1; 24,15-17 참조). 깨달음을 얻은 백성에게는 성령께서 머무실 것이며 그들은 새로운 생명을 얻을 것이다(예레 31,33; 에제 36,24-28 참조). 욥이 죄 없이 매를 맞고(욥 2,10 참조) 이에 동요하지만(2,12 참조) 마지막에는 완전한 전구자가 되었듯이(42,8 참조) 종도 그러하며, 다른 한편으로는 임금과 같은 면모를 보인다. 그는 히즈키야와 같이 주님의 도우심을 받고, 고통을 받지만 다시 회복되며(이사 38장 참조) 다윗 왕조의 운명을 진다. 그러한 역할은 여호야킨에게서 나타나고(2열왕 24,12; 25,27-30 참조) 최종적으로는 예수님에게서 나타난다(요한 19,14 참조). 백성을 굴복시킨 죽음 안으로 들어감으로써 백성에게 구원을 가져다주는 것은 참으로 임금의 사명이다. 이사야는 그 자신의 이름 '여사야후'로 "주님께서 구원하신다."라고 말한다. 그 구원은 예수, 히브리어로 '여호수아' 안에서 이루어진다.

✠ 52,13-53,12. 이미 언급한 여러 이유들로, 주님의 종의 넷째 노래는 성금요일 전례에서 선포된다. 병자 성사 예식과 고해성사 예식에서도 환자와 참회자의 고통을 그리스도의 수난과 부활에 연결하며 이 본문을 독서에 포함시켰다.

52,13. 종은 (아람어 번역본 타르굼에서는 "메시아") 다윗과(1사무 18,14 참조) 히즈키야처럼(2열왕 18,7ㄱ 참조) "성공을 거두리라." 이는 주님의 율법을 준수하는 임금에게 보증된 것이었다(여호 1,7-8; 1열왕 2,3 참조). 그는 스스로 높아지는 것이 아니라 하느님에게서 영광을 받는다(이사 2,11; 3,16 참조).

52,14ㄱ. 임금은 보통 용모가 아름답다(1사무 9,2; 17,42 참조).

52,14ㄷ. 이 표현이 임금에게 적용된 것은(에제 26,16; 27,35 참조) 궁중 문체에 속한 것으로 보인다.

53,2. (새) 대중 라틴말 성경처럼 "새순"으로 번역된 히브리어 단어는 "젖먹이" 곧 "후손"도 뜻한다. 이 단어의 여성형으로 쓰인 단어는 더 자주 "새싹"의 의미로 번역한다(욥 8,16; 14,7; 15,30; 시편 80,12; 호세 14,7 참조). 그 단어를 에제 17,22에서 임금에게 적용했다. 그가 "주님 앞에서" 자라난다는 것은 축복받은 상태를 생각하게 하므로, "메마른 땅"에 대한 언급과 모순되게 보인다. "뿌리"의 표상은 이사 11,1.10을 다시 취한다.

그런데 우리는 그를 벌받은 자,
하느님께 매 맞은 자, 천대받은 자로 여겼다.
5 그러나 그가 찔린 것은 우리의 악행 때문이고
그가 으스러진 것은 우리의 죄악 때문이다.
우리의 평화를 위하여 그가 징벌을 받았고
그의 상처로 우리는 나았다.
6 우리는 모두 양 떼처럼 길을 잃고
저마다 제 길을 따라갔지만
주님께서는 우리 모두의 죄악이
그에게 떨어지게 하셨다.
7 학대받고 천대받았지만
그는 자기 입을 열지 않았다.
도살장에 끌려가는 어린양처럼
털 깎는 사람 앞에 잠자코 서 있는 어미 양처럼
그는 자기 입을 열지 않았다.
8 그가 구속되어 판결을 받고 제거되었지만
누가 그의 운명에 대하여 생각해 보았던가?
정녕 그는 산 이들의 땅에서 잘려 나가고
내 백성의 악행 때문에 고난을 당하였다.
9 폭행을 저지르지도 않고
거짓을 입에 담지도 않았건만
그는 악인들과 함께 묻히고
그는 죽어서 부자들과 함께 묻혔다.

10 그러나 그를 으스러뜨리고자 하신 것은 주님의 뜻이었고
그분께서 그를 병고에 시달리게 하셨다.
그가 자신을 속죄 제물로 내놓으면
그는 후손을 보며 오래 살고
그를 통하여 주님의 뜻이 이루어지리라.

11 그는 제 고난의 끝에 빛을 보고
자기의 예지로 흡족해하리라.
의로운 나의 종은 많은 이들을 의롭게 하고
그들의 죄악을 짊어지리라.
12 그러므로 나는 그가 귀인들과 함께 제 몫을 차지하고
강자들과 함께 전리품을 나누게 하리라.
이는 그가 죽음에 이르기까지 자신을 버리고

53,5 50,5-6. 53,6 1베드 2,25. 53,7 사도 8,32-33; 또한 예레 11,19; 요한 1,29 참조. 53,9 1베드 2,22; 묵시 14,5. 53,11 애가 5,7. 53,12 루카 22,37.

53,5. "찔린"(곧 "살해된")으로 번역한 단어는 아람어 번역본 타르굼과 아퀼라의 그리스어 번역본에서처럼(히브리어 단어에서 다른 모음을 전제하여) "모독된", "더럽혀진"으로도 옮길 수 있다(에제 36,23 참조).

53,5. "평화"(자구적으로) 또는 "구원" 54,10 참조.

53,8. "운명" 또는 "후손" 마지막 행은 번역하기 어렵다. 자구적으로는 "내 백성의 악행 때문에, 그들에게 (예정된) 재앙"으로 옮길 수 있다.

53,9. 이 구절도 이해하기 어려우며 자구적으로는 "죽을 때 악인들과 부자와 함께 자신의 무덤에 묻혔다."로 옮길 수 있다. 종은 아주 단순하고 비천한, 악인들과 같은 장례를 받아들인다(악인들과 부자들이 함께 결합된 예는 시편 49,6-7.11; 미카 6,10-12 참조).

53,10. 히브리어 본문에서는 주님의 개입을 강조한다. 일어난 모든 일 이면에는 주님의 계획이 있다. 그분께서 종에게 불의하게 겪은 자신의 고난을 받아들이게 하시며, 그것은 이스라엘이 하느님께 저지른 악행들을 갚는 제물이 된다(레위 5장 참조). "내놓으면"이라는 드문 동사는 아브라함이 이사악을 제단 위에 "놓은" 행동을 연상시킨다(창세 22,9 참조).

53,11. "빛"은 첨가된 단어로, 고대 그리스어 번역본과 쿰란에서 나타난다. 히브리어 본문은 이렇게 이해할 수 있다. "내적으로 고통을 겪은 후에 만족하게 되리라. 의로운 나의 종은 자기의 예지로…" 태어나는 후손을 보면서(10절), 그의 고통은 출산의 "진통"이 된다(어근 '아말'은 59,4에서도 이러한 의미를 갖는다). 자신의 완고함 때문에 보지 못하는 눈먼 백성의 아들인 그는(6,10 참조) 마침내 보게 된다. 다음 구절도 여러 가지로 해석된다. 첫 부분에 다시 연결된다는 점을 고려하면(52,13-14 참조) 아마도 이렇게 번역하게 된다. "내 종은 많은 이들 앞에서 의롭게 나타날 것이다.

무법자들 가운데 하나로 헤아려졌기 때문이다.
또 그가 많은 이들의 죄를 메고 갔으며
무법자들을 위하여 빌었기 때문이다.

예루살렘의 번창

54 1 환성을 올려라, 아이를 낳지 못하는 여인아!
기뻐 소리쳐라, 즐거워하여라, 산고를 겪어 보
지 못한 여인아!
버림받은 여인의 아들들이
혼인한 여인의 아들들보다 많을 것이다.
주님께서 말씀하신다.
2 너의 천막 터를 넓혀라.
네 장막의 휘장을 아낌없이 펼쳐라.
네 천막 줄을 길게 늘이고
말뚝을 단단히 박아라.
3 네가 좌우로 퍼져 나가고
네 후손들이 뭇 나라를 차지하여
황폐한 성읍들에 자리 잡을 것이나.

예루살렘에 대한 주님의 사랑

4 두려워하지 마라. 네가 부끄러운 일을 당하지 않으리라.
수치스러워하지 마라. 네가 창피를 당하지 않으리라.
네 젊은 시절의 부끄러움을 잊고
네 과부 시절의 치욕을 네가 다시는 회상하지 않으리라.
5 너를 만드신 분이 너의 남편
그 이름 만군의 주님이시다.
이스라엘의 거룩하신 분이 너의 구원자
그분께서는 온 땅의 하느님이라 불리신다.
6 정녕 주님께서는 너를
소박맞아 마음 아파하는 아내인 양
퇴박맞은 젊은 시절의 아내인 양 다시 부르신다.
너의 하느님께서 말씀하신다.

54,1 갈라 4,27. 54,3 에제 36,33.

54. 종을 통하여 얻어진 평화는 예루살렘을 새로 태어나게 한다. 여기서는 마치 여인에게 말하듯이 예루살렘을 향해 말한다(49,14-23과 51,17-52,2 참조). 이 본문은 세 단락으로 나뉜다. 첫째와 둘째 단락에는 세 번에 걸쳐 권고가 있고(1절, 2-3절, 4-8절) 그 동기가 제시된다(아이를 낳지 못하는 여인이 환성을 올려야 하고, 천막 터를 넓혀야 하고, 두려워하지 말아야 한다. 아들들이 올 것이고 자리가 없으며 남편이 돌아오고 있기 때문이다). 셋째 단락에서는 세 가지 새로운 약속이 주어진다(11-12절, 13-14절, 15-17절). 이들은 다시 예루살렘을 격려한다(도성은 아름답고 의롭고 안전할 것이다).

그는 그들의 불의를 짊어졌었다."

53,12ㄱ. 고대 그리스어 번역본과 대중 라틴말 성경을 따라 "그러므로 그는 많은 이를 차지하리라."로 옮기기도 한다.

53,12. "자신을 버리고"는 히브리어 본문의 번역이다. 고대 그리스어 번역본은 동사 '파라디도미'("내어 주다"의 신적 수동태)를 사용한다. 아마도 이 규절에서 영감을 받아 복음서 저자들은 예수님의 수난에 관련하여 그리스어로 동사 "내어 주다"를 사용했을 것이다. 라틴어 번역본들은 동사 'trado'를 사용하는데, 이것은 유다가 예수님을 "배반"(라틴어 traditio)한 것의 기원이 된다.

54,1. 사라, 레베카, 라헬은 아이가 없었으나 이제 아기를 낳는 시온의 예표가 된다(창세 11,30; 25,21; 29,31 참조). 겪어 보지 않은 산고를 겪을 때 시온은 종에게 도움을 받는다(이사 53,11 참조). "주님께서 말씀하신다"는 이 단락의 부분들을 구분해 준다("너의 하느님께서 말씀하신다", "네 구원자이신 주님께서 말씀하신다", "주님께서 말씀하신다" 6.8.10절 참조).

54,6ㄷ. 이 부분의 번역은 가설적이다. 우리말 성경은 고대 그리스어 번역본과 (새) 대중 라틴말 성경처럼 앞 행에 이어 평서문으로 옮긴다. 하지만 앞 행과 분리하고 의문문으로 보아 "…마음 아파하는 아내인 양 다시 부르신다. 젊은 시절에 혼인한 아내가 퇴박을 맞겠느냐?"로 번역하기도 한다. 주님께서는 당신 아내인 이스라엘에게 돌아오신다. 에제 23장; 호세 1-3장 참조.

54,9-10. 앞에서의 보증들은 종을 통하여 마침내 다시 맺어진 계약의 약속으로 이르게 된다(42,6; 49,8; 53,5 참조). 혼인의 표상은 계약으로 맺어진 상호 소속의 유대에 잘 부합된다.

54,11. 석류석과 청옥은 건축용 돌이면서 또한 값진 돌이다.

54,17. 예루살렘이 누릴 은총은 특히 "종들"로 일컬어지는 이들에게 주어진다. 그들은 종의 모범을 간직한 이들이다(56,6; 63,17; 65,8.13-15 참조).

7 "내가 잠시 너를 버렸지만
크나큰 자비로 너를 다시 거두어들인다.
8 분노가 북받쳐
내 얼굴을 잠시 너에게서 감추었지만
영원한 자애로 너를 가엾이 여긴다."
네 구원자이신 주님께서 말씀하신다.

9 "이는 나에게 노아의 때와 같다.
노아의 물이 다시는 땅에 범람하지 않으리라고
내가 맹세하였듯이
너에게 분노를 터뜨리지도 너를 꾸짖지도 않겠다고
내가 맹세한다.
10 산들이 밀려나고
언덕들이 흔들린다 하여도
나의 자애는 너에게서 밀려나지 않고
내 평화의 계약은 흔들리지 아니하리라."
너를 가엾이 여기시는 주님께서 말씀하신다.

새 예루살렘

11 너 가련한 여인아, 광풍에 시달려도 위로받지 못한 여인아.
보라, 내가 석류석을 너의 주춧돌로 놓고
청옥으로 너의 기초를 세우리라.
12 너의 성가퀴들을 홍옥으로,
너의 대문들을 수정으로,
너의 성벽을 모두 보석으로 만들리라.
13 너의 아들들은 모두 주님의 제자가 되리라.
또 네 아들들의 평화가 넘치리라.
14 너는 의로움으로 굳건히 세워지고
압박에서 풀려나리니 네가 두려워할 일이 없으리라.
또 공포에서 풀려나리니 그것이 너에게 닥쳐오지 아니하리라.
15 누가 너를 공격한다면 그것은 나에게서 나온 것이 아니다.
누구든 너를 공격하는 자는 너로 말미암아 쓰러지리라.
16 보라, 내가 대장장이를 창조하였으니
그가 숯불을 피워
제가 쓸 무기를 만들어 낸다.
나는 또 파멸시키기 위한 파괴자도 창조하였다.
17 너를 치려고 만들어진 어떤 무기도 소용이 없고

54,8 49,10; 예레 31,3. 54,9 창세 9,12.17. 54,13 요한 6,45.

재판에서 너를 거슬러 일어난 혀들은 네가 모두 패소시키리라.
이것이 주님의 종들을 위한 상속 재산이며
그들이 나에게서 받을 승리다.
주님의 말씀이다.

마지막 초대

55 1 자, 목마른 자들아, 모두 물가로 오너라.
돈이 없는 자들도 와서 사 먹어라.
와서 돈 없이 값 없이
술과 젖을 사라.
2 너희는 어찌하여 양식도 못 되는 것에 돈을 쓰고
배불리지도 못하는 것에 수고를 들이느냐?
들어라, 내 말을 들어라. 너희가 좋은 것을 먹고
기름진 음식을 즐기리라.
3 너희는 귀를 기울이고 나에게 오너라.
들어라. 너희가 살리라.
내가 너희와 영원한 계약을 맺으리니
이는 다윗에게 베푼 나의 변치 않는 자애이다.
4 보라, 내가 그를 민족들을 위한 증인으로,
민족들의 지배자와 명령자로 만들었다.

5 보라, 네가 알지 못하는 나라를 네가 부르고
너를 알지 못하는 나라가 너에게 달려오리니
주 너의 하느님
이스라엘의 거룩하신 분
그분께서 너를 영화롭게 하신 까닭이다.

6 만나 뵐 수 있을 때에 주님을 찾아라.
가까이 계실 때에 그분을 불러라.
7 죄인은 제 길을,
불의한 사람은 제 생각을 버리고
주님께 돌아오너라. 그분께서 그를 가엾이 여기시리라.

55,1. 물은 하느님 성령의 표지이다. 32,15; 44,3; 요한 4,10; 7,38-39 참조.

55,3. 목마름을 풀어 주고 양식이 되는 술과 젖은(1절) 모든 이들에게 주어지는 계약과 주님과의 진교의 상징이다. 유배 중에는 파기된 것으로 보였던 계약은 노아, 아브라함, 다윗과 맺으신 계약과 마찬가지로 "영원한" 것으로 드러난다(창세 9,12; 17,7; 2사무 7,16.24 참조).

55,4. "다윗"은 43,9에서의 이스라엘과 마찬가지로 "증인"으로 규정된다. 다윗은 더 이상 단순한 이사이의 아들이 아니라 백성 전체를 나타내며, 고대 임금에게 주어졌던 은혜들이 그들에게 주어진다. 이스라엘은 민족들 사이에서 다윗이 자신의 민족을 위해 했던 역할을 하게 된다.

55,5. "너"는 이스라엘에게 적용된다(다윗의 모습으로 인격화되었다).

55,1 잠언 9,1-6. 55,3 사도 13,34. 55,5 2,2. 55,6 시편 105,4; 아모 5,4.

55. 이 장은 40-54장을 요약하며 특히 40장에 연결된다. 하느님의 말씀은 영원히 변치 않으신다(10-11절. 40,6-8 참조). 그 말씀이 새로운 이집트 탈출을 가능하게 한다(12-13절. 40,3-5 참조). 과거에 주님의 백성이 그랬듯이, 광야에 있는 사람은 누구나 계약으로 보증된 새 생명을 얻을 수 있고 이스라엘은 그 계약의 중개자가 된다(1-5절). 역사 안에서 하느님의 길들은 이해할 수 없는 것으로 보이지만, 그럼에도 회개하는 모든 이들에게 주어지는 그분의 자비를 드러내고 있다(6-9절).

우리 하느님께 돌아오너라. 그분께서는 너그러이 용서하
신다.

8 내 생각은 너희 생각과 같지 않고
너희 길은 내 길과 같지 않다.
주님의 말씀이다.
9 하늘이 땅 위에 드높이 있듯이
내 길은 너희 길 위에,
내 생각은 너희 생각 위에 드높이 있다.
10 비와 눈은 하늘에서 내려와
그리로 돌아가지 않고
오히려 땅을 적시어
기름지게 하고 싹이 돋아나게 하여
씨 뿌리는 사람에게 씨앗을 주고
먹는 이에게 양식을 준다.
11 이처럼 내 입에서 나가는 나의 말도
나에게 헛되이 돌아오지 않고
반드시 내가 뜻하는 바를 이루며
내가 내린 사명을 완수하고야 만다.

맺음말

12 정녕 너희는 기뻐하며 떠나고
평화로이 인도되리라.
산과 언덕들은 너희 앞에서 기뻐 소리치고
들의 나무들은 모두 손뼉을 치리라.
13 가시덤불 대신 방백나무가 올라오고
쐐기풀 대신 도금양나무가 올라오리라.
이 일은 주님께 영예가 되고
결코 끊어지지 않는 영원한 표징이 되리라.

55,10 2코린 9,10. 55,13 41,19.

이사야 예언서 제3부

이방인들에게 내린 약속

56 1 주님께서 이렇게 말씀하신다.
"너희는 공정을 지키고 정의를 실천하여라.
나의 구원이 가까이 왔고
나의 의로움이 곧 드러나리라."

2 행복하여라, 이를 실천하는 사람!
이를 준수하는 인간
안식일을 지켜 더럽히지 않는 이
어떤 악행에도 손을 대지 않는 이.

3 주님을 따르는 이방인은 이렇게 말하지 마라.
"주님께서는 나를 반드시 당신 백성에게서 떼어 버리시리라."
그리고 고자도
"나는 마른 장작에 지나지 않는다." 고 말하지 마라.
4 정녕 주님께서 이렇게 말씀하신다.
"나의 안식일을 지키고
내가 좋아하는 것을 선택하며
나의 계약을 준수하는 고자들에게는
5 나의 집과 나의 울안에
아들딸들보다 나은 기념비와 이름을 마련해 주리라.
나는 그들에게 결코 끊어지지 않을 영원한 이름을 주리라.
6 주님을 섬기고 주님의 이름을 사랑하며
주님의 종이 되려고
주님을 따르는 이방인들,
안식일을 지켜 더럽히지 않고

56,1-66,24. 이 책 제1부와 제2부에 있는 예언의 메시지는 여기서 새로운 의미들로 다시 나타난다. 바빌론의 멸망은 구원의 최종적 도래가 아니라 새 하늘과 새 땅을 미리 맛본 것에 불과하다. 이스라엘의 남은 자들은 종의 증언을 받아들이는 모든 이들과 함께, 다른 민족들과 더불어 주님의 영광에 참여할 것이다. 지금 그들은 아직도 백성 안에 자리 잡은 악의 현실에 맞서 인내하고 있다.

56,1.6-7. 이 단락의 보편주의는 가해 연중 제20주일에 예수님께서 그 위대한 신앙을 칭찬하신 가나안 여인에 관한 복음서 단락과 함께 읽는다(마태 15,21-28).

56,1-8. 종에 의해 다시 맺어진 계약은 한 종족에게만 매여 있지 않다. 고자와 외국인도(이들은 후손을 바랄 수 없다) 주님을 사랑하고 정의의 계명들을 준수함으로써 사제인 민족에 결합될 수 있고(탈출 19,6 참조), 사제들과 같이 성전에 들어갈 수 있다(이사 2,1-5 참조). 이 책 마지막 부분에서는(이사 66,18ㄴ-24 참조) 이 단락의 보편적 개방성을 다시 상기한다.

56,1. 이미 40,5에서 약속된 주님의 계시를 위해서는 정의를 실천할 것이 요구된다(1,27; 5,16; 9,6 참조).

56,5. "기념비"는 히브리어 단어 '얏'의 여러 의미 가운데 하나이다(2사무 18,18의 주 참조). 히브리어 '얏 와셈'("기념비와 이름")은 나치에 의한 민족 학살의 모든 희생자들을 기념하여 예루살렘에 세워진 장소의 이름으로 선택되었다.

56,6. 56-66장에서는 "종들"이라는 명칭이 되풀이되는데, 이는 종의 증언을 이스라엘 안에서 이어가는 이들에게 적용된다. 54,17의 주 참조.

나의 계약을 준수하는 모든 이들.
7 나는 그들을 나의 거룩한 산으로 인도하고
나에게 기도하는 집에서 그들을 기쁘게 하리라.
그들의 번제물과 희생 제물들은
나의 제단 위에서 기꺼이 받아들여지리니
나의 집은 모든 민족들을 위한 기도의 집이라 불리리라."

56,7. 이 책 제3부에서 구원으로 이루어진 새로운 상태는 자주 새로운 이름의 선포를 통해 표현된다. 58,12; 60,14.18; 61,3.6; 62,2.4.12; 65,15 참조.

8 쫓겨 간 이스라엘 사람들을 모으시는
주 하느님의 말씀이다.
"나는 이미 모아들여진 이들 말고도
다시 더 모아들이리라."

56,8. 주님께서는 유다의 유배 간 이들을 모으신 다음(40,11 참조) 모든 민족들을 모으실 것이다. 66,18; 요한 10,16 참조.

이스라엘의 부패한 지도자들

9 들짐승들아, 숲의 짐승들아
모두 와서 잡아먹어라.
10 그의 파수꾼들은 모두 눈이 먼 자들
아무것도 모르는 자들.
모두 벙어리 개들
짖지도 못하는 것들.
드러누워 꿈이나 꾸고
졸기나 좋아하는 자들이다.
11 게걸스러운 개들
그들은 만족할 줄 모른다.
목자라는 자들이
알아듣지도 못한다.
모두 제 길만 쫓아가고
저마다 예외 없이 제 이익만 쫓아간다.
12 "오너라. 내가 술을 가져올 터이니
우리 독한 것으로 마시자.
내일도 오늘과 같으리니
더할 나위 없이 좋으리라."

56,10. "파수꾼"과 "꿈이나 꾸고"로 번역한 히브리어 단어들은 거짓 예언자들, "선견자들"을 연상시킨다(29,10 참조).

의인의 죽음의 뜻

57
1 의인이 사라져 가도
마음에 두는 자 하나 없다.

56,7 마태 21,13; 사도 8,27; 필리 4,18. 56,9 예레 12,9-10. 56,11 에제 34,2-8.

56,9-57,13. 이 부분은 혈연으로 선택된 민족에 속함을 자랑하는 이들의 상황을 고찰한다. 지도자들은 계속해서 의인의 권리를 무시한다(56,9-57,2 참조). 반면 우상 숭배는 주님과의 관계를 무너뜨린다(57,3-13 참조). 들짐승들 곧 침략자들은 올바른 신앙으로 하느님을 신뢰하는 이들에게 땅을 넘겨줄 것이다(56,9; 57,13 참조).

알아보는 자 하나 없이
성실한 사람들이 죽어 간다.
그러나 의인은 재앙을 벗어나 죽어 가는 것이니
2 그는 평화 속으로 들어가고
올바로 걷는 이는
자기 잠자리에서 편히 쉬리라.

이스라엘의 우상 숭배

3 너희 점쟁이의 자식들아
간통하는 남자와 매춘부의 종자야
이리 오너라.
4 너희가 누구를 조롱하느냐?
너희가 누구에게 입을 크게 벌리고
혀를 내미느냐?
너희 자신이 죄악의 자식들이며
거짓의 종자가 아니냐?
5 너희는 참나무들 사이에서,
온갖 푸른 나무 아래에서 정욕을 불태우고
이 골짜기 저 골짜기에서,
갈라진 바위 밑에서 자식들을 죽여 제물로 바친다.

6 골짜기의 매끈한 돌들이 너의 몫
바로 그것들이 너의 차지다.
그것들에게 너는 술을 부어 바치고
곡식 제물을 올렸다.
내가 이런 것들로 만족해야 하겠느냐?
7 너는 높이 솟은 산 위에
네 잠자리를 펴고
희생 제물을 바치려고
그리로 올라갔다.
8 너는 문과 문설주 뒤에
너의 기념상을 모셔 놓았다.
정녕 너는 나를 버리고서
옷을 벗고 네 잠자리로 올라가 자리를 넓게 폈다.
너는 네가 잠자리를 같이하고 싶어 하는 자들과
약조를 맺고 그 손을 바라보았다.
9 너는 기름을 가지고 멜렉에게로 가서
너의 향료를 아끼지 않았다.

57,3 48,1. 57,5 예레 3,6. 57,9 28,15; 잠언 5,5; 7,27.

57,2. "의인"은 어떤 점에서 의롭고 억압을 받으며 다시 회복되는 종의 운명을 닮는다(53,11 참조). 그에게는 사후 삶에 대한 믿음을 표현하는 것으로 보이는 약속이 주어진다(지혜 3,3-9; 4,7; 다니 12,2-3.13 참조).

57,3. 유다와 타마르를 암시한다. 48,1 참조.

57,4. 의인에 대한 박해를 언급한 다음(1절), 이제는 주님을 대상으로 하는 조롱을 꾸짖는다(37,23 참조). "거짓의 종자"는 실상 우상을 숭배하는 이들에게서 태어난 후손이다("거짓"은 우상을 가리킨다).

57,5. 첫 구절에서 히브리어 동사 '하맘'("[감정이] 불타오르다"-"위로를 찾다")과 목적어 '엘림'("참나무들"-"신들")은 이중적 의미를 지니면서 언어유희를 한다. 나무에서 신들(우상들)에게 문의하는 것은(창세 35,8; 판관 9,37 참조) 주님을 배반하는 것과 같다(호세 1,2; 4,12-13 참조). 골짜기에서는 아마도 신탁을 받기 위하여 기다리는 예식을 행했을 것이다. 이사 65,4 참조.

57,6ㄱ. 우상 숭배 예식을 위하여 물기로 내려가는 백성은 그들의 참된 "몫"인 주님을 잃어버리게 된다(신명 32,9; 시편 16,5 참조).

57,6ㅁ. "만족해야 하겠느냐?" 백성이 받아야 할 벌에 대하여 주님께서 요엘 2,13과 아모 7,3.6처럼 생각을 바꿀 수 있으심을 시사한다.

57,7. 주님께 예배를 드린다고 생각하지만 실제로는 우상을 섬기는(예레 7,30; 에제 8,9-16; 23,37-39 참조) 거룩한 산을 암시하는 것일 수 있다(13절 참조).

57,8. 문설주에 율법의 말씀들을 써 놓는 것이 아니라(신명 6,9 참조) 창녀의 집을 표시하는 표지를 붙여 놓는다. "기념상"('지카론')이라는 히브리어는 "남자"('자카르')를, 남성의 상징을 연상시킨다(에제 16,17 참조). 계약을 저버리면서 대가 또는 봉사를 협상하는 것이다(에제 16,31-34 참조).

57,9. 저승의 "임금"('멜렉')은 몰

록이다. 그에게는 사람을 제물로 바치며(5절), 신비적인 만남을 위해 전령들을 보내야 한다. 멀리 있는(나무들에, 골짜기에, 산에, 그리고 저승에) 애인들을 위해 치장하는 창녀의 은유가 계속된다.

57,10. "손"이 "기운"을 나타내듯이 "길들"은 "힘"을 나타내는 것으로 보인다(잠언 31,3과 시편 138,5과 같이).

57,13. "네가 모은 우상들"은 여기에만 나오는 히브리어를 번역한 것이다. 아마도 동사 '카바츠'("모으다, 수집하다, 불러 모으다")에서 파생된 것으로, 우상들의 "모음"을 연상시킨다. 새 대중 라틴말 성경은 12절의 동사 "소용이 있다"를 고려하여 "이득"으로 옮긴다.

57,15. 제3부에서 "거룩하신 분"이라는 호칭은 여기와 60,9.14에만 사용한다(1,4과 40,25 참조). 하늘 높은 곳에 사시는 분이 "겸손한 이들" 곧 종과 같이(53,5.10 참조) 억눌리고 비천한 이들을 돌보신다. 66,1-2; 마태 5,3; 사도 17,25; 1테살 5,14 참조.

너는 사신들을 멀리까지 보내고
저승에까지 내려보냈다.
10 길을 많이 걸어 지쳤으면서도
"헛수고야." 하고 너는 말하지 않았다.
오히려 너는 네 손에 기운을 얻어
고단한 줄도 모르는구나.

11 누가 무섭고 두렵기에
너는 거짓말을 하고
나를 생각도 않으며
네 마음에 두지도 않느냐?
말없이 눈을 감아 준 내가 아니냐?
그랬더니 네가 나를 경외하지 않는구나.

12 내가 너의 의로움과
너의 행실들을 밝혀내리니
그것들은 너에게 소용이 없으리라.
13 네가 부르짖을 때
네가 모은 우상들이 너를 구하게 해 보아라.
바람이 그것들을 모두 쓸어 가 버리고
입김이 앗아 가 버리리라.
그러나 나에게 피신하는 자는 땅을 상속받고
나의 거룩한 산을 차지하리라.

위로의 말씀

14 그분께서 말씀하신다.
"쌓아 올려라, 쌓아 올려라, 길을 닦아라.
내 백성이 갈 길에서 걸림돌을 들어내어라."
15 드높고 뛰어나신 분, 영원히 좌정하여 계신 분
그 이름 '거룩하신 분'께서 정녕 이렇게 말씀하신다.
"나는 드높고 거룩한 곳에 좌정하여 있지만
겸손한 이들의 넋을 되살리고
뉘우치는 이들의 마음을 되살리려고
뉘우치는 이들과 겸손한 이들과 함께 있다.
16 나는 끝끝내 따지지 않고

57,10 예레 2,25. 57,14 62,10. 57,16 시편 103,9.

57,14-21. 이미 40,3에서 선포된 귀환 예고에서 새로운 측면이 강조된다. 이제는 길을 내는 것이 아니라 회개로 자신의 행동을 변화시켜야 한다. 약속은 모든 이들을 향하지 않고, 앞 단락에서 고발된 불의를 거부하는 이들만을 향한다.

끝까지 화를 내지 않는다.
넋들이, 내가 만든 혼들이
내 앞에서 힘을 잃을 것이기 때문이다.
17 나는 그들의 탐욕 죄 때문에 화가 나 그들을 치고
분노가 치밀어 내 얼굴을 가려 버렸다.
배신하여 제 마음의 길로 가 버린 그들.
18 나는 그들의 길을 보았다.
그러나 나는 그들의 병을 고쳐 주고 그들을 인도하며
그들에게 위로로 갚아 주리라.
또 그들 가운데 슬퍼하는 이들에게
19 나는 입술의 열매를 맺어 주리라.
멀리 있는 이들에게도 가까이 있는 이들에게도 평화, 평화!
— 주님께서 말씀하신다.—
나는 그들의 병을 고쳐 주리라.
20 그러나 악인들은 요동치는 바다와 같아
가만히 있지 못하니
그 물결들은 오물과 진창만 밀어 올린다.
21 악인들에게는 평화가 없다."
나의 하느님께서 말씀하신다.

57,19ㄱ. 자구적으로는 "입술의 열매를 창조하리라."이다. "입술의 열매"는 짐승을 바치는 제사를 대신하는 감사의 찬양이다(호세 14,3 참조). 이렇게 하여 슬퍼하는 이들이 하느님을 찬양하기 시작한다(마태 5,4 참조). 이 구절 다음에는 다른 말씀이 시작된다.

참된 단식

58 1 목청껏 소리쳐라, 망설이지 마라.
나팔처럼 네 목소리를 높여라.
내 백성에게 그들의 악행을,
야곱 집안에 그들의 죄악을 알려라.
2 그들은 마치 정의를 실천하고
자기 하느님의 공정을 저버리지 않는 민족인 양
날마다 나를 찾으며
나의 길 알기를 갈망한다.
그들은 나에게 의로운 법규들을 물으며
하느님께 가까이 있기를 갈망한다.

57,17 54,8. 57,19 루카 2,14; 사도 2,39; 에페 2,17; 히브 13,15. 57,20-21 48,22; 66,24; 에페 4,14; 유다 13.

58. 40-55장에 담긴 약속의 실현이 지체되는 데 항의하는 백성에게 예언자는 참된 신앙의 조건들을 채울 것을 요구한다. 그때야 이스라엘은 주님께서 가까이 계심을 체험하고(9ㄱ절) 폐허의 복구를 볼 것이며(12절) 자신의 상속 재산인 땅에 살게 될 것이다(14절). 하느님을 찾는 것은 이웃에 대한 관심과 결합되어 있을 때 진정한 것이다(마태 22,37-40 참조).

✠ 58,1-11. 이 본문은 그 내용 때문에 고해성사 예식의 독서에 포함된다. 7-10절은 가해 연중 제5주일에 세상의 소금이며 빛인 그리스도인에 관한 마태 5,13-16의 말씀과 함께 읽는다.

3 "저희가 단식하는데 왜 보아 주지 않으십니까?
저희가 고행하는데 왜 알아주지 않으십니까?"

보라, 너희는 너희 단식일에 제 일만 찾고
너희 일꾼들을 다그친다.
4 보라, 너희는 단식한다면서 다투고 싸우며
못된 주먹질이나 하고 있다.
저 높은 곳에 너희 목소리를 들리게 하려거든
지금처럼 단식하여서는 안 된다.
5 이것이 내가 좋아하는 단식이냐?
사람이 고행한다는 날이 이러하냐?
제 머리를 골풀처럼 숙이고
자루옷과 먼지를 깔고 눕는 것이냐?
너는 이것을 단식이라고,
주님이 반기는 날이라고 말하느냐?

6 내가 좋아하는 단식은 이런 것이 아니겠느냐?
불의한 결박을 풀어 주고
멍에 줄을 끌러 주는 것,
억압받는 이들을 자유롭게 내보내고
모든 멍에를 부수어 버리는 것이다.
7 네 양식을 굶주린 이와 함께 나누고
가련하게 떠도는 이들을 네 집에 맞아들이는 것,
헐벗은 사람을 보면 덮어 주고
네 혈육을 피하여 숨지 않는 것이 아니겠느냐?

8 그리하면 너의 빛이 새벽빛처럼 터져 나오고
너의 상처가 곧바로 아물리라.
너의 의로움이 네 앞에 서서 가고
주님의 영광이 네 뒤를 지켜 주리라.
9 그때 네가 부르면 주님께서 대답해 주시고
네가 부르짖으면 "나 여기 있다." 하고 말씀해 주시리라.
네가 네 가운데에서 멍에와
삿대질과 나쁜 말을 치워 버린다면
10 굶주린 이에게 네 양식을 내어 주고
고생하는 이의 넋을 흡족하게 해 준다면
네 빛이 어둠 속에서 솟아오르고

58,3-4 즈카 8,18-19. 58,5-6 즈카 7,5.9-10; 마태 6,16-18. 58,8 60,1; 욥 11,17. 58,9 65,12.24; 즈카 7,13.

58,3. 유배 후 시기에 잘 나타나는 단식은(에즈 8,21; 느헤 1,4; 9,1; 에스 4,3; 다니 9,3; 즈카 8,19 참조) 개인적으로나 사회적으로 중대한 위기 상황에서 주님의 용서와 도움을 얻기 위하여 행해졌다. 주님께서 고행하는 이를 보지 않으신다고 불평하는 백성의 항의는 말라 3,14-15에도 나타나며, 페르시아 통치 초기의 경제·사회적 어려움을 암시한다(하까 1,6.10-11; 2,16-17; 즈카 8,10 참조).

58,6. 참된 단식은 빚으로 종이 된 이들과 주님께서 해방하고자 하신 모든 이들의 해방을 동반한다(40-55장). 탈출 21,26-27; 신명 15,12-13; 시편 105,20; 146,7; 예레 34,8-10 참조.

58,7. "피하여 숨지 않는 것" 곧 "소홀히 하지 않는 것" 다시 해방을 얻은 이들은, 특히 친척의 경우 먹을 것과 머물 곳, 그리고 옷이 있어야 한다(마태 25,31-36 참조). "네 혈육"의 히브리어 본문은 "네 살의 사람들"이다.

암흑이 너에게는 대낮처럼 되리라.
11 주님께서 늘 너를 이끌어 주시고
메마른 곳에서도 네 넋을 흡족하게 하시며
네 뼈마디를 튼튼하게 하시리라.
그러면 너는 물이 풍부한 정원처럼,
물이 끊이지 않는 샘터처럼 되리라.
12 너는 오래된 폐허를 재건하고
대대로 버려졌던 기초를 세워 일으키리라.
너는 갈라진 성벽을 고쳐 쌓는 이,
사람이 살도록 거리를 복구하는 이라 일컬어지리라.

안식일

13 "네가 삼가 안식일을 짓밟지 않고
나의 거룩한 날에 네 일을 벌이지 않는다면
네가 안식일을 '기쁨'이라 부르고
주님의 거룩한 날을 '존귀한 날'이라 부른다면
네가 길을 떠나는 것과 네 일만 찾는 것을 삼가며
말하는 것을 삼가고 안식일을 존중한다면
14 너는 주님 안에서 기쁨을 얻고
나는 네가 세상 높은 곳 위를 달리게 하며
네 조상 야곱의 상속 재산으로 먹게 해 주리라."
주님께서 친히 말씀하셨다.

이스라엘의 죄악을 고발하다

59

1 보라, 주님의 손이 짧아 구해 내지 못하시는
것도 아니고
그분의 귀가 어두워 듣지 못하시는 것도 아니다.
2 오히려 너희 죄악이
너희와 너희 하느님 사이를 갈라놓았고
너희의 죄가 너희에게서 그분의 얼굴을 가리어
그분께서 듣지 않으신 것이다.
3 너희 손바닥은 피로,
너희 손가락은 죄악으로 더러워졌고

59,1-8. 숨는다는 것은 제2이사야의 메시지를 반향한다. 그는 이스라엘의 하느님을 '엘 미스타테르', "자신을 숨기시는 하느님"이라고까지 불렀었고(45,15 참조), 백성의 유배를 주님께서 진노하시어 잠시 당신 얼굴을 숨기신 때에 비유했다(54,8 참조). 제3이사야는 이를 다시 취한다(57,17과 64,6 참조). 그러나 59,2에서 예언자의 고찰에는 새로운 점이 있다. 그는 그 표현을 뒤집는다. 하느님께서 우리에게 당신 자신을 감추시는 것이 아니라, 우리 죄가 우리에게 그분의 얼굴을 감춘다. 임의적이고 이유가 없어 보이던 것이 이제는 이유가 있게 된다. 하느님은 언제나 그 자리에 계신다. 그분께서는 "나 여기 있다."고 말씀하시는 분이시다(52,6와 65,1 참조). 그러나 우리의 죄가 장막이 되어 우리와 하느님 사이를 가리고, 우리가 그분 얼굴의 "빛"을 감지하지 못하게 한다.

58,11 51,3. 58,12 44,26; 61,4. 58,13-14 56,2.4; 느헤 10,32; 13,15-22; 예레 17,21-25; 아모 8,5; 사도 1,12. 59,1 1,15; 50,2. 59,2 3,8. 59,3 6,5.

✠ 59,1-4.9-15. 이 단락 역시 구체적인 참회의 성격으로 인하여 고해성사 예식의 독서에 포함되었다.

📖 59,1-15ㄱ. 이 본문은 58장의 가르침을 보충한다. 구원을 체험하지 못하는 것은 죄 때문이다. 죄는 손, 입술, 혀, 발 등 몸의 모든 부분에 새겨져 있다(3.7절). 양식이 될 것이 죽음을 가져온다. 그들의 수치는 덮을 수 없다(5-6절). 고발에 이어 어둠과 눈멂 속에서 행한 자신들의 불의에 대한 고백과 탄식이 뒤따른다(9-15ㄱ절).

너희 입술은 속임수를 말하며
너희 혀는 불의를 지껄인다.
4 정의로써 소송을 제기하는 이가 없고
진실로써 재판하는 이가 없다.
헛된 것을 믿고 거짓을 이야기하며
재앙을 잉태하여 악을 낳는 자들뿐이다.
5 그들은 독사의 알을 까고
거미줄을 친다.
그 알을 먹는 자는 죽고
알이 깨지면 독사가 나온다.
6 그들이 쳐 놓은 줄은 옷이 되지 못하고
그들이 만든 것으로는 제 몸을 덮지 못한다.
그들의 행실들은 악한 행실일 뿐이고
그들의 손바닥에는 폭행만이 들어 있다.
7 그들의 발은 나쁜 짓 하러 달려가고
죄 없는 이의 피를 쏟으려고 서두른다.
그들의 생각들은 악한 생각일 뿐이고
그들의 행로에는 파멸과 파괴만이 있다.
8 그들은 평화의 길을 알지 못하고
그들의 길에 공정이란 없다.
그들이 자기네 길을 비뚤게 만들어
그 위를 걷는 자는 아무도 평화를 알지 못한다.

죄의 고백

9 그러므로 공정은 우리에게서 멀리 있고
정의는 우리에게 미치지 못한다.
우리가 빛을 바라건만 어둠만이 있고
광명을 바라건만 암흑 속을 걸을 뿐이다.
10 우리는 눈먼 이들처럼 담을 더듬는다.
눈이 없는 이들처럼 더듬는다.
대낮에도 캄캄한 듯 비틀거리고
몸은 건강하다고 하나 죽은 자들이나 마찬가지다.
11 우리 모두 곰처럼 으르렁거리고
비둘기처럼 슬피 울면서
공정을 바라건만 오지 않고
구원을 바라건만 우리에게서 멀리 있을 뿐이다.

59,9-15ㄱ. 숨음이라는 주제는 긍정적으로 "빛"의 주제를 연상시킨다(시편에서 말하는 "얼굴 빛" 시편 4,7; 44,4; 89,16 참조). 그러므로 예언자의 말을 반향하는 탄원에서는 숨음에서 빛으로 쉽게 옮겨 간다(9절).

59,9. "공정"과 "정의"는 인간의 행위라기보다 하느님의 속성들로 다루어지며, 거의 의인화된다. 이들은 백성의 죄 때문에 그들에게서 멀리 있어 "미치지" 못한다. 같은 내용이 14절에서 반복되어 수미쌍관을 이룬다.

59,4 26,18. 59,7-8 로마 3,15-17. 59,8 루카 1,79. 59,9 8,22; 58,10. 59,10 사도 17,27.

12 정녕 저희 악행이 당신 앞에 많고
저희 죄가 저희를 거슬러 증언합니다.
참으로 저희 악행이 저희와 함께 있고
저희 죄를 저희가 알고 있습니다.
13 저희가 주님을 거역하고 배신하였습니다.
저희 하느님께 등을 돌리고
억압과 반항을 이야기하였으며
거짓말을 품었다가 마음속에서부터 내뱉었습니다.
14 그래서 공정은 뒤로 물러나고
정의는 멀리 서 있어야 합니다.
정녕 진실은 장터에서 비틀거리고
정직은 들어오지도 못합니다.
15 진실은 자취를 감추고
악에서 떠난 이는 약탈을 당합니다.

주님의 오심

공정이 없음을
주님께서 보시고 언짢아하셨다.
16 그분께서는 한 사람도 없음을 보시고,
나서는 자가 하나도 없음을 보시고 놀라워하셨다.
그리하여 그분의 팔이 그분을 돕고
그분의 정의가 그분을 거들었다.
17 그분께서는 정의를 갑옷처럼 입으시고
구원의 투구를 머리에 쓰셨다.
응보의 옷을 입으시고
열정을 겉옷처럼 두르셨다.
18 그분께서는 저마다 그 소행대로 갚으시니
당신의 적들에게 분노하시고
당신의 원수들에게 보복하시리라.
섬들에게 보복하시리라.
19 해 지는 곳에서 주님의 이름을,
해 뜨는 곳에서 그분의 영광을 경외하리니
주님의 바람으로 휘몰아치는 급류처럼

59,15.16. "공정"과 "정의"는 앞 단락들에 연결된다(58,2; 59,8.9.11.14 참조).

59,16. "나서는 자가 하나도 없음을" 백성을 돌보는 지도자들이 없었다는 뜻이다(2열왕 14,26; 이사 53,12; 에제 22,30 참조).

59,19. "경외하리니" 히브리어에서 동사 "보다"와 "경외하다"의 일부 형태들은 매우 유사하다. 그래서 몇몇 사본들은 "경외하리니"로 되어 있고(고대 그리스어 번역본과 [새] 대중 라틴말 성경 포함), 다른 사본들은 "보리니"로 되어 있다.

59,17 지혜 5,17-20; 에페 6,13-17; 1테살 5,8. 59,18 35,4.

59,15ㄴ-21. 이 단락은 앞의 탄원에 대한 응답으로 주님의 개입을 예고한다. 전통적 표현에 따라(탈출 15,3 참조) 주님께서는 당신 백성을 구하시고 원수를 꺾으시는 전사의 모습으로 제시된다. 구원되는 이들이 "야곱 땅 사람들" 전체가 아니라 "악행에서 돌아선 야곱 땅 사람들"이라는 점이 강조된다. 60-62장에서는 의로운 백성만 언급하고, 65-66장에서는 회개하는 이들과 불의한 채 남아 있는 이들 사이의 구별을 명시한다. 이 본문은 63,1-6에서 다시 나타난다.

59,20. 회개의 필요성은 신명 4,30과 30,1-3에 따라 더 이른 시기의 가르침들을 되풀이한다(이사 6,10; 9,12; 19,22; 31,6; 44,22; 55,7 참조).

59,21. 주님께서는 이스라엘 후손들이 그들에게 주어진 영과 말씀으로(민수 11,29 참조) 계약 안에 머물고 다른 민족들도 거기로 이끌도록 개입하신다(이사 2,2-3; 56,6 참조). 이는 이미 종이 했던 일이다(이사 42,1.6 참조).

60,1. "비추어라." 시온을 향한 이와 유사한 권고가 51,17; 52,1-2; 54,1에 나타난다.

그분께서 오시기 때문이다.
20 그분께서는 시온에게,
악행에서 돌아선 야곱 땅 사람들에게 구원자로 오시리라.
주님의 말씀이다.

21 이것이 그들과 맺은 나의 계약이다. — 주님께서 말씀하
신다. — 네 위에 있는 나의 영과 내가 너의 입에 담아 준
나의 말이, 이제부터 영원히 네 입과 네 후손의 입, 그리고
네 자자손손의 입에서 떠나지 않을 것이다. 주님이 말한다.

예루살렘의 영광

60 1 일어나 비추어라. 너의 빛이 왔다.
주님의 영광이 네 위에 떠올랐다.
2 자 보라, 어둠이 땅을 덮고
암흑이 겨레들을 덮으리라.
그러나 네 위에는 주님께서 떠오르시고
그분의 영광이 네 위에 나타나리라.
3 민족들이 너의 빛을 향하여,
임금들이 떠오르는 너의 광명을 향하여 오리라.

4 네 눈을 들어 주위를 둘러보아라.
그들이 모두 모여 네게로 온다.
너의 아들들이 먼 곳에서 오고
너의 딸들이 팔에 안겨 온다.
5 그때 이것을 보는 너는 기쁜 빛으로 가득하고
너의 마음은 두근거리며 벅차오르리라.
바다의 보화가 너에게로 흘러들고
민족들의 재물이 너에게로 들어온다.
6 낙타 무리가 너를 덮고
미디안과 에파의 수낙타들이 너를 덮으리라.
그들은 모두 스바에서 오면서

59,20-21 로마 11,26-27. 59,20 1,27-28. 60,2 4,5; 58,10; 59,9. 60,4 49,12.18.22. 60,6 18,7; 23,18; 45,14; 하까 2,7-8; 즈카 14,14.

60. 이 본문은 주님에게서 빛을 받아(1-2.19-20절) 순례의 목적지가 된 예루살렘의 새로운 지위를 칭송한다. 흩어진 예루살렘 자녀들과 더불어 다른 민족들이 선물을 가지고 온다(1-9절). 그 민족들은 도성 건축을 위하여 일할 것이며(10-16절), 새로운 상황은 이전 상황보다 훨씬 더 훌륭할 것이다(17-22절). 주님의 빛은 그분의 충실한 이들의 의로움을 통해 빛날 것이며, 그들은 마침내 축복을 받을 것이다(21-22절. 2,1-5; 스바 3,9-10; 즈카 8,20-23 참조).

✠ 60,1-6. 금과 향의 상징, 무엇보다도 빛의 현존과 보편적인 초대와 응답의 개방성으로 인하여 이 단락은 주님 공현 대축일을 기념하기 위하여 선택되었다.

금과 유향을 가져와
주님께서 찬미받으실 일들을 알리리라.

7 케다르의 양 떼가 모두 너에게로 모여들리라.
느바욧의 숫양들이 너에게서 제물로 쓰여
그것들이 내 제단에서 합당한 제물로 바쳐지고
나는 내 영화로운 집을 더욱 영화롭게 하리라.

8 구름처럼 날아드는 저들,
제 보금자리로 돌아오는 비둘기처럼 날아드는 저들은 누
구냐?
9 정녕 섬들이 나를 기다리고
타르시스의 배들이 앞장서서
먼 곳에서 너의 아들들을 데려오는데
주 너의 하느님의 이름을 위하여
이스라엘의 거룩한 분을 위하여
은과 금을 함께 싣고 오니
내가 너를 영화롭게 하였기 때문이다.
10 이방인들이 너의 성벽을 쌓고
그들의 임금들이 너에게 시중들리니
내가 진노하여 너를 쳤지만
내 호의로 너를 가엾이 여겼기 때문이다.
11 너의 성문들은 늘 열려 있는 채
낮에도 밤에도 닫히지 않으리니
임금들의 인도 아래
민족들의 재물을 들여오기 위함이다.
12 너를 섬기지 않는 민족과 나라는 망하리라.
그런 민족들은 완전히 멸망하리라.
13 레바논의 영광이,
방백나무와 사철가막살나무와 젓나무가 다 함께 너에게 와서
내 성전 터를 영화롭게 하고
나는 내 발이 놓여 있는 곳을 영광스럽게 하리라.
14 너를 억누르던 자들의 자손들이
몸을 굽혀 너에게 오고
너를 멸시하던 자들이 모두
너의 발아래 엎드려
너를 '주님의 도성'
'이스라엘의 거룩하신 분의 시온'이라 부르리라.

60,7. "느바욧"은 성경 전통에 따르면 이스마엘의 후손인 아랍의 한 부족이다(창세 25,13; 28,9 참조). 나바테아인들과는 같은 이들이 아니다.

60,9. 51,5과 55,5을 되풀이한다. 타르시스의 배들은 귀한 상품들을 가지고 먼 곳에서 온다(2역대 9,21 참조).

60,10. 주님께서 자비를 베푸실 때(49,10 참조) 백성의 상황은 완전히 달라진다. 외국인들은 더 이상 그들을 지배하는 것이 아니라 그들을 섬기게 되고(49,23; 61,5 참조), 파괴하는 것이 아니라 건설하게 된다. 임금들은 억압하는 것이 아니라 선물을 가져온다.

60,11. 성문들은 18절에서 주어지는 이름을 받으며("찬미" 또는 "영광"), 종교적 의미를 지닌다. 성문에서 시작한 행렬이 성전에서 끝난다(62,10 참조).

60,14. 불행을 당하여 "소박맞은 이"(54,6), "아이를 낳지 못하는 여인"(54,1)이라 불리던 여인이 이제 선조들처럼(창세 17,5.15; 32,29 참조) 새 이름들을 받는다.

60,13 66,1; 에즈 5,8; 7,27; 에제 43,7.

15 네가 버림받고 미움 받아
지나는 사람조차 없었던 대신
이제 내가 너를 영원한 영예로,
대대의 기쁨으로 만들리라.
16 너는 민족들의 젖을 빨고
뭇 임금들의 젖을 빨리라.
그래서 너는 나 주님이 너를 구해 주는 이요
너의 구원자가 야곱의 장사임을 알게 되리라.

60,17. 새 성전에 사용되는 재료들은 솔로몬이 사용한 것보다 더 좋은 것이어야 한다(1열왕 5,32; 이사 54,12; 하까 2,9; 묵시 21,9-27 참조). 재건을 맡은 감독자들은 강제로 노동을 시키지 않는다(1열왕 5,27 참조). 모든 것이 평화와 조화 속에서 이루어질 것이기 때문이다.

17 내가 구리 대신 금을 들여오고
쇠 대신 은을 들여오리라.
나무 대신 구리를,
돌 대신 쇠를 들여오리라.
또 평화를 너의 감독자로,
정의를 너의 지배자로 세우리라.
18 다시는 너의 땅 안에서 폭력이라는 말이,
너의 영토 안에서 파멸과 파괴라는 말이 들리지 않으리라.
너는 너의 성벽을 '구원'이라,
너의 성문을 '찬미'라 부르리라.

19 해는 너에게 더 이상 낮을 밝히는 빛이 아니고
달도 밤의 광채로 너에게 비추지 않으리라.
주님께서 너에게 영원한 빛이 되어 주시고
너의 하느님께서 너의 영광이 되어 주시리라.
20 다시는 너의 해가 지지 않고
너의 달이 사라지지 않으리니
주님께서 너에게 영원한 빛이 되어 주시고
이제 네 애도의 날들이 다하였기 때문이다.

60,21-22. 지체된 것으로 보이는 때지만, 분명("때가 되면") 아브라함에게 하신 축복과 땅의 소유 약속이 이루어진다(창세 15,7.18; 18,18 참조).

21 너의 백성은 모두 의인들로서
영원히 이 땅을 차지하리라.
그들은 나를 영화롭게 하려고
내가 심은 나무의 햇순이며 내 손의 작품이다.
22 그들 가운데 가장 보잘것없는 이가 한 부족을 이루고
그들 가운데 가장 하잘것없는 이가 강대한 민족이 되리라.
나는 주님이다. 때가 되면 내가 이 일을 서둘러 이루리라.

60,16 탈출 11,2; 에즈 1,4.

구원의 기쁜 소식

61

1 주님께서 나에게 기름을 부어 주시니
주 하느님의 영이 내 위에 내리셨다.
주님께서 나를 보내시어
가난한 이들에게 기쁜 소식을 전하고
마음이 부서진 이들을 싸매어 주며
잡혀간 이들에게 해방을,
갇힌 이들에게 석방을 선포하게 하셨다.
2 주님의 은혜의 해,
우리 하느님의 응보의 날을 선포하고
슬퍼하는 이들을 모두 위로하게 하셨다.
3 시온에서 슬퍼하는 이들에게
재 대신 화관을
슬픔 대신 기쁨의 기름을
맥 풀린 넋 대신 축제의 옷을 주게 하셨다.
그래서 사람들이 그들을 '정의의 참나무'
'당신 영광을 위하여 주님께서 심으신 나무'라 부르도록 하셨다.

4 그들은 옛 폐허들을 복구하고
오랫동안 황폐한 곳들을 다시 일으키리라.
폐허가 된 도시들,
대대로 황폐한 곳들을 새로 세우리라.

5 낯선 사람들이 나서서 너희의 양 떼를 치고
이방인들이 너희의 밭과 포도원에서 일하리라.
6 너희는 '주님의 사제들'이라 불리고
'우리 하느님의 시종들'이라 일컬어지리라.
너희는 민족들의 재물을 향유하고

61,1. 고대 그리스어 번역본은 갇힌 이들의 석방이 아닌 "눈먼 이들이 보게 됨"을 예고하고, 그대로 루카 4,18에 인용된다.

61,3. 시온의 운명을 슬퍼하는 이들에게 장례의 재('에페르')가 화관('페에르')으로 바뀐다(마태 5,4 참조). 당신 포도밭을 가꾸신 주님께서(이사 5,2 참조), 이사이의 후손과 마찬가지로(11,1 참조) "햇순"이라고 불리는(60,21) 시온의 자녀들에게 힘을 주신다.

61,1-2 루카 4,18-19; 마태 11,5. 61,1 40,9; 49,9. 61,2 레위 25,10. 61,4 44,26; 58,12.

✠ 61,1-11. 나해 대림 제3주일에 이 본문을(1-2ㄱ.10-11절) 요한 복음 서문에서 이야기하는 예수님께 대한 세례자 요한의 고백과 연결하여 읽는다(요한 1,6-8.19-28). 또한 성목요일 오전에 거행되는 성유 축성 미사와 견진 예식의 제1독서(1-3ㄹ.6ㄱㄴ.8ㄷ-9절)이기도 하다.

📖 61. 주님의 종에게 내렸던 영이(42,1 참조) 이제는 종의 제자인 예언자에게 내려 그가 종의 사명을 계속하게 한다. 성령의 선물이 수반되는 기름부음은 임금 또는 사제의 권위를 부여하고(탈출 28,41; 1사무 16,13; 이사 11,2 참조) 그것은 백성 전체에게 은혜가 된다. 그와 더불어 이스라엘 전체가 모든 민족들을 위하여 "사제들의 나라"(탈출 19,6)라는 자신들의 특성을 온전히 표현한다. 먼저 예언자가 말하고(1-7절) 이어서 주님께서 말씀하시며(8-9절), 다시 예언자가 백성의 이름으로 말한다(10-11절).

그들의 영화를 이어받으리라.

7 그들은 수치를 갑절로 받았고
치욕과 수모가 그들의 몫이었기에
자기네 땅에서 재산을 갑절로 차지하고
영원한 기쁨이 그들의 것이 되리라.
8 나 주님은 올바름을 사랑하고
불의한 수탈을 미워한다.
나는 그들에게 성실히 보상해 주고
그들과 영원한 계약을 맺어 주리라.
9 그들의 후손은 민족들 사이에,
그들의 자손은 겨레들 가운데에 널리 알려져
그들을 보는 자들은 모두
그들이 주님께 복 받은 종족임을 알게 되리라.

10 나는 주님 안에서 크게 기뻐하고
내 영혼은 나의 하느님 안에서 즐거워하리니
신랑이 관을 쓰듯
신부가 패물로 단장하듯
그분께서 나에게 구원의 옷을 입히시고
의로움의 겉옷을 둘러 주셨기 때문이다.
11 땅이 새순을 돋아나게 하고
정원이 싹을 솟아나게 하듯
주 하느님께서는 모든 민족들 앞에
의로움과 찬미가 솟아나게 하시리라.

새 예루살렘

62 1 시온 때문에 나는 잠잠히 있을 수가 없고
예루살렘 때문에 나는 가만히 있을 수가 없다,
그의 의로움이 빛처럼 드러나고
그의 구원이 횃불처럼 타오를 때까지.
2 그러면 민족들이 너의 의로움을,

61,7ㄴ. 자구적으로는 "치욕 때문이 아니라 그들의 운명 때문에 외치리라."이다.

61,8. 예언자의 사명은 종의 사명과 마찬가지로(42,6; 49,8 참조) 계명을 향하여 열려 있다. 노아와 아브라함과 맺으신 계약과 같이(창세 9,16; 17,7 참조) "영원한 계약"은 세대가 바뀌어도 다시 확인하거나 비준할 필요가 없다. 이사 55,3의 주 참조.

61,10. "겉옷"과 "관"은 사제의 복장을 묘사하는 데 사용하는 단어들이다(탈출 39,22.30 참조). 그래서 히브리어 본문은 "신랑이 관을 쓰듯"이라고 말한다. 이 절과 다음 절은 3절을 다시 취한다.

61,11. 자연의 주기가 멈추지 않는 것과 같이 선포된 약속들은 실현될 것이다. 55,10 참조.

62,1-12. 첫 번째 구원 약속은(1-5절) 예루살렘을 주님의 사랑받는 신부의 혼인 잔칫날 모습으로 묘사한다. 하느님의 침묵 시간은 끝났다. 그분께서는 도성에 대한 당신의 사랑을 선포하시고, 고통과 외로움은 지나갔다. 혼인하는 젊은이들의 표상이 보여 주듯이 시온에는 새로움이 흐른다. 이어서 파수꾼의 표상이 나오는데, 파수꾼은 예루살렘을 위한 탄원이 끊임없이 하느님께 오르도록 쉬지 말아야 하는 믿는 이들의 상징이다(6-7절). 대중 라틴말 성경은 메시아적 의미를 명시하는 표현을 사용한다. "그의 의인의 광채가 비치고 그의 구원자가 등불

61,7 욥 42,10. 61,8 40,10; 49,4; 62,11. 61,10 루카 1,47; 묵시 19,8; 21,2.

62. 이 장은 앞 단락에 연결되며, 기쁨과 구원이라는 모티브와 혼인의 표상을 다시 취한다. 예언자는 약속들이 성취될 때까지 선포를 그치지 않겠다고 다짐하며(1-5절), 파수꾼처럼(52,8 참조) 전구하는 다른 예언자들을 동참하게 한다(6-9절). 끝맺음에서는(10-12절) 다른 단락들의 결말들을 다시 강조한다(48,20-21; 52,11-12 참조).

✠ 62,1-5. 성탄 전야 미사에서는 이 본문을 제1독서로 택한다. 다해 연중 제2주일에도 카나의 혼인 잔치 때 예수님께서 행하신 "표징"과 연결지어(요한 2,1-11) 이 단락을 읽는다. 마지막 부분은(이사 62,11-12) 성탄 새벽 미사 때 읽는다.

임금들이 너의 영광을 보리라.
너는 주님께서 친히 지어 주실
새로운 이름으로 불리리라.
3 너는 주님의 손에 들려 있는 화려한 면류관이 되고
너의 하느님 손바닥에 놓여 있는 왕관이 되리라.
4 다시는 네가 '소박맞은 여인'이라,
다시는 네 땅이 '버림받은 여인'이라 일컬어지지 않으리라.
오히려 너는 '내 마음에 드는 여인'이라,
너의 땅은 '혼인한 여인'이라 불리리니
주님께서 너를 마음에 들어 하시고
네 땅을 아내로 맞아들이실 것이기 때문이다.
5 정녕 총각이 처녀와 혼인하듯
너를 지으신 분께서 너와 혼인하고
신랑이 신부로 말미암아 기뻐하듯
너의 하느님께서는 너로 말미암아 기뻐하시리라.
6 예루살렘아, 너의 성벽 위에
내가 파수꾼들을 세웠다.
그들은 낮이고 밤이고
잠시도 잠잠하지 않으리라.
주님의 기억을 일깨우는 자들아
너희는 쉬지 마라.
7 그분께서 예루살렘을 일으켜 세우시어
세상에서 칭송을 받게 하시기까지
너희는 그분을 쉬시게 하지 마라.

8 주님께서 당신의 오른손을 걸고,
당신의 힘센 팔을 걸고 맹세하셨다.
"내가 다시는 너의 곡식을
네 원수들의 양식으로 내주지 않으리라.
네가 수고하여 얻은 포도주를
다시는 이방인들이 마시지 않으리라.
9 곡식을 모아들인 이들이 그것을 먹고
주님을 찬미하리라.
포도주를 짜낸 이들이
그것을 내 성소의 뜰에서 마시리라."

10 나가라, 성문을 지나 나가라.
백성을 위한 길을 닦아라.

62,4 마태 3,17. 62,8 신명 28,51.

처럼 켜질 때까지", 그리고 "민족들이 너의 의인을, 임금들이 고명한 이를 보리라."

62,3. 찬란하게 꾸민 예루살렘은 (다니 11,41 참조) 여기서 주님의 왕권(탈출 15,18 참조)을 나타내는 왕관이 된다. 예루살렘은 그분의 손에서 보호를 받는다.

62,5. "너와 혼인하고" 히브리어 동사 '바알'의 여러 의미들을 고려할 때 "너를 차지하고"라고도 옮길 수 있다. 구원은 계약의 하느님과 결합으로 완성된다(호세 2,18-25; 묵시 21,2-3 참조).

62,8. 주님의 약속은 아마도 (10절이 아니라) 이 절이나 9절로 끝날 것이다.

쌓아 올려라, 쌓아 올려라, 큰길을 내어라.
돌을 골라내어라.
민족들 위에 깃발을 올려라.
11 보라, 주님께서 땅끝까지 선포하셨다.
딸 시온에게 말하여라.
"보라, 너의 구원이 다가온다.
보라, 그분의 상급이 그분과 함께 오고
그분의 보상이 그분 앞에 서서 온다."
12 사람들이 그들을 '거룩한 백성'
'주님의 구원을 받은 이들'이라 부르리라.
그리고 너는 '그리워 찾는 도성'
'버림받지 않은 도성'이라 불리리라.

62,11. 히브리어 본문과 새 대중 라틴말 성경은 "구원"으로 되어 있고, 고대 그리스어 번역본과 아람어 번역본, 그리고 대중 라틴말 성경은 "구원자"로 되어 있다.

62,12. 2절에서 말한 바와 같이 새로운 이름의 부여는 1,26과 4,30에서 이미 예고되었다.

에돔에 대한 심판

63

1 에돔에서 오시는 이분은 누구이신가?
진홍색으로 물든 옷을 입고 보츠라에서 오시
는 이분은 누구이신가?
화려한 의복을 입고
위세 당당하게 걸어오시는 이분은 누구이신가?

나다. 의로움으로 말하는 이
구원의 큰 능력을 지닌 이다.

2 어찌하여 당신의 의복이 붉습니까?
어찌하여 포도 확을 밟는 사람의 옷 같습니까?

3 나는 혼자서 확을 밟았다.
민족들 가운데에서 나와 함께 일한 자는 아무도 없다.
나는 분노로 그들을 밟았고
진노로 그들을 짓밟았다.
그래서 그 즙이 내 옷에 튀어
내 의상을 온통 물들게 한 것이다.

63,1. 파수꾼은 마치 전투에서 돌아오는 영웅을 보듯 주님을 향한다(21,11-12 참조). 대답에 대하여 두 번째 질문으로 응한다(2절).

63,2. "붉습니까?" 히브리어 '아돔'과 1절의 '에돔' 사이에 언어유희가 이루어진다.

62,11 // 40,10; 또한 마태 21,5 참조.

63,1-6. 앞서 34장 신탁의 대상이었던 에돔은 탁월한 의미의 원수의 상징이 되며, 마지막 심판의 배경이 된다. 전통적으로 에돔이 주님께서 승리를 거두며 나아가실 때 가장 먼저 치신 곳으로 여겨졌듯이(신명 33,2; 판관 5,4; 하바 3,3 참조), 지금은 패배한 민족들 가운데 첫 번째가 된다(6절). 이 단락은 이사 59,15ㄴ-21과 함께 60-62장을 둘러싸는 틀이 된다. 60-62장에서 이상적인 이스라엘의 모습이 빛난다면 여기서는 오직 주님에게서 구원이 오며 일부 사람들만이 그 은혜를 입으리라는 것을 부각시킨다(59,20 참조). 백성이 그 구원에 협력하지 않기 때문이다("나와 함께 일한 자는 아무도 없다." 3절; 59,16 참조).

4 나는 마음속으로 복수의 날을 정하였다.
내 구원의 해가 온 것이다.
5 내가 살펴보았지만 도와주는 자 아무도 없었다.
놀랍게도 거들어 주는 자가 아무도 없었다.
그러자 내 팔이 나에게 협력하고
나의 진노가 나를 거들어 주었다.
6 그래서 나는 분노로 민족들을 밟아 으깨고
진노로 그들을 부서뜨려
그들의 즙을 땅에 흘린 것이다.

이스라엘에게 베푸신 주님의 은혜

7 나는 주님의 자애로운 업적을,
주님께서 찬양받으실 업적을 회상하리라.
주님께서 당신의 자비에 따라
당신의 크신 자애에 따라
우리에게 베푸신 그 모든 것을,
이스라엘 집안에 베푸신 그 선업을 회상하리라.

8 그분께서는 "정녕 그들은 나의 백성,
나를 실망시키지 않을 자녀들이다." 말씀하시고
모든 곤경 가운데
그들에게 구원자가 되어 주셨다.
9 사자나 천사가 아니라
그분의 얼굴이 그들을 구해 내셨다.
당신의 사랑과 당신의 동정으로
그들을 구원해 주셨다.
지난 세월 모든 날에
그들을 들어 업어 주셨다.

10 그러나 그들은 그분의 거룩한 영을

63,4. "복수"의 의미에 관하여 34,8의 주 참조. "구원의 해"는 61,2에서 취한 것이다. 희년에는 종이 된 이들의 해방이 요구되며, 그들을 위한 싸움이 있다.

63,6. 포도 짜는 틀의 은유에서 원수들의 피는 그들을 취하게 하는 포도주이다(49,26; 묵시 14,19-20 참조).

63,8. "나를 실망시키지 않을" 곧 "나를 부인하지 않을" 히브리어 단어의 고유한 의미는 계약의 파기를 뜻한다(창세 21,23; 시편 44,18 참조). "자녀들"의 의미에 관하여 이사 1,2-3 참조.

63,9. 히브리어 본문은 다음과 같다. "그들의 모든 곤경 속에서 곤경을 겪지 않았고, 그분 얼굴의 천사가 그들을 구원하였다."(탈출 33,14; 신명 4,37; 대중 라틴말 성경도 참조) 우리말 성경은 히브리 본문을 수정하면서 고대 그리스어 번역본과 새 대중 라틴말 성경을 참조했다.

63,9ㄹ. 원문에는 "그들을 구원해 주셨다."의 문장에 "바로 그분이" 라는 강조가 있다.

63,8 탈출 4,22; 예레 31,9; 호세 11,1. 63,9 시편 44,4. 63,10 1,20.

63,7-64,11. 이미 잠잠히 있지 않으리라고 말하며 일어났던 예언자의 목소리는(62,1 참조) 주님께서 민족들을 짓밟으셨다는 강렬한 선언으로 다시 나타난다(63,6 참조). 그러나 민족들이 주님의 성전을 짓밟았고(63,18 참조), 하느님께서는 개입하지 않으시고 침묵하신다(63,15; 64,11 참조). 이사야의 고발은 공동 탄원의 형식으로 이루어진다. 그는 과거 은총들을 회상하고 현재 상황의 비참함을 묘사하며, 백성의 죄를 고백하고 도우심을 간청한다(느헤 9,6-37; 시편 74편 참조). 그는 핵심인 계약에 집중한다. 그 계약에 힘입어 "자비"와 "자애"를 받고(이사 63,7), 주님의 백성이 되고 특히 주님의 자녀들이 되는 것이다(63,8 참조). 그는 아버지, 확실한 구원자, 창조자이신 분을 신뢰한다(63,16; 64,7 참조). 그들을 굽어보시고 다시 내려오시어(이사 63,15.19 참조) 자비를 특징으로 하는 새 계약을 맺어 주시기를 청한다(63,15; 59,1-15ㄱ 참조).

거역하고 괴롭혔다.
그래서 그분께서는 그들의 적이 되시어
몸소 그들과 싸우셨다.
11 그러자 그들은 지난날들을,
그분의 종 모세를 생각하였다.
"당신 양들의 목자를
바다에서 이끌어 올리신 분은 어디 계신가?
당신의 거룩한 영을
그의 가슴속에 넣어 주신 분은 어디 계신가?
12 당신의 영화로운 팔을
모세의 오른편에 서서 걸어가게 하신 분,
그들이 보는 앞에서 물을 가르시어
영원한 명성을 떨치신 분,
13 그들이 깊은 바다를 걸어가게 하신 분은 어디 계신가?
광야의 말처럼
그들은 비틀거리지 않았다.
14 골짜기로 내려가는 가축 떼처럼
주님의 영이 그들을 안식처로 데려가셨다."

당신께서는 이렇게 당신 백성을 이끄시어
영화로운 명성을 떨치셨습니다.

자비를 구하는 기도

15 하늘에서 굽어보소서.
당신의 거룩하고 영화로운 거처에서 굽어보소서.
당신의 열정과 당신의 위력이,
당신의 연민과 당신의 자비가 어디에 있습니까?
그것들이 이제는 저희에게 허락되지 않습니까?
16 그렇지만 당신은 저희 아버지십니다.
아브라함이 저희를 알지 못하고
이스라엘이 저희를 알아보지 못합니다.
주님, 당신만이 저희 아버지시고
예로부터 당신 이름은 '우리의 구원자'이십니다.
17 주님, 어찌하여 저희를 당신의 길에서 벗어나게 하십니
까?

63,11. "생각하였다." "기억하다"로 번역할 수 있는 이 히브리어 동사는 단수형이며, 하느님이나 백성에게 적용될 수 있다(주어 "그들은"은 이스라엘 백성을 가리킨다고 생각하여 의역한 것이다). 기억하는 것은 계약의 회복을 위한 첫걸음이다(신명 8,2 참조). "그분의 종"은 본래 "백성"인 히브리어 본문을 수정한 것이다. 아마도 여기서 "모세"는 어원적 의미에서 사용한 것으로, "그분의 백성을 끌어낸 이"로 이해해야 할 것이다. 다음 행은 "그를 당신 양들의 목자와 함께 바다에서 이끌어 올리신 분은 어디 계신가?"로 옮길 수도 있다. "영"은 14절에서와 마찬가지로 하느님 자신을 가리킨다(시편 139,7 참조).

63,14. "그들을 안식처로 데려가셨다." 고대 그리스어 번역본과 새 대중 라틴말 성경에 따라 대명사를 "그를"에서 "그들을"로 수정하고 "이끄셨다"와 "안식을 주셨다"는 두 동사를 하나로 결합시킨다. 약속된 땅에 들어감을 암시한다(신명 12,9 참조).

63,15. 마지막 구절은 의문문 대신 서술문으로 읽을 수 있고, 문장을 수정하여 "당신 자신을 억제하지 마소서."라고도 옮긴다. 새 대중 라틴말 성경은 "저에 대한 당신 내장과 당신 자애의 떨림이 억제되었습니다."로 옮긴다.

63,11 민수 11,17; 느헤 9,20; 하까 2,5. 63,15 49,10. 63,16 신명 32,6; 토빗 13,4; 지혜 2,16; 14,3; 집회 23,1; 마태 6,9.

✠ 63,16ㄹ-17.19ㄷㄹ; 64,2ㄴ-7. 나해 대림 제1주일에는 이 단락의 정신을 함께 느끼면서 주님께서 오심을 준비하는 시기에 이를 적용한다.

어찌하여 저희 마음이 굳어져 당신을 경외할 줄 모르게 만드십니까?
당신 종들을 생각하시어,
당신의 재산인 이 지파들을 생각하시어 돌아오소서.
18 당신의 거룩한 백성이 당신 성소를 잠시밖에 차지하지 못하였는데
이제 저희의 원수들이 그것을 짓밟습니다.
19 저희는 오래전부터 당신께서 다스리시지 않는 자들처럼,
당신 이름으로 불리지 않는 자들처럼 되었습니다.
아, 당신께서 하늘을 찢고 내려오신다면!
당신 앞에서 산들이 뒤흔들리리이다.

64 1 마치 불이 섶나무를 사르듯,
불이 물을 끓이듯 하리이다.
이는 당신의 적들이 당신 이름을 알게 하시려는 것이니
민족들이 당신 앞에서 무서워 떨리이다.

2 저희가 기대하지 않았던 놀라운 일들을 당신께서 하셨을 때,
당신께서 내려오셨을 때 산들이 당신 앞에서 뒤흔들렸습니다.
3 당신 아닌 다른 신이
자기를 고대하는 이들을 위하여 이런 일을 한다는 것은
예로부터 아무도 들어 보지 못하였고
아무도 귀로 듣지 못하였으며
어떠한 눈도 보지 못하였습니다.
4 당신께서는 의로운 일을 즐겨 하는 이들을,
당신의 길을 걸으며 당신을 기억하는 이들을 받아들이셨습니다.
그러나 저희는 죄를 지었고 당신께서는 진노하셨습니다.
당신의 길 위에서 저희가 늘 구원을 받았건만
5 이제 저희는 모두 부정한 자처럼 되었고
저희의 의로운 행동이라는 것들도 모두 개짐과 같습니다.
저희는 모두 나뭇잎처럼 시들어
저희의 죄악이 바람처럼 저희를 휩쓸어 갔습니다.
6 당신 이름 부르며 경배드리는 자 없고
당신을 붙잡으려고 움직이는 자도 없습니다.
당신께서 저희를 외면하시고
저희 죄악의 손에 내버리셨기 때문입니다.

63,19 마르 1,10. 64,3 1코린 2,9. 64,6 57,17.

63,18. 첫 행은 분명하지 않다. "어찌하여 악인들이 당신 성소를 짓밟았습니까?"로 수정하기도 한다. 새 대중 라틴말 성경은 "당신의 거룩한 백성을 차지했습니다."로 옮긴다. 두 번째 행에서 "짓밟다"로 옮긴 동사는 6절의 "밟아 으깨다"와 같은 단어이다.

63,19. 고대 그리스어 번역본과 (새) 대중 라틴말 성경은 "우리는 당신께서 저희를 다스리지 않으시고 우리 위에 당신 이름이 불리지 않던 옛날처럼 되었습니다."로 이해한다.

64,4ㄹ. (새) 대중 라틴말 성경은 어려운 히브리어 본문을 거의 그대로 옮긴다. "우리는 언제나 그것들(=우리 죄들) 안에 있었지만, 그래도 구원될 것입니다."

64,6ㄹ. "저희를 내버리셨기" 고대 그리스어 번역본이 암시하는 모음 부호에 따른 번역이다. 마소라 본문은 "저희를 흩으셨기"로 되어 있다(새 대중 라틴말 성경도).

64,11. "끝내 참고 계시렵니까?"는 "참고 계시지 마소서."를 뜻한다(63,15 참조).

65,1. "나의 이름을 부르지 않는" 고대 그리스어 번역본과 (새) 대중 라틴말 성경을 참조한 번역이다(64,6 참조). 히브리어 본문은 "내 이름으로 불리지 않는"이다(63,19 참조).

7 그러나 주님, 당신은 저희 아버지십니다.
저희는 진흙, 당신은 저희를 빚으신 분
저희는 모두 당신 손의 작품입니다.
8 주님, 너무 진노하지 마소서.
저희 죄악을 언제까지나 기억하지는 말아 주소서.
제발 굽어보소서. 저희는 모두 당신의 백성입니다.
9 당신의 거룩한 성읍들이 광야가 되었습니다.
시온은 광야가 되고
예루살렘은 황무지가 되었습니다.
10 저희 조상들이 당신을 찬양하던 곳,
저희의 거룩하고 영화로운 집은
불에 타 버렸고
저희에게 보배로운 것들은 모두 폐허가 되어 버렸습니다.
11 주님, 이렇게 되었는데도 끝내 참고 계시렵니까?
그렇게 잠잠히 계시렵니까? 저희를 이토록 극심하게 억누르시렵니까?

우상 숭배자들에게 내린 벌

65 1 묻지도 않는 자들에게 나는 문의를 받아 줄 준비가 되어 있었고
나를 찾지도 않는 자들에게 나는 만나 줄 준비가 되어 있었다.
나의 이름을 부르지 않는 겨레에게
나는 "나 여기 있다, 나 여기 있다." 하고 말하였다.
2 나는 반항하는 백성에게
날마다 팔을 벌리고 있었다.
그들은 자기네 멋대로
좋지 않은 길을 걷는 자들,
3 정원에서 제사를 지내고
벽돌 위에서 분향하며
언제나 내 얼굴을 맞대 놓고
나의 마음을 상하게 하는 백성,
4 굴 무덤 속에 들어가 앉고
은밀한 곳에서 밤을 지내는 자들,

64,10 60,7. 65,1-2 로마 10,20-21. 65,1 55,6. 65,2 1,23ㄱ; 55,7-9. 65,3 1,29. 65,4 57,5.

65,1-16. 호소를 들으신 주님께서는 침묵하지 않으시며(6절) 기도에 응답하시어 세 가지 신탁을 말씀하신다(1-7.8-12.13-16절). 그분께서는 각자에게 자신의 업적대로 갚으실 것이다. 이교 예식을 행하던 이들은 칼에 맞아 죽을 것이며, 그분의 종들은 조상들에게 약속된 땅을 온전히 소유할 것이다. 57,3-13 참조.

돼지고기를 먹으며
부정한 고기 국물을 제 그릇에 담는 자들이다.
5 "물러서서 나에게 다가오지 마시오.
당신 때문에 부정 타겠소." 하고 말하는 자들이다.
이들은 내 코로 들어와 화를 돋우는 연기이며
온종일 타오르는 불길이다.
6 보라, 이것들이 내 앞에 기록되어 있다.
나는 가만히 있지 않고 기어이 되갚으리라.
그들의 품에다 되갚으리라.
7 — 주님께서 말씀하신다. —
산들 위에서 분향하고
언덕들 위에서 나를 모욕한
그들의 죄악과 그 조상들의 죄악을 함께 되갚으리라.
나는 먼저 그들이 받을 응보를 재고 나서
그들의 품에다 되갚으리라.

65,6. "기록되어 있다." 4,3의 주 참조.

주님의 종들과 죄인들의 운명

8 주님께서 이렇게 말씀하신다.
"포도송이에 즙이 들어 있는 것을 보고
'그 안에 복이 들어 있으니
그것을 으츠러뜨리지 마라.' 하고 사람들이 말하듯
나도 나의 종들을 위해 행동하여
그들을 모두 파멸시키지는 않으리라.
9 나는 야곱에게서 후손이,
유다에게서 내 산들의 상속자가 나오게 하리라.
내게 선택받은 이들이 그것을 상속받고
나의 종들이 거기에 살게 되리라.
10 나를 찾는 내 백성에게
사론은 양들의 목장이 되고
'아코르 골짜기'는 소들의 쉼터가 되리라.

65,8. 이 금언은 정확한 메시지를 전달한다. 열매는 비록 적다하더라도 삶을 위한 축복이다. 마찬가지로, 참으로 충실한 이스라엘인들은 비록 얼마 되지 않더라도 구원을 통하여 백성의 삶에 축복이 된다. "종들"은 백성의 모든 구성원들이 아니라 그 핵심인 "선택받은 이들"이다(9절).

65,10. 사론과 아코르 골짜기는 각각 서쪽과 동쪽에 있어 땅 전체를 대표한다.

11 그러나 너희는 주님을 버리고
나의 거룩한 산을 잊어버린 자들,
갓에게 식탁을 차려 올리고
므니에게 혼합주를 채워 올리는 자들이다.
12 내가 너희를 칼에 맞아 죽도록 정하여
너희는 모두 살육에 몸을 내맡겨야 하리니
내가 불러도 너희가 대답하지 않고
내가 말해도 너희가 듣지 않았으며

65,11. 갓과 므니는 각각 행운과 운명의 신이다(12절에서 "내가… 정하여"는 이에 대한 언어유희이다).

65,16. "신실하신 하느님" (새) 대중 라틴말 성경은 "아멘이신 하느님"으로 되어 있다(묵시 3,14 참조).

65,17. 구원 체험이 하느님께서 창조주이심을 계시해 주므로(40,26 참조), 구원의 선포는 새 창조에 대한 기다림에 연결된다(13,9-13; 42,9; 43,18-19; 51,6 참조). 과거에 대한 기억은 장차 일어날 기적들 앞에서 흐려질 것이다(예레 3,16 참조).

65,18. 구원 곧 죽음의 공포에서 마침내 해방된 삶의 체험은 기쁨을 불러일으킨다(루카 1,13.28.44.47; 2,10 참조).

내 눈에 거슬리는 짓만 하고
내가 좋아하지 않는 것만 선택하였기 때문이다.
13 — 그러므로 주 하느님께서 이렇게 말씀하신다. —
나의 종들은 먹겠지만
너희는 굶주리리라.
나의 종들은 마시겠지만
너희는 목마르리라.
나의 종들은 기뻐하겠지만
너희는 수치를 당하리라.
14 나의 종들은 마음이 즐거워 환호하겠지만
너희는 마음이 아파 울부짖고
넋이 부서져 통곡하리라.
15 너희가 남긴 이름은
'이렇게 주 하느님께서 너를 죽이시리라.' 하고
내게 선택받은 이들이 저주하는 데에 쓰이리라."
그분의 종들에게는 다른 이름이 주어지리라.
16 땅에서 자신을 위하여 복을 비는 자는
신실하신 하느님께 복을 빌고
땅에서 맹세하는 자는
신실하신 하느님을 두고 맹세하여라.
지난날의 곤경들은 잊히고
내 눈에서 사라지리라.

새로운 창조

17 "보라, 나 이제 새 하늘과
새 땅을 창조하리라.
예전의 것들은 이제 기억되지도 않고
마음에 떠오르지도 않으리라.
18 그러니 너희는 내가 창조하는 것을
대대로 기뻐하고 즐거워하여라.
보라, 내가 예루살렘을 '즐거움'으로,
그 백성을 '기쁨'으로 창조하리라.
19 나는 예루살렘으로 말미암아 즐거워하고
나의 백성으로 말미암아 기뻐하리라.
그 안에서 다시는 우는 소리가,
울부짖는 소리가 들리지 않으리라.
20 거기에는 며칠 살지 못하고 죽는 아기도 없고

65,13 25,6-8; 루카 6,25. 65,15 1,26; 62,2. 65,17 2베드 3,13; 묵시 21,1. 65,19 묵시 21,3-4.

제 수명을 채우지 못하는 노인도 없으리라.
백 살에 죽는 자를 젊었다 하고
백 살에 못 미친 자를 저주받았다 하리라.
21 그들은 집을 지어 그 안에서 살고
포도밭을 가꾸어 그 열매를 먹으리라.
22 그들이 지어 남이 그 안에서 사는 일이 없고
그들이 가꾸어 남이 그것을 먹는 일이 없으리라.
정녕 내 백성의 수명은 나무의 수명과 같고
내게 선택받은 이들은 저희 손이 이룬 바를 즐기리라.
23 그들은 헛되이 수고하지 않으며
자식을 낳아 끔찍한 일을 겪지 않으리니
그들은 주님에게 복 받은 종족이며
그들의 자손들도 그러하기 때문이다.
24 그들이 부르기도 전에 내가 대답하고
그들이 말을 마치기도 전에 내가 들어 주리라.
25 늑대와 새끼 양이 함께 풀을 뜯고
사자가 소처럼 여물을 먹으며
뱀이 흙을 먹이로 삼으리라.
나의 거룩한 산 어디에서도
그들은 악하게도 패덕하게도 행동하지 않으리라."
주님께서 말씀하신다.

진정한 예배

66 1 주님께서 이렇게 말씀하신다.
"하늘이 나의 어좌요
땅이 나의 발판이다.
너희가 나에게 지어 바칠 수 있는 집이 어디 있느냐?
나의 안식처가 어디 있느냐?
2 이 모든 것을 내 손이 만들었고
이 모든 것이 내 것이다.
주님의 말씀이다.

65,21 신명 28,30. 65,24 55,6; 65,1. 65,25 11,6-9; 창세 3,14. 66,1-2 사도 7,49-50; 또한 1열왕 8,27; 이사 57,15 참조.

66장. 65장에 이어 심판과 구원을 선포하는 이 마지막 장은 두 부분으로 되어 있다. 첫 부분(1-4절)은 성전 제사보다 하느님 말씀을 받드는 것이 더 중요하며 우상을 선택한 이들이 그 선택에 따른 심판을 받을 것이 선포된다. 둘째 부분(5-24절)은 미래에 있을 예루살렘의 회복 곧 구원의 시대에 대한 기쁨을 표현하면서 심판의 주제 역시 담고 있다. 여기서 구원과 심판은 이스라엘 혹은 이방인이라는 민족적 기준보다 하느님의 뜻을 따르는 것을 기준으로 한다. 곧 모든 민족에게 구원의 길이 열려 있다. 이것은 이사야서 전체의 결론인 18-24절에서 잘 드러난다.

65,24. 하느님과 충실한 이들 사이의 상호 관계는 마침내 견고해질 것이다(65,1 참조).

66,2.5. 같은 종교에 속한 이들에게 미움을 받는 참으로 충실한 이들은 여기서 "떠는 이들"이라고 일컬어진다. 그들은 시나이에서 이스라엘이 지녔던 경건한 태도를 간직한다(탈출 19,16 참조). 이 표현은 에즈 9,4과 10,3에서 다시 나타난다.

내가 굽어보는 사람은 가련한 이와
넋이 꺾인 이, 내 말을 떨리는 마음으로 받아들이는 이다.
3 소를 잡아 제물로 바치는 자가 사람을 쳐 죽이고
양을 잡아 희생 제물로 바치는 자가 개의 목을 꺾는다.
곡식 제물을 올리는 자가 돼지 피를 바치고
분향제를 드리는 자가 우상을 찬미한다.
이들이 제 갈 길을 스스로 선택하고
자기네 역겨운 우상들로 기꺼워하듯
4 나도 그들에게 가혹한 것을 선택하여
그들이 두려워하는 것을 들이닥치게 하리라.
내가 불러도 대답하는 자 아무도 없었고
내가 말하여도 그들은 듣지 않았으며
내 눈에 거슬리는 짓만 하고
내가 좋아하지 않는 것만 선택하였기 때문이다."

66,3. 이 말씀은 제2성전의 관리에 영향을 미치던 이들로 보인다. 이들은 예식을 맡은 관리들로서 야훼 신앙에 속하지 않은 예식들도 행했다(돼지와 개를 사용).

예루살렘의 구원

5 내 말을 떨리는 마음으로 받아들이는 이들아
주님의 말씀을 들어라.
너희를 미워하는 동포들,
내 이름 때문에 너희를 배척하는 자들이
"주님께서 당신의 영광을 드러내시어
너희가 기뻐하는 모습을 우리가 볼 수 있게 해 보아라." 하지만
수치를 당할 자는 바로 그들이다.
6 도성에서 들려오는 요란한 소리,
성전에서 들려오는 소리!
당신의 원수들에게
보복하시는 주님의 소리!

66,5. 반대자들은 충실한 이들을 조롱한다. 그들에게 성전에서 멀리 떨어져, 그곳 길가에서 주님의 영광을 찾고 그들이 예고하는 기쁨을 체험하라고 비웃는다. 58,13; 60,13; 61,7 참조.

7 진통을 겪기 전에 해산하고
산고가 오기 전에 사내아이를 출산한다.
8 누가 이런 것을 들어 본 적이 있느냐?
누가 이런 일을 본 적이 있느냐?
한 나라가 단 하루 만에 탄생할 수 있느냐?
한 민족이 단 한 번만에 태어날 수 있느냐?
그러나 시온은
진통이 오자마자 자식들을 낳는다.
9 모태를 여는 내가 아이를 낳게 할 수 없겠느냐?

66,7-9. 49,14-26과 54,1-4에 이어 저자는 다시 51,2에서 인용한 사라의 이야기를 생각한다. 창세 16,2; 18,13-14 참조.

66,7. 고대 그리스어 번역본은 "사내아이를 출산한다." 앞에 "달아나서"라는 말을 덧붙인다. 이 본문이 묵시 12,5.6에서 다시 인용한다.

66,4 65,12. 66,7 묵시 12,5. 66,8 40,21; 42,19; 47,9.

— 주님께서 말씀하신다.—
아이를 낳게 하는 내가 나오지 못하게 막겠느냐?
— 너의 하느님께서 말씀하신다.—

10 예루살렘을 사랑하는 이들아
모두 그와 함께 기뻐하고 그를 두고 즐거워하여라.
예루살렘 때문에 애도하던 이들아
모두 그와 함께 크게 기뻐하여라.
11 너희가 그 위로의 품에서
젖을 빨아 배부르리라.
너희가 그 영광스러운 가슴에서
젖을 먹어 흡족해지리라.

12 주님께서 이렇게 말씀하신다.
"보라, 내가 예루살렘에
평화를 강물처럼 끌어들이리라.
민족들의 영화를
넘쳐흐르는 시내처럼 끌어들이리라.
너희는 젖을 빨고 팔에 안겨 다니며
무릎 위에서 귀염을 받으리라.
13 어머니가 제 자식을 위로하듯
내가 너희를 위로하리라.
너희가 예루살렘에서 위로를 받으리라."

14 이를 보고 너희 마음은 기뻐하고
너희 뼈마디들은 새 풀처럼 싱싱해지리라.
그리고 주님의 종들에게는 그분의 손길이,
그분의 원수들에게는 그분의 진노가 드러나리라.

15 보라, 주님께서 불에 싸여 오시고
그분의 병거들은 폭풍과 같다.
격분 속에 당신의 분노를,
불길 속에 당신의 질타를 퍼부으시려는 것이다.
16 정녕 주님께서는 불로 심판하시고
당신 칼로 모든 인간을 심판하시리니

66,13. 어머니와 같은 자애로 채워 주시는 하느님의 위로를 받은 공동체는 이제 그 자신도 위로할 수 있을 것이다.

66,14. 성경의 시적 표현에서 가장 깊은 감정들은 뼈에 영향을 미친다(시편 6,3; 31,11; 32,3 참조).

66,14-15. 고대 근동의 공통 개념에 따르면 전쟁은 심판의 도구로 여겨진다. 그래서 신현은 군사적 모습을 띤다. 30,27; 35,4; 40,10 참조.

66,12 48,18; 60,4; 61,5. 66,13 40,1. 66,14 요한 16,22.

✠ 66,10-14ㄷ. 다해 연중 제14주일에는 이 단락을 예수님께서 가시려던 곳에 파견된 일흔 두 제자의 성공과 연결하여 읽는다(루카 10,1-12.17-20). 이로써 이사야서에서 묘사한 하느님의 풍요로움은 "추수 일꾼"들이 행하는 하느님 나라의 선포를 통해 거의 인격화된다.

66,18-19. 신현은 이제 구원을 향하며 유배 간 이들과 민족들을 모은다(2,2-4; 11,11-12; 19,24-25 참조). 모든 이들이 주님의 영광을 알아보게 하기 위함이다(6,3 참조). "표징"(또는 "깃발")은 11,12과 49,22에도 나타난다. 파견된 이들은 서쪽, 북쪽, 남쪽으로 창세 10,2-6.12과 에제 27,10.12-13에 알려진 지역들을 향한다.

66,19. 민족들의 이름 가운데 어떤 경우는 정확한 위치를 알 수 없다. 일반적으로 풋과 루드는 홍해의 아프리카 쪽 해변에 있었다고 본다. 투발은 흑해 지역에 있었을 것이다. 야완은 일반적으로 그리스로 여긴다.

주님께 처형되는 자들이 많으리라.

17 한가운데에 있는 자의 뒤를 따라 정원에 들기 위하여
자신을 거룩하게 하고 정결하게 한 뒤
돼지고기와 부정한 짐승과 쥐 고기를 먹는 자들은
자기네 행동과 생각과 함께 멸망하리라.
주님의 말씀이다.

18 나는 모든 민족들과 언어가 다른 모든 사람들을 모으러 오리니
그들이 와서 나의 영광을 보리라.
19 나는 그들 가운데에 표징을 세우고
그들 가운데 살아남은 자들을
타르시스와 풋, 활 잘 쏘는 루드
투발과 야완 등 뭇 민족들에게 보내고
나에 대하여 아무것도 듣지 못하고 내 영광을 본 적도 없는 먼 섬들에 보내리니
그들은 민족들에게 나의 영광을 알리리라.
20 마치 이스라엘 자손들이
깨끗한 그릇에 제물을 담아 주님의 집으로 가져오듯이
그들도 모든 민족들에게서
너희 동포들을 주님에게 올리는 제물로
말과 수레와 마차와 노새와 낙타에 태워
나의 거룩한 산 예루살렘으로 데려오리라.
— 주님께서 말씀하신다.—
21 그러면 나는 그들 가운데에서
더러는 사제로 더러는 레위인으로 삼으리라.
— 주님께서 말씀하신다.—

22 정녕 내가 만들 새 하늘과 새 땅이
내 앞에 서 있을 것처럼
너희 후손들과 너희의 이름도 그렇게 서 있으리라.
주님의 말씀이다.
23 매달 초하룻날과 매주 안식일에
모든 사람이 내 앞에 경배하러 오리라.

66,17 57,3-13; 65,1-7. 66,18-19 40,5; 56,6. 66,22 65,17; 2베드 3,13; 묵시 21,1.

✠ 66,18-21. 다해 연중 제21주일에는 이사야서의 이 단락을 선포함으로써 보편적인 부르심이라는 주제를 전개한다. 이 본문은 "동쪽과 서쪽에서… 하느님 나라의 잔칫상에 자리 잡을 것이다."라는 예수님 말씀과 연결된다(루카 13,22-30).

— 주님께서 말씀하신다.—
24 그리고 사람들은 밖으로 나가
나를 거역하던 자들의 주검을 보리라.
정녕 그들의 구더기들은 죽지 아니하고
그들의 불은 꺼지지 아니한 채
모든 사람들에게 역겨움이 되리라.

66,24. 악인들에 대한 종말론적 징벌로, 아마도 게엔나 골짜기에서 이루어진다(예레 7,32-33 참조). 영원히 시신을 잠식하는 벌레와(유딧 16,17 참조) 꺼지지 않는 불은(마르 9,48 참조) 멈추지 않는 그들의 고통을 뜻한다. 이 구절은 역설적인 약속이다. 새 예루살렘이 주님을 거스르는 반항에서 온전히 자유로우리라는 것을 간접적으로 단언하기 때문이다.

66,24 1,28.31; 마르 9,48.

예레미야서

제목과 정경 내의 위치

"예레미야의 말… 주님의 말씀이 예레미야에게 내렸다"(1,1-3). 이 책의 긴 제목에서부터 의도적으로 강조된 예언자의 말들('드바림')과 하느님의 말씀('다바르') 사이의 병렬 관계는, 인간과 하느님의 소통이 한데 엮임을 예고하고 부각한다. 성경 계시의 줄거리를 이루는 이 짜임은, 아나톳의 이 예언자의 책에서 특별히 두드러진다. 여기서는 귀로 들리는 말씀만이 아니라 "눈에 보이는" 말씀도 포함될 것이다. 예레미야의 예언적 몸이 겪는 사건들 자체가(1,5.18-19; 26장; 38장 참조) 그를 예루살렘의 운명을 보여 주는 살아 있는 표지가 되게 하기 때문이다(에제 12,6.11 참조). 또한 문맥에 따라 "말"로도 번역할 수 있고 "사실, 사건, 역사"로도 번역할 수 있는 히브리어 '다바르' 자체의 다의성도 이를 예고한다.

예레미야(그 이름의 의미는 불확실하다)의 삶과 그의 많은 말들 사이를 연결하는 것은, 계시되는 하느님의 유일한 말씀이 특정한 시간과 장소(이는 하느님 백성의 체험에서 가장 극적인 순간들 가운데 하나였다. 예레 1,3 "예루살렘 주민들이 유배될 때까지") 안으로 뚫고 들어오는 것을 의미한다. 그러나 그 말씀은 바로 그 주님과의 계약 안에서 살아온 모든 신앙 체험이 현재에는 어떠한가에 대해 의문을 제기하게 한다.

정경 안에서 예레미야서의 위치는 언제나 이사야서를 뒤따르며, 예언서 전체에서 예레미야서가 지니는 중요성을 명백하게 드러낸다.

구조와 문학적 특성

(특히 여호야킴과 치드키야 임금 때의) 예레미야의 활동에 관한 일화들이 눈에 띄게 많기는 하지만, 예레미야서는 우리에게 현대적인 의미에서 예언자의 전기를 전해 주기 위해 기록된 것이 아니다. 시간을 순차적으로 서술하는 우리의 익숙한 기준에 최소한으로밖에 부합하지 않는 그 구성은, 독자에게 주제의 전개를

한눈에 파악하는 것을 오히려 어렵게 한다. 그러므로 (기원전 587년 바빌론인들이 파괴한) 유다 왕국의 마지막 몇 년 동안의 구체적이고 결정적인 역사적 순간들과 교차하는 그의 설교의 중심 주제들에 초점을 맞추면서 전반적인 그림을 그려 보기 위하여 본문들에서 알아볼 수 있는 몇 가지 주요 단계들을 대략적으로나마 재구성해 보는 것이 필요하다.

예레미야의 소명은 요시야 통치 시대인 기원전 627년경이 되는데, 성경 역사에서 요시야는 예루살렘의 유일한 성전에 경신례를 집중시키고 우상 숭배와 맞서 싸움으로써 주님께 가장 순수한 신앙을 회복하고자 했던 종교 개혁을 시도한 임금으로 기억된다(22,15 참조). 이 단계에서 그의 설교는 고발의 신탁과 징벌의 위협, 특이한 상징적 행동들로 강하게 회개를 촉구했다. 요시야가 므기또에서 비극적으로 전사하고 요시야의 아들 여호아하즈(살룸)가 곧 파라오에게 끌려가자, 제도 체계 전체가(왕조·궁정·사제직·성전·예언) 요시야의 다른 아들 여호야킴의 잘못된 통치와 어려운 국제 정세 속에서 제도적 붕괴의 표지를 보이게 된다. 백성 전체가 문란한 가나안 우상 숭배로 돌아가고, 불의와 억압이 사회생활의 파괴적 "규칙"이 되어 갔다.

그 사이 이집트의 거대 세력과 메소포타미아에서 차례로 일어난 제국들 사이의 전쟁 장소가 되었던 전략적 요충지인 시리아-팔레스티나 지역은 바빌론의 젊은 임금 네부카드네자르의 침입을 겪는다. 네부카드네자르는 저물어 가던 아시리아 제국에 치명타를 입히고 시리아 북부에서 이집트 군대를 놀랍게 패배시킨 다음(카르크미스, 기원전 605년) 유다 왕국에도 지배권을 행사하고 바빌론에 종속시킨다. 예레미야의 예언은 극적으로 이루어지기 시작하고, 거짓 예언자들의 기만적이고 책임 회피적인 평화 예고들이 헛됨을 드러내게 된다. 수도 예루살렘은 기원전 597년에 처음으로 일부 주민의 유배로 충격을 받고, 허황된 약속들이나 이집트의 원조를 기대하면서 이나톳 예언자의 회개 호소에는 귀가 멀어 여호야킴과 치드키야 임금을 거치면서 끝까지 종속과 저항 사이에서 흔들린다. 이렇게 변화된 지정학적 배경 안에서 예레미야의 설교는 다시 결정적으로 방향을 전환하여, 마지막 순간까지도 바빌론 임금에게 항복하는 것이 유일한 구원의 길이라고 촉구한다. 이전의 예언 활동으로 목숨의 위험을 겪은 것으로 충분하지 않기라도 한 듯이(26장; 36장), 정치적·종교적 차원의(이는 언제나 고대 근동 상황과 함께 얽혀 있다) 이 진지한 "참여"는 예레미야에게 박해와 투옥, 고통을 가져온다. 기원전 587년에 주민 대부분이 유배를 가는 마지막 파국이 올 때 바빌론 당국은 예레미야에게 남은 백성과(이들은 가장 가난한 계층들로만 이루어져 있었다) 바빌론인들이 임명한 새로운 통치자 그달야를 돕기 위하여 남을 것을 허락한다. 그러나 아직도 평화는 없다. 그달야는 다윗 후손인 반역자에게 암살되고, 그 암살자는 무리의 다른 지도자들에 의하여 도주한다. 백성과 그 일시적인 새 지도자들은 다시 보복이 닥칠까 두려워한다. 예레미야는 다시 하느님 계획에 자신을 내맡기고 바빌론 임금을 두려워하지 말며, 복종하여 항복할 것을 권고하지만 성과는 없다. 서기 바룩과 함께 이집트로 끌려온 예레미야는 역사의 침묵 속으로, 하느님 계획의 신비 속으로 사라진다. 두려움에 사로잡혀 하느님을 진심으로 신뢰하지 못하며 완고하게 일종의 "반(反) 이집트 탈출"의 길을 향하는 백성과 끝까지 연대한 예언자의 모습은, 문학적 기억과 편집된 기록으로 남는다. 그는 경계선에 선 인간으로서 이미 예루살렘과 하느님 성전의 버려진 폐허 속에서, 바빌론 유배의 고통 속에서 희망과 새 계약의 미래가 은밀하게 싹트는 것을 알아보았다(30-31장; 32-33장).

예레미야서 안에서는 히브리어 본문의 구성에 따라 크게 세 부분으로 구분할 수 있으며, 대부분의 성서학자들이 그 각각의 기본적인 문학적 동질성을 인정하여 이들을 분리한다. 예언자의 저술이 우리에게 전달되는 두 가지 표현 방식인 운문과 산문이 상보적으로 대화를 이루며 함께 나타나, 교회 전승에 의하여 정경으로 인정되고 수용된 단일한 문학적 총체를 이룬다. 그러므로 운문 형태로 된 신탁들에서만 또는 주로 거기에서 예언 카리스마가 작용했다고 보는 것은 오류이다.

제1부는 1-25장이다. 이는 다시 1장; 2-6장; 7-20장(7-10장과 11-20장); 21-24장; 25장으로 나뉘며, 주로 이스라엘, 유다, 예루살렘에 대한 신탁(운문)이다. 서사 부분(산문)은 드문 편으로, 예언의 말과 긴밀하게 연결된다(이들은 몇 가지 상징적 행동들을 기술한다). 기본 주제는 하느님 백성의 불충, 회개의 호소, 구원의 마지막 도구인 징벌의 경고이다. 또한 이 부분에는 유명한 예레미야의 "고백"들도 들어 있다(11,18-12,6; 15,10-21; 17,14-18; 18,18-23; 20,7-18 참조). 그것은 예언자에게, 그에게 맡겨진 어려운 사명에 대한 순종의 고통스러운 역사로 거슬러 올라가는 극적 체험이 담긴 전혀 독특한 돌발적 문학 작품이다. 이 고백들은 그가 끊임없이 새로이 발견하고 언제나 다시 찾아야 하며 인간이 만든 임시적 표현들을 넘어서는(15,18-19 참조) 하느님 얼굴에 대한 그의 관계 자체에 관한 것이다.

제2부는 26-45장이다. 이는 26-35장과 36-45장으로 나눌 수 있으며, 유다 왕국 황혼기의 예레미야와 그의 사명에 관련한 사건들 이야기이다(소위 "예레미야의 수난기"). 여호야킴 통치 시대인 기원전 609년 초부터(26,1 참조) 기원전 587년의 예루살렘 파괴를 거쳐 그 직후 예언자가 강제로 이집트로 끌려갈 때까지를 배경으로 한다. 특별히 지적할 것은 위로와 희망의 신탁들을 담고 있는 30-31장으로, 제2부의 첫째 부분(26-35장) 한가운데 있어 직접적인 문맥에 비하여 (형태와 내용상으로) 이질적이어서 처음 보기에는 의문이 들지만, 예루살렘의 종말을 전하는 제2부 둘째 부분의 중심(36-45장)과 대응한다. 종말과 새로운 시작은 예레미야 신학의 두 가지 주제로, 현재의 편집 구조에 의하여 중심 주제들로 부각된다.

제3부는 46-51(52)장이다. 민족들에 대한 신탁을 담고 있는 통일된 단락이다(그리스어 번역본인 칠십인역에는 신탁들이 다른 순서로 되어 있으며, 이 부분이 제1부 다음에 이어져 민족들에 대한 심판을 선포하는 25장에 연결된다). 마지막에 첨가된 52장은(2열왕 24,28-25,30에 해당한다) 예루살렘 함락과 여호야킨 임금의 운명이 부분적으로나마 회복되는 것에 관한 설화적 보도로, 예레미야서의 마지막에 새로운 희망을 열어 놓는다.

주요 신학 노선

하느님의 말씀이 성취된다. 이 근본적인 신학적 진술이 예레미야서의 기원과 작성과 전수 과정에 스며 있다. 이 책은 자신의 역사 안에서 어떤 여정을, 어떤 현존을, 모든 시대 모든 세대에 그들의 의미와 고통을 결정짓던 관계적 호소(주님과의 계약)를 알아본 한 백성의 탁월한 신앙의 증언이다. 약 40년에 걸친 예레미야의 오랜 활동은 하느님 백성의 역사에서 가장 비극적인 시기를 거치며 그 고통을 함께 견딘다. 북왕국 이스라엘이 아시리아인들에 의해 역사에서 사라진 후, 바빌론인들은 유다 왕국의 몰락과 예루살렘의 황폐화, 성전 파괴, 다윗 왕조의 종말, 많은 주민들의 유배를 결정짓는다. 한 나라의 기초가 되는 모든 제도를 상실하는 것은 아주 단순하게 끝으로 묘사될 수 있었다(그리고 실상 예루살렘의 종말은 예레미야에게 우주적 의미가 있다. 그것은 온 땅에 대한 하느님 심판의 예표이다. 1,10; 25장; 45,4; 46-51장 참조).

현대의 역사 서술에서는 기원전 8세기부터 6세기에 걸쳐 어느 정도 예측 가능한 여러 나라들의 붕괴가 있었다고 이해할 수 있지만, 예레미야는 이를 예언적으로 (그러나 예레미야가 분명 영향을 받은 신명기계 역사 전체도 마찬가지다) 주님과 그분 백성 사이의 계약 관계에 비추어 바라본다. 그의 설교 첫 단계는 온전히 불충을 고발하는 데 집중되며, 다채로운 소통 수단들을 사용한다(다양한 문학 유형, 수많은 상징 행위, 당시 사람들에게 신성 모독으로 여겨지던 재앙 위협들. 7,16; 11,14; 14,11; 15,1-2의 역설적인 전구 금지를 생각해 보라). 이것은 백성과 그 지도자들을 회개의 길로 비추고 인도하기 위하여 애정 어린 지혜로 가능한 모든 방법을 모색하는 것이었다. 결국 경고가 한결같은 주제이지만 아직도 구원의 가능성이 있다는 것이다. 그의 모든 호소를 고무하는 하느님 자신의 희망을 표현하는 예언자의 "혹시"가 남아 있는 것이다(26,3; 36,3.7 참조). 그러나 언젠가는 돌이킬 수 없는 지점에까지 이르게 되는데, 이는 임금과 친이집트 세력이 예언 말씀을 끝까지 거부하고(36장 참조), 독립과 사회·정치적 행복이라는 지나치게 안이한 꿈을 종교적으로 고취시키는 거짓 예언에 의해 전파된 "다른" 구원의 전망을 받아들이는 것과(8,11.15; 14,19; 22,15-16; 27,9 등 참조) 결부된다.

이 책을 관통하는 또 하나의 중요한 주제는 바로 참된 예언과 거짓 예언의 식별 문제이다. 어떤 사람이 참으로 하느님의 명을 받았는지 여부를 어떻게 알아볼 것인가? 예레미야와 하난야의 대결은 상징적이다(27-28장 참조). 그들은 모두 그들의 백성을 위하여 평화와 안녕('샬롬')을 갈망하고 선포한다. 그러나 구별의 표지가 되는 것은 죽음 앞에서 물러나지 않는 것(26장 참조), 그리고 재앙과 자기 죄의 인정으로부터 비롯된 평화의 선포이다. 말씀은 무방비 상태로 인간의 손에 주어지며, 붙잡혀 불태워지지만 더 강한 힘으로 다시 살아난다(36,28.32 참조). 반면 인간의 거짓된 말들은 사라져 간다(28,16-17; 37,19 참조). 전혀 듣지 않을 때(36,23-24 참조), 종말은(예루살렘 파괴라는 가장 비극적인 형태와 유배라는 덜 고통스러운 형태 사이에서 움직인다. 38,17-18 참조) 위협에 그치는 것이 아니라 확정된 것으로 예고된다. 예루살렘은 바빌론 손에 넘어갈 것이다(28,14; 32,3-5.24-25; 34,2-5; 36,31; 37,8-10.17; 38,3.18.23 참조). 그러나 이는 그저 냉혹한 판결을 내리는 것이 아니다. 마지막까지 구원은 가능하지만, 역설적으로 그것은 오직 재앙을 예언으로 받아들일 때에만 가능하다.

이 순간부터 예언자 설교의 윤리적 요구는 새로운 무엇에 자리를 내어 준다. 그는 바빌론 임금에게 항복하기를 계속해서 요구할 것이다(21,1-10; 27-28장; 29장; 38장; 42,1-43,7 참조). 그는 예언적 행동으로 받아들여야 할 정치적 행동을 요구한다. 항복의 행위는(그 자신이 하느님의 이해할 수 없는 신비에 대한 순종으로 사람들의 손에 넘겨지는 것은 어느 정도 이를 암시한다. 1,4-8.17-19; 20,7-18; 26,14 등 참조) 예레미야에게 주의 깊은 정치적 선택에 그치는 것이 아니라 무엇보다도 "예언적 선택"이고, 이러한 선택이 지금 백성과 그 지도층에, 첫째로는 임금에게 요구된다(38,14-28 참조). 죽음을 상징적으로 받아들이면서 항복하는 사람만이 목숨을 구할 것이고, 아무것도 없이 목숨만을 건지지만(21,9; 38,2; 39,18; 45,5 참조) 새 역사를 시작할 것이다(29장). 그는 이것이 인간적 현명함의 문제가 아니라는 것을 역설하며, 잔학한 원수가(6,23; 21,7 참조) 자비를 베푼다면 이는 오직 하느님 섭리의 개입 때문이리라고 설명한다(42,11-12 참조).

이러한 맥락 안에서 항복은 신앙으로 받아들인 역사의 정확한 뜻을 보여 준다. 그러므로 그것은 깊은 신학적 의미를 지닌다. 항복은 자신이 계약에 전혀 충실치 못했음을 인정하는 것이고, 전적인 박탈 속에서 자신으로 충분하다는 교만의 헛된 야망을 포기하는 것이며, 하느님의 정의로운 징벌을 받아들이고, 무너뜨리고 뿌리를 뽑은 다음 전혀 새로운 방식으로 다시 세우고 심을 수 있고, 이를 약속하시는 분의 손에(1,10 참조) 신뢰하며 자신을 내맡기는 것이다.

바로 이 책의 중심에(제2부를 보라. 26-45장) 그의 신학적 메시지의 핵심 두 가지가 삽입되어 있다. 그 둘째 부분에(36-45장) 예루살렘의 파괴라는 비극적 보도가 자리한다면, 첫째 부분(26-35장) 가운데에는 새 계약의 선포라는(31,31-34 참조) 다른 중요한 주제가 자리한다(30-31장과 32-33장). 이것은 종말에 대한 예고와 긴밀히 연결되고, 그래서 종말은 마지막 말로 남지 않는다. 그 새 계약은 모든 사람의 변화한 마음에 새겨질 것이고, 재앙과 죽음의 장소 바로 그곳에서 싹틀 것이다. 예레미야 안에서 종말과 전대미문의 새로운 시작은 신약의 중심 메시지, 곧 생명의 아버지께 전적인 사랑의 순종으로 사람들 손에 자신을 넘겨주실 분께서 죽음에서 영광스럽게 부활하신다는 메시지의 예표가 된다.

본문의 작성과 전수

성경의 계시가 역사를 통하여 이루어진다고 말하는 것은(1,1-3.11 참조) 그 역사적 차원을 온전히 받아들이고 예레미야라는 인물과 그의 말, 그리고 그에 관한 전승들이 문학적으로 형성되는 과정에 대해서도 그 차원을 인정함을 의미한다. 그의 책이 여러 세기 동안 끊임없는 작업 공간이 되었다는 것은 객관적 사실이다. 기원전 3세기와 2세기에도 그리스어 번역본인 소위 칠십인역은 현재의 히브리어 본문보다 7분의 1 정도 짧은 본문을 증언하며, 내부 구조도 상당히 다르다.

예레미야라는 인물과 그에 관련된 사항들의 역사성 문제는 지금도 논쟁 중이고 해결되지 않았다. 어떤 이들은 본문의 모든 요소가 객관적이며 실제로 일어난 일에 연관되고 예언자 또는 목격 증인에 의하여(예를 들어 바룩. 여러 성서학자들은 36장에 묘사된 바를 근거로 그가 예레미야 전승의 전달 과정에서 중요한 역할을 했다고 본다) 직접 전수되었다고 보고, 어떤 이들은 신학적 또는 이념적 목적을 위하여 문학적으로 구성된 전기일 뿐이라고 본다(파국 이후의 "참된 이스라엘"이 누구인가 하는 문제에 대해서는 그들 사이에서도 서로 전망이 충돌한다). 예레미야서에는 이름, 날짜, 사건 묘사, 그밖에 많은 개별적 사항들이 있으며 성경 이외의 문헌들에서 이들이 확인되는 경우도 여럿 있다. 그러나 자료들이 풍부하고 상세해도 이것이 실제적 요소들을 바탕으로 허구적 설화를 구성하는 문학적 허구가 아닌 직접적 증언임을 확실히 증명할 역사적 개연성은 불충분하다. 문제는 아직 해결되지 않았고, 지금으로서는 중간적 입장들이 가장 가능성이 큰 것으로 본다.

본문 작성의 역사에 관하여 (창세기에 적용한 "문헌 가설"에 영감을 받은 고전적 이론이나 신명기계 편집 이론, 그리고 산문 부분들이 운문 신탁들에 의존하여 생겨났다는 가설을 모두 생략하고) 최근 연구는 예레미야서 안에서 구약 성경의 많은 부분들과 무수한 본문상의 연결점들을 확인했다. 아마도 예레미야서는 당시 존재하던 계시 기록 전체와 연결되어 있었다고 말할 수 있을 것이다. 주의 깊게 분석해 보면, 예레미야서의 본문은 직접 인용과 자유로운 암시들을 통하여 토라 전체, 신명기계 역사, 이사야서, 에제키엘서, 그리고 적지 않은 소예언서들과 "대화"하는 모습을 보인다. 이러한 연관은 관습적 표현들로 이해할 것이 아니며, 구전된 자료들과 특별히 친숙했던 결과로 볼 것도 아니다. 당시 사용되던 뛰어난 기억법들을 고려하면 원칙적으로 그런 가능성을 배제할 수는 없지만, 구전된 자료들과 특별히 친숙했던 결과로만 볼 것도 아니다. 오히려 그것은 이미 사용할 수 있었던 진정한 의미의 기록 문헌들을 의심할 여지없이 의식적으로, 매우 세련되고 창조적으로 다시 활용하고 재편집한 것이다. 그래서 오늘날 여러 학자들은 예레미야서를 기본적으로 기존의 본문들을 바탕으로 구성된 높은 수준의 문학 작품으로 간주한다(그렇다고 예언자에 관한 정보들을 자동적으로 참된 것이 아니라고 여기는 것은 아니다. 복음서들에서 역사적 예수님에 관해서도 이와 유사하게 말할 수 있다). 그러므로 기본적으로 이 책이 완성된 것은 오늘날 알아볼 수 있는 선에서 기원전 4세기 이전이 아니다는 것이다.

살바토레 마우리치오 세사Salvatore Maurizio Sessa

예레미야서

1 ¹ 벤야민 땅 아나톳에 살던 사제들 가운데 하나인
힐키야의 아들 예레미야의 말. ² 유다 임금 아몬의
아들 요시야 시대, 그의 통치 십삼년에 주님의 말씀이 예
레미야에게 내렸다. ³ 그 말씀은 유다 임금 요시야의 아들
여호야킴 시대를 거쳐 유다 임금 요시야의 아들 치드키야
제십일년 말까지, 곧 그해 다섯째 달, 예루살렘 주민들이
유배될 때까지 내렸다.

유다에 대한 신탁

예언자의 소명

⁴ 주님의 말씀이 나에게 내렸다.
⁵ "모태에서 너를 빚기 전에 나는 너를 알았다.

1,1 11,21; 이사 1,1; 에제 1,3; 아모 1,1; 루카 3,2. 1,1-3 25,3; 51,64; 52. 1,2 2열왕 21,25-26; 22,1; 호세 1,1; 미카 1,1; 스바 1,1. 1,3 21,1; 25,1; 26,1; 28,1; 35,1; 36,1; 37,1; 39,1; 52,1. 1,4 탈출 3,1-6; 이사 6,1-5; 에제 1,3. 1,5-8 사도 26,17-18. 1,5 20,18; 탈출 33,12.17; 판관 13,5-7; 이사 46,3; 49,1.5; 루카 1,15.41.76; 요한 10,36; 로마 1,1; 8,29; 갈라 1,15-17; 에페 4,11-12.

1,1-3. 이 책의 도입은 예언자의 활동 배경을 기원전 627년부터 587년으로 설정한다. 실제로 그의 활동은 40-44장에서 나타나듯이 그 후에도 계속된다. 책의 내용은 예레미야의 "말"로 정의되지만, 이에 해당하는 히브리어 단어('다바르')는 주님의 말씀을 전달하는 사실과 행위들도 포함한다.

1,4-19. 예언자의 소명담으로, 그 신학적 도식은 모세의 소명담을 연상시킨다(탈출 3장 참조). 예언자 소명에 예레미야는 자기 나이가 적어 말로 설득할 수 없다는 이유로 이의를 제기한다. 주님께서는 부르심을 받은 이에게, 특히 그가 반대와 거부를 받을 때 언제나 그를 도와주실 것을 약속하시며 소명을 다시 확인하신다(17-19절). 예언자의 사명은 고발과 징벌의 말들을 포함하지만, 희망의 선포도 있을 것이다. "뽑고… 심으려는 것"(10절). 예레미야는 말씀에 봉사하도록 부름받으며, 그 소명이 (잉태 전에 이미 축성된) 그의 정체성을 규정한다. 하느님과 예언자 사이에는 깊은 대화가 있고, 그 대화는 부름받은 이에게 자신의 이의들을 제기하는 것까지 허용한다.(6-7절) 그러나 그는 주님의 약속에 의지하여, 그분께서 인간적으로 부적합하고 약한 도구들을 통해서도 당신의 계획을 이루어 가심을 알고 모든 두려움을 극복해야 한다.

1,4-5.17-19. 소명에 관한 이 본문은 다해 연중 제4주일에 예수님의 파견에 관한 복음과(루카 4,21-30) 함께 읽는다. 8월 29일 성 요한 세례자의 수난 기념일 미사에서도 읽으며(예레 1,17-19), 주교 및 사제 서품 예식의 독서집에도 들어가 있다(1,4-9).

1,1. "아나톳에 살던 사제들 가운데 하나인" 이 표현은 옛 저주의 그림자를 바로 예레미야에게까지 드리우는 듯하다. 아나톳은 솔로몬이 에브야타르 사제를 예배에서 영원히 배제하고 추방하여 보낸 곳이다(그의 후손들도 그러했을 것이다). 이는 엘리의 징벌이 실현된 것이며(1열왕 2,26-27 참조), 엘리는 실로의 옛 성소 파괴를 연상시키는 인물이다(예레 7,12.14; 26,6.9; 시편 78,60 참조). 예언직으로 부름을 받는 것은 한편으로 이러한 어두운 운명을 벗어나는 것으로 보이고, 다른 한편으로는 이를 더 철저히 하는 것으로 보인다. 실제로 예레미야는 자신의 삶 자체가 종말의 선포가 되고(예레 7장; 16장; 26장; 38,1-13 참조) 새로운 시작의 약속이 될 것이다(30-31장 참조).

1,2. "주님의 말씀이 그에게 내렸다." 이 표현은 신탁을 소개하는 전형적인 문구이다. 예레미야의 설교와 삶 안에서 활동하는 최종적이고 결정적인 주인공은 하느님의 말씀이다.

1,5. "너를 알았다." 이 문맥에서는 동사 어근 '야다'를 더 정확하게 "너를 인정했다"로 옮겨야 한다(잠언 14,33; 예레 14,20 참조). 이것은 아버지의 인정 행위를 말하는 것으로, 이로써 인간 예레미야는 법적으로 무엇보다 먼저 "아들"로 선언된다. 이러한 자격과 친밀함을 근거로(창세 18,17-19; 탈출 33,12-13; 2사무 7,20-21 참조) 그는 하느님의 말씀을 선포할 수 있게 된다. "너를 성별하였다." 동사 어근 '카다스'는 독점적 소속의 관계를 나타내고, 여기서 그것은 많은 이들을 위한, 백성과 "민족들"을 위한 전적인 증여로 선포

태중에서 나오기 전에 내가 너를 성별하였다.
민족들의 예언자로 내가 너를 세웠다."
6 내가 아뢰었다. "아, 주 하느님
저는 아이라서 말할 줄 모릅니다."
7 주님께서 나에게 말씀하셨다.
"'저는 아이입니다.' 하지 마라.
너는 내가 보내면 누구에게나 가야 하고
내가 명령하는 것이면 무엇이나 말해야 한다.
8 그들 앞에서 두려워하지 마라.
내가 너와 함께 있어 너를 구해 주리라.
주님의 말씀이다."
9 그러고 나서 주님께서는 당신 손을 내미시어 내 입에 대
시며, 나에게 말씀하셨다.
"이제 내가 너의 입에 내 말을 담아 준다. 10 보라, 내가 오
늘 민족들과 왕국들을 너에게 맡기니, 뽑고 허물고 없애
고 부수며 세우고 심으려는 것이다."

첫 번째 환시의 계시

11 주님의 말씀이 나에게 내렸다. "예레미야야, 무엇이 보
이느냐?" 내가 대답하였다. "편도나무 가지가 보입니다."
12 그러자 주님께서 나에게 말씀하셨다. "잘 보았다. 사실
나는 내 말이 이루어지는지 지켜보고 있다."

1,6 4,10; 14,13; 32,17; 탈출 4,10; 1사무 3,1; 1열왕 3,7; 이사 6,5.8; 에제 4,10-16. 1,7 1,17-18; 탈출 7,1-2; 민수 22,20.38; 1열왕 22,14; 이사 6,6-9; 에제 2,3-5; 3,17; 마태 10,16; 마르 16,15-16; 사도 20,27. 1,8 1,17; 45,5; 탈출 3,12; 판관 6,12.16; 이사 51,12; 에제 2,6; 루카 12,4-5; 사도 4,13.29; 18,9-10; 26,17. 1,9 탈출 4,11-16; 신명 18,18; 여호 1,8; 이사 6,6-7; 51,16; 에제 3,1-3.10; 마태 10,19; 루카 12,12; 21,15; 사도 2,4; 6,10; 야고 1,5. 1,10 18,7; 25,15; 31,28; 45,4; 46,1; 1열왕 17,1; 호세 6,5; 마태 28,19; 요한 17,2; 2코린 10,4-5; 묵시 10,11; 11,6. 1,11 24,3; 민수 17,23; 아모 7,8; 8,2; 즈카 4,2; 5,2. 1,12 28,9; 39,1; 민수 11,23; 이사 8,10; 55,10-11; 에제 12,22-23.25.28.

1,7-8. 예언 사명을 위하여 결정적인 것은 적합한 능력(이는 불가능한 일이다)에 도달하기 위한 노력이 아니라 신앙의 순종으로 하느님의 부르심을 받아들이는 것이다. 이것이 예언자의 깊은 권위의 참된 원천이고(10절 참조), 이렇게 함으로써만 (피할 수 없는) 죽음의 두려움을 극복할 수 있다. 두려움은 외로움의 체험이고 인간의 죽음은 절대적 외로움으로 나타나기에 하느님의 약속은 "내가 너와 함께 있다."는 계시 곧 죽음의 모든 힘을 무효화하는 확실한 현존으로 주어진다.

1,11-14. 이와 같은 환시들은 단순히 교육적 기능만을 갖는 것이 아니다. 이들은 예언자가 남들과 다른 것을 보는 것이라기보다 모든 이들이 보는 것을 다른 방법으로, 하느님의 관점에서 보는 것임을 말해 준다(18,1-12; 24 참조). 히브리어에서 나타나는 언어유희는 이러한 점을 부각시킨다. "편도나무"는(자구적으로 "지키는 이"를 뜻하는 '사켓') "지키시는" 분의('소켓') 역사 안에서의 행위와 현존을 연상시킨다. 마찬가지로 사소해 보이는 세속적 실재가(북쪽에서 남쪽으로 기울어진 냄비) 역사를 지배하시는 하느님의 통치라는 감추어진 진리를 계시해 준다(이것이 바빌론 침입의 깊은 의미이다).

된다. 그러므로 한 명의 선포자를 임시로 지명하기보다는 어떤 "단체"를 세우는 것이라고 볼 수 있으며("너를 세웠다"), 이는 영원에서부터 염두에 둔, 자신의 역사 전체로(말과 행동으로) 계시의 중개가 될 것이다.

1,6. "말할 줄 모릅니다." 말할 줄 모른다는 것은 수사학적 능력의 문제가 아니라, "아이"를 성숙한 사람(특히 원로)과 구별하는 권위의 결여와 연관된다. 더 근본적으로 예레미야의 탄원은 진리에 따라 말하고 또한 거기에서 파생될 수 있는 위험이라는 영원한 조건을 떠맡는 데 늘 수반되는 인간적 어려움을 암시한다.

13 주님의 말씀이 두 번째로 나에게 내렸다. "무엇이 보이
느냐?" 내가 대답하였다. "끓는 냄비가 보이는데, 그것은
북쪽에서부터 쏟아질 듯 기울어져 있습니다."
14 그러자 주님께서 나에게 말씀하셨다. "북쪽에서 재앙이
터져 이 땅의 모든 주민 위에 덮칠 것이다. 15 이제 내가 북
쪽 왕국들의 모든 족속을 불러들일 것이다. 주님의 말씀
이다. 그들이 와서 저마다 제 왕좌를 예루살렘 성문 입구
에 차리고, 그 주변 모든 성벽과 유다의 모든 성읍에 맞설
것이다. 16 그러면 내가 그들을 거슬러, 그들이 나를 저버
리고 다른 신들에게 제사를 바치며, 자기네 손으로 만든
것들을 섬긴 모든 죄악에 대하여 심판의 말을 내리겠다.
17 그러므로 이제 너는 허리를 동여매고 일어나, 내가 너에
게 명령한 모든 것을 그들에게 말하여라. 너는 그들 앞에
서 떨지 마라. 그랬다가는 내가 너를 그들 앞에서 떨게 할
것이다. 18 오늘 내가 너를 요새 성읍으로, 쇠기둥과 청동 벽
으로 만들어 온 땅에 맞서게 하고, 유다의 임금들과 대신
들과 사제들과 나라 백성에게 맞서게 하겠다. 19 그들이 너
와 맞서 싸우겠지만 너를 당해 내지 못할 것이다. 내가 너를
구하려고 너와 함께 있기 때문이다. 주님의 말씀이다."

첫사랑

2 1 주님의 말씀이 나에게 내렸다.
2 "가서 예루살렘이 듣도록 외쳐라.

1,13 4,5-31. 1,14 4,6; 6,1.22; 10,22; 31,8; 이사 41,25; 에제 1,4. 1,15 25,9; 39,3; 43,10; 이사 22,7. 1,16 2,13.17; 4,12; 5,9; 17,13; 신명 28,20; 2열왕 25,6; 루카 19,44; 사도 7,41. 1,17 1,7-8; 1열왕 18,46; 2열왕 9,1; 욥 38,3; 에제 2,6; 루카 12,35; 1베드 1,13. 1,18 6,27; 15,20; 이사 50,7; 에제 3,8-9; 미카 3,8-9; 요한 1,42. 1,19 11,19; 15,10; 20,1-6; 26,11; 29,25-32; 37,11-21; 38,6-13; 여호 1,9; 시편 129,2; 루카 21,12-18; 사도 18,9-10; 26,17. 2,2 7,2; 11,6; 탈출 14,31; 신명 2,7; 잠언 1,20; 8,1; 이사 58,1; 에제 16,8.22; 호세 2,16-17; 8,1; 요나 1,2.

1,18-19. 예언 말씀은 규범이 되는 말씀으로 제시되기 때문에 이스라엘의 최고 권위들과, 또는 다른 어떤 것에 순종하려는 이들과 충돌한다. 하느님께서는 당신 예언자에게 평온한 삶이나 쉬운 성공을 약속하지 않으신다. 하느님께서 활동하신다는 표지는 오히려 죽음에 넘겨지지만 죽지 않고, 수난을 겪으면서도 승리하는 그의 몸 안에서 드러날 것이다.

2-25장은 주로 유다와 이스라엘에 대한 고발과 경고, 또는 징벌 예고의 본문들로 되어 있다. 2-6장은 예언자의 초기 설교를 담고 있고, 여기에 정의의 실천이 없는 경신례와 거짓된 지혜에 대한 신탁, 우상 숭배에 관한 신탁이 이어진다(7-10장). 다음으로 예언자의 설교와 예언적 행동에 관한 회고들과 예레미야가 주님께 탄원하는 고백록들이 뒤따른다(11-20장). 마지막 부분은 주로 치드키야 시대의 신탁들이다(21-24장과 25장).

✠ 2,1-13. 고해성사 예식은 이 본문을 독서에 포함시켰다.

2,1-3. 주님께서 이스라엘의 시초를 간절하게 회상하신다. 약혼의 은유가 계약에 파생되는 관계에 적용된다. 당신 백성에 대한 심판과 위협을 선포하시는 하느님께서는 언제나 이스라엘을 사랑하셨던 그 하느님이시다.

1,13. "북쪽에서부터 쏟아질 듯 기울어져 있습니다." 히브리어 표현은 간결하며 여러 가지로 이해된다("그 얼굴은 북쪽에서"). 북쪽에서 곧 침입이 있을 것을 암시한다(14-15절 참조).

1,17. 이 구절에는 "떨다"와 관련한 언어유희가 있다. 명령의 내용은 "떨지 마라"는 것, 곧 하느님을 신뢰하라는 것이다. 자신의 두려움에 당당하게 대응하지 않는다면 영원히 그 두려움에 내맡겨질 것이다(두려움은 나약함이라는 구조적 조건을 특징지으며 자신이 하느님에게서 기원함을 무의식적으로 거부하는 것이다). "허리를 동여매고"는 전투를 준비하라는 뜻이다.

1,18. 예레미야는 예루살렘과("요새 성읍", "청동 벽" 39,8; 52,14 참조) 성전을("쇠기둥" 52,13.17.20-22 참조) 대신하게 될 것이다.

2,2. "순정… 사랑" 이들은 계약의 어휘에 속하며(신명 5,10; 예레 31,3 참조), 혼인의 은유로 표현된다(호세 2,21 참조). "순정"('헤셋')과 사랑('아하바')은 이스라엘에 대한 하느님의 순정과 사랑으로 해석할 수도 있다. 실상 '립'(언쟁 또는 법정 논쟁)에서는 흔히 주님께서 처음에 베푸신(그리고 그 후에 배반당한) 호의를 기억한다(신명 32,4; 이사 1,2; 예레 3,19 참조). "광야에서" 과거의 이 이상적인 상태가 역설적으로 그 자체로는 삶이 불가능한 곳에서 오직 하느님의 업적으로 실현된다(예레 2,6; 31,2-3과 또한 창세 18,14; 예레 32,27 참조). 그러나 다른 전승들에서는 이 시기를 반항의 시기로 본다(탈출 17,1-7; 민수 14,1-4; 20,1-5; 21,4-6; 신명 9,7.22-24; 시편 78편 참조).

— 주님께서 이렇게 말씀하신다. —
네 젊은 시절의 순정과
신부 시절의 사랑을 내가 기억한다.
너는 광야에서,
씨 뿌리지 못하는 땅에서 나를 따랐다."
3 이스라엘은 주님께 성별된
그분 수확의 맏물이었다.
그를 삼키는 자들은 누구나 벌을 받아
그들에게 재앙이 닥쳤다.
주님의 말씀이다.

생수의 원천을 저버리다

4 야곱 집안아, 이스라엘 집안의 모든 족속들아
주님의 말씀을 들어라.
5 주님께서 이렇게 말씀하신다.
"너희 조상들이 나에게서 무슨 허물을 찾아냈기에
나에게서 멀어져
헛것을 따라다니다가
그들 자신도 헛것이 되었더란 말이냐?
6 그들은 이렇게 묻지 않았다.
'우리를 이집트 땅에서 이끌고 올라오신 분,
광야에서 우리를 인도하신 분께서는 어디 계신가?
사막과 구렁의 땅에서
가뭄과 암흑의 땅에서
어떤 인간도 지나다니지 않고
어떤 사람도 살지 않는 땅에서
우리를 인도하신 주님께서는 어디 계신가?'
7 내가 너희를 이 기름진 땅으로 데려와
그 열매와 좋은 것을 먹게 하였다.
그러나 너희는 여기 들어와 내 땅을 더럽히고
나의 상속 재산을 역겨운 것으로 만들었다.

2,5. "헛것"으로 번역한 히브리어 '헤벨'은 "허무"를 뜻할 수 있다(코헬 1,2 참조). 그러나 여기서는 우상 숭배를 나타내므로 "실제로는 존재하지 않는 것"이라는 의미를 갖는다.

2,6. 2,2의 주 참조.

2,7. "기름진 땅"으로 번역한 구절은 "정원의 땅"이다. '정원'을 뜻하는 히브리어 단어 '카르멜'은 카르멜산의 이름과 같다.

2,3 탈출 19,5-6; 23,19; 신명 26,17-19; 즈카 14,20-21; 에페 1,4; 1베드 2,9. 2,5 2,31; 2열왕 17,15; 시편 115,8; 이사 5,3-4; 호세 9,10; 미카 6,2-3; 사도 14,15; 로마 1,21. 2,6 탈출 20,2; 신명 8,14-16; 32,10-12; 판관 6,13; 2열왕 2,14; 욥 35,10; 이사 63,11-14; 64,6. 2,7 탈출 3,8; 민수 13,27; 레위 18,25; 신명 8,7-20.

2,4-13. 이 고발은 법정 논쟁 또는 계약을 배반한 데에 대한 쌍방의 논박 모습을 띤다('립', 9절 참조). 이스라엘의 불충에 대한 이 고발은 모든 시대 이스라엘의 모든 백성에게 관련된다. 계약의 역사적 은혜들을 회상함으로써 잘못이 더 부각된다(6-7절 참조). 고발은 우상 숭배의 어리석음을 그대로 보여 주는 13절에서 절정에 이른다. "키팀"은 키프로스 주민들을 지칭하며 그래서 서방 민족들을 뜻하고, "케다르"는 아랍인들, 남부인들이다.

2,9. "고소하고… 고소하겠다." 재판의 비유를 사용하는 것이 아니라 쌍방의 논쟁이나 법정 논쟁을 뜻하는 단어('립')를 사용한다. 재판관 앞에서 죄인의 판결을 요구하는 고발이 아니라, 계약의 상대방과 화해하고자 하는 사랑의 고발이다(또한 호세 2,4-25와 미카 6,1-8의 주해 참조).

2,10-12. 이스라엘의 죄는 그 자체로 수수께끼 같고 설명할 수 없는 면이 있으며, 어리석고 배은망덕한 모습을 보인다. 다른 민족들이나 하늘에 문의하는 것은 수사학적으로 그러한 행동의 부조리함을 강조한다. 지상의 어떤 민족에게도 그러한 행동은 볼 수 없다(키팀과 케다르는 양극을 가리키며 그래서 전체를 나타낸다. 이들은 서쪽으로 키프로스섬과 에게해의 섬들, 동쪽으로는 요르단 동편의 유목 민족을 지칭한다. 창세 10,4; 25,13; 1마카 1,1; 다니 11,30 참조).

2,13. 하느님은 끊이지 않는 샘의 물과 같고, 신앙을 통해 인간이 그 하느님을 만난다. 죄를 짓는다는 것은 물을 담아 둘 수 없고 진흙만 있는 갈라진 저수 동굴을 더 좋아하는 것이다. 그러므로 주님에게서 멀어지는 것은 어리석은 일이다.

2,16. "네 머리통을 부수었다." "네 머리를 밀었다."로 번역하기도 한다. 자구적으로는 "너를 뜯어 먹었다."를 뜻하는 동사의 가설적인 번역이다. "멤피스"는 이집트의 옛 수도이다. "타흐판헤스"는 아마도 나일강 삼각주 동쪽 지역으로 보인다. 43,7-9에서는 피신한 이들이 그곳으로 간다. 이 구절은 기원전 608-605년 시리아-팔레스티나 지역에 이집트가 개입한 것을 암시한다.

8 사제들도 '주님께서 어디 계신가?'
하고 묻지 않았다.
율법을 다루는 자들이 나를 몰라보고
목자들도 나에게 반역하였다.
예언자들은 바알에 의지하여 예언하고
아무런 이익이 되지 않는 것들을 따라다녔다.
9 그러므로 이제 내가 다시 너희를 고소하고
너희 자손의 자손들도 고소하겠다.
주님의 말씀이다.
10 키팀의 해변에 건너가 살펴보아라.
케다르에 사람을 보내어 자세히 조사해 보아라.
일찍이 이런 일이 있었는지 살펴보아라.
11 도대체 어떤 민족이 제 신들을 바꾼 적이 있더냐?
비록 그것들이 신이 아닐지라도 말이다.
그런데 내 백성은 아무런 이익이 되지 않는 것과
제 영광을 바꾸었다.
12 하늘아, 이를 두고 깜짝 놀라라.
소스라치고 몸서리쳐라.
주님의 말씀이다.
13 정녕 내 백성이 두 가지 악행을 저질렀다.
그들은 생수의 원천인
나를 저버렸고
제 자신을 위해 저수 동굴을,
물이 고이지 못하는
갈라진 저수 동굴을 팠다."

고통과 쓰라림

14 이스라엘이 종이더냐? 그가 씨종이더냐?
그런데 어찌하여 그가 약탈 대상이 되었단 말이냐?
15 힘센 사자들이 그에게 으르렁거리고
소리를 질러 댔다.
그들이 그의 땅을 폐허로 만드니
그의 성읍들은 주민들이 없는 빈터가 되었다.
16 게다가 멤피스와 타흐판헤스 사람들이

2,8 8,8; 10,21; 에제 34; 말라 2,6-7. 2,10 18,13-15. 2,11 탈출 24,16; 시편 106,20; 미카 4,5; 로마 1,23; 갈라 4,8. 2,13 14,3; 17,13; 요한 4,10-15; 7,37-39; 묵시 21,6. 2,14 5,19; 탈출 4,22. 2,15 4,7; 50,17.

2,14-19. 제국들과 계약을 맺는 정책을 비판한다(제국들은 강 이름들로 표현된다). 백성은 이러한 계약들에 의지하지만, 이 정책은 백성이 자기 생수의 원천인 주님을 버리고 갈증을 풀어 주지 못하는 물을 마시는 것과 한 가지 모습이다.

네 머리통을 부수었다.
17 이는 주 너의 하느님이 길을 따라 너를 이끌 때
네가 그를 저버려
스스로 만든 결과가 아니더냐?
18 그런데도 네가 나일강 물을 마시러
이집트로 내려가다니 웬 말이냐?
유프라테스강 물을 마시러
아시리아로 올라가다니 웬 말이냐?
19 네 악행이 너를 벌하고
네 배반이 너를 징계할 것이다.
주 너의 하느님을 저버린 것이
얼마나 나쁘고 쓰라린지 보고 깨달아라.
나에 대한 두려움이 너에게 없구나.
주 만군의 주님의 말씀이다.

고발당한 자의 변론에 대한 반박

20 나는 오래전에 네 멍에를 부러뜨리고
그 줄을 끊었다.
그런데도 너는 "더 이상 섬기지 않겠다!" 하고는
온갖 높은 언덕 위에서
온갖 푸른 나무 밑에서
드러누워 불륜을 저질렀다.
21 나는 좋은 포도나무로,
옹골찬 씨앗으로 너를 심었는데
어찌하여 너는
낯선 들포도나무로 변해 버렸느냐?
22 네가 비록 잿물로 네 몸을 씻고
비누를 아무리 많이 쓴다 해도
죄악의 얼룩은 그대로 내 앞에 남아 있다.
주 하느님의 말씀이다.
23 네가 어찌 부정하지 않다고,
바알들을 따라다니지 않았다고 말할 수 있느냐?
골짜기에서 걸었던 네 길을 살펴보고

2,18. "나일강" 히브리어로 이 단어는 오히려 타흐판테스 근처의 나일강 삼각주 일부를 지칭할 것이다. "유프라테스강"은 자구적으로는 "강"으로만 되어 있다.

2,20. "멍에"는 계약에 충실한 관계를 나타낸다(다른 곳에서는 정치적 예속을 뜻하기도 한다. 참조 창세 27,40; 레위 26,13; 신명 28,48; 1열왕 12,4; 예레 27,2에서는 두 가지 요소가 실질적으로 일치한다). "불륜을 저질렀다." 가나안 예식의 우상 숭배를 가리킨다(신명 23,19; 호세 1,2 참조).

2,22. 지울 수 없는 얼룩은 죄가 용서될 수 없음을 뜻하기보다 그 중대성을, 인간이 깊이 타락했음을 나타낸다.

2,23. "골짜기에서" 아마도 어린아이들을 제물로 바치는 이교 제사를 행했던 "벤 힌놈 골짜기"를 지칭한다(2열왕 23,10; 2역대 28,3; 예레 7,31-32 참조).

2,17 4,18; 6,19; 11. 2,18 13,1-11; 이사 30,1-3; 호세 7,11. 2,19 4,18; 이사 3,9, 호세 5,5. 2,20 레위 26,13; 이사 57,5.7; 마태 11,28-30. 2,21 5,10; 탈출 15,17; 이사 5,1-7; 마태 21,18-19; 요한 15,1. 2,22 4,14. 2,23 2,35; 잠언 30,12.20; 1요한 1,8-10.

2,20-28. 하느님의 백성은 완고하게 주님의 멍에를, 곧 율법 준수를 거부했고 우상들의 멍에를 더 좋아했으며 이로써 선택을("좋은 포도나무"이기를) 거절했다. 또 이스라엘은 하느님의 고발을 부인하고 발정한 짐승처럼 우상 숭배의 악한 유혹의 증거를 부인하며 자신의 무죄함을 주장한다. 완고한 우상 숭배는 불행이 때에 구원을 줄 수 있는 분이 오직 하느님뿐이심을 깨닫지 못하게 하는 어리석음이다.

네가 무슨 짓을 했는지 깨달아라.
너는 가는 길 종잡을 수 없는 경박한 암낙타로구나.
24 광야에 익숙한 들나귀가
몸이 달아 암내를 풍기며 헐떡이니
누가 그 발정을 막겠느냐?
수컷들은 다 애써 찾을 필요도 없이
발정한 암컷을 쉬이 발견하리라.
25 너는 맨발이 되지 않도록 네 발을 보살피고
목마르지 않도록 네 목을 보살펴라.
그러나 너는 "안 돼요. 어쩔 수 없네요.
낯선 이들을 사랑하게 되었으니
그네들을 따라다니겠어요." 하고 말하였다.
26 도둑이 붙잡혀 수치를 당하듯
이스라엘 집안이 수치를 당하리라.
그들과 그 임금들과 제후들
사제들과 예언자들이 수치를 당하리라.
27 그들은 나무에 대고 "당신께서 제 아버지이십니다."
돌에 대고 "당신께서 저를 낳으셨습니다." 하고 말한다.
그들은 정말 나에게 등을 돌리고
얼굴을 마주하지 않았다.
그러나 그들에게 재앙이 닥칠 때 그들은
"일어나시어 저희를 구해 주소서." 하고 부르짖는다.
28 네가 스스로 만든 신들은 어디 있느냐?
너에게 재앙이 닥칠 때 그들이 너를 구할 수 있다면 일어나 보라지.
유다야, 너의 신들이
네 성읍의 수만큼이나 많지 않으냐?
29 그런데도 어찌하여 너희는 나에게 따지려 드느냐?
너희 모두 나에게 반역하였다.
주님의 말씀이다.

비난

30 내가 쓸데없이 너희 자녀들을 때렸구나.

2,24. "들나귀" 자구적으로는 "당나귀"(욥 39,5-8 참조). 앞 절의 "암낙타"는 신뢰할 수 없음을 나타내는 표상이다. 여기서는 발정한 "들나귀"의 특징적 행동을 생생하게 묘사한다.

2,27. 자신의 손이 만든 것(우상)을 숭배하는 것은 자신이 "자녀"임을 받아들이지 않고, 살아 계신 하느님에게서 태어났음을 인정하지 않는 것이다(3,19; 31,9 그리고 대조적으로 욥 17,14 참조). 일부 학자들은 여기서 성적인 상징이 역설적으로 뒤바뀌어 사용된 것으로 본다("나무"는 아세라 여신을, "돌"은 남성 신을 암시한다고 본다. 판관 2,11.13; 2열왕 10,26-27과 판관 3,7의 주 참조).

2,29. "따지려 드느냐?" 다시 히브리어 동사 '립'("고발하다, 논쟁하다")이 사용된다. 재판이 아닌 법률적 의미를 지닌다(2,9의 주 참조).

2,24 2코린 11,4. 2,25 14,10; 18,12; 호세 2,7. 2,26 48,27. 2,27 3,9; 이사 26,16. 2,28 11,13; 신명 32,37-38; 이사 45,20. 2,29 5,1; 6,13. 2,30 26,20-24; 이사 1,5; 아모 4,6; 마태 23,37.

2,30-37. 충실하지 않은 백성을 바로잡기 위한 처벌들은 소용이 없었다. 그러나 스스로 무죄하다고 고집하는 이스라엘의 죄를 다시 고발한다. 우상 숭배와(33절) 정치적 동맹 외에(36절) 가난한 이들에 대한 억압도 고발하는 것으로 보인다(34절 - 이에 관하여 탈출 22,1 참조). 고칠 수 없는 계약 상대방을 향한 꾸짖음은 당신 백성에 대한 주님의 끈질긴 열정의 한 단면을 보여 준다.

그들은 훈계를 받아들이지 않았다.
너희 칼이 예언자들을 삼키는데
약탈하는 사자 같았다.
31 이 세대 사람들아
너희는 주님의 말씀을 들어라.
내가 이스라엘에게 광야가 되었단 말이냐?
아니면 암흑의 땅이 되었단 말이냐?
어찌하여 내 백성이, "우리가 자유로워졌으니
이제 더 이상 당신께 가지 않겠습니다." 하고 말하는가?
32 처녀가 노리개를 잊을 수 있으며
새색시가 각시 띠를 잊을 수 있겠느냐?
그러나 내 백성은
셀 수도 없이 허구한 날 나를 잊었다.
33 너는 사랑을 찾아
제 갈 길을 어찌 그리 잘도 걷는가?
그리하여 너는 탕녀들에게조차
네 길을 가르칠 정도가 되었다.
34 네 치맛자락에까지
죄 없는 가난한 이들의 피가 묻어 있구나.
그들이 집을 뚫고 들어오다가 너에게 들킨 것도 아닌데.
정말 이런 짓을 다 저지르고도
35 너는 말한다. "죄가 없으니
그분의 진노가 나에게서 분명 돌아설 수밖에."
그러나 이제 "죄지은 적이 없다."는 너의 말 때문에
나는 너를 심판하리라.
36 어찌 그다지도 지조 없게
네 길을 바꾸느냐?
네가 아시리아에게 수치를 당한 것처럼
이집트에게도 수치를 당하리라.
37 그곳에서도 너희는
머리 위에 손을 얹고 나오리니
네가 믿었던 자들을 주님께서 배척하시어
그들로 말미암아 네가 번성하지 못할 것이기 때문이다.

2,33. 1사무 8,3.5 주 참조.

2,34. "뚫고 들어오다." 실인으로 고발된 이에게 무죄를 선언하게 되는 이러한 경우에 관하여 탈출 22,1 참조.

2,37. 주님께 대한 신뢰를 저버리는 모든 삶의 선택은 실패하게 되어 있다.

2,31 이사 45,19. 2,32 3,21; 신명 6,12; 8,14; 32,15-18; 이사 17,10; 호세 8,14. 2,34 7,6; 19,4; 26,15. 2,35 2,23; 1요한 1,8-10. 2,36 2역대 28,16.20-21; 이사 30,3.

3,1. "저 땅"은 히브리어 본문을 따른 것으로, 독자에게는 상당히 당황스럽다. 그리스어 번역본과 예로니모의 라틴어 번역에서는 "여자"로 읽는다. 땅에 대한 언급은 아마도 신명 24,1-4을 근거로 설명된다.

3,4. 2,27의 주 참조.

탕녀의 명예

3 [1] 사람들은 이렇게들 말한다.
"만일 한 남자가 자기 아내를 내보내고
그 여자가 그에게서 떠나가
다른 남자의 아내가 되면
그가 그 여자에게 다시 돌아서겠느냐?
그리되면 저 땅이
몹시 더럽혀지지 않겠느냐?"
그런데 너는 수많은 정부들과 불륜을 저지르고서
나에게 돌아오겠다는 말이냐?
주님의 말씀이다.
2 눈을 들어 벌거벗은 언덕들을 보아라.
네가 더럽히지 않은 자리가 있느냐?
광야에 사는 아라비아인처럼
너는 길가에 앉아 그들을 기다렸고
불륜과 악행으로
땅을 더럽혔다.
3 그리하여 소나기가 거두어지고
봄비도 내리지 않게 되었다.
그런데도 너는 탕녀의 이마를 하고
부끄러워하기를 마다한다.
4 지금도 너는 나를 '저의 아버지'
'당신은 제 젊은 시절의 친구'라 하지 않느냐?
5 "그분께서 영원히 분노하시겠는가?
끝까지 진노하시겠는가?"
너는 이런 식으로 말하면서
네가 할 수 있는 악행은 다 저질러 왔다.

이스라엘의 배반과 유다의 배신

6 요시야 임금 시절에 주님께서 나에게 말씀하셨다. "너는

3,1 신명 24,1-4; 에제 16,26.28-29; 호세 1-3. 3,2 2,20; 신명 12,2. 3,3 5,24; 레위 26,19; 1열왕 17,1; 18,17-18. 3,4 3,19. 3,5 탈출 34,6-7; 이사 57,16. 3,6 7,24; 17,2; 신명 12,2-3; 에제 23.

3,1-5. 하느님께서 용서를 베풀고 유다와 계약을 갱신하려 하심을 선언하신다. 이는 혼인 관계를 회복하는 것에 비유된다. 주님은 사랑 때문에 율법까지 넘어서신다. 율법에서는 쫓겨난 아내가 다른 남자와 결혼하고 나면 첫 남편은 다시 그 여자와 결혼할 수 없다(신명 24,1-4 참조). 하느님은 상식도 넘어서신다. 유다는 고정적으로 매춘을 행한 여자와 같기 때문이다. 회개하라는 초대는 용서를 베푸시고 당신의 피조물과 사랑의 관계를 처음부터 다시 시작하시려는 하느님의 확고한 결정에 기초한다.

3,6-10. 이스라엘과 유다의 계약 역사를 자기 남편에게 불충한 두 자매의 역사로 해석한다. 이 단락은 명시적으로 요시야 시대의 것으로 표시된다(6절 참조).

배반자 이스라엘이 한 짓거리를 못 보았느냐? 그가 높은
언덕마다 올라가 온갖 푸른 나무 밑에서 불륜을 저지르지
않았느냐? 7 나는 '그가 이 모든 짓을 저지른 뒤 나에게 돌
아오겠지.' 하고 생각하였으나 그는 돌아오지 않았고, 이
를 배신자인 그의 자매 유다가 보았다. 8 내가 보니 배반자
이스라엘이 온갖 간음을 저질렀기에, 나는 그를 내보내며
이혼장을 그에게 들려 주었다. 그런데도 배신자인 자매 유
다는 두려워하지 않고 그마저 가서 불륜을 저질렀다. 9 그
는 자신의 불륜을 가볍게 여겨, 땅을 더럽히고 돌과 나무
와 더불어 간음을 하였다. 10 이런 온갖 짓을 저지르고서도,
배신자인 자매 유다는 온전한 마음으로 나에게 돌아오지
않고 거짓으로 돌아오는 체하였다. 주님의 말씀이다."

성실하신 주님께서 이스라엘을 회개시키시리라

11 주님께서 나에게 말씀하셨다. "배반자 이스라엘이 배신
자 유다보다는 의롭다. 12 가서 북쪽을 향하여 이 말을 선
포하여라.
배반자 이스라엘아, 돌아오너라.
주님의 말씀이다.
나는 너에게 성난 얼굴을 보이지 않으리라.
나는 자애로우니
영원히 진노하지 않으리라.
주님의 말씀이다.
13 단지 네 죄를 시인하기만 해 다오.
네가 주 너의 하느님을 거슬러 반역했고
온갖 푸른 나무 밑에서 낯선 자들에게 몸을 맡겼으며
내 말을 듣지 않은 죄를.
주님의 말씀이다.
14 배반한 자식들아, 돌아오너라. 주님의 말씀이다. 내가
너희의 주인이다. 나는 너희를 이 성읍에서 하나, 저 가문
에서 둘씩 끌어내어 시온으로 데려오겠다. 15 내가 너희에
게 내 마음에 드는 목자들을 보내리니, 그들이 너희를 지
식과 슬기로 돌볼 것이다.

3,12-13. 이러한 구절들에서 주님께서는 소송을 거는 (또 아마도 동시에 재판관 역할도 하는) 관리가 아니라 상처 입은 연인으로 나타나신다는 것이 확인된다. 상대방을 향한 그분의 고발들은(그리고 위협들과 "폭력"도) 재판에서의 단죄를 위한 것이 아니라 계약 관계를 회복시키기 위한 것이다(2,9의 주 참조). "자애로운" 재판관은 실상 정의롭지 않은 재판관일 것이다(탈출 23,3 참조). "낯선 자들"은 다른 민족들의 우상들이다.

3,7 에제 16,46-47. 3,8 신명 24,1. 3,9 2,27. 3,11 에제 16,51. 3,13 신명 30,1-3. 3,14 이사 4,3. 3,15 23,4; 에제 34,11; 사도 20,28.

3,14-18. 주님께로 돌아가라는 권고인데, 그 돌아감은 유배 간 이들이 시온으로 돌아가는 것을 통하여 구체적으로 드러난다. 용서는 지도층의 쇄신과(15절) 두 왕국의 통일로(18절) 가시화된다. 경신례의 회복은 계약 궤를 아쉬워하지 않게 되는 것으로(아마도 궤는 예루살렘 파괴 때 상실되었다), "주님의 옥좌"라는 이름이 도시 전체에 주어지고 민족들이 그곳으로 순례하는 것으로 표현된다. 예레미야가 안치한 궤가 사라졌다는 전승에 관하여 2마카 2,5-7 참조.

3,17. 약속의 절정은 죄에서의 치유이다. "고집스럽게"라는 부사에 관하여 23,17의 주 참조.

3,20. "남편"으로 번역한 히브리어 단어는 친구나 동료도 뜻할 수 있는 일반적인 단어이다. 그러나 아가 5,16에서는 분명하게 사랑하는 사람을 지칭한다.

3,22. 백성의 회개는 자신의 잘못을 고백하고 자애로운 아버지시며 유일한 구원자이신 주님께 돌아가는 데에 있다.

16 너희가 그날 그 땅에서 불어나고 번성하게 될 때, — 주
님의 말씀이다. — 사람들은 더 이상 주님의 계약 궤에 대
하여 말하지 않을 것이다. 그것을 마음에 떠올리거나 기억
하거나 찾지 않을 것이며, 다시 만들려 하지도 않을 것이
다. 17 그때에 그들은 예루살렘을 '주님의 옥좌'라 부를 것
이고, 모든 민족들이 주님의 이름을 찾아 예루살렘에 모
일 것이다. 그러고는 더 이상 자신들의 악한 마음을 고집
스럽게 따르지 않을 것이다. 18 그날에 유다 집안은 이스라
엘 집안과 더불어 걸으리니, 그들은 북쪽 땅에서 내가 너
희 조상들에게 상속 재산으로 준 땅으로 함께 내려올 것
이다."

탕자의 회개

19 나는 너를 어떻게
나의 아들들 가운데 하나로 내세워
탐스러운 땅, 뭇 민족 가운데에서 가장 아름다운 상속 재산을
너에게 줄 수 있을까 하고 생각하였다.
나는 너희가 나를 '저의 아버지'라 하고
나를 따르던 길에서 돌아서지 않을 것이라고 생각하였다.
20 그렇지만 여인이 제 남편을 배신하듯
이스라엘 집안아, 너희는 나를 배신하였다.
주님의 말씀이다.
21 한 소리가 벌거벗은 언덕들 위에서 들리니
이스라엘 자손들이 애원하며 울부짖는 소리다.
그들이 제 길에서 벗어나
주 그들의 하느님을 잊은 탓이다.
22 배반한 자식들아, 돌아오너라.
내가 너희 배반을 바로잡아 주리라.

저희가 주님 앞에 나왔습니다.
당신이야말로 주 저희 하느님이십니다.
23 분명 언덕에서 나오는 것은 거짓이요

3,16 탈출 25,10; 이사 65,17; 1코린 2,9. 3,17 17,12; 이사 1,26; 45,14; 에제 48,35. 3,18 23,5-6; 31,1.8; 이사 11,13; 에제 37,15-28; 호세 2,2; 미카 2,12. 3,19 신명 1,31; 시편 16,6; 89,27. 3,20 호세 1-3. 3,21 2,32. 3,22 호세 6,1; 14,4. 3,23 시편 75,7; 121,1-2; 이사 2,12-18.

3,19-25. 주님과 백성 사이의 대화. 주님께서는 회개로 초대하시고, 백성은 자신의 죄를 인정하고 주님께 곧 돌아가겠다고 선언한다. 혼인의 은유에 이어 아버지와 아들의 은유가 나온다.

산 위에서는 소란뿐입니다.
분명 이스라엘의 구원은
주 저희 하느님 안에만 있습니다.
24 그러나 저희 젊은 시절부터
수치가 저희 조상들의 노고를,
그들의 양 떼와 소 떼와
아들딸들을 삼켜 버렸습니다.

25 수치 가운데 드러눕고
부끄러움이 우리를 덮게 하자.
우리 젊은 시절부터
오늘에 이르기까지 우리와 우리 조상들이
주 우리 하느님께 죄를 지은 탓이다.
주 우리 하느님의 말씀을 듣지 않은 탓이다.

4 1 이스라엘아! 네가 돌아온다면,
— 주님의 말씀이다. —
네가 나에게 돌아만 온다면,
역겨운 것들을 내 앞에서 치워 버리고
더 이상 방황하지 않는다면,
2 네가 살아 계신 주님을 두고
진실과 공정과 정의로 맹세한다면
다른 민족들이 주님 안에서 복을 받고
주님 안에서 찬양을 받으리라.

완전한 쇄신

3 참으로 주님께서
유다 사람들과 예루살렘에게 이렇게 말씀하신다.
"묵혀 둔 너희 땅을 갈아엎어라.
가시덤불에는 씨를 뿌리지 마라.
4 유다 사람들과 예루살렘 주민들아
할례를 하여 자신을 주님께 바쳐라.

3,25 22,21; 에즈 9,7. 4,1 7,3.7. 4,2 5,2; 7,9; 창세 12,3; 22,18; 신명 10,20; 갈라 3,8. 4,3 호세 10,12; 마태 13,7.22. 4,4 21,12; 신명 10,16; 30,6; 로마 2,29.

4,1-4. 이 구절은 앞의 대화에 대한 승인과 같이 보인다. 주님께서는 다시 이스라엘에게 약속하고 위협하시며 당신께 돌아오라고 권고하신다. 이 약속들은 성조들에게 하신 축복을 암시하고(창세 12,3; 18,18 참조), 위협은 무섭게 타오르는 파괴적 불을 예고한다. 백성에게는 우상 숭배를 버리고 하느님과 형식적인 관계가 아닌 참된 관계를 맺도록 요구된다(갈아엎은 땅과 마음의 할례). 묵혀 둔 땅을 갈아엎는 표상과 마음의 할례를 받는 표상이 암시하듯이, 회개한다는 것은 단순히 무엇을 회복시키는 것이 아니라 주님과 함께 새로운 삶을 사는 것이다.

3,24. "수치"는 바알을 지칭한다(11,13 참조). 우상은 참된 하느님과 달리 생명과 다산을 줄 수 없고(참조 2,8) 우상을 섬기는 자가 오히려 그것을 잃게 만든다(참조 19,5; 32,35).

4,1. 이스라엘은 "방향을 바꿀" 수 있다(히브리어 동사 '숩'으로, 여기서는 "돌아오다"로 번역되었다. 3,19.22; 8,4 참조). 그러나 그들은 진심으로 주님을 택하기로 결단하려 할 것인가? "역겨운 것들"은 우상들이다.

4,2. "복을 받고" 창세 12,3에서 아브라함에게 주어진 약속을 연상시킨다.

4,4. 다른 민족들도 할례를 행했지만 그들은 "할례받지 않은 마음" 곧 참된 하느님에게서 멀리 있는 이들이었다(9,24-25와 에제 44,7 참조). 이스라엘에게 요구된 것은(창세 17,10 참조) 오직 "주님을 위하여" 곧 계약에 대한 내적이고 자발적인("마음의") 충실성의 표시로 하는 할례였다. 그러한 충실성만이 주님 앞에서 보여 주는 진정성의 유일한 기준이었다(레위 26,41; 신명 10,16; 30,6 참조).

너희 마음의 포피를 벗겨 내어라.
그러지 않으면 너희의 악한 행실 때문에
나의 분노가 불꽃처럼 터져 나와
아무도 끌 수 없게 타오르리라."

유다에 내린 경고

5 유다에서 알리고
예루살렘에서 이렇게 선포하여라.
"이 땅에서 나팔을 불고
큰 소리로 외쳐라."
그리고 말하여라.
"모여 와 요새 성읍들로 들어가자."
6 시온 쪽으로 깃발을 올리고
서 있지 말고 대피하여라.
내가 북쪽에서 재앙과
엄청난 재난을 가져오리라.
7 사자가 숲에서 달려 나오고
민족들의 파괴자가 길을 나섰다.
그가 네 나라를 폐허로 만들려고
제자리에서 나왔다.
네 성읍들이 헐려 아무도 살지 않게 되리라.

8 그러니 자루옷을 두르고
탄식하며 슬피 울어라.
주님의 타오르는 분노가
우리에게서 돌아서지 않았다.

혼란

9 그날에
— 주님의 말씀이다. —
임금이 용기를 잃고
제후들도 용기를 잃으리라.
사제들이 깜짝 놀라고

4,5-6 1,13-15; 6,1.22. 4,5 8,14. 4,7 5,6; 2열왕 24,1. 4,8 6,26; 30,24; 이사 22,12. 4,9 이사 29,9-10.

4,5-18. 북쪽에서 오는 침입에 대한 예고이다(침입자가 바빌론임은 후에 드러날 것이다). 그들은 공포를 일으키며, 폭풍과 같은 무서운 힘으로 침입한다(5-13절). 이어서 재앙의 신학적 원인들과 유일한 해결책이 밝혀진다(14-18절). 여기서 단이 언급된 것은 가장 북쪽에 있는 지파이고 그래서 가장 먼저 침입을 당하게 되기 때문이다. 예루살렘에게는 정화를 권고한다. 이 재앙은 주님께 대한 반역 때문에 일어난 것이므로, 정화가 유일한 구원의 길이다.

예언자들도 아연실색하리라.
10 내가 여쭈었다. "아, 주 하느님! 당신께서는 참으로 이 백
성과 예루살렘을 완전히 속이셨습니다. '칼이 목에 닿아
도 너희는 안전할 것이다.' 하지 않으셨습니까?"

위협받는 예루살렘에 대한 마지막 권고

11 그때에 이 백성과 예루살렘을 두고
이런 말씀이 들려오리라.
"벌거벗은 언덕의 열풍이
내 딸 내 백성의 길을 향해 광야에서 불어온다.
그 열풍은 키질을 위한 것도, 쓰레질을 위한 것도 아니다.
12 이보다 드센 바람이 나를 위해 분다.
이제는 나도
그들을 거슬러 심판을 선언하리라."
13 그가 구름처럼 올라오니
그의 병거들은 폭풍과 같고
그의 말들은 독수리보다 날래다.
우리는 불행하구나! 우리는 망하였다.
14 예루살렘아, 네가 구원받을 수 있도록
네 마음에서 악을 깨끗이 씻어 내어라.
언제까지나 네 안에
악한 생각을 품어 두려느냐?
15 정녕 단에서 소식이 전해지고
에프라임산에서 재난이 선포된다.
16 민족들에게 경고하고
예루살렘에 대고 선포하여라.
"원수들이 먼 나라에서 쳐들어와
유다의 성읍들에 대고 소리를 지른다.
17 그들은 밭을 지키는 자들처럼 사방에서 예루살렘을 포
위한다.
이 백성이 나에게 반역한 탓이다.
주님의 말씀이다.
18 너의 길과 행실이
이런 일을 스스로 불러들였으니
이것이 바로 너에게 닥친 쓰라린 재앙이요
네 심장까지 파고드는 재앙이다."

4,10. 주님께서 예언자의 말을 통하여 "속일" 수 있다는 생각에 관하여 1열왕 22의 설화 참조.

4,16. "원수들" 이 번역은 '노츠림'을 '차림'으로 수정하는 것을 전제한다(수정하지 않을 경우 "지키는 이들"을 뜻하고, [새] 대중 라틴말 성경도 그렇게 되어 있다). 몇몇 현대어 번역본들에서는 '노츠림'을 "포위한 이들"이라고 의역한다.

4,10 14,13; 창세 3,13; 2열왕 18,29; 이사 36,14. 4,11 51,1-2; 욥 1,19; 호세 13,15. 4,12 1,16. 4,13 신명 28,49; 이사 19,1; 애가 4,19. 4,14 2,22; 이사 1,16-20. 4,16 5,15; 이사 39,3. 4,17 2열왕 25,1.4. 4,18 2,17.19; 시편 107,17; 이사 50,1.

조국의 재앙 앞에서 예언자가 겪는 고뇌

19 아이고 배야, 배가 뒤틀리네!
내 심장의 벽이여
내 안에서 심장이 마구 뛰어
가만히 있을 수가 없구나!
나팔 소리가,
전쟁의 함성이 나에게 들려오고 있다.
20 재난에 재난이 겹치는구나.
정말 온 땅이 황폐해지고
나의 천막이 순식간에,
나의 장막이 한순간에 무너지는구나.
21 내가 언제까지나 더 깃발을 보아야 하고
언제까지나 더 나팔 소리를 들어야 하는가?

하느님의 판결

22 과연 내 백성이 어리석어서
나를 알지 못한다.
그들이 미련한 자녀들이라
이해하지 못한다.
악을 저지르는 데는 약삭빠르면서도
선을 행할 줄은 모른다.

4,22. 백성의 어리석음이 모든 불행의 원인이다. 어리석은 백성은 사건들 안에서 아버지와 같은 하느님의 행위를 알아보지 못하고 악한 태도를 고집하며, 선을 행하지 못한다.

혼돈으로 돌아가다

23 내가 보니 땅은 혼돈과 불모요
하늘에는 빛이 사라졌다.
24 내가 보니 산은 떨고 있고
모든 언덕은 뒤흔들리고 있다.
25 내가 보니 사람도 없고
하늘의 새들도 모두 달아나 버렸다.
26 내가 보니 옥토는 황무지가 되고
모든 성읍은 허물어졌다.

4,19 10,19; 이사 21,3. 4,20 10,20. 4,22 신명 32,6-29; 이사 1,2-3; 로마 16,19; 1코린 14,20. 4,23 창세 1,2; 이사 24,19. 4,24 이사 5,25; 에제 38,20. 4,25 스바 1,3. 4,26 9,10

4,19-26. 나라의 파괴로 인한 백성의 혹독한 고통에 긴밀하게 동참하는 예언자의 탄원이다. 예레미야의 비탄은 백성의 어리석음에 대한 하느님의 고발로 중단된다(22절). 파괴는 최초의 혼돈을 연상시킬 정도에 이른다(23절에서 "혼돈과 불모"로 번역한 히브리어 단어들은 창세 1,2에서 땅에 대해 사용한 "꼴을 갖추지 못하고 비어 있었다."와 동일하다).

주님 앞에서
주님의 타오르는 분노 앞에서 그렇게 되었다.

하느님께서 당신 백성을 징벌하기로 결정하시다

27 주님께서 이렇게 말씀하셨다.
"온 땅이 폐허가 되겠지만
아직 끝장은 내지 않겠다.
28 이리하여 땅은 통곡하고
저 위 하늘은 어두워지리니
내가 한번 말하고 계획했으면
뉘우치지도 물리지도 않을 것이기 때문이다."

정부들에게 속은 시온

29 기병들과 궁수들의 고함 소리에
온 성읍 주민들이 달아난다.
그들은 숲속으로 들어가거나
바위 위로 올라간다.
그리하여 온 성읍이 버려지니
그곳에 사는 사람이 아무도 없다.
30 황폐해진 너
진홍색 옷을 걸치고 금붙이로 치장하며
눈을 돋보이게 화장하고 있으니 어쩌자는 것이냐?
아름답게 꾸며 보았자 헛것이니
정부들이 너를 경멸하고
네 목숨을 노린다.
31 나는 몸 푸는 여인이 내는 듯한 소리를,
첫아기를 낳는 여인처럼 괴로워하는 소리를 들었다.
손을 뻗쳐 들고 헐떡이는
딸 시온의 소리를 들었다.
"불행하여라, 이 내 목숨!
살인자들 앞에서 내 힘이 다해 가는구나."

4,27. "끝장은 내지 않겠다." 이 구절은 이어지는 28절과 모순되어 보이므로, 많은 주해자들은 히브리어 본문에 오류가 있다고 본다. 그러나 히브리어 본문은 고대 번역본들로 확인된다.

4,29. "숲 속으로 들어가거나" 앞에 "동굴로 들어가거나"를 삽입하기도 한다. 이 문장은 히브리어 본문과 (새) 대중 라틴말 성경에는 없지만 그리스어 번역본에 들어 있다. 많은 주해자들은 이것이 원래의 본문에 있었다고 보고, 필사자들의 오류로 히브리어 사본들에서 빠졌다고 설명한다.

4,30. 징벌의 도구인 침입자들을 정치적 합의로 피하려 하는 것은 쓸모없는 일이다. 자신의 실패를 인정하는 예언적 선택인 항복만이 마지막 구원의 길이 될 것이다 (21,1-10; 27-28장; 29장; 38장; 42,1-43,7 참조).

4,31. 원수가 접근하고 유다가 심한 고통 가운데 빠지게 된 것이 해산하는 여인의 고통에 비유된다. 인간적인 자구책 곧 강대국에 의존을 통한 위기 모면이 실패로 돌아가고 절망하는 모습이 그려지고 있다.

4,27 5,10; 12,11-12. 4,28 민수 23,19; 이사 5,30; 50,3; 호세 4,3; 아모 7,6. 4,29 묵시 6,15. 4,30 21,8-10; 2열왕 9,30; 에제 16,37-40; 23,22-31.40. 4,31 6,24; 13,21; 22,23; 50,43; 이사 13,8; 애가 1,17.

4,27-31. 주님께서 선고하신 징벌을 피할 수 없다는 하느님의 선언이다. 예루살렘은 아직도 헛되이 연인들을 유혹하려 하지만 거부당하는 여인으로 묘사된다. 여성의 은유는 해산하는 여인의 표상으로 끝나는데, 이는 닥쳐오는 재앙으로 인한 격심한 고통을 가리킨다. 피할 수 없는 징벌은 실제로 여기 예고된 바와 같이 전면적이지는 않을 것이다. 하지만 독자는 초조하게 구원의 말씀을 기다린다.

신문 뒤의 판결

5 1 예루살렘 거리마다 쏘다니며
살펴보고 알아보아라.
한 사람이라도 만날 수 있는지
광장마다 찾아보아라.
올바르게 행동하고
진실을 찾는 이가 있어
내가 그곳을 용서할 수 있는지 알아보아라.
2 그들이 살아 계신 주님을 두고 맹세하더라도
그것은 거짓 맹세다.

3 주님, 당신의 눈이
진실을 찾고 있는 것이 아닙니까?
당신께서 그들을 치셨으나 그들은 아파하지 않았고
그들을 멸하셨으나 그들은 훈계를 받아들이길 마다하였습니다.
그들은 자기네 얼굴을 바위보다 더 단단하게 만들고
돌아오기를 마다하였습니다.
4 그래서 저는 이렇게 생각하였습니다.
'저들은 가련하고 어리석기만 하다.
그들이 주님의 길을,
저희 하느님의 법을 알지 못한다.
5 그러니 이제 어르신들에게 가서
말하리라.
그들이야말로 분명 주님의 길을,
하느님의 법을 알고 있으리라.'
그러나 그들 역시 멍에를 부러뜨리고
그 줄을 끊었습니다.
6 그러므로 숲속의 사자가 그들을 물어뜯고
사막의 이리가 그들을 찢어 죽일 것입니다.
또 표범이 그들의 성읍마다 노리니

5,2. 예루살렘 "거리"와 "광장"에서 주님의 이름으로 행하는 맹세들은(신명 10,20 참조) 정의의 요구와 그 실천을 보여 주는 듯하지만, 그것은 겉치레이고 거짓일 뿐이다(탈출 20,7; 신명 5,11 참조).

5,5. 예언자는 백성의 운명에 연대하여 아직 희망을 가지고 더 세심한 분석을 한다. "어르신들" 곧 계약을 더 잘 알고 지켜야 할 이들에게 최소한의 정의의 원칙이 있는지, 그래서 최악의 경우를 피할 수 있는지 보려는 것이다.

5,1 2,29; 6,13; 창세 18,23.26.32; 신명 32,4; 시편 14,1-3; 미카 6,8; 7,2. 5,2 4,2; 7,9; 티토 1,16. 5,3 2,30; 7,26; 19,15; 호세 11,5; 아모 4,6; 스바 3,2; 묵시 16,9.11. 5,4 4,22; 8,7. 5,5 2,20; 시편 2,3; 미카 3,1; 마태 11,28-30. 5,6 4,7; 2열왕 24,1.

5. 두 단락으로 나누어 예루살렘에 다가오는 하느님의 징벌을 길게 묘사한다. 도성에 대한 조사에서 시작하여(1-19절) 예루살렘을 위한 증인들인 주님께 충실한 의인들을 찾지만 성과는 없다. 이어서 징벌이 뒤따르는데 이는 먼저 불의 은유로, 이어서 침입의 예고로 표현된다. 징벌의 이유는 거짓(2절), 우상 숭배(7절), 풍기 문란(7-8절), 실천적 무신론 곧 역사 안에서 주님의 개입을 인정하지 않고 예언 말씀을 거부하는 것이다(12-13절). 이러한 재앙이 닥치는 이유를 묻자, 대답에서는 우상 숭배를 그 이유로 지적한다(18-19절).

거기에서 나오는 자는 누구나 갈갈이 찢길 것입니다.
그들의 반역이 잦고
그들의 배반이 크기 때문입니다.

풍기 문란

7 그러니 내가 너를 어떻게 용서할 수 있겠느냐?
네 자식들은 나를 저버리고
신도 아닌 것들의 이름으로 맹세하였다.
내가 그들을 배불리 먹였는데도 그들은 간음을 저지르며
창녀의 집에 모여들었다.
8 그들은 욕정이 가득한 살진 수말이 되어
저마다 제 이웃의 아내를 향해 힝힝거린다.
9 이런 짓들을 보고서도 내가 벌하지 않을 수 있겠느냐?
주님의 말씀이다.
이따위 민족에게
내가 되갚아야 하지 않겠느냐?

온갖 궤변에 대한 주님의 응답

10 그들의 포도밭 두둑 사이로 올라가 파괴하여라.
그러나 끝장은 내지 말고
그 가지들만 잘라 내어라.
그것들은 주님에게 속해 있지 않다.
11 사실 이스라엘 집안과 유다 집안은
나를 완전히 배신하였다.
주님의 말씀이다.
12 그들은 주님을 부인하면서 이렇게 지껄인다.
"그분께서 그러실 리가 없다.
재앙이 우리에게 닥칠 리도 없고
우리가 칼이나 굶주림을 만날 리도 없다.
13 예언자들은 바람에 지나지 않고
그들 안에 말씀이 없으니 그런 일은 저들에게나 일어나리라."

14 그러므로 주 만군의 하느님께서 이렇게 말씀하신다.
"그들이 이런 말을 했으니
나 이제, 내 말이 너의 입에서

5,10. "포도밭 두둑" 이 히브리어 단어는 여기서만 사용했으며 그 의미는 확실치 않다. 포도나무를 가꾸기 위하여 언덕 위에 인공적으로 평평하게 만든 농경지를 지칭하는 것으로 생각된다. 그리스어 번역본은 "축대"로, (새) 대중 라틴말 성경은 "담장"으로 옮겼다. "끝장은 내지 말고" 4,27 참조.

5,12. "그분께서 그러실 리가 없다." 자구적으로는 "그분이 아니다."이다. 이론적인 무신론의 고백이 아니라, 역사를 지배하는 분이 주님이 아니시며(시편 14,1; 에제 8,12; 12,22; 스바 1,12 참조) 다른 신들 또는 인간의 행위라는 뜻으로 이해해야 한다. 그래서 예언자의 경고는 이루어지지 않을 것이니 안심해도 된다는 것이다.

5,7 신명 32,15; 여호 23,7; 갈라 4,8. 5,9 // 5,29; 9,8. 5,10 2,21; 4,27; 39,8. 5,11 3,20. 5,12 14,13; 23,17; 2역대 36,16; 이사 28,15; 아모 9,10. 5,14 1,9; 23,29; 호세 6,5; 묵시 11,5.

불이 되게 하고
이 백성은 장작이 되게 하여
그 불이 그들을 삼키게 하리라."

이스라엘이 전쟁과 굶주림과 유배를 겪으리라

15 이스라엘 집안아
내가 먼 곳에서 한 민족을
너희에게 불러들이리라.
주님의 말씀이다.
그들은 끈질긴 민족이요
예로부터 있던 민족이다.
너는 그들의 말을 모르기에
그들이 무슨 말을 하는지 알아듣지도 못하리라.
16 그들의 화살통은 열린 무덤과 같으니
그들은 모두 용사들이다.
17 그들은 네가 거둔 곡식과 양식을 먹어 치우고
네 아들딸들도 집어삼키리라.
또한 그들은 네 양 떼와 소 떼를 먹어 치우고
네 포도나무와 무화과나무도 집어삼키리라.
그들은 요새 성읍들을,
네가 의지하는 성읍들을 칼로 파괴하리라.
18 그러나 그날에도 아직 내가 너희를 끝장내지는 않겠다.
주님의 말씀이다. 19 그들이 "어찌하여 주 우리 하느님께서
이 모든 일을 우리에게 하셨소?" 하고 물을 때, 너는 그들
에게 이렇게 일러 주어라. "너희가 나를 저버리고 너희 땅
에서 낯선 신들을 섬겼으니, 이제 너희는 너희 땅이 아닌
곳에서 이민족들을 섬겨야 할 것이다."

하느님의 업적을 몰라본 탓으로 창조 질서가 흐트러지다

20 이 말을 야곱 집안에 선포하고
유다에게 들려주어라.
21 어리석고 지각없는 백성아

5,16-17. "열린 무덤" 강한 표현으로, 이렇게 과장하여 표현한 화살통에 들어 있는 화살들이 과연 어디 있는가 묻게 한다(이미 화살을 쏜 것인가?). 그 수는 얼마나 많으며, 얼마나 많은 사람들이 이 무덤을 채울 것인가? "집어삼키리라… 네가 의지하는…" 부당하게 주님의 자리를 차지했던, 인간이 자신의 부족과 나약함을 채우려고 의지했던 모든 것은 휩쓸려 없어질 것이다. 이들의 뿌리가 튼튼하지 못함이 드러날 것이다. 이것은 (고통스럽지만 구원을 가져오는) 진리의 순간이다.

5,20-25. 이 말씀은 24절을 근거로 보면 가뭄에 대한 것일 수 있다(14,1에서와 같이).

5,15 1,15; 4,16; 6,22; 신명 28,49-52; 이사 5,26; 39,3-7; 하바 1,6-11. 5,16 이사 5,28. 5,17 8,13; 레위 26,16; 신명 28,31-33; 호세 8,14. 5,18 4,27; 이사 4,3. 5,19 16,10-13; 신명 28,48; 29,23-24; 1열왕 9,8-9. 5,21 6,10; 이사 6,9-10; 에제 12,2; 마태 13,13-15; 마르 8,18.

5,20-31. 하느님께서는 당신 백성에게 말씀하시며, 주님을 유일한 창조주로 알아보지 못하고 불의와 거짓, 약한 자들에 대한 억압을 저지르는 데에서 드러나는 그들의 어리석음을 비판하신다. 이어서 거짓 예언자들과 사제들을 고발하시는데, 이들은 이러한 악행들을 공모한다. 백성에 대한 고발은 십계명을 되짚어 보는 것과 같다. 이를 준수하면 살 것이고, 무시하는 것은 어리석음이고 영적으로 눈멀고 귀먹음이다.

제발 이 말을 들어라.
눈이 있어도 보지 못하고
귀가 있어도 듣지 못하는구나.
22 너희는 나를 경외하지도 않고
내 앞에서 떨지도 않는단 말이냐?
주님의 말씀이다.
내가 모래를 놓아 바다에 경계를 짓고
영원한 둑을 만들어 범람하지 못하게 하였다.
물결이 넘실거려도 그것을 넘을 수 없고
파도가 으르렁거려도 범람하지 못한다.
23 이 백성은 완고하고 반항하는 마음을 지니고
돌아서서 가 버렸다.
24 그들은 마음속에 이런 생각도 품지 않았다.
'주 우리 하느님을 경외하자.
그분은 제때에 비를, 이른 비와 늦은 비를 내려 주시고
우리를 위해 수확 주간을 지켜 주시는 분이시다.'
25 너희의 죄악이 이런 질서를 어지럽혔고
너희의 범죄가 너희 선익을 가로막았다.
26 내 백성 가운데 사악한 자들이 있어
들새 사냥꾼처럼 숨어 기다리고 있다.
그들은 그물을 쳐 놓고
사람들을 잡는다.
27 새들로 가득 찬 바구니처럼
그들의 집안은 사기쳐 얻은 재물로 가득 차 있다.
그리하여 그들은 더욱 득세하고 부유해졌으며
28 기름기로 번들거린다.
그들은 악한 행실도 서슴지 않으니
고아들이 승소할 수 있도록
그 송사를 공정으로 다루지 않고
가난한 이들의 재판을 올바로 진행하지 않는다.
29 이런 짓들을 보고서도 내가 벌하지 않을 수 있겠느냐?
주님의 말씀이다.
이따위 민족에게
내가 되갚아야 하지 않겠느냐?

5,22 2,19; 욥 38,8-11.16; 시편 104,9. 5,24 3,3; 레위 26,19; 신명 11,10-14; 1사무 12,17; 1열왕 17,1; 요엘 2,23; 마태 5,45; 사도 14,17. 5,25 2,17. 5,26 잠언 1,11-15. 5,27 12,1. 5,28 신명 32,15; 이사 1,23; 즈카 7,10. 5,29 // 5,9; 9,8.

5,30-31. 죄의 종이 되어 죄를 즐기는 것은 타락함의 절정이다(억압자들이 유배자들에게 노래하라고 하는 시편 137,3을 보라). 그러나 거짓에 기초한 사회와 종교 체계는 지속될 수 없다. 예언자의 질문에 대한 대답을 이사 2,11.17에서 볼 수 있다.

6,1. 북부 근처 지역들에서 수도로 피신한 벤야민 지파 사람들에게 피난하라고 권고한다. 예루살렘 주민들에게도 밖으로 나와 침입자들에게 항복하도록 권고한다(21,1-10; 27-28; 38 참조). 역사가 아직 지속될 수 있기 위해서는 자신의 역사의 실패를 인정해야 할 때이다.

6,2. 히브리어 본문에 여러 어려움이 있으며 여러 가지로 번역한다. 히브리어 동사 어근 '다마'는 "중단하다"("멈추게 하다, 파괴하다"의 뜻도 있다. 47,5의 주 참조)라는 행위 외에 유사함의 관계를 뜻할 수도 있다(이에 따르면 번역은 "딸 시온은 아름다운 목초지 같다."가 된다). "목자들이 자기네 양 떼를 몰고"는 적군의 장수들과 그 군대들을 가리킨다(12,10 참조).

6,4. "전쟁을 준비하여라." 자구적으로는 "전쟁을 축성하여라"로, 거룩한 전쟁을 선포하고 준비하라는 뜻이다(민수 21,14; 신명 1,30; 20,4; 예레 22,7; 51,27-28; 이사 31,4; 요엘 4,9 참조). "쳐 올라가자." 자구적으로는 "올라가자"(이스라엘인들이 성전으로 올라가듯이. 창세 35,3; 신명 17,8; 이사 2,3; 예레 31,6; 시편 24,3; 마태 20,18 참조)이다. 예식적 표현을 역설적으로 사용한다. 예루살렘의 위선이 하느님께 대한 예배의 참된 의미를 왜곡한 모습을 그대로 보여 준다.

6,6. "벌을 받아야 할 도성" 자구적으로 "(하느님께서) 방문하실 도성"([새] 대중 라틴말 성경)이다. 문맥상으로는 진실이 드러나고 징벌을 받게 될 도성임을 뜻한다(또한 15절; 8,12; 9,24; 이사 10,3; 참조. 아모 3,14의 주 참조).

잘못된 길

30 소름 끼치는 무서운 일이
이 땅에 일어나고 있다.
31 예언자들은 거짓의 이름으로 예언하고
사제들은 제멋대로 다스린다.
그런데도 내 백성은 그것을 좋아한다.
그러나 끝 날에 너희는 어떻게 하겠느냐?

예루살렘에 대한 공격 개시

6 1 벤야민 자손들아
예루살렘 한가운데를 떠나 피난하여라.
트코아에서 나팔을 불고
벳 케렘 위에 봉화를 올려라.
북쪽에서 재앙이,
엄청난 파괴의 조짐이 보인다.
2 딸 시온은 아름답고 우아하나
내가 그를 파멸시키리라.
3 목자들이 자기네 양 떼를 몰고
그에게 다가가리라.
그 주변에 천막을 치고
저마다 제자리에서 양 떼를 치리라.

4 시온을 거슬러 전쟁을 준비하여라.
일어나 한낮에 쳐 올라가자.
어허, 벌써 낮이 기울고
저녁 그늘이 드리워지는군.
5 일어나 밤중에 쳐 올라가자.
그 궁궐을 파괴하자.

공격을 받는 도성에 대한 주님의 경고

6 만군의 주님께서 이렇게 말씀하신다.
"나무를 베어 내고

5,31 14,14; 이사 10,3; 에제 13,6; 호세 9,5; 미카 2,11; 루카 6,26. 6,1 1,13-15; 4,5; 8,14; 요엘 2,1. 6,2 4,31. 6,3 12,10; 2열왕 25,1. 6,4 15,8; 요엘 4,9. 6,5 52,13. 6,6 32,24; 신명 20,19-20.

6. 예루살렘이 완전히 폐허가 되리라고 경고하는 불행의 신탁이다. 첫 번째 시는 침략자의 도착과 예루살렘의 포위를 묘사하고, 하느님의 교훈을 받아들이라는 권고로 끝맺는다(1-8절). 이어서 아마도 원수를 향하여, 철저히 포도를 거두어들이라고 지시한다. 모든 주민들이 징벌을 받도록 하라는 뜻이다. 마치 사례금을 받으면서도 환자를 속이는 의사처럼 탐욕을 부리고 죄스러운 백성과 공모했던 예언자들과 사제들에게도 징벌이 내린다(9-15절).

예루살렘을 칠 공격 축대를 쌓아 올려라.
예루살렘이야말로 벌을 받아야 할 도성으로
그 안에 온통 억압이 자리 잡고 있다.
7 샘에서 물이 솟구치듯
거기에서 악이 솟구친다.
폭력과 억압이 그 안에서 들려오고
질병과 상처가 언제나 내 앞에 보인다.
8 예루살렘아, 교훈을 받아들여라.
그러지 않으면 내가 너와 갈라서고
내가 너를 폐허로 만들어
인적 없는 땅이 되게 하리라."

6,8. "교훈을 받아들여라." 징벌은 재판관의 최종 선고가 아니라, 생명의 하느님과 맺은 본래의 관계에 불충함으로 죽음을 겪게 된 예루살렘을 구하시려는 계약 상대방의 지극하고 열정적인 노력이다.

마음이 굳은 자들에 대한 징벌

9 만군의 주님께서 이렇게 말씀하신다.
"그들은 포도를 남김없이 거두어들이듯
이스라엘의 남은 자들을 거두리라.
그러니 너는 포도 따는 사람처럼
그 가지에 손을 펼쳐라."

10 누구에게 말을 해야 합니까?
누구에게 알아듣도록 경고해야 합니까?
그들의 귀는 할례를 받지 않아서
들을 수가 없습니다.
이제 주님의 말씀은 그들에게 비웃음거리가 되고
그들은 그 말씀을 달가워하지 않습니다.
11 주님의 분노가 저를 가득 채우니
더 이상 그 분노를 견딜 수 없습니다.

6,10. "달가워하지 않습니다." 여기에 사용한 히브리어 동사는 갈망과 호감에 연관된 의미를 지닌다.

거리에 있는 아이들에게,
젊은이들이 모인 자리에 쏟아부어라.
정녕 남편도 아내도,
노인도 늙은이도 잡혀가리라.

6,7 20,8. 6,8 에제 23,18; 마태 23,37-39; 루카 13,34-35. 6,9 2,21. 6,10 4,4; 5,21; 사도 7,51. 6,11 20,9.

6,11-12. "주님의 분노"는 한편으로는 악을 선택할 때마다 그 안에 감추어져 있는 죽음의 영향들이 자연적으로 드러나는 것으로 이해해야 하고(5,25; 6,19; 12,13의 주 참조), 다른 한편으로는 이러한 불행한 결과들로 인하여 정신을 차리고(3,21-25; 6,16; 8,6; 루카 15,17 참조) 선으로 돌아가게 되는 희망으로 이해해야 한다. 죄가 어떤 식으로 사회의 모든 영역에 해를 끼치듯이("아이들… 노인도 늙은이도") "새 계약"은 아무런 제한 없이 모든 이들에게 주어질 것이다(예레 31,31-34 참조).

12 그들의 집은 밭과 아내와 함께
다른 이들에게 넘어가리니
내가 그 땅의 주민들을 거슬러
내 손을 뻗을 것이기 때문이다.
주님의 말씀이다.
13 정녕 낮은 자부터 높은 자에 이르기까지
모두 부정한 이득만 챙긴다.
예언자부터 사제에 이르기까지
모두 거짓을 행하고 있다.
14 그들은 내 백성의 상처를
대수롭지 않게 다루면서
평화가 없는데도 "평화롭다, 평화롭다!" 하고 말한다.
15 그들은 역겨운 짓을 저질렀으니 부끄러워해야 하는데도
전혀 부끄러워하지 않고
얼굴을 붉힐 줄도 모른다.
그러므로 그들은 쓰러지는 자들 가운데에서 쓰러지고
내가 그들을 징벌할 때 넘어지리라.
주님이 말한다.

책략이 빚은 결과

16 주님께서 이렇게 말씀하신다.
"갈림길에 서서 살펴보고
옛길을 물어보아라.
좋은 길이 어디냐고 물어 그 길을 걷고
너희 영혼이 쉴 곳을 찾아라.
그러나 그들은 '그 길을 가지 않겠습니다.' 하였다.
17 내가 너희에게 파수꾼들을 내세웠으니
나팔 소리를 귀여겨들어라.
그러나 그들은 '귀여겨듣지 않겠습니다.' 하였다.
18 그러므로 민족들아, 들어라.
그들에게 무슨 일이 닥칠지
군중아, 깨달아라.
19 땅아, 들어라.
내가 이제 이 백성 위에 재앙을,
그들 자신의 책략이 빚은 결과를 가져오리니
이는 그들이 내 말을 귀여겨듣지 않았고

6,12-15 // 8,10-12. 6,12 8,10; 아모 7,17. 6,13 23,11; 마르 13,22. 6,14 // 8,11; 또한 4,10; 23,17; 에제 13,10; 마태 24,38-39; 1테살 5,3 참조. 6,15 잠언 30,20; 루카 1,52; 19,44. 6,16 18,15; 마태 11,29; 루카 16,29. 6,17 25,4; 이사 21,11-12; 58,1; 에제 3,17; 호세 9,8. 6,19 4,18; 시편 7,17; 잠언 1,29-33; 이사 1,2.

6,14. "평화롭다, 평화롭다!" (8,11.15; 14,19; 9,7 참조). 거짓 예언자들은 상황의 심각성을 깨닫게 하는 것이 아니라 '샬롬'을 약속하면서 백성을 기만한다. 히브리어에서 이 단어는 일반적인 행복과 정치적 안정을 뜻하기도 하고, 모든 선한 희망이 이루어지고 인간 삶의 모든 관계들이(하느님과 인간, 인간과 인간, 인간과 피조물 사이의 관계. 이사 11,6; 예레 29,11; 31,2; 에제 37,26; 즈카 9,10; 요한 20,19.21.26; 에페 2,14 참조) 온전히 성취되는 하느님 나라의 이상적 실현을 가리키기도 한다(신약 성경에서는 그리스도 안에서 이루어진다).

6,16-21. 이 신탁은 파수꾼과 같은 예언자들의 경고를 무시하고 순종하지 않으면서도 예식들의 효과를 헛되이 믿으면서(참조 호세 6,6) 완고하게 주님의 율법을 벗어나 걸어가는 것을 고발한다.

6,16. "너희 영혼이" "너희 자신이"로도 옮길 수 있다(시편 35,12의 주 참조).

6,17. "파수꾼들" 하느님께서 보내신 예언자들이다(계약에 충실함을 감독하고 특히 감추어진 위반 사항들을 드러내 그 결과들을 피하도록). 그러나 사람들은 그들의 말을 듣지 않는다(이사 21,6; 에제 3,17; 33,7; 미카 7,4; 하바 2,1 참조).

내 가르침을 마다하였기 때문이다.
20 스바에서 들여온 향료와
먼 지방에서 가져온 향초 줄기가 나에게 무슨 소용이냐?
너희 번제물이 마음에 들지 않고
너희 제사가 나에게 기쁨이 되지 않는다."

걸림돌을 놓으리라

21 그러므로 주님께서 이렇게 말씀하신다.
"내가 이 백성 앞에 걸림돌을 놓아
그들이 걸려 넘어지게 하리라.
아버지와 아들,
이웃과 친구들이 함께 망하리라."

파괴자의 공격

22 주님께서 이렇게 말씀하신다.
"이제 한 백성이 북녘땅에서 오고
큰 민족이 땅끝에서 일어나리라.
23 그들은 활과 창을 움켜쥐고 있는데
잔인하고 무자비하다.
그들은 바다처럼 고함을 지르며
말을 타고 달려온다.
딸 시온아, 그들이 너를 치려고
전사처럼 전열을 갖추고 있다."

24 저희는 그 소식을 듣고 손을 떨구었습니다.
해산하는 여인의 진통과 같은 괴로움이 저희를 사로잡았
습니다.

25 너희는 들로 나가지도 길을 걷지도 마라.
정녕 원수가 칼을 쥐고 있으니 사방에 공포뿐이다.
26 내 딸 내 백성아, 자루옷을 두르고
잿더미 속에서 뒹굴어라.
외아들을 잃은 것처럼
구슬피 통곡하여라.
파괴자가 순식간에
우리에게 덮쳐 올 것이다.

6,20. (더 쉽게 하느님의 호의를 얻기 위하여 바치는 값진 수입품인 향료와 향초를 논쟁적으로 강조하지만) 문제는 예식 그 자체가 아니라 외적인 행동과(그것은 사랑의 표시여야 할 것이다) 실제적 의도 또는 내적인 태도 사이의 불일치이다. 이것은 십계명 중 둘째 계명의 문제이다(탈출 20,7; 신명 5,11 참조).

6,22-26. 앞 단락에서의 경고가 영토의 침입을 알리는 다른 신탁으로 이어지고 있다.

6,25. "사방에 공포" 같은 히브리어 표현이 20,3.10; 46,5; 49,29에 나타난다.

6,20 7,21-23; 시편 50,8-15; 이사 1,11; 아모 5,21-25; 미카 6,6-8. 6,22-24 // 50,41-43; 또한 1,15; 5,15; 10,22 참조. 6,24 4,31; 13,21; 22,23; 이사 13,8; 애가 1,17. 6,26 4,8; 25,34; 이사 22,12.

이스라엘은 제련할 수 없는 쇠붙이

27 나는 내 백성 가운데에 너를 제련사로 내세워
저들의 길을 살펴보고 시험하게 하리라.

28 그들은 모두 고집 센 반항자들이요
헐뜯고 돌아다니는 자들로 구리와 쇠붙이에 지나지 않는다.
모두 썩어 빠진 짓만을 저지른다.
29 풀무질을 세게 하고
납이 불에 녹아도
제련은 헛탕만 칠 뿐이니
악인들이 없어지지 않기 때문이다.
30 그들은 '버려진 은'이라 불리리니
주님께서 그들을 버리셨기 때문이다.

예레미야의 성전 설교

7 1 주님께서 예레미야에게 내리신 말씀. 2 주님의 집
대문에 서서 이 말씀을 외쳐라. "주님께 예배하러
이 문으로 들어서는 유다의 모든 주민아, 주님의 말씀을
들어라. 3 만군의 주 이스라엘의 하느님께서 이렇게 말씀하
신다. '너희 길과 너희 행실을 고쳐라. 그러면 내가 너희를
이곳에 살게 하겠다. 4 '이는 주님의 성전, 주님의 성전, 주
님의 성전이다!' 하는 거짓된 말을 믿지 마라. 5 너희가 참
으로 너희 길과 너희 행실을 고치고 이웃끼리 서로 올바
른 일을 실천한다면, 6 너희가 이방인과 고아와 과부를 억
누르지 않고 무죄한 이들의 피를 이곳에서 흘리지 않으며
다른 신들을 따라가 스스로 재앙을 불러들이지 않는다
면, 7 내가 너희를 이곳에, 예로부터 영원히 너희 조상들에
게 준 이 땅에 살게 하겠다. 8 그런데 너희는 아무 쓸모도
없는 거짓된 말을 믿고 있다. 9 너희는 도둑질하고 살인하
고 간음하고 거짓으로 맹세하며, 바알에게 분향하고, 너
희 자신도 모르는 다른 신들을 따라간다. 10 그러면서도 내

6,27-30. 마지막에 주님께서는 직접 예언자에게 금속을 제련하는 역할을 맡기신다. 그는 금속을 제련하여 불순물을 없애야 한다. 하느님께서 택하신 예언자는 백성의 죄를 가볍게 여기고 그 중대함을 축소시키는 거짓 예언자들과 사제들에 맞선다. 참된 예언자는 백성의 악을 정화하여 선택의 고귀함을 드러내려 한다.

7,4. "주님의 성전" 세 번 반복하는 것은 일종의 맹세를 생각하게 한다. 분명 예언자는 시온이 점령될 수 없다는 신학과(시편 46편; 48편; 76편; 이사 8,9-10; 14,28-32; 17,12-14; 29,1-8; 31,4-5 참조) 불가침성을 지닌 것으로 여겨진 성전에 대한 거짓된 확신을 암시한다(2열왕 18,13-20,19과 이사 36-39장에 전해지는 기원전 701년 아시리아 임금 산헤립의 예루살렘 포위와 그 실패를 생각할 것이다). 사람들은 시온이 선택의 확실한 표지이며 하느님 보호의 보증이라고 여겼지만, 그것이 무조건적이고 계약의 충실성의 요구들과 무관하다고 생각했다. "신성을 모독하는" 예레미야의 경고는(또한 미카 3,12 참조) 하느님의 현존이 당연한 것이 아님을 깨닫게 하려고 한다(24-14절과 에제 11,23). 정의가 없이 예식만을 거행하는 것이 아니라 진실한 회개만이 구원을 보증한다.

6,28 9,4. 6,29 9,6; 이사 1,22; 에제 22,17-22; 말라 3,2-3. 7,1-15 26. 7,3 4,1; 이사 1,16-17. 7,5 4,1-2; 22,3. 7,6 2,34; 19,4; 26,15; 탈출 20,2-3; 신명 6,14-15. 7,9 4,2; 5,2; 티토 1,16. 7,10 32,34; 에제 23,39; 루카 18,10-14; 로마 2,4.

7,1-15. 예언자가 백성 앞에서 하는 예언적 고발로, 예레 26장이 보여 주듯이 여호야킴 통치 초기에 속한다(기원전 608년). 예언자는 요시야 개혁 이후로 유일한 합법적 경신례 장소였던 성전의 파괴를 예고한다(2열왕 23장 참조). 예언자의 고발은 성전을 강도의 소굴로 만들었다는 데서 절정에 달한다(11절). 그들은 성전을 회개의 뜻을 드러내는 장소가 아니라 자신의 악행을 숨기기 위한 헛된 예식 행위들을 하는 곳이 되게 하였다(예레 8,6 참조). 엘리와 사무엘의 기억과 연관되고 지금은 이미 파괴된 실로의 성소가 그들에게 경고가 되어야 할 것이다(14-15절).

이름으로 불리는 이 집 안에 들어와 내 앞에 서서, '우리
는 구원받았다.'고 말할 수 있느냐? 이런 역겨운 짓들이나
하는 주제에! 11 너희에게는 내 이름으로 불리는 이 집이
강도들의 소굴로 보이느냐? 나도 이제 그것을 지켜보고 있
다. 주님의 말씀이다. 12 내가 옛적에 내 이름을 자리 잡게
한 실로에 있는 나의 성소에 가서, 내 백성 이스라엘의 악
행 때문에 내가 그들에게 무슨 일을 하였는지 보아라. 13 너
희가 이 모든 짓들을 했기 때문에, — 주님의 말씀이다. —
내가 너희에게 줄곧 일렀어도 듣지 않고 너희를 불렀어도
응답하지 않았기 때문에, 14 내 이름으로 불리고 너희가 그
토록 의지하는 이 집에, 내가 너희와 너희 조상들에게 준
이곳에 내가 실로에서 한 일과 같은 일을 하겠다. 15 내가
모든 형제를, 곧 에프라임 후손을 모두 쫓아낸 것처럼 너
희를 내 앞에서 쫓아내겠다.'"

주님께서 더 이상 듣지 않으시다

16 그러니 너는 이 백성을 위하여 기도하지 마라. 그들을
위하여 탄원도 기도도 올리지 말고 나에게 조르지도 마
라. 나는 너의 말을 듣지 않을 것이다. 17 너는 그들이 유
다 성읍들과 예루살렘 거리에서 무슨 짓들을 하는지 보
고 있지 않느냐? 18 하늘 여왕에게 과자를 만들어 바치려
고 아이들은 나무를 주워 모으고, 아버지들은 불을 피우
며 아낙네들은 밀가루를 반죽하고 있다. 또한 그들은 다
른 신들에게 술을 부어 바쳐 내 화를 돋우고 있다. 19 그러
나 그들이 모욕한 것이 나인 줄 아느냐? 주님의 말씀이다.
오히려 그들 자신이 아니냐? 그들이 수치를 당하게 된 것
이다. 20 — 그러므로 주 하느님께서 이렇게 말씀하신다. —
이제 나의 분노와 진노가 이곳에 쏟아져 사람과 짐승과
들판의 나무와 땅의 과일을 모두 태우리니, 아무도 끄지
못할 것이다.

7,11 마태 21,13; 마르 11,17. 7,12 26,6; 1사무4,10-11; 시편 78,59-69. 7,13 35,17; 2역대 36,15; 이사 65,12. 7,14 1열왕 9,7; 마태 24,2; 마르 13,2. 7,15 15,1; 2열왕 17,23; 시편 78,67. 7,16 11,14; 14,11; 15,1; 창세 18,16-33; 탈출 32,10-14; 에제 22,30; 아모 7,1-9. 7,18 44,17-19; 사도 7,42.

7,16-20. 우상 숭배에 대한 고발이다. "하늘 여왕"(18절)은 누구인지 정확히 밝혀지지 않은 여신이다. 아마도 아스타르테일 것이다. 44,17-19.25의 주 참조.

7,14. "실로에서 한 일과 같은 일" 성경 사료들이 계약의 궤를 보관하고 있던 이 고대의 중요한 성소의 파괴에 대해(아마도 필리스티아인들에 의해 파괴되었을 것이다. 1사무 4장 참조) 의도적으로 침묵한다는 것은 공공연히 말할 수 없는 큰 국가적 재앙이 있었음을 웅변적으로 말해 준다(예레미야서 외에는 시편 78,60에서만 언급한다). 또한 예레 1,1의 주 참조.

7,16. 백성을 위한 전구는 예언자 사명의 핵심 임무들 가운데 하나이다(창세 18,23-33; 탈출 32,31-32; 예레 15,1.11; 18,20; 21,2; 37,3; 42,2; 아모 7,2-6 참조). 그러나 어떤 시점 이후로는 하느님이 직접 반복하여 전구를 금하신다(또한 예레 11,14; 14,11; 15,1-2 참조). 한편으로 이는 반대되는 반응을 자극하기 위한 도전으로 이해될 수 있을 것이다(탈출 32,9-24 참조; 실제로 14,7-9.19-22가 예레미야가 한 말이라면 그는 물러나지 않는다. 2마카 15,14 참조). 다른 한편으로는 백성의 양심을 일깨우고 재앙의 예고를 더욱 절실하게 하기 위하여 예레 16,1-13에서 요구될 것들을 예고하는 듯한 철저한 상징적·예언적 행위를 요구하는 것으로 볼 수도 있다. 후자의 경우(아마도 이 가능성이 더 크다) 예레 14,7-9.19-22은 백성과 그 대표자들이 참회 전례 때에 말한 "교리에 부합하는" 참회의 말들일 것이다. 이 말들은 형식적으로는 합당하지만 실질적으로는 진실하지 않은 거짓된 말들이다(예레 7,4.8-11; 14,10; 16,16-17; 17,9-10 참조). 그렇다면 이렇게 극단적인 거짓에 하느님께서는 지금까지 전혀 없었던 극단적인 금지 명령으로 응답하시는 것이 된다. 하느님께서는 전구와 자비의 인간(예레미야 예언자)에게 말을 하지 않고 무감각한 모습을 보이도록 요구하시는 것이고, 이렇게 거짓을 폭로하고 종말을 예고함으로써 역설적으로 하느님 편에서의 필사적인 관계 회복의 시도가 되라는 것이다.

백성이 듣지 않은 탓이다

21 만군의 주 이스라엘의 하느님께서 이렇게 말씀하신다.
"너희 번제물을 희생 제물에 섞어 그 고기를 먹어 치워라.
22 내가 너희 조상을 이집트 땅에서 이끌고 나올 때 그들
에게 번제물과 희생 제물에 대하여 이야기하거나 명령한
적이 없기 때문이다. 23 오히려 그들에게 이런 명령을 내렸
다. '내 말을 들어라. 나는 너희 하느님이 되고 너희는 내
백성이 될 것이다. 내가 너희에게 명령하는 길만 온전히
걸어라. 그러면 너희가 잘될 것이다.' 24 그러나 그들은 순
종하지도 귀를 기울이지도 않고, 제멋대로 사악한 마음을
따라 고집스럽게 걸었다. 그들은 앞이 아니라 뒤를 향하
였다. 25 너희 조상들이 이집트 땅에서 나온 날부터 오늘
에 이르기까지 나는 내 모든 종들, 곧 예언자들을 날마다
끊임없이 그들에게 보냈다. 26 그런데도 그들은 나에게 순
종하거나 귀를 기울이지 않고, 오히려 목을 뻣뻣이 세우고
자기네 조상들보다 더 고약하게 굴었다. 27 네가 그들에게
이 모든 말씀을 전하더라도 그들은 네 말을 듣지 않을 것
이고, 그들을 부르더라도 응답하지 않을 것이다. 28 그러므
로 너는 그들에게 이렇게 말하여라. '이 민족은 주 그들의
하느님의 말씀을 듣지 않고 훈계를 받아들이지 않은 민족
이다. 그들의 입술에서 진실이 사라지고 끊겼다.'"

불경의 비참한 결과

29 네 머리카락을 잘라 내던져라.
벌거벗은 언덕 위에서 애가를 높이 불러라.
주님께서는 당신 진노를 일으키게 한
이 세대를 내치고 버리셨다.

7,29. "당신 진노를 일으키게 한 이 세대" 번역문은 히브리어 문장보다 더 많은 의미를 표현한다. 아마도 "당신 진노의 대상인 이 세대"로도 옮길 수 있다. 이사 10,6에서 유사한 표현을 쓴다.

7,21-23 6,20; 이사 1,11; 아모 5,21-25; 미카 6,6-8. 7,24 9,13; 시편 81,11-12. 7,25 25,4; 26,5; 29,19; 44,4; 2역대 36,15; 마태 21,34; 루카 11,49-51; 묵시 10,7. 7,26 5,3; 16,12; 19,15; 아모 4,6; 스바 3,2; 묵시 16,9.11. 7,27 이사 50,2; 에제 2,7; 3,4-7. 7,28 5,3; 6,17; 9,5. 7,29 욥 1,20; 이사 15,2; 루카 19,41-44.

✠ 7,21-26. 고해성사 예식은 하느님 말씀을 듣는 것이 계약에 머물기 위한 조건임을 강조하며 이 본문을 독서에 포함시켰다.

7,21-28. 이스라엘 역사를 주님과의 계약에 대한 지속적인 불충실로 해석한다. 예식을 거행하는 것에 말씀에 대한 순종이 일치하지 않기 때문이다. 주님께서 기뻐하시는 것은 형식적인 예식이 아니라 그분 말씀을 듣는 것과 계약에 충실한 것이다.

7,29-8,3. 다시 혼합주의적 예배를 비판한다. 벤 힌놈 골짜기의 화장터(토펫=화로)에서 신의 진노를 달랠 생각으로 행하던 인신 제사가 단죄된다. 그러한 제사들은 아마도 몰록만을 위해서 바친 것이 아니라 주님께도 바쳤다. 예언자는 이것이 주님 뜻을 완전히 잘못 이해한 것이라고 말한다(31절; 19,5 참조). 징벌은 예루살렘의 기쁨과 생명의 끝을 예고한다. 파괴로 시신이 모독되고 죽은 이들의 뼈가 별들을 위한 예배에 사용되기에 이를 것이다.

30 참으로 유다 자손들이 내가 보기에 악을 저질렀다. 주
님의 말씀이다. 그들은 역겨운 것들을 내 이름으로 불리
는 집 안에 들여놓아 그 집을 더럽혔다. 31 그들은 '벤 힌
놈 골짜기'에 토펫의 산당을 세우고 저희 아들딸들을 불
에 살라 바쳤는데, 이는 내가 명령한 적도 없고 내 마음에
떠오른 적도 없는 일이다. 32 그러므로 이제 그날이 오고
있다. 주님의 말씀이다. 그때에는 그곳이 더 이상 토펫이
나 벤 힌놈이 아니라 '살육의 골짜기'라 불릴 것이다. 그들
이 묻힐 곳이 없어서 토펫에 시체를 묻게 될 것이기 때문
이다. 33 이 백성의 시체가 공중의 새와 땅의 짐승들 밥이
되어도 그것들을 쫓아내는 자 아무도 없을 것이다. 34 내
가 유다 성읍들과 예루살렘 거리에서 환호성과 즐거움에
찬 목소리와 신랑 신부의 목소리를 멈추게 하리니 그 땅
이 황무지가 될 것이기 때문이다.

8 1 그때에, — 주님의 말씀이다. — 사람들이 유다 임
금들의 뼈와 그 제후들의 뼈, 사제들의 뼈와 예언
자들의 뼈, 예루살렘 주민들의 뼈를 그들의 무덤에서 꺼
낼 것이다. 2 그리하여 그들의 뼈는 그들이 사랑하고 섬기
고 따라가고 붙좇으며 예배했던 해와 달과 하늘의 모든
군대 앞에서 흩어져, 다시는 거두어지거나 묻히지 못하고
땅 위에서 거름이 될 것이다. 3 내가 이 사악한 족속을 몰
아낸 곳곳에서, 그 족속의 남은 자들은 모두 죽음을 삶보
다 더 낫게 여길 것이다. 만군의 주님의 말씀이다.

비길 데 없는 완고함

4 너는 그들에게 전하여라.
— 주님께서 이렇게 말씀하신다. —
사람들은 쓰러지면 다시 일어서지 않느냐?
누구나 빗나가면 다시 돌아오지 않느냐?
5 그런데 어찌하여 이 예루살렘 백성은
한번 빗나가면 배반을 고집하느냐?

7,30 // 32,34; 또한 2열왕 21,4; 에제 7,20; 다니 9,27 참조. 7,31-32 // 19,5-6; 또한 레위 18,21; 2열왕 23,10; 시편 106,38 참조. 7,33 16,4; 34,20. 7,34 16,9; 25,10; 이사 1,7; 바룩 2,23; 묵시 18,23. 8,1 에제 6,5. 8,2 // 25,33ㄴ; 16,4ㄱ; 또한 22,19; 2열왕 9,37; 사도 7,42 참조. 8,3 23,3.8; 욥 3,21; 7,15-16; 묵시 9,6. 8,4 잠언 24,16. 8,5 7,24.

8,4-12. 계약에 충실하지 않고 주님께 회개하기를 거부하면서 악을 고집하는 것에 대한 하느님의 고발이다. 이 백성에 비하면 동물들이 더 지혜롭다. 서기관들도 주님의 율법을 바꾸어 도덕적 부패에 한몫을 하고, 사제들과 예언자들은 백성을 치유하는 것이 아니라 그들과 한통속이 된다(11-12절; 6,13-15 참조).

7,31. "산당"은 예배 장소를 지칭한다. 흔히 주변 땅보다 높았지만, 꼭 언덕 위에 있던 것은 아니다.

8,1. "뼈를 무덤에서 꺼낼 것이다." 경멸의 표시로, 악인들과(이사 14,18-19 참조) 패배한 이들에게 가해진다(바룩 2,24-25참조). 이 절은 요시야가 뼈들을 파내 제단 위에서 태움으로써 그것을 부정하게 하는 2열왕 23,16에 연결된다.

8,4. "누구나 빗나가면 다시 돌아오지 않느냐?" 히브리어 본문에는 같은 '숩' 동사가 두 가지 의미로 사용된다. 첫 번째에는 "…로부터 뒤로 돌아가다"(그래서 "멀어지다"), 두 번째에는 "…를 향해 돌아가다"(그러므로 "회심하다")라는 의미를 갖는다. 5절에서도 마찬가지다("빗나가면"과 "돌아오기를").

8,6. 회개가 없다면 말과 기도, 약속은 거짓된 것이 된다(7,1-15의 주해와 7,16의 주 참조).

8,7. 황새는 히브리어로 '하시다'로, "충실한 여자, 열심한 여자"를 뜻한다. 새끼들을 잘 돌보기 때문이다.

8,8. "서기관들의 거짓 철필이…" 어려운 구절로, 여러 가지로 해석된다. 어쨌든 계약의 진정한 관계의 요구에 따라 율법을 받아들이고 그것대로 살지 않는다면 인간이 자신의 유익을 위하여 가장 신성한 것까지("주님의 가르침") 왜곡시킬 수 있음을 알 수 있다.

8,11. "내 딸 내 백성"은 "내 백성의 딸"로 번역하면서 예루살렘을 지칭한다고 보기도 한다(같은 표현이 19.21.22.23절에 나타난다).

그들은 거짓에 사로잡혀
돌아오기를 마다한다.
6 내가 귀담아들어 보았으나
그들은 바른말을 하지 않고
아무도 "내가 이런 일을 저지르다니!" 하며
자신의 악행을 뉘우치지 않는다.
모두 제 길로 돌아서니
싸움터로 내닫는 말과도 같다.
7 하늘을 나는 황새도
제철을 알고
산비둘기와 제비와 두루미도
때맞춰 돌아오는데
내 백성은
주님의 법을 알지 못하는구나.

거짓된 말과 주님의 말씀

8 그런데도 너희가 어찌 "우리는 지혜롭고
주님의 가르침이 우리와 함께 있다."고 말할 수 있단 말이냐?
사실은 서기관들의 거짓 철필이
거짓을 만들어 낸 것이다.
9 지혜롭다는 자들이 수치를 당하고
당황해하며 사로잡히게 되리라.
그들이 주님의 말씀을 배척했으니
이제 그들에게 무슨 지혜가 있겠느냐?

예언자들과 사제들의 비리

10 그러므로 내가 그들의 아내들을 다른 이들에게 주고
그들의 밭도 정복자들에게 주리라.
정녕 낮은 자부터 높은 자에 이르기까지
모두 부정한 이득만 챙긴다.
예언자부터 사제에 이르기까지
모두 거짓을 행하고 있다.
11 그들은 내 딸 내 백성의 상처를
대수롭지 않게 다루면서
평화가 없는데도 "평화롭다, 평화롭다!" 하고 말한다.
12 그들은 역겨운 짓을 저질렀으니 부끄러워해야 하는데도

8,6 9,4; 시편 14,2; 묵시 9,20. 8,7 아가 2,12; 이사 1,3. 8,8 2,8; 잠언 11,2; 마태 23; 루카 11,52; 로마 2,17-23; 1코린 2,6-8. 8,9 사도 9,22; 1코린 1,27. 8,10 6,12-15; 신명 28,30. 8,11 // 6,14; 또한 4,10; 23,17; 에제 13,10; 마태 24,38-39; 1테살 5,3 참조. 8,12 3,3; 6,21; 10,15.

전혀 부끄러워하지 않고
얼굴을 붉힐 줄도 모른다.
그러므로 그들은 쓰러지는 자들 가운데에서 쓰러지고
내가 그들을 징벌할 때 넘어지리라.
주님이 말한다.

호되게 휘두르시는 주님의 채찍

13 내가 거두어들이려 할 때
— 주님의 말씀이다. —
포도나무에 포도가 하나도 없고
무화과나무에 무화과가 하나도 없으리라.
이파리마저 말라 버릴 것이니
내가 그들에게 준 모든 것이 사라지리라.

14 무엇 때문에 우리가 여기 앉아 있는가?
모두 모여 요새 성읍들로 가
차라리 그곳에서 망해 버리자.
주 우리 하느님께서 우리를 망하게 하시고
독이 든 물을 마시게 하시니
우리가 주님께 죄지은 탓이다.
15 평화를 바랐으나 좋은 일 하나 없고
회복할 때를 바랐으나 두려운 일뿐이다.
16 단에서
그들의 말들이 내는 콧바람 소리가 들려온다.
군마들의 울음소리에
온 땅이 뒤흔들린다.
그들이 쳐들어와 이 땅과 그 안에 가득 찬 것을,
성읍과 거기 사는 사람들을 집어삼킨다.

17 이제 내가 너희 가운데
길들일 수 없는 뱀과 독사를 보내니
그것들이 너희를 물리라.
주님의 말씀이다.

8,14-15. "모두 모여⋯ 주 우리 하느님께서 우리를 망하게 하시고⋯ 두려운 일뿐이다." 이 사건들의 참된 의미를 이해하려 하지 않는 어리석은 반응으로 보인다. 이 극적인 역사적 상황에서도 하느님께서는 당신 백성이 살기를 바라신다(그러나 자기 죄를 인정하는 과정을 거쳐야 한다). 그래서 예레미야는 과도한 저항이 아니라 항복을 요구한다(21,1-10; 27-28장; 38장; 42,1-43,7 참조),

---

8,13 5,17; 이사 5,1-7; 17,6; 미카 7,1; 마태 21,18-22; 루카 13,6-9. 8,14 // 4,5; 1,13-15; 6,1; 애가 3,15. 8,15 // 14,19; 또한 이사 59,9; 미카 1,12; 1테살 5,3 참조. 8,16 4,15. 8,17 민수 21,6; 신명 32,24; 요한 3,14-15.

8,13-17. 회개를 거부한 다음 하느님께서는 백성을 피할 수 없는 멸망에 넘기겠다고 경고하신다. 백성은 회개했기 때문이 아니라 완전히 낙망했기 때문에 이를 받아들인다. 회개가 없는 상태에서 절망은 치명적이다.

8,18. 히브리어 문장의 첫 단어가 여기에만 나타나 그 뜻을 가늠하기 어렵다. 문장 짜임 역시 어려워 이 문장은 자주 추정하여 번역한다. 고대 그리스어본은 "곤혹스러운 너희 마음의 고통과 함께 치유될 수 없어"라고 번역하며 새 대중 라틴말 성경은 "나의 기쁨이 내 안에서 아픔이 되고 내 마음은 탄식하는구나."로 옮긴다.

8,21. 예레미야는 참된 예언자로서 백성의 뿌리 깊은 악을 심각하게 받아들이며, 거짓 예언자들이나 사제들과 달리 이를 아파한다(6,13-14; 8,11-12 참조).

8,23. 예언자의 마음에서 눈물과 함께 솟아나는 강렬하고 고통스러운 연민은 당신 백성에 대한 하느님의 형언할 수 없는 열정의 신비를 예레미야의 인간성을 통하여 보여 준다. 이 신비는 육화하시고 십자가에 달리신 말씀에서 탁월하게 계시될 것이다(루카 19,41-44; 요한 11,33.35; 13,21 참조).

9,2. 주님 알기를 거부하고 하느님을 찾지 않는 사회는 모든 차원에서 거짓과 불의를 저지르게 된다. 이 구절과 5절에서 "주님의 말씀이다."라는 표현은 그리스어 번역본에는 없다. 그리스어 번역본은 이 부분을 주님이 아니라 예레미야의 말로 읽는다.

예언자의 탄식

18 슬픔이 나를 덮쳐 오고
내 마음은 병들었다.
19 이 땅 저 멀리서부터
내 딸 내 백성의 울부짖는 소리가 들리는구나.
"주님께서는 시온에 안 계신가?
시온의 임금님께서 그곳에 안 계신가?"

어찌자고 그들은 우상들로, 낯선 헛것들로
나를 화나게 만들었는가?

20 수확이 끝나고 여름이 지났건만
저희는 아직도 구원받지 못하였습니다.

21 내 딸 내 백성의 상처 때문에 내가 상처를 입었다.
나는 애도하고 공포에 사로잡혔다.
22 길앗에는 유향도 없고
그곳에는 의사도 없단 말이냐?
어찌하여 내 딸 내 백성의 건강이
회복되지 못하는가?
23 아, 내 머리가 물이라면
내 눈이 눈물의 샘이라면
살해된 내 딸 내 백성을 생각하며
밤낮으로 울 수 있으련만!

진실이 사라지다

9 1 아, 광야에 내가 머물 나그네의 거처가 있다면
내 백성을 저버리고 떠나갈 수 있으련만!
참으로 그들은 모두 간음하는 자들이요 배신하는 무리다.
2 그들은 자신들의 혀를 활처럼 굽히고
그 땅에서 진실이 아니라
거짓이 판을 치게 한다.
그들은 악에서 악으로 옮겨 다니며
나를 알아 모시지 않는다.
주님의 말씀이다.

8,19 5,23-25. 8,21 14,17. 8,22 14,19. 9,1 시편 55; 이사 22,4; 애가 2,11. 9,2 시편 12,1-5; 116,11.

8,18-23. 예언자는 백성을 위한 간절한 탄원을 올린다. 백성의 불행은 불치병 같아 의사도 없고 길앗에서 오는 약들도 효과가 없다.

9,1-8. 형제적 공동체라는 이상에 등을 돌리고 불의하게 사는 백성에 대한 고발과 징벌의 선고이다. 예언자는 백성의 불충을 보면서 실망하여 도피하려 한다.

3 누구나 제 이웃을 조심하고
어떤 형제도 신뢰하지 마라.
형제들이 모두 사기꾼이요
이웃들이 모두 중상꾼이 되어 돌아다닌다.
4 모두 제 이웃을 속이고
아무도 진실을 말하지 않는다.
그들은 거짓을 말하도록 제 혀를 길들이고
죄에 무디어져 잘못을 뉘우치지도 못한다.
5 약탈에 약탈을,
거짓에 거짓을 더하며
그들은 나를 알아 모시기를 마다한다.
주님의 말씀이다.

주님께서 개입하러 오시다

6 그러므로 만군의 주님께서 이렇게 말씀하신다.
"내가 이제 그들을 제련하고 그들을 시험하리라.
내 딸 내 백성을 위하여 내가 달리 무엇을 더 할 수 있겠느냐?
7 그들의 혀는 죽음의 화살.
입으로 거짓을 말한다.
서로 제 이웃에게 평화를 말하지만
속으로는 올가미를 씌우려 한다.
8 이런 짓들을 보고서도 내가 그들을 벌하지 않을 수 있겠느냐?
주님의 말씀이다.
이따위 민족에게
내가 되갚아야 하지 않겠느냐?"

재앙의 원인을 이해하는 현자

9 내가 산을 두고 울음과 곡을 터뜨리고
광야의 목초지를 두고 애가를 부르리라.
그것들이 초토가 되어 아무도 지나다니지 않고
가축의 울음소리도 들리지 않기 때문이다.
하늘의 새부터 짐승에 이르기까지
모두 도망쳐 가 버렸기 때문이다.

9,3. "형제들이 모두 사기꾼이요" 히브리어 본문과 새 대중 라틴말 성경은 "모든 형제가 분명 서로 속인다"로 되어 있다. 그러나 두 형태로 사용한 동사 "속이다"는 ('아콥 야콥') 성조 야곱의 이름과 매우 유사하여, 일부 번역본들에서는 "형제들이 모두 야곱처럼 속인다"로 번역한다(창세 27,36의 주와 호세 12,4 참조). 언어유희로 볼 수 있으며, 이로써 이스라엘 백성 모두의 조상을 암시하면서 그들의 죄가 뿌리 깊고 널리 퍼져 있음을 강조한다.

9,9. 히브리어 본문은 (예레미야가 아닌) 하느님 자신이 "울음과 곡"을 터뜨리신다고 주저 없이 말한다. 이것이 놀랍게 보였으므로 그리스어 번역본과 시리아어 번역본에서는 그러한 분출이 주님께서 백성에게 명하신 것으로 본다("울음과 곡을 올려라").

9,3 12,6; 창세 25,23-26; 27,36; 시편 64,3-5; 미카 7,5; 호세 12,4. 9,6 6,29-30. 9,7 야고 1,26; 3,5-13; 1베드 3,10; 1요한 3,18. 9,8 // 5,9.29. 9,9 호세 4,3.

9,9-21. 악을 고집하는 백성에게 닥친 무서운 징벌에 대한 예언자의 조가(弔歌)이다(9-15절). 이어서 예레미야는 직업적인 여자 곡꾼들을 불러 애도하게 하고, 다른 모든 여인들에게도 죽은 이들을 위한 울음에 함께하도록 초대한다(16-21절).

10 내가 예루살렘을 폐허 더미로,
승냥이 소굴로 만들고
유다 성읍들을
주민들이 없는 폐허로 만들리라.

9,11. 참된 지혜는 재앙 속에서 주님의 가르침을 깨닫는 것이다.

11 누가 이를 이해할 만큼 지혜로울까?
누구에게 주님께서 친히 말씀하시어
이를 선포하게 할 수 있을까?
어찌하여 이 땅이 망하게 되고
광야처럼 초토가 되어 아무도 지나다니지 않게 되었는가?
12 주님께서 대답하신다. "그들이 내가 자기들에게 세워
준 가르침을 저버리고 내 말을 듣지 않았으며, 그것에 따
라 걷지 않았기 때문이다. 13 오히려 그들은 자기네 조상들
이 가르쳐 준 대로 고집스럽게 바알들을 따라갔다. 14 —
그러므로 만군의 주 이스라엘의 하느님께서 이렇게 말씀
하신다. — 이제 내가 이 백성에게 쓴흰쑥을 먹이고 독이
든 물을 마시게 하겠다. 15 내가 그들도 그 조상들도 알지
못하던 여러 민족들 가운데에 그들을 흩어지게 하겠다.
또한 내가 그들을 전멸시킬 때까지 그들을 뒤쫓아 칼을 보
내겠다."

9,14. 8,14과 23,15에서도 묘사한 이러한 처벌은 아모 6,12을 편집한 것으로 보인다(그리고 다시 애가 3,15.19에서도 사용한다. 또한 묵시 8,11 참조).

여자 곡꾼들을 부르다

16 만군의 주님께서 이렇게 말씀하신다.
"너희는 잘 생각하여 여자 곡꾼들을 불러오너라.
사람을 보내어 곡을 잘하는 여자들을 데려오너라."

17 그들이 우리를 두고
서둘러 곡을 올리도록 해 다오.
그리하여 우리 눈에 눈물이 흘러내리고
눈꺼풀이 눈물에 젖게 해 다오.
18 과연 곡소리가
시온에서 들린다.
"어쩌다가 우리가 이렇게 황폐해지고
이처럼 큰 수치를 당하게 되었는가?
우리가 그 땅을 저버렸기 때문이지.
그들이 우리 거처를 짓밟았기 때문이지."

9,18. 시편 6,11의 주 참조.

9,10 4,26; 34,22; 이사 25,2; 묵시 18,2. 9,11 시편 107,43; 호세 14,10. 9,12 5,19; 7,24-28; 26,4-6; 탈출 19,5. 9,13 7,24; 로마 1,21-24. 9,14 // 23,15; 또한 8,14; 애가 3,15; 묵시 8,11 참조. 9,15 레위 26,33; 신명 4,27; 28,36.64. 9,16 아모 5,16. 9,17 14,17.

19 아낙네들아, 주님의 말씀을 들어라.
너희 귀로 그분 입에서 나오는 말씀을 받아들여라.
너희 딸들에게 곡을 가르치고
그들도 저마다 이웃에게 애가를 가르치게 하여라.
20 죽음이 우리 창문을 넘어 들어오고 있다.
죽음은 우리 궁궐에까지 들어오고
거리에서 어린아이들을,
광장에서 젊은이들을 쓰러뜨린다.

21 너는 말하여라.
— 주님께서 이렇게 말씀하신다. —
사람의 시체가 들판의 거름처럼
수확하는 사람 뒤에 남은 곡식 단처럼 쓰러져 있는데
아무도 거두려 하지 않으리라.

주님을 아는 것이 참지혜다

22 주님께서 이렇게 말씀하신다.
"지혜로운 이는 제 지혜를 자랑하지 말고
힘센 이는 제힘을 자랑하지 말며
부유한 이는 제 부를 자랑하지 마라.
23 자랑하려는 이는 이런 일을,
곧 나를 이해하고 알아 모시는 일을 자랑하여라.
나는 과연 자애를 실천하고
공정과 정의를 세상에 실천하는 주님으로
이런 일들을 기꺼워한다.
주님의 말씀이다."

몸의 할례도 징벌을 면하게 하지 못한다

24 이제 그날이 오고 있다. 주님의 말씀이다. 그날에 내가
몸의 할례만 받은 자들을 모두 징벌하겠다. 25 그들은 곧
이집트와 유다와 에돔과 암몬 자손들과 모압과, 관자놀이
의 머리를 민, 광야에 사는 자들 모두이다. 이 모든 민족
들은 할례를 받지 않았고, 이스라엘 온 집안도 마음으로

9,20-21. 예루살렘 성벽 안에서든 밖에서든 아무도 가리지 않는 피할 수 없는 죽음을 나타내는 강력한 표상과 더불어, 예언자가 그 모든 것 안에서 역사 안에 현존하시는 하느님께서 계시됨을 알아본다는 점이 인상적이다(12-13절 참조).

9,22-23. 참된 힘, 지혜, 부는 주님을 아는 것이며(호세 2,22 참조) 이는 정의의 실천으로 옮겨진다.

9,24-25. "광야에 사는 자들" 아랍 주민들이 할례를 했다는 것은 창세 17,25에서 암묵적으로 시사한다. 코란에는 할례에 대한 언급이 없지만, 이슬람교도들은 보편적으로 할례를 행한다.

9,19 요엘 2,12; 루카 23,28. 9,21 8,2; 16,4; 25,33; 1사무 2,8; 애가 4,5. 9,22 집회 9,11; 이사 10,8-12; 1코린 1,31; 2코린 10,17; 야고 1,9-10. 9,23 22,16; 2코린 11,1-12,10. 9,24 4,4; 로마 2,25. 9,25 레위 26,41; 에제 44,7; 로마 2,28-29.

9,22-25. 진정한 지혜에 관한 지혜문학적 격언에 이어, 마음의 할례가 없는 신체적 할례는 쓸모없음을 선언한다(4,4 참조). 여기서 언급한 민족들 중에서도 일부는 할례를 했지만, 그들은 할례와 계약을 연결하지 않았다. 관자놀이의 머리를 미는 것은 (25절) 우상 숭배자들의 장례 의식과 결부되어 있었기 때문에 율법으로 금지했다(레위 19,27 참조).

할례를 받지 않았기 때문이다.

주 하느님과 우상의 비교

10 1 이스라엘 집안아, 주님께서 너희에게 하시는
말씀을 들어라.
2 주님께서 이렇게 말씀하신다.
"이민족들의 길을 배우지 말고
하늘의 표징에 두려워 떨지 마라.
그런 것은 이민족들이나 두려워 떤다.
3 그 백성들의 관습은 헛것이다.
사실 나무가 숲속에서 잘라진 뒤
장인의 손에서 도끼로 다듬어지고
4 금은으로 장식된다.
사람들은 그것을 못과 망치로
움직이지 못하도록 고정시킨다.
5 저들의 우상들은 오이 밭의 허수아비 같아 말할 줄 모른다.
그것들은 걸을 수가 없기 때문에
누군가 반드시 날라다 주어야 한다.
그것들을 두려워하지 마라.
그것들은 해로움도 끼칠 수 없고
이로움도 줄 수 없다."

6 주님, 당신 같으신 분은 없습니다.
당신께서는 위대하시고
당신의 위대한 이름은 엄위를 떨치십니다.
7 민족들의 임금님
누가 당신을 경외하지 않겠습니까?
당신을 경외함은 마땅한 일입니다.
민족들의 온갖 지혜로운 이들 가운데에서도
그들의 온갖 왕국 가운데에서도 과연 당신 같으신 분은
없습니다.
8 저들은 하나같이 어리석고 바보스럽습니다.

10,2. "하늘의 표징"은 여러 가지 천문학적 현상들을 지칭한다. 특히 메소포타미아에 널리 퍼져 있던, 천문학에 기초한 온갖 형태의 징조와 미신들에 대한 예리한 비판이다.

10,2 레위 18,3; 이사 47,12-14. 10,3 이사 40,18-20; 45,20. 10,5 시편 115,4-8; 1코린 12,2. 10,6 신명 33,26; 시편 86,8; 이사 40,18. 10,7 시편 22,28; 묵시 15,3-4.

10,1-16. 주제와 표현에서 우상 숭배에 대한 제2이사야의 풍자와 가깝다(이사 44,9-20 참조). 11절에는 아람어로 본문 설명이 있는데, 이것은 일상에서 우상 숭배를 금하는 금령의 역할을 한다. 조롱조로 우상들의 쓸모없음과 우상 숭배의 기제 곧 두려움을 갖게 하고(2-3절) 표면적인 치유법을 준다는 것을 비판한다. 조롱의 절정은 우상들을 허수아비와 비교한 것이다(5절). 우상에 대한 묘사와 참되시고 살아 계시며 영원하신 주님의 권능에 대한 신앙이 대비된다. 주님께서는 우상을 만드는 자들을 헛것으로, 조롱거리로 만드신다.

헛것들의 훈계란 나무토막과 같습니다.
9 두드려 늘인 은은 타르시스에서,
금은 우파즈에서 가져온 것입니다.
그것들은 장인의 작품이요 대장장이의 솜씨일 뿐입니다.
그들의 자주색 모직과 자홍색 양모 옷은
모두 다 기술자들의 작품입니다.

10 그러나 주님은 진리의 하느님,
그분은 살아 계신 하느님이시요 영원한 임금님이시다.
그분의 진노에 땅이 뒤흔들리니
민족들이 그분의 노여움을 견뎌 낼 수 없다.

11 그러므로 너희는 그들에게 이렇게 말하여라. "하늘과
땅을 만들지 않은 저 신들은 땅에서 그리고 하늘 아래에
서 사라질 것이다."
12 그분께서는 당신 능력으로 땅을 만드시고
당신 지혜로 세상을 세우셨으며
당신 예지로 하늘을 펼쳐 놓으셨다.
13 그분께서 소리를 내시자 하늘의 물이 요동친다.
그분께서는 땅끝에서 안개가 피어오르게 하신다.
비가 내리도록 번개를 만드시고
당신의 곳간에서 바람을 꺼내신다.
14 사람은 누구나 어리석고 지식이 모자란다.
대장장이는 누구나 우상 탓에 수치를 당한다.
사실 그가 부어 만든 상은 가짜라서
그 안에 숨결이 없다.
15 그것들은 헛것이요 조롱거리니
그들이 벌을 받을 때에 그것들도 사라지리라.
16 야곱의 몫은 이런 것들과는 다르다.
그분은 만물을 지으신 분이시고
이스라엘은 그분께서 상속 재산으로 삼으신 족속이기 때
문이다.
그 이름 만군의 주님이시다.

10,9. "타르시스… 우파즈" 위치를 밝히기는 어렵지만, 귀한 광산들로 알려져 있다. 타르시스에 대해서는 먼 지중해 서부의 항구를 생각할 수 있으며(요나 1,3 참조), 우파즈는 금광으로 유명한 오피르를 잘못 표기한 것이라면(창세 10,29; 1열왕 9,28; 이사 13,12 참조). 아라비아 서부 해안의 항구로서 타르시스와 정반대의 끝이 될 것이다(예레 2,10 참조).

10,15. "헛것" "허무"를 뜻하는 히브리어 '헤벨'을 옮긴 것이다(10,3의 "헛것"도 같은 단어). 이 단어는 예레미야서에서 여러 차례 우상들에게 적용된다(2,5의 주 참조). 8절에서는 이 히브리어 단어가 지혜로운 이들의 가르침에 적용된다. 그 가르침이 하느님과 맞선다면 그것은 "헛것"이다.

10,16. 이스라엘은 계약으로 다른 신들에 대한 예배를 거부하고 주님을 자신의 몫으로 선택했다.

10,9 시편 72,10; 115,4. 10,10 시편 76,7. 10,11 시편 96,5; 이사 2,18; 스바 2,11. 10,12-16 // 51,15-19; 또한 27,5; 창세 1-2; 2마카 7,28; 욥 38장; 시편 104 참조. 10,13ㄴ // 시편 135,7. 10,14 로마 1,22. 10,15 하바 2,18. 10,16 신명 32,9; 시편 73,26.

10,18. "그들이 그것을 겪게 되리라." 마지막 구절은 분명치 않다. 히브리어 본문은 "그들이 발견하리라"로 되어 있다. 그리스어 번역본과 (새) 대중 라틴말 성경 역시 (수동태지만) "발견하다"를 포함한다. 히브리어 본문에 오류가 있다고 가정하고 "그들은 나를 피하지 못하리라"로 옮기기도 하지만, 이러한 수정은 문맥에만 의존한다.

10,21. "목자들"은 백성의 지도자들을 가리킨다("그들의 양 떼").

10,24. 믿는 이는 주님의 자비가 언제나, 꾸짖음에도 드러나기를 청한다.

주님을 찾지 않는 자는 모두 망한다

17 포위된 채 살아가는 자들아
땅에서 너희 보따리를 모아들여라.
18 정녕 주님께서 이렇게 말씀하신다.
"내가 이번에는 이 땅의 주민들을 쫓아내고
그들에게 재난을 가져오리니
그들이 그것을 겪게 되리라."
19 내가 받은 부상으로 나는 불행하다.
나의 상처는 너무 깊다.
그러나 나는 '이 정도 고통이야
견뎌야지.' 하고 생각하였다.
20 나의 천막은 무너지고 천막 끈도 다 끊어졌다.
내 아들들마저 나에게서 떠나가 없으니
내 천막을 다시 펼쳐 주고
장막을 세워 줄 이가 있을 리 없다.
21 목자들이 어리석어
주님을 찾지 않는 까닭에
그들은 성공을 거두지 못하고
그들의 모든 양 떼는 흩어지리라.
22 자, 소리가 들려오지 않느냐!
소문이 북녘땅에서 다가온다.
유다의 성읍들을 폐허로 만들고
늑대 소굴로 만들 큰 난리라고들 한다.

예언자의 기도

23 주님, 저는 압니다,
사람은 제 길의 주인이 아니라는 사실을.
인간은 그 길을 걸으면서도
자신의 발걸음을 가눌 수 없습니다.
24 주님, 저를 고쳐 주시되 공정하게 해 주소서.
저를 진노로 다루지 마시어 저를 없애지 마소서.
25 당신의 분노를 쏟아부으소서,

10,17 에제 12,3. 10,19 4,19.31. 10,20 4,20; 31,15; 이사 51,18; 54,1-2. 10,21 에제 34; 즈카 11,4-5; 요한 21,15-17; 1베드 5,2-4. 10,22 1,14; 4,15. 10,23 잠언 20,24. 10,24 시편 6,2; 38,2. 10,25 // 시편 79,6-7; 또한 탈출 7,5 참조; 예레 16,21; 에제 5,13; 1테살 4,5; 2테살 1,8; 묵시 16,1.

10,17-25. 어리석은 지도자들에게 자신을 내맡긴 백성의 삶이 완전히 파괴될 것을 예고하는 신탁. 인간의 나약함에 대한 지혜문학적 성찰이 이어진다(23-24절). 인간의 나약함은 주님의 징벌을 온건하게 하고, 백성을 집어삼키는 이교 민족들에게 당신 분노를 쏟아부으시도록 그분을 향해 호소하게 한다(25절). 25절 본문은 시편 79,6-7을 거의 글자 그대로 옮긴 것이다.

당신을 알지 못하는 민족들에게
당신 이름을 받들어 부르지 않는
족속들에게.
그들은 야곱을 집어삼키고
그를 집어삼켜 없애 버렸으며
그 사는 곳을 부수었습니다.

계약에 불충실한 자들에 대한 징벌

11 1 주님께서 예레미야에게 내리신 말씀. 2 이 계
약의 말씀을 들어라. 유다 사람들과 예루살렘
주민들에게 전하여라. 3 너는 그들에게 이렇게 말하여라.
"주 이스라엘의 하느님께서 이렇게 말씀하신다. '이 계약
의 말씀을 듣지 않는 자는 저주를 받을 것이다. 4 이 계약
의 말씀은 내가 너희 조상들을 이집트 땅에서, 곧 쇠를 녹
이는 도가니에서 끄집어내던 날, 그들에게 이렇게 내린 명
령이었다. '내 말을 듣고 내가 너희에게 명령한 모든 일을
하여라. 그러면 너희는 나의 백성이 되고 나는 너희의 하
느님이 될 것이다.' 5 이는 내가 너희 조상들에게 젖과 꿀이
흐르는 땅을 주겠다고 한 맹세를 지키려는 것이었다. 그
결과는 오늘날 너희가 보는 대로다.'" 이 말씀에 나는 "주
님, 참으로 그렇습니다." 하고 대답하였다.
6 주님께서 다시 나에게 말씀하셨다. "유다 성읍들과 예루
살렘 거리에서 이 모든 말을 선포하여라. '이 계약의 말씀
을 듣고 그것을 실천하여라. 7 이는 내가 너희 조상들을 이
집트 땅에서 데려 내오던 날, 내 말을 들으라고 그들에게
경고했고, 그 경고는 오늘에 이르기까지 계속되고 있기 때
문이다. 8 그러나 그들은 순종하지도 귀를 기울이지도 않
았다. 오히려 저마다 제 악한 생각대로 고집스럽게 굴었
다. 그래서 나는 그들에게 지키라고 명령했는데도 지키지
않은 이 계약의 모든 말씀대로, 그들에게 집행하였다.'"
9 주님께서 또 나에게 말씀하셨다. "유다 사람들과 예루살
렘 주민들의 반역이 드러났다. 10 그들 또한 내 말을 듣기
를 마다하였던 조상들의 악습으로 되돌아가 다른 신들을

11,2. "이 계약의 말씀을 들어라." 히브리어 본문에서 이 절 첫머리에 있는 이 구절은 해석에 어려움이 있다.

11,8. 고대 근동의 조약 양식에 따라 11,1-10과 같은 문장은 불충의 경우에 대한 계약의 (부정적) 조항의 이행으로 제시된다.

11,3 신명 27,26; 갈라 3,10. 11,4 탈출 24,3-8; 신명 4,20; 1열왕 8,51. 11,5 32,22; 탈출 13,5; 신명 6,3; 7,12; 루카 1,73. 11,7 7,13.25. 11,8 7,26-28; 레위 26,14-43. 11,9 호세 9,10. 11,10 13,10; 판관 2,11-13.

11,1-17. 주님께서 예언자에게, 계약 조항들을 존중할 것을 전하는 당신의 대변인이 되어 지금의 징벌이 계약을 위반한 결과임을 선포하라고 권고하신다. 그 후 백성이 계약을 거슬러 우상들과 맺은 "반역"에 대한 고발이 이어진다. 그러나 우상도, 주님께 드리는 혼합주의적이고 형식적인 예배도, 선택 받음(16절 참조)도 이미 선고된 징벌에서 백성을 구하지는 못할 것이다.

좇아 다니며 섬겼다. 이스라엘 집안과 유다 집안은 내가
그들의 조상과 맺은 내 계약을 깨뜨렸다.” 11 그러므로 주
님께서 이렇게 말씀하신다. “이제 내가 그들에게 벗어날 수
없는 재앙을 내리리니, 그들이 나에게 울부짖어도 그 말을
듣지 않을 것이다. 12 그렇게 되면 유다의 성읍들과 예루
살렘 주민들은 자신들이 향을 피우는 신들에게 가서 울
부짖겠지만, 그 신들이 재앙의 때에 그들을 구원해 줄 수
없을 것이다. 13 유다야, 너희 신들이 너희 성읍만큼이나
많고 너희가 우상을 위해 세운 제단, 곧 바알에게 향을 피
우려고 세운 제단이 예루살렘 골목만큼이나 많구나!
14 그러므로 너는 이 백성을 위하여 기도하지 마라. 그들
을 위하여 탄원도 기도도 올리지 마라. 그들이 재앙의 때
에 나에게 부르짖어도 나는 듣지 않으리라.”

주님께서 당신의 올리브 나무를 치시다

15 내 애인은 그토록 못된 짓을 저지르고서도
무엇하러 내 집에 들어와 있는가?
맹세와 고기를 제물로 바친다고
너의 재앙을 돌릴 수 있겠느냐?
그러면서도 너는 좋아라 날뛰느냐?

16 주님께서 너의 이름을 “푸른 잎이 무성한 올리브 나무
열매가 풍성한 아름다운 나무”라고 하셨지.
그러나 거센 폭풍 소리와 더불어
그분께서 그 나무에 불을 붙이시리니
그 가지들이 타 없어지리라.
17 너를 심어 주신 만군의 주님께서 너에게 재앙을 선포하
신다. 바알에게 향을 피워 나를 진노케 한 이스라엘 집안
과 유다 집안의 사악함 때문이다.

11,13. “우상”으로 번역한 히브리어 단어는 “수치”를 뜻하는 ‘보셋’이다. 이 단어는 성경에서 때로 바알 신을 지칭하여 경멸의 의미로 사용된다. 44,17-19.25의 주 참조.

11,14. 예언자에게 전구 기도가 금지된다(7,16의 주와 14,13의 주 참조; 또한 15,1-2). 전구자 모세가 그의 원형이 된다. 그는 백성이 참으로 새로워지도록, 피할 수 없는 징벌이 내릴 것임을 선포해야 하기 때문이다.

11,15. “그토록 못된 짓을 저지르고서도” 전수된 히브리어 본문이 명확하지 않아 조금씩 수정을 가한다.

11,16-17. “불을 붙이시리니” 하느님과 이스라엘 사이의 선택과 계약의 관계가, (사랑과 열정이 담긴) 고발과 위협에 이어 악을 드러내는 극단적 수단인 폭력이(예를 들어 아모 3,2 참조), 그리고 그 후에 본래 관계의 회복이 뒤따르게 한다.

11,11 14,12; 25,35; 잠언 1,28; 이사 59,2; 에제 8,18; 미카 3,4 11,12 44,17; 판관 10,14; 신명 32,37-39. 11,13 2,28. 11,14 // 7,16; 또한 14,11; 15,1 참조; 창세 18,16-33; 탈출 32,10-14; 에제 22,30; 아모 7,1-9. 11,15 7,1-15.21-28; 12,7; 13,27. 11,16 21,14; 요한 15,6. 11,17 1,10; 12,2; 16,10; 18,9; 31,28; 탈출 15,17; 시편 80,16; 이사 5,1-7; 마태 15,13; 21,33.

예레미야의 첫 번째 고백

[18] 주님께서 저에게 알려 주시어 제가 알아차리게 되었습니
다. 당신께서 저에게 그들의 악행을 보여 주셨습니다. [19] 그
런데도 저는 도살장으로 끌려가는 순한 어린양 같았습니
다. 저는 그들이 저를 없애려고 음모를 꾸미는 줄 알아차
리지 못했습니다. "저 나무를 열매째 베어 버리자. 그를 산
이들의 땅에서 없애 버려 아무도 그의 이름을 다시는 기억
하지 못하게 하자."

[20] 그러나 정의롭게 판단하시고
마음과 속을 떠보시는 만군의 주님
당신께 제 송사를 맡겨 드렸으니
당신께서 저들에게 복수하시는 것을 보게 해 주소서.

[21] 그러므로 "주님의 이름으로 예언하지 마라. 그렇게 하
면 우리 손으로 너를 죽이겠다." 하고 말하면서 내 목숨을
노리는 아나톳 사람들을 두고, 주님께서 이렇게 말씀하셨
다. [22] "그러므로 만군의 주님께서 이렇게 말씀하신다. '이
제 내가 그들을 벌하겠다. 젊은이들이 칼에 맞아 죽고 그
아들딸들이 굶어 죽을 것이다. [23] 아나톳 사람들 가운데
아무도 살아남는 자가 없으리니, 징벌의 해에 내가 그들에
게 재앙을 불러들일 것이기 때문이다.'"

12

[1] 주님, 제가 당신과 소송을 벌일 때마다
당신께서는 정의로우십니다.
그렇지라도 당신께 공정성에 대해 여쭙겠습니다.
어찌하여 악인들의 길은 번성하고

11,19. "아무도 그의 이름을 다시는 기억하지 못하게 하자." 고대의 사고방식에 따르면 인간은 자녀의 기억 속에 생존한다. 그러나 하느님 자신이 예언자에게 결혼을 금지하심으로써 오히려 원수들의 이 위협을 실행하시는 듯하다(16,1-2 참조). 그러나 그 결과는 반대가 될 것이다. 예언자는 제자와 파괴되지 않는 예언 말씀 안에 계속 살아 있을 것이며(36장 참조) 반대자들은 사라질 것이다(11,22-23 참조). 또한 20,7-10의 주 참조.

12,1. "소송을 벌일 때"라는 표현에서 쌍방의 논쟁(또는 법률 논쟁)을 나타내는 동사 '립'을 다시 사용한다. 하느님과 예언자를 연결하는 계약의 유대로 인하여, 주님뿐만 아니라(2,9의 주 참조) 예레미야도 상대방을 고발하고 행동에 대한 설명을 요구할 권리가 있다(15,18; 17,17; 20,7-18 참조).

11,18 15,10; 18,18; 사도 23,16. 11,19 시편 83,5; 이사 53,7; 요한 1,29; 묵시 5,6. 11,20 // 20,12; 또한 17,10 참조; 시편 7,9-10; 44,22; 잠언 15,11; 지혜 1,6; 사도 1,24; 1테살 2,4; 1베드 2,23; 묵시 2,23; 15,4. 11,21 12,5-6; 26,8; 38,4; 이사 30,10-11; 아모 2,12; 미카 2,6. 11,23 // 23,12; 또한 48,44 참조. 12,1 5,27-28; 11,20; 욥 13,3; 21; 시편 49; 73.

11,18-12,6. 예레미야의 "고백록" 다섯 편 가운데 첫 번째 고백이다. 이 고백록들은 예언자가 하느님 앞에 매우 자유롭게 마음을 쏟아 놓고 하느님께 자신의 내적 고통을 드러내는 본문이다. 첫 "고백"에서는 예레미야가 자신을 거슬러 사람들이 꾸민 음모를 하느님에게서 알게 된 후(11,18-19 참조) 하느님께 자신을 옹호해 주시기를 간청한다(11,20 참조). 하느님의 대답은 원수들에 대한 복수를 약속하시지만(11,21-23 참조) 예언자는 이에 만족하지 않으며 다시 하느님의 행위에 대해 질문한다. 그에게 문제가 되는 것은 무죄한 사람의 고통과 악인의 성공이다. 그는 이것이 응보라는 신학적 진리를 의문에 부친다고 생각한다(12,1-4 참조). 하느님께서는 악의 신비에 대한 예언자의 설명이 부적절함을 선언하신다(12,5-6 참조). 그런 의미에서 달리는 사람과 말, 또는 평화로운 지역에서 안전을 느끼는 것의 표상을 해석해야 한다. 하느님께서는 예언자가 생각하는 것처럼 선과 악을 계산하시는 분이 아니다. 그렇다면 아무도 구원되지 못할 것이다. 악의 신비는 훨씬 더 복잡하고 심오하며, 예언자도 가까이서 그 신비를 접하게 된다(12,6 참조).

배신자들은 모두 성공하여 편히 살기만 합니까?
2 당신께서 그들을 심으시자 그들이 뿌리까지 내리고
자라서 열매마저 맺습니다.
그들은 입으로는 당신을 가까이 모시지만
속으로는 당신에게서 멀리 떨어져 있습니다.
3 그러나 주님, 당신께서는 저를 알고 살피시며
당신에 대한 제 마음을 떠보십니다.
도살할 양처럼 그들을 끌어내시고
살해할 날을 위하여 그들을 떼어 놓으소서.
4 언제까지나 땅이 통곡하고
온 들녘의 풀이 말라 가야 합니까?
그곳에 사는 자들의 악행 때문에
짐승과 새들이 사라져 가고 있습니다.
"그분께서 우리의 앞날에 관심을 두지 않으신다."고
저들이 말합니다.

5 네가 사람들과 달리기를 하다가 먼저 지쳤다면
어찌 말들과 겨루겠느냐?
네가 안전한 땅에만 의지한다면
요르단의 울창한 숲속에서는 어찌하겠느냐?
6 네 형제들과 네 아버지 집안조차도 너를 배신하고 너에
게 마구 소리를 지르는구나. 그러니 그들이 너에게 좋은
말을 한다 해도 그들을 믿지 마라.

주님께서 당신의 소유를 포기하시다

7 나는 내 집을 버리고
내 소유를 포기하였다.
내가 사랑하던 이를
그 원수들의 손아귀에 넘겼다.
8 내 소유가 나에게
숲속의 사자처럼 되고
나를 거슬러 소리를 높이니
내가 그를 미워할 수밖에.

12,3. "도살" 11,19 참조. 어휘상으로는 유사하지만 이것은 이사 53,7의 주님의 종의 태도는 아니다. 그래도 예레미야는 스스로 복수하려 하지 않으며 하느님께 자신의 권리를 되찾아 주시기를 요청한다(예레 20,12 참조, "당신께서 저들에게 복수하시는 것").

12,4. 인간의 "악행"은 창조 전체를 퇴보시키고 파괴하는 것으로 보인다(창세 2,5 참조). "그분께서 우리의 앞날에 관심을 두지 않으신다." 이 표상은 신명 32,20에도 나타난다.

12,5. 주님께서는 다른 질문에 응답하시며, 아직 더 나쁜 일이 일어나야 한다는 것을 알게 하신다. 더 어둡고 위험한 장소들을 지나가기 위해 더 많은 힘과 용기가 필요할 것이다. 지금 적어도 그분은 당신 목소리를 들려주신다. 그러나 나중에는 고통스러운 침묵 속에 당신의 예언자를 버려두실 것이다 (하느님께서는 17,14-18; 18,18-23; 20,7-12.14-18의 탄원을 듣지 못하시는 듯하다). 마지막에는 응답이 있을 것이다. 그러나 그 응답은 만족스러운 이성적 인식이 아니라, 주님께서 충실하시고 구원하시는 하느님, 생명의 하느님이심을 드러내는 일종의 죽음과 부활 같은 개인적 체험을 통해 이루어질 것이다(20,13; 26장; 38,1-13; 39,11-14; 40,1-5; 히브 5,7-10 참조).

12,2 11,17; 이사 29,13; 에제 33,31. 12,3 11,20; 17,18; 욥 23,10; 시편 5,11; 139,23; 야고 5,5. 12,4 4,26; 9,9; 호세 4,3; 요엘 1,10-20. 12,5-6 11,21; 26,8; 38,4; 이사 30,10-11; 아모 2,12; 미카 2,6. 12,7 7,14.29; 애가 2,1; 루카 13,35; 묵시 20,9. 12,8 호세 9,15; 미카 6,3.

12,7-13. 당신 유산 곧 여기서 여러 은유들로(집안, 소유, 포도밭) 표현된 당신 백성을 원수들 손에 내맡길 수밖에 없게 되신 주님의 탄식이다. 이미 선고된 징벌을 실행하시면서도 주님께서는 소중히 여기시는 백성에 대한 당신 사랑을 다시 강조하신다.

9 하이에나가 나의 소유를 탐욕스레 바라보느냐?
맹금이 내 소유를 치려고 둘러싸고 있느냐?
가서 모든 들짐승을 불러 모으고
그것들을 데려와 내 소유를 삼켜 버리게 하여라.
10 수많은 목자들이 내 포도밭을 파괴하고
내 몫을 짓밟았다.
그들은 내 탐스러운 몫을
폐허의 광야로 만들었다.
11 그들이 내 몫을 폐허로 만들자
폐허가 된 그곳이 나를 향해 통곡한다.
온 땅이 폐허가 되었는데도
그 일을 마음에 두는 사람이 아무도 없다.
12 광야의 벌거벗은 모든 언덕을 넘어
파괴자들이 쳐들어왔다.
주님의 칼이 땅 이 끝에서 저 끝까지 휩쓸고 지나가니 살아 있는 모든 목숨이 안전할 리 없다.
13 사람들은 밀씨를 뿌리고도 가시를 거두어들이며
지칠 때까지 일을 해도 아무런 소득이 없다.
너희의 수확을 두고
주님의 타오르는 분노에 부끄러워하여라.

다른 민족들에 대한 경고

14 주님께서 이렇게 말씀하신다. 이는 사악한 모든 이웃 민족들에 관한 말씀이다. "그들은 내가 내 백성 이스라엘에게 물려준 상속 재산을 건드렸다. 그러므로 이제 내가 그들의 땅에서 그들을 뽑아낸 뒤, 그들 가운데에 살던 유다
집안을 뽑아내 오겠다. 15 그러나 그들을 뽑아냈다가 다시
그들을 가엾이 여겨, 그들을 모두 제 상속 재산, 곧 제 땅
으로 돌려보내겠다. 16 그들이 내 백성의 길을 충실하게 배워 나가고, 전에는 그들이 내 백성에게 바알의 이름으로 맹세하도록 가르쳤지만 이제는 내 이름을 부르며 살아 계신 주님을 두고 맹세하면, 내 백성 가운데에 자리 잡게 될
것이다. 17 그러나 그 민족이 순종하지 않으면, 나는 그들

12,13. "주님의 타오르는 분노"는 선의 겉모습 아래 숨겨진 악이 나쁜 영향들을 당신 섭리로 드러내신다("가시" 그리고 "소득"과 "수확"이 없음). 겉으로만 꾸며진 선은 여기서는 "밀씨"와 수고로 상징적으로 표현되고, 다른 곳에서는 존중해야 할 예배와(7,1-15 참조) "정통적인" 참회 예식들로 나타난다(14,11-12과 7,16의 주 참조). 6,11-12의 주해 참조.

12,9 2열왕 24,2; 이사 56,9. 12,10 3,19; 6,3; 23,1; 이사 5,1-7; 63,18. 12,11 4,20.27; 45,5; 이사 42,25. 12,12 3,2.21; 16,5; 30,5; 이사 34,6; 루카 13,3.5; 1테살 5,3. 12,13 레위 26,16; 신명 28,38; 미카 6,15; 하까 1,6; 마태 7,16-20. 12,14 1,10; 신명 30,3; 이사 11,11-16; 스바 2,8-10; 즈카 2,12-13. 12,15 48,47; 49,6.39; 에제 28,25-26; 아모 9,14-15; 사도 15,16. 12,16 4,2; 5,2; 이사 2,3; 즈카 8,23; 에페 2,11-22. 12,17 이사 60,12; 루카 13,3.

12,14-17. 유다에게 불행을 초래한 주변 민족들에게 징벌이 선고되고, 이어서 그들에게도 구원의 약속이 뒤따른다.

을 뽑아 없애 버리겠다. 주님의 말씀이다."

아마포 띠의 가르침

13 1 주님께서 나에게 이렇게 말씀하셨다. "가서
아마포 띠를 사, 허리에 두르고 물에 담그지 마
라." 2 그래서 주님의 분부대로 나는 띠를 사서 허리에 둘렀
다. 3 그러자 주님의 말씀이 두 번째로 나에게 내렸다. 4 "네
가 사서 허리에 두른 띠를 가지고 일어나 유프라테스강으
로 가거라. 그리고 거기 바위 틈새에 띠를 숨겨 두어라." 5
주님께서 나에게 명령하신 대로 나는 유프라테스강으로
가서 띠를 숨겼다. 6 여러 날이 지난 뒤에 주님께서 나에게
말씀하셨다. "일어나 유프라테스강으로 가서, 내가 너더러
거기 숨겨 두라고 명령한 띠를 가져오너라." 7 그래서 유프
라테스강으로 가 흙을 헤치고, 숨겨 둔 곳에서 띠를 꺼냈
다. 그런데 그 띠가 썩어서 아무짝에도 쓸모없게 되었다.
8 그때 주님의 말씀이 다시 나에게 내렸다. 9 주님께서 이
렇게 말씀하신다. "나도 유다의 교만과 예루살렘의 큰 교
만을 그처럼 썩혀 버리겠다. 10 이 사악한 백성이 내 말을
듣기를 마다하고, 제 고집스러운 마음에 따라 다른 신들
을 좇아 다니며 그것들을 섬기고 예배하였으니, 아무짝에
도 쓸모없는 이 띠처럼 되고 말 것이다. 11 이 띠가 사람의 허
리에 붙어 있듯이 내가 온 이스라엘 집안과 온 유다 집안
을 나에게 붙어 있게 한 것은 ― 주님의 말씀이다. ― 그들
이 내 백성이 되어 명성과 칭송과 영광을 얻게 하려고 한
것이다. 그러나 그들은 순종하지 않았다."

분노의 항아리

12 너는 그들에게 이 말을 하여라. "주 이스라엘의 하느님

13,1-4. "물에 담그지 마라." 이러한 요구는 배타적으로 속하는 관계의 표지이며, 띠를 유프라테스강에 감추는 것은 하느님의 율법을 순전히 외적으로만 준수하는 "틈새"에 숨겨진 백성의 불충실을 암시한다(16,16-17 참조). 슬픈 진실은(썩은 띠) 이스라엘이 외국의 신들을 섬기고 그들과 조약을 맺음으로써 (스스로 자멸하고) 간음을 저질렀다는 것이다(7-11절; 2,18 참조).

13,11. "붙어 있다"라는 동사는 성경 문헌에서 주님께 대한 온전한 충실성을, 백성과 하느님 사이에 있어야 하는 결속을 나타낸다. 이 관계는 부부의 결속과 유사하다(창세 2,24 참조). 주님과 백성 사이의 관계는 예배 행위들로 끝날 수 없으며, 내적이고 생생한 소속 관계로 이루어져야 한다.

13,1 2,18; 신명 7,2; 이사 30,1; 호세 10,4; 12,2. 13,2 이사 20,2. 13,4 51,63. 13,6 1열왕 18,1; 이사 42,14; 마태 25,19; 루카 20,9. 13,7-10 이사 3,24; 5,24; 14,11. 13,9 레위 26,19. 13,10 11,8; 16,12. 13,11 7,23; 32,20; 33,9; 탈출 19,5-6; 시편 109,19. 13,12 요한 8,26; 10,6.

13,1-11. 상징적 행위가 세 단계로 전개되고, 백성에 대한 위협의 신탁으로 끝맺는다. 먼저 예언자는 주님의 지시에 따라 아마포 띠를 사서 허리에 두른다. 아마포는 제의에 사용하는 귀한 천으로, 이스라엘이 하느님께 무엇이 되어야 하는지를 보여 준다(1-2절). 그다음 띠를 풀어 북쪽 유프라테스강 근처에 묻으라는 지시를 받고(3-5절), 마지막으로는 이미 썩어서 쓸 수 없게 된 띠를 다시 찾는다(7절). 이 상징적 행위에 대한 설명이 이어지는데, 이는 진실하게 주님을 따르지 않은 백성에 대한 하느님의 징벌이 실행되고 있음을 보여 주는 것이다.

13,12-14. 임박한 처벌을 나타내는 비유로, 예언자와 백성 사이의 대화로 되어 있다. 백성은 술이 가득 찬 항아리처럼 주님의 분노로 가득 채워질 것이며 그 후에 파괴될 것이다.

께서 이렇게 말씀하신다. '항아리마다 술이 가득 찰 것이
다. 그러면 그들이 너에게 '항아리마다 술이 가득 차야 한
다는 걸 우리가 모르는 줄 아느냐?' 하고 말할 것이다. 13 그
러면 너는 그들에게 말하여라. '주님이 이렇게 말한다. 이
제 내가 이 땅의 모든 주민과, 다윗 왕좌에 앉은 임금들과
사제들과 예언자들과, 예루살렘의 모든 주민을 잔뜩 취하
게 하겠다. 14 그리하여 그들이 서로 부딪쳐, 심지어 아버
지와 자식이 함께 부딪쳐 깨지게 하겠다. 주님의 말씀이
다. 나는 그들을 파괴하면서 불쌍히 여기거나 동정을 베풀
거나 가엾이 여기지 않겠다.''"

13,13. 백성의 어리석음은 징벌을 가져오는 혼미함과 술 취함과 같다. 죄는 표면적인 것이 아니라, 마치 자신의 피부처럼 본성적인 깊은 실재이다(23절).

너무 늦기 전에 들어라

15 주님께서 말씀하시니
너희는 들어라.

귀를 기울여라.
우쭐거리지 마라.
16 주 너희 하느님께서 어둠을 가져오시기 전에,
너희 발이 땅거미 지는 산등성이에서
비틀거리기 전에
그분께 영광을 드려라.
그러지 않으면 너희가 빛을 기다리고 있는데도
그분께서 빛을 어둠으로 바꾸시고 암흑으로 만드시리라.
17 너희가 순종하지 않으면
내 영혼은 너희의 오만 때문에 숨어 울며 눈물을 흘리리라.
주님의 양 떼가 포로로 끌려갔기 때문에
내 눈에서 눈물이 흘러내리리라.

불충한 자들에게 내리는 징벌

18 임금과 모후에게 말하여라.
"찬란한 왕관이 너희 머리에서 벗겨져 내렸으니
낮은 자리로 내려와라."

13,18. "말하여라." 그리스어 번역본은 복수형으로 되어 있으며, 히브리어 본문과 (새) 대중 라틴말 성경은 단수 명령형으로 되어 있다. 정치적으로 중요한 인물인 모후는 바빌론인들에 의하여 기원전 597년에 18세의 여호야킨 임금과 함께 유배되었다(29,2; 2열왕 24,12.15 참조). 여호야킨은 세 달 동안 통치하고 항복했다.

13,13 25,27; 51,7; 이사 51,17.21; 63,6. 13,14 6,21; 16,5; 19,9-11; 이사 27,11. 13,15 잠언 16,5. 13,16 23,12; 시편 96,8; 아모 5,18; 요한 9,4; 11,9; 12,35-36; 묵시 14,7. 13,17 8,23; 9,1; 14,17; 23,1-2; 말라 2,2. 13,18 이사 3,16-26.

13,15-27. 너무 늦기 전에 빨리 회개하라는 예언자의 간절한 권고이다(15-17절). 여호야킨과 지배층들의 첫 번째 유배는(2열왕 24,14-17 참조) 모든 이들에게 경고가 되어야 한다(18-19절). 마지막에 예레미야는 예루살렘이 회개할 수 없음을 고찰한다(20-27절).

13,19. "네겝"은 유다 왕국 남부의 황야 지역이다. 성경의 몇몇 단락에서 이 단어는 남쪽을 지칭하여 사용된다.

13,21. 아하즈와 히즈키야 임금 시대부터 메소포타미아의 외국 세력에게서 원조를 받으려 했으나(2열왕 20,12-19; 이사 7장; 39장 참조), 그 결과 우상 숭배에 양보할 수밖에 없었다. 이제 그 "친구"는 예루살렘의 신성함을 모독하는 억압자로 군림한다. 더 정확히는 하느님 자신이 예루살렘의 "치부"를 웃음거리가 되게 하고 이미 오래전부터 범해 온 불경한 창녀 짓을 드러내신다(26-27절 참조).

19 네겝 성읍마다 문이 닫혔는데
열어 줄 자 아무도 없다.
유다 전체가 유배되었구나.
모조리 유배되었구나.
20 너희 눈을 들어
북녘에서 오는 자들을 보아라.
너에게 맡긴 가축 떼가 어디에 있느냐?
그 영광스러운 양 떼가!
21 네 친구가 되도록 네가 직접 가르친 자들이
네 위에 군림한다면
너는 무슨 말을 할 수 있겠느냐?
아이 낳는 여인의 진통과 같은 고통이 너를 사로잡지 않겠
느냐?
22 사실 너는 마음속으로
'어찌하여 이런 일들이 내게 닥쳤는가?' 하고 묻는다.
네 치마가 걷어 올려지고
네 몸이 폭행을 당한 것은 너의 큰 죄 때문이다.
23 에티오피아 사람이 자기 피부색을,
표범이 자기 얼룩을 바꿀 수 있겠느냐?
그럴 수만 있다면 악에 익숙해진 너희도
선을 행할 수 있으리라.
24 내가 너희를
광야의 바람에 날려 다니는 검불처럼 흩으리라.
25 이것이 너의 제비요 내가 너에게 정해 준 몫이다.
주님의 말씀이다.
네가 나를 잊고
거짓을 의지한 탓이다.
26 나도 너의 치마를 얼굴 위로 벗겨 내어
네 치부가 드러나게 하리라.
27 간음과 음란한 괴성!
뻔뻔한 불륜!
나는 들판의 언덕 위에서
역겨운 네 짓거리들을 보았다.

13,19 20,4; 52,27-30. 13,21 4,31; 6,24; 22,23; 50,43; 이사 13,8; 애가 1,17. 13,22 5,19; 16,10; 신명 9,4-5; 호세 2,5. 13,23 4,22; 잠언 27,22; 마태 7,16-20. 13,24 시편 1,4; 35,5; 83,14; 이사 17,13; 마태 3,12; 루카 3,17. 13,25 2,32; 3,21; 28,15-17; 사도 5,1-10. 13,26-27 2,20; 호세 2,4-5.

13,25-27. 주님께서는 이스라엘을 무자비하게 치시고 간음한 여인들과 같은 수치를 당하게 하실 것이다. 여기서도 우상 숭배는 이스라엘과 주님 사이의 사랑의 관계에 대한 배신으로 간주된다. "언제까지…?"라는 중단된 부르짖음으로 이루어진 결말은 애절하다.

불행하여라, 예루살렘!
깨끗하지 못한 너, 언제까지 그렇게 지내려느냐?

가뭄

14 1 주님께서 가뭄에 대하여 예레미야에게 말씀하셨다.

탄원

2 유다가 슬피 울고
그 성읍들이 쇠약해져 간다.
그들이 땅에 쓰러져 통곡하고
예루살렘이 울부짖는 소리가 높이 오른다.
3 귀족들이 종들을 물 길으러 보내어
종들이 우물에 나와도
물을 찾지 못하고
빈 물동이를 든 채 돌아간다.
그들은 수치스럽고 부끄러워 머리를 가린다.
4 땅에 비가 오지 않아
밭이 갈라지니
농부들이 부끄러워
머리를 가린다.
5 들판의 암사슴도 새끼를 낳고는
풀이 없어서 그것을 버린다.
6 들나귀도 벌거벗은 언덕 위에 서서
승냥이처럼 숨을 헐떡이는데
눈동자에 힘이 하나도 없다.
풀이 없는 탓이다.

7 주님, 저희 죄악이 저희를 거슬러 증언할지라도
당신 이름을 위하여 선처하여 주소서.
정녕 저희가 당신을 수없이 배반하고
당신께 죄를 지었습니다.
8 이스라엘의 희망이시여

14,2. "성읍들"로 번역한 히브리어 단어는 "성문들"이다. 도시 성문은 만남의 장소였고 시장이 있었으며 교류가 이루어지는 곳이었다. 성문에 사람들이 없어졌다는 것은 성읍들이 활기를 잃었음을 뜻한다.

---

14 5,20-25; 8,18-23; 레위 26,18-20. 14,1 17,8; 레위 26,19; 신명 28,22-24; 1열왕 8,35-36; 17,1; 묵시 11,6. 14,2 이사 3,26; 애가 1,4. 14,3 루카 5,5; 요한 21,3.5. 14,4 3,3; 요엘 1,11.19-20. 14,7 5,6; 8,5; 이사 59,12. 14,8 8,15; 17,13; 이사 63,8-10.

14,1-9. 아마도 여호야킴 통치 때 있었던, 나라를 덮친 가뭄에 대한 묘사이다(1-6절). 7-9절에서는 예언자가 백성의 이름으로 죄를 고백하고 주님께 호소하는 것이거나 백성이 참회 전례를 거행하는 것이다.

당신은 재난의 때에 구원하시는 분이십니다.
어찌하여 당신께서는 이 땅에서 이방인처럼,
하룻밤 묵고자 들어선 나그네처럼 되셨습니까?
9 어찌하여 당신께서는 놀란 사람처럼,
저희를 구원할 힘이 없는 용사처럼 되셨습니까?
주님, 당신께서는 저희 한가운데에 계십니다.
저희가 당신의 이름으로 불리니
저희를 버리지 마소서!

결정적 심판

10 주님께서 이 백성을 두고 이렇게 말씀하셨다. "그들은
떠돌아다니기를 좋아하고 발을 삼가지 못한다." 주님께서
는 그들을 마음에 들어 하지 않으신다. 이제 그분께서 그
들의 죄악을 기억하시고 그들의 죄를 벌하실 것이다.
11 그런 다음 주님께서 나에게 명령하셨다. "이 백성을 위
하여 행복을 빌지 마라. 12 그들이 단식하여도 내가 그들
의 호소를 듣지 않고, 번제물과 곡식 제물을 바쳐도 받지
않겠다. 오히려 칼과 굶주림과 흑사병으로 나는 그들을
전멸시키겠다."
13 그때 내가 아뢰었다. "아, 주 하느님! 예언자들이 저들에
게 말하기를, '너희는 칼을 보지 않고 굶주림이 너희에게
닥칠 리도 없을 것이다. 나는 이곳에서 너희에게 참평화를
주겠다.' 하였습니다."
14 주님께서 나에게 말씀하셨다. "그 예언자들이 내 이름
으로 거짓말을 한 것이다. 나는 그들을 보내지도 않았고
그들에게 명령하거나 말한 적도 없다. 그들이 너희에게 예
언하고 있는 것은, 거짓 환시와 엉터리 점괘와 제 마음에
서 나오는 거짓말일 따름이다." 15 그러므로 주님께서 그
예언자들에 관하여 이렇게 말씀하신다. "이는 내가 보내
지도 않았는데 '칼과 굶주림이 이 땅에 닥치지 않을 것이
다.' 하면서 내 이름으로 예언하는 예언자들을 두고 하는

14,13. 많은 이들은 이 구절에서 예언자가 전구 금지 명령을 거부하고 있으며(11절) 이것이 그와 백성 사이의 연대성의 표현이라고 본다. 반면 다른 이들은 이것이 참된 전구라고 여기지 않는다. 오히려 이것은 주님께서 선포하신 징벌의 위협이 거짓 예언자들의 말로 인하여 경고와 구원이라는 목적을 이루지 못하고, 그래서 실제로 실현될 위험에 처하게 된 것에 대한 (동정심으로 인한) 탄원이라는 것이다. 또한 14,20의 주 참조.

14,9 7,30; 15,16; 민수 6,22-27; 신명 10,8; 28,10; 33,1; 집회 36,16; 이사 50,2; 야고 2,7. 14,10 // 호세 8,13; 2,7; 예레 2,25; 18,12. 14,11 7,16; 11,14; 15,1; 창세 18,16-33; 탈출 32,10-14; 에제 22,30; 아모 7,1-9. 14,12 11,11; 21,9; 이사 1,15; 묵시 6,8. 14,13 4,10; 5,12; 23,17; 창세 3,13; 2열왕 18,29; 이사 36,14. 14,14 5,31; 27,10.15; 29,9; 에제 12,24; 마태 7,22. 14,15 5,12-13; 에제 14,10.

14,10-16. 여기서 가능성은 두 가지다. 주님께서 죄지은 백성을 위한 예언자의 간청에 부정적으로 응답하시고 다시 전구를 금지하심으로써 예레미야를 거짓을 선포하는 예언자들과 구별하시는 것이라고 보기도 하고, 7-9절이 형식적으로만 올바른 집단적 탄원의 표현이라면 주님께서 금지 명령을 통하여 예식적 방편에만 의지하는(12절 참조) 거짓된 참회를 인정하지 않으시는 것이라고 보기도 한다(10절 참조). 또한 7,16의 주 참조.

말이다. 그 예언자들은 칼과 굶주림으로 전멸할 것이다. 16 그
들의 예언을 듣는 백성도 굶어 죽고 칼에 맞아 예루살렘
거리에 내던져질 것이고, 그들과 그들의 아내와 아들딸들
을 묻어 줄 자가 아무도 없을 것이다. 이렇게 내가 악의 대
가를 그들에게 쏟아붓겠다."

또 다른 탄원

17 그들에게 이 말을 하여라.
내 눈에서 눈물이 흘러
밤낮으로 그치지 않는다.
처녀 딸 내 백성이 몹시 얻어맞아
너무도 참혹한 상처를 입었기 때문이다.
18 들에 나가면
칼에 맞아 죽은 자들뿐이요
성읍에 들어가면
굶주림으로 병든 자들뿐이다.
정녕 예언자도 사제도 어찌할 바를 모르고
나라 안을 헤매고 다닌다.

19 당신께서 완전히 유다를 버리셨습니까?
아니면 당신께서 시온을 지겨워하십니까?
어찌하여 당신께서는 회복할 수 없도록 저희를 치셨습니까?
평화를 바랐으나 좋은 일 하나 없고
회복할 때를 바랐으나 두려운 일뿐입니다.
20 주님, 저희의 사악함과 조상들의 죄악을 인정합니다.
참으로 저희가 당신께 죄를 지었습니다.
21 당신의 이름을 위해서 저희를 내쫓지 마시고
당신의 영광스러운 옥좌를 멸시하지 마소서.
저희와 맺으신 당신의 계약을 기억하시고
그 계약을 깨뜨리지 마소서.
22 이민족들의 헛것들 가운데 어떤 것이 비를 내려 줄 수

14,16 7,33; 8,1-2; 16,4. 14,17 9,1; 10,19; 애가 1,15-16. 14,18 6,25; 에제 7,15. 14,19 // 8,15; 또한 13,16 참조; 아모 5,18; 미카 1,12; 1테살 5,3. 14,20 3,25; 8,14. 14,21 3,17; 17,12. 14,22 10,3; 이사 41,4.29; 애가 3,26.

14,17-15,4. 예레미야의 간절한 탄원은 분명 17-18절을 포함하지만, 19절부터 22절까지는 아마도 백성의 대표자들, 예언자들과 사제들이 말하고 있다(18절). 그들은 재앙 앞에서 예식서에 따른 참회 기도를 연출하지만, 주님께서는 무자비하게 응답하시며 징벌의 계획을 이유도 없이 다시 선포하신다. 모세와 사무엘 같은 인물의 전구의 힘으로도 그 계획을 막지 못할 것이다. 문제는 거짓이 계속되며 겉모습과 달리(16,16-17 참조) 이 백성에게서 정의와 진리의 원칙을 찾아볼 수 없다는 데 있다(3,22-4,4; 5,1-2; 15,6-7 참조).

14,18. "어찌할 바를 모르고" 또는 "지식이 없이"

14,20. 이 말들에서도 예언자와 백성의 연대를 강조하는 이들이 있다(그 연대성은 많은 본문에 나타난다). 그러나 이렇게 죄를 인정하는 것은 내용상으로는 모호하더라도 적어도 형식상으로는 모범적인 백성의 다른 참회 행위들에 연관된다. 3,22-4,4과, 돌아감('숩')이 참된 것이 되려면 실제로 주님께로 돌아가야 한다고(그리고 "진실과 올바름과 정의로 그분 이름으로 맹세해야 한다고 - 5,2 참조) 말하는 예언자의 대답을 보라.

있습니까?
하늘이 스스로 소나기를 내릴 수 있습니까?
그런 분은 주 저희 하느님이신 바로 당신이 아니십니까?
그러기에 저희는 당신께 희망을 둡니다.
당신께서 이 모든 것을 만드셨기 때문입니다.

피할 수 없는 징벌

15 1 주님께서 나에게 말씀하셨다. "모세와 사무엘
이 내 앞에 서서 간청하더라도, 내 마음을 이
백성에게 돌리지 않겠다. 그들을 내 앞에서 쫓아내어 떠
나가게 하여라. 2 그들이 너에게 '우리가 어디로 가야 합니
까?' 하고 묻거든 너는 그들에게 이렇게 대답하여라. '주님
께서 이렇게 말씀하신다.
'흑사병에 걸릴 자는 흑사병에 걸리고,
칼에 맞을 자는 칼에 맞고,
굶주릴 자는 굶주리고,
사로잡혀 갈 자는 사로잡혀 가리라.''
3 내가 그들에게 네 가지 심판을 보내겠다. 주님의 말씀이
다. 곧 죽이는 칼과 이리저리 끌고 다니는 개들, 먹어 치우
는 공중의 새들과 땅의 짐승들이다. 4 나는 그들을 세상의
모든 왕국에 공포의 대상이 되게 하겠다. 이는 유다 임금
히즈키야의 아들 므나쎄가 예루살렘에서 저지른 짓 때문
이다."

배척하였기 때문에 배척받다

5 예루살렘아, 누가 너를 불쌍히 여기고
누가 너를 위해 슬퍼해 주랴?
누가 너에게 돌아와
네 안부를 물으랴?
6 너는 나를 버렸고
— 주님의 말씀이다. —
나에게 등을 돌려 가 버렸다.
그래서 내가 손을 뻗어 너를 멸망시켰다.

15,1. "내 마음을 이 백성에게 돌리지 않겠다." 히브리어 본문은 "나의 '네페쉬'는 이 백성을 향하지 않을 것이다."이다. 대명사로 사용된 '네페쉬'에 관하여 1사무 23,20의 주 참조. 일반적인 의미로는 1열왕 17,21.22의 주 참조.

15,2. "흑사병"으로 번역한 히브리어 단어는 "죽음"이다. 많은 주해자들은 여기서(18,21; 43,11에서도) 이 단어가 치명적인 유행병을 나타낸다고 본다(묵시 6,8에서 "죽음"을 뜻하는 그리스어 '타나토스'도 "흑사병"으로 번역한다).

15,6. "불쌍히 여기기에도" 같은 단어를 4,28과 18,8.10에서와 같이 "뉘우치다, 마음을 바꾸다"로 이해할 수도 있다.

15,1 7,16; 11,14; 14,11; 창세 18,16-33; 탈출 32,10-14; 시편 99,6; 에제 22,30; 아모 7,1-9. 15,2 // 43,11; 또한 묵시 13,10 참조; 에제 5,2.12. 15,3 레위 26,16; 신명 28,26. 15,4 24,9; 29,18; 신명 28,25; 2열왕 21,11-15; 23,26. 15,5 이사 51,19. 15,6 6,19; 7,24; 31,34; 50,20; 아모 7,8; 8,2; 2코린 13,2; 히브 10,26-31.

15,5-9. 아무도 불쌍히 여기지 않는 예루살렘의 비극적 운명에 대한 신탁. 징벌이 내리는 것은 하느님께서 무자비하시기 때문이 아니라 예루살렘이 도덕적으로 변화하지 않기 때문이며, 불행히도 책임이 가벼운 이들까지도 그 징벌을 함께 겪게 된다.

나는 불쌍히 여기기에도 지쳤던 것이다.
7 내가 이 땅의 성문들 앞에서
키로 그들을 흩어지게 하였다.
내가 내 백성에게서 자식들을 빼앗고 그들을 멸망시켰으나
그들은 제 길에서 돌아서지 않았다.
8 나는 그들 가운데 과부의 수를
바닷가의 모래보다 더 많게 하였다.
젊은이들의 어머니들을 치도록
한낮에 파괴자를 불러들였다.
그리하여 불안과 공포가
갑자기 그들을 덮치게 하였다.
9 일곱 아이를 낳은 여자는
기력이 다하여 숨을 헐떡거렸다.
그 여자의 해는 아직 낮인데도 기울었다.
그 여자는 수치스러워 낯을 붉혔다.
나는 남은 자들도 그들의 원수 앞에서 칼에 내맡기리라.
주님의 말씀이다.

예레미야의 두 번째 고백

10 아, 불행한 이 몸! 어머니, 어쩌자고 날 낳으셨나요?
온 세상을 상대로 시비와 말다툼을 벌이고 있는 이 사람을.
빚을 놓은 적도 없고 빚을 얻은 적도 없는데
모두 나를 저주합니다.

11 주님께서 말씀하셨습니다.
"내가 반드시 너를 풀어 주어 복되게 하리라.
재앙과 재난의 때에
네 원수가 너에게 간청하게 하리라.
12 누가 쇠를, 곧 북녘에서 오는 쇠와
청동을 꺾을 수 있겠느냐?

15,7. "이 땅의 성문들" 또는 "이 나라의 성문들" 이 표현은 해석하기가 쉽지 않다. 어떤 이들은 이스라엘 도시들을 지칭한다고 생각하고, 다른 이들은 먼 나라에 유배 가는 것을 뜻한다고 보며, 또 어떤 이들은 죽은 이들의 "나라"인 '스올'을 말하는 것이라고 본다.

15,8. "과부의 수를 바닷가의 모래보다 더 많게 하였다." 주님께서 창세 22,17과 32,13에서 아브라함과 야곱에게 하신 약속들을 비극적으로 뒤집어 놓는 것으로 보인다. 예레 5,6에서는 그렇게 뒤집히게 되는 이유를 명시한다.

15,10. "시비와 말다툼을 벌이고 있는 사람" 자구적으로는 "시비와 말다툼의 사람"이다. 예레미야는 그의 메시지를 통하여 시비를 불러일으키고, 백성을 고발하여 말다툼을 시작하는 사람이 된다(이는 백성이 자기 잘못을 인정하고 하느님과 화해하도록 하기 위함이다).

15,7 18,21; 51,2; 야고 1,1. 15,9 21,7; 1사무 2,5; 이사 47,9; 마태 27,45. 15,10 1,4-10.17-19; 20,14; 욥 3,1; 루카 2,34. 15,11 18,20; 29,7; 39,11-12; 이사 41,10.

15,10-21. 예레미야의 두 번째 "고백"으로, 여기서 예언자는 주님과 대화하며 자신의 내적 위기를 표현한다. 처음에 그는 자신의 무죄함을 주장한다. 그는 고통을 받을 이유가 없다는 것이다. 그러나 하느님께서는, 응보의 원리가 백성의 유배를 설명해 주기는 하지만 불행을 그 원리로 바라보는 것은 부적절하다고 선언하신다(10-14절). 그 후에 예언자는 그가 부르심을 받던 행복한 때를 회상하며 주님께 탄원하지만, 하느님께 대한 충실성으로 인하여 그가 겪게 된 고통과 고독을 확인하며 그분을 믿을 수 없는 하느님으로 고발하기에 이른다(15-18절). 마지막에 주님께서는 예레미야에게 회개하라고 권고하신다. 그럼으로써만 식별의 직무를 수행하고(19절; 6,27-30 참조) 부르심의 순간에 그에게 약속되었던 하느님의 강한 보호를 체험할 수 있을 것이다(19-21절).

13 나는 너의 재산과 보화를
노획물로 내어 주리라.
그것은 네 거주지 곳곳에서
네가 저지른 온갖 죄악의 대가다.
14 나는 네가 알지 못하는 땅에서
원수들을 섬기게 하리라.
참으로 내 분노의 불꽃이 댕겨져
너희를 거슬러 타리라."

15 주님, 당신께서는 저를 아십니다.
저를 기억하시고 찾아 주소서.
저를 뒤쫓는 자들에게 복수하여 주소서.
당신 분노를 늦추시다가 저를 잃지 마시고
당신 때문에 제가 수모를 당하는 줄 알아주소서.
16 당신 말씀을 발견하고 그것을 받아먹었더니
그 말씀이 제게 기쁨이 되고
제 마음에 즐거움이 되었습니다.
주 만군의 하느님
제가 당신의 것이라 불리기 때문입니다.
17 저는 웃고 떠드는 자들과
자리를 같이하거나 즐기지 않습니다.
오히려 저를 가득 채운 당신의 분노 때문에
당신 손에 눌려 홀로 앉아 있습니다.
18 어찌하여 제 고통은 끝이 없고
제 상처는 치유를 마다하고 깊어만 갑니까?
당신께서는 저에게 가짜 시냇물처럼,
믿을 수 없는 물처럼 되었습니다.

19 그러자 주님께서 이렇게 말씀하셨다.
"네가 돌아오려고만 하면 나도 너를 돌아오게 하여
내 앞에 설 수 있게 하리라.
네가 쓸모없는 말을 삼가고 값진 말을 하면
너는 나의 대변인이 되리라.
그들이 너에게 돌아올망정
네가 그들에게 돌아가서는 안 된다.

15,14. "너희를 거슬러" 히브리어 본문에 따른 번역이지만, (단수형 대명사들을 사용하는) 이 절의 첫 부분("네가")과 일관되지 않아 "너를 거슬러"로 수정하기도 한다. 그러나 2인칭 단수에서 2인칭 복수로(또는 그 반대로) 바뀌는 것은 성경에서 백성을 향해 말할 때 드물지 않게 나타나는 현상이다(신명기 참조).

15,16. "당신의 말씀을 발견하고" 자구적으로는 "당신의 말씀들이 발견되고"이다. 일부 주해자들은 이 "말씀"을 성전에서 발견된 "계약의 책"과 연결한다. 사용한 히브리어 동사('마차')가 동일하기 때문이다(2열왕 22,13; 23,2 참조). "받아먹었더니" 예레 1,9 참조. "제가 당신의 것이라 불리기 때문입니다." 자구적으로는 "당신의 이름이 제 위에 불리기 때문입니다."이다. 이 표현은 일차적으로 제의적 영역에 연관된다(그리고 어떤 식으로든 하느님의 소유인 관계를 지칭한다. 예레 7,10 참조; 그러나 한편으로 이사 4,1에서 아내는 남편의 이름으로 불린다). 반면 "기쁨과 즐거움"이라는 단어들은(예레 7,34; 16,9 참조) 은유적으로 혼인 예식을 암시하는 것으로 보인다. 부르심에 응답하는 처음의 기쁨이(그러나 예레 20,7 참조) 16,2에서 결혼 금지로 대체된 것과 같은 상황이다.

15,19-21. 하느님께서는 무죄한 이의 고통이라는 문제에 이론적 설명을 주지 않으시고, 예언자에게 회개를 요구하신다. 어려움들에 마비되어 있을 것이 아니라 용감하게 하느님 편에서 증언하고 투쟁하는 길을 걸어가라는 것이다.

15,19. "네가 돌아오려고만 하면 나도 너를 돌아오게 하여" 히브리어의 언어유희를 옮겨 놓은 것이다.

15,13-14 // 17,3-4. 15,15 12,3; 20,11; 시편 69,79. 15,16 14,9; 시편 119,72; 에제 3,1-3. 15,17 16,8; 에제 3,24-25. 15,18 17,9; 30,12; 이사 17,11; 욥 34,6; 마태 26,14-16.50. 15,19 1,9; 4,1; 에제 22,26; 로마 12,2; 필리 1,9-10.

[20] 그러므로 이 백성에게 맞서
내가 너를 요새의 청동 벽으로 만들어 주리라.
그들이 너를 대적하여 싸움을 걸겠지만
너를 이겨 내지 못하리라.
내가 너와 함께 있어
너를 구원하고 건져 낼 것이기 때문이다.
주님의 말씀이다.
[21] 내가 너를 악한 자들의 손에서 건져 내고
무도한 자들의 손아귀에서 구출해 내리라."

고독한 예레미야

16 [1] 주님의 말씀이 나에게 내렸다. [2] "너는 이곳에
서 아내를 얻지 말고 아들딸도 낳지 마라. [3] 이
곳에서 태어난 아들딸과, 그들을 낳은 어머니들과 이 땅
에서 그들을 낳아 준 아버지들을 두고 주님이 말한다. [4] 그
들은 죽을병에 걸려 죽겠지만, 아무도 그들을 위해 곡을
해 주지도 묻어 주지도 못할 것이다. 그들은 땅 위의 거름
이 될 것이다. 그들은 칼과 굶주림으로 죽어 가리니, 그들
의 시체는 하늘의 새들과 땅의 짐승들 밥이 될 것이다."
[5] 주님께서 이렇게 말씀하신다. "너는 초상집에 들어가지
말고, 곡하러 가지도 말고, 그들에게 조의를 표하지도 마
라. 내가 이 백성에게서 나의 평화를 거두고, — 주님의 말
씀이다. — 자애와 자비를 거두어 버렸다. [6] 이 땅에서 높
은 자 낮은 자 할 것 없이 다 죽을 것이다. 그러나 그들은
묻히지도 못하고, 그들을 위해 곡을 해 주는 자도 없을 것
이다. 아무도 그들을 위해 제 몸에 상처를 내거나 머리를
밀지 않을 것이다. [7] 아무도 죽은 이를 애도하는 상주를
위로하려고 그와 음식을 나누지 않고, 그의 아버지나 어
머니를 생각해서 그에게 위로의 술잔을 건네지도 않을 것
이다. [8] 너는 사람들과 앉아 먹고 마시려고 잔칫집에 들어

16,2. 예언자들의 행동이 대개 위기의 순간을 위한 언어라면 독신과 같은 영구적이고 근본적인 성격의 상징적 행위는(5.8절에서 언급한 다른 행위들과 함께) 이 역사적 순간의 절대적 절박함과 이 백성이 생명의 주님과 본래의 관계에서 얼마나 멀어져 있는가를 보여 준다.

16,5. 동정하지 않는 이러한 상징적 행위는 실상 지극한 동정심에서 나온다(8,18.21.23; 9,9.16-17 참조).

16,6. 몸에 상처를 내거나 머리를 미는 것은 비통함과 애도의 표현이다(레위 19,27-28; 신명 14,1 참조).

15,20 1,18-19; 20,11; 이사 41,10. 15,21 20,13; 31,11; 루카 21,18-19. 16,2 창세 1,26-28; 2,18; 이사 8,18; 56,4-5; 에제 24,16-27; 호세 1,2; 마태 19,12; 1코린 7,24-40; 9,5; 1티모 3,2. 16,3 6,11.21; 15,8. 16,4 8,2; 9,22; 15,3; 34,20. 16,5 13,14; 15,5-6; 33,26; 1사무 16,1; 에제 24,16; 루카 19,41-44. 16,6 41,5; 47,5; 에제 9,6. 16,7 에제 24,17; 호세 9,4. 16,8 15,17.

16,1-13. 예레미야의 독신(그 결과로 후손이 없음)과 사회생활의 결정적 순간들(결혼과 장례)에 가지 않는 것은 백성이 곧 겪을 재앙에 대한 예언적 증언이다. 예레미야가 체험하는 것은 상징적으로 예루살렘이 당할 학살을, 사회생활과 그 시대에는 많은 후손과 결부되어 있던 인간적 희망의 끝을 예고한다. 예언자들의 상징적 행위는 보통 그들의 몸과 관련되지만, 반드시 그들의 삶 전체와 연관되는 것은 아니다. 예레미야의 경우는 이와 다르다. 그는 하느님의 말씀에서 평생 지속될 역설적인 예언적 독신을 살도록 부름 받고, 자신의 삶이 참되고 고유한 예언적 "표징"이 되게 한다.

가지 마라. 9 — 만군의 주 이스라엘의 하느님께서 이렇게
말씀하신다. — 이제 내가 너희 당대에 너희가 보는 앞에
서 기쁜 목소리와 즐거운 목소리, 그리고 신랑 신부의 목
소리를 이곳에서 그치게 하겠다.
10 네가 이 말을 모두 이 백성에게 전하면, 그들은 너에게
'어찌하여 주님께서는 이렇듯 큰 재앙을 모두 우리에게 선
고하셨는가? 주 우리 하느님께 우리가 저지른 죄악이 무엇
이며, 우리가 지은 죄가 어떤 것이냐?' 하고 물을 것이다.
11 그러면 너는 그들에게 이렇게 대답하여라. '너희 조상들
이 나를 저버렸기 때문이다. 주님의 말씀이다. 그들은 다
른 신들을 따라가 그들을 섬기고 그들에게 예배하였으며,
나를 저버리고 내 법을 지키지 않았다. 12 그런데 너희는
너희 조상들보다 더 악하게 행동하였다. 너희는 저마다 제
악한 마음을 고집스럽게 따르면서 나에게 순종하지 않았
다. 13 그러므로 이제 내가 너희를 이 땅에서 너희도 너희
조상들도 모르던 땅으로 내던지겠다. 너희는 그곳에서 밤
낮으로 다른 신들을 섬겨야 하고, 나도 너희에게 은혜를
베풀지 않을 것이다.'"

16,10. 예언자 사명의 핵심 목적들 가운데 하나를 제시하는 당혹스러운 질문이다. 죄는 선으로 보이는 겉모습 안에 감추어진다(17절 참조). 죄를 지은 양심은 (스스로) 기만되어 어느 정도 무의식적으로 죄를 감추려 들기 때문이다(2,35; 17,9-10 참조).

귀환

14 그러나 이제 그날이 온다. 주님의 말씀이다. 그때에는
사람들이 더 이상 "이스라엘 자손들을 이집트 땅에서 데
리고 올라오신, 살아 계신 주님을 두고 맹세한다." 하지 않
고, 15 그 대신 "이스라엘 자손들을 북쪽 땅에서, 그리고
당신께서 쫓아 보내셨던 모든 나라에서 데리고 올라오신,
살아 계신 주님을 두고 맹세한다." 할 것이다. 정녕 내가
그들의 조상들에게 준 땅으로 그들을 돌아오게 하겠다.

16,14-15. 바빌론 유배에서의 귀환이 새로운 이집트 탈출과 같이 약속된다. 1-13절의 두려운 말씀들에 뒤이은 이 본문은(그리고 그다음에는 다시 징벌의 위협들이 따른다. 16-21절 참조) 하느님 행위의 궁극적 목적이 파멸이 아니라 당신 백성의 생명임을 강조한다.

죄인들을 모두 잡아들이다

16 이제 내가 많은 어부들을 보내어 그들을 잡아 올리겠
다. 주님의 말씀이다. 그런 다음 많은 사냥꾼들을 보내어
모든 산과 모든 언덕과 바위틈을 뒤져 그들을 잡아내겠

16,9 7,34; 25,10; 묵시 18,23. 16,10 5,19; 11,17; 신명 28,48; 29,23-24; 1열왕 9,8-9. 16,11 22,9; 신명 29,24; 1베드 4,3. 16,12 7,26; 19,15; 시편 78,57; 애가 5,7; 히브 3,12. 16,13 신명 4,26-28; 28,36. 16,14-15 // 23,7-8. 16,14 탈출 20,2; 이사 43,18. 16,15 시편 106,47; 이사 11,11-16. 16,16 아모 4,2; 하바 1,14-15; 마태 4,19; 마르 1,17.

16,16-21. 우상 숭배의 죄를 지은 주님 백성이 겪게 될 침입을 물고기를 잡는 것 또는 사냥으로 제시한다(16-18절). 징벌은 우상들을 꺾으시는 주님의 힘 있는 구원으로 극복된다. 주님께서 이루시는 구원에는 국경이 없으며, 이교 민족들 가운데서도 충실히 주님을 섬기는 이들을 찾아내신다.

다. 17 내 눈이 그들의 모든 길을 살피고 있으니, 그들은 내
앞에서 숨지 못하고 자기들의 죄악을 내 눈앞에서 감추지
도 못한다. 18 나는 우선 그들의 죄악과 잘못을 갑절로 갚
겠다. 그들이 송장이나 다름없는 자신들의 혐오스러운 것
들로 내 땅을 더럽히고, 자신들의 역겨운 것들로 내 소유
지를 채웠기 때문이다.

16,17. 하느님과의 진정한 관계라는 주제가 다시 나타난다. 악의 가장 비극적이고 왜곡된 측면은, 그것이 정의와 거룩함으로 가장한다는 것이다(5,2; 7,4.8-11; 14,10 참조).

주님에 대한 깨달음

19 재난의 날에 제 힘이시요
요새이며 피난처이신 주님
민족들이 땅끝에서 모여 와 당신께 말씀드릴 것입니다.
"저희 조상들은 정녕
쓸모없는 헛것만 물려주었습니다."
20 사람이 스스로 신들을 만들어 낼 수 있습니까?
그런 것들은 신이 아닙니다.

21 그러므로 이제 내가 그들에게 알려 주리라.
이번에는 내 능력과 권세를
그들이 알게 해 주리라.
그리하면 그들은 내 이름이 야훼임을 깨닫게 되리라.

16,21. 히브리어로는 동사 '야다'가 세 차례 반복되어("알다, 깨닫다") 첫 부분의 문장이 부자연스럽다.

주님의 분노로 죄인들이 재산을 빼앗기다

17 1 유다의 죄악이
철필로 기록되었다.
금강석 촉으로 그들의 마음 판에,
그들의 제단 뿔에 새겨졌다.
2 그들의 자녀들이 높은 언덕 푸른 나무 곁에 세워진 제단
과 아세라 목상들을 기억하는 가운데, 그 죄악이 새겨졌다.
3 산과 들녘에서
나는 너의 재산과 온갖 보화를
노획물로 내어 주리라.
너의 나라 곳곳에서 저지른 죄 때문에
너의 산당도 내어 주리라.
4 너는 내가 너에게 준 상속 재산에서
손을 떼게 되리라.

17,1. "그들의 제단 뿔"은 자구적 번역이다(탈출 27,1-8의 주 참조). 죄가 마음 판에 새기는 것과 같다면 구원은 마음에 다른 어떤 것, 곧 주님의 법을 새기는 것과 같을 것이다(31,33 참조).

16,17 13,4; 시편 90,8; 1코린 4,5; 묵시 2,23. 16,18 에제 11,18-21; 묵시 18,6. 16,19 시편 14,6; 이사 45,14; 하바 2,18-20; 묵시 15,4. 16,20 이사 37,19; 40,20; 갈라 4,8. 17,1 2,22; 31,33; 잠언 3,3; 7,3; 2코린 3,3. 17,2 신명 12,2. 17,3 // 15,13. 17,4 // 15,14; 또한 12,7 참조.

17,1-4. 유배의 원인이 된 우상 숭배 죄의 심각성을 고발한다.

17,5-8. 백성과 그 제도들에 일반적으로 해당되는 것은(외국과의 계약을 믿고 그 결과로 혼합주의와 우상 숭배에 떨어지는 것에 대한 단죄) 개인에게도 해당된다. 그 결과는 고통스러운 좌절과 선을 이루지 못하는 열매 없는 삶이 될 것이다(이사 31,1-3 참조). 이것은 아마도 15,19에서 올바로 식별하고(그들의 기대에 부응함으로써 거부와 박해를 피하거나 그들에게 의탁하기 위해서) 사람들에게 돌아가지 말라는 권고를 받았던 예레미야 자신을 향한 말이다.

나는 네가 자신도 모르는 땅에서
원수들을 섬기게 하리라.
내 분노로 불이 댕겨져
그 불이 영원히 타오를 것이기 때문이다.

속이는 자와 속이지 않는 자

5 주님께서 이렇게 말씀하신다.
"사람에게 의지하는 자와
스러질 몸을 제힘인 양 여기는 자는 저주를 받으리라.
그의 마음이 주님에게서 떠나 있다.
6 그는 사막의 덤불과 같아
좋은 일이 찾아드는 것도 보지 못하리라.
그는 광야의 메마른 곳에서,
인적 없는 소금 땅에서 살리라."
7 그러나 주님을 신뢰하고
그의 신뢰를 주님께 두는 이는 복되다.
8 그는 물가에 심긴 나무와 같아
제 뿌리를 시냇가에 뻗어
무더위가 닥쳐와도 두려움 없이
그 잎이 푸르고
가문 해에도 걱정 없이
줄곧 열매를 맺는다.
9 사람의 마음은 만물보다 더 교활하여
치유될 가망이 없으니
누가 그 마음을 알리오?

10 내가 바로 마음을 살피고
속을 떠보는 주님이다.
나는 사람마다 제 길에 따라,
제 행실의 결과에 따라 갚는다.

17,5 2역대 32,8; 시편 146,3; 이사 30,1-3. 17,6 48,6; 신명 29,23; 시편 36,3. 17,7 시편 40,5; 34,8; 84,12; 루카 2,25. 17,8 14,1-6; 시편 1,3; 에제 47,12; 루카 8,6. 17,9 15,18; 30,12; 욥 34,6; 이사 17,11; 마르 7,21-23; 로마 7,11; 에페 4,22. 17,10 11,20; 20,12; 32,19; 1사무 16,7; 시편 62,13; 마태 16,27; 로마 8,27; 묵시 2,23; 22,12.

17,5-13. 참된 신뢰와 거짓된 신뢰에 관한 지혜문학적 형식의 신탁이다. 첫 신탁은(5-8절) 시편 1편과 연관된다. 둘째 신탁은 문제가 인간 마음의 질병, 다시 말해 죄로 기울어진 인간의 자유에 있음을 지적한다(9-10절). 셋째 신탁은 재산을 믿는 것이 어리석다고 선언하며(11절), 넷째 신탁에서는 성전에 의지하는 헛된 신뢰를 고발한다(12절). 13절은 주님께서 유일한 희망이심을 선포한다.

17,5-8. 저주와 축복 사이의 대조를 부각시키며, 다해 연중 제6주일에 이 본문을 예수님께서 사용하신 "행복 선언/불행 선언"(루카 6,17.20-26)과 병행하여 읽는다.

11 올바르지 못한 방법으로 재산을 모은 자는
제가 낳지도 않은 알을 품는 자고새와 같다.
한창때에 그는 재산을 잃고
끝내는 어리석은 자로 드러나리라.

예레미야의 세 번째 고백

12 저희 성소가 있는 곳은
처음부터 드높은 영광의 옥좌였습니다.
13 이스라엘의 희망이신 주님
당신을 저버린 자는 누구나 수치를 당하고
당신에게서 돌아선 자는 땅에 새겨지리이다.
그들이 생수의 원천이신 주님을 버린 탓입니다.
14 주님, 저를 낫게 해 주소서. 그러면 제가 나으리이다.
저를 구원해 주소서. 그러면 제가 구원받으리이다.
당신은 제 찬양을 받으실 분이십니다.
15 저들이 저에게 말합니다.
"주님의 말씀이 어디에 있나? 내려와 보시라지!"
16 그러나 저는 당신께 재앙을 재촉하거나
파멸의 날을 기원하지도 않았습니다.
당신께서는 제 입술에서 무슨 말이 나왔는지 아십니다.
제가 당신 앞에서 아뢰었기 때문입니다.
17 당신께서는 저를 두렵게 하지 마소서.
재앙의 날에 당신은 저의 피난처이십니다.
18 저의 박해자들은 수치를 당하게 하시되 저는 수치를 면하게 해 주소서.
그들은 두려움에 떨게 하시되 저만은 두려움을 면하게 해 주소서.
재앙의 날이 그들에게 닥치게 하시고
그들을 부수시되 갑절로 부수어 주소서.

17,11. "알을 품고 부화를 보지 못하는 자고새와 같다."고 번역할 수도 있다. 그렇다면 문제는 다른 새의 알을 품는다는 데 있지 않고, 여러 곳에 알을 낳고 드러난 곳과 위험한 곳에도 알을 버려두는 특성 때문에 오직 알을 많이 낳음으로써만(그 가운데 몇 개만을 부화 때까지 품을 수 있다) 종을 보존할 수 있다는 데 있다. 이 구절은 아마도 여호야킴 임금이 불의하게 재산을 축적하고는 바빌론의 침입으로 모든 것을 버려야 했음을 암시한다. 이 경우 그 의미는 루카 12,20에 상응한다.

17,15. 예언자는 그의 위협이 실현되지 않고 지체되기 때문에 조롱을 받는다(더불어 주님의 인내도 조롱을 받는다). 희망을 연장하고 유예하는 것이 백성의 회개를 위한 것임을 이해하지 못한다. 18,1-12 참조.

17,16. 악인들의 징벌을 요청하는 이 갈등의 맥락에서도 예언자는 백성에 대한 그의 깊은 연대를 강조한다.

17,18. "갑절로 부수어 주소서." "완전히 부수어 주소서"를 뜻한다.

17,11 루카 12,20. 17,12 3,17. 17,13 2,13; 14,8; 시편 73,27; 이사 1,28; 요한 8,8. 17,14 9,22-23; 시편 6,3-4; 1코린 1,31. 17,15 이사 5,19; 아모 5,18; 2베드 3,4. 17,16 8,23; 17,18; 18,20; 탈출 32,32; 루카 19,41. 17,17 16,19; 시편 88,15. 17,18 시편 5,11; 35,4.8.26.

17,14-18. 세 번째 "고백"이다. 문제는 하느님의 말씀을 선포해서 발생한 백성과 예언자의 갈등이다. 서두에서 치유를 요청하는 것은 후에 박해에서 벗어나기를 청하는 기도로 밝혀진다.

17,20. 임금을 언급하는 것은 그가 가장 먼저 율법 준수를 감독해야 하기 때문이다(시편 101편 참조).

17,23. 고집스러움을 뜻하는 "목을 뻣뻣이 하다"는 7,26과 신명 10,16; 2열왕 17,14 등에서 사용한다.

17,25. 히브리어 본문에서 "대신들"이라는 단어가 있는 것은 필사자의 오류로 여기기도 한다.

안식일은 주님께 성별된 휴식

19 주님께서 나에게 이렇게 말씀하셨다. "일어나 유다 임
금들이 들어오는 '백성의 문'과 예루살렘의 모든 성문으
로 가 그곳에 서서, 20 그들에게 말하여라. '이 성문에 들
어오는 유다 임금들과 온 유다인들과 예루살렘의 모든 주
민아, 주님의 말씀을 들어라. 21 주님께서 이렇게 말씀하신
다. '너희 목숨을 잃지 않으려거든 조심하여라. 안식일에
는 짐을 지거나 예루살렘 성문으로 그 짐을 들여오지 마
라. 22 안식일에는 너희 집에서 짐을 내가지도 말고 아무
일도 하지 마라. 내가 너희 조상들에게 명령한 대로 안식
일을 거룩하게 지켜라. 23 그러나 너희 조상들은 내게 순
종하지 않았고 귀를 기울이지도 않았다. 오히려 그들은
목을 뻣뻣이 한 채 내 훈계를 듣지도 않고 받아들이지도
않았다. 24 그렇지만 너희가 나에게 순종하고, — 주님의
말씀이다. — 안식일에 이 도성의 성문으로 어떤 짐도 나
르지 않고, 안식일을 거룩하게 지내며, 이날에 아무 일도
하지 않는다면, 25 이 도성의 성문으로 다윗의 왕좌에 오
른 임금들과 그들의 대신들이 병거와 군마를 타고 들어오
게 될 것이다. 또한 유다 사람들과 예루살렘 주민들도 함
께 들어올 것이다. 그리하여 이 도성은 영원히 사람들의
거주지가 될 것이다. 26 유다의 성읍들과 예루살렘 인근
지역, 벤야민 땅과 평원 지대, 산악 지방과 네겝에서 사람
들이 번제물과 희생 제물과 곡식 제물과 향료를 가져오고
감사 예물도 주님의 집으로 가져올 것이다. 27 그러나 너희
가 안식일을 거룩하게 지내라는 내 말을 듣지 않고, 안식
일에 짐을 진 채 예루살렘 성문으로 들어오면, 내가 그 성
문에 불을 놓겠다. 그 불은 예루살렘 궁궐들을 집어삼키
고 결코 꺼지지 않을 것이다.'"

17,19-27 느헤 13,15-22. 17,20 19,3; 22,2; 호세 5,1. 17,21 민수 15,32-36; 느헤 13,15-22; 요한 5,10. 17,22 탈출 20,8; 23,12; 31,13; 에제 20,12. 17,23 7,24-26; 11,10; 19,15; 22,4-5; 신명 9,13. 17,24 7,5-6; 탈출 20,8-11; 신명 7,12; 11,13; 이사 1,19; 에제 20,20; 아모 5,14; 마태 19,21. 17,25 22,4; 이사 9,6; 에제 37,25; 요엘 4,20; 루카 1,32. 17,26 시편 107,22; 즈카 7,7. 17,27 11,16; 22,5; 이사 9,18; 아모 2,5.

17,19-27. 예레미야서에서 안식일의 휴식에 관해 말하는 유일한 단락이다. 성문 앞 공간은 상업 활동과 법률 행위 등을 위하여 모이는 장소이다. 안식일 준수는 예루살렘의 성문을 축복의 장소가 되게 할 것이다. 안식일을 준수하지 않을 경우 그 성문은 도성을 불태우는 침입자들의 통로가 될 것이다.

옹기그릇과 옹기장이

18
[1] 주님께서 예레미야에게 내리신 말씀. [2] "일어
나 옹기장이 집으로 내려가거라. 거기에서 너
에게 내 말을 들려주겠다." [3] 그래서 내가 옹기장이 집으로
내려갔더니, 옹기장이가 물레를 돌리며 일을 하고 있었다.
[4] 옹기장이는 진흙을 손으로 빚어 옹기그릇을 만드는데,
옹기그릇에 흠집이 생기면 자기 눈에 드는 다른 그릇이 나
올 때까지 계속해서 그 일을 되풀이하였다.
[5] 그때에 주님의 말씀이 나에게 내렸다. [6] "이스라엘 집안
아, 주님의 말씀이다. 내가 이 옹기장이처럼 너희에게 할
수 없을 것 같으냐? 이스라엘 집안아, 옹기장이 손에 있는
진흙처럼 너희도 내 손에 있다. [7] 나는 언제든지 어떤 민
족이나 나라든 뽑고 허물고 없애 버리겠다고 선언할 수 있
다. [8] 그러나 그 민족이 내가 이른 대로 죄악에서 돌아서
면, 나는 마음을 바꾸어 그들에게 내리려고 하였던 재앙
을 거두겠다. [9] 나는 언제든지 어떤 민족이나 나라든 세우
고 심겠다고 선언할 수 있다. [10] 그러나 그 민족이 내 말을
듣지 않고, 내 눈에 거슬리는 악한 짓을 저지르면 나도 마
음을 바꾸어 그들에게 베풀고자 했던 복을 거두겠다. [11] 그
러니 이제 유다 사람들과 예루살렘 주민들에게 일러 주어
라. '주님께서 이렇게 말씀하신다. '내가 너희에게 내릴 재
앙을 마련하고 있고 너희를 칠 계획을 준비하고 있다. 그
러니 제발 너희는 저마다 악한 길에서 돌아와 너희의 길
과 행실을 고쳐라.'' [12] 그러면 그들이 이렇게 대답할 것이
다. '소용없는 일이오. 우리는 우리 생각대로 살아가겠소.
우리는 모두 고집스럽고 악한 마음대로 행동하겠소.'"

비극적 탈선

[13] 그러므로 주님께서 이렇게 말씀하신다.

18,2 19,1-2; 23,22. 18,6 이사 29,16; 45,9; 마태 20,15; 로마 9,20-21. 18,7 1,10. 18,8 26,3; 에제 18,21-24; 요나 3,10. 18,9 1,10; 31,28. 18,10 7,24-28; 에제 33,18. 18,11 4,6; 2열왕 17,13; 사도 26,20. 18,12 2,25; 14,10; 호세 2,7; 히브 3,12. 18,13 2,10-12; 14,17; 23,14.

18,1-12. 행위로 표현된 비유이다. 실패에도 멈추지 않고 같은 재료를 사용하여 자신의 의도에 맞는 그릇이 될 때까지 다시 빚는 옹기장이는, 진흙으로 비유된 당신 백성에 대한 계획을 계속 추진하시는 하느님을 나타내는 표상이다(1-6절). 7-12절에서 그 의미는 이스라엘에서 모든 인류로 옮겨지며, 인간의 행위와 하느님의 징벌 또는 용서 사이의 상관관계가 나타난다. 주님께서는 부분적인 실패들을 넘어, 구원 계획에 따라 당신 백성을 빚어 만들기를 포기하지 않으신다.

18,13-17. 주님을 잊어버리는 백성의 어리석은 행동에 대한 신탁이다. 그 어리석음은 레바논의 만년설에서 내려오는 물줄기들을 말랐다고 주장하는 것과 같다. 하느님의 징벌이 뒤따른다.

18,1-2. 17,14-18에서 예레미야가 한 비탄의 말들을 기억한다면 이 하느님의 말씀은 응답의 형태를 취하게 된다. 예언자는 역사 안에서 하느님의 행위를 깊이 이해하기 어려워 괴로워했다. 예레미야는 이해하고자 하는 그 갈망으로 하느님 말씀을 예리하게 들으며, 그리하여 일상생활의 사소한 사건일 수 있는 것이 심오한 계시의 가치를 지니게 된다. 예언자가 인간적 실재와 다른 무엇을 본다기보다(그러한 경우도 기록되지만) 인간적 실재들을 다른 방식으로 보는 것이라는 개념이 다시 나타난다. 그는 하느님의 관점에서 본다(1,11-14 주해 참조).

18,11. 여기서도 주님의 징벌에 대한 경고와 징벌 자체가 오직 회개와 생명으로 초대하는 것을 목적으로 하고 있음이 눈에 띈다.

18,13. "그러므로"는 본래는 서로 구별되는 두 부분을 연결하는 편집적 요소이다.

18,14. "마를 수가 있겠느냐?" 히브리어 본문은 매우 불확실하다. 이 절 전체의 맥락을 고려한 가설적 번역이다.

18,16. 히브리어 본문의 문장에 따르면 이 절의 전반부는 15절에 이어진다.

18,18. "혀로 그를 치고"는 히브리어 구절의 자구적 번역으로, 중상모략을 지칭할 수 있다. 문맥에서는 예레미야를 "말로" 공격하는 것을 넘어 그를 제거하려는 계획을 암시하므로, 많은 주해자들은 고대 시리아어 번역본의 해석을 선호한다("그의 혀로 그를 치고"). 그 자신이 선포한 것을 이용하여 그를 치려 한다는 것이다.

"뭇 민족에게 물어보아라,
누가 이 같은 말을 들어 보았느냐고.
처녀 이스라엘이
너무나 끔찍한 일을 저질렀다.
14 레바논의 눈이 시르욘산의 바위에서
사라질 수가 있겠느냐?
그 시원한 물줄기가
마를 수가 있겠느냐?
15 그러나 내 백성은 나를 잊어버리고
거짓 신들에게 향을 피운다.
그들은 자기네 길에서,
예로부터 걸어온 길에서 비틀거리더니
닦이지도 않은 길,
샛길로 접어들었다.
16 그들이 자기네 땅을 폐허로 만드니
그 땅은 영원히 놀림감이 되어 버렸다.
그곳을 지나는 사람마다 너무 놀라서
제 머리를 흔든다.
17 내가 그들을 저희 원수들 앞에서
샛바람으로 흩어 버리리라.
그들이 환난을 당하는 날
나는 그들에게 얼굴 대신 등을 보이리라."

예레미야의 네 번째 고백

18 그들이 이렇게 말하였습니다. "자, 예레미야를 없앨 음
모를 꾸미자. 그자가 없어도 언제든지 사제에게서 가르침
을, 현인에게서 조언을, 예언자에게서 말씀을 얻을 수 있
다. 어서 혀로 그를 치고, 그가 하는 말은 무엇이든 무시해
버리자."

19 주님, 제 말씀을 귀담아들어 주시고
제 원수들의 말을 들어 보소서.

18,15 2,32; 7,9; 시편 115,4-8; 이사 65,7; 40,4; 57,14; 62,10; 루카 3,5. 18,16 19,8; 25,9; 48,27; 50,13; 1열왕 9,8; 애가 2,15-16; 마태 27,39. 18,17 2,27; 13,24; 46,21; 욥 1,19; 27,21. 18,18 8,8; 11,19; 15,10; 20,10; 말라 2,7.

18,18-23. 네 번째 "고백"은 예레미야에 맞서 연합한 예언자의 원수들에 대한 묘사로 도입되며, 예레미야는 주님께 탄원한다. 예레미야는 복수보다도 하느님의 선과 정의가 승리하는 것을 보기를 갈망한다. 그는 할 수 있는 동안은 그들을 위하여 전구했다. 이제는 하느님의 해방을 간청할 뿐이다. 18절은 주님께서 이스라엘에게 계시하신 세 가지 형태를 언급한다. 그것은 율법("가르침"), 예언("말씀"), 지혜("조언")이며, 각각의 중개자들이 있다(사제, 예언자, 현인).

20 선을 악으로 갚아도 됩니까?
그런데 그들은 제 목숨을 노리며 구덩이를 파 놓았습니다.
제가 당신 앞에 서서
그들을 위해 복을 빌어 주고
당신의 분노를 그들에게서 돌리려 했던 일을 기억하소서.
21 그리하여 그들의 자녀들을 굶주리게 하시고
그들을 칼날에 부치소서.
그들의 아내들이
자녀도 없는 과부가 되고
그 남편들은 흑사병에 걸려 죽어 가며
젊은이들은 싸움터에서 칼에 맞아 죽게 하소서.
22 당신께서 갑자기 그들에게 약탈자를 보내실 때
그들 집 안에서 울부짖는 소리가 들리게 하소서.
그들이 저를 잡으려고 구덩이를 파 놓고
저의 발밑에 올가미를 숨겨 두었습니다.
23 주님, 당신께서는
그들이 저를 죽이려는 흉계를 모두 아십니다.
그러니 그들의 죄악을 용서하지 마시고
그들의 죄를 당신 얼굴 앞에서 지우지 마소서.
그들을 당신 앞에서 거꾸러지게 하시고
당신 분노의 때에 그들을 마구 다루소서.

18,21. "흑사병에 걸려 죽어 가며" 자구적으로는 "죽음을 맞으며"이다. 여기서 죽음은 흑사병을 지칭하는 것일 수 있다(15,2의 주 참조).

18,23. "당신께서는… 아십니다." 주님께서는 아시면서도 죽음의 세력의 거센 힘을 적절하게 막지 않으시는 것으로 보인다. 1,8.18-19에서도 이미 예레미야에게, 예언자에게는 고통이 없지 않겠지만 마지막에는 꺾이지 않을 것임이 예고되었다(이 승리는 예언 문서가 다시 기록되는 것으로 나타난다. 36장 참조).

질그릇을 깨며 예언하다

19 1 주님께서 이렇게 말씀하셨다. "가서 옹기장이
의 단지를 하나 사라. 그러고 나서 백성의 원로
들과 원로 사제 몇을 데리고, 2 '토기 문' 곁에 있는 '벤 힌
놈 골짜기'에 나가, 거기에서 내가 너에게 일러 줄 말을 선
포하여라. 3 너는 이렇게 말하여라. '유다 임금들과 예루살
렘 주민들아, 주님의 말씀을 들어라. 만군의 주 이스라엘
의 하느님께서 이렇게 말씀하신다. '이제 내가 이곳에 재
앙을 내리리니, 그 소식을 듣는 자마다 귀가 멍멍해질 것

18,20 17,16; 시편 35,7.12; 106,23. 18,21 15,8; 시편 109,9-10; 이사 13,18. 18,22 6,26; 12,9; 2열왕 24,2-4; 시편 140,5. 18,23 느헤 3,37; 시편 109,14; 마태 18,21-22. 19,1 18,2. 19,2 7,31; 여호 15,8. 19,3 1사무3,11; 2열왕 21,12.

19,1-15. 예언자의 상징적 행동으로, 그는 주님의 지시에 따라 질그릇을 사서 인신 제사에 사용된 장소인 토펫이 있는 벤 힌놈 골짜기에서 깨뜨린다. 깨진 항아리는 예루살렘과 유다에 대한 하느님의 징벌을 연상시킨다. 우상 숭배를 고발하고 징벌을 선고하시는 하느님의 말씀이 큰 부분을 차지한다. 예언자는 이를 먼저 증인인 원로들과 사제들에게 전해야 하고, 이어서 모든 백성에게 전해야 한다(14-15절).

19,4. "이곳을 더럽히고" 자구적 번역은 "이곳을 낯설게 만들고"로, 백성과 그들의 하느님 사이에 거리가 멀어져 낯설게 되기에 이르렀음을 표현한다.

19,7.9. "목숨을 노리다" 34,20.21의 주 참조.

19,8. "비웃을 것이다." 애가 2,15.16의 주 참조.

19,10-11. 백성은 자신들이 죄와 우상 숭배로 인하여 깨져야 할 질그릇과 같이 나약하다는 진리를 보지 못한다.

이다. 4 그들이 나를 저버리고, 자신들이나 저희 조상들이
나 유다 임금들도 모르는 다른 신들에게 향을 피우면서
이곳을 더럽히고, 이곳을 무죄한 이들의 피로 가득 채웠
기 때문이다. 5 그들은 바알의 산당들을 세우고 저희 자식
들을 불에 살라 바알에게 번제물로 바쳤는데, 이는 내가
명령한 적도 말한 적도 없으며, 내 마음에 떠오른 적도 없
는 일이다. 6 그러므로 이제 그날이 오고 있다. 주님의 말
씀이다. 그때에는 이곳이 더 이상 토펫이나 벤 힌놈 골짜
기가 아니라 살육의 골짜기라 불릴 것이다. 7 나는 이곳에
서 유다와 예루살렘의 계획을 물거품으로 만들겠다. 그들
을 원수들 앞에서 칼에 맞아 쓰러지게 하고, 그들의 목숨
을 노리는 자들 손에 죽게 하겠다. 또한 그들의 시체는 하
늘의 새들과 땅의 짐승들에게 먹이로 내어 주겠다. 8 나는
이 도성을 폐허와 놀림감으로 만들겠다. 그리하여 여기를
지나는 사람마다 그 모든 상처를 보고 몹시 놀라고 비웃
을 것이다. 9 나는 그들이 제 아들딸들의 살을 먹게 하겠다.
그들은 원수들이 자신들을 포위한 채 목숨을 노리며 조여
오는 극심한 재난 가운데에서, 저마다 제 이웃의 살을 먹
을 것이다.'"
10 그때 너는 함께 간 사람들이 보는 앞에서 단지를 깨뜨
려라. 11 그러고 나서 그들에게 말하여라. '만군의 주님께
서 이렇게 말씀하신다. '옹기장이가 다시는 주워 맞출 수
없게 질그릇을 깨 버리듯이, 내가 이 백성과 이 도성을 그
렇게 부수겠다. 장사 지낼 곳이 없어 사람들은 결국 토펫
에서 장사를 지내야 할 것이다. 12 이곳과 여기 사는 주민
들을 이렇게 만들겠다. 주님의 말씀이다. 이 도성을 토펫
처럼 만들어 놓겠다. 13 예루살렘의 집들과 유다 임금들의
궁궐도 토펫 터처럼 더럽혀질 것이다. 집집마다 지붕 위에
서 사람들이 하늘의 모든 군대에게 향을 피우고 다른 신
들에게 술을 따라 올린 탓이다.'" 14 그 뒤 예레미야는 주
님께서 그곳에서 예언하라고 파견하신 토펫에서 돌아와
주님의 집 앞뜰에 서서 온 백성에게 말하였다. 15 "만군의
주 이스라엘의 하느님께서 이렇게 말씀하신다. '보라, 이제
내가 이 도성과 부근의 성읍마다 그 위에 이미 선포한 모

19,4 2,34; 7,6; 26,15; 신명 28,20. 19,5 7,31-33; 32,35; 탈출 20,1-5; 레위 18,21; 2열왕 17,17. 19,6 // 7,32; 또한 여호 15,8 참조. 19,7 15,2.9; 16,4; 유딧 8,15; 이사 29,15; 30,1. 19,8 18,16; 49,13; 1열왕 9,8. 19,9 신명 28,53-57; 애가 4,10; 에제 5,10. 19,11 7,32; 시편 2,9; 이사 30,14; 묵시 2,27. 19,13 7,18; 52,13; 에제 20,28; 사도 7,42. 19,14 26,2; 신명 4,2; 묵시 22,19. 19,15 5,3; 7,26; 35,15; 아모 4,6; 스바 3,2; 사도 7,51-52; 묵시 16,9.11.

든 재앙을 내리겠다. 그들이 내 말을 듣기를 마다하고 목
을 뻣뻣하게 한 까닭이다.'"

예레미야와 파스후르

20 1 주님의 집 총감독인 임메르의 아들 파스후
르 사제가 이런 일을 예언하는 예레미야의 말
을 듣고서, 2 예레미야 예언자를 때리고 그를 주님의 집 '벤
야민 윗대문' 안에 있는 기둥에 묶어 놓았다. 3 다음 날 파
스후르가 예레미야를 기둥에서 풀어 놓자, 예레미야가 그
에게 말하였다. "주님께서 당신의 이름을 파스후르가 아
니라 마고르 미싸빕이라 부르실 것이오. 4 주님께서 이렇게
말씀하셨소. '보라, 내가 너를 너 자신과 네 모든 친구들에
게 공포의 대상이 되게 하겠다. 또한 네 친구들은 네가 지
켜보는 가운데 원수들의 칼에 맞아 쓰러질 것이다. 내가
온 유다를 바빌론 임금의 손에 넘겨주리니, 그가 그 주민
들을 바빌론에 유배시키고 그들을 칼로 죽일 것이다. 5 또
한 내가 이 도성의 온갖 재물과 생산품과 귀중품을, 그리
고 유다 임금들의 온갖 보물을 원수들 손에 넘기겠다. 그
러면 원수들은 그것들을 약탈하고 가로채 바빌론으로 가
져갈 것이다. 6 파스후르야, 너와 네 집에 사는 모든 사람도
바빌론에 유배될 것이다. 너와, 너의 거짓 예언을 들은 친
구들도 모두 거기에서 죽어 그곳에 묻힐 것이다.'"

20,2. 매질과 속박을 당하는 예레미야에게서 하느님 말씀에 무조건적으로 순종해 고통을 겪는 예언자의 모습이 나타난다.

20,3. "마고르 미싸빕"은 "사방에 공포"라는 뜻으로 예레미야서의 특징적 표현이다(6,25; 20,10; 46,5; 49,29; 또한 시편 31,14; 애가 2,22 참조).

20,6. "거기에서 죽어 그곳에 묻힐 것이다." 총감독관인 사제 파스후르는(1절 참조) 분명 정결에 관한 규범들을 엄격히 지켰을 것이고, 그에게 부정한 이국땅에서 죽는다는 것은(아모 7,17 참조) 끔찍한 일이다.

20,2 1,19; 26,8; 36,26; 37,15-16; 아모 7,10; 마태 5,10; 21,35; 히브 11,36; 묵시 2,10. 20,3 20,10; 창세 17,5; 애가 2,2. 20,4 29,21; 39,6; 신명 28,65. 20,5 3,24; 15,13; 2열왕 20,17; 애가 1,7.10; 다니 1,2. 20,6 5,31; 29,21; 미카 2,11; 애가 2,14.

20,1-6. 예레미야와 성전 총감독 파스후르의 갈등. 파스후르는 예언자가 백성에게 한 앞의 말을 견디지 못한다. 예레미야를 박해한 파스후르에게 유배가 예고된다.

20,7-10. 원수들이 예레미야에게 가하려고 하는 "속임수"와 "우세함"은(10절) 이미 예언자가 하느님으로부터 체험한 일들로 보인다. 7절에서는 하느님께서 그를 유혹하고(탈출 22,15 참조) 그에게 폭행을 가하셨음을(신명 22,15; 2사무 13,11 참조) 고발한다. 인간의 모든 길에서 겪게 되는 내적 고뇌가 일어난다. 선과 악을 어떻게 구별할 것인가? 사랑은 도대체 무엇인가?(1요한 4,16과 또한 예레 11,19의 주 참조). 바로 여기에서(2절 참조) 처음으로 "예레미야 예언자"라는 표현이 사용되는 것은 우연이 아니다. 참된 예언자는 고통으로 확인되어야 한다는 표지이다. 실상 예레미야의 삶은 거부와 멸시의 삶이었다("놀림감이 되어"). 이스라엘의 헛된 희망에 맞서 불편한 진리를, 임박한 종말과 멸망을 선포했기 때문이었다. "마고르 미싸빕"은 "사방에서 공포"를 뜻하며, 예레미야서의 특징적 표현으로 적들이 그를 조롱하여 거듭 말한다.

20,11-13. 확신, 희망, 정의에 대한 갈망과 기쁨이 엮어진 이 말들은 의미 깊게도 다섯 번째 "고백"의 중심에 배치되어, 마치 거대한 성벽의(7-11절과 14-18절) 좁은 틈처럼 예언자의 비극 속에 조금이나마 빛이 들게 한다. "수치" 예언자도 수치를 당하지만(8.18절 참조), 원수들의 수치는 끝이 없을 것이다("영원히 잊히지 않으리이다").

예레미야의 다섯 번째 고백

7 주님, 당신께서 저를 꾀시어 저는 그 꾐에 넘어갔습니다.
당신께서 저를 압도하시고 저보다 우세하시니
제가 날마다 놀림감이 되어
모든 이에게 조롱만 받습니다.
8 말할 때마다 저는 소리를 지르며
"폭력과 억압뿐이다!" 하고 외칩니다.
주님의 말씀이 저에게
날마다 치욕과 비웃음거리만 되었습니다.
9 '그분을 기억하지 않고
더 이상 그분의 이름으로 말하지 않으리라.' 작정하여도
뼛속에 가두어 둔 주님 말씀이
심장 속에서 불처럼 타오르니
제가 그것을 간직하기에 지쳐
더 이상 견뎌 내지 못하겠습니다.
10 군중이 수군대는 소리가 들립니다.
"저기 마고르 미싸빕이 지나간다!
그를 고발하여라. 우리도 그를 고발하겠다."
가까운 친구들마저 모두
제가 쓰러지기만 기다리고 있습니다.
"그가 속아 넘어가고 우리가 그보다 우세하여
그에게 복수할 수 있을지도 모른다."
11 그러나 주님께서 힘센 용사처럼 제 곁에 계시니
저를 박해하는 자들이 비틀거리고 우세하지 못하리이다.
그들은 성공하지 못하여 크게 부끄러운 일을 당하고

20,7 1,6-8.18-19; 15,18; 민수 11,11; 시편 22,78; 호세 2,16; 애가 3,24; 루카 22,63-64; 23,11.35-36; 1코린 4,9. 20,8 5,1; 6,10; 7,9; 2역대 36,16; 루카 11,45; 히브 13,13; 1베드 4,14. 20,9 6,11; 15,16; 23,29; 1열왕 19,3-4; 아모 3,8; 루카 9,62; 사도 4,20; 1코린 9,16. 20,10 18,18; 시편 31,14; 예레 18,18; 이사 29,21; 마태 26,59-60; 사도 6,11. 20,11 1,8.19; 14,9; 17,18; 로마 8,31; 2티모 4,17.

20,7-18. 다섯 번째 "고백"으로, 예언자와 주님 사이의 위기가 절정에 달한다. 먼저 예언자는 주님께서 그를 속이셨고 거의 폭행을 하시며, 예언 때문에 그를 공격하는 원수들의 밥이 되게 하셨음을 고발한다(7-10절). 한 순간 위기는 극복된 듯하고 예레미야는 구원하시는 주님을 기리는 찬가를 시작한다(11-13절). 그 다음 다시 암흑과 같은 절망이 덮치고, 그 속에서 그는 자신이 태어난 날을 저주한다(14-18절). 이 마지막 절들은 욥이 자신의 삶을 저주하는 탄원에 영감을 줄 것이다(욥 3장 참조). 다섯째 "고백"은 분명 이 책의 가장 수수께끼 같은 단락이지만 또한 가장 강하고 웅대한 단락이기도 하다. 예레미야에게 대답하지 않으시는 것으로 보이는 주님의 침묵이 그 고백을 내리누르고 있다. 아마도 당신 백성과의 사랑의 역사에서 실패한 하느님 자신의 고통을 예언자가 느껴 보도록 요구되었을 것이다.

✠ 20,7-13. 이 단락은 두 부분으로 나누어 가해 연중 제22주일과(7-9절) 연중 제12주일에(10-13절) 읽는다. 첫 부분에서는 예언 소명의 철저함을, 둘째 부분에서는 하느님의 도우심에 대한 예언자의 신뢰를 강조한다.

그들의 수치는 영원히 잊히지 않으리이다.
12 의로운 이를 시험하시고
마음과 속을 꿰뚫어 보시는 만군의 주님
당신께 제 송사를 맡겨 드렸으니
당신께서 저들에게 복수하시는 것을 보게 해 주소서.
13 주님께 노래 불러라!
주님을 찬양하여라!
그분께서 가난한 이들의 목숨을
악인들의 손에서 건지셨다.

어찌하여 내게 생명의 선물을 주셨는가

14 저주를 받아라,
내가 태어난 날!
복을 받지 마라,
어머니가 나를 낳은 날!
15 저주를 받아라,
"당신에게 사내아이가 태어났소!" 하며
아버지에게 기쁜 소식을 전하여
그를 몹시 기쁘게 한 사람!
16 바로 그 사람을
주님께서 사정없이 뒤엎으신 성읍처럼 되게 하여라.
아침에는 울부짖음을,
한낮에는 전쟁의 함성을 듣게 하여라.
17 그가 모태에 든 나를 죽여
어머니가 내 무덤이 되고
내가 언제까지나 모태에 있지 못하게 한 탓이다.
18 어찌하여 내가 모태에서 나와
고난과 슬픔을 겪으며
내 일생을 수치 속에서 마감해야 하는가?

20,14. "저주를 받아라" 하느님의 요청들은 견딜 수 없어 보이고, 탄생과 부르심이라는 근원적 사건은(1,5 참조) 단죄와 같이 저주의 대상이 된다. 성경은 이 맹렬한 말들을 검열하지 않는다. 이 말들도 당신 백성에 대한 하느님 사랑의 계획 안에 신비롭게 받아들여진다.

20,17-18. "어찌하여" 의미에 대한 결정적이고 괴로운 이 질문은 (5,19; 그러나 또한 6,20 참조) 고통받는 많은 인간들의 질문이다. 즉각적이고 쉽게 이해할 수 있는 대답은 없다는 것이 여기서 확인된다.

20,12 // 11,20; 또한 17,10 ; 창세 50,20; 시편 11,5; 마태 6,12-14; 루카 23,34; 콜로 3,13; 1베드 2,23; 4,19; 묵시 6,10 참조. 20,13 15,21; 31,11; 시편 34,7; 69,34; 이사 25,4; 야고 2,56. 20,14 1,5; 15,10; 창세 4,1; 1마카 2,7; 욥 3,3; 마태 26,24. 20,15 창세 21,6; 루카 1,14; 요한 16,21. 20,16 18,8; 창세 19,24-25; 신명 29,22; 호세 11,8; 아모 4,11; 요나 3,4. 20,17 욥 3,10-11.16; 10,18-19; 코헬 6,3. 20,18 8,18; 욥 14,13; 에가 1,12; 3,1; 요한 16,20; 2티모 1,12; 히브 10,36; 12,2.

유다 임금들에게 내린 신탁

치드키야에게 내리신 응답

21 1 치드키야 임금이 말키야의 아들 파스후르와
마아세야의 아들 스바니야 사제를 예레미야에
게 보냈을 때 주님께서 예레미야에게 내리신 말씀.
그들이 예레미야에게 부탁하였다. 2 “바빌론 임금 네부카
드네자르가 우리에게 싸움을 걸어오니, 우리를 위해 제발
주님께 문의해 주시오. 행여 주님께서 예전처럼 우리에게
기적을 일으키시어, 네부카드네자르를 우리에게서 물러
가게 해 주실지도 모르지 않소?” 3 그러자 예레미야가 그
들에게 말하였다. “치드키야에게 이렇게 전하시오. 4 ‘주
이스라엘의 하느님께서 말씀하십니다. ′이제 너희가 성벽
밖에서 너희를 포위하고 있는 바빌론 임금과 칼데아인들
을 공격하려고 손에 든 전쟁 무기를 내가 거두어, 그것들
을 이 도성 한복판에 모아 놓겠다. 5 그리고 분노와 노여움
과 무서운 진노 속에서 내가 손을 뻗치고 강한 팔을 휘둘
러 너희에게 맞서 싸우겠다. 6 내가 이 도성에 사는 것들은
사람이든 짐승이든 모두 치리니, 그들이 무서운 흑사병에
걸려 죽을 것이다. 7 주님의 말씀이다. 그다음 이 도성에서
흑사병과 칼과 굶주림으로부터 살아남은 자들, 곧 유다
임금 치드키야와 그의 신하들과 백성을 바빌론 임금 네부
카드네자르와 그들의 원수들과 그들의 목숨을 노리는 자
들의 손에 넘기겠다. 그러면 네부카드네자르는 그들을 칼
날로 치고, 그들에게 동정을 베풀거나 그들을 불쌍히도
가엾이도 여기지 않을 것이다.
8 이 백성에게 말하여라. — 주님께서 이렇게 말씀하신다.
— 이제 내가 너희 앞에 생명의 길과 죽음의 길을 놓아둔
다. 9 이 도성에 머무는 자는 칼과 굶주림과 흑사병으로
죽겠지만, 여기서 나가 너희를 포위하고 있는 칼데아인들

21,2. “문의해 주시오.” 이스라엘에서 예언자는 하느님의 뜻을 묻고 개별적인 상황에 대해 주님의 결정을 전할 수도 있는 사람으로 여겨졌다(예를 들어 1열왕 22,5-38의 이야기 참조).

21,8-10. 회개의 희망이 사라진 다음 예레미야는 더 이상 신명 11,26-28; 30,15-20에서와 같은 윤리적 선택을 제시하지 않는다. 이제는 깊은 상징적 의미를 갖는 정치적 행동을 할 때이다. 그것은 종말을 받아들이고, 그것을 자신의 불충에서 나온 직접적 결과로 예언적으로 해석하는 것이다. 그러한 진리와 신앙의 행위만이 하느님의 순전한 은총으로 새로운 역사를 시작할 수 있다(예레 27-28장; 29장; 38장; 42,1-43,7 참조).

21,1 2열왕 24,17-18. 21,2 37,3.7; 탈출 15,1; 1사무 28,6; 시편 46,9; 105,5; 이사 59,1-2; 에제 14,3. 21,4 32,5; 37,8; 39,3; 이사 5,5; 애가 2,5.7; 에제 16,37; 즈카 14,2; 마태 22,7; 루카 19,44; 묵시 11,2. 21,5 탈출 6,6; 이사 63,10; 애가 2,4-5; 에제 20,33; 묵시 2,16. 21,6 7,20; 34,17; 이사 6,11; 에제 14,13; 호세 4,3. 21,7 13,14; 24,8; 신명 28,49-52; 2역대 36,17; 루카 21,24; 묵시 2,22; 6,8. 21,8 신명 11,26; 30,15-19; 시편 1; 이사 1,19-20. 21,9 // 38,2; 또한 38,17; 39,18; 45,5 참조.

21,1-10. 유다 임금들에 대한 신탁들 가운데 첫 번째 신탁. 소명담에서 이미 임금과 지도자들에 대한 예언자의 권위를 언급했다(1,18 참조). 치드키야는 바빌론의 포위 때 예언자의 전구를 청한다. 예언자는 임금과 백성에게 응답하며(앞으로도 여러 차례 그러할 것이다. 28장과 38장 참조) 포위한 이들에게 항복을 권고한다. 이러한 예언적 선택을 통해서만 이 비상사태 속에서 자기 죄를 인정하고 새로운 시작을 약속하시는 하느님의 자비를 신뢰하며 내맡김을 표현할 수 있기 때문이다.

에게 항복하는 자는 죽지 않고 제 목숨을 전리품으로 얻을
것이다. 10 사실 나는 복이 아니라 재앙을 내리려고 이 도성
을 마주 보고 있는 것이다. 주님의 말씀이다. 이 도성은 바
빌론 임금의 손에 넘어가고, 그는 이 도성을 불태울 것이
다.'"

임금들과 궁궐과 도성

11 유다 왕실에 대한 말씀.
주님의 말씀을 들어라.
12 주님께서 이렇게 말씀하신다.
"다윗 집안아, 아침마다 공정한 판결을 내리고
착취당한 자를 압제자의 손에서 구해 주어라.
그러지 않으면 나의 진노가 불처럼 튀어 나가
아무도 끌 수 없게 타오르리라.
이는 너희의 악한 행실 탓이다.
13 골짜기에 사는 자야, 평지에 솟은 바위야
— 주님의 말씀이다. —
너희는 '누가 우리를 치러 내려오고
우리 거처까지 쳐들어오겠느냐?' 하지만
이제 내가 너희에게 맞서겠다.
14 나는 너희 행실의 결과에 따라 너희를 벌하리라.
주님의 말씀이다.
내가 예루살렘 숲에 불을 질러
그 불이 그 둘레를 모두 삼키게 하리라."

22 1 주님께서 이렇게 말씀하신다. "유다 왕궁으로
내려가서 이 말을 전하여라. 2 너는 이렇게 말하
여라. '다윗 왕좌에 앉은 유다 임금아, 이 성문으로 들어오
는 네 신하들과 백성과 더불어 주님의 말씀을 들어라. 3 주
님께서 이렇게 말씀하신다. '공정과 정의를 실천하고 착
취당한 자를 압제자의 손에서 구해 주어라. 이방인과 고

21,12. 임금은 약한 이들을 위해 재판을 해 줌으로써 하느님의 통치를 가시적인 것이 되게 해야 한다(시편 72편 참조). "착취당한 자"(예레 22,3 참조)는 도둑질을 당한 사람뿐만 아니라 넓은 의미로 이해해야 한다(신명 28,29 참조).

22,3. "괴롭히지 말고" 히브리어 본문에는 탄압의 의미도 있다.

21,10 14,11; 44,11.27; 시편 34,17. 21,11 미카 3,1. 21,12 // 4,4; 또한 5,28; 22,2-3.15; 23,5; 2사무 8,5; 시편 72,1.12; 이사 1,17 참조. 21,13 7,4; 21,5; 49,4-5.16; 애가 4,12; 미카 3,11. 21,14 // 50,32. 22,3 5,28; 9,23; 탈출 22,21-24; 23,6; 레위 19,15; 신명 10,18; 27,19; 마태 23,23.

21,11-14. 다윗 집안 곧 현재 통치하고 있는 왕실에 대하여 정의로운 재판을 하도록 경고한다. "골짜기에 사는 자"는 예루살렘이며 "바위"는 성전이 있는 땅에 있는 왕궁의 지반이다(13절). "숲"은 귀한 나무들로 된 왕궁을 가리킨다(1열왕 7,2의 "수풀"과 히브리어로 같은 단어이다).

22,1-9. 백성의 책임자들에게 약한 이들을 위하여 정의를 실천하라고 말씀하시는 신탁. 그렇지 않을 경우에 징벌은 피할 수 없을 것이다.

22,6. "너는 내게…"는 아름다움으로 유명한 두 지역을 언급한다. 길앗은 요르단강 동편의 산지이다(엘리야가 이곳 출신이다. 1열왕 17,1 참조).

22,8. 다른 민족들의 입으로 징벌의 신학적 의미를 말한다(신명 29,23-27 참조). 주님과의 계약을 저버린 것이 예루살렘이 겪은 모든 불행의 원인이다.

아와 과부를 괴롭히거나 학대하지 말고, 이곳에서 무죄
한 피를 흘리지 마라. 4 너희가 정녕 이 말대로 실천한다면,
다윗 왕좌에 앉은 임금들이 병거와 군마를 타고, 신하들
과 백성과 더불어 이 왕궁의 성문으로 들어올 것이다. 5 그
러나 너희가 이 말을 듣지 않으면, 나 자신을 걸고 맹세하
건대, — 주님의 말씀이다. — 이 왕궁은 황무지가 될 것이
다.'
6 유다 왕실을 두고
주님께서 이렇게 말씀하신다.
'너는 내게 길앗과도 같고
레바논 산 꼭대기와도 같으나
맹세코 내가 너를 광야로 만들고
아무도 살지 않는 성읍들로 만들리라.
7 나는 저마다 무기를 손에 들고
너를 파괴할 자들을 떼어 놓으리라.
그들이 너의 가장 좋은 향백나무들을 베어 내어
그것들을 불에 던지리라.'"
8 수많은 민족들이 이 도성을 지나가면서, 서로 제 이웃에
게 "무엇 때문에 주님께서 이 큰 도성을 이렇게 만드셨는
가?" 하고 물을 것이다. 9 그러면 그들은 "저들이 주 그들
의 하느님과 맺은 계약을 저버린 채 다른 신들을 예배하
고 섬겼기 때문이다." 하고 대답할 것이다.

살룸의 운명

10 죽은 자를 위하여 울지 말고 애도하지 마라.
오히려 멀리 떠나가는 자를 위하여 슬피 울어라.
그가 다시 돌아와
제가 태어난 땅을 보는 일이 없으리라.
11 요시야의 아들 살룸은 제 아버지 요시야 다음에 유다
임금이 되어 다스리다가 이곳에서 떠나가야 했다. 그를 두
고 주님께서 이렇게 말씀하신다. "그는 이곳으로 다시는
돌아오지 못할 것이다. 12 그는 포로로 끌려간 거기에서

22,4 17,24-25. 22,5 2역대 7,19; 이사 1,20; 미카 3,12; 루카 13,35. 22,6 7,34; 9,10; 에제 26,19. 22,7 4,6-7; 이사 13,3; 에제 9,1; 마태 22,7. 22,8 신명 29,22; 1열왕 9,8-9; 2역대 7,20; 애가 2,15; 4,12; 다니 9,7; 묵시 11,8; 18,18. 22,9 2,17; 40,2-3; 신명 29,24; 2열왕 22,17. 22,10 2열왕 22,20; 23,30; 애가 4,9; 에제 19,3-4; 루카 23,28.

22,10-12. 살룸에 대한 신탁. 살룸은 여호아하즈라고도 일컬어지며, 요시야의 아들이자 후계자이다. 10절의 "죽은 자"는 요시야다. 요시야는 기원전 609년 므기또 전투에서 전사했다. 살룸은 곧 느코에게 폐위되어 이집트로 끌려가 그곳에서 죽었다. 요시야의 운명보다 그 후계자의 운명이 더 괴로울 것이므로 요시야를 위하여 울지 말라고 하는 것이다.

죽어 다시는 이 땅을 볼 수 없을 것이다."

여호야킴의 운명

13 불행하여라, 불의로 제집을 짓고
부정으로 누각을 쌓는 자!
그는 제 이웃에게 거저 일을 시키고
아무런 품삯도 주지 않는다.
14 "나 자신을 위해 넓은 집을 짓고
널찍한 방들이 딸린 누각도 쌓아야지." 하면서
그는 제집에 창문을 만들어 달고
향백나무 판자를 붙인 다음 붉은색을 칠한다.
15 네가 향백나무를 쓰는 일로 으스댄다 해서
임금 노릇을 하는 줄 아느냐?
네 아버지는 먹고 마시면서도
공정과 정의를 실천하지 않았느냐?
그러기에 그가 잘되었다.
16 가난하고 궁핍한 이의 송사를 들어주었기에
그가 잘된 것이다.
이야말로 나를 알아 모시는 일이 아니냐?
주님의 말씀이다.
17 그러나 너의 눈과 마음은 오로지
제 부정한 이익을 돌보고
무죄한 이의 피를 흘리며
억압과 폭력을 일삼는 일에나 쏠려 있다.
18 그러므로 주님께서 유다 임금 요시야의 아들 여호야킴
을 두고 이렇게 말씀하신다.
아무도 그를 위하여 애곡하지 않으리라.
"아이고, 나의 형제여!
아이고, 자매여!"
아무도 그를 위하여 애곡하지 않으리라.
"아이고, 임금님!

22,13. "불행하여라." 히브리어로 '호이'로 "아아!"를 뜻한다. 장례 때 애도에 보통 사용하는 탄식이다. 여기서는 역설적으로 아름다운 궁궐을 짓는 데 열심인 임금의 장례를 예고한다(2사무 7장에서는 하느님의 궤를 위하여 합당한 거처를 마련하고자 했던 다윗에게 주님께서 "집"을 약속하셨다). 비판의 대상은 왕궁을 짓는 것 자체가 아니라, 그 기초가 되어야 하는 "정의"와 "공정"이 없다는 것이다.

22,15-17. 우아한 취향에 대한 개인적 관심은 무엇보다 먼저 정의를 올바로 세우는 데 전념해야 할 임금에게 부당한 것으로 드러난다. 주님을 아는 것과 이익 추구는 서로 대립된다(하바 2,9.14 참조).

22,18-19. 곡도 하지 않고 기억하지도 않는다는 것. 합당한 장례 예식을 갖추지 않는 수치는 위대한 업적으로 역사에 자신의 자취를 남기려고 했던 이가 겪게 되는 비극적 운명이다.

22,13 레위 19,13; 신명 24,14-15; 2열왕 23,35; 아모 3,11.15; 6,8.11; 미카 3,9-10; 하바 2,9; 야고 5,4. 22,14 2사무 7,2; 1열왕 10,4; 잠언 9,1; 24,3; 이사 5,8-9; 하까 1,4; 말라 1,4. 22,15 21,12; 23,5; 신명 4,40; 2열왕 23,25; 이사 3,10; 33,16; 루카 11,41; 사도 2,46. 22,16 9,2.23; 31,33-34; 요한 14,15; 티토 1,16; 1요한 2,3-4. 22,17 탈출 18,21; 시편 10,3; 루카 12,15; 16,13-14; 1요한 2,15-16. 22,18 16,4.6; 22,10.

22,13-19. 여호야킴에 대한 신탁. 그는 파라오에 의하여 여호아하즈를 대신하여 임금이 되었다(기원전 609-598년). 고발 내용은 사치와 자신의 이익을 위하여 대규모 공사를 벌이면서 품삯도 주지 않았다는 것이다(13절). 이는 율법에서 단죄한 일이다(레위 19,13; 신명 24,15 참조). 그 징벌로 그는 땅에 묻히지 못할 것이라고 선포되는데, 실제로 이루어지지는 않는다.

아이고, 폐하!"
19 사람들은 노새를 묻듯 그를 묻으리라.
그를 끌어다가
예루살렘 성문 밖에 멀리 내던지리라.

예루살렘의 탄식

20 레바논으로 올라가서 외쳐라.
바산에서 너의 목소리를 높여라.
아바림에서 외쳐라.
너의 정부들이 모두 파멸할 것이다.
21 네가 안정을 누릴 때 너에게 일렀건만
너는 "듣지 않겠어요!" 하고 마다하였다.
나의 말을 듣지 않는 버릇은
네 젊은 시절부터 있어 왔다.
22 바람이 너의 목자들을 모두 몰아가고
너의 정부들도 유배되리니
너는 온갖 죄악 때문에
수치와 부끄러운 일을 당하리라.
23 레바논에 자리 잡고
향백나무들 가운데 보금자리를 마련한 자야
해산하는 여인의 진통과 같은 고통이 너에게 닥칠 때
너는 얼마나 괴롭게 신음할까?

22,23. 해산의 고통과 같은 예루살렘의 고통 속에서 징벌만이 아니라 새로운 미래의 약속을 본다.

콘야의 운명

24 내가 살아 있는 한, — 주님의 말씀이다. — 유다 임금
여호야킴의 아들 콘야 네가 내 오른손에 낀 인장 반지라
할지라도 나는 너를 빼어 버리겠다. 25 내가 너를 네 목숨
을 노리는 자들 손에, 네가 두려워하는 자들 손에, 나아가
바빌론 임금 네부카드네자르의 손과 칼데아인들의 손에
넘기겠다. 26 나는 너와, 너를 낳아 준 어머니를 너희가 태

22,25. "네 목숨을 노리는" 34,20.21의 주 참조.

22,19 36,30; 2열왕 9,35; 2역대 36,6. 22,20 2,36-37; 애가 1,2.19. 22,21 2,31; 3,25; 6,16; 에즈 9,7; 에제 20,8.13.21.28. 22,22 2,8.26; 10,21; 사도 7,51-52. 22,23 4,31; 6,24; 13,21; 50,43; 이사 13,8; 애가 1,17. 22,24 1사무 15,23.26; 16,1; 신명 31,17; 이사 2,6; 에제 16,39; 21,36; 2베드 2,21. 22,25 21,7; 34,20; 38,16; 2열왕 24,15-16.

22,20-23. 예루살렘을 고발하는 예언. 예루살렘은 애인(동맹)에게서 버림받은 방탕한 여인으로 제시된다. 고통의 부르짖음은 왕국을 둘러싼 산들 위로 오른다.

22,24-30. 콘야(여호야킨)에 대한 신탁. 그는 아버지 여호야킴의 뒤를 이어 임금이 되었으며, 짧은 기간 통치한 다음 바빌론으로 유배되었다(기원전 597년). 이 말씀은 다윗 집안의 종말을 내다본다. 여호야킨에게는 단죄만 있는 것으로 보이지만, 예레미야서는 바빌론에서 그의 명예가 회복되는 것을 유배 간 이들의 희망의 표지로 제시할 것이다(52,31-34 참조).

어나지 않은 다른 땅으로 내던지리니, 너희가 거기에서 죽
을 것이다. 27 그들은 그토록 돌아오고 싶어 하던 땅으로
다시는 돌아오지 못할 것이다.

28 이 사람 콘야는 깨어져 쓸모없는 옹기인가?
아무도 좋아하지 않는 그릇인가?
어찌하여 그는 제 자식들과 함께 내던져졌는가?
어찌하여 그들은 자신들도 모르는 땅으로 내팽개쳐졌는
가?
29 땅아, 땅아, 땅아!
주님의 말씀을 들어라.
30 주님께서 이렇게 말씀하신다.
"이 사람을 자식 없는 자로 기록하여라.
그는 자기 생애에 성공을 거두지 못한다.
그의 자손들 가운데에서는 다윗 왕좌에 앉아
다시 유다를 다스릴 사람이 나오지 않으리라."

미래의 임금 메시아

23 1 불행하여라, 내 목장의 양 떼를 파멸시키고
흩어 버린 목자들! 주님의 말씀이다. 2 — 그러
므로 주 이스라엘의 하느님께서 내 백성을 돌보는 목자들
을 두고 말씀하신다. — 너희는 내 양 떼를 흩어 버리고 몰
아냈으며 그들을 보살피지 않았다. 이제 내가 너희의 악한
행실을 벌하겠다. 주님의 말씀이다. 3 그런 다음 나는 내가
그들을 쫓아 보냈던 모든 나라에서 살아남은 양들을 다
시 모아들여 그들이 살던 땅으로 데려오겠다. 그러면 그들
은 출산을 많이 하여 번성할 것이다. 4 내가 그들을 돌보아
줄 목자들을 그들에게 세워 주리니, 그들은 더 이상 두려
워하거나 당황하지 않고, 그들 가운데 잃어버리는 양이 하

23,2. 이 구절에서는 히브리어 동사 '파캇'을 이용한 언어유희가 있다. 이 동사는 "주의를 기울이다"를 뜻할 수도 있지만 "설명을 요구하다"라는 의미도 지닌다. 목자들은 주님의 양 떼에게 주의를 기울이지 않았다("보살피지 않았다."). 그래서 주님께서는 그들에게 설명을 요구하실 것이다("벌하겠다.").

23,3. "내가 그들을 쫓아 보냈던" 이 동사는 양들이 흩어진 것에 대한 책임이 목자들에게 있다고 고발하는 2절과 모순된 것으로 보인다. 실제로 이 구절은 당신 백성의 역사에 대한 하느님의 지배권을 재확인하는 것으로 보아야 한다.

22,27 44,14; 52,31. 22,28 22,24; 로마 9,21; 2티모 2,20-21. 22,29 6,19; 신명 4,26; 32,1; 이사 1,2; 34,1; 미카 6,1-2. 22,30 16,1; 마태 1,11-12; 루카 1,32-33. 23,1-2 2,8.26; 에제 34,2; 즈카 11,17; 마태 23,13. 23,3 29,14; 30,3; 31,7-8; 40,11. 23,4 3,15; 33,26; 에제 34,11; 요한 21,15; 사도 20,28.

23,1-8. 임금을 비롯한 백성의 악한 지도자들에 대한 위협의 신탁. 악한 목자들에 대한 징벌은 그들을 대체하고 흩어진 백성들을 다시 모으며 하느님께서 당신 마음에 드는 목자들을 선물로 주시는 것을 내다본다. 5절은 미래에 다윗의 후손이 선물로 주어질 것을 예언한다. 그에게서 메시아사상의 기원이 되는 다윗 왕조에 주어진 약속들이 실현될 것이다(33,20-22 참조). 이 임금에게 주어진 "주님은 우리의 정의"라는 이름은 새 예루살렘에게도 주어질 것이다(33,16 참조).

✠ 23,1-6. 이 단락은 나해 연중 제16주일에 읽으며, "목자 없는 양들" 같은 군중을 바라보시는 예수님의 마음에 대한 도입이 된다(마르 6,30-34). 대림 시기인 12월 18일에는 "의로운 싹"과 유다를 구원할 "슬기로운 임금"에 관한 5-8절을 읽는다.

23,5. 의롭고 구원하시는 하느님의 특별한 현존을 드러내는 인도자인 이상적 임금에 대한 약속은 신약 성경에서는 당신 양 떼를 구원하기 위하여 목숨을 바치시는 예수님에게서 완전하게 실현된다(요한 10,1-18 참조).

23,6. "주님은 우리의 정의" 치드키야를 암시한다. 그의 이름은 "주님은 나의 정의"를 뜻한다. 또한 이로써 치드키야에 대한 언급으로 시작하는(21,1 참조) 유다 임금들을 대상으로 하는(21,1-23,8) 문학적 단락이 끝남을 표시해 준다.

23,7. 16,14-15의 주 참조.

23,9. "예언자들에 대하여" "예언자들을 거슬러"를 뜻한다. 이러한 히브리어 표현은 다른 민족들을 향한 징벌의 신탁들을 도입하는 "민족들을 거슬러"라는 표현에 상응하여 의미가 깊다(46,2; 48,1; 49,1.7.23.28 참조).

23,10. "그들의 행로는 악하고" "그들의 행로는 악을 향하고"로 옮겨 "그들의 종말은 불행이고"로 이해할 수도 있다.

나도 없을 것이다. 주님의 말씀이다.
5 보라, 그날이 온다!
주님의 말씀이다.
내가 다윗을 위하여 의로운 싹을 돋아나게 하리라.
그 싹은 임금이 되어 다스리고 슬기롭게 일을 처리하며
세상에 공정과 정의를 이루리라.
6 그의 시대에 유다가 구원을 받고
이스라엘이 안전하게 살리라.
사람들이 그의 이름을
'주님은 우리의 정의'라고 부르리라.
7 그러므로 이제 그날이 온다. 주님의 말씀이다. 그때에는
사람들이 더 이상 "이스라엘 자손들을 이집트에서 데리고
올라오신, 살아 계신 주님을 두고 맹세한다." 하지 않고, 8
그 대신 "이스라엘 집안의 후손들을 북쪽 땅에서, 그리고
당신께서 쫓아 보내셨던 모든 나라에서 데리고 올라오신,
살아 계신 주님을 두고 맹세한다." 할 것이다. 그때에 그들
은 자기 고향 땅에서 살게 될 것이다.

예언자들의 과오

9 예언자들에 대하여.
내 심장이 내 안에서 터지고
내 모든 뼈가 떨린다.
나는 술 취한 사람처럼
술에 전 인간처럼 되었으니
이는 주님 때문이요
그분의 거룩한 말씀 때문이다.
10 참으로 이 땅은
간음하는 자들로 가득하니

23,5 // 33,15-16; 아모 9,11; 즈카 9,9; 루카 1,78; 요한 7,42; 1코린 1,30; 묵시 19,11. 23,6 3,18; 31,1.8; 이사 11,13; 에제 37,15-28; 호세 2,2; 미카 2,12. 23,7-8 // 16,14-15; 또한 이사 43,18-19 참조. 23,9 8,23; 14,17-18. 23,10 5,7; 9,1; 이사 24,6; 호세 4,3; 갈라 5,19.

23,9-32. 거짓 예언자들에 대한 단락으로, 예레미야의 활동에서 서로 다른 시기들에 속한 신탁들이 모여 있다. 그는 고통 속에서(9절) 이들을 향하여 주님에게서 받지 않은 말들로 백성을 속이는 것을 비난하며, 불경한 이들을 경고해야 할 이들조차 불경함을 고발한다(11절). 북부의 예언자들은 바알 신의 이름으로 예언을 했고, 남부의 예언자들도 악한 행동으로 온 국가가 도덕성을 잃게 한다(13-15절). 이들은 스스로 자신을 예언자라고 내세웠으며, 악인들에게 회개를 권고하는 것이 아니라 그들과 함께 즐긴다. 또한 이들은 스스로 주님의 말씀을 알고 있다고 하지만 그분의 말씀을 받은 일이 없고, 그분의 권능과 초월의 신비를 알지 못한다. 그들은 자신들의 설교로 백성이 기대하는 헛된 안전에 대한 희망을 불어넣고, 이를 하느님의 말씀이라고 내세운다(16-22절). 거짓 예언자들은 꿈들과 그들 자신이 꾸며 낸 메시지와 남에게 들은 말을 주님의 계시로 선포하면서 백성을 죄로 인도한다(25-32절).

저주 때문에 땅이 슬퍼하고
광야의 풀밭이 메말라 간다.
그들의 행로는 악하고
그들의 권세는 옳지 못하다.

11 예언자도 사제도 불경스럽고
내 집에서조차 그들의 죄악이 보인다.
주님의 말씀이다.
12 그러므로 그들의 길은
미끄러운 통로와 같다.
그들은 어둠 속으로 떠밀려
그곳에서 넘어지리라.
징벌의 해에
내가 그들에게 재앙을 내릴 것이기 때문이다.
주님의 말씀이다.

사마리아 예언자들보다 악한 예루살렘 예언자들

13 나는 사마리아 예언자들에게서
고약한 일을 보았다.
그들은 바알의 이름으로 예언하고
내 백성 이스라엘을 잘못 이끌었다.
14 나는 예루살렘의 예언자들에게서도
망측한 일을 보았다.
그들은 간음을 하고 거짓 속을 걷는다.
또 악을 저지르는 자들의 손을 거든다.
그리하여 아무도
제 악에서 돌아서지 않는다.
그들은 모두 나에게 소돔처럼 되고
그 주민들은 고모라처럼 되어 버렸다.
15 — 그러므로 저 예언자들을 두고 만군의 주님께서 이렇게 말씀하신다. —
이제 내가 그들에게 쓴흰쑥을 먹이고
독이 든 물을 마시게 하리라.
불경죄가 예루살렘의 예언자들에게서
온 땅으로 번져 나갔기 때문이다.

23,13-15. 유나 왕국은 국가적·종교적으로 안전을 자만하여(7,4의 주 참조) "정통이 아닌" 북왕국 이스라엘에 대하여 교만한 태도를 가졌다(아시리아인들에 의한 북왕국의 멸망은 하느님의 정당한 징벌로 여겨졌다). 그러나 예언자의 눈에는 예루살렘의 죄가 더 크고(3,6-11 참조) 그 운명이 더 불행할 것이다.

23,11 5,31; 7,10; 에제 22,25-26; 스바 3,4; 마태 21,12-13. 23,12 13,16; 미카 7,4; 1요한 2,11. 23,13 2,8; 1열왕 18,18; 이사 9,15; 미카 3,5. 23,14 5,30-31; 14,14; 창세 13,13; 이사 1,9-10; 미카 3,11; 2베드 2,1-2. 23,15 8,14; 9,14; 애가 3,5.15.19; 묵시 8,11.

23,17. 예레미야는 자주 '스리룻 렙'이라는 히브리어 표현으로 백성이 악을 고집함을 나타내는데, 이는 "고집스러운 마음"(13,10; 23,17) 또는 부사 "고집스럽게"(9,13; 11,8; 16,12; 18,12)로 옮길 수 있다. 또한 신명 29,18("마음대로 고집하며")과 시편 81,13("고집 센 마음") 참조. 성경에서 "마음"의 의미에 관하여 탈출 4,21 주해와 9,14의 주 참조.

23,23. "가까운 곳의… 먼 곳의…" 히브리어 본문에 따르면(그리스어 번역본은 의문사를 삭제하고 하느님께서 가까이 계심만을 말한다) 역설적으로 보이지만 가까이 계심과 멀리 계심은 주님의 분리할 수 없는 두 가지 속성이다.

16 — 만군의 주님께서 이렇게 말씀하신다. —
너희에게 예언하는 저 예언자들의 말을 듣지 마라.
그들은 너희에게 헛된 희망을 불어넣고 있다.
그들은 제 마음에서 나온 환시를 말하고 있을 뿐
주님의 입에서 나온 것을 말하고 있지 않다.
17 그들은 나를 업신여기는 자들에게 줄곧 말한다.
"주님께서는 너희가 평화를 누릴 것이라고 하신다."
제 고집스러운 마음을 따르는 모든 자들에게도 말한다.
"재앙이 너희에게 닥칠 리 없다."
18 누가 주님의 어전 회의에 참석하여 그분의 말씀을 보고
들었느냐? 누가 그분의 말씀을 귀 기울여 들었느냐?

주님의 분노

19 보라, 주님의 폭풍이,
그 노여움이 터져 나온다.
회오리치는 폭풍이 사악한 자들의 머리 위로 휘몰아친다.
20 주님께서는 마음속에 뜻하신 바를
이행하고 이루시기까지
주님의 분노를 거두지 않으시리라.
훗날에야 너희는
그것을 분명히 깨달으리라.
21 내가 예언자들을 보내지 않았는데도
그들은 달려 나가고
내가 그들에게 말하지 않았는데도
그들은 예언을 한다.
22 그러나 그들이 내 어전 회의에 참석했더라면
내 말을 내 백성에게 들려주어
백성이 악한 길에서,
악한 행실에서 돌아서게 하였으리라.

온 우주에 계시는 주님

23 내가 가까운 곳의 하느님이기만 하고
먼 곳의 하느님은 아닌 줄 아느냐?
주님의 말씀이다.

23,16 23,21; 27,9-10.14; 29,8; 마태 7,15; 로마 1,21; 2코린 11,13. 23,17 5,12; 14,13; 2역대 36,16; 이사 28,15; 아모 9,10. 23,18 23,22; 1열왕 22,24; 아모 3,7; 요한 15,15; 로마 11,34; 1코린 2,16. 23,19-20 // 30,23-24; 또한 히브 1,2 참조. 23,21 14,14; 23,32; 28,15; 이사 6,8; 요한 20,21; 로마 10,15. 23,22 35,15; 36,3; 에제 3,17. 23,23 1열왕 20,23.28; 시편 113,5; 요나 1,3-4; 사도 17,27.

24 사람이 은밀한 곳에 숨는다고
내가 그를 보지 못할 줄 아느냐?
주님의 말씀이다.
내가 하늘과 땅을 가득 채우고 있지 않느냐?
주님의 말씀이다.

쭉정이와 알곡

25 나는 예언자들이 하는 말을 들었다. 그들은 내 이름으
로 거짓을 예언하며 이렇게 말한다. "나는 꿈을 꾸었네,
꿈을 꾸었네!" 26 언제까지나 이런 일이 계속되어야 하는
가? 거짓을 예언한 저 예언자들의 마음속에는 도대체 무
엇이 들어 있는가? 그들은 제 마음의 속임수를 예언할 뿐
이다. 27 그들은 자기네 조상들이 바알 때문에 내 이름을
잊었듯이, 서로 주고받는 꿈 이야기들로 내 백성이 내 이
름을 잊도록 흉계를 꾸미고 있다. 28 꿈을 꾼 예언자는 꿈
이야기를 하도록 버려두고, 내 말을 받은 이는 충실하게
그 말씀을 전하게 하여라. 쭉정이가 알곡과 무슨 상관이
있느냐? 주님의 말씀이다. 29 나의 말이 불과 같고 바위를
부수는 망치와 같지 않으냐? 주님의 말씀이다. 30 그러므
로 이제 내가 저희끼리 서로 내 말을 도둑질하는 예언자
들에게 맞서겠다. 주님의 말씀이다. 31 내가 "주님의 말씀
이다." 하면서 제 혀를 놀려 대는 예언자들에게 맞서겠다.
주님의 말씀이다. 32 이제 내가 거짓 꿈을 예언하고 거짓말
과 허황된 말로 내 백성을 잘못 인도하는 예언자들에게
맞서겠다. 주님의 말씀이다. 나는 결코 그들을 보낸 적이
없으며 그들에게 명령한 적도 없다. 그러므로 그들은 이
백성에게 아무런 이익도 주지 못한다. 주님의 말씀이다.

짐이 되는 주님의 말씀

33 이 백성이, 또는 어떤 예언자나 사제가 너에게 "무엇이

23,29. 거짓 예언자들은 하느님 말씀의 힘을, 회개로 이끄는 그 능력을 알지 못한다. 그 말씀은 바위를 부수는 망치이며 삼키는 불이다.

23,33. 예레미야에게 던져진 질문은 의도적으로 빈정대는 의미를 담고 있을 수도 있다(어떤 일어날 것 같지 않은 새로운 단죄의 신탁을 선포할 것인지 묻는다는 뜻에서). 여기에 39-40절의 준엄한 반응이 뒤따른다.

23,24 49,10; 욥 22,13-14; 시편 10,11; 지혜 1,7; 에페 1,23. 23,25 29,8; 창세 37,5.9; 민수 12,6; 요엘 3,1; 마태 1,20. 23,26 13,27; 44,26; 신명 13,2-5; 판관 3,7; 사도 13,8.10. 23,27 2,20; 3,1-2; 에제 16,15; 야고 4,4. 23,29 1,9; 5,14; 20,9; 1열왕 19,12; 호세 6,5; 루카 8,11; 24,32; 요한 6,63; 사도 2,3-37; 히브 4,12; 묵시 11,5. 23,30 14,14-15; 신명 18,20; 에제 13,8; 2코린 2,17. 23,32 7,8; 27,14; 애가 2,14; 마태 15,14. 23,33 민수 14,27; 시편 101,3; 루카 9,41.

23,33-40. 고발과 위협의 신탁으로, "신탁"을 뜻하기도 하고 "짐"을 뜻하기도 하는 히브리어 단어의 이중적 의미를 사용한다. 백성은 원수들에 대한 "짐"이 되는 신탁을 요구하지만, 바로 그것이 주님께 짐이 된다는 것을 깨닫지 못한다. 하느님께서는 이 부담스러운 짐을 내려놓으시고 당신 자신이 그러한 말을 한 사람에게 무거운 짐이 되실 것이다. 하느님의 백성은 다른 이들을 거슬러 신탁/짐을 요청하기 전에 먼저 주님께서 그에게 하시는 말씀에 귀를 기울이고 이를 중시해야 할 것이다.

주님의 짐이오?" 하고 물으면, 너는 이렇게 대답하여라.
"너희가 그 짐이다. 그러니 내가 너희를 내던져 버리겠다.
주님의 말씀이다." 34 또한 "말씀은 주님의 짐이다." 하고
말하는 예언자나 사제나 백성이 있으면, 내가 그와 그의
집안에 벌을 내리겠다. 35 너희는 이웃이나 동기간에 서로
"주님께서 무엇이라고 대답하셨는가?" 또 "주님께서 무엇
이라고 말씀하셨는가?" 하고 말해야지 36 더 이상 "주님의
짐이다." 하고 말해서는 안 된다. 저마다 그 말이 자신에게
짐이 되기 때문이다. — 너희는 살아 계신 하느님, 만군의
주 우리 하느님의 말씀을 왜곡하였다. — 37 그러므로 너
는 예언자에게 물을 때 "주님께서 당신에게 무엇이라고 대
답하셨소?" 또 "주님께서 무엇이라고 말씀하셨소?" 하고
말하여라. 38 그러나 너희가 "주님의 짐이다." 하고 말하면,
— 그러므로 주님께서 이렇게 말씀하신다. — 내가 너희에
게 사람을 보내어 "너희는 '주님의 짐이다.' 하고 말해서는
안 된다."고 일렀는데도 너희가 "주님의 짐이다."라는 이 말
을 하였기 때문에, 39 나는 반드시 너희를 들어 올렸다가,
너희를 그리고 내가 너희와 너희 조상들에게 준 이 도성을
내 앞에서 내던져 버리겠다. 40 내가 너희에게 잊지 못할
영원한 수치와 영원한 수모를 가져다주겠다.

무화과 두 광주리의 환시

24

1 주님께서 나에게 주님의 성전 앞에 놓인 무화
과 두 광주리를 보여 주셨다. 그것은 바빌론 임
금 네부카드네자르가 유다 임금 여호야킴의 아들 여콘야
와 유다의 제후들과 장인들과 대장장이들을 예루살렘에
서 바빌론으로 끌고 간 뒤였다. 2 한 광주리에는 만물 무화

23,36. 이 표현은 자신의 말을 마치 "주님의 말씀"처럼 퍼뜨리거나 단순히 주님의 말씀을 왜곡하기 위해서 사용되기 때문에도 사라져야 한다. 아마도 이 표현에 "살아 계신 하느님"의 이름을 빌어 주술적인 의미가 부여되기도 했을 것이다.

23,40. 바알 예언자들이 바랐던 것처럼 주님의 이름이 잊히지는 않을 것이며(27절 참조), 그들의 수치도 잊히지 않을 것이다.

24,2. "매우 좋은"이라는 표현은 창조의 여섯째 날 주님께서 당신 업적에 대해 하신 판단을 연상시킨다(창세 1,31 참조). 하느님께서는 무너져 가는 역사의 혼돈 속에서 당신과의 새로운 계약 관계를 맺은 새로운 인류가 생겨나게 하실 수 있다(7절; 31,22.31 참조).

23,35 31,34. 23,36 이사 3,8; 마태 12,36; 갈라 1,7; 2베드 2,18; 3,16. 23,39 마태 25,41; 2테살 1,9. 23,40 20,11; 24,9; 44,8; 신명 28,37; 에제 5,14-15; 호세 4,7. 24 22,24; 29,1-20; 에제 11,14-21; 마태 21,18-19. 24,1 신명 26,2; 아모 3,7. 24,2 이사 5,4.7; 호세 9,10; 마태 5,13; 요한 9,39-41.

24. 제1차 바빌론 유배(기원전 597년) 이후를 배경으로 하는 비유적 환시로, 두 개의 무화과 광주리가 제시된다. 한 광주리에는 좋은 무화과들이, 다른 광주리에는 먹을 수 없는 무화과들이 들어 있다. 이 비유는 누가 저주받은 사람이며 누가 축복받은 사람인가에 대하여 유다에서 일어났던 논쟁에 응답한다. 사람들은 대답이 명백하다고 여기며, 그 땅에 남은 이들이 축복을 받은 것이고 유배자들은 저주를 받은 것으로 생각한다. 예레미야는 이러한 사고방식을 뒤집는다. 좋은 무화과들은 유배 간 이들이며, 이들은 그 땅으로 돌아올 것이고 주님께서 그들에게 당신을 알 수 있는 마음을 주실 것이다. 반면 치드키야 임금과 지도자들을 비롯하여 그 나라의 생존자들은 나쁜 무화과들과 같으며 그래서 저주를 받을 것으로 여겨야 할 것이다. 하느님의 계획은 인간의 계획들과 같지 않으며, 사람들 눈에는 약하고 보잘것없어 보이는 것이 주님의 계획을 위해서는 결정적 요소가 될 수 있다. 유배 간 이들의 경우가 그러하다. 그들은 인간적으로는 하느님께 저주받은 이들로 여겨지지만, 희망으로 가득한 미래를 가져오는 이들이다(6-7절; 29,10-14 참조).

과처럼 매우 좋은 무화과가 담겨 있었으나, 다른 광주리에는
너무 나빠 먹을 수 없는 매우 나쁜 무화과가 담겨 있었다.
3 주님께서 나에게 말씀하셨다. "예레미야야, 무엇이 보이
느냐?" 내가 대답하였다. "무화과입니다. 좋은 무화과는
매우 좋은 것이고, 나쁜 무화과는 너무 나빠 먹을 수 없는
것입니다." 4 그러자 주님의 말씀이 나에게 내렸다. 5 주 이
스라엘의 하느님께서 이렇게 말씀하신다. "내가 이곳에서
칼데아인들의 땅으로 내쫓은 유다의 유배자들을 이 좋은
무화과처럼 좋게 보아주겠다. 6 나는 그들이 잘되게 눈길
을 주고, 그들을 이 땅으로 돌아오게 하겠다. 내가 그들을
세우고, 부수지 않겠으며, 그들을 심고, 뽑지 않겠다. 7 나
는 그들에게 내가 주님임을 알아보는 마음을 주겠다. 그리
하여 그들은 내 백성이 되고, 나는 그들의 하느님이 될 것
이다. 그들이 온전한 마음으로 나에게 돌아올 것이기 때
문이다. 8 — 주님께서 이렇게 말씀하신다. — 그러나 유다
임금 치드키야와 그의 제후들, 이 땅에 남아 있는 예루살
렘의 남은 자들과 이집트 땅에서 사는 자들은 너무 나빠
먹을 수 없는, 나쁜 무화과처럼 다루겠다. 9 내가 그들을
세상의 모든 나라에 공포의 대상으로 만들고, 내가 그리
로 몰아낸 모든 곳에서 수치와 속담거리와 비웃음거리와
저주의 대상이 되게 하겠다. 10 또한 그들에게 칼과 굶주림
과 흑사병을 보내어, 내가 그들과 그 조상들에게 준 땅에
서 그들을 완전히 멸망시키겠다."

유배 이전에 한 예레미야의 예언 요약

25 1 유다 임금 요시야의 아들 여호야킴 제사년,
곧 바빌론 임금 네부카드네자르 원년에 온 유
다 백성을 두고 예레미야에게 내린 말씀. 2 예언자 예레미
야가 유다의 모든 백성과 예루살렘의 모든 주민에게 이렇
게 말하였다. 3 "유다 임금 아몬의 아들 요시야 제십삼년부

24,7. "그들은 내 백성이 되고, 나는 그들의 하느님이 될 것이다." 유명한 계약 정식(formula)이 인용되어(7,23; 11,4과 탈출 6,7; 레위 26,12; 신명 4,20 참조) 주님과 그분 백성 사이에 서로에게 속하는 관계가 회복됨을 말한다. 이는 순전한 은총의 사건이지만, 기계적으로 이루어질 수는 없으며 진실하고 전적인 수용을 요구할 것이다("온전한 마음으로" 이와 대조적으로 3,10 참조).

24,10. "칼과 굶주림과 흑사병"은 적의 침입(칼), 그에 뒤따른 포위(굶주림), 그리고 해로운 위생 조건과 질병(흑사병)으로 인한 재앙을 지칭하여 여러 차례 함께 언급된다.

25,3. 백성의 역사가 듣지 않음과 불충실로 이루어졌다면 하느님 편에서는 끊임없는 대화가 있었고 지극한 관심이 있었다.

24,3 1,11; 아모 7,8; 8,2; 즈카 4,2; 마태 25,32-33. 24,4 신명 8,16; 시편 113,7; 즈카 13,9; 요한 10,27; 로마 8,28. 24,6 1,10; 12,15; 23,3; 29,10; 32,37; 42,10. 24,7 31,33-34; 32,39; 신명 30,6; 에제 11,19-20; 요한 1,18; 14,26; 로마 5,5; 1요한 5,20. 24,8 21,10; 29,16-18. 24,9 15,4; 29,18, 34,17; 신명 28,37; 애가 2,15; 에제 5,1-2.12-13; 사도 11,19-21. 24,10 5,12; 9,15. 25,1 36,1; 46,2; 2열왕 24,1-2. 25,3 1,2; 25,4; 2열왕 23,4.14; 2역대 34,3.8; 시편 81,14; 2티모 4,2.

25,1-14. 예언 두루마리가 기록된 기원전 605년까지(36장 참조) 23년에 걸친 예레미야의 예언 활동에 대한 요약이다. 예언자는 백성이 회개하고 우상 숭배를 극복하도록 설교를 했으나, 백성은 귀를 기울이지 않았다. 그래서 예레미야는 오직 임박한 바빌론 침입을 통한 징벌만 선포할 뿐이다. 그러나 바빌론 세력도 하느님의 명령으로 정해진 기간이 있을 것이다. 여기서 70년의 유배에 대한 예언이 나타난다(12절; 29,10 참조). 실제로 유배는 그보다 짧을 것이며, 이 예언은 다니 9장에서 숙고와 해석의 대상이 된다.

25,11-12. "일흔 해"는 대략적인 인간의 수명이다(시편 90,10 참조). 지금의 세대 전체가 징벌의 대상이 될 것이다.

터 오늘에 이르기까지 주님의 말씀이 스물세 해 동안 나
에게 내렸고, 나는 그것을 여러분에게 줄곧 전했으나 여러
분은 듣지 않았습니다. [4] 주님께서 여러분에게 당신의 모
든 종들, 곧 예언자들을 줄곧 보내셨으나, 여러분은 듣지
도 않았고 들으려고 귀를 기울이지도 않았습니다. [5] 그분
께서 이렇게 말씀하셨습니다. '너희는 제발 저마다 제 악
한 길과 악한 행실에서 돌아오너라. 그러면 주님이 너희와
너희 조상들에게 예로부터 영원히 준 땅에서 살 것이다. [6]
다른 신들을 따라가 그들을 섬기고 예배하며 너희 손으로
만든 것들로 나를 진노케 하지 마라. 그러면 내가 너희를
해치지 않겠다. [7] 그러나 너희는 내 말을 듣지 않았다. 주님
의 말씀이다. 너희는 너희 손으로 만든 것들로 나를 진노
케 하여 너희 스스로를 해쳤다.'
[8] 그러므로 만군의 주님께서 이렇게 말씀하신다. '너희가
내 말을 듣지 않았기 때문에, [9] 이제 나는 북쪽의 모든 족
속들을, 나의 종 바빌론 임금 네부카드네자르에게 불러
모으겠다. 주님의 말씀이다. 내가 저들을 데려와 이 땅과
이곳의 모든 주민과 주변의 모든 민족들을 치게 하여 그
들을 완전히 멸망시키고, 그들을 폐허와 놀림감과 영원한
황무지로 만들겠다. [10] 그리고 그들에게서 기쁜 소리와 즐
거운 소리, 신랑 신부의 소리, 맷돌질과 등잔 빛을 사라지
게 하겠다. [11] 이 땅은 온통 황무지와 폐허가 될 것이다. 그
리고 이 땅의 민족들은 일흔 해 동안 바빌론 임금을 섬길
것이다. [12] 그러나 그 일흔 해가 끝난 뒤에는 내가 바빌론
임금과 저 민족도 그들의 잘못을 물어 칼데아인들의 땅과
함께 벌하고, 그들을 영원한 폐허로 만들겠다. 주님의 말
씀이다. [13] 나는 저 땅을 거슬러 한 모든 말을, 예레미야가
모든 민족들을 거슬러 예언한 일을 이 책에 기록된 대로
그곳에 이루어 놓겠다. [14] 이제는 참으로 바빌론 사람들이
많은 민족과 큰 임금들을 섬기게 될 것이다. 내가 그들의
행실과 그들 손으로 만든 것에 대해 그들에게 되갚아 주
겠다.'"

25,4 7,25; 11,7; 마태 21,34; 23,34; 사도 7,51-52; 히브 12,25; 묵시 10,7. 25,5 7,7; 18,11; 이사 55,6-7; 요나 3,8; 루카 13,3. 25,6 7,6.9; 탈출 20,3.23; 신명 6,14. 25,7 신명 32,21; 잠언 8,36. 25,9 1,15; 5,15; 18,16; 27,6; 레위 26,25; 여호 6,17. 25,10 7,34; 16,9; 33,10-11; 묵시 18,22-24. 25,11-12 29,10; 2역대 36,21-22; 이사 23,15.17; 다니 9,2; 즈카 7,5. 25,13 1,5.10.12; 묵시 10,11. 25,14 27,7; 50,9; 51,6; 묵시 18,20.

이민족들에 관한 신탁

15 주 이스라엘의 하느님께서 나에게 이렇게 말씀하신다.
"너는 이 분노의 술잔을 내 손에서 받아라. 내가 너를 보
내는 모든 민족들에게 이 잔을 마시게 하여라. 16 그들은
이 잔을 마시고 내가 그들 가운데에 보내는 칼로 말미암
아 비틀거리며 미치게 될 것이다."
17 그리하여 내가 주님의 손에서 그 잔을 받아, 주님께서
나를 보내신 모든 민족들에게 마시게 하였다. 18 예루살렘
과 유다 성읍들의 주민들, 그 임금들과 제후들이 마시게
하여 그들을 오늘처럼 황무지와 폐허, 놀림감과 저주가 되
게 하였다. 19 또한 이집트의 임금 파라오와 그의 신하들
과 제후들과 그의 모든 백성, 20 모든 혼합 종족들과 우츠
땅의 모든 임금과 필리스티아 땅의 모든 임금, 아스클론과
가자와 에크론 주민들과 아스돗의 남은 자들, 21 에돔과
모압과 암몬인들, 22 티로의 모든 임금과 시돈의 모든 임금
과 바다 건너 해안 지방의 임금들, 23 드단과 테마와 부즈
의 주민들과 관자놀이의 머리를 민 모든 자들과, 24 아라
비아의 모든 임금과 사막에 사는 혼합 종족의 모든 임금
들, 25 지므리의 모든 임금과 엘람의 모든 임금과 메디아의
모든 임금, 26 멀고 가까운 북쪽 땅 곳곳의 모든 임금 하나
하나에게 마시게 하였다. 그리하여 땅 위에 있는 이 세상
모든 나라가 마시게 하였다. 마침내 세삭 임금도 마시게
될 것이다.

27 너는 그들에게 말하여라. "만군의 주 이스라엘의 하느
님께서 이렇게 말씀하신다. '내가 너희 가운데에 보내는
칼로 말미암아 너희는 마시고 취하며, 토하고 쓰러져서 다
시는 일어나지 마라.'" 28 그러나 그들이 만일 네 손에서 잔
을 받아 마시기를 마다하면, 너는 그들에게 말하여라. "만

25,17-26. 목록의 처음과 끝에는 당시의 두 강대 세력이 언급된다. 한편에는 이집트의 파라오가 있고 다른 한편에는 "세삭 임금"이 있는데, 많은 학자들은 세삭이 바빌론을 나타내는 암호라고 본다. 또한 남쪽의 먼 지역인 우츠 땅을 언급하는데, 욥이 우츠 출신이다. 필리스티아인들과 그들의 도시들(아스클론, 가자, 에크론, 아스돗), 에돔인들, 모압인들, 암몬인들이 언급되는데 이들은 모두 이스라엘의 전통적인 적들이다.

25,15 욥 21,20; 이사 51,17.22; 묵시 14,10; 17,2; 18,3. 25,16 51,7.39; 애가 4,21; 에제 23,32; 묵시 14,8.10. 25,17 1,10; 19,3; 25,28. 25,18 시편 60,5; 25,19 43,9; 46,2.13. 25,27 13,13; 51,7; 이사 51,17.21; 63,6; 하바 2,16. 25,28 27,6-8; 이사 46,1-11; 다니 4,32.

25,15-38. 예언자는 하느님에게서 술이 가득한 잔의 환시를 받는다. 그 술은 예루살렘의 재앙에 서로 다른 정도로 개입된 모든 민족들을 어지럽게 하고 취하게 할 것이다. 그것은 진노의 술잔으로, 이제 예루살렘에서 다른 민족들에게로 넘어간다(13,12-14 참조). 일종의 역사적인 보편적 심판으로, 선고의 집행이 묘사되고(15-29절) 그 설명이 뒤따른다(30-38절). 그리스어 번역본에서는 이 신탁에 바로 이민족들에 관한 신탁이 이어져, 이 신탁이 이민족들에 관한 신탁들을 도입하는 역할을 한다는 것을 보여 준다. 히브리어 본문에서는 예언자에 관한 전기적 내용들이 먼저 나오고 46-51장에서 이민족들에 관한 신탁이 나온다.

25,30. "소리를 치신다" 욥 37,2-5과 시편 29,3-9의 주 참조.

25,31. "시비를 가리시고" 히브리어 동사 '립'은 재판관 앞에서의 재판보다 두 편 사이의 법률적 논쟁을 나타낸다(미카 6,1-2의 주 참조). "칼에 넘기신다."는 죽음을 선고하심을 뜻한다.

군의 주님께서 이렇게 말씀하신다. '너희는 그 잔을 마셔
야 한다. 29 보라, 내 이름으로 불리는 그 도성에 내가 재앙
을 일으키기 시작하는데, 너희가 벌받지 않을 수 있겠느
냐? 너희는 벌받지 않을 수 없으리니, 내가 이 땅의 모든
주민에게 칼을 불러들이고 있기 때문이다. 만군의 주님의
말씀이다.'"
30 그러므로 너는 이 모든 말로 그들을 거슬러 예언하여
라. 그들에게 이렇게 말하여라.
"주님께서 높은 곳에서 고함치시고
거룩한 처소에서 소리를 지르신다.
그분께서 당신의 목장을 향해 큰 소리로 고함치시고
포도를 밟는 자들처럼
땅의 모든 주민에게 호령하신다.
31 벽력 같은 소리가
땅끝까지 미친다.
참으로 주님께서 민족들과 시비를 가리시고
그분께서 모든 인간을 심판하시며
사악한 자들을 칼에 넘기신다.
주님의 말씀이다.
32 만군의 주님께서 이렇게 말씀하신다.
'이제 재앙이
민족에서 민족으로 퍼져 나가고
거센 폭풍이
땅 맨 끝에서 일어나리라.'"

33 그날 주님께 죽임을 당한 자들이 땅 이 끝에서 저 끝에
이르기까지 널려 있는데도, 그들을 애도할 사람이 없고,
그들을 거두어 묻어 줄 사람도 없으리니, 그들은 땅바닥
에 뒹구는 거름이 될 것이다.
34 목자들아, 통곡하고 울부짖어라.
양 떼의 지도자들아, 땅에 뒹굴어라.
너희가 살해될 날이 다 차 오고 있다.
그러면 너희는 흩어지고 값비싼 그릇이 깨지듯 쓰러지리라.

25,29 30,11; 49,12; 잠언 11,31; 에제 9,6; 루카 21,35; 23,31; 1베드 4,17. 25,30 이사 42,13; 호세 5,14; 요엘 2,11; 묵시 10,3.11; 14,18. 25,31 45,5; 이사 66,16; 요엘 4,2. 25,33 // 8,2; 또한 16,4; 2열왕 9,37; 시편 79,3; 묵시 11,9 참조. 25,34 야고 5,1-2.

25,33. 시신들이 "거름"에 비교된다. 이 표상은 예레미야서 다른 곳에서도 두 번 나타나며(8,2; 16,4), 주님께 대한 불충과 그 결과인 징벌로 인한 저주의 상태를 강조한다. 이스라엘에게 새로운 구원을 약속하는 여러 신탁들을 끝맺는 31,40의 본문은 이러한 부정적 상황의 전환을 암시하는 것으로 보인다.

35 목자들은 아무런 피신처도 없고
양 떼의 지도자들은 아무런 도피처도 없으리라.
36 목자들이 울부짖는 저 소리!
양 떼의 지도자들의 저 통곡 소리!
주님께서 저들의 목장을 황폐하게 만드시기 때문이다.
37 주님의 타오르는 분노로
평화로운 목장이 황폐해지는구나.
38 그분께서는 사자처럼 굴을 떠나셨다.
정녕 압제자의 분노와
그분의 타오르는 분노로
그들의 땅이 폐허가 되는구나.

25,38. 주님께서는 죄에 반대하시며 인간을 타락시키는 모든 것을 거부하신다. 주님 진노의 술잔은 파괴를 위한 것이 아니라 정의와 악에서의 정화를 위한 계획이다.

이스라엘을 위한 구원의 신탁

— 유다와 예레미야의 삶 —

예레미야의 성전 설교

26 1 유다 임금 요시야의 아들 여호야킴이 다스리
기 시작할 무렵에 주님께서 이런 말씀을 내리
셨다.

25,35 32,4; 38,18. 25,38 4,7; 5,6; 49,19; 50,44. 26,1 1,3; 25,1; 27,1; 35,1; 36,1; 2열왕 23,34.

이 책의 둘째 부분은(26-45장) 전기적 성격의 이야기들과 희망의 신탁들을 담고 있다. 이들은 여호야킴 통치의 시작과(기원전 609년) 예루살렘 함락(기원전 587년) 이후 몇 년 사이의 기간에 자리하는 것으로 볼 수 있다. 자료들은 연대기적 순서로 정리되어 있지 않고, 주제와 수사학적 기준에 따라 배치되어 있다. 무게 중심은 여호야킴 임금이 불태운 예언 두루마리 이야기이며(36장 참조), 이로써 이 책의 전기적 부분의 둘째 단계가 시작된다. 이는 고통받는 주님 말씀의 증인 예레미야의 수난에 관한 부분이다. 여러 장들에서 긍정적인 이들과 부정적인 이들, 충실한 이들과 악한 이들 등 많은 인간들이 주인공으로 등장하지만, 감추어진 채 구원 계획에 따라 모든 사건들을 이끄는 주역은 하느님과 그분의 말씀이시다. 그 말씀은 인간의 불신에 내맡겨지지만, 모든 난관을 극복하고 희망의 원천이 된다. 주인공인 예언 두루마리가 여호야킴에 의해 베어지고 완전히 불태워진 다음에도 그 재에서 다시 힘차게 일어나는 것을 36장이 보여 준다.

26. 이 일화는 성전에서 한 설교가(7장 참조) 예레미야에게 가져온 위험한 결과들을 전하며, 여호야킴 통치 초기를 배경으로 한다(기원전 609년). 하느님의 명을 실행한 다음(1-6절) 예레미야는 자신의 말들 때문에 재판을 받는다. 그는 종교적 영역에서 그리고 백성들에게 고발을 당한다. 그들은 그를 사형에 처할 것을 요구하고, 이에 예레미야는 변론을 통하여 회개를 권고하지만 사형이 선고된다(7-16절). 그때 몇몇 원로들이 예언자를 위하여 개입한다. 이들은 한 세기 전에 히즈키야와 백성이 미카의 설교를 다른 방식으로 받아들였음을 상기시킨다(미카 3,12 참조). 미카의 설교는 지금 사람들이 예레미야를 사형에 처하려고 하는 그 설교와 매우 유사한 것이었다(17-19절). 예레미야에게 부정적으로 깊이 연관되어 있던 사판의 집안 사람인 아히캄이 개입하여 예언자를 풀어 준다. 그의 운명은 이집트로 피신했으나 임금이 압송하여 사형을 집행했던 우리야 예언자의 운명과 대조된다(20-24절).

2 주님께서 이렇게 말씀하신다. "주님의 집 뜰에 서서, 주
님의 집에 예배하러 오는 유다의 모든 성읍 주민들에게,
내가 너더러 그들에게 전하라고 명령한 모든 말을 한마디
도 빼놓지 말고 전하여라. 3 그들이 그 말을 듣고서 저마다
제 악한 길에서 돌아설지도 모른다. 그러면 나도 그들의
악행 때문에 그들에게 내리려는 재앙을 거두겠다.
4 너는 그들에게 이렇게 말하여라. '주님께서 이렇게 말씀
하신다. ′너희가 내 말을 듣지 않고 내가 너희 앞에 세워
둔 내 법대로 걷지 않는다면, 5 또 내가 너희에게 잇달아
보낸 나의 종 예언자들의 말을 듣지 않는다면, — 사실 너
희는 듣지 않았다. — 6 나는 이 집을 실로처럼 만들어 버
리고, 이 도성을 세상의 모든 민족들에게 저주의 대상이
되게 하겠다.′'"
7 사제들과 예언자들과 온 백성은 주님의 집에서 예레미야
가 이 말을 하는 것을 들었다. 8 그리고 예레미야가 주님께
서 온 백성에게 전하라고 하신 말씀을 모두 마쳤을 때, 사
제들과 예언자들과 온 백성이 그를 붙잡아 말하였다. "너
는 반드시 죽어야 한다. 9 어찌하여 네가 주님의 이름으로
이 집이 실로처럼 되고, 이 도성이 아무도 살 수 없는 폐허
가 되리라고 예언하느냐?" 그러면서 온 백성이 주님의 집
에 있는 예레미야에게 몰려들었다.
10 유다의 대신들은 이 소문을 듣고 왕궁에서 주님의 집으
로 올라와, '주님의 새 대문' 입구에 앉았다. 11 그러자 사
제들과 예언자들이 대신들과 온 백성에게 말하였다. "여
러분의 귀로 들으신 것처럼 이 사람은 이 도성을 거슬러
예언하였으니 그를 사형에 처해야 합니다." 12 이에 예레미
야가 모든 대신들과 온 백성에게 말하였다. "주님께서 나
를 보내시어, 이 집과 도성에 대하여 여러분이 들으신 이
것을 예언하게 하셨습니다. 13 그러니 이제 여러분의 길과
행실을 고치고, 주 여러분의 하느님 말씀을 들으십시오.
그러면 주님께서 여러분에게 내리겠다고 말씀하신 재앙
을 거두실 것입니다. 14 이 내 몸이야 여러분 손에 있으니
여러분이 보기에 좋을 대로 바르게 나를 처리하십시오.

26,3. "…지도 모른다." 히브리어로는 '울라이'이다(36,3.7 참조). 희망을 담고 있는 이 표현은 주님의 이름으로 백성에게 선포된 예언자의 고발들의 의미를 효과적으로 요약한다. 가장 심각한 위협들도('립'의 논리에 따라. 2,9의 주 참조) 그 목적은 오직 백성이 회개하고 계약 관계를 회복하도록 하는 것이다. 이스라엘의 삶은 그 관계에 달려 있다. "재앙을 거두겠다." 하느님께서 후회하고 생각을 바꿀 수 있으시다는 생각은 이 장 13절과 19절에 다시 나타난다(15,6의 주 참조).

26,6. "실로처럼 만들어 버리고" 7,14의 주 참조.

26,9. "예레미야에게" 또는 "예레미야를 거슬러" 재판을 받는 것은 예언 말씀으로, 권위 있고 규범적인 말씀으로 제시하는 모든 말씀의 운명이다. 그 말씀은 순종을 요구하는 다른 모든 권력을 의문에 부친다("유다의 대신들" 10절). 이 일화는 하느님의 아드님으로서 권위를 주장하신 예수님께서 겪으신 재판의 예표가 된다.

26,2 1,17; 38,14; 42,4; 이사 58,1; 에제 3,10; 묵시 22,19. 26,3 18,7-10; 36,3; 이사 1,16-19; 에제 18,27; 요나 3,8-10; 4,2. 26,4-6 레위 26,14-45; 신명 28,15-68. 26,6 7,12; 24,9; 1사무 4,10.19; 시편 78,60. 26,8 11,21; 12,5-6; 38,4; 이사 30,10-11; 아모 2,12; 미카 2,6; 마태 21,15; 26,2-4. 26,9 아모 7,10; 마태 21,23; 요한 2,19-22; 사도 22,22. 26,10 36,10. 26,11 38,4; 신명 18,20; 마태 26,66; 사도 6,11. 26,12 1,17-18; 아모 7,15; 사도 4,18; 5,29. 26,13 7,3; 36,3; 38,20; 탈출 32,14. 26,14 38,5; 2사무 15,26; 다니 3,16; 마태 26,50; 사도 21,27.

15 그러나 이것만은 분명히 알아 두십시오. 여러분이 나
를 죽인다면, 여러분 자신과 이 도성과 그 주민들은 죄 없
는 이의 피를 흘린 책임을 져야 할 것입니다. 참으로 주님
께서는 나를 여러분에게 보내시어, 여러분의 귀에 대고 이
모든 말씀을 전하게 하셨던 것입니다." 16 그러자 대신들과
온 백성이 사제들과 예언자들에게 말하였다. "이 사람은
사형당할 만한 죄목이 없습니다. 그는 우리에게 주 우리
하느님의 이름으로 말하였습니다."
17 이때 지방의 원로들 가운데 몇 사람이 일어나 거기 모인
온 백성에게 말하였다. 18 "모레셋 출신 미카가 유다 임금
히즈키야 시대에 예언하였는데, 그가 온 유다 백성에게 이
렇게 말한 바 있습니다. '만군의 주님께서 이렇게 말씀하
신다. '시온은 갈아엎어져 밭이 되고 예루살렘은 폐허 더
미가 되며, 주님의 집이 서 있는 산은 수풀 언덕이 될 것이
다.'' 19 그런데도 유다 임금 히즈키야와 온 유다 백성이 그
를 죽였습니까? 오히려 주님을 경외하고 주님의 자비를 간
청하니, 주님께서 그들에게 내리겠다고 하신 재앙을 거두
지 않으셨습니까? 그러나 우리는 큰 재앙을 우리 스스로
불러들이고 있습니다."

예언자 우리야의 운명

20 주님의 이름으로 예언한 사람이 또 있었으니 키르얏 여
아림 출신 스마야의 아들 우리야였다. 그도 예레미야와
같은 말씀으로 이 도성과 이 나라를 거슬러 예언하였다.
21 여호야킴 임금은 자기의 모든 용사와 모든 대신과 더불
어 그의 말을 듣고 그를 죽이려고 찾았다. 그 소식을 듣고
우리야는 두려워서 이집트로 도망갔다. 22 그러자 여호야
킴 임금은 악보르의 아들 엘나탄에게 몇 사람을 딸려서
그들을 이집트로 보냈다. 23 그들이 이집트에서 우리야를
잡아내어 그를 여호야킴 임금에게 데려오자, 여호야킴 임
금은 그를 칼로 쳐 죽이고 그 시체를 서민 공동묘지에 던져
버렸다. 24 그러나 예레미야는 사판의 아들 아히캄의 도움
으로, 백성의 손에 넘겨져 죽임을 당하지는 않게 되었다.

26,15. "죄 없는 이의 피를 흘린 책임을 져야 할 것" 자구적으로는 "여러분 위에 무죄한 피를 끌어들이게 될 것"이다. 요나 1,14에서는 이와 유사한 구절을 "저희에게 살인죄를 지우지 말아 주십시오."라고 번역했다.

26,19. "간청하니" 시편 119,58의 주 참조.

26,20-24. 예레미야에 대한 재판은 회개의 필요성을 부각시킨다. 회개는 주님의 말씀 앞에서 취해야 할 유일한 태도이다. 그분 말씀에 대한 순응이 없다면 성전과 제도들을 옹호하는 것은 아무 소용이 없다. 예레미야와 우리야는 같은 설교를 했지만 서로 다른 운명을 맞는데, 이는 예레미야가 말뿐만 아니라 백성과의 연대 때문에도 참된 예언자임을 시사한다. 그러한 연대는 그가 피신함으로써 자신만의 구원을 추구하지 않았다는 데서 드러난다.

26,24. 이러한 뜻밖의 해방은(38,1-13과 39,11-14; 40,1-6에서 반복된다) 예레미야뿐 아니라(1,8.18-19 참조) 예루살렘 전체에 주어진 하느님의 약속이 믿을 수 있는 것임을 확증한다. 죽음 앞에서 물러나지 않는 사람은 목숨을 구할 것이다. 아직도 삶이 가능할 수 있도록 하느님의 계획에 신뢰하며 순종하여 자신을 내맡김으로써 상징적으로 죽음을 받아들이는 것, 이것이 27-28장의 주제가 될 것이다.

26,15 2,34; 7,6; 창세 42,22; 민수 35,33; 신명 19,10; 마태 23,30; 27,25; 사도 7,60. 26,18 // 미카 3,12; 또한 시편 79,1; 즈카 8,3 참조. 26,19 탈출 32,14; 2사무 24,16; 이사 37; 애가 4,13; 마태 27,24-25. 26,20 1사무 7,2. 26,21 1열왕 19,1-3; 잠언 29,25; 마태 2,13; 10,23; 16,25; 21,36-39. 26,22 36,12; 2열왕 22,12; 잠언 29,12. 26,23 2,30; 마태 14,10; 히브 11,37; 묵시 11,7.

항복과 재앙 사이의 선택

27 1 유다 임금 요시야의 아들 치드키야가 다스리
기 시작할 무렵에 주님에게서 이런 말씀이 예
레미야에게 내렸다.
2 주님께서 나에게 이렇게 말씀하셨다. "너는 끈과 나무
로 멍에를 만들어 그것을 목에 메어라. 3 그러고 나서 그것
들을 에돔 임금과 모압 임금과 암몬 자손들의 임금과 티
로 임금과 시돈 임금에게, 유다 임금 치드키야를 만나러
예루살렘에 와 있는 사절단들의 손에 들려 보내라. 4 또한
그 주군들에게 이러한 말도 전하여라. '만군의 주 이스라
엘의 하느님께서 이렇게 말씀하신다. 너희는 너희 주군들
에게 이렇게 말하여라. 5 ′큰 권능과 뻗은 팔로 이 세상과
거기에 있는 사람과 짐승을 만든 이는 바로 나다. 나는 이
세상을 내가 보기에 올곧은 이에게 주겠다. 6 이제 나는
이 모든 나라를 나의 종 바빌론 임금 네부카드네자르 손
에 맡겼고, 들짐승까지도 그에게 맡겨 그를 섬길 것이다. 7
모든 민족들이 그와 그의 아들과 손자를 섬길 것이다. 그
런 다음 그의 나라에도 때가 올 것이다. 그러면 많은 민족
들과 큰 임금들이 그를 종으로 삼을 것이다. 8 그러나 어느
민족이나 왕국이든지 이 바빌론 임금 네부카드네자르를
섬기지 않고 바빌론 임금의 멍에 밑에 제 목을 내밀지 않
으면, 내가 칼과 굶주림과 흑사병으로 그 민족을 징벌하
여, 그의 손으로 그들을 없애 버리겠다. 주님의 말씀이다.
9 너희는 바빌론 임금을 섬기지 않게 될 것이라고 말하는
너희의 예언자들과 점쟁이들과 해몽가들과 요술사들과
마술사들의 말을 듣지 마라. 10 그들이 너희에게 예언하는
것은 거짓이다. 너희는 결국 고향 땅에서 멀리 쫓겨날 것
이다. 내가 너희를 몰아내고 멸망시키겠다. 11 그러나 바빌

27,1. "치드키야"는 27,3.12; 28,1을 근거로 히브리어 본문을 수정한 것이다(본문은 "여호야킴"으로 되어 있다). 그러나 이미 26,1에서 언급한 여호야킴이 나타나는 것은 두 임금의 통치를 특징짓는 단일성을(불충과 징벌) 상징적으로 암시하는 것일 수 있다.

27,3. "그것들을… 보내라." 이 나라들에 보내기 위해 더 많은 멍에들을 만드는 것을 말한다(1사무 11,7 참조).

27,8. "칼과 굶주림과 흑사병" 24,10의 주 참조.

27,11. 하느님께서는 당신 백성이나 다른 이들을 위해서 평화와 행복을 바라시지만, 이에 이르기 위해서는 예언자를 통해 계시된 이 역사적 순간의 의미를 받아들여야 한다. 지금은 저항하거나 반항할 때가 아니라, 자신들의 민족적 영예를 포기하고 복종할 때이다.

27,1 26,1; 28,1. 27,2 13,1; 28,10.13; 1열왕 11,30-31; 이사 20,2; 에제 4,1. 27,5 10,11-12; 32,17; 51,15; 창세 1-2; 탈출 20,11; 이사 40,21-26; 42,5; 사도 17,25. 27,6 28,14; 다니 2,37-38; 5,18-19. 27,7 25,12; 44,30; 50-51; 이사 14,22; 묵시 13,5; 14,8. 27,8 21,8-10; 25,28-29; 38,17; 40,9; 42,10-11. 27,9 23,16; 29,8; 탈출 7,11. 27,10 애가 2,14; 에제 14,9.

27. 이 일화의 역사적 배경은 서부 왕국들이 동쪽 국경에 집중하고 있던 바빌론에 맞서 동맹을 맺은 것이다(이집트의 은밀한 조종으로). 예레미야는 상징적 행동으로 목에 굴레와 멍에를 멘다. 이는 거짓 예언자들의 말을 듣지 말고 하느님께서 주신 권력을 맡고 있는 네부카드네자르에게 복종해야 함을 뜻한다(1-11절). 이어서 치드키야에게 바빌론 임금을 섬기라는 신탁이 주어진다(12-15절). 마지막으로 예레미야는 사제들과 백성에게, 바빌론의 멍에를 받아들이고 거짓 예언자들에게 귀를 기울이지 말라고 말한다. 그는 그 거짓 예언자들이 기원전 597년에 빼앗긴 거룩한 기물들이 돌아오도록 주님께 간청해야 하리라고 말한다. 신탁은 약속으로 끝맺는다. 주님께서 뜻하신 날에 거룩한 기물들이 예루살렘으로 돌아오리라는 것이다(16-22절).

론 임금의 멍에 밑에 제 목을 내밀고 그를 섬기는 민족은,
고향 땅에 남아 농사를 지으며 그곳에서 살게 하겠다. 주
님의 말씀이다.'"

12 나는 유다 임금 치드키야에게도 이러한 말을 하였다.
"여러분은 바빌론 임금의 멍에 밑에 여러분의 목을 내밀
고 그와 그의 백성을 섬기십시오. 그러면 살 것입니다. 13
어찌하여 임금님과 임금님의 백성은 칼과 굶주림과 흑사
병으로 죽으려 합니까? 주님께서 바빌론 임금을 섬기지
않는 민족은 누구나 그와 같이 되리라고 말씀하신 적이
있습니다. 14 여러분은 바빌론 임금을 섬기지 않게 될 것이
라고 여러분에게 말하는 예언자들의 말은 듣지 마십시오.
그들이 여러분에게 예언한 것은 거짓입니다. 15 주님의 말
씀입니다. '내가 그들을 보내지 않았는데도, 그들은 내 이
름으로 거짓 예언을 하고 있다. 그러므로 내가 너희를 몰
아내리니, 너희는 너희에게 예언한 예언자들과 더불어 멸
망할 것이다.'"
16 나는 사제들과 이 모든 백성에게 말하였다. "주님께서
이렇게 말씀하십니다. 여러분은 주님의 집 기물들이 이제
곧 바빌론에서 돌아올 것이라고 여러분에게 예언하는 예
언자들의 말을 듣지 마십시오. 그들은 여러분에게 거짓을
예언합니다. 17 그들의 말을 듣지 말고 바빌론 임금을 섬기
십시오. 그러면 살 것입니다. 어찌하여 이 도성이 불모지
가 되어야 하겠습니까? 18 그러므로 그들이 예언자라면,
또 주님의 말씀이 그들과 함께 있다면, 그들은 주님의 집
과 유다 왕궁과 예루살렘에 남아 있는 기물들이 더 이상
바빌론으로 가지 않도록 만군의 주님께 간청해야 할 것입
니다.
19 만군의 주님께서 기둥과 큰 바다 모형과 받침대와 아직
이 도성에 남아 있는 다른 기물들을 두고 이렇게 말씀하
십니다. 20 '그것들은 바빌론 임금 네부카드네자르가 유다
임금 여호야킴의 아들 여콘야와 유다와 예루살렘의 모든
귀족을 예루살렘에서 바빌론으로 유배시킬 때에 함께 가

27,15-17. 잘못된 확신과 헛된 착각은 주님을 거스르는 반항과 같다.

27,19. "바다 모형" 자구적으로는 "바다"(1열왕 7,23의 주 참조)이다. 다른 현대어 번역본들에서는 2열왕 25,13; 1역대 18,8; 예레 52,17의 명칭을 참조하여 "청동 바다"로 옮기기도 한다. "받침대"에 관하여 1열왕 7,27-39의 주 참조.

27,15 6,13; 14,15; 마태 7,22-23; 24,24; 2티모 4,3-4. 27,16 28,3; 2열왕 24,13; 2역대 36,7; 다니 1,2. 27,17 21,8-10; 29,4-10; 38,17. 27,18 7,16; 42,2; 1사무 7,8. 27,19 52,17; 1열왕 7,15; 2열왕 25,13. 27,20 22,28; 24,1.

27,16-18. 네부카드네자르는 역사의 지배자가 아니라 하느님 계획이 이루어지게 하는 도구에 불과하다. 백성의 신앙은 거짓에 유혹되어 넘어가지 않고 하느님의 징벌을 받아들이는 데에 있다. 거짓 예언자들은 사건들에 대한 자신들 스스로의 평가를 하느님 말씀이라고 말한다.

져가지 않은 것들이다.' 21 만군의 주 이스라엘의 하느님께
서 주님의 집과 유다 왕궁과 예루살렘에 남아 있는 기물
들에 관하여 이렇게 말씀하십니다. 22 '그것들은 바빌론으
로 옮겨져 내가 찾을 때까지 그곳에 남아 있을 것이다. 주
님의 말씀이다. 그 뒤에 내가 그것들을 다시 가져와 제자
리에 돌려놓겠다.'"

예레미야와 거짓 예언자 하난야의 대립

28 1 같은 해, 곧 유다 임금 치드키야의 통치 초기
제사년 다섯째 달에, 기브온 출신의 예언자이
며 아쭈르의 아들인 하난야가 주님의 집에서 사제들과 온
백성이 지켜보는 가운데 나에게 말하였다. 2 "만군의 주 이
스라엘의 하느님께서 이렇게 말씀하신다. '내가 바빌론 임
금의 멍에를 부수기로 하였다. 3 두 해 안에, 바빌론 임금
네부카드네자르가 이곳에서 가져가 바빌론으로 옮겨 놓
은 주님의 집 모든 기물을, 내가 이곳에 다시 돌려놓겠다.
4 바빌론으로 끌려간 유다 임금 여호야킨의 아들 여콘야와
유다의 모든 유배자를 이 자리에 다시 데려다 놓겠다. 주님
의 말씀이다. 내가 정녕 바빌론 임금의 멍에를 부수겠다.'"
5 그러자 예레미야 예언자가 사제들과, 주님의 집 안에 서
있는 온 백성이 지켜보는 가운데 하난야 예언자에게 말하
였다. 6 예레미야 예언자가 말하였다. "아무렴, 주님께서 그
렇게만 해 주신다면 얼마나 좋겠소! 주님께서 당신이 예언
한 말을 실현시키시어, 주님의 집 모든 기물과 모든 유배
자를 바빌론에서 이곳으로 옮겨 주시기를 바라오.
7 그러나 이제 내가 당신의 귀와 온 백성의 귀에 전하는 이
말씀을 들어 보시오. 8 예로부터, 나와 당신에 앞서 활동
한 예언자들은 많은 나라와 큰 왕국들에게 전쟁과 재앙
과 흑사병이 닥치리라고 예언하였소. 9 평화를 예언하는
예언자는 그 예언자의 말이 이루어질 때, 비로소 그가 참
으로 주님께서 보내신 예언자로 드러나는 것이오." 10 그러

28,1. "치드키야의 통치 초기"와 "제사년"이 대조되어 이상한데, 아마도 이 사건을 의도적으로 27장과 연결하고 51,59과 조화시키려는 것으로 보인다. 하느님께서는 바빌론의 권력에 복종하기를 요구하시는 바로 그 순간에(27-28장) 그 권력의 종말을 선고하신다(51,60-64 참조).

28,7-9. 예레미야가 참된 예언자는 재앙을 선포한다고 말하는 것은(8절), 죄의 중대함을 강조하고 백성에게 자기 마음에 드는 말을 찾지 않도록 주의하게 하기 위해서이다. 그래서 그는 평화와 구원을 말하는 예언자들의 말이 믿을 수 있는 것인지 확인하는 것을 그들이 선포한 말이 실현될 때로 유보한다(9절).

27,22 25,11-12; 29,10. 28,1 27,1. 28,2 27,2; 에제 13,5; 미카 3,11. 28,3 28,17. 28,4 2,20; 30,8. 28,6 11,5; 17,16; 1열왕 22,15; 2코린 1,10; 묵시 3,14. 28,8 46-51; 신명 4,26-27; 1사무3,11-14; 1열왕 17,1; 이사 5,1-8; 13-23; 에제 25-32; 아모 1-2. 28,9 1,12; 4,10; 6,14; 8,11; 14,13; 신명 18,21-22; 에제 2,5; 13,10; 33,33.

28. 참된 예언자와 거짓 예언자가 충돌한다. 이 문맥 안에서는 서방 임금들의 연합에서 파견한 사절로 나타나는 하난야가 유다가 바빌론의 지배에서 해방되리라는 신탁을 선포한다(1-4절). 예레미야는 실제로 그렇게 되기를 바라지만 재앙을 알리는 하느님의 말씀을 전해야 하고, 참된 예언자를 알아보는 기준을 지적한다(5-9절). 하난야는 예레미야를 모욕하고 모든 이들 앞에서 그를 당황하게 한다(10-11절). 그 후에야 예레미야는 하난야의 예언을 거짓으로 선언하는 신탁을 받는다. 하난야는 곧 죽을 것이고, 그것이 그의 예언이 거짓이었음을 보여 주는 하느님의 처벌이 될 것이다(12-17절).

자 하난야 예언자가 예레미야 예언자의 목에서 멍에를 벗
겨 내어 부수었다. 11 그러고 나서 하난야는 온 백성이 지
켜보는 가운데 말하였다. "주님께서 이렇게 말씀하신다.
'내가 두 해 안에 바빌론 임금 네부카드네자르의 멍에를
모든 민족들의 목에서 벗겨 이와 같이 부수겠다.'" 그러자
예레미야 예언자는 자기 길을 떠났다.
12 하난야 예언자가 예레미야 예언자의 목에서 멍에를 벗
겨 부순 뒤에, 주님의 말씀이 예레미야에게 내렸다. 13 "가
서 하난야에게 말하여라. '주님께서 이렇게 말씀하신다. ′너
는 나무 멍에를 부수고, 오히려 그 대신에 쇠 멍에를 만들었
다.′ 14 참으로 만군의 주 이스라엘의 하느님께서 이렇게 말
씀하신다. ′내가 이 모든 민족들의 목에 쇠 멍에를 씌우고
바빌론 임금 네부카드네자르를 섬기게 하였으니, 그들이 그
를 섬길 것이다. 나는 들짐승까지도 그에게 넘겨주었다.′'"
15 예레미야 예언자가 하난야 예언자에게 말하였다. "하난
야, 잘 들으시오. 주님께서 당신을 보내지 않으셨는데도,
당신은 이 백성을 거짓에 의지하게 하였소. 16 그러므로 주
님께서 이렇게 말씀하시오. '내가 너를 땅 위에서 치워 버
리리니, 올해에 네가 죽을 것이다. 너는 주님을 거슬러 거
역하는 말을 하였다.'" 17 하난야 예언자는 그해 일곱째 달
에 죽었다.

첫 번째 유배자들에게 보낸 편지

29 1 이 글은 예레미야 예언자가 예루살렘에서 보
낸 편지로서, 네부카드네자르가 예루살렘에
서 바빌론으로 잡아간 유배자들 가운데 살아남은 원로들
과 사제들과 예언자들과 온 백성에게 보낸 것이다. 2 그것

28,16. "치워 버리리니"로 번역한 동사는 15절에서 "보내지 않으셨는데도"라고 번역한 것과 그 형태만 다를 뿐 같은 단어이다. 이로써 저자는 주님께서 하난야를 "보내지 않으셨다"(15절)는 선언과 16절의 죽음의 처벌로 구체화되는 "치워 버림"을 연결한다.

28,11 23,17; 29,9; 1사무28,6; 1열왕 13,18; 22,6; 시편 83,2; 에제 13,7. 28,12 2사무 7,4. 28,14 27,6-7. 28,15 29,31-32; 1열왕 22,23; 에제 13,2. 28,16 20,6; 민수 14,37; 신명 13,6. 29,1 바룩 1,1; 사도 15,23; 2코린 7,8; 갈라 6,11. 29,2 2열왕 24,12.

29,1-23. 예레미야가 첫 번째 유배 때 바빌론으로 간 유다인들에게 보낸 공개편지이다. 제국 동쪽 지방에서 발생한 몇 가지 문제들로 인하여, 그들은 유배 기간이 길지 않으리라고 믿게 되었다. 그러한 환상은 곧 바빌론이 몰락하리라는 거짓 예언자들의 말들로 더욱 강화되었다. 이 편지의 내용은 유배 기간이 그보다 훨씬 더 길 것이라고 내다보며(실제 역사적으로 지속된 기간보다 더 길게 본다) 신앙인으로서 그 기간을 살아갈 일종의 지침서를 주는 것이다. 수신인들에게는 두 가지 측면이 당황스러울 것이다. 그 첫째는 그들을 지배하는 나라를 위해 기도하고(7절) 그 나라에 협력하라는 것이고, 둘째는 긴 유배 기간을 예상하는 것이다(10절). 유배자들에게 보낸 이 편지는 역사의 어려운 순간에 대한 신앙의 시각을 해석하기 위한 소중한 자료가 된다. 예레미야에게 신앙은 어떤 값을 치르고라도 낙관적 희망을 지키는 것이 아니라, 유배와 같은 고통스러운 사건들까지도 주님께서 이끄신다는 의식이다(4절). 신앙인의 희망은 거짓 예언처럼 하느님께 기한을 정하는 것이 아니다. 그 기간 동안 간절한 희망을 포기하지 않으면서(10절) 일상생활의 단순한 선들을 소중히 여길 줄 아는 것이 필요하다. 그 희망은 다른 것이 아니라 오직 마음의 치유, 곧 힘을 다하여 주님을 찾는 것이다.

은 여콘야 임금과 그 모후와 내시들과 유다와 예루살렘의
대신들과 장인들과 대장장이들이 예루살렘에서 떠난 뒤
였다. 3 편지는 유다 임금 치드키야가 바빌론 임금 네부카
드네자르에게 보낸, 사판의 아들 엘아사와 힐키야의 아들
그마르야를 통하여 바빌론에 전달되었다. 편지의 내용은
이러하다.

그곳에 정착하여라

4 만군의 주 이스라엘의 하느님께서 예루살렘에서 바빌론
으로 유배 보낸 모든 유배자들에게 말씀하신다. 5 "너희는
그곳에 집을 지어 정착하고, 과수원도 만들어 그 열매를
따 먹어라. 6 아내를 맞아들여 아들딸을 낳고, 너희 아들
들을 장가보내고 너희 딸들을 시집보내어, 그들도 아들딸
을 낳고 그곳에서 번성하여 줄어들지 않게 하여라. 7 또한
너희는 내가 너희를 유배 보낸 그곳에서 그 성읍의 평화
를 구하고, 그 성읍을 위하여 주님에게 기도하여라. 너희
의 평화가 그 성읍의 평화에 달려 있다. 8 — 만군의 주 이
스라엘의 하느님께서 이렇게 말씀하신다. — 너희 가운데
에 있는 예언자들과 점쟁이들이 너희를 속이도록 내버려
두지 말고, 너희가 꾼 꿈을 풀이하려고 하지 마라. 9 그들
이 너희에게 내 이름으로 하는 예언은 거짓이다. 나는 그
들을 보내지 않았다. 주님의 말씀이다."
10 주님께서 이렇게 말씀하신다. "너희가 바빌론에서 일흔
해를 다 채우면 내가 너희를 찾아, 너희를 이곳에 다시 데
려오리라는 은혜로운 나의 약속을 너희에게 이루어 주겠
다. 11 나는 너희를 위하여 몸소 마련한 계획을 분명히 알
고 있다. 주님의 말씀이다. 그것은 평화를 위한 계획이지
재앙을 위한 계획이 아니므로, 나는 너희에게 미래와 희
망을 주고자 한다. 12 그러니 너희가 나를 부르며 다가와
나에게 기도하면 너희 기도를 들어 주겠다. 13 너희가 나를
찾으면 나를 만나게 될 것이다. 온 마음으로 나를 구하면
14 내가 너희를 만나 주겠다. 주님의 말씀이다. 그러면 내
가 너희 운명을 되돌려 주어, 내가 너희를 쫓아 보낸 모든
민족들과 모든 지역에서 너희를 모아 오겠다. 주님의 말씀

29,4-7. "집을 지어 정착하고…" 실제로는 항복하라는 것과 같은 요구이다(27장 참조). 다만 유배지에서는 자신의 죄를 인정하고 정당한 징벌을 받아들이는 것이 다른 구체적("예언적") 행위들로 표현되어야 한다. 예레미야의 이러한 놀라운 메시지는 중요하다. 모든 것을 잃었어도 아직 하느님 계획의 전망에 따라 자신의 역사의 의미를 참으로 받아들이고 내면화하지는 못했을 수도 있기 때문이다.

29,10. "바빌론에서 일흔 해를 다 채우면" 바빌론 유배 기간을 의미한다.

29,11. "평화를 위한 계획" 이스라엘 역사 안에서 하느님의 모든 행위가 지니는 의미가 다시 명시된다. 재앙에도 불구하고 (바로 그 재앙을 통해서) 유배 간 백성에게 약속된 미래는 희망으로 가득하게 될 것이다. 진정한 회개(13절 "온 마음으로"와 3,10 참조)가 이루어지기 위해서 그리고 하느님의 용서가 계시되기 위해서는 죄가 드러나는 고통스러운 과정이(멸망과 유배가) 필요했다.

29,5 에제 28,25-26. 29,6 16,2; 창세 1,27-28. 29,7 다니 4,24; 에즈 6,10; 7,23; 로마 13,1.5; 2베드 2,13; 1티모 2,1-2. 29,8 14,14; 23,21; 27,14; 마태 24,4-5.24; 로마 16,18. 29,10 1,10; 12,15; 23,3; 32,37; 42,10; 에즈 1,1-2; 즈카 7,5. 29,11 3,12; 30,18; 31,1; 이사 40,1; 43,1; 호세 2,16; 3,5. 29,12 33,3; 시편 10,17; 50,15; 이사 30,19; 65,24; 에제 36,37; 마태 7,7-8. 29,13 3,10; 24,7; 신명 4,29; 6,5; 30,2; 1열왕 2,4; 아모 5,4; 요엘 2,12. 29,14 16,14-15; 23,3; 신명 4,7; 로마 10,20.

이다. 내가 너희를 유배 보냈던 이곳으로 너희를 다시 데
리고 오겠다."
15 너희는 "주님께서 우리를 위하여 바빌론에서 예언자들
을 일으켜 주셨다." 하고 말한다.

고국에 남아 있는 유다인들도 벌을 받으리라

16 주님께서 다윗 왕좌에 앉아 있는 임금과 이 도성에 살
고 있는 온 백성, 곧 너희와 함께 유배되지 않은 너희 형
제들을 두고 이렇게 말씀하신다. 17 만군의 주님께서 이렇
게 말씀하신다. "이제 내가 그들에게 칼과 굶주림과 흑사
병을 보내고, 그들을 너무 나빠 먹을 수 없는 썩은 무화과
처럼 만들겠다. 18 내가 칼과 굶주림과 흑사병으로 그들을
쫓아가, 그들을 세상의 모든 나라에 공포의 대상으로 만
들고, 내가 그리로 몰아낸 모든 민족들 사이에서 저주와
놀람과 놀림감과 수치의 대상이 되게 하였다. 19 그들이 나
의 말을 듣지 않았기 때문이다. 주님의 말씀이다. 나는 나
의 종 예언자들을 잇달아 그들에게 보냈지만 그들은 듣지
않았다. 주님의 말씀이다.
20 내가 예루살렘에서 바빌론으로 쫓아 보낸 모든 유배자
들아, 주님의 말씀을 들어라."

거짓 예언자들을 조심하여라

21 만군의 주 이스라엘의 하느님께서 이렇게 말씀하신다.
"내 이름으로 너희에게 거짓을 예언하고 있는 콜라야의
아들 아합과 마아세야의 아들 치드키야를 두고 하는 말
이다. 내가 이제 그들을 바빌론 임금 네부카드네자르의 손
에 넘기면, 그가 너희 눈앞에서 그들을 죽일 것이다. 22 그리
고 그들로 말미암아, 바빌론에 살고 있는 유다의 모든 유배
자들 사이에, '주님께서 너를 바빌론 임금이 화형에 처한 치
드키야와 아합처럼 만들어 버리시리라.' 하는 저주가 생겨
날 것이다. 23 이는 그들이 이스라엘 안에서 추잡한 짓을 저
질렀기 때문이다. 그들은 제 이웃의 아내와 간음하고, 내가
명령하지도 않은 거짓말을 내 이름으로 하였다. 이를 내가
알고 있다. 내가 증인이다. 주님의 말씀이다."

29,18. "공포의 대상" 이 표현은 15,4; 24,9; 34,17과 신명 28,25(2역대 29,8 참조)에서 사용한다.

29,22. "화형에 처한" 바빌론의 함무라비 법전에서는 특정 범죄들에 대하여 이러한 종류의 사형을 규정했으며, 다니 3,6에 그러한 형벌 규정의 영향이 나타난다.

29,15 에제 1,1-3. 29,17 15,2; 24,8. 29,18 15,4; 24,9; 레위 26,33. 29,19 6,19; 7,13.24; 26,5; 44,4-5; 즈카 1,4; 7,11; 히브 12,25. 29,22 창세 48,20; 룻 4,11; 이사 65,15; 1코린 16,22. 29,23 23,14.21; 시편 50,16; 스바 3,4.

스마야의 편지

24 너는 네헬람 사람 스마야에게 이렇게 말하여라. 25 “만
군의 주 이스라엘의 하느님께서 이렇게 말씀하신다. ‘너는
예루살렘에 있는 온 백성과 마아세야의 아들 스바니야 사
제와 모든 사제들에게, 너의 이름으로 이렇게 편지를 써
보냈다. 26 주님께서 여호야다 사제 대신 당신을 사제로 세
우신 것은, 당신이 주님의 집 관리자가 되어, 예언자 행세
를 하는 미친 자들을 붙잡아 기둥에 묶고 목에 칼을 씌우
게 하시려는 것이었습니다. 27 그런데 지금 당신은 어찌하
여 당신들에게 예언자 행세를 하는 아나톳 사람 예레미야
를 꾸짖지 않습니까? 28 사실 그는 바빌론에 있는 우리에
게, 아직 때가 멀었으니 집을 지어 정착하고 과수원도 만
들어 그 열매를 따 먹으라는 말을 전하였습니다.’”
29 스바니야 사제는 예레미야 예언자가 듣도록 이 편지를
읽었다. 30 그때 주님의 말씀이 예레미야에게 내렸다.
31 “모든 유배자들에게 전하여라. — 주님께서 네헬람 사
람 스마야를 두고 이렇게 말씀하신다. — 내가 스마야를
보내지도 않았는데, 그는 너희에게 예언을 하며 너희를 거
짓에 의지하게 하였다. 32 — 그러므로 주님께서 이렇게 말
씀하신다. — 내가 네헬람 사람 스마야와 그의 후손들을
징벌하겠다. 그의 후손 가운데에는 이 백성과 어울려 살
자가 아무도 없고, 내 백성을 위해 내가 베푸는 복을 누릴
자도 없을 것이다. 주님의 말씀이다. 그가 주님에게 거역
하는 말을 하였기 때문이다.”

29,25-27. 진정한 예언 말씀에 대한 전형적인 거부의 반응이다. 폭력을 사용하고 그 말씀을 전한 이를 해침으로써 그 말씀을 제거하려 한다(예수님께도 같은 일이 일어날 것이다).

29,28. 29,4-7의 주 참조. 예레미야도 백성의 귀환과 회복을 말하지만, 먼저 신앙으로 자신의 불행의 의미와 하느님과의 계약이 무너진 것의 의미를 받아들이지 않고서는 그것이 불가능할 것이다. 그리고 그 받아들임은 사실들로 입증되어야 한다(“집을 지어 정착하고…”). 진리(회개) 없이는 용서는 주어질 수 없고, 더 정확히 말한다면 그러한 용서는 정의에 따른 친교 안에서 양편이 실제적으로 화해하는 것으로 드러날 수 없다.

29,26 20,1-2; 2열왕 9,11; 11,15.18; 마태 21,23; 사도 4,1; 5,24; 묵시 2,10. 29,31 14,14; 에제 13,8; 2베드 2,1. 29,32 20,6; 35,19; 아모 7,17.

29,24-32. 예레미야의 편지에 대한 또 다른 반응이다. 스마야는(예레미야의 편지를 감당하지 못한 유배자인 그도 아마 예언자일 것이다. 31절 참조) 공개편지를 통하여 예루살렘의 권위자들에게 아나톳의 예언자를 거슬러 조처를 취할 것을 요청한다(24-28절). 예레미야는 다시 편지를 보내, 스마야에 대한 최종적인 징벌을 예언한다. 스마야는 백성의 선익을 생각하지 않고 개인 생활의 기준에 따라서만 미래의 예상을 평가하는 사람을 대표한다. 그래서 그는 지금의 상황이 오래 지속되리라는 것을 견디지 못한다(28절). 그러나 참된 희망은 하느님의 때를 받아들이고 예언 말씀으로 계시된 역사의 의미를 받아들이는 데(“항복”) 기초한다.

이스라엘의 회복

머리말

30 1 주님께서 예레미야에게 내리신 말씀. 2 주 이스
라엘의 하느님께서 이렇게 말씀하신다. "내가
너에게 한 말을 모두 책에 적어라. 3 보라, 그때가 오고 있
다. 주님의 말씀이다. 그때에 나는 내 백성 이스라엘과 유
다의 운명을 되돌리겠다. — 주님께서 말씀하신다. — 내
가 그들의 조상들에게 준 땅으로 다시 그들을 데려와 그
들이 그 땅을 차지하게 하겠다."

징벌의 회상

4 이는 주님께서 이스라엘과 유다를 두고 하신 말씀이다.
5 주님께서 이렇게 말씀하신다.
우리에게 공포의 소리가 들린다.
평화는 없고 두려움뿐이다.
6 남자가 해산할 수 있는지
한번 물어보아라.
그런데 어찌하여 내가 보기에 남자들이 모두
해산하는 여인처럼 손으로 배를 움켜잡고 있느냐?
어찌하여 얼굴이 모두
창백하게 변하였느냐?
7 아아
그날은 무엇과도 견줄 수 없는

30,2 36,2.32; 51,60; 탈출 17,14; 신명 31,19; 로마 15,4; 1코린 10,11. 30,3 23,7-8; 31,23; 32,37. 30,5 6,14; 8,11; 12,12; 23,17; 28,9. 30,6 4,31. 30,7 이사 2,12; 호세 2,2; 요엘 2,11; 3,4; 아모 5,18; 스바 1,14; 즈카 14,1; 말라 3,19; 사도 2,20; 묵시 6,17.

30-31장은 독립적인 단위를 구성하며, 그 내용으로 인하여 위로의 책이라고 일컬어진다. 산문으로 된 틀이(30,1-4; 31,23-40 참조) 운문 단락들을 감싸고 있는데, 이들은 시간적으로는 층이 구분되는 자료들이지만 모두 역사의 비극으로 시련을 겪은 백성의 운명을 바꾸시는 하느님의 약속에 관한 것이다. 이어서 예언적 행동에 관한 이야기와 희망의 신탁들이 뒤따른다(32-33장). 예레미야가 받은 예언의 말씀은 뽑고 무너뜨리는 것만이 아니라 세우고 심는 것이어야 한다. 주님의 행위로 가능하게 된 새로운 미래를 선포해야 하는 것이다.

30,1-4. 이스라엘과 유다의 운명이 바뀌리라는 신탁을 기록하라는 명령인데, 기록한다는 것은 상징적으로 자신의 죽음을 받아들이고 희망의 표지를 미래를 위하여 간직하는 것을 의미한다. 기록된 말씀은 예언자의 물리적 현존을 넘어서도 백성의 삶을 동반할 수 있으며, 수신인들이 지금 지닌 불신도 극복할 것이다. 이렇게 하여, 살아 있는 예언자의 뒤를 이어 기록된 예언으로 건너가게 되며 한정되지 않은 시간 동안 독자와 그 해석의 수고가 이어질 것이다. 이 정교한 해석학적 행위를 통하여 어제의 예언 말씀은 우리의 오늘 안에서 성취를 향해 확장된다.

30,4-9. 하느님 심판의 날에 대한 묘사이다. 그날이 임박한 비극으로 제시되었는데, 해산하는 여인처럼 부르짖는 남자들과 그들의 창백한 얼굴은 어리석은 고통의 발작과 결실 없음을 강조한다(5-6절). 그 후에는 주님께서 이루시는 구원이 뒤따른다(7-9절).

30,3. "그때가 오고 있다." 불특정한 미래를 지칭하여 종말론적 지평도 배제되지 않는다. 귀환이라는 가시적 차원은 그 종말에 대한 역사적 선취가 된다. "운명을 되돌리겠다." 쉽지 않은 히브리어 표현인 '숩 스붓'을 보통 이렇게 번역하며(이 표현을 히브리어 성경에서 31회 사용하고, 그 가운데 7회가 예레미야서에서 나타난다. 29,14; 30,3.18; 32,44; 33,7.11.26), 절대적으로 긍정적인 의미가 부여된다.

30,5-7. 끊임없는 공포에 시달리는 상황은, 계약을 배반한 것에 대한 저주가 실현됨을 나타낸다(레위 26,16-17.36-37; 신명 28,20.25.28.37 참조). 그러나 절대적인 끝은 아니다. 예레 30-31장에서 예언 말씀은 이 절망적인 상황 안에 새로운 삶의 기운을 불어넣는다.

30,7. "그날은… 무서운 날이다." "야곱"의 구체적인 역사적 체험에서 출발하여(야곱은 하느님의 백성 전체를 대표한다. 창세 28,13-15 참조) 인간 역사에 대한 하느님의 마지막 심판을 암시한다. 그러나 그 심판은 역설적으로 죽음과 생명을 결합한다(호세 2,2; 요엘 2,11; 3,4; 아모 5,18.20; 스바 1,14; 말라 3,23 참조). "그러나… 구원을 받으리라." 구원의 이유는 설명되지 않는다. 구원은 마땅한 것이 아니라 무상의 자유로운 지고한 행위이다.

30,10. 하느님께서는 이미 신비롭게 징벌의 바로 그 순간을 풍요롭게 만드신다. 이 순간은 백성이 구원은 오직 주님에게서 오는 것임을 깨닫도록 준비시켜야 한다.

30,11. "너만은 멸망시키지 않고" 히브리어 본문에서는 동일한 표현을 사용하여 이 절의 첫 부분과("그들을 멸망시키리라") 대조된다.

30,12. 예레미야서의 맥락 안에서 상처는 언제나 예루살렘의 함락과 유다의 유배를 지칭한다(이는 39장과 52장에서 길게 서술한다).

무서운 날이다.
야곱에게 닥친 환난의 때다.
그러나 야곱은 그 환난에서 구원을 받으리라.

해방과 섬김

8 만군의 주님의 말씀이다. 그날에 내가 그의 목에서 멍에
를 벗겨 부수고 그의 사슬을 끊어, 더 이상 이방인들이 그
를 종으로 부리지 못하게 하겠다. 9 그러면 그들은 주 그들
의 하느님을 섬기고, 내가 그들에게 일으켜 줄 임금 다윗
을 섬길 것이다.

상처와 치유

10 나의 종 야곱아, 두려워하지 마라.
주님의 말씀이다.
이스라엘아, 무서워하지 마라.
내가 너를 먼 곳에서,
너의 후손을 포로살이하던 땅에서 구원해 내리라.
야곱이 돌아와 평안히 살며
아무런 위협도 받지 않고 편안히 살리라.
11 내가 정녕 너를 구하기 위해
너와 함께 있으리라.
주님의 말씀이다.
나는 너를 모든 민족들 사이로 쫓아 버렸지만
이제 정녕 그들을 멸망시키리라.
그러나 너만은 멸망시키지 않고
공정하게 징벌하리라.
나는 결코 너를 벌하지 않은 채 내버려 두지는 않으리라.
12 — 주님께서 이렇게 말씀하신다. —
너의 상처는 고칠 수 없고
너의 부상은 심하다.
13 네 종기에 치료 약이 없고

30,8 5,19; 27,2; 28,10.13; 이사 9,3; 10,27; 루카 1,74; 로마 6,18; 갈라 5,1. 30,9 이사 55,3; 에제 34,23; 호세 3,5; 루카 1,69; 사도 2,29.30. 30,10-11 // 46,27-28; 또한 미카 4,4 참조. 30,11 4,27; 5,10.18; 아모 9,8; 로마 11,5. 30,12 15,18; 17,9; 욥 34,6; 이사 17,11. 30,13 8,22; 17,14; 33,6; 이사 1,6; 호세 6,1; 1베드 2,24.

30,10-17. 구원하시는 주님의 현존에 관한 약속이 주어지고, 예루살렘을 위한 치유가 선포된다. 예루살렘은 혐오스럽고 치유될 수 없는 상처를 입어 애인들, 곧 따르던 우상들에게서 버림받은 여인에 비유된다. 주님께서는 당신 백성의 의사이며 남편으로서, 죄의 상처에서 그 아내를 낫게 하고 다시 사랑하기 위하여 그를 찾으신다. 하느님께서는 악에 동조하지 않기 위하여 당신의 자비로운 얼굴을 감추시고, 이로써 그 악의 중대함이 온전히 드러난다.

너에게 새살이 돋지 않으리라.
14 네 정부들은 모두 너를 잊어버리고
너를 찾지 않으리라.
참으로 나는 네 원수를 시켜 너를 내리쳤으니
그것은 가혹한 훈계였다.
너의 죄악이 많고
허물이 컸기 때문이다.
15 어찌하여 네가 다쳤다고,
네 상처가 아물지 않는다고 소리치느냐?
네 죄악이 많고 허물이 커서
내가 이런 벌을 너에게 내린 것이다.
16 그러나 너를 삼킨 자들이 모두 삼켜지고
네 원수들이 모두 유배되리라.
너를 약탈한 자들이 약탈당하고
너를 탈취한 자들이 탈취당하리라.
17 참으로 내가 너에게 건강을 되돌려 주고
너의 상처를 고쳐 주리라.
주님의 말씀이다.
비록 그들이 너를 두고
"시온은 버림받은 여자,
아무도 찾지 않는 여자"라 부르더라도 그렇게 하리라.

주님 백성의 회복

18 주님께서 이렇게 말씀하신다.
"내가 야곱 천막의 운명을 되돌려 주고
그의 거처를 가엾이 여겨
그 언덕에 성읍을 세우고
궁궐도 제자리에 서게 하리라.
19 그들에게서 감사의 노래와
흥겨운 소리가 터져 나오리라.
내가 그들을 번성하게 하리니
그들의 수가 줄지 않고

30,15-16. "어찌하여… 소리치느냐?" 부르짖음은 정의를 원하는 이의 소송이라는 법률적 의미를 지닐 수 있다. 그러나 하느님께서는 그 고발을 물리치신다. 이스라엘은 자신의 불의의 결과를 겪을 뿐이다. 다른 관점에서 보면 부르짖음은 그것이 자신의 잘못을 인정하는 것이라면 구원의 매개가 된다(판관 3,7-11; 3,12-15; 6,1-8 참조). 그러한 의미에서는 부르짖음이 필요하다. 그것은 고통을 솔직하게 표현하고 자신의 비참함을 고백하며 구원을 향해 자신을 열어 놓기 때문이다. 그러나 16절의 급작스러운 전환이 강조하듯 이 구원은 "이유 없는" 하느님의 행위로 남는다.

30,14 2,36; 4,30; 22,20; 애가 1,2.19; 2,5; 에제 23,9.22. 30,15 15,18; 애가 3,39; 미카 7,9. 30,16 25,12; 50,18; 51,34; 탈출 23,22; 이사 33,1. 30,17 3,22; 33,6; 탈출 15,26; 에제 36,20. 30,18 23,3; 이사 44,26; 에즈 6,3; 즈카 1,16. 30,19 31,27; 33,22; 에즈 3,10; 느헤 8,12; 시편 53,7; 이사 60,22; 에제 36,10; 즈카 2,8; 1베드 1,7.

30,18-31,1. 벌을 받은 백성의 물질적(거처), 사회적(수많은 인구), 종교적(주님 앞에 있는 안정된 공동체) 회복을 약속한다. 마지막으로 주님께서는 폭풍을 연상시키는 표현들로(시편 29편 참조) 악인들에 대한 심판을 시작하신다. 이러한 회복은 어떤 지도자의 통치도 수반하는데, 다윗 집안과는 특별한 연관이 나타나지 않는다. 아마도 이미 부패한 다윗 왕조에 대한 예레미야의 반박 때문일 것이다(예레 22장 참조).

내가 그들을 영예롭게 하리니
그들이 멸시당하지 않으리라.
20 그들의 자손들은 옛날처럼 되고
그 공동체는 내 앞에서 굳건해지며
그들을 억압하는 자들은 모두 내가 벌하리라.
21 그들 가운데 한 사람이 그들의 지도자가 되고
그들 가운데에서 그들의 통치자가 나오리라.
내가 그를 가까이 오도록 하여 나에게 다가오게 하리라.
그러지 않으면 누가 감히 나에게 다가오겠느냐?
주님의 말씀이다.
22 너희는 내 백성이 되고
나는 너희 하느님이 되리라."

30,21. "통치자" 22,30; 33,26에서는 "다스리는 자"라고 번역하면서 분명히 임금들을 지칭해서 사용한다.

30,22. 이 절은 계약의 관용구로(신명 26,17-18; 27,9; 28,9 참조) 앞서 말한 모든 것의 궁극적인 의도를 요약한다.

주님의 폭풍

23 보라, 주님의 폭풍이,
그 노여움이 터져 나온다.
회오리치는 폭풍이 사악한 자들의 머리 위로 휘몰아친다.
24 주님께서는 마음속에 뜻하신 바를
이행하고 이루시기까지
주님의 타오르는 분노를 거두지 않으시리라.
훗날에야 너희는
그것을 깨달으리라.

30,23. 불의를 받아들일 수 없는 분노와 악에 동조하기를 거부하는 것은 성경에서 흔히 진노와 징벌의 언어로 표현된다.

30,24. 주님의 행동은 수수께끼처럼 보인다(요한 13,7; 1코린 2,9 참조). 그러나 그분의 "분노"에 대한 경험은 새 계약의 시작으로 끝날 것이다(예레 31,1.31 참조).

잘 가꾸어진 땅에서 새 출발을 하다

31 1 그때에 나는 이스라엘 모든 지파의 하느님이
되고 그들은 내 백성이 될 것이다. 주님의 말씀
이다.

2 주님께서 이렇게 말씀하신다.
칼을 피해 살아남은 백성이
광야에서 은혜를 입었다.
이스라엘이 제 안식처를 찾아 나섰을 때

31,2. 유배의 끝은 이집트 탈출과 연관된 전통적 범주들로 재해석된다(8-9.21절 참조). 이미 호세 2,16에서도 광야의 체험은 은총의 체험으로 이해되었다. 또한 이사 40,3; 예레 2,2-3 참조.

30,20 시편 90,17. 30,21 23,5-6; 33,15; 창세 49,10; 탈출 19,12; 신명 18,18; 시편 89,30; 110,1; 이사 9,5; 미카 5,1; 즈카 9,9-10; 루카 24,26; 1요한 2,2; 묵시 5,9-10. 30,22 24,7; 31,1; 신명 26,17-18; 아가 2,16; 에제 11,20; 즈카 13,9; 마태 22,32; 묵시 21,3. 30,23-24 // 23,19-20; 또한 4,8; 묵시 11,18 참조. 31,1 3,18; 23,6; 이사 11,13; 에제 37,15-28; 호세 2,2; 미카 2,12; 묵시 21,3. 31,2 2,2; 탈출 15,9-10; 17,8; 신명 1,30; 마태 11,28; 히브 4,8-9.

31,2-6. 버림받았다고 느끼는 백성의 항의에, 하느님께서는 사랑과 자애를 선언함으로써 대답하신다. 새로운 미래가 열리며, 이는 북부 지파들이 예로보암의 종교 분열 후에 유일한 합법적 종교 중심지로 인정된 예루살렘을 향해 다시 순례를 시작하는 것으로 표현된다(1열왕 12,26-33 참조).

3 주님께서 먼 곳에서 와 그에게 나타나셨다.
"나는 너를 영원한 사랑으로 사랑하였다.
그리하여 너에게 한결같이 자애를 베풀었다.
4 처녀 이스라엘아
내가 너를 다시 세우면 네가 일어서리라.
네가 다시 손북을 들고
흥겹게 춤을 추며 나오리라.
5 네가 다시 사마리아 산마다 포도밭을 만들리니
포도를 심은 이들이 그 열매를 따 먹으리라.
6 에프라임산에서
파수꾼들이 이렇게 외칠 날이 오리라.
'일어나 시온으로 올라가
주 하느님께 나아가자!'"

주님께서 당신 백성과 함께 시온에 도착하시다

7 주님께서 이렇게 말씀하신다.
"야곱에게 기쁨으로 환호하고
민족들의 으뜸에게 환성을 올려라.
이렇게 외치며 찬양하여라.
'주님, 당신 백성과
이스라엘의 남은 자들을 구원하소서!'
8 내가 이제 그들을
북녘땅에서 데려오고
땅끝에서 모아들이리라.
그들 가운데에는 눈먼 이와 다리저는 이
아이를 밴 여인과 아이를 낳는 여인도 함께 있으리라.
그들이 큰 무리를 지어 이곳으로 돌아오리라.
9 그들은 울면서 오리니
내가 그들을 위로하며 이끌어 주리라.
물이 있는 시냇가를 걷게 하고

31,3 신명 7,7; 10,15; 아가 1,4; 호세 11,1; 말라 1,2; 1요한 4,19. 31,4 1,10; 30,18; 33,7; 시편 51,20; 루카 15,23. 31,5 신명 28,30; 이사 65,21-22; 아모 9,14. 31,6 6,17; 50,4-5; 이사 2,2; 40,9; 52,7; 호세 2,2; 미카 4,1; 즈카 8,20. 31,7 23,3; 40,11; 이사 1,9; 에제 6,8. 31,8 3,18; 23,8; 이사 43,6; 마태 12,20; 1테살 5,14; 히브 4,15. 31,9 3,4; 50,4; 마태 5,4; 2코린 6,18; 7,9; 묵시 7,17.

31,7-14. 구원의 약속으로, 이로써 유배 간 이들이 돌아오고 생명과 재화와 넘치는 기쁨이 충만한 시대가 시작되며 모든 세대와 사회 계층이 하나가 된다. 모든 민족들이 주님께서 당신 백성을 위해 이루신 놀라운 위로를 알아보게 된다.

✠ 31,7-9. 위로의 책인 이 단편은 나해 연중 제30주일에 마르 10,46s-52의 예리코의 눈먼 이의 기적 이야기와 함께 읽는다. 그 복음은 "그가 곧 다시 보게 되었다. 그리고 그는 예수님을 따라 길을 나섰다."라는 말로 끝맺는다.

31,3. 계약의 특징적인 어휘들이 다시 나타난다("사랑… 자애"). 계약은 하느님으로부터 비롯된 완전한 은혜에 기초한다(그 은혜는 징벌 자체와 구원을 위한 그 의미 안에도 들어 있다).

31,6. "에프라임산에서 파수꾼들이" 1열왕 12,20-33의 정치적·종교적 분열을 고려한다면(그리고 그에 따른 저주도 2열왕 17,16-18 참조), 사마리아의 지도자들에게 시온을 유일한 합법적 예배 장소로 인정하라는 초대는 온 백성이 주님께로 돌아오는 새 계약의 특징들 가운데 하나로 볼 수 있다.

31,8-10. 주님께서는 이스라엘의 목자요 구원자시다. 그분의 백성들 중에서는 힘 있는 이들이 아니라 미천한 이들이 빛난다. 그분께서는 혼자 힘으로는 유배에서 돌아갈 수 없을 이들까지도 돌아가게 하신다("눈먼 이와 다리 저는 이").

31,9. 새로운 이집트 탈출은 하느님이 당신 백성에게 본래 지니신 아버지의 모습을 드러내신다. 북부 왕국을 지칭하는 호칭들이("이스라엘… 에프라임") 이스라엘을 암시하여 사용된다(또한 31,18-20 참조). 북부에 우위를 부여하는 것은 북부가 유다 왕국보다 주님에게서 더 멀리 떨어졌고 더 잘못이 많다는 생각에 반대된다(3,6-12; 24,5-7; 에제 16,52-62 참조).

넘어지지 않도록 곧은길을 걷게 하리라.
나는 이스라엘의 아버지가 되었고
에프라임은 나의 맏아들이기 때문이다."

이스라엘의 회복을 선포하다

10 민족들아, 주님의 말씀을 듣고
먼 바닷가 사람들에게 이 말을 전하여라.
"이스라엘을 흩으신 분께서 그들을 모아들이시고
목자가 자기 양 떼를 지키듯 그들을 지켜 주시리라."
11 정녕 주님께서 야곱을 구하셨고
그보다 강한 자의 손에서 그들을 구원하셨다.
12 이제 그들은 시온 언덕에 올라와 환호하며
주님의 선물인
곡식과 햇포도주와 햇기름
새끼 양과 송아지들을 받고 밝게 웃으리라.
그들의 마음은 물 댄 동산 같아
다시는 시들지 않으리라.
13 그때에는 처녀가 춤추며 기뻐하고
젊은이들과 노인들이 함께 즐거워하리라.
나는 그들의 슬픔을 기쁨으로 바꾸고
그들을 위로하며 근심 대신 즐거움을 주리라.
14 나는 사제들에게 기름진 것을 실컷 먹이고
내 백성을 내 선물로 배부르게 하리라.
주님의 말씀이다.

슬픔과 위로

15 주님께서 이렇게 말씀하신다.

31,12. 다른 민족들과 그들 신의 막강해 보이는 권력이 아니라 주님께서 이스라엘을 흩으셨다(신명 32,30 참조). 그분께서는 목자로서 참된 임금이시며, 이스라엘을 모아들이시고(10절) 치유하신다(이사 30,26; 예레 30,14.17 참조).

31,14. "기름진 것" 여기 사용한 히브리어 단어는 아마도 "기름"을 뜻한다. 고기의 기름은 가장 좋은 부분으로 여겨졌다.

31,15. "비통한 울음소리" 장례 예식의 전형적인 어휘를 사용하지만, 실제적인 고통을 나타낸다. 하느님께 호소하고 생명을 갈망하는 어머니의 부르짖음이기도 하다.

31,10 신명 30,4; 이사 40,11; 54,7; 에제 34; 미카 2,12; 4,6; 루카 12,32; 요한 10,27; 11,52. 31,11 15,21; 20,13; 마태 12,29. 31,12 미카 4,1-4; 요한 16,22. 31,13 느헤 12,27.43; 시편 30,12; 즈카 8,4. 31,14 시편 132,9.16; 아가 5,1; 1베드 2,9; 묵시 5,10. 31,15 마태 2,18; 또한 창세 35,19-20; 예레 40,1 참조.

31,15-22. 구원의 신탁으로, 세 가지 요소가 중심이다. 첫째는 상징이 된 성조 야곱의 아내 라헬인데, 위로를 마다하는 라헬에게 위로가 주어진다(15-17절). 둘째는 자신의 죄를 뉘우치고 하느님에게서 사랑하는 아들과 같이 용서를 받은 요셉의 아들 에프라임으로, 그는 이스라엘의 상징이 된다(18-20절). 셋째는 새 창조의 예고이다(21-22절). 라마는(15절) 유배를 가야 할 이들이 모이는 곳이었기에(40,1 참조) 고통의 상징이 된다. 아들을 낳다가 죽은 라헬은(창세 35,16-20 참조) 자신의 아들을 보지 못하고 목숨을 잃는 여인의 고통과 같이 불합리한 고통의 심연을 나타낸다. 이 단락은 마태 2,18에서 어린 아기들의 학살과 관련하여 인용될 것이다. "여자가 남자를 쫓아다니는 것"(22절)이라는 표현은 하느님께서 불충한 아내 이스라엘에게 그분께 대한 사랑을 시작할 수 있도록 주시는 능력을 나타내는 은유로 이해될 수 있다. 헤아릴 수 없는 고통에 의미를 부여하시고 깊은 자애로 용서하시는 주님 사랑의 능력이 "세상에 새것을" 창조하시어 사랑과 진심으로 그분을 찾게 하신다.

"라마에서 소리가 들린다.
비통한 울음소리와 통곡 소리가 들려온다.
라헬이 자식들을 잃고 운다.
자식들이 없으니
위로도 마다한다.
16 — 주님께서 이렇게 말씀하신다. —
네 울음소리를 그치고
네 눈에서 눈물을 거두어라.
네 노고가 보상을 받아
그들이 원수의 땅에서 돌아올 것이다.
주님의 말씀이다.
17 네 앞날은 희망이 있다.
주님의 말씀이다.
네 자녀들이 고향으로 돌아오리라.
18 에프라임이 탄식하는 소리를
내가 분명히 들었다.
'길들지 않은 송아지 같은 저에게
주님께서 순종을 가르치시어 제가 순종을 배웠습니다.
저를 돌아가게 해 주소서. 제가 돌아가겠습니다.
당신은 주 저의 하느님이십니다.
19 저는 돌아오고 나서야
뉘우쳤고
깨닫고 나서야
제 가슴을 쳤습니다.
젊어서 부끄러운 일을 저지른 탓으로
치욕과 수모를 겪게 되었습니다.'
20 에프라임은 나에게 귀한 자식이요
귀여운 자식이 아니던가!
그에 대해 이야기할 때마다
더욱 그가 생각난다.
그러니 내 마음이 그를 가엾이 여기고
그를 몹시도 가여워하지 않을 수 없다.
주님의 말씀이다."

31,16-17. "네 노고가 보상을 받아" 16절은 번역이 쉽지 않지만, 유배의 징벌이 구원의 매개가 되는 고통이었음이 드러난다(이사 40,1-2 참조). 이는 유배기의 전형적 요소이며, 또한 "희망"(17절)이라는 주제는 위로의 예언 본문들의 특징이다(예레 29,11; 에제 37,11-14; 호세 2,17; 즈카 9,12 참조).

31,18-19. 하느님의 자비는 무상으로 주어지지만, 죄를 인정하고 구원에 자신을 열어 놓을 때에만 온전히 드러날 수 있다(20절).

31,19. "깨닫고 나서야" 히브리어 동사는 수동적인 의미를 지닐 수도 있고, 그래서 "당신께서 저를 깨우쳐 주시고 나서야"로 번역하여 이 절이 에프라임의 행위보다 하느님의 행위를 나타내는 것으로 볼 수도 있다. "제 가슴을 쳤습니다." 자구적으로는 "옆구리를 쳤습니다."로 참회의 의미를 지닌 행위이다.

31,20. "내 마음"은 자구적으로는 "내 내장"이다. 감정과 정서가 내장에 자리한다고 여겼으나, 우리말에서는 이들이 마음에 있다고 여긴다.

31,16 23,3; 30,3; 시편 30,6; 마르 5,39; 요한 20,13; 히브 6,10; 묵시 7,17; 21,4. 31,17 29,11; 46,27-28; 시편 102,14-15; 이사 6,13. 31,18 3,21-22; 루카 15,20; 묵시 3,19. 31,19 3,25; 레위 26,41-42; 루카 18,13; 로마 6,21; 2코린 7,10-11. 31,20 3,19; 시편 103,13; 이사 57,16; 미카 7,18-19; 마태 3,17; 루카 3,22; 15,24.32.

31,22. 아마 의도적으로 수수께끼 같은 문학 유형을 사용한다(잠언 30,18-19 참조). 실패와 죽음의 심연에서 완전히 새로운 것, 마침내 사랑할 수 있게 된 마음이 일어나게 하는 것은 하느님께서 하시는 일이기에 이해할 수 없다.

31,26. "잠이 달콤하였다." 문맥 안에서 해석하기가 어렵다. 어떤 이들은 어려운 현실에 비추어 부정적 의미를 지닌다고 본다("그저 좋은 꿈이었을 뿐이다"). 또 다른 이들은 달고 힘을 회복시켜 주는 잠이나 꿈을 지칭한다고 생각한다.

처녀 이스라엘에게 호소하시다

21 너 자신을 위하여 길에 이정표를 세우고
푯말을 박아 놓아라.
네가 다녔던 큰길 작은 길을
깊이 헤아려 보아라.
처녀 이스라엘아, 돌아오너라.
네가 살던 이 성읍들로 돌아오너라.
22 배반한 딸아
언제까지 헤매려느냐?
주님께서 세상에 새것을 창조하셨으니
여자가 남자를 쫓아다니는 것이다.

유다의 회복

23 만군의 주 이스라엘의 하느님께서 이렇게 말씀하신다.
"내가 그들의 운명을 되돌릴 때, 그들은 유다의 땅과 성읍
들에서 이런 말을 다시 할 것이다.
'정의의 보금자리야
거룩한 산아
주님께서 너에게 복을 내리신다.'
24 유다와 그 모든 성읍과, 농부들과 가축을 몰고 떠돌아
다니는 자들도 그곳에 다 같이 살게 될 것이다. 25 나는 지
친 사람들에게 물을 실컷 마시게 하고 허약해진 사람들을
모두 배불리 먹이겠다."
26 여기에서 내가 깨어나 보니, 잠이 달콤하였다.

새 질서, 새 정의

27 보라, 그날이 온다. 주님의 말씀이다. 그때에 나는 이스
라엘 집안과 유다 집안에 사람의 씨와 짐승의 씨를 뿌리
겠다. 28 전에 내가 뽑고 허물고 부수고 없애며 재앙을 내
리려고 그들을 지켜보았듯이, 이제는 세우고 심으려고 그

31,21 이사 57,14; 62,10. 31,22 이사 48,6; 잠언 30,18-19; 마태 1,21; 루카 1,34-35; 1코린 2,9; 갈라 4,4; 1베드 1,10; 묵시 21,5. 31,23 시편 128,5; 129,8; 134,3. 31,26 창세 18,14; 민수 11,23; 시편 37,4; 이사 44,28; 에제 13,2.17; 마태 19,26; 루카 1,37; 로마 8,6. 31,27 30,19; 에제 36,9; 호세 2,25. 31,28 1,10.12; 24,6; 44,27; 다니 9,14.

31,23-30. 하느님의 구원으로 이루어지는 근본적인 새로움을 묘사한다. 도성의 재건, 그리고 회복된 백성의 조화와 일치가 약속된다(23-26절). 예레미야의 예언직의 다른 국면(1,10 참조) 곧 세우고 심는 긍정적 시기가 시작됨을 예고한다. 조상들의 죄가 후손들에게 물려졌던 불행한 사슬이 끊어진다(또한 에제 18,1-30의 비판 참조). 과거가 끝나고 근본적으로 새로운 미래가 시작되는 것은 당신의 말씀이 이루어지도록 지키고 계신 충실하신 하느님의 업적이다.

들을 지켜보겠다. 주님의 말씀이다. 29 그날에 그들은 더
이상 이렇게 말하지 않을 것이다.
"아버지가 신 포도를 먹었는데
자식들의 이가 시다."
30 오히려 인간은 저마다 자기가 지은 죄로 말미암아 죽고,
신 포도를 먹은 사람은 모두 제 이만 실 것이다.

새 계약

31 보라, 그날이 온다. 주님의 말씀이다. 그때에 나는 이스
라엘 집안과 유다 집안과 새 계약을 맺겠다. 32 그것은 내
가 그 조상들의 손을 잡고 이집트 땅에서 이끌고 나올 때
에 그들과 맺었던 계약과는 다르다. 그들은 내가 저희 남

31,32. "내가 저희 남편인데도" 히브리어로는 3,14과 동일한 구절인데, 우리말 성경은 달리 번역하였다. 히브리어 '바알'은 혼인 관계를 뜻할 수도 있고("내가 저희 남편인데도") 지배 관계를 나타낼 수도 있으며("내가 너희의 주인이다"), 이스라엘이 범한 것에 대한 하느님의 반응을(처벌을) 표현한다. 2사무 11,26과 호세 2,18의 주 참조.

31,29 // 에제 18,2; 또한 탈출 20,5; 애가 5,7; 에제 33,10-20; 요한 9,2-3 참조. 31,30 신명 24,16; 이사 3,11; 에제 3,18-19; 18,4.20; 갈라 6,7-8; 야고 1,15. 31,31 23,5; 30,3; 33,14; 마태 26,28; 마르 14,24; 루카 22,20; 1코린 11,25; 2코린 3,6; 히브 8,6; 9,15; 12,24. 31,31-34 히브 8,8-12; 또한 10,16-17 참조. 31,32 탈출 19,5; 24,6-8; 신명 1,31; 5,3; 시편 73,23; 호세 11,1-4; 마르 8,23.

31,29. 이 속담이 더 이상 되풀이되지 않는다는 것은 집단적 책임의 원칙이 마지 더 발전된 윤리에 의해 극복되어 그 원칙이 옛것이라고 비판하는 것으로 본다는 의미가 아니다. 어떤 "잘못"에 연대 책임이 있다고 판단되는 단체들에 대한 법률 소송 절차는 아직도 현대 민주 국가들에 의해 실행된다. 조상들이 선택한 악은 조상이라는 바로 그 점 때문에 후대에 타격을 입힌다는 것과 지극히 중대한 잘못은 그 결과가 오랫동안 이후의 역사에 영향을 미친다는 것을 이 속담이 보여 준다. 이것은 그릇된 가르침이 아니다. 그릇된 것은 현재의 상황을 오직 그것에 비추어 이해하는 데 있다(에제 18,2-32에서와 같이). 이는 저주가 끝나는 때를 알아보지 못하게 하고, 스스로 자신의 운명을 손에 쥐고 책임 있게 회개를 선택하는 것을 가로막기 때문이다. (이미 결정된) 용서는 그것을 받고자 하는 사람에게만 효력을 갖는다(34절 참조).

31,31-34. 이 절들은 예레미야서의 희망 예고의 절정이다. 예수님께서 잔에 대하여 하신 말씀은 새 계약의 약속을 암시한다(루카 22,20; 1코린 11,25 참조). 또한 이 단락은 히브 8,8-12에서도 다시 언급한다. 신약 성경의 해석은 근본적인 변화를 강조하며 때로는 히브리서의 경우와 같이 두 계약 사이의 대조를 부각시킨다. 그러나 히브리인들의 해석에서는 예레미야서의 약속이 시나이 계약의 순수하고 깊은 의도를 충만하게 회복시키는 것으로 해석한다. 계약의 새로움은 네 가지 측면에서 나타난다. 그것은 내적 계약이며, 서로에게 속하는 관계 안에서 이루어지고, 각자 인격적으로 하느님과 맺는 관계이며, 이 새 관계의 기초는 주님께서 주시는 용서이다. 내적 계약이라는 것은 순전히 영적이기만 한 예배를 뜻하는 것이 아니라, 마음의 변화를 의미한다. 마음이 온전히 주님의 법을 따르게 되는 것이다. 예레미야가 앞서 마음 판에 기록된 죄에 대해 말했다면(예레 17,1 참조), 이제는 웅대한 약속이 주어진다. 마음에는 하느님의 뜻을 따름이 기록될 것이다!

31,31-34. 이 본문은 나해 사순 제5주일에 읽는다. 이 주일은 새 계약에 집중하는데, 그 계약은 밀알의 죽음과 예수님께서 땅에서 들어 올려지는 과정을 거친다(요한 12,32 참조). 계약이라는 주제는 혼인 예식에서도 강조하는데, 여기서는 독서에 이 본문을 포함시키면서 부부에게 그들이 시작한 길의 깊은 의미를 상기시킨다.

31,34. "모두 나를 알게 될 것이기 때문이다." 첫 번째 계약은 하느님 말씀이 전수되는 복잡한 구조가 펼쳐졌음에도(신명 4,10; 6,7; 33,10; 시편 19,12 참조) 이스라엘이 자기 주님을 인정할 줄 모른다는 것을 드러냈다(이사 1,3; 예레 2,8; 5,4-5; 9,5; 호세 2,10 참조). 그러나 새 계약은 서로를 아는 가운데 실현된다(예레 31,33ㄴ 참조). 그 계약은 가르침의 외적 중개가("가르치는 이"의 모습으로 표현된다) 상징적으로 죽을 수 있을 때, 그럼으로써 내적으로 진리이신 성령을(요한 16,7 참조) 받아들일 공간을 마련할 때에 완전히 실현될 것이다. "나는 그들의 허물을 용서하고" 용서는 새 계약의 가장 특징적인 면모이며 하느님의 고유한 행위로, 오직 각별한 사랑에 의해서만 가능해지는 새 창조의 행위이다. 이러한 능력은 그리스도 안에서 각 사람에게 주어질 것이다(마태 9,8; 18,22; 마르 11,25; 루카 6,37참조).

편인데도 내 계약을 깨뜨렸다. 주님의 말씀이다. 33 그 시
대가 지난 뒤에 내가 이스라엘 집안과 맺어 줄 계약은 이
러하다. 주님의 말씀이다. 나는 그들의 가슴에 내 법을 넣
어 주고, 그들의 마음에 그 법을 새겨 주겠다. 그리하여 나는
그들의 하느님이 되고 그들은 나의 백성이 될 것이다. 34 그
때에는 더 이상 아무도 자기 이웃에게, 아무도 자기 형제
에게 "주님을 알아라." 하고 가르치지 않을 것이다. 그들이
낮은 사람부터 높은 사람까지 모두 나를 알게 될 것이기
때문이다. 주님의 말씀이다. 나는 그들의 허물을 용서하
고, 그들의 죄를 더 이상 기억하지 않겠다.

이스라엘에 대한 주님의 영원한 사랑

35 낮을 밝히라고 해를 주시고
밤을 밝히라고 달과 별들에 질서를 정하신 분,
파도 소리 요란하게 바다를 뒤흔드시는 분,
그 이름 만군의 주님이시다.
주님께서 이렇게 말씀하신다.
36 "정해진 이 질서가 내 앞에서 사라지지 않는 한
— 주님의 말씀이다. —
이스라엘의 후손도 내 앞에서
영원히 한 민족으로 남아 있으리라.
37 — 주님께서 이렇게 말씀하신다. —
누가 위로 하늘을 재고
아래로 땅의 기초를 헤아릴 수 있다면
나도 이스라엘의 모든 후손이 저지른 온갖 소행 탓에
그들을 모두 내던져 버릴 수 있으리라.
주님의 말씀이다."

31,33 히브 10,16; 또한 신명 30,6; 예레 30,22; 32,40; 에제 11,19; 로마 2,15; 11,27 참조. 31,34 히브 10,17; 예레 24,7; 하바 2,14; 마태 11,27; 19,14; 23,8; 요한 6,45; 1테살 4,9; 1요한 2,27; 5,20. 31,35 // 이사 51,15. 31,36 33,20; 시편 89,37; 이사 54,9. 31,37 33,22; 욥 11,7; 이사 40,12; 로마 11,2.

31,33. 하느님께서 더 의로운 다른 이들이 아니라 죄를 지은 당신 백성과 다시 계약을 맺으신다는 점을 강조해야 한다. 그리스도인들은 여기에서 자기 죄를 인정하고 같은 용서를 경험하기 위하여 이 역사 안으로 들어가도록(이를 대체하는 것이 아니라) 부름받고 있다.

31,35-40. 새 계약의 견고함과 영원함은 하느님께서 창조하시고 당신 법에 따라 정돈하신 우주의 안정성에서 드러나는 하느님의 충실하심에 기초한다. 예루살렘은 재건되고 그 가장 부정한 곳까지도 온전히 주님께 축성될 것이며(예를 들어 시체와 잿더미로 가득 찬 골짜기 참조) 그래서 다시는 침범을 당하지 않을 것이다(40절).

침범할 수 없는 미래의 도성

38 보라, 그날이 온다. 주님의 말씀이다. 그때에 주님을 위
하여 도성이 '하난엘 탑'에서 '모퉁이 성문'에 이르기까지
세워질 것이다. 39 측량줄이 가렙 언덕까지 똑바로 더 나
아갔다가 고아 쪽으로 돌아갈 것이다. 40 그러고 나서 시체
와 잿더미로 가득 찬 골짜기 전체와 '키드론 골짜기', 그리
고 동쪽 '말 문' 모퉁이에 이르는 모든 지역이 주님의 거룩
한 땅이 되어, 영원히 다시 뽑히거나 부수어지지 않을 것
이다.

유다의 회복을 알리는 상징적 행위

32 1 유다 임금 치드키야 제십년, 곧 네부카드네자
르 제십팔년에 주님께서 예레미야에게 내리신
말씀. 2 그때에 바빌론 임금의 군대가 예루살렘을 포위하
고 있었고, 예레미야 예언자는 유다 왕궁 경비대 울안에
갇혀 있었다. 3 그를 감옥에 가둔 유다 임금 치드키야가 말
하였다. "어찌하여 그대는 이러한 예언을 하는 것이오? '주
님께서 이렇게 말씀하신다. '내가 이 도성을 바빌론 임금
손에 넘기리니 그가 이 도성을 차지할 것이다. 4 유다 임금
치드키야도 칼데아인들 손에서 빠져나가지 못하고 반드시
바빌론 임금 손에 넘겨져, 그와 직접 말하면서 그의 얼굴
을 마주 보게 될 것이다. 5 그가 치드키야를 바빌론으로 데
려가면, 치드키야는 내가 찾을 때까지 그곳에 있게 될 것
이다. 주님의 말씀이다. 너희가 칼데아인들에게 맞서 싸워
도 이기지 못할 것이다.'"
6 그러자 예레미야가 말하였다. "주님의 말씀이 저에게 내
렸습니다. 7 '너의 숙부 살룸의 아들 하나므엘이 너에게 와
서, '구원자 권한이 너에게 있으니 아나톳에 있는 나의 밭
을 사 다오.' 하고 말할 것이다.' 8 과연 주님의 말씀대로 내

31,38 30,18; 느헤 2,17; 이사 44,28. 31,39 즈카 2,5-6; 31,40 7,32; 19,11; 이사 51,22; 요엘 4,17; 즈카 14,20; 묵시 22,3. 32,1 25,1; 39,1-2; 52,4; 2열왕 25,1-2. 32,2 36,5; 37,21; 2열왕 25,18; 마태 5,12. 32,3 26,8-9; 32,28; 38,4; 2열왕 6,31-32; 아모 7,13; 루카 20,2; 사도 6,12. 32,4 37,17; 38,18.23; 39,4-7; 2열왕 25,4-7. 32,5 27,22; 34,4-5; 사도 5,39. 32,7 레위 25,23-34; 민수 35,2; 룻 4,4. 32,7-9 마태 27,9-10.

32,1-15. 위로의 책은 끝났지만, 예레미야의 삶의 이 일화는 그 연장과 같다. 이것은 상징적 행위로, 일어난 사건의 직접적 결과를 넘어서는 의미를 지닌다. 이야기(6-15절) 앞에 역사적 배경과 치드키야 임금에게 전해진 말씀이 나온다(1-5절). 예레미야는 사촌 하나므엘에게서 밭을 사는데, 이는 그가 친척으로서 그 땅을 사 줄 권리와 의무를 갖고 있기 때문이다. 독자는 이러한 상거래가 객관적으로 부조리하다는 것을 놓칠 수 없다. 포위한 바빌론인들이 이미 아나톳 마을을 포함한 영토의 주인이 되었기에 그가 산 땅은 아무 가치를 갖지 못하기 때문이다.

32,4. "그의 얼굴을 마주 보게 될 것이다." 자구적으로는 "그의 눈이 그의 눈을 보게 될 것이다."

32,6-15. 예언적 행위는 상식에 어긋나지만, 예레미야는 인간적으로는 이미 절망적인 상황에서 희망을 주고자 하시는 말씀에 순종하여 이를 행한다(15절). 계약의 공증을 통해 취득한 이 밭은 이 역설적인 약속의 가시적 표지가 된다.

32,7. "구원자 권한" 레위 25,23-34에서 규정한 권한을 말하지만, 그것은 일차적으로(레위 25,25 참조) 이미 다른 이에게 양도된 땅에 관한 것이다. 이 규범의 목적은 (넓은 의미의) 가족의 유산을 보존하는 것이다. 바빌론과의 전쟁으로 인하여 전반적으로 빈곤해진 상황은 땅을 팔려는 시도에 대한 설명이 되지만, 예레미야 편에서 그 밭을 사는 것은 무모해 보인다.

사촌 하나므엘이 경비대 울안으로 저를 찾아와 말하였습
니다. '벤야민 지방 아나톳에 있는 내 밭을 사게. 그 밭의
소유권은 자네 것이고 구원자 권한도 자네에게 있으니, 그
것을 자네가 사게.' 그때 저는 이것이 바로 주님께서 하신
말씀이라는 것을 깨달았습니다.
9 저는 아나톳에 있는 제 사촌 하나므엘에게서 밭을 사기
로 하고, 은 열일곱 세켈을 달아 그에게 주었습니다. 10 저
는 계약서에 서명하고 봉인한 다음, 증인들을 세우고 그
은을 저울에 단 것입니다. 11 저는 규정과 조건을 담아 봉
인한 매매 계약서와 봉인하지 않은 계약서를 받았습니다.
12 그런 다음 저는 사촌 하나므엘이 보는 앞에서, 매매 계
약서에 서명한 증인들이 보는 앞에서, 그리고 경비대 울
안에 앉아 있던 모든 유다인이 보는 앞에서 매매 계약서
를 마흐세야의 손자이며 네리야의 아들인 바룩에게 넘겨
주었습니다. 13 그러면서 저는 그들 앞에서 바룩에게 당부
하였습니다. 14 '만군의 주 이스라엘의 하느님께서 이렇게
말씀하십니다. '이 계약서들, 곧 봉인한 매매 계약서와 봉
인하지 않은 계약서를 오랜 세월 보관할 수 있도록 옹기그
릇에 넣어라.' 15 만군의 주 이스라엘의 하느님께서 이렇게
말씀하십니다. '사람들이 이 땅의 집과 밭과 포도원들을
다시 사게 될 것이다.''
16 저는 네리야의 아들 바룩에게 매매 계약서를 넘겨주고
나서 주님께 이렇게 기도하였습니다. 17 '아, 주 하느님, 당
신께서는 큰 권능과 뻗은 팔로 하늘과 땅을 만드셨으니,
당신께는 어려운 일이 하나도 없습니다. 18 자애는 천대에
걸쳐 보여 주시지만, 조상들의 죗값은 다음 자손들에게
갚으십니다. 위대하시고 전능하신 하느님, 당신 이름은 만
군의 주님이십니다. 19 계획하시는 일이 위대하시고 하시
는 일이 거창하신 분, 눈을 드시어 사람들의 모든 길을 살
피시고, 저마다 제 길과 제 행실의 결과에 따라 갚아 주시

32,17. "뻗은 팔" 하느님의 힘을 나타내는 히브리어 표현을 옮긴 것으로, 21절에도 같은 표현을 사용한다. 이집트 탈출 때 하느님의 행위를 나타내는 전형적 묘사이다(신명 9,29 참조).

32,15 30,18; 아모 9,14-15; 즈카 3,10. 32,17 1,6; 4,10; 10,11; 32,27; 창세 1,1; 탈출 20,11; 루카 1,37; 묵시 4,11. 32,18 탈출 20,56; 민수 14,18; 신명 5,9-10. 32,19 16,17; 17,10; 이사 28,29; 마태 16,27; 2코린 5,20; 묵시 2,23.

32,16-25. 예레미야는 이해할 수 없는 주님의 명에 순종했지만, 이제는 그가 이해하지 못하면서 해야 했던 것을 이해하도록 설명을 청한다(25절 참조). 예언자의 간청은 창조주이시며 선과 악을 갚는 분이신 주님, 특히 이집트 탈출의 하느님이신 주님이라는 개념에 의지한다. 또한 그는 지금의 불행이 이스라엘이 하느님의 말씀을 듣지 않고 하느님의 법을 준수하지 않은 결과라는 것을 인정한다. 예언자는 주님께 순종하지만, 동시에 그분의 계획을 이해하는 데에서의 어려움을 보여 드리고 설명을 청할 자유도 느낀다. 분명 주님께서는 예레미야에게 하신 것처럼 때로는 이해할 수 없는 것들을 요구하시는 것으로 보이지만, 또한 온전히 신뢰할 수 있는 분이시다. 그분의 계획이 모든 것을 포괄하고 아무것도 그 계획을 벗어날 수 없기 때문이다.

는 분이십니다. 20 당신께서는 이집트 땅에서 표징과 기적들
을 일으키셨고, 오늘까지도 이스라엘과 사람들 가운데 그 일
을 계속하시어 이처럼 당신 이름을 떨치셨습니다. 21 당신
께서는 표징과 기적들, 강한 손과 뻗은 팔, 그리고 무서운
공포로 당신 백성 이스라엘을 이집트 땅에서 이끌어 내셨
습니다. 22 당신께서는 그 조상들에게 주시겠다고 맹세하
신 땅, 젖과 꿀이 흐르는 이 땅을 그들에게 주셨습니다. 23
그들이 들어와 이 땅을 차지했지만, 당신 말씀을 듣지 않
고 당신 가르침에 따라 걷지 않았으며, 당신께서 실행하
라고 명령하신 모든 것을 실천하지도 않았습니다. 그리하
여 당신께서는 그들에게 이 모든 재앙을 불러들이셨습니
다. 24 도성을 점령하기 위하여 공격 축대들이 쌓아 올려졌
고, 마침내 칼과 굶주림과 흑사병 때문에 이 도성은 이곳
을 공격하는 칼데아인들의 손에 넘어갔습니다. 당신께서
말씀하신 것이 그대로 이루어졌고, 그것을 당신께서 보고
계십니다. 25 그런데도 주 하느님, 당신께서는 저에게 분부
하시기를, 돈을 주어 밭을 사고 증인들을 세우라고 하십
니다. 이 도성이 칼데아인들의 손에 넘어갔는데도 말입니
다.'"
26 주님의 말씀이 예레미야에게 내렸다. 27 "나는 주님이며
모든 인간의 하느님이다. 무엇이 나에게 어려운 일이냐? 28 —
그러므로 주님께서 이렇게 말씀하신다. — 내가 이 도성을
칼데아인들의 손과 바빌론 임금 네부카드네자르의 손에 넘
기겠다. 그러면 그가 이 도성을 차지할 것이다. 29 이 도성을
공격하는 칼데아인들이 들어와, 이 도성에 불을 지르고 그
곳을 태울 것이다. 지붕 위에서 바알에게 향을 피우고 다
른 신들에게 술을 부어 바쳐 나를 분노하게 한 집들도 태
울 것이다. 30 사실 이스라엘 자손들과 유다 자손들은 젊
은 시절부터 내가 보기에 나쁜 짓만 저질러 왔다. 이스라
엘 자손들은 자기네 손으로 만든 것들로 나를 분노하게

32,20 탈출 7,3; 10,2; 신명 4,34; 2사무 7,23; 느헤 9,10; 시편 78,43. 32,21 21,5; 탈출 6,6; 13,14; 신명 26,8; 1열왕 8,42; 시편 136,12. 32,22 창세 13,15; 15,18; 탈출 3,8; 신명 26,9. 32,23 7,23-24; 11,7-8; 판관 2,11; 에즈 9,7; 요한 15,14. 32,24 14,12; 21,4; 33,4; 신명 4,26; 에제 21,27; 마태 24,35. 32,25 2열왕 5,11-12; 로마 11,33-34. 32,27 32,17; 마태 19,26; 마르 10,27; 루카 1,37; 18,27; 로마 8,3; 히브 6,18; 11,6. 32,29 7,18; 17,27; 20,5; 21,10. 32,30 2,27; 3,25; 신명 9,7; 2열왕 17,9-20.

32,26-44. 예레미야의 기도에 대한 하느님의 응답으로, 주님께서는 유다가 미래에 회복될 것임을 확증하신다. 주님께서는 그분 스스로 도성을 칼데아인들에게 넘겨주시어 백성의 죄를 벌하고자 하셨음을 단언하시며, 그들의 죄를 열거하신다. 그러나 36-41절에서는 전환이 일어난다. 같은 하느님의 주권은 벌하기 위해서만이 아니라 백성을 그 땅으로 돌아가게 하고 그 백성과 영원한 계약을 체결하기 위해서도 작용하며, 후손들이 그 계약을 누릴 것이다. 처벌하신 그분께서는 또한 축복을 내리시는 분이시다.

32,26. 예레미야의 말에 하느님께서 그에게 질문하시며, 17절의 찬양에서 마땅한 결론들을 끌어내고 인간적 논리를 재고하라고 권고하신다. 하느님의 행위가 보순적이라고 느껴지는 것은 이성의 한계를 보여 주는 표지일 뿐이다. 인간 이성은 포기할 것이 아니라 더 넓은 지평을 향하여 한 걸음 더 나아가도록 부름받는다.

할 뿐이다. 주님의 말씀이다. 31 이 도성은 사람들이 그것
을 세울 때부터 오늘에 이르기까지 나에게 분노와 진노를
불러일으켰으므로 내 앞에서 그곳을 쓸어버리겠다. 32 임
금과 대신들, 사제들과 예언자들, 유다 사람이나 예루살
렘 주민 가릴 것 없이 이스라엘 자손들과 유다 자손들이
모두 온갖 죄악을 저질러, 나를 분노하게 한 탓이다. 33 그
들은 나에게 얼굴이 아니라 등을 돌렸다. 내가 그들을 줄
곧 가르쳤건만, 그들은 순종하지도 훈계를 받아들이려 하
지도 않았다. 34 오히려 그들은 내 이름으로 불리는 집 안
에 역겨운 것들을 세워 그 집을 더럽혔다. 35 또한 그들은
'벤 힌놈 골짜기'에 바알의 산당들을 짓고, 저희 아들딸들
을 몰록에게 제물로 바쳤다. 이런 일은 내가 그들에게 명
령한 적도 없다. 유다에게 이따위 역겨운 일을 저질러 죄
짓게 할 생각은 내 마음에 떠오른 적도 없다."
36 그러므로 이제 주 이스라엘의 하느님께서 이 도성을 두
고 말씀하신다. "너희는 이 도성이 칼과 굶주림과 흑사병
으로 바빌론 임금 손에 넘어갔다고들 한다. 37 그러나 이
제 내가 분노와 진노와 큰 노여움으로 그들을 쫓아 보냈
던 모든 나라에서 그들을 모아 이곳으로 데려와 편안히
살게 하겠다. 38 그러면 그들은 나의 백성이 되고 나는 그
들의 하느님이 될 것이다. 39 내가 그들에게 한마음과 한길
을 주어, 그들이 언제나 나를 경외하고, 그들 자신뿐만 아
니라 그들 뒤를 잇는 자손들까지도 잘되게 하겠다. 40 그때
에 내가 그들과 영원한 계약을 맺으리니, 나는 그들에게서
등을 돌리지 않고 오히려 그들이 잘되게 하겠다. 나는 그
들의 마음속에 나에 대한 경외심을 심어 주어, 그들이 나
에게서 돌아서는 일이 없게 하겠다. 41 나는 그들을 잘되게
하는 일에 기쁨을 느끼고, 마음과 정성을 다하여 이 땅에
그들을 성실하게 심을 것이다."
42 주님께서 이렇게 말씀하신다. "내가 이 백성에게 온갖
무서운 재앙을 내렸듯이, 이제는 내가 그들에게 약속한
온갖 좋은 것을 내려 주겠다. 43 너희는 지금 이 땅을 두고
사람과 짐승이 살지 않는 폐허가 되어 칼데아인들의 손에
넘어갔다고 하지만, 바로 이 땅에서 사람들이 밭을 사게

32,32-35. "온갖 죄악을 저질러" 이미 피할 수 없게 된 재앙을 설명하는 동기들이 되풀이된다. 저질러진 악은 전면적이며, 하느님 백성 전체가 온갖 형태로 악을 저지른다("이스라엘 자손들과 유다 자손들이").

32,40. "그들에게서 등을 돌리지 않고 오히려 그들이 잘되게 하겠다." 이 히브리어 문장은 "그들에게 복을 내리기를 멈추지 않겠다."로 옮길 수도 있다.

32,41. "마음과 정성을 다하여" 백성에게 복을 내리기를 기뻐하시는 하느님의 은유는 매우 독창적이고 강렬하다. 이스라엘에게 마음과 힘을 다하여 하느님을 흠숭하라고 말하는 신명 6,5에 대응되는 듯하다. 하느님의 마음은 전체적이고 온전한 원의를 품으시며, 내적으로 새로워진 백성과 영원한 계약을 맺고자 하신다.

32,31 5,9; 6,6; 에제 22,2; 마태 23,37-39. 32,34-35 // 7,30-31; 또한 23,11; 2열왕 21,4; 에제 8,5-16; 다니 12,11; 마태 24,15 참조. 32,37 23,3.8; 29,14; 신명 30,3; 시편 106,47; 이사 11,11. 32,38 24,7; 신명 26,17; 묵시 21,7. 32,39 에제 11,19-20; 요한 14,6; 17,21. 32,40 31,31; 50,5; 창세 17,7; 신명 30,9; 루카 22,20; 1코린 11,25; 히브 13,20. 32,41 이사 62,5; 65,19; 스바 3,17. 32,42 23,15; 31,28; 즈카 8,14-15. 32,43 에제 37,1-2.11-14.

될 것이다. 44 벤야민 땅과 예루살렘 주변에서, 유다 성읍
들과 산악 지방 성읍들에서, 평원 지대 성읍들과 네겝 성
읍들에서 사람들이 돈을 주고 밭을 사서, 계약서를 꾸미
고 봉인한 다음 증인을 세울 것이다. 내가 그들의 운명을
되돌렸기 때문이다. 주님의 말씀이다."

미래의 영광스러운 회복

33 1 예레미야가 아직 경비대 울안에 갇혀 있을
때, 주님의 말씀이 두 번째로 그에게 내렸다. 2
땅을 만드신 주님, 그것을 빚어 든든히 세우신 주님께서
이렇게 말씀하셨다. 그분의 이름은 주님이시다.
3 "나를 불러라. 그러면 내가 너에게 대답해 주고, 네가 몰
랐던 큰일과 숨겨진 일들을 너에게 알려 주겠다. 4 — 참으
로 주 이스라엘의 하느님께서, 공격 축대들과 칼에 맞서
저항하다 파괴된 이 도성의 집들과 유다 왕궁을 두고 이
렇게 말씀하신다. — 5 사람들이 칼데아인들과 싸우러 나
오지만, 내가 분노와 진노로 내리친 사람들의 시체들로
그 집들이 가득 할 것이다. 그들의 온갖 죄악 때문에 내가
이 도성에서 얼굴을 숨긴 것이다. 6 그러나 이제 내가 이
도성에 건강과 치유를 가져다주겠다. 내가 그들을 치료하
고 그들에게 넘치는 평화와 안정을 보여 주겠다. 7 내가 유
다의 운명과 이스라엘의 운명을 되돌리고, 그들을 처음처
럼 다시 세우겠다. 8 나는 그들이 나에게 지은 모든 죄에서
그들을 깨끗하게 하고, 그들이 나를 거역하여 지은 모든
죄를 용서하겠다. 9 그리하여 이 도성은 내가 이곳 주민들
에게 베푼 온갖 좋은 것을 전해 들은 이 세상 모든 민족들
앞에서, 나에게 기쁜 이름과 찬양과 영광이 될 것이다. 이
도성을 위하여 내가 몸소 마련한 온갖 좋은 것과 온갖 평
화를 보면서, 그들은 두려워하고 떨게 될 것이다."

32,44. "네겝"에 관하여 13,19의 주 참조.

33,4. "공격 축대" 바빌론인들은 (이전에 아시리아인들이 그러했듯이) 포위 전술에 뛰어났고 공격 기술도 발전시켜, 막강한 방어도 무력하게 만들었다(티로는 해안의 특별한 위치에 있어 예외가 된다. 에제 29,18 참조).

33,9. "두려워하고" 여기서 사용한 히브리어 단어는 흔히 공포와 두려움에 연관되고 "떨다"의 의미까지 갖는다. 이 절에서는 이사 60,5에서와 마찬가지로 문맥상 두려움보다 기쁨에 떨며 환호하는 의미를 시사할 수 있다.

33,1 32,2-3; 37,21; 38,28; 2티모 2,9. 33,2 창세 1,1; 탈출 3,14-15; 아모 5,8; 9,6. 33,3 29,12; 신명 4,7; 이사 48,6; 65,24; 아모 3,7; 루카 11,9-10; 1코린 2,7-11. 33,4 32,24; 이사 22,10; 에제 4,2; 21,27. 33,5 21,4-7; 이사 8,17; 64,6. 33,6 6,14; 14,17; 30,12-17; 에제 37,11. 33,7 29,14; 30,3. 33,8 31,34; 50,20; 시편 51,4; 미카 7,18-19; 1요한 1,7-9; 묵시 1,5. 33,9 13,11; 시편 126,2; 이사 62,2-3; 요한 14,27.

33,1-13. 축복의 두 신탁으로 앞 장들에서 나온 위로의 약속을 완성한다. 첫 번째 신탁은 예레미야가 감옥의 뜰에 억류되었던 것에 연관되며(32,2 참조), 밭을 사는 것을 출발점으로 삼아 예루살렘과 온 백성(이스라엘과 유다)의 회복을 예고한다. 전구가 금지되었던 예언자는(7,16; 11,14; 14,11 참조) 이제 백성을 위하여 주님께서 그 운명을 바꾸어 주시고 다시 도성 안에 찬미와 환호의 노랫소리들이 들리게 해 주시기를 기도할 수 있다. 결혼하지 않은 예언자가 표지가 되어 알렸던(11절과 16,9 참조) 후손이 없으리라는 위협은 극복된다. 구원의 표상과 혼인의 표상 사이의 긴밀한 연관이 뛰어나게 표현된다.

33,11. "그분의 자애는 영원하시다." 이 환호는 시편 106,1; 118,1.29; 136,1에서와 매우 유사하다.

33,16. 여기서 이 명칭은 예루살렘에게 주어진다. 예루살렘은 당신께서 하신 약속에 대한 하느님의 충실하심을 보여 주는 살아 있는 증거가 될 것이다. 23,6의 주 참조.

10 주님께서 이렇게 말씀하신다. "이곳을 두고 너희 스스
로 사람이나 짐승도 없는 폐허라고 하는 소리가 아직도
들리는구나. 그러나 사람이나 주민이나 짐승이 살지 않던
유다의 성읍들과 예루살렘의 거리마다, 11 기쁜 소리와 즐
거운 소리, 신랑 신부의 소리와 '만군의 주님을 찬송하여
라. 참으로 주님께서는 선하시고 그분의 자애는 영원하시
다.' 하고 말하는 사람들의 소리가 들릴 것이다. 그들은 주
님의 집에 감사의 제물을 바치면서 그렇게 말할 것이다.
내가 이 땅의 운명을 처음처럼 되돌릴 것이기 때문이다.
주님이 말한다."
12 만군의 주님께서 이렇게 말씀하신다. "지금은 사람도
짐승도 살지 않는 황폐한 이곳과 모든 성읍에 목자들이
양 떼를 쉬게 할 목장이 다시 생겨날 것이다. 13 산악 지방
성읍들과 평원 지대 성읍들, 네겝 성읍들과 벤야민 땅, 예
루살렘 주변과 유다 성읍들에는 수를 세는 이의 손 밑으
로 양들이 다시 지나갈 것이다. 주님이 말한다."
14 보라, 그날이 온다. 주님의 말씀이다. "그때에 나는 이스
라엘 집안과 유다 집안에게 한 약속을 이루어 주겠다. 15 그
날과 그때에 내가 다윗을 위하여 정의의 싹을 돋아나게
하리니, 그가 세상에 공정과 정의를 이룰 것이다. 16 그날
에 유다가 구원을 받고 예루살렘이 안전하게 살게 될 것이
다. 사람들은 예루살렘을 '주님은 우리의 정의'라는 이름
으로 부를 것이다."
17 주님께서 이렇게 말씀하신다. "이스라엘 집안의 왕좌에
앉을 사람이 다윗에게서 끊어지지 않을 것이다. 18 레위 지
파 사제들 가운데에서도, 날마다 내 앞에서 번제물을 바
치고 곡식 제물을 태워 바치며 희생 제물을 바칠 사람이
끊어지지 않을 것이다."
19 주님의 말씀이 예레미야에게 내렸다. 20 주님께서 이렇

33,10-11 7,34; 16,8; 25,10; 시편 106,1; 107,1; 에즈 3,11; 요한 3,29. 33,12 36,29; 51,62; 스바 2,6-7. 33,14 23,5; 29,10; 말라 3,1; 루카 1,69-70; 10,24; 사도 13,32-33; 2코린 1,20; 히브 11,40. 33,15-16 // 23,5-6; 또한 묵시 19,11 참조. 33,17 35,19; 2사무 7,16; 1열왕 2,4; 9,5; 이사 9,6; 루카 1,32-33. 33,18 이사 56,7; 61,6; 에제 43,19-26. 33,20 창세 8,22; 이사 54,9-10.

33,14-26. 하느님 백성 안에서 사회 및 종교 권위의 안정을 약속하는 신탁. 신탁의 첫 부분은 23,5-6에서 다시 취한 것이며 다윗 왕조의 회복에 대해 말하고, 19-22절은 그 견고성을 강조한다. 주님께서는 나탄의 입을 빌어 다윗에게 약속하신 대로 다윗 왕조의 영원함을 보증하신다(2사무 7,12-16 참조).

✠ 33,14-16. 이 단락은 다해 대림 제1주일에 읽는다. 예레미야가 말하는 "정의의 싹"과 새로워진 예루살렘에 주어지는 이름은, 이미 임박한 해방으로 역사가 완성될 것임을 선포하는 예수님의 말씀들(복음)에서 정확히 확인된다(루카 21,28 참조).

게 말씀하신다. “너희가 낮과 맺은 내 계약을 깨뜨리고 밤
과 맺은 내 계약을 깨뜨려, 낮과 밤이 제때에 오지 못하게
할 수 있다면, 21 나의 종 다윗과 맺은 내 계약도 깨져 그
의 왕좌에서 다스릴 아들이 나오지 못할 것이다. 나의 시
종들인 레위 지파 사제들과 맺은 계약도 마찬가지다. 22 셀
수 없는 하늘의 군대와 헤아릴 수 없는 바다의 모래처럼,
나의 종 다윗의 후손과 나의 시종들인 레위인들을 불어나
게 하겠다.”
23 주님의 말씀이 예레미야에게 내렸다. 24 “너는 이 백성이
‘주님께서는 스스로 선택하신 두 가문을 내치셨다.’고 불
평하는 것을 보지 못하였느냐? 그래서 사람들은 내 백성
을 멸시하여, 그들이 보기에 다시는 한 민족을 이루지 못
할 것으로 여긴다. 25 — 주님께서 이렇게 말씀하신다. —
내가 만일 낮과 밤과 계약을 맺지 않고 하늘과 땅의 질서
를 정해 놓지 않았다면, 26 야곱과 나의 종 다윗의 후손들
을 내치고, 아브라함과 이사악과 야곱의 후손들을 다스릴
자들을 다윗의 후손 가운데에서 뽑지도 않을 것이다. 그
러니 나는 그들의 운명을 되돌리고 그들을 가엾이 여기겠
다.”

치드키야의 운명

34 1 바빌론 임금 네부카드네자르와 그의 모든 군
대와 그의 지배 아래 있는 모든 왕국과 모든 백
성이 예루살렘과 그 주변의 모든 성읍을 공격하고 있을
때, 주님께서 예레미야에게 내리신 말씀.
2 주 이스라엘의 하느님께서 이렇게 말씀하신다. “유다 임
금 치드키야에게 가서 말하여라. 그에게 말하여라. — 주
님께서 이렇게 말씀하신다. — 내가 이제 이 도성을 바빌
론 임금의 손에 넘기면 그가 그곳을 불태우리라. 3 너는 그
의 손에서 빠져나가지 못하고 그의 손에 사로잡혀, 바빌론
임금의 얼굴을 마주 보고 그와 직접 말하게 될 것이다. 그
러고 나서 바빌론으로 끌려갈 것이다.” 4 유다 임금 치드키
야야, 주님의 말씀을 들어라. 주님께서 너를 두고 이렇게

33,24. 사람들이 번영만을 보고 있을 때(6,14; 8,11 참조) 예언 말씀은 종말을 경고했다. 그러나 죽음 외에는 아무것도 보이지 않는 지금에 이르러서는 삶이 계속됨이 선포된다.

33,26. 성조들에게 약속을 주시고 다윗에게 계약을 주신 분은 충실하신 하느님이며, 이것이 구원의 토대가 된다.

34,2. 주님께서는 역사를 지배하신다. 그러므로 구체적인 경우에 신앙인이 된다는 것은 바빌론 임금에게 복종함으로써 하느님의 계획을 받아들이는 것을 뜻하기도 한다.

33,21 2사무 23,5; 2역대 7,18; 이사 55,3; 마태 24,35. 33,22 창세 13,16; 15,5; 22,17; 28,14; 호세 2,1; 히브 11,12; 묵시 7,9-10. 33,24 시편 94,14; 로마 11,1. 34,1 1,15; 39,1; 52,4. 34,2 21,4.10. 34,3 37,17; 38,18; 52,7-11.

34,1-7. 치드키야에 대한 신탁으로, 그가 주님의 말씀에 순종하여 바빌론인들에게 항복한다면 다시 한번 구원의 기회가 주어질 것이다. 바빌론인들은 이미 예루살렘과 두 성읍 곧 라키스와 아제카만을 제외하고 온 영토를 지배하고 있었다.

34,7. 라키스는 유다 왕국에서 예루살렘 다음으로 중요한 요새였다. 1932-1938년에 이 유적지에서 중요한 고고학 발굴이 있었고 기원전 586년으로 추정되는 도자기 파편들이 나왔는데, 이들은 예레미야서에서 전하는 정치적·종교적 격동을 생생하게 증언해 준다. 네 번째 파편에서는 한 관리가 라키스의 지휘관에게 말한다. "우리는 아제카를 볼 수 없으므로, 주군께서 명하신 대로 라키스의 표지(불 또는 연기)를 기다리고 있음을 알립니다." 38,4의 주 참조.

말씀하신다. "너는 결코 칼에 맞아 죽지 않고 5 평화롭게
죽을 것이다. 사람들이 너의 조상들 곧 너보다 먼저 살았
던 임금들에게 향을 피워 주었듯이, 너에게도 향을 피워
줄 것이다. 그러면서 그들은 '아이고, 임금님!' 하며 너를
위해 애곡하여 줄 것이다. 정녕 내가 이 말을 하였다. 주님
의 말씀이다."
6 예레미야 예언자가 예루살렘에서 이 모든 말씀을 유다
임금 치드키야에게 전하였다. 7 그때에 바빌론 임금의 군
대가 예루살렘과 유다의 남은 성읍을 모두 공격하고 있었
는데, 유다에서 요새 성읍들 가운데 남은 성읍이라고는
라키스와 아제카뿐이었다.

히브리 종들에 대한 약속 위반

8 치드키야 임금이 해방을 선포하기로 예루살렘에 사는
온 백성과 계약을 맺은 다음에, 주님께서 예레미야에게
내리신 말씀. 9 그 계약이란 모든 이가, 자신의 종이 남종
이든 여종이든 히브리인이면 누구나 자유롭게 풀어 주어,
어느 누구도 동족 유다인을 종으로 삼아서는 안 된다는
것이었다. 10 이렇게 자신의 남종과 여종을 풀어 주어 다시
는 그들을 종으로 삼지 않겠다고 계약을 맺은 모든 대신
들과 온 백성은 그 계약을 따르기로 하였다. 그들은 계약
에 따라 종들을 풀어 주었다. 11 그러나 그들은 얼마 뒤 마
음이 변하여, 자신들이 풀어 준 남종과 여종들을 도로 데
려와 종으로 마구 부렸다.
12 주님께서 당신의 말씀을 예레미야에게 내리셨다. 13 주
이스라엘의 하느님께서 이렇게 말씀하신다. "나는 너희 조
상들을 이집트 땅, 종살이하던 집에서 이끌어 내던 날, 너
희 조상들과 계약을 맺으며 이렇게 일렀다. 14 '너희는 저
마다 너희 동족 히브리인이 너희에게 팔려 와 여섯 해 동

34,5 22,18; 2열왕 22,20. 34,7 신명 28,52; 2열왕 18,13-14. 34,8-10 탈출 21,2-4; 레위 25,10.39-42; 이사 61,1. 34,11 37,5; 탈출 8,11; 9,34-35; 호세 6,4; 마태 12,43-45; 로마 2,4-5; 2베드 2,20-22. 34,13 11,4; 탈출 13,14; 20,2. 34,14 신명 15,12-15.

34,8-22. 예레미야를 통해 전해진 주님의 말씀으로, 예루살렘 지배자들의 모순된 행동을 꾸짖는다. 이들은 빚으로 종이 된 유다인들을 해방시키고 빚을 탕감할 것을 약속했었다. 해방된 종들이 포위된 도성의 방어에 협력할 수 있으리라고 생각했기 때문이다. 그러나 포위가 끝나자(37,5 참조) 자기들의 결정을 번복하여 그들을 다시 종이 되게 하고, 계약의 예식으로 맹세했던 장엄한 약속을 깨뜨린다(18절). 그 예식은 쪼개어 놓은 짐승의 두 부분 사이를 지나가면서(창세 15,10-11.17-18 참조), 약속을 깨뜨릴 경우에 스스로를 저주하는 것이다. 종들을 해방시키기로 한 결정은 여기서는 율법을 정상적으로 실행한 것으로 보이지 않고(탈출 21,1-11 참조), 일종의 특별 희년으로 생각된다(레위 25,23-28 참조). 이에 대한 징벌은 동태복수법에 따라 이루어질 것이며, 형제들을 풀어 주지 않은 그들 자신이 외국인들의 종이 될 것이다.

안 너희를 섬겼으면, 일곱 해가 끝날 때에는 그를 보내 주
어야 한다. 너희는 그를 너희에게서 자유롭게 풀어 보내
주어야 한다.' 그러나 너희 조상들은 내 말을 듣지 않았고
귀를 기울이지도 않았다. 15 너희는 오늘에서야 마음을 돌
려, 내 눈에 드는 옳은 일을 하였다. 너희는 저마다 제 이
웃에게 해방을 선포하고 내 이름으로 불리는 집에 들어
와, 내 앞에서 계약을 맺었다. 16 그러나 너희는 또 마음이
변하여 내 이름을 더럽혔으니, 너희가 남종과 여종들을
그들이 원하는 대로 풀어 주었다가 도로 데려와 다시 종
으로 삼아 마구 부린 것이다. 17 — 그러므로 주님께서 이
렇게 말씀하신다. — 너희는 저마다 제 동족과 이웃에게
해방을 선포하라는 나의 말을 듣지 않았다. 주님의 말씀
이다. 이제 내가 너희에게 해방을 선포하니, 너희를 칼과
흑사병과 굶주림에 넘겨 너희를 세상 모든 왕국에 공포
의 대상이 되게 하겠다. 18 나는 내 계약을 어긴 사람들을,
곧 내 앞에서 송아지를 두 토막으로 가르고 그 사이로 지
나가면서 맺은 계약의 규정들을 지키지 않은 사람들을 그
송아지처럼 만들어 버리겠다. 19 유다의 대신들과 예루살
렘의 대신들, 내시들과 사제들을 비롯하여 갈라놓은 송아
지 사이로 지나간 나라 백성을 모두 20 원수들 손에, 그들
의 목숨을 노리는 자들 손에 넘기겠다. 그렇게 되면 그들
의 시체는 하늘의 새들과 땅의 짐승들의 먹이가 될 것이
다. 21 나는 유다 임금 치드키야와 그의 대신들을 그 원수
들 손에, 그들의 목숨을 노리는 자들 손에, 너희에게서 물
러난 바빌론 임금 군대의 손에 넘기겠다. 22 이제 내가 명
령을 내려, 그 군대를 이 도성으로 도로 데려오겠다. 주님
의 말씀이다. 그러면 그들이 이 도성을 공격하여 점령하고
불태워 버릴 것이다. 그리하여 내가 유다 성읍들을 인적
없는 폐허로 만들겠다."

34,15. "너희는 오늘에서야 마음을 돌려"('왓타수부') 주님께서 실제적인 회개의 행위를 확인하시는 드문 본문들 가운데 하나이다. 그러나 백성은 그들의 습관으로 되돌아오고(16절 참조. 다시 한번 '왓타수부') 바빌론 군대도 그렇게 할 것이다(22절, 여기서도 동사 '숩'이 사용된다).

34,17-22. 주님께서 이러한 저주로 벌하신다면 그것은 그렇게 하시는 것이 좋아서가 아니라 그들의 거짓된 회개에 괴로워하시기 때문이고, 무엇보다 특히 그분께서 백성이 주인들과 종들로 갈라짐으로써 손상된 형제애의 보증이시기 때문이다.

34,19. "내시들"이라고 번역한 히브리어 단어는 고관들 또는 내시들을 지칭한다.

34,20.21. "목숨을 노리다"로 번역한 표현은 자구적으로는 어떤 사람의 "목숨('네페쉬')을 찾다"를 뜻하며 그를 죽이려고 하거나 함정에 빠뜨리고 멸망시키려 함을 의미한다. 1사무 23,15; 25,29; 2사무 4,8; 16,11; 1열왕 19,10.14; 시편 35,4; 38,13; 40,15; 54,5; 63,10 참조.

34,16 1사무 15,11; 에제 3,20; 18,24; 루카 8,13; 마태 18,28. 34,17 레위 26,34-45; 신명 19,19; 마태 7,2; 루카 6,37-38; 갈라 6,7; 야고 2,13; 묵시 16,6. 34,18 창세 15,10-18. 34,20 7,33; 16,4; 19,7. 34,21 34,3; 39,6; 52,10. 34,22 2사무 16,11; 2열왕 24,3-4; 이사 10,5; 13,3; 마태 22,7; 묵시 17,16.

레캅인들의 교훈

35 1 유다 임금 요시야의 아들 여호야킴이 다스리던
때에, 주님께서 예레미야에게 내리신 말씀. 2 "레
캅 집안에 가서 그들에게 말하고, 그들을 주님의 집 어느
한 방으로 데리고 들어가 포도주를 마시게 하여라."
3 그래서 나는 하바친야의 손자이며 예레미야의 아들인
야아잔야와 그의 형제들과 그의 모든 아들과 온 레캅 집
안 사람들을 데려다가, 4 주님의 집에 있는 방으로 인도하
였다. 그 방은 하느님의 사람 익달야의 아들인 하난의 아
들들이 쓰고 있었는데, 그 옆은 대신들의 방이었고 그 밑
은 살룸의 아들이며 문지기인 마아세야의 방이었다. 5 그
때 내가 레캅 집안 사람들에게 포도주가 가득 담긴 술 단
지와 잔들을 내놓고, 그들에게 포도주를 마시라고 권하였
다. 6 그러자 그들은 이렇게 말하였다. "우리는 포도주를
마시지 않습니다. 우리 조상 레캅의 아들 여호나답께서 우
리에게, '너희와 너희 아들들은 영원히 포도주를 마시지
마라.' 하고 명령하셨기 때문입니다. 7 그분은 또 '집도 짓
지 말고 씨앗도 뿌리지 말며 포도밭을 가꾸거나 갖지도 말
고, 그 대신 평생 천막에서 지내라. 그래야 너희가 나그네
로 사는 이 땅에서 오래도록 살 수 있을 것이다.' 하고 말
씀하셨습니다. 8 우리는 우리 조상 레캅의 아들 여호나답
께서 우리에게 명령하신 모든 말씀에 순종하여, 우리 자
신과 아내와 아들딸들이 평생 포도주를 마시지 않습니다.
9 또한 살림집도 짓지 않고, 포도원과 밭과 씨앗도 가지고
있지 않습니다. 10 우리는 천막에서 지내며, 우리 조상 여
호나답께서 우리에게 명령하신 모든 말씀에 순종하고 그
것을 실천하고 있습니다. 11 우리는 바빌론 임금 네부카드
네자르가 이 나라를 쳐 올라왔을 때, 칼데아 군대와 아람
군대를 피하여 예루살렘으로 올라가야겠다고 생각하였
습니다. 그래서 우리는 예루살렘에 살고 있는 것입니다."

35,2. "레캅인들" 35장은 피난민의 권리로 보호받던 이 유목민 집단의 특징적 관습과 생활에 대해 몇 가지 정보를 전해 주는 유일한 성경 본문이다(아마도 이들은 카인족의 후손일 것이다. 1역대 2,55 참조). 그들의 시조인 레캅의 아들 여호나답은 2열왕 10,15.23에 따르면 예후와 함께 오므리 왕조와 바알 숭배에 맞서 싸웠다(기원전 9세기). 오랜 기간이 흐른 후에도 그의 후손은 (농경문화와 결부된) 가나안의 풍산 예식을 경멸하며 정착 생활을 거부하고 포도주 생산과 소비를 멀리하면서 천막에서 유일한 참하느님이신 주님께 충실하게 살았다. 이러한 순종은("순종, 들음" 8.10.13-18절) 생명의 매개가 될 것이다(18-19절).

35,2 1열왕 6,5-6; 1역대 9,26. 35,5 코헬 9,7; 아모 2,12; 2코린 2,9. 35,6 탈출 33,16; 레위 10,9; 20,26; 23,42-43; 민수 6,2-5; 2열왕 10,15-16; 루카 1,15. 35,8 잠언 1,8-9; 4,1-2.10; 콜로 3,20. 35,11 4,5; 8,14; 2열왕 24,2; 루카 21,20.21.

35. 예레미야가 성전에서 레캅인들에게 행한 상징적 행위로, 레캅인들에게 포도주를 마시게 하려고 하지만 그들은 마시지 않는다(1-11절). 이들은 조상 레캅에게서 전해진 명령에 따라 예레미야의 초대를 거부하는데, 레캅은 정착 생활이 주님께 대한 신앙과 병립할 수 없다고 보고 유목 생활을 하며 술을 마시지 않았다. 이어서 주님께 불충한 유다인들을 향한 산문 신탁이 뒤따르는데, 여기서는 전통에 충실한 레캅인들과 비교하여 유다인들의 행동이 더욱 비판을 받는다(12-17절). 마지막으로 하느님의 신탁으로 레캅인들에게 약속이 주어진다(18-19절). 이들에 대해서는 1역대 2,55과 오므리 왕조에 대한 반란에 가담했던 여호나답을 보라(2열왕 10,15.23 참조).

12 그때에 주님의 말씀이 예레미야에게 내렸다. 13 만군의
주 이스라엘의 하느님께서 이렇게 말씀하신다. "너는 유다
사람들과 예루살렘 주민들에게 가서 말하여라. '너희는
끝내 교훈을 받아들이지도 않고, 내 말을 듣지도 않을 작
정이냐? 주님의 말씀이다. 14 레캅의 아들 여호나답이 그
의 자손들에게 포도주를 마시지 말라고 명령했는데, 그들
은 이 말을 잘 지켜 이날까지 포도주를 마시지 않았다. 참
으로 그들은 자기네 조상들의 명령에 순종했던 것이다. 그
러나 너희는 내가 너희에게 그토록 줄곧 일렀는데도 나
에게 순종하지 않았다. 15 나는 너희에게 잇달아 나의 종
인 예언자들을 모두 보내면서, 저마다 제 악한 길에서 제
발 돌아서라고, 너희 행실을 고치고, 다른 신들을 섬기러
그것들을 좇아가지 말라고 일렀다. 그래야 내가 너희와 너
희 조상들에게 준 땅에서 살 수 있으리라고 하였으나, 너
희는 내게 귀를 기울이지도 않았고 나에게 순종하지도 않
았다. 16 레캅의 아들 여호나답의 자손들은 자기네 조상들
이 내린 명령을 지켰지만, 이 백성은 나에게 순종하지 않
았다. 17 — 그러므로 만군의 주 이스라엘의 하느님께서 이
렇게 말씀하신다. — 보라, 내가 유다와 예루살렘의 모든
주민에게 그들을 거슬러 선고한 온갖 재앙을 내린다. 내가
그들에게 일렀지만 그들이 나에게 순종하지 않았고, 내가
그들을 불렀지만 그들이 대답하지 않았기 때문이다.'"
18 그러고 나서 예레미야는 레캅 집안에게 말하였다. "만
군의 주 이스라엘의 하느님께서 이렇게 말씀하신다. '너희
는 너희 조상 여호나답의 명에 순종하고 그의 모든 명령
을 지켰으며, 그가 명한 모든 것을 그대로 실천하였다. 19 —
그러므로 만군의 주 이스라엘의 하느님께서 이렇게 말씀하
신다. — 레캅의 아들 여호나답에게서 언제나 내 앞에 서
있을 자가 끊어지지 않을 것이다.'"

35,18-19. 레캅인들의 모범을 예루살렘 백성들에게 제시하는 것은 그 물질적 생활 방식을 따르라는 것이 아니라, 단순한 인간적 규정이 아닌 하느님의 말씀에 대한 그들의 순종을 모범으로 삼으라는 것이다.

35,13 5,3; 6,8; 9,11; 32,33; 시편 32,8-9; 잠언 8,10; 이사 42,23; 히브 12,25. 35,15 7,26; 19,15; 25,4-7; 아모 4,6; 스바 3,2; 사도 7,51-52; 묵시 16,9.11. 35,17 11,8; 15,3-4; 레위 26,14; 신명 28,15; 잠언 1,24; 이사 50,2; 65,12; 미카 3,12; 루카 13,34-35; 로마 10,21. 35,18 탈출 20,12; 신명 5,16; 에페 6,1. 35,19 33,17-18; 1역대 2,55; 루카 21,36.

바룩에게 받아쓰게 한 예레미야의 첫 신탁들

36 1 유다 임금 요시야의 아들 여호야킴 제사년에,
주님께서 예레미야에게 이런 말씀을 내리셨다.
2 "두루마리를 가져와 내가 너에게 이른 말을 모두 적어라.
그것은 그날부터, 곧 요시야 시절부터 오늘에 이르기까지,
이스라엘과 유다와 모든 민족들을 거슬러 내가 너에게 이
른 말이다. 3 행여 유다 집안이 내가 그들에게 온갖 재앙을
내리기로 하였다는 말을 듣고 저마다 제 악한 길에서 돌
아서면, 나도 그들의 허물과 죄를 용서해 주겠다." 4 그래서
예레미야는 네리야의 아들 바룩을 불렀고, 바룩은 주님께
서 예레미야에게 이르신 모든 말씀을 예레미야가 불러 주
는 대로 두루마리에 받아 적었다.
5 예레미야가 바룩에게 이렇게 지시하였다. "나는 묶여 있
는 몸이어서 주님의 집에 들어갈 수 없다. 6 그러니 단식일
에 네가 주님의 집에 들어가, 내가 불러 준 대로 받아 적
은 두루마리에서 주님의 말씀을 백성에게 읽어 주어라. 또
한 유다의 성읍들에서 온 모든 사람이 듣는 가운데 그 말
씀을 읽어 주어라. 7 행여 그들의 간청이 주님 앞에 올라가
고, 그들이 저마다 제 악한 길에서 돌아설지도 모른다. 주
님께서 이 백성을 거슬러 선포하신 분노와 진노가 너무
크기 때문이다." 8 네리야의 아들 바룩은 예레미야 예언자
가 자신에게 명령한 모든 일을 그대로 이행하여, 주님의
집에서 주님의 말씀이 적힌 두루마리를 읽었다.
9 유다 임금 요시야의 아들 여호야킴 제오년 아홉째 달에,
예루살렘의 모든 백성과 유다 성읍들에서 예루살렘으로
올라온 모든 백성은 주님 앞에서 단식을 선언하였다. 10 그
때에 바룩이 주님의 집에서, 곧 주님의 집 '새 대문' 어귀
위 뜰에 있는, 사판 서기관의 아들 그마르야의 방에서 예
레미야의 말이 적힌 두루마리를 온 백성에게 읽어 주었다.

36,1 25,1; 35,1; 2열왕 24,1-2. 36,2 1,1-3; 30,2; 45,1; 51,60; 탈출 17,14; 신명 31,24; 이사 8,1; 30,8-9; 하바 2,2-3. 36,3 18,8; 26,3; 에제 12,3; 스바 2,3; 루카 20,13; 2티모 2,25-26; 2베드 3,9. 36,5 20,2; 32,2; 33,1; 37,15; 38,6.28; 40,4. 36,6 7,2; 18,11; 20,1-2; 에제 2,3. 36,7 4,4; 16,10; 신명 28,15; 에제 5,13. 36,9 2역대 20,3; 느헤 9,1; 에스 4,16; 요엘 1,13; 2,12; 요나 3,5; 즈카 7,5; 8,19.

36. 두루마리에 전해진 하느님의 말씀은 예언자에게 맡겨진 말씀과 같은 역할을 수행한다. 무엇보다 그 말씀은 예레미야가 도달할 수 없는 곳에 도달하여 그의 설교를 전달한다. 두루마리에 의해 전달된 말씀은 "예언" 그 자체라고 말할 수 있다. 그 사명과(회개로 이끌어야 한다. 3절) 소명(주님의 명으로 기록되었다), 방식(듣게 되기까지 1년 이상 인내하며 기다린다), 그 극적 종말에 있어(23절 참조) 그 말씀은 예언이다. 고통받는 예언자 예레미야와 두루마리에 적힌 말씀 사이의 병행이 분명하다. 이러한 의미에서 예언 두루마리를 다시 쓰는 것은 인간적으로 볼 때 완전한 실패로 보이는 예언자의 삶에도 의미를 부여한다.

36,1-32. 예레미야에 관한 전기적 부분 전체의 의미를 이해하기 위한 열쇠가 되는 본문이다. 이 이야기는 여호야킴의 아버지 요시야가 두루마리를 읽었던 이와 유사한 일화를 연상시키는데, 그 결과는 정반대였다(2열왕 22-23 참조). 요시야의 일화에서는 두루마리를 읽은 다음 계약을 갱신하고 우상을 파괴하며 경신례의 중앙 집중을 이루었다. 그러나 지금의 본문에서는 예언 말씀이 요시야의 후계자에게서 조롱받고 거부되고 불태워지지만 그 재 속에서 더욱 힘차게 되살아난다. 두루마리를 기록한 것은 기원전 605년으로 추정된다(여호야킴 통치 제사년). 두루마리를 읽은 것은 그 다음 해, 침묵과 들음을 위한 시간인 단식의 날이다.

36,2. "요시야 시절부터 오늘에 이르기까지" 히브리어 본문, 그리스어 번역본, (새) 대중 라틴말 성경의 본문은 더 강조되어 있다. "요시야 시절부터 내가 너에게 말하기 시작한 때부터…"

36,3.7. "행여" 26,3의 주 참조.

36,10. "바룩이… 읽어 주었다." 강력하면서도 동시에 나약한 예언 말씀이 전파되는 것을 놀랍게 묘사한다. 하느님께서 예레미야에게 감도하신 말씀은 예레미야에게서 인간적인 색채와 언어를 지니게 되며(2절), 제자에게 선포되고 다시 그 제자에 의해 받아들여지고 기록된다(4절). 바룩 자신이 어떤 식으로 "예언자"가 되어 그 말씀을 받아들이고 다른 이들에게 선포한다. 귀에서 귀로, 입에서 입으로 전해진 말씀은 인간 역사를 거쳐 가면서 그 역사에 말을 걸고 그 역사에게서 거부를 받지만, 불멸의 삶의 원리로 남는다.

11 사판의 손자이며 그마르야의 아들인 미카야가 두루마
리에 적힌 주님의 말씀을 듣고 나서, 12 왕궁의 서기관 방
으로 내려가니, 거기에는 모든 대신이 있었다. 곧 엘리사
마 서기관, 스마야의 아들 들라야, 악보르의 아들 엘나탄,
사판의 아들 그마르야, 하난야의 아들 치드키야를 비롯
하여 모든 대신이 앉아 있었다. 13 미카야는 바룩이 백성
에게 두루마리를 읽어 주어 자신도 듣게 된 모든 말씀을
그들에게 전해 주었다.
14 그러자 모든 대신은 쿠시의 증손이고 셀레므야의 손자
이며 느탄야의 아들인 여후디를 바룩에게 보내어, "그대
가 백성에게 읽어 준 두루마리를 손에 들고 오시오." 하는
말을 전하였다. 네리야의 아들 바룩이 두루마리를 손에
들고 그들에게 오자, 15 그들이 바룩에게 "거기 앉아 우리
에게 그 두루마리를 읽어 주시오." 하고 청하였다. 그래서
바룩은 그들에게 두루마리를 읽어 주었다. 16 그들은 그
말씀을 다 듣고 나서, 놀라 서로 쳐다보다가 바룩에게 말
하였다. "우리가 이 모든 말씀을 임금님께 보고해야겠소."
17 그리고 나서 그들은 바룩에게, "당신이 어떻게 이 모
든 말씀을 그의 입에서 받아 적게 되었는지 우리에게 말
해 주시오." 하고 청하였다. 18 바룩이 그들에게 대답하였
다. "그분이 입으로 직접 내게 이 모든 말씀을 불러 주어,
먹으로 두루마리에 받아 적었습니다." 19 그러자 대신들은
바룩에게 "예레미야와 함께 아무도 모르는 곳에 가서 숨
으시오." 하고 말하였다. 20 그런 다음 그들은 두루마리를
엘리사마 서기관의 방에 놓아두고, 궁전 뜰에 있는 임금
에게 나아가 이 모든 말씀을 들려주었다.
21 임금은 여후디를 보내어 그 두루마리를 가져오게 하였
다. 여후디는 엘리사마 서기관의 방에서 두루마리를 가져
와, 임금과 그 곁에 서 있는 모든 대신들에게 읽어 주었다.
22 마침 아홉째 달이어서 임금은 겨울 궁전에 머무르고 있
었고, 그의 앞에는 화롯불이 타고 있었다. 23 그런데 여후
디가 서너 단을 읽을 때마다, 임금은 서기관의 칼로 그것
을 베어 화롯불에 던졌다. 이렇게 하여 두루마리 전체가
화롯불 속에 들어갔다. 24 임금과 신하들은 모두 이 말씀

36,19. 여호야킴 임금은 이미 예루살렘을 거슬러 "예레미야와 같은 말씀"을 예언했던 다른 예언자 우리야를 찾아서 죽였다(26,20-23 참조).

36,16 13,18; 36,24; 아모 7,10-11. 36,18 43,2-3. 36,19 26,20-23; 1열왕 17,3; 18,4.10; 루카 13,31; 사도 5,40; 23,16. 36,22 3,20; 22,14; 아모 3,15. 36,23 26,8.11; 38,4-9; 신명 29,19-21; 1열왕 22,8; 시편 50,17; 이사 5,18-19; 28,15; 마태 26,65-66; 묵시 22,19. 36,24 5,3; 1열왕 21,27; 2열왕 19,1-2; 22,11; 요나 3,6; 마태 12,41; 사도 2,37.

을 다 듣고 나서도, 두려워하거나 제 옷을 찢지 않았다. 25 엘
나탄과 들라야와 그마르야가 임금에게 그 두루마리를 태우
지 말라고 간청까지 하였지만, 임금은 그들의 말을 듣기는
커녕, 26 여라흐므엘 왕자와 아즈리엘의 아들 스라야와 압
드엘의 아들 셀레므야에게 명령하여, 바룩 서기관과 예레
미야 예언자를 잡아 오라고 하였다. 그러나 주님께서 그들
을 숨겨 주셨다.

27 임금이 그 두루마리, 곧 바룩이 예레미야가 부르는 대
로 받아적은 말씀을 태운 뒤, 주님의 말씀이 예레미야에
게 내렸다. 28 "다른 두루마리를 가져와, 유다 임금 여호야
킴이 태워 버린 첫째 두루마리에 적혀 있던 먼젓번 말을
모두 거기에 다시 적어라. 29 그리고 너는 유다 임금 여호
야킴에 관하여 말하여라. '주님께서 이렇게 말씀하신다.'
너는, 어찌하여 바빌론 임금이 반드시 와서 이 땅을 파괴
하고 사람과 짐승을 이 땅에서 없애 버릴 것이라는 말을
두루마리에 썼느냐고 하면서 그것을 태워 버렸다.' 30 그러
므로 주님께서 유다 임금 여호야킴을 두고 이렇게 말씀하
신다. '그의 후손 가운데 아무도 다윗 왕좌에 앉을 자가
없을 것이고, 그의 시체는 낮에는 더위에 밤에는 추위에
내던져질 것이다. 31 내가 그와 그의 후손과 그의 신하들
의 죄를 물어 그들을 벌하겠다. 그들뿐 아니라 예루살렘
의 주민들과 유다 사람들에게도, 내가 선포했지만 그들이
믿지 않았던 온갖 재앙을 내리겠다.'"

32 그리하여 예레미야는 다른 두루마리를 가져와, 네리야
의 아들 바룩 서기관에게 주었다. 바룩은 예레미야가 불
러 주는 대로, 유다 임금 여호야킴이 불에 태워 버린 두루
마리에 적혔던 말씀을 모두 거기에 받아 적었고, 비슷한
내용의 많은 말씀을 더 적어 넣었다.

36,28. 인간에게 거부당하는 기록된 예언의 수난에("비슷한 내용의 많은 말씀을 더 적어 넣었다." 32절) 그 부활이 뒤따른다.

36,32. 일부 학자들에 따르면 36장 이야기, 특히 그 결말은 예언자 예레미야의 책 작성에 관한 귀중한 표지가 된다. 이 장은 우리에게 예레미야의 신탁들이 적어도 두 차례 엮어졌으며 그 두 번째 편집에서는 여러 부분이 덧붙여졌음을 알려 준다. 덧붙여진 부분은 새로운 메시지들뿐만 아니라 이후의 사건들에 비추어 바라본 이전의 신탁들에 대한 재해석과 새로운 해석들도 담고 있었다. 바룩이 적은 두 번째 두루마리의 내용은, 그 후에 편집된 부분과 함께 특히 지금 우리가 갖고 있는 예레미야서의 1-25장에 부분적으로 보존되어 있을 수 있다.

36,25 26,24; 창세 37,22; 사도 5,34-39. 36,26 1,19; 2,30; 26,21; 마태 23,34-37; 26,47-48; 요한 7,32; 8,20.59; 11,57; 사도 12,11. 36,28 28,13; 욥 23,13; 즈카 1,5-6; 마태 24,35. 36,29 26,9; 32,3; 이사 30,10. 36,30 22,18-19.30. 36,31 11,8; 17,18; 19,15. 36,32 시편 102,13.27; 119,89; 이사 40,8; 마태 5,18; 1코린 2,2; 1베드 1,25; 1요한 1,1-3.

치드키야의 기도 요청

37 [1] 요시야의 아들 치드키야가 여호야킴의 아들
여콘야를 대신하여 임금이 되었다. 바빌론 임
금 네부카드네자르가 그를 유다 땅의 임금으로 앉힌 것이
다. [2] 그런데 치드키야와 그의 신하들과 나라 백성은, 예레
미야 예언자를 통하여 하신 주님의 말씀을 듣지 않았다.
[3] 치드키야 임금은 셀레므야의 아들 여후칼과 마아세야의
아들 스바니야 사제를 예레미야 예언자에게 보내면서, "우
리를 위하여 주 우리 하느님께 기도해 주시오." 하고 청하
였다. [4] 그때에 예레미야는 아직 감옥에 갇히지 않았기 때
문에, 백성 가운데에 드나들 수 있었다.

포위를 풀다

[5] 그 무렵 파라오의 군대가 이집트에서 출동하자, 예루살
렘을 포위하고 있던 칼데아인들은 그 소식을 듣고 예루살
렘에서 물러갔다. [6] 주님의 말씀이 예레미야 예언자에게
내렸다. [7] 주 이스라엘의 하느님께서 이렇게 말씀하신다.
"나에게 물어보라고 너희를 보낸 유다 임금에게 이렇게
전하여라. '너희를 도우러 출동한 파라오의 군대는 제 나
라 이집트로 돌아갈 것이다. [8] 그러면 칼데아인들은 다시
돌아와 이 도성을 공격하여 점령하고 불태울 것이다. [9] —
주님께서 이렇게 말씀하신다. — 너희는 칼데아인들이 너
희에게서 물러갈 것이라고 하면서 너희 자신을 속이지 마
라. 그들은 물러가지 않을 것이다. [10] 너희를 공격하는 칼
데아인들의 모든 군대를 너희가 쳐부수어 그들 가운데 부
상당한 자들만 남는다 할지라도, 그들은 저마다 진지에서
일어나 이 도성을 불태울 것이다.'"

37,7. 이 파라오는 호프라로서 (44,30 참조), 기원전 589년부터 506년까지 통치하였고 치드키야 임금에게 군사 원조에 대한 헛된 희망을 품게 했다.

37,1-2 22,24; 2열왕 24,12-20; 1역대 3,15-16; 2역대 36,9-21. 37,3 2,27; 21,1-2; 42,2.20; 탈출 8,4.24; 10,17; 민수 21,7; 1사무 12,19; 사도 8,24. 37,5 2열왕 24,7; 에제 17,15. 37,7 17,5-6; 21,2; 이사 30,1-6; 31,1-3; 애가 4,17; 에제 17,17; 29,6-7.16; 요한 6,63. 37,8 32,29; 34,21-22; 38,23. 37,10 21,4; 레위 26,36; 요엘 2,11.

37,1-10. 하느님 말씀의 수난에 뒤이어 이제 예레미야의 수난이 나온다. 앞에서도 그는 듣기 거북한 설교 때문에 거부당하는 예언자로 나타났었다. 역사적 상황은 예루살렘의 파괴 직전의 마지막 시기를 배경으로 한다. 치드키야가 신탁을 청하자, 예레미야는 환상을 품지 말라고 권고한다. 바빌론의 포위가 잠시 중단되었지만(이집트의 군사 행동에 대응해야 했기 때문이었다) 예루살렘은 결국 함락될 것이다.

37,11. 아마도 기원전 588년 봄이나 여름이다.

예레미야가 갇히다

11 칼데아인들의 군대가 파라오의 군대 때문에 예루살렘
에서 물러갔을 때, 12 예레미야는 자기 친족들 가운데에
서 상속 재산에 관한 일을 처리하러, 예루살렘에서 벤야
민 땅으로 가려고 길을 떠났다. 13 그가 '벤야민 성문'에 이
르렀을 때, 하난야의 손자이며 셀레므야의 아들로 이름이
이르이야인 수문장이 예레미야 예언자를 붙잡고, "당신
은 지금 칼데아인들에게로 넘어가고 있소!" 하고 말하였
다. 14 그러자 예레미야가 "그렇지 않소. 나는 지금 칼데아
인들에게로 넘어가는 것이 아니오." 하고 말하였다. 그러
나 이르이야는 예레미야의 말을 듣지 않고, 그를 붙잡아
대신들에게 데려갔다. 15 대신들은 예레미야에게 화를 내
며 그를 때리고, 요나탄 서기관 집에 있는 구덩이에 가두
었다. 사람들이 그곳을 감옥으로 만들었던 것이다. 16 예레
미야는 천장이 둥근 저수 동굴에 들어가, 오랫동안 그곳
에 갇혀 있게 되었다.

37,17. 명시적으로 언급되지는 않지만, "오랫동안(많은 날들)"(16절) 시간이 흘렀으므로 19절과 21절로부터 바빌론 군대가 이미 돌아와 다시 예루살렘을 포위했다고 추정할 수 있다. "은밀히" 예언자가 두려워했던 것과 마찬가지로(1,6 참조) 임금도 두려워한다(38,19.24-26 참조). 그러나 임금은 예레미야처럼 하느님께 의탁할 수 있을 것인가?(38,23 참조).

치드키야가 예레미야를 은밀히 만나다

17 치드키야 임금이 사람을 시켜 예레미야를 데려왔다. 임
금은 자기 궁궐에서 그에게 은밀히 물었다. "주님께서 무
슨 말씀을 하지 않으셨소?" 예레미야가 "하셨습니다." 하
고 대답하였다. 계속해서 그는 "임금님께서는 바빌론 임
금의 손에 넘겨지실 것입니다." 하고 말하였다. 18 그리고
예레미야는 치드키야 임금에게 호소하였다. "제가 임금님
이나 임금님의 신하들이나 이 백성에게 무슨 잘못을 저질
렀기에, 저를 감옥에 가두신 것입니까? 19 '바빌론 임금이
여러분과 이 나라를 치러 오지 않을 것이오.' 하고 여러분
에게 예언하던 예언자들은 어디 있습니까? 20 저의 주군
이신 임금님, 제발 제 말씀을 들어 주십시오. 저의 간청을
들으시어 저를 요나탄 서기관의 집으로 보내지 말아 주십

37,12 1,1; 32,6; 여호 21,17-18; 느헤 6,11. 37,13-14 18,18; 20,10; 21,9; 38,4.17; 39,13-14; 40,1-6; 마태 5,11-12; 루카 6,22-23.26; 1베드 4,14. 37,15 20,1-2; 마태 23,34; 요한 18,22; 사도 5,28; 히브 11,36. 37,16 38,6; 애가 3,53.55. 37,17 21,1-10; 38,14-28; 마르 6,20. 37,18 26,19; 1사무 26,18; 요한 10,32; 사도 25,8.11.25; 26,31; 갈라 4,16. 37,19 2,28; 6,14; 신명 32,37-38; 에제 13,10-16; 애가 2,14. 37,20 38,24-28.

37,11-21. 예레미야는 포위가 멈춘 틈을 타서 도성 밖으로 나가 상속 재산을 물려받으려 한다. 그것은 아마도 그가 희망의 표지로 매입했던 밭일 것이다(32,6-15 참조). 의심을 받던 그는 적들에게 넘어가려 했다고 고발되어 반역자로 갇힌다. 이러한 배경에서 치드키야를 만나게 된다. 예레미야는 대담하게 임금에게 그의 운명을 알리고, 벌을 경감해 줄 것을 청한다.

시오. 그곳에 가면 저는 죽습니다."
21 치드키야 임금은 사람들에게 명령을 내려, 예레미야를
경비대 울안으로 옮기고, 도성의 빵이 모두 동이 날 때까
지 날마다 빵 굽는 이들의 거리에서 빵을 날라다 그에게
주도록 하였다. 그리하여 예레미야는 경비대 울안에 머무
르게 되었다.

예레미야가 물 없는 저수 동굴에 갇혔다가 풀려나다

38 1 마탄의 아들 스파트야와 파스후르의 아들 그
달야와 셀레므야의 아들 유칼과 말키야의 아
들 파스후르가, 예레미야가 온 백성에게 말하는 것을 들
었다. 2 "주님께서 이렇게 말씀하신다. '이 도성에 머무는
자는 칼과 굶주림과 흑사병으로 죽겠지만, 칼데아인들에
게 나가 항복하는 자는 죽지 않고 제 목숨을 전리품으로
얻어 살게 될 것이다. 3 — 주님께서 이렇게 말씀하신다. —
이 도성은 반드시 바빌론 임금의 군대에게 넘어가 점령당
할 것이다.'"
4 그러자 대신들이 임금에게 말하였다. "이런 자는 마땅히
사형을 받아야 합니다. 그가 이따위 말을 하여, 도성에 남
은 군인들과 온 백성의 사기를 떨어뜨리고 있습니다. 사실
이자는 이 백성의 안녕이 아니라 오히려 재앙을 구하고 있
습니다." 5 이에 치드키야 임금은 "자, 그의 목숨이 그대들
의 손에 달려 있소. 이 임금은 그대들의 말에 어찌할 수가
없구려." 하고 말하였다. 6 그들은 예레미야를 붙잡아 경
비대 울안에 있는 말키야 왕자의 저수 동굴에 집어넣었다.
그들은 예레미야를 밧줄로 묶어 저수 동굴에 내려보냈는
데, 그곳에는 물은 없고 진흙만 있어서 그는 진흙 속에 빠
졌다.

37,21. 이 표지에서 다시 한번 그가 부르심을 받던 순간에 하느님께서 하신 약속이 실현됨을 깨닫는다. "내가 너를 구하려고 너와 함께 있기 때문이다."(1,19).

38,4. "사기를 떨어뜨리고 있습니다." 자구적으로는 "손을 약하게 만들고 있습니다."이다. 이와 유사한 표현이 라키스의 3번 파편에도 나타나지만(34,7의 주 참조), 누구에 대한 고발인지는 분명치 않다(본문의 그 부분을 해독할 수 없다). 여러 학자들은 "지도자들"에 대한 것이라고 보고, 다른 이들은 "예언자"라고 생각한다(빈 공간은 둘 중 어느 단어로도 채워질 수 있을 것이다).

37,21 38,9; 52,6. 38,2 21,8-10; 24,8; 39,18; 45,5. 38,4 11,21; 12,56; 26,8; 이사 30,10-11; 아모 2,12; 미카 2,6. 38,5 1,8.17-19; 26,14-15; 잠언 29,25; 마태 26,50; 요한 19,12-16; 사도 21,27. 38,6 37,16.21; 38,26; 창세 37,24; 시편 40,3; 69,3.15-16; 즈카 9,11; 루카 3,19-20; 2코린 4,8.

38,1-13. 바빌론의 주권을 인정하라는 예레미야의 말은 그의 반대자들에게 패배주의이며 배신으로 해석되었다. 예언자는 죽임을 당하지 않은 채 저수 동굴에 갇히지만, 그것은 천천히 죽게 하기 위한 것이다. 치드키야의 허락으로 그를 동굴에서 구해 주는 것은 에티오피아인 내시 에벳 멜렉이다. 예레미야의 해방에 관한 세부적인 묘사는 그가 줄을 붙잡을 수도 없을 만큼 쇠약해져 있었음을 보여 준다.

38,4-6.8-10. 이 본문은 다해 연중 제20주일에 읽는다. 예레미야의 소명과 그의 도전적이고 극적인 일관성은 예수님께서 당신의 불의 세례, 당신 자신을 바치는 최고의 희생 제사로 사람들의 양심을 뒤흔드는 충격적인 사도직을 예고하시는 루카 복음 단락과(루카 12,49-53) 병행한다.

7 왕궁에 에벳 멜렉이라는 에티오피아 사람 내시가 있었
는데, 사람들이 예레미야를 저수 동굴에 넣었다는 소식을
들었다. 그때 임금은 '벤야민 성문'에 앉아 있었다. 8 에벳
멜렉은 왕궁에서 나와 임금에게 가서 말하였다. 9 "저의
주군이신 임금님, 저 사람들이 예레미야 예언자에게 한
일은 모두 악한 짓입니다. 그들이 그를 저수 동굴에 던져
넣었으니, 그는 거기에서 굶어 죽을 것입니다. 이제 도성에
는 더 이상 빵이 없습니다." 10 그러자 임금이 에티오피아
사람 에벳 멜렉에게 명령하였다. "여기 있는 사람들 가운
데 서른 명을 데리고 가서, 예레미야 예언자가 죽기 전에
그를 저수 동굴에서 꺼내어라." 11 에벳 멜렉은 그 사람들
을 데리고 왕궁의 의복 창고로 갔다. 거기에서 해진 옷과
누더기를 꺼내어 줄에 묶은 다음, 그것을 저수 동굴에 갇
힌 예레미야에게 내려보냈다. 12 에티오피아 사람 에벳 멜
렉이 예레미야에게 말하였다. "해진 옷과 누더기를 양쪽
겨드랑이와 줄 사이에 끼워 넣으시오." 예레미야가 그대로
하자, 13 그들은 줄을 당겨 예레미야를 저수 동굴 밖으로 끌
어 올렸다. 그 뒤 예레미야는 경비대 울안에 머물렀다.

치드키야와 마지막으로 만나다

14 치드키야는 예레미야 예언자를 주님의 집 셋째 입구로
데려오게 하였다. 임금이 예레미야에게 말하였다. "내가
그대에게 한 가지 묻겠으니 무엇이든 나에게 숨기지 마시
오." 15 예레미야가 치드키야에게 대답하였다. "제가 임금
님께 사실대로 아뢰면 임금님께서 반드시 저를 죽이실 것
이고, 제가 임금님께 조언을 드린다 해도 임금님께서 제
말을 들으실 리가 없습니다." 16 그러자 치드키야 임금은
예레미야에게 은밀히 이런 맹세를 하였다. "우리에게 목숨
을 주신 주님께서 살아 계시는 한, 내가 그대를 죽이지도
않고 그대의 목숨을 노리는 자들 손에 넘기지도 않을 것

38,7. 에벳 멜렉의 모습은 예루살렘 임금의 모습과 대조된다. 외국인인 종만이 예언자를 염려하고 그를 불쌍히 여긴다. 이는 독자에게 분명한 도전이 된다. 주님께서는 역사의 주인이시며 당신 계획을 실현하기 위하여 누구라도 이용하실 수 있다. 또한 주님의 백성에 속하는 것을 특권이 아니라 임무로 여겨야 한다는 경고가 나타난다.

38,15. 자신이 예고하려는 예언 말씀을 받아들이게 하기 위한 예레미야의 극단적 시도이다. 그 말씀을 받아들이는 것은 임금과 도성을 위한 유일한 구원의 길이 될 것이다.

38,16. "그대의 목숨을 노리는" 34,20.21의 주 참조.

38,9 30,21; 37,21; 52,6; 에스 7,4-6; 잠언 16,14; 20,2; 24,12. 38,10 42,12; 잠언 21,1. 38,13 37,21; 39,14; 1열왕 22,27; 사도 23,35; 24,23; 28,16.30. 38,14 21,1-2; 26,2; 37,17; 42,2.20; 1사무 3,17; 1열왕 22,16; 마태 26,63; 사도 18,9-10. 38,15 루카 22,67-68. 38,16 요한 3,2.

38,14-28. 앞에서도 치드키야는 예레미야에게 신탁을 청했으나, 그것을 진지하게 받아들이지는 않았다(37,17-21 참조). 대화는 그대로 반복되고, 임금은 고관들의 말을 따르며 친바빌론파 유다인들의 보복이 두렵다는 구실로 예언자에게 귀를 기울이지 않는다. 그는 용기가 부족하여, 자신이 가두어 둔 예레미야에게 대화의 내용을 대신들에게 알리지 말라고 요청한다. 이는 독자들에게 임금의 무책임한 태도를 본받지 말라는 경고가 된다. 임금에게는 하느님의 말씀에 순종하고 자신과 백성의 운명을 결정할 마지막 기회가 있었으나, 그는 그 순간의 중대성을 파악하지 못한다.

이오." 17 예레미야가 치드키야에게 말하였다. "만군의 주
이스라엘의 하느님께서 말씀하십니다. '네가 바빌론 임금
의 대신들에게 나가 항복하기만 하면, 너의 목숨이 살아
남고 이 도성이 불타지 않을 것이며, 너와 네 집안도 살아
남게 될 것이다. 18 그러나 네가 만일 바빌론 임금의 대신
들에게 나가 항복하지 않으면, 이 도성이 칼데아인들에게
넘겨지고 그들은 이 도성을 불태울 것이며, 너는 그들의
손에서 빠져나가지 못하게 될 것이다.'"
19 그러자 치드키야 임금이 예레미야에게 말했다. "나는
칼데아인들에게 넘어간 유다인들이 무섭소. 칼데아인들
이 나를 그들의 손에 넘기면, 그들이 나를 학대할 것이오."
20 예레미야가 말하였다. "칼데아인들이 넘기지 않을 것
입니다. 부디 제가 임금님께 전해 드린 주님의 말씀을 들
으십시오. 그러면 임금님께서는 일이 잘되고 목숨도 구하
실 것입니다. 21 그러나 임금님께서 항복하기를 거절하실
경우에, 주님께서 저에게 보여 주신 사정은 이렇습니다. 22
유다 왕궁에 남은 여인들이 모두 바빌론 임금의 대신들에
게 끌려가면서, 이렇게 말할 것입니다.
'당신과 가까운 친구들이
당신을 속이고 멋대로 조종했지요.
그러고는 당신의 발이 진흙에 빠져 들자
그들은 등을 돌려 버렸지요.'
23 임금님의 모든 아내와 아들들은 칼데아인들에게 끌려
갈 것이고, 임금님께서도 그들의 손에서 빠져나가지 못하
실 것입니다. 임금님께서는 바빌론 임금에게 사로잡히시
고 이 도성은 불탈 것입니다."
24 치드키야는 예레미야에게 당부하였다. "아무에게도 이
일을 알려서는 안 되오. 그랬다가는 그대가 죽게 될 것이
오. 25 내가 그대와 이야기했다는 소문을 대신들이 듣게
되면, 그들이 그대에게 찾아와 '그대가 임금님께 무슨 말
을 했는지 하나도 숨기지 말고 우리에게 알려 주시오. 우
리가 그대를 죽이지 않을 터이니, 임금님께서 그대에게 말
씀하신 것이 무엇인지도 알려 주시오.' 하고 말할 것이오.
26 그러면 그대는, 요나탄의 집으로 돌아가면 죽게 되니 그
곳으로 보내지 말아 달라고 임금님께 간청하였다고만 말
하시오."

38,17.18.21. "항복"이라고 세 번 반복해 번역된 히브리어 동사('야차')는 "나가다"는 의미를 지닌다. 항복을, 포위된 도성의 성문을 열고 나가 바빌론 임금의 장군들에게 투항하는 구체적 행위로 묘사하고 있다. 적에게 저항해 자유를 위하여 싸우는 백성에게 항복은 하느님께서 가리켜 보이시는 역설적인 "탈출"(나감)이다. 하느님의 정당한 처벌에 대한 수용으로 이러한 예속을 받아들임으로써만 죽음을 피하고 새 역사를 시작할 수 있을 것이다.

38,17-18 21,8-10; 27,12.17; 신명 30,15. 38,19 1,6; 판관 16,25; 1사무 15,24; 31,4; 잠언 29,25; 이사 51,12-13; 요한 12,42; 19,12. 38,20 1,8.17-19; 2역대 20,20; 이사 55,3; 다니 4,24; 사도 26,29; 2코린 5,20; 6,1; 야고 1,22. 38,22 20,10; 시편 41,10; 애가 5,11; 미카 7,5. 38,23 39,6; 52,8-13; 2열왕 25,7. 38,26 37,15.20.

27 과연 대신들이 모두 예레미야를 찾아와 그에게 물었으
나, 예레미야는 임금이 분부한 말마디 그대로만 그들에게
대답하였다. 대신들은 이야기 내용을 듣지 못하였기 때문
에, 예레미야에게 더 이상 캐묻지 않았다. 28 예레미야는
예루살렘이 점령당하는 날까지 경비대 울안에서 지냈다.

예루살렘이 점령당한 뒤의 일

예루살렘이 점령당하였을 때 …….
39 1 유다 임금 치드키야 제구년 열째 달에, 바빌
론 임금 네부카드네자르가 모든 군대를 이끌고
와서 예루살렘을 포위하였다. 2 마침내 치드키야 제십일년
넷째 달, 그달 구일에 도성이 뚫렸다.
3 바빌론 임금의 대신들이 모두 들어와 중앙 대문에 자리
를 잡았다. 그들은 네르갈 사르에체르, 삼가르 느부, 랍 사
리스인 사르 스킴, 랍 막인 네르갈 사르에체르, 그리고 바
빌론 임금의 다른 모든 대신들이었다. 4 유다 임금 치드키
야와 모든 군인들은 그들을 보고, 밤을 틈타 왕실 정원 길
을 따라서 성벽 사이의 통로를 지나 도성 밖으로 빠져나갔
다. 그러고 나서 그들은 아라바 쪽으로 갔다. 5 그러나 칼
데아 군대는 그들을 뒤쫓아가, 예리코 벌판에서 치드키야
를 사로잡았다. 그들이 그를 끌고 하맛 땅 리블라에 있는
바빌론 임금 네부카드네자르에게 데려오자, 네부카드네자
르는 그에게 판결을 내렸다. 6 바빌론 임금은 리블라에서
치드키야가 지켜보는 가운데 그의 아들들을 살해하였다.
바빌론 임금은 유다의 귀족들도 모두 살해하였다. 7 그런
다음 그는 치드키야의 두 눈을 뽑고 청동 사슬로 묶어, 그
를 바빌론으로 끌고 갔다.
8 칼데아인들은 왕궁과 민가를 불태우고 예루살렘의 성
벽을 허물었다. 9 느부자르아단 친위대장은 도성에 남아
있던 백성과, 자기에게 넘어온 자들과 그 밖에 남은 백성을

38,27. "이야기 내용을 듣지 못하였기 때문에" 자구적으로는 "그 말이(38,14에서 같은 단어가 사용되는데, 거기서는 "한 가지"로 번역되어 있다) 들리지 않았기 때문에"이다. 역설적으로, 예언 말씀이 침묵할 때에는 종말이 올 때까지(28절) 모든 것이 평온하다(27절 "더 이상 캐묻지 않았다.").

39,1-10. 일 년 반 정도 포위가 계속된 다음, 바빌론 군대는 예루살렘을 점령한다. 치드키야는 도망치려다 실패하고, 정복자들에게 붙잡혀 지극히 잔인하게 다루어진다. 이렇게 하여 왕정이 끝나고 다윗 왕조가 불명예스럽게 끝을 맺는다.

39,4-5. "밤을 틈타" 하느님은 밤에 당신 백성을 이집트에서 해방시키셨다(탈출 12,12.42 참조). 그러나 이 밤에는 그 최초의 구원 행위에 대한 불충실의 역사가 수치스럽게 끝을 맺는다. "아라바 쪽으로" 치드키야는 아마도 요르단강을 건너 가까운 암몬 왕국으로 피신하려 한다. "리블라"는 시리아 북쪽 도시로(오늘날 라블라), 네부카드네자르가 이곳에 진지를 두었다.

39,1-10 // 52,4-16; 또한 2열왕 25,1-12 참조. 39,1-7 // 2열왕 25,1-21. 39,1 에제 24,1-2; 즈카 8,19. 39,3 1,15; 21,4. 39,4 38,18; 레위 26,17; 26,36; 신명 28,25; 이사 30,15-16; 에제 12,12; 아모 2,14. 39,5 4,12; 애가 1,3; 4,20; 에제 17,15-21. 39,6 21,7; 24,8; 창세 21,16; 44,34; 신명 28,34; 이사 13,16. 39,7 판관 16,21; 시편 107,10-11. 39,8 7,20; 17,27; 21,10. 39,9 10,18; 16,13; 20,4; 40,1; 레위 26,33; 신명 4,27; 2열왕 20,18; 이사 5,13.

39,1-14. 왕조는 비극적 인물들인 사울과 치드키야로 시작하고 끝맺는다. 사울은 병사들의 운명에 동참하여 죽음을 마주하기를 받아들인다. 그러나 치드키야는 적의 손에 자신의 백성을 버려두고 살아남으려 한다. 사울에 대해서는 연민과 영예가 있지만(사울과 요나탄에 대한 다윗의 애도는 2사무 1,19-27 참조) 치드키야에게는 어떤 영예도 있을 수 없다. 반면 예레미야는 네부카드네자르의 뜻에 따라 그 지역 총독 그달야에게 맡겨진다.

바빌론으로 잡아갔다. 10 그러나 이때 느부자르아단 친위
대장은 가진 것 없는 일부 가난한 백성에게는 포도원과
밭을 주어, 유다 땅에 남겨 놓았다.
11 바빌론 임금 네부카드네자르는 예레미야를 두고 느부자
르아단 친위대장에게 이런 명령을 내렸다. 12 "그를 데려다
가 잘 보살펴 주어라. 그를 조금도 해쳐서는 안 된다. 그가
말하는 것은 무엇이나 그에게 해 주어라." 13 느부자르아단
친위대장은 랍 사리스인 느부사즈반과 랍 막인 네르갈 사르
에체르와 그 밖의 바빌론 임금의 모든 고관을 보내어, 14 경비
대 울안에서 예레미야를 데려다, 사판의 손자이며 아히캄
의 아들인 그달야에게 맡겨 그를 집으로 돌려보냈다. 그
리하여 예레미야는 백성 가운데에서 살 수 있게 되었다.

39,14. 예레미야의 예언직은 아직 끝나지 않았다. 이제는 살아남은 백성이 파국에서 다시 태어나도록 도울 때이다.

에벳 멜렉의 구원

15 예레미야가 아직 경비대 울안에 갇혀 있을 때에, 주님의
말씀이 그에게 내렸다. 16 "에티오피아 사람 에벳 멜렉에게
가서 말하여라. '만군의 주 이스라엘의 하느님께서 이렇
게 말씀하신다. '이 도성에 복이 아니라 재앙을 내리겠다
고 한 나의 말을 이제 내가 이루겠다. 이런 일이 바로 그날
네 앞에서 일어나겠지만, 17 나는 그날에 너를 건져 주겠
다. 주님의 말씀이다. 너는 네가 두려워하는 사람들의 손
에 넘어가지 않을 것이다. 18 내가 반드시 너를 구하여, 네
가 칼에 맞아 쓰러지지 않게 하겠다. 너는 나를 신뢰하였
으므로 네 목숨을 전리품으로 얻을 것이다. 주님의 말씀
이다.'"

39,18. "너는 나를 신뢰하였으므로" 이 말씀은 38,7-13에서 이떤 설명이나 평가 없이 기술된 에벳 멜렉의 행동의 깊은 동기들을 보여 준다. 그는 예레미야를 구해 줌으로써 하느님의 말씀을 신뢰하고 자신의 목숨을 구했던 것이다.

39,10 에제 33,24. 39,12 1,8; 15,21; 40,4; 잠언 21,1. 39,14 26,24; 37,21; 38,13.28; 40,5. 39,16 1,11-12; 이사 55,10-11. 39,18 17,7-8; 38,2; 45,5; 시편 33,18; 이사 26,3.

39,15-18. 예레미야를 동굴에서 구해 준 에벳 멜렉에 대한 구원 신탁이 되풀이 된다(38,7-13 참조). 이 에티오피아인에 대한 하느님의 말씀은 하느님께서 당신을 신뢰하는 이들에게 충실하심을 상기시키는 권고가 된다.

그달야와 더불어

40 1 느부자르아단 친위대장이 라마에서 예레미야
를 풀어 준 뒤에, 주님께서 예레미야에게 내리
신 말씀. 그때에 느부자르아단은 예레미야를 쇠사슬로 묶
어, 예루살렘과 유다의 모든 유배자들과 함께 바빌론으로
끌고 가던 중이었다. 2 친위대장이 예레미야를 데려다 놓고
말하였다. "주 그대의 하느님께서 이곳에 재앙을 내리겠다
고 하셨는데, 3 그대로 이루셨소. 주님께서 말씀하신 대로
하신 것이오. 그대들이 주님께 죄를 지었고 그분의 말씀
을 듣지 않았기에, 이런 일이 그대들에게 일어난 것이오. 4
이제 나는 오늘로 그대의 손에 묶인 쇠사슬을 풀어 주겠
소. 그대가 만일 나와 더불어 바빌론으로 가는 것이 좋으
면 같이 갑시다. 내가 그대를 잘 돌보아 주겠소. 그러나 나
와 더불어 바빌론으로 가는 것이 싫으면 그만두시오. 그
대 앞에 있는 이 땅 어디든지, 적당하고 좋은 곳으로 떠나
가시오. 5 그대가 여기에 머물기를 원한다면, 사판의 손자
이며 아히캄의 아들인 그달야에게 돌아가 그와 더불어 백
성 가운데에서 사시오. 그는 바빌론 임금이 유다의 성읍
들을 맡겨 돌보게 한 사람이오. 그것도 싫으면 적당한 곳
을 찾아 어디로든 떠나가시오." 그러고 나서 친위대장은
예레미야에게 길에서 먹을 양식과 선물을 주어 그를 떠나
보냈다. 6 예레미야는 미츠파에 있는 아히캄의 아들 그달
야에게 가서, 그와 더불어 그 땅에 남아 있는 백성 가운데
에서 살았다.

7 들판에 있던 모든 지휘관들과 그 부하들은 바빌론 임금
이 아히캄의 아들 그달야에게 이 땅을 맡겨 돌보게 하고,
남자들과 여자들과 어린이들, 그리고 바빌론에 잡혀가지
않은 이 땅의 일부 가난한 이들도 그에게 맡겨 돌보게 했
다는 소식을 들었다. 8 그들은 그달야를 만나러 미츠파에

40,1. 예레미야의 해방에 관한 사실들의 연결이 그다지 명확하지 않다. 39,14에 따르면 그는 이미 해방되어 있었다. 그래서 서로 다른 본문 전승들이 있었다고 생각하는 경우도 있고, 그가 혼란스러운 틈을 타서 격렬한 일부 관리들에 의하여 다시 투옥되었다고(그리고 그 후에 다시 라마에서 풀려났다고) 생각하는 경우도 있다.

40,8. "요나탄"이라는 이름은 그리스어 번역본과 2열왕 25,23의 병행 구절에는 들어 있지 않으므로, 중복 필사에 의한 오류일 수 있다(히브리어에서 "요하난"과 "요나탄"은 글자가 매우 비슷하다).

40,1 31,15; 39,11-14; 시편 68,7; 사도 12,6-7; 21,13; 28,10; 에페 6,20. 40,2-3 22,8-9; 신명 29,23-27. 40,4 창세 13,9. 40,5-41,18 2열왕 25,22-26. 40,6 1사무 7,5-6. 40,7-9 // 2열왕 25,23-24.

40,1-6. 예루살렘 함락 후의 혼란 속에서 예레미야는 바빌론으로 유배를 가야 할 이들이 모인 라마로 간다. 바빌론 친위대장 느부자르아단이 그를 알아보고 풀어 주자, 그는 자신에게 주어진 제안들 가운데 백성과 함께 그 땅에 머물기를 선택한다. 바빌론에서든 제국의 다른 어디에서든 유배를 간 이들을 대표하는 세력 있는 유다인이 되는 것과 유다에 머물러 남은 이들의 위험을 함께 나누는 것 가운데 예레미야는 후자를 택한다.

40,7-12. 바빌론인들이 지명한 총독으로 예레미야를 보호해 준 사판 집안에 속하는 그달야는 파국을 극복할 공동체를 다시 세우려 한다. 이 공동체는 그 땅의 가난한 이들로 구성되지만 희망의 표지가 되며, 가까운 지역으로 피신해 떠나갔던 이들이 그 땅으로 돌아온다. 포도, 과일, 기름의 수확이 풍성하여(10.12절 - 이는 하느님 축복의 표지이다) 곡식이 부족해도 겨울을 넘길 가능성이 있다.

왔다. 부하들을 거느리고 온 그들은 느탄야의 아들 이스
마엘, 카레아의 아들 요하난과 요나탄, 탄후멧의 아들 스
라야, 느토파 출신 에파이의 아들들과 마아카 출신 야아
잔야였다. 9 사판의 손자이며 아히캄의 아들인 그달야는
그들과 그 부하들에게 맹세하며 말하였다. "두려워하지
말고 칼데아인들을 섬기시오. 이 땅에 살면서 바빌론 임
금을 섬기시오. 그러면 그대들은 잘될 것이오. 10 나는 미
츠파에 머물면서 우리를 찾아오는 칼데아인들을 상대하
겠으니, 그대들은 포도주와 여름 과일과 기름을 모아들여
그릇에 담아 두고, 그대들이 차지한 어느 성읍에서든 사
시오." 11 모압과 암몬 자손들과 에돔과 그 밖의 여러 나라
에 있던 유다인들도 모두, 바빌론 임금이 유다에 사람들
을 남겨 두고 사판의 손자이며 아히캄의 아들인 그달야에
게 그들을 맡겨 돌보게 했다는 소식을 들었다. 12 그래서
유다인들은 쫓겨 간 모든 고장에서 그달야를 찾아 유다
땅 미츠파로 돌아왔다. 그리고 그들은 포도주와 여름 과
일을 풍성하게 모아들였다.

그달야가 살해되다

13 그러자 카레아의 아들 요하난을 비롯하여 들판에 있는
군대의 지휘관들이 모두 미츠파에 있는 그달야에게 와서
14 말하였다. "나리께서는 암몬 자손들의 임금 바알리스가
느탄야의 아들 이스마엘을 보내어, 나리의 목숨을 빼앗으
려 한다는 사실을 모르십니까?" 그러나 아히캄의 아들 그
달야는 그들의 말을 믿지 않았다. 15 카레아의 아들 요하
난은 미츠파에 있는 그달야에게 은밀히 청하였다. "제가
가서 아무도 모르게 느탄야의 아들 이스마엘을 살해하게
해 주십시오. 어찌하여 그가 나리의 목숨을 빼앗아, 나리

40,11. "유다에 사람들을 남겨 두고" 23,3; 31,7 참조. 고고학 발굴 결과, 벤야민의 구릉 지대 미츠파는(6.8.10.12절 - 보통 예루살렘에서 북쪽으로 12km 떨어진 현재의 텔 엔-나스베와 동일시된다) 바빌론인들에 의하여 파괴되지 않았음을 알 수 있다. "남은 자들"이라는 신학적 주제에 관하여 이사 4,2-3의 주와 2열왕 19,4; 아모 3,12; 5,15; 9,8-10; 이사 6,13; 7,3;10,19-21; 28,5-6; 37,4.31-32 참조.

40,14. "암몬 자손들의 임금 바알리스" 인접한 나라들 사이에서 흔히 그렇듯이, 암몬 왕국과의 정치적 관계는 모호한 편이었다. 이들은 기원이 같아(창세 19,38 참조) 때로는 피난처가 되고(예레 40,11; 41,10 참조) 동맹을 맺기도 했으며(예레 27,3 참조), 또 다른 경우에는 위험한 적이 되기도 했다.

40,9 27,11; 38,17. 40,10 39,10. 40,11 24,9; 이사 16,4; 에제 25,6.8.12. 40,14 41,10; 49,1. 40,15 1사무 24,5; 26,8; 요한 11,50.

40,13-41,18. 왕조가 없어도 공동체를 재건하려는 그달야의 계획은 성공한 것으로 보인다. 순례자들이 예루살렘에 예배를 드리러 가기 위하여 북쪽에서 온다(41,45 참조). 이는 성전이 세워졌던 장소의 거룩함에 대하여 지속적으로 경배가 이어졌음을 보여 주는 표지이기도 하고, 예루살렘 파괴가 전적인 것이 아니라 약탈과 어느 정도의 파괴에 그쳤음을 보여 주는 것이기도 하다. 그러나 새로운 공동체에 대한 꿈은 외국 세력에 선동된 무리의 항전으로 무너졌다. 암몬 임금 바알리스는 유다인 왕족 이스마엘을 이용하여, 유다 영토에 자신의 세력을 확장하려 한다(40,14 참조). 그달야는 재건을 위하여 누구도 포기할 수 없었고, 그래서 이스마엘의 반역에 노출된다. 이어서 학살과 도망, 추격이 일어나는 혼란이 있었다. 예레미야서의 이 부분은 성경의 가장 어두운 단락들 가운데 하나가 된다. 예레미야는 이 비극적 사건에서 인질이 된다. 그달야의 시도는 미래를 나타내며, 이스마엘은 과거를(왕정을) 나타낸다. 그 과거가 다시 미래를 집어 삼킨다. "좋은 무화과" 곁에 "나쁜 무화과"도 계속 존재하는 것이다(24장 참조).

주변에 모여든 유다인들이 모두 흩어지고 유다의 남은 자
들이 망해야 한단 말입니까?" 16 그러나 아히캄의 아들 그
달야는 카레아의 아들 요하난에게, "그대는 그런 일을 해
서는 안 되오. 그대가 이스마엘에 관해 거짓말을 하고 있
는 것이 틀림없소." 하고 말하였다.

41 1 그해 일곱째 달에, 왕족 출신이자 임금의 대
신 가운데 한 사람으로서, 엘리사마의 손자이
며 느탄야의 아들인 이스마엘이 부하 열 명과 함께 미츠
파에 있는 아히캄의 아들 그달야를 찾아왔다. 그들이 미
츠파에서 식사를 함께 할 때, 2 느탄야의 아들 이스마엘과
그와 함께 온 부하 열 명이 일어나, 사판의 손자이며 아히
캄의 아들인 그달야를 칼로 내리쳤다. 그렇게 하여 이스
마엘은 바빌론 임금이 그 땅을 맡겨 돌보게 한 그달야를
죽였다. 3 이스마엘은 미츠파에서 그달야뿐 아니라, 그와
함께 있던 모든 유다인들과 거기 와 있는 칼데아 군인들도
쳐 죽였다.
4 그달야가 살해된 다음 날 아직 아무도 그 사실을 모르
고 있는 가운데, 5 스켐과 실로와 사마리아에서 여든 명이
나 되는 사람들이 수염을 깎고 옷을 찢고 몸에 상처를 낸
채, 곡식 제물과 향료를 손에 들고 주님의 집에 바치러 왔
다. 6 느탄야의 아들 이스마엘이 그들을 맞이하려고 미츠
파에서 나왔다. 그는 울면서 걷다가 그들을 만나자, 그들
에게 "아히캄의 아들 그달야를 보러 오시오." 하고 말하였
다. 7 그들이 성안으로 들어오자, 느탄야의 아들 이스마엘
은 제 부하들과 함께 그들을 살해하여 웅덩이에 버렸다.
8 그런데 그들 가운데 열 사람이 이스마엘에게 빌었다. "제
발 우리를 죽이지 말아 주십시오. 우리에게는 밭에 숨겨 놓
은 밀과 보리와 기름과 꿀이 있습니다." 그리하여 이스마엘
은 그들을 일행과 함께 죽이지 않고 살려 주었다. 9 이스마
엘이 살해한 사람들의 시체를 던져 넣은 웅덩이는, 아사
임금이 이스라엘 임금 바아사에게 맞서려고 만들었던 큰
웅덩이였다. 그 웅덩이를 느탄야의 아들 이스마엘이 주검
으로 가득 채웠던 것이다. 10 이스마엘은 미츠파에 남아
있던 모든 백성을 사로잡았다. 그들은 느부자르아단 친위
대장이 아히캄의 아들 그달야에게 맡겨 보살피게 하였던
공주들을 비롯하여 미츠파에 남아 있던 모든 백성이었다.
느탄야의 아들 이스마엘은 그들을 사로잡아, 암몬 자손들

41,5. 순례자들이 온 것은 아마도 일곱째 달(1절)인 9-10월에 지내던 초막절과 연관될 것이다. 수염을 깎았다는 것은 널리 퍼진 애도의 표지이지만, 율법에서는 금지된 것이었다(레위 19,27 참조). 이 이야기에 따르면 성전 파괴 후에도 예루살렘에서 경신례가 계속된 것으로 보이지만, 정기적인 예식이 있었는지 또 얼마 동안 지속되었는지는 알 수 없다.

41,9. 포위될 경우에 물 공급은 결정적인 문제였다. 그래서 아사 임금은 이스라엘 임금 바아사에 맞서 저수 동굴을 팠다.

40,16 41,2; 마태 10,16-17; 로마 3,8. 41,1-3 // 2열왕 25,25. 41,5 7,12.14; 레위 19,27-28; 신명 14,1; 시편 102,15. 41,8 욥 2,4; 잠언 13,8. 41,10 40,11-12.14.

의 땅으로 건너가려고 하였다. 11 그러나 카레아의 아들 요
하난과 그의 군대의 모든 지휘관들이, 느탄야의 아들 이
스마엘이 저지른 온갖 악한 짓들을 전해 듣고, 12 부하들
을 모두 거느리고 느탄야의 아들 이스마엘을 공격하려고
출동하였다. 그들은 기브온에 있는 큰 못 가에서 이스마
엘을 만났다. 13 이스마엘과 함께 있던 모든 백성이 카레아
의 아들 요하난과 그의 군대의 모든 지휘관들을 보고 기
뻐하였다. 14 미츠파에서 이스마엘이 사로잡아 끌고 간 백
성은 모두 뒤돌아서, 카레아의 아들 요하난에게로 넘어갔
다. 15 그러자 느탄야의 아들 이스마엘은 부하 여덟 명과
함께 요하난에게서 달아나 암몬 자손들에게로 갔다.
16 카레아의 아들 요하난과 그의 군대의 모든 지휘관들은
남은 백성을 다 떠맡았다. 그 백성은, 느탄야의 아들 이
스마엘이 아히캄의 아들 그달야를 죽인 뒤에 미츠파에서
잡아 끌고 가려 했으나, 요하난이 기브온에서 구출하여
데려온 장정과 군인과 여자와 아이와 내시들이었다. 17 그
들은 다 같이 이집트를 향해 걷다가 베들레헴 근처 게룻
킴함에서 쉬었다. 18 그들은, 바빌론 임금이 아히캄의 아
들 그달야에게 그 땅을 맡겨 돌보게 했는데, 느탄야의 아
들 이스마엘이 그를 죽였기 때문에 칼데아인들이 두려웠
던 것이다.

주님의 말씀을 듣지 않고 이집트로 도망가다

42 1 군대의 모든 지휘관들과 카레아의 아들 요하
난과 호사야의 아들 아자르야와, 낮은 자에서
높은 자에 이르기까지 모든 백성이 2 예레미야 예언자에게
와서 말하였다. "제발 당신에게 엎드려 간청하니, 우리 남
은 자들 모두를 위하여 주 당신의 하느님께 기도하여 주
십시오. 사실 우리는, 당신이 보시다시피, 많은 사람들 가
운데 조금밖에 살아남지 않았습니다. 3 주 당신의 하느님
께서 우리가 나아갈 길과 해야 할 일을 알려 주시도록 해
주십시오."

41,11 42,1-3. 41,12 창세 14,14. 41,15 코헬 8,12; 사도 28,4. 41,17 42,14.19; 43,7; 2열왕 25,26. 41,18 이사 30,16-17; 루카 12,4-5. 42,1-3 6,16; 21,2; 29,13; 37,3; 신명 5,26.29; 시편 25,4-5; 마르 12,13-14.

42. 미츠파에서 있었던 학살에 대한 바빌론의 보복을 두려워하여, 카레아의 아들 요하난은 이스마엘에게 잡혀 있던 인질들을 구하고 난 다음 이집트로 피신하기로 결정한다. 그는 예언자에게 그들 모두를 위해 기도하기를 청하고, 주님의 뜻을 묻는다. 신탁은 열흘 후에 주어지고, 비난의 어조를 띤다. 이집트로 가지 말고 그 땅에 남아 있으라는 주님의 명을 듣지 않을 것이 분명하기 때문이다.

41,12. "기브온에 있는 큰 못" 이 못은(2사무 2,12-17의 일화에도 언급된) 근래에 발굴되었다. 이스마엘은 그곳에 진을 쳤을 것이다.

42,1-2. "아자르야" 43,2의 그리스어 번역본에 따라 히브리어 본문을("야아잔야"로 되어 있다. 40,8 참조) 수정한 발음이다. "기도하여 주십시오."라는 요청은 뜻밖이다. 실제로는 이미 이집트로 피신하기로 결정했기 때문이다(41,17 참조). 1열왕 22,8-28도 이와 유사하여, 이스라엘의 임금 아합은 이미 자신의 (불행한) 선택을 결정했는데도 이믈라의 아들 미카야에게 문의한다.

42,7. 긴급한 상황을 고려한다면 상당히 긴 시간이 경과한 것이다. 하느님의 뜻을 찾는 것은 예레미야에게 진정한 헌신이고, 그는 진지하고 책임 있게 이에 전념한다.

42,12. 이 절에서 예레미야가 언제나 요청해 왔고 지금도 요청하고 있는 것이(바빌론에게 항복하는 것) 깊은 신학적 의미를 지니며, 그저 신중한 정치적 선택에 불과한 것이 아님이 분명히 드러난다. 무자비한 적이(6,23; 21,7 참조) 자비를 베푼다면 그것은 오직 하느님의 개입에 의해서일 것이다.

4 예레미야 예언자가 그들에게 말하였다. "잘 들었습니다.
이제 내가 여러분이 청한 대로 주 여러분의 하느님께 기
도를 드리고, 주님께서 여러분에게 응답하신 것은 무엇이
나 여러분에게 숨기지 않고 다 말하겠습니다." 5 그러자 그
들도 예레미야에게 말하였다. "우리에 대하여 진실하고 성
실하신 증인이신 주님을 두고 맹세합니다. 우리는 주 당신
의 하느님께서 당신을 시켜 우리에게 내리신 모든 말씀을
그대로 실천하겠습니다. 6 우리는 당신을 주 우리 하느님
께 보내 드리는데, 그분의 응답이 좋든지 나쁘든지 우리는
그분께 순종하겠습니다. 주 우리 하느님의 말씀을 들으면,
우리가 잘될 것입니다."
7 열흘이 지난 다음, 주님의 말씀이 예레미야에게 내렸다.
8 예레미야가 카레아의 아들 요하난과 그의 군대의 모든
지휘관들과, 낮은 자에서 높은 자에 이르기까지 모든 백
성을 불러 모으고 9 그들에게 말하였다. "여러분이 나를
주 이스라엘의 하느님께 보내면서 여러분의 간청을 그분
께 전해 달라고 하였는데, 주님께서 이렇게 말씀하셨습니
다. 10 '너희가 이 땅에 그대로 머물러 살면, 내가 너희를
세우고, 부수지 않겠으며, 너희를 심고, 뽑지 않겠다. 내가
너희에게 내린 재앙을 후회하기 때문이다. 11 바빌론 임금
을 너희가 두려워하는데 그를 두려워하지 마라. 내가 너희
와 함께 있어 너희를 구원하고 너희를 그의 손에서 건져
낼 터이니, 그를 두려워하지 마라. 주님의 말씀이다. 12 내
가 너희를 가엾이 여겨, 그를 시켜 너희에게 자비를 내려
서 너희를 고향 땅으로 돌려보내게 하겠다.
13 그러나 너희가 주 너희 하느님의 말씀을 듣지 않고, '저
희는 이 땅에 살지 않겠습니다.' 하고 말한다면, 14 또한 '
저희는, 전쟁도 겪지 않고 나팔 소리도 듣지 않으며 양식
이 떨어져 굶주리지도 않을 이집트 땅으로 들어가서 그곳
에 살겠습니다.' 하고 말한다면, 15 그리고 너희가 이집트
로 얼굴을 돌려 그곳에 들어가 산다면 이렇게 될 것이다.
유다의 남은 자들아, 주님의 말씀에 귀를 기울여라. ― 만

42,4 23,28; 38,14.24-27; 1사무 3,17; 12,23; 1열왕 22,14; 시편 40,11; 사도 20,20.27; 로마 10,1. 42,5 5,2; 탈출 20,7; 신명 5,27; 판관 11,10; 미카 1,2; 말라 3,5; 묵시 1,5. 42,6 7,23; 신명 5,29.33; 6,2-3. 42,7 하바 2,3. 42,10 24,6; 31,28; 창세 26,2-3. 42,11 21,8-10; 27,12.17; 38,17-18; 이사 41,10; 43,2.5; 로마 8,31; 2티모 4,17. 42,12 38,10; 느헤 1,11; 시편 106,45-46; 잠언 16,7; 21,1. 42,13 44,16; 탈출 5,2; 이사 30,1-5; 에제 2,3; 루카 1,17. 42,14 4,19.21; 탈출 16,3; 17,3; 민수 11,15; 16,13.

군의 주 이스라엘의 하느님께서 이렇게 말씀하신다. — 16 너
희가 두려워하는 칼이 이집트 땅에서 너희를 뒤쫓고, 너희
가 무서워하는 굶주림이 이집트에서 너희를 붙좇아, 그곳
에서 너희가 죽게 될 것이다. 17 이집트 땅으로 얼굴을 돌
려 그곳에 들어가 사는 자들은 모두 칼과 굶주림과 흑사
병으로 죽게 되어, 그들 가운데에는 내가 그들에게 내릴
재앙에서 벗어나거나 빠져나갈 자가 하나도 없을 것이다.
18 — 만군의 주 이스라엘의 하느님께서 이렇게 말씀하신
다. — 너희가 이집트로 들어가면, 예루살렘의 주민들에
게 나의 분노와 진노가 쏟아졌던 것처럼, 너희에게도 나의
진노가 쏟아부어질 것이다. 그리하여 너희는 악담과 공포
와 저주와 수치의 대상이 되고, 다시는 이곳을 볼 수 없게
될 것이다.'
19 주님께서 여러분에게 '유다의 남은 자들아, 이집트로 들
어가지 마라.' 하고 말씀하셨습니다. 똑똑히 알아 두십시오.
내가 오늘 여러분에게 경고합니다. 20 여러분은 여러분의 목
숨이 달린 실수를 저질렀습니다. 사실 여러분은 주 여러분
의 하느님께 나를 보내면서, '우리를 위하여 주 우리 하느
님께 기도해 주십시오. 주 우리 하느님께서 말씀하시는 것
은 무엇이나 알려 주시면 실천하겠습니다.' 하고 말하였습
니다. 21 그래서 오늘 내가 여러분에게 그것을 알려 드렸는
데, 여러분은 주 여러분의 하느님의 말씀을, 곧 그분께서
나를 보내시어 여러분에게 전하게 하신 모든 분부를 듣지
않았습니다. 22 그러니 이제 똑똑히 알아 두십시오. 여러
분은, 여러분이 들어가 정착하고 싶어 했던 바로 그곳에
서 칼과 굶주림과 흑사병으로 죽게 될 것입니다."

42,19-22. 이집트로 돌아가는 것은 이집트 탈출을 거슬러 가는 것이므로 하느님께 대한 신뢰가 없음을 드러내는 것이고, 당신 백성을 구원하시려는 하느님의 계획을 거부하는 것이다. 또한 이집트로 피신한다는 것은 인구가 감소한 그 땅을 떠나는 것으로, 주님의 공동체를 재건하려는 계획을 포기하는 것이다.

43 1 예레미야가 온 백성에게 주 그들의 하느님의
모든 말씀, 곧 주 그들의 하느님께서 그를 시켜
그들에게 내리신 이 말씀을 모두 전했을 때였다. 2 호사야
의 아들 아자르야와 카레아의 아들 요하난과 고집 센 모
든 사람이 예레미야에게 말하였다. "당신은 거짓말을 하

42,16 44,11-12.27; 신명 28,15.45; 잠언 13,21; 에제 11,8. 42,17 24,10; 44,14.28. 42,18 7,20; 39,1; 애가 4,11. 42,19 신명 17,16; 사도 20,26-27. 42,20 3,10; 17,10; 30,21; 에제 14,3-4; 33,31; 44,13; 마태 7,21; 갈라 6,7; 야고 1,22. 43,2 28,8-9; 37,19; 탈출 5,2; 신명 18,18-22; 이사 7,9; 하바 2,4; 야고 4,6.

43. 피신했던 이들은 예레미야가 전한 신탁을 거부하고 예레미야의 서기 바룩이 예언자를 부추겼다고 그를 고발하며 격하게 반응한다(1-7절). 이어서 상징적 행동을 통하여 예레미야가 전달한 하느님의 메시지가 뒤따른다(8-13절). 이 상징적 행동은 네부카드네자르의 왕좌를 위하여 기초를 놓는 것을 흉내 내며, 바빌론의 권력이 이집트의 피난민들에게도 도달할 것임을 나타낸다. 역사적으로 기원전 568년에는 바빌론이 파라오 아마시스에게 승리를 거두었다.

고 있소. 주 우리 하느님께서는 이집트에 들어가서 정착하
지 말라는 말을 하라고 당신을 보내셨을 리가 없소. 3 이것
은 분명 네리야의 아들 바룩이 우리를 칼데아인들의 손에
넘겨, 그들이 우리를 죽이거나 바빌론으로 유배 보내게 하
려고 당신을 부추긴 것이오."
4 이렇게 카레아의 아들 요하난과 군대의 모든 지휘관들
과 온 백성은, 유다 땅에 머물라는 주님의 말씀을 듣지 않
았다. 5 오히려 카레아의 아들 요하난과 군대의 모든 지휘
관들은 쫓겨난 온갖 나라에서 유다 땅에 정착하려고 돌
아온 유다의 모든 남은 자들과, 6 남자와 여자와 아이들과
공주들, 그리고 느부자르아단 친위대장이 사판의 손자이
며 아히캄의 아들인 그달야에게 맡겨 놓은 모든 사람과,
예레미야 예언자와 네리야의 아들 바룩까지 데리고 7 이집
트 땅으로 들어갔다. 그들은 정말 주님의 말씀을 듣지 않
았던 것이다. 이렇게 그들은 타흐판헤스에 도착하였다.
8 타흐판헤스에서 주님의 말씀이 예레미야에게 내렸다. 9 "네
손으로 큰 돌들을 날라다, 타흐판헤스에 있는 파라오의 궁
전 입구 포장된 광장에 유다 사람들이 지켜보는 가운데
묻어라. 10 그리고 그들에게 말하여라. — 만군의 주 이스
라엘의 하느님께서 이렇게 말씀하신다. — '내가 사람을
보내어 나의 종 바빌론 임금 네부카드네자르를 데려오겠
다. 그러고 나서 나는 그의 왕좌를 내가 묻은 이 돌들 위
에 차리겠다. 그는 자신의 차일을 그 위에 칠 것이다.
11 그가 와서 이집트 땅을 치면, 죽을 자는 죽고, 사로잡
혀 갈 자는 사로잡혀 가고, 칼에 맞을 자는 칼에 맞을 것
이다. 12 내가 이집트 신전들에 불을 지르겠다. 그러면 그
는 신상들을 태우거나 그것들을 전리품으로 가져가고, 목
자가 제 옷을 털 듯 이집트 땅을 턴 다음 이집트에서 평화
로이 떠나갈 것이다. 13 그는 이집트 땅에 있는 태양신전의
기념 기둥들을 부수고 이집트 신전들을 불태울 것이다.'"

43,3. 바룩이 예레미야를 부추겼다는 비난은, 예레미야의 예언자로서의 진정성에 대한 중대한 부정이다. 그러나 그의 상징적 행동으로 선포된 사실들이 입증해 주듯이, 주님의 말씀은 예레미야의 사명이 참됨을 밝혀 줄 것이다.

43,7. "이집트 땅으로 들어갔다." 탈출기의 이야기들에서 이미 여러 차례 나타났던 유혹이(탈출 13,17; 17,3; 민수 11,5.20; 14,3-4 참조) 이제 반(反)이집트 탈출로 실현된다. 이는 이스라엘을 해방시키고 하느님의 백성이 되게 한 행위를 부인하는 것이다. 선포되었던 징벌은(예레 42,16-18.22 참조) 그러한 선택이 수반하는 죽음을 확인하는 것일 따름이다(이 점에서 그 선택은 41,10.14에 나타난 이스마엘의 폭력과 크게 다르지 않다). 모세와 마찬가지로 약속된 땅 밖에서 죽게 될(신명 34,4-6 참조) 예레미야에 대해서는 이제 자취가 없어진다(기원후 1세기의 전설적 전승에 따르면 유다인들에게 돌에 맞아 죽었다고 한다).

43,3 36,4.10.26; 38,4; 45,1-5; 루카 6,22-23. 43,4 42,5-6; 2역대 25,16; 코헬 9,16. 43,6 39,10; 40,7; 요한 21,18. 43,7 2,16; 2열왕 25,26; 이사 30,4-5; 에제 30,18. 43,9 13,1; 18,2; 19,1; 51,63-64; 1열왕 11,29-31; 이사 29,1-4; 에제 4,1; 호세 12,11; 사도 21,11; 묵시 18,21. 43,10 1,15; 25,9; 27,6; 이사 44,28; 다니 2,21; 마태 22,7. 43,11 // 15,2; 즈카 11,9. 43,12 46,25; 48,7; 탈출 12,12.

44

[1] 이집트 땅에 살고 있는 모든 유다인들, 곧 믹
돌과 타흐판헤스와 멤피스와 파트로스 지방에
살고 있는 유다인들을 두고, 예레미야에게 내리신 말씀. [2]
만군의 주 이스라엘의 하느님께서 이렇게 말씀하신다. "너
희는 내가 예루살렘과 유다의 모든 성읍에 불러들인 온갖
재앙을 보았다. 그곳들은 오늘날 황무지가 되어 아무도
살지 않는다. [3] 그것은 그들이 자신들도 너희도 너희 조상
들도 모르는 다른 신들에게 가 향을 피우고, 그것들을 섬
겨 나를 분노하게 한 죄악을 저질렀기 때문이다. [4] 나는 너
희에게 잇달아 나의 종인 예언자들을 모두 보내면서, '제
발 내가 싫어하는 이 역겨운 짓을 하지 마라.' 하고 타일렀
다. [5] 그러나 그들은 순종하지도 귀를 기울이지도 않아, 저
희의 사악함에서 돌아서지도 않고 다른 신들에게 향을 피
우는 일을 그만두지도 않았다. [6] 그러자 나의 진노와 분노
가 쏟아져, 유다 성읍들과 예루살렘 거리들에서 타올랐
다. 그리하여 그것들은 오늘날처럼 황무지와 폐허가 되어
버렸다."
[7] 이제 만군의 주 이스라엘의 하느님께서 이렇게 말씀하신
다. "어찌하여 너희는 스스로에게 큰 해를 끼쳐, 결국 너희 가
운데 남자와 여자, 아이와 젖먹이까지 유다 한복판에서 쓰러
져 너희 가운데 살아남은 자가 하나도 없게 하려느냐? [8] 어
찌하여 너희는 너희가 정착하러 들어간 이집트 땅에서 다
른 신들에게 향을 피우면서, 너희 손으로 만든 것들로 나를
분노하게 하느냐? 결국 너희는 스스로를 멸망시키고, 세상
모든 민족들에게 저주와 수치의 대상이 될 셈이냐? [9] 너희

44,1 46,14; 에제 30,14.16. 44,2 9,10; 34,22; 여호 23,3; 애가 5,18; 미카 3,12; 즈카 1,6. 44,3 2,17; 4,17-18; 5,19.29; 11,17. 44,4 7,13.25; 25,3-5; 26,5; 29,19; 32,33. 44,7 7,19; 25,7; 42,20; 잠언 1,18; 5,22; 8,36; 에제 33,11. 44,9 여호 22,17; 에즈 9,7.

44. 예레미야와 다른 이들 사이의 대화로, 믹돌, 타흐판헤스, 멤피스가 있는 나일 삼각주를 배경으로 한다. 파트로스는 훨씬 남쪽이다(1절). 그 의도는 이집트의 모든 유다인 거주지들을 이 대화에 참여시키는 것이다. 먼저 예언자는 악행과 하느님 말씀에 대한 거부로 얼룩진 백성의 역사를 되돌아본다. 하느님께서는 당신 예언자들을 통하여 끊임없이 유다와 예루살렘을 회개시키고자 하셨다(2-14절). 백성은 우상 숭배를 계속하겠다는 결의를 밝히며, 주님을 믿은 것이 이 모든 불행의 원인이 되었다고 말한다(15-19절). 마지막에 예레미야는 이에 응답하여(20-30절), 멸망의 원인은 계약을 배반하고 우상 숭배를 고집한 것이라고 역설한다. 그러므로 무서운 징벌이 내릴 것이다. 거룩하신 이름을 완전히 잊어버리게 되고, 피신한 이들의 무리는 거의 남김없이 파괴될 것이다. 파라오 호프라의 운명이 예언의 실현에 대한 표지가 될 것이다. 치드키야와 유다인 피난민들을 보호해 주던 호프라는 원수들의 손에(친척이며 적인 아마시스에게) 죽을 것이다. 말씀의 감추어짐은 절정에 달하여, 형제들에 의하여 거룩한 이름을 잊어버리게 될 장소인 이집트에 인질로 끌려온 예레미야는 반(反)이집트 탈출을 살아야 하는 일종의 반(反)모세의 모습을 보인다. 그러나 예레미야의 전기적 부분을 시작하는 불에 태워졌으나 처음보다 더 강하게 다시 기록된 두루마리의 이야기에서, 희망의 예고를 알아볼 수 있다. 하느님의 말씀은 죽지 않으며, 헤아릴 수 없는 방식으로 하느님의 구원 계획을 성취시킨다.

44,1-30. 이 모든 일이 일어난 후 원점으로 돌아간다. 예레미야의 사명은 절망적으로 보인다. 백성은 우상 숭배를 버리지 않는다. 그러나 하느님의 말씀은 그치지 않고 울려 퍼진다. 그 말씀이 엄하고 위협적이라고 해도, 그것은 관계와 계약을 회복하고자 하시는 하느님의 끈질긴 갈망을 표현한다.

44,8. 헛된 구원의 환상을 쫓아 이집트로 피신하려 했던 이들은 칼과 굶주림에 내맡겨지고 주님께 비림을 받을 것이나. 이들이 유일한 주님이며 구원자이신 하느님을 믿기보다 이집트의 힘과 우상들을 더 신뢰했기 때문이다. 파괴와 죽음을 당하는 그들의 운명은 하느님 심판의 상징이 될 것이다.

44,10. "걷지도 않았다." 이 히브리어 표현은 "행동하지 않았다"로 옮길 수 있다. 1사무 8,3.5의 주 참조.

44,12. "유다의 남은 자들"을 붙드는 행위는 요하난이 했던 행위와 역설적인 관계에 놓이게 된다(41,16; 43,5 참조). 요하난은 백성을 구원으로 이끌 수 있다고 믿었지만, 오히려 완전한 멸망으로 이끈 것이다(이집트 탈출 때 반항하다가 광야에서 멸망한 세대와 동일한 완고함이다. 신명 2,14-16 참조).

44,17-19.25. "하늘 여왕"(7,18)은 메소포타미아의 여신인 이쉬타르(아스타르테)를 가리키지만 외국 신에 대한 언급을 감추기 위해 모음을 변형하고 있다('말캇' 대신 '믈레켓'). 히브리어 본문의 다른 곳에서도 비슷한 현상이 나타난다(2사무 2,8의 주와 에제 6,4의 주 참조).

는 유다 땅과 예루살렘 거리들에서 저지른 너희 조상들의
죄악과 유다 임금들의 죄악과 왕비들의 죄악, 그리고 너희
의 죄악과 너희 아내들의 죄악을 잊었느냐? 10 그들은 오
늘까지도 뉘우치거나 두려워하지 않고, 내가 너희와 너희
조상들에게 내린 가르침과 계명에 따라 걷지도 않았다."
11 그러므로 만군의 주 이스라엘의 하느님께서 이렇게 말
씀하신다. "내가 너희에게 재앙을 내리기로 마음을 굳혔
다. 온 유다를 멸망시키겠다. 12 이집트 땅에 들어가 정착
하기로 마음을 굳힌 유다의 남은 자들을 붙들어, 이집트
땅에서 모두 전멸시키겠다. 그들은 칼에 맞아 쓰러지고,
낮은 자부터 높은 자에 이르기까지 굶주림으로 전멸할 것
이다. 이렇게 그들은 칼과 굶주림으로 죽어, 악담과 공포
와 저주와 수치의 대상이 될 것이다. 13 내가 칼과 굶주림
과 흑사병으로 예루살렘을 벌한 것처럼, 이집트 땅에 사
는 자들도 그렇게 벌하겠다. 14 이집트 땅에 들어와 사는
유다의 남은 자들 가운데 피신자나 생존자는 아무도 없을
것이다. 그들이 돌아가 살고 싶어 하던 유다 땅으로는 돌
아갈 자가 아무도 없을 것이다. 정녕 몇 명의 피신자들을
빼놓고는 아무도 없을 것이다."
15 제 아내가 다른 신들에게 향을 피운다는 사실을 아는
모든 남자, 큰 무리를 지어 그곳에 서 있던 모든 여자, 그
리고 이집트 땅 파트로스에 사는 모든 백성이 예레미야에
게 대답하였다. 16 "당신이 주님의 이름으로 우리에게 무
슨 말을 하든 우리는 당신의 말을 듣지 않겠소. 17 우리는
우리가 결정한 것을 모두 실천하겠소. 우리는 우리와 우리
조상들과 임금들과 대신들이, 유다 성읍들과 예루살렘 거
리들에서 했던 대로, 하늘 여왕에게 향을 피우고 그 여신
에게 술을 부어 바치겠소. 이제껏 우리는 양식도 넉넉하고
잘 지냈으며 재앙도 겪지 않았소. 18 그런데 우리가 하늘
여왕에게 향을 피우는 일과 술을 부어 바치는 일을 그치
자, 모든 것이 부족해지고 칼과 굶주림으로 망하게 된 것
이오." 19 여자들도 말하였다. "우리가 하늘 여왕에게 향을
피우고 그 여신에게 술을 부어 바칠 때에, 남편들 모르게
그 여신의 모습대로 과자를 만들고 술을 부어 바쳤겠습니
까?"

44,10 8,12; 36,24; 코헬 8,12-13; 말라 3,20; 루카 23,40; 묵시 15,4. 44,14 이사 4,2; 10,20; 로마 11,5-6; 히브 2,3. 44,15 5,1; 이사 1,5. 44,16 8,6; 18,18; 38,4; 이사 3,9; 루카 19,14. 44,17 11,12; 19,13; 판관 10,14; 신명 32,37-39; 호세 2,7. 44,18 민수 11,5-6; 욥 21,14-15; 시편 107,17; 말라 3,13. 44,19 7,18; 창세 3,6.11.17; 신명 7,3-4; 1열왕 21,25; 마르 6,19-27.

20 예레미야는 남자 여자 할 것 없이 온 백성에게, 곧 그렇
게 대답한 모든 백성에게 말하였다. 21 "여러분과 여러분
의 조상들과 임금들과 대신들과 나라 백성이, 유다의 성
읍들과 예루살렘 거리들에서 향을 피운 짓을 주님께서 기
억하시지 않을 리가 있겠소? 그런 일이 그분 마음속에 떠
오르지 않을 리가 있겠소? 22 주님께서는 여러분의 악행
과 여러분이 저지른 역겨운 행동을 더 이상 참으실 수 없
었고, 그래서 여러분의 나라가 오늘처럼 인적 없는 황무지
와 폐허가 되고 저주의 대상이 된 것이오. 23 여러분이 향
을 피워 주님께 죄를 지었기 때문에, 또한 주님의 말씀을
듣지 않고 그분의 가르침과 계명과 권고에 따라 걷지 않았
기 때문에, 오늘과 같은 이런 재앙이 여러분에게 닥친 것
이오."
24 예레미야는 온 백성과 모든 여자에게 말하였다. "이집
트 땅에 있는 모든 유다인이여, 주님의 말씀을 들으시오.
25 만군의 주 이스라엘의 하느님께서 이렇게 말씀하십니
다. '너희와 너희 아내들은 입으로 말한 것을 행동으로 다
이루었다. 너희는 하늘 여왕에게 향을 피우고 그 여신에
게 술을 부어 바쳐, 너희가 한 서약을 반드시 실천하겠다
고 하는구나. 너희 서약을 채울 테면 채워 보고, 너희 서
약을 실천할 테면 실천해 보아라!' 26 그러므로 이집트 땅
에 사는 모든 유다인이여, 주님의 말씀을 들으시오. '내가
나의 위대한 이름을 걸고 맹세한다. ─ 주님께서 말씀하
신다. ─ 온 이집트 땅에서 어떤 유다 사람이라도, '주 하
느님께서 살아 계시는 한!'이라고 하면서 입으로 내 이름
을 더 이상 부르지 못하게 하겠다. 27 이제 나는 그들에게
복이 아니라 재앙을 내리려고 지켜본다. 이집트 땅에 있
는 모든 유다 사람들은, 칼과 굶주림으로 그들 가운데 마
지막 사람까지 전멸할 것이다. 28 칼을 피하여 이집트 땅에
서 유다 땅으로 돌아갈 사람들은, 그 수가 얼마 되지 않을
것이다. 그리하여 이집트 땅에 정착하러 들어온 유다의 남
은 자들은 모두, 나와 그들 가운데 누구 말이 들어맞는지
알게 될 것이다. 29 이것이 바로 너희에게 주는 표징이다.
주님의 말씀이다. 나는 이곳에서 너희를 벌하여, 너희에
게 재앙을 내리겠다는 나의 말이 반드시 들어맞는다는 사
실을 너희가 알게 하겠다. 30 ─ 주님께서 이렇게 말씀하신

44,22-23. "그래서" 역사의 의미에 대한 백성의 해석은 순진하고 그릇되어 있다. 그들은 요시야가 우상 숭배를 제거한 개혁이 재앙의 시대를 가져왔다고 생각한다(17-18절). 아마도 악한 임금 므나쎄 시대의 번영을(기원전 695-641년) 이상적으로 여기고 있는 것이다. 예언자의 전망은 이와 정반대이며, 주님과의 계약에 불충한 것이 멸망의 원인임을 단호하게 지적한다.

44,30. "그의 목숨을 노리던" 34,20.21의 주 참조.

44,21 11,13; 14,10; 에제 16,24; 시편 79,8; 묵시 16,19; 18,5. 44,22 25,18.38; 26,6; 애가 2,15-16. 44,23 26,4-6. 44,25 레위 23,38; 신명 23,22-24; 시편 50,14; 이사 28,15; 사도 23,12; 마태 5,33. 44,26 5,2; 7,4; 아모 6,8; 시편 50,16 23; 호세 10,4; 마태 7,22-23. 44,27 31,28. 44,28 신명 18,18-22; 애가 3,37; 즈카 1,6; 마태 24,35.

다. — 이제 내가 유다 임금 치드키야를 그의 목숨을 노리
던 원수 바빌론 임금 네부카드네자르의 손에 넘겼듯이, 이
집트 임금 파라오 호프라를 그의 원수들 손에, 그의 목숨
을 노리는 자들 손에 넘겨주겠다.'"

바룩의 구원

45 1 예레미야 예언자가 네리야의 아들 바룩에게
한 말이다. 바룩은 유다 임금 요시야의 아들
여호야킴 제사년에 예레미야의 입에서 직접 이 말씀을 받
아 책에 적었다.
2 "주 이스라엘의 하느님께서 너 바룩에게 이렇게 말씀하
신다. 3 '너는, '불행하여라, 이 내 신세! 주님께서 내 고통
에 슬픔을 더해 주시니, 나는 탄식으로 기진하고 안식을
찾을 수 없구나.' 하고 말한다.' 4 — 너는 바룩에게 이렇게
말해야 한다. — 주님께서 이렇게 말씀하신다. '나는 내가
세운 것을 부수기도 하고 내가 심은 것을 뽑기도 하는데,
이 땅의 모든 일이 바로 그렇다. 5 너는 자신을 위하여 무
슨 위대한 일들을 찾고 있는데, 그런 일들을 더 이상 찾지
마라. 내가 정녕 모든 사람에게 재앙을 내리겠다. 주님의
말씀이다. 그러나 나는, 네가 어디를 가든 너의 목숨을 구
해 주겠다.'"

45,5. 바룩이 찾는 "위대한 일들"은 아마도 그의 정치적 계획의 성공일 것이다(43,3 참조).

45,1 25,1; 26,1; 36,1. 45,3 8,23; 15,10; 20,7. 45,4 1,10; 18,7; 31,28; 이사 5,1-7. 45,5 21,9; 38,2; 39,18.

45. 바룩에게 내린 신탁으로, 바룩이 예레미야의 말을 받아 적은 기원전 605년의 것이다. 이것은 예레미야의 영적인 후손, 곧 후대에 그의 말씀의 제자가 될 이들을 구체화하는 예언자의 서기의 서명과 같다. 백성의 재앙을 함께 겪은 바룩에게 떠도는 삶 속에서도 구원이 약속된다. 그의 목숨은 보장되는 것이다. 자신의 위대한 꿈을 쫓아가는 그에게 하느님께서는 당신께서 심으시고는 뽑으셔야 하는 피조물 앞에서의 고통을 내세우신다. 예레미야의 제자에게는 희망을 잃지 않으면서도 이 하느님의 고통을 함께 나눌 것이 요구된다.

이민족들에 관한 신탁의 계속

46 1 이민족들을 두고 예레미야 예언자에게 내린
주님의 말씀.

이집트

카르크미스 전투에서 패배하다

2 이집트에 대하여. 이는 유다 임금 요시야의 아들 여호야
킴 제사년에, 유프라테스강 근처 카르크미스까지 갔다가
바빌론 임금 네부카드네자르에게 패배한, 이집트 임금 파
라오 느코의 군대를 두고 하신 말씀이다.

3 둥근 방패와 네모 방패로 무장하고
싸우러 나아가라.
4 말에 마구를 달고
군마에 올라타라.
투구를 쓰고 전열을 갖추며
창을 닦고
갑옷을 입어라.
5 어찌하여
그들이 놀라
뒷걸음치는 광경이 보이느냐?
그들의 용사들이 패배하여 허둥지둥 도망치는데
돌아보지도 못한다. 사방에 공포뿐이다.
주님의 말씀이다.
6 날쌘 자도 도망칠 수 없고
용사도 달아날 수 없다.
그들은 저 북녘 유프라테스강 가에서

46,1. "이민족들을 두고" 히브리어 전치사 '알'은 "…위에, …에 관하여"를 뜻하기도 하고 "…를 거슬러"를 뜻하기도 한다. 그래서 이 신탁들은 이민족들에 "관한" 말씀이라고 이해할 수도 있고 그들을 "거스른" 말씀이라고 이해할 수도 있다.

46,2. "카르크미스"는 전략적으로 매우 중요했던 고대 도시로, 유프라테스 서안(6절 참조) 알레포에서 북동쪽으로 100km 떨어진 곳에 있다(현재는 터키 영토).

46,5. "사방에 공포" 6,25의 주 참조.

46,6. 이집트인들은 카르크미스를 중요한 전초 기지로 삼았다. 기원전 605년 근래에 바빌론인들을 물리쳤기에 전혀 패배를 예상치 않았던 그들은 왕자(바빌론 임금 나보폴라사르의 아들) 네부카드네사르에게 패하여 시리아-팔레스티나 지역 전체에 대한 지배권을 포기해야 했다.

46,1 1,10; 25,15; 36,1; 로마 3,29. 46,2 25,1; 2열왕 23,29; 2역대 35,20. 46,5 6,25; 20,3.10; 49,29; 이사 19,16; 묵시 6,15-17. 46,6 아모 2,14-15.

46-51장은 이민족들에 대한 예언 말씀들의 모음으로, 이사 13-23장과 에제 25-32장과 유사하다. 이스라엘의 주변 민족들뿐만 아니라(예레 47-49장) 당시 두 거대 세력인 이집트와(46장) 바빌론에게(50-51장) 심판이 선고된다. 고대 그리스어 번역본에서 이 신탁들은 예레 25장 다음에, 예레미야의 전기적 부분 앞에 배치되었다. 이민족들에 대하여 심판이 선고되는 이유는 우상 숭배와 이스라엘에 대해 범한 악행들이다. 그 징벌은 하느님의 보편적인 통치권을 선포하는 것이지만, 또한 인간의 악행까지도 구원 계획 안에 포함시키시는 하느님의 능력을 선포하는 것이기도 하다.

46. 이민족들에 대한 신탁 모음 전체의 표제에 이어(1절), 이집트에 대한 두 가지 신탁이 나온다. 첫 신탁은 카르크미스 전투를 언급하는데(기원전 605년), 여기서는 아시리아를 도우러 온 파라오의 군대가 바빌론인들에게 패배한다(2-12절). 나일강의 범람에 비유되는 이집트의 제국주의적 계획은 주님에 의해 실패로 돌아간다. 여기서 말하는 에티오피아는 누비아이며 풋은 아마도 리비아일 것이다. 루드는 알려지지 않은 아프리카의 한 지역이다.

비틀거리다 쓰러진다.
7 나일강처럼 불어나고
강물처럼 물결이 넘쳐 나는
저것은 무엇인가?
8 바로 이집트가 나일강처럼 불어나고
강물처럼 물결이 넘쳐 난다.
이집트가 말한다. "나는 불어나서 땅을 덮고
성읍과 그 주민들을 멸하리라.
9 달려라, 말들아.
돌격하라, 병거들아.
진격하라, 용사들아.
방패를 든 에티오피아인들과 풋인들과
활을 들고 쏘아 대는 루드인들도 진격하여라."
10 그날은 주 만군의 주님을 위한 날,
그분께서 당신 원수들에게 복수하시는 날이다.
칼이 그들을 삼켜 배부르고
그들의 피를 흠뻑 마시리라.
정녕 주 만군의 주님께서 희생 제사를
북녘땅 유프라테스강에서 지내신다.
11 처녀 딸 이집트야
길앗으로 올라가 유향을 구해 오너라.
그러나 아무리 많은 약을 써 보아도
너의 병은 고칠 수 없으리라.
민족들이 너의 수치스러운 소문을 듣고
12 세상이 너의 울부짖음으로 가득 차리라.
용사가 용사와 부딪쳐 비틀거리다
둘 다 쓰러진다.

네부카드네자르의 이집트 원정

46,13-24. 두 번째 신탁은 바빌론인들의 침입을 예고한다. 기원전 568년 네부카드네자르의 이집트 원정을 가리키는데, 이집트는 자신의 신들에게도 버림을 받았다. 바빌론의 침입은 주님께서 선고하신 징벌을 실행하는 것이다.

13 주님께서 바빌론 임금 네부카드네자르가 이집트 땅을 치러 온다고, 예레미야 예언자에게 이렇게 일러 주셨다.
14 "너희는 이집트에 알려라. 믹돌에서 선포하고
멤피스와 타흐판헤스에서도 선포하여라.
너희는 이렇게 말하여라. '전열을 가다듬고 너의 각오를 다져라.
칼이 너의 주변을 삼키려 한다.'

46,7 이사 8,7-8. 46,8 탈출 15,9-10; 이사 10,13; 37,24; 에제 29,3; 32,2. 46,10 51,6; 이사 13,6; 34,6.8; 요엘 1,15; 루카 21,22. 46,11 8,22; 14,17; 51,8; 루카 8,43-44. 46,13 43,10; 44,30; 이사 19,1-25. 46,14 44,1.

15 어찌하여 너의 황소가 거꾸러졌느냐?
— 주님께서 후려치시니 그가 서 있을 수가 없었다. —
16 너의 군중이 비틀거리다 쓰러지면서 서로 말한다.
'일어나 우리 백성에게 돌아가자.
무자비한 칼을 피하여
우리가 태어난 땅으로 돌아가자.'
17 이집트 임금 파라오의 이름을
'기회를 놓친 허풍쟁이'라고 불러라.
18 내가 살아 있는 한
— 그 이름 만군의 주님이신 임금님의 말씀이다. —
산들 가운데에서는 타보르 같고
바닷가에서는 카르멜 같은 자가 반드시 쳐들어온다.
19 딸 이집트의 주민들아
유배 짐을 꾸려라.
멤피스가 폐허가 되고
불에 타 인적 없는 곳이 될 것이다.
20 이집트는 얼마나 어여쁜 암송아지인가!
그러나 북녘에서 쇠파리 떼가 그에게 날아든다.
21 그곳에서는 용병들도
살진 송아지 같았으나
환난의 날과
징벌의 때가 그들에게 닥치면
그들도 견뎌 내지 못하고
등을 돌려 함께 달아나고 만다.
22 적군이 나무를 쓰러뜨리는 자들처럼
도끼를 들고 쳐들어오면
이집트는 뱀처럼
스치는 소리를 내며 도망간다.
23 그 숲이 빽빽이 들어찼다 하더라도
그들은 그것을 베어 넘긴다.
주님의 말씀이다.
과연 그들은 메뚜기보다 많아
헤아릴 수 없다.
24 딸 이집트가 수치를 당하고
북녘 백성의 손에 넘어간다."

46,15 탈출 6,1; 이사 46,1-2. 46,16 51,9. 46,17 이사 19,11-16; 31,3; 에제 31,18. 46,20 1,14; 25,9; 47,2.

46,15. "너의 황소가 거꾸러졌느냐?" "너의 장사가 거꾸러졌느냐?"로 번역할 수 있다('니스합 아삐레카'). 일부 현대어 번역본들은 그리스어 번역본을 토대로 하여 히브리어 단어를 달리 구분하여 "아피스('합'), 너의 신성한 황소가('아비레카') 도망쳤느냐?('나스')"로 옮긴다. 아피스('합'은 히브리식 표현)는 이집트의 신으로, 멤피스에서 숭배를 받던 다산의 상징이다. '아비르' 혹은 '아삐르'("강한")라는 명칭은 일반적으로 주님께 적용된다(창세 49,24; 시편 132,2.5; 이사 1,24; 49,26; 60,16 참조).

46,17. "불러라." 그리스어 번역본과 (새) 대중 라틴말 성경을 따른 번역이다. 히브리어 본문은 "그들은 거기에서 불렀다."로 되어 있다. "기회를 놓친" 어떤 이들은 이 히브리어 단어가 발음이 유사한 단어를 이용하여 믿을 수 없다고 여겨진 파라오 호프라의 이름을 조롱조로 암시한 것이라고 본다(37,7 참조).

46,19. "딸"은 히브리어 표현으로 "사람들" 또는 "백성"을 지칭한다.

46,22. 히브리어 본문에서는 "도망치는 뱀"의 표상이 나오며, 그리스어 번역본과 새 대중 라틴말 성경에서는 뱀이 "쉭쉭 소리를 낸다"로 번역한다. 중요한 것은 뱀이 많은 그림들에서 파라오의 머리 덮개에 나타나는 코브라를 연상시킬 수 있다는 점이다.

46,25-28. 두 가지 회복의 약속이 이 장을 끝맺는다. 첫째 약속은 이집트에 관한 것으로(25-26절), 아몬 신을 포함하여 이집트의 귀중한 것들이 벌을 받은 후에 구원이 있으리라고 선포된다. 둘째 약속은 하느님의 백성을 향한 것인데, 여기서 그 백성은 야곱/이스라엘로 지칭된다(27-28절).

46,26. 이스라엘뿐만 아니라 어떤 민족에 대해서라도, 여기서 억압적 권력과 우상 숭배의 상징으로 나타나는 이집트에 대해서도, 주님께서 벌하신다면 그것은 구원하시기 위해서이다.

47,1. 역사적 배경은 재구성하기 어렵고, 연대와 파라오의 이름은 불확실하다. 다른 한편으로 2절에서는 북쪽에서 오는 군사적 위협을 암시한다.

주님께서 말씀하신다

25 만군의 주 이스라엘의 하느님께서 말씀하신다. "내가 테
베의 신 아몬과, 파라오와 이집트와 그 신들과 임금들과,
파라오와 그를 의지하는 자들을 벌하겠다. 26 내가 그들을
그들의 목숨을 노리는 자들의 손에, 곧 바빌론 임금 네부
카드네자르와 그 신하들의 손에 넘겨주겠다. 그러나 나중
에 이집트는 예전처럼 사람이 살게 될 것이다. 주님의 말
씀이다.

27 나의 종 야곱아, 두려워하지 마라.
이스라엘아, 무서워하지 마라.
내가 너를 먼 곳에서,
너의 후손을 포로살이하던 땅에서 구원해 내리라.
야곱이 돌아와 평안히 살며
아무런 위협도 받지 않고 편안히 살리라.
28 나의 종 야곱아, 두려워하지 마라.
주님의 말씀이다.
내가 너와 함께 있다.
나는 너를 모든 민족들 사이로 쫓아 버렸지만
이제 정녕 그들을 멸망시키리라.
그러나 너만은 멸망시키지 않고
공정하게 징벌하리라.
나는 결코 너를 벌하지 않은 채 내버려 두지는 않으리라."

필리스티아

47

1 파라오가 가자를 치기 전에 필리스티아인들을
두고, 예레미야 예언자에게 내린 주님의 말씀.
2 주님께서 이렇게 말씀하신다.
"북녘에서 물이 불어나
넘쳐흐르는 강물이 되리라.
그 강물이 땅과 그곳을 가득 메운 것을,
성읍과 그 주민들을 휩쓸어 가리라.
그곳 사람들이 울부짖고
그 땅의 모든 주민이 통곡하리라.
3 그 군마의 발굽 소리와
병거들이 구르며 내는 요란한 바퀴 소리에

46,25 43,12-13; 탈출 12,12; 나훔 3,8. 46,26 29,14; 30,3; 48,47; 49,6.39; 에제 29,8-14. 46,27-28 // 30,10-11. 47,1 에제 25,15-17; 아모 1,6-8; 스바 2,4-7. 47,2 46,6-8.

47,1-7. 필리스티아인들에 대한 신탁으로, 그들의 영토는 바빌론인들과 이집트인들의 침략을 받는다. 필리스티아인들은 완전히 압도되며, 살아남은 자들은 애도를 할 뿐이다.

아버지들은 맥이 풀려
자식들을 돌아보지도 못하리라.
4 필리스티아인들을 모두 멸하고
티로와 시돈의 원군 가운데 살아남은 자들마저 모두 쓸어
버릴
그날이 왔기 때문이다."
정녕 주님께서는 캅토르섬의 남은 자들인
필리스티아인들을 전멸시키시리라.
5 가자는 머리를 밀고
아스클론은 말문이 막힌다.
그 골짜기에서 살아남은 자들아
너희가 언제까지 스스로에게 상처를 내려느냐?
6 "아! 주님의 칼아
언제나 네가 잠잠해지려느냐?
칼집에 다시 들어가
거기에 가만히 머물러 있어 다오!" 한다마는
7 주님께서 그 칼에게 명령하셨는데
그것이 어찌 잠잠해지겠느냐?
그 칼은 아스클론과 바닷가를 치려고
그분께서 고르신 것이다.

모압

48

1 모압에 대하여. 만군의 주 이스라엘의 하느님
께서 이렇게 말씀하신다.
"불행하여라, 느보! 그 성읍이 파멸되었다.
키르야타임도 수치를 당하고 점령되었다.
그 요새가 수치를 당하고 무너졌다.

47,4. "캅토르"는 크레타섬으로, 전통적으로 필리스티아인들이 그곳에서 왔다고 여겼다(신명 2,23; 아모 9,7 참조).

47,5. "말문이 막힌다"라고 번역된 히브리어 동사 형태는 철자가 같지만 의미가 다른 두 개의 동사에서 파생될 수 있어 "침묵하게 되다"의 뜻 외에 "파괴되다"를 뜻할 수도 있다.

47,6. 필리스티아인들에 대해서도 동정심이 일어난다.

48,1-5. (요르단 동편) 모압의 여러 지역들을 언급하여 예고된 파괴의 막대한 규모를 표현한다.

47,4 25,20.27; 아모 9,7. 47,5 48,37; 레위 19,28; 21,5; 1열왕 18,28. 48,1-47 이사 15-16. 48,1 이사 15-16; 에제 25,8-11; 아모 2,1-3.

48. 모압에 대한 신탁들이다. 모압은 민족적으로 이스라엘과 가깝지만(창세 19,30-38 참조) 자주 이스라엘에게 적대적이었으며, 여기서는 자신의 헛된 안전을 믿고(예레 7.14.29절) 이스라엘을 멸시하는(27절) 교만으로 인하여 심판을 받는다. 모압은 예레 25,15.21에서 예고된 진노의 잔을 마신다(26절). 첫 시는(1-13절) 황폐화된 모압의 지역들과 모압의 신 크모스의 몰락을(7.13절) 묘사한다. 파괴 다음에는 모압의 시신에 대한 애도가 뒤따르고(14-20절), 모압의 교만과 이스라엘에 대한 멸시를 단죄하는 말씀이 이어진다(21-29절). 그러나 모압 민족을 위해서도 예언자의 동정과 눈물이 있다(30-39절). 마지막 신탁에서는(40-47절) 수도 헤스본과 임금(시혼)의 종말, 그리고 주민들의 유배를 예고한 다음 모압에 대한 자비와 희망의 말로 끝맺는다(47절). 여기서 모압은 교만의 상징이며 자신의 힘과 부와 신들을 신뢰하는 것의 상징이다. 그것은 하느님께 대한 도전이 될 수밖에 없고, 피할 수 없는 파국을 가져온다. 그러나 모압에 대해서도, 하느님의 자비는 더욱 확실하다.

48,5. (새) 대중 라틴말 성경은 히브리어 단어 '차레'를 "적들"로 번역하고 이것이 "듣다"의 주어라고 본다(hostes audierunt, "적들이 들었다").

48,9. 히브리어 본문은 자구적으로 "모압에게 꽃('치츠')을 주어라"로 되어 있다(대중 라틴말 성경도). 이 본문이 이해할 수 없으므로 '치츠'가 일반적 의미 이외의 다른 의미로 사용되었다고 생각하기도 한다. 아람어에서 같은 단어는 "날개"를 뜻할 수 있고, 그렇다면 모압이 갑자기 공격을 받아 도망치기 위하여 날개가 필요하리라는 의미가 될 수 있다(새 대중 라틴말 성경은 이러한 해결책을 취한다. "모압에게 날아갈 날개를 주어라"). 그리스어 번역본은 '세메이아'("표징")로 번역하여, 히브리어 '치윤'("묘비")으로 읽었음을 보여 준다. 다른 가능성이 있는데, 그것은 소금을 가리키는 우가릿어 어근에서 파생하는 것으로 보고 정복된 도성에 소금을 뿌리는 관습을 암시하는 것으로 이해하는 것이다.

2 이제 모압의 명성은 끝났다.
적들이 헤스본에서 모압을 거슬러 악을 꾸몄다.
'자, 저 민족을 아예 없애 버리자.'
마드멘아, 너도 적막하게 되리니
칼이 너를 뒤쫓는다.
3 호로나임에서 울부짖는 소리가 들린다.
'참화와 큰 파괴가 닥쳤다!' 하고 외친다.
4 '모압이 파괴되었다.' 하고 외치는
젊은이들의 소리가 들린다.
5 그들은 울며불며
루힛 고개를 올라간다.
호로나임으로 내려가는 길에서도
파괴되었다는 절망의 외침이 들린다.
6 너희는 도망쳐 목숨을 구하고
광야의 들나귀처럼 되어라.
7 너는 네가 만든 것들과
네 보화에 의지하였으니
너 또한 정복당하리라.
크모스 신도 그 사제들과 대신들과 함께
포로로 잡혀가리라.
8 파괴자가 모든 성읍에 쳐들어오면
어떤 성읍도 피하지 못하리니
골짜기는 파괴되고
고원 지대는 황폐해지리라.
— 주님께서 하시는 말씀이다. —
9 모압에게 묘비를 세워 주어라.
그는 완전히 파괴될 것이다.
모압의 성읍들은 폐허가 되어
그곳에 사는 이가 아무도 없으리라.
10 주님의 일을 소홀히 하는 자는 저주를 받으리라.
피 흘리는 일에서 칼을 거두는 자는 저주를 받으리라.
11 모압은 어릴 때부터 편안하게 살았으며
찌꺼기가 곱게 가라앉은 포도주 같았다.
아무도 모압을 이 그릇 저 그릇에 옮겨 담지 않았고
포로로 끌고 가지도 않았다.
그리하여 맛이 그대로 남고

48,2 이사 16,14; 25,10. 48,3 4,20. 48,5 // 이사 15,5. 48,6 17,6; 51,6. 48,7 9,22; 13,25; 시편 40,5; 1티모 6,17; 묵시 18,7. 48,9 48,28. 48,10 11,3; 민수 31,14-18; 1사무 15,9; 1열왕 20,42. 48,11 22,21.

향기도 변하지 않았다.
12 내가 그를 쏟아부을 사람들을 보내리니, 이제 그를 쏟
아 버릴 때가 온다. 주님의 말씀이다. 그들은 그의 그릇을
비우고, 그의 술독을 산산조각 낼 것이다. 13 이스라엘 백
성이 베텔을 의지하다가 수치를 당하였듯이, 모압은 크모
스 신 때문에 수치를 당할 것이다.
14 어찌 감히 너희가
'우리는 용사요 전투에 능한 군인이다.' 하고 말하느냐?
15 모압의 파괴자가 그 성읍들을 치러 올라오고
모압의 젊은이들 가운데 뽑힌 자들이 살육을 당한다.
— 그 이름 만군의 주님이신 임금님께서 하시는 말씀이다. —
16 모압의 환난이 가까이 다가오고
그 재앙이 재빨리 닥쳐온다.
17 모압 가까이에 있는 모든 민족들과
그의 명성을 아는 모든 이들아
그를 애도하며 이렇게 말하여라.
'어찌하여 힘을 떨치던 왕홀과 화려하던 지휘봉이 꺾였는
가?'
18 딸 디본의 주민들아
영광의 자리에서 내려와 거름 위에 앉아라.
모압의 파괴자가 너를 치러 올라와
네 요새들을 무너뜨렸다.
19 아로에르의 주민들아
길가에 서서 지켜보아라.
도망치는 남자와 피난 가는 여자에게
'무슨 일이오?' 하고 물어보아라.
20 '모압이 수치를 당하고 정말 무너졌소.
통곡하고 울부짖으며
아르논에 가서
모압이 파괴되었다고 알려 주시오.'
21 심판은 고원 지대에 닥쳤고, 홀론과 야하츠와 메파앗,
22 디본과 느보와 벳 디블라타임, 23 키르야타임과 벳 가
물과 벳 므온, 24 크리욧과 보츠라와 모압 땅의 멀고 가까
운 모든 성읍에 닥쳤다.
25 모압의 뿔이 잘리고
그의 팔이 부러졌다.
주님의 말씀이다.

48,13-20. 모압에 대한 시는 스스로 안전하고 강력하다고 믿고 있던 이 백성이 당한 멸망이라는 주제를 다시 다룬다. 이미 희망이 없다. 네부카드네자르는 살육당할 이 민족의 저항을 번개같이 제거했다. 죽은 이들에 대한 애도밖에는 아무런 여지도 남지 않은 폐허에 대한 묘사는 생생하면서도, 이와 유사한 재앙의 상황들에 대해 사용되어 이미 알려진 표상들과 국가적 애도의 형식을 다시 사용하기도 한다. 왕홀로 표현된 모압 왕국은 이미 꺾어졌다. 주민들은 길에 흩어졌고 젊은이들은 학살되었으며, 수치가 온 백성을 덮었다.

48,25. "모압의 뿔"은 "모압의 세력"을 뜻한다.

48,13 이사 45,16.20; 아모 5,5-6. 48,14 8,8; 9,22; 49,16. 48,25 시편 37,17; 에제 30,21.

[26] 모압이 주님을 거슬러 거들먹거렸으니, 그에게 취하도
록 술을 먹여라. 그리하면 그가 토한 것 위에서 뒹굴고, 그
자신도 웃음거리가 되리라. [27] 이제까지는 이스라엘이 너
에게 웃음거리가 아니었느냐? 너는 그에 대해 말할 때마
다, 그가 도둑질하다 들키기나 한 것처럼 머리를 흔들지
않았더냐?

[28] 모압 주민들아
성읍들을 버리고 바위에서 살아라.
절벽 어귀 양쪽 벽에 보금자리를 마련한
비둘기처럼 되어라.

[29] 우리는 모압의 교만에 대하여,
그가 몹시 교만하다는 소리를 들었다.
그의 거만과 교만과 오만과
그의 자만심에 대하여 들었다.

[30] 나는 그의 방자함을 알고 있다. 주님의 말씀이다. 그의
자랑도 거짓이고 그가 한 일도 거짓이다. [31] 그러므로 내가
모압을 두고 통곡하고, 모압 전체를 위해 울부짖으며, 키
르 헤레스 사람들을 위해 슬피 울겠다.

[32] 시브마의 포도밭아
내가 야제르를 위해 우는 것보다 너를 위해 더 운다.
너의 가지들이 바다를 건너
야제르까지 뻗었는데
네 여름 과일과 포도를 거둘 때에
파괴자가 들이닥쳤구나.

[33] 모압의 기름진 땅에서는
기쁨도 즐거움도 사라졌다.
내가 술틀에서 포도주를 없애 버리니
아무도 흥에 겨워 술틀을 밟는 자가 없고
그들이 외치는 소리는 더 이상 흥겨운 소리가 아니다.

[34] 헤스본에서 울부짖는 소리가 엘알레까지, 심지어 야하
츠까지 들린다. 그들은 목소리를 높여 그 소리가, 초아르
에서 호로나임과 에글랏 슬리시야까지 들리게 한다. 니므
림의 샘도 폐허가 되는구나. [35] 산당에 올라가 제사를 바
치고 자기 신들에게 향을 피우는 자를, ― 주님의 말씀이
다. ― 내가 모압에서 뿌리 뽑겠다. [36] 그러므로 내 마음은
모압 때문에 피리처럼 슬피 운다. 내 마음은 키르 헤레스

48,28. 바위에서 산다는 것은 도망자의 전형적인 상황이지만, 미디안의 침입 때 이스라엘이 했듯이(판관 6,2 참조) 침략자에게서 피신하는 백성의 상황을 나타내기도 한다. 이 표상은 스스로 안전하다고 여기고(예레 49,16 참조) 패배도 주님의 징벌도 두려워하지 않는 이 민족의 교만을 나타낼 수도 있다.

48,29-39. 48장에서 언급한 일부 지명들은 이사야서에도 나타난다. 예레미야서의 이 구절들은 이사 15-16장에 의존하는 것으로 보인다.

48,33-34. 번성하는 농업 활동(특히 포도 재배, 또한 11절과 32절 참조)을 경축하는 모압의 기쁨의 노래가 적들에 의해 온 땅에 울려 퍼지는 고통의 부르짖음으로 바뀌게 될 것이다.

48,26 13,13. 48,27 2,26; 미카 7,8; 스바 2,8.10. 48,28 아가 2,14. 48,29 // 이사 16,6; 또한 스바 2,8; 루카 14,11 참조. 48,32 시편 80,12; 이사 16,8. 48,33 25,10. 48,36 8,23; 48,37 47,5; 미카 1,16.

사람들 때문에 피리처럼 슬피 운다. 그들이 쌓아 둔 재물이
사라졌기 때문이다. 37 모두 머리를 밀고 수염을 자르며, 손
마다 상처를 내고 허리에 자루옷을 두르고 있다. 38 모압
의 모든 지붕과 광장에서는 애곡 소리만 들린다. 아무도
좋아하지 않는 그릇처럼 내가 모압을 부수었기 때문이다.
주님의 말씀이다. 39 어쩌다 모압이 무너졌는가! 그들이 통
곡한다. 모압이 등을 돌리고 수치스러워한다. 그래서 모압
은 주위의 모든 민족들에게 웃음거리와 놀람거리가 되어
버렸다. 40 — 그러므로 주님께서 이렇게 말씀하신다. —
적이 독수리처럼 날아와 모압을 향해 날개를 편다.
41 성읍들이 점령되고
산성들은 함락되리라.
그날에 모압 용사들의 마음은
산고를 겪는 여인의 마음처럼 되리라.
42 모압은 주님을 거슬러 거들먹거렸으니
더 이상 한 민족을 이루지 못하고 사라지리라.
43 모압 주민들아
네 앞에 공포와 함정과 올가미가 놓이리라.
주님의 말씀이다.
44 공포에서 도망치는 자는
함정에 빠지고
함정에서 올라오는 자는
올가미에 걸리리라.
징벌의 해에
내가 정녕 모압에게 벌을 내리리라.
주님의 말씀이다.
45 도망치는 자들이 지쳐
헤스본의 그늘 아래 멈춰 선다 할지라도
헤스본에서 불이 나오고
시혼의 집에서 불꽃이 나와
모압의 관자놀이와
소란을 피우는 자들의 정수리를 삼켜 버리리라.
46 불행하여라, 너 모압아!
크모스 신을 섬기는 백성이 멸망하리라.
네 아들들도 잡혀 유배되고
네 딸들도 잡혀 유배되리라.

48,43. "공포와 함정과 올가미"는 사냥의 은유를 나타낸다. "함정"은 짐승이 빠지게 하는 것이고, "올가미"로 번역된 단어는 새를 잡기 위한 그물을 가리키기도 했다. 히브리어에서 이 세 단어는 자음 '페'와 '헤트'로 이루어진 강한 음성학적 효과('파하드, 파하트, 파흐')를 낸다.

48,40-41 // 49,22. 48,42 잠언 16,18. 48,43-44 // 이사 24,17-18. 48,45-46 // 민수 21,28-30. 48,45 민수 24,17.

47 그러나 뒷날 내가 모압의 운명을 되돌리리라.
주님의 말씀이다."
모압에 대한 판결은 여기까지다.

암몬

49

1 암몬 자손들에 대하여.
주님께서 이렇게 말씀하신다.
"이스라엘은 자식도 없고
상속자도 없느냐?
어찌하여 밀콤 신이 가드를 차지하고
그의 백성이 가드의 여러 성읍에서 사는가?
2 그러므로 이제 그때가 오면
암몬 자손들이 사는 라빠에 전쟁의 함성이 들려오게 하리라.
주님의 말씀이다.
라빠는 폐허의 흙 언덕이 되고
그 마을들은 불타리라.
이제는 이스라엘이 자신을 차지했던 자들을 차지하리라.
— 주님께서 말씀하신다. —
3 아이성이 부서졌으니, 헤스본아, 통곡하여라.
라빠의 마을들아, 울부짖어라.
자루옷을 두르고 애곡하며
몸에 상처를 내고 돌아다녀라.
밀콤 신이 그의 사제들과 대신들과 더불어
포로로 끌려갈 것이다.
4 배반한 딸아
어찌하여 너의 골짜기를 두고 자랑하느냐?
네 골짜기는 이제 스러지고 있지 않느냐?
암몬은 자기 보물을 의지하고
'누가 나를 치러 오겠느냐?' 하고 말한다.
5 내가 주위의 모든 민족들에게서 너에게 공포를 가져오리라.
— 주 만군의 주님께서 말씀하신다.
그러면 너희는 저마다 그분 앞에서 쫓겨 갈 것이고
도망자들을 모을 자가 없으리라. —
6 그러나 그 뒤에 내가 암몬 자손들의 운명을 되돌리리라.

49,1. 아마도 티글랏 필에세르 3세(기원전 734-732년)에 의한 아시리아 침입(2열왕 15,29; 1역대 5,6 참조) 때 있었던 요르단 동편 지파들의 영토 병합과 북왕국 이스라엘의 멸망을(기원전 721년) 암시한다.

49,2. "라빠" 또는 라빳 암몬은 암몬 왕국의 수도이며(2사무 11,1 참조) 현재의 암만이다.

49,3. "헤스본"은 이스라엘, 아모리(민수 21,25-35 참조), 모압(예레 48,2.34.45 참조)과 같이 여러 민족의 지배를 받았다. 그 후에는 아마도 암몬인들의 지배를 받았다. "아이 성이 부서졌으니"로 번역한 구절의 히브리어 본문을 수정하여 "파괴자가 온다"로 옮기기도 한다. 한편 (새)대중 라틴말 성경은 "무너졌으니"를 헤스본에 연결한다.

49,6. 다시 한번 주님께서는 당신 백성의 원수들에게 징벌 이후에 구원을 약속하신다.

48,47 12,15; 29,14; 30,3; 49,6.39; 에제 29,8-14. 49,1 27,3; 창세 19,38; 신명 2,19; 23,4; 에제 25,1-7; 아모 1,13-15; 스바 2,8-11. 49,2 2사무 11,1; 12,27; 이사 14,2. 49,4 9,22; 21,13; 48,7; 49,16. 49,6 12,15; 29,14; 30,3; 46,26; 48,47; 49,39; 에제 29,8-14.

49,1-6. 암몬인들에 대한 징벌의 신탁. 그들은 그들이 민족 신인 밀콤과 동일시되며, 가드 지파의 이스라엘 영토를 마치 그 상속자인 듯이 차지한 잘못을 범했다.

주님의 말씀이다."

에돔

7 에돔에 대하여.
만군의 주님께서 이렇게 말씀하신다.
"이제 테만에는 더 이상 지혜가 없느냐?
지각 있는 자들에게서 의견이 사라지고
그들의 지혜가 다했단 말이냐?
8 드단 주민들아
등을 돌려 달아나 깊이 숨어라.
내가 그에게 에사우의 환난을,
그를 징벌할 때를 가져올 것이다.
9 포도를 따는 사람들이 너에게 오면
지스러기도 남기지 않는다.
도둑들이 밤에 들어오면
자기네가 원하는 대로 털어 간다.
10 나도 에사우를 발가벗기고
그의 피신처들을 들추어내니
그는 더 이상 몸을 숨길 수 없다.
그의 후손과 형제들과 이웃들이 몰락하고
자신마저 살아남지 못한다.
11 너의 고아들은 남겨 두어라.
내가 살려 주겠다.
너의 과부들도 나를 의지하게 하여라."
12 주님께서 이렇게 말씀하신다. "마땅히 잔을 마시지 않
아도 되는 자마저 마시는데, 너라고 벌받지 않을 수 있겠
느냐? 너는 벌받지 않을 수 없을 것이다. 너는 반드시 그
잔을 마셔야 한다. 13 내가 정녕 나 자신을 두고 맹세한다.
주님의 말씀이다. 보츠라는 폐허가 되어 놀람과 수치와 저
주의 대상이 될 것이다. 보츠라의 모든 성읍도 영원히 황

49,7-8. "테만… 드단" 지명 테만은 에돔의 영토 전체를 지칭하기도 하고(또한 20절 참조) 그 일부를 지칭하기도 한다. 에제 25,13에서는 에돔인들에게 "테만에서 드단까지" 곧 왕국의 (북쪽) 끝에서 (남쪽) 끝까지 심판을 선고한다(그러나 기원전 6세기 초에 남쪽 경계가 드단까지 이르렀던 것으로는 보이지 않는다).

49,11. 에돔에게는 희망의 말이 없는 것으로 보이지만, 잘 살펴보면 파괴 속에서도 에돔의 가장 작은 이들인 고아와 과부들에게는 구원이 있다. 주님께서는 고아와 과부를 돌보는 하느님이시기 때문이다(시편 68,6; 146,9 참조).

49,7 18,18; 25,9.21; 신명 2,1; 욥 5,12; 시편 137,7; 이사 19,11; 29,14; 에제 25,12-14; 아모 1,11-12; 오바 1-9; 로마 1,22-23. 49,8 6,1; 48,28; 애가 4,21-22; 이사 2,21; 오바 3-4. 49,9-10 // 오바 5-6; 또한 이사 17,6 참조. 49,11 신명 10,18; 시편 10,14; 요나 4,11; 1티모 5,5; 야고 1,27. 49,12 25,28-29; 이사 51,17; 애가 4,21-22; 1베드 4,17-18. 49,13 이사 34,6; 63,1; 아모 1,12.

49,7-22. 에돔에 대한 신탁. 에돔은 야곱의 형 에사우의 후손으로서 민족적으로 이스라엘과 가장 가깝다. 에돔 역시 25,15.21에서 예고된 진노의 잔을 마신다. 그 징벌은 아무것도 남기지 않고 거두어들이는 추수에 비유되며, 에돔의 유명한 지혜도 사라질 것이다(1열왕 5,10-11; 욥 2,11; 오바 8 등 참조). 민족들은 에돔의 교만을 무너뜨리도록 초대되며, 에돔은 거의 접근할 수 없는 산지의 영토에서도 안전을 찾을 수 없을 것이다. 주님께서는 19절에서 "내가 뽑은 자"로 정의된 당신의 도구 네부카드네자르를 통하여 꺾을 수 없는 사자나 독수리처럼 에돔을 공격하실 것이다.

무지가 될 것이다."
14 나는 주님께 말씀을 들었다.
사자가 민족들에게 파견되었다.
"한데 모여 에돔으로 진격하고
일어나 싸워라."

15 보라, 내가 너를 민족들 가운데에서 보잘것없게 만들리니
너는 사람들 가운데에서 멸시를 받으리라.
16 바위틈에 살고
언덕에 자리 잡은 자야
네가 일으킨 두려움과
네 마음의 교만이 너 자신을 속였다.
네가 독수리처럼 높은 곳에 보금자리를 차려도
내가 너를 거기에서 끌어 내리리라.
주님의 말씀이다.
17 에돔이 놀람거리가 되어, 지나가는 사람마다 그를 보고
깜짝 놀라며, 그 모든 참상을 비웃을 것이다. 18 소돔과 고
모라와 그 이웃 성읍들이 멸망했을 때처럼, — 주님께서
말씀하신다. — 아무도 거기에 살지 않고 그곳에 머무는
사람도 없을 것이다.
19 사자가 요르단의 깊은 숲속에서 뛰쳐나와
늘 푸른 목장으로 달려들 듯
나도 순식간에 그곳에서 그들을 몰아내고
누구든 내가 뽑은 자를 그곳에 세우리라.
과연 나와 같은 자가 누구며 누가 나를 불러낼 수 있는가?
어떤 목자가 내 앞에 나설 수 있는가?

20 그러므로 주님께서 에돔을 치려고
세우신 결의와
테만 주민들을 치려고
짜 놓으신 계획을 들어 보아라.
양 떼의 어린것들이 그들을 반드시 끌어내고
이들 때문에 그들의 목장이 깜짝 놀라리라.
21 그들이 쓰러지는 소리에 땅이 흔들리고
그 울부짖는 소리가 갈대 바다까지 들리리라.

49,15-16. 인간의 오만이 기초로 삼는 모든 거짓된 안전은 사라질 것이다. "보잘것없게"(15절) 되는 것이 자신들에 대한 진리를 깨닫고 하느님 나라의 위대함에 이르기 위한 필수 조건이다(마태 18,4 참조).

49,18.33. "사람"은 히브리어의 전형적 표현인 "사람의 아들"을 옮긴 것이다(에제 2,1.3.6 참조).

49,21. 모압의 소리와 같은(48,3 참조) "울부짖는 소리"가 "갈대 바다까지" 들린다. 에돔의 몰락은 이집트의 세력을 꺾으심으로써 당신의 신성을 드러내시고 정의를 회복시키신 하느님의 원초적인 구원 행위에 비추어 해석된다.

49,14-16 // 오바 1-4. 49,15 1사무 2,7-8; 오바 2; 마태 18,4. 49,16 9,22; 21,13; 48,7; 49,4; 51,53; 하바 2,9. 49,17 18,16; 50,13; 51,37; 스바 2,15; 마태 27,39.44. 49,18 // 50,40. 49,19-21 // 50,44-46. 49,19 욥 9,19; 지혜 12,12.

22 이제 그가 독수리처럼 떠올라 날고
보츠라를 치려고 날개를 펼치리라.
그날에 에돔 용사들의 마음은
산고를 겪는 여인의 마음처럼 되리라.

다마스쿠스

23 다마스쿠스에 대하여.
하맛과 아르팟이
나쁜 소식을 들은 까닭에 당황한다.
그들은 낙담하여 바다처럼 동요하니
잠잠히 있을 수 없다.
24 다마스쿠스는 기운이 떨어지자 몸을 돌려 달아나려 하지만
공포에 사로잡혔다.
해산하는 여인같이 근심과 슬픔이 그를 붙잡는다.
25 명성 높던 성읍이,
나의 기쁨이던 성읍이 어쩌다 버림받았느냐?
26 그러므로 그날 성읍의 젊은이들이 광장에서 쓰러지고
모든 군인이 전멸하리라.
만군의 주님 말씀이다.
27 내가 다마스쿠스의 궁궐에 불을 질러
벤 하닷의 성채를 태워 버리리라.

케다르와 하초르

28 바빌론 임금 네부카드네자르가 멸망시킨 케다르와 하초르 왕국에 대하여.
주님께서 이렇게 말씀하신다.
"일어나 케다르를 치러 올라가라.
동방 사람들을 몰락시켜라.
29 그들의 천막과 양 떼를 빼앗고
휘장과 살림살이도 모두 빼앗아라.
그들에게서 낙타들을 몰아내 오고

49,22 // 오바 9. 49,23 2열왕 18,34; 이사 17,1-3. 49,24 4,31. 49,25 51,41. 49,27 아모 1,3-5. 49,28 2,10; 이사 21,13-17. 49,29 6,25; 20,3.10; 46,5.

49,23-27. 다마스쿠스에 대한 신탁으로, 아모 1,3-5의 신탁을 연상시킨다. 언급된 장소들은 시리아의 주요 도시들로, 이집트의 지배를 받다가 카르크미스의 패배 이후에 바빌론의 지배를 받게 되었다.

49,28-33. 영토가 넓어 스스로 안전하다고 여기고 있던 아랍의 반유목민 부족들에 대한 신탁으로, 네부카드네자르의 군사 원정과 연관된다. 관자놀이의 머리를 미는 것은(32절; 9,25 참조) 우상 숭배 예식과 관련되는 것으로 보이고, 그래서 율법에 의해 금지되었다(레위 19,27 참조).

49,23. 아람 왕국의 가장 중요한 도시인 다마스쿠스는 예레미야서 전체에서 여기서만 언급한다. 아람인들은 35,11과 아마도 25,25에서 암시되지만, 25장과 27장에서는 "언급"되지 않는다. 아람과 이웃인 이스라엘의 관계의 역사적 중요성을 고려할 때 아람이 이렇게 드물게 나타나고 또 이 신탁이 간략하다는 점에 대하여 어떤 이들은 이것이 예레미야서가 페르시아 시대 후기(기원전 5-4세기)에 작성되었음을 보여 주는 표지라고 생각한다.

49,28. 성경은 하초르라는 이름으로 서로 다른 도시들을 지칭하는데, 그 가운데 가장 중요한 도시는 갈릴래아에 있었다. 그러나 (케다르의 후손인) 아랍 족속들의 영토에는 예레미야의 이 신탁에 언급된 하초르라는 곳이 알려져 있지 않다. 히브리어 "하초르"는 아마도 고유 명사가 아니라 그 어원상의 의미에 따라 울타리가 쳐진 지역, 마을이라는 뜻으로 해석해야 할 것이다(그리스어 번역본도 이미 그러한 의미로 해석했다). 그렇다면 "하초르 왕국"은 어떤 영토를 일반적으로 가리키는 말이 될 것이다. 다른 가설에서 하초르는 유목민인 케다르의 후손들과 달리 마을에 사는 아랍인들을 지칭한다고 본다.

그들에게 '사방에서 공포가 밀려온다.' 하고 외쳐라.
30 하초르 주민들아, 어서 몸을 피해 달아나
깊이 숨어라.
주님의 말씀이다.
바빌론 임금 네부카드네자르가 너희를 칠 구상을 하고
너희를 칠 계획을 짜 놓았다.

31 일어나 마음 놓고 편안히 살고 있는 민족을 치러 올라가라.
주님의 말씀이다.
그들은 성문도 빗장도 없이
홀로 떨어져 살고 있다.
32 그들의 낙타들이 노획물이 되고
그들의 가축 떼가 전리품이 되리라.
관자놀이의 머리를 민 자들을
내가 사방으로 흩어 버리고
그들 주변 곳곳에서
그들에게 환난을 불러오리라.
주님의 말씀이다.
33 하초르는 승냥이의 소굴이 되고
영원히 폐허가 되리라.
아무도 거기에 살지 않게 되고
그곳에 머무는 사람도 없으리라."

49,32. 앞서 29절에 나타난 가축들 특히 "낙타들"을 빼앗는다는 주제가 반복된다. 가축은 반유목민들에게 가장 귀한 재산이다.

엘람

34 유다 임금 치드키야가 다스리기 시작할 무렵에, 엘람을
두고 예레미야 예언자에게 내린 주님의 말씀.
35 만군의 주님께서 이렇게 말씀하신다. "내가 엘람의 가
장 강력한 무기인 활을 꺾어 버리겠다. 36 내가 하늘 네 귀
퉁이에서 네 가지 바람을 몰아와, 그들을 사방으로 흩어
버리겠다. 그러면 엘람에서 쫓겨난 사람들이 들어가지 않
는 나라가 없을 것이다. 37 나는 그들의 원수들과 그들의
목숨을 노리는 자들 앞에서, 엘람이 무서워 떨게 하겠다.
그들에게 재앙을, 타오르는 분노를 내리고, 그들 뒤로 칼
을 보내어, 내가 그들을 멸망시킬 때까지 뒤쫓게 하겠다.
주님의 말씀이다.

49,34. 엘람을 언급함으로써 아마도 상징적으로 세상 끝까지 시선을 돌리려고 한 것이며, 이로써 역사에 대한 하느님의 지배가 보편적 성격을 지님을 인정한다(27,7 참조).

49,36. 주님의 힘에는 한계가 없으며("사방"이라고 번역한 "네 가지 바람"은 온 세상을 가리킨다) 모든 인류에게 미친다.

49,30 25,9. 49,32 9,25; 에제 12,14-15. 49,34 25,25. 49,35 51,56; 시편 46,10. 49,36 묵시 7,1. 49,37 34,20-21.

49,34-39. 엘람에 대한 기원전 597년의 신탁. 엘람은 메소포타미아 동쪽의 고원 지역으로, 메디아와 페르시아의 침입자들이 그곳에서 나왔다.

38 나는 엘람에 내 옥좌를 차리고
거기에서 임금과 대신들을 없애 버리리라.
주님의 말씀이다.
39 그러나 내가 뒷날
엘람의 운명을 되돌려 주리라.
주님의 말씀이다."

바빌론의 패망과 이스라엘의 해방

50 1 주님께서 예레미야 예언자를 통하여 바빌론,
곧 칼데아인들의 땅을 두고 하신 말씀.

바빌론

2 민족들 가운데에서 알리고 선포하여라.
깃발을 올리고 선포하며
아무것도 숨기지 말고 전하여라.
"바빌론이 점령된다.
벨이 수치를 당하고 므로닥이 공포에 질린다.
신상들이 수치를 당하고 우상들이 공포에 질린다."
3 북녘에서 한 민족이 바빌론을 치러 와
그 땅을 폐허로 만든다.
그러면 그곳에 사는 자 아무도 없고
사람도 짐승도 도망쳐 가리라.

이스라엘

4 그날과 그때에 이스라엘 자손들과 유다 자손들이 함께
오리라.
주님의 말씀이다.
그들은 울며 돌아와서
주 그들의 하느님을 찾으리라.
5 그들은 시온으로 오는 길을 물어
그들의 얼굴을 이곳으로 향하리라.

49,39. 엘람에게도(또는 엘람이 나타내는 대상에게도 - 49,34의 주 참조) 이 재앙들은 그들의 마지막 운명이 아닐 것이며, 구원에 이르는 길이 될 것이다(48,47; 49,6 참조).

50,2. "깃발을 올리고"는 그리스어 번역본에 빠져 있어 덧붙여진 부분으로 여기기도 하지만, 히브리어 본문과 (새) 대중 라틴말 성경에는 들어 있다. 한 도시의 패배는 그 도시의 신들의 패배로 해석되었고, "므로닥"(또는 마르둑)은 바빌론의 가장 중요한 신이었다(51,44; 이사 46,1; 바룩 6,40; 다니 14장 참조). "벨"("바알"과 마찬가지로 "주인"을 뜻한다. 2,8 참조)은 그의 호칭이다.

50,4. "이스라엘의 자손들"은 자구적 번역으로 "이스라엘인들"을 뜻하며, "유다 자손들"과 병행을 이룬다.

49,39 12,15; 29,14; 30,3; 48,47; 49,6; 에제 29,8-14. 50,1 이사 13-14; 47; 묵시 18. 50,2 43,12; 51,8.47. 50,3 이사 13,5.1718.20. 50,4 3,18; 31,9. 50,5 31,6.31; 이사 2,3-5; 히브 13,20.

50,1. 바빌론에 대한 많은 신탁들을 모아 놓은 50-51장에 붙여진 표제이다. 49장에서 바빌론이 이집트에 대한 하느님의 심판을 수행했다면 민족들에 대한 신탁의 마지막에 이르러서는 바빌론 자신이 심판과 단죄를 받는다. 바빌론과 그 우상들의 멸망이 예고된다.

50,4-7. 유배 간 이들의 귀환과 유다와 이스라엘의 재통일이 약속된다(3,18; 23,6; 31,6 참조). 진실하게 하느님을 찾는 것, 회개, 시온으로 돌아가는 것, 그리고 영원한 계약이 하느님께서 많은 고통을 겪은 당신 백성을 위해 준비하시는 구원의 미래이다.

그들은 돌아와
잊히지 않을 영원한 계약으로 주님과 결합하리라.
6 내 백성은 잃어버린 양 떼였으니
목자들이 그들을 잘못 이끌어 산에서 헤매게 하였다.
그들은 산에서 언덕으로 떠돌아다니며
제 보금자리마저 잊어버렸다.
7 만나는 자들마다 그들을 잡아먹었다.
그들의 원수들은 "우리에게는 죄가 없다.
그들이 자신들의 참된 처소이시며 자기네 조상들의 희망이신 주님께,
그 주님께 죄를 지은 탓이다." 하고 말하였다.

50,7. "참된 처소"는 히브리어 본문에서는 31,23의 "정의의 보금자리"와 동일한 표현이다.

바빌론

8 바빌론 한가운데에서,
칼데아인들의 땅에서 도망하여라.
거기에서 빠져나와
양 떼 앞에서 걷는 숫염소들처럼 앞장을 서라.
9 이제 내가 큰 민족들의 무리를 일으켜
바빌론을 쳐들어가게 하리라.
그들이 북녘땅에서 내려와 바빌론에 맞서 전열을 갖추니
바로 그 자리에서부터 바빌론은 정복당하리라.
그들의 화살은
빈손으로 돌아오지 않는 노련한 용사와 같으리라.
10 칼데아인들이 약탈당할 것이니
그 약탈자들이 모두 흡족해하리라.
주님의 말씀이다.
11 나의 소유를 빼앗은 자들아
너희가 참으로 즐거워하고 기뻐 뛰지만,
초원의 송아지처럼 뛰어다니고
힘센 말처럼 소리를 지르지만,
12 너희 어머니가 큰 수치를 당하고
너희를 낳은 여인이 수모를 당하리라.
보라, 민족들 가운데 가장 뒤떨어진 민족,

50,9. "북녘 땅에서" 오는 위협이라는 주제가(1,14; 4,6; 6,22 참조) 되풀이된다(3절과 41절에서도). 그러나 처음에 예루살렘에게 이 위협이 바빌론에 의한 것이었다면(20,4 참조) 지금은 바빌론에게 공포가 덮친다.

50,10. 약탈하던 자가 먹이가 된다. 바빌론 제국("칼데아")이 약탈하고 축적한 모든 것이 "약탈자들" 무리를 끌어들이며, 그 모든 것이 한순간에 사라질 것이다(이사 13장; 묵시 18장 참조).

50,6 10,21; 50,17; 에제 34; 마태 9,36; 10,6; 15,24; 루카 15,4. 50,7 2,3; 12,7; 40,2-3; 시편 79,7. 50,8 51,6.45; 민수 16,26; 이사 48,20; 즈카 2,10; 묵시 18,4. 50,9 51,1-4.27-28; 이사 13,3-5. 50,12 25,12.26; 묵시 17,5.

50,8-20. 바빌론과 칼데아 지역의 점령과 약탈을 예고한다. 이는 이스라엘에게 행한 악에 대한 처벌이다(17절). 유배 간 이들은 바빌론의 붕괴에 휩쓸리지 않도록 피해야 한다. 바빌론의 징벌은 주님의 복수, 곧 이스라엘에 대한 주님의 연대성의 표현이다. 그분께서는 이스라엘을 그 땅으로 다시 데려가시며 유배의 원인이 되었던 죄에서 정화하신다.

메마른 광야와 사막을!
13 주님의 진노 때문에 그곳은 인적이 끊기고
온통 폐허가 되리라.
바빌론을 지나는 사람마다 깜짝 놀라고
그 모든 참상을 두고 비웃으리라.
14 활을 당기는 자들아
모두 바빌론을 에워싸고 전열을 갖추어라.
그 성읍을 향하여 화살을 아끼지 말고 쏘아라.
— 그가 주님께 죄를 지었다. —
15 너희는 사방에서 그를 향하여 함성을 올려라.
그 성읍이 손을 들었다.
보루가 쓰러지고 성벽이 무너졌다.
이것은 주님의 복수이니, 너희도 바빌론에게 복수하여라.
바빌론이 한 대로 그에게 해 주어라.
16 씨 뿌리는 자와
수확 때에 낫을 든 자를 바빌론에서 없애 버려라.
무자비한 칼 때문에
모두 제 백성에게 돌아가고
모두 제 나라로 도망치리라.

이스라엘

17 이스라엘은 사자들에게 쫓겨 흩어진 양과 같다. 처음
에는 아시리아 임금이 잡아먹고, 마지막에는 바빌론 임금
네부카드네자르가 그 뼈를 씹어 먹었다. 18 그러므로 만군
의 주 이스라엘의 하느님께서 이렇게 말씀하신다. "이제
내가 아시리아 임금에게 벌을 내렸듯이, 바빌론 임금과 그
나라에도 벌을 내리겠다.
19 내가 이스라엘을 그 목장으로 되돌아가게 하리니
그가 카르멜과 바산에서 풀을 뜯고
에프라임 산악 지방과 길앗에서
배불리 먹으리라.
20 그날과 그때에 이스라엘의 죄악을 찾으려 해도 전혀 찾
지 못하고
유다의 죄를 찾으려 해도 발견하지 못하리라.
주님의 말씀이다.
내가 살아남게 한 자들을 용서할 것이기 때문이다."

50,13. "비웃으리라." 애가 2,15.16의 주 참조.

50,15. 함락될 수 없어 보이는 도성을 포위한 공격자들은(14절) 고대에 유명했던 그 막강한 요새들을 완전히 파괴할 것이다. 바빌론은 두께가 6.5m에서 3.5m에 이르는 두 겹의 성벽으로 둘러싸여 있었다. 바깥쪽 성벽은 유프라테스강 동안에 있었고, 길이가 약 8km였다. 이 신탁의 문맥에서 성벽들의 상징적 의미는 51,44.58에서 다시 이를 언급함으로써 강조된다.

50,13 18,16; 애가 2,15-16; 하바 2,6. 50,15 51,6; 이사 59,18; 하바 2,8.17; 마태 7,2. 50,17 2,15; 5,6; 50,6; 51,34. 50,18 이사 37,36-38; 에제 31,3-17. 50,19 23,3; 24,6. 50,20 시편 103,12; 이사 4,3; 43,25; 44,22; 미카 7,19; 사도 3,19.26; 로마 8,33-34.

50,21. 예레미야서의 이 단락에만 나타나는 므라타임은 페르시아만 연안, 아마도 티그리스강과 유프라테스강 하구의 늪지대를 지칭하는 것으로 보인다. 이 지역의 바빌론어 이름은 "쓴 강"을 뜻하는 '나르-마라투'였다. 한편 프콧은 바빌론 남동부 지역에 살던 부족의 이름이다. 여기서 예레미야는 이 두 단어를 사용하여 바빌론 왕국 전체의 영토와 주민들을 지칭한다. 이러한 지명을 선택한 것은 히브리어의 발음 때문이다. 므라타임은 "반란"을 뜻하는 히브리어 단어를 연상시키고, 프콧은 "벌하다, 처벌하다"를 뜻하는 동사 '파캇'과 발음이 유사하다.

바빌론

21 므라타임 땅을 치러 올라가라.
그곳을 치러,
프콧의 주민들을 치러 올라가라.
그들을 쫓아가 모조리 없애 버려라.
주님의 말씀이다.
내가 너에게 명령한 대로 모두 실행하여라.
22 그 땅에서 전쟁의 함성이 일고
엄청난 파괴가 일어난다.
23 어쩌다가 온 세상을 내리치던 망치가
부러지고 깨졌는가?
어쩌다가 바빌론이 민족들 가운데에서
놀람거리가 되었는가?
24 바빌론아, 내가 너를 잡으려고 올가미를 놓았는데
너는 그걸 모르고 걸려들었구나.

네가 주님께 대들었기에
피하지 못하고 붙잡힌 것이다.
25 주님께서 무기고를 열고
당신 분노의 병기들을 꺼내 놓으셨다.
주 만군의 주님께서
칼데아 땅에서 하실 일이 있기 때문이다.
26 사방에서 바빌론으로 쳐들어가
그곳의 곡식 창고를 열어라.
바빌론을 낟가리처럼 쌓아 올리고 없애 버려라.
그리하여 그곳에 아무것도 남겨 놓지 마라.
27 바빌론의 모든 황소들을 죽이고
그들을 도살장으로 끌고 가라.
그들은 불행하여라!
그들의 날, 그들이 벌받을 때가 왔다.

이스라엘

28 들어라! 바빌론 땅에서
도망친 자들과 빠져나온 자들이 외치는 소리를.
그들은 주 우리 하느님께서

50,23 51,20-24.41; 이사 14,4.12. 50,24 51,8; 코헬 9,12. 50,26 여호 6,17. 50,27 46,21; 이사 34,7; 아모 4,1-3. 50,28 애가 1,10; 2,6-7.

50,21-32. 하느님께서 바빌론의 적들에게 바빌론을 공격하여 파괴시키도록 명령하신다.

당신 성전을 위하여 복수하셨다고 시온에서 선포한다.

바빌론

29 바빌론을 거슬러
시위를 당기는 활잡이들을 모두 불러 모아라.
그곳에 진을 치고
아무도 빠져나가지 못하게 하여라.
그의 소행대로 그에게 보복하고
그가 저지른 모든 짓에 따라 그에게 갚아 주어라.
그가 주님 앞에서, 이스라엘의 거룩하신 분 앞에서
방자하게 굴었기 때문이다.
30 그러므로 그날 바빌론의 젊은이들이 광장에서 쓰러지
고, 모든 군인이 전멸할 것이다. 주님의 말씀이다.
31 방자한 너! 이제 내가 너를 치겠다.
주 만군의 주님 말씀이다.
정녕 너의 날이 다가왔다.
내가 너를 징벌할 때가 다가왔다.
32 방자한 자가 비틀거리다 쓰러져도
아무도 일으켜 줄 자가 없다.
내가 그의 성읍들에 불을 질러
그 주변까지 모조리 태우리라.

주님께서 이스라엘을 구원하신다

33 만군의 주님께서 이렇게 말씀하신다.
"이스라엘 자손들과 유다 자손들이
다 같이 억압을 받았다.
그들을 사로잡아 간 자들은 모두 그들을 붙잡아 놓고
돌려보내기를 마다하였다."
34 그들의 구원자는 강하신 분,
그 이름 만군의 주님이시다.
주님께서 반드시 그들의 송사를 들어주시어
이 땅은 평안하게 하시고
바빌론 주민들은 불안하게 하시리라.

50,29. 주님께서는 역사의 사건들, 여기서는 바빌론의 붕괴를 통하여 당신께서 스스로 하느님처럼 되려는 인간의 교만을 용납하지 않으시는 이스라엘의 거룩한 분임을 드러내신다.

50,33-34. 하느님의 백성이(그 두 부분인 "이스라엘의 자손들과 유다 자손들이") 겪고 있는 억압의 상황은 계약에 대한 불충의 결과로 예고된 신명 28,29.33의 저주의 실현이다. 바빌론은 잡혀간 이들을 내보내기를 거부함으로써 탈출 4,23; 7,14의 파라오의 모습을 보인다.

50,29 51,56; 탈출 21,24-25; 시편 28,4; 137,8-9; 묵시 18,6. 50,31 21,13. 50,33 34,15-18; 탈출 5,2; 이사 14,17; 58,6. 50,34 51,10.36; 탈출 6,6; 잠언 23,11; 이사 41,14; 묵시 18,8.

50,33-34. 이스라엘과 유다를 위한 위로의 말씀으로, 하느님께서 바빌론에 대한 복수를 약속하신다. 그 복수는 구원/속량 법의 실행이다.

50,38. "물이 말라 버린다." 바빌론은 유프라테스강과(51,13 참조) 그 관개 수로들의 많은 물로 살아갔다. 아마도 기원전 539년 키루스가 바빌론을 점령한 것을 암시하는데, 고대 역사가들에 따르면 이 점령은 물의 흐름을 바꾸어 놓음으로써 가능했다.

50,41. 9절의 주 참조.

바빌론

35 칼이 칼데아인들에게,
바빌론 주민들에게 떨어진다.
주님의 말씀이다.
그 대신들과 현자들에게 떨어진다.
36 칼이 수다쟁이들에게 떨어져 그들을 어리석은 자로 만들고
칼이 용사들에게 떨어져 그들을 무서워 떨게 한다.
37 칼이 바빌론의 말과 병거들에게,
그곳에 함께 사는 모든 혼합 종족에게 떨어지니
그들이 여자처럼 된다.
칼이 그곳 보물 창고에 떨어지니
보물이 약탈을 당한다.
38 칼이 그곳 물 위에 떨어지고
물이 말라 버린다.
바빌론은 신상들의 나라고
그곳 사람들은 우상에 미쳐 있다.
39 그러므로 그곳에는 사막 짐승들이 늑대들과 더불어 살고
타조들도 살게 되리라.
그러나 사람은 영영 다시는 그곳에 살지 않을 것이요
세세 대대로 거주하는 사람이 없으리라.
40 하느님께서 소돔과 고모라를
근처 성읍들과 함께 멸망시키실 때처럼
아무도 그곳에 살지 않고
그곳에 머무는 사람이 없으리라.
주님의 말씀이다.
41 이제 한 백성이 북녘에서 온다.
큰 민족이 온다.
수많은 임금이
땅끝에서 일어난다.
42 그들은 활과 창을 움켜쥐고 있는데
잔인하고 무자비하다.

50,35 다니 5. 50,36 48,30; 이사 43,14; 44,25; 묵시 21,8; 22,15. 50,37 51,13.21.30; 시편 20,8-9. 50,38 이사 46,1-7; 묵시 16,12. 50,40 // 49,18; 또한 51,26.37; 창세 19,24-25; 이사 13,19-20 참조. 50,41-42 // 6,22-23.

50,35-46. 칼의 노래로, 칼데아인들의 헛된 지혜와 허황된 권력을 심판하시는 주님의 행위와 능력을 확인한다. 소돔과 고모라의 징벌에 비교되는 징벌의 예고가 뒤따르는데, 그 징벌은 정확히 밝혀지지 않은 북쪽의 민족에 의해 이루어진다. 그들의 잔인함에 대한 전형적 표현은(42절) 페르시아인들이 실제로 지녔던 역사적 태도를 가리킨다기보다 위협의 심각성을 강조하는 것이다. 실제로 페르시아의 특징은 정복된 이들에 대한 온건함이었다.

그들은 바다처럼 고함을 지르며
말을 타고 달려온다.
딸 바빌론아, 그들이 너를 치려고
전사처럼 전열을 갖추고 있다.
43 바빌론 임금이 그 소식을 듣고
손을 떨구었다.
해산하는 여인의 진통과 같은 괴로움이
그를 사로잡았다.

44 사자가 요르단의 깊은 숲속에서 뛰쳐나와
늘 푸른 목장으로 달려들 듯
나도 순식간에 그곳에서 그들을 몰아내고
누구든 내가 뽑은 자를 그곳에 세우리라.
과연 나와 같은 자가 누구며 누가 나를 불러낼 수 있는가?
어떤 목자가 내 앞에 나설 수 있는가?

45 그러므로 주님께서 바빌론을 치려고
세우신 결의와
칼데아 땅을 치려고
짜 놓으신 계획을 들어 보아라.
양 떼의 어린것들이 그들을 반드시 끌어내고
이들 때문에 그들의 목장이 깜짝 놀라리라.
46 바빌론이 함락되는 소리에 땅이 흔들리고
그 울부짖는 소리가 민족들 가운데에서 들리리라.

51 1 주님께서 이렇게 말씀하신다.
"이제 내가 바빌론과 렙 카마이 주민들을 향하여
파괴하는 바람을 일으킨다.
2 내가 바빌론에 키질하는 자들을 보내어 그를 키질하고
그 땅을 말끔히 비우리라.
과연 재앙의 날에
그들이 사방에서 바빌론을 공격하리라.
3 바빌론의 활잡이가 시위를 당기지 못하게 하고
갑옷을 입고 일어서지 못하게 하여라.
바빌론의 젊은이들을 불쌍히 여기지 말고
그 군대를 모두 없애 버려라.

50,43. "손을 떨구었다." 히브리어 표현은 "그의 손이 약해졌다"로, 6,24에서와 같은 숙어적 표현이다. 같은 히브리어 표현을 이사 13,7와 에제 7,17; 21,12에서도 사용한다.

51,1. 히브리어 본문은 "렙 카마이"로 되어 있는데, 이는 칼데아인들을 가리키는 암호로 보인다. 그리스어 번역본과 새 대중 라틴말 성경은 "칼데아인들"로 옮겼다(25,26의 "세삭" 참조).

51,2. 하느님께서는 당신께서 감도하신 역사적인 인간 행위자들을 통하여 바빌론을 치심으로써 정의를 세우실 것이다(11절; 시편 137,8-9 참조).

50,43 4,31; 6,24; 13,21; 22,23; 이사 13,8. 50,44-46 // 49,19-21. 51,1-2 4,11-12. 51,2 15,7; 이사 41,16. 51,3 9,20; 야고 2,13.

51,1-14. 바빌론의 멸망이라는 주제가 다시 변형되어 나온다. 바빌론의 상처를 치유하려는 시도들은 그 많은 죄들 때문에 실패할 것이다. 주 하느님께서 일으키신 메디아 임금이 바빌론에 대한 하느님의 선고를 실행할 것이다.

4 그들은 칼데아 땅에서 칼에 맞아 쓰러지고
그 거리에서 중상을 입으리라."
5 이스라엘과 유다 땅이 비록
이스라엘의 거룩하신 분을 거스른 죄로 가득 차 있다 하더라도
그들이 만군의 주 자신들의 하느님께
소박맞은 것은 아니다.
6 너희는 바빌론 한복판에서 도망쳐 저마다 제 목숨을 구하여라.
바빌론의 죄 때문에 함께 죽지 마라.
지금은 주님께서 복수하시는 때
그분께서 바빌론의 행실을 되갚으시리라.
7 바빌론은 주님의 손에 들린 금잔,
온 세상을 취하게 하였다.
민족들이 거기 담긴 포도주를 마셨기에 미쳐 버렸다.
8 바빌론이 갑자기 쓰러지고 무너졌다.
그를 두고 통곡하여라.
그의 상처에 유향을 발라 보아라.
어쩌다 나을지도 모른다.
9 우리가 바빌론을 낫게 하려 했으나 낫지 않았다.
그러니 그를 버리고 저마다 제 고향으로 돌아가자.
그에 대한 심판이 하늘까지 이르고
구름까지 닿았다.
10 주님께서 우리의 구원을 드러내셨으니
어서 와 시온에서
주 우리 하느님의 위업을 선포하자.
11 화살촉을 갈고
방패를 잡아라.
주님께서는 바빌론을 파괴할 계획을 세우셨기에, 메디아 임금들의 마음을 깨우셨다. 이것이 정녕 주님의 복수, 당신 성전을 위한 복수다.
12 바빌론 성벽을 향해 깃발을 세우고
경비를 튼튼히 하여라.
보초를 세우고
매복을 준비시켜라.

51,8. "그의 상처"는 30,15과 같은 번역이며("네 상처"), 45,3에서는 "고통"으로 번역했다.

51,10. 주님께 구원된 이들은 그분의 정의를, 그분께서 그들을 옹호하시고 승리하게 하셨음을 경축한다.

51,11-12. "계획" 메디아 왕국을 합병하고(이사 13,17-19 참조) 바빌론을 정복한 페르시아 임금 키루스의 인간적 행위 이면에는 하느님의 "계획"이 있다(29절 참조). 그 하느님은 역사 안에서 당신 말씀을 성취하시는 분이다(예레 1,12; 28,9; 29,10; 32,24 참조).

51,5 1사무 12,22; 에즈 9,9. 51,6 50,8.15.28; 창세 19,12-16; 민수 16,26; 이사 48,20; 즈카 2,10-11; 사도 2,40; 2코린 6,17; 묵시 18,4. 51,7 13,13; 25,27; 이사 51,17.21; 63,6; 묵시 14,8; 17,2.4; 18,3. 51,8 51,41; 이사 47,9; 18,2. 51,9 8,20; 50,16; 묵시 18,4-5. 51,10 50,34; 미카 7,9-10. 51,11 이사 13,17-18. 51,12 이사 8,10.

주님께서는 바빌론 주민들을 두고 말씀하신 바를
그대로 계획하시고 함께 실행하신다.
13 큰 물 가에 살며
보화를 많이 가진 자야
너의 종말이 다가오고
네가 잘려 나갈 때가 되었다.
14 만군의 주님께서
당신 자신을 두고 맹세하셨다.
"내가 정녕 네 땅을 메뚜기 떼처럼 많은 군인들로 채우리라.
그러면 그들이 너를 이기고 승리의 함성을 지르리라."

찬가

15 그분께서는 당신 능력으로 땅을 만드시고
당신 지혜로 세상을 세우셨으며
당신 예지로 하늘을 펼쳐 놓으셨다.
16 그분께서 소리를 내시자 하늘의 물이 요동친다.
그분께서는 땅끝에서 안개가 피어오르게 하신다.
비가 내리도록 번개를 만드시고
당신의 곳간에서 바람을 꺼내신다.
17 사람은 누구나 어리석고 지식이 모자란다.
대장장이는 누구나 우상 탓에 수치를 당한다.
사실 그가 부어 만든 상은 가짜라서
그 안에 숨결이 없다.
18 그것들은 헛것이요 조롱거리니
그들이 벌을 받을 때에 그것들도 사라지리라.
19 야곱의 몫은 이런 것들과는 다르다.
그분은 만물을 지으신 분이시고
이스라엘은 그분께서 상속 재산으로 삼으신 족속이기 때문이다.
그 이름 만군의 주님이시다.

바빌론에 대한 애가

20 너는 나의 망치요

51,13. 50,38의 주 참조.

51,17. 창조자이신 주님의 권능은 우상들이 지녔다고 하는 능력이 헛된 것임을 보여 준다.

51,18. "헛것" 10,15의 주 참조.

51,20. "망치" 동일한 구절이 반복되는 것이 20-24장의 문학 단위의 특징이다(또한 50,35-38 참조). 이로써 이 "무기"의 잔학한 파괴력을 효과적으로 표현한다.

51,13 50,37-38; 51,36; 묵시 17,1.15. 51,15-19 // 10,12-16. 51,16 // 시편 135,7. 51,20 50,23.

51,15-19. 우주의 창조주이신 주님께 대한 찬가 단편으로, 우상 숭배를 논박하는 역할을 한다.

51,20-26. 바빌론은 주님 손안에 든 망치였다. 그러나 이제는 바빌론이 망치질을 당할 차례이다. 군대를 주님의 손에 든 무기 또는 연장으로 나타내는 표상은 전통적이다(예를 들어 이사 10,5 참조). 바빌론은 그 높은 자리에서 떨어져 몰락하게 되고, 완전히 불타 없어진다.

나의 무기다.
나는 너를 통하여 민족들을 부수고
너를 통하여 나라들을 파괴하였다.
21 나는 너를 통하여 말과 기병을 부수고
너를 통하여 병거와 병거 부대를 부수었다.
22 나는 너를 통하여 남자와 여자를 부수고
너를 통하여 늙은이와 아이를 부수었으며
너를 통하여 총각과 처녀를 부수었다.
23 나는 너를 통하여 목자와 그의 양 떼를 부수고
너를 통하여 농부와 그의 겨릿소를 부수었으며
너를 통하여 총독과 지방 장관들을 부수었다.

24 그러나 이제는 내가 바빌론과
칼데아의 모든 주민에게 갚으리라.
그것은 너희가 지켜보는 가운데
그들이 시온에서 저지른 온갖 악에 대한 복수다.
주님의 말씀이다.
25 온 세상을 무너뜨리는 파괴자 산아
내가 너에게 맞서리라.
주님의 말씀이다.
내 팔을 네 위에 펼쳐
너를 바위에서 굴려 내리고
너를 불에 탄 산으로 만들리라.
26 사람들이 너에게서 모퉁잇돌 하나,
주춧돌 하나 얻지 못하리니
네가 영원히 폐허가 될 것이기 때문이다.
주님의 말씀이다.

27 그 땅에 깃발을 세우고
민족들 가운데에서 나팔을 불어라.
바빌론을 칠 민족들을 동원하고
그를 칠 왕국들
곧 아라랏과 민니와 아스크나즈를 불러들여라.
그를 칠 사령관을 임명하고

51,27. "그를 칠 민족들을 동원하고" 같은 구절이 28절에서도 반복된다. "…칠 …동원하고"라고 의역한 동사가 6,4("준비하여라")에서도 쓰였는데, 본래 "축성하다, 성화하다"를 뜻한다. "아라랏과 민니와 아스크나즈"는 메소포타미아 북부 지역에 살던 주민들이다(그러나 "민니"와 "아스크나즈"는 분명하게 확인할 수 없다). 기원전 6세기에 그들은 메디아인들에게 정복되었고(28절 참조), 메디아인들은 다시 키루스 시대 페르시아인들에게 정복될 것이다.

51,24 50,15-18. 51,25 51,58; 즈카 4,7; 묵시 8,8; 11,18; 19,2. 51,26 50,40. 51,27-28 6,1.4; 요엘 4,9.

51,27-33. 바빌론의 종말을 다시 묘사한다. 여기서는 메디아와 더불어 소아시아의 다른 민족들도 참여한다. 파괴는 급속하게 이루어져, 소식에 소식이 이어진다. 하느님께서는 모든 것을 당신의 구원 계획을 위하여 작용하게 하시지만, 인간에게는 자신의 행위에 대한 책임이 있다.

날개를 곤두세운 메뚜기 떼 같은 군마를 몰고 와라.
28 그를 칠 민족들을 동원하고
메디아 임금들과 그 총독들과 지방 장관들
또 그들이 지배하는 모든 속국을 동원하여라.

29 땅이 흔들리고 뒤틀리니
바빌론을 치려는 주님의 계획이 이루어졌기 때문이다.
그 계획이란 바빌론 땅을
인적 없는 폐허로 만드는 것이다.
30 바빌론 용사들이 전투를 포기하고
요새에 들어앉았다.
그들은 기력을 잃고 여자처럼 되어 버렸으며
바빌론 집들은 불타고 성문의 빗장들도 부서졌다.
31 한 보발꾼이 다른 보발꾼을 만나 이어 달리고
한 전령이 다른 전령을 만나
바빌론 임금에게
그의 도성이 끝에서 끝까지 점령되었다고 보고한다.
32 나루터들이 점거되고
갈대밭이 불에 탔으며
전사들은 겁에 질렸다.
33 만군의 주 이스라엘의 하느님께서 이렇게 말씀하신다.
"딸 바빌론이 타작마당처럼 짓밟힐 때가 온다.
이제 곧 바빌론에 수확 때가 닥친다."

51,33. 수확 때가 정확히 오듯이 바빌론이 상징하는 인간 권력의 교만에 대한 심판도 그러하다.

이스라엘

34 바빌론 임금 네부카드네자르가 나를 잡아먹고
나를 무너뜨렸다.
그는 나를 빈 그릇으로 만들었다.
그가 용처럼 나를 삼켜
나를 진미로 삼아 자기 배를 채우더니
다시 뱉어 냈다.

51,34. "용"은 히브리어 '탄닌'을 번역한 것이다(이사 27,1; 51,9; 에제 29,3; 32,2 참조).

51,30 50,37; 시편 76,6; 이사 13,7-8; 19,16; 나훔 3,13. 51,31 4,20. 51,33 이사 21,10; 41,15-16; 묵시 14,15. 51,34 39,1-8; 50,17; 욥 20,4-5.15.

51,34-58. 예루살렘과 주님의 대화로, 바빌론의 징벌이 예루살렘에서 흘려진 피를 벌하는 심판의 행위임을 설명한다. 바빌론은 진노의 잔을 마시며(39절; 7절 참조), 그 운명은 그를 집어삼키는 큰 파도와 같다. 세삭은(41절 참조) 아마도 바빌론을 나타내는 암호이다. 주님께서는 바빌론의 잔인함 때문이 아니라 당신 백성을 지키기 위하여 바빌론을 벌하신다. 격언적인 의미로 하바 2,13을 인용하는 데서도 암시되듯이(58절), 바빌론에게는 멸망을 피할 길이 없다. 바빌론에 대한 이 예언이 예레미야서의 결말을 이루면서 가장 긴 예언인 것은 어쩌면 고대의 어떤 국가보다 바빌론이 이스라엘에게 가장 처참한 아픔을 주었음을 생각한다면 자연스럽다.

35 시온 주민들이 이렇게 호소하리라.
"내가 당한 폭행과 파괴를 바빌론에게 되갚아 주소서."
예루살렘이 이렇게 호소하리라.
"내가 흘린 피를 칼데아 주민들에게 되갚아 주소서."
36 그러므로 주님께서 이렇게 말씀하신다.
"이제 내가 너의 송사를 들어주어
너의 원수를 갚아 주리라.
내가 바빌론의 바다를 말리고
그 샘을 말려 버리리라.
37 바빌론은 폐허 더미가 되고
승냥이의 소굴이 되리라.
그곳은 인적 없는 곳이 되고
놀람거리와 놀림감이 되리라."

바빌론

38 그들은 모두 사자들처럼 으르렁대고
새끼 사자들처럼 울부짖으리라.
39 그들이 더위에 지쳤을 때 내가 술상을 차려
그들이 기절할 때까지 취하게 하리라.
그러면 그들은 영원한 잠에 빠져 들어
다시는 깨어나지 못하리라.
주님의 말씀이다.
40 내가 그들을 어린양들처럼,
숫양과 숫염소들처럼 도살장으로 끌고 가리라.
41 어쩌다가 온 세상의 자랑거리던 세삭이
점령되고 점거되었는가?
어쩌다가 민족들 가운데에서 바빌론이
놀람거리가 되었는가?
42 바닷물이 바빌론으로 밀려오자
그곳은 그 요란한 파도에 잠기고 말았다.
43 그 성읍들은 폐허가 되고
메마른 땅과 사막이 되었다.
그곳은 인간이 살지 않는 땅,
그곳을 지나는 사람은 아무도 없다.
44 내가 바빌론에서 벨 신을 징벌하여
그가 삼킨 것을 입에서 끄집어내리라.

51,36.42. "바다"는 유프라테스 강물을 나타내는 과장된 표현일 수 있다. 그러나 바다는 원초의 혼돈의 상징이기도 하다. 고대 바빌론의 신화에서 그 혼돈은 벨-마르둑 신에게 격퇴된다. 예레미야 예언자는 이로써 바다를 지배하시는 분, 우주와 역사의 사건들을 지배하시는 분이 오직 주님이심을 선언하고(36절) 바빌론은 파괴와 혼돈에 내맡겨졌다고 선포하는 것이다(42절).

51,42. 여기서는 36절과 정반대의 표상으로, 바빌론에 적대적인 세력들이 거세게 공격하는 것을 은유적으로 묘사한다(55-56절 참조).

51,44. "벨"에 관하여 50,2의 주 참조. "삼킨 것" 34절과 다니 14,1-22 참조.

51,35 50,29; 시편 137,8; 마태 27,25; 묵시 6,10; 16,6. 51,36 묵시 16,12. 51,37 18,16; 19,8. 51,38 2,15; 나훔 2,12-13. 51,39 // 51,57; 또한 시편 76,6 참조. 51,40 50,27; 이사 34,6; 에제 39,18. 51,41 25,26. 51,42 50,23. 51,44 50,2; 이사 2,2; 60,5

민족들이 이제 더 이상 그에게 몰려들지 않으리라.
바빌론의 성벽도 쓰러진다.
45 내 백성아, 바빌론에서 나와라.
저마다 주님의 타오르는 분노에서 제 목숨을 구하여라.
46 너희는 그 땅에서 들려오는 소문에 낙심하거나 두려워
하지 마라. 이 해는 이런 소문이, 저 해는 저런 소문이 계
속 들려오기 마련이다. 그 땅에는 폭력이 판을 치고 통치
자들끼리 서로 싸운다.
47 그러므로 이제 내가
바빌론의 신상들을 징벌할 날이 온다.
그곳 온 땅이 수치를 당하고
칼 맞은 자들이 모두 그 한가운데에서 쓰러져 죽으리라.
48 하늘과 땅이, 그 안에 있는 모든 것이
바빌론을 두고 기뻐 소리치리라.
북녘에서 그를 쳐부술 자들이
내려오기 때문이다.
주님의 말씀이다.
49 온 세상에서 살해된 자들이
바빌론 때문에 쓰러졌듯이
이제는 바빌론도
이스라엘에서 살해된 자들 때문에 쓰러져야 한다.
50 칼을 피한 자들아
서 있지 말고 어서 떠나라.
멀리서라도 주님을 기억하고
예루살렘을 마음속에 떠올려라.
51 "우리는 욕설을 듣고 수치를 당하였습니다.
부끄러움이 우리 얼굴을 가렸습니다.
이방인들이 주님 집의 거룩한 곳들에
쳐들어온 까닭입니다."
52 그러므로 이제 그날이 온다.
주님의 말씀이다.
그날 내가 바빌론의 신상들을 징벌하리니
그 땅 모든 곳에서 중상을 입은 자들이 신음하리라.
53 바빌론이 비록 하늘까지 올라간다 할지라도
그 기세를 드높인다 할지라도

51,45 51,6; 창세 19,12-16; 민수 16,26; 이사 48,20; 즈카 2,10-11; 사도 2,40; 2코린 6,17; 묵시 18,4. 51,46 마태 24,6-8. 51,47 50,2; 이사 21,9. 51,48 이사 44,23; 묵시 18,20; 19,1-2. 51,49 시편 137,8-9; 마태 7,2; 야고 2,13; 묵시 18,24. 51,50 29,12; 31,21; 44,28; 신명 4,29-31; 시편 137,5. 51,51 31,19; 시편 74,18-21; 79,4.12; 123,3-4; 애가 5,1. 51,53 49,16; 창세 11,4; 이사 14,12-15.

51,51. 기원전 587년의 예루살렘 파괴와 그 후의 바빌론 유배는 이스라엘 사회와 신앙의 가시적인 기준점들을 사라지게 했고(땅, 성전, 다윗 왕조) 선택의 개념 자체를 위기에 처하게 했다. 명백히 눈에 보이는 바빌론과 그 신들의 광채와 압도적 권세 앞에서 유배 간 이들이 새로운 전망을 갖기는 어려웠다(45-46.50절 참조). 그러나 바로 여기서 다시 예언 말씀이 등장한다. 과거에 거짓된 안전 앞에서 그 말씀이 악을 고발하고 재앙을 선고했다면(6,14; 7,1-15 참조), 예속과 죽음밖에는 보이지 않는 지금 그 말씀은 그것을 넘어 하느님께서 준비하신 희망의 미래를 바라보도록 권고한다. 바빌론의 오만한 권력은 무너질 것이며, 이스라엘은 주님의 용서를 받고(50,20 참조) 시온으로 되돌아갈 것이다(50,4-7 참조).

내가 파괴자들을 보내어 그를 치리라.
주님의 말씀이다.

54 바빌론에서 울부짖는 소리가 들리고
칼데아인들의 땅에서 큰 참사가 일어난다.
55 주님께서 정녕 바빌론을 파괴하시고
그곳에서 큰 목소리가 사라지게 하신다.
파괴자들이 밀려드는 모습은 큰 물결 같고
그들의 목소리는 요란하다.
56 과연 파괴자가 바빌론에 쳐들어오자
그 용사들이 사로잡히고
그들의 활이 부러진다.
주님께서 응보의 하느님이시며
반드시 갚으시기 때문이다.

57 내가 바빌론의 대신들과 현자들, 총독들과 지방 장관들
과 용사들을 취하게 하면, 그들은 영원한 잠에 빠져 들어
다시는 깨어나지 못할 것이다. 그 이름 만군의 주님이신 임
금님의 말씀이다.

58 만군의 주님께서 이렇게 말씀하신다.
"바빌론의 널찍한 성벽도
완전히 허물어지고
그 높은 성문도
불타 없어지리라.
백성들이 힘들여 한 일이 쓸모없게 되고
민족들이 애써 한 일이 불에 타 버리리라."

예레미야가 바빌론에 관한 예언을 기록하다

59 마흐세야의 손자이며 네리야의 아들인 스라야 역관장
이, 유다 임금 치드키야 제사년에 임금과 함께 바빌론으
로 올라갈 때, 예레미야 예언자가 그에게 내린 분부. 60 예
레미야는 바빌론에 내릴 이 모든 재앙, 곧 바빌론을 두고

51,59. 스라야는 예레미야의 서기 바룩의 형제이다. 그의 임무는 "역관장"으로서([새] 대중 라틴말 성경도 그렇게 옮긴다) 군대의 숙영지를 준비하는 것이었다. 한편 그리스어 번역본인 소위 칠십인역은 그를 "공물 책임자"로 규정하여, 그가 바빌론으로 간 것을 유다 왕국이 보내야 했던 조공과 연관된 것으로 본다. 예로니모의 라틴어 번역본은 "예언 책임자"로 옮기는데, 이는 예레미야가 그에게 맡긴 일에 적합한 호칭이다. 스라야라는 이름은 고고학자들이 발견한 봉인에 나타나는데, 거기에는 "네리야(의 아들) 스라야의" 라고 적혀 있다.

51,56 50,28-29; 51,6.24; 신명 32,35; 시편 94,1-2; 이사 34,8; 35,4; 묵시 18,6.20; 19,2. 51,57 // 51,39; 또한 25,27 참조. 51,58 // 하바 2,13; 또한 2; 이사 45,1-2; 예레 50,15 참조. 51,59 36,1-8; 45,1. 51,60 30,2-3; 이사 8,1-4; 30,8.

51,59-64. 기원전 593년 치드키야 임금이 바빌론에 갈 때 예레미야가 행한 상징적 행동이다. 바빌론을 두고 선포한 재앙들이 기록된 두루마리는 바빌론의 대표적인 강인 유프라테스강 바닥에 던져져야 한다. 이는 지배자인 바빌론의 돌이킬 수 없는 종말을 나타낸다. 바빌론이 패망을 피할 수 없다는 것은 하느님 백성의 확실한 희망과 병행된다.

선포한 이 모든 말씀을 한 권의 책으로 기록하였다. 61 예
레미야가 스라야에게 말하였다. "그대가 바빌론으로 들어
가면, 이 말씀을 다 읽고 나서, 62 이렇게 아뢰시오. '주님,
당신께서 이곳을 두고 친히 말씀하시기를, 이곳을 멸망시
켜 사람도 짐승도 살지 않는, 영원한 폐허가 되게 하리라
고 하셨습니다.' 63 그리고 그대는 이 책을 다 읽고 나서, 그
것에 돌을 매달아 유프라테스강 한복판에 던지시오. 64 그
러고 나서 이렇게 말하시오. '바빌론도 내가 그에게 내릴
재앙 탓에, 이처럼 가라앉아 다시는 떠오르지 않을 것이
다. 그들이 지쳐 버릴 것이다.'" 여기까지가 예레미야의 말
이다.

부록

예루살렘과 유다에 대한 예레미야의 예언이 이루어지다

52 1 치드키야는 스물한 살에 임금이 되어, 예루
살렘에서 열한 해 동안 나스렸다. 그의 어머니
이름은 하무탈인데, 리브나 출신 예레미야의 딸이었다. 2 치
드키야는 여호야킴이 하던 그대로 주님의 눈에 거슬리는
악한 짓을 저질렀다. 3 예루살렘과 유다가 주님을 분노하시
게 하였기에, 주님께서는 마침내 그들을 당신 앞에서 쫓아
내셨다. 그런데 치드키야가 바빌론 임금에게 반역하였다.
4 그래서 바빌론 임금 네부카드네자르는 치드키야 통치 제
구년 열째 달 초열흘날에, 전군을 이끌고 예루살렘에 왔
다. 그들은 그곳을 향하여 진을 치고 사방으로 공격 축대
를 쌓았다. 5 이렇게 도성은 치드키야 임금 제십일년까지
포위당하였다. 6 넷째 달 초아흐렛날 도성에 굶주림이 심
해지고 나라 백성에게 양식이 떨어졌다. 7 드디어 성벽이
뚫렸다. 그러자 군사들이 모두 달아났다. 칼데아인들이
도성을 둘러싸고 있는데도, 밤을 틈타서 임금의 정원 곁에

51,62 51,26.29.37. 51,63 19,10-11; 묵시 18,21. 52 // 2열왕 24,18-25,30. 52,4-11 // 39,1-7.

52. 예루살렘 함락에 대한 역사적 부록으로 2열왕 24,18-25,30을 되풀이하는데, 유배 간 이들의 명단 등에서 몇 가지 차이가 있다. (열왕 25,22-26에 전해지는) 그달야와 그의 살해에 관련한 사건들은 예레 40-43장에서 충분히 다루었으므로 다시 언급하지 않는다. 예루살렘의 파괴에 관한 이 기록은 39,8-10과 비교하면 거룩한 기물들의 약탈 외에 성전의 방화와 파괴를 더 언급한다(41,5의 주 참조). 여호야킨의 복권은(31-34절) 유배지에서 그의 임금 역할과 유배 온 이들의 대표자 역할을 인정하는 것이다. 예레미야서의 부록은 유다에 대한 예레미야의 예언이 성취되었음을 보여 주려 한다. 그러나 여호야킨에게 주어진 은전은 도성 함락과 유배의 비극을 넘어서는 희망의 빛을 비추어 준다.

52,2. "여호야킴이 하던 그대로" 이렇게 엄한 판단은 뜻밖이다. 치드키야는 여호야킴에 비하면 악하다기보다는 나약해 보인다. 아마도 이것은 그가 예언 말씀을 구체적으로 단호하고 책임 있게 받아들이지 못한 것 자체를 악의 근원으로 보도록 하는 것이다(38,14-28 참조). "주님의 눈에 거슬리는 악한 짓을 저질렀다." (7,30; 18,10; 32,30 참조) 하느님께서 인정하지 않으심을 나타내는 이 히브리어 표현은 열왕기에 자주 나타나며(예를 들어, 2열왕 23,32.37; 24,9 참조) 2열왕 24,19에도 다시 나타난다. 여호 9,25와 판관 10,15의 주 참조.

52,6.25-26. "나라 백성" 히브리어 표현 '암 하아레츠'("땅의 백성")의 번역이다. 이 표현은 일반적인 의미로 어떤 특정한 영토의 주민을 지칭할 수 있지만(창세 23,7 참조, "그곳 주민들") 몇몇 단락에서는 더 구체적으로 유다 왕국 내부에서 특정한 사회 집단을, 아마도 수도 주변에 땅을 소유하고 있던 이들을 가리키는 것(2열왕 11,14 참조)으로 보인다. 그러나 이 히브리어 표현의 여러 의미들이 항상 명확히 구별되는 것은 아니다(에제 7,27; 22,29과 레위 4,27의 주 참조).

있는 두 성벽 사이 대문을 나가 아라바 쪽으로 갔다. [8] 칼
데아인들의 군대가 임금을 뒤쫓아 예리코의 들판에서 치
드키야를 따라잡자, 그의 모든 군대는 그를 버리고 흩어졌
다. [9] 그들이 임금을 사로잡은 다음, 하맛 땅 리블라에 있
는 바빌론 임금에게 데리고 올라가니, 바빌론 임금이 그에
게 판결을 내렸다. [10] 바빌론 임금은 리블라에서 치드키야
가 보는 가운데, 그의 아들들을 살해하고 유다의 모든 대
신들도 살해하였다. [11] 그러고 나서 바빌론 임금은 치드키
야의 두 눈을 멀게 한 뒤, 그를 청동 사슬로 묶어 바빌론으
로 끌고 가서는, 죽는 날까지 그를 감옥에 가두어 놓았다.
[12] 다섯째 달 초열흘날, 바빌론 임금 네부카드네자르 제십
구년에, 바빌론 임금을 면전에서 섬기던 느부자르아단 친
위대장이 예루살렘에 들어왔다. [13] 그는 주님의 집과 왕궁
과 예루살렘의 모든 집을 태웠다. 이렇게 그는 큰 집을 모
두 불태워 버렸다. [14] 또한 친위대장이 이끄는 칼데아인들
의 모든 군대는 예루살렘 성벽을 돌아가며 모두 허물었
다. [15] 느부자르아단 친위대장은 백성 가운데 일부 가난한
이들과 또 도성에 남아 있던 나머지 백성과 바빌론 임금에
게 넘어간 자들, 그리고 그 밖의 나머지 장인들을 끌고 갔
다. [16] 그러나 느부자르아단 친위대장은 그 나라의 가난한
이들을 일부 남겨, 포도밭을 가꾸고 농사를 짓게 하였다.
[17] 칼데아인들은 주님의 집에 있는 청동 기둥들과 받침대
들, 그리고 주님의 집에 있는 청동 바다를 부순 뒤, 그 청
동을 바빌론으로 가져갔다. [18] 그들은 냄비와 부삽, 불똥
가위와 쟁반과 접시, 그 밖에 예배 때에 쓰는 모든 청동 기
물도 가져갔다. [19] 친위대장은 작은 대접과 향로, 쟁반과
냄비와 등잔대, 접시와 술잔도 가져갔는데, 금으로 만든
것은 금이라고 가져가고, 은으로 만든 것은 은이라고 가
져갔다. [20] 솔로몬 임금이 주님의 집에 만들어 놓은 기둥
두 개와 청동 바다 하나와, 받침대 밑에 청동으로 만든 황
소 열두 개 등, 이 모든 기물에 쓰인 청동은 그 무게를 달
수 없을 정도였다. [21] 기둥만 해도 기둥 한 개의 높이가 열
여덟 암마, 그 둘레가 열두 암마이다. 그 속은 비어 있지만
기둥 면의 두께가 손가락 넷을 합친 것만큼이나 되었다. [22] 그

52,20. 27,19과 1열왕 7,27-39의 주 참조.

52,8 이사 30,16-17. 52,12-27 // 2열왕 25,8-21. 52,12 즈카 7,3; 8,19. 52,13 7,14; 이사 64,9-10; 애가 2,7; 에제 24,21; 아모 2,5; 3,10-11; 미카 3,12; 마태 24,2. 52,14 느헤 1,3. 52,15 15,1-2; 21,8-10; 즈카 14,2. 52,16 40,5; 에제 33,24. 52,17 1열왕 7,15.27.50; 애가 1,10; 다니 1,2. 52,18 탈출 25,29; 27,3; 37,16; 민수 4,14; 1열왕 7,40.45. 52,19 탈출 25,31; 민수 17,11; 1열왕 7,49. 52,20 1열왕 7,47; 1역대 22,14; 2역대 4,18. 52,21 1열왕 7,15; 2역대 3,15.

기둥 위에는 청동으로 만든 기둥머리가 있는데, 그 기둥머
리의 높이는 다섯 암마였다. 이 기둥머리에는 모두 청동으
로 만든 그물과 석류들이 돌아가며 달리고, 두 번째 기둥도
마찬가지로 석류들이 달렸다. 23 겉보기에는 아흔여섯 개
지만 실제로 그물에 매달린 석류는 모두 백 개나 되었다.
24 친위대장은 스라야 수석 사제, 두 번째 서열의 스바니
야 사제, 그리고 성전 문지기 셋을 체포하였다. 25 또한 군
사의 지휘관이었던 내시 하나도 도성에서 체포하였다. 이
밖에도 도성에서 발견된 임금의 측근 일곱과 나라 백성
을 징집하는 군부대신 서기관과, 도성 한가운데에서 발견
된 나라 백성 예순 명도 체포하였다. 26 느부자르아단 친위
대장은 그들을 체포하여, 리블라에 있는 바빌론 임금에게
끌고 갔다. 27 바빌론 임금은 하맛 땅 리블라에서 그들을
쳐 죽였다. 이렇게 유다 백성은 고향을 떠나 유배를 갔다.
28 네부카드네자르가 유배시킨 백성은 제칠년에 삼천이십
삼 명이었고, 29 네부카드네자르 제십팔년에 예루살렘에
서 끌고 간 사람은 팔백삼십이 명이었다. 30 네부카드네자
르 제이십삼년에는 느부자르아단 친위대장이 유다인 칠
백사십오 명을 포로로 잡아갔다. 이렇게 해서 모두 사천
육백 명이 포로로 잡혀갔다.

52,24-27. 봉신 계약과 충성 맹세를 배반하였으므로(에제 17,13.16.18-19 참조), 네부카드네자르는 "리블라"(9절)의 진지에서(예레 39,4-5의 주 참조) 살아 있는 반란 주동자들을 재판한다. 치드키야 임금의 운명에 관하여(9-11절) 39,5-7 참조.

다윗 후손의 운명

31 유다 임금 여호야킨의 유배살이 제삼십칠년 열두째 달
스무닷샛날이었다. 바빌론 임금 에윌 므로닥은 자기가 왕
위에 오른 바로 그해에, 유다 임금 여호야킨을 용서하고
감옥에서 풀어 주었다. 32 바빌론 임금은 그에게 친절히 말
을 건네며, 그와 함께 바빌론에 있는 다른 임금들의 자리
보다 더 높은 곳에 그의 자리를 마련해 주었다. 33 그 뒤에
여호야킨은 죄수복을 벗고, 살아 있는 동안 내내 바빌론
임금 앞에서 늘 음식을 먹게 되었다. 34 여호야킨의 생계비
는 그가 죽을 때까지 살아 있는 동안 내내, 바빌론 임금이
날마다 일정하게 대 주었다.

52,31-34. 네부카드네자르 시대의 여러 시기에 속하는 다섯 개의 바빌론 설형문자 점토판에 여호야킨 임금이 언급되며, 그와 그의 아들들에게 매달 할당된 기름의 양이 기록되어 있다. 이 본문들은 바빌론인들이 여호야킨 임금을 매우 호의적으로 대했음을 암시한다. 그러나 여기에 전해진 일화는 네부카드네자르의 아들 아밀 마르둑(성경에는 에윌 므로닥) 통치 때인 기원전 561년 또는 560년의 일이다.

52,23 1열왕 7,20. 52,24 21,1; 29,25.29; 35,4; 37,3. 52,27 6,13-15; 24,9-10; 레위 26,33-35; 신명 4,26; 28,36; 이사 6,11-12; 에제 8,11-18. 52,30 6,9. 52,31-34 // 2열왕 25,27-30. 52,31 잠언 21,1. 52,33 창세 41,14.42; 시편 30,12.

애가

제목과 정경 내의 위치

"이스라엘이 포로로 끌려가고 예루살렘이 황폐해진 후에 예언자 예레미야는 앉아서 울며 예루살렘에 대한 이 애가를 읊었다…" 칠십인역이라고 불리는 고대 그리스어 번역본은 산문으로 된 이 짧은 도입문으로 이 "책"을 시작한다. 이 책을 하나로 묶는 음악적 특징은 애가라는 문학 유형에 있고, 그리스어 제목 '트레노이'(라틴어화한 표현으로는 Treni) 즉 "조가"(장례 때의)도 여기서 유래한다. 위협과 예고를 거쳐 이제 실현된 드라마에 대한 좌절, 모든 것을 빼앗기고 자신의 땅에서(약속의 땅. 창세 12,1.7 참조) 멀리 유배 간 백성의 잔혹한 비극, 거룩한 도성과 하느님께서 이름을 두실 곳으로 선택하셨으나(신명 12,5; 1열왕 8,43 참조) 이제는 그 하느님에게서 배척당한(예레 7,13-15; 에제 10,18-22 참조) 성전의 폐허에 깃들인 공허감과 버림받은 느낌. 이 시문학 전통은 예레미야의 눈물과 마음속에 그 고통의 지평을 담아 놓았다(예레 8,21-23; 13,17; 14,17; 애가 1,2 참조). 예레미야는 이 불행의 탁월한 증인으로 부름받은 역사적·문학적 인물이다. 마치 예언자만이, 바로 그 예언자만이 눈물을 흘리며 예언자가 아니고서는 아무도 그 의미를 깨달을 수 없을 그 무한한 아픔을 예언적으로 표현할 수 있는 듯이.

예로니모의 라틴어 번역본은(소위 대중 라틴말 성경) 그리스어 번역본이 히브리어 본문에 첨가한 부분을 생략하면서도, 명시적으로 동일한 해석학적 지평으로 들어가 이 책을 예레미야서 바로 다음에 놓으며 이것이 그의 "애가"임을 밝힌다. 아람어 번역본(타르굼)과 바빌론 탈무드(Baba Bathra 15a 참조) 역시 예레미야를 이 작품의 저자로 지목한다.

반면 히브리 전통은 예레미야를 저자로 보는 것을 더 발전시키지 않는 것으로 보인다. 이 전통에서는 책의 제목으로 그 첫 단어를 취하거나('에카', "아! 어찌하여"로 옮길 수 있는 감탄사. 1,1; 2,1; 4,1 참조) 아니면 요시야 임금이 죽었을 때 예레미야가 애가를 지었다고 말하는 2역대 35,25에서 나온 '키놋'(장례 노래/탄원)이라는 단어를 택한다. 실제로 성경의 다른 책들도 그 첫 단어에 따라 제목이 붙여지며, 이 책이 히브리 성경에서 율법과('토라') 예언서('느비임') 다음에 나오는 셋째 부분인 성문서('크투빔') 안에, 므길롯(전례 축제 때 읽는 다섯 "두루마리"로 애가와 룻기, 아가, 코헬렛, 에스테르기를 포함한다) 모음에 속한다는 것은 이 전통에서 멀어지는 것으로 이해해서는 안 된다. 실상 이 전통에 대해서는 19세기까지 이견이 없었다. 그러나 어떤 경우든 예레미야를 언급하는 것은 정확한 역사적 정보를 전달하는 것이라기보다는(이는 상당히 문제가 있다), 전혀 일반적이지 않은 깊고 강렬한 고통을 시사하려는 것이다. 그 고통은 예루살렘과 성전의 첫 번째 파괴를 기원으로 하며, 이것이 다시 이스라엘 역사의 다른 모든 극적 사건들의 비유가 된다. 그래서 히브리 전례 전통에서는(적어도 기원후 6세기부터) 첫 번째 성전의 파괴와(기원전 587년) 두 번째 성전의 파괴를(기원후 70년) 기억하는 아빕 달(7-8월) 9일에 애가를(부분적으로) 읽는다.

구조와 문학적 특성

먼저 밝혀 둘 것은 히브리어 제목 '기놋', 그리스어 제목 '트레노이'와 라틴어 Lamentationes는 장례 때의 탄원이라는 문학 유형을 지칭하면서도 이 책의 문학적 특성을 온전히 적절하게는 표현하지 못한다는 점이다. 이 책은 조가의 특징적 요소들을 포함하지만(이 책의 제목에서 '키나'라는 이름을 얻게 된 시의 리듬, 하느님께 직접 호소하지 않으면서 불행을 바라보고 고통을 표현하는 것) 좁은 의미에서 장례 예식과 관련된 것이 아니다.

애가를 구성하는 다섯 편의 시 본문의 주제적 단일성의 근거가 되는 사건은 이스라엘 역사에서 전례가 없는 바빌론 군대의 예루살렘 파괴이다. 이는 창세기부터 열왕기 끝까지 이르는 성경의 커다란 서사적 흐름의 비극적 절정이다. 전통적인 종교적, 실존적 패러다임들이 붕괴되는 이러한 상황 앞에서 개인 및 집단적 애도의 전형적 목적인 3,50의 "주님께서 하늘에서 굽어보실 때까지"라는 구절이 이 애가들의 명분과 해석의 열쇠가 될 수도 있다. 기억, 관조, 겪었던 불행으로 인한 괴로움, 장례의 조가와 공통된 표현들이 간절한 호소로, 이스라엘의 하느님을 향한 질문과 탄원으로 결집된다. 보시고 개입하시기를, 불쌍히 여기시고 백성의 미래를 새롭게 해 주시기를 청하는 것이다. 죽음의 드라마도 있지만, 아직도 구원하실 수 있는 하느님도 계시다. 폐허가 된 예루살렘은 고통의 원인이기도 하지만 그래도 살아 있는 여인의 모습으로 묘사된다. 아니, 예루살렘 자신이 때로는 말을 하며 애가를 시작한다. 그래서 이것은 장례 노래로 그치지 않는다.

애가는 유일하고 반복되지 않는 사건을 그 원천으로 지적하고 있지만, 기존의 전형적인 표현 모델들을 통하여 이를 이야기하고 탄식한다. 고대 근동의 문학에서는 이와 유사한 상황을(도시와 그 신전들의 파괴를) 배경으로 하는 시문학 작품들이 알려져 있다. 예를 들어 우르의 파괴에 대한 수메르의 탄원이 있고(기원전 2천년기), 메소포타미아에서 나온 열거문들은(애가에 나타난 것과 유사한 동기들) 셀레우코스 왕조 시대까지(기원전 2세기) 전수되었다. 그러나 좁은 의미에서 문학적 의존이 있는 것은 아니며, 다만 파괴의 재앙을 공통된 체험적 배경으로 하는 것으로 보인다. 기록된 표현에서 여기에는 종교적 차원과(신을 향한 호소) 같은 고통을 겪고 있는 사회 여러 계층에 대한 묘사가(임금부터 어린아이까지) 포함된다.

의인화, 여러 목소리들을 참여시키는 것, 풍부한 표상과 은유들, 그리고 히브리 시문학의 다른 전형적 특징들과 더불어 애가의 가장 중요한 문학적 요소는 분명 알파벳 시를 본문 작성에서 구조의 기준으로 삼았다는 점이다. 애가에서는 알파벳 시를 정확하게 적용하여, 시의 각 행이 차례로 알파벳 한 글자로 시작하게 되어 있다(물론 스물두 자로 된 히브리어 알파벳을 따른다. 알파벳 시의 다른 예들로 시편 9-10편; 25편; 34편; 37편; 111-112편; 119편; 145편; 잠언 31,10-31; 집회 51,13-30이 있다.). 그래서 1장과 2장은 22절로 되어 있고, 3장은 주제의 변주로서 66절로 되어 있으며(22의 배수) 세 구절을 각각 시작할 때마다 하나의 알파벳 글자가 순서대로 배치된다. 4장은 다시 앞에서의 모델을 따르며, 5장은 상징적으로 22절로 되어 있으나 알파벳 순서로 되어 있지는 않다(또한 시편 33편; 38편; 103편 참조).

한편 책 전체 구조에서는 다른 짜임을 볼 수 있는데, 처음에는 명백하게 드러나지 않지만(그리고 모든 이들이 동의하지는 않지만) 형식 및 내용 요소에 따른 구성을 볼 수 있다. 이는 동심 구조로(3장의 시를 중심으로 하고 2장과 4장, 1장과 5장의 관계를 근거로 하는), 다섯 개의 탄원을 같은 주제 또는 히브리어 알파벳을 사용하는 형식적 기준에 의해서만 하나로 묶은 서로 다른 시들의 모음이 아니라 일관된 문학적 기획으로서 유기적으로 이해하도록 이끌어 준다. 첫 번째와 두 번째 애가는 파괴의 체험에 대한 거의 절망적 반응을 나타낸다. 특히 1장은 폐허가 되고 절망하여 괴로워하는 예루살렘에 집중된다. 낙심하여 폐허 더미 사이를 돌아다니며 고통과 수치로 부르짖지만, 하느님을 향해 부르짖기도 하고

(1,9.11.20 참조), 자신의 죄를 인정하며(1,8.18 참조) 원수를 저주한다(1,22 참조). 반면 2장은 마치 플래시백(회상 장면)처럼 파국의 극적 순간을 되살리며, 이를 격정과 잔인함, 폭력과 고뇌가 가득한 하나하나의 표상들로 나누어 묘사한다. 하느님 자신이 원수로서(2,4 참조) 원수들 뒤에 계시며(2,16 참조), 그 원수들을 통하여 하느님의 진노가(2,3.22 참조) 예루살렘에 사정없이 부어진다(2,2.17.21 참조). 셋째 애가에서는(3장) 한 개인의 목소리가 들리는데, 그는 욥을 연상시키기도 하고 예레미야 자신을 연상시키기도 하는 면모들을 지니고 있다. 개인적 고통과 집단적 고통은 혼합되고 결합되며, 희망의 전망이 열린다(특히 3,21-31 참조). 이 부분이 작품의 짜임과 동심 구조의 중심을 이룬다는 점이 의미 깊으며, 예레미야서도 특히 그 중심 부분에(30-31장; 32-33장 참조) 결정적 위로와 구원의 메시지를 담고 있었음을 생각하게 한다. 넷째와 다섯째 애가에서는(4-5장) 다시 처음 두 애가의 어두운 어조가 나타나지만(그리고 이론의 여지도 있다. 5,22의 주 참조), 어느 정도의 희망도 나타난다. 여기서 기도자는 아직도 그리고 더 강하게 하느님께 탄원하고 있는데(5,1.19-22 참조), 고통의 체험에도 그 안에서 모든 것은 의미를 발견할 수 있는 대화가 가능하다는 것을(그리고 오히려 필요하다는 것을) 알게 해 주기 때문이다.

주요 신학 노선

앞서 기술한 알파벳 시의 사용은 형식적인 문제로만 여길 일이 아니다. 형식은 이미 신학적 의미를 포함한 의미의 문이기 때문이다. 이러한 형식을 한 가지로 해석하는 것은 쉽지도 적절하지도 않지만(기억술, 심미적 의미, 완전함의 표현 등이 언급되었다) 특히 애가의 경우와 같이 해석할 수 없는 고통의 체험을 "영감 받은" 방식으로 담고 있을 때 이러한 구성 절차를 통해 시사하는 바들을 염두에 두는 것이 필요하다. 이렇게 의도적으로 둑을 쌓아 막은 것은 아마도 바로—걷잡을 수 없는 고통의 표현을 일으킬 수 있는—그 자신의 파괴적인 충동 내지 억누를 수 없는 내면에서 잡아 찢는 힘일 것이다. 조가를 작성하는 사람은 이미 이러한 억제의 과정을 행하고 있다. 그러나 여기서 이 노래들은 신앙 체험에 의해 단순한 인간의 작품에 그치는 것이 아니라 "성령으로 감도된 말씀"으로 받아들여지고 전수된 탄원들이기에, 고통에 한계가 없고 의미를 부여할 수 없다고 믿는 다른 이들에게도 이러한 체험을 전달하고자 한다.

분명 알파벳 시는 전체성을 표현하기 위한 한 방법이지만, 통제를 표현하기도 한다. 그것은 말로 다할 수 없는 모든 고통을 말했음을, 그리고 이제 더 이상 말하는 것은 불가능함을 표현한다. 기준점들이 고정되었다. 고통이 무질서이고 무의미라면 이렇게 기도하는 것은 이미 질서이고 고통의 혼란스러운 힘들을 제어하는 것이다. 현실적으로 말해, "제한"이 없는 마지막 시는 이 거대한 작업이 완성되지 않았거나(나훔 1,2-8의 중단된 알파벳 시) 부분적으로만 가능한 것임을 생각하게 할 것이다(그러나 어쨌든 이 시도 22절까지 있고 알파벳을 연상시킨다). 그러나 극적인 상황 속에서 신뢰하며 하느님을 기다리며 머무를 수 있는 것만으로도 그것은 이미 전혀 생각할 수 없는 것이 계시된 결과일 것이다. 고통을 사는 것은 하느님을 무자비한 원수로 느끼는 것을 의미할 수 있다(2,4 참조). 그러나 애가에서는 바로 (거짓) 예언자들이야말로 생명의 원천이신 하느님에게서 멀어지게 된(예레 6,14; 애가 2,14 참조) 첫 번째 원인인 백성의 잘못을 드러내지 않음으로써 구원을 가로막고 "병자"에게 죽음을 선고하는 그런 "자비"를 지닌 것이었다. 이제 겉으로는 잔인하게 보이는 그 "치료"는 단순히 그들 자신의 선택의 심각성을 객관적으로 드러내 주는 것이다. 이와 관련하여 고대 수메르의 탄원들로 되돌아가는 것은 흥미로운 비교 가능성들을 제시해 준다.

성경 밖의 수메르 문헌들과 비교할 때 일어난 사건들의 원인과 책임에 대한 숙고의 시도가 애가를 특징짓는다. 그 문헌들에서는 왕조의 몰락과 권력이 한 도시에서 다른 도시로 옮겨 간 것이 불가피하고 필연적인, 죄와 벌 사이의 어떤(명확히 파악할 수는 없다 해도) 연관을 믿는 역사 신학과는 무관한 사건들로 나타난다. 수메르의 개념에 따르면 우르의 멸망은 그 주민들의 잘못과는 아무 상관이 없다. 역사적 체험 자체가 모든 실재와 왕조의 본질적인 시간적 유한성을 확인하고 전해 주기 때문이다. 반면 성경의 개념에 따르면, 영원하리라고 약속된(2사무 7,12-16 참조) 예루살렘과 다윗 왕조의 멸망은 민족적 비극일 뿐만 아니라 신학적·실존적 비극으로 고통스럽게 관조된다. 파국의 장면은 죽음이(또는 인간 삶의 천부적인 나약함이) 역사가 전개되는 가운데 보여 주는 수많은 극적 상황들과 다르지 않다. 그러나 여기서 다른 의미를 파악한다. 계약의 신학은 그 안에서 정의와 충실에 기초한 인간과 하느님 사이의 인격적 관계의 역사를 보도록 초대한다. 예루살렘의 폐허는 단순히 맹목적인 역사적 기제들의 냉혹한 결과가 아니라 하느님(주님)과 그분 백성의 역사의 실패를 눈에 보이게 표현해 주는 것이다.

그러나 관계의 진정한 소멸은 오직 하느님의 침묵일 것이다. 말이 있을 때에는(고발이나 위협의 말이거나 아니면 징벌과 파괴의 말씀-사건이라 해도) 아직 관계가 남아 있는 것이기 때문이다. 그래서 탄원의 실망과 여러 어조들이 다시 대화를 시작하는 시도로서, 하느님 편의 극단적인 호소로서 짙은 신학적 의미를 지닌다. 그 하느님께서는 거의 이해할 수 없고 부조리한 것의 신비로운 경계를 따라가기도 하시지만, 그래도 백성은 마지막에는 그분께 응답하고자 한다. 마침내는 죄를 인정한다(1,8.18.20.22; 2,14; 3,42; 4,6.13 참조). 한편 그분께서도 응답하셔야 한다. 아직도 대답하셔야 한다. 그러므로 성경 본문은 다윗에게 하신 약속을 취소하지 않으며, 그 약속은 메시아 희망의 내용이 될 것이다(예를 들어 이사 9,6; 55,3; 예레 23,5; 33,15-26; 에제 34,23-24; 37,24-25; 아모 9,11; 마태 1,1 참조).

그러나 다른 역사는 정말로 가능할까? 이 책에는 강한 버림받음의 감정이 스며 있고, 이 전망 안에서는 어떤 좋은 결말도 보장되지 않는 것으로 보인다. 하지만 성경의 탄원들은 결실 없이 자신에게만 갇혀 있거나 자기 연민에 그치지 않는다. 이것들은 하느님을 향한 호소이다. 그리고 애가가 성경의 마지막 책이 아니라는 사실 자체가, 신앙인의 의식에게는 하느님께서 응답하셨음을 의미한다. 그뿐 아니라, 당신의 방식으로(루카 9,22-24; 24,25-26; 사도 14,22 참조) 이 눈물과 기다림에 여전히 응답하신다(묵시 7,17; 21,4 참조). 이와 같은 말들로, 이와 같은 불행 속에서 기도한다는 것은 이미 모든 것이 그 안에 존재하고 가장 절망적인 역사까지 포함하여(루카 19,10; 요한 5,25 참조) 모든 것을 새롭게 만드시는(묵시 21,5 참조) 말씀이신 그분의 오늘 안으로 구원이 들어올 것이라는 희망과 확신을 신앙으로 간직하려 함을 뜻한다.

본문의 작성과 전수

애가가 기원전 587년보다 늦게 작성되었다는 데에는 의심의 여지가 없지만, 표현된 감정들의 극적 강도나 그 표상들의 생생함과 적나라함을 예루살렘 파괴 후에 이루어진 이 본문의 작성 연대를 추정하기 위한 확실한 증거로 여길 수는 없다. 일부 학자들은 정확한 역사적 표시가 없다는 점을 당황스럽게 여기며 셀레우코스 시대에 있었던 거룩한 도성의 침입을 생각하기도 한다. 어쨌든 애가는 분석적 보고가 아니라 시이다. 그래도 몇 가지 간접적 언급들을 통해 볼 때 기원전 6세기 사건들을 배경으로 하는 것으로 생각된다(예를 들어 4,21-22을 시편 137,7과 비교해 보라).

예레미야서와 애가 사이에 여러 차원에서 전망의 차이가 있지만, 전통에 따라 이 책의 저자가 예레미야라고 보는 것이 불가능하지는 않다. 그러나 대개 이것은 의심스럽거나 가능성이 적은 것으로 여겨진다. 분명 이것이 결정적인 것은 아니다. 오히려 처음에 지적한 바와 같이 그 의미를 찾는 것이 중요하다. 문체가 세련되고 이미 권위가 있는 책들을 사용할 수 있었다는 점에서(예레미야서, 에제키엘서, 이사야서 제2부와 시편을 많이 언급한다) 이 문학 작품이 생겨난 사회적 배경은 교육받은 엘리트층인 유배 후 서기관들이라고 생각할 수 있다.

많은 주해자들은 다섯 편의 애가(각각은 의심할 여지없이 단일성을 지닌다) 사이의 문체와 내용, 역사적 배경의 이질성이 그 저자들 및 작성 연대가 서로 다름을 입증해 준다고 본다. 그러나 전통적으로는 이 책의 구조가 점차적으로 뒷부분이 덧붙여졌다고 본 것에 비해, 앞서 설명한 동심 구조에 대한 연구를 통하여(또한 애가가 다섯 편이라는 것도 후에 이들을 토라와 시편과 같이 다섯 단위로 구분했음을 시사한다) 정밀한 문학적 짜임이 이 책을 더 단일하게 이해하게 한다는 것을 보여주었다. 이미 존재하던 서로 다른 재료들을 기초로 그 후에 체계적인 편집이 이루어졌을 가능성을 절대적으로 배제할 수는 없지만, 이러한 가설은 처음부터 모든 요소들을 서로 긴밀하게 연관해 일관된 전체를 형성하게 한 문학적 구상이 있었다는 생각을 더 단순하고 타당성 있게 해 준다. 이 문제는 아직 논의되고 있다.

살바토레 마우리치오 세사Salvatore Maurizio Sessa

애가

첫째 애가

예루살렘의 참상

1 [1]아, 사람들로 붐비던 도성이
외로이 앉아 있다.
뭇 나라 가운데에서 뛰어나던 도성이
과부처럼 되고 말았구나.
모든 지방의 여왕이
부역하는 신세가 되어 버렸구나.

[2]밤이면 울고 또 울어
뺨 위에 눈물이 그치지 않는구나.
그 모든 애인들 가운데
위로해 줄 자 하나 없고
벗들은 모두 그를 배반하여
원수가 되었다.

1,1. "부역" 그리스어 번역본과 (새) 대중 라틴말 성경은 "조공"으로 되어 있다.

1,2. "위로해 줄 자 하나 없고" 고대 동방의 애도 예식에는 "위로자"가 있도록 되어 있었다. 그러나 예루살렘의 멸망이라는 재앙은 너무 엄청니기에 인간직으로는 위로가 불가능하다(9.16.17.21절 참조). 온전한 위로는 오직 하느님의 선물로만 주어질 수 있다(이사 40,1-2; 51,12; 52,9; 예레 31,13 참조). 하지만 위로에서 중요한 예식 가운데 하나가 우는 이와 함께 울어 주는 것이었으므로(로마 12,15 참조), 독자 자신이 탄원과 연민을 함께하면서 이 위로의 역할을 히도록 부름빋고 있다.

1,1 1열왕 5,1; 에즈 4,20; 이사 3,26; 54,4; 예레 9,10; 16,10-11; 바룩 4,12.
1,2 2,11.18-19; 예레 2,25; 4,30; 8,23; 13,17; 30,14; 요한 13,18.

✠ 몇몇 수도승 공동체에서는 성주간 성목요일, 성금요일, 성토요일 전야 기도 때 애가를 노래한다. 그 주제와 노래의 어조, 그리고 기도 시간으로 인하여 이 예식을 어둠의 성무일도라고 부르게 되었다.

1,1-22. 첫째 애가는 알파벳 시편의 기준을 따른다. 각 연은 순서대로 히브리어 알파벳의 한 글자로 시작한다. 두 목소리가 교차된다. 하나는 저자의 목소리로, 히브리 전통은 그 저자를 예레미야와 동일시한다. 그는 슬픔에 빠지고 버림받은 여인으로 의인화된 예루살렘에 대해 탄식한다. "딸 시온"의 목소리는 주님 앞에서 바빌론인들이 도성을 점령함으로써 벌어진(기원전 587년) 자신의 큰 불행에 대해 탄원한다. 어조는 어둡다. 도성은 주민들 없이 비어 있고, 주민들은 유배를 당했다(3절). 성전은 파괴되었으며 애인들, 곧 주변 민족들이 난입한다. 그들은 친구였으나 원수로 변하여 이 재앙에서 이득을 취한다. 이 모든 것은 죄에 대한 벌로 해석된다(5.8.12-14절). 탄원은 계속해서 주님을 향한 호소가 되며, 당신 백성의 비참함을 보시고 원수들을 벌하시기를 간청한다.

1,5. 히브리어 동사 '살라'는 다양한 의미를 지닌다. 흥미롭게도 이 절에서 번역본들은 그 가능한 의미들 가운데 하나씩 "번영하다"(그리스어 번역본), "부자가 되었다"(대중 라틴말 성경), "편안히 지낸다"(새 대중 라틴말 성경)를 택한다. "포로가 되어 끌려갔다"는 (새) 대중 라틴말 성경의 번역으로, 히브리어 명사의 기본 의미를 보존한다. 동사의 의미에 충실히 옮긴다면 "유배를 갔다"가 될 것이다.

3 유다는 고통과 고역 끝에
유배를 당하여
안식처를 얻지 못한 채
민족들 사이에 앉아 있다.
그를 뒤쫓는 자들이 모두
곤궁 속에 있는 그를 붙잡았다.

4 축제를 지내러 가는 이들이 없어
시온을 향한 길들은 비탄에 잠기고
성문들은 모두 황폐하게 되었으며
사제들은 탄식하고
처녀들은 슬픔에 젖어 있으니
시온도 쓰라려하는구나.

5 그의 적들은 우두머리가 되고
그의 원수들은 편안히 지내니
그의 많은 죄악 때문에
주님께서 그에게 고통을 내리신 것이다.
그의 아이들은 포로가 되어
적 앞으로 끌려갔다.

6 딸 시온에게서 그 모든 영화가
떠나가 버리고
고관들은 목초지를 찾지 못한
사슴들처럼 되어
뒤쫓는 자 앞에서
힘없이 걸어갔다.

7 예루살렘이 제 고통과
유랑의 세월을 회상한다,
예로부터 있어 왔던
그 온갖 소중한 것들도.

1,3 신명 28,64-65; 2열왕 24,14-15; 25,11.21; 예레 13,19. 1,4 예레 9,11; 10,22; 요엘 1,8-13. 1,5 신명 4,25-27; 예레 39,9. 1,6 신명 28,25; 32,30; 시편 44,10. 1,7 2,15-16; 미카 4,11.

1,6-7. 예루살렘의 점령, 성전 파괴, 유배는 하느님 백성에게 커다란 신학적 문제를 제기한다. 주님께서는 그 백성을 버리셨고 계약에 충실하지 않으신 것인가? 첫째 애가는 이 괴로운 질문에 대답하면서 계약이 깨진 이유가 시온의 죄에 있다고 지적한다. 그렇다면 아직도 가능성이 열려 있다. 의로우신 분으로 인정된 주님께서(18절) 당신 백성의 비참함을 보시고 구해 주실 가능성이 있는 것이다. 그래서 탄원은 주님을 향한 간절한 호소가 된다.

그의 백성이 적의 손에 떨어질 때
도와주는 이 하나 없이
적들만 그를 보며
그의 몰락을 비웃었다.

8 예루살렘은 무거운 죄를 지어
혐오거리가 되어 버렸다.
그 숭배자들이 그를 멸시하니
그의 치부를 보았음이라.
예루살렘 자신도 탄식하며
등을 돌려 버린다.

9 부정이 옷자락에 묻어 있어도
제 종말을 생각하지 않더니
기막히게 몰락하였건만
위로해 주는 이 아무도 없다.
"주님, 제 고통을 보소서,
원수가 의기양양해합니다."

10 예루살렘의 모든 보물에
적이 손을 뻗쳤습니다.
당신의 공동체에
들어오지 못하도록 명령하신 민족들이
성소로 쳐들어가는 것을
그는 보아야만 했습니다.

11 그의 온 백성이 탄식하며
빵을 찾고
기운을 차리려고
보물을 먹을 것과 바꿉니다.
"보소서, 주님, 살펴보소서,
제가 멸시만 당합니다."

12 길을 지나가는 모든 이들이여
살펴보고 또 보시오.
당신의 격렬한 진노의 날에

1,8 4,21; 이사 47,3; 59,2; 예레 13,22.26. 1,9 신명 32,29; 이사 47,7; 예레 5,31; 에제 24,13; 나훔 3,5. 1,10 신명 23,3-4; 시편 74,4; 79,1; 마르 13,14. 1,11 2,12; 2열왕 6,25. 1,12 2,13; 4,6-11; 마태 24,21; 27,39-40; 루카 23,28-31.

1,8.17. "혐옷거리" 히브리어 '니다' 대신 '니따'로 읽으며 비유적 의미로 해석한다("혐오, 부정한 천"). '니따'의 자구적 의미는 월경으로 인한 부정함을 지칭한다. 8절에서 '니다'를 그대로 둘 때 더 만족스러운 의미가 될 수도 있다("조롱의 표시로 머리를 흔들다").

1,9. "부정" 8절과 17절에 연결되어 월경하는 여인의 부정을 지칭한다. 하지만 이를 "음탕함"으로 해석하여 은유적으로 창녀의 특징인 문란한 성적 행실을 암시하는 것으로 보기도 한다(월경하는 여인의 부정은 예식적 부정일 뿐 도덕적 부정은 아니다).

1,10. 이스라엘의 죄는 간음하는 여인의 불충실과 같은(8-9절) 성적 악행으로 표현된다. 이어서 벌거벗음의 수치와 "애인들"의 학대의 표상이 뒤따른다(2절과 19절; 예레 4,30; 30,14; 에제 16,37.40; 23,22-29 참조). 이들은 원수가 되어("민족들") 괴롭히며("손을 뻗쳤습니다") 침입하여("쳐들어가는 것") 신랑이신 주님만이 들어가실 수 있는("들어오지 못하게 명령하신") 가장 거룩한 곳을 더럽혔다("모든 보물에", "성소로").

주님께서 고통을 내리시어
내가 겪는
이 내 아픔 같은 것이 또 있는지.

13 그분께서는 높은 데에서 불을 보내시어
내 뼛속까지 꿰뚫게 하시고
내 발에 그물을 펼쳐 놓으셨다가
뒤에서 나를 낚아채셨다오.
그분께서 나를 황폐하게 하시어
이 몸은 온종일 괴로워한다오.

14 그분의 손이 지우신
내 죄악의 멍에는 단단히 매여 있고
그것은 내 목 위에 올려져 있어
내 기력을 쇠잔케 한다오.
주님께서는 내가 대항할 수 없는 자들의 손에
나를 넘기셨다오.

15 주님께서는 나에게 속한
용사들을 모두 물리쳐 버리시고
내 젊은이들을 때려 부수시려
나를 거슬러 집회를 소집하셨다오.
주님께서는 포도 확을 밟듯
처녀 딸 유다를 짓밟으셨다오.

16 이 때문에 울지 않을 수 없어
내 눈은 눈물을 흘린다오.
나를 기운 차리게 해 주실
위로자께서 내게서 멀리 계시기 때문이라오.
원수가 기세를 떨쳐
내 아들들은 쇠멸해 간다오.

17 시온이 두 손을 내뻗었건만
위로해 줄 이 아무도 없다오.
주님께서 야곱을 거슬러
그의 적들을 그 둘레에 불러 모으시니

1,14. 히브리어 본문이 이해하기 어렵다. “그분의 손”이라는 표현으로, 하느님 자신이 백성의 잘못을 무거운 짐으로 묶으신다는 것을 드러낸다.

1,17. “혐오거리” 하느님께서는 예루살렘을 그 “애인들”에게 ‘니따’(1,8.17의 주 참조), 곧 월경으로 부정하여 가까이할 수 없는 여인처럼 만드셨다(레위 18,19 참조). 예루살렘은 동맹을 맺은 이들 중에서 위로자를 찾지만 찾아내지 못한다.

1,14 신명 28,48; 잠언 5,22; 예레 27,8.12; 28,14. 1,15 이사 63,3; 요엘 4,13; 루카 21,24; 히브 10,29; 묵시 14,19-20. 1,16 2,11.18; 이사 40,1-2; 예레 8,23; 루카 19,41-44. 1,17 1,8; 레위 18,19; 예레 4,31; 에제 36,17.

예루살렘은 그들 가운데에서
혐오거리가 되어 버렸다오.

18 주님은 의로우신 분
내가 그분의 명령을 거역하였다오.
민족들이여, 모두 내 말을 들어 보오.
내 상처를 보아 주오.
내 처녀들과 총각들이
포로로 끌려갔다오.

19 나의 애인들을 불렀건만
그들은 나를 배신하였다오.
나의 사제들과 원로들은
기력을 되찾으려
먹을 것을 찾아다니다
도성 안에서 죽어 갔다오.

20 보소서, 주님, 곤경 속에 있는 저를.
제 속은 들끓고
제 마음은 안에서 뒤집히니
당신을 너무도 거역하였기 때문입니다.
밖에서는 칼이 자식들을 앗아 가고
집 안에는 죽음이 자리 잡고 있습니다.

21 그들은 제가 탄식하는 것을 듣건만
아무도 저를 위로해 주지 않습니다.
저의 모든 원수들이 제 불행을 듣고
당신께서 그렇게 하셨다고 기뻐합니다.
당신께서 선언하신 날이 오게 하소서.
그들도 저와 같이 되게 하소서.

22 저의 모든 죄악 때문에
당신께서 저에게 벌을 내리셨듯
저들의 모든 악행을 당신 앞에 펼치시어
저들에게도 벌을 내리소서.
정녕 저의 탄식은 끝이 없고

1,20. "밖에서는… 집 안에는" 기원전 587년 바빌론 전쟁과 포위의 결과이다(에제 7,15 참조).

1,21. 백성들에게 분노를 터뜨린 원수들의 잔인함에 대하여, 그 원수들을 당신 징벌의 도구로 선택하셨던 주님께서는 무관심하실 수 없다. 주님께서 "선언하신 날", 그들과 그들의 악행에도 하느님의 단죄가 덮칠 것이다. 암시적으로 이것은 유다의 구원과 해방의 시작이 될 것이다.

1,18 3,42; 1사무 12,14-15; 예레 22,8-9. 1,19 1,2.11; 예레 2,28; 30,14; 37,7. 1,20 신명 32,25; 예레 4,19; 9,20. 1,21 2,15; 4,21-22; 시편 38,15; 137,8; 아모 5,18; 오바 12-13. 1,22 예레 10,25; 51,35; 느헤 3,36-37; 루카 23,34; 에페 3,13.

저의 마음은 너무나 괴롭습니다.

둘째 애가

원수 같으신 하느님

2,1. "진노" 1장의 어휘가 예루살렘이 겪은 수치를 나타냈다면 2장은 당신 백성에 대한 주님의 진노를 강조한다.

2,2. "주님께서 사정없이 쳐부수시고" 1-10절은 무자비하게 "하늘에서 땅으로"(1절) 추락하는 도성의 강력한 파괴를 느린 영상으로 단계별로 바라보는 듯하다(성채들, 불길, 궁궐, 성전, 성벽, 성문 등). 마지막에는 성문이 원로들과 처녀들과 함께 땅으로 허물어진다(10절).

2 1 아, 주님께서 진노하시어
딸 시온을 먹구름으로 뒤덮으셨다.
이스라엘의 영광을
하늘에서 땅으로 내던지시고
당신 진노의 날에
당신의 발판을 기억해 주지 않으셨다.

2 야곱의 모든 거처를
주님께서 사정없이 쳐부수시고
딸 유다의 성채들을
당신 격노로 허무시고
나라와 그 지도자들을
땅에 쓰러뜨려 욕되게 하셨다.

3 주님께서는 타오르는 진노로
이스라엘의 모든 뿔을 꺾으시고
원수 앞에서
당신 오른손을 거두시어
사방을 태우는 불길처럼
야곱을 사르셨다.

4 당신의 오른손을 드시고
원수처럼 당신 활을 당기시어
우리 눈에 보배로운 것들을 적군인 양

2,1 예레 7,14.29; 12,7; 에제 43,7; 마태 5,35; 루카 13,35; 묵시 20,9. 2,2 예레 5,10; 13,14; 21,7; 에제 5,11; 7,4. 2,3 4,11; 신명 32,22; 예레 4,4; 마태 3,12. 2,4 3,3.12.13; 이사 63,10; 예레 21,5-6.

2,1-22. 또 하나의 알파벳 노래로, 모든 연들이(3.19절 제외) 조가의 운율을 사용하는 여섯 행으로 되어 있다. 처음 여덟 연에서는 주님께서 당신 도성과 백성(이스라엘과 유다)을 거슬러 하신 행위를 묘사한다. 그분께서 당신 오른손을 거두셨다. 도성에 대한 보호를 거두시어 그 성벽과 성전이 무너지게 하신 것이다. 예루살렘 예언자들이 거짓을 예언하여 듣는 이들을 미혹시켰다면(14절), 이 탄원의 예언자는 도성을 속이지 않고 비판적 양심이 되어 그 책임을 밝히며 백성의 고통에 깊이 동참함으로써 구원이 올 유일한 방향을 가리켜 보인다. 구원은 오직 주님에게서 온다. 백성이 자신을 열고 호소를 받아들이는 것은, 이 권고가 그들의 고통을 온전히 함께 나누는 이에게서 오는 것이기 때문이다.

모두 죽이시고
딸 시온의 천막에
당신 분노를 불처럼 퍼부으셨다.

5 주님께서는 원수처럼 되시어
예루살렘을 쳐부수셨다.
그 모든 궁궐들을 쳐부수시고
그 성채들을 허물어뜨리시어
딸 유다에게
애통과 비애를 더하셨다.

6 그분께서는 당신 초막을 정원처럼 허물어뜨리시고
당신 축제의 자리를 헐어 버리셨다.
주님께서는 시온에서
축제와 안식일을 잊게 하시고
당신 진노의 열기 속에
임금과 사제를 물리쳐 버리셨다.

7 주님께서는 당신의 제단을 버리시고
당신의 성소를 더럽히셨다.
그 궁궐들의 성벽을
적의 손에 넘기시니
주님의 집에서
축제의 날처럼 함성이 울렸다.

8 주님께서 딸 시온의 성벽을
허물기로 작정하시어
측량줄을 치시고
쳐부수실 때까지 당신 손을 거두지 않으시며
누벽과 성벽을 통곡하게 하시니
이들이 다 함께 스러져 간다.

9 성문들은 먼지 속에 파묻혀 있고
빗장들은 그분께서 깨뜨려 부수어 버리셨다.
임금과 고관들은 민족들 사이에 흩어지고

2,7. 주님의 집에서 울리는 함성은 노래와 춤, 기쁨의 환호와 나팔 소리와 함께 예루살렘 성전의 장엄한 축제일 행사에 속하는 것이다(2역대 5,13 참조). 그러나 함성과 나팔 또는 뿔나팔 소리는 군사 영역의 특징이기도 했고, 신호용 또는 전투에서 적들에게 두려움을 불러일으키는 용도로 사용했다(여호 6,20 참조). 함성은 적들에 대한 승리를 환호하는 방법이기도 했다.

2,9-10. 주님께 벌을 받은 도성의 비탄과 탄식을 묘사한다.

2,5 2열왕 25,9; 예레 15,1; 30,14. 2,6 4,16-20; 2역대 36,19; 이사 5,5; 예레 52,13; 호세 2,13; 스바 3,18. 2,7 레위 26,31; 에제 24,21; 시편 74,3-8; 마태 24,2. 2,8 2,17; 2열왕 21,13; 이사 28,17; 34,11; 예레 5,10; 아모 7,7-8. 2,9 신명 28,36; 2역대 15,3; 느헤 1,3; 시편 74,9; 호세 3,4; 아모 8,11-12.

가르침은 더 이상 주어지지 않으며
예언자들은 주님에게서
어떤 환시도 받지 못한다.

10 딸 시온의 원로들은
땅바닥에 말없이 앉아
머리 위에 먼지를 끼얹고
자루옷을 둘렀으며
예루살렘의 처녀들은
머리를 땅에까지 내려뜨렸다.

2,11-16. 이 절들에서는 노래하는 사람 자신이 참여하여 백성의 불행에 대한 자신의 고통을 표현하고, 자신이 그 백성을 도울 수 없음을 고백한다. 적들이 조롱하는 휘파람 소리가 이러한 고통과 대조를 이룬다.

11 나의 딸 백성이 파멸하고
도시의 광장에서
아이들과 젖먹이들이 죽어 가는 것을 보고 있자니
내 눈은 눈물로 멀어져 가고
내 속은 들끓으며
내 애간장은 땅바닥에 쏟아지는구나.

12 "먹을 게 어디 있어요?" 하고
그들이 제 어미들에게 말한다,
도성의 광장에서
부상병처럼 죽어 가면서,
어미 품에서
마지막 숨을 내쉬면서.

13 딸 예루살렘아
나 네게 무엇을 말하며 너를 무엇에 비기리오?
처녀 딸 시온아
너를 무엇에다 견주며 위로하리오?
네 파멸이 바다처럼 큰데
누가 너를 낫게 하리오?

2,14. 대조를 통해 참된 예언자의 필수적인 역할들을 강조한다. 그것은 감추어진 악을 고발해 드러내는 것, 재앙을 예고하여 회개하게 하는 것이다(예를 들어 예레 23,9-32 참조).

14 너의 예언자들이 네게 환시를 전하였지만
그것은 거짓과 사기였을 뿐.
저들이 네 운명을 돌리려고
너의 죄악을 드러내지는 않으면서

2,10 4,5.16; 이사 3,26; 47,1.5; 에제 7,18; 묵시 18,19. 2,11 4,3-4.9.10; 이사 22,4; 예레 4,19; 8,23. 2,12 1,11; 예레 5,17. 2,13 이사 40,1-2; 예레 30,12-15. 2,14 이사 9,14-15; 예레 2,8; 5,31; 8,10-11; 에제 13,10.

네게 예언한 신탁은
거짓과 오도였을 뿐.

15 길 가는 자들은 모두
너를 보고 손뼉을 쳐 댄다.
딸 예루살렘을 보고
휘파람 소리 내며 머리를 흔들어 댄다.
"'아름다움의 극치요 온 누리의 기쁨'이라 하는
도성이 이것이란 말이지?" 하고 빈정대면서.

16 너의 원수들은 모두
너를 비웃어
휘파람 불고 이를 갈며 말하는구나.
"우리가 쳐부숴 버렸지.
그래, 오늘은 우리가 기다리던 날.
마침내 이날을 보게 되는군."

17 주님께서는 뜻하신 바를 이루셨나.
옛날에 선포하신
당신의 말씀을 실행하셨다.
사정없이 허무시고
원수가 너를 보며 기뻐하게 하시고
적들의 뿔을 쳐들어 주셨다.

18 주님께 소리 질러라,
딸 시온의 성벽아.
낮에도 밤에도
눈물을 시내처럼 흘려라.
너는 휴식을 하지 말고
네 눈동자도 쉬지 마라.

19 밤에도 야경이 시작될 때마다
일어나 통곡하여라.
주님 면전에
네 마음을 물처럼 쏟아 놓아라.
길목마다

2,15.16. 손뼉을 치는 것, 휘파람, 머리를 흔드는 것은 예루살렘 주민들을 비웃고 조롱하는 행동이다.

2,17-19. 저자는 다시 주님의 행위를 상기시키며, 시온에게 그분께 외치며 탄원할 것을 권고한다.

2,18. 본문 저자는 "딸 시온의 성벽"에게 말한다(그리스어 번역본과 [새] 대중 라틴말 성경도). 일부 현대어 번역본들은 "딸 시온아, 탄식하여라"로 옮기는데, 이는 "성벽"에 해당되는 히브리어를 수정하여 "탄식하여라"로 번역하면서 앞 행의 "소리 질러라"에 병행시키는 것이다.

2,15 시편 22,8; 예레 19,8; 스바 2,15; 마태 27,39-44. 2,16 3,46; 시편 57,4; 예레 50,17; 에제 25,3; 아모 5,18. 2,17 1,5; 신명 28,15.43-44; 시편 89,43. 2,18 이사 26,16-17; 예레 14,17; 호세 7,14; 루카 18,1; 로마 12,12; 1테살 5,17.

굶주려 죽어 가는
네 어린것들의 목숨을 위하여
그분께 네 손을 들어 올려라.

20 보소서, 주님, 살펴보소서,
당신께서 누구에게 이런 일을 하셨는지.
여인들이 제 몸의 소생을 잡아먹어야 하겠습니까,
애지중지하는 그 어린것들을?
사제와 예언자가
주님의 성전에서 죽임을 당해야 하겠습니까?

21 어린이와 늙은이는
길바닥에 쓰러져 있고
저의 처녀들과 총각들은
칼에 맞아 쓰러졌습니다.
당신 진노의 날에 당신께서 죽이셨습니다.
당신께서 사정없이 도살하셨습니다.

22 당신께서는 축제 날에 사람들을 불러 모으듯
제가 무서워하는 것들을 사방에서 불러들이셨습니다.
주님 진노의 날에는
살아난 자도 도망한 자도 없습니다.
제가 애지중지하며 키운 것들을
제 원수들이 모두 절멸시켰습니다.

2,20-22. 노래하는 이의 호소와 권고들에 응답하여 도성이 주님께 애원한다.

2,20. 포위된 도성 안에서 굶주림에 시달리는 이들이 인육을 먹었던 끔찍한 상황을 암시한다(또한 4,10 참조). 이것은 성경에서(계약에 충실하지 않은 데 따른 저주와 연관된다. 레위 26,29; 신명 28,53-57; 2열왕 6,26-30; 예레 19,9; 에제 5,10 참조) 그리고 성경 밖의 고대 사료들에서 드물지 않게 사용되는 문학적 모티브이다.

2,20 4,10; 레위 26,29; 신명 9,26; 28,53; 2열왕 6,28-29; 예레 19,9; 23,11-15. 2,21 1,15.18; 예레 9,20; 에제 5,11; 아모 4,10. 2,22 예레 20,10; 마태 24,19; 루카 21,23.

셋째 애가

고통과 희망

3 1 나는 그분 격노의 막대로
고통을 겪은 사나이.
2 그분께서는 빛 없는 어둠 속으로
나를 몰아쳐 걷게 하시고
3 당신 손을 날마다
나에게 돌려 내리치시네.

4 내 살과 내 살갗을 닳아 없어지게 하시고
내 뼈를 부수시며
5 쓰라림과 괴로움으로
성을 쌓아 나를 에우시고
6 오래전에 죽은 자들처럼
나를 암흑 속에 살게 하셨네.

7 내 둘레에 빠져나갈 수 없는 담을 쌓으시고
쇠사슬로 나를 무겁게 채우셨네.
8 내가 소리 지르며 도움을 청해도
내 기도 소리에 귀를 막아 버리시고
9 내 길에 마름돌로 담을 쌓으시며
내 앞길을 막아 버리셨네.

10 나에게 그분은 숨어 기다리는 곰
매복하여 엿보는 사자.

3,1. "막대" 또는 보통 목자가 양떼를 보호하고 인도하는 지팡이가 "그분 격노"의 도구가 되었다. 이사 10,5에서는 아시리아가, 여기서는 바빌론이 그 막대가 된다.

3,5.19. "독초"와 "쓴흰쑥"은 성경에서 죄의 비유로(신명 29,17 참조), 또는 큰 고통의 원인으로 여긴 하느님의 엄한 처벌의 비유로 사용된다(19절). 여기에 시인은 "괴로움"(5절)과 "쓴나물"(15절)이라는 두 단어를 결합한다. 이 단어들은 이집트 탈출을 연상시킨다. "괴로움"은 히브리어에서 이스라엘이 이집트에서 겪은 역경을 지칭할 수 있고, "쓴나물"을 먹는 것은 파스카 예식의 한 부분이다.

3,1 1,12; 시편 71,20; 이사 53,3. 3,2 3,53; 신명 28,29; 이사 59,9; 아모 5,18; 요한 8,12. 3,3 이사 1,25; 63,10. 3,4 욥 30,30. 3,5 욥 19,8; 예레 9,14. 3,6 시편 88,6-7; 143,3.7. 3,7 욥 3,23; 19,8. 3,8 3,44; 욥 19,7; 30,20; 시편 22,3; 80,5; 마태 27,46. 3,10 욥 10,16; 예레 5,6; 호세 13,7-8.

3,1-66. 셋째 애가도 알파벳 구조로 되어 있으나, 알파벳의 각 글자가 세 행 각각의 첫머리에서 반복된다. 고유한 의미의 탄원은 첫째 부분에서 전개되고(1-20절), 이어서 지혜문학적 성찰로 주님의 자비와 성실하심이 확실함을 강조한다(22-42절). 마지막으로, 탄원에 신뢰의 기도가 결합된다(43-66절). 노래하는 이는 자신을 "고통을 겪은 사나이"(1절)로 제시한다. 그의 모습은 예레미야, 이사 50장과 53장의 주님의 종, 그리고 욥을 연상시킨다. 그는 역사적 인물이라기보다 시온의 고통을 의인화하며, 더 넓게는 인간의 고통을 나타낸다. 표상들은 말기 환자, 출구 없이 갇힌 죄수, 화살을 맞거나 독이 퍼진 몸, 파선하여 물에 빠진 사람 등으로 매우 구체적이다. 도식은 인위적이지만, 내용은 저자가 예루살렘의 고통에 깊이 동참하는 모습을 보여 준다. 그는 희망으로 가득한 메시지를 증언한다. 주님의 자비는 끝나지 않았으며, 계속해서 새로워진다(21-23절). 하느님의 충실하심에 대한 확신 때문에 그는 신앙인이 시련의 순간에 지녀야 할 유일한 태도로서 귀를 기울이고 기다리며 신뢰로 침묵에 머물 것을 권고한다. 구원은 당신의 크신 사랑에 따라 고통을 주실 때에도 언제나 불쌍히 여기시는 주님에게서 오기 때문이다(26절과 32절).

11 내가 길을 벗어나 내 몸이 굳어지게 하시고
나를 뻣뻣하게 만드셨네.
12 당신의 활을 당기시고
나를 화살 과녁으로 세우셨네.

13 당신의 화살들로
나의 내장을 꿰뚫으셨네.
14 나는 온 백성의 웃음거리가 되고
날마다 그들에게 조롱의 노랫거리가 되었네.
15 그분께서 나를 쓴나물로 배불리시고
쓴흰쑥 물을 마시게 하셨네.

16 내 이가 자갈을 씹어 부서지게 하시고
나를 땅에다 짓밟으셨네.
17 당신께서 이 몸을 평화 밖으로 내치시어
저는 행복을 잊었습니다.
18 그래서 나는 말하였네. "나의 영광과
주님께 걸었던 나의 기대는 사라져 버렸구나."

19 내 고통과 내 불안을 생각함은
쓴흰쑥과 독초와 같은데도
20 내 영혼은 생각을 거듭하며
안에서 녹아내리네.
21 하지만 이것을 내 마음에 새겨
나는 희망하네.

22 주님의 자애는 다함이 없고
그분의 자비는 끝이 없어

3,15. 이 표상은 예레 8,14; 9,14; 23,15의 표상을 다시 취하여 더욱 강화한다. 단순히 마시는 것이 아니라 그 쓴 음료로 가득 채워지는 것이다(또한 예레 25,15-29; 49,12 참조).

3,20. 기도자의 "영혼"에 대한 언급은 19절과 21절에서 추론할 수 있듯이 그의 내면을 지칭하는 문학적 장치이므로(1사무 18,1에 관한 설명을 보라), 단순히 "나는"으로 번역할 수 있다. 25절의 "영혼"도 인칭 대명사("당신을 찾는 이에게")로 대체할 수 있다.

3,12 욥 6,4; 16,12-13; 시편 7,13-14. 3,14 욥 30,1.9; 예레 20,7; 마태 27,39; 1코린 4,9. 3,15 예레 9,14. 3,16 시편 102,10. 3,17 예레 8,15; 16,5. 3,18 욥 17,15; 에제 37,11. 3,20 시편 42,6-7. 3,21 시편 119,81. 3,22 탈출 34,6-7; 느헤 9,31; 미카 7,18-19; 말라 3,6; 루카 1,50.

✠ 3,17-26. 이 본문은 장례 예식의 독서로 선택되었다. 이 전례 독서는 그 중심 위치에(22절) 되찾은 희망이라는 모티브를 제시하며("주님의 자애는 다함이 없고 그분의 자비는 끝이 없어"), 전례에서 잘 받아들여 표현하는 권고로 끝맺는다. "주님의 구원을 잠자코 기다림이 좋다네."

3,22-39. 이 단락의 특징은 지혜문학적 성격으로, 어떤 점에서는 욥기에 들어 있는 변신론의 논의들과 유사하다. 담론은 주님을 3인칭으로 언급하며 전개된다. 그분께서는 언제나 충실하고 자비로우시며, 이것이 희망의 근거가 될 수 있다(22-24.32절). 하느님께서는 선하시며 불의하게 사람들을 억누르지 않으신다(33-36절). 그분께서는 전능하시며, 좋은 것도 물론 그분께서 신비롭게 허락하신 불행도 받아들여야 한다(37-39절).

23 아침마다 새롭다네.
당신의 신의는 크기도 합니다.
24 "주님은 나의 몫, 그래서 나 그분께 희망을 두네." 하고
내 영혼이 말하네.

25 당신을 바라는 이에게,
당신을 찾는 영혼에게 주님은 좋으신 분.
26 주님의 구원을
잠자코 기다림이 좋다네.
27 젊은 시절에 멍에를 메는 것이
사나이에게 좋다네.

28 그는 홀로 말없이 앉아 있어야 하니
그분께서 그에게 짐을 지우셨기 때문이네.
29 그는 제 입을 먼지 속에 박아야 하네.
어쩌면 희망이 있을지도 모르지.
30 그는 자신을 때리는 이에게 뺨을 내주며
수치를 가득히 받아야 하네.
31 주님께서는
마냥 버려두지 않으시네.
32 고통을 주셨다가도
당신의 크신 자애로 가엾이 여기시네.
33 그분께서는 마음으로 사람들을
억누르지도 슬프게 하지도 않으시네.

34 세상의 모든 수인들이
발아래 짓밟히는데
35 지극히 높으신 분의 면전에서
인간의 권리가 박탈당하는데
36 송사에서 사람이 불의하게 다루어지는데
주님께서 보지 않으실 리 있으랴?

3,32. 예레미야서에도 이미 있던 주제로, 하느님께서는 멸망을 예고하는 당신 말씀을 실현하셨듯이 재건의 말씀도 반드시 실현하실 것이다(예레 1,10 참조).

3,35. "지극히 높으신 분의 면전에서"는 "지극히 높으신 분 앞에서"를 나타내는 히브리어 표현이다.

3,23 시편 30,6; 89,3; 히브 10,23. 3,24 민수 18,20; 시편 16,5; 73,26; 119,57; 142,6. 3,25 시편 25,8; 27,14; 이사 25,9; 미카 7,7-8. 3,26 탈출 14,13; 시편 37,7; 욥 31,40; 이사 30,15; 히브 3,14; 10,35. 3,27 시편 94,12; 마태 11,29-30. 3,28 시편 102,8; 예레 15,17. 3,29 요엘 2,14; 요나 3,9; 스바 2,3; 루카 15,18-19; 18,13. 3,30 욥 16,10; 시편 69,10; 이사 50,6; 미카 4,14; 마태 5,39; 26,67. 3,31 1사무 12,22; 시편 77,8; 94,14. 3,32 시편 30,6; 예레 31,20.28; 호세 11,8. 3,33 에제 18,32; 33,11; 히브 12,9-10. 3,36 2사무 11,27; 시편 94,7; 예레 17,10; 하바 1,13; 요한 2,25; 묵시 20,12; 22,12.

37 주님께서 명령하지 않으셨으면
누가 명령하여 이런 일이 일어났겠는가?
38 나쁜 것도 좋은 것도
지극히 높으신 분의 명령에 따라 일어나지 않는가?
39 그러니 살아 있는 인간이 무엇을 한탄하리오?
저마다 제 잘못을 한탄할 수밖에.

40 우리의 길을 성찰하고 반성하여
주님께 돌아가세.
41 손과 함께 우리의 마음도
하늘에 계신 하느님께 들어 올리세.
42 저희는 거역하고 반항하였으며
당신께서는 용서하지 않으셨습니다.

43 진노로 몸을 감싸고저희를 뒤쫓아 오시어
사정없이 죽이셨습니다.
44 어떤 기도도 꿰뚫지 못하게
당신 자신을 구름으로 감싸셨습니다.
45 저희를 민족들 가운데에서
오물과 폐물로 만드셨습니다.

46 저희의 원수들은 모두
저희를 비웃고
47 공포와 함정,
몰락과 파멸이 저희의 운명이 되었습니다.
48 저의 딸 백성의 파멸로
제 눈에서 눈물이 시내 되어 흘러내립니다.

49 내 눈은 쉬지 않고 눈물을 흘리며
멈출 줄을 모르네,

3,37 창세 1; 시편 33,9; 이사 46,10; 아모 3,8. 3,38 욥 2,10; 이사 45,7; 아모 3,6. 3,40 신명 4,30; 시편 4,5; 이사 55,7; 에제 18,28; 1코린 11,28.31; 2코린 13,5. 3,42 2열왕 24,4; 예레 3,13; 5,7; 에제 24,13. 3,44 3,8; 예레 7,16; 11,14; 14,11; 15,1-2; 즈카 7,13. 3,45 2,15; 3,14; 신명 28,37; 1코린 4,13. 3,46 2,16; 탈출 11,7. 3,47 이사 24,18. 3,48-49 2,11.18; 예레 8,23; 로마 9,1-3.

3,43-44. 여기서 신학적으로 극적인 지점에 도달한다. 하느님께서는 당신 백성을 이집트인에게서 보호하시며 "구름" 기둥으로 인도하셨다(탈출 13,21; 14,19-24; 16,10; 19,16; 33,9-10; 레위 16,2; 시편 105,39 참조). 그러나 지금 구름은 이중의 역할을 한다. 원수들 앞에서나 하느님의 치명적인 전능하심 앞에서 인간의 나약함을 덮어 주는 것이 아니라(탈출 33,22에서는 시편 105,39에서와 같이 어근 '사칵'이 사용되며, 거룩한 구름의 보호를 나타낸다), 오히려 그분께 도달하려 하는 탄원 앞에서 하느님을 보호하는 역할을 한다. 그러나 56-58절은 긍정적인 전환을 암시하는 듯하다.

50 주님께서 하늘에서
굽어보실 때까지.
51 내 도성의 그 모든 딸들을 보아야 하는
내 눈이 나를 고통스럽게 하네.

52 까닭 없이 나의 원수가 된 자들이
나를 날짐승인 양 쫓고 또 쫓네.
53 내 생명을 구렁 속으로 처넣고
내 위에 돌을 내던졌네.
54 물이 내 머리 위로 넘쳐흘러
"나는 이제 끝났구나." 하고 말하였네.

55 그 깊은 구렁 속에서
주님, 저는 당신의 이름을 불렀습니다.
56 "제 탄원과 간청에 귀를 막지 마소서." 하는
제 소리를 당신께서는 들으셨습니다.
57 제가 당신을 부르던 날 당신께서는 가까이 오시어
말씀하셨습니다. "두려워하지 마라."

58 주님께서는 저의 송사를 맡으시어
제 생명을 구해 주셨습니다.
59 주님께서는 억압당하는 저를 보셨습니다.
저의 권리를 되찾아 주소서.
60 당신께서는 그들의 모든 복수심과
저를 해치려는 그들의 모든 흉계를 보셨습니다.

61 주님, 당신께서는 그들의 빈정거림을,
저를 해치려는 그들의 모든 흉계를 들으셨습니다.
62 제 적대자들의 말과 쑥덕거림은
언제나 저를 해치려는 것일 뿐.
63 그들이 앉거나 서거나 지켜보소서.
저는 그들에게 조롱의 노랫거리가 되었습니다.
64 주님, 당신께서는 그들에게 그 소행에 따라,
그들 손의 행실에 따라 되갚으시리이다.

3,51. 어려운 절이며 번역이 불확실하다.

3,53-55. 보통 구렁은 물을 저장하기 위하여 사용했지만, 경우에 따라 사람을 가두거나 죽이는 장소도 될 수 있었다(예레 41,7.9; 잠언 1,12 참조). 요셉 이야기와 (창세 37,20-29 참조) 예언자 예레미야가 겪은 일을(예레 37,16; 38,6-13 참조) 생각하지 않을 수 없다. 이 표상은 시편에도 나타난다(시편 28,1; 30,4; 88,5; 143,7 참조).

3,64-66. 이 결말은 소위 저주 시편들의 모델을 따른다. 하느님께서는 열정을 가지고 당신 정의를 이루신다. 이것이 기도자가 바라고 청하는 것이다. 이 행위는 악과 억압, 시련을 제거함으로써 충실한 이가 자신의 해방을 보게 한다. 그 해방은 하느님께서 그에게 허락하신 용서의 표지이고, 인간의 죄로 가려졌으나 영원히 사라지지 않는 하느님 사랑의 표지이다.

3,50 2,20; 5,1; 이사 63,15. 3,52 1사무 24,11; 26,18; 시편 35,7.19; 69,5; 예레 37,18; 요한 15,25. 3,53 시편 16,10; 28,1; 예레 38,6.9; 다니 6,18. 3,54 시편 18,5; 69,3; 요나 2,4; 에제 37,11; 2코린 1,8. 3,55 시편 18,7; 116,3-4; 사도 16,24-28. 3,56 2역대 33,13; 시편 3,5; 130,2; 로마 8,26. 3,57 이사 41,10.14; 예레 1,17; 묵시 1,17. 3,58 1사무 25,39; 시편 71,23; 예레 51,36. 3,59 시편 9,5; 예레 11,19-20; 1베드 2,23. 3,63 3,14. 3,64 시편 28,4; 예레 11,20; 50,29; 51,56; 2티모 4,14; 묵시 18,6.

[65] 당신께서는 그들 마음을 완고하게 하시리이다.
그들 위에 당신의 저주를 내리소서.
[66] 주님의 하늘 아래에서
당신께서는 진노하시어 그들을 뒤쫓아 없애 버리시리이다.

넷째 애가

징벌의 한가운데에서

4 [1] 아, 황금은 어이 이리 빛을 잃고
순금은 어이 이리 변하였는가?
거룩한 돌들은
거리 모퉁이마다 흩어져 있구나.

[2] 보배로운 시온의 아들들
금으로나 값을 매길 수 있던 그들.
아, 어찌하여 옹기장이 손이 빚어낸
질그릇처럼 여겨지는가?

[3] 승냥이들도 가슴을 헤쳐
제 새끼들에게 젖을 먹이건만
내 딸 백성은
사막의 타조처럼 매정하게 되어 버렸구나.

[4] 젖먹이는 목말라
혀가 입천장에 달라붙고
어린것들은 빵을 달라고 애원하건만
그들에게 한 조각 주는 이가 없구나.

[5] 맛있는 것만 먹던 아이들이
거리에 쓰러져 움직일 줄 모르고
자주색 옷에 싸여 업혀 다니던 아이들이

4,1. "거룩한 돌들" 이 돌들이 금과 병행되는 것으로 보아 분명 귀한 것이며, 보석을 지칭할 수도 있다. 이들은 "거룩하다"고 정의되어, 예루살렘 성전에 보존된 보물을 생각하게 했다. 그러나 아마도 이 표현은 은유적 의미로, 주님께 축성된 백성 이스라엘의 표상으로 이해하는 것이 더 좋겠다. 이스라엘은 즈카르야서에서도 보석에 비유된다(즈카 9,16 참조). 역으로 반항하는 백성은 하느님 눈에 귀하지 않고 은의 찌꺼기와 같아 정련 과정에서 제거된다(예레 6,30 참조).

3,65 신명 2,30; 이사 6,10. 4,1 2열왕 25,9; 이사 1,21; 예레 6,27-30; 마태 24,2. 4,2 이사 30,13-14; 예레 19,11; 22,28; 2코린 4,7. 4,3 욥 39,13-17; 이사 49,15; 루카 23,28-29. 4,4 1,11; 2,11-12; 신명 32,24. 4,5 1사무 2,8; 예레 8,2; 9,21; 16,4; 25,33.

4,1-22. 넷째 애가도 알파벳 구조를 보인다. 이 시를 지배하는 표상은 바빌론인들에 의하여 함락된 도성의 재앙이다(기원전 587년). 이 함락으로 국가의 모든 가치와 제도들이 무너진다(빛을 잃고 변한 금, 1절). 탄원은 백성의 악으로 인한 재앙을 겪은 실재들을 열거한다. 그 종교 지도자들인 사제와 예언자들도 여기 포함된다(6.13절). 가장 약한 이들과 어린아이들이 불행에 가장 먼저 희생된다. 이러한 재앙은 타조와 같은 동물들이 새끼를 대하는 매정한 태도에 비유된다(3절. 욥 39,13-18의 주 참조).

쓰레기 더미를 껴안고 있구나.

6 내 딸 백성의 죄악은
소돔의 죄보다 더 크다,
누가 손을 대지도 않았는데
삽시간에 멸망해 버린 소돔보다도.

7 그 여자의 나지르인들은 눈보다 깨끗하고
우유보다 하야며
몸은 산호보다 붉고
그 몸매는 청옥과도 같았는데.

8 그들의 모습은 검댕보다도 까맣게 되어
거리에서 사람들이 알아보지 못하고
살가죽은 뼈에 달라붙어
장작처럼 메말랐구나.

9 칼에 맞아 죽는 자들이 더 행복하여라!
굶주림에 시달려 죽는 자들보다,
들의 수확이 없어
기진하여 숨져 가는 자들보다.

10 인정 많은 여인들의 손이
제 자식들을 잡아 삶았구나.
내 딸 백성이 파멸할 때
자식들이 어미들의 양식이 되었구나.

11 주님께서 당신의 분노를 죄다 터뜨리시고
당신 진노의 열기를 퍼부으시어
시온에 불을 지르시니
그 토대까지도 타 버렸다네.

12 세상 임금들도 땅의 주민들도 모두
믿지 않았다네,
적과 원수가
예루살렘 성문 안으로 들어오리라고는.

4,6. 하느님께 단죄받아 멸망한 고전적 표상인 소돔은(이사 1,9-10 참조) 예루살렘에 비하면 오히려 죄가 작다. 징벌의 엄중함은 그 악이 더 큼을 보여 준다. 소돔은 한 순간에 파괴되었으나(창세 19,23-25 참조) 예루살렘은 18개월 동안 긴 포위를 겪어야 했다.

4,10. 2,20의 주 참조.

4,12. 소위 시온의 불가침성 신학을 반향한다. 예레 7,4의 주 참조.

4,6 창세 19; 이사 1,9-10; 에제 16,48; 마태 11,23-24. 4,8 5,10; 욥 19,20; 33,21. 4,9 레위 26,39; 에제 33,10. 4,10 2,20; 신명 28,56-57; 2열왕 6,29. 4,12 신명 29,23-26; 2열왕 19,32-37; 예레 21,13-14.

4,13-14. 예언자들과 사제들은 거룩한 것과 긴밀한 관계에 있으므로 그들에게 정결함을 기대하지만, 오히려 그들의 부정함을 확인하게 된다. 무죄한 피가 흘려졌고(이는 에제 22,1-16에서 우상 숭배와 밀접하게 연관된다), 이것이 국가적 재앙의 원인이 되었기 때문이다.

4,17-22. 공동체를 나타내는 "우리"로 17-20절에서 개입하는 백성은 사건들의 증인으로서, 하느님을 향하지 않고 사람들에게서 헛된 도움을 찾은 것을 고백한다. 이러한 시도가 헛되었음을 고백함으로써, 참으로 중요한 진리를 인정하기 시작한다. 주님을 믿는 이에게는 언제나 다른 미래가 가능한 것이다. 그 미래에는 죄가 극복될 것이다(22절).

13 예루살렘 예언자들의 죄와
사제들의 죄악 때문이라네.
의인들의 피를
그 안에 흘린 저들 때문이라네.

14 그들은 피투성이가 되어
눈먼 이들처럼 거리에서 비틀거리니
그들의 옷을
아무도 건드릴 수 없었다네.

15 "비키시오, 부정한 자요!" 사람들이 그들에게 소리 지르네.
"비키시오, 비켜! 건드리지 마시오."
그들이 비틀거리며 도망 다니는데
민족들 사이에서 사람들이 말하네.
"저들은 여기에 더 이상 머무르지 못하지."

16 주님께서 친히 그들을 흩어 버리시고
그들을 다시는 살펴보지 않으셨다네.
사람들은 사제들을 우러르지 않고
원로들을 동정하지도 않았다네.

17 헛되이 도움을 바라느라
우리 눈은 멀어 버렸다네.
구해 주지도 못하는 민족을 고대하며
우리는 망루에서 눈을 떼지 않았다네.

18 저들이 우리 발걸음을 뒤쫓으니
우리네 광장으로 갈 수도 없었다네.
우리의 끝이 가까웠구나, 우리의 날수가 찼어.
그래, 우리의 끝이 다가왔구나.

19 우리의 추적자들은
하늘의 독수리보다 빨라
산에서는 우리를 맹렬하게 뒤쫓고
광야에서는 우리를 숨어 기다렸네.

4,13 예레 5,31; 6,13; 에제 7,23; 22,26; 미카 3,11-12. 4,14 민수 16,26; 19,16; 35,32-33; 이사 56,10; 마태 15,14. 4,15 레위 13,45. 4,17 1,19; 예레 2,18.36; 37,7; 에제 29,6. 4,18 예레 29,14; 에제 7,2; 12,22-23; 아모 8,2; 루카 21,9. 4,19 신명 28,49; 예레 4,13.

20 우리의 목숨인, 주님의 기름부음받은이는
저들의 구덩이에 붙잡혀 있다네.
"우리는 민족들 사이에서
그의 그늘 아래 살리라." 말해 왔건만.

21 우츠 땅에 사는 딸 에돔아
기뻐하고 즐거워하여라.
너에게도 술잔이 건네지리니
너도 취하여 벌거숭이가 되리라.

22 딸 시온아, 네 죄벌은 끝났다.
그분께서 너를 다시는 유배 보내지 않으시리라.
딸 에돔아, 그분께서 너의 죄를 벌하시리라.
너의 죄악을 드러내시리라.

다섯째 애가

애원의 기도

5 1 주님, 기억하소서, 저희가 어찌 되었는지를.
바라다보소서, 저희의 치욕을.
2 저희 상속의 땅은 외국인들에게 넘어가고
저희의 가옥들은 이방인들에게 넘어갔으며
3 저희는 아비 없는 고아들이 되고
저희의 어미는 과부가 되었습니다.
4 저희의 물을 돈 내고 마셔야 하고
저희의 땔감도 값을 치르고 들여야 합니다.
5 저희는 목에 멍에를 맨 채 심하게 내몰려 기운이 다 빠
졌건만 숨 돌리기조차 허락되지 않습니다.

4,20. 이 절에서는 왕정의 붕괴와 축성된 임금 치드키야의 불행한 운명을 암시한다. 치드키야는 "우리의 목숨"이라고 불리는데, 이는 임금이 백성을 위한 필수 제도였음을 시사한다(2열왕 25,1-7 참조).

4,22. 갑자기 마지막 절에서 재앙의 틈을 타 이득을 본 에돔이 벌을 받을 것과 시온이 더 이상 유배를 겪지 않으리라는 것이 예고된다.

5,2-3. 개인적으로 상속 재산을 잃어버리는 것은 집단적으로 계약의 표지인 약속된 땅을 잃어버리는 것을 나타낸다(레위 25,25-28; 민수 27장; 36장; 1열왕 21,3 참조). 아버지를 잃어버리는 것은 이스라엘 사회의 가장 귀한 선인 가정이 흩어지는 것을 암시한다.

4,20 2열왕 25,5-6; 예레 39,5. 4,21 창세 9,21; 시편 137,7; 이사 51,17; 예레 25,15-16.21; 에제 25,12-14; 하바 2,15. 4,22 이사 40,2; 예레 46,27-28; 50,20. 5,1 시편 79,4; 89,51-52; 하바 3,2; 루카 23,42. 5,2 신명 28,30; 시편 79,1; 이사 1,7; 예레 6,12. 5,3 탈출 22,23; 예레 18,21; 호세 14,4. 5,4 신명 28,48; 이사 3,1. 5,5 1,14; 예레 27,2.8.11-12; 마태 11,29.

5,1-22. 이 마지막 애가는 알파벳 구조는 아니지만, 히브리어 알파벳 글자 수와 같은 22절로 되어 있다. 다시 도성의 불행을 묘사하고, 당신 백성을 구해 주시기를 하느님께 탄원한다. 기도자는 복수형으로 표현되어 공동체 전체가 그 간절한 간청에 참여한다. 일부 그리스어 번역본들과 라틴어 번역본들은 이를 "예언자 예레미야의 기도"로 정의한다. 약속된 땅은 외국인들의 소유가 되었고, 그래서 백성은 그곳에서 종으로 살아간다.

6 양식으로 배불리려고
저희는 이집트와 아시리아에 손을 내밀었습니다.
7 죄를 지은 저희의 선조들은 이미 없는데
저희가 그들의 죄악들을 짊어져야 합니다.
8 종들이 저희를 다스리게 되었건만
그 손에서 빼내 줄 이 하나도 없습니다.
9 광야의 칼 앞에서
저희는 목숨을 걸고 양식을 들여와야 합니다.
10 굶주린 끝에 신열로
저희 살갗은 불가마처럼 달아올랐습니다.
11 시온에서 여인들이 겁탈당하고
유다 고을들에서는 처녀들이 폭행당하며
12 저들의 손에 고관들이 매달려 죽고
원로들은 업신여김을 당하였습니다.
13 젊은이들은 맷돌을 돌리고
아이들은 나뭇짐 밑에서 비틀거리며
14 원로들은 더 이상 성문에 있지 않고
젊은이들은 수금에서 손을 떼었습니다.
15 저희 마음에서 기쁨이 사라지고
춤은 통곡으로 바뀌었으며
16 저희의 머리에서는 면류관이 떨어졌습니다.
오, 애통합니다, 저희가 죄를 지었으니!
17 이 때문에 저희의 마음은 괴롭고
이런 것들 때문에 저희의 눈은 어두워졌습니다.
18 폐허가 되어
여우들이 나돌아 다니는 시온산 때문입니다.
19 그러나 주님, 당신께서는 영원히 좌정하여 계시고
당신의 어좌는 세세 대대로 이어집니다.
20 어찌하여 저희를 끝내 잊으려 하십니까?
어찌하여 저희를 영영 버리려 하십니까?
21 주님, 저희를 당신께 되돌리소서, 저희가 돌아가오리다.
저희의 날들을 예전처럼 새롭게 하여 주소서.

5,9-11. 기근과 광야 베두인들의 약탈(9절), 폭력, 법질서의 파괴, 강제 노동은 시온과 유다의 현재 재앙을 특징짓는 불행이다.

5,19-21. 탄원들 가운데 주님께 백성이 유배에서 돌아올 뿐만 아니라 회개하게 해 주시기를 청한다. 이것이 "저희를 당신께 되돌리소서."(21절)라는 호소의 의미이다. 여기서는 하느님께서 과거에 이미 하셨듯이 다시 백성을 변화시키시고 새롭게 하실 수 있다는 신뢰와 그러한 갈망이 분명하게 드러난다.

5,6 예레 2,18.36; 호세 5,13; 7,11. 5,7 예레 16,12; 31,29; 에제 18,2; 마태 23,32-36; 요한 9,2-3. 5,8 신명 28,43. 5,10 3,4; 4,8. 5,11 신명 28,30; 이사 13,16; 즈카 14,2. 5,15 시편 30,12; 아모 6,4.7; 8,10; 야고 4,9-10. 5,16 시편 89,40; 예레 13,18; 에제 21,31; 묵시 2,10; 3,11. 5,18 2,8-9; 1열왕 9,7; 시편 74,3; 이사 34,13-15; 미카 3,12. 5,19 시편 45,7; 히브 13,8; 묵시 1,17-18. 5,20 시편 44,25; 74,1; 이사 49,15. 5,21 예레 31,4.18; 32,39; 말라 3,4.

22 정녕 저희를 물리쳐 버리셨습니까?
저희 때문에 너무도 화가 나셨습니까?

5,22. 이 절의 의미는 이론의 여지가 있으며, 여러 방식으로 번역할 수 있다. 대답 없는 질문으로 이해하거나(우리말 성경에서와 같이), 부정적 의미의 단언("정녕 저희를 물리쳐 버리셨습니다…") 또는 긍정적 의미의 단언으로 이해할 수 있다("저희를 물리치지 않으셨기에…"). 구원은 인간의 갈망을 요구하지만 언제나 추론해 낼 수 없는 하느님의 행위이며, 마땅히 주어지는 것이 아니라 절대적으로 무상으로 주어지는 행위이다.

5,22. 하느님의 개입을 간절히 호소하는(3,50 참조) 이 책 전체는 우리(오늘의 독자)에게 극적으로 불확실한 방식으로 끝난다. 어쩌면 신뢰의 가능성을 열어 놓고 끝난다고 말하는 편이 더 낫겠다. 히브리 전승은 공적으로 이 본문을 낭독할 때 보통 21절을 반복하여, 탄원 기도의 핵심 태도는 희망임을 강조한다. 다른 책들처럼 긍정적으로 끝나는 것으로 보이지 않는 이사야서, 말라키서, 코헬렛도 같은 방식으로 읽는다.

바룩서

제목과 정경 내의 위치

"이 책에 기록된 말씀은 바룩이 바빌론에서 쓴 것이다. 바룩은 힐키야의 현손이며 하사드야의 증손이고, 마흐세야의 손자이며 네리야의 아들이다."(1,1) 바룩서는 이렇게 시작한다. 얼마 되지 않지만 중요한 이 요소들은 이미 예레미야서라는 문학적 기념비를 접했던 독자에게는 즉각적으로 의미가 있는 표지들이다. "바룩"은 "네리야의 아들"이며, 예언자 예레미야의 서기이고 비서이다. 죽고 다시 살아나는 생명의 말씀이 전달되는(예레 36장 참조) "말"을 듣고(예레 1,1), 쓰고, 선포하고, 기술하는 인간인 스승 예레미야의 일이 그 안에서 되살아나 계속된다. "바룩"은 그러므로 끝을 넘어 계속되는 역사의 이름이고("내가 정녕 모든 사람에게 재앙을 내리겠다… 그러나 나는, 네가 어디를 가든 너의 목숨을 구해 주겠다." 예레 45,5), 멸망 속에서 살아남은 이스라엘의 남은 자들이 자신을 되찾고 새로운 이집트 탈출로 다시 태어나도록(예레 23,7-8 참조) 하느님께서 선택하신 어두운 모태 "바빌론"에서 새로 시작되는 미래와 희망이다.

바룩서는(자구적으로 "축복받은 사람") 그리스어 사본들이 이 책에 부여한 제목이다. 그리스도교 경전에만 받아들여졌으며(따라서 제2경전이다), 애가와 바룩서, 그리고 소위 예레미야의 편지로 구성된(이 편지는 익명의 저서로, 현재는 라틴 전통에 따라 바룩 6장으로 합쳐져 있다) 세 권 가운데 하나이다. 이 본문들은 예레미야와 바룩의 것으로 일컬어지는 더 늦은 시기의 다른 외경 저서들과 함께 매우 특별한 역사적·문학적 인물인 예언자 예레미야가 이스라엘의 기억 안에 남겨 놓은 깊은 흔적을 반영한다.

그리스어 사본들 대부분은(라틴 전통은 차이가 있다) 바룩서, 애가, 예레미야의 편지를 예레미야서 바로 다음에 놓는다. 반면 히브리어 성경은 그리스어 본문들을 포함하지 않아 바룩서도 예레미야의 편지도 삽입하지 않는다. 예레미야서와 바룩서 사이의 문학적 연관은 그리스도교 안에서는 기원후 3세기까지 그리스 교부들이 인용에서 이들을 구별하지 않았다는 사실에서도 입증된다. 또한 적어도 기원후 3세기까지 라틴 교회는 바룩서에 고유한 이름을 부여하지 않고 이를 예레미야서와 함께 하나로 간주했다. 그리스 세계에서는 아마도 오리게네스의 개입이 결정적이었다면, 라틴 세계에서는 예로니모가 "히브리 진리"(veritas hebraica)의 이름으로 바룩서를 예레미야서에서 분리함으로써, 이 책이 후에 점차 대중 라틴말 성경의 사본들에(9세기부터) 예레미야의 편지와 함께 다시 통합되도록 간접적으로 영향을 미친 셈이 되었다. 바룩서와 예레미야의 편지는 가톨릭교회에서는 1546년 트리엔트 공의회에 의하여, 정교회에서는 1672년부터 공식 경전으로 선언되었다.

구조와 문학적 특성

이 책의 문학적 구조는 분명하게 서로 구별되는 네 부분으로 되어 있고(처음 두 부분은 산문, 나머지 두 부분은 운문이다), 여기에 마지막 6장으로 예레미야의 편지가 첨가된다. 예레미야의 편지는 주제 면에서 완전히 다른 본문이다.

첫 부분은(1,1-15ㄱ㉠) 짧은 역사적 도입으로, 첫 단어들에서 의도적으로 예레미야서의 도입을 본뜬 듯하다(그리고 예레 29,1을 더 그대로 따른다). 이로써 독자에게 구체적인 배경이 설정된다. 네부카드네자르에 의하여 기원전 587년 예루살렘과 성전이 파괴되고 이어서 유배가 있은 후 5년이 지났다. 예레미야의 서기인 바룩은 바빌론에 모인 공동체에서 참회 예식 중 그가 편집한 본문을(이어지는 1,15ㄱ㉡-5,9의 내용) 읽는다. 이는 이후 예루살렘에 남은 히브리인들에 의하여 공적으로 선포되도록 하려는 것으로, 그들에게 전구 기도와 제물 봉헌을(성전의 남은 부분에서) 청하는 것이다. 그러한 전례가 가능하도록 모금이 계획되고, 치드키야가 다시 만들고 네부카드네자르가 가져갔던 거룩한 기물이 반환된다(이로써 에즈 1,7-11을 예고한다).

둘째 부분은(1,15ㄱ㉡-3,8) 참회 기도로(이는 다니 9,4ㄴ-19에 감도된 것이다. 또한 에즈 9장과 느헤 9장 참조), 다시 두 단락으로 나눌 수 있다. 첫째 단락은(1,15ㄱ㉡-2,10) 공동체가 수치스러운 유배의 원인이 된 죄를 인정하는 것이고, 둘째 단락은(2,11-3,8) 하느님 자비에 대한 확신을 기초로 탄원하는 기도이다.

셋째 부분에서는(3,9-4,4) 두 가지 변화가 일어난다. 산문에서 운문으로 바뀌며(전형적인 병행 구조가 나타난다) 지혜문학적 문학 유형을 사용한다. 이스라엘의 불충실로 인한 현재의 비참함을 출발점으로 삼아, 지혜에 대한 열정을 불러일으키려는 절실한 권고들이 이어진다(이들은 아마도 바룩 자신에 의한 것으로 그려진다). 여기서 지혜는 독특한 방식으로 하느님께서 당신 백성에게 주신 율법과 동일시된다. 이전 본문들과 마찬가지로, 여기서도 기존 문학적 자료들에 대한 암시와 세심한 변형들이 나타난다(특히 욥 28장과 집회 24장 참조).

마지막 부분도(4,5-5,9) 운문으로 되어 있고, "위로"의 예언 신탁들과 매우 유사한 격려의 말을 전개한다. 제2이사야와 제3이사야에 대한 암시가 없지 않으며, 먼저 유배된 이들을 향하여(4,5-29), 이어서 예루살렘을 향하여 말한다(4,30-5,9). 예루살렘은 자녀 없는 과부로 표현되는데(신명 28,68; 32,30 이스라엘이 민족들에게 팔려가는 은유 참조) 그 과부는 고통에 짓눌리면서도(바룩 4,9ㄴ-20) 자녀들에게 하느님을 신뢰하라고 권고한다(4,21-29).

앞서 말한 바와 같이 바룩서의 마지막 장은 소위 예레미야의 편지를 담고 있다. 이는 그리스어로 전수된 독립된 본문으로(원래는 히브리어로 작성됨), 주제나 형식 면에서 지금까지 보아 온 것과 연관이 없다. 표제에서는 이 글도 예레미야에게 귀속된 가명 작품으로 제시한다. 예레 29장 편지를 이상적 본보기로 하여, 저자는 유배된 이들(더 정확히 말하면 유배를 가야 할 이들)에게 바빌론의 화려한 예식들을 보면서 겪게 될 우상 숭배의 유혹에 빠지지 않도록 경고한다. 명백하게 예레 10,1-16; 이사 44,9-20; 46,5-7 등의 본문을 인용하며(또한 시편 115,4-8; 135,15-18 참조), 도입과(바룩 6,1-6 참조) 열 개의 작은 단락들로 구성된다(6,7-14.15-22.23-28.29-39.40-44.45-51.52-56.57-64.65-68.69-72 참조). 이들은 우상 숭배에 반대하는 요약적인 단언과 질문의 반복으로 구분된다.

주요 신학 노선

예레미야서의 경우와 마찬가지로 바룩서에 관한 최근 연구들도 이 책을 본래 별개의 자료들이 점차 합쳐지면서 억지로 결합된 결과라기보다는 기존의 이스라엘 구전 전승에 대한 상당한 지식의 결과로 이루어진 문학적 산물로 보게 한다. 알려진 주제와 동기들이 치밀하게 다시 엮어지고, 독창성이 뛰어나지는 않다 해도 효과적으로 전달될 수 있도록 새롭고 단일한 신학적 기획으로 모아진다.

유배라는 비극이 장면 전체를 지배한다. 유배는 일어난 모든 일에 대한 쓰라린 반성의 시간이며, 인간적으로는 폐허와 비탄만을 남기는 것으로 보이는 역사 안에서 의미를 찾기 위한 계기이다. 유배 이전에는 예레미야처럼 멸망의 고통과 그것을 초래하는 불순종한 태도의 완고함을 예견하고 이미 괴로워하던 사람의 얼굴에만 흐르던 그 진리의 눈물이(예레 8,18.21.23; 13,17; 14,17 참조), 이제 마침내 자기 자신과 자신의 기원을 찾으며 오직 하느님에게서 구원을 청하고 기다리는 공동체 전체의 눈물과 진심 어린 참회가 된다(바룩 1,5; 2,18; 3,1 참조).

예레미야와 그의 말은 마음에 간직한 그 말들을 꺼내어 듣는 이들의 마음속에 넣어 줌으로써 그 말을 상기시키고 과거에 비추어 현재를 읽음으로써(2,20-23 참조) 그것을 다시 말해 주는 제자의 말들 안에서 되살아난다. 예언자는 자신의 죄를 인정하는 표시(예레 21,1-10; 27-28장; 29장; 38장; 42,1-43,7 참조)이자, 새 계약과(31,31 참조) 새로운 이집트 탈출의 길로(23,7-8 참조) 네부카드네자르에게 항복할 것을 요구했다. 그리고 제자는 불순종과 그 파괴적 결과들을 확인하며(바룩 2,24-26 참조), 바빌론의 번영을 위해 기도하라는 예레 29,7의 권고를 되풀이한다(바룩 1,11-12 참조). 모든 것을 잃었어도 그 같은 지평 안에 서야 하는 것이다. 바빌론의 법적 권력을 나타내는 사람들을 위해 기도하는 것은 항복을 참으로 받아들임을 의미한다. 모든 것을 잃었을 수 있지만, 아직 실제로 하느님의 계획에 굴복하지는 않았을 수 있기 때문이다.

"우리는 주 우리 하느님의 말씀을 듣지 않았습니다."(바룩 1,21) 이 말씀은 예언자들을 통해 전해졌다. 이것이 과거의 역사에 대한 종합적 요약이다. 그 역사는 죄의 중대함을 극적으로 드러낼 뿐만 아니라(모세 계약을 준수하지 않음을 대변하는 표지인 우상 숭배. 1,20; 2,12.28 참조), 하느님 말씀의 시고한 특성도 보여 주었다. 그 말씀은 참으로 실현된다(2,1; 예레 1,12 참조). 바로 이 진리가 이제는 새 희망을 고무시킨다. 저주가 실현되었듯이 약속대로 그 땅에 돌아가고 "영원한 계약"(바룩 2,35)이 다시 세워질 것을 바란다.

지혜를 찾으라는 간절한 권고는(3,9-4,4 참조) 대조를 통하여 그들이 오랫동안 어리석음의 안개 속에 있었음을 드러낸다. 죄는 그 자체 안에 어리석음을 포함하고 슬기를 거부하는 것이며, 죄가 거두어들이는 열매는 죽음이다(3,9-14 참조). 과거의 역사가 이미 이를 입증했다. 집회서와 지혜서가 보편주의적으로 지혜에 대해 말했다면, 바룩서는 지혜를 토라 곧 모세 율법(4,1-4 참조), 다시 말해 주님과 이스라엘(하느님과 인간)이 생명과 미래를 낳는 충실의 관계로 결합하는 계약의 선물과 동일시한 점이 독특하다. 이 선물은 선택의 선물이다. 인간의 시도들은, 아무리 강력한 시도라도 그 선택에 도달한 일이 없고 도달할 수도 없다(3,15-23.27-31 참조). 그것은 정복이나 소유가 아니라 이스라엘 안에서 드러나는 순전한 사랑으로 주어지는 선물이다(3,37-38 참조). 그 사랑은 다시 이스라엘에서 예수 그리스도 안에서 육을 취하시고(요한 1,14 참조) 지상의 모든 백성들에게 나누어질 것이다(예를 들어 갈라 3,14 참조). 마지막으로 6장에서 지혜에 대한 언급은 우상 숭배의 어리석음에 대한 고발과 조롱이 된다.

본문의 작성과 전수

바룩서의 작성 연대에 대한 가설들은 페르시아 시대부터 기원후 1세기까지 벌어진다. 그 시대 유다교 관습들을 증언하는 것으로 보이기 때문이다(성전이 기능을 잘 발휘하고 있다는 점, 외국 임금들을 위해서도 기도와 제물을 바치도록 예루살렘에 돈을 보낸다는 점 등). 그러나 대부분의 학자들은 마카베오 시대를 생각한다(기원전 2세기 후반). 다른 이유들과 더불어 모세 법을 배반하지 말라는 절박한 호소는 그 시대에 가장 타당해 보인다. 예레미야의 편지에서는(6장) 저자가 바빌론 종교를 알고 있음이 나타나며, 쿰란에서 발견된 한 단편이(7Q2) 이 본문이 기원전 1세기에 분명히 존재했음을 증언한다. 아마도 처음(히브리어로) 작성된 시기는 기원전 4세기 말일 것이며, 언어학적 요소들을 볼 때(코이네 그리스어를 사용하는 등) 현재의 본문은 마카베오 시대의 것이라고 생각하게 된다. 바룩서에 대해서도(1-5장) 번역의 오류들과 히브리어의 영향을 받은 표현 등이 나타나, 밑바탕이 된 원문은 히브리어(또는 아람어)였다는 가설이 세워진다.

제1성전 시대로 소급되며 문서(칙서)가 진본임을 확인하는 데 사용되는 점토 인장이 찍힌 것 두 개가 근래에 예루살렘에서 발견되어 이스라엘 박물관에 보존되는데, 놀랍게도 여기에는 "베레카야후(바룩) 네리야후(네리야)의 아들 서기관"라고 되어 있어 예레 36,32의 호칭과 명백하게 일치한다(36,4.8.14.26; 45,1 참조). 1996년에 발견된 또 하나의 칙서에는 지문까지 찍혀 있다.

"서기관" 바룩이라는 인물은 예레미야서의 중요한 네 본문에(32장; 36장; 43장; 45장 참조) 등장하며, 같은 이름을 지닌 책인 바룩서는 그 인물과 신학적·문학적으로 실질적인 연속성을 보인다는 점을 인정해야 한다. 그러나 사용할 수 있는 본문상의 자료들을 설득력 있게 조화시키려는 단순하게 설화적인 개연성이나 가능성의 차원에서만 본다 해도, 예레미야서에 전해진 바를 볼 때 바룩이 유배된 이들과 함께 바빌론에 있었다는 것은 생각하기 어렵다(이는 후대 유다교 사료들에만 언급된다). 예레 43,6-7에 따르면 예레미야와 그의 비서는 이집트로 도망간 이들을 따라가도록 강요되었으며 거기서 그들의 자취는 사라진다.

하지만 다른 요소들은 바룩서 저자가 제시한 역사적·문학적 배경을 조금 더 가능성 있게 한다(그러나 역사적으로 입증할 수는 없다). 예레 43,8-13에서 네부카드네자르가 이집트에 침입할 것을 예고하는데, 이 자료는 플라비우스 요세푸스가 그의 『유다 고사』(10,9,7)에서 다시 취했다. 그는 네부카드네자르가 이집트를 정복한 다음 그곳에 있던 유다인들을(그리고 바룩은 조금 전에 언급되었다) 전쟁 포로로 바빌론으로 이송했다고 전한다. 역사적 관점에서는 불확실한 편이지만, 이 예언은 예레 51,59-62과(이 본문에서 예레미야는 바룩의 형제를 유배된 이들에게 보내어 바빌론에 대한 신탁을 선포하게 하고 상징적 행위를 수행하게 한다) 또한 45장과 연관되었을 수 있다. 예레 45장은 바룩에게 안전을 약속하면서도 그의 운명을 불확실하게 남겨 두어, 온갖 추정과 설화적 허구의 소재가 된 본문이다.

살바토레 마우리치오 세사Salvatore Maurizio Sessa

바룩서

서문

1 [1]이 책에 기록된 말씀은 바룩이 바빌론에서 쓴 것
이다. 바룩은 네리야의 아들이다. 네리야는 마흐
세야의 아들이며 마흐세야는 치드키야의 아들이며, 치드
키야는 하사디아의 아들이고 하사디아는 힐키야의 아들이
다. [2]바룩은 칼데아인들이 예루살렘을 점령하여 불태운
지 오 년째 되던 해, 그달 초이렛날에 이 책을 썼다. [3]그는
이 책에 나오는 말씀을 유다 임금 여호야킴의 아들 여콘
야와, 그 말씀을 들으러 온 모든 백성이 귀를 기울이는 가
운데 낭독해 주었다. [4]세도가들과 왕족들과 원로들과 높
고 낮은 온 백성, 곧 수드 강 가 바빌론 모든 주민도 귀를 기
울였다. [5]그러자 그들은 주님 앞에서 울고 단식하며 기도
하였다. [6]그리고 저마다 힘닿는 대로 돈을 모아 [7]예루살렘
으로, 살룸의 손자이며 힐키야의 아들인 여호야킴 사제를
비롯한 모든 사제와, 그와 함께 예루살렘에 있는 온 백성
에게 보냈다. [8]한편 바룩은 성전에서 빼앗긴 주님의 집 기
물들을 돌려받아, 시완 달 초열흘날에 유다 땅으로 보냈
다. 그것들은 유다 임금 요시야의 아들 치드키야가 만든 은

1,1. "이 책에 기록된 말씀은" 이러한 첫머리는 이와 매우 유사한 형태로 시작되는 그리스어 번역본(칠십인역) 예레 29,1에 의도적으로 연결된다(3절에서도 다시 사용). 예루살렘에 보낸 바룩의 글은 예레미야가 바빌론에 유배된 이들에게 보낸 글과 병행한다. "바룩"이 유배된 이들과 함께 있었다는 것은 아마도 기원전 582년의 세 번째 유배를 언급하는 예레 52,28-30에 근거한다(이는 매년 기념되던 예루살렘 파괴 후 5년이 지난 때이다. 2절; 즈카 7,3 참조).

1,1 예레 32,12; 36,4; 51,59. 1,2 2열왕 24,10-16; 25,8-9; 느헤 1,3; 2,3. 1,3-4 2열왕 24,8-17. 1,3 2열왕 23,34-24,17; 2역대 36,4-8; 예레 22,24-30; 24,1; 28,4; 51,59-64. 1,4 2열왕 23,2; 예레 6,13; 29,1-2; 42,1. 1,6 신명 16,17. 1,8 2열왕 24,13.17; 2역대 36,10; 에스 8,9.

1,1-14. 서문은 1,15-3,8의 참회 전례가 삽입될 역사적(사실의 관점에서는 인위적인) 배경을 제시한다. 예루살렘 함락을 기념하는 예식 중에 예레미야의 서기이자 제자인 바룩이 유배지에서 유배민들에게 그가 쓴 글을 읽어 준다. 목적은 회개의 태도를 불러일으키기 위함이다. 그 목표는 이루어지고, 여콘야 곧 여호야킨 임금을 비롯한 유배민 공동체는(2열왕 24,15; 25,27-30 참조) 말씀을 들을 뿐만 아니라 예루살렘 성전의 제사를 위하여 모금을 조직한다. 이어서 예루살렘에 편지를 보내어, 유배된 이들과 임금을 위하여 주님께 그들의 불순종과 반항을 용서해 주시도록 기도할 것을 청한다. 네부카드네자르와 그 후손들을 위하여 기도하라는 권고에서(바룩 1,11-12 참조), 예레미야가 유배된 이들에게 보낸 편지의 반향을 볼 수 있다(예레 29,7 참조). 여기서 디아스포라의 한 가지 신학을 볼 수 있다. 그들의 상황은 하느님 징벌의 표지이며 유배를 초래한 죄를 참회하고 거기서 해방될 수 있기 위한 기회로 받아들여졌다. 그들의 희망은 외국 지배에서 해방되고 정치적 독립이 회복되는 것이 아니라, 주님과의 관계를 되찾는 것이다.

기물들이었다. 9 이것은 바빌론 임금 네부카드네자르가 여
콘야를 비롯하여 고관들과 포로들과 세도가들과 나라 백
성을 예루살렘에서 끌어내어, 바빌론으로 데려간 뒤의 일
이다.
10 그들이 이렇게 말하였다.
우리가 여러분에게 돈을 보내니, 이 돈으로 번제물과 속
죄 제물과 유향을 사고 곡식 제물을 장만하여, 주 우리 하
느님의 제단에서 바치십시오. 11 그리고 바빌론 임금 네부
카드네자르와 그 아들 벨사차르가 오래 살도록 기도하여,
땅에서 그들의 날들이 하늘의 날들처럼 되게 하십시오. 12 주
님께서 우리에게 힘을 주시고 우리 눈을 밝혀 주실 것입
니다. 그러면 우리는 바빌론 임금 네부카드네자르와 그의
아들 벨사차르의 그늘 아래 살 것이며, 오랜 나날 그들을
섬기고 그들에게 총애를 받을 것입니다. 13 또한 우리를 위
해서도 주 우리 하느님께 기도해 주십시오. 우리가 주 우
리 하느님께 죄를 지어, 이날까지 주님의 분노와 진노가
우리에게서 떠나지 않았습니다. 14 우리가 여러분에게 보
내는 이 책을 축일과 정해진 날에 주님의 집에서 봉독하
고, 그 내용대로 고백하면서 15 이렇게 말하십시오.

참회 기도

고백

주 우리 하느님께는 의로움이 있지만, 우리 얼굴에는 오늘
이처럼 부끄러움이 있을 뿐입니다. 유다 사람과 예루살렘
주민들, 16 우리 임금들과 우리 고관들과 우리 사제들, 우
리 예언자들과 우리 조상들에게도 부끄러움이 있을 뿐입

1,9 예레 24,1.5. 1,10 예레 17,26; 느헤 10,33-34. 1,11 신명 11,21; 에즈 6,10; 예레 29,7; 다니 5,1-2.13; 7,1; 1티모 2,1-2. 1,12 에즈 9,8; 시편 13,3. 1,13 신명 31,16-17; 32,21-22; 판관 2,14-15; 시편 2,12; 이사 5,25; 예레 37,3; 42,2.20. 1,14 1,1-3; 1열왕 8,46-53. 1,15 // 2,6; 또한 느헤 9,32-37; 시편 44,15; 예레 7,19; 다니 9,7-8 참조.

1,15-3,8. 유배된 백성의 참회와 탄원은 이스라엘 역사 전체를 죄와 계약 위반의 역사로 보았던 예레미야의 메시지의 영향을 받았다. 그러나 이 계약의 역사는 한편으로는 백성의 불충실을, 다른 한편으로는 하느님의 의로우심을 분명히 보여 준다. 하느님께서는 죄를 벌하심으로써 당신을 드러내시지만, 또한 해방의 모든 희망을 당신께 두는 백성을 용서하심으로써 당신 자신을 드러내신다. 본문에서는 "오늘"이라는 부사를 반복함으로써 이 내용을 현재화하려는 갈망을 드러낸다. 그 "오늘"은 언제나 현재적인, 전례를 거행하는 오늘이다.

1,11. "벨사차르"는 이곳 외에는 다니 5,1-30에서만 바빌론의 마지막 임금이며 네부카드네자르의 아들로 일컬어진다. 역사적 관점에서(성서적 관점에서도, 적어도 2열왕 25,27; 예레 52,31에 따르면) 네부카드네자르(기원전 605-562년)의 아들이며 후계자는 오직 에윌 므로닥(기원전 562-560년)이었고, 그의 암살로 왕조가 끝났다. 이어지는 두 명의 후계자가 의도적으로 생략된 것으로 보인다(이들은 쿠데타로 왕위에 올랐다). 세 번째 임금 나보니두스는(출신이 불확실함) 아라비아 북쪽의 한 오아시스로 물러나(아마도 다니 4,25-34과 연결됨) 여러 해 동안 아들 벨사차르에게 왕권을 맡겼다. 그러므로 그가 네부카드네자르의 "아들"이라는 호칭은 자구적으로 이해해서는 안 된다.

1,15-2,10. 이 기도는 공적이고 집단적인 죄의 고백이다. 그 죄는 이스라엘 역사 전체에 걸쳐져 있다. 계약에 대한 불충실과 주님의 명에 대한 불순종으로 여겨지는 이스라엘의 죄는 계약을 위반한 이들에게 정해진 저주를 불러왔다(신명 28장 참조). 죄의 고백은 하느님의 의로우심과 무죄하심에 대한 인정이 된다(바룩 1,15; 2,6 참조). 하느님께는 백성의 불행에 대한 책임이 없으며, 그분은 백성의 반항을 올바르게 벌하셨을 따름이다. 참회하는 이 탄원의 시각을 받아들이는 것은 죄와 불행이 하느님 편에서 오지 않는다는 것을 이해한다는 뜻이다. 그러므로 자신의 죄를 고백함으로써 회개의 길이 열린다.

니다. 17 우리는 주님 앞에서 죄를 짓고, 18 그분을 거역하
였으며, 우리에게 내리신 주님의 명령에 따라 걸으라는 주
우리 하느님의 말씀을 듣지 않았습니다. 19 주님께서 우리
조상들을 이집트 땅에서 이끌어 내신 날부터 이날까지 우
리는 주 우리 하느님을 거역하고, 그분의 말씀을 듣지 않
는 것을 예사로 여겼습니다. 20 주님께서 우리에게 젖과 꿀
이 흐르는 땅을 주시려고 우리 조상들을 이집트 땅에서
이끌어 내시던 날, 당신 종 모세를 통하여 경고하신 재앙
과 저주가 오늘 이처럼 우리에게 내렸습니다. 21 사실 우리
는 그분께서 우리에게 보내 주신 예언자들의 온갖 말씀을
거슬러, 주 우리 하느님의 말씀을 듣지 않았습니다. 22 우리
는 다른 신들을 섬기고 주 우리 하느님의 눈에 거슬리는
악한 짓을 저지르며, 저마다 제 악한 마음에서 나오는 생
각대로 살아왔습니다.

2 1 그래서 주님께서는 우리와, 이스라엘을 다스리던
우리 판관들과 우리 임금들과 우리 고관들, 그리고
이스라엘과 유다 사람들에게 하신 말씀대로 이루셨습니
다. 2 그분께서 모세의 율법에 기록된 대로 예루살렘에서 하
신 일은 온 하늘 아래 어디에서도 일어난 적이 없는 것이었
습니다. 3 우리 가운데 어떤 사람은 제 아들의 살을, 또 어떤
사람은 제 딸의 살을 먹기까지 하였습니다. 4 나아가 주님
께서는 그들을 우리 주변에 있는 모든 나라의 지배에 넘기
시고, 우리 주변의 모든 백성 가운데로 흩으셨습니다. 그리
하여 거기에서 굴욕을 당하고 패망하게 하셨습니다. 5 그들은
위로 오르지 못하고 아래로 떨어졌습니다. 우리가 주 우리 하
느님의 말씀을 듣지 않고 그분께 죄를 지었기 때문입니다.
6 주 우리 하느님께는 의로움이 있지만, 우리와 우리 조상
들 얼굴에는 오늘 이처럼 부끄러움이 있을 뿐입니다. 7 주
님께서 우리에게 경고하신 그 모든 재앙이 우리에게 닥치
고야 말았습니다. 8 그런데도 우리는 저마다 제 악한 마음
의 생각에서 돌아서지 않아 주님을 기쁘게 해 드리지 않
았습니다. 9 그래서 주님께서는 재앙을 준비해 두셨다가
우리에게 내리셨습니다. 주님께서는 우리에게 명령하신

1,17 토빗 3,3-4. 1,18 2,10; 다니 9,6.10. 1,19 2,11; 신명 9,21; 31,27; 2열왕 21,15; 예레 7,25-26; 에제 20,13. 1,20 2,7; 3,4; 4,18.29; 탈출 3,8; 레위 26,14-39; 신명 28,15-68; 다니 9,11. 1,21 2역대 36,15-16; 예레 25,3-4; 29,19; 사도 7,51-52; 히브 12,25. 1,22 신명 4,25-26; 예레 7,24. 2,1 1,20; 애가 2,17; 다니 9,12-13; 마태 5,18. 2,3 레위 26,29; 신명 28,53-57; 2열왕 6,28-29; 예레 19,9; 애가 2,20. 2,4 3,8.13; 신명 28,13.37.43; 2열왕 24,2-4; 예레 29,18. 2,5 신명 28,43-44. 2,6 // 1,15; 또한 다니 9,7-8 참조. 2,7 1,20. 2,8 다니 9,13; 즈카 7,2-14. 2,9 시편 145,17; 신명 32,4; 예레 1,12; 32,28; 44,27; 다니 9,14.

2,8. "주님을 기쁘게 해 드리지 않았습니다." 자구적 번역은 "주님의 얼굴에 기도하지 않았습니다."로서 전형적인 히브리어 숙어 표현을 그대로 그리스어로 옮긴 것이다. 히브리어 원문의 뉘앙스를 추정하여 다니 9,13처럼 "호의를 간청하지 않았습니다."로 옮길 수도 있다.

2,9. "재앙을 준비해 두셨다가" 그리스어 본문을 자구적으로 옮기면 "이 재앙들을 지키고 계시다가"이다.

모든 일에 의로우시기 때문입니다. 10 그래도 우리는 주님
의 말씀을 듣지 않고, 우리에게 내리신 명령에 따라 걷지
않았습니다.

기도

11 이제 주 이스라엘의 하느님, 당신께서는 강한 손과 표징
과 기적과 큰 권능과 뻗은 팔로 당신 백성을 이집트 땅에
서 이끌어 내시고, 오늘 이처럼 당신 이름을 떨치셨습니
다. 12 주 저희 하느님, 저희는 당신의 모든 규정을 어겨 죄
를 짓고, 경건하지도 의롭지도 못하게 살았습니다. 13 당신
의 분노를 저희에게서 거두어 주소서. 당신께서 저희를 민
족들 사이로 흩으시어 저희가 적은 수만 살아남았기 때문
입니다.
14 주님, 저희의 기도와 간구를 들어 주소서. 당신을 위하
여 저희를 구원하시고, 저희를 유배시킨 자들 앞에서 저
희에게 은총을 내려 주소서. 15 그리하여 온 세상이, 당신
께서 주 저희 하느님이시라는 것과, 이스라엘과 그 민족이
당신 이름으로 불린다는 것을 알게 하소서. 16 주님, 당신
의 거룩한 집에서 저희를 굽어보시고 생각해 주소서. 주
님, 귀를 기울여 들어 주소서. 17 눈을 뜨고 보소서. 정녕
몸에서 숨이 끊어져 저승으로 내려간 죽은 자들은 주님께
영광과 정의를 돌려 드리지 못할 것입니다. 18 그러나 주님,
크게 슬퍼하는 이, 허리를 구부리고 힘없이 걷는 이, 눈이
풀린 이와 배고픈 이는 당신께 영광과 의로움을 돌려 드릴
것입니다.

2,10 1,18; 2열왕 17,13-14; 이사 30,10-11; 예레 6,16-18; 다니 9,6.10; 마태 23,37. 2,11 신명 5,15; 6,21-23; 느헤 9,10; 예레 32,20-21; 다니 9,15-16. 2,12 레위 26,40; 1열왕 8,46-53; 시편 106,6. 2,13 신명 28,62; 아모 3,12; 다니 9,16. 2,14 시편 25,11; 79,9; 예레 42,12; 다니 9,17; 1코린 7,21. 2,15 창세 39,21; 탈출 6,7; 여호 4,24; 1열왕 8,43.59-60; 요엘 2,27; 즈카 13,9. 2,16 신명 26,15; 시편 17,6; 이사 63,15; 예레 14,9; 다니 9,19. 2,17 시편 6,6; 30,10; 이사 38,18; 마태 8,12. 2,18 신명 28,65-67.

2,11-35. 세 가지 동기가 이 농축된 간청을 밑받침한다. 그것은 주님의 자애로운 사랑을 증언하는 과거의 기억, 유배가 주님의 통치권에서 벗어난 일이 아니며 따라서 이 재앙은 회개의 기회가 될 수 있다는 의식, 그리고 하느님께서 영원한 계약의 예고에서 절정에 이르는 당신 약속들에 충실하시다는 신뢰이다. 영원한 계약은 시나이에서 맺어지고 백성의 죄로 위배된 계약의 단순한 연속이 아니라, "새 계약"에 관한 예레미야의 메시지를 되살리는 것이다(예레 31,31 참조).

2,11-26. 죄의 고백에 이어 충실하고 자애로우신 하느님께 용서를 간청한다. 본문의 형태는 예언서들에 사용된 '립', 곧 하느님과 그분 백성 사이의 쌍방 논쟁을 연상시킨다(예레 2,9; 미카 6,1-8의 주 참조). 그러나 하느님께서 고발하시는 것이 아니라 백성이 자신의 죄를 인정한다는 점에서는 차이가 난다. 또한 예언자들을 통하여 전해진 하느님의 말씀이 실현됨을 인정하는데, 그 말씀은 실제적으로 바빌론 임금에게 복종하라는 예레미야의 메시지와 일치한다. 안타깝게도 그 말씀은 받아들여지지 않았고 징벌은 실현되었다.

2,10. 히브리어의 영향을 받은 표현들인 "듣지 않고"와 "걷지 않았습니다."는 "순종하지 않고"(신명 13,5의 주 참조)와 "실행하지 않았습니다."로 옮길 수 있다.

2,18. 그리스어 본문에는 "영혼"이라는 단어를 두 번 사용한다("크게 슬퍼하는 영혼", "배고픈 영혼"). 그리스어 단어 '프쉬케' 이면에는 히브리어 '네페쉬'가 있고 이 단어는 인칭 대명사로 사용할 수 있으므로(우리말 번역처럼. 1사무 23,20의 주 참조), 여러 해석이 가능하다. 첫 번째 용례의 경우 "슬픔으로 가득한 마음" 곧 "크게 슬퍼하는 마음"으로 옮길 수 있고, 두 번째 예의 경우 '네페쉬'가 "목구멍, 갈망, 배"를 뜻하기도 한다는 점을 고려하여(민수 11,6의 주 참조) "배가 굶주린 이"로 옮길 수 있다.

2,20.24. "예언자들"이라는 복수형에도 불구하고 직접적으로 지칭하는 것은 오직 예언자 예레미야이다(예를 들어 예레 27-28장 참조). "무덤"이라고 번역한 단어의 자구적 표현은 예레 8,1과 같이 "그들의 자리"이다.

19 주 저희 하느님, 저희가 조상들이나 임금들의 의로운 행
위를 내세워, 당신 앞에서 자비를 구하는 것은 아닙니다.
20 당신께서는 정녕 당신의 분노와 진노를 저희에게 내리
셨습니다. 당신 종 예언자들을 통하여 말씀하신 대로입니
다. 21 "주님께서 이렇게 말씀하신다. '머리를 숙여 바빌론
임금을 섬겨라. 그러면 너희는 내가 너희 조상들에게 준
땅에서 살게 될 것이다. 22 그러나 너희가 만일 바빌론 임
금을 섬기라는 주님의 말씀을 듣지 않는다면, 23 기쁜 소
리와 즐거운 소리, 신랑 신부의 소리를 유다 성읍들과 예
루살렘에서 그치게 하겠다. 그러면 온 나라가 인적 없는
폐허가 될 것이다.'"
24 그런데도 저희는 바빌론 임금을 섬기라는 당신의 말씀
을 듣지 않았습니다. 그래서 당신께서는 저희 임금들의 뼈
와 조상들의 뼈가 무덤에서 파헤쳐지리라고 당신 종 예언
자들을 통하여 하신 말씀을 이루셨습니다. 25 과연 그 뼈
들은 낮의 뜨거운 햇볕과 밤의 서리에 팽개쳐졌습니다. 그
들은 극심한 고난 속에서 굶주림과 칼과 유배로 말미암아
죽었습니다. 26 당신께서는 이스라엘 집안과 유다 집안의
죄악 때문에, 당신 이름으로 불리는 성전을 오늘 이처럼
만드셨습니다. 27 주 저희 하느님, 당신께서는 온갖 선과
크신 자비로 저희를 대해 주셨습니다. 28 이것은 당신의 율
법을 이스라엘 자손들 앞에서 기록하라고 당신 종 모세에
게 명령하신 날, 그를 통하여 말씀하신 대로입니다. 29 "만
일 너희가 내 말을 듣지 않는다면, 이 헤아릴 수 없이 많
은 백성은, 내가 그들을 쫓아 보낸 민족들 가운데에서 적
은 수로 줄어들 것이다. 30 나는 이 백성이 완고하여 내 말
을 듣지 않을 것을 알고 있다. 그러나 그들은 유배의 땅에
서 마음을 돌려, 31 내가 주 그들의 하느님임을 알게 될 것
이다. 그러면 나는 그들에게 올바른 마음과 들을 귀를 주
고, 32 그들은 유배의 땅에서 나를 찬양하고 내 이름을 기

2,19 1,13; 에제 36,22; 다니 9,18. 2,20 2열왕 9,7; 마태 23,35; 루카 18,7-8; 로마 12,19. 2,21 예레 21,8-10; 25,5; 27,11-12; 35,15; 38,2.17. 2,22 예레 27,8-17; 38,18.21-23. 2,23 예레 4,7; 7,34. 2,24 예레 8,1-2; 에제 6,5. 2,25 예레 14,12; 32,36-44; 36,30. 2,26 예레 7,10-11.14. 2,28 탈출 24,4; 신명 31,9. 2,29 레위 26,33.39; 신명 28,62. 2,30 3,7; 탈출 32,9; 레위 26,39-42; 신명 9,13; 예레 13,27; 즈카 10,9. 2,31 예레 24,7; 31,33; 32,39; 에제 11,19-20; 36,26-31.

2,27-35. 여기서도 모세 율법에 명시된 하느님 말씀이 유배된 이들에게 약속된 땅으로의 귀환과 영원한 계약과 수많은 후손이라는 희망을 유지하게 해 준다. 탄원은 살아 있는 이들만이 주님께 영광을 드린다는 것과 같은(2,17-18; 시편 6,6; 88,11-13; 115,17; 이사 38,18-19 참조) 전통적 동기들을 취한다. 하느님의 영광이 드러나는 것은 이스라엘의 생존을 통하여 이루어진다.

억할 것이다. 33 그리고 그들은 주님 앞에서 죄를 지은 자
기네 조상들의 길을 기억하여, 자신들의 완고함과 악한 행
실에서 돌아설 것이다. 34 그러면 내가 그들을 그들의 조
상 아브라함과 이사악과 야곱에게 주겠다고 약속한 땅으
로 돌려보내고, 그들은 그 땅을 다스릴 것이다. 내가 그들
을 불어나게 하리니, 그들은 결코 줄어들지 않을 것이다.
35 나는 그들과 영원한 계약을 맺어, 내가 그들의 하느님이
되고 그들은 내 백성이 될 것이다. 그리고 나는 그들에게
준 땅에서 내 백성 이스라엘을 다시는 내쫓지 않겠다."

2,33. "길을 기억하여" 그리스어 본문을 그대로 옮긴 것으로, 저자는 "조상들의 행실"을 생각하고 있다(1사무 8,3.5의 주 참조).

2,35. "내가 그들의 하느님이 되고 그들은 내 백성이 될 것이다."는 계약 정식을 옮겨 놓은 것이다(예를 들어 탈출 6,7; 레위 26,12; 신명 4,20; 예레 7,23; 11,4 참조).

3

1 전능하신 주님, 이스라엘의 하느님! 고통받는 목
숨과 지친 영혼이 당신을 향하여 부르짖습니다.
2 주님, 들어 주소서. 저희가 당신께 죄를 지었으니 자비를
베푸소서. 3 당신께서는 영원히 좌정하여 계시지만, 저희
는 영원히 멸망하게 되었습니다. 4 전능하신 주님, 이스라
엘의 하느님! 이제 이스라엘의 죽은 자들과 당신 앞에서
죄를 지은 그 자손들의 기도를 들어 주소서. 그들은 주 그
들의 하느님의 말씀을 듣지 않아, 저희에게 재앙이 닥치게
하였습니다. 5 저희 조상들의 불의한 행실을 기억하지 마
시고, 이제는 당신의 권능과 이름을 기억해 주소서. 6 당신
은 주 저희 하느님이십니다. 주님, 저희가 당신을 찬양하겠
습니다. 7 당신께서는 저희 마음에 당신에 대한 경외심을
새겨 주셔서 당신의 이름을 부르게 하셨습니다. 저희는 유
배살이를 하면서도 당신을 찬양하겠습니다. 당신 앞에서
죄를 지은 저희 조상들의 모든 불의를 저희 마음에서 떨
쳐 버렸습니다. 8 보십시오, 오늘날 저희는 당신께서 저희
를 흩어 버리신 곳에서 유배살이를 하며, 수치와 저주와
벌을 받고 있습니다. 이것은 저희 조상들이 주 저희 하느
님을 떠나 저지른 온갖 불의한 행실 때문입니다.

2,33-34 신명 30,1-10; 예레 16,15. 2,35 창세 9,16; 예레 30,10; 31,31-33; 32,37.41-44. 3,1 2,18; 욥 7,11. 3,2 1,13.17; 2,12; 다니 9,5. 3,3 시편 10,16; 애가 5,19-20. 3,4 1,20; 에제 37,1-14; 마태 8,22. 3,5 레위 26,40; 민수 32,14; 에즈 9,7; 시편 78,8; 106,6; 마태 23,32; 사도 7,51. 3,7 2,30; 예레 31,33; 32,39. 3,8 2,4.13.

3,1-8. 참회 기도는 백성이 자신의 죄로 인한 아픔을 표현하는 또 한 번의 탄원으로 끝맺는다. 이 기도는 자기들의 호소를 "이스라엘의 죽은 자들의 기도"라고 정의하는 백성의 나약함과 주님의 전능하심 사이의 대조에 의지한다. 참회하는 마음에서 하느님의 이름에 대한 찬양과 찬미가 나온다. 백성은 아직 유배되고 흩어져 있어도, 하느님께는 죄의 탓이 전혀 없으시기 때문이다.

지혜에 대한 명상

3,9-14. 생명에 이르는 길인 지혜(예지, 지식)에 따라 행동하라는 열정적인 권고. 유배의 이유를 계속해서 묻는 이들에게 앞의 탄원에서와 약간 달라진 대답이 주어진다. 주님께서 이스라엘에게 전해 주신 지혜를 저버린 것이 그 이유이다.

3,12-13. 이스라엘이 저버린 지혜의 샘은 하느님이고, 그래서 백성은 유배를 가게 된 것이다. 생명의 계명에 순종하지 않는 것은 죽음을 가져오는 어리석음이다. 하지만 지혜는 인간적인 힘으로 얻을 수 있는 것이 아니라, 오직 하느님의 선물로 받아들일 수 있을 뿐이다.

권고

9 이스라엘아! 생명의 계명을 들어라.
귀를 기울여 예지를 배워라.
10 이스라엘아! 어찌하여, 네가 어찌하여 원수들의 땅에서
살며 남의 나라에서 늙어 가느냐?
11 네가 어찌하여 죽은 자들과 함께 더럽혀지고
저승으로 가는 자들과 함께 헤아려지게 되었느냐?
12 네가 지혜의 샘을 저버린 탓이다.
13 네가 하느님의 길을 걸었더라면
너는 영원히 평화롭게 살았으리라.
14 예지가 어디에 있고 힘이 어디에 있으며
지식이 어디에 있는지를 배워라.
그러면 장수와 생명이 어디에 있고
눈을 밝혀 주는 빛과 평화가 어디에 있는지를
함께 깨달으리라.

3,15-21. 지혜의 기원에 대한 질문에 대하여 바룩은 땅과 하늘의 동물들까지 지배하는 권력도, 정복자 민족들의 힘도 지혜에 도달하지 못한다고 대답한다. 많은 금과 은으로도 무엇을 할 수 없다. 금과 은은 그것을 소유하거나 그 비밀을 간직하며 애쓰는 이들을 죽음에서 구하지 못한다.

가까이 갈 수 없는 지혜

15 누가 지혜의 자리를 찾았으며
누가 지혜의 보고에 들어갔는가?
16 민족들의 통치자들은 어디 있으며
땅의 짐승들을 지배하던 자들은 어디 있는가?
17 하늘의 새들을 가지고 놀던 자들은 어디 있으며
사람들이 의지하고 끝없이 가지려 드는
금과 은을 쌓아 둔 자들은 어디 있는가?
18 수고한 흔적도 찾지 못하면서
돈을 벌려고 꾀하고 애쓰던 자들은 어디 있는가?

3,9 신명 4,1; 6,4; 시편 78,1; 잠언 4,20-22; 이사 55,3; 마태 17,5. 3,10 예레 5,19; 13,22. 3,11 시편 28,1; 88,4; 143,7. 3,12 잠언 18,4; 집회 1,5; 예레 2,13; 17,13. 3,13 시편 81,12-15; 이사 48,18; 마태 23,37. 3,14 4,1; 욥 12,12-13; 시편 119,104; 잠언 1,7; 3,1-2; 4,10; 8,14; 집회 51,19-21. 3,15 욥 28,12.20; 마태 13,44. 3,16 욥 34,19-20; 잠언 8,15-16; 예레 27,6; 묵시 6,15. 3,17 잠언 11,28; 예레 9,23; 에제 5,17; 루카 12,15-21.

3,9-4,4. 하느님께서 당신 생명의 계명들을 통하여 이스라엘에게 전해 주신 지혜에 대한 찬양이다. 바룩서 첫째 부분에서 예언서의 주제들과 모세 율법에 연관된 주제들이 나타난다면, 이제는 율법이 이스라엘을 지혜롭게 해 준다고 보는 지혜문학 전통과 신명 4장에 이어진다. 유배 체험과 그 원인을 돌아보면서 백성은 자신을 다른 민족들 앞에서 위대하게 해 주는 지혜의 유산도 발견하게 된다.

3,9-15.32-4,4. 이 본문과 특히 그 마지막 부분("우리는 행복하구나! 하느님께서 기뻐하시는 일을 우리가 알고 있다.")을 특징짓는 하느님의 지혜라는 주제로 인하여 부활 성야 때 제6독서로 사용한다. 이어서 에제 36,16-17ㄱ.18-28로 회중에게 세례 예식을 향하게 한다.

19 그들은 사라져 저승으로 내려가 버리고
그들 대신 다른 이들이 일어났다.
20 새로운 세대가 빛을 보며 땅 위에서 살았지만
슬기의 길은 알지 못하였다.
21 그들은 슬기의 행로를 깨치지도 파악하지도 못하고
그들의 자손들은 그 조상들의 길에서 멀어졌다.
22 슬기에 관하여 가나안에서 들어 볼 수 없고
그것을 테만에서 찾아볼 수 없었다.
23 세상의 지식을 구하던 하가르의 자손들
메란과 테만의 상인들
이야기꾼들과 지식의 길을 구하던 이들도
지혜의 길을 알지 못하고 그 행로를 기억하지 못하였다.
24 아 이스라엘아, 하느님의 집이 얼마나 크고
그분의 소유지가 얼마나 넓으냐!
25 크고 끝없고 높아 잴 수가 없다.
26 이름난 거인들이 예로부터 거기에서 났는데
그들은 키가 크고 싸움에 능하였다.
27 그러나 하느님께서는 그들을 선택하지 않으시고
그들에게 슬기의 길을 주지도 않으셨다.
28 그들은 예지가 없어 망하였고
생각이 모자라 망하였다.
29 누가 하늘에 올라가 슬기를 잡았으며
누가 구름에서 슬기를 끌어 내렸는가?
30 누가 바다를 건너 슬기를 찾아냈으며
누가 순금을 주고 슬기를 사 오겠는가?
31 슬기의 길을 아는 이도 없고
그 행로를 깊이 생각하는 이도 없다.

하느님만이 슬기를 아시고 그것을 이스라엘에게 주신다

32 모든 것을 보시는 그분만이 슬기를 아시고
당신의 지식으로 그것을 찾아내신다.
이 세상이 영원하도록 마련하신 그분께서
그곳을 네발 가진 짐승들로 채우셨다.
33 그분께서 보내시니 빛이 가고
그분께서 부르시니 빛이 떨며 복종한다.

3,19 욥 34,24; 시편 49,11-13; 루카 1,51-53. 3,20-21 3,27. 3,22 욥 2,11; 예레 49,7; 에제 28,4-5; 즈카 9,2. 3,23 창세 16,1-16; 21,9-21; 갈라 4,24-25. 3,25 욥 11,7-9. 3,26 창세 6,1-4; 지혜 14,6. 3,27 1사무 9,2; 10,23-24; 16,7; 시편 147,10-11; 루카 16,15. 3,28 욥 5,13; 이사 29,14; 1코린 1,19. 3,29-30 신명 30,1213; 잠언 24,4; 30,4; 지혜 9,4. 3,31-32 창세 1,24-25; 욥 28,13-14.20-24; 집회 24,1-3. 3,33 창세 1,3.

3,22-28. 전통적으로 지혜를 지닌 것으로 유명했던 민족에게도 지혜가 없음을 강조하기 위하여 20절의 모티브를 다시 사용한다. 지역들(가나안과 테만)과 이스마엘인들("하가르의 자손들")과 나바테이아인들("메란") 같은 민족들이 열거되는데, 이들은 교역 전문가들이었지만 지혜의 길은 찾아내지 못했다. 본문은 "거인들"도 언급하는데, 이들은 인간적이면서 신적 존재들로서 인류를 발전시켜야 했지만 이에 성공하지 못했다(창세 6,4 참조). 26절은 외경 에녹서에 나오는(6 11) 타락한 감시자들의 전승을 알고 있는 것으로 보인다.

3,27. 지혜는 하느님의 선물이므로 선택과 온전히 결합된다.

3,29-35. 앞서 27절에 나왔던 주제가 발전하며, 지혜의 길은 하느님만 아신다는 욥 28장의 주제를 연상시킨다. 자신들을 만드신 분을 위하여 기쁘게 빛을 낸다는 별들의 표상이 찬란하다.

3,32-4,4. 자연의 신비는 인간으로서는 알아들을 수 없지만 우주의 창조자는 그것을 아시고 섭리로 돌보신다. 그리고 당신 종 야곱에게 지혜를 선물로 주셨다. 이스라엘 백성은 율법의 책을 받았고, 여기에 순종함으로써 생명을 보장받았다. 그러므로 이스라엘은 회개하고 자신의 영광이고 빛이며 다른 민족들 앞에서 특전인 이 유산으로 돌아가야 한다. 그리스도교적 해석에서 38절은 예수 그리스도 안에서 육화하신 말씀에 대한 예언으로 이해되었다.

4,1. 다른 식으로는 접근할 수 없는 지혜가 이스라엘에게는 율법의 책에 글로 명시된 하느님의 계시로 주어졌다(집회 24장 참조). 바룩에게 율법은(순종을 요구하면서) 이미 창조 질서 안에 작용하고 있는 지혜에 대한 최고이며 오류의 여지가 없는 지혜의 표현을 전해 준다.

4,5-8. 희망을 권고하며, 백성의 창조주이며 아버지이신 하느님의 진노를 불러일으켜 유배의 원인이 되었던 우상 숭배(마귀 숭배)와 배은망덕을 기억하게 한다. 5-20절에서 하느님께 "영원하신 분"이라는 호칭을 많이 사용하는데, 일곱 번에 걸쳐 반복한다. 이러한 호칭은 독자에게 역사적 사건들에 대한 폭넓은 시각을 갖게 하므로 중요하다. 악의 승리와 징벌이 때로는 모든 것을 뒤엎을 듯 보이지만 일시적인 것이다.

34 별들은 때맞추어 빛을 내며 즐거워한다.
35 그분께서 별들을 부르시니 "여기 있습니다." 하며
자기들을 만드신 분을 위하여 즐겁게 빛을 낸다.
36 이분께서 우리 하느님이시니
어느 누구도 이분께 견줄 수 없다.
37 그분께서 슬기의 길을 모두 찾아내시어
당신 종 야곱과 당신께 사랑받는 이스라엘에게 주셨다.
38 그러고 나서야 땅 위에 슬기가 나타나
사람들과 어울리게 되었다.

4 1 슬기는 하느님의 명령과
길이 남을 율법을 기록한 책이다.
슬기를 붙드는 이는 살고
그것을 버리는 자는 죽는다.

권고

2 야곱아, 돌아서서 슬기를 붙잡고
그 슬기의 불빛을 향하여 나아가라.
3 네 영광을 남에게 넘겨주지 말고
네 특권을 다른 민족에게 넘겨주지 마라.
4 이스라엘아, 우리는 행복하구나!
하느님께서 기뻐하시는 일을 우리가 알고 있다.

예루살렘을 위한 권고와 위로

유배자들에게 보내는 권고

5 이스라엘이라 불리는 내 백성아, 용기를 내어라.
6 너희가 이민족들에게 팔린 것은
멸망하기 위해서가 아니었다.
너희가 하느님을 진노하시게 하였기에
원수들에게 넘겨진 것이다.

3,34 창세 1,14-18; 집회 43,9-10; 이사 40,18.25-26. 3,35-36 욥 38,35; 시편 147,4. 3,37 시편 147,19-20; 집회 24,8-11; 이사 41,8-10. 3,38 잠언 8,31; 지혜 9,10; 요한 1,14. 4,1 신명 30,19; 잠언 1,32-33; 8,35-36; 집회 24,22-23; 요한 1,17; 로마 13,10; 갈라 5,14; 6,2. 4,2 잠언 6,23; 이사 2,5. 4,3 신명 4,6-8; 집회 24,8-11. 4,4 신명 4,32-38; 33,29; 지혜 9,10.18; 루카 10,23-24. 4,6 판관 2,14; 이사 50,1; 52,3.

4,5-5,9. 이사 40-66장 구원의 신탁들을 본받은 회복과 위로의 신탁. 이는 바룩 1,15-3,8의 참회와 탄원에 대한 하느님의 응답이다. 이 신탁들에서는 가족의 표상이 나타난다. 백성을 창조하신 하느님께서는 아버지이시며, 예루살렘은 받아들이고 자녀를 낳는 공동체를 나타내기에 어머니이다.

7 사실 너희는, 하느님이 아니라 마귀들에게 제사를 바쳐
너희를 만드신 분을 분노하시게 하였다.
8 너희는 너희를 길러 주신 영원하신 하느님을 잊어버리고
너희를 키워 준 예루살렘을 슬프게 하였다.
9 예루살렘은 너희에게 하느님의 진노가 내리는 것을 보고
이렇게 말하였다.
"들어라, 시온의 이웃들아!
하느님께서 나에게 큰 슬픔을 내리셨다.
10 나는 영원하신 분께서
내 아들딸들에게 지우신 포로살이를 보았다.
11 나는 그들을 기쁨으로 키웠건만
슬픔과 눈물로 그들을 떠나보내야 했다.
12 과부가 되고 많은 사람에게 버림받은 나를 두고
아무도 기뻐하지 말아 다오.
나는 내 자식들의 죄 때문에 황폐해졌다.
그들은 하느님의 율법을 멀리하고
13 그분의 규정들을 깨치지 못하였으며
하느님께서 주신 계명의 길을 가지도 않고
그분의 의로움에 따라 교훈의 행로를 걷지도 않았다.
14 시온의 이웃들아, 오너라.
너희는 영원하신 분께서
내 아들딸들에게 지우신 포로살이를 생각하여라.
15 그분께서는 먼 곳에서 한 민족을 그들에게 끌어들이셨다.
그 민족은 부끄러움을 모르고 다른 언어를 쓰며
노인을 존경하지 않고 아이들에게 무자비하였다.
16 또한 그들은 과부가 사랑하는 아들들을 끌어가고
혼자된 여인에게서 딸들을 앗아 갔다.
17 그러나 내가 어떻게 너희를 도와줄 수 있겠느냐?
18 재앙을 내리신 비로 그분께서
너희 원수들의 손에서 너희를 빼내어 주시리라.
19 나아가라, 아이들아, 나아가라.
나는 정녕 버려져 외롭게 되었다.
20 나는 평화로울 때 입던 옷을 벗고
기도할 때 입는 자루옷을 둘렀다.
나는 영원하신 분께 한평생 부르짖으리라.
21 아이들아, 용기를 내어 하느님께 부르짖어라.

4,9-20. 어머니로 의인화된 예루살렘이 5-8절에서 예언자가 시작한 말을 이어 간다. 예루살렘은 버림받은 과부처럼 외국인들에 의해 유배 간 자녀들을 향하여 그 많은 고통의 원인이 하느님의 율법에서 벗어난 데 있음을 인정하라고 권고한다(12-13절). 마지막에는 참회의 옷을 입은 여인으로 나타난다("자루옷" 20절). 예루살렘은 스스로 자기 자녀들을 구할 수 없음을 알고 있으며, 바랄 수 있는 유일한 해방은(17-18절) 오직 영원하신 분에게서 온다는 것을 확신한다. 그래서 예루살렘의 무력함은 그분을 향한 탄원이 된다.

4,18.21. "손에서"는 자구적 번역이다("권세에서"라고 옮길 수 있다).

4,20. "기도할 때 입는 자루옷" 요엘 1,13의 주 참조.

4,21-29. 예루살렘은 자기 자녀들에게 유배를 받아들일 것을 권고한 다음(19절 참조), 유일한 구원자이신 주님께 그들을 돌아오게 해 주시기를 탄원하라고 말한

4,7 신명 32,17; 1코린 10,20. 4,8 신명 32,5-6.10.15; 이사 1,2; 5,1-7; 말라 1,6. 4,10 예레 31,15; 애가 1,16-18. 4,11 애가 2,18. 4,12 애가 1,1-2; 이사 47,8-9. 4,13 예레 32,23. 4,15 신명 28,49-50; 예레 5,15; 6,22-23. 4,18 1,20; 이사 66,14. 4,20 5,1; 시편 116,2; 예레 6,26.

다(21-24절). 이어서 자녀들에게 징벌을 인내롭게 견디고(25-26절) 주님께 간청하며(27절) 무엇보다도 회개할 것을 촉구한다(28절). 그분에게서 구원을 기다려야 할 것이다(29절). 영원히 지속되는 기쁨과 즐거움은 유배된 이들이 예루살렘으로 돌아오는 귀환이 실제로는 종말론적 완성의 예표임을 전제한다. 예레 30,3의 주 참조.

그분께서 너희를 억압에서,
원수들의 손에서 빼내어 주시리라.
22 나는 영원하신 분께서 너희를 구원하시기를 바랐다.
영원하신 너희 구세주께서 너희에게 곧 베푸실 자비로 말미암아
거룩하신 분에게서 나에게 기쁨이 왔다.
23 나는 슬픔과 눈물로 너희를 떠나보냈지만
하느님께서는 환희와 즐거움으로
너희를 영원히 나에게 돌려보내 주시리라.
24 시온의 이웃들이 지금 너희의 포로살이를 보지만
머지않아 너희 하느님에게서
구원이 내리는 것도 보게 되리라.
그 구원은 영원하신 분의 큰 영광과 광채와 함께
너희에게 오리라.
25 아이들아, 하느님께서 너희에게 내리신 진노를 참아 내어라.
원수가 너를 박해하였으나
머지않아 너희가 그의 멸망을 보고
그들의 목을 밟게 되리라.
26 연약한 내 아이들은 험한 길을 걸어갔고
원수들에게 빼앗긴 양 떼처럼 끌려갔다.
27 아이들아, 용기를 내어 하느님께 부르짖어라.
이 재앙을 내리신 주님께서 너희를 기억해 주시리라.
28 너희 마음이 하느님을 떠나 방황하였으나
이제는 돌아서서 열 배로 열심히 그분을 찾아야 한다.
29 그러면 너희에게 재앙을 내리신 그분께서
너희를 구원하시고
너희에게 영원한 기쁨을 안겨 주시리라."

예루살렘에 대한 위로

4,30-37. 신랑이신 하느님에게서 이름을 받는 신부 예루살렘을 격려한다(30절). 예루살렘에게 유배된 이들의 귀환을 약속하시는 하느님(거룩하신 분)의 말씀이 선포된다. 이와 대조적으로 그 성읍의 압제자들에게는 하느님의 저주를 기원한다.

30 용기를 내어라, 예루살렘아!
너에게 이름을 지어 주신 분께서 너를 위로하시리라.
31 너를 괴롭히고
네가 쓰러지는 것을 기뻐하던 자들은 불행하다.
32 네 아이들을 종으로 삼은 성읍들은 불행하다.
네 아들들을 잡아 둔 성읍도 불행하다.

4,22 예레 30,10; 31,9. 4,23 예레 31,12-13. 4,24 이사 54,5; 60,1-3; 62,11-12. 4,25 여호 10,24; 이사 51,23; 미카 7,8-10. 4,26 애가 2,22; 4,5. 4,27 예레 3,19; 31,20. 4,28-29 1,20; 이사 53,6; 예레 50,6. 4,30 5,1; 이사 40,1-2; 43,1. 4,31 하바 1,12-15.

33 그 성읍은 네가 쓰러지는 것을 기뻐하고
네가 망하는 것을 즐거워하였으니
저도 혼자된 신세를 슬퍼하리라.
34 그 성읍에 사는 큰 군중의 기쁨을 내가 앗아 가리니
그들의 자만이 슬픔으로 바뀌리라.
35 영원하신 분에게서 불이 내려와
그 성읍이 여러 날 타고
마귀들이 그곳에 오래 자리 잡으리라.
36 예루살렘아, 동쪽으로 눈을 돌려
하느님에게서 너에게 오는 기쁨을 바라보아라.
37 보라, 네가 떠나보낸 아들들이 온다.
그들은 거룩하신 분의 말씀을 듣고
하느님의 영광을 기뻐하며
동쪽에서 서쪽까지 사방에서 모여 온다.

4,37. 자녀 없이 버림받은 과부는 이제 하느님의 사랑을 받는 신부이며, 되찾은 자녀들로 기뻐하는 어머니가 된다.

5

1 예루살렘아, 슬픔과 재앙의 옷을 벗어 버리고
하느님에게서 오는 영광의 아름다움을 영원히 입어라.
2 하느님에게서 오는 의로움의 겉옷을 걸치고
영원하신 분의 영광스러운 관을 네 머리에 써라.
3 하느님께서 하늘 아래 어디서나
너의 광채를 드러내 주시고
4 '의로운 평화, 거룩한 영광'이라는 이름으로
영원히 너를 부르실 것이다.
5 예루살렘아, 일어나 높은 곳에 서서
동쪽으로 눈을 돌려 보아라.
네 자녀들이 거룩하신 분의 말씀을 듣고
하느님께서 기억해 주신 것을 기뻐하면서
해 지는 곳에서 해 뜨는 곳까지
사방에서 모여드는 것을 보아라.
6 그들은 원수들에게 끌려 너에게서 맨발로 떠나갔지만
하느님께서는 그들을 왕좌처럼
영광스럽게 들어 올려 너에게 데려오신다.
7 하느님께서는 이스라엘이

5,1-9. 두 부분으로 구성된 구원 신탁. 1-4절에서는 도성에게 근본적인 변화를 일린다. 이제 애도에서 기쁨으로 건너가고, 변화된 신분의 표지인 새 이름들을 받을 것이다. 5-9절 도성의 새로운 탄생은 그 자녀들이 기적적으로 돌아오는 것으로 구체화된다. 그 귀환은 하느님의 인도로 이루어지며, 변모된 자연이 이들을 에워싼다. 역사의 주인이신 하느님께서 당신 백성을 위하여 시련의 때를 마련하시고 귀환의 길을 닦으신다.

4,34 예레 25,12; 50,2-3; 51,29. 4,35 레위 16,8; 17,7; 이사 34,8-15. 4,36-37 5,5; 시편 106,47; 107,3; 이사 60,4-5. 5,1 4,20; 이사 52,1; 61,3; 루카 15,22. 5,2 지혜 18,24; 이사 61,10; 로마 13,14; 에페 4,24; 묵시 19,8. 5,3 예레 13,11; 33,9. 5,4 4,30; 이사 32,17. 5,5 4,36-37; 이사 43,5; 49,18; 60,4; 즈카 8,7-8. 5,6 이사 49,22; 66,4.20; 예레 32,37; 에제 28,25; 스바 3,20. 5,7 이사 40,3-5; 45,2.

✠ 5,1-9. 세례자 요한을 특징으로 하는 다해 대림 제2주일에 이 본문을 읽는다. 세례자 요한은 주님을 만날 수 있는 새롭고 고른 길을 선포한다.

당신 영광 안에서 안전하게 나아가도록
높은 산과 오래된 언덕은 모두 낮아지고
골짜기는 메워져 평지가 되라고 명령하셨다.
8 하느님의 명령으로 숲들도 온갖 향기로운 나무도
이스라엘에게 그늘을 드리우리라.
9 하느님께서는 당신에게서 나오는 자비와 의로움으로
당신 영광의 빛 속에서 이스라엘을 즐거이 이끌어 주시리라.

예레미야의 편지

6 예레미야가 하느님께서 자기에게 명령하신 대로,
바빌론인들의 임금이 바빌론으로 끌고 간 포로들
에게 전하려고 보낸 편지의 사본.
1 너희는 하느님 앞에서 지은 죄 때문에 바빌론인들의 임
금 네부카드네자르의 포로가 되어, 바빌론으로 끌려갈 것
이다. 2 그리하여 너희는 바빌론으로 들어가, 일곱 세대에
이르기까지 여러 해 동안 긴 세월을 그곳에서 보낼 것이
다. 그러나 그 뒤에 나는 너희를 거기에서 무사히 데리고
나오겠다. 3 너희는 이제 바빌론에서 사람들이 은과 금과
나무로 만든 신들을 어깨에 메고 다니며 이민족들을 두렵
게 하는 것을 볼 것이다. 4 그러니 너희도 다른 민족들처
럼 되지 않도록 조심하여라. 또한 저 신들에 대한 두려움
에 사로잡히지 않도록 조심하여라. 5 너희는 군중이 앞뒤
에서 그것들에게 경배하는 것을 볼 것이다. 그러나 너희는
'주님, 경배드릴 분은 당신뿐이십니다.' 하고 마음속으로
말하여라. 6 내 천사가 너희와 함께 있으면서 너희 목숨을
돌볼 것이다.
7 그것들의 혀는 목수가 다듬고 금과 은으로 도금해 놓았
지만, 가짜라서 말을 할 수가 없다. 8 그들은 몸치장을 좋
아하는 처녀에게 해 주듯, 금을 가져다가 9 관을 만들어
저희 신들의 머리에 씌운다. 그러나 사제들은 저희 신들

5,8 이사 41,19; 55,12-13. 5,9 4,24; 이사 52,12; 60,1. 6,1 2열왕 24,11-16; 2역대 36,20-21; 예레 25,9; 29,1;다니 1,1. 6,3 지혜 13,10; 이사 45,20; 46,7; 예레 10,5. 6,4 시편 137. 6,6 탈출 23,20-23. 6,7 시편 115,4-9; 135,15-16; 하바 2,19.

6,1-72. 작은 책인 바룩서에 예레미야의 편지가 첨가된다. 본래는 독립적으로 작성된 글이지만, (새) 대중 라틴말 성경에는 바룩서 6장으로 제시된다. 제2경전에 속하는 이 글은 예언자가 바빌론에 유배된 이들에게 보낸 편지 형식으로 되어 있으며, 약간은 예레 29장을 본보기로 한다. 그러나 자세히 살펴보면 편지라기보다 우상에 맞선 풍자조의 작은 논고라고 할 수 있다. 본문은 열 단락으로 나뉘며 신들에 대한 숭배를 무익하고 어리석고 해로운 것으로 여기라고 권고하는 후렴으로 끝난다.

6,7-14. 신들과 우상들에 대한 비판의 신학적 핵심은 그들이 다른 이들을 구원할 수 없으며 자신도 돌보지 못한다는 것이다. 그들은 당신께 충실한 이들을 구원하실 수 있고 구원하고자 하시는 주님과 같지 않다.

5,8. "그늘을 드리우리라." 원문에는 과거 시제로 되어 있다. 유배의 귀환은(9절) 예언적으로 이미 일어난 일로 제시된다(7절 "하느님께서는 명령하셨다"). 하느님의 약속과 말씀이 지닌 능력 때문이다.

5,9. 그리스어본에는 없지만 (새) 대중 라틴말 성경에는 6장에서 시작하는 예레미야의 편지에 대한 표제가 있다. "이것은 바빌론 왕의 포로가 되어 바빌론으로 끌려간 사람들에게 보내는 예레미야의 편지 사본이다. 이 편지는 예레미야가 하느님께로부터 받은 명령을 그들에게 그대로 전하려고 쓴 것이다."(공동 번역 성서)

6,1-6. 오직 주님만을 흠숭하라는 예언자의 권고. 유배의 원인을 설명하고, 유배민들이 살던 땅 바빌론에 널리 퍼져 있던 우상 숭배의 유혹 앞에서 충실할 것을 촉구한다. 그들의 목숨을 돌볼 천사의 존재는(6절) 보호 또는 우상 숭배자들을 벌하기 위한 감시를 목적으로 한다.

6,7-14. 저자는 이교 신들을 우상과 동일시한다. 이들은 녹슬거나 먼지가 앉으면 스스로 깨끗하게 할 수 없고, 무기를 갖고 있으면서도 싸우지 못한다. 14절에서는 이후의 모든 비판들에서와 마찬가지로 우상들이 거짓됨을 단언하며 그들을 두려워하지 말라고 권고한다.

에게서 금과 은을 떼어다가 자신들을 위해 함부로 쓰기도
하고, 10 심지어 누각의 창녀들에게 주기도 한다. 그들은
은과 금과 나무로 된 신들을 사람처럼 옷을 입혀 꾸미지
만, 11 그 신들은 녹슬고 좀먹는 것을 스스로 막아 내지 못
한다. 그것들은 자주색 옷을 입었으나, 12 사람들은 그것
들 위에 뒤덮인 신전의 먼지 때문에 그 얼굴을 닦아 낸다.
13 어떤 신은 지방 재판관처럼 홀을 쥐고 있어도, 자기에게
죄지은 자를 죽이지 못한다. 14 또 어떤 신은 오른손에 칼
과 도끼를 들었지만, 전쟁과 강도들에게서 자신을 보호하
지 못한다. 그래서 그것들이 신이 아님을 알 수 있다. 그러
니 너희는 그것들을 무서워하지 마라.
15 사람이 쓰는 그릇이 깨지면 쓸모없어지듯, 16 그들이 신
전에 모셔다 놓은 신들도 그렇게 된다. 그것들의 눈에는
신전에 들어오는 자들의 발에서 일어난 먼지가 가득 쌓여
있다. 17 임금에게 잘못을 저질러 사형당할 자를 가두고
사방을 막듯, 사제들은 강도들에게 빼앗기지 않으려고 그
신전을 문과 자물쇠와 빗장으로 안전하게 한다. 18 그들은
그 신들이 보지도 못하는 등불을 자기 집보다 더 많이 켜
놓는다. 19 그것들은 신전의 들보나 같다. 땅에서 나온 벌
레들이 그 신들의 심장이라는 것을 갉아 먹고 옷까지 먹
어 치워도 그것들은 아픈 줄 모른다. 20 그 신들의 얼굴은
신전의 연기로 검게 그을렸다. 21 그 몸통과 머리 위에는
박쥐와 제비와 그 밖의 다른 새들뿐 아니라 고양이들까지
올라가 앉는다. 22 그래서 너희는 그것들이 신이 아님을 알
게 될 것이다. 그러니 너희는 그것들을 무서워하지 마라.
23 그것들은 금으로 보기 좋게 입혀 놓아도, 누군가 때를
닦아 내지 않으면 결코 빛나지 못한다. 그것들은 부어 만
들어질 때에도 아픈 줄 모른다. 24 그것들은 아무리 많은
돈을 주고 샀어도 그 안에 숨결이 없다. 25 그것들은 발이
없으니, 남들 어깨 위에 얹혀 다니며 저희 수치를 사람들
에게 드러낸다. 그래서 그것들을 섬기는 자들도 부끄러운
일을 당한다. 26 그 가운데 하나가 땅에 넘어지면 섬기는
자들이 일으켜 주어야 하는 것이다. 누군가 그것을 똑바

6,14. "칼과 도끼"는 권위와 힘의 상징이다.

6,15. 같은 표상이(또한 예레 22,28 참조) 호세 8,8에서도 나타나지만, 거기서는 이스라엘에게 적용된다.

6,15-22. 이교 신들은 강도가 훔쳐 가거나 벌레 먹고 동물들에게 침해당할 수 있을 뿐만 아니라, 신도들의 신심에서 나온 행동들을 보지도 못한다. 쓸모없는 우상들을 조롱하는 것은 주님을 믿는 이들에게서 그들에 대한 두려움을 없애기 위해서이다.

6,23-28. 사람들은 우상들을 만드는 데 재산을 쓰지만 그 우상들은 아무것도 할 수 없다. 심지어 그들에게 바쳐진 제물을 사제들의 탐욕에서 지키지도 못한다.

6,25-26. 바빌론의 행렬들을 암시한다(3.5절도). 이 행렬들에서는 신상들을 성전에서 밖으로 꺼냈다. 이사 46,1-7에서는 거짓 신들은 어깨에 메고 가야 하지만 참 하느님께서는 당신 백성을 업고 가신다는 것을 예리하게 대조한다.

6,10 6,32.57. 6,11 6,71; 예레 10,9: 마태 6,19; 1요한 2,17. 6,13 6,17.57. 6,14 // 6,22.28.51.64.68; 또한 6,71 참조. 6,17 6,57. 6,18 시편 115,5. 6,19 6,54. 6,21 이사 2,20. 6,22 // 6,14.28.51.64.68; 또한 6,71 참조. 6,24 시편 115,7; 예레 10,14; 하바 2,19. 6,25 이시 46,7. 6,26 1사무 5,3-4; 지혜 13,15-16.

6,23-28. 예식은 우상들을 공경하는 것이 되어야 하지만, 실제로는 그들을 수치스럽게 만든다. 유다인 신자는 암시적으로 주님께 대한 신심의 위대함과 품위에 대한 의식을 느끼게 된다.

6,29-39. 이교 신전들에는 예식, 제물, 품위 없는 기도, 사제들의 남용이 넘친다. 우상들이 그 신자들을 도울 수 없다는 전적인 무능력 속에서 이 모든 일들이 일어난다.

6,37. 고아와 과부를 불쌍히 여기지 않는 우상들과 달리 주님은 "고아와 과부를 돌보신다."(시편 146,9).

6,40-44. 바빌론 우상들을 수치스럽게 하는 두 가지 사례가 제시된다. 듣지 못하는 벨 신에게 말하려고 하는 벙어리의 경우와 경신례로 실행된 신전 매춘의 경우이다. 창녀들의 허리끈은 아마도 고객들이 알아보게 하는 표지였을 것이다. 밀겨를 태우는 것은 신을 부르기 위한 예식일 것이다.

로 세워도 자기 스스로 움직이지 못하고, 기울어져도 바
로 서지 못한다. 그러니 그것들에게 예물을 바치는 것은
죽은 자들에게 바치는 것과 같다. 27 사제들은 그 앞에 바
쳐진 제물을 팔아 제 이익을 챙긴다. 이처럼 사제들의 아
내들도 제물의 일부를 소금에 절여 저장해 놓고서, 가난
한 이와 힘없는 이에게 나누어 주지 않는다. 28 게다가 그
제물을 달거리하는 여자와 몸 푸는 여자가 만진다. 그래
서 그것들이 신이 아님을 알 수 있으니, 너희는 그것들을
무서워하지 마라.
29 은과 금과 나무로 만든 신들에게 여자들이 음식을 차
려 놓으니, 어찌 그런 것들을 신이라고 부르겠느냐? 30 사
제들은 찢어진 속옷을 입고 머리와 수염을 깎고 머리를
가리지 않은 채, 그 신전에서 수레를 끈다. 31 그들은 초상
집에 온 사람들처럼, 자기네 신들 앞에서 소리치며 울부짖
는다. 32 사제들은 그것들의 옷을 벗겨다가 제 아내와 자
식들에게 입힌다. 33 그것들은 누구한테 나쁜 대접을 받든
좋은 대접을 받든 되갚을 수 없다. 그것들은 임금을 세우
지도 못하고 몰아내지도 못한다. 34 마찬가지로 그것들은
재물도 돈도 주지 못한다. 누가 그것들에게 맹세를 하고
지키지 않아도 요구하지 않는다. 35 그것들은 사람을 죽음
에서 구해 내지도 못하고, 약자를 강자에게서 빼내지도
못한다. 36 눈먼 사람의 시력을 되돌리지도 못하고, 곤경에
처한 사람을 빼내지도 못한다. 37 과부에게 자선을 베풀지
도 못하고, 고아를 잘 돌보아 주지도 못한다. 38 나무로 만
들어 금과 은을 입힌 그것들은 산에서 가져온 돌이나 다
름없으며, 그것들을 섬기는 자들도 창피를 당한다. 39 그러
니 어떻게 그것들을 신이라고 생각하거나 그렇게 부를 수
있겠느냐?
40 칼데아인들도 그것들을 존경하지 않는다. 그들은 말못
하는 벙어리를 보면 그를 벨에게 데리고 가, 마치 벨이 사
람의 말을 알아듣기나 하듯, 그 벙어리가 말하게 해 달라
고 간청한다. 41 그런데 그들은 무지해서 그것들을 버릴 생
각을 못한다. 42 여자들이 허리에 끈을 두르고 길거리에

6,27 레위 12,2-4; 15,19-30; 20,18; 신명 14,28-29. 6,28 // 6,14.22.51.64.68; 또한 6,71 참조. 6,29 지혜 13,10. 6,30 레위 21,5.10. 6,31 1열왕 18,26-28. 6,32 6,10.57. 6,33 6,52.65; 욥 34,24; 다니 2,21; 루카 1,51-55. 6,34 신명 8,18; 코헬 5,1-6; 지혜 14,29. 6,35-36 시편 35,10; 68,6; 109,31; 146,7-8; 예레 1,8.19. 6,37 시편 68,6. 6,38 이사 44,9; 예레 51,17; 하바 2,19. 6,40 이사 46,1.

6,42. 성경은 인간과 하느님의 초월성을 손상하는 온갖 형태에 맞서 싸운다. 호세아의 고발에서부터 신전 매춘은 그 대표적인 예가 된다.

나와 앉아 밀겨를 태운다. 43 그러다가 지나가는 어떤 사
람이 그 가운데 한 여자를 데리고 가서 자고 나면, 그 여
자는 옆의 여자를 보고 자기만 한 매력이 없어서 아무도
그의 끈을 풀어 주지 않았다고 비웃는다. 44 이런 신들을
두고 벌어지는 일들은 모두 거짓이다. 그러니 어떻게 그것
들을 신이라고 생각하거나 그렇게 부를 수 있겠느냐?
45 그것들은 목수들과 금 세공인들이 만들었다. 그것들은
장인들이 만들고 싶은 대로 만들어질 뿐이다. 46 그것들
을 만든 자들도 오래 살지 못한다. 47 그러니 어떻게 그들
이 만든 것들을 신이라 할 수 있겠느냐? 그들은 후손들에
게 거짓과 수치를 남길 뿐이다. 48 그것들에게 전쟁이나 재
앙이 닥치면, 사제들은 그것들과 함께 어디에 숨을까 하고
저희끼리 의논한다. 49 그러니 이처럼 전쟁이나 재앙에서
자신을 구할 수 없는 것들이 신이 아니라는 사실을 어떻
게 모를 수 있느냐? 50 그것들은 나무로 만들어 금과 은을
입힌 것이니 나중에 거짓임이 밝혀질 것이다. 그것들은 신
이 아니라 사람 손으로 만든 것이며, 그것들 안에 신의 활
동이 없다는 사실이 모든 민족들과 임금들에게 드러날 것
이다. 51 그러니 그것들이 신이 아니라는 사실을 누가 모르
겠느냐?
52 그것들은 결코 나라의 임금을 세울 수도 없고, 사람들
에게 비를 내려 줄 수도 없으며, 53 자신들의 송사를 처리
하지도 못하고, 억울하게 당한 사람을 힘이 없어 구제하지
도 못한다. 54 그것들은 하늘과 땅 사이에 사는 까마귀들
이나 같다. 나무로 만들어 금과 은을 입힌 신들을 모셔 놓
은 신전에 불이 나면, 사제들은 도망쳐 살아남겠지만, 신
들은 들보처럼 그 안에서 불에 타 없어질 것이다. 55 그것
들은 임금이나 적들에게 맞설 수 없다. 56 그러니 어떻게
그것들을 신으로 받아들이거나 그렇게 생각할 수 있겠느
냐? 나무로 만들어 금과 은을 입힌 신들은 도둑이나 강도
들에게서 자신을 구할 수 없다. 57 힘센 자들은 금과 은을
빼앗고 그것들에게 입혀 놓은 옷을 벗겨 가져간다. 그런데
도 그것들은 자신을 보호할 수 없다. 58 그러니 이런 거짓
신들보다는 차라리 제 위용을 드러낼 수 있는 임금이 되
거나, 주인이 집에서 쓸모 있게 쓸 수 있는 그릇이 되는 게
낫다. 또 거짓 신들보다는 집 안에 있는 것을 지켜 주는 집

6,45 이사 40,19-20; 44,12-17; 예레 10,3-11. 6,46 시편 115,8. 6,47 6,72; 이사 44,20. 6,50 시편 115,4-8; 지혜 13,10. 6,51 // 6,14.22.28.64.68; 또한 6,71 참조. 6,52 6,33.65; 1열왕 18; 예레 14,22; 다니 2,21. 6,54 6,3.7. 6,57 6,10.32; 지혜 13,16. 6,58 지혜 13,11; 2티모 2,20-21.

6,45-51. 우상은 인간의 손이 만든 것일 뿐이므로 그것을 만든 이들과 마찬가지로 사라지게 되어 있다. 그들은 생명을 가지고 있지도 주지도 않는다.

6,49. 분별 있는 비판이지만, 당신께서 메시아시고 하느님의 아들이심을 드러내기 위하여 자신을 구하라고 조롱을 받았던 십자가에 달리신 예수 그리스도 안에서 계시될 하느님 얼굴의 영광은 아직 참으로 깨닫지 못했다(마태 27,40; 마르 15,30; 루카 23,37.39 참조).

6,52-56. 우상들의 전적인 무능력을 보여 주는 일련의 부정문들이다. 우상들은 행복을 부장하지 못하고, 통치자들에게 권력을 보증하지 못하며, 자신들을 보존하지도 못한다.

6,57-64. 자신들을 방어하지도 못하고 인간의 다른 도구들보다도 유용하지 못한 우상들은 다만 강도들의 약탈품이 될 수 있을 뿐이다. 이들은 주님의 명에 순종하는 천체 및 기후 현상들과 전혀 비교될 수 없다. 창세 1장에 대한 암시로, 창조주의 업적들을 바라보고 그분께만 흠숭을 드리도록 초대한다.

의 문이 되는 게 낫다. 아니면 거짓 신들보다는 궁전의 나
무 기둥이 되는 게 낫다.
59 태양과 달과 별들은 빛을 내며, 맡겨진 제 일에 충실하
다. 60 이처럼 번개도 번쩍일 때면 잘 보인다. 마찬가지로
바람도 어느 곳에서나 분다. 61 구름은 온 세상을 다니라
는 하느님의 명령을 받으면, 그 명령을 수행한다. 62 불도
산과 숲을 태우라는 명을 위에서 받고 그 명을 이행한다.
그런데 저 신들은 겉모습이나 힘에서 이것들과도 견줄 수
없다. 63 판결을 내릴 줄도 모르고 사람들에게 좋은 일도
할 수 없는 이런 것들을, 신이라고 생각하거나 그렇게 부
를 수는 없다. 64 그러니 그것들이 신이 아님을 알고, 그것
들을 무서워하지 마라.
65 그것들은 임금들에게 저주나 복을 내리지도 못한다. 66
또한 민족들에게 하늘의 표징을 보여 주지도 못하고, 태
양처럼 빛을 내거나 달처럼 빛나지도 못한다. 67 피신처로
달아나 자신을 보호할 수 있는 짐승들이 그것들보다 낫
다. 68 그러니 그것들이 신이라는 것을 우리에게 보여 줄
방법이 하나도 없다. 그러므로 너희는 그것들을 무서워하
지 마라.
69 나무로 만들어 금과 은을 입힌 그들의 신들은 아무것
도 지키지 못하는 오이 밭의 허수아비와 같다. 70 나무로
만들어 금과 은을 입힌 그들의 신들은 온갖 새들이 내려
앉는 뜰의 가시덤불과 같으며, 어둠 속에 내던져진 주검과
같다. 71 그것들에게 입혀 놓은 자주색 옷이나 아마포가
썩는 것으로 보아, 그것들이 신이 아님을 알 수 있다. 마침
내 그것들은 삭아 없어져 그 나라의 수치가 된다. 72 그러
니 우상을 갖지 않은 의로운 사람이 더 낫다. 그는 수치와
거리가 멀기 때문이다.

6,61. 신들은 특정 지역에 매여 있다. 그러나 기후 현상들은 "온 세상"에 대한 하느님의 권능을 드러내는 도구이다.

6,65-68. 우상들은 절기의 표지로도, 빛을 비추기 위해서도 아무 쓸모가 없다. 짐승들과 비교하면 그들은 자신의 안전도 도모하지 못한다.

6,69-72. 우상들은 오이 밭의 허수아비처럼(예레 10,5에서도 말하듯이), 또는 생명 없는 주검처럼 아무 쓸모가 없다.

6,59 시편 104,19. 6,63 예레 10,5.

에제키엘서

제목과 정경 내의 위치

이 책은 부즈의 아들 에제키엘과 결부되는데, 그의 이름은 하느님의 힘을 연상시킨다("하느님께서 힘을 주셨다" 또는 "힘을 주신다", "힘을 주시기를"을 뜻한다). 이는 아마도 하느님께서 예루살렘을 지켜 주신다는 믿음과 관련된다(시편 147,13 참조). 사제의 아들인 그는 아마도 사제 직무 수행이 허락되는 나이인 삼십 세에 예언 직무를 시작하고(에제 1,1 참조), 그 가족의 사람들에게 규정대로 이십 년 동안 그 직무를 수행한다(1,1; 40,1 참조; 또한 민수 4,3 참조). 그는 성전에 들어갈 수 없다. 그는 바빌론에 유배된 이들 사이에 있다. 하지만 주님께서는 마치 지성소에서처럼 그를 당신 면전에 받아들이시어 당신 영광을 보게 하신다. 기원전 593년부터 573년까지 전개된 그의 설교는(29,17의 571년에 대한 언급을 예외로 하면) 유다의 마지막 임금들과 유배 기간 동안에 이루어진다.

이 시기에 반역하는 임금 여호야킴의 죽음과(기원전 598년) 제1차 바빌론 유배 후에 네부카드네자르는 치드키야를 팔레스티나의 섭정으로 지명한다. 그러나 치드키야도 저항을 함으로써, 588년부터 587년까지 예루살렘 포위와 점령, 그리고 유배로 이어진다. 예레미야와 마찬가지로 에제키엘도 바빌론의 지배를 전복하려는 시도와 예루살렘 지배층의 정치적 야심들에 반대하는 것으로 보인다. 그는 공동체가 어떤 정권에 종속되었는지 여부와 무관하게 주님의 계명을 준수하는 공동체로 살기를 제의한다. 유다의 독립이 종말을 고하고 유배의 비극이 시작된 기간에 의지할 모든 전통적 제도가 사라진다. 이 상황 속에서 에제키엘은 멸망 속에서도 살아남을 수 있는 개혁과 재건의 기획을 찾는다. 그래서 그는 자주 새로운 유다교의 아버지로 여겨진다.

히브리 정경 안에서 에제키엘서 두루마리는 후기 예언서들 사이에 들어 있으며 연대 순서를 기준으로 이사야서와 예레미야서 다음에(이사야는 예레미야보다 앞서 살았고, 예레미야는 에제키엘보다 앞서 살았다), 열두 소예언서 앞에 놓인다. 탈무드 전통에서는 에제키엘서가 파괴라는 주제에서 위로의 예고로 건너간다는 점을 지적하면서 이 책을 예레미야(파괴의 예언자)와 이사야(위로의 예언자) 사이에 읽을 것을 제안한 견해도 나타난다. 그리스어로 된 바티칸 사본과 알렉산드리아 사본에서 에제키엘서는 예레미야와 연관된 글들(애가와 바룩서) 다음에 위치하고 에제키엘서 다음에는 다니엘서가 뒤따른다. 에제키엘서와 다니엘서는 묵시문학적이라고 여겨지는 몇 가지 특징들을 공유한다.

구조와 문학적 특성

에제키엘에게 귀속되는 이 방대한 작품은 세 부분으로 구성된다. 그 각각은 이스라엘에 대한 단죄의 신탁(1-24장), 민족들에 대한 단죄의 신탁(25-32장), 재건의 예언을(33-48장) 담고 있다. 이와 같이 폭넓은 작품의 전개 속에서는 수많은 문학 형태들이 사용된다. 그중 가장 중요한 것들로는 심판과 구원의 신탁들과 더불어 환시에 관한 보도가 있는데(1,1-3,21; 8-11장; 37,1-14; 40,1-47,12 참조), 때로는 고유한 의미에서 곧 "묵시문학"에서 받아들여질 방식에 따른 구체적 의미에서의 영적 여행으로 발전하기도 한다. 또한 상징적 행위들도 나타나는데(3,22-5,17; 12,1-20; 21,11-12.23-28; 24,15-24; 37,15-19 참조), 이들은 둘 또는 세 단계로 이루어진다(명령, 백성의 질문, 해석). 토론들도 있으며(11,2-12.14-21; 12,21-28; 18,1-4; 20,32-38; 33,10-11.23-29; 37,11-14 참조), 이들 역시 두세 부분으로 나뉜다(격언 인용, 하느님의 응답, 새로운 선포). 비유도 나타난다(15-17장; 19장; 21,1-10; 22,17-22; 23장; 24,1-14; 26,15-21; 27장; 28,11-19; 31-32장 참조).

주요 신학 노선

성전의 거룩함을 알고 수호하도록 교육받은 사제 에제키엘의 메시지는 주님의 영광을 중심으로 한다. 책 첫머리부터 주님의 영광을 강하게 나타낸다. 먼저 그 영광을 수행하는 "생물들"을 통하여 묘사하고(에제 1,4-24 참조), 다음에는 주님의 영광 자체를 나타낸다(1,25-28 참조). 그 시종들은 생명체들이며, 신비롭게 "짐승들"로 제시한다("짐승들"이 "생물들"이라는 단어 자체의 의미이다. 5,17 참조). 이들의 모습은 묘사할 수 있고 그 위치를 말할 수 있는 동시에 눈과 귀를 멀게 하며 끊임없이 움직이고 있다. 그들이 지닌 사자, 독수리, 황소, 인간의 모습을 통하여 하느님의 본성은 두렵고 강하고 출산력이 가득한 동시에 인간과 그 내재적 약함에 친밀하게 개방된 것으로 나타난다. 구름과 불 속에서 나타나는 그분은(에제 1,4 참조) 바로 해방자이신 이집트 탈출의 하느님(탈출 14,24), 계약의 하느님(19,18; 24,16-17 참조), 성전에 머무시는 하느님이시다(40,34; 1열왕 8,10-11 참조). 죽이기도 하시고 살리기도 하시며, 모든 예측을 벗어나시고, 멀어지시다가 또 가까이 오시는 주님의 이러한 환시에 사로잡힌 다음 에제키엘은 말하기 시작한다. 백성이 겪는 죽음과 그들에게 약속된 생명은(그는 이것을 이해했다) 하느님께서 가까이 계심의 반영이다.

예언자는 불의, 죄, 율법 위반, 우상 숭배, 그리고 그 결과로 하느님께서 백성을 떠나가심으로써 더럽혀진 하느님의 거룩하심을 증언한다. 주님의 영광은 죄악으로 더럽혀진 성전을 떠나고(에제 10,18-22 참조) 예루살렘을 떠난다(11,22-25 참조). 주님께서는 거룩하신 분이기에 거짓을 기르는 백성 가운데 계시지 않는다. 성결 법전(레위 17-26장 참조)의 가르침에서 나오는 이와 유사한 단언이, 네부카드네자르가 주님의 성전에 가한 침해가 무엇을 의미하는지를 더 잘 깨닫게 해 준다. 바빌론인이 거룩한 뜰에 들어갈 수 있었던 것은 그 뜰이 이미 비어 있었고 이스라엘의 거룩하신 분께서 그곳에 계시지 않았기 때문이다.

하느님께서 멀리 계심이 죽음을 예고한다면, 구원은 거룩하신 분께서 가까이 오심을 예견한다. 이는 불가능하게 보인다. 더럽혀진 것, 더 정확히 말해 악과 우상 숭배로 더럽혀진 것이 거룩하신 분과 접할 수 있을 것인가? 사제 예언자의 선포의 위대함은 여기에 있다. 주님의 영광은 부정한 것을 뚫고 들어가 생명을 되찾게 한다. 에제키엘 자신이 부정한 땅인 바빌론의 강가에서(에제 1,1 참조) 그 영광을 직접 접하고, 부정한 빵을 먹어야 하며(4,13 참조) 죽은 이들의 부정한 뼈들 사이를 걸어야 한다(37,1-2 참조). 그는 부정함의 왕국으로, 죽음의 지배 속으로 들어가 그곳에서 최종적으로 생명을 발견하고 또한 그곳에 생명을 가져간다. 주님께서는 주시는 분, 죽음의 부정함에서 생명을 돌아가게 하실 수 있는 분으로 당신 자신을 계시하신다(37,5-10 참조).

한편 백성은 다시 눈을 뜨고 일어나는 일을 보아야 하며, 그 영광을 "알아보아야" 한다. 인식을 나타내는 고정된 표현이 오십 회 이상 사용됨으로써 이를 확인해 준다("나 주님이 말하였음을 알게 될 것이다.", "내가 주님임을 알게 될 것이다." 에제 5,13; 6,7.10; 7,27; 12,15-16; 24,27; 33,29; 34,27.30; 36,11.38; 37,6.13-14; 38,23; 39,6.28 참조). 과거에 조상들이 모세를 따라 주님의 구원을 체험하면서 그분의 권능을 알아본 것처럼(탈출 6,7; 16,6.12; 29,46 참조), 그리고 이집트인들이 그분의 위대하심을 증언한 것처럼(탈출 7,5; 14,4.18 참조), 유다 집안과 이스라엘이 흩어진 원인이 된 다른 민족들에게 다시 이를 일깨워야 한다. 주님께서는 죄를 드러내시고 치실 것이며, 이스라엘 백성에게 파괴와 수치가 덮치게 하실 것이다. 그다음에 그들을 모으시고, 정화하시고, 새 마음과 새 영을 주실 것이다(에제 36,26 참조). 이는 당신께서 주님이심을 알게 하시기 위함이다.

앞서 언급한 바와 같이 다른 민족들도 이 죽음과 생명의 물결 속에 휩싸여 있다. 그들 자신이 폭력, 우상, 교만으로 얼룩져 있다. 그들에 대한 신탁은 특징적으로, 예루살렘의 점령 소식을 전하는 전령이 올 것을 알리는 예고와(에제 24,26 참조) 그가 사라지는 것(33,21 참조) 사이에 자리한다. 암몬, 모압, 에돔, 필리스티아, 티로, 시돈이 유다의 수도와 같은 운명을 겪는다. 이집트도 칼에 맞아 사람들과 동물들이 죽어야 하며, 광야가 되어야 한다. 거기서도 주님께서 누구신지를 알게 하려는 것이다. 사십 년 후 주님께서는 그 자녀들이 흩어져 간 민족들 사이에서 그들을 다시 모으실 것이다(에제 29,8-9.13-14.16; 36,24; 민수 14,33; 신명 30,3 참조).

예언자 덕분에 회개가 시작된다. 거의 백 번이나 사용된 히브리어 동사 '야다'("알다, 인정하다")의 첫 번째 용례는 바로 "자기들 가운데에 예언자가 있다는 사실만은 알게 될 것이다."(에제 2,5)에서 나타난다. 예언자는 하느님의 영광 앞에서, 두루마리를 먹으라는 초대를 받는다. 자신의 마음에 드는 말을 고르거나 그 형제들이 되풀이했듯이 자신에게 제시된 것을 조롱할 수 없으며(12,22; 13,2 참조), "비탄과 탄식과 한숨"으로 배를 채워야 한다. 그 후에 그의 입은 그의 예상처럼 죽음의 전형적인 맛인 쓴맛으로 채워지는 것이 아니라 꿀의 단맛으로 채워진다(2,9-3,3; 1사무 15,32 참조). 파수꾼의 운명이 그가 지켜야 하는 도성의 운명에 달려 있듯이 그의 삶은 형제들의 삶과 풀 수 없이 결합되어 있다(에제 3,16-21 참조). 그가 삼키고 힘을 되찾았던 두루마리를 그대로 옮겨 놓은 그의 메시지는 말로 전해지기 이전에 괴롭고도 효과적인 상징적 행동을 하는 그의 인격에 의해 전달될 것이다(3,22-5,17; 12,1-20; 21,11-12; 24,15-24 참조). 이렇게 하여 그는 자신의 몸 안에서 백성의 운명을 살고 그 부정함을 받아들이며, 하느님께 순종하여 그 백성을 은총의 새로움으로 이끈다.

파괴의 절정에서, 예루살렘이 계약을 위반한 결과로 받아야 할 벌을 받았을 때 뜻밖의 용서가 주어진다. 주님께서는 영원한 계약을 맺으시며(에제 16,60; 37,26 참조), 당신 선하심이 초래한 혼란으로 회개가 성숙하게 하신다(16,61-63; 36,22-32 참조). 시나이 계약 체결 후(탈출 24,1-10 참조) 모세에게 성막에 대해 가르침을 받고(24,12-31,18 참조) 영광의 구름이 지어진 성막에 머무는 것을 보았듯이(40,34 참조), 에제키엘은 새 계약이 선포된 후 새 성전의 환시를 본다(에제 40-42장 참조). 주님의 영광은 다시 그 성전에 머문다(43,1-5 참조).

본문의 작성과 전수

본문 작성에 관련하여 고대 번역본들의 연구나 신학 사상 발전에 관한 고찰들의 결과로 여러 편집적 개입들을 가정하게 된다. 칠십인역이라 불리는 그리스어 번역본에서는 주로 7장이 현재의 본문보다 짧으며, 파피루스 967호에서 확인되듯이 38-39장이 36,23ㄴ과 37,1 사이에 위치하고 36,23ㄴ-38이 빠져 있다. 내용에 있어서는 유다 왕국의 마지막 시기에 가까운 꾸짖음들(기원전 6세기 초, 특히 1-24장 안에서)과, 바빌론에 유배된 이들과 그 지도자인 다윗 왕조의 귀환에 대한 희망에 찬 신탁들(기원전 6세기 말)을, 또 보편적 질서 전체에 미치는 하느님의 행위를 해석하게 하는 단락들과 레위기의 성결 법전에 가까운 단락들(기원전 5세기 말), 기원선 4-3세기의 것으로 볼 수 있는 묵시문학적 성격의 단락들을(37-39장 참조) 볼 수 있다.

에제키엘서가 고대 이스라엘의 전통들, 특히 사제계의 특징적 전통에 뿌리를 두고 있는 한편 메소포타미아의 문학 형태들과 정확한 접촉점들이 나타난다는 점도 간과하지 말아야 한다. 예를 들면 수메르의 구데아 찬가(40-48장과 관련), 바빌론의 에사르 하똔 비문(8-11장에 매우 가깝다), 또는 다양하게 나타나는 한 도시에 대한 탄원의 문학 유형 등을 들 수 있다. 어떤 이들은 이 마지막 유형이 에제키엘서 두루마리 전체 이해에 결정적이라고 본다. 이러한 작품들 가운데 본보기로 에라의 서사시를 살펴볼 수 있을 것이다. 이 서사시는 기원전 1050-750년 사이에 작성되었으며, 카브티-일라니-마르둑(="마르둑은 신들 가운데 가장 영광스럽다")이라는 사람에 대해 이야기한다. 그는 계시를 통하여 에라 신에 의해 파괴된 도시 아카드가 회복되고 원수들이 패배하게 되리라는 것을 알게 된다. 그의 증언은 명백히 멸망의 상황을 설명하고 희망을 불어넣기 위한 것이다. 재앙의 원인은 신들에 대한 완고한 경솔함이고, 이어서 반항과 도덕적 무질서가 있었다. 그 결과로 마르둑 신의 깃발들이 더럽혀져 정화를 위하여 도시 밖으로 옮겨져야 한다. 그 틈에 바빌론 주민들을 치려 하는 전쟁의 신 에라가 공격한다. 주민들은 수호신의 보호를 받지 못하여, 이슘 신의 호의적인 조정이 있기까지 쉽게 그에게 약탈당한다.

에제키엘의 작품은 수많은 이전 공헌들을 받아들이면서도, 새로운 문학적 표현들로 건너가는 단계가 된다. 아모 7,1-8,2과 9,1-4에서 이미 잘 알려진 예언적 환시들이 더욱 발전하여 에제키엘서를 거쳐, 이후 즈카 1-6장과 다니 8-12장에서 천상적 존재들이 더 자주 등장하고 묵시문학적 환상이 나타나게 된다. 주님의 현존으로 새로워진 거룩한 도성에 대한 관심은(에제 40-48장; 이사 60장; 62장 참조) 여행기와 유사한 묘사로 표현되고, 이러한 방식은 묵시문학에 가까운 유명한 우주적 탐사들에서 다시 나타난다. 1에녹 1-36장; 72-82장과 쿰란에 알려진 천상 예루살렘의 환시들(1Q32; 2Q24; 4Q554; 4Q554a; 4Q555; 5Q15; 11Q18), 그리고 묵시 21-22장에서 이를 볼 수 있다.

이렇게 하여 하느님의 거룩하신 분 예수님께서 가져오시는 구원의 선포가 준비된다. 예수님께서는 새 생명을 부어 주시기 위하여 죄와 죽음의 부정함을 받아들이신다. 그분의 시신에서, 그분의 옆구리에서 에제키엘이 직감했던 물이 흘러나온다(에제 47,1-12; 요한 19,34 참조). 그 물은 정화하는 능력을 지니고, 인간의 마음을 변모시켜 모든 민족들을 위하여 맺어진 새 계약에 그 마음을 열어 놓는다.

마르코 세템브리니Marco Settembrini

에제키엘서

에제키엘이 환시를 보다

1 ¹ 제삼십년 넷째 달 초닷샛날이었다. 나는 유배자들
과 함께 크바르강 가에 있었다. 그때 하늘이 열리면
서 나는 하느님께서 보여 주시는 환시를 보았다. ² 그달 초
닷샛날, 곧 여호야킨 임금의 유배 제오년에, ³ 주님의 말씀
이 칼데아인들의 땅 크바르강 가에 있는, 부즈의 아들 에
제키엘 사제에게 내리고, 주님의 손이 그곳에서 그에게 내
리셨다.

주님의 발현

⁴ 그때 내가 바라보니, 북쪽에서 폭풍이 불어오면서, 광채
로 둘러싸인 큰 구름과 번쩍거리는 불이 밀려드는데, 그
광채 한가운데에는 불 속에서 빛나는 금붙이 같은 것이
보였다. ⁵ 또 그 한가운데에서 네 생물의 형상이 나타나는
데, 그들의 모습은 이러하였다. 그들은 사람의 형상과 같았
다. ⁶ 저마다 얼굴이 넷이고, 날개도 저마다 넷이었다. ⁷ 다
리는 곧고 발바닥은 송아지 발바닥 같았는데, 광낸 구리
처럼 반짝거렸다. ⁸ 그들의 날개 밑에는 사방으로 사람 손

1,3. "주님의 손"은 황홀경의 체험으로 감지된 주님의 권능을 지칭한다. 말씀의 효과적인 힘과 연관된 하느님의 손은 그리스도교 미술에서 자주 사용된다.

1,4. 팔레스티나에서 하느님의 영광이 가까이에 있고 성전에 머무는 것이라면, 바빌론 유배지에서 에제키엘은 하늘에서, 번개와 화살과 함께 북쪽에서 불어오는 여름의 "폭풍"으로부터 그 영광을 느낀다. 북쪽은 신화에서 신들의 거처이며 바빌론 유배자들이 간 방향이기도 하다.

1,5-10. 사자는 힘, 용기를 연상시키며 왕권의 상징이기도 하다(2사무 1,23; 17,10 참조). 크세노폰의 증언에 따르면 맹금의 대표인 독수리(신명 28,49 참조) 역시 키루스의 상징이다. 황소는 다산성의 상징이고(욥 21,10 참조) 강한 지휘권의 상징이어서(신명 33,17 참조) 신의 상징으로 사용된다(시편 106,19-20; 호세 12,12 참조).

1,1 마태 3,16; 묵시 19,11. 1,4-28 10,1-22; 묵시 4.

1,1-3. 크바르강은 바빌론을 적시는 유프라테스의 관개 수로이다. 진술이 1인칭에서 3인칭으로 바뀌는 것은 이 본문이 합성되고 재편집된 단락임을 시사한다. 정확히 말하기는 어렵지만, 1절에서 말하는 날짜는 요시야의 개혁 운동이(기원전 623-622년) 시작된 이후의 시기로, 네부카드네자르가 예루살렘을 점령한 몇 년 후를 지칭하는 것으로 보인다(기원전 593년). 2절의 날짜는 기원전 593년 7월 31일에 해당한다.

1,5-9. 메소포타미아의 미술에서는 여러 얼굴을 지닌 신적 존재들의 그림과 동물상, 그리고 "커룹"(아시리아의 '카리부', 수호신) 상들이 발견되었다. 이들은 신전 앞에서 그 신전을 보호하고 신전의 품위를 나타내는 역할을 했다. 이 "생물들"은 하느님의 위대하심을 섬기는 우주의 모든 힘들을 나타내는 신화적 상징들이며, 하느님의 뜻에 의하여 인도된다(바람, 영).

✠ 1,5-9. 그리스도교 전통에서 네 얼굴은(네 형상이라고도 일컬어진다) 복음서 저자들과 연결되었다. 마태오는 사람, 마르코는 사자, 루카는 황소, 요한은 독수리와 짝을 이루었다. 이러한 연관은 예로니모까지 거슬러 올라가지만(기원후 4세기), 2세기 이레네오도 사자를 요한의 상징으로, 독수리를 마르코의 상징으로 보면서 이를 제의했다.

1,10. 10,14에서 묘사된 모습들은 여기 언급된 모습들과(사람, 사자, 황소, 독수리의 모습) 달리 각각 커룹, 사람, 사자, 독수리의 모습이다.

1,13-14. 번개와(탈출 19,16의 시나이에서와 같이) 불은 당신 자신을 계시하시는 하느님의 현존을 표시한다.

1,15-21. 이 표상에는 환상적 동물들과 빛나는 광채를 발하는 보석들로 장식된 고대 신전의 마차들과 전투하는 전쟁신의 병거들이 혼합된다. 동심원들로 된 "바퀴"는 어느 방향으로나 세상 어느 곳으로도 움직일 수 있는 이동성을 나타낸다. 아시리아 신상들이 머리에 쓴 관에는 "눈들"이 그려져 있었는데, 이들은 신의 현존이 모든 것을 보고 있음을 나타낸다. 하느님의 이동식 옥좌라는 개념은 고대의 궤와 같이 움직일 수 있는 성소라는 개념을 다시 취한다. 솔로몬 성전에서도 궤를 운반하기 위한 채가 남아 있었다(1열왕 8,8 참조).

1,22-25. 우주의 힘들은 하늘의 궁창 아래에서 움직인다. 그것이 피조물들의 범위이다. 이 표상들은 계약의 궤 위의 커룹들에 "주님께서 앉아 계시는" 것을 연상시킨다(탈출 25,19-22; 시편 99,1).

이 보였고, 네 생물이 다 얼굴과 날개가 따로 있었다. 9 그
들의 날개는 서로 닿아 있으면서, 나아갈 때에는 몸을 돌
리지 않고 저마다 곧장 앞으로 갔다. 10 그들의 얼굴 형상
은 사람의 얼굴인데, 넷이 저마다 오른쪽은 사자의 얼굴
이고 왼쪽은 황소의 얼굴이었으며 독수리의 얼굴도 있었
다. 11 이것이 그들의 얼굴이었다. 그들의 날개는 위로 펼
쳐진 채, 저마다 두 날개는 서로 닿고 다른 두 날개는 몸
을 가리고 있었다. 12 그들은 저마다 곧장 앞으로 나아가
는데, 몸을 돌리지 않고 어디로든 영이 가려는 곳으로 갔
다. 13 그 생물들 가운데에는 불타는 숯불 같은 것이 있었
는데, 생물들 사이를 왔다 갔다 하는 횃불의 모습 같았고,
그 불은 광채를 낼 뿐만 아니라, 그 불에서는 번개도 터져
나왔다. 14 그리고 생물들은 번개가 치는 모습처럼 나왔다
들어갔다 하였다. 15 내가 그 생물들을 바라보니, 생물들
옆 땅바닥에는 네 얼굴에 따라 바퀴가 하나씩 있었다. 16 그
바퀴들의 모습과 생김새는 빛나는 녹주석 같은데, 넷의 형
상이 모두 같았으며, 그 모습과 생김새는 바퀴 안에 또 바
퀴가 들어 있는 것 같았다. 17 그것들이 나아갈 때에는, 몸
을 돌리지 않고 사방 어디로든 갔다. 18 바퀴 테두리는 모
두 높다랗고 보기에 무서운 데다, 그 네 테두리 사방에 눈
이 가득하였다. 19 그 생물들이 나아가면 그 곁에서 바퀴
들도 나아가고, 생물들이 땅에서 떠오르면 바퀴들도 떠올
랐다. 20 어디로든 영이 가려고 하면, 생물들은 영이 가려는
그곳으로 가고, 바퀴들도 그들과 함께 떠올랐다. 그 바퀴들
안에 생물의 영이 있었기 때문이다. 21 생물들이 나아가면
바퀴들도 나아가고, 생물들이 멈추면 바퀴들도 멈추었다.
또 생물들이 땅에서 떠오르면 바퀴들도 그들과 함께 떠올
랐다. 그 바퀴들 안에 생물의 영이 있었기 때문이다.
22 그 생물들 머리 위에는 빛나는 수정 같은 궁창의 형상
이 무섭게 자리 잡았는데, 그들 머리 위로 펼쳐져 있었다.
23 그 궁창 밑에서 생물들은 두 날개를 서로 맞닿게 펴고,
나머지 두 날개로는 몸을 가리고 있었다. 24 그들이 나아
갈 때에는 날갯소리가 들리는데, 마치 큰 물이 밀려오는
소리 같고 전능하신 분의 천둥소리 같았으며, 군중의 고함
소리, 진영의 고함 소리 같았다. 그러다가 멈출 때에는 날
개를 접었다. 25 그들 머리 위에 있는 궁창 위에서도 소리
가 들려왔다. 그러다가 멈출 때에는 날개를 접었다.

1,11 탈출 25,20. 1,13 창세 15,17; 탈출 19,16. 1,24 이사 17,12; 묵시 1,15. 1,25 43,2.

26 그들의 머리 위 궁창 위에는 청옥처럼 보이는 어좌 형상
이 있고, 그 어좌 형상 위에는 사람처럼 보이는 형상이 앉
아 있었다. 27 내가 또 바라보니, 그의 허리처럼 보이는 부
분의 위쪽은 빛나는 금붙이와 같고, 사방이 불로 둘러싸
인 것 같았다. 그리고 그의 허리처럼 보이는 부분의 아래
쪽은 불처럼 보였는데, 사방이 광채로 둘러싸여 있었다. 28
사방으로 뻗은 광채의 모습은, 비 오는 날 구름에 나타나
는 무지개처럼 보였다. 그것은 주님 영광의 형상처럼 보였
다. 그것을 보고 나는 얼굴을 땅에 대고 엎드렸다. 그때 나
는 말씀하시는 분의 소리를 들었다.

에제키엘이 소명을 받다

2 1 그분께서 나에게 말씀하셨다. "사람의 아들아, 일
어서라. 내가 너에게 할 말이 있다." 2 그분께서 나
에게 말씀하실 때, 영이 내 안으로 들어오셔서 나를 일으
켜 세우셨다. 그때 나는 그분께서 나에게 말씀하시는 것
을 들었다. 3 그분께서 나에게 이렇게 말씀하셨다. "사람의
아들아, 내가 이스라엘 자손들, 나를 반역해 온 저 반역의
민족에게 너를 보낸다. 그들은 저희 조상들처럼 오늘날까
지 나를 거역해 왔다. 4 얼굴이 뻔뻔하고 마음이 완고한 저
자손들에게 내가 너를 보낸다. 너는 그들에게 '주 하느님
이 이렇게 말한다.' 하고 말하여라. 5 그들이 듣든, 또는 그
들이 반항의 집안이어서 듣지 않든, 자기들 가운데에 예
언자가 있다는 사실만은 알게 될 것이다. 6 그러니 너 사람
의 아들아, 그들을 두려워하지 말고, 그들이 하는 말도 두
려워하지 마라. 비록 가시가 너를 둘러싸고, 네가 전갈 떼
가운데에서 산다 하더라도, 그들이 하는 말을 두려워하지
말고, 그들의 얼굴을 보고 떨지도 마라. 그들은 반항의 집
안이다. 7 듣든 말든 너는 그들에게 나의 말을 전하여라. 그
들은 반항의 집안이다.
8 너 사람의 아들아, 내가 너에게 하는 말을 들어라. 저 반
항의 집안처럼 반항하는 자가 되지 마라. 그리고 입을 벌

1,26-28. 하늘의 푸른 궁창 위에, 하느님께서 우주의 주인으로서 빛에 싸여 "어좌"에 앉아 계시다. 그분의 "사람처럼 보이는 형상"은 결정과 움직임, 관계를 맺는 데서의 자율성을 나타낸다. 히브리어 단어 '카봇'("영광")은 "무겁다"를 뜻하는 동사 어근에서 파생되어 온전하고 충만한 현존을 나타낸다.

2,1. "사람의 아들"이라는 표현은 다니 7,13과 복음서들에서의 사용으로 유명하다. 에제키엘서에서 이 표현은 자주 사용되면서 인간적이고 나약하며 사멸할 존재로서 가장 자연적인 차원의 예언자를 지칭한다. 그는 선견자이면서도 하느님 앞에서 그의 형제들과 마찬가지이고, 그들처럼 그분께 종속된다. 그에게 이 표현이 익숙한 것은 아마도 사제계 법률들에서 사용되었기 때문일 수 있다(레위 1,2; 13,2 참조[비록 번역되지는 않았지만 "사람아"라는 표현이 있다]).

2,3. "반역의 민족" 여기서 이스라엘인들은 히브리어 '고임'으로 정의되는데, 이는 외국 민족, 이교 민족을 지칭하는 전형적 단어이다('고이'는 36,13-15; 37,22에서도 이스라엘에게 적용된다). 여기서 꾸짖는 반역은 봉신이 자신의 군주에게 해야 할 의무를 다하지 않는 것을 말한다.

1,26 탈출 24,10; 마태 26,64; 묵시 1,13. 1,28 창세 9,13; 다니 8,17; 10,9.15; 묵시 1,17. 2,1 사도 14,10; 26,16. 2,4 이사 48,4. 2,6 예레 1,8. 2,8 묵시 10,9-10.

✠ 2,2-5. 이 단락은 나해 연중 제14주일에 읽는다. 예언자 에제키엘의 사명은 예수님의 사명과 비교된다(마르 6,1-6). 두 경우 모두 듣는 이들의 완고함과 둔함이 부각된다. 복음에서 예수님께서는 그들의 불신앙에 놀라신다.

려 내가 너에게 주는 것을 받아먹어라." 9 그래서 내가 바
라보니, 손 하나가 나에게 뻗쳐 있는데, 거기에는 두루마
리 하나가 놓여 있었다. 10 그분께서 그것을 내 앞에 펴 보
이시는데, 앞뒤로 글이 적혀 있었다. 거기에는 비탄과 탄
식과 한숨이 적혀 있었다.

3 1 그분께서 또 나에게 말씀하셨다. "사람의 아들아,
네가 보는 것을 받아먹어라. 이 두루마리를 먹고,
가서 이스라엘 집안에게 말하여라." 2 그래서 내가 입을 벌
리자 그분께서 그 두루마리를 입에 넣어 주시며, 3 나에게
말씀하셨다. "사람의 아들아, 내가 너에게 주는 이 두루마
리로 배를 불리고 속을 채워라." 그리하여 내가 그것을 먹
으니 꿀처럼 입에 달았다.
4 그분께서 다시 나에게 말씀하셨다. "사람의 아들아, 이
스라엘 집안에게 가서 그들에게 내 말을 전하여라. 5 이상
한 말과 어려운 언어를 쓰는 민족이 아니라, 바로 이스라
엘 집안에게 너를 보낸다. 6 네가 알아듣지 못하는 이상한
말과 어려운 언어를 쓰는 많은 민족들에게 너를 보내는
것이 아니다. 차라리 내가 너를 그들에게 보낸다면, 그들
은 네 말을 들을 것이다. 7 그러나 이스라엘 집안은 네 말
을 들으려 하지 않을 것이다. 이스라엘 집안은 모두 이마
가 단단하고 마음이 굳은 자들이어서, 내 말을 들으려 하
지 않을 것이다. 8 보아라, 내가 네 얼굴도 그들의 얼굴처럼
단단하게 만들고, 네 이마도 그들의 이마처럼 단단하게 만
들었다. 9 네 이마를 바위보다 단단하게 하여 금강석처럼
만들었다. 그러니 그들을 두려워하지 말고, 그들의 얼굴을
보고 떨지도 마라. 그들은 반항의 집안이기 때문이다."
10 그분께서 계속 나에게 말씀하셨다. "사람의 아들아, 내
가 너에게 하는 말을 모두 마음에 받아들이고 귀담아들
어라. 11 그리고 네 동포 유배자들에게 가서 일러라. 그들
이 듣든 말든 '주 하느님이 이렇게 말한다.' 하고 그들에게
말하여라."
12 그런 다음 영이 나를 들어 올리시는데, 주님의 영광이
머무르던 그 자리에서 위로 올라갈 때, 큰 진동 소리가 내
뒤에서 들렸다. 13 그 큰 진동 소리는 생물들의 날개가 서
로 부딪치는 소리와 그 곁의 바퀴들에서 나는 소리였다. 14 이

3,1. "먹는다"는 것은 하느님의 말씀을 받아들여 완전히 자신의 것으로 동화함을 뜻한다.

3,4. "이스라엘 집안"은 에제키엘서에서 팔십 회 이상 사용되며, 다른 용례들과 더불어 이스라엘인들을 나타내는 다른 표현 "반항의 집안"과 연결된다(예를 들어 2,5-8).

3,6-7. 과감한 말이다. 이에 따르면 다른 민족들은 믿지 못하고 예언자가 요구하는 회개에 저항하는 이스라엘보다 더 온순할 것이다.

2,9 묵시 10,2; 5,1. 3,1-3 예레 1,9; 15,16; 묵시 10,9-10. 3,7 이사 6,10. 3,9 이사 50,7. 3,12 묵시 1,10.

2,9-10. 고대에 책은 두루마리 형태로 되어 있었다. 긴 두루마리로 보통 한 편에만 글을 써서 감아 두었다. "앞뒤로 글이 적혀 있었다."는 것은 이 두루마리에 담긴 재앙의 신탁들이 많음을 나타낸다(3-32장 참조).

렇게 영이 나를 들어 올려 데려가셨다. 그래서 내가 쓰라
리고 초조한 마음으로 가는데, 주님의 손이 나에게 무겁
게 내리셨다. 15 나는 크바르강 가에 사는 이들, 곧 텔 아비
브에 사는 유배자들에게 이르렀다. 그들은 바로 그곳에 살
고 있었다. 나는 그곳에서 이레 동안 그들 가운데에 아연
히 앉아 있었다.

예언자: 파수꾼

16 이레가 지난 다음 주님의 말씀이 나에게 내렸다. 17 "사
람의 아들아, 내가 너를 이스라엘 집안의 파수꾼으로 세
웠다. 그러므로 너는 내 입에서 나가는 말을 들을 때마다,
나를 대신하여 그들에게 경고해야 한다. 18 가령 내가 악
인에게 '너는 반드시 죽어야 한다.'고 말하는데도, 네가 그
에게 경고하지 않으면, 곧 네가 악인에게 그 악한 길을 버
리고 살도록 경고하는 말을 하지 않으면, 그 악인은 자기
의 죄 때문에 죽겠지만, 그가 죽은 책임은 너에게 묻겠다.
19 그러나 네가 악인에게 경고하였는데도, 그가 자기의 악
과 자기의 악한 길에서 돌아서지 않으면, 그는 자기 죄 때
문에 죽고, 너는 목숨을 보존할 것이다. 20 그리고 의인이
정의를 버리고 불의를 저지르면, 내가 그 앞에 걸림돌을
놓아 그가 죽게 하겠다. 네가 그에게 경고하지 않으면, 그
가 한 의로운 행실들은 기억되지도 않은 채 자기 죄악 때
문에 죽겠지만, 그가 죽은 책임은 너에게 묻겠다. 21 그러
나 의인이 죄를 짓지 않도록 네가 경고해 주어서 그 의인
이 죄를 짓지 않게 되면, 그가 경고를 받았기 때문에 반드
시 살게 되고, 너도 목숨을 보존할 것이다."

에제키엘이 벙어리가 되다

22 그곳에서 주님의 손이 나에게 내리셨다. 그런 다음 주님
께서 나에게 말씀하셨다. "일어나 넓은 계곡으로 나가라.
내가 그곳에서 너와 이야기하겠다." 23 그래서 내가 일어나
넓은 계곡으로 나가 보니, 전에 크바르강 가에서 본 것과
같은 주님의 영광이 그곳에 서 있었다. 나는 얼굴을 땅에

3,15. 유배된 히브리인들이 살던 "텔 아비브"의 지명은 바빌론어로 "홍수의 언덕"(홍수로 무너진 언덕), 히브리어로 "보리를 수확하는 달의 언덕"을 뜻한다. "아연히 앉아 있었다." 예언자의 실망은 동족과 그 나라의 상태를 예고한다. 4,17; 6,4 참조.

3,16. 한 도시나 진영의 파수꾼에게는 갑작스러운 공격에서 백성을 보호할 책임이 있었다.

3,18-21. 예언자는 "의인"이든 "악인"이든 이스라엘의 모든 구성원들을 염려해야 한다. "너는 반드시 죽어야 한다."는 것은 사형을 언도하는 법적 양식이었다.

3,22. "주님의 손이 나에게 내리셨다." 이 표현은 1,3에서 이미 나왔고, 37,1과 40,1에서 다시 나타난다. 서로 연결된 이 세 단락은 서로를 비추어 준다. 주님께서는 예언자에게 작용하시어 당신의 징벌로 죄를 선포하게 하시지만, 이로써 생명을 주시고(37장) 성전의 재건을 허락하신다(40-47장).

3,16-21 // 33,1-9. 3,18-21 야고 5,20. 3,20 창세 9,5; 이사 8,14. 3,22 사도 9,6.

대고 엎드렸다. 24 그때 영이 내 안으로 들어오셔서 나를
일으켜 세우시자, 주님께서 나에게 말씀하셨다. "네 집으
로 들어가서 문을 잠가라. 25 너 사람의 아들아, 너는 이제
밧줄로 묶여서 사람들에게 나가지 못할 것이다. 26 더욱이
내가 네 혀를 입천장에 붙여 너를 벙어리로 만들어서, 그
들을 꾸짖지 못하게 하겠다. 그들은 반항의 집안이기 때
문이다. 27 그러나 내가 너와 이야기할 그때에 너의 입을
열어 줄 터이니, 너는 '주 하느님이 이렇게 말한다.' 하고 그
들에게 말하여라. 들을 사람은 듣고 말 사람은 말게 하여
라. 그들은 반항의 집안이기 때문이다."

예루살렘이 적에게 포위된다

4 1 "너 사람의 아들아, 벽돌을 가져다가 앞에 놓고
그 위에 도성 하나를, 곧 예루살렘을 새겨라. 2 그런
다음 그 도성에 포위망을 쳐라. 공격 보루를 세우고 공격
축대를 쌓아라. 또 진을 치고 성벽 부수는 기계를 성 둘레
에 놓아라. 3 그리고 너는 철판을 가져다가 너와 그 도성 사
이에 철벽을 세우고, 그 도성에서 얼굴을 돌리지 마라. 이
렇게 그 도성을 포위하고 포위망을 좁혀라. 이것이 이스라
엘 집안에게 보여 주는 표징이다.
4 너는 또 왼쪽 옆구리를 바닥에 대고 누워서, 그 위에 이
스라엘 집안의 죄를 놓아라. 그렇게 누워 있는 날수만큼
네가 그들의 죄를 짊어지는 것이다. 5 나는 그들 죄의 햇수
만큼 날수를 정하였으니, 곧 삼백구십 일이다. 너는 그렇
게 이스라엘 집안의 죄를 짊어져야 한다. 6 그 날수를 채운
다음에는 오른쪽 옆구리를 바닥에 대고 누워서, 유다 집
안의 죄를 짊어져라. 하루를 한 해씩으로 쳐서 사십 일 동
안이다. 7 너는 포위된 예루살렘에서 얼굴을 돌리지 말고
팔을 걷어붙인 채, 그 도성을 거슬러 예언하여라. 8 나는
너를 밧줄로 묶어서, 네가 갇혀 있는 기한이 다 찰 때까지
옆구리를 이쪽에서 저쪽으로 돌리지 못하게 하겠다.
9 너는 밀과 보리와 누에콩과 불콩과 기장과 귀리를 가져
다가, 그릇 하나에 담아 네가 먹을 빵을 만들어라. 그리고
네가 옆구리를 바닥에 대고 누워 있는 동안, 곧 삼백구십

3,24 2열왕 6,32; 예레 36,5. 3,27 마태 11,15; 묵시 22,11. 4,5 민수 14,34. 4,7 이사 52,10.

3,24-27. 에제키엘은(예레미야와 달리) 공공연히 설교하지 않은 것으로 보인다. 사람들과 원로들이 그에게 가서, 하느님께서 무엇을 하려고 하시는지 묻곤 했다(8,1; 20,1; 33,31 참조). 백성의 거센 저항으로 예언자는 좌절한다("밧줄"). 여기서는 예루살렘의 포위가 임박했다는 강한 감정에 일시적으로 침묵하게 된 것을 말한다.

4,1-3. 메소포타미아에서는 "벽돌(점토판)"에 새겨진 지도들이 발견되었다. "철판"은 도망치는 것을 가로막는 공격자들의 장벽을 상징한다.

4,4.6. 해가 뜨는 동쪽을 바라볼 때 왼쪽은 북왕국 이스라엘을(기원전 721년부터 유배), 오른쪽은 남왕국 유다를 가리키게 된다(기원전 587년부터 유배).

4,5. 이스라엘의 배교 390년은 대략 사울 왕정 때부터(기원전 1010년) 요시야의 개혁 때까지(기원전 622년) 또는 예로보암의 분열 때부터(기원전 933년) 예루살렘의 멸망 때까지(기원전 587년) 또는 솔로몬의 성전 봉헌부터(기원전 975년) 그 성전의 최종 파괴까지에(기원전 585년) 해당한다. 그리스어 번역본은 "백구십 일"로 되어 있다(9절에서도).

4,6. 유다의 배교 40년은(광야에서 40일 동안 반항한 것이 약속된 땅을 향한 40년의 길이 되었던 것처럼) 마지막 유배에서(기원전 581년) 키루스의 해방(기원전 538년) 사이의 기간 또는 기원전 587년부터 538년까지의 유배 기간에 해당할 수 있다.

4,9-17. 기근으로 인한 절망을 묘사한다. 사제의 사고방식에서는 지나치게 서로 다른 요소들을 섞는 것이 금지되어 있었다. 여기서는 살아남기 위해 그러한 혼합이 필요했음을 암시한다. "스무 세켈"은 약 228g이고, "육분의 일

일 동안 그 빵을 먹어라. 10 네가 먹는 음식은 저울로 달아
하루에 스무 세켈씩, 시간을 정해 놓고 먹어라. 11 물도 양
을 재어 하루에 육분의 일 힌씩 마시는데, 그것도 시간을
정해 놓고 마셔라. 12 너는 그 빵을 보리 빵처럼 구워 먹는
데, 사람들이 보는 앞에서 인분으로 불을 피워 구워라."
13 그런 다음 주님께서 또 말씀하셨다. "내가 이스라엘 자
손들을 민족들 사이로 내쫓으면, 그들은 그곳에서 이처럼
부정한 빵을 먹을 것이다." 14 그러나 나는 이렇게 말씀드
렸다. "아, 주 하느님! 저는 저 자신을 부정하게 만든 일이
없습니다. 저는 어려서부터 지금까지, 저절로 죽거나 맹수
에게 찢겨 죽은 짐승의 고기를 먹지 않았습니다. 부정한
고기가 제 입속으로 들어온 적이 없습니다." 15 그러자 주
님께서 나에게 말씀하셨다. "좋다. 그러면 인분 대신 쇠똥
을 쓰도록 허락한다. 그것으로 불을 피워 빵을 구워라."
16 주님께서 또 나에게 말씀하셨다. "사람의 아들아, 내가
이제 예루살렘의 양식을 끊어 버리겠다. 그래서 그들은 걱
정에 싸여 빵을 저울로 달아 먹고, 놀라서 떨며 물도 양을
재어 마실 것이다. 17 그들은 빵과 물이 모자라 하나같이
놀라면서, 자기들의 죄 때문에 스러져 갈 것이다."

힌"은 1.25리터이다. 밀보다 급이 떨어지는 보리는 가난하고 굶주린 이들의 양식으로 여겨진다. 동물의 말린 똥은 연료로 사용되었지만, 음식을 부정하게 만들 위험이 있었다. 그러므로 여기서는 극적이고 황폐한 상황을 묘사하려고 한 것이다.

머리카락과 수염을 깎는 상징 행동

5 1 "너 사람의 아들아, 날카로운 칼을 한 자루 가져
다가, 그것을 이발사의 면도날처럼 사용하여 네 머
리카락과 수염을 깎고, 저울을 가져다가 그것을 나누어라.
2 그리고 포위 기간이 끝날 때, 삼분의 일은 성안에서 불로
태워 버리고, 삼분의 일은 가져다가 성을 돌며 칼로 내려
치고, 또 삼분의 일은 바람에 날려 버려라. 그러면 내가 칼
을 빼 들고 그것들을 뒤쫓겠다. 3 그러나 그것들 가운데에
서 조금은 남겨 두었다가, 네 옷자락에 묶어 두어라. 4 다시
그 가운데에서 얼마를 꺼내어 불 속에 던져 살라라. 거기
에서 불이 나와 온 이스라엘 집안으로 번질 것이다."

5,1-17. 곧 포로가 될 것을 예고한다. 포로들은 정복자에 의하여 "머리카락과 수염"이 깎였다. 예루살렘 주민들 일부는 불에 타 죽고, 일부는 살해되고, 다른 이들은 유배를 갈 것이다. "조금"(3절)은 구원될 "남은 자들"이다(6,8; 14,22 참조).

5,3. "묶어 두어라."는 확보해 두라는 뜻이다. "옷자락"은 작은 크기의 물건들을 담기 위하여 옷단을 허리띠 위로 접어 올림으로써 생기는 주름이나 주머니를 가리킨다.

상징 행동의 풀이

5 "주 하느님이 이렇게 말한다. 이것이 예루살렘이다. 나는
그 도성이 뭇 나라에 둘러싸여 민족들 한가운데에 자리
잡게 하였다. 6 그러나 예루살렘은 나의 법규들을 다른 민
족들보다 더 악하게 거슬렀다. 나의 규정들을 둘레에 있

4,14 사도 10,14. 4,16 레위 26,26. 4,17 24,23; 33,10; 레위 26,39. 5,1 44,20; 레위 21,5; 신명 14,1; 2사무 14,26; 이사 7,20. 5,2 레위 26,33; 묵시 8,7. 5,5 38,12.

는 나라들보다 더 거슬렀다. 정녕 그들은 나의 법규들을
업신여기고 나의 규정들을 따르지 않았다.
7 그러므로 주 하느님이 이렇게 말한다. 너희는 둘레에 있
는 민족들보다 더 반항하여 내 규정들을 따르지 않고 내
법규들을 지키지 않았으며, 오히려 둘레에 있는 민족들의
법규들을 지켰다. 8 그러므로 주 하느님이 이렇게 말한다.
보아라, 나도 너 예루살렘을 대적하겠다. 그리고 민족들
이 보는 앞에서 네 가운데에 벌을 내리겠다. 9 너의 그 모
든 역겨운 것 때문에, 내가 전에도 하지 않았고 앞으로도
하지 않을 그런 일을 너에게 하겠다. 10 그리하여 네 가운
데에서 아버지가 자식을 잡아먹고, 자식이 아버지를 잡아
먹게 될 것이다. 나는 이렇듯 너에게 벌을 내리고, 그러고
도 너에게 남은 자들을 모두 사방으로 흩어 버리겠다. 11
그러므로 내 생명을 걸고 말한다. 주 하느님의 말이다. 네
가 너의 그 모든 혐오스러운 것과 역겨운 것으로 나의 성
전을 부정하게 만들었기 때문에, 나도 너를 잘라 내고 동
정하지 않으며, 또한 불쌍히 여기지도 않겠다. 12 너의 주
민 삼분의 일은 성안에서 흑사병으로 죽거나 굶주림으로
스러져 가고, 삼분의 일은 너의 성 둘레에서 칼에 맞아 쓰
러질 것이다. 또 삼분의 일은 내가 사방으로 흩어 버린 다
음, 칼을 빼 들고 그들을 뒤쫓겠다.
13 나는 이렇게 내 분노를 다 쏟아 내어 그들에 대한 화를
가라앉히고 내 속을 후련하게 하겠다. 이렇듯 내가 그들
에 대한 화를 다 쏟을 때, 그들은 비로소 나 주님이 질투
속에서 말하였음을 알게 될 것이다. 14 나는 또 지나가는
모든 이가 보도록, 네 둘레에 있는 민족들 사이에서 너를
폐허와 우셋거리로 만들겠다. 15 내가 분노하고 화를 내며
열화 같은 징계로 너에게 벌을 내리면, 너는 둘레에 있는
민족들에게 우셋거리와 치욕거리가 되고, 교훈과 놀람거
리가 될 것이다. 나 주님이 말하였다.
16 너희에게 비참한 굶주림의 화살, 곧 너희를 파멸시키려
고 멸망의 화살을 쏠 때, 나는 너희의 굶주림을 더욱 심하
게 하고 너희의 양식을 끊어 버리겠다. 17 나는 또 너희에
게 굶주림만이 아니라, 사나운 짐승들을 보내어 너희 자
식들을 앗아 가게 하겠다. 그리고 흑사병과 피가 너 예루

5,13. 주님께서 말씀하셨음을 알게 된다는 것은 역사의 흐름 안에서 하느님의 주권을 발견함을 뜻한다.

5,16. "굶주림의 화살"은 가나안에 널리 퍼져 있던 신화적 개념을 연상시킨다. 이 신화에서 굶주림의 악령인 레셉은 "화살의 주인"이며 화살로 상징된다.

5,9 신명 32,15-16. 5,10 레위 26,29; 신명 28,53-57; 2열왕 6,28-29. 5,12 묵시 6,8. 5,16-17 신명 32,23-25.

5,13. "질투"는 진노한 하느님의 사랑이며, 받은 멸시에 보복하려는 폭력으로 변모된다.

살렘을 휩쓸어 지나가게 하고, 너를 칠 칼을 끌어들이겠
다. 나 주님이 말하였다."

이스라엘의 우상 숭배

6 1 주님의 말씀이 나에게 내렸다. 2 "사람의 아들아,
이스라엘의 산들을 향해 얼굴을 돌리고 그것들을
거슬러 예언하여라. 3 너는 이렇게 말하여라. '이스라엘의
산들아, 주 하느님의 말을 들어라. 주 하느님이 산과 언덕,
시내와 골짜기에게 말한다. 보아라, 나 이제 너희를 칠 칼
을 끌어들여 너희 산당들을 없애 버리겠다. 4 너희 제단들
은 폐허가 되고 너희 분향 제단들은 부서질 것이다. 그리
고 나는 너희 가운데에서 살해된 자들을 너희 우상들 앞
으로 던져 버리겠다. 5 나는 또 이스라엘 자손들의 주검을
그들의 우상들 앞에 가져다 놓겠다. 그리고 너희 뼈를 너
희 제단 둘레에 뿌려 놓겠다. 6 너희가 사는 곳마다 성읍들
은 폐허가 되고 산당들은 황폐해질 것이다. 너희 제단들
은 폐허가 되고 황폐해지며, 너희 우상들은 부서져 없어
지고, 너희 분향 제단들은 조각날 것이다. 이렇게 너희가
만든 것들은 없어지고, 7 너희 한가운데에는 살해된 자들
이 널릴 것이다. 그제야 너희는 내가 주님임을 알게 될 것
이다.
8 그러나 너희가 여러 나라로 흩어진 다음에는, 내가 일부
를 남겨 민족들 가운데에서 칼을 벗어나 살아남게 하겠
다. 9 그리하여 너희 가운데에서 살아남은 자들은 포로로
끌려가, 민족들 사이에서 나를 기억할 것이다. 나를 배반
하여 간음하던 그들의 마음과, 자기들의 우상들을 좇아
간음하던 그들의 눈을 나는 부수어 버리겠다. 그러면 그
들 자신에게도 자기들이 저지른 악행들, 자기들의 그 모든
역겨운 짓들이 메스껍게 보일 것이다. 10 그제야 그들은 내
가 주님임을 알게 될 것이다. 내가 그들에게 이런 재앙을
내리겠다고 한 것은 빈말이 아니다.'"
11 주 하느님께서 이렇게 말씀하신다. "너는 손바닥을 치고
발을 구르면서 말하여라. '아, 슬퍼라! 이스라엘 집안이 저
지른 악하고 역겨운 그 모든 짓. 그들은 칼과 굶주림과 흑
사병으로 쓰러질 것이다. 12 멀리 있는 자들은 흑사병으로

6,2 이사 14,25; 65,9. 6,4 2역대 34,4. 6,6 23,37; 2열왕 21,13. 6,7 예레 8,1-2. 6,9 20,43; 36,31; 레위 26,40-45; 욥 10,1. 6,10 14,23. 6,11 21,20.

6,1-14. 이스라엘이 주님과의 계약을 위반할 경우에 선포된 레위 26장의 저주들이 실현된다. 특히 레위 26,25-26.30-32이 되풀이된다.

6,3. 에제키엘은 그의 신탁들에서 자주 이스라엘 땅을 향하여 말한다. 구체적으로 고찰된 그 땅은 (산, 언덕, 골짜기) 약속 실현의 표지이고 하늘의 선물이며, 주님께서 가까이 계심 또는 떠나가심이 드러나는 자리이다.

6,4. "우상들"('길룰림')은 "굴리다"를 뜻하는 동사 '갈랄'에서 파생한 풍자적 신조어로, 아마도 돌덩어리를 지칭한다(에즈 5,8; 6,4 참조). 그 모음들은('길룰') '식쿠츠'("혐오")에 연결되며(2사무 2,8와 예레 44,17-19.25의 주 참조), 자음들은 '갈랄'과 '겔'("대변")을 연상시킨다. "살해된 자들을 너희 우상들 앞으로 던져 버리겠다." 주검들을 거짓 신들의 숭배자로 던져 줌으로써 그 신들의 무능력을 드러내어 그들을 모욕함을 뜻할 수 있다.

6,5. 뼈를 뿌리는 것은 합당한 장례를 하지 못하게 함을 뜻한다.

6,8. "남은 자들"이 언급된다. 5,1-17의 주 참조.

6,11. 발을 구르는 동작은 강한 감정을 표현하는데, 그 감정은 기쁨일 수도 있다. "역겨운 짓"은 우상 숭배 예식과 우상들을 지칭한다.

6,14. 남쪽의 광야에서(시나이와 이집트 포함) 북쪽의 시리아(리블라)까지는 이스라엘이 가장 넓었을 때 영토 경계이다.

7,2. 하느님의 단죄는("끝") 이스라엘 전체의 경계에까지 이른다.

죽고, 가까이 있는 자들은 칼에 맞아 쓰러지며, 남은 자들
과 보호를 받던 자들은 굶주림으로 죽어 갈 것이다. 나는
이렇게 내 화를 그들에게 다 쏟겠다. 13 높은 언덕마다, 산
봉우리마다, 푸른 나무 아래마다, 잎이 우거진 향엽나무
아래마다, 자기들의 온갖 우상에게 향기로운 제물을 바치
던 곳에, 자기네 제단들 둘레에 있는 그 우상들 사이에 살
해된 자들이 널리게 되면, 그제야 너희는 내가 주님임을
알게 될 것이다. 14 이렇게 나는 그들에게 손을 뻗어, 광야
에서 리블라에 이르기까지 그들이 사는 땅을 모조리 황무
지와 불모지로 만들겠다. 그제야 그들은 내가 주님임을 알
게 될 것이다.'"

이스라엘의 종말이 다가왔다

7 1 주님의 말씀이 나에게 내렸다. 2 "너 사람의 아들
아, 말하여라. '주 하느님이 이스라엘 땅에게 이렇
게 말한다.
끝이 왔다.
이 땅 사방에 끝이 왔다.
3 이제 너에게 끝이 닥쳤다.
나 이제 너에게 내 분노를 쏟아붓고
네가 걸어온 길에 따라 너를 심판하며
너의 역겨운 짓들을 모두 너에게 되갚으리라.
4 나는 너를 동정하지도 않고
불쌍히 여기지도 않으리라.
오히려 네가 걸어온 길을 너에게 되갚고
너의 역겨운 짓들을 네 가운데에 남아 있게 하리라.
그제야 너희는 내가 주님임을 알게 되리라.

5 주 하느님이 이렇게 말한다.
보아라, 재앙에 재앙이 잇따라 온다.
6 끝이 왔다.
끝이 왔다.
보아라, 그 끝이 깨어나 너에게 왔다.

6,13 신명 12,2; 호세 4,13. 6,14 47,17; 2열왕 23,33. 7,2 창세 6,13; 예레 51,13; 묵시 7,1; 20,8. 7,3-4 // 7,8-9.

7,1-27. 하느님의 개입이 약속된 때이며 정의를 이루도록 결정된 주님의 날은(이사 10,3; 호세 9,7; 아모 3,14 참조) "끝"을 시작한다(아모 8,2 참조). 이 끝은 연대기적 의미로 이해할 것이 아니며, '케츠'의 어근이 "자르다"를 뜻한다는 데서 알 수 있듯이('카차츠') 오히려 단절 또는 상황의 근본적 변화를 뜻한다(에제 21,30-31 참조), 이 본문은 세 차례에 걸친 경고로 발전한다(1-4.5-9.10-27절). 이사 13,1-16과 스바 1,7-18 참조.

7 이 땅의 주민들아
너에게 끝장이 왔다.
그때가 왔다, 그날이 가까웠다.
산에서 지르던 환호의 날이 아니라 경악의 날이다.
8 나는 이제 곧 너에게 내 화를 퍼붓고
너에게 내 분노를 다 쏟으리라.
네가 걸어온 길에 따라 너를 심판하고
너의 역겨운 짓들을 모두 너에게 되갚으리라.
9 나는 동정하지도 않고
불쌍히 여기지도 않으리라.
오히려 네가 걸어온 길에 따라 너에게 되갚고
너의 역겨운 짓들을 네 가운데에 남아 있게 하리라.
그제야 너희는 이렇게 내려치는 이가 나 주님임을 알게 되리라.
10 보아라, 그날이다.
보아라, 그날이 왔다.
끝장이 닥쳤다.
몽둥이는 꽃을 피우고
교만은 봉오리를 맺었다.
11 폭력이 일어나 죄악의 몽둥이가 되었다.
그들 가운데에서 아무도,
그 무리 가운데에서 아무도 남지 않으리라.
그들 사이에서는 더 이상 떠드는 소리도,
영화도 없으리라.
12 그때가 왔다.
그날이 다가왔다.
사는 자는 기뻐하지 말고
파는 자는 슬퍼하지 마라.
이 땅의 모든 무리에게 진노가 내린다.
13 판 자는 계속 살아 있다 하더라도
팔린 것을 되찾지 못하리니
이 땅의 모든 무리에 대한 환시는 돌이킬 수 없기 때문이다.
저마다 자기 죄 때문에 생명을 부지하지 못하리라.
14 그들은 나팔을 불고
모든 준비를 갖추었다.
그러나 아무도 싸움터에 나가지 않으리니
나의 진노가 이 땅의 모든 무리에게 미쳤기 때문이다.
15 밖에서는 칼이,

7,7. "끝장"으로 번역한 단어는 (10절에도 반복) 여러 가지로 해석된다. 아마도 "엮은 것" 곧 엮어서 관처럼 머리에 쓰는 것을 지칭하는 것으로 보인다(이사 28,5 참조). 여기에서의 용례는 역설적이다. 주님께서는 당신 땅을 위하여 관을 만드시는 것이 아니라 종살이의 사슬을 엮으신다(23절 참조).

7,12-14. 히브리어 본문은 각 절 안에서 "이 땅의 모든 무리"를 반복한다. 이 표현은 "호사, 혼란스러운 소음, 혼동"을 뜻하는 단어를 포함한다. 그러한 오만하고 교만한 무리 위에 재앙이 덮친다. 29,19; 30,4.10.15; 31,2.18; 32,12.16.18.20.24-26.31-32 참조.

7,14. "나팔" 탈출 19,13의 주 참조.

7,7 이사 22,5. 7,10 민수 17,23. 7,12-16 마르 13,14.

7,18. 머리를 미는 것은 장례 또는 수치의 표지이다(27,31 참조).

7,22. "보물"은 성전이나 예루살렘을 가리킬 수 있다.

7,23. "사슬"은 포로들을 유배지에 끌고 가는 데 쓰인다.

안에서는 흑사병과 굶주림이 기다린다.
들에 있는 자는 칼에 맞아 죽고
성안에 있는 자는
굶주림과 흑사병이 삼켜 버린다.
16 더러는 살아남아
산으로 오르지만
골짜기의 비둘기처럼
저마다 자기 죄를 생각하며 슬피 울리라.
17 손은 모두 맥이 풀리고
무릎은 모두 젖어 물이 흐르리라.
18 자루옷을 두른 그들을
공포가 뒤덮으리라.
얼굴마다 부끄러움이 가득하고
머리는 모두 밀어 대머리가 되리라.
19 그들은 은을 밖으로 내던져 버리고
그들의 금은 불결한 것으로 여겨지리라.
주님이 진노하는 날
은도 금도 그들을 구해 주지 못하고
그들의 식욕을 채우지도,
그들의 배를 불리지도 못하리라.
그것들은 도리어 그들을 죄짓게 하는 걸림돌이 되었을 뿐이다.
20 그들은 자기들이 자랑스레 여기던 아름다운 장신구로
역겨운 신상들, 혐오스러운 우상들을 만들었다.
그러므로 나는 그 장신구를 부정한 것으로 만들어 버리리라.
21 나는 그것을 이방인들에게 노획물로,
이 땅의 악인들에게 약탈물로 넘겨주어
더럽히게 하리라.
22 나는 그들에게서 얼굴을 돌려
사람들이 내 보물을 더럽히고
강도들이 들어와 그것을 더럽히게 하리라.
23 너는 사슬을 만들어라.
이 땅은 살인 재판으로 가득하고
이 도성은 폭력으로 가득하다.
24 나는 민족들 가운데에서 가장 못된 것들을 데려다가
그들의 집을 차지하게 하리라.
힘센 자들의 자랑에 끝장을 내고

7,16 마태 24,16. 7,19 스바 1,18. 7,20 탈출 32,2; 욥 31,24-28. 7,21-24 신명 28,49-57. 7,23 창세 6,11.

그들의 성소들을 더럽히게 하리라.
25 공포가 들이닥치면
그들은 평화를 찾아도 얻지 못하리라.
26 파멸에 파멸이 겹쳐 오고
소문에 소문이 뒤따르는데
예언자에게 환시를 구하여도 얻지 못하고
사제에게서는 가르침이,
원로들에게서는 조언이 사라져 버리리라.
27 임금은 슬퍼하고
제후는 절망을 옷처럼 입으며
이 땅에 사는 백성의 손은 떨리리라.
나는 그들이 걸어온 길에 따라 그들을 다루고
그들의 판결에 따라 그들에게 판결을 내리리라.
그제야 그들은 내가 주님임을 알게 되리라.'"

7,26-27. 재앙은 백성과 정치적·종교적 지도자들 모두에게 덮칠 것이다.

예루살렘의 우상 숭배

8
1 제육년 여섯째 달 초닷샛날, 나는 내 집에 앉아 있
고 유다의 원로들은 내 앞에 앉아 있을 때에, 주 하
느님의 손이 나에게 내리셨다. 2 내가 바라보니, 사람처럼
보이는 형상이 있었다. 허리처럼 보이는 부분 아래는 불이
고, 허리 위는 빛나는 금붙이의 광채처럼 보였다. 3 그 형상
이 손 같은 것을 내밀어 내 머리채를 잡았다. 그러지 하느
님께서 보여 주시는 환시 속에서, 영이 나를 땅과 하늘 사
이로 들어 올리셔서 예루살렘으로, 곧 북쪽으로 난 안뜰
대문 어귀로 데려가셨다. 그곳은 질투를 일으키는 우상이
놓여 있는 자리였다. 4 그리고 거기에는 내가 전에 넓은 계곡
에서 본 모습과 같은, 이스라엘 하느님의 영광이 있었다.
5 그분께서 나에게 말씀하셨다. "사람의 아들아, 북쪽으로
눈을 들어 보아라." 내가 북쪽으로 눈을 들어 보니, 제단
대문 북쪽 어귀에 그 질투의 우상이 있었다. 6 그분께서
또 나에게 말씀하셨다. "사람의 아들아, 이들이 무슨 일을
하는지 보이느냐? 나를 내 성전에서 멀어지게 하려고 이
스라엘 집안이 여기에서 저지르는 이 몹시도 역겨운 짓들

8,1. 이 날짜는 기원전 592년에 해당하며(여호야킨 임금은 유배 중이다), 예레미야의 삶에서 1장에서 언급한 것보다 먼저 있었던 사건을 전한다.

8,2. "사람처럼 보이는 형상"은 (1,26 참조) 말로 규정하기 어려운 초월적인 무엇을, 주님의 영광을 암시하는 듯하다.

8,1 14,1; 20,1. 8,3 1열왕 18,12; 루카 4,9.

8,1-11,25. 이 장들은 하느님의 영광이 떠남, 성전에서 저질러지는 혐오스러운 일들, 예루살렘 심판에 관한 세 개의 서로 다른 환시들을 내용으로 한다.

8,3. 질투를 일으키는 우상은 아마도 탐무즈 상(14절 참조) 또는 아세라 상일 것이며(2열왕 21,7 참조), 이는 첫째 계명에 위배된다. 대문을 언급하는 것은 고대 근동 다른 민족들에게 흔했던 것처럼 성전을 지키도록 세워 놓은 영(또는 신)의 형상을 암시할 수도 있다. 이렇게 일컬어지는 것은 주님과 그분 백성 사이의 배타적 관계를 침해하여 하느님의 질투를 일으키기 때문이다.

이 보이느냐? 그러나 너는 더 역겨운 짓들을 보게 될 것이
다."
7 그분께서는 나를 뜰 어귀로 데리고 가셨다. 내가 보니 벽
에 구멍이 하나 있었다. 8 그분께서 나에게 "사람의 아들
아, 벽을 뚫어라." 하셔서, 내가 그 벽을 뚫으니 입구가 하
나 보였다. 9 그분께서 또 나에게 "들어가 그들이 거기에서
저지르는 저 악하고 역겨운 짓들을 보아라." 하고 말씀하
셨다. 10 그래서 내가 들어가서 바라보니, 기어 다니는 온
갖 생물과 혐오스러운 짐승과 이스라엘 집안이 섬기는 온
갖 우상들의 그림이 사방의 벽에 돌아가며 새겨져 있었다.
11 그리고 이스라엘 집안의 원로 일흔 명이 사판의 아들
야아잔야를 가운데에 세우고 저마다 향로를 들고 그 앞에
서 있는데, 향기로운 향 연기가 올라가고 있었다. 12 그분
께서 나에게 말씀하셨다. "사람의 아들아, 이스라엘 집안
의 원로들이 어둠 속에서, 저마다 우상들을 새겨 놓은 방
에서 저지르는 짓들을 보았느냐? 그러면서 저들은 '주님께
서는 우리를 보고 계시지 않는다. 주님께서는 이 땅을 버
리셨다.' 하고 말한다." 13 그러고 나서 "너는 그들이 저지
르는 더 역겨운 짓들을 보게 될 것이다." 하고 말씀하셨다.
14 이어서 그분께서는 나를 주님의 집 북쪽 대문 어귀로
데려가셨는데, 그곳에서는 여자들이 앉아서 탐무즈 신을
애도하고 있었다. 15 그분께서 나에게 말씀하셨다. "사람의
아들아, 보았느냐? 너는 이보다 더 역겨운 짓들을 보게 될
것이다."
16 그런 다음 그분께서는 나를 주님의 집 안뜰로 데려가
셨다. 그곳 주님의 성소 어귀에서, 현관과 제단 사이에 스
물다섯 명가량의 사람이 주님의 성소를 등지고, 얼굴을
동쪽으로 향하고 있었다. 그들은 동쪽을 향하여 태양에
게 절하고 있었던 것이다. 17 그분께서 나에게 말씀하셨다.
"사람의 아들아, 보았느냐? 여기에서 저지르는 저 역겨운
짓들이, 유다 집안에게는 하찮은 일이라고 하겠느냐? 그
런데도 그들은 이 땅을 폭력으로 가득 채워, 계속 내 화를
돋운다. 보아라, 그들이 나뭇가지를 코에 갖다 대고 있지
않느냐? 18 그러므로 나도 이제는 화나는 대로 하겠다. 동
정하지도 않고 불쌍히 여기지도 않겠다. 그들이 큰 소리로

8,10. 기어 다니는 생물들은 부정한 동물들로, 접근하는 사람을 부정하게 만든다. 여기서는 이집트의 숭배 예식들을 암시한다.

8,11. 원로 일흔 명은 이스라엘 전체를 대표한다. 이들은 사제가 아니면서 스스로 제의적인 역할을 맡는다. "향로"는 사제들에게만 유보된 것이다. 그들 가운데 주님께 드리는 참된 예배에 축성된 사판 집안 사람이 있다는 것은 죄가 심연과 같은 수준에 이르렀음을 뜻한다.

8,16. 이 숫자는 사제들의 스물네 조와 대사제를 연상시킨다. 태양 숭배는 이집트와 메소포타미아에서 이루어졌으며 이스라엘에서는 므나쎄 시대에 있었다.

8,17. 태양 숭배에서는 해가 뜰 때 숨으로 공기를 오염시키지 않기 위하여 거룩한 풀의 가지로 코와 입을 가렸다. 메소포타미아의 여러 그림들에는 사람들이 손과 코를 사용하여 예식적 행위를 하는 장면들이 나타난다.

8,10 신명 4,16-24. 8,11 탈출 24,1; 민수 11,16. 8,16 신명 4,19; 2열왕 16,10-14; 요엘 2,17; 마태 23,35.

8,14. 탐무즈는 메소포타미아의 신 '두무지'로, 봄에 꽃이 피고 잎이 나게 하는 신이다. 여름의 건기가 올 때 탐무즈의 죽음을 애도했다. 시리아-페니키아인들은 이를 아도니와 결합시켰으며, 그리스인들에게는 아도니스에 해당한다(아프로디테의 연인).

내 귀에다 부르짖어도, 나는 그들의 말을 들어 주지 않겠
다."

예루살렘이 받을 벌

9 [1] 그러고 나서 그분께서는 내가 듣는 앞에서 큰 소
리로 말씀하셨다. "이 도성의 징벌이 다가왔다. 저
마다 파멸의 무기를 손에 들고 나와라." [2] 그러자 북쪽으로
난 윗대문 쪽에서 여섯 사람이 오는데, 저마다 파괴의 무
기를 손에 들고 있었다. 그런데 그들 가운데 한 사람은 아
마포 옷을 입고, 허리에는 서기관 필갑을 차고 있었다. 그
들은 이렇게 와서 구리 제단 곁에 섰다.
[3] 그러자 이스라엘 하느님의 영광이 그때까지 자리 잡고
있던 커룹들 위에서 떠올라 주님의 집 문지방으로 옮겨
갔다. 주님께서는 아마포 옷을 입고 허리에 서기관 필갑을
찬 사람을 부르셨다. [4] 주님께서 그에게 말씀하셨다. "너는
저 도성 가운데로, 예루살렘 가운데로 돌아다니면서, 그
안에서 저질러지는 그 모든 역겨운 짓 때문에 탄식하고 괴
로워하는 사람들의 이마에 표를 해 놓아라." [5] 그분께서는
또 내가 듣는 앞에서 다른 이들에게 말씀하셨다. "너희는
저 사람의 뒤를 따라 도성을 돌아다니며 쳐 죽여라. 동정
하지도 말고 불쌍히 여기지도 마라. [6] 늙은이도 젊은이도,
처녀도 어린아이도 아낙네도 다 죽여 없애라. 그러나 이마
에 표가 있는 사람은 아무도 건드리지 마라. 내 성전에서
부터 시작하여라." 그러자 그들은 주님의 집 앞에 있는 원
로들부터 죽이기 시작하였다. [7] 그분께서 또 그들에게 말
씀하셨다. "너희는 이 집을 부정하게 만들어라. 그 뜰들을
살해된 자들로 채워라. 가거라." 그러자 그들은 도성으로
나가서 사람들을 쳐 죽였다.
[8] 그들이 사람들을 쳐 죽이는 동안, 홀로 남은 나는 얼굴
을 땅에 대고 엎드려 부르짖었다. "아, 주 하느님! 예루살
렘에다 이렇듯 화를 쏟으시어, 이스라엘의 남은 자들을
모두 파멸시키실 작정이십니까?" [9] 그러자 그분께서 나에
게 말씀하셨다. "이스라엘과 유다 집안의 죄가 너무나 크
다. 이 땅은 피로 가득하고 이 도성은 불법으로 가득하다.
그러면서 저들은 '주님께서는 이 땅을 버리셨다. 주님께서
는 우리를 보고 계시지 않는다.' 하고 말한다. [10] 그래서 나
도 동정하지도 불쌍히 여기지도 않고, 그들이 걸어온 길

9,2 다니 10,5; 즈카 2,3; 묵시 1,13. 9,3 탈출 25,22. 9,4 21,11-12; 24,17; 묵시 7,3; 14,1. 9,6 1베드 4,17; 묵시 9,4.

9,2. 보통 아마포 옷은 사제들이 예식과 제사를 거행할 때에 입었다. 지금의 경우는 서기관이다(11절). "그들 가운데 한 사람"은 여섯 명 중 한 사람으로 볼 수 있고, 위치상 여섯 명 가운데에 다른 한 사람이 있는 것으로 볼 수도 있다. 후자의 경우 총 일곱 명이 되는데 이는 완전한 파괴의 때를 지칭하는 것으로 해석하기도 한다.

9,4-5. 개인적으로 우상 숭배로 더럽혀지지 않은 무죄한 사람들은 알파벳의 마지막 글자인 '타우'를 받는다. 고대 히브리어 표기법에서 이 글자는 x 자 형태로 되어 있었다.

9,10. 히브리어 본문을 자구적으로 옮기면, 주님께서 이스라엘인들의 머리 위에 "그들의 길"이 떨어지게 하시리라고 말한다. 히브리어에서 길의 상징은 한 사람 또는 여러 사람의 삶의 방식을 지칭하여 사용된다. 1사무 8,3.5와 1열왕 2,4의 주 참조.

10,1-17. "어좌"는 지성소에 있는 궤이다. (정화를 위해) "숯불"을 피우고 그 위에 향을 뿌려 성전에서 계속 태운다.

을 그들 머리 위로 되갚는 것이다."
11 그러는데 아마포 옷을 입고 허리에 필갑을 찬 사람이 와서, "명령하신 대로 하였습니다." 하고 보고하였다.

주님의 영광이 성전을 떠나다

10 1 내가 바라보니, 커룹들 머리 위에 있는 궁창
에 청옥 같은 것이 나타나는데, 그것은 어좌 형
상과 비슷하였다. 2 그분께서 아마포 옷을 입은 사람에게
말씀하셨다. "커룹 밑에 있는 둥근 틀 사이로 들어가, 그
커룹들 사이에서 숯불을 두 손 가득히 채워다가, 이 도성
위로 뿌려라." 그러자 그는 내가 보는 앞에서 그리로 들어
갔다. 3 그 사람이 들어갈 때, 커룹들은 주님의 집 오른쪽
에 서 있었고, 안뜰에는 구름이 가득 차 있었다. 4 그 뒤 주
님의 영광이 커룹들 위에서 떠올라 주님의 집 문지방으로
옮겨 가자, 주님의 집은 구름으로 가득 차고, 뜰은 주님 영
광의 광채로 가득 찼다. 5 그리고 커룹들의 날갯소리가 바
깥뜰까지 들리는데, 전능하신 하느님께서 말씀하실 때에
나는 소리와 같았다.
6 그분께서 아마포 옷을 입은 사람에게, "둥근 틀 사이에
서, 커룹들 사이에서 불을 집어내어라." 하고 명령하시자,
그는 가서 바퀴 곁에 섰다. 7 그러자 커룹 하나가 커룹들
사이에서 손을 내밀어 그들 사이에 있는 불을 집어 들고,
아마포 옷을 입은 이의 두 손에 넘겨주니, 그가 그것을 들
고 나왔다. 8 커룹들의 날개 밑에는 사람의 손 같은 것이
보였다.
9 내가 또 바라보니, 바퀴 네 개가 커룹들 곁에 있는데, 커
룹마다 곁에 바퀴가 하나씩 달려 있었다. 그 바퀴들의 모
습은 빛나는 녹주석 같았다. 10 그것들의 모습은 넷이 똑
같은 형상인데, 바퀴 안에 또 바퀴가 들어 있는 것 같았
다. 11 그것들이 나아갈 때에는, 몸을 돌리지 않고 사방 어
디로든 갔다. 어디로든 머리 쪽이 향하는 곳으로, 나머지
도 나아가면서 몸을 돌리지 않고 그 뒤를 따라갔다. 12 그
들의 몸 전체, 등과 손과 날개와 바퀴에까지, 곧 네 커룹의
바퀴들에까지 사방에 눈이 가득하였다. 13 바퀴들은 내가
듣기에 '둥근 틀'이라고 불렸다. 14 커룹마다 얼굴이 넷인

10,2 창세 19,24; 시편 11,6; 묵시 8,5. 10,4 9,3.

10,1-22. 커룹들은 예루살렘 성전의 궤와 벽 위에 만들어져 있었다. 고대인들은 커룹들이 하느님 엄위를 지킨다고 상상했다. 10장에서 이들은 1장 환시에서 묘사한 생물들과 동일시된다. 이러한 동일시는 두 이야기를 결합한 에제키엘의 제자들에 의한 것으로 보인다.

데, 첫째는 커룹의 얼굴이고, 둘째는 사람의 얼굴, 셋째는
사자의 얼굴, 넷째는 독수리의 얼굴이었다.
15 그 커룹들이 치솟았다. 그들은 내가 크바르강 가에서
본 바로 그 생물들이었다. 16 커룹들이 나아가면 바퀴들도
곁에서 함께 갔다. 커룹들이 날개를 펴고 땅에서 떠올라
도, 바퀴들은 커룹들 곁에서 떨어져 나가지 않았다. 17 커
룹들이 멈추면 함께 멈추고, 커룹들이 떠오르면 함께 치
솟았다. 바퀴들 안에 생물의 영이 있었기 때문이다.
18 주님의 영광이 주님의 집 문지방에서 나와 커룹들 위에
멈추었다. 19 그러자 커룹들은 날개를 펴고, 내가 보는 앞
에서 땅에서 치솟았다. 그들이 나갈 때에 바퀴들도 옆에서
함께 나갔다. 그들이 주님의 집 동쪽 대문 어귀에 멈추는
데, 이스라엘 하느님의 영광이 그들 위에 자리 잡고 있었
다. 20 나는 크바르강 가에서 이스라엘의 하느님을 떠받들
고 있는 생물들을 보았다. 나는 그들이 커룹임을 알 수 있
었다. 21 그들은 저마다 얼굴이 넷이고 날개도 넷인데, 날
개 밑에는 사람의 손 같은 형상이 있었다. 22 또 그들의 얼
굴 형상은 내가 크바르강 가에서 보았던 모습, 바로 그 얼
굴이었다. 그들은 저마다 곧장 앞으로 나아갔다.

10,18-22. 하느님께서는 병거의 어좌로 돌아가(1,20-21 참조) 유배자들이 있는 동쪽으로 가기 위해 성전을 떠나려 하신다. 하느님의 현존이 없는 예루살렘은 이미 멸망할 수밖에 없다.

백성의 수령들이 심판받는다

11 1 주님의 영이 나를 들어 올리시이, 주님의 집
동쪽 대문으로 데려가셨다. 그 대문 어귀에는
스물다섯 사람이 있었는데, 나는 그들 가운데에 아쭈르의
아들 야아잔야와 브나야의 아들 플라트야가 있는 것을
보았다. 그들은 백성의 수령이었다. 2 그분께서 나에게 말
씀하셨다. "사람의 아들아, 이 사람들은 이 도성에서 부정
을 꾀하고 악한 계획을 꾸미는 자들이다. 3 그러면서 그들
은 '집을 지을 때는 아직 멀었다. 이 도성은 솥이고 우리는
그 안에 담긴 살코기다.' 하고 말한다. 4 그러므로 그들을
거슬러 예언하여라. 사람의 아들아, 예언하여라."
5 그런 다음 주님의 영이 나에게 내려오시자, 그분께서 나
에게 말씀하셨다. "너는 말하여라. '주님이 이렇게 말한
다. 이스라엘 집안아, 너희의 생각은 이러하다. 너희 영에
서 떠오르는 생각들을 나는 알고 있다. 6 너희는 이 도성에

11,3. "아직 멀었다." 해석하기 어려운 표현으로, 아마도 새로운 지도자들이 집을 짓는 일이 긴급하지 않다고 여긴다는 사실을 가리킨다. 유배를 떠난 이들의 건물들을 차지하고(15ㄴ절) 약한 이들에게 잔인한 행동을 한 후(6절), 그들은 가진 재산을 도성을 강화하고 칼로 방어하는 데 사용하는 것이 더 유익하다고 생각한다(8절). 남은 이들에게(스스로 더 나은 이들이라고 여기는) 방비된 예루살렘은 맛있는 음식을("살코기") 담고 있는 솥과 같다.

11,3 24,3-6. 11,5 1사무 10,6. 11,6 9,7.

11,1-13. 예루살렘의 멸망과(9-10장) 주님의 영광이 떠나가는 환시에 이어, 예언자는 다시 사회생활에서 일어나는 죄를 확인한다(9,9 참조). 그는 여호야킨과 그 고관들의 유배 후에 권력을 잡은 수도의 새 지도자들의 경망스러운 행실을 고발한다.

11,13. "플라트야"라는 이름은 "주님의 생존자"를 뜻한다. 에제키엘의 부르짖음은 그의 죽음에 어떤 의미를 부여하는 것으로 보인다.

서 살해된 이들의 수를 늘려 거리거리를 시체로 가득 채
웠다. 7 그러므로 주 하느님이 말한다. 너희가 이 도성 안
에 쌓아 놓은 살해된 이들이 바로 살코기고 이 도성은 솥
이다. 그리고 너희는 이 도성 밖으로 끌려갈 것이다. 8 너희
가 두려워하는 것은 칼이다. 그래서 나는 너희에게 칼을
끌어들이겠다. 주 하느님의 말이다. 9 나는 너희를 이 도성
에서 끌어내어 이방인들의 손에 넘기겠다. 나는 너희에게
이렇게 심판을 내리겠다. 10 너희는 칼에 맞아 쓰러질 것이
다. 이스라엘의 국경에서 나는 너희를 심판하겠다. 그제야
너희는 내가 주님임을 알게 될 것이다. 11 이 도성은 너희에
게 솥이 되지 않고, 너희는 그 안에 든 살코기가 되지 않
을 것이다. 이스라엘의 국경에서 나는 너희를 심판하겠다.
12 그제야 너희는 내가 주님임을 알게 될 것이다. 너희는
나의 규정들을 따르지도 나의 법규들을 지키지도 않고,
오히려 주변에 있는 민족들의 법규를 따랐다.'"
13 내가 예언하는 동안에 브나야의 아들 플라트야가 죽었
다. 그래서 나는 얼굴을 땅에 대고 엎드려 큰 소리로 부르
짖었다. "아, 주 하느님! 이스라엘의 남은 자들마저 완전히
없애려 하십니까?"

유배자들에게 '새 마음'을 약속하시다

14 그러자 주님의 말씀이 나에게 내렸다. 15 "사람의 아들
아, 너의 형제들과 네 친족, 그리고 온 이스라엘 집안 전체
를 두고 예루살렘 주민들이, '그들은 주님에게서 멀리 떠
나 있다. 이 땅은 우리 소유가 되었다.' 하고 말한다. 16 그
러니 너는 말하여라. '주 하느님이 이렇게 말한다. 내가 비
록 그들을 멀리 민족들 사이로 쫓아 버리고 여러 나라로
흩어 버렸지만, 그들이 가 있는 여러 나라에서 얼마간 그
들에게 성전이 되어 주겠다.' 17 그러므로 너는 말하여라.
'주 하느님이 이렇게 말한다. 내가 민족들 가운데에서 너
희를 모으겠다. 너희가 흩어져 사는 여러 나라에서 내가
너희를 모아들이겠다. 그런 다음 너희에게 이스라엘 땅을

11,7 미카 3,1-3. 11,15 1열왕 8,27.

✠ 11,14-21. 고해성사 예식은 독서에 이 본문을 취하며, 제목에 19-20절을 요약하여("그들의 몸에서 돌로 된 마음을 치워 버리고 살로 된 마음을 넣어 주어, 그들이 나의 규정들을 따르게 하겠다.") 화해 예식 안에서 하느님께서 하시는 행위가 무엇인지를 보여 준다.

11,15-16. 유배된 이들은 "너의 형제들, 네 친족, 이스라엘 집안"이라 불린다. 겉모습에도 불구하고 하느님의 은혜는 예루살렘에서 바빌론으로 옮아간다. 이는 당황스러운 새로움이다. 신들은 그들이 사는 땅에 충실히 남아 있다고 믿었고, 다른 나라에서는 그 신들을 공경할 수 없다고 여겼기 때문이다.

주겠다. 18 그들은 여기로 돌아와서 혐오스러운 것들과 역
겨운 것들을 모두 이 땅에서 치워 버릴 것이다. 19 나는 그
들에게 다른 마음을 넣어 주고, 그들 안에 새 영을 넣어
주겠다. 그들의 몸에서 돌로 된 마음을 치워 버리고 살로
된 마음을 넣어 주어, 20 그들이 나의 규정들을 따르고 나
의 법규들을 준수하여 그대로 지키게 하겠다. 그리하여
그들은 나의 백성이 되고 나는 그들의 하느님이 될 것이
다. 21 그러나 자기들의 혐오스러운 것들과 역겨운 것들을
따르는 마음을 가진 자들에게는, 내가 그들이 걸어온 길
을 그 머리 위로 되갚겠다. 주 하느님의 말이다.'"

주님의 영광이 예루살렘을 떠나다

22 그런 다음 커룹들이 날개를 펴는데, 그 곁의 바퀴들도
함께 움직였다. 그들 위에는 이스라엘 하느님의 영광이 자
리 잡고 있었다. 23 그 주님의 영광이 도성 한가운데에서
떠올라, 도성 동쪽에 있는 산 위에 멈추었다. 24 그때에 하
느님의 영이 보여 주시는 환시 속에서, 그 영이 나를 들어
올리셔서 칼데아에 있는 유배자들에게 데려가셨다. 그러
자 내가 본 환시가 나에게서 떠나갔다. 25 그래서 나는 주
님께서 나에게 보여 주신 모든 것을 유배자들에게 일러
주었다.

이스라엘의 멸망을 상징으로 보여 주다

12 1 주님의 말씀이 나에게 내렸다. 2 "사람의 아들
아, 너는 반항의 집안 한가운데에서 살고 있다.
그들은 볼 눈이 있어도 보지 않고, 들을 귀가 있어도 듣지
않는다. 그들이 반항의 집안이기 때문이다. 3 그러니 너 사
람의 아들아, 유배 짐을 꾸려 대낮에 그들이 보는 앞에서
유배를 가거라. 그들이 보는 앞에서 네가 사는 곳을 떠나
다른 곳으로 유배를 가거라. 행여 자기들이 반항의 집안임
을 그들이 깨달을지도 모른다. 4 너는 짐을 유배 짐처럼 싸서
대낮에 그들이 보는 앞에서 내어놓았다가, 저녁에 그들이
보는 앞에서 유배를 떠나듯이 떠나라. 5 그들이 보는 앞에서
벽을 뚫고 나가라. 6 너는 어두울 때에 그들이 보는 앞에서
짐을 어깨에 메고 나가는데, 얼굴을 가리고 땅을 보지 마
라. 나는 너를 이스라엘 집안을 위한 예표로 삼았다."

11,19-20. 백성이 성막과 함께 조상들의 땅으로 인도되었던 광야에서처럼(16-18절) 유배지에서 새로운 구원이 시작된다. 이렇게 하여 주님께서 이스라엘의 하느님으로 인정되시고 이스라엘은 주님의 백성이 되는 새 계약이 예고된다(탈출 16,7 참조). 그들은 우상 숭배에서 벗어난 갈림 없는 마음으로 그 계약을 따르게 될 것이다(14,3; 예레 31,31-34 참조).

11,21. "그들이 걸어온 길" 9,10의 주 참조.

11,23-24. 이 산은 올리브 동산이다. 칼데아는 바빌론이다(12,13 참조).

12,3-6. 이 상징적 행위는 예루살렘이 포위되고 치드키야가 잡히며 백성이 유배를 갈 것을 나타낸다(예레 39,2-7 참조).

12,6. "어두울 때"라고 번역한 단어는 다른 곳에서는 아브라함과 계약을 맺으시는 창세 15,17에서만 나타난다. 어둠의 때는 약속을 향해 열릴 수 있다.

11,19 18,31; 36,26; 이사 43,19; 예레 24,7; 32,39; 2코린 3,3. 11,19-20 예레 31,31-34. 11,20 신명 30,16; 묵시 21,7. 11,22-23 8,4; 10,19. 11,24 8,3; 사도 8,39. 11,25 8,1. 12,2 이사 6,9; 예레 5,21; 마르 8,18; 묵시 2,13. 12,6 2사무 15,30; 예레 14,3.

7 나는 명령을 받은 대로 하였다. 짐을 유배 짐처럼 싸서
대낮에 내어놓았다가, 저녁에 손으로 벽을 뚫고, 어두울
때에 그들이 보는 앞에서 짐을 어깨에 메고 나갔다.
8 이튿날 아침에 주님의 말씀이 나에게 내렸다. 9 "사람의
아들아, 저 반항의 집안인 이스라엘 집안이, '지금 무엇을
하고 있습니까?' 하고 너에게 묻지 않았느냐? 10 그들에게
말하여라. '주 하느님이 이렇게 말한다. 이 신탁은 예루살
렘에 있는 수장과 그 안에 있는 온 이스라엘 집안에 관한
것이다.' 11 너는 또 말하여라. '나는 여러분을 위한 예표입
니다. 내가 한 것과 똑같은 일이 그들에게 일어날 것입니
다. 그들은 유배를 당해 끌려갈 것입니다.' 12 그들 가운데
에 있는 수장은 어두울 때에 짐을 어깨에 메고, 사람들이
그를 내보내려고 벽에 뚫어 놓은 구멍으로 나갈 것이다.
그는 자기 눈으로 그 땅을 보지 않으려고 얼굴을 가릴 것
이다. 13 그러나 나는 그를 잡으려고 그물을 쳐 놓겠다. 내
가 친 망에 걸리면, 나는 그를 칼데아인들의 땅 바빌론으
로 끌어가겠다. 그러면 그는 거기에서 그 땅을 보지도 못
하고 죽을 것이다. 14 나는 또 그의 곁에 있는 자들, 그의
수행원들과 군대를 모두 사방으로 흩어 버린 다음, 칼을
빼 들고 그들을 뒤쫓겠다. 15 이렇게 내가 그들을 민족들
사이로 쫓아 버리고 여러 나라로 흩어 버릴 때에야, 그들
은 내가 주님임을 알게 될 것이다. 16 그러나 나는 그들 가
운데 몇 사람을 남겨서 칼과 굶주림과 흑사병을 면하게
하여, 그들이 가 있는 민족들 사이에서 자기들이 전에 저
지른 역겨운 짓들을 모두 이야기하게 하겠다. 그제야 그들
은 내가 주님임을 알게 될 것이다."

공포에 떨며 먹고 마시는 상징 행동

17 주님의 말씀이 나에게 내렸다. 18 "사람의 아들아, 너는
떨면서 빵을 먹고 불안과 걱정에 싸여 물을 마셔라. 19 그
리고 이 땅의 백성에게 말하여라. '주 하느님이 이스라엘
땅에 사는 예루살렘 주민들에게 이렇게 말한다. 그들은
걱정에 싸여 빵을 먹고 놀라움에 싸여 물을 마실 것이다.
모든 주민이 저지른 폭행으로, 이 땅은 풍요가 사라지고
황폐해질 것이기 때문이다. 20 사람들이 살던 성읍들은 폐

12,11. "예표"는 여기서 하느님께서 하실 일에 대한 표징이라는 의미로 사용했다.

12,13. 그물과 망은 실제로 포로를 잡는 데 사용되었다.

12,14. "사방" 5,10 참조.

12,16. 생존자들은 기원전 597년 첫 번째로 유배된 이들과 결합될 것이다.

12,17-20. 예언자는 포로처럼 먹고 마신다.

12,13 32,3.

12,12. 수장의 태도는("얼굴을 가릴 것이다") 아마도 치드키야의 운명을 암시한다. 그는 바빌론인들에게 들키지 않게 얼굴을 가리고 밤에 도망쳤다가 잡혀서 리블라에 있는 네부카드네자르에게 끌려가 눈이 멀게 되었다. 가린 얼굴은 유배로 끌려간 땅을 보지 못하는 치드키야의 눈멂을 암시하기도 한다.

허가 되고 땅은 황무지가 될 것이다. 그제야 너희는 내가
주님임을 알게 될 것이다.'"

예언자의 환시와 속담

21 주님의 말씀이 나에게 내렸다. 22 "사람의 아들아, '세월
은 흐르는데 환시는 모두 그대로 지나간다.' 하며 너희가
이스라엘 땅을 두고 말하는 속담은 어찌 된 일이냐? 23 그
러므로 그들에게 말하여라. '주 하느님이 이렇게 말한다.
나는 이 속담을 없애 버려, 이스라엘에서 다시는 이 속담
을 말하지 못하게 하겠다.' 그리고 그들에게 이렇게 일러
라. '환시가 이루어질 날들이 가까웠다. 24 이스라엘 집안
에 다시는 어떠한 거짓 환시도 아첨하는 점괘도 없을 것이
다. 25 나 주님은 할 말을 하고, 그 말은 더 이상 지체하지
않고 그대로 이루어진다. 이 반항의 집안아, 나는 너희가
살아 있는 동안에 말을 하고 그대로 실천한다. 주 하느님
의 말이다.'"
26 주님의 말씀이 또 나에게 내렸다. 27 "사람의 아들아, 이
스라엘 집안이 '그가 보는 환시는 먼 훗날을 위한 것이고,
그는 먼 앞날을 위해 예언할 따름이다.' 하고 말한다. 28 그
러므로 너는 그들에게 말하여라. '주 하느님이 이렇게 말
한다. 내 말은 어떤 것이든 더 이상 지체하지 않는다. 내가
말하는 것은 그대로 이루어진다. 주 하느님의 말이다.'"

12,21-28. 위로의 속담이(에제키엘의 설교에 대한 조롱이기도 함) 임박한 위협을 알리는 신탁으로 변한다. 이스라엘에서는 예언의 참됨은 그 실현으로 확인할 수 있다고 생각했다(신명 18,22 참조). 에제키엘의 말들이 즉시 이루어지지 않으므로 그 말을 듣는 이들은 그것이 거짓이라고 여기고 백성들 앞에서 신뢰를 잃게 한다.

거짓 예언자들

13 1 주님의 말씀이 나에게 내렸다. 2 "사람의 아들
아, 예언한다고 하는 이스라엘의 예언자들을
거슬러 예언하여라. 제 마음대로 예언하는 자들에게 말하
여라. '너희는 주님의 말을 들어라. 3 주 하느님이 이렇게 말
한다. 불행하여라, 본 것 하나 없이 제 영을 따르는 어리석
은 예언자들! 4 이스라엘아, 너희 예언자들은 폐허 속의 여
우와 같다. 5 너희는 성벽이 무너진 곳으로 올라가지 않았
다. 주님의 날에 전쟁이 벌어졌을 때 굳게 서 있을 수 있도
록, 이스라엘 집안을 위하여 성벽을 보수하지도 않았다. 6
그들은 거짓 환시를 보고 속임수 예언을 하며, 주님이 보
내지도 않았는데 주님의 말이라고 하면서, 그 말이 이루
어지기를 기다린다. 7 너희는 거짓 환시를 보고 속임수 점
괘를 말하지 않았느냐? 그러면서도 주님의 말이라고 하는

13,2-6. 거짓 예언자들은 기만적이고 사람들의 입맛에 맞으며, 헛되고 실현될 수 없는 설교를 한다.

13,4. "폐허 속의 여우" 느헤 3,35; 아가 2,15 참조.

12,22 2베드 3,4. 13,1-16 예레 14,13-16; 23,9-40; 27,9-10.16-18; 28,1-17. 13,3 이사 32,5-6. 13,5 시편 106,23.

데, 나는 말한 적이 없다.
8 그러므로 주 하느님이 이렇게 말한다. 너희가 거짓을 이
야기하고 속임수 환시를 보았으므로, 나는 너희를 대적하
겠다. 주 하느님의 말이다. 9 거짓 환시를 보고 속임수 점
괘를 말하는 예언자들에게 나는 손을 대겠다. 그들은 내
백성의 모임에 들지 못하고, 이스라엘 집안의 명단에 오르
지도 못하며, 이스라엘 땅으로 들어가지도 못할 것이다.
그제야 너희는 내가 주 하느님임을 알게 될 것이다. 10 정
녕, 평화가 없는데도 그들은 평화롭다고 말하면서, 내 백
성을 잘못 이끌었다. 그들은 내 백성이 담을 쌓으면 회칠
이나 하는 자들이다.' 11 그러므로 너는 회칠하는 자들에
게, 담이 무너질 것이라고 말하여라. '비가 쏟아지고 큰 우
박들이 떨어지며 폭풍이 일어날 것이다. 12 그러면 벽이 무
너질 때에, 너희가 칠한 회는 어디에 있느냐고 사람들이
비난하지 않겠느냐? 13 그러므로 주 하느님이 말한다. 내
가 분노하여 폭풍을 일으키고 진노하여 비를 쏟으며, 분노
하여 큰 우박을 내려 그 벽을 허물어뜨리겠다. 14 나는 너
희가 회칠한 그 벽을 허물고 땅바닥에 쓰러뜨려, 바탕까
지 드러나게 하겠다. 그것이 무너지면 너희는 거기에 깔려
죽을 것이다. 그제야 너희는 내가 주님임을 알게 될 것이
다. 15 나는 이렇게 그 벽과 거기에 회칠한 자들에게 내 화
를 다 쏟고 나서, 너희에게 말하겠다. 벽도 없고 거기에 회
칠한 자들도 없다고, 16 곧 예루살렘을 두고 예언하며 평
화가 없는데도 예루살렘에 관하여 평화의 환시를 보는 이
스라엘의 예언자들도 없다고 말하겠다. 주 하느님의 말이
다.'"

거짓 여예언자들

17 "너 사람의 아들아, 네 동포 가운데 제 마음대로 예언
하는 여자들을 주목하고 그들을 거슬러 예언하여라. 18 너
는 말하여라. '주 하느님이 이렇게 말한다. 불행하여라, 사
람 목숨을 사냥하려고 손목마다 띠를 두르고, 온갖 키에
맞추어 머리에 쓰는 너울을 만드는 여자들! 너희가 내 백
성의 목숨을 사냥하면서 너희의 목숨은 부지할 듯싶으
냐? 19 너희는 거짓말을 곧이듣는 내 백성에게 거짓말을

13,9. "이스라엘 집안의 명단"은 하느님께서 당신 백성에게 행하시는 인구 조사의 명단을 가리킨다.

13,10. 거짓 예언자들은 위안을 주는 그릇된 낙관주의로 죄지은 백성의 양심에 상처를 입히는 깊은 균열들을 모든 이들에게 감춘다.

13,18. "띠"와(묶는) "너울"은(눈앞을 가리는) 여예언자들이 쉽게 믿는 이들에게 기만적인 주술을 행하는 도구이다.

13,11 이사 30,13; 마태 7,27; 사도 23,3. 13,14 미카 1,6.

13,10-15. 고대 이스라엘 집들의 벽은 흔히 햇볕에 말린 진흙 벽돌로 되어 있었고, 빗물에서 보호하려고 거기에 회칠을 했다. 회는 짚과 진흙 반죽으로 만들었고 매년 새로 칠했다. "회"와 "회칠하다"는 성경에서 거짓된 겉모습 묘사에 사용한다.

하여, 죽어서는 안 될 사람들을 죽이고 살아서는 안 될 사
람들을 살려, 보리 몇 줌과 빵 몇 조각 때문에 내 백성 앞
에서 나를 욕되게 하였다.
20 그러므로 주 하느님이 이렇게 말한다. 새를 잡듯이 사람
의 목숨을 잡는 데에 쓰는 너희의 띠들을 가만두지 않겠
다. 내가 그것들을 너희 팔에서 찢어 내 버리고, 너희가 새
를 잡듯이 사냥한 목숨들을 놓아주겠다. 21 또 너희의 너
울을 찢어 버리고 너희 손에서 내 백성을 구해 내어, 그들
이 다시는 너희 손에 사냥감이 되지 않게 하겠다. 그제야
너희는 내가 주님임을 알게 될 것이다.
22 내가 의인을 괴롭히지 않았는데도 너희는 속임수로 의
인의 마음을 슬프게 하고, 악인의 손을 거들어 그가 자기
의 악한 길에서 돌아와 자기 목숨을 살리게 하지 않았다.
23 그러므로 너희는 더 이상 거짓으로라도 환시를 보지 못
하고, 어떤 점괘도 말하지 못할 것이다. 그리하여 나는 내
백성을 너희 손에서 구해 내겠다. 그제야 너희는 내가 주
님임을 알게 될 것이다.'"

우상 숭배자들을 단죄하시다

14 1 이스라엘의 원로 몇 사람이 나에게 와서 내
앞에 앉았다. 2 그때에 주님의 말씀이 나에게 내
렸다. 3 "사람의 아들아, 이 사람들은 자기 우상들을 마음
에 품고, 자기들을 죄에 빠뜨리는 걸림돌을 제 앞에다 모
셔 놓은 자들이다. 내가 어찌 이러한 자들의 문의를 받을
수가 있겠느냐? 4 그러므로 그들에게 일러라. '주 하느님이
이렇게 말한다. 누구든지 이스라엘 집안에 속한 사람으로
서, 자기 우상들을 마음에 품고 자기를 죄에 빠뜨리는 걸
림돌을 제 앞에다 놓은 채 예언자에게 오면, 그 많은 우상
때문에 나 주님이 직접 그에게 대답하겠다. 5 그리하여 자
기들의 그 모든 우상 때문에 나에게 등을 돌린 이스라엘
집안의 마음을 사로잡겠다.'
6 그러므로 이스라엘 집안에게 말하여라. '주 하느님이 이
렇게 말한다. 돌아와라. 너희 우상들에게서 돌아서라. 너

14,3. 아마도 부적이나 주술 예식과 같은 미신적이고 감추어진 행위들을 암시한다. 이 절의 핵심 구절은 여러 가지로 해석될 수 있다.

14,6-8. 에제키엘은 개인의 자유와 책임을 중시한다. 하느님께서는 더 이상 응답하기 위하여 예언자를 사용하지 않으시고 직접 개입하실 것이다.

14,1 8,1. 14,1-5 // 20,1-4. 14,3 창세 18,17.

14,1-11. 원로들의 문의를 받은 에제키엘은 사제계 법률의 전형적인 방식에 따라(레위 17,2.3.8-10.16 참조) 새로운 신탁을 전하는 것이 아니라, 우상을 만드는 것에 대한 오래된 금령을 다시 강조한다. 그의 주장에 따르면, 이 문제는 무엇보다도 행위의 의도와 관련된다("마음" 3.4.5.7절; 신명 10,12 참조). 주님과 다른 신들을 동시에 신뢰할 수는 없다. 주님께서는 편견이 없으시고, 이스라엘을 계약으로 다시 이끌어 들이기를 갈망하시며 모든 이들이 당신께 가까이 오게 하시고 모든 이들을 심판하신다(에제 14,11; 11,20 참조).

희의 그 모든 역겨운 것에서 얼굴을 돌려라. 7 누구든지 이
스라엘 집안에 속한 사람이든 이스라엘에 머무르는 이방
인이든, 나에게 등을 돌려 자기 우상을 마음에 품고, 자기
를 죄에 빠뜨리는 걸림돌을 제 앞에다 놓은 채, 예언자를
통하여 나에게 문의하려고 그에게 가면, 나 주님이 직접
그에게 대답하겠다. 8 나는 그 사람에게 얼굴을 돌려 그를
표징과 속담거리로 만들고, 내 백성 가운데에서 잘라 내
겠다. 그제야 너희는 내가 주님임을 알게 될 것이다.
9 그런데 만일 예언자가 속아 넘어가서 무슨 말을 선포하
였다면, 이는 나 주님이 그 예언자를 속인 것이다. 나는 그
에게 손을 뻗어 그를 내 백성 이스라엘 가운데에서 없애
버리겠다. 10 그들은 자기들의 죗값을 짊어져야 한다. 문의
하는 자의 죄나 예언자의 죄나 마찬가지다. 11 그래서 이스
라엘 집안이 다시는 나를 떠나 헤매지 않고 온갖 죄악으
로 자신을 부정하게 만들지 않도록, 그들은 나의 백성이
되게 하고 나는 그들의 하느님이 되려는 것이다. 주 하느님
의 말이다.'"

막을 수 없는 하느님의 심판

12 주님의 말씀이 나에게 내렸다. 13 "사람의 아들아, 어떤
나라가 배신하여 나에게 죄를 지었기 때문에, 내가 손을
뻗어 그 나라의 양식을 끊어 버리고 그 나라에 굶주림을
보내어, 거기에서 사람과 짐승을 잘라 낸다고 하자. 14 비
록 그곳에 노아와 다니엘과 욥, 이 세 사람이 있다 하더라
도, 그들은 자기들의 의로움으로 제 목숨만 구할 수 있을
따름이다. 주 하느님의 말이다.
15 또 내가 그 나라에 사나운 짐승들을 돌아다니게 하여,
그것들이 아이들을 앗아 가고, 그 짐승들이 무서워 지나
다니는 사람들이 없어서 그 나라가 황무지가 된다고 하자.
16 비록 거기에 그 세 사람이 있다 하더라도, 내가 살아 있
는 한, 그들은 아들도 딸도 구하지 못할 것이다. 주 하느님
의 말이다. 그들은 자신만 구할 수 있을 뿐, 그 나라는 황
무지가 될 것이다.
17 또 내가 그 나라에 칼을 끌어들인 다음, '칼아, 너는 이
나라를 돌아다녀라.' 하고 명령하여 내가 그곳에서 사람
과 짐승을 잘라 낸다고 하자. 18 거기에 그 세 사람이 있다
하더라도, 내가 살아 있는 한, 그들은 아들도 딸도 구하지

14,14. 에제키엘은 개인적 응보를 재확인하며 외국인들을 전구의 본보기로 든다. 이스라엘인들은 조상들 중 누구 덕분으로도 구원될 수 없다. 노아는 인류를 구할 수 있었던 의인이다. 다니엘은 다니엘서의 주인공도 아니고 역사적으로 실제 있었던 임금도 아니다. 그는 오히려 가나안(시리아)의 오래된 도시 우가릿의 영웅적이고 의롭고 "지혜로운" 임금이다(28,3 참조). 욥은 흠 없고 완전하고 올바른 인물이며, 욥기의 주인공이다.

14,9 1열왕 22,20-23; 예레 20,7. 14,12-23 18,1-32; 33,10-20. 14,13 레위 26,26. 14,14 히브 11,7. 14,15 레위 26,22. 14,16 창세 19,12. 14,17 레위 26,6.25.

못할 것이다. 주 하느님의 말이다. 그들 자신만 구제될 수
있을 따름이다.
19 또 내가 그 나라에 흑사병을 보내어, 피로써 내 화를 그
나라에 쏟아 사람과 짐승을 잘라 낸다고 하자. 20 거기에
노아와 다니엘과 욥이 있다 하더라도, 내가 살아 있는 한,
그들은 아들도 딸도 구하지 못할 것이다. 주 하느님의 말
이다. 그들은 자기들의 의로움으로 제 목숨만 구할 수 있
을 따름이다.
21 주 하느님이 이렇게 말한다. 그러니 내가 예루살렘에 네
가지 해로운 심판, 곧 칼과 굶주림과 사나운 짐승들과 흑
사병을 보내어 사람과 짐승을 잘라 낼 때에는 어떻게 되
겠느냐? 22 그러나 그 안에 살아남은 자들이 있어서, 아들
딸들을 데리고 나올 것이다. 그들이 너희에게로 나온다.
그렇게 되면 너희는 그들이 걸어온 길과 행실을 보고, 내
가 예루살렘에 끌어들인 재앙, 곧 내가 그곳에 끌어들인
모든 것에 대하여 위로를 받을 것이다. 23 너희가 그들이
걸어온 길과 행실을 보게 될 때, 그들이 너희를 위로할 것
이다. 그제야 너희는 내가 예루살렘에 한 모든 일이 공연
한 것이 아님을 알게 될 것이다. 주 하느님의 말이다."

14,23. 유배된 이들은 불경한 행동을 하는 유다인들이 바빌론으로 오는 것을 보면서 하느님께서 그렇게 행하신 이유를 깨닫게 될 것이다.

쓸모없는 포도나무 같은 예루살렘

15
1 주님의 말씀이 나에게 내렸다.
2 "사람의 아들아, 포도나무가
다른 어떤 나무보다,
숲의 나무들 사이에 있는 덩굴보다 나은 게 무엇이냐?
3 거기에서 무엇을 만들 재목이 나오겠느냐?
아니면 무엇이라도 걸어 둘 못을 만들 수 있겠느냐?
4 보아라, 그것은 땔감으로 불에 들어간다.
양쪽 끝은 불에 타 버리고
가운데는 그을렸으니
그것을 무엇에 쓰겠느냐?
5 그것이 온전할 때에도
무엇 하나 만들 수 없었는데
하물며 불에 타고 그을렸으니

15,2. "포도나무"는 팔레스티나 땅의 풍요로움과 이스라엘 백성의 역사를 상징한다. 바빌론의 첫 공격을 피하고 바로 그 때문에 자신들이 하느님께서 아끼시는 포도밭이라고 자랑하던 유다인들(이제는 유배를 가야 하는) 앞에서 에제키엘은 그들이 열매를 맺지 못하는데 이러한 특권이 무슨 소용이 있는지 묻는다.

14,19 묵시 16,1. 14,21 레위 26,21-22; 묵시 6,8. 15,1-8 요한 15,6. 15,2 시편 80,9-20; 이사 5,1-7; 예레 2,21.

14,21. 네 가지 징벌 또는 단죄에 대한 언급은 예레 15,3의 말들을 연상시킨다. 에제키엘서의 특징적 언어는 이스라엘에 덮치는 파국을 묘사하기 위하여 "사나운 짐승"이라는 표현을 사용한다. 맹수들이 없다는 것은 백성을 위한 번영과 행복의 약속 가운데 하나지만, 그 조건으로 하느님 법에 대한 충실함과 존중이 요구된다(레위 26,6 참조).

무엇을 만들 수 있겠느냐?
6 그러므로 주 하느님이 말한다.
숲의 나무들 사이에 있는 포도나무를
땔감으로 불에 집어넣듯이
내가 예루살렘 주민들도 그렇게 하리라.
7 나는 그들에게 얼굴을 돌리리라.
그들이 불에서 빠져나온다 해도
불이 다시 그들을 삼켜 버리리라.
이렇게 내가 그들에게 얼굴을 돌릴 때에야
너희는 내가 주님임을 알게 되리라.
8 그들이 배신을 하였기에
나는 그 땅을 황무지가 되게 하리라.
주 하느님의 말이다."

예루살렘의 역사: 부정한 아내의 역사

16 1 주님의 말씀이 나에게 내렸다. 2 "사람의 아들
아, 예루살렘에게 자기가 저지른 역겨운 짓들
을 알려 주어라. 3 너는 말하여라. '주 하느님이 예루살렘에
게 이렇게 말한다. 너의 혈통과 태생으로 말하자면, 너는
가나안 땅 출신이다. 너의 아버지는 아모리 남자고 너의
어머니는 히타이트 여자다. 4 네가 태어난 일을 말하자면,
네가 나던 날, 아무도 네 탯줄을 잘라 주지 않고, 물로 네
몸을 깨끗이 씻어 주지 않았으며, 아무도 네 몸을 소금으
로 문질러 주지 않고 포대기로 싸 주지 않았다. 5 너를 애처
롭게 보아서, 동정심으로 이런 일을 하나라도 해 주는 이
가 없었다. 오히려 네가 나던 날, 너를 싫어하여 들판에 던
져 버렸다.
6 그때에 내가 네 곁을 지나가다가, 피투성이로 버둥거리
는 너를 보았다. 그래서 내가 피투성이로 누워 있는 너에
게 '살아남아라!' 하고 말하였다. 7 그리고 나서 너를 들의
풀처럼 자라게 하였더니, 네가 크게 자라서 꽃다운 나이에
이르렀다. 젖가슴은 또렷이 드러나고 털도 다 자랐다. 그
러나 너는 아직도 벌거벗은 알몸뚱이였다.

16,1-5. 태어난 아기를 버리는 것은 고대 근동에서 행해지던 관습이다. 강한 설화적 효과를 지닌 이 은유적 또는 우의적 이야기는 (23,4 참조) 이방인인 아모리족과 가나안(히타이트)족에게서 태어나 이집트에서 죽을 위험을 겪은 예루살렘의 역사를 전한다. 솔로몬 이후로 백성은 근접 지역의 정치 또는 경제 세력들과 관계를 맺기 시작한다.

16,4. 동방의 산파들은 신생아가 튼튼하도록 바로 찬물로 씻고 소금으로 문질렀다.

15,7 탈출 7,5. 16,1-63 20,1-44; 22,1-31; 23,1-49.

16,1-63. 예언자는 하느님의 이름으로 예루살렘과 논쟁한다. 하느님과 당신 백성 사이의 쌍방 논쟁인 '립'의 도식을 따른다(예레 2,9; 미카 6,1-8의 주 참조). 고발 내용을 설명하고 처벌을 정하는데, 이는 회개를 목적으로 한다. 수도 예루살렘과 동일시되는 그 백성은 마치 되풀이하여 남편에 대한 충실을 배신하고 창녀 짓을 하는 여자와 같이 주님과의 계약을 깨뜨렸다. 예레 3,1-13; 호세 2,4-15 참조.

16,6-22. 온전히 거저 주어지는 주님 선물에(6-14절) 예루살렘은 이기적인 태도로 응하여 자신이 받은 것을 탕진했다(15-22절). 신명 7,7-9; 루카 15,11-16 참조.

8 그때에 내가 다시 네 곁을 지나가다가 보니, 너는 사랑의
때에 이르러 있었다. 그래서 내가 옷자락을 펼쳐 네 알몸
을 덮어 주었다. 나는 너에게 맹세하고 너와 계약을 맺었
다. 주 하느님의 말이다. 그리하여 너는 나의 사람이 되었
다. 9 나는 너를 물로 씻어 주고 네 몸에 묻은 피를 닦고 기
름을 발라 주었다. 10 수놓은 옷을 입히고 돌고래 가죽신
을 신겨 주었고, 아마포 띠를 매어 주고 비단으로 너를 덮
어 주었으며, 11 장신구로 치장해 주었다. 두 팔에는 팔찌
를, 목에는 목걸이를 걸어 주고, 12 코에는 코걸이를, 두 귀
에는 귀걸이를 달아 주었으며, 머리에는 화려한 면류관을
씌워 주었다. 13 이렇게 너는 금과 은으로 치장하고, 아마
포 옷과 비단옷과 수놓은 옷을 입고서, 고운 곡식 가루 음
식과 꿀과 기름을 먹었다. 너는 더욱더 아름다워져 왕비
자리에까지 오르게 되었다. 14 네 아름다움 때문에 너의
명성이 민족들에게 퍼져 나갔다. 내가 너에게 베푼 영화로
네 아름다움이 완전하였던 것이다. 주 하느님의 말이다.
15 그런데 너는 네 아름다움을 믿고, 네 명성에 힘입어 불
륜을 저질렀다. 지나가는 아무하고나 마구 불륜을 저질렀
다. 16 네 옷들을 가져다가 울긋불긋한 산당들을 꾸미고
그 위에서 불륜을 저질렀다. 그런 일은 전에도 없었고 앞
으로도 없을 것이다. 17 또 너는 내가 준 금은 패물들을 가
져다가, 남자 형상들을 만들어 놓고 그것들과 불륜을 저
질렀다. 18 너의 수놓은 옷들을 가져다가 그것들에게 입히
고, 나의 기름과 향을 그것들 앞에 가져다 놓았다. 19 내가
너에게 준 양식, 곧 내가 너에게 먹으라고 준 고운 곡식 가
루와 기름과 꿀을 그것들 앞에 향기로운 제물로 가져다
놓았다. 너는 정말 그렇게 하였다. 주 하느님의 말이다.
20 그리고 너는 네가 나에게 낳아 준 아들딸들을 데려다
가, 그것들에게 양식으로 바쳤다. 너의 그 탕녀 짓만으로
는 모자랐단 말이냐? 21 너는 내 아들들을 잡아 바쳤다.
불 속을 지나게 하여 내 아들들을 그것들에게 바쳤다. 22
이 모든 역겨운 짓과 불륜을 저지르면서, 너는 벌거벗은
알몸뚱이로 지내던, 피투성이로 버둥거리던 네 어린 시절

16,8. 하느님께서 예루살렘을 신부로 택하신다("옷자락을 펼쳐 네 알몸을 덮어 주었다"). 이는 시나이 계약을 암시한다. 룻은 보아즈에게 같은 행위를 해 줄 것을 청한다(룻 3,9 참조).

16,16. 우상을 숭배하는 신전들 주변에는 울긋불긋한 천들이 천막이나 깔개로 사용되었고 신전 매춘이나 신상 꾸미기에 이용되었다.

16,20. "그들의 음식이 되도록 제물로 바쳤다."라고 옮길 수도 있다.

16,8 잠언 2,17; 말라 2,14. 16,9 에페 5,26. 16,14 7,20; 24,16. 16,17 탈출 32,2-4; 판관 8,24-27. 16,20 예레 3,24.

16,21. 사람을 제물로 바치는 것은 성경 본문에 여러 차례 언급되고 단죄된다. 이스라엘에서는 특히 아시리아의 지배를 받던 시기에 이러한 일이 있었던 것으로 보인다(기원전 8-7세기). 아시리아에서 이 관습이 널리 퍼져 있었던 것은 아니다. 일반적으로 사람을 제물로 바치는 일은 매우 드물었을 것이다. 구약 성경에서 이에 관하여 언급된 것은(2열왕 16,3; 17,17; 예레 7,31-32 참조) 자주 행해져서라기보다 그만큼 혐오를 불러일으켰기 때문으로 보아야 한다.

을 기억하지 않았다.
23 너는 불행하여라, 불행하여라! 주 하느님의 말이다. 이
모든 악행을 저지른 다음에도, 24 너는 단을 쌓고 광장마
다 대를 만들었다. 25 너는 길 어귀마다 대를 쌓고서는, 지
나가는 아무에게나 두 다리를 벌려 수없이 불륜을 저지르
며 네 아름다움을 더럽혔다. 26 너는 몸이 큰 네 이웃 이집
트인들과도 불륜을 저질렀다. 수없이 불륜을 저질러 내 화
를 돋우었다. 27 그래서 내가 너에게 손을 뻗어 네 몫을 줄
이고, 너를 미워하는 필리스티아 여자들의 뜻에 너를 맡
겨 버렸다. 그들마저 네가 걸어온 추잡한 길을 수치스럽게
여겼다. 28 그러고도 너는 성이 차지 않아 아시리아 사람들
과 불륜을 저질렀다. 그들과 불륜을 저지르고도 성이 차
지 않자, 29 너는 저 상인들의 나라 칼데아와 수없이 불륜
을 저질렀다. 그렇게 하고도 너는 성이 차지 않았다.
30 주 하느님의 말이다. 네 마음이 얼마나 달아올랐으면,
뻔뻔스러운 창녀들이나 하는 이런 모든 짓을 하였느냐?
31 길 어귀마다 단을 쌓고 광장마다 대를 만들었으니 말이
다. 그러면서도 해웃값을 깔보아 마다하였으니, 너는 여느
창녀와 같지도 않구나! 32 오히려 남편 아닌 낯선 자들을
받아들여 간통하는 여자와 같다. 33 창녀들은 몸값을 받
는 법이다. 그러나 너는 네 모든 정부에게 놀음차를 주었
다. 불륜을 저지르는 너에게로 사방에서 모여들도록 그들
에게 선물을 주었다. 34 이렇게 너는 불륜을 저지르면서도
다른 여자들과는 반대로 하였다. 누가 정을 통하려고 너
를 따라온 것도 아니고, 네가 해웃값을 받는 것이 아니라
오히려 해웃값을 내주니, 너는 반대로 한 것이다.
35 그러니, 이 탕녀야, 주님의 말을 들어라. 36 주 하느님이
이렇게 말한다. 네가 정부들과 너의 그 모든 역겨운 우상
과 불륜을 저지르면서 치부를 보이고 알몸을 드러내었으
므로, 그리고 그것들에게 스스로 바친 네 자식들의 피 때
문에, 37 나는 너를 미워하는 자들뿐만 아니라, 네가 함께
즐기던 정부들과 네가 사랑하던 자들을 모두 모아들이겠
다. 그들을 사방에서 너에게로 모아들인 다음, 그들 앞에
서 네 알몸을 드러내어, 그들이 그 알몸을 다 보게 하겠다.
38 나는 간음하고 살인한 여자들을 재판하듯 너를 재판하
고, 분노와 질투로 너에게 살인죄의 벌을 내리겠다. 39 내
가 너를 그들의 손에 넘기리니, 그들은 네 단을 허물고 대
를 무너뜨리며, 옷을 벗기고 패물들을 빼앗은 다음, 너를

16,24. "대"로 번역한 히브리어 단어가 무엇을 지칭하는지 파악하기 어렵다. 그리스어 번역본과 (새) 대중 라틴말 성경은 사창가를 암시한다(31.39절 참조).

16,27. 필리스티아인들은 유다의 영토 일부를 차지했다.

16,28-34. 외국 민족들과의 정치적 계약들은(특히 므나쎄 시대) 우상 숭배에 물드는 계기가 되었고, 오직 주님과 맺은 계약에 신뢰하지 못함을 드러낸다. 그래서 이들은 "간통"으로 일컬어진다.

16,29. "상인들의 나라"를 대중 라틴말 성경은 "가나안의 나라"으로 옮긴다. 이 나라는 무역으로 유명한 페니키아(가나안의 일부) 상인들이 자주 드나드는 교역 대상국 바빌론을 지칭한다(17,4 참조. 또한 즈카 14,21의 주를 보라).

16,30. "네 마음이 얼마나 달아올랐으면"으로 옮긴 표현은 번역하기 어렵다. 아마도 열이 오른 것을 나타내는 듯하다. 그리스어 번역본은 "내가 네 딸을 어떻게 다루어야 하겠느냐?"로 옮기고, (새) 대중 라틴말 성경은 "내가 네 마음을 어떻게 정화해야 하겠느냐?"로 옮긴다.

16,38 5,13; 잠언 6,34. 16,39 묵시 17,16.

벌거벗은 알몸뚱이로 버려둘 것이다. 40 그들은 패거리를
몰고 올라와서, 너에게 돌을 던지고 칼로 너를 토막 낼 것
이다. 41 너의 집들을 불사르고 많은 여자들이 보는 앞에
서 너에게 벌을 내릴 것이다. 나는 이렇게 너의 탕녀 짓에
끝장을 내고, 다시는 해웃값을 주지 못하게 하겠다. 42 그
제야 너에 대한 나의 화가 풀리고, 내 질투가 너에게서 사
그라질 것이다. 마음이 가라앉아 내가 다시는 분노를 터
뜨리지 않을 것이다. 43 네가 어린 시절을 기억하지 않고
이 모든 것으로 나를 화나게 하였으니, 내가 어찌 네가 걸
어온 길을 네 머리 위로 되갚지 않을 수 있겠느냐? 주 하느
님의 말이다. 너는 네 모든 역겨운 짓에다가 이 추잡한 짓
마저 저지르지 않았느냐?
44 보아라, 속담을 짓는 이들은 모두 너를 두고 '그 어머니
에 그 딸.'이라고 말할 것이다. 45 네가 바로 남편과 자식들
을 미워하던 그 어머니의 딸이고, 네가 바로 남편과 자식
들을 미워하던 그 자매들의 동기다. 너희 어머니는 히타
이트 여자고 아버지는 아모리 남자다. 46 그리고 네 언니는
자기 딸들을 데리고 네 왼쪽에 살던 사마리아이고, 동생
은 자기 딸들을 데리고 네 오른쪽에 살던 소돔이다. 47 너
는 그들의 길을 따라가고 그들의 역겨운 짓을 따라 할 뿐
만 아니라, 오히려 짧은 시간에, 네가 걷는 모든 길에서 그
들보다 더 타락하였다.
48 주 하느님의 말이다. 내 생명을 걸고 말하는데, 네 동생
소돔과 그 딸들은, 네가 네 딸들과 함께 한 것만큼은 결코
하지 않았다. 49 네 동생 소돔의 죄악은 이러하다. 소돔과
그 딸들은 교만을 부리며, 풍부한 양식을 가지고 걱정 없
이 안락하게 살면서도 가련한 이들과 가난한 이들의 손을
거들어 주지 않았다. 50 그들은 거만을 떨며 내 눈앞에서
역겨운 짓을 저질렀다. 그래서 나는 네가 본 것처럼 그들
을 없애 버렸다.
51 사마리아는 네가 지은 죄의 반만큼도 죄짓지 않았다.
너는 역겨운 짓들을 그들보다 더 많이 하였다. 네가 저지
른 그 모든 역겨운 짓으로, 너의 자매들이 오히려 의롭게
여겨지도록 만들었다. 52 네 자매들보다 더 역겹게 행동하
고 죄를 지어 그들이 유리한 판결을 받게 하였으니, 너도
마땅한 수치를 당하여라. 네 자매들이 오히려 너보다 더
의롭게 여겨진다. 네가 이렇게 네 자매들이 의롭게 여겨지
도록 만들었으니, 너도 부끄러워하면서 마땅한 수치를 당

16,43. "내가 어찌… 않을 수 있겠느냐?" "이제 나는… 하겠다." 라고 옮길 수 있다. 16,27의 "그래서 내가" 참조.

16,46. "자기 딸들"은 큰 도시에 딸린 지역들을 뜻한다. 사마리아는 북왕국("왼쪽")의 수도였고, 소돔은 남쪽("오른쪽")에 있는 죄 많은 도시의 전형이다.

16,48. 예루살렘의 죄악들은 소돔과 사마리아의 죄악보다도 더 크다.

16,40 신명 22,23-24. 16,46 묵시 11,8. 16,51 로마 11,32.

하여라.
53 나는 그들의 운명을, 소돔과 그 딸들의 운명을, 사마리
아와 그 딸들의 운명을 되돌리겠다. 그들과 함께 너의 운
명도 되돌리겠다. 54 그것은 네가 마땅한 수치를 당하고 네
가 저지른 모든 것을 수치스럽게 여겨, 그들을 위로하게
하려는 것이다. 55 너의 자매들, 곧 소돔과 그 딸들이 예전
상태로 돌아가고, 사마리아와 그 딸들이 예전 상태로 돌
아갈 때, 너와 네 딸들도 예전 상태로 돌아갈 것이다. 56 네
가 교만하던 때에는 네 동생 소돔이 네 이야깃거리가 아
니었느냐? 57 그러나 그것은 네 악행이 드러나기 전의 일이
다. 이제는 네가 아람의 딸들과 그 모든 이웃과 필리스티
아 딸들, 곧 사방에서 너를 비웃는 자들의 놀림감이 되었
다. 58 네가 저지른 그 추잡한 짓과 역겨운 짓의 결과를 너
는 짊어져야 한다. 주님의 말이다.
59 주 하느님이 이렇게 말한다. 나는 네가 한 대로 너에게
해 주겠다. 너는 맹세를 무시하여 계약을 깨뜨렸다. 60 그
러나 나는 네가 어린 시절에 너와 맺은 내 계약을 기억하
고, 너와 영원한 계약을 세우겠다. 61 너와 맺은 계약에는
들어 있지 않지만, 내가 네 동생들과 함께 네 언니들도 데
려다가 너에게 딸로 삼아 주면, 너는 네가 걸어온 길을 기
억하고 수치스러워할 것이다. 62 이렇게 내가 너와 계약을
세우면, 그제야 너는 내가 주님임을 알게 될 것이다. 63 이
는 네가 저지른 모든 일을 내가 용서할 때, 네가 지난 일을
기억하고 부끄러워하며, 수치 때문에 입을 열지 못하게 하
려는 것이다. 주 하느님의 말이다.'"

불충한 임금을 비유한 노래

17 1 주님의 말씀이 나에게 내렸다. 2 "사람의 아들
아, 이스라엘 집안에게 수수께끼를 내고 비유
를 말하여라. 3 너는 말하여라. '주 하느님이 이렇게 말한다.

큰 날개와 긴 깃이 달리고
울긋불긋한 깃털로 가득한

16,57. "아람의 딸들"은 시리아의 도시들이다.

16,63. 입을 여는 것은 오만함과 증오심의 표지이다. 입을 열지 않는 태도는 존중하여 주의를 기울이는 것 또는 자신이 잘못했음을 의식함을 드러낸다.

17,1-10. 큰 독수리는 네부카드네자르이다. 그는 기원전 597년 예루살렘("레바논")에서 바빌론으로 다윗 후손인 여호야킨 임금을("향백나무" 3절) 유배 보내고, 봉신 치드키야로 그를 대체한다(5.13절). 한편 치드키야는 이집트 파라오와 친선을 추구한다("큰 독수리가 또 하나 있었다." 7절). 이러한 좋지 않은 시도는 바빌론의 마지막 진압을 가져온다("샛바람" 10절).

16,53 4,4-6; 37,15-22; 39,25. 16,60 창세 17,7; 이사 61,8; 히브 13,20. 17,3 묵시 12,14

16,59-63. 계약은 영원할 것이다. 하느님께서는 사랑 때문에 당신 백성을 포기하려 하지 않으신다. 이 장의 결말은 히브리어 '브릿'("계약")을 강조한다.

17,3. 성경 안에서 독수리는 여러 가지 은유로 나타난다. 구약 성경 본문들에서는 흔히 독수리가 빠르고 강하게 나는 점을 암시한다. 독수리는 왕권의 상징으로 여겨졌으므로 이 장에서 바빌론과 이집트의 임금을 지칭하여 사용한다. 고대 다른 민족들에게 흔히 그랬듯이, 메소포타미아에서 독수리는 여러 신들의 상징이기도 했다. 요한 묵시록에서도(8,13 참조) 독수리는 하느님의 전령 역할을 한다.

큰 독수리 한 마리가
레바논으로 갔다.
향백나무의 꼭대기 순을 따고
4 가장 높은 가지를 꺾어
상인들의 땅으로 가져가서
장사꾼들의 성읍에 심어 놓았다.
5 그 땅에서 난 씨앗을 가져다가
기름진 밭에 심었다.
큰 물 곁의 냇버들처럼,
버들잎사시나무처럼 심었다.
6 싹이 돋아 포도나무가 되어
낮게 옆으로 퍼졌다.
줄기는 독수리를 향하고
뿌리는 땅에 박혀 있었다.
이렇게 그것은 포도나무가 되어
가지를 뻗고 덩굴손을 내뻗었다.

7 그런데 큰 날개가 달리고 깃털이 많은
큰 독수리가 또 하나 있었다.
그러자, 포도나무가
뿌리를 그 독수리 쪽으로 돌리고
줄기를 그쪽으로 내뻗었다.
포도나무는 자기가 심긴 밭이 아니라
그 독수리에게서 물을 얻으려는 것이었다.
8 그 포도나무는 좋은 밭에,
큰 물 곁에 심어졌다.
햇가지를 뻗고 열매를 맺어
훌륭한 포도나무가 되라는 것이었다.'

9 너는 말하여라. '주 하느님이 이렇게 말한다.
그 포도나무가 잘되겠느냐?
독수리가 그 뿌리를 뽑고
그 열매를 훑어 말라 버리게 하지 않겠느냐?
그래서 새로 난 잎이 모두 말라 버리지 않겠느냐?
그 포도나무를 뿌리에서 떼어 들어내는 데에는
힘센 팔도 많은 군사도 필요하지 않다.
10 포도나무가 한 번 심어졌다고 잘되겠느냐?
샛바람이 휘몰아치면
바싹 말라 버리지 않느냐?
그것이 자라난 밭에서 말라 버리지 않느냐?'"

17,6. "포도나무가 되어" 치드키야는 포도나무에, 그의 선임자(여호야킨)는 향백나무에 비유된다(3절). 이렇게 표상이 달라지는 것은 아마도 법률적 상황의 차이를 반영한다. 치드키야는 네부카드네자르에 의하여 임명되었으므로 바빌론 임금에게 종속되었다.

17,7. "물을 얻으려는 것" 은유의 의미를 풀면, 15절에서 포도나무가 찾는 물은 "군마와 많은 군사"이다. 아마도 바빌론의 공격에 저항하기 위한 동맹군 또는 용병을 지칭한다. 에제키엘은 이사야와 함께 히즈키야 시대 궁정의 반아시리아파를 단죄한다(이사 31,1-3 참조).

비유의 설명

11 주님의 말씀이 나에게 내렸다. 12 "이제 저 반항의 집안
에게 '이것들이 무엇을 뜻하는지 모르겠느냐?' 하고 물으
며, 이렇게 말하여라. '자, 바빌론 임금이 예루살렘에 와
서, 임금과 고관들을 잡아 바빌론으로 데려갔다. 13 그는
또 왕실 후손 가운데 한 사람을 골라, 그와 계약을 맺고
맹세를 시킨 다음, 이 땅의 유력자들을 잡아갔다. 14 그것
은 이 왕국이 보잘것없이 되어 독립하지 못하고, 계약을
지켜야만 존속할 수 있게 하려는 것이었다. 15 그러나 그
는 바빌론 임금에게 반역하고 이집트로 사절들을 보내어,
군마와 많은 군사를 보내 달라고 요청하였다. 그런다고 성
공할 것 같으냐? 그렇게 하는 자가 위험에서 벗어날 수 있
겠느냐? 계약을 깨뜨리고서도 위험에서 벗어날 수 있겠느
냐? 16 주 하느님의 말이다. 내가 살아 있는 한, 그는 자기
를 왕위에 앉힌 임금이 있는 곳에서 죽을 것이다. 그는 그
임금이 시킨 맹세를 무시하고 그와 맺은 계약을 깨뜨렸다.
그는 그 임금 곁, 바빌론에서 죽을 것이다. 17 적군이 많은
사람을 죽이려고 공격 축대를 쌓고 공격 보루를 만들 때,
파라오가 강한 군대와 수많은 병사로 그를 전쟁에서 도와
주지 않는다. 18 그는 맹세를 무시하고 계약을 깨뜨렸다.
그가 손을 잡았다가 이런 짓들을 다 하였으니, 그는 위험
에서 벗어날 수 없을 것이다.

19 그러므로 주 하느님이 이렇게 말한다. 내가 살아 있는
한, 나는 그가 무시한 나의 맹세와 그가 깨뜨린 나의 계약
을 그의 머리 위로 되갚겠다. 20 나는 그를 잡으려고 그물
을 쳐 놓겠다. 내가 친 망에 걸리면, 나는 그를 바빌론으로
끌고 가서, 그가 나에게 저지른 배신을 그곳에서 심판하
겠다. 21 그가 거느린 모든 군대의 정병들은 모두 칼에 맞
아 쓰러지고, 남은 자들은 사방으로 흩어질 것이다. 그제
야 너희는 나 주님이 말하였음을 알게 될 것이다.

22 주 하느님이 이렇게 말한다.
내가 손수 높은 향백나무의 꼭대기 순을 따서 심으리라.
가장 높은 가지들에서 연한 것을 하나 꺾어
내가 손수 높고 우뚝한 산 위에 심으리라.

17,19. 계약을 맺는 이들은 각자 자신의 신을 증인으로 취했으므로, 약속을 깨뜨리는 것은 계약 상대방에 대한 모욕일 뿐만 아니라 그 약속을 보증한 신에게도 모욕이었다.

17,20. 치드키야는 팔레스티나의 리블라에서 심판을 받았고 거기서 눈이 뽑혔다.

17,22-24. "순"은 유다의 임금 메시아가 나올 다윗의 그루터기이다. "들의 모든 나무"는 주변 민족들의 임금들이다.

17,12 2열왕 24,10-16. 17,15 이사 31,1-2. 17,22 34,23; 이사 11,1; 예레 23,5.

✠ 17,22-24. 이 본문은 나해 연중 제11주일에 읽는다. 전례에서는 이를 마르 4,26-34의 하늘 나라에 관한 두 비유와 연결시킨다. 그 두 번째 비유는 겨자씨의 엄청난 성장을 묘사한다. 화답송 시편(92[91]편) 본문도 이 예언서의 말씀에 대한 이해를 돕는다. "의인은 야자나무처럼 돋아나고 레바논의 향백나무처럼 자라리라."

23 이스라엘의 드높은 산 위에 그것을 심어 놓으면
햇가지가 나고 열매를 맺으며
훌륭한 향백나무가 되리라.
온갖 새들이 그 아래 깃들이고
온갖 날짐승이 그 가지 그늘에 깃들이리라.
24 그제야 들의 모든 나무가 알게 되리라.
높은 나무는 낮추고
낮은 나무는 높이며
푸른 나무는 시들게 하고
시든 나무는 무성하게 하는 이가
나 주님임을 알게 되리라.
나 주님은 말하고 그대로 실천한다.'"

하느님의 정의와 개인의 책임

18 1 주님의 말씀이 나에게 내렸다. 2 "너희는 어찌
하여 이스라엘 땅에서, '아버지가 신 포도를 먹
었는데, 자식들의 이가 시다.'는 속담을 말해 대느냐? 3 주
하느님의 말이다. 내가 살아 있는 한, 너희가 다시는 이 속
담을 이스라엘에서 말하지 않을 것이다. 4 보아라, 모든 목
숨은 나의 것이다. 아버지의 목숨도 자식의 목숨도 나의
것이다. 죄지은 자만 죽는다.
5 어떤 사람이 의로워서 공정과 정의를 실천하면, 6 곧 산
위에서 음식을 먹지 않고, 이스라엘 집안의 우상들에게
눈을 들어 올리지 않으며, 이웃의 아내를 더럽히지 않고
달거리하는 여자를 가까이하지 않으며, 7 사람을 학대하
지 않고 빚 담보로 받은 것을 돌려주며, 강도 짓을 하지 않
고 굶주린 이에게 빵을 주며, 헐벗은 이에게 옷을 입혀 주
고, 8 변리를 받으려고 돈을 내놓지 않으며, 이자를 받지
않고 불의에서 손을 떼며, 사람들 사이에서 진실한 판결
을 내리면서, 9 나의 규정들을 따르고 나의 법규들을 준수
하여 진실하게 지키면, 그는 의로운 사람이니 반드시 살
것이다. 주 하느님의 말이다.
10 이 사람이 아들을 낳았는데, 그 아들이 폭력을 휘두르

18,2. 다양한 연대성의 유대가 개인들을 운명 공동체가 되게 한다는 뿌리 깊은 믿음이 있었다. 유배된 이들은 자신들이 조상들의 잘못 때문에 벌을 받는다고 믿었다.

18,6. "산 위에서 음식을 먹는" 것은 산당에서 우상 숭배 예식에 참여하고 제사 음식을 먹는 것을 암시한다.

18,8.13. 고대 근동에서는 이자율이 매우 높았다(20~30%). 히브리인들은 율법에 따라 동족에게 이자를 받고 돈을 빌려주는 것을 금했다(탈출 22,24 참조).

17,23 마태 13,32; 마르 4,32; 루카 13,19. 17,24 1사무 2,7; 루카 14,11. 18,1-32 14,12-23; 33,10-20. 18,2 창세 3,12-24; 애가 5,7. 18,4 신명 24,16. 18,5-9 시편 5,3-8.15; 이사 33,14-16; 예레 22,1-5. 18,7 레위 19,9-10; 23,22; 마태 25,35. 18,8 레위 25,35-37; 즈카 7,9.

18,4-18. 예레미야에게 개인의 행동에 대한 관심이 예언자들의 가르침에 포함되기 시작한다. 에제키엘은 자신의 운명에 대한 각자의 개인적 책임이라는 차원을 전개시킨다(개인적 응보).

고 남의 피를 흘리며, 다음과 같은 것들 가운데 하나라도
저지르면, 11 곧 아버지는 이런 것을 하나도 저지르지 않았
다 하더라도, 그 아들이 산 위에서 음식을 먹거나, 이웃의
아내를 더럽히거나, 12 가련한 이와 가난한 이를 학대하거
나, 강도 짓을 하거나, 담보로 받은 것을 돌려주지 않거나,
우상들에게 눈을 들어 올리며 역겨운 짓을 하거나, 13 변
리를 받으려고 돈을 내놓거나, 이자를 받으면, 아들이 살
것 같으냐? 그는 살지 못한다. 이 모든 역겨운 짓을 저질렀
으니, 그는 반드시 죽어야 한다. 그가 죽은 책임은 자신에
게 있다.
14 이 사람이 아들을 낳았는데, 그 아들이 아버지가 저지
른 모든 죄를 보고 깨달아, 그대로 따라 하지 않으면, 15 곧
산 위에서 음식을 먹지 않고, 이스라엘 집안의 우상들에
게 눈을 들어 올리지 않으며, 이웃의 아내를 더럽히지 않
고, 16 사람을 학대하지 않으며, 담보물을 잡지 않고 강도
짓을 하지 않으며, 굶주린 이에게 먹을거리를 주고 헐벗은
이에게 옷을 입혀 주며, 17 불의에서 손을 떼고 변리도 이
자도 받지 않으면서, 나의 법규들을 지키고 나의 규정을
따르면, 그는 자기 아버지의 죄 때문에 죽지 않고, 반드시
살 것이다. 18 그렇지만 그의 아버지는 난폭한 짓을 하고
형제에게 강도 짓을 하며, 자기 백성 가운데에서 좋지 않
은 짓을 하였으므로, 자기 죄 때문에 죽을 것이다.
19 그런데 너희는, '왜 그 아들이 아버지가 지은 죗값을 짊
어지지 않는가?' 하고 묻는다. 그 아들이 공정과 정의를
실천하고 나의 모든 규정을 준수하여 지켰으므로, 그는
반드시 살 것이다. 20 죄지은 자만 죽는다. 아들은 아버지
의 죗값을 짊어지지 않고, 아버지는 아들의 죗값을 짊어지
지 않는다. 의인의 의로움은 그 자신에게만 돌아가고, 악
인의 죄악도 그 자신에게만 돌아간다.
21 그러나 악인도 자기가 저지른 모든 죄를 버리고 돌아서
서, 나의 모든 규정을 준수하고 공정과 정의를 실천하면,
죽지 않고 반드시 살 것이다. 22 그가 저지른 모든 죄악은
더 이상 기억되지 않고, 자기가 실천한 정의 때문에 살 것
이다. 23 내가 정말 기뻐하는 것이 악인의 죽음이겠느냐?
주 하느님의 말이다. 악인이 자기가 걸어온 길을 버리고
돌아서서 사는 것이 아니겠느냐?
24 그러나 의인이 자기 정의를 버리고 돌아서서 불의를 저
지르고, 악인이 저지르는 온갖 역겨운 짓을 따라 하면, 살

18,23. 하느님께서는 모든 사람이 구원되기를 바라신다.

18,18 말라 3,5. 18,24 히브 6,6.

수 있겠느냐? 그가 실천한 모든 정의는 기억되지 않은 채,
자기가 저지른 배신과 자기가 지은 죄 때문에 죽을 것이다.
25 그런데 너희는, '주님의 길은 공평하지 않다.'고 말한다.
이스라엘 집안아, 들어 보아라. 내 길이 공평하지 않다는
말이냐? 오히려 너희의 길이 공평하지 않은 것 아니냐? 26
의인이 자기 정의를 버리고 돌아서서 불의를 저지르면, 그
것 때문에 죽을 것이다. 자기가 저지른 불의 때문에 죽는
것이다. 27 그러나 악인이라도 자기가 저지른 죄악을 버리
고 돌아서서 공정과 정의를 실천하면, 그는 자기 목숨을
살릴 것이다. 28 자기가 저지른 모든 죄악을 생각하고 그 죄
악에서 돌아서면, 그는 죽지 않고 반드시 살 것이다. 29 그런
데도 이스라엘 집안은, '주님의 길은 공평하지 않다.'고 말
한다. 이스라엘 집안아, 내 길이 공평하지 않다는 말이냐?
오히려 너희의 길이 공평하지 않은 것 아니냐?
30 그러므로 이스라엘 집안아, 나는 저마다 걸어온 길에
따라 너희를 심판하겠다. 주 하느님의 말이다. 회개하여
라. 너희의 모든 죄악에서 돌아서라. 그렇게 하여 죄가 너
희에게 걸림돌이 되지 않게 하여라. 31 너희가 지은 모든
죄악을 떨쳐 버리고, 새 마음과 새 영을 갖추어라. 이스라
엘 집안아, 너희가 어찌하여 죽으려 하느냐? 32 나는 누구
의 죽음도 기뻐하지 않는다. 주 하느님의 말이다. 그러니
너희는 회개하고 살아라."

유다 임금들의 죽음을 애도하다

19 1 "너는 이스라엘의 제후들을 위하여 애가를
불러라. 2 이렇게 노래하여라.

'너의 어머니는 어떤 어머니였는가?
수사자들에게 둘러싸인 암사자가 아니었던가?
힘센 사자들 틈에 누워
새끼들을 돌보던 암사자였다네.

18,25-30. 여기서 예언자는 유배된 이들의 생각을 진술하는 것으로 보인다. 그들은 자신의 상황을 조상들의 죄의 결과로 해석했고(4절 참조) 자기 행실에 대해서는 묻지 않았다. 하지만 예언자의 논지는 반대로도 해석할 수 있다. 이 주제를 다시 취하는 33장을 보라. 유배 백성은 회개하여 주님을 신뢰하고 해방과 구원을 바라시는 그분의 뜻에 의탁할 수 있다.

19,1-5. "제후들"은 유다의 마지막 임금들이다. "암사자"는 예루살렘을 나타낸다. "새끼들 가운데에서 하나"는 여호아하즈 임금이고(3절), "새끼들 가운데에서 또 하나"(5절)는 여호야킨 임금이다.

19,1. "애가를 불러라." 여기서 시작되는 본문은 '키나' 곧 어떤 사람의 죽음을 계기로 작성되는 조가의 문학 유형을 따른다(2역대 35,25 참조). 탄식 형식의 이 시는 영광의 시기로 기억되는 과거를 불행한 현재와 대비시킨다. 에제키엘은 티로와(에제 26,7; 27,2.32; 28,12 참조) 이집트의(32,2.16 참조) 종말을 알리기 위해서도 이러한 문학 유형을 사용한다. 그 밖의 예로 2사무 1,17; 예레 7,29; 9,9.19; 아모 5,1; 8,10가 있다.

19,2 창세 49,8-9; 민수 23,24; 24,9; 신명 33,20.

✠ 18,25-28. 가해 연중 제26주일에 이 본문을 주제상 연관된 마태 21,28-32 두 형제의 비유와 함께 읽는다. 하느님의 공평하심은 인간의 공평함과 충돌한다. 스스로 올바르다고 하는 이들에게는 하느님께서 하시는 일이 불의해 보이지만, 악인일지라도 회개할 줄 아는 이들에게는 그것이 회개와 희망의 계기가 된다.

19,1-14. 후손들과 조상들 각자의 책임에 관한 앞 장의 가르침에서 예언자는 백성의 지도자들에게 적용되는 결론을 도출한다. 유다와(창세 49,8-12 참조) 다윗 후손들에게는(2사무 7장 참조) 왕권이 약속되었다. 그러나 하느님께서 과거 세대들에게 베푸신 호의는 현재의 임금들에게 권력을 책임 있게 수행할 의무를 면해 주지 않는다. 에제키엘은 마치 그들이 이미 죽은 것처럼 그들에 대해 탄식한다.

19,4. "갈고리" 또는 "고리"는 29,4과 38,4에서 나일강과 곡에 관련하여 묘사된다(욥 40,24; 이사 37,29 참조).

3 그가 새끼들 가운데에서 하나를 키웠건만
힘센 사자가 되어
사냥하는 것을 배우고는
사람들을 잡아먹자
4 민족들이 그 소식을 듣고
함정을 파서 그를 잡아
갈고리에 꿰어
이집트 땅으로 끌고 갔다네.
5 암사자는 제 희망이 어리석었음을,
그것이 꺾였음을 보고
새끼들 가운데에서 또 하나를 골라
힘센 사자로 내세웠건만
6 수사자들 사이로 드나들며
힘센 사자가 되어
사냥하는 것을 배우고는
사람들을 잡아먹으며
7 궁궐들을 부수고
성읍들을 황폐하게 하니
그가 으르렁대는 소리에
땅과 그 안에 있는 것들이
모두 질겁하였네.
8 그러자 민족들이 그를 치려고
사방 여러 곳에서 몰려와
그 앞에 그물을 치고
함정을 파서 그를 잡아
9 갈고리에 꿰어 우리에 넣고
바빌론 임금에게 끌고 가
요새에 가두고는
그의 목소리가 다시는
이스라엘 산에 들리지 않게 하였네.

19,10-14. "포도나무"는 예루살렘이고 "줄기"는 임금들이 나온 이스라엘 백성이다.

10 너의 어머니는 물가에 심긴
포도밭의 포도나무 같았지.
물이 많아서
열매가 풍성하고 가지가 무성하였는데
11 그 가운데 튼튼한 줄기 하나가
통치자의 홀이 되었네.
점점 키가 자라서

19,3 32,2; 나훔 2,12-13. 19,7 예레 2,15.

굵은 가지들 위로 솟아
그 키와 많은 가지들 덕분에
멀리서도 보였다네.
12 그러나 그 포도나무는 분노 속에 뽑혀
땅바닥에 던져지니
샛바람에 말라 버리고
열매는 찢겨 나갔다네.
그 세차던 줄기는 말라 버리고
불에 타 버렸네.
13 이제 그것은 광야에,
가물고 메마른 땅에 옮겨졌는데
14 줄기에서 불이 나와
가지와 열매를 살라 버렸네.
그래서 그 포도나무에는
튼튼한 줄기가, 통치자의 홀이 남지 않았네.'"
이것은 애가이며, 또한 애가로 불렸다.

이스라엘의 반역의 역사

20 1 제칠년 다섯째 달 초열흘날에, 이스라엘의 원
로 몇 사람이 주님께 문의하려고 와서 내 앞에
앉았다. 2 그때 주님의 말씀이 나에게 내렸다. 3 "사람의 아
들아, 이스라엘의 원로들에게 일러라. '주 하느님이 이렇게
말한다. 너희는 나에게 문의하려고 왔느냐? 내가 살아 있
는 한, 나는 너희의 문의를 받지 않겠다. 주 하느님의 말이
다.' 하고 그들에게 말하여라. 4 네가 오히려 그들을 심판해
야 하지 않느냐? 사람의 아들아, 네가 심판해야 하지 않느
냐? 그들에게 조상들의 역겨운 짓들을 알려 주어라.
5 그들에게 말하여라. '주 하느님이 이렇게 말한다. 내가
이스라엘을 선택하던 날, 나는 야곱 집안의 후손들에게
손을 들어 맹세하였다. 이집트 땅에서 그들에게 나 자신
을 알려 주었다. '나는 주 너희 하느님이다.' 하며 그들에

20,1. 이 날짜는 기원전 591년 8월 14일에 해당한다. 원로들은 에제키엘에게 바빌론 땅에서 예배를 조직할 수 있도록(32절 참조) 문의하려 한 것으로 보인다.

20,5. 하느님께서는 당신 백성과 계약을 맺으시면서 그 백성에게 모욕을 당할 위험을 감수하신다.

20,1-4 // 14,1-5. 20,5-29 시편 106,6-39. 20,5 36,28; 신명 7,6-8.

19,14. "애가"로 번역한 히브리어 단어는 '키나'로, 일반적으로 세상을 떠난 이를 기리기 위한 조가를 지칭한다. 예언 문학은 죄로 인하여 멸망을 맞은 백성의 운명을 예고하기 위하여 이 문학 유형을 사용한다.

20,1-44. 에제키엘은 그 백성의 거룩한 전승들에 따라 이스라엘 역사를 구원의 선택이라기보다 배신의 역사로 본다. 이집트에서(5-9절), 광야에서(10-26절), 약속된 땅에서(27-29절) 그리고 유배지에서(30-31절) 그 백성은 반역했다. 주님께서는 과거에 그러셨듯이 다시 개입하시어 죄를 없애시고 계약을 갱신하실 것이며, 흩어진 자녀들을 모아들이시고 그들을 "민족들의 광야"(35절)로, "거룩한 산"(40절)으로, 조상들의 땅으로(42절) 이끄실 것이다.

20,7-8. 에제키엘은 이스라엘의 우상 숭배 죄가(백성이 언제나 떨어지는 유혹) 이집트 땅에 머물던 때부터 시작된 것으로 본다.

게 손을 들어 맹세하였다. 6 나는 그날, 그들을 이집트 땅
에서 이끌어 내어 내가 그들을 위하여 찾아 놓은 땅, 젖과
꿀이 흐르는 땅, 모든 나라 가운데에서 가장 영화로운 곳
으로 데려가겠다고, 그들에게 손을 들어 맹세하였다. 7 그
리고 그들에게 이렇게 말하였다. '저마다 너희는 눈을 홀
리는 그 혐오스러운 것들을 내던지고, 이집트의 우상들로
자신을 부정하게 만들지 마라. 나는 주 너희 하느님이다.'
8 그러나 그들은 나에게 반항하고 내 말을 들으려 하지 않
았다. 아무도 눈을 홀리는 그 혐오스러운 것들을 내던지
지 않고, 이집트의 우상들을 내버리지 않았다. 그래서 나
는 이집트 땅 한가운데에서 그들에게 내 화를 퍼붓고 내
분노를 다 쏟겠다고 생각하였다. 9 그러나 나는 내 이름 때
문에 달리 행동하여, 이스라엘과 함께 살던 민족들이 보
는 앞에서 내 이름이 더럽혀지지 않게 하였다. 내가 그들
을 이집트 땅에서 이끌어 내어, 민족들이 보는 앞에서 나
자신을 그들에게 알려 주었던 것이다.
10 나는 그들을 이집트 땅에서 이끌어 내어 광야로 데리고
갔다. 11 나는 그들에게, 누구나 그대로 지키기만 하면 살
수 있는 내 규정들을 주고 내 법규들을 알렸다. 12 나는 또
그들에게 나의 안식일을 나와 그들 사이의 표징으로 주
어, 나 주님이 그들을 거룩하게 하는 이라는 것을 알게 하
였다. 13 그러나 이스라엘 집안은 광야에서 나에게 반항하
였다. 누구나 그대로 지키기만 하면 살 수 있는 내 규정들
을 따르지 않고, 내 법규들을 업신여겼다. 그들은 내 안식
일을 크게 더럽혔다. 그래서 나는 그들에게 내 화를 퍼부
어 그들을 없애 버리겠다고 생각하였다. 14 그러나 나는 내
이름 때문에 달리 행동하여, 내가 이스라엘을 이끌어 내
는 것을 본 민족들 앞에서 내 이름이 더럽혀지지 않게 하
였다. 15 그렇지만 나는, 그들에게 준 땅, 젖과 꿀이 흐르는
땅, 모든 나라 가운데에서 가장 영화로운 곳으로 그들을
데려가지 않겠다고, 광야에서 그들에게 손을 들어 맹세하
였다. 16 그들의 마음이 자기 우상들을 따라가서, 나의 법
규들을 업신여기고 나의 규정들을 따르지 않았으며, 나의
안식일을 더럽혔기 때문이다. 17 그러나 나는 그들을 동정
하여 멸망시키지 않았다. 광야에서 그들을 아주 없애 버

20,6 // 20,15. 20,7 36,25. 20,9 // 20,14.

20,9. 하느님께서는 다함없는 자애로 계약의 의무에 충실하실 뿐만 아니라 당신 이름과 거룩하심의 명예를 지키신다. 하느님의 계시와 이스라엘의 운명은 실상 긴밀하게 결합되어 있다.

리지는 않았다.
18 나는 광야에서 그들의 자손들에게 이렇게 말하였다. '너
희 조상들의 규정들을 따르지 말고 그들의 법규들을 준
수하지 말며, 그들의 우상들로 너희 자신을 부정하게 만
들지 마라. 19 나는 주 너희 하느님이다. 나의 규정들을 따
르고 나의 법규들을 준수하여 지켜라. 20 안식일을 거룩
하게 지켜, 그것이 나와 너희 사이의 표징이 되게 하고, 나
주님이 너희의 하느님이라는 것을 알아라.' 21 그러나 그
자손들도 나에게 반항하였다. 누구나 그대로 지키기만 하
면 살 수 있는 내 규정들을 따르지 않고, 내 법규들을 준
수하여 지키지 않았으며, 나의 안식일을 더럽혔다. 그래
서 나는 광야에서 그들에게 내 화를 퍼붓고 내 분노를 다
쏟겠다고 생각하였다. 22 그러나 나는 내 이름 때문에 손
을 거두고는 달리 행동하여, 내가 이스라엘을 이끌어 내
는 것을 본 민족들 앞에서 내 이름이 더럽혀지지 않게 하
였다. 23 그렇지만 나는, 그들을 민족들 사이로 쫓아 버리
고 여러 나라로 흩어 버리겠다고, 광야에서 그들에게 손
을 들어 맹세하였다. 24 그들이 나의 법규들을 지키지 않
고 나의 규정들을 업신여겼으며, 나의 안식일을 더럽히고,
그들의 눈이 자기 조상들의 우상들을 따라갔기 때문이다.
25 나는 또 그들에게 좋지 않은 규정들과 지켜도 살지 못
하는 법규들을 주었다. 26 그리하여 그들이 태를 맨 먼저
열고 나온 아들들을 불 속으로 지나가게 하면서 나에게
바친 그 제물들로, 나는 그들을 부정하게 만들었다. 이는
그들을 질겁하게 하여, 내가 주님임을 알게 하려는 것이었
다.'
27 그러므로 사람의 아들아, 이스라엘 집안에게 일러라.
그들에게 말하여라. '주 하느님이 이렇게 말한다. 너희 조
상들은 나를 배신하여 또다시 나를 모욕하였다. 28 내가
일찍이 그들에게 준다고 손을 들어 맹세한 땅으로 그들
을 데리고 들어갔더니, 그들은 높은 언덕과 무성한 나무
를 볼 때마다, 그곳에서 희생 제물을 바치고 화를 돋우는
봉헌물을 바쳤다. 그곳에 향기로운 제물을 갖다 놓고 제
주를 따라 놓았다. 29 그래서 나는 '너희가 찾아다니는 그
산당이라는 것이 대체 무엇이냐?' 하고 그들을 꾸짖었다.'
그리하여 그런 곳이 오늘날까지도 '산당'이라 불린다.
30 그러므로 이스라엘 집안에게 말하여라. '주 하느님이 이
렇게 말한다. 너희도 조상들의 길을 걸어 자신을 부정하

20,23 36,19.24. 20,25 신명 12,31.

20,20. 히브리인들의 주간에서 토요일 안식일은 다른 민족들과 구별되는 특징이며 하느님과 특별한 관계의 표지이다. 안식일을 다른 날들과 다름없이 사는 것은 이를 모독하는 것이다(12절 참조).

20,25-26. 인간(맏아들)을 제물로 바치는 것 대신에 짐승을 바치는 것으로 충분하다는 것을 알면서도 재앙이 닥칠 때에는 규정들을 자구적으로 적용하며 그것이 하느님 명령이라고 여겼다.

20,25. 맏아들을 바치는 규정을 가나안 지역에서 나타나는 관습에서처럼 자구적으로 이해하여 이를 지칭하는 것일 수 있다. 탈출 22,28; 민수 3,12; 8,16; 신명 12,31 참조.

20,28. 높은 언덕과 푸른 나무들은 우상을 숭배하는 장소들이다.

20,29. "그 산당"('하빠마')과 "찾아다니는"('하빠임') 사이에 언어 유희가 있다.

게 만들고, 그들이 받들던 혐오스러운 것들을 따르며 불
륜을 저지르려느냐? 31 너희는 제물을 바치고 너희 아들
들을 불 속으로 지나가게 하여, 너희의 그 모든 우상과 어
울리며 오늘날까지 자신을 부정하게 만들었다. 이스라엘
집안아, 그러면서 나보고 너희의 문의를 받으라는 말이
냐? 주 하느님의 말이다. 내가 살아 있는 한, 나는 너희의
문의를 받지 않겠다.
32 너희 영에 떠오르는 생각, '우리도 다른 민족들처럼, 다
른 나라의 족속들처럼 되어 나무와 바위를 섬기자.' 하는
너희의 생각은 결코 이루어지지 않을 것이다. 33 주 하느님
의 말이다. 내가 살아 있는 한, 나는 강한 손과 뻗은 팔로,
퍼붓는 분노로 너희를 다스리겠다. 34 나는 강한 손과 뻗
은 팔로, 퍼붓는 분노로 너희가 흩어져 사는 그 여러 민족
에게서 너희를 데려 내오고, 그 여러 나라에서 모아들이
겠다. 35 너희를 민족들의 광야로 데려가, 그곳에서 얼굴을
마주하고 너희를 심판하겠다. 36 내가 이집트 땅의 광야에
서 너희 조상들을 심판하였듯이, 이제는 너희를 심판하겠
다. 주 하느님의 말이다. 37 나는 너희를 목자의 지팡이 밑
으로 지나가게 하면서, 계약의 의무를 지우겠다. 38 너희
가운데에서 나에게 반역하고 나를 거역한 자들을 갈라내
겠다. 그들이 머무르는 땅에서 그들을 데려 내오기는 하
겠지만, 이스라엘 땅에는 들어가지 못하게 하겠다. 그제야
너희는 내가 주님임을 알게 될 것이다.
39 너희 이스라엘 집안아, 주 하느님이 이렇게 말한다. 너
희가 내 말을 듣지 않으려거든, 가서 저마다 제 우상을 계
속 섬겨라. 그러나 너희의 예물과 우상으로 너희는 더 이
상 나의 거룩한 이름을 더럽히지 못할 것이다. 40 주 하느
님의 말이다. 나의 거룩한 산, 이스라엘의 드높은 산에서,
온 이스라엘 집안이, 그들이 모두 그 땅에서 나를 섬길 것
이다. 나는 거기에서 그들을 기꺼이 받아들이고, 거기에
서 너희가 바치는 온갖 거룩한 것과 더불어 너희의 예물
과 가장 좋은 선물을 바랄 것이다. 41 나는 너희가 흩어져
사는 그 여러 민족에게서 너희를 데려 내오고 그 여러 나
라에서 모아들일 때, 너희를 향기로운 제물로 받아들이겠
다. 다른 민족들이 보는 앞에서 너희를 통하여 나의 거룩
함을 드러내겠다. 42 내가 이렇게 너희를 이스라엘 땅으로,
너희 조상들에게 주겠다고 그들에게 손을 들어 맹세한 땅
으로 데리고 들어가면, 그제야 너희는 내가 주님임을 알

20,35. 과거에 하느님께서 이스라엘을 광야로 이끄시어 이집트에서 멀어지게 하셨듯이, 지금도 그를 이끄시어 민족들에게서 멀어지게 하실 것이다. 그 광야는 팔레스티나와 바빌론 사이에 있는 시리아-아라비아 광야이다.

20,37. 목자는 지팡이로 양들을 지나가게 하면서 그 수를 센다.

20,38. "머무르는" 창세 17,8; 28,4; 36,7; 37,1; 탈출 6,4 참조 (이들 모두 성조들과 연관된다).

20,40. 주님의 산 시온은 이스라엘에서 유일하게 경신례를 거행할 수 있는 장소이다.

20,41. 다른 민족들은 (죄로 인해) 멸망한 이스라엘을 멸시한다. 이는 하느님을 멸시하는 것과 같다. 그러나 하느님께서는 뜻밖에도 이스라엘을 해방하시어 그들의 경탄을 받으시고 거룩하게 되신다.

20,32 신명 4,28. 20,34 2코린 6,17. 20,41 필리 4,18.

게 될 것이다. 43 또한 그곳에서 너희 자신을 부정하게 만
든 너희의 길과 모든 행실을 기억하고, 너희가 저지른 그
모든 악행 때문에 자신이 혐오스러워질 것이다. 44 이스라
엘 집안아, 너희가 걸어온 악한 길과 너희가 저지른 타락
한 행실에 따라 내가 갚지 않고, 내 이름 때문에 너희에게
달리 해 주면, 그제야 너희는 내가 주님임을 알게 될 것이
다. 주 하느님의 말이다.'"

불타는 수풀의 비유

21 1 주님의 말씀이 나에게 내렸다. 2 "사람의 아들
아, 남쪽으로 얼굴을 돌려, 남녘을 거슬러 예고
하고 네겝의 삼림 지대를 거슬러 예언하여라. 3 네겝의 수
풀에게 말하여라. '너는 주님의 말을 들어라. 주 하느님이
이렇게 말한다. 내가 너에게 불을 놓겠다. 그러면 그 불은
푸른 나무 마른나무 할 것 없이 모조리 태울 터인데, 타오
르는 그 불꽃은 꺼지지 않아, 남쪽에서 북쪽까지 사람들
얼굴이 다 그 불에 데일 것이다. 4 그러면 나 주님이 불을
질렀음을 모든 살덩어리가 알아볼 것이다. 그 불은 꺼지지
않는다.'" 5 그래서 내가 말씀드렸다. "아, 주 하느님! 그들은
저를 가리켜, '저자는 비유나 들어 말하는 자가 아닌가?'
라고 합니다."

주님의 칼

6 주님의 말씀이 나에게 내렸다. 7 "사람의 아들아, 얼굴을
예루살렘으로 돌려, 성전을 거슬러 예고하고 이스라엘 땅
을 거슬러 예언하여라. 8 이스라엘 땅에게 말하여라. '주
하느님이 이렇게 말한다. 나 이제 너를 대적하겠다. 칼집에
서 칼을 뽑아 너에게서 의인이건 악인이건 다 잘라 내겠
다. 9 내가 너에게서 의인이건 악인이건 다 잘라 낼 터이니,
내 칼이 남쪽에서 북쪽까지 모든 살덩어리를 치려고 칼집
에서 나갈 것이다. 10 그러면 나 주님이 칼집에서 칼을 뽑
았음을 모든 살덩어리가 알게 될 것이다. 그 칼은 다시 돌
아오지 않을 것이다.'
11 너 사람의 아들아, 탄식하여라. 그들이 보는 앞에서 허
리가 끊어지는 듯이 괴로워하며 탄식하여라. 12 그들이 '어

21,1-4. "남쪽"과 "남녘"이라는 두 표현은 식물이 풍부한 유다 땅을 지칭한다. 불의 은유는 심판(바빌론인들)의 상징이고 동시에 하느님 계시의 상징이다.

21,5. 듣는 이들은 예언자의 설교에 대해 이해하지 못하거나("비유나 들어 말하는 자") 그 표현들이 긴급함과 중대함을 깨닫지 못하게 해서 불평한다. 이 수사적 질문은 음향적 효과를 낸다. '할로 므마쎌 므살림 후.'

21,9. 의인과 악인은 도성 포위로 인한 극심한 상황을 함께 겪어야 할 주민 전체를 가리킨다.

21,11. 에제키엘은 백성의 임박한 재앙을 표현해야 한다.

21,12. "무릎은 모두 젖어 물이 흐를 것이다." 히브리어 본문에 들어 있는 표상을 자구적으로 옮긴 것이다. 7,17 참조.

21,1-37. 본문은 "불"과 "칼"이라는 비유로 바빌론을 통한 하느님의 심판을 제시한다. 불로 나타나는 재앙은(1-5절) 이후 구절에서 칼이라는 소재로 다시금 설명된다. 그 칼은 주님께서 직접 잡으신 칼이며(6-12절), 혼자서도 돌아다닐 수 있다(13-22절). 그 후에는 바빌론 임금이 칼을 잡고(23-32절), 마지막에는 다시 칼집에 꽂히는데, 심판의 도구였던 바빌론도 주님의 심판을 받는다(33-37절).

짜서 탄식합니까?' 하고 물으면, 이렇게 말하여라. '들려오
는 소문 때문이다. 사람들의 마음은 모두 녹아내리고 손
은 모두 맥이 풀리며, 기는 모두 꺾이고 무릎은 모두 젖어
물이 흐를 것이다. 보아라, 들려오는 소문이 그대로 이루
어진다. 주 하느님의 말이다.'"
13 주님의 말씀이 나에게 내렸다. 14 "사람의 아들아, 예언
하여라. 이렇게 말하여라. '주님이 말한다.' 하며 이렇게 말
하여라.

'칼이다!
잘 갈아 날이 선 칼이다.
15 마구 죽이라고 간 칼이요
번개 치듯 내리치라고 날을 세운 칼이다.
16 날을 세워 손에 쥐라고
그것을 내어 놓았다.
그것은 살해자의 손에 넘기려고
잘 간 칼이요 날을 세운 칼이다.
17 사람의 아들아, 울부짖어라, 슬피 울어라.
그 칼이 내 백성을 겨누고 있다.
이스라엘의 모든 제후를 겨누고 있다.
그들은 내 백성과 함께 칼에 넘겨지고 말았다.
그러니 가슴을 쳐라.
18 주 하느님의 말이다.
19 너 사람의 아들아, 예언하여라.
손바닥을 쳐라. 그 칼은 두 번 세 번 휘둘리리라.
그것은 살생의 칼
큰 살생의 칼
그들 둘레를 빙빙 도는 칼이다.
20 그리하여 사람의 마음이 떨리고
많은 이가 비틀거리리라.
나는 그들의 성문마다
살육의 칼을 세웠다.
아, 그것은 번개 치듯 내리치라고 만든 칼
마구 죽이라고 날을 세운 칼이다.
21 칼아, 뒤로 돌고 오른쪽으로도 왼쪽으로도 돌아라.
네 날이 향하는 곳 어디로든 돌아라.
22 나도 손바닥을 치며
내 화를 가라앉히리라.
나 주님이 말하였다.'"

21,14-22. "칼의 노래"로 알려진 찬가로, 하느님의 심판을 실행하는 바빌론인들을 묘사한다(예레 50,35-38 참조).

21,17. 가슴(자구적으로는 넓적다리)을 치는 것은 고통과 애도를 나타내는 몸짓이다.

바빌론 임금의 칼

23 주님의 말씀이 나에게 내렸다. 24 "너 사람의 아들아, 바
빌론 임금의 칼이 갈 길을 두 개 그려라. 그 둘은 같은 나
라에서 나오게 해야 한다. 그리고 표지판을 세우는데, 각
성읍으로 향하는 길 어귀에 그것을 세워라. 25 너는 칼이
암몬인들의 라빠로 갈 길과, 유다와 요새 예루살렘으로
갈 길을 그려라. 26 바빌론 임금이 그 두 길의 어귀, 갈림길
에 서서 점을 칠 것이다. 화살을 흔들어 보기도 하고 집안
수호신들에게 물어보기도 하며, 짐승의 간을 살펴보기도
할 것이다. 27 그의 오른쪽에는 예루살렘을 가리키는 점괘
가 나와 있다. 성벽 부수는 기계를 놓고 학살 명령을 내리
며, 전투의 함성을 올리고 성문마다 성벽 부수는 기계를
놓으며, 공격 축대를 쌓고 공격 보루를 만드는 점괘다. 28
예루살렘 주민들에게는 이것이 거짓 점괘로 보일 것이다.
그들은 장엄한 맹세를 받았기 때문이다. 그러나 바빌론
임금은 그들을 사로잡아 그들 자신의 죄를 기억하게 할 것
이다. 29 그러므로 주 하느님이 이렇게 말한다. 너희 죄악
이 드러나고, 너희의 모든 행실에서 너희 잘못이 나타나,
너희는 자신의 죄를 기억해 내었다. 너희 스스로 기억하기
에 이르렀으니, 이제 너희는 손아귀에 사로잡힐 것이다.
30 너 비천하고 사악한 이스라엘 제후야! 너의 날이 오고
마지막 벌을 받을 때가 왔다. 31 주 하느님이 말한다. 머리
쓰개를 치우고 왕관을 벗겨라. 지금 이대로는 계속될 수
없다. 낮은 것은 높이고 높은 것은 낮추어라. 32 파멸이다,
파멸이다. 내가 파멸을 가져오겠다. 이 또한 지금까지 없던
일이다. 마침내 권리를 지닌 이가 오면, 내가 그 권리를 그
에게 넘겨주겠다."

암몬인들을 치는 칼

33 "너 사람의 아들아, 예언하여라. '주 하느님이 암몬인들
과 그들이 받을 치욕에 대하여 이렇게 말한다.' 하며, 이
와 같이 말하여라. '칼이다. 마구 죽이려고 빼어 든 칼이
다. 전멸시키라고, 번개 치듯 내리치라고 날을 세운 칼이다.

21,28. "맹세"는 이집트의 지원을 가리킨다.

21,30. 약하고 불안정한 치드키야를 암시한다.

21,32. 이 절은 네부카드네자르를 암시한다. 후에 메시아적인 의미로 해석되었다.

21,33. 네부카드네자르는 예루살렘을 공격하기 위하여 암몬인들을(수도 라빠, 25절) 살려 두었다. 그다음 해에는 그들을 멸망시켰다(기원전 585년).

21,26 1사무 23,9-12. 21,27 스바 1,14. 21,31 시편 21,4; 루카 1,52; 14,11. 21,32 창세 49,10.

21,26. 공격할 도시의 이름이 적힌 화살로 제비를 뽑는 것, 집안 수호신의 작은 신상들에게 물어보는 것, 전문가를 통하여 제물로 바친 양의 간의 핏줄에서 하느님 뜻의 표지를 해석하는 것 등 점을 치는 방법들이 열거된다. 바빌론인들에게 점, 곧 신들의 뜻을 표현한다고 여겨지는 특별한 표지들을 근거로 사건들을 예견하는 것은 매우 널리 퍼져 있었다.

34 그들은 너에게 거짓 환시를 말하고 속임수 점괘를 말한
다. 살해될 악인들의 목에다 너를 갖다 놓는다. 그들의 날
이 오고 마지막 벌을 받을 때가 왔다. 35 칼을 칼집에 도로
꽂아라. 네가 창조된 곳, 너의 고향 땅에서 내가 너를 심
판하겠다. 36 너에게 내 진노를 퍼붓고 내 노여움의 불길을
내뿜으며, 파멸시키는 데에 능숙한 짐승 같은 사람들의 손
에 너를 넘기겠다. 37 너는 땔감으로 불 속에 들어가고 너
의 피는 땅속으로 스며들어, 더 이상 기억되지 않을 것이
다. 나 주님이 말하였다.'"

예루살렘의 죄와 심판

22 1 주님의 말씀이 나에게 내렸다. 2 "너 사람의 아
들아, 네가 심판해야 하지 않느냐? 이 피의 도
성을 심판해야 하지 않느냐? 이 도성에게 자기가 저지른
역겨운 짓들을 모두 알려 주어라. 3 너는 말하여라. '주 하
느님이 이렇게 말한다. 사람의 피를 쏟아 자기의 때를 재
촉하는 도성, 우상들을 만들어 자신을 부정하게 만든 도
성아! 4 네가 쏟은 피로 너는 죄를 지었고, 네가 만든 우상
으로 너는 부정하게 되었다. 너는 스스로 너의 날을 앞당
겼다. 너에게 정해진 햇수의 기한이 찼다. 그러므로 나는
너를 민족들의 우셋거리로, 모든 나라의 조롱거리로 만든
다. 5 가까이 있는 나라도 멀리 있는 나라도, 이름이 더럽
혀지고 혼란으로 가득한 너를 조롱할 것이다.
6 보아라, 이스라엘의 제후들은 저마다 제 권력을 믿고 네
안에서 사람들의 피를 쏟는다. 7 네 안에서 사람들은 아
버지와 어머니를 업신여기고, 이방인을 억압하며 고아와
과부를 학대한다. 8 너는 나의 거룩한 물건들을 무시하고,
나의 안식일을 더럽힌다. 9 네 안에는 남의 피를 쏟으려고
중상하는 자들이 있고, 산 위에서 음식을 먹는 자들이 있
으며, 추잡한 짓을 하는 자들이 있다. 10 네 안에서 사람
들은 계모와 관계하고 달거리로 부정한 여자를 범한다. 11
또 이웃의 아내와 역겨운 짓을 저지르는 자가 있는가 하
면, 추잡한 짓으로 며느리를 부정하게 만드는 자도 있고,

22,10. "네 안에서 사람들은 계모와 관계하고" 자구적으로는 "아버지의 치부를 드러내고"인데 "치부, 알몸"은 성경에서 흔히 성기를 지칭한다. 그래서 "치부를 벗기다"는 성관계를 가리키는 완곡한 표현으로 사용되지만, 부정적 의미를 갖는다. 레위 18,6.7.8.9.10의 주 참조.

22,2 7,23; 9,9; 20,4. 22,5 신명 26,19. 22,6 34,1-6. 22,7 레위 19,3.13.33-34. 22,8 레위 19,30. 22,9 레위 19,16. 22,10-11 레위 20,10-11.18.

22,7-12. (특히 약한 이들과 가난한 이들에 대한) 윤리적·사회적 죄들이 열거된다. 이들은 예식적 죄들보다 더 많다. 8절은 안식일이 하느님과 백성 사이의 특별한 관계를 확인하는 표지임을 상기시킨다. 안식일에서 하느님의 거룩하심과 이스라엘의 축성이 드러난다. 그러므로 안식일을 더럽히는 것은 규범을 어기는 것일 뿐 아니라 계약을 깨뜨리는 일이기도 하다.

자기 아버지의 딸인 누이를 범하는 자도 있다. 12 네 안에
서는 사람들이 뇌물을 받아 남의 피를 쏟는다. 너는 변리
와 이자를 받고 이웃을 억압하여 착취한다. 그러면서 너
는 나를 잊고 있다. 주 하느님의 말이다.
13 보아라, 나는 네가 거둔 부정한 소득과 네 안에서 흘린
피 때문에, 내 손바닥을 친다. 14 내가 너를 상대하는 날,
너의 심장이 배겨 나겠느냐? 네 손이 힘을 쓸 수 있겠느
냐? 나 주님은 말하고 그대로 실천한다. 15 나는 너의 주민
들을 민족들 사이로 쫓아 버리고 여러 나라로 흩어 버려,
너에게서 부정을 치우겠다. 16 너는 스스로 잘못을 저질러
민족들이 보는 앞에서 더럽혀질 것이다. 그제야 너는 내가
주님임을 알게 될 것이다.'"
17 주님의 말씀이 나에게 내렸다. 18 "사람의 아들아, 이스
라엘 집안은 나에게 쇠 찌꺼기가 되어 버렸다. 모두 용광
로에 든 구리와 주석, 쇠와 납이다. 그들은 쇠 찌꺼기가 되
어 버렸다. 19 그러므로 주 하느님이 말한다. 너희가 모두
쇠 찌꺼기가 되어 버렸으니, 나 이제 너희를 예루살렘 한
가운데로 모아 놓겠다. 20 은과 구리와 쇠, 납과 주석을 용
광로에 모아 놓고 불을 뿜어 녹이듯, 나도 분노와 진노로
너희를 모아다가, 그 안에 넣고 녹여 버리겠다. 21 내가 너
희를 모아들여 내 격분의 불을 너희에게 뿜어 대면, 너희
는 그 안에서 녹아 버릴 것이다. 22 은이 용광로 속에서 녹
듯이, 너희도 예루살렘 안에서 녹아 버릴 것이다. 그제야
너희는 나 주님이 너희에게 화를 퍼부은 것임을 알게 될
것이다."
23 주님의 말씀이 나에게 내렸다. 24 "사람의 아들아, 예루
살렘에게 이렇게 말하여라. '너는 격분의 날에 깨끗해지
지도 못하고, 비를 얻지도 못한 땅이다. 25 그 안에 있는 제
후들은 먹이를 잡아 찢으며 으르렁거리는 사자와 같다. 그
들은 사람들을 잡아먹고 보물과 보화를 빼앗으며, 그 안
에 과부들을 많이 늘려 놓았다. 26 그 사제들은 나의 율
법을 짓밟고 나의 거룩한 물건들을 더럽혔다. 거룩한 것
과 속된 것을 구별하지 않고, 부정한 것과 정결한 것의 차
이를 알려 주지 않았으며, 내 안식일에서는 아예 눈을 돌
려 버렸다. 나는 이렇게 그들 사이에서 모독을 당하였다.

22,13. 손바닥을 치는 행동은 격한 분노의 감정을 드러내며 불쾌함과 어떤 책임에 대한 거부를 나타내기도 한다.

22,16. "너는 더럽혀질 것이다." 그리스어 번역본과 예로니모의 라틴어 번역본은 히브리어 동사 '워니할트'를 동사 '나할'에서 파생되는 것으로 본다("너를 유산으로 취하리라"). 그러나 이것은 문법적으로나 주제에 있어서나 어려움이 있다(에제키엘은 이스라엘이나 예루살렘을 주님의 유산으로 보는 신명기의 개념을 모른다). 새 대중 라틴말 성경과 같이 동사 '할랄'("더럽히다")에서 나온 것으로 보는 편이 더 옳을 것이다.

22,26. "거룩한 것"은 하느님께 속하고 인간이 마음대로 처리할 수 없다. "속된 것"은 인간이 처분할 수 있는 것이다. 거룩한 것은 단순히 인간의 일들을 위해 그의 처분에 맡겨짐으로써 "더럽혀진다."

22,12 23,35; 탈출 23,8; 레위 19,13; 25,35-36; 이사 1,23; 미카 3,11. 22,15 레위 26,33-39; 신명 28,64. 22,17-22 신명 4,20; 이사 1,21-23.25; 예레 6,28-30. 22,25-29 7,26-27; 미카 3,5-12. 22,25 1베드 5,8. 22,26 레위 10,10-11; 호세 4,6; 말라 2,5-9.

27 그 안에 있는 대신들은 먹이를 잡아 찢는 이리와 같아,
부정한 소득을 얻으려고 사람의 피를 쏟고 목숨을 파멸시
킨다. 28 그런데도 예루살렘의 예언자들은 그들에게 회칠
을 해 주었다. 그들에게 거짓 환시를 보았다 하고 속임수
점괘를 말하며, 주님이 이야기하지 않았는데도, '주 하느
님께서 이렇게 말씀하신다.' 하고 말하였다. 29 이 땅의 백
성은 남을 억압하고 강도 짓을 하며, 가련한 이와 가난한
이를 학대하고 이방인을 부당하게 억압하였다. 30 이 땅을
멸망시키지 못하도록 성벽을 보수하며 그 성벽이 무너진
곳에 서서 나를 막는 이가 그들 가운데에 행여 있는지 내
가 찾아보았지만, 찾아내지 못하였다. 31 그러므로 나는 그
들에게 내 격분을 퍼붓고, 내 진노의 불로 그들을 없애 버
리겠다. 그들이 걸어온 길을 그들 머리 위로 되갚겠다. 주
하느님의 말이다.'"

예루살렘과 사마리아, 두 탕녀의 죄와 심판

23 1 주님의 말씀이 나에게 내렸다. 2 "사람의 아들
아, 두 여자가 있었다. 그들은 한 어머니의 딸이
었는데, 3 이미 이집트에서 불륜을 저질렀다. 어릴 때에 벌
써 불륜을 저지른 것이다. 그곳에서 남자들이 그들의 젖
가슴을 누르고, 그 처녀 젖꼭지를 어루만졌다. 4 그들의 이
름은 이러하다. 언니는 오홀라이고, 동생은 오홀리바이다.
그 여자들은 내 사람이 되어 아들딸들을 낳았다. 그들의
이름 오홀라는 사마리아를, 오홀리바는 예루살렘을 가리
킨다.
5 오홀라는 내 밑에 있으면서도 불륜을 저질렀다. 자기의
정부들을, 전사들인 아시리아인들을 갈망하였다. 6 그들
은 자주색 옷을 입은 지방관과 총독이며, 말을 잘 타는 기
사로서 모두 멋진 젊은이였다. 7 오홀라는 아시리아인들
가운데에서도 뛰어난 그 모든 이와 불륜을 저질렀다. 자기
가 갈망하는 자가 누구든 그의 온갖 우상으로 자신을 부
정하게 만들었다. 8 이렇게 그 여자는 이집트에서부터 저

22,27-31. 네 부류의 지도자들은 모두 자신의 역할을 남용하고 이를 올바로 수행하지 못했다. 성벽이 무너진 곳에 서는 것은(30절) 전구를 의미한다(시편 106,23 참조).

23,4. 16장과 유사한 우의이다. "오홀라"(사마리아)는 "너의 천막"을 뜻하는 것으로 보인다. 그곳에 예로보암이 불법적인 성소를 지었다. "오홀리바"(예루살렘)는 "그 안에 나의 천막이"를 뜻하는 것으로 보인다. 하느님께서는 예루살렘 성전을 당신이 머무실 곳으로 택하셨다. "내 사람이 되어"는 주님과 그분의 백성이 시나이에서 맺은 혼인을 암시한다.

23,5-10. 주님께서는 계속 당신을 불충한 여인의 신랑으로 여기신다. "오홀라"(사마리아)와 아시리아인들 사이의 불륜은 (기원전 721년) 사마리아의 약탈("치부")과 그 주민들의 유배를 암시한다.

22,27 11,6; 스바 3,3-4. 22,30 예레 5,1-6. 23,4 16,8-13.20-21.

23,3. 다른 성경 전승들과 달리 에제키엘은 히브리인들이 이집트에서 종살이하던 시대부터 이미 우상을 숭배했다고 말한다(20,7 참조). 이 표상은 주님만을 신뢰하지 않고 정치적·군사적으로 의지할 곳을 찾았다는 것을 뜻하기도 한다. 이스라엘은 주님께 선택되고 구원된 백성으로서 자신의 역사 시초부터 죄를 지은 것으로 제시된다. 이것은 구원이 백성의 어떤 공로로 인한 것이 아님을 강조하는 에제키엘의 종교적 시각의 특징들 가운데 하나이다. 백성은 오히려 완전히 죄에 빠져 있었다는 것이다. 이렇게 하여 이스라엘은 유배의 파국을 설명하고, 과거에도 그랬듯이 오직 하느님의 사랑에 맡겨진 구원의 미래의 가능성을 연다.

질러 온 불륜을 그만두지 않았다. 그가 어릴 때에 이미 사
람들이 그와 잠자리를 같이하고, 그 처녀 젖꼭지를 어루
만지며 그에게 정욕을 쏟아부었다. 9 그래서 나는 그 여자
를 그 정부들의 손에, 그가 갈망하던 아시리아인들의 손
에 넘겨 버렸다. 10 그러자 그들은 그 여자의 치부를 드러
내고, 그의 아들딸들을 붙잡아 갔으며, 끝내는 그를 칼로
죽여 버렸다. 이렇듯 그는 벌을 받아 여자들 가운데에서
악명이 높았다.
11 그의 동생 오홀리바는 이것을 보았다. 그러나 그의 욕정
은 언니보다 더 타락하였고, 그의 탕녀 짓도 언니의 불륜
보다 더하였다. 12 그는 아시리아인들, 곧 자주색 옷을 입
은 지방관과 총독과 전사이며, 말을 잘 타는 기사로서 모
두 멋진 젊은이인 그들을 갈망하였다. 13 내가 보니 그 여
자는 그렇게 자신을 부정하게 만들었다. 두 자매가 같은
길을 따라간 것이다. 14 그러나 오홀리바가 불륜을 더 저질
렀다. 그는 벽에 새겨진 남자들의 모습, 붉은색으로 새겨
진 칼데아인들의 상을 보았다. 15 모두 영웅 모습을 한 그
들은, 허리에 띠를 매고 머리에는 건을 감아 늘어뜨렸는
데, 칼데아가 고향인 바빌론인들의 형상을 하고 있었다. 16
오홀리바는 그 모습만 보고도 그들을 갈망하게 되어, 칼
데아로 그들에게 사절을 보냈다. 17 그리하여 바빌론인들
이 와서 그 여자와 사랑의 잠자리에 들어, 그들의 정욕으
로 그 여자를 부정하게 만들었다. 그러나 그들에게 한 번
부정하게 된 다음에는, 그 여자의 마음이 그들에게서 떠
났다. 18 그 여자가 이렇게 드러내 놓고 불륜을 저지르며
제 치부를 드러내자, 내 마음이 그 언니에게서처럼 그 여
자에게서도 떠났다. 19 그러나 그 여자는 이집트 땅에서
불륜을 저지르던 어린 시절을 기억하면서, 수없이 불륜을
저질렀다. 20 그러면서 몸이 나귀의 것과 같고 정액을 말
처럼 쏟는 그곳의 샛서방들을 갈망하였다. 21 그렇게 너는
이집트에서 남자들이 너의 젖꼭지를 어루만지고, 너의 어
린 젖가슴을 누르던 때, 네 어린 시절의 추잡한 짓을 그리
워하였다.
22 그러므로 오홀리바야, 주 하느님이 이렇게 말한다. 나
이제 네 마음이 떠난 너의 정부들을 부추겨, 너를 거슬러
그들을 사방에서 데려오겠다. 23 그들은 바빌론인들과 모
든 칼데아인, 프콧과 소아와 코아인들과 모든 아시리아인

23,11-27. "오홀리바"(예루살렘)는 세 나라 곧 아시리아, 바빌론, 이집트 사람들과 관계를 맺었다.

23,16. "사절"은 아마도 히즈키야가 맺었던 관계를 암시한다(이사 39장).

23,23. 프콧(바빌론 동쪽의 아람족), 소아(수투), 코아(쿠투)는 바빌론의 부족들이다. 이 세 이름은 언어유희를 포함하고 있어, "징벌, 전쟁의 고함, 외침"을 뜻한다.

23,9-10 2열왕 15,27-29; 에제 16,36-43. 23,11-13 2열왕 16,5-20. 23,14-18 2열왕 20,12-21. 23,23 예레 50,21.

23,24. 죄를 지은 사람은 보통 자기 나라 법률에 따라 심판을 받았다. 외국의 법에 따라 심판을 받는다는 것은 본성적인 변호인들의 도움을 받지 못함을 뜻한다.

23,25. 코와 귀를 잘라 내는 것은 경멸의 표시였고, 간음한 이들에게 바빌론의 법률에서 규정한 처벌이었다.

23,32. 이 경우 "잔"은 아픔과 고통의 운명을 나타낸다(예레 25,15-18 참조).

이다. 모두가 멋진 젊은이들로서 지방관이고 총독이며, 말
을 잘 타는 기사로서 영웅이며 전사다. 24 그들은 북쪽에
서 병거와 수레와 민족들의 무리를 거느리고 너에게 와서,
큰 방패와 작은 방패와 투구로 무장하고 사방으로 너를
둘러쌀 것이다. 그래서 내가 그들 앞에 소송거리를 내놓으
면, 그들은 저희 법규에 따라 너를 심판할 것이다. 25 나는
너에게 내 질투를 쏟겠다. 그러면 그들은 화를 터뜨리며
너를 다루고, 너의 코와 귀를 잘라 낼 것이다. 네 뒤에 남
은 자들은 칼에 맞아 쓰러질 것이다. 너의 아들딸들은 붙
잡혀 가고, 뒤에 남은 자들은 불에 타 버릴 것이다. 26 그
들은 또 너의 옷을 벗기고 너의 패물들을 빼앗을 것이다.
27 나는 이렇게 하여 너의 추잡한 짓과, 이집트 땅에서부
터 시작한 너의 탕녀 짓을 그치게 하겠다. 그러면 너는 눈
을 들어 그들을 쳐다보지 않고, 이집트도 다시는 기억하지
않을 것이다.
28 정녕 주 하느님이 이렇게 말한다. 나 이제 네가 미워하
는 자들의 손에, 네 마음이 떠난 자들의 손에 너를 넘겨
버리겠다. 29 그러면 그들은 미움으로 너를 대하면서, 네
노고의 결실을 모조리 빼앗아, 너를 벌거벗은 알몸뚱이로
버려둘 것이다. 그리하여 불륜을 저지른 네 치부가 드러
날 것이다. 너의 추잡한 짓과 탕녀 짓이 30 너에게 이런 일
들을 가져왔다. 네가 다른 민족들을 따르며 불륜을 저지
르고, 그들의 우상들로 자신을 부정하게 만들었기 때문이
다. 31 네가 언니의 길을 그대로 따라갔으니, 나는 네 언니
가 마신 잔을 네 손에 들려 주겠다. 32 주 하느님이 이렇게
말한다.
언니가 마신 잔을 너도 마시리라.
깊고 넓은 잔이다.
그 잔에 술이 넘쳐
웃음거리와 놀림감이 된 너는
33 취기와 근심에 싸이리라.
그것은 질겁과 황폐의 잔,
네 언니 사마리아가 마신 잔이다.
34 너는 그 잔을 마셔 비우고서는
그 조각까지 깨물며
네 젖가슴을 쥐어뜯으리라.
내가 정녕 그렇게 말하였다.
주 하느님의 말이다.

23,29 묵시 17,16. 23,31 묵시 16,1.

35 그러므로 주 하느님이 이렇게 말한다. 네가 나를 잊고
나를 등 뒤로 던져 버렸으니, 이제는 네가 저지른 추잡한
짓과 탕녀 짓의 결과를 짊어져라."
36 주님께서 또 나에게 말씀하셨다. "사람의 아들아, 너는
오홀라와 오홀리바를 심판해야 하지 않느냐? 그들에게 자
기들이 저지른 역겨운 짓들을 일러 주어라. 37 그들은 간
음하고, 게다가 손에는 사람의 피까지 묻혔다. 자기들의
우상들과 간음하고, 나에게 낳아 준 제 아들들까지 불 속
을 지나가게 하면서 우상들에게 제물로 바쳤다. 38 더욱이
그들은 나에게 이런 짓까지 하였다. 바로 같은 날에, 나의
성전을 부정하게 만들고 나의 안식일을 더럽혔다. 39 자기
아들들을 잡아 저희 우상들에게 바치고는, 같은 날에 나
의 성전으로 와서 그곳을 더럽혔다. 그렇다, 내 집 한가운
데에서 그런 짓을 하였다.
40 거기에다 그 여자들은 사람을 보내어 멀리서 사내들이
오게 하였다. 그들에게 사절이 파견된 것이다. 그들이 오
자, 그 여자는 그들을 위하여 몸을 씻고 눈 화장을 하고
장신구로 치장하였다. 41 또 화려한 자리를 깔고 앉았는
데, 그 앞에는 상이 차려져 있었다. 그리고 그 위에는 나의
향과 나의 기름을 올려놓았다. 42 태평스러운 군중이 떠드
는 소리가 들리는 가운데, 사막에서 술꾼들이 초대되어
사람 무리에서 뽑힌 사내들과 합류하였다. 그들은 두 자매
의 팔에 팔찌를 끼우고, 머리에는 화려한 면류관을 씌워
주었다. 43 나는 '간음으로 시들어 빠진 여자에게, 바로 그
여자에게 사람들이 이제는 몸을 사러 가는구나.' 하였다.
44 그들은 창녀에게 가듯 그 여자에게 갔다. 그렇게 사람
들은 추잡한 짓을 하는 여자 오홀라와 오홀리바에게 갔
다. 45 그러나 의로운 사람들이 있어, 간음한 여자들에게
해당하는 판결과, 사람의 피를 쏟은 여자들에게 해당하
는 판결을, 그 두 자매에게 내릴 것이다. 그들은 간음하였
고, 그들 손에는 사람의 피가 묻어 있다.
46 주 하느님이 이렇게 말한다. 그들을 거슬러 회중을 불
러 올라오게 하여라. 그 두 자매를 공포와 약탈의 대상으
로 내놓아라. 47 회중은 그들에게 돌을 던지고 그들을 칼
로 베어라. 그들의 아들딸들은 죽여 버리고 집들은 불에
태워 버려라. 48 이렇게 내가 이 땅에서 추잡한 짓을 그치

23,36-49. 1-35절이 남북 왕국의 정치 동맹에 대해 말한다면, 후대에 도입된 이 부분은 우상 숭배와 성전 모독, 인신제와 안식일 위배에 관련된 종교 범죄를 열거한다. 재판 형식으로 죄를 고발하고 합당한 벌을 선고한다.

23,42. 해석하기 어려운 절이다. 우리말 성경은 본문을 거의 자구적으로 옮긴 것이다. 잠언 4,9; 16,31; 이사 62,3 참조.

23,36 20,4; 22,2. 23,38 20,13; 22,8. 23,41 잠언 9,2. 23,47 16,40-41.

23,41. 주님께 드리는 예배에 사용되는 향과 기름이(레위 2,1 참조) "화려한 자리"로 표현된 우상 숭배 제단에 바쳐지며 신성 모독이 이루어진다.

게 하면, 모든 여자가 경고를 받아들여, 너희가 저지른 추
잡한 짓들을 따라 하지 않을 것이다. 49 사람들이 너희가
저지른 추잡한 짓을 너희에게 되갚을 것이다. 그렇게 하여
너희는 너희 우상들로 지은 죗값을 짊어져야 할 것이다.
그제야 너희는 내가 주 하느님임을 알게 될 것이다."

예루살렘이 포위되리라

24 1 제구년 열째 달 초열흘날에 주님의 말씀이 나
에게 내렸다. 2 "사람의 아들아, 오늘, 바로 오늘
날짜를 기록해 두어라. 바빌론 임금이 바로 오늘 예루살
렘을 포위하였다. 3 너는 저 반항의 집안에게 비유를 들려
주어라. 그들에게 말하여라. '주 하느님이 이렇게 말한다.
솥을 걸어라, 걸어라.
물을 붓고
4 고깃덩이들을 집어넣어라.
모두 좋은 고깃덩이로
넓적다리와 어깨 고기를 골라
가장 좋은 뼈와 함께 가득 채워라.
5 양 떼에서 가장 좋은 것도 잡아넣고
그 밑에 장작을 쌓아
안에 든 뼈까지 삶아지도록
펄펄 끓여라.
6 그러므로 주 하느님이 이렇게 말한다.
불행하여라, 피의 도성!
안에 녹이 슨 솥,
녹이 없어지지 않은 솥!
그 안의 고깃덩이들을 하나씩 하나씩 꺼내어라.
제비를 뽑아 고를 것도 없다.
7 그 도성이 쏟은 사람의 피가 그 안에 그대로 있다.
그 도성은 피를 맨바위 위에 그대로 내버렸다.
흙으로 덮지 못하도록
땅에 흘리지도 않았다.
8 내 화가 타올라 원수를 갚으려고
그 피가 덮이지 못하도록
내가 맨바위 위에 그것을 쏟아 놓았다.
9 그러므로 주 하느님이 이렇게 말한다.
불행하여라, 피의 도성!

24,1. 여기에 해당되는 날짜는 기원전 588년 1월 15일이며, 바빌론인들이 예루살렘을 포위하기 시작한 때이다. 날짜 표시는 예언을 보증하고 확인하는 역할을 한다.

24,3-4. 예루살렘과 그 주민들의 멸망의 표지인 솥과 음식을 만드는 사람의 비유는 강한 표현 효과를 지닌다.

24,6. 이 도성은 더 이상 선택의 대상이 아니다.

24,7-8. 이 경우 피는 눈에 볼 수 있게 드러나 있다. 그 피는 하느님께 부르짖으며 복수를 요청한다. 땅이 피를 흡수하거나 흙으로 땅을 덮으면 그렇지 않다. 더 이상 범죄에 대해 신경을 쓰지 않게 되는 것이다.

24,1-14 11,3-12. 24,1 2열왕 25,1. 24,6 잠언 16,33. 24,7 레위 17,10-16; 신명 12,16; 묵시 18,24. 24,9 이사 30,33.

나도 이제 불구덩이를 높이 쌓으리라.
10 장작을 많이 넣고 불을 지펴라.
고기를 푹 삶고 국물을 비워
뼈를 태워 버려라.
11 솥을 빈 채로 숯불에 올려놓아
그것이 뜨거워지고 놋쇠가 달아올라
솥 안의 부정이 녹아 버리고
그 안의 녹이 가시게 하여라.
12 그러나 지치도록 고생만 할 뿐
그 솥의 녹이 많아서
그 녹은 불로도 없어지지 않는다.
13 너의 부정과 추잡한 짓 때문에 내가 너를 정결하게 하
였지만, 네가 부정을 벗고 정결하게 되지 않았으니, 내가
너에 대한 화를 풀 때까지 너는 정결하게 되지 못할 것이
다. 14 나 주님이 말하였다. 때가 오면 내가 그대로 하겠다.
나는 돌이키지 않고 동정하지도 않으며 뉘우치지도 않겠
다. 네가 걸어온 길과 행실에 따라 내가 너를 심판하겠다.
주 하느님의 말이다.'"

아내의 죽음을 상징으로 삼다

15 주님의 말씀이 나에게 내렸다. 16 "사람의 아들아, 나는
네 눈의 즐거움을 갑작스러운 죽음으로 너에게서 잇아 가
겠다. 너는 슬퍼하지도 울지도 눈물을 흘리지도 마라. 17
조용히 탄식하며, 죽은 이를 두고 곡을 하지 마라. 머리에
쓰개를 쓰고 발에 신을 신어라. 콧수염을 가리지 말고 사
람들이 가져온 빵도 먹지 마라."
18 이튿날 아침에 내가 백성에게 이 이야기를 해 주었는데,
저녁에 내 아내가 죽었다. 그다음 날 아침에 나는 분부를
받은 대로 하였다. 19 그러자 백성이 나에게 말하였다. "당
신이 이렇게 하는 것이 우리에게 무엇을 뜻하는지 일러 주
지 않겠습니까?" 20 그래서 나는 그들에게 대답하였다. "주
님께서 이런 말씀을 나에게 내리셨습니다. 21 '이스라엘 집
안에게 말하여라. 주 하느님이 이렇게 말한다. 나 이제 너
희의 자랑스러운 힘이고 너희 눈의 즐거움이며 너희 영의

24,10. "국물을 비워"라고 번역한 히브리어 본문은 수수께끼 같다. 자구적으로는 "도유의 기름을 발라라" 또는 "양념으로 맛을 내라"이다. 그리스어 번역본을 기초로 여러 가지로 수정하기도 한다.

24,13. 히즈키야와(2열왕 18,4-5; 2역대 31 참조) 요시야의 개혁 시도는(2열왕 22-23장 참조) 잘 받아들여지지 않았다.

24,15-16. 죽음에 이르게 하는 갑작스러운 질병을 암시한다.

24,10 다니 3,19. 24,13 16,27. 24,19 12,9; 37,18. 24,21 1열왕 20,5-6; 호세 9,16.

24,15-17. 에제키엘에게는 장례의 표시들인 머리를 푸는 것, 맨발로 다니거나 수염을 가리는 것 등이 명시적으로 금지된다. 아마도 수염을 가리는 것은 본래 주술적 의미를 지닌 행위였다(레위 13,45; 13,45-46의 주 참조). 장례 때 빵은 호세 9,4에서도 언급되며, 거기서는 그 빵을 부정한 것으로 여긴다. 아마도 죽은 이들의 숭배와 연관되기 때문일 것이다.

24,22. 보통 장례 예식 때에는 머리를 가리고 맨발로 다니며 큰 수건으로 얼굴 일부를 가리고 이웃과 친척들이 가져온 빵을 먹었다.

그리움인 나의 성전을 더럽히겠다. 너희가 두고 떠나온 너
희 아들딸들은 칼에 맞아 쓰러질 것이다. 22 — 그런데도
너희는 내가 한 것처럼 하게 될 것이다. — 콧수염을 가리
지도 못하고 사람들이 가져온 빵을 먹지도 못할 것이다.
23 머리에는 쓰개를 그대로 쓰고 발에는 신을 그대로 신은
채, 슬퍼하지도 울지도 못할 것이다. 너희는 너희 죄 때문
에 스러져 가면서 서로 바라보며 한탄할 것이다. 24 에제키
엘이 이렇게 너희에게 예표가 되고, 그가 한 것처럼 너희
도 하게 될 것이다. 이 일이 일어나면, 그제야 너희는 내가
주 하느님임을 알게 될 것이다.'
25 너 사람의 아들아, 내가 그들의 요새와 기쁨과 영화, 그
들 눈의 즐거움과 그들 영의 열망, 그들의 아들딸들을 앗
아 가는 날, 26 그날에 피난민 한 사람이 소식을 전하러 너
에게 올 것이다. 27 그날, 그 피난민 앞에서 너는 입이 열려
말을 하게 되고, 다시는 벙어리가 되지 않을 것이다. 너는
이렇게 그들에게 예표가 될 것이다. 그제야 그들은 내가
주님임을 알게 될 것이다."

암몬인들에게 내리는 심판

25,3-17. 4절의 "동방인들"은 아랍 유목민 부족들이다. 암몬(3-7절), 모압과 세이르(8-11절), 모압의 북부와(테만) 남부(드단) 전체(12-14절), 크레타에서 온 필리스티아인들이(15-17절) 언급된다. 이스라엘의 재건을 위한 전제가 될 수 있는 것은 오직 적대적인 민족들의 정치적 멸망뿐이다.

25 1 주님의 말씀이 나에게 내렸다. 2 "사람의 아들
아, 암몬인들에게 얼굴을 돌리고 그들을 거슬
러 예언하여라. 3 암몬인들에게 말하여라. '주 하느님의 말
을 들어라. 주 하느님이 이렇게 말한다. 너는 나의 성소가
더럽혀졌을 때에 '아하!' 하고 소리 지르고, 이스라엘 땅
이 황폐해졌을 때에도, 이스라엘 집안이 유배를 떠날 때
에도 그러하였다. 4 그러므로 나 이제 너를 동방인들에게
소유로 넘겨주겠다. 그들은 네 땅에 촌락을 세워 거처를
마련하고는, 너의 열매를 먹고 너의 우유를 마실 것이다.
5 나는 또 라빠를 낙타 목장으로, 암몬의 성읍들을 양 우
리로 만들어 버리겠다. 그제야 너희는 내가 주님임을 알게
될 것이다.
6 정녕 주 하느님이 이렇게 말한다. 너는 이스라엘 땅을 두
고 손뼉을 치고 발을 구르며, 악의에 가득 찬 마음으로 기
뻐하였다. 7 그러므로 나 이제 너에게 손을 뻗어 너를 민족
들의 약탈품으로 내놓겠다. 너를 민족들에게서 잘라 버리

24,23 4,17; 레위 26,39; 잠언 5,11. 25,1-7 21,33-37; 아모 1,13-15; 예레 49,1-6. 25,2 묵시 10,11.

25-32. 주변 민족들에 대한 신탁은 하느님께서 여러 방식으로 당신 백성의 불행을 이용한 이들을 그대로 두지 않으신다는 것을 말해 준다.

고 나라들 가운데에서 멸망시켜, 너를 전멸시켜 버리겠다.
그제야 너는 내가 주님임을 알게 될 것이다.'"

모압에 내리는 심판

8 주 하느님께서 이렇게 말씀하신다. "모압과 세이르는 '보
아라, 유다 집안도 다른 모든 민족들과 다르지 않다.'고 말
하였다. 9 그러므로 나 이제 모압의 옆쪽을, 그 국경에 있
는 성읍들, 곧 그 나라의 자랑인 벳 여시못, 바알 므온, 키
르야타임부터 열어젖히겠다. 10 나는 모압을 암몬인들과
함께 동방인들에게 소유로 넘겨주겠다. 암몬인들이 민족
들 사이에서 더 이상 기억되지 않게 하겠다. 11 이렇게 내
가 모압에게 벌을 내리면, 그제야 그들은 내가 주님임을
알게 될 것이다."

에돔에 내리는 심판

12 주 하느님께서 이렇게 말씀하신다. "에돔은 복수심을
품고 유다 집안에게 보복하였다. 그들에게 복수하여 큰
죄를 지었다. 13 그러므로 주 하느님이 이렇게 말한다. 나
는 에돔에게 손을 뻗어 그 땅에서 사람과 짐승을 잘라 내
어 폐허로 만들어 버리겠다. 테만에서 드단까지 사람들이
칼에 맞아 쓰러질 것이다. 14 내 백성 이스라엘의 손으로
에돔에게 원수를 갚겠다. 내 분노와 내 화에 따라 에돔에
게 보복하겠다. 그러면 그들이 나의 복수를 알게 될 것이
다. 주 하느님의 말이다."

필리스티아에 내리는 심판

15 주 하느님께서 이렇게 말씀하신다. "필리스티아인들은
복수심에 차서 보복하였다. 옛날부터 품어 온 적개심으로
다 파괴해 버리려고, 악의에 가득 찬 마음으로 복수를 자
행하였다. 16 그러므로 주 하느님이 이렇게 말한다. 나 이
제 필리스티아인들에게 손을 뻗어 이 크렛인들을 잘라 버
리고, 바닷가에 살아남은 자들도 멸망시키겠다. 17 내가 이
렇게 그들에게 분노의 징벌을 내려 크게 복수하겠다. 내가
그들에게 복수하면, 그제야 그들은 내가 주님임을 알게
될 것이다."

25,8. 유다는 다른 모든 백성들과 마찬가지로 바빌론에게 종속되었으며, 더 이상 별도로 주님의 보호를 받고 있지 않다.

25,9. "그 국경에 있는 성읍들… 열어젖히겠다." 이 구절은 앞의 표상의 의미를 밝혀 주는 듯하다. 자구적으로는 "그에게서 성읍들을, 그의 성읍들을, 그의 국경에서"이다.

25,8-11 아모 2,1-3; 예레 48; 스바 2,8-11. 25,12-14 아모 1,11-12; 예레 49,7-22. 25,15-17 스바 2,4-7.

26,1. 이 날짜는 기원전 587년 4월 23일에 해당한다.

26,2-6. 기원전 6세기 티로는 상업적인 세력이었고, 그 배들이 지중해를 지배했다. 페니키아 해변의 도시들은("딸들") 티로에 종속되어 있었다. 기원전 587년 이전에 티로는 바빌론인들과 충돌했고 13년간 포위되어 있었다.

26,7. "임금들의 임금"은 페르시아 시대 임금의 호칭이다.

티로에 내리는 심판

26 1 제십일년 어느 달 초하룻날에 주님의 말씀이
나에게 내렸다.
2 "사람의 아들아, 티로가 예루살렘을 두고 이렇게 말하였다.
'아하, 민족들의 관문이 부서져
나에게 활짝 열렸구나!
나는 풍부해지고
그것은 폐허가 되는구나!'
3 그러므로 주 하느님이 이렇게 말한다.
티로야, 나 이제 너를 대적하리라.
바다가 물결을 밀어 올리듯
내가 너를 거슬러
많은 민족들을 불러올리리라.
4 그들은 티로의 성벽을 부수고
탑들을 허물어뜨리리라.
나는 그곳에서 흙을 쓸어 내어
맨바위로 만들어 버리리라.
5 그리하여 그곳은 바다 한가운데에서
그물이나 펴서 말리는 곳이 되리라.
정녕 내가 말하였다.
주 하느님의 말이다.
티로는 민족들의 약탈품이 되고
6 뭍에 있는 티로의 딸들은
칼로 살해되리라.
그제야 그들은 내가 주님임을 알게 되리라.
7 주 하느님이 이렇게 말한다. 나 이제 기마와 병거와 기병,
그리고 많은 군대의 무리를 거느린, 임금들의 임금인 바빌
론 임금 네부카드네자르를 북쪽에서 데려오겠다.
8 그는 뭍에 있는 너의 딸들을
칼로 살해하고는
너를 치러 공격 보루를 만들고
공격 축대를 쌓고
너를 향하여 방패들을 세우리라.

26,1-14 이사 23.

26,1-21. 티로에 대한 첫 번째 신탁은 네 개의 말씀들로(1.7.15.19절) 구분된다. 그중 세 번째 단락은(15-18절) 탄원의 절정이다. 성읍은 네부카드네자르를 보내시는 주님의 개입으로 폐허가 될 것이다. 티로와 연관된 군주들은 티로가 자신이 지배하던 그 물에 뒤덮여 심연으로 내려가게 될 때 그 증인이 될 것이다. 티로는 칼('헤렙')에 내맡겨지는데, 같은 자음으로 된 어근('하랍')을 사용함으로써 드러나듯이 칼은 황폐하게 하고 파괴하고 무너뜨린다(2.6.8.9.11.19절).

9 파쇄기로 네 성벽을 치고
쇠망치로 네 탑들을 부수리라.
10 그의 군마들이 너무 많아
그 먼지가 너를 뒤덮으리라.
뚫린 성벽으로 성안에 들이닥치듯
그가 너의 성문으로 들어올 때
기병들과 병거들의 바퀴 소리에
너의 성벽이 흔들리리라.
11 그는 말발굽으로
너의 거리들을 모조리 짓밟으며
백성을 칼로 학살하고
튼튼한 기둥들을 쓰러뜨리리라.
12 군사들은 너의 재물을 약탈하고
상품들을 노략하며
너의 성벽을 허물어뜨리고
호화로운 집들을 부수어
석재와 목재와 흙덩이까지
바다 한가운데로 던져 버리리라.
13 나는 이렇게 너의 시끄러운 노랫소리를 그치게 하고
수금 소리가 다시는 들리지 않게 하리라.
14 내가 이렇듯 너를 맨바위로 만들어 버리면
너는 그물이나 펴서 말리는 곳이 되고
더 이상 재건되지 않으리라.
정녕 나 주님이 말하였다.
주 하느님의 말이다.
15 주 하느님이 티로에게 이렇게 말한다. 부상당한 자들이
신음하고 네 가운데에서 살육이 자행되면서 들리는 네 몰
락의 소리에, 어찌 섬들이 떨지 않겠느냐? 16 바다의 제후
들은 모두 왕좌에서 내려와, 예복을 치우고 수놓은 옷을
벗을 것이다. 공포를 옷처럼 입고 땅바닥에 주저앉아 줄
곧 떨며, 너 때문에 질겁할 것이다. 17 그리고 너를 두고 애
가를 지어 부를 것이다.
'어쩌다가 바다에서 사라졌나?
찬양받던 성읍!
주민들과 함께
바다에서 세력을 떨치며
온 육지를 공포에 떨게 하던 성읍!

26,11. "튼튼한 기둥들" 아마도 믈카르트 신의 신전 입구 옆에 서 있던 두 기둥을 지칭한다.

26,13. 이교 축제들이 폐지됨을 암시한다.

26,16. 왕좌에서 내려오는 것은 가나안 임금들에게 전형적인 장례의 표지였다.

26,13 아모 5,23; 묵시 18,21-22. 26,15 묵시 6,14. 26,16-17 욥 2,12-13; 묵시 18,9-10.

18 그런데 이제 네 몰락의 날에
섬들이 떨고
네 종말을 보며
바다의 섬들이 어쩔 줄 몰라 한다.'
19 주 하느님이 이렇게 말한다. 내가 너를 사람이 살지 않
는 성읍처럼 황폐한 성읍으로 만들고, 심연을 끌어 올려
큰 물이 너를 덮어 버리게 하며, 20 구렁으로 내려가는 자
들과 함께 옛사람들에게 내려가게 하겠다. 그리고 구렁으
로 내려가는 자들과 함께 저 아래 땅, 태고의 폐허에 살게
하여, 사람들이 다시는 네 땅에서 살지 못하고, 네가 다시
는 산 이들의 땅에서 일어서지 못하게 하겠다. 21 그리하여
나는 너를 공포의 대상으로 만들겠다. 너는 더 이상 있지
않아, 사람들이 너를 찾아도 다시는 영원히 찾아내지 못
할 것이다. 주 하느님의 말이다."

티로를 위한 애가

27 1 주님의 말씀이 나에게 내렸다. 2 "너 사람의
아들아, 티로를 위하여 애가를 불러라. 3 바다
어귀에 자리 잡은 성읍, 수많은 섬으로 다니며 여러 민족
과 장사하는 상인 티로에게 말하여라. '주 하느님이 이렇
게 말한다.
티로야, '나는 더없이 아름다워.' 하고
너는 말하였다.
4 너의 경계선들은 바다 한가운데 있고
조선공들은 너를 더없이 아름답게 지었다.
5 너의 바깥 판들은 모두
스니르의 방백나무로 짜고
레바논의 향백나무를 가져다가
네 위에 올린 돛대를 만들었다.
6 바산의 참나무로 노를 만들고
키팀섬에서 젓나무를 가져다가
상아를 박으며 갑판을 깔았다.
7 너의 돛은
이집트에서 가져온 수놓은 아마포로

26,19. 하느님께서는 티로에 맞서 세상을 둘러싸고 있는 심연과 큰물을 사용하려 하신다(창세 1,2.6-7 참조).

27,3-11. 티로가 교역 관계를 맺은 모든 나라들을 열거한다. "민족 명단"과 유사하다.

27,6. "갑판"으로 옮긴 히브리어 단어의 번역이 불확실하다. 같은 단어가 탈출 26,15-29; 36,20-24에서는 성막을 세우는 널빤지를 뜻한다. 이 문맥에서는 선체나 선실을 가리킬 수도 있다. "젓나무를 가져다가"는 이해하기 어려운 히브리어 구절(자구적으로는 "아시리아인들의 딸들"을 뜻한다)을 이사 41,19;60,13에 쓰인 유사한 형태의 단어로 수정하여 옮긴 것이다.

27,7. "아마포… 자주와 자홍 색천"은 만남의 성막을 만드는 데에도 사용되었다(탈출 26,1.31.36; 27,16; 36,8.35.37; 38,18 참조).

26,19 창세 7,11; 묵시 18,19. 26,20 31,14; 이사 14,15; 애가 3,53. 26,21 묵시 18,21. 27,3 16,14; 28,12; 애가 2,15.

27,1-36. 에제키엘은 그의 애가에서(에제 19,1의 주 참조) 티로를 바닷물에 곧 가라앉게 될 온갖 귀한 상품들을 실은 배로 표현한다. 티로를 "더없이 아름답게" 한 물품들과(3-11절) 과거의 성공을(12-25절) 회상한 다음, 예언자는 그 몰락을 묘사한다(26-36절).

그것이 너의 깃발이 되기도 하였고
차일은 엘리사아섬에서 온
자주와 자홍 색 천으로 만들어졌다.
8 시돈과 아르왓 주민들이 너의 노를 저었고
티로야, 너에게는 기술자들이 있어
그들이 너의 키잡이였으며
9 또 네 안에 머무르는 그발의 원로들과 기술자들이
너의 틈을 메우는 수선공들이었다.
바다의 모든 배와 선원들이 너에게 와서
물품들을 거래하였다.
10 페르시아와 루드와 풋 사람들이,
전사들이 너의 군대에 들어왔다.
그들이 너에게 걸어 놓은 방패와 투구가
너를 광채로 빛나게 하였다.
11 아르왓인들과 너의 군대가
너의 사방 벽 위에 배치되고
감맛인들이 네 탑들에 배치되었는데
그들이 사방 벽에 걸어 놓은 방패들이
너를 더없이 아름답게 하였다.
12 너에게는 온갖 재물이 많아 타르시스가 너와 무역을 하
였다. 그들은 은과 쇠와 주석과 납을 주고 네 상품들을 가
져갔다. 13 야완, 투발, 메섹도 너와 장사를 하여, 노예와
구리 연장을 주고 네 물품들을 가져갔고, 14 벳 토가르마
에서는 말과 군마와 노새를 주고 네 상품들을 가져갔다.
15 드단 사람들도 너와 장사를 하였고, 또한 많은 섬이 너
의 중개상으로 일하면서, 그 대가로 너에게 상아와 흑단
을 지불하였다. 16 너에게는 온갖 제품이 많아서 아람도
너와 무역을 하여, 석류석, 자홍 천, 수놓은 천, 아마포,
산호, 홍옥을 주고 네 상품들을 가져갔으며, 17 유다와 이
스라엘 땅도 너와 장사를 하여, 민닛 밀, 기장, 꿀, 기름, 유
향을 주고 네 물품들을 가져갔다. 18 너에게는 제품도 많
고 온갖 재물이 많아, 다마스쿠스도 헬본 포도주와 차하
르의 양털을 가져와 너와 무역을 하고, 19 단과 야완 머우
잘도 너와 상품을 교환하였는데, 그들이 네 물품 값으로
가져온 것은 망치로 두드린 쇠, 계피, 향초였다. 20 드단은
말을 탈 때 안장에 까는 천을 가져와 너와 장사를 하고, 21
아라비아와 케다르의 제후들도 너의 중개상으로서, 새끼
양과 숫양과 숫염소를 가져와 너와 무역을 하였으며, 22 스

27,12 1열왕 10,22; 묵시 18,3. 27,13 묵시 18,13.

27,9. "그발"(그리스어로는 비블로스)은 베이루트에서 북쪽으로 30km 떨어진 현재의 주바일에 해당한다. 이 도시는 기원전 3천년기와 2천년기에 이집트와 중요한 경제적·상업적·정치적 관계를 맺었다. 교역의 대상이 된 주요 생산품은 레바논의 향백나무와 캅카스의 구리였다. 이집트에서 파피루스를 수입하여 가공한 다음 지중해에서 다시 팔았다. "책"을 뜻하는 그리스어 '비블로스'도 이 도시의 이름에서 유래하며, 그리스어 '비블리아'("책들")에서 다른 언어들의 "성경"을 뜻하는 단어가 파생되었다.

27,9. "너의 틈을 메우는" 같은 히브리어 표현이 2열왕(12,6-13; 22,5)에서는 보수해야 할 예루살렘 성전과 관련하여 사용된다.

27,11. "감맛인들"로 옮긴 히브리어 단어는 어떤 부족을 나타내는 것으로 생각된다(새 대중 라틴말 성경에서도 이렇게 옮겼다). 예로니모의 라틴어 번역본에는 특이하게 "피그미"로 되어 있다.

27,16. "산호, 홍옥" 새 대중 라틴말 성경에서도 이렇게 옮긴다. 이에 해당하는 히브리어 단어들은 뜻이 분명치 않아, 그리스어 번역본에서는 고유명사처럼 그대로 음역했고 예로니모의 라틴어 번역본은 첫 단어만 번역을 시도한다.

27,17. "민닛 밀, 기장"으로 옮긴 히브리어 단어들은 다른 곳에는 나타나지 않으며 그 의미도 아직 불확실하다.

27,19. "계피, 향초"는 탈출 30,23-24에서 거룩한 도유를 위한 기름을 만드는 것과 관련하여 언급된다.

27,20. "안장에 까는 천" 새 대중 라틴말 성경은 "말 위에 덮는 천"으로 옮긴다. 이 히브리어 단어는 다른 곳에서는 알려져 있지 않으

바와 라마 상인들도 너와 장사를 하여, 온갖 최고급 향료
와 보석과 금을 주고 너의 상품을 가져갔다. 23 하란과 칸
네와 에덴, 그리고 스바의 상인들과 아시리아와 킬맛도 너
와 장사를 하였는데, 24 그들은 화려한 의복, 수놓은 자주
색 옷, 여러 색으로 짠 융단, 단단히 꼰 밧줄을 너의 시장
으로 가져와서 너와 장사를 하였다. 25 그리고 타르시스의
배들이 너의 물품들을 싣고 항해하였다.

이렇게 너는 너무 무겁게 가득 싣고
바다 한가운데로 나갔다.
26 노 젓는 이들이
너를 큰 바다로 저어 나가자
샛바람이 바다 한가운데에서
너를 부수어 버렸다.
27 그리하여 너의 재물과 상품과 물품
너의 선원들과 키잡이들
너의 틈을 메우는 수선공들과 너의 물품 상인들
네 안에 있던 모든 전사들
네 안에 모여 있던 모든 사람이
네 파멸의 날에
바다 한가운데로 빠져 든다.
28 네 키잡이들이 울부짖는 소리에
바닷가 땅이 뒤흔들린다.
29 노를 젓는 이들이 모두
배에서 내리고
선원들과 바다의 키잡이들이 모두
뭍으로 올라서서
30 너 때문에 큰 소리를 지르며
비통하게 울부짖는다.
머리에 흙을 끼얹고
잿더미 속에서 뒹굴며
31 너 때문에 머리를 밀고
자루옷을 두른다.
너를 두고 비통한 마음으로 울고
비통하게 통곡한다.
32 비탄 속에 너를 두고 애가를 부른다.
너를 두고 이런 조가를 부른다.
누가 티로처럼

27,26 이사 40,24. 27,27 묵시 18,17-18. 27,30 여호 7,6; 미카 1,10; 예레 6,26; 묵시 18,9.19. 27,31 7,18; 묵시 18,15. 27,32 묵시 18,18.

며, 그리스어 번역본에서는 "마차를 (끌기) 위해 선택된 짐승들"로 옮겼고, 예로니모의 라틴어 번역본에서는 "깔고 앉는 깔개"로 옮긴다.

27,24. 이 절의 히브리어 단어들은 여기에만 나타나며 따라서 정확히 번역하기 어렵다.

27,26. 사치스러운 배인 티로는 동쪽에서 오는 폭풍으로 인하여 침몰한다(샛바람은 파괴적이어서 두려움의 대상이 되었다). 이 바람은 네부카드네자르를 상징한다. 이 묘사의 일부 요소들은 요한 묵시록에서 바빌론 제국(로마)에 대한 심판을 묘사하기 위하여 다시 사용된다.

27,31. 머리카락을 자르는 것은 애도의 표시였다(레위 21,5; 에제 7,18; 미카 1,16 참조).

27,32-36. 에제키엘은 26,18-20에서 제후들의 애도를 인용했던 것처럼 여기서는 선원들과 상인들의 탄식을 전한다(이사 23,8에 따르면 상인들은 귀족들이기도 하다).

바다 한가운데에서 멸망하였던가?
33 너는 바다에서 오는 상품들을 풀어
많은 민족들을 만족시키고
너의 그 많은 재물과 물품으로
세상의 임금들을 부유하게 만들었다.
34 그러나 이제 너는 바다에 부서져
깊은 물속에 가라앉았구나.
너의 물품들과 네 안에 모여 있던 모든 사람이
너와 함께 빠져 버렸구나.
35 섬에 사는 모든 주민이
네 소식에 질겁하고
그들의 임금들도 몸서리치며
얼굴에는 경련이 이는구나.
36 뭇 민족의 무역상들이
너를 두고 휘파람을 불어 대는 가운데
이제 너는 공포를 일으키며
영원히 사라져 버리는구나.'"

티로 임금에게 내리는 심판

28 1 주님의 말씀이 나에게 내렸다. 2 "사람의 아들
아, 티로의 군주에게 말하여라. '주 하느님이 이
렇게 말한다.
너는 마음이 교만하여
'나는 신이다.
나는 신의 자리에,
바다 한가운데에 앉아 있다.' 하고 말한다.
너는 신이 아니라 사람이면서도
네 마음을 신의 마음에 비긴다.
3 과연 너는 다니엘보다 더 지혜로워
어떤 비밀도 너에게는 심오하지 않다.
4 너는 지혜와 슬기로 재산을 모으고
금과 은을 창고에 쌓았다.
5 너는 그 큰 지혜로 장사를 하여
재산을 늘리고는

27,36 묵시 18,11.15. 28,2 사도 12,22; 2테살 2,4.

28,1-19. 티로의 군주를 통하여 티로에게 말한다. 티로 임금이 군왕 이념의 전형적인 주장들을 했던 것을 기억하는데, 여기에는 교만이 들어 있고 그래서 멸망의 원인이 된다. 고발되는 이를 계속 부름으로써 심판을 이끌어 가는 방법상의 특징을 고찰할 수 있다. "너는 사람이면서도"(2절), "너는 더 지혜로워"(3절), "너는 완전함의 본보기로서"(12절), "너는 흠 없이 걸어왔다"(15절).

28,2-10. 임금("군주")은 도시와 백성을 나타내기도 한다. 모든 죄의 근원에는 하느님과 같아지고자 하는 은근한 요구가 있다. 이 절들은 창세 2-3장을 재해석한다.

28,2.6. "너는 네 마음을 신의 마음에 비긴다." "마음"을 뜻하는 히브리어 '렙'은 특히 평가와 결정이 이루어지는 자리를 가리키므로 "너는 교만해져서… 마음속에서 스스로 하느님과 비슷하다고 여겼다."는 뜻으로 이해할 수 있다. 성경에서 "마음"의 의미에 관해서는 탈출 4,21 주해와 9,14의 주를 참조한다.

28,3. 다니엘은 페니키아 전승에서 칭송된 의로운 임금으로, 우가릿의 신화 본문들에 전해진다. 14,14의 주 참조.

28,5. "지혜" 이 경우 '호크마'는 재능, 능력, 상업 활동의 기술을 나타낸다. 지혜는 교만한 독립의 이유가 된다(창세 3,5 참조).

28,7. "더럽히며" 이 신탁은 표기법이 같으면서도 각각 "더럽히다"라는 의미와(7.16.18절) "학살하다, 살해하다"라는 의미를 갖는(8.9절) 두 동사 어근을 사용한다.

28,8. 죽음의 경고는 창세 2,17을 연상시킨다.

28,12-19. 임금의 치명적인 죄는 그가 스스로 (신화에 따라) 천상의 영웅이 자신의 잘못에 대한 처벌로 불에 탄 후 다시 살아난 인물이라 여기며 자신을 신격화한 것이다(이사 14,12-15 참조).

28,12. "너는 완전함의 본보기로서" 이 히브리어 표현의 번역은 이론의 여지가 있다(새 대중 라틴말 성경도 이렇게 옮긴다). 그리스어 번역본과 예로니모의 라틴어 번역본은 "너는 본보기의 봉인"으로 되어 있다.

28,13. 이 표상은 에덴과(창세 2,8-12 참조) 창조를 연상시키지만, 예루살렘과 대사제의 가슴받이를 암시하기도 한다.

28,14. "나는 우람한 커룹을 너에게 보호자로 붙여 주었다." 히브리어 본문을 대중 라틴말 성경처럼 "너는 (날개를) 우람하게 펼쳐 덮어 주는 커룹이다."라고 번역할

그 재산 때문에 마음이 교만해졌다.

6 그러므로 주 하느님이 이렇게 말한다.
너는 네 마음을 신의 마음에 비긴다.
7 그러므로 나 이제 이방인들을,
가장 잔혹한 민족들을 너에게 끌어들이리니
그들이 칼을 빼 들어 네 지혜로 이룬 아름다운 것들을 치고
너의 영화를 더럽히며
8 너를 구덩이로 내던지리라.
그러면 너는 바다 한가운데에서
무참한 죽음을 맞이하리라.
9 너를 학살하는 자 앞에서도
네가 감히 '나는 신이다.' 할 수 있겠느냐?
너는 너를 살해하는 자들의 손에 달린
사람일 뿐이지 신이 아니다.
10 너는 이방인들의 손에 넘겨져
할례 받지 않은 자들의 죽음을 맞이하리라.
정녕 내가 말하였다.
주 하느님의 말이다.'"

티로 임금을 위한 애가

11 주님의 말씀이 나에게 내렸다. 12 "사람의 아들아, 티로
임금을 두고 애가를 불러라. 그에게 말하여라. '주 하느님
이 이렇게 말한다.
너는 완전함의 본보기로서
지혜와 더없는 아름다움으로 가득 차
13 하느님의 동산 에덴에서 살았다.
너는 홍옥수와 황옥
백수정과 녹주석과 마노
벽옥과 청옥과 홍옥과 취옥
온갖 보석으로 뒤덮였고
너의 귀걸이와 네가 걸친 장식은
금으로 만들어졌는데
네가 창조되던 날
그것들이 모두 준비되었다.
14 나는 우람한 커룹을 너에게 보호자로 붙여 주었다.
너는 하느님의 거룩한 산에 살면서

28,7 신명 28,49-52. 28,10 32,19. 28,13 탈출 28,17-20; 묵시 17,4; 21,19. 28,14 탈출 25,20.

불타는 돌들 사이를 거닐었다.
15 너는 창조된 날부터
흠 없이 걸어왔다.
그러나 마침내 너에게서 불의가 드러났다.
16 너의 그 큰 장사 때문에
너는 폭행을 일삼으며 죄를 지었다.
그래서 나는 너를 더럽게 여겨 하느님의 산에서 쫓아냈다.
보호자 커룹이 너를 불타는 돌들 사이에서 사라지게 하였다.
17 너의 아름다움으로 네 마음이 교만해지고
너의 영화 때문에 너는 네 지혜를 타락시키고 말았다.
그래서 내가 너를 땅바닥에 내던지고
임금들의 구경거리로 내놓았다.
18 너의 그 많은 죄와 부정한 장사로
너는 네 성소들을 더럽혔다.
그래서 내가 네 한가운데에서 불이 나와
너를 살라 버리게 하였고
구경하는 모든 이의 눈앞에서
너를 땅바닥의 재로 만들어 버렸다.
19 민족들 가운데에서 너를 아는 이들이 모두
네 소식에 질겁하는 가운데
너는 공포를 일으키며
영원히 사라져 버린다.'"

시돈에 내리는 심판

20 주님의 말씀이 나에게 내렸다. 21 "사람의 아들아, 시돈
으로 얼굴을 돌리고 그곳을 거슬러 예언하여라. 22 너는
말하여라. '주 하느님이 이렇게 말한다.
시돈아, 나 이제 너를 대적하여
네 가운데에서 내 영광을 드러내리라.
내가 그 성읍에 벌을 내려
내 거룩함을 드러내면
그제야 그들은 내가 주님임을 알게 되리라.
23 나는 그 성읍으로 흑사병을 보내고
거리마다 피가 흥건하게 하리라.
사방에서 일어난 칼로 살해된 자들이
그 성읍 안에서 쓰러지리라.
그제야 그들은 내가 주님임을 알게 되리라.

28,22 탈출 14,4.17-18.

수 있다. 상업적 부로 인해 자신을 신적 존재로 여긴 티로 임금에 대한 풍자이다. "거룩한 산"은 북쪽 끝에 있는 신들의 산이다('차폰'). 그리스 올림포스산에 해당한다.

28,16-17. "보호자 커룹이 너를" 14절의 다른 번역 가능성에 연결되도록 "보호자 커룹인 너를"로 번역할 수 있다. 에덴 동산을 지키도록 세워진 "커룹"과 달리, 커룹으로 묘사된 티로 임금은 그의 거룩한 영토에서 추방되고 신적 특권들을 잃는다(창세 3,24 참조). 그는 "땅바닥에" 내던져지는데, 이는 죽은 이들이 있는 지하 세계를 지칭할 수 있다. 이는 커룹에게는 완전히 더럽혀지는 것이다.

28,21. 이 신탁은 치드키야 시대에 시돈이 바빌론에 대항하는 반란에 가담한 것이 계기가 되었을 수 있다(예레 27,3 참조).

24 이제 이스라엘 집안을 비웃는 사방 모든 민족들에게서,
다시는 그들에게 상처를 입히는 찔레나 그들을 아프게 하
는 가시가 일어나지 않을 것이다. 그제야 그들은 내가 주
하느님임을 알게 될 것이다.

이스라엘에 내리는 약속

25 주 하느님이 이렇게 말한다. 내가 이스라엘 민족을 그들
이 흩어져 사는 민족들에게서 모아 올 때, 나는 겨레들이
보는 앞에서 그들 안에 내 거룩함을 드러내겠다. 그리하여
이스라엘 집안은 내가 나의 종 야곱에게 준 땅에서 살게
될 것이다. 26 그들은 집을 짓고 포도밭을 가꾸며 그 땅에
서 평안히 살 것이다. 사방에서 그들을 비웃는 모든 민족
들에게 내가 벌을 내리면, 그들은 평안히 살 것이다. 그제
야 그들은 내가 주 그들의 하느님임을 알게 될 것이다.'"

파라오와 이집트에 내리는 심판

29

1 제십년 열째 달 열이튿날에 주님의 말씀이 나
에게 내렸다. 2 "사람의 아들아, 이집트 임금 파
라오에게 얼굴을 돌리고, 그와 온 이집트를 거슬러 예언
하여라. 3 너는 말하여라. '주 하느님이 이렇게 말한다.
나 이제 너를 대적하리라,
이집트 임금 파라오야!
나일강 한가운데에 드러누워
'나일강은 내 것이다.
내가 나를 위해서 만들었다.'고 말해 대는
거대한 용아!
4 내가 갈고리로 네 턱을 꿰고
네 나일강의 물고기들을 너의 비늘에 달라붙게 하여
너를 비늘에 달라붙은 나일강의 물고기들과 함께
나일강에서 끌어 올리리라.
5 그리고 너와 나일강의 물고기들을 모두
광야로 내동댕이치리니
너는 들판에 떨어져
아무도 너를 거두지도 모으지도 않으리라.
내가 땅의 짐승과 하늘의 새에게
너를 먹이로 준 것이다.

29,1-2. 이에 해당하는 날짜는 기원전 587년 1월 7일이다. 파라오 호프라가 대표하는 이집트는 예루살렘의 포위를 풀려는 시도에 실패하고, 그 포위는 1년간 지속된다.

29,3.10. 그리스어 번역본은 복수형을 사용하여("강들") 나일 삼각주를 생각하게 한다.

29,3. 고대 이집트에서 흔한 동물이던 악어는 이스라엘인들에게 하느님의 원수인 신화 속 용의 살아 있는 모습이었다.

28,24 레위 13,51-52; 14,44; 2코린 12,7. 28,25 37,25; 창세 28,13. 28,26 // 37,25; 예레 29,5.28. 29,3 묵시 12,3. 29,5 묵시 6,8.

6 그제야 이집트 주민들이 모두
내가 주님임을 알게 되리라.
너는 이스라엘 집안에게
갈대 지팡이밖에 되지 못하였다.
7 그들이 손으로 너를 붙잡으면 너는 부러지면서
그들의 어깨를 찢고
그들이 너를 의지하면 너는 꺾어지면서
그들의 허리를 온통 휘청거리게 하였다.
8 그러므로 주 하느님이 이렇게 말한다. 나 이제 너에게 칼
을 끌어들여, 너에게서 사람과 짐승을 잘라 내 버리겠다.
9 그러면 이집트 땅은 황무지와 폐허가 될 것이다. 그제야
그들은 내가 주님임을 알게 될 것이다.
'나일강은 내 것이다. 내가 만들었다.' 하고 너는 말하였
다. 10 그러므로 나 이제 너와 너의 나일강을 대적하여, 이
집트 땅을 믹돌에서 시에네까지, 에티오피아 국경에 이르
기까지 폐허와 황량한 불모지로 만들어 버리겠다. 11 그리
하여 그 땅에는 사람의 발길도 끊어지고 짐승의 발길도
끊어진 채, 사십 년 동안 아무도 살지 않을 것이다. 12 나는
이집트 땅을 황폐한 땅 가운데에서도 가장 황폐한 곳으로
만들어 버리리니, 사십 년 동안 그 성읍들은 폐허가 된 성
읍들 가운데에서도 가장 황폐한 곳이 될 것이다. 나는 또
이집트인들을 민족들 사이로 쫓아 버리고, 여러 나라로
흩어 버리겠다.
13 그러나 주 하느님이 또 이렇게 말한다. 사십 년이 지나
면, 내가 이집트인들을 그들이 흩어져 사는 민족들에게
서 모아들이겠다. 14 나는 이집트인들의 운명을 되돌려, 그
들을 파트로스 땅, 곧 그들의 고향 땅으로 되돌아가게 하
겠다. 그곳에서 그들은 보잘것없는 왕국을 이룰 것이다. 15
그것은 왕국들 가운데 가장 보잘것없는 왕국으로서, 다시
는 다른 민족들 위로 일어서지 못할 것이다. 나는 그들을
작게 만들어, 그들이 다른 민족들을 지배하지 못하게 하
겠다. 16 이집트는 이스라엘 집안이 자기에게 도움을 청하
려고 몸을 돌려 지은 죄를 기억하게 할 것이다. 그리하여
다시는 이스라엘 집안에게 의지가 되지 못할 것이다. 그제
야 그들은 내가 주 하느님임을 알게 될 것이다.'"

29,10. 믹돌과 시에네는 각각 이집트의 북쪽 끝과 남쪽 끝이다.

29,11-12. 징벌은 히브리인들이 광야에 있었던 기간이며 유다인들이 유배지에 있었던 기간인 40년간 지속될 것이다. 이는 한 세대의 시간이다.

29,14. 파트로스는 상부 이집트, 곧 남부에 있다.

29,6 이사 36,6. 29,8 6,3; 14,13. 29,11 4,6; 민수 14,33-34. 29,14 16,53; 39,25.27; 신명 30,3. 29,16 28,24.

29,13-15. 하느님의 처벌은 교만한 이들과 당신 백성의 적들에게도 언제나 일시적이다. 그러므로 구원의 가능성은 누구에게나 열려 있다.

네부카드네자르가 이집트를 정복하리라

17 제이십칠년 첫째 달 초하룻날에 주님의 말씀이 나에게
내렸다. 18 "사람의 아들아, 바빌론 임금 네부카드네자르는
티로를 치려고 자기 군대에게 힘겨운 일을 시켰다. 모든 군
사의 머리털이 빠지고 어깨가 벗겨지기까지 하였지만, 티
로를 치려고 애쓴 일에 대한 보상을 그 자신도 그의 군대
도 티로에서 받지 못하였다. 19 그러므로 주 하느님이 말한
다. 나 이제 바빌론 임금 네부카드네자르에게 이집트 땅을
주겠다. 그러면 그는 이집트의 재물을 가져가고, 약탈질과
노략질을 하리니, 그것이 그의 군대에게 줄 보상이 될 것
이다. 20 그들이 나를 위하여 수고한 것이니, 그 일의 대가
로 나는 이집트 땅을 네부카드네자르에게 넘겨준다. 주 하
느님의 말이다.
21 그날에 나는 이스라엘 집안에 뿔이 돋게 하고, 그들 가
운데에서 네 입을 열어 주겠다. 그제야 그들은 내가 주님
임을 알게 될 것이다."

이집트에 내리는 심판

30 1 주님의 말씀이 나에게 내렸다. 2 "사람의 아들
아, 예언하여라. 너는 말하여라. '주 하느님이
이렇게 말한다.
'아, 이날!' 하며 너희는 울부짖어라.
3 그날이 가까웠다.
주님의 날이 가까웠다.
그날은 구름의 날이 되고
민족들에게 운명의 때가 되리라.
4 이집트에 칼이 쳐들어오리라.
이집트에서 살해된 자들이 쓰러지고
재물이 약탈당하며
그 기초가 허물어질 때
에티오피아는 전율에 사로잡히리라.
5 에티오피아와 풋과 루드,
모든 혼합 종족과 쿱과 동맹국 백성들이
이집트인들과 함께 칼에 맞아 쓰러지리라.
6 주님이 이렇게 말한다.
이집트의 지지자들은 쓰러지고
이집트의 자랑스러운 힘은 내려앉으리라.
믹돌에서 시에네까지

29,17. 이 날짜는 기원전 571년 4월 26일에 해당한다.

29,18. 포위는 13년간 계속된다(26,2-6의 주 참조). 어깨는 포위 기간 동안 나른 짐 때문에 "벗겨지기까지" 했다. 그러나 티로는 약탈될 수 없었고 도시가 계속 존재했다.

29,19. 네부카드네자르는 파라오 아마시스(기원전 569-525년)에 맞서 원정을 했지만, 이집트를 정복하지는 못한다.

29,21. "뿔"은 즈루빠벨 또는 메시아와 동일시된다. 이 표상은 루카 1,69에서 다시 사용한다.

30,3-6. "주님의 날"은 다른 민족들에게도 내려지는 심판을 지칭한다.

30,5. "동맹국"은 아마도 이스라엘 땅을 가리킨다. 이 절에서는 이집트 군대의 보조 군대 또는 용병 역할을 했던 여러 민족들을 열거한다. 고대의 일부 문서들에서는 프삼티크 1세 때 이미 유다 용병들이 이집트인들을 위해 싸운 것으로 나온다. 이집트에 히브리인 공동체가 있었던 것은 예레미야서에도 나타난다. 그러므로 "동맹국 백성들"이라는 암시적 표현은 에제키엘 시대에 이집트를 섬기기로 선택한 유다인들을 지칭할 수도 있다.

29,21 시편 132,17. 30,2-3 7,7; 요엘 1,15; 2,1-2.

사람들이 칼에 맞아 쓰러지리라.
주 하느님의 말이다.
7 그곳은 황폐한 땅 가운데에서도 가장 황폐한 곳이 되고
그 성읍들은 폐허가 된 성읍들 가운데에서도 가장 큰 폐
허가 되리라.
8 내가 이집트에 불을 지르고
그를 돕는 자들이 모두 꺾이면
그제야 그들은 내가 주님임을 알게 되리라.
9 그날에 내가 있는 곳에서 사절들이 배를 타고 나가
안심하고 있는 에티오피아인들을 깜짝 놀라게 하리라.
이집트의 날에 에티오피아인들은 전율에 사로잡히리라.
보아라, 정녕 그날이 다가온다.
10 주 하느님이 이렇게 말한다.
나는 바빌론 임금 네부카드네자르의 손으로
이집트 무리들을 없애 버리리라.
11 이 나라를 멸망시키기 위하여
그가 가장 잔혹한 민족들로 이루어진 군대와 함께
그곳으로 인도되리라.
그들은 칼을 뽑아 이집트를 쳐서
그 땅을 칼에 맞은 자들로 가득 채우리라.
12 나는 나일강을 말려 버리고
그 땅을 악한들의 손에 팔아넘기며
땅과 그 안에 있는 모든 것을
이방인들의 손으로 황폐하게 만들리라.
나 주님이 말하였다.
13 주 하느님이 이렇게 말한다.
나는 우상들을 부수어 버리고
멤피스에서 신상들을 없애 버리며
이집트 땅에 다시는 제후가 나지 않게 하고
이집트 땅에 공포를 퍼뜨리리라.
14 파트로스를 황폐하게 만들고
초안에 불을 지르며
테베에 벌을 내리리라.
15 나는 또 이집트의 요새인 신에 내 화를 퍼붓고
테베의 무리들을 잘라 버리며
16 이집트에 불을 지르리라.
그러면 신이 고통으로 몸부림치고

30,10. "무리"로 옮긴 히브리어 단어 '하몬'은 여러 의미를 지닌다. 그리스어 번역본과 예로니모의 라틴어 번역본은 "군중, 군대"로 옮긴다(예를 들어 32,12에서와 같이). "재물"이라는 의미는 29,19; 30,4에서 나타난다.

30,12. "나일강" 29,3.10의 주 참조.

30,13. 통일된 이집트의 전설적 첫 수도 멤피스는 중요한 종교 중심지였다.

30,16. "테베는 적에게 뚫리며" 적들이 그 성벽을 허물리라는 것이다.

30,8 39,6. 30,9 이사 18,2. 30,12 5,14; 25,13; 29,10; 레위 26,31; 이사 37,25; 예레 25,18.

테베는 적에게 뚫리며
멤피스는 대낮에 적군을 맞게 되리라.
17 온과 피 베셋의 젊은이들은 칼에 맞아 쓰러지고
주민들은 포로로 끌려가리라.
18 내가 타흐판헤스에서 이집트의 멍에를 부수어 버릴 때
그곳은 대낮인데도 캄캄해지고
그 성읍의 자랑스러운 힘도 다하리라.
구름이 뒤덮인 가운데
그 성읍의 딸들이 포로로 끌려가리라.
19 내가 이렇게 이집트에 벌을 내리면
그제야 그들은 내가 주님임을 알게 되리라.'"

파라오의 팔이 부러지다

30,20. 이 날짜는 기원전 587년 4월 29일에 해당한다.

30,21-26. 이집트의 약함을 보여 주는 이 우의는 바빌론인들을 예루살렘 밖으로 끌어내려고 한 파라오의 시도가 실패했음을 암시한다.

30,24. 하느님께서는 바빌론 임금을 이집트에 대한(그리고 그 결과로 예루살렘에 대한) 심판의 도구로 사용하신다.

20 제십일년 첫째 달 초이렛날에 주님의 말씀이 나에게 내
렸다. 21 "사람의 아들아, 내가 이집트 임금 파라오의 팔을
부러뜨렸다. 보아라, 아무도 그것을 낫게 하려고 묶어 주
지도 붕대를 감아 주지도 않아, 그에게는 칼 잡을 힘도 없다.
22 그러므로 주 하느님이 이렇게 말한다. 나 이제 이집트
임금 파라오를 대적하여 그의 두 팔을, 성한 팔과 이미 부
러진 팔을 부러뜨려, 그 손에서 칼이 떨어지게 하겠다. 23
그런 다음 이집트인들을 민족들 사이로 쫓아 버리고 여러
나라로 흩어 버리겠다. 24 그리고 바빌론 임금의 팔을 강하
게 하고 그의 손에 내 칼을 쥐어 주겠다. 그러나 파라오의
두 팔은 부러뜨리리니, 그는 살해되는 자처럼 바빌론 임금
앞에서 크게 신음할 것이다. 25 나는 이렇게 바빌론 임금
의 두 팔은 강하게 하고, 파라오의 두 팔은 떨어져 나가게
하겠다. 내가 바빌론 임금의 손에 내 칼을 쥐어 주어, 그가
이집트 땅을 거슬러 그 칼을 뻗으면, 그제야 그들은 내가
주님임을 알게 될 것이다. 26 나는 이집트인들을 민족들 사
이로 쫓아 버리고 여러 나라로 흩어 버리겠다. 그제야 그
들은 내가 주님임을 알게 될 것이다."

파라오의 위대함과 그의 몰락

31,1. 기원전 587년 6월 21일에 해당한다.

31 1 제십일년 셋째 달 초하룻날에 주님의 말씀이
나에게 내렸다. 2 "사람의 아들아, 이집트 임금
파라오와 그의 무리에게 말하여라.
'너의 그 큰 모습을 무엇에 비길 수 있으랴?

30,18 탈출 10,21. 30,21 34,4; 시편 10,15; 예레 48,25. 30,23 29,12.

3 보아라, 젓나무,
레바논의 향백나무를!
가지가 멋지게 우거져
숲처럼 그늘을 드리우고
키가 우뚝 솟아
그 꼭대기가 구름 사이로 뻗어 있다.
4 물이 그 나무를 크게 하고
심연이 그 나무를 치솟게 하였다.
심연은 제 강들을
그 나무가 심긴 주위로 흐르게 하면서
들의 모든 나무에게
물줄기들을 내보냈다.
5 그리하여 그 나무의 키가
들의 모든 나무보다 더 높이 솟았으며
그 뿌리에 물이 많아
가지가 많아지고
줄기가 길어져
6 하늘의 모든 새가
그 가지들에 보금자리를 틀고
들의 모든 짐승이
그 줄기들 밑에 새끼를 낳았다.
많은 민족들이 모두
그 나무 그늘에서 살았다.
7 그 나무가 크게 자라고
가지들을 길게 뻗어 아름다운 것은
그 뿌리가 큰 물까지 닿았기 때문이다.
8 하느님의 동산에 있는 향백나무들도
그것과 견줄 수 없고
방백나무들도 그 가지들에 비길 수 없으며
버즘나무들은 그 줄기만도 못하였다.
하느님의 동산에 있는 어떤 나무도
아름다운 그 모습에 비길 수 없었다.
9 나는 많은 가지로
그 나무를 아름답게 만들었다.
그리하여 에덴의 모든 나무가,
하느님의 동산에 있는 모든 나무가
그 나무를 부러워하였다.

31,3-9. 파라오는 스스로 레바논의 커다란 향백나무라고 착각했다. 향백나무는 우주적 힘들의 상징으로 사용되며, 뿌리가 심연 깊이까지 닿고 가지들은 하늘 높이까지 이른다. 그러나 이집트에게 초강대국 아시리아와 같은 종말이 예고된다.

31,4. "들의 모든 나무"는 다른 민족들이다. 강들은 깊은 심연에서 물을 받고 마치 기둥 위의 평면처럼 그 심연 위에 땅이 자리하고 있다는 생각을 바탕으로 한다.

31,6. "그 나무 그늘에" 앉아 있는 큰 민족들은 파라오의 정치적 중요성을 드러낸다.

31,3 17,23; 19,11. 31,4 창세 49,25; 신명 33,13. 31,6 다니 4,9; 마태 13,32; 마르 4,32. 31,8 28,13; 묵시 2,7.

10 그러므로 주 하느님이 이렇게 말한다. 그 나무의 키가
높이 솟고 꼭대기가 구름 사이로 뻗자, 제가 높다고 으스
대었으므로, 11 나는 민족들을 이끄는 수령의 손에 그 나
무를 넘겨주어, 그가 저지른 죄악에 따라 다루게 하였다.
나는 그 나무를 내던져 버렸다. 12 그러자 이방인들이, 가
장 잔혹한 민족들이 그 나무를 베어서 내버렸다. 그 가지
들은 산과 모든 골짜기에 떨어지고, 줄기들은 부러져 그
땅의 모든 시냇가에 흩어졌다. 그리하여 세상의 모든 민족
들이 그 나무 그늘에서 떠나갔다. 그들은 이렇게 그 나무
를 내버렸다.
13 그 쓰러진 등걸 위에는
하늘의 모든 새가 살고
그 줄기들에는
들의 모든 짐승이 자리를 잡았다.
14 이는 물가의 어떤 나무도 다시는 키가 높이 솟아 그 꼭
대기를 구름 사이로 뻗지 못하게 하고, 물을 흠뻑 먹으며
자라는 어떤 나무도 높아져서 구름과 마주 서지 못하게
하려는 것이었다.
그것들은 모두 사람들 사이에 끼여
구렁으로 내려가는 이들과 함께
죽음에, 저 밑 세상에 넘겨졌다.
15 주 하느님이 이렇게 말한다. 그 나무가 저승으로 내려가
는 날, 나는 나무 위로 심연을 닫아 나무를 덮고, 심연의
강들을 흐르지 못하게 하여 큰 물을 멈추게 하였다. 그리
고 그 나무 때문에 레바논을 어둠으로 뒤덮고, 그것 때문
에 들의 모든 나무를 시들게 하였다. 16 그 나무를 구렁으
로 내려가는 이들과 함께 저승으로 내던질 때, 나는 그 파
멸의 소리로 민족들을 떨게 하였다. 그러자 에덴의 모든
나무, 빼어나고 좋은 레바논의 나무들, 곧 물을 흠뻑 먹으
며 자란 모든 나무가 저 밑 세상에서 위로를 받았다. 17 이
나무들도 그 나무와 함께 칼로 살해된 자들이 있는 저승
으로 내려갔다. 그들은 그 나무의 팔로서 그 그늘 아래 민
족들 사이에서 살았었다.
18 에덴의 나무들 가운데 어느 것이 영광과 크기에서 너와
비길 수 있었더냐? 그러나 이제 너는 에덴의 나무들과 함
께 저 밑 세상으로 끌려 내려가, 할례 받지 않은 자들 가
운데에 칼로 살해된 자들과 함께 누울 것이다. 파라오와
그의 무리가 바로 이러하다. 주 하느님의 말이다.'"

31,11. "수령"은 네부카드네자르이다.

31,12. 이집트의 정치적 몰락을 묘사한다.

31,14. 하느님과 같이 되려는 정치 세력들은 사멸하여 사라질 것들이다.

31,15-17. 레바논의 나무들은 시든다. 이들이 이집트의 강물을 받는데 그 물길이 막혔기 때문이다. "에덴의 나무들"은 패배한 임금들이다.

31,18. 할례는 이집트인들도 행했다(32,21 참조).

31,10 다니 5,20. 31,12 7,21. 31,14 26,20; 마태 11,23.

파라오를 위한 애가

32 1 제십이년 열두째 달 초하룻날에 주님의 말씀
이 나에게 내렸다. 2 "사람의 아들아, 이집트 임
금 파라오를 위하여 애가를 불러라. 그에게 말하여라.
'민족들의 사자야, 네가 망하고 말았다.
너는 한때 바다의 용과 같았다.
너의 강에서 물을 솟구치게 하고
발로 물을 휘저어
네 강의 물을 더럽혔다.
3 주 하느님이 이렇게 말한다.
많은 민족들이 모인 곳에서
내가 너에게 그물을 던지리니
그들이 내가 씌운 그 망으로 너를 끌어 올리리라.
4 그러면 나는 너를 땅바닥에 내던지고
들판에 내동댕이치고서는
하늘의 모든 새가 네 위로 내려앉고
온 땅의 짐승이 너를 배불리 뜯어 먹게 하리라.
5 너의 살점을 이 산 저 산으로 흩어 버리고
골짜기들을 네 주검 더미로 가득 채우며
6 너에게서 흐르는 피로 산 위까지 땅을 흠뻑 적시리니
골짜기마다 네 피로 가득하리라.
7 내가 너의 빛을 끄는 날
나는 하늘을 가리고
그 별들을 어둡게 하리라.
해는 구름에 가리고
달은 제빛을 내지 못하게 하리라.
8 하늘에서 빛을 내는 모든 빛물체를
너 때문에 어둡게 하고
네 땅을 어둠으로 덮으리라.
주 하느님의 말이다.
9 내가 여러 백성 사이로, 네가 모르는 여러 나라에 너를
포로로 끌고 갈 때, 나는 많은 민족들의 마음을 슬프게 하
겠다. 10 그들의 얼굴에 대고 내 칼을 휘두를 때, 나는 많은
민족들을 너 때문에 질겁하게 하고, 그들의 임금들을 너

32,1. 이 날짜는 기원전 585년 3월 2일에 해당한다.

32,2. 사자는 힘과 폭력의 상징이다. 악어에 관하여 29,3의 주 참조.

32,3. 이집트 임금에 대한 주님의 개입은 신화적 표현들로 이사 51,9을 연상시킨다. 바빌론인들이 치드키야를 잡을 때 사용한 무기로 언급된 "그물"은(에제 12,13; 17,20 참조), 에누마 엘리쉬에 따르면 마르둑 신이 바다 괴물 티아맛을 붙잡을 때 사용했다. 이 구절은 주님께서 정의를 세우시기 위하여 바빌론인들을 이용하심을 뜻한다.

32,9. 파라오의 운명 앞에서 슬퍼하는 반응은 26,15-18; 27,28-36에서 티로의 멸망에 관하여 기술한 바와 유사하다.

32,2 19,3; 34,18; 욥 41,22-24. 32,3-5 39,4-5.17-19. 32,3 12,13; 17,20. 32,6 탈출 7,17. 32,7 31,15; 탈출 10,21; 마태 24,29; 묵시 6,12. 32,9 루카 21,24.

32,7-8. 별들이 어두워지는 것은 주님의 날의 도래와 연관된 종말의 우주적 현상으로, 요엘서(2,10; 4,15 참조)와 묵시문학에서 나타난다. 에제키엘서에서 이러한 표현을 사용하는 것은 여기서 이집트가 하느님의 계획을 거스르는 모든 부정적 세력의 상징임을 시사한다.

때문에 몸서리치게 하겠다. 네 파멸의 날에 그들은 저마다
목숨을 잃을까 줄곧 떨 것이다.
11 주 하느님이 이렇게 말한다.
바빌론 임금의 칼이 너에게 쳐들어가리라.
12 나는 너의 무리를
용사들의 칼로 쓰러뜨리리라.
그들은 모두 가장 잔혹한 민족들,
그들이 이집트의 자랑을 파멸시켜
이집트의 모든 무리가 멸망하리라.
13 나는 그 큰 물 가에서
이집트의 모든 짐승을 없애 버리리라.
다시는 사람의 발이
그 물을 휘젓지 않고
짐승의 발굽도
그것을 휘젓지 않으리라.
14 그 뒤에야 나는 그들의 물을 가라앉혀
그들의 강을 기름처럼 흐르게 하리라.
주 하느님의 말이다.
15 내가 이집트 땅을 황무지로 만들고
그 땅이 그 안에 가득한 것을 빼앗긴 채 황폐하게 되면
또 내가 그 땅에 사는 모든 사람을 치면
그제야 그들은 내가 주님임을 알게 되리라.

16 이것이 그들이 부를 애가다.
민족들의 딸들이 부르리라.
이집트와 그 무리를 위하여 이 애가를 부르리라.
주 하느님의 말이다.'"

저승으로 내려가는 이집트

17 제십이년 어느 달 보름날에 주님의 말씀이 나에게 내렸다.
18 "사람의 아들아,
이집트의 무리 때문에 슬피 울며
그 이집트 무리와 막강한 민족들의 딸들을
구렁으로 내려가는 자들과 함께
저 밑 세상으로 내려보내라.
19 '네가 누구보다 아름답다는 것이냐?
내려가라. 할례 받지 않은 자들과 함께 누워라.'

32,13. 묘사 없이 아마도 2절의 악어와 같은 신화적 동물들을 암시한다.

32,14. 전에는 흐렸던 나일강 물이 평화를 누릴 것이다. 이는 죄로 더럽혀진 이스라엘 땅이 황폐해져 쉬게 되는 것과 같다(레위 26,34-35 참조). 매끄럽고 평온한 표면을 연상시키는 기름은 때로는 해석 전통에서 귀한 선물로, 따라서 메시아적 구원의 표지로 여겨졌다.

32,16 19,14. 32,18 이사 14,12-19. 32,19 28,10; 31,18.

20 그들은 칼로 살해된 자들 한가운데로 떨어진다.
이집트는 칼에 넘겨진 몸,
사람들이 이집트와 그의 온 무리를 끌고 간다.
21 저승 한가운데에서
용사들의 수령들이 부하들과 함께 말하리라.
'저 할례 받지 않은 자들이,
칼로 살해된 자들이 내려와서 누웠구나.'
22 그곳에는 아시리아가 있고
그의 온 집단도 그 둘레에 무덤을 파고 누웠는데
모두 살해된 자들
칼에 맞아 쓰러진 자들이다.
23 아시리아의 무덤은
구렁의 가장 깊은 곳에 마련되었고
그의 집단도 그 무덤 둘레에 누웠는데
모두 살해된 자들
칼에 맞아 쓰러진 자들
산 이들의 땅에 공포를 퍼뜨리던 자들이다.
24 그곳에는 엘람이 있고
그의 온 무리도 그 무덤 둘레에 누웠는데
모두 살해된 자들
칼에 맞아 쓰러진 자들
할례 받지 않은 채
저 밑 세상으로 내려간 자들이다.
그들은 산 이들의 땅에 공포를 퍼뜨렸지만
이제는 구렁으로 내려간 자들과 함께
수치를 당하고 있다.
25 엘람의 자리는
살해된 자들 한가운데에 마련되어
그의 온 무리도 엘람의 무덤 둘레에 누웠는데
모두 할례 받지 않은 자들
칼로 살해된 자들이다.
그들에 대한 공포가 산 이들의 땅에 퍼졌기 때문이다.
그러나 이제 그들은 구렁으로 내려간 자들과 함께
수치를 당한 채
살해된 자들 한가운데에 놓여 있다.

32,20-32. 장례를 배경으로 하는 일종의 풍자로, 성경의 저승인 '스올'을 상상으로 묘사한다. 아시리아의 임금과 다른 군주들, 그리고 그들의 강한 군대들은 죽은 이들이 머무는 곳에 묻혀 있다. 고대 신화에 따르면 전사한 영웅들은 죽은 이들 가운데 특별한 위치를 갖는다. 전쟁에서 패배한 것은 할례를 받지 않은 것과 같다(31,18 참조). 그들은 어떤 영예도 받지 못한다.

32,24-25. "수치를 당하고 있다."는 이스라엘이나 다른 민족들에 대해서 징벌을 받음을 가리키는 에제키엘의 특징적 표현이다. 이러한 수치는 죄의 결과이며, 한 백성이 다른 민족들 사이에서 멸시를 받는 상황을 지칭한다.

32,26. 무너진 제국주의의 세 번째 예는 흑해 남동쪽 지역의 메섹과 투발이다(38,2-3 참조). 24절의 엘람은 바빌론 동쪽 지역에 있다.

32,27. "옛날에 쓰러진 용사들"이 누구인지는 정확히 알 수 없다. 창세 6,4의 용사들은('기보림'이라는 같은 히브리어 단어를 사용하지만) 군사적 역할을 갖고 있지 않다.

26 그곳에는 메섹과 투발이 있고
그들의 온 무리도 그 무덤 둘레에 누웠는데
모두 할례 받지 않은 자들
칼로 살해된 자들이다.
그들이 산 이들의 땅에 공포를 퍼뜨렸기 때문이다.
27 그들은 옛날에 쓰러진 용사들과 함께 눕지 못한다.
그 용사들은 자기 무기를 가지고
저승으로 내려간 이들.
머리 밑에는 그들의 칼이 놓이고
유골 위에는 그들의 방패가 덮여 있다.
그 용사들에 대한 공포가
산 이들의 땅에 퍼져 있기 때문이다.
28 이제 너는 할례 받지 않은 자들 가운데에 부서진 채
칼로 살해된 자들과 함께 누우리라.
29 그곳에는 에돔도 있다. 그 임금들과 제후들이 그토록
용맹하였지만, 칼로 살해된 자들과 함께 있다. 그들은 할
례 받지 않은 자들과, 구렁으로 내려간 자들과 함께 누워
있다. 30 그곳에는 북방의 제후들도 있다. 그 제후들은 공
포를 퍼뜨렸지만 자기들의 그 용맹을 부끄러워하며, 살해된
자들과 더불어 거기로 내려간 모든 시돈인과 함께 있다. 그
들은 칼로 살해된 자들과 함께 할례 받지 않은 채 누워, 구
렁으로 내려간 자들과 더불어 수치를 당하고 있다.
31 이들을 보고 파라오는 자기의 모든 무리에 대하여 위로
를 받을 것이다. 파라오와 그의 모든 군대가 칼로 살해된
것이다. 주 하느님의 말이다. 32 이는 그가 산 이들의 땅에
공포를 퍼뜨렸기 때문이다. 그래서 파라오는 자기의 모든
무리와 더불어 할례 받지 않은 자들 가운데에, 칼로 살해
된 자들과 함께 누울 것이다. 주 하느님의 말이다."

32,26 27,13.

32,26-32. 고대 근동에서는 저승을 그림자와 어둠이 지배하는 곳으로 상상했다. 또한 장례의 방식과 저승의 위치 사이에 연관이 있다고 여겼다. 장례가 수치스러웠던 사람은 죽은 후에 안식을 누리지 못한다. 예를 들어 "칼로 살해된 자들"이라는 표현은 죽임을 당한 이들의 불명예스러운 장례를 연상시킨다.

32,26-30. 메섹과 투발은 과거의 위대한 영웅들 곁에 있는 특전을 누리지 못한다. 영웅들은 영광의 표시로 자신들의 무기와 함께 매장된다(머리 밑에 칼을 두고, 방패는 수의처럼 덮는다). 메섹과 투발은 이러한 영예를 누리지 못하고, 파라오 역시 마찬가지로 할례를 받지 않은 이들과 함께, 칼에 찔린 이들 사이에 눕는다. 에돔과 그 제후들도 언급된다. 마지막으로는 페니키아의 도시 시돈 주민들이 나오는데, 이들도 수치스러운 죽음을 당한다.

예언자: 파수꾼

33 1 주님의 말씀이 나에게 내렸다. 2 "사람의 아들
아, 네 동포에게 일러라. 그들에게 이렇게 말하
여라. '내가 어떤 나라에 칼을 끌어들이려 할 때, 그 나라
백성이 저희 가운데에서 한 사람을 뽑아 파수꾼으로 세웠
다고 하자. 3 그는 자기 나라로 칼이 쳐들어오는 것을 보면,
나팔을 불어 백성에게 경고할 것이다. 4 그런데 어떤 사람
이 나팔 소리를 듣고도 경고를 받아들이지 않아서, 칼이
쳐들어와 그를 잡아간다면, 그가 죽은 책임은 자신에게
있다. 5 나팔 소리를 듣고도 경고를 받아들이지 않았으므
로, 그가 죽은 책임이 자신에게 있는 것이다. 경고를 받아
들였다면 그는 목숨을 구할 수 있었을 것이다. 6 그러나 칼
이 쳐들어오는 것을 보고도 파수꾼이 나팔을 불지 않아,
백성이 경고를 받지 못하였는데 칼이 쳐들어와서 그들 가
운데 어떤 사람을 잡아간다면, 그는 자기 죄 때문에 잡혀
가는 것이지만, 그가 죽은 책임은 내가 파수꾼에게 묻겠
다.'
7 너 사람의 아들아, 나는 너를 이스라엘 집안의 파수꾼
으로 세웠다. 그러므로 너는 내 입에서 나가는 말을 들을
때마다, 나를 내신하여 그들에게 경고해야 한다. 8 가령 내
가 악인에게 '악인아, 너는 반드시 죽어야 한다.'고 할 때,
네가 악인에게 그 악한 길을 버리도록 경고하는 말을 하
지 않으면, 그 악인은 자기 죄 때문에 죽겠지만, 그가 죽은
책임은 너에게 묻겠다. 9 그러나 네가 그에게 자기 길에서
돌아서라고 경고하였는데도, 그가 자기 길에서 돌아서지
않으면, 그는 자기 죄 때문에 죽고, 너는 목숨을 보존할 것
이다."

회개와 개인의 책임

10 "너 사람의 아들아, 이스라엘 집안에게 말하여라. '너희
는 '우리의 죄와 죄악이 우리를 짓눌러, 우리가 그것들 때
문에 스러져 가는데, 어떻게 산단 말인가?' 하고 말한다.'
11 그러니 그들에게 말하여라. '내 생명을 걸고 말한다. 주
하느님의 말이다. 나는 악인의 죽음을 기뻐하지 않는다.
오히려 악인이 자기 길을 버리고 돌아서서 사는 것을 기뻐

33,3-6. "나팔" 탈출 19,13의 주 참조.

33,6. 예언자가 자신의 임무를 수행하지 않는다면 그에게는 형제들의 죽음에 대한 책임이 있다(3,16와 3,18-21의 주 참조).

33,7-9. 이 절들은 3,16-19을 거의 글자 그대로 되풀이한다. 33,12-20은 18,21-30을 배경으로 하는 것으로 보인다. 이는 예언자의 신탁을 편집한 이들이 있었음을 보여 준다.

33,10-11. 과거의 죄로 인하여 난 죄를 피할 수 없다는 엄격하고 운명주의적 원칙이지만, 하느님의 기준은 이와 매우 다르다.

33,1-9 3,16-21. 33,4 사도 18,6. 33,10-20 14,12-23; 18,1-32.

✠ 33,7-9. 이 본문은 가해 연중 제23주일에 읽는다. 이 본문과 함께 읽는 복음서의 단락은 형제적 교정을 언급하여, 하느님의 해방 행위에 협력하는 형태로서 연대적이고 공동체적인 측면을 더욱 강조한다(마태 18,15-20).

한다. 돌아서라. 너희 악한 길에서 돌아서라. 이스라엘 집
안아, 너희가 어찌하여 죽으려 하느냐?'
12 너 사람의 아들아, 네 동포에게 말하여라. '의인이라도
죄를 짓는 날에는, 그의 의로움이 그를 구해 주지 못한다.
악인이라도 자기의 악을 버리고 돌아서는 날에는, 그 악에
걸려 넘어지지 않는다. 의인이라도 죄악을 저지르는 날에
는 자기의 의로움으로 살 수 없다. 13 내가 의인에게 반드
시 살 것이라고 하였어도, 그가 자기의 의로움만 믿고 불
의를 저지르면, 그의 의로운 행위는 하나도 기억되지 않은
채, 자기가 저지른 불의 때문에 죽을 것이다. 14 그러나 내
가 악인에게 '너는 반드시 죽을 것이다.' 하였어도, 그가
자기 죄악을 버리고 돌아서서 공정과 정의를 실천하여, 15
담보로 받은 것을 돌려주고 강도 짓으로 뺏은 것을 배상
하고, 생명의 규정들을 따르면서 불의를 저지르지 않으면,
그는 죽지 않고 반드시 살 것이다. 16 그가 저지른 죄악은
하나도 기억되지 않는다. 그 대신 공정과 정의를 실천하였
으니 반드시 살 것이다.'
17 그런데도 네 동포는 '주님의 길은 공평하지 않다.'고 말
한다. 그러나 그들의 길이야말로 공평하지 않다. 18 의인이
자기 의로움을 버리고 돌아서서 불의를 저지르면, 그는 그
불의 때문에 죽을 것이다. 19 그러나 악인이 자기의 악을
버리고 돌아서서 공정과 정의를 실천하면, 그는 그것들 때
문에 살 것이다. 20 그런데도 너희는 '주님의 길은 공평하
지 않다.'고 말한다. 이스라엘 집안아, 나는 저마다 걸어온
길에 따라 너희를 심판하겠다."

33,17.20. "길" 또는 "행동 방식" 1사무 8,3.5; 에제 9,10의 주 참조.

예루살렘의 함락 소식

21 우리의 유배살이 제십이년 열째 달 초닷샛날에, 예루살
렘에서 온 피난민 한 사람이 나에게 와서, "도성이 함락되
었습니다." 하고 말하였다. 22 그 피난민이 오기 전날 저녁
에, 주님의 손이 나에게 내리셨는데, 아침에 그가 나에게
오기 전에 그분께서 내 입을 열어 주셨다. 그래서 나는 입
이 열려 더 이상 벙어리가 아니었다.

33,21. 이 날짜는 585년 1월 8일에 해당한다(도성이 함락되고 18개월 후).

유다 땅이 황폐해지리라

23 주님의 말씀이 나에게 내렸다. 24 "사람의 아들아, 이스
라엘 땅의 저 폐허에 사는 자들이 이런 말을 한다. '아브
라함은 혼자이면서도 이 땅을 차지하였는데, 우리는 수

33,24-33. 하느님께서는 유배를 가지 않은 주민들의 오만한 주장을 물리치신다. 그들이 계속해서 예식적 죄와 사회적 죄를 범하고, 땅을 보존하기 위하여 필요한 도덕적 조건에 따라 살려고 하지 않기 때문이다. 예언자 에제키엘은 18장과 33장에서 회개와 삶의 관계를 매우 강조한다.

33,13 루카 18,9. 33,21-22 24,26-27. 33,24 11,15.

가 많다. 그러니 이 땅은 틀림없이 우리에게 소유로 주어
진 것이다.' 25 그러므로 그들에게 말하여라. '주 하느님이
이렇게 말한다. 너희는 고기를 피째 먹고, 너희 우상들에
게 눈을 들어 올리며, 사람 피를 쏟는다. 그러면서 이 땅
을 차지하겠다는 말이냐? 26 너희는 칼에 의지하면서 역겨
운 짓을 저지르고, 저마다 이웃의 아내를 더럽힌다. 그러
면서 이 땅을 차지하겠다는 말이냐?' 27 그러니 그들에게
또 말하여라. '주 하느님이 이렇게 말한다. 내가 살아 있는
한, 폐허에 있는 자들은 칼에 맞아 쓰러질 것이다. 들판에
있는 자는 짐승에게 잡아먹히게 하겠다. 산성과 동굴에
있는 자들은 흑사병으로 죽을 것이다. 28 나는 그 땅을 황
무지와 불모지로 만들겠다. 그리하여 그 땅의 자랑스러운
힘은 끝장이 나고, 이스라엘의 산악 지방은 황폐하게 되
어 지나가는 사람도 없을 것이다. 29 그들이 저지른 그 모
든 역겨운 짓 때문에, 내가 이렇게 그 땅을 황무지와 불모
지로 만들면, 그제야 그들은 내가 주님임을 알게 될 것이
다.'"

백성의 반응

30 "너 사람의 아들아, 네 동포가 담 곁에서 또 집 문간에
서 네 말을 하며, 저희끼리 서로, '자, 가서 주님에게서 나
온 말이 무엇인지 들어 보자.' 하고 말한다. 31 그러고서는
백성이 떼지어 모여들 듯 너에게 와서, 나의 백성으로 네
앞에 앉아 너의 말을 듣는다. 그러나 그 말을 실천하지는
않는다. 그들의 입에는 열정이 차서 그럴듯하게 행동하지
만, 그들의 마음은 제 이익만 좇아간다. 32 보아라, 너는 그
들에게, 악기를 잘 연주하고 목소리가 아름다운 사람이
부르는 사랑 노래와 같다. 그래서 그들은 네 말을 듣기는
하지만, 그것을 실천하지는 않는다. 33 그러다 네가 말한
것이 이루어지면, — 보아라, 그것은 이루어진다. — 그제
야 그들은 저희 가운데에 예언자가 있었음을 알게 될 것
이다."

33,27 묵시 2,23; 6,8. 33,32 이사 5,1-7; 야고 1,23.

33,31. "이익"으로 옮긴 히브리어 단어는 폭력으로, 그리고 이자를 받는 것이나 뇌물 등 율법에 어긋나는 행동으로 축적한 부를 지칭한다. 인간의 가장 깊은 의지를 뜻하는 "마음"에 대한 언급으로 고발이 더욱 강화된다. 그 마음이 어떤 수단을 써서라도 이득을 얻으려는 생각에만 집중되어 있는 것이다.

34,2-31. 고대 근동의 언어에서 임금들은 백성의 "목자"로 일컬어졌다. 이 표현은 다른 지도자들에게도 적용할 수 있다. 예언자는 자신의 왕권을 (하느님의) "양 떼"를 위하여 사용하지 않고 그들을 억누르는 이들을 고발한다. 이 표상은 신약 성경에서 다시 사용된다(마태 25,31-46; 루카 15,4-7; 요한 10,1-18 참조).

34,6. 백성이 흩어진 것은 잘못된 통치의 결과로 여겨진다.

이스라엘의 목자들

34 1 주님의 말씀이 나에게 내렸다. 2 "사람의 아들
아, 이스라엘의 목자들을 거슬러 예언하여라.
예언하여라. 그 목자들에게 말하여라. '주 하느님이 이렇
게 말한다. 불행하여라, 자기들만 먹는 이스라엘의 목자
들! 양 떼를 먹이는 것이 목자가 아니냐? 3 그런데 너희는
젖을 짜 먹고 양털로 옷을 해 입으며 살진 놈을 잡아먹으
면서, 양 떼는 먹이지 않는다. 4 너희는 약한 양들에게 원
기를 북돋아 주지 않고 아픈 양을 고쳐 주지 않았으며, 부
러진 양을 싸매 주지 않고 흩어진 양을 도로 데려오지도,
잃어버린 양을 찾아오지도 않았다. 오히려 그들을 폭력과
강압으로 다스렸다. 5 그들은 목자가 없어서 흩어져야 했
다. 흩어진 채 온갖 들짐승의 먹이가 되었다. 6 산마다, 높
은 언덕마다 내 양 떼가 길을 잃고 헤매었다. 내 양 떼가
온 세상에 흩어졌는데, 찾아보는 자도 없고 찾아오는 자
도 없다.

7 그러므로 목자들아, 주님의 말을 들어라. 8 내 생명을 걸
고 말한다. 주 하느님의 말이다. 나의 양 떼는 목자가 없어
서 약탈당하고, 나의 양 떼는 온갖 들짐승의 먹이가 되었
는데, 나의 목자들은 내 양 떼를 찾아보지도 않았다. 목자
들은 내 양 떼를 먹이지 않고 자기들만 먹은 것이다. 9 그
러니 목자들아, 주님의 말을 들어라. 10 주 하느님이 이렇
게 말한다. 나 이제 그 목자들을 대적하겠다. 그들에게 내
양 떼를 내놓으라 요구하고, 더 이상 내 양 떼를 먹이지 못
하게 하리니, 다시는 그 목자들이 양 떼를 자기들의 먹이
로 삼지 못할 것이다. 나는 내 양 떼를 그들의 입에서 구해
내어, 다시는 그들의 먹이가 되지 않게 하겠다.'

34,4 탈출 1,13. 34,5 마태 9,36; 1베드 2,25. 34,6 마태 18,12. 34,8 유다 12. 34,10 즈카 10,3; 11,17.

34,1-16. 이 신탁은 직접적으로 백성의 지도자들에 관한 것이며, 그들을 향해 말한다. 그들은 하느님에 대한 지식의 전달자이며 계약을 보증하는 이들이고(탈출 24,9-11 참조), 그래서 백성의 타락에 대해서도 첫 번째로 책임이 있는 이들이다(1-10절). 흩어진 양 떼의 비유로 표현된 유배의 시기에, 주님께서 직접 무분별한 목자들이 돌보지 않은 양들을 다시 데려오는 참된 목자로 당신 자신을 드러내실 것이다. 무엇보다 먼저 그들을 바른 목장으로 이끄시고(12-15절), 그들 각각의 필요를 돌보실 것이다(16절). 예레 23,1-3 참조.

좋은 목자

11 '주 하느님이 이렇게 말한다. 나 이제 내 양 떼를 찾아
서 보살펴 주겠다. 12 자기 가축이 흩어진 양 떼 가운데에
있을 때, 목자가 그 가축을 보살피듯, 나도 내 양 떼를 보
살피겠다. 캄캄한 구름의 날에, 흩어진 그 모든 곳에서 내
양 떼를 구해 내겠다. 13 그들을 민족들에게서 데려 내오
고 여러 나라에서 모아다가, 그들의 땅으로 데려가겠다.
그런 다음 이스라엘의 산과 시냇가에서, 그리고 그 땅의
모든 거주지에서 그들을 먹이겠다. 14 좋은 풀밭에서 그들
을 먹이고, 이스라엘의 높은 산들에 그들의 목장을 만들
어 주겠다. 그들은 그곳 좋은 목장에서 누워 쉬고, 이스라
엘 산악 지방의 기름진 풀밭에서 뜯어 먹을 것이다. 15 내
가 몸소 내 양 떼를 먹이고, 내가 몸소 그들을 누워 쉬게
하겠다. 주 하느님의 말이다. 16 잃어버린 양은 찾아내고
흩어진 양은 도로 데려오며, 부러진 양은 싸매 주고 아픈
것은 원기를 북돋아 주겠다. 그러나 기름지고 힘센 양은
없애 버리겠다. 나는 이렇게 공정으로 양 떼를 먹이겠다.'

목자: 심판자

17 '너희 나의 양 떼야, 주 하느님이 이렇게 말한다. 나 이
제 양과 양 사이, 숫양과 숫염소 사이의 시비를 가리겠다.
18 너희는 좋은 풀밭에서 뜯어 먹는 것만으로는 부족하여,
나머지 풀밭을 발로 짓밟는 것이냐? 맑은 물을 마시는 것
만으로는 부족하여, 나머지 물을 발로 더럽히는 것이냐?
19 그래서 내 양 떼가 너희 발로 짓밟은 것을 뜯어 먹고, 너
희 발로 더럽힌 것을 마셔야 하느냐?
20 그러므로 주 하느님이 그들에게 말한다. 나 이제 살진
양과 여윈 양 사이의 시비를 가리겠다. 21 너희가 약한 양
들을 모조리 옆구리와 어깨로 밀어내고 뿔로 밀쳐 내어 밖
으로 흩어 버렸으니, 22 내가 내 양 떼를 구하여 그것들이
더 이상 약탈당하지 않게 하겠다. 내가 양과 양 사이의 시
비를 가리겠다.'

34,12. "보살피듯" 그리스어 번역본은 "찾다"로 옮기는데, 이 동사와 문맥은 마태 18,12에서 다시 나타난다. (새) 대중 라틴말 성경은 "방문하다, 조사하다"로 되어 있다.

34,16. "없애 버리겠다." (새) 대중 라틴말 성경과 그리스어 번역본은 "지키겠다"로 되어 있다.

34,17-22. 개인의 책임이라는 원칙을 구체적으로 적용한다. 여기서는 백성에 속한 이들 사이의 태도에 관련된다.

34,12 11,17; 20,34.41; 36,24. 34,14 시편 23,2. 34,16 이사 61,1; 루카 15,4. 34,18 32,2; 잠언 25,26.

✠ 34,11-12.15-17. 이 본문은 가해 그리스도 왕 대축일과 다해 예수 성심 대축일(34,11-16)에 읽는다. 성실한 목자와 의로운 재판관이라는 주제는("시비를 가리겠다" 17절) 예수님 안에서 최고의 증거를 보게 된다.

34,17 31. 약속된 땅의 풀밭으로 돌아온 다음, 새로운 불균형으로 양 떼가 갈라지는 것을 막기 위하여 주님께서는 다윗 지파의 새 목자를 세우실 것이다(37,15-28 참조). (앞 장들에서 예고된) 저주의 시기가 지난 다음에는 축복의 시대가 올 것이다(레위 26,1-13.44-46 참조).

34,23-31. 이스라엘은 단 하나의 백성이 된 다음 영광스러운 조상과 비슷한 다윗 후손인 단 하나의 목자 아래 있게 될 것이다(37,24 참조). 그는 "제후"라고 일컬어지고, 유일하고 참된 임금이신 주님의 이름으로 자신의 역할을 수행할 것이다.

34,26. "내 동산"은 시온/예루살렘을 지칭한다.

34,30-31. 먼저 은혜로이 돌보시는 주님의 개입을 말한 다음에야 상호성의 요구가 제시된다. 상호성은 "나 주 저희 하느님… 그들은 내 백성"이라는 표현이 환기시키는 계약의 본성에 따른 것이다. 예레 30,8-11 참조.

35,2. 세이르는 에돔 지역이다.

미래의 왕국

23 '나는 그들 위에 유일한 목자를 세워 그들을 먹이게 하
겠다. 바로 나의 종 다윗이다. 그가 그들을 먹이고 그들의
목자가 될 것이다. 24 나 주님이 그들의 하느님이 되고, 나
의 종 다윗은 그들 가운데에서 제후가 될 것이다. 나 주님
이 말하였다.
25 나는 그들과 평화의 계약을 맺고 그 땅에서 사나운 짐
승들을 없애 버리겠다. 그러면 그들은 광야에서도 평안
히 살고, 숲에서도 편히 잠들 수 있을 것이다. 26 나는 그들
과 내 동산 둘레에 복을 내리겠다. 또 제때에 비를 내려 주
리니, 그 비가 복이 될 것이다. 27 들의 나무는 열매를 맺고
땅은 소출을 내어 주리니, 그들은 제 땅에서 평안히 지내
게 될 것이다. 내가 그들의 멍에를 부수고, 그들을 종으로
부리는 자들의 손에서 그들을 구해 내면, 그제야 그들은
내가 주님임을 알게 될 것이다. 28 그들이 다시는 민족들에
게 약탈당하지 않고, 맹수들이 그들을 잡아먹는 일도 없
을 것이다. 그리하여 그들은 평안히 살고 아무도 그들을
놀라게 하지 않을 것이다. 29 나는 또 그들에게 이름 있는
식물들을 마련해 주리니, 다시는 이 땅에 굶주림으로 목
숨을 빼앗기는 사람들이 없고, 그들이 다시는 민족들에게
수모를 당하지도 않을 것이다. 30 그제야 그들은 나 주 저
희 하느님이 자기들과 함께 있음을, 그리고 그들 이스라엘
집안이 내 백성임을 알게 될 것이다. 주 하느님의 말이다.
31 너희는 나의 양 떼, 내 목장의 양 떼다. 너희는 사람이요
나는 너희의 하느님이다. 주 하느님의 말이다.'"

세이르산에 내리는 심판

35 1 주님의 말씀이 나에게 내렸다. 2 "사람의 아들
아, 세이르산으로 얼굴을 돌리고 그를 거슬러
예언하여라. 3 그에게 말하여라. '주 하느님이 이렇게 말한다.
보아라, 세이르산아, 나 너를 대적하리라.
너에게 손을 뻗어
너를 황무지와 불모지로 만들리라.
4 내가 너의 성읍들을 폐허로 바꾸어 놓으면
너는 황무지가 되리라.

34,23 묵시 7,17. 34,25 37,26; 욥 5,23; 이사 54,10; 호세 2,20. 34,28 22,25. 35,2 6,2; 36,1. 35,3-4 6,6-7.14.

35,1-15. 세이르 땅의 파괴는 하느님의 심판을 나타내는 전형적 표현들로 묘사되며, 우상 숭배의 죄에 대한 주님의 승리라는 종교적 의미를 얻는다.

그제야 너는 내가 주님임을 알게 되리라.
5 너는 옛날부터 적개심을 품고, 이스라엘 자손들이 환
난을 당할 때, 그들이 마지막 벌을 받을 때, 그들을 칼날
에 넘겨 버렸다. 6 주 하느님의 말이다. 그러므로 내가 살
아 있는 한, 나는 정녕 너를 피투성이로 만들겠다. 피가 너
를 뒤쫓을 것이다. 네가 피를 싫어하지 않았으니, 피가 너
를 뒤쫓을 것이다. 7 나는 또 세이르산을 황무지와 불모지
로 만들어, 오가는 사람이 없게 하겠다. 8 그 땅의 산들을
살해된 자들로 채우겠다. 네 언덕과 골짜기, 그리고 네 모
든 시냇가에서는 칼로 살해된 자들이 쓰러질 것이다. 9 나
는 너를 영원히 황무지로 만들겠다. 다시는 너의 성읍들
에 사람이 살지 않을 것이다. 그제야 너희는 내가 주님임
을 알게 될 것이다.
10 너는 '이 두 민족과 이 두 나라는 내 것이 된다. 우리가
그 땅을 차지하게 될 것이다.' 하고 말하였다. 주님이 그곳
에 있는데도 그렇게 말하였다. 11 주 하느님의 말이다. 그러
므로 내가 살아 있는 한, 네가 미워하는 마음에서 분노와
질투로 그들을 대하였듯이 나도 같은 분노와 질투로 너를
대하겠다. 내가 이렇게 너를 심판하여 나 자신을 그들에게
드러내겠다. 12 그제야 너는 이스라엘의 산들을 두고 '그
것들이 황폐해졌다. 우리에게 먹이로 주어졌다.'고 말하는
네 모든 불경한 소리를, 나 주님이 들었음을 알게 될 것이
나. 13 너희가 입을 놀려 나를 거슬러 우쭐대고, 나를 거슬
러 교만한 말을 늘어놓는 것을, 나는 똑똑히 들었다.
14 주 하느님이 이렇게 말한다. 온 세상이 즐거워하는 가운
데 나는 너를 황무지로 만들겠다. 15 이스라엘 집안의 상
속 재산이 황폐하게 되었다고 네가 기뻐한 대로, 나도 너
에게 그대로 해 주겠다. 세이르산아, 온 에돔아, 너는 황폐
하게 될 것이다. 그제야 그들은 내가 주님임을 알게 될 것
이다.'"

35,5 25,15; 창세 25,22-23. 35,6 25,12. 35,8-9 9,7; 11,6; 30,11. 35,8 6,3; 36,4.6. 35,10 신명 2,1-5. 35,12 25,3; 26,2; 29,5; 36,2; 시편 35,21.25; 40,16; 70,4.

35,5. 예루살렘 주민들이 바빌론 인들의 손에 멸망하여 저항하지 못하게 되었을 때(587년) 에돔인들은 그 틈을 타 그들의 영토에 침입했다.

35,6. "너를 피투성이로 만들겠다."로 옮긴 구절은 번역하기 어렵다. (새) 대중 라틴말 성경은 "너를 피에 넘겨주겠다."로 되어 있고, 히브리어 본문은 "너를 피가 되게 하겠다." 곧 "너를 피로 뒤덮겠다."이다.

35,10. "두 민족"은 고대 유다 왕국과 이스라엘 왕국이다.

35,13. 이스라엘의 산들에 대한 말은(12절) 그 산을 야곱의 후손에게 유산으로 정해 주신 분에 대한 모욕과 같다. "나를 거슬러 교만한 말을 늘어놓는 것" 이 동사는 (아람어의 특징적 의미로) "묻다, 탄원하다"를 뜻한다. 대중 라틴말 성경은 "나를 거슬러 물었다."로 옮긴다.

36,2. “영원한 언덕들” 산과 언덕은 고정되어 있고 오래되었기 때문에 “영원하다”고 일컬어진다(신명 33,15; 하바 3,6 참조). 팔레스티나 땅을 이렇게 지칭하는 것은 이스라엘에게 할당된 특별한 땅을 자신의 것으로 차지하려는 주장이 중대한 것임을 부각시킨다(탈출 6,8 참조).

36,3. “나머지 민족들” 바빌론 침입 후 살아남은 민족들을 뜻한다.

36,5. 예루살렘 함락 이전에 “질투”는 이스라엘에 대한 하느님의 적대감이었다. 이제 “질투”는 이스라엘을 박해하는 이들에 대한 하느님의 적대감으로 나타나고, 미천해진 당신 백성에 대해서는 그분의 자비로운 연민이 나타난다(35,11에 같은 히브리어 단어가 사용된다).

이스라엘의 산들에 내리는 약속

36 1 “너 사람의 아들아, 이스라엘의 산들에게 예
언하여라. 이렇게 말하여라. ‘이스라엘의 산들
아, 주님의 말을 들어라. 2 주 하느님이 이렇게 말한다. 원수
가 너희를 두고, ′아하! 저 영원한 언덕들이 이제 우리 차
지가 되었다.′ 하고 말하였다.’ 3 그러므로 너는 예언하여
라. 너는 말하여라. ‘주 하느님이 이렇게 말한다. 사방에서
너희를 황폐하게 만들고 짓밟아서, 너희가 나머지 민족들
의 차지가 된 채, 사람들의 입에 오르내리고 민족들의 중
상거리가 되었다. 4 그러므로 이스라엘의 산들아, 주 하느
님의 말을 들어라. 둘레에 있는 나머지 민족들에게 약탈
당하고 조롱거리가 되어 버린 산과 언덕들, 시내와 골짜기
들, 황폐하게 된 폐허와 버려진 성읍들에게 주 하느님이
이렇게 말한다. 5 그러므로 주 하느님이 이렇게 말한다. 내
가 타오르는 질투로 나머지 민족들과 온 에돔을 거슬러
말한다. 그들은 온통 기뻐하며 악의에 찬 마음으로 내 땅
을 자기네 차지로 만들어, 그 목초지를 약탈하였다.’ 6 그러
니 너는 이스라엘 땅을 두고 예언하여라. 산과 언덕들, 시
내와 골짜기들에게 말하여라. ‘주 하느님이 이렇게 말한
다. 너희가 민족들에게 수치를 당하였으니, 나 이제 질투
와 진노로 말한다. 7 그러므로 주 하느님이 이렇게 말한다.
내가 손을 들어 맹세한다. 너희 둘레에 있는 민족들, 그들
이야말로 마땅한 수치를 당할 것이다.
8 너희 이스라엘의 산들아, 내 백성 이스라엘이 곧 돌아오
리니, 너희는 이제 그들을 위하여 가지를 뻗고 열매를 맺
을 것이다. 9 자, 보아라, 나 너희에게 간다. 내가 너희에게
로 몸을 돌린다. 사람들이 이제 너희를 경작하고 씨를 뿌
릴 것이다. 10 나는 너희 위에 사는 사람, 곧 온 이스라엘
집안의 사람을 불어나게 하리니, 성읍들에는 다시 사람이
살고 폐허는 재건될 것이다. 11 나는 너희 위에 사는 사람
과 짐승을 불어나게 하리니, 그들은 수가 불어나고 번성할
것이다. 나는 너희 위에 예전처럼 사람들이 살도록 하고,
너희에게 전보다 더 잘해 주겠다. 그제야 너희는 내가 주
님임을 알게 될 것이다. 12 나는 또 너희 위로 사람들이, 곧
내 백성 이스라엘이 다시 다니게 하겠다. 그들이 너희를

36,1 35,1-2. 36,2 35,12. 36,5 시편 79,1-8. 36,11 창세 1,22; 레위 26,9; 예레 31,27.

36,1-15. 유배의 징벌은 이스라엘 땅을 아브라함, 이사악, 야곱의 후손에게 유보해 두신 주님의 결정을 취소시키지 않는다. 그 땅은 양도할 수 없는 그들의 유산이다. 하느님께서는 과거에 허락하신 것을 다시 확정하시며 이를 더 풍부하게 하신다(11절; 아모 9,11-15; 마태 16,18 참조).

차지하여 너희는 그들의 상속 재산이 될 것이다. 그리하여
너희가 다시는 그들의 자식들을 앗아 가지 않을 것이다.
13 주 하느님이 이렇게 말한다. 사람들이 너에게 '너는 사
람을 잡아먹고 네 민족의 자식들을 앗아 간다.' 하고 말한
다. 14 그러나 네가 다시는 사람을 잡아먹지 않고, 다시는
네 민족의 자식들을 앗아 가지 않을 것이다. 주 하느님의
말이다. 15 나는 네가 다시는 민족들에게서 수치스러운 말
을 듣지 않고, 다시는 겨레들에게서 모욕을 당하지 않게
하겠다. 너도 다시는 네 민족을 넘어지게 하지 않을 것이
다. 주 하느님의 말이다.'"

새로워지는 이스라엘

16 주님의 말씀이 나에게 내렸다. 17 "사람의 아들아, 이스
라엘 집안이 자기 땅에 살 때, 그들은 자기들이 걸어온 길
과 행실로 그 땅을 부정하게 만들었다. 그들이 내 앞에서
걸어온 길은 마치 달거리하는 여자의 부정과 같았다. 18 그
들이 그 땅에 쏟은 피 때문에, 그들이 그 땅을 더럽히며
섬긴 우상들 때문에, 나는 그들에게 내 화를 퍼부었다. 19
그래서 그들을 민족들 사이로 쫓아 버리고 여러 나라로
흩어 버렸다. 그들의 길과 행실에 따라 그들을 심판하였
다. 20 사람들이 그들을 두고, '이자들은 주님의 백성인데
그분 땅에서 나와야만 했지.' 하고 말하였다. 이렇게 그들
은 가는 곳마다 나의 거룩한 이름을 더럽혔다. 21 그래서
나는 이스라엘 집안이 민족들 사이로 흩어져 가 거기에서
더럽힌 나의 이름을 걱정하게 되었다.
22 그러므로 이스라엘 집안에게 말하여라. '주 하느님이 이
렇게 말한다. 이스라엘 집안아, 너희 때문에 내가 이 일을
하는 것이 아니다. 너희가 민족들 사이로 흩어져 가 거기
에서 더럽힌 나의 거룩한 이름 때문이다. 23 나는 민족들
사이에서 더럽혀진, 곧 너희가 그들 사이에서 더럽힌 내
큰 이름의 거룩함을 드러내겠다. 그들이 보는 앞에서 너
희에게 나의 거룩함을 드러내면, 그제야 그들은 내가 주

36,13-14. 원수들은 약속된 땅을 비웃고(땅의 메마름, 아이들을 제물로 바치는 것, 외국의 압력에 대해 스스로 방어할 수 없음) 그 땅이 주민들을 죽인다고 말한다.

36,20. 민족들은 이스라엘이 패배했다고 멸시하고 하느님께서 당신 백성을 보호하지 못하신다고 경멸한다. 이렇게 하여 그분의 이름이 더럽혀진다.

36,17 신명 9,4-5; 18,9-12; 레위 20,22-25. 36,18 묵시 18,24. 36,20 레위 20,2-3; 로마 2,24. 36,23 마태 6,9.

✠ 36,16-17ㄱ.18-28. 이 본문은 세례에 연관될 수 있는 부분들이 있어 부활 성야의 말씀 전례에 포함된다. 세례 예식과 견진 예식(36,24-28), 고해성사 예식(36,23-28)의 독서에도 들어 있다.

님임을 알게 될 것이다. 주 하느님의 말이다. 24 나는 너희
를 민족들에게서 데려오고 모든 나라에서 모아다가, 너희
땅으로 데리고 들어가겠다. 25 그리고 너희에게 정결한 물
을 뿌려, 너희를 정결하게 하겠다. 너희의 모든 부정과 모
든 우상에게서 너희를 정결하게 하겠다. 26 너희에게 새 마
음을 주고 너희 안에 새 영을 넣어 주겠다. 너희 몸에서 돌
로 된 마음을 치우고, 살로 된 마음을 넣어 주겠다. 27 나
는 또 너희 안에 내 영을 넣어 주어, 너희가 나의 규정들을
따르고 나의 법규들을 준수하여 지키게 하겠다. 28 그리하
여 너희는 내가 너희 조상들에게 준 땅에서 살게 될 것이
다. 너희는 나의 백성이 되고 나는 너희의 하느님이 될 것
이다. 29 나는 너희의 모든 부정에서 너희를 구원하고, 곡
식을 불러들이고 풍성하게 하여, 다시는 너희에게 굶주림
을 내리지 않겠다. 30 또 나무의 열매와 들의 소출을 풍성
하게 하여, 다시는 너희가 민족들 사이에서 굶주림으로
모욕을 당하지 않게 하겠다. 31 그러면 너희는 너희의 악한
길과 좋지 않은 행실을 기억하고, 너희가 저지른 죄와 역
겨운 짓 때문에 자신이 혐오스러워질 것이다. 32 그러나 너
희 때문에 내가 이 일을 하는 것이 아니다. 주 하느님의 말
이다. 너희는 그것을 알아야 한다. 이스라엘 집안아, 너희
가 걸어온 길을 부끄러워하고 수치스럽게 여겨라.
33 주 하느님이 이렇게 말한다. 내가 너희를 모든 죄에서
정결하게 해 주는 날, 성읍들에는 다시 사람이 살고 폐허
는 재건되게 하겠다. 34 이 황폐한 땅은 지나가는 모든 이
의 눈앞에 황무지로 펼쳐져 있었지만, 이제는 다시 경작될
것이다. 35 그래서 사람들이, '황폐하였던 이 땅이 에덴 정
원처럼 되었구나. 폐허가 되고 황폐해지고 허물어졌던 성
읍들이 다시 요새가 되어 사람들이 살게 되었구나.' 하고
말할 것이다. 36 그제야 나 주님이 허물어진 것을 다시 세
우고 폐허가 된 곳에 초목을 다시 심었음을, 너희 둘레에
남아 있는 민족들이 알게 될 것이다. 나 주님은 말하고 그
대로 실천한다.

36,24. 하느님께서는 역사 안에 개입하심으로써 당신의 거룩하심을 드러내신다. 그분께서는 유배된 이스라엘을 다시 모으시고 정화하신다.

36,28. "너희는 나의 백성이 되고 나는 너희의 하느님이 될 것이다."는 하느님과 그분 백성의 계약이 다시 맺어짐을 표현한다.

36,29. 굶주림은 백성과 그 땅 사이의 관계를 뒤흔드는 불충실의 결과로 여겨졌다.

36,24 신명 30,4. 36,25 민수 19,9; 요한 3,5; 히브 10,22. 36,26 신명 30,6; 2코린 3,3. 36,27 레위 26,3 ; 신명 30,8; 루카 1,6; 1테살 4,8. 36,31 20,43. 36,36 이사 55,11-13; 예레 31,28.

36,25-27. 이 단락은 예레 31,31-34과 유사하며, 당신 백성에 대한 하느님의 무상의 선택을 보여 준다. 그분께서는 인간의 결정 능력을("마음") 변화시켜, 하느님의 계명에 온순하게 순종하게 하시고("살") 그 마음에 늘 새로워지는 힘을("영") 넣어 주신다(에제 11,19-20 참조). 물로 정화하는 것과 영의 선물이 결합되어, 많은 그리스도교 저자들은 이 구절을 세례와 관련하여 해석했다. 쿰란 공동체의 구성원들도 이 36장을 세례 예식을 배경으로 재해석한 것으로 보인다.

37 주 하느님이 이렇게 말한다. 나는 또 이스라엘 집안이
나에게 간청하도록 허락하여 그들의 사람 수를 양 떼처럼
불어나게 하겠다. 38 거룩한 제물로 바치는 양 떼처럼, 축
제 때 예루살렘에 모여든 양 떼처럼, 폐허가 된 성읍들이
사람의 무리로 가득 찰 것이다. 그제야 그들은 내가 주님
임을 알게 될 것이다.'"

이스라엘의 부활 환시

37 1 주님의 손이 나에게 내리셨다. 그분께서 주님
의 영으로 나를 데리고 나가시어, 넓은 계곡 한
가운데에 내려놓으셨다. 그곳은 뼈로 가득 차 있었다. 2 그
분께서는 나를 그 뼈들 사이로 두루 돌아다니게 하셨다.
그 넓은 계곡 바닥에는 뼈가 대단히 많았는데, 그것들은
바싹 말라 있었다. 3 그분께서 나에게 말씀하셨다. "사람의
아들아, 이 뼈들이 살아날 수 있겠느냐?" 내가 "주 하느님,
당신께서 아십니다." 하고 대답하자, 4 그분께서 또 나에게
말씀하셨다. "이 뼈들에게 예언하여라. 이렇게 말하여라.
'너희 마른 뼈들아, 주님의 말을 들어라. 5 주 하느님이 뼈
들에게 이렇게 말한다. 나 이제 너희에게 숨을 불어넣어
너희가 살아나게 하겠다. 6 너희에게 힘줄을 놓고 살이 오
르게 하며 너희를 살갗으로 씌운 다음, 너희에게 영을 넣
어 주어 너희를 살게 하겠다. 그제야 너희는 내가 주님임
을 알게 될 것이다.'"
7 그래서 나는 분부받은 대로 예언하였다. 그런데 내가 예
언할 때, 무슨 소리가 나고 진동이 일더니, 뼈들이, 뼈와
뼈가 서로 다가가는 것이었다. 8 내가 바라보고 있으니, 힘
줄이 생기고 살이 올라오며 그 위로 살갗이 덮였다. 그러
나 그들에게 숨은 아직 없었다. 9 그분께서 다시 나에게 말
씀하셨다. "숨에게 예언하여라. 사람의 아들아, 예언하여
라. 숨에게 말하여라. '주 하느님이 이렇게 말한다. 너 숨
아, 사방에서 와 이 학살된 이들 위로 불어서, 그들이 살
아나게 하여라.'" 10 그분께서 분부하신 대로 내가 예언하
니, 숨이 그들 안으로 들어갔다. 그러자 그들이 살아나서
제 발로 일어서는데, 엄청나게 큰 군대였다.

37,1-2. 보통은 가족 묘소에 조상들과 함께 묻혀야 했다. 땅바닥에 뼈들이 쌓여 있다는 것은 재앙의 표지이며, 유배된 이스라엘 백성을 나타낸다.

37,5. 하느님께서는 "숨"을 주신다. 히브리어로는 '루아', 곧 생명을 가능하게 하는 숨결인 입김이다. 에제키엘서의 묘사는 창세 2,7 인간 창조 이야기와 가깝다.

37,9. "숨"으로 번역한 히브리어 단어는 "영"으로도 번역한다. 칠십인역 그리스어본은 "불다"에 해당되는 단어로 '엠피시오'를 쓰고 있는데, 이 단어는 인간 창조 때 주님께서 코에 숨을 불어넣으시는 장면에(창세 2,7), 또 예수님께서 부활하신 후 제자들에게 숨을 불어넣어 주시는 장면에(요한 20,22)에 쓰인다.

37,1 1,3; 3,22; 8,1. 37,3 창세 18,14; 욥 34,14-15; 시편 104,29-30; 묵시 7,14. 37,5 묵시 11,11. 37,6 욥 10,11. 37,10 묵시 11,11; 20,4.

✠ 37,1-14. 성령 강림 대축일 전야에 이 본문을 모두 읽는다. 12-14절은 가해 사순 제5주일에 다시 살아난 라자로에 관한 복음과 함께 읽는다(요한 11,1-45).

37,11. "우리는 끝났다." (새) 대중 라틴말 성경에서는 더 정확하게 "우리는 잘렸다."고 옮긴다. 이 동사는 시편 88,6; 이사 53,8; 애가 3,54에서도 사용한다. 폭력에 짓밟힌 사람의 좌절을 표현한다.

37,12.13. "끌어내어, 끌어 올리면" 히브리어 동사는 자구적으로 "올라가게 하다"를 뜻한다. 죽은 이들이 땅바닥 아래 '스올'에 머물고 있기 때문이다. 또한 이 동사 형태는 이집트 탈출을 지칭하여 사용된다(창세 13,1의 주 참조). 그러므로 열린 무덤의 상징은 이집트 탈출을 반향하는 의미를 지닌다.

37,16-28. 여기서 남부 지파들을 대표하는 유다에 비하여 에프라임의 아버지 요셉은 북부 지파들을 대표한다. 에제키엘은 그 분열의 끝을 예고한다.

37,22. 유일한 임금-메시아 아래 통일된 백성은 다시 모든 이들 가운데 "유일한" 백성으로서 빛나게 된다. 2사무 7,23 참조.

11 그때에 그분께서 나에게 말씀하셨다. "사람의 아들아,
이 뼈들은 온 이스라엘 집안이다. 그들은 '우리 뼈들은 마
르고 우리 희망은 사라졌으니, 우리는 끝났다.'고 말한다.
12 그러므로 예언하여라. 그들에게 말하여라. '주 하느님이
이렇게 말한다. 나 이제 너희 무덤을 열겠다. 그리고 내 백
성아, 너희를 그 무덤에서 끌어내어 이스라엘 땅으로 데려
가겠다. 13 내 백성아, 내가 이렇게 너희 무덤을 열고, 그 무
덤에서 너희를 끌어 올리면, 그제야 너희는 내가 주님임을
알게 될 것이다. 14 내가 너희 안에 내 영을 넣어 주어 너희
를 살린 다음, 너희 땅으로 데려다 놓겠다. 그제야 너희는,
나 주님은 말하고 그대로 실천한다는 사실을 알게 될 것
이다. 주님의 말이다.'"

남북 왕국의 통일

15 주님의 말씀이 나에게 내렸다. 16 "너 사람의 아들아, 나
무토막 하나를 가져다가 그 위에, '유다와 그와 한편이 된
이스라엘 자손들'이라고 써라. 그리고 나무토막을 또 하나
가져다가 그 위에, '에프라임의 나무토막, 요셉과 그와 한
편이 된 온 이스라엘 집안'이라고 써라. 17 그리고 그 나무
토막들이 하나가 되게 서로 연결시켜라. 그리하여 네 손안
에서 하나가 되게 하여라. 18 그런 다음 네 동포가 '이 나무
토막들이 무엇을 뜻하는지 우리에게 알려 주지 않겠습니
까?' 하거든, 19 그들에게 일러 주어라. '주 하느님이 이렇게
말한다. 나 이제 에프라임의 손안에 있는 요셉과 그와 한
편이 된 이스라엘 지파들의 나무토막을 가져다가, 그 위에
유다의 나무토막을 놓고, 그 둘을 하나로 만들겠다. 그리
하여 그들은 내 손안에서 하나가 될 것이다.' 20 또 네가 글
을 쓴 나무토막들을 그들이 보는 앞에서 손에 들고, 21 그
들에게 일러 주어라. '주 하느님이 이렇게 말한다. 나 이제
이스라엘 자손들이 떠나가 사는 민족들 사이에서 그들을
데려오고, 그들을 사방에서 모아다가, 그들의 땅으로 데
려가겠다. 22 그들을 그 땅에서, 이스라엘의 산악 지방에
서 한 민족으로 만들고, 한 임금이 그들 모두의 임금이 되
게 하겠다. 그리하여 다시는 두 민족이 되지 않고, 다시는

37,11 19,5; 시편 31,11; 잠언 17,22. 37,12 20,42; 34,13; 36,24; 마태 27,52; 요한 5,25. 37,14 1테살 4,8. 37,21-22 36,24.

37,11-12. 뼈는 한 사람이 죽은 후에 남는 것의 상징으로, 좌절과 희망의 죽음을 나타낸다. 예언자의 말을 통하여 하느님의 영은 생명과 희망의 새로운 시작이 생겨나게 하신다.

결코 두 왕국으로 갈라지지 않을 것이다. 23 그리고 그들이
다시는 자기들의 우상들과 혐오스러운 것들과 온갖 죄악
으로 자신을 부정하게 만들지도 않을 것이다. 그들이 저지
른 모든 배신에서 내가 그들을 구원하여 정결하게 해 주고
나면, 그들은 나의 백성이 되고 나는 그들의 하느님이 될
것이다.
24 나의 종 다윗이 그들을 다스리는 임금으로서, 그들 모
두를 위한 유일한 목자가 될 것이다. 그들은 내 법규들을
따르고 내 규정들을 준수하여 지키면서, 25 내가 나의 종
야곱에게 준 땅, 너희 조상들이 살던 땅에서 살게 될 것이
다. 그들만이 아니라 자자손손이 영원히 그곳에서 살며,
나의 종 다윗이 영원히 그들의 제후가 될 것이다. 26 나는
그들과 평화의 계약을 맺으리니, 그것이 그들과 맺는 영원
한 계약이 될 것이다. 나는 그들에게 복을 내리고 그들을
불어나게 하며, 나의 성전을 영원히 그들 가운데에 두겠
다. 27 이렇게 나의 거처가 그들 사이에 있으면서, 나는 그
들의 하느님이 되고 그들은 나의 백성이 될 것이다. 28 나
의 성전이 그들 한가운데에 영원히 있게 되면, 그제야 민
족들은 내가 주님임을 알게 될 것이다.'"

마곡의 임금 곡

38 1 주님의 말씀이 나에게 내렸다. 2 "사람의 아들
아, 마곡 땅의 곡, 곧 메섹과 투발의 으뜸 제후
에게 얼굴을 돌리고, 그를 거슬러 예언하여라. 3 너는 말하
여라. '주 하느님이 이렇게 말한다. 메섹과 투발의 우두머
리 제후 곡아, 나 이제 너를 대적하겠다. 4 나는 너를 돌려
세워 갈고리로 네 턱을 꿰고, 너와 너의 모든 군대, 곧 저
마다 완전 무장한 군마와 기병, 저마다 큰 방패와 작은 방
패를 들고 칼을 잡은 대군을 끌어내겠다. 5 또한 그들과 함
께 저마다 방패와 투구를 갖춘 페르시아와 에티오피아와
풋, 6 고메르와 그의 온 부대, 북쪽 끝에 있는 벳 토가르마
와 그의 온 부대를 끌어내겠다. 이렇게 많은 민족들이 너
와 함께 있을 것이다. 7 너는 너에게 모여든 모든 군대와 함
께 만반의 준비를 갖추고, 너 자신은 그들을 위한 지원 부
대가 되어라. 8 오랜 세월이 흐른 뒤에야 너는 명령을 받을
것이다. 결국 마지막 때에 너는 전화가 복구된 땅으로 쳐

37,28. 이 새 성전에 대해서는 40-44장에서 말한다. 새 성전은 이 땅의 중심이 된다.

38,2. 이상화된 원수인 곡은 이스라엘을 위협하는 이방인들과 악의 세력의 공격을 상징한다. 이어서 언급하는 연합 지역들은 모두 비옥한 초승달 지역에 자리한다(창세 10장과 에제 27장에서와 같이). 이 절에서는 묵시문학적 언어를 사용한다(묵시 20,7-15 참조).

38,4. 전쟁 포로들을 짐승들처럼 줄로 끌고 가기 위해 코와 턱에 갈고리를 꿰곤 했다.

38,6. 고메르는 킴메르인들을 나타낸다(흑해 남부). 토가르마는 아르메니아이다.

37,23 36,25; 티토 2,14. 37,24 34,23-31; 요한 10,11.16. 37,25 // 28,26; 또한 요한 12,34 참조. 37,26 34,25; 히브 13,20. 37,27 레위 26,11; 요한 1,14; 14,23; 2코린 6,16; 묵시 21,3. 38,2 27,13; 32,26. 38,4 17,15; 23,6; 26,7-8; 29,4; 30,21; 32,22-23. 38,5 27,10. 38,6 27,14.

들어갈 것이다. 그 백성은 많은 민족들에게서 나와, 오랫
동안 폐허로 남아 있던 이스라엘의 산악 지방으로 모인
이들이다. 그들은 여러 민족들에게서 나와 이제는 모두
평안히 살고 있다. 9 그때에 너는 너의 온 부대와, 너와 함
께 있는 많은 민족들과 더불어 쳐 올라가, 폭풍처럼 그 땅
에 다가가서는 구름처럼 그곳을 뒤덮을 것이다.
10 주 하느님이 이렇게 말한다. 그날이 오면, 네 마음에 여
러 생각이 떠올라, 너는 마침내 악한 계획을 꾸미고서는,
11 이렇게 말할 것이다. '아무 방비도 없는 저 나라로 쳐 올
라가야지. 평안히 살고 있는 저 평온한 자들에게, 모두 성
벽도 없고 빗장도 문짝도 없이 살고 있는 저들에게 쳐들
어가야지.' 12 이는 네가 약탈질과 노략질을 하면서, 한때
폐허였지만 이제는 사람들이 사는 곳, 여러 민족들에게서
모여 와 세상의 중심에 살면서 가축과 재산을 늘려 가는
이들에게 손을 대려는 것이다. 13 그러면 스바와 드단과 타
르시스의 상인들과 그곳의 젊은 용사들이 이렇게 따질 것
이다. '당신은 약탈질이나 하려고 쳐들어왔소? 노략질이
나 하려고 군대를 불러 모았소? 은과 금을 가져가고 가축
과 재산을 빼앗아 가면서, 크게 약탈질하려고 말이오?''
14 그러므로 사람의 아들아, 예언하여라. 곡에게 말하여
라. '주 하느님이 이렇게 말한다. 내 백성 이스라엘이 평안
히 사는 날 너는 반드시 일어날 것이다. 15 너는 네 고장 북
쪽 끝에서 많은 민족들을 거느리고 올 것이다. 그들은 모
두 말을 탄 대군이며 큰 병력이다. 16 그리하여 구름이 땅
을 덮듯, 너는 내 백성 이스라엘에게 쳐 올라올 것이다. 마
지막 때에, 내가 이렇게 너를 내 땅으로 쳐들어오게 하겠
다. 곡아, 이는 내가 그들이 보는 앞에서 너를 통하여 나의
거룩함을 드러낼 때, 민족들이 나를 알게 하려는 것이다.'

곡에게 내리는 심판

17 '주 하느님이 이렇게 말한다. 너는 내가 옛날에 나의 종
들, 이스라엘의 예언자들을 통하여 말한 자가 아니냐? 그
들은 저희 시대에, 내가 이스라엘을 치도록 너를 데려올
것이라고 여러 해 동안 예언하였다.'
18 그날에, 곡이 이스라엘 땅으로 쳐들어오는 날에, — 주
하느님의 말이다. — 내가 분노하여 내 화가 치솟을 것이

38,9 30,18. 38,12 5,5; 7,21; 36,10. 38,13 27,12.15.22. 38,16 신명 31,29.

38,10-11. 곡은 알지 못하면서 하느님의 도구가 된다.

38,12. 저자에게 팔레스티나는 당시 알려져 있던 "세상의 중심"이었다. 이러한 위치는 그 선택을 연상시킨다. 자구적으로는 "땅의 배꼽"으로 표현되며, 판관 9,37에서는 스켐 근처의 언덕을 지칭하여 이 표현을 사용한다.

38,14. "너는 반드시 일어날 것이다." 이 번역은 히브리어 본문과 ("일어나지 않겠느냐?") 고대 번역본들의 의문문 형태를 드러내지 않는다. 마지막 동사는("일어날 것이다") 그리스어 번역본에 따른 것이다. 히브리어본과 (새) 대중 라틴말 성경은 "알게 될 것이다"로 되어 있다(아마도 37,28을 다시 취한 것이다).

38,15. "북쪽"에서 가장 무서운 원수들이 온다. 예레 1,15; 6,22 참조.

다. 19 나는 내 질투 속에, 타오르는 진노 속에, 그날 이스
라엘 땅에 큰 지진이 일어나리라고 선언한다. 20 그때에 바
다의 물고기, 하늘의 새, 들짐승, 땅 위를 기어 다니는 모
든 것, 땅 위에 있는 모든 사람이 내 앞에서 떨 것이다. 또
산들은 허물어지고 절벽은 내려앉으며, 성벽도 모두 땅바
닥으로 내려앉을 것이다. 21 그런 다음 나는 곡을 칠 칼을
나의 모든 산으로 불러들이겠다. 주 하느님의 말이다. 그
러면 저마다 제 동료에게 칼을 들이댈 것이다. 22 나는 흑
사병과 피로 그를 심판하겠다. 또 그와 그의 군대, 그와 함
께 있는 많은 민족들 위로 폭우와 큰 우박, 불과 유황을
퍼붓겠다. 23 내가 이렇게 많은 민족들이 보는 앞에서 나
의 위대함과 거룩함을 드러내고 나를 알리면, 그제야 그
들은 내가 주님임을 알게 될 것이다."

침략자 곡의 멸망

39 1 "너 사람의 아들아, 곡을 거슬러 예언하여라.
너는 말하여라: '주 하느님이 이렇게 말한다. 메
섹과 투발의 으뜸 제후 곡아, 나 이제 너를 대적하겠다. 2
나는 너를 돌려세워 이끌어 내고, 너를 북쪽 끝에서 올라
오게 하여 이스라엘 산악 지방으로 끌어들이겠다. 3 그런
다음 내가 네 왼손의 활을 내려치고 네 오른손의 화살을
떨어뜨리겠다. 4 너는 너의 온 부대와, 너와 함께 있는 민족
들과 더불어 이스라엘 산악 지방에서 쓰러질 것이다. 나
는 온갖 날개가 달린 맹금들과 들짐승들에게 너를 먹이로
내주겠다. 5 너는 이렇게 들판에 쓰러지리니, 내가 그렇게
말하였기 때문이다. 주 하느님의 말이다. 6 나는 또 마곡과
여러 섬에서 평안히 사는 주민들에게 불을 보내겠다. 그
제야 그들은 내가 주님임을 알게 될 것이다. 7 나는 내 백성
이스라엘 한가운데에서 나의 거룩한 이름을 드러내어, 다
시는 나의 거룩한 이름이 더럽혀지지 않게 하겠다. 그제야
민족들은 내가 주님임을, 이스라엘에 있는 거룩한 이라는
것을 알게 될 것이다. 8 보아라, 그대로 이루어진다. 그대로
되어 간다. 주 하느님의 말이다. 그날이 바로 내가 말한 날
이다.
9 그때에 이스라엘의 성읍마다 주민들이 나가서 무기들,
곧 작은 방패와 큰 방패, 활과 화살, 몽둥이와 창에 불을
지펴 태울 것이다. 그것들을 일곱 해나 태울 것이다. 10 그

38,19. "질투"에 관하여 36,5의 주 참조.

39,5. "들판"은 집밖에서 도움을 받지 못하고 폭력적으로 당하게 됨을 나타낸다.

39,7. 하느님께 적용된 형용사 "거룩한"은 하느님의 고유한 특성인 그분의 초월성과 충만한 힘과 생명을 나타낸다.

38,19 3,12; 루카 21,11; 묵시 6,12. 38,20 12,18; 30,4; 묵시 11,13. 38,22 묵시 20,8-10. 38,23 이사 45,15; 54,8. 39,1 21,33. 39,2 29,4-5.

들은 나무를 들에서 주워 오지도, 숲에서 베어 오지도 않
을 것이다. 무기로 불을 지필 것이다. 그들은 또 자기들을
약탈한 자들을 약탈하고, 자기들을 노략한 자들을 노략
할 것이다. 주 하느님의 말이다.'
11 그날 나는 이스라엘 땅에 무덤 자리 하나를 곡에게 내
주겠다. 사해 동쪽에 있는 것으로 여행자들의 길을 막고
있는 '아바림 골짜기'다. 사람들이 그곳에 곡과 그의 온 무
리를 묻고서는, '하몬 곡 골짜기'라고 부를 것이다. 12 이스
라엘 집안이 자기 땅을 정결하게 하려고 그들을 묻는 데
에는 일곱 달이 걸릴 것이다. 13 이 땅의 온 백성이 그들을
묻을 것이다. 이렇게 하여 내가 나의 영광을 드러내는 그
날에, 이 일이 그들에게 영예가 될 것이다. 주 하느님의 말
이다. 14 또 이 땅을 계속 돌아다니면서 땅바닥에 남아 있
는 것을 묻어 이 땅을 정결하게 할 사람들이 뽑힐 터인
데, 그들은 일곱 달이 지난 다음에 찾아다니기 시작할 것
이다. 15 그들이 돌아다니다가 누구라도 사람의 뼈를 보
게 될 경우, 그 옆에 푯돌을 세워 두면, 장사 지내는 이들
이 그것을 '하몬 곡 골짜기'에 묻을 것이다. 16 그리하여 하
모나라는 이름의 성읍도 생길 것이다. 이렇게 하여 그들은
이 땅을 정결하게 할 것이다.
17 너 사람의 아들아, 주 하느님이 이렇게 말한다. 온갖 날
개가 달린 새들과 모든 들짐승에게 말하여라. '모여 와라.
내가 너희를 위하여 마련하는 희생 제물 잔치, 이스라엘
산악 지방에서 벌이는 큰 희생 제물 잔치에 사방에서 모
여들어, 고기를 먹고 피를 마셔라. 18 너희는 용사들의 살
을 먹고 세상 제후들의 피를 마실 것이다. 그들은 숫양과
어린양, 숫염소와 송아지, 모두 바산의 살진 짐승이다. 19
너희는 내가 너희를 위하여 마련한 희생 제물에서, 기름
진 것을 배불리 먹고 피를 취하도록 마실 것이다. 20 내 식
탁에서 너희는 말과 기병과 용사와 모든 전사를 배불리
먹을 것이다. 주 하느님의 말이다.'"

이스라엘의 구원 약속

21 "나는 이렇게 나의 영광을 민족들에게 펼치리니, 모든
민족들이 내가 내린 심판과 그들을 친 나의 손을 보게 될
것이다. 22 그러면 그날부터 이스라엘 집안은 내가 주 그들
의 하느님임을 알게 될 것이다. 23 또한 민족들은 이스라엘
집안이 그 자신의 죄 때문에, 나를 배신하였기 때문에 유

39,11. "아바림" 모압의 어느 지역 이름. 히브리어로 "여행자"와 동일하게 표기하고 발음한다.

39,12. 곡을 묻어 주는 것은(보통 원수들에게는 이를 허락지 않는다) 주민들을 부정하게 만들 수 있는 그의 주검이 어떤 흔적도 보여서는 안 되기 때문이다.

39,16. "하모나"라는 단어는 "군대"와 "떠돌이 집단"을 뜻한다.

39,17. 피를 마시는 것은 생명을 없애는 것을 뜻한다.

39,21. 여기서 주님의 영광은 승리를 드러내는 행동을 통하여 나타난다.

39,11-16 32,17-32.

배 갔음을 알게 될 것이다. 그래서 나는 그들에게서 내 얼
굴을 감추고 그들을 적들의 손에 넘겨, 모두 칼에 맞아 쓰
러지게 하였다. 24 그들의 부정과 그들의 죄악에 따라 그들
을 다루고, 그들에게서 내 얼굴을 감추어 버린 것이다.
25 그러므로 주 하느님이 이렇게 말한다. 이제 나는 야곱
의 운명을 되돌리겠다. 온 이스라엘 집안을 가엾이 여기
고 나의 거룩한 이름을 위하여 열정을 쏟겠다. 26 그리하
여 그들은 저희 땅에서 평안히 살고, 아무도 그들을 놀라
게 하지 않을 것이다. 그러면 그들은 자기들의 수치와 나
에게 저지른 모든 배신을 잊게 될 것이다. 27 그들을 민족
들에게서 도로 데려오고 원수들의 땅에서 모아 와, 많은
민족들이 보는 앞에서 그들을 통하여 나의 거룩함을 드러
내겠다. 28 내가 이렇게 그들을 민족들에게 유배 보냈다가,
그들을 하나도 남기지 않고 그들의 땅으로 다시 모아들이
면, 그제야 그들은 내가 주 그들의 하느님임을 알게 될 것
이다. 29 내가 이스라엘 집안에 나의 영을 부어 주었으니,
나시는 그들에게서 내 얼굴을 감추지 않겠다. 주 하느님의
말이다."

39,29. 하느님의 얼굴은 그분의 현존이고, 그분의 영은 그분의 생명력이나.

새 성전

40 1 우리의 유배살이 제이십오년 연초 초열흘날,
곧 도성이 함락된 지 십사 년째 되는 해, 바로
그날에 주님의 손이 나에게 내리시어, 나를 그 도성으로
데리고 가셨다. 2 하느님께서 보여 주시는 환시 속에서, 나
를 이스라엘 땅으로 데리고 가시어 매우 높은 산 위에 내
려놓으셨다. 그 산 위 남쪽으로는 성읍의 건축물 같은 것
들이 있었다. 3 그분께서 나를 그곳으로 데리고 가셨을 때,
거기에 어떤 사람이 있었는데, 그 모습은 빛나는 구리 같
았다. 그는 아마 줄과 측량 장대를 손에 들고 대문에 서 있
었다. 4 그 사람이 나에게 일렀다. "사람의 아들아, 내가 너
에게 보여 주는 모든 것을 눈으로 잘 보고 귀로 잘 듣고
마음에 새겨 두어라. 너에게 이것을 보여 주려고 너를 이
곳으로 데려온 것이다. 네가 보는 모든 것을 이스라엘 집
안에게 알려 주어라."

40,1. 이 날짜는 기원전 573년 4월 28일로, 예루살렘이 함락되고 14년 후이다.

40,2. 매우 높은 산은 신들의 산에 대한 고대 전승을 다시 취한다(28,14의 주 참조).

40,3. "재는 사람"(히브리어 본문의 표현)은 아마도 천사이다. 줄은 큰 것을, 장대는 작은 것을 재기 위하여 사용되었다.

40,4. "나에게 일렀다." 예언자가 인도된 여정은 침묵 속에서 전개된 것으로 보이지만, 때로는 어떤 목소리를 듣는다. 환시 첫머리인 이 절과 45절(사제들을 위하여 구분해 놓은 방에 관한)과 41,22(지성소 앞 제단에 관한)이 그 예이다.

40,1 37,1; 묵시 21,10. 40,2 6,2.3.13. 40,3 묵시 11,1; 21,15.

40,1-48,35. 에제키엘서의 마지막 부분에서는 예언자가 바빌론인들에 의해 더럽혀진 성전을 대체할 이상적인 성전을 보게 된다. 하느님의 영광이 다시 그곳에 머물고(43,1-4 참조) 예배가 다시 시작되어, 성전이 온 땅을 위한 생명의 원천이 될 것이다(47,1-12 참조). 이스라엘 백성은 그 성전을 중심으로 다시 결속될 것이다.

바깥담

5 내가 보니 주님의 집 밖에 사방으로 담이 있었다. 그의
손에 들린 측량 장대의 길이는 여섯 암마인데, 한 암마는
보통의 한 암마에 손바닥 너비를 더한 것이었다. 그가 그
벽의 두께를 재니 한 장대이고, 높이도 한 장대였다.

동쪽 대문

6 그가 동쪽으로 난 대문으로 가서 층계로 올라가 문지방
을 재니, 너비가 한 장대였다. 문지방 하나의 너비가 한 장
대였던 것이다. 7 대문 방은 길이가 한 장대, 너비도 한 장
대였다. 대문 방들 사이는 다섯 암마였다. 대문 안쪽의 현
관에 있는 문지방도 한 장대였다. 8 그다음 대문 안쪽의 현
관을 재니 또 한 장대였다. 9 그리고 대문 현관을 재니 여
덟 암마였고, 그 벽기둥들은 두 암마였다. 그 현관은 안쪽
으로 나 있었다. 10 이 동쪽 대문의 대문 방은 이쪽에 셋,
저쪽에 셋 있었는데, 셋 다 치수가 같았고, 이쪽과 저쪽의
벽기둥도 치수가 같았다. 11 그가 대문 어귀의 너비를 재니
열 암마이고, 길이는 열세 암마였다. 12 대문 방 앞에는 칸
막이벽이 있었는데, 통로 양쪽으로 각각 한 암마씩이었다.
대문 방들은 이쪽으로 여섯 암마, 저쪽으로 여섯 암마였
다. 13 그가 또 대문을 재니, 문과 문을 마주한 이쪽 대문
방 지붕에서 저쪽 대문 방 지붕까지 너비가 스물다섯 암
마였다. 14 그런 다음 현관을 재니 스무 암마였는데, 대문
현관은 뜰로 둘러싸여 있었다. 15 대문 입구 앞쪽에서 안
쪽의 대문 현관까지는 쉰 암마였다. 16 대문 방들과 그 벽
기둥들에는 대문 안쪽 사방으로 격자창들이 나 있고, 현
관에도 안쪽 사방으로 창들이 있었으며, 벽기둥에는 야자
나무가 새겨져 있었다.

바깥뜰

17 그런 다음 그가 나를 바깥뜰로 데려갔다. 거기에는 사
방으로 방이 있고 바닥에는 돌을 깔아 놓았는데, 돌을 깐
그 바닥을 따라 방 서른 개가 붙어 있었다. 18 돌을 깐 바
닥은 각 대문 옆으로 나 있으면서, 대문의 안쪽 길이와 일

40,5. 담은 광야에서 백성을 주님의 산에서 떼어 놓은 장벽처럼 성과 속을 구분하기 위한 것이다. 예언자 시대에 새 암마는 약 45cm였지만, 에제키엘은 52cm 정도 되던 옛 암마를 계속 사용한다. 그러므로 측량 장대는 약 3.15m가 된다. 이어서 나오는 상세한 묘사는 순수한 예배의 정확성을 통해 하느님께 대한 사랑을 표현한다.

40,6-16. "동쪽으로 난 대문" 현관에는 한편에 세 개씩 방이 있는데, 그 각각은 약 3.2㎡이다. 문과 현관 사이에는 여섯 개의 층계가 있다. 열린 문의 폭은 약 6.7m이다. 문과 격자창들을 둘러싼 복도는 군중을 살피고 들어오는 이들을 선별하여 외국인과 죄인들을 들어오지 못하게 하는 공간이 되었다.

40,17-19. "바깥뜰"은 한쪽이 52.5m 정도 되는 정사각형이었고, 벽을 따라 방들이 있었다. 이 방들은 일반 신자들이 여러 용도로 사용했다.

40,5 탈출 19,12.

40,5-42,20. 순서의 처음과 끝에 담을 언급한다(5절; 42,20 참조). 에제키엘은 담에서 성전의 순회를 시작한다. 순회는 세 부분으로 이루어지는데, 첫 번째 묘사는 바깥담에서부터 지성소를 향해 간다(40,5-41,4 참조). 이어서 서쪽 건물의 곁방에서부터 지성소 앞 제단까지 가고(41,5-26 참조), 마지막에는 성전 남쪽과 북쪽 방들에 집중한다(42,1-20 참조).

치하였는데, 이것이 낮은 바닥이었다. [19] 그가 아랫대문 안
쪽 정면에서 안뜰의 바깥쪽 정면까지 너비를 재니, 백 암
마였다. 이것은 동쪽과 북쪽이 똑같았다.

북쪽 대문

[20] 그런 다음 그가 바깥뜰, 북쪽으로 난 대문의 길이와 너
비를 재었다. [21] 대문 방이 이쪽으로 셋, 저쪽으로 셋 있는
데, 벽기둥과 현관까지 첫째 대문의 치수와 같아서, 길이
가 쉰 암마, 너비가 스물다섯 암마였다. [22] 창과 현관과 야
자나무 모양도 동쪽으로 난 대문의 것들과 치수가 같았
다. 일곱 층계를 올라서 대문으로 들어가게 되어 있는데,
현관은 그 안쪽에 있었다. [23] 동쪽 대문과 마찬가지로, 북
쪽 대문 맞은쪽 안뜰에도 대문이 하나 있었다. 그가 대문
과 대문 사이를 재니 백 암마였다.

남쪽 대문

[24] 그는 나를 남쪽으로 이끌고 갔는데, 거기에 남쪽 대문
이 있었다. 그가 벽기둥들과 현관을 재니 앞의 것들과 치
수가 같았다. [25] 대문과 현관 둘레의 창들도 다른 대문들
의 창과 같았다. 그 대문은 길이가 쉰 암마, 너비가 스물
다섯 암마였다. [26] 그 대문으로 올라가는 층계가 일곱 개
있었는데, 현관은 그 안쪽에 있었다. 이쪽저쪽의 벽기둥
에는 야자나무가 새겨져 있었다. [27] 안뜰 남쪽에도 대문
이 하나 있었다. 그가 이 대문과 남쪽 대문 사이를 재니 백
암마였다.

안뜰 남쪽 대문

[28] 그가 나를 남쪽 대문으로 해서 안뜰로 데리고 갔다. 그
가 남쪽 대문을 재니 앞의 것들과 치수가 같았다. [29] 대문
방과 벽기둥과 현관도 앞의 것들과 치수가 같았다. 대문
과 현관에는 사방으로 창들이 나 있었다. 그 대문은 길이
가 쉰 암마, 너비가 스물다섯 암마였다. [30] 사방으로 현관
이 있었는데 길이가 스물다섯 암마, 너비가 다섯 암마였
다. [31] 그 대문의 현관은 바깥뜰로 나 있고, 벽기둥에는 야
자나무가 새겨져 있으며, 그리로 올라가는 층계가 여덟 개
있었다.

안뜰 동쪽 대문

[32] 그는 또 나를 동쪽 안뜰로 데리고 갔다. 그가 그곳 대문

40,28-37. "안뜰 대문"은 일반 신자들을 위한 바깥뜰과 고유한 의미의 성전 둘레에 있는 사제들의 뜰을 구별해 준다. 이들은 "바깥 대문"과 같은 크기이다.

을 재니 앞의 것들과 치수가 같았다. 33 대문 방과 벽기둥
과 현관도 앞의 것들과 치수가 같았다. 대문과 현관에는
사방으로 창들이 나 있었다. 그 대문은 길이가 쉰 암마, 너
비가 스물다섯 암마였다. 34 그 대문의 현관은 바깥뜰로
나 있고, 이쪽저쪽 벽기둥에는 야자나무가 새겨져 있으며,
그리로 올라가는 층계가 여덟 개 있었다.

안뜰 북쪽 대문

35 그는 또 나를 북쪽 대문으로 데리고 갔다. 그가 그것을
재니 앞의 것들과 치수가 같았다. 36 대문 방과 벽기둥과
현관이 있고, 사방으로 창이 나 있었다. 그 대문은 길이가
쉰 암마, 너비가 스물다섯 암마였다. 37 그 대문의 현관은
바깥뜰로 나 있고, 이쪽저쪽 벽기둥에는 야자나무가 새겨
져 있으며, 그리로 올라가는 층계가 여덟 개 있었다.

안뜰 북쪽 대문에 딸린 것들

40,38-43. 이 방은 제물을 준비하기 위한 곳으로, 일종의 제의실과 같다.

38 이 대문의 현관에는 문이 달린 방이 하나 있었는데, 그
곳에서 번제물을 씻게 되어 있었다. 39 이 대문의 현관에
는 또 번제물과 속죄 제물과 보상 제물을 잡는 상이 이쪽
에 둘, 저쪽에 둘 있었다. 40 이 북쪽 대문 어귀의 현관 바
깥으로 한쪽에 상이 두 개 있고, 이 대문의 현관 다른 쪽
에도 상이 두 개 있었다. 41 이렇게 안쪽에 상이 네 개, 대
문 바깥쪽에 상이 네 개 있어서, 제물을 잡는 상이 모두
여덟 개였다. 42 또 번제물을 바칠 때 쓰는 상이 네 개 있었
는데, 다듬은 돌로 만든 것으로 길이가 한 암마 반, 너비
가 한 암마 반, 높이가 한 암마였다. 그 위에 번제물과 다
른 희생 제물을 잡는 데 쓰는 연장을 놓게 되어 있었다. 43
상 안쪽으로는 손바닥 너비만 한 테두리가 사방으로 달려
있었다. 그리고 그 상들 위에는 예물로 바치는 살코기를
놓게 되어 있었다.

40,44-47. "안뜰"에는 두 개의 방이 있다. 하나는 제사를 맡은 사제들의 방이고, 다른 하나는 성전을 돌보고 향과 빵을 바치는 사제들의 방이다.

44 이 안쪽 대문 밖 안뜰에는 방이 두 개 있었는데, 하나는
북쪽 대문 곁에 남쪽으로 나 있고, 다른 하나는 동쪽 대문
곁에 북쪽으로 나 있었다. 45 그가 나에게 이렇게 일러 주
었다. "남쪽으로 난 이 방은 주님 집의 직무를 맡은 사제들

40,38 레위 1,9; 1열왕 7,38. 40,45-46 2열왕 11,4-7.

의 방이고, 46 북쪽으로 난 이 방은 제단의 직무를 맡은 사
제들의 방이다. 이들은 레위의 자손들 가운데에서 주님께
가까이 나아가 그분을 섬기는 차독의 자손들이다."

안뜰

47 그가 또 뜰을 재니 길이도 백 암마이고 너비도 백 암마
인 정사각형이었다. 제단은 주님의 집 앞에 놓여 있었다.

성전 현관

48 그가 나를 주님의 집 현관으로 데리고 가서, 현관의 벽
기둥들을 재니, 이쪽 것도 다섯 암마, 저쪽 것도 다섯 암
마였다. 대문의 너비는 열네 암마이고, 대문의 양 옆벽은
이쪽으로 세 암마, 저쪽으로 세 암마였다. 49 현관의 길이
는 스무 암마, 너비는 열두 암마였다. 그리고 층계 열 개를
밟고 현관으로 올라가는데, 안에는 벽기둥 말고도 기둥이
이쪽에 하나, 저쪽에 하나 있었다.

성소

41 1 그가 나를 성소로 데리고 가서 벽기둥들을
재니, 이쪽 것도 두께가 여섯 암마, 저쪽 것도
두께가 여섯 암마였다. 2 입구의 너비는 열 암마이고, 입구
옆벽은 이쪽도 다섯 암마, 저쪽도 다섯 암마였다. 그가 성
소를 재니 길이가 마흔 암마, 너비가 스무 암마였다.

지성소

3 그런 다음 그가 안으로 들어가서 입구의 벽기둥을 재니,
두께가 두 암마였다. 입구는 여섯 암마이고, 그 입구의 옆
벽은 양쪽이 일곱 암마였다. 4 그가 그 안을 재니 길이가
스무 암마, 성소와 마주한 너비도 스무 암마였다. 그가 나
에게 "이곳이 지성소다." 하고 일러 주었다.

40,48-41,4. 고유한 의미의 성전은 세 부분으로 구성된다. 현관, 촛대와 빵을 놓는 상과 분향 제단이 있는 성소, 그리고 계약의 궤가 있는 지성소이다.

41,3. 에제키엘에게는 지성소에 들어가는 것이 허락되지 않는다.

40,47 1열왕 8,64. 40,49 1열왕 7,15-22. 41,4 40,4.

40,46. "차독의 자손들"은 다윗과 솔로몬 시대의 사제 차독의 후손들이다. 이 사제들에게만 제사를 바치는 임무가 유보되었다(또한 44,15 참조). 반면 사제적인 배경에서 작성된 전승에서 나오는 종교적 직무에 관한 오경의 규범들은 제단의 직무를 아론의 후손인 모든 사제들에게 부여한다. 사제계 전승이 에제키엘서보다 후대의 것이므로, 이 전승이 차독 후손 사제가 충분치 않았던 유배 후의 상황에서 모든 제사를 가능하게 하기 위한 것이었다고 볼 수 있다. 그러한 이유로 제사를 바치는 특전이 아론의 모든 후손들에게 확대된다.

41,5-11. 성소와 지성소 둘레는 (입구가 있는 동쪽을 제외하고) 층마다 방이 서른 개씩 있는 세 층으로 되어 있다. 사제와 레위인들이 전례를 맡은 때 여기 머문다.

곁채

5 그가 주님 집의 벽 두께를 재니 여섯 암마였다. 주님의
집을 사방으로 둘러싼 곁방들의 너비는 각각 네 암마였
다. 6 그 곁방들은 방 위로 방을 놓아 삼 층을 이루면서,
층마다 방이 서른 개씩 있었다. 그런데 이 곁방들을 앉히
는 돌출부가 주님의 집 벽을 돌아가며 따로 붙어 있어서,
주님의 집 벽을 파고들지 않으면서도, 그런 구실을 할 수
있었다. 7 곁방 앞 복도는 위층으로 올라갈수록 넓어졌다.
주님의 집을 돌며 층계가 둘러쳐져 있어서, 위층으로 갈수
록 구조가 넓어지는 것이었다. 그렇게 아래층에서 가운데
층을 거쳐 맨 위층으로 올라가게 되어 있었다. 8 내가 보니
주님의 집을 돌면서 높은 단이 둘러쳐져 있는데, 그것이
곁방들의 기초로서 높이가 여섯 암마가 꽉 차는 한 장대
였다. 9 곁방들의 바깥벽의 두께는 다섯 암마였다. 주님의
집 곁방들과 10 뜰의 방들 사이에 있는 빈터의 너비는, 주
님의 집 둘레를 빙 둘러 가면서 똑같이 스무 암마였다. 11
곁방들의 입구는 빈터로 나 있는데, 입구 하나는 북쪽으
로, 다른 입구 하나는 남쪽으로 나 있었다. 그리고 이 빈터
를 둘러싼 벽의 두께는 다섯 암마였다.

41,12-15. 성전 뒤편인 서쪽에는 약 63㎡의 건물이 있다.

서쪽 건물

12 주님의 집 서쪽 마당에 건물이 하나 있었는데, 그 너비
는 일흔 암마였다. 그 건물의 벽은 두께가 사방으로 다섯
암마이고, 그 건물 자체의 길이는 아흔 암마였다.

성전의 면적

13 그가 주님의 집을 재니 길이가 백 암마이고, 서쪽에 있
는 마당과 건물과 양쪽 벽까지 합한 길이가 또 백 암마였
다. 14 그리고 주님의 집 동쪽 정면과 마당의 너비도 백 암
마였다. 15 그가 또 뒷마당 쪽의 주님의 집 건물을 이쪽저
쪽의 회랑과 함께 재니, 그 길이도 백 암마였다.

41,16-26. 성전 내부 장식은 부분적으로 1열왕 6,14-36에 기초한다. 야자나무와 커룹은 창조와 생명을 나타내는 신화적 형상들이다. 22절에서는 분향 제단을 언급한다.

내부 장식과 설비

성소 내부와 뜰 쪽의 현관, 16 문지방들, 격자창들, 문지방
을 마주하고 세 면에 둘러 있는 회랑에는, 바닥에서 창문
에 이르기까지 널빤지로 입혀 있었다. 그러나 창문들은 덮

41,5-9 1열왕 6,5-6.8.

41,5-26. 성전의 두 번째 묘사는 "벽"('키르')에 대한 언급을 특징으로 한다. 이 히브리어 단어는 10회 사용된다(5.6[×2].9.12.13.17.20.22.25절).

여 있었다. 17 입구 위와 주님의 집 안과 밖, 사방 모든 벽
의 안과 밖까지 무늬가 새겨져 있었다. 18 그 무늬는 커룹
과 야자나무로 이루어졌고, 커룹과 커룹 사이에 야자나무
가 하나씩, 커룹마다 얼굴이 두 개씩이었는데, 19 사람 얼
굴은 이쪽 야자나무를 향하고, 사자 얼굴은 저쪽 야자나
무를 향하고 있었다. 주님의 집 전체가 돌아가면서 이렇게
되어 있었다. 20 바닥에서 입구 위까지 성소의 벽에 커룹들
과 야자나무들이 새겨져 있었다. 21 그리고 성소에는 네모
난 문설주가 있었다.

나무 제단

지성소 앞에는 22 나무 제단처럼 보이는 것이 있었는데, 높
이가 세 암마, 길이가 두 암마였다. 그 모서리와 밑받침과
옆면도 나무로 되어 있었다. 그가 나에게 "이것은 주님 앞
에 차려 놓는 상이다." 하고 일러 주었다.

문

23 성소와 지성소에는 각각 겹 문이 달려 있었다. 24 문마다
겹 문이고, 문마다 돌아가는 문짝이 둘씩 있었다. 문 하나
에 문짝이 둘, 다른 문에도 문짝이 둘이었다. 25 이 성소의
문들에는 벽에 새긴 것과 같은 커룹들과 야자나무들이 새
겨져 있었다. 그리고 현관 정면 바깥쪽에는 나무 차양이
달려 있었다. 26 현관 이쪽저쪽의 옆벽과 주님 집의 곁방과
차양에는 격자창들이 있고 야자나무 모양이 새겨져 있었
다.

사제들의 방

42 1 그는 나를 북쪽의 바깥뜰로 데리고 나가서,
마당으로 난, 곧 북쪽 건물을 비스듬히 마주한
방들이 있는 곳으로 갔다. 2 그 방들은 북쪽 면의 길이가
백 암마이고 너비는 쉰 암마였다. 3 안뜰에서 스무 암마 되
는 지점, 바깥뜰의 돌을 깐 바닥 맞은쪽에 삼 층으로 얹은
회랑이 있었다. 4 그리고 그 방들 앞에는 안쪽으로 복도가
있었는데, 너비가 열 암마, 길이가 백 암마였으며, 입구들
은 북쪽에 나 있었다. 5 위층의 방들이 가장 좁았는데, 그
것은 회랑이 건물의 아래층과 가운데 층에서보다 자리를

42,1-14. 사제들의 방에는 제물들을 보관했다. 사제들에게 할당된 부분을 창고에 모으거나 곁에 딸린 식당에서 먹었다. 아마포로 된 특별한 옷들은 옷을 보관하는 다른 방에 두었다.

42,1-20. 성전에 대한 세 번째 묘사는 예언자가 "나가야" 하는 두 상황에 대한 언급으로(1.15절) 시작하고 끝난다. 성전으로 상징된 주님의 신비에 대한 앎은, 하느님의 말씀에 순종하여 들어가고 나오는 것을 요구한다.

더 차지하였기 때문이다. 6 이 방들은 삼 층으로 되어 있는
데다, 거기에는 바깥뜰의 기둥들과 같은 기둥이 없었다.
그래서 위층이 아래층과 가운데 층보다 땅바닥에서 안으
로 더 들어가 있었다. 7 이 방들 앞에는, 바깥뜰 쪽으로 이
방들과 나란히 바깥담이 있는데, 그 길이가 쉰 암마였다. 8
바깥뜰로 난 방들의 길이가 쉰 암마였기 때문이다. 반면에
성소 쪽으로 난 방들의 길이는 백 암마였다. 9 이 방들 아
래에는 동쪽에서 들어오는 통로가 있었는데, 바깥뜰에서
그리로 들어오게 되어 있었다.
10 뜰에 있는 벽과 나란히, 남쪽으로 마당과 건물을 마주
하고 방들이 있었다. 11 그 방들 앞에는 북쪽에 있는 방들
과 같은 식으로 길이 나 있었는데, 그 길이도 같고 너비도
같았으며, 나가는 곳도 그것들의 구조도 들어가는 곳도
마찬가지였다. 12 남쪽으로 난 이 방들 아래, 보호 벽이 시
작하는 길 어귀에, 동쪽에서 들어오는 입구가 있었다.
13 그가 나에게 말하였다. "마당 맞은쪽에 있는 북쪽 방들
과 남쪽 방들은 거룩한 방들로서, 주님께 가까이 나아가
는 사제들이 가장 거룩한 제물을 먹는 곳이다. 그 방들은
거룩한 곳이니, 가장 거룩한 제물과 곡식 제물과 속죄 제
물과 보상 제물을 그곳에 두어야 한다. 14 사제들이 성소
에 들어가면, 그곳에서는 곧바로 바깥뜰로 나가지 못한다.
그들이 주님을 섬길 때에 입는 옷이 거룩하기 때문에, 그
옷을 거기에 벗어 놓고 다른 옷으로 갈아입은 다음에야,
백성이 모이는 곳으로 가까이 갈 수 있다."

안뜰의 넓이

15 주님의 집 안쪽을 모두 잰 다음, 그는 동쪽 대문으로 나
를 데리고 나와서 사방을 재었다. 16 그가 측량 장대로 동
쪽을 재니, 측량 장대로 오백 암마였고, 17 북쪽을 재니 측
량 장대로 또 오백 암마였다. 18 그리고 남쪽을 재니 측량
장대로 또 오백 암마였다. 19 그런 다음 그가 서쪽으로 돌
아 그것을 재니, 측량 장대로 또 오백 암마였다. 20 그는 이
렇게 사방을 재었다. 거기에는 사방으로 길이가 오백 암
마, 너비가 오백 암마 되는 담이 둘러 있었는데, 이는 거룩
한 것과 속된 것을 분리하기 위한 담이었다.

42,15-20. 바깥 건물 전체의 측량 결과는 한쪽이 약 265m가 된다. 40장 이후로 자주 5와 그 배수들이 나타난다. 5는 성전 건축의 특징적 숫자이며, 10은 온전함과 완성을 연상시킨다(십계명, 십일조 참조).

42,13 마태 24,15. 42,20 창세 1,6; 에제 22,26.

주님의 영광이 성전으로 돌아오다

43

1 그가 나를 대문으로, 동쪽으로 난 대문으로
데리고 나갔다. 2 그런데 보라, 이스라엘 하느님
의 영광이 동쪽에서 오는 것이었다. 그 소리는 큰 물이 밀
려오는 소리 같았고, 땅은 그분의 영광으로 빛났다. 3 그 모
습은 내가 본 환시, 곧 그분께서 이 도성을 파멸시키러 오
실 때에 내가 본 환시와 같았고, 또 그 모습은 내가 크바르
강 가에서 본 환시와 같았다. 그래서 나는 얼굴을 땅에 대
고 엎드렸다. 4 그러자 주님의 영광이 동쪽으로 난 문을 지
나 주님의 집으로 들어갔다. 5 그때 영이 나를 들어 올려
안뜰로 데리고 가셨는데, 주님의 집이 주님의 영광으로 가
득 차 있었다.
6 그 사람이 내 곁에 서 있는데, 주님의 집에서 나에게 말
씀하시는 소리가 들렸다. 7 나에게 이렇게 말씀하시는 것
이었다. "사람의 아들아, 이곳은 내 어좌의 자리, 내 발바
닥이 놓이는 자리다. 내가 이스라엘 자손들 가운데에서
영원히 살 곳이다. 다시는 이스라엘 집안이 나의 거룩한
이름을 부정하게 만들지 않을 것이다. 그들이나 그 임금
들이 불륜을 저질러, 또 임금들이 죽었을 때 그 주검으로,
나의 거룩한 이름을 부정하게 만들지 않을 것이다. 8 그들
은 자기들의 문지방을 내 문지방 옆에 놓고, 자기들의 문
설주를 내 문설주 옆에 놓아, 나와 자기들 사이에 벽 하나
밖에 없도록 만들었다. 그들은 이렇게 역겨운 짓들을 저
질러 나의 거룩한 이름을 부정하게 만들었다. 그래서 내가
분노하여 그들을 멸망시켜 버렸다. 9 그러나 이제 그들은
자기들의 불륜과 자기네 임금들의 주검을 나에게서 멀리
치워 버릴 것이다. 그리하여 나는 그들 가운데에서 영원히
살 것이다.
10 너 사람의 아들아, 이스라엘 집안에게 하느님의 이 집
을 설명해 주어, 자기들이 저지른 죄를 수치스럽게 여기
며, 성전 모형을 측량해 보게 하여라. 11 자기들이 저지른
모든 것을 그들이 수치스럽게 여기거든, 주님 집의 구조,

43,1-12. 하느님의 영광은 나갔던 방향과 같은 방향으로 돌아와 다시 성전에 머문다(10,18 참조). 성전 전체가 과거에 궤가 했던 역할, 곧 주님의 발판 또는 어좌의 역할을 하게 된다. 임금의 궁전과 무덤은(7-8절) 과거에 이교 신들에게 예배를 바쳤기 때문에(매춘) 더 이상 성전에 인접하지 않는다.

43,6-7. 여기서 예언자는 지성소에 계시는 하느님의 목소리를 직접 듣는다.

43,10. 성전의 규정은 신자들을 교육하기 위한 것이다.

43,1-4 1,28; 3,12; 10,18-22; 11,22-23. 43,2 묵시 1,15; 18,1; 21,11. 43,5 3,12.14; 8,3; 11,1.24; 탈출 40,34; 1열왕 8,10-11. 43,6-11 44,4-9. 43,7 1역대 28,2; 시편 99,5. 43,9 6,5; 레위 26,30; 민수 14,33. 43,10 40,4.

43,1-48,35. 43,1-4부터 두 단어가 자주 반복된다. 하느님의 이름(야훼)과 그분 백성의 이름(이스라엘)이 각각 41회와 31회 되풀이된다. 실제로 이 단락의 주제는 이 두 주체 사이에 마침내 다시 맺어진 계약의 친교이다.

43,1-44,31. 주님께서 돌아오심으로써 다시 제단에 관한 것을 비롯해 성전의 법률 규정들을 정확히 할 필요가 생겼다(43,1-12 참조). 성전 문에 대한 관심은(44,1-3 참조) 이어서 성전에 들어오기 위한 규범들을 고찰하게 한다.

그 배치와 나가는 곳과 들어오는 곳을 포함한 모든 구조
와 모든 규정, 그 모든 구조와 법을 그들에게 알려 주고,
그들이 보는 앞에서 그려 주어, 그 모든 구조와 규정을 준
수하여 지키게 하여라. 12 이것이 주님 집의 법이다. 이 산
꼭대기, 사방 경계가 모두 가장 거룩한 곳이다. 바로 이것
이 주님 집의 법이다."

안뜰의 제단

13 암마로 잰 제단의 치수는 다음과 같았다. 한 암마는 보
통의 한 암마에 손바닥 너비를 더한 것이다. 제단의 도랑
은 깊이가 한 암마, 너비가 한 암마이고, 그 가장자리에는
빙 돌아가면서 한 뼘 되는 턱이 있었다. 제단의 높이는 다
음과 같았다. 14 땅바닥에 있는 도랑에서 아래 받침의 윗
면까지는 두 암마이고, 너비는 한 암마였다. 이 작은 받침
에서 큰 받침 위까지는 네 암마이고, 너비는 한 암마였다.
15 제단의 화덕은 네 암마 높이고, 그 화덕에는 뿔이 네 개
솟아 있었다. 16 화덕은 길이가 열두 암마, 너비도 열두 암
마로서, 네 면으로 네모가 져 있었다. 17 큰 받침은 길이가
열네 암마, 너비가 열네 암마로서, 네 면이 나 있었다. 사
방 턱은 반 암마이고, 도랑은 돌아가면서 한 암마였다. 층
계들은 동쪽에 나 있었다.

43,13-17. 하느님께서 현존하시는 장소인 제단은 높이가 약 6.4m이며, 바빌론의 지구라트와 유사하게 아래층보다 더 작은 층들이 겹겹이 쌓인 형태로 되어 있다. "도랑"은 제단을 둘러싸는 웅덩이일 것이다. 화덕은 제단 위쪽이다.

제단의 봉헌

18 그분께서 또 나에게 말씀하셨다. "사람의 아들아, 주 하
느님이 이렇게 말한다. 번제물을 바치고 피를 뿌릴 제단을
만드는 날에 지킬 제단의 규정들은 이러하다. 19 주 하느님
의 말이다. 너는 차독의 후손들 가운데에서, 나를 섬기려
고 나에게 가까이 나아오는 레위인 사제들에게, 속죄 제
물로 황소 한 마리를 내주어야 한다. 20 그리고 너는 그 피
를 얼마쯤 가져다가, 제단의 네 뿔과 받침의 네 귀퉁이와
사방 턱에 발라, 제단을 정화하고 속죄하여라. 21 속죄 제
물로 바친 황소는 가져다가, 성전 밖, 주님 집의 지정된 곳
에서 태워라. 22 둘째 날에는 흠 없는 숫염소 한 마리를 속
죄 제물로 바치고 나서, 황소로 제단을 정화하였듯이 그
것을 다시 정화하여라. 23 정화 예식을 마친 다음에는, 흠
없는 황소 한 마리와 양 떼 가운데에서 흠 없는 숫양 한
마리를 바쳐라. 24 네가 그것들을 주님 앞에 바치면, 사제
들은 그 위에 소금을 뿌리고 주님에게 번제물로 바쳐야 한

43,18-27. 제단을 봉헌하는 예식은 탈출 29장과 레위 8장; 16장에 연결된다. 제단 꼭대기에는 네 개의 뿔(20절), 곧 튀어나온 모서리가 있다. 이들 각각은 높이가 약 52cm이다. 소금은 제물을 하느님 마음에 드는 것이 되게 한다. 정화하고 맛을 내는 소금은 우정과 계약을 상징하기 때문이다.

43,12 탈출 25,9.40. 43,16 묵시 21,16. 43,17 탈출 20,24-25.

다. 25 너는 이레 동안 날마다 속죄 제물로 염소 한 마리씩
바쳐야 한다. 그리고 황소 한 마리와 양 떼 가운데에서 숫
양 한 마리를 흠 없는 것들로 바치게 하여라. 26 이렇게 이
레 동안 제단을 위한 속죄 예식을 거행하여, 그것을 정화
하고 봉헌하게 하여라. 27 이 기간이 끝난 뒤, 여드레째 되
는 날부터는 사제들이 이 제단 위에서 너희의 번제물과 친
교 제물을 바쳐야 한다. 그러면 내가 너희를 기꺼이 받아
들이겠다. 주 하느님의 말이다."

동쪽 대문의 용도

44 1 그 사람은 나를 성전 밖, 동쪽으로 난 대문으
로 다시 데리고 갔는데, 그 대문은 잠겨 있었
다. 2 그때 주님께서 나에게 말씀하셨다. "이 문은 잠가 둔
채, 열어서는 안 된다. 아무도 이 문으로 들어와서는 안 된
다. 주 이스라엘의 하느님이 이곳으로 들어왔기 때문이다.
그래서 잠겨 있어야 한다. 3 다만 제후는, 그가 제후이므로
여기에 앉아 주님 앞에서 음식을 먹을 수 있다. 그는 대문
현관 쪽으로 들어왔다가, 다시 그 길로 나가야 한다."

성전 출입 규칙

4 그는 다시 나를 데리고 북쪽 대문을 지나 주님의 집 앞
으로 갔는데, 내가 보니, 주님의 집이 주님의 영광으로 가
득 차 있었다. 그래서 나는 얼굴을 땅에 대고 엎드렸다. 5
그때 주님께서 나에게 말씀하셨다. "사람의 아들아, 내가
주님 집의 모든 규정과 법과 관련해서 너에게 일러 주는
것을 모두 명심하여, 눈으로 잘 보고 귀로 잘 들어라. 그
리고 주님의 집으로 들어오는 곳과 성전에서 나가는 모든
곳을 명심하여라. 6 저 반항의 집안인 이스라엘 집안에게
말하여라. '주 하느님이 이렇게 말한다. 이스라엘 집안아,
너희는 온갖 역겨운 짓을 많이도 저질렀다. 7 너희는 마음
에 할례를 받지 않고 몸에도 할례를 받지 않은 이방인들
을 들여보내어, 내 성전에 머무르면서 나의 집을 더럽히게
하였다. 너희는 나에게 음식, 곧 굳기름과 피를 바치면서,
이렇게 온갖 역겨운 짓을 하여, 나의 계약을 깨뜨렸다. 8
너희는 나의 거룩한 물건들과 관련된 직무를 수행하지 않
고, 나의 성전에서 너희 대신 이방인들이 나를 위한 직무
를 수행하게 하였다. 9 주 하느님이 이렇게 말한다. 마음에
할례를 받지 않고 몸에도 할례를 받지 않은 이방인은 누

44,4-9 43,6-11. 44,7 레위 26,41; 신명 10,16; 사도 21,28.

44,3. 백성의 진정한 임금은 주님이시다(20,33 참조). 그래서 다윗 후손은 "제후"라는 호칭을 받고, 하느님에게서 위임받은 목자로 여겨진다.

44,7-9. 일부 레위인들이 자신들의 이익 추구를 위하여 그들의 임무를 외국인들에게 맡겼던 것 같다. 하느님께서는 몸의 할례가 내적 할례의 준비이며 표지임을 강조하시고 외국인들이 성전에 들어오는 것을 금하신다.

구도 내 성전에 들어올 수 없다. 이스라엘 자손들 가운데
에 사는 어떤 이방인도 마찬가지다.'

레위인들

10 '레위인들은 이스라엘이 나를 떠나 자기들의 우상들을
좇으며 헤맬 때, 나에게서 멀리 떠나갔기 때문에, 그 죗값
을 짊어져야 한다. 11 그들은 이제 나의 성전에서, 주님의
집 문지기 일을 하고, 주님의 집에서 시중드는 일을 하게
된다. 그들은 백성에게 번제물과 다른 희생 제물을 잡아
주고, 백성의 시중을 들기 위하여 그들 앞에 준비하고 서
있어야 한다. 12 레위인들은 백성이 섬기는 우상들 앞에서
그들의 시중을 들어, 이스라엘 집안을 죄짓게 하는 걸림
돌이 되었기 때문에, 나는 그들을 거슬러 손을 들고 맹세
하였다. 주 하느님의 말이다. 그들은 자기들의 죗값을 짊
어져야 한다. 13 그들은 사제직을 수행하러 나에게 다가오
지 못하고, 나의 모든 거룩한 제물, 곧 가장 거룩한 것들에
다가가지 못한다. 이렇게 그들은 수치와 더불어, 자기들이
저지른 역겨운 짓들의 결과를 짊어져야 한다. 14 나는 그들
을 주님 집의 직무를 수행하는 자들로 세워, 그곳의 온갖
일, 곧 그곳에서 해야 하는 온갖 일을 하게 할 것이다.'

사제들

15 '이스라엘 자손들이 나를 떠나 헤맬 때, 차독의 자손들
인 레위인 사제들은 내 성전의 직무를 준수하였으므로,
나에게 가까이 나아와 나를 섬기고, 내 앞에 서서 나에게
굳기름과 피를 바칠 수 있다. 주 하느님의 말이다. 16 그들
은 내 성전에 들어올 수 있고, 내 상에 가까이 와서 나를
섬길 수 있으며, 나를 위한 직무를 수행할 수 있다.
17 그러나 그들이 안뜰 대문으로 들어올 때에는, 아마포
옷을 입어야 한다. 안뜰 대문 안에서나 주님의 집 안에서
예식을 거행할 때, 양털 옷을 걸쳐서는 안 된다. 18 머리에
는 아마포 쓰개를 쓰고, 허리에도 아마포 속바지를 입어
야 하며, 땀이 나게 하는 띠를 둘러서는 안 된다. 19 바깥뜰
로 백성에게 나갈 때에는, 예식을 거행할 때에 입었던 옷
을 벗어 거룩한 방에 두고, 다른 옷으로 갈아입어야 한다.
그렇게 하여 사제들은 자기들의 옷으로 백성을 신성한 기
운에 닿게 하는 일이 없어야 한다.

44,10-14. 과거에는 지방 성소에 속한 이들이(지방 성소는 후에 불법화되었다), 이제는 레위인들이 사제들에게 종속된 보조 임무를 수행한다.

44,15-27. 차독 계열의 사제들은(다윗에게 충실했던 차독은 솔로몬에 의하여 대사제로 선택되었다. 1열왕 2,35 참조) 예배를 주관하고 백성의 교육과 양심상 문제들을 결정한다.

44,17. 전례에서 양털 옷은 위생상 이유로 금지된다.

44,19. "신성한 기운"("거룩함")은 신이 지닌 어떤 무서운 힘으로, 예식적 준비를 갖추지 않고 임의로 그 거룩함에 접하는 사람을 제거할 수 있었다(46,20의 주 참조).

44,10-13 히브 13,10. 44,15-27 민수 18,1-19; 44,17 신명 23,12-14.

[20] 그리고 사제들은 머리를 밀어서도 안 되고, 머리카락이
길게 자라도록 내버려 두어서도 안 된다. 그들은 머리를
잘 손질해야 한다. [21] 어떤 사제든지 안뜰로 들어갈 때에
는 술을 마셔서는 안 된다. [22] 그들은 이스라엘 집안 후손
의 처녀가 아니면, 과부나 소박맞은 여자를 아내로 맞아
들여서는 안 된다. 그러나 사제의 과부는 맞아들일 수 있
다.
[23] 사제들은 거룩한 것과 속된 것을 구별하도록 내 백성을
가르치고, 부정한 것과 정결한 것을 구별하도록 그들을
깨우쳐 주어야 한다. [24] 소송이 일어나면, 판관으로 나서
서 내 법규들에 따라 판결을 내려야 한다. 또한 나의 모든
축일에 나의 법과 규정들을 준수하고, 나의 안식일을 거
룩히 지내야 한다.
[25] 사제들은 죽은 이에게 다가가서 자신을 부정하게 만들
어서는 안 된다. 그러나 아버지나 어머니, 아들이나 딸, 형
제나 시집가지 않은 누이를 위해서는 자신을 부정하게 만
들어도 된다. [26] 그 뒤 정결하게 된 다음에도 이레가 지나
야 한다. [27] 그런 다음 성소에, 곧 그곳에서 예식을 거행하
려고 안뜰로 들어가는 날에는, 자기 몫으로 속죄 제물을
바쳐야 한다. 주 하느님의 말이다.
[28] 사제들에게는 상속 재산이 있다. 내가 바로 그들의 상
속 재산이다. 너희는 이스라엘에서 어떤 소유지도 그들에
게 주어서는 안 된다. 내가 바로 그들의 소유지다. [29] 그들
은 곡식 제물과 속죄 제물과 보상 제물을 먹는다. 또 이스
라엘에서 바치는 완전 봉헌물은 모두 그들의 것이 된다. [30]
온갖 종류의 모든 맏물 가운데에서 가장 좋은 것, 너희가
바치는 온갖 종류의 예물은 모두 사제들의 것이 된다. 너
희는 반죽한 것 가운데에서 가장 좋은 것을 사제에게 주
어, 네 집에 복이 내리게 하여라. [31] 사제들은 새나 짐승 가
운데에 저절로 죽은 것이나 맹수에게 찢겨서 죽은 것은 어
떤 것도 먹어서는 안 된다.'

44,20. 장례의 표지가 금지된다.

44,20 레위 21,5.10. 44,21 레위 10,9. 44,22 레위 21,7.14-15. 44,23 레위 10,10-11; 신명 17,8-13; 19,15-21. 44,25-27 레위 21,1-3; 21,11.

45,1-6. 영토의 새로운 분배가 규정된다. 이는 47,13-23에서 완성된다.

땅의 분할: 주님의 몫

45

1 '너희는 제비를 뽑아 땅을 상속 재산으로 나
눌 때, 그 땅의 한 부분을 거룩한 구역으로서
주님을 위하여 떼어 놓아야 한다. 그 길이는 이만 오천 암
마, 너비는 이만 암마이다. 이 구역은 사방 그 경계 안이
모두 거룩하다. 2 이 가운데에서 길이가 오백, 너비가 오백
암마로서 사방으로 네모난 땅이 성전을 위한 것이다. 그
둘레에는 사방으로 쉰 암마 되는 빈터를 두어야 한다. 3 이
렇게 측량한 곳에서 너희는 길이가 이만 오천 암마, 너비
가 만 암마 되는 땅을 재어 놓아라. 그 안에 성소, 곧 가장
거룩한 곳이 자리 잡게 된다. 4 그곳은 이 땅의 거룩한 구
역으로서, 성전에서 봉직하는 사제들, 곧 주님에게 가까이
나아와 그를 섬기는 사제들의 것이다. 그곳은 그들의 집을
지을 자리이며, 성전을 위한 거룩한 땅이다. 5 그리고 길이
가 이만 오천 암마, 너비가 만 암마 되는 다른 땅은, 주님
의 집에서 봉직하는 레위인들의 것이다. 이것이 그들의 소
유지로서 그들은 그곳에 성읍들을 세우고 살 것이다. 6 너
희는 또 거룩한 구역과 나란히 너비가 오천 암마, 길이가
이만 오천 암마 되는 땅을 도성의 소유지로 지정하여라.
그곳은 온 이스라엘 집안을 위한 것이다.'

제후의 몫

7 '거룩한 구역과 도성 소유지의 이쪽과 저쪽, 곧 거룩한
구역과 도성 소유지의 옆으로 난 지역은 제후의 것이다.
그 길이는 서쪽 면에서 서쪽으로, 동쪽 면에서 동쪽으로,
곧 이 땅의 서쪽 경계에서 동쪽 경계에 이르기까지 한 지
파가 받을 몫의 길이에 상응하는 것이다. 8 이것이 이스라
엘에서 그가 차지할 소유지다. 나의 제후들이 다시는 나의
백성을 학대하지 않고, 이 땅을 지파에 따라 이스라엘 자
손들에게 나누어 줄 것이다.'

45,9. "이스라엘의 제후들"은 임금과 그 밖의 관료들이다(44,3의 주 참조).

제후들에게 내리는 경고

9 '주 하느님이 이렇게 말한다. 이스라엘의 제후들아, 그만
하여라. 폭력과 억압을 치워 버리고, 공정과 정의를 실천
하여라. 내 백성을 수탈하는 일을 멈추어라. 주 하느님의

45,1-4 민수 26,53-56; 여호 18,6-10. 45,1-6 48,8-20.

45,9-46,24. 정의의 필요성에 대한 언급은(특히 제후들에 대해 매우 전통적이다) 도량형의 통일과 관련되고(45,9-12 참조), 이것은 다시 제물과 관련하여 구체화되며(45,13-25 참조), 제물들은 주로 축제 때 봉헌된다(46,1-18 참조). 이러한 경우들에 사제들이 어떻게 개입하는지 지적하면서 끝맺는다(46,19-24 참조).

말이다.
10 너희는 바른 저울, 바른 에파와 바른 밧을 써야 한다. 11
에파와 밧은 용량이 같아야 한다. 한 밧은 십분의 일 호메
르이고, 한 에파도 십분의 일 호메르이다. 호메르가 기준
이 되는 것이다. 12 한 세켈은 스무 게라이고, 스무 세켈 짜
리와 스물다섯 세켈 짜리와 열다섯 세켈 짜리를 합하면,
한 미나가 된다.'

45,10.11. 세 측량 단위는 45리터에 해당한다. 경제 정의의 요구들은 참된 예배와 연관되며, 제후가 감독해야 할 행동으로 구체화된다.

제물에 관한 규정

13 '너희가 바칠 예물은 다음과 같다. 밀은 한 호메르마다
육분의 일 에파, 보리도 한 호메르마다 육분의 일 에파를
바쳐야 한다. 14 기름에 관한 규정은 이러하다. 한 코르마
다 십분의 일 밧을 바쳐야 한다. 열 밧은 한 호메르이고,
열 밧은 또 한 코르이기도 하다. 15 이스라엘의 가축 떼에
서는 이백 마리 양 떼마다 한 마리씩 바쳐야 한다. 이것들
은 이스라엘 사람들을 위하여 속죄 예식을 거행할 곡식
제물과 번제물과 친교 제물이다. 주 하느님의 말이다. 16
이 땅의 온 백성은 이 예물을 마련하는 일에, 이스라엘의
제후에게 협력해야 한다. 17 축제와 초하룻날과 안식일에,
이스라엘 집안의 모든 축일에 바치는 번제물과 곡식 제물
과 제주는 제후가 책임을 진다. 그가 이스라엘 집안을 위
한 속죄 예식을 거행할 속죄 제물과 곡식 제물과 번제물
과 친교 제물을 바쳐야 하는 것이다.'

성전 정화

18 '주 하느님이 이렇게 말한다. 너는 첫째 달 초하룻날에
흠 없는 황소 한 마리를 끌어다가, 성전을 정화해야 한다.
19 사제는 그 속죄 제물의 피를 얼마쯤 가져다가, 주님 집
의 문설주와 제단 받침의 네 귀퉁이와 안뜰 대문의 문설
주에 바른다. 20 너는 초이렛날에도 실수로 잘못을 저지른
사람과 모르고 죄를 지은 이를 위하여 그와 같이 하여라.
너희는 이렇게 주님의 집을 위하여 속죄 예식을 거행하여
라.'

45,18.21. 이 날짜들은 속죄일과 파스카 축제일이다. 고대 히브리 관습에서는 한 해가 가을에 시작되었다(지금도 그렇다). 봄에 한 해를 시작하는 것은 바빌론의 영향에서 나온 관습이다. 이 단락은 파스카 예식과 무교절 예식을 하나의 축제로 결합한 것에 대한 첫 증언이다.

파스카 축제

21 '너희는 첫째 달 열나흗날에 파스카 축제를 지내야 한
다. 이는 이레 동안 지내는 축제로서, 너희는 누룩 없는 빵

45,13-17 탈출 30,13-16. 45,18-20 탈출 40,2. 45,21 탈출 34,25.

을 먹어야 한다. 22 그날 제후는 자신과 이 땅의 온 백성을
위하여, 황소 한 마리를 속죄 제물로 바쳐야 한다. 23 그는
이 축제를 지내는 이레 동안 주님을 위한 번제물을 마련
하는데, 이레 동안 날마다 황소 일곱 마리와 숫양 일곱 마
리를 흠 없는 것으로 바치고, 속죄 제물로는 날마다 숫염
소 한 마리를 바친다. 24 또 황소 한 마리에 곡식 제물 한
에파, 숫양 한 마리에도 한 에파를 곁들여 바치는데, 한
에파마다 기름 한 힌을 곁들인다.'

초막절

25 '일곱째 달 보름날에 시작하는 축제에도, 제후는 이레
동안 속죄 제물과 번제물, 곡식 제물과 기름을 똑같이 바
쳐야 한다.'

45,25. 초막절은 가장 많은 이들이 참가했던 예루살렘 순례와 결부되어 있었다.

안식일과 초하룻날

46 1 '주 하느님이 이렇게 말한다. 안뜰의 동쪽 대
문은 일하는 엿새 동안 잠가 두었다가 안식일
에 열고, 또 매달 초하룻날에도 열어야 한다. 2 제후는 바
깥에서 이 대문 현관으로 들어와, 대문 문설주 곁에 선다.
사제들이 그의 번제물과 친교 제물을 바치는 동안, 제후
는 그 대문 문지방에 엎드려 경배한다. 그런 다음 그가 나
간 뒤에도, 대문은 저녁때까지 닫지 말아야 한다. 3 이 땅
의 백성도 안식일과 초하룻날에는, 이 문 어귀에서 주님
앞에 엎드려 경배한다.
4 제후가 안식일에 주님에게 바칠 번제물은, 흠 없는 어린
양 여섯 마리와 흠 없는 숫양 한 마리이다. 5 숫양 한 마리
에는 곡식 제물 한 에파, 어린양에는 원하는 만큼 곡식 제
물을 곁들여 바치는데, 한 에파마다 기름 한 힌을 곁들인
다. 6 초하룻날에는 흠 없는 황소 한 마리와, 어린양 여섯
마리와 숫양 한 마리를 흠 없는 것으로 바친다. 7 또 곡식
제물로는 황소 한 마리에 한 에파, 숫양 한 마리에도 한 에
파, 어린양에는 힘이 닿는 대로 바치는데, 한 에파마다 기
름 한 힌을 곁들인다.'

46,1. "초하룻날"(초승)은 한 달의 시작이다. 이때 같은 부족에 속한 이들이 함께 모여 제사를 거행했는데, 이 제사는 거룩한 식사로 연장되기도 했다.

여러 가지 규정

8 '제후가 들어올 때에는 대문 현관으로 들어왔다가, 다시
그 길로 나가야 한다. 9 이 땅의 백성이 축일에 주님 앞으

45,22-24 민수 28,16-25; 2역대 35,7-9. 46,1 탈출 20,8-11. 46,3 레위 4,27. 46,4-5 민수 28,9-10. 46,6-7 민수 28,11.

로 들어올 때에는, 북쪽 대문으로 들어와서 경배한 이는
남쪽 대문으로 나가고, 남쪽 대문으로 들어온 이는 북쪽
대문으로 나간다. 자기가 들어온 대문으로 되돌아가지 말
고, 똑바로 앞쪽으로 나가야 한다. 10 제후도 백성이 들어
올 때에 함께 들어오고, 그들이 나갈 때에 함께 나가야 한
다.
11 축제와 축일에 바치는 곡식 제물은 황소 한 마리에 한
에파, 숫양 한 마리에 한 에파, 어린양에는 원하는 만큼 바
치는데, 한 에파마다 기름 한 힌을 곁들인다.
12 제후가 주님에게 자원 예물로 번제물을 바칠 때나, 자
원 예물로 친교 제물을 바칠 때에는, 동쪽 대문을 열어 주
어야 한다. 그는 안식일에 하듯이 자기의 번제물과 친교
제물을 바치고 나간다. 그가 나간 다음에는 그 대문을 닫
는다.
13 너는 날마다 주님에게 일 년 된 어린양 한 마리를 번제
물로 바쳐야 한다. 아침마다 그것을 바쳐야 한다. 14 이것
에 곁들이는 곡식 제물로 아침마다 고운 곡식 가루 육분
의 일 에파와 그것에 뿌릴 기름 삼분의 일 힌을 바친다. 이
것이 주님에게 바치는 곡식 제물로서, 늘 지켜야 하는 영
원한 규정이다. 15 이렇게 아침마다 어린양과 곡식 제물과
기름을 일일 번제물로 바쳐야 한다.'

제후의 재산권

16 '주 하느님이 이렇게 말한다. 제후가 자기 아들 가운데
하나에게 선물을 할 경우, 그것은 그 아들의 상속 재산으
로서 그의 아들들의 것이 된다. 그것은 상속 재산으로서
그들의 소유가 되는 것이다. 17 그러나 제후가 자기의 상속
재산에 든 것을 자기 신하에게 선물할 경우, 그것은 해방
의 해까지만 그 신하의 소유가 되고, 그 뒤에는 제후에게
되돌아간다. 제후의 상속 재산은 그의 아들들만 차지할
수 있다. 18 제후는 백성을 학대하여 그들의 소유지에서 내
몰아, 그들의 상속 재산을 빼앗아서는 안 된다. 그는 자기
의 소유지만 아들들에게 상속할 수 있다. 그래서 나의 백
성 가운데 아무도 자기 소유지에서 쫓겨나는 일이 없어야
한다.'"

성전 부엌

19 그 사람은 나를 데리고 대문 곁에 있는 입구를 지나 북
쪽에 있는 사제들의 거룩한 방으로 갔다. 그곳에서 나는

46,17. "해방의 해" 곧 안식년 또는 희년이 언급된다. 국가의 유산이 분산되는 것을 막고자 하는 의도가 나타난다.

서쪽 끝에 있는 어떤 장소를 보았다. 20 그가 나에게 말하
였다. "이곳은 사제들이 보상 제물과 속죄 제물을 삶고 곡
식 제물을 굽는 장소다. 그것들을 바깥뜰로 가지고 나가,
백성을 신성한 기운에 닿게 하는 일이 없게 하려는 것이
다."
21 그는 다시 나를 데리고 바깥뜰로 나가, 그 뜰의 네 모퉁
이로 데리고 다녔다. 내가 보니 그 뜰의 네 모퉁이마다 뜰
이 또 하나씩 있었다. 22 이렇게 그 뜰의 네 모퉁이마다 작
은 뜰이 있는데, 길이는 마흔 암마, 너비는 서른 암마로,
넷 다 치수가 같았다. 23 이 네 뜰에는 돌담이 둘러 있고,
담 밑으로는 돌아가면서 화덕이 갖추어져 있었다. 24 그가
나에게 말하였다. "이곳은 주님의 집에서 봉직하는 이들
이 백성의 희생 제물을 삶는 부엌이다."

성전에서 솟아 흐르는 물

47 1 그가 다시 나를 데리고 주님의 집 어귀로 돌
아갔다. 이 주님의 집 정면은 동쪽으로 나 있
었는데, 주님의 집 문지방 밑에서 물이 솟아 동쪽으로 흐
르고 있었다. 그 물은 주님의 집 오른쪽 밑에서, 제단 남쪽
으로 흘러내려 갔다. 2 그는 또 나를 데리고 북쪽 대문으로
나가서, 밖을 돌아 동쪽 대문 밖으로 데려갔다. 거기에서
보니 물이 오른쪽에서 나오고 있었다. 3 그 사람이 동쪽으
로 나가는데, 그의 손에는 줄자가 들려 있었다. 그가 천 암
마를 재고서는 나에게 물을 건너게 하였는데, 물이 발목
까지 찼다. 4 그가 또 천 암마를 재고서는 물을 건너게 하
였는데, 물이 무릎까지 찼다. 그가 다시 천 암마를 재고서
는 물을 건너게 하였는데, 물이 허리까지 찼다. 5 그가 또
천 암마를 재었는데, 그곳은 건널 수 없는 강이 되어 있었
다. 물이 불어서, 헤엄을 치기 전에는 건널 수 없었다. 6 그
는 나에게 "사람의 아들아, 잘 보았느냐?" 하고서는, 나를
데리고 강가로 돌아갔다.
7 그가 나를 데리고 돌아갈 때에 보니, 강가 이쪽저쪽으
로 수많은 나무가 있었다. 8 그가 나에게 말하였다. "이 물
은 동쪽 지역으로 나가, 아라바로 내려가서 바다로 들어
간다. 이 물이 바다로 흘러들어 가면, 그 바닷물이 되살아

46,20. 신성한 것은 백성이 더 이상 자신들의 일상적 직업에 종사하지 못하게 만들 것이다(44,19의 주 참조).

47,1. 팔레스티나의 건조한 땅에서 샘은 생명을 주는 능력의 상징이고 다시 살아나게 하는 하느님 축복의 상징이다. 그래서 샘 주위에 성소를 짓는다. 예루살렘의 크지 않은 샘 기혼과 실로아의 경우도 그러했다. 이와 유사하면서도 낙원에서와 같은 풍부함으로, 새로운 시온의 성전에서 나오는 샘은 주님의 불굴의 생명력을 드러낸다. 그 주님의 영광이 성전에 머물고 있다. 요한계 문헌들에서는 이 표상을 최종적 성전이신 예수 그리스도와 결합한다(요한 7,37-39; 19,34; 묵시 22,1-2 참조). 또한 이 47장의 표상은 네 개의 강이 흘러나와 땅을 적시는 에덴 동산에 대한 묘사를 연상시킨다(창세 2,11-14 참조).

46,20 레위 10,1-2; 2사무 6,6-7. 46,24 2역대 35,11-13. 47,1 요엘 4,18-20; 즈카 14,1.5-9; 요한 7,38; 묵시 22,1. 47,1-23 묵시 22,1-2.

✠ 47,1-9.12. 본문의 주에서 물의 의미를 강조하여 이 본문이 유아 세례 예식의 독서에 포함된 이유들을 잘 설명하고 있다.

난다. 9 그래서 이 강이 흘러가는 곳마다 온갖 생물이 우
글거리며 살아난다. 이 물이 닿는 곳마다 바닷물이 되살
아나기 때문에, 고기도 아주 많이 생겨난다. 이렇게 이 강
이 닿는 곳마다 모든 것이 살아난다. 10 그러면 물가에는
어부들이 늘어서고, 엔 게디에서 엔 에글라임까지는 그물
을 펴서 말리는 곳이 될 것이다. 그곳의 물고기 종류도 큰
바다의 물고기처럼 매우 많아질 것이다. 11 그러나 늪과 웅
덩이 물은 되살아나지 않은 채, 소금을 얻을 수 있도록 남
아 있을 것이다. 12 이 강가 이쪽저쪽에는 온갖 과일나무가
자라는데, 잎도 시들지 않으며 과일도 끊이지 않고 다달
이 새 과일을 내놓는다. 이 물이 성전에서 나오기 때문이
다. 그 과일은 양식이 되고 잎은 약이 된다."

47,10. 엔 게디와 엔 에글라임은 광야의 오아시스이다.

이스라엘 땅의 새 경계선과 분배

13 주 하느님께서 이렇게 말씀하신다. "너희가 이스라엘의
열두 지파에 따라, 상속 재산으로 나누어 가질 이 땅의 경
계선은 이러하다. 요셉은 두 몫을 차지한다. 14 내가 너희
조상들에게 주기로 손을 들어 맹세한 이 땅을, 너희는 서
로 똑같이 나누어야 한다. 이제 이 땅이 너희에게 상속 재
산으로 돌아가게 된다.
15 이것이 이 땅의 경계선이다. 북쪽으로는, 큰 바다에서
헤틀론 쪽으로 르보 하맛과 츠닷을 거쳐, 16 베로타, 다마
스쿠스 경계선과 하맛 경계선 사이에 있는 시브라임, 그리
고 하우란 경계선 쪽에 있는 하체르 티콘에 이른다. 17 이
렇게 이 경계선은 바다에서 하차르 에논까지 이어지는데,
다마스쿠스의 영토와 하맛의 영토를 북쪽으로 둔다. 이것
이 북쪽 경계선이다.
18 동쪽으로는, 하우란과 다마스쿠스 사이에서 시작하여,
길앗과 이스라엘 땅 사이의 경계를 이루는 요르단을 따
라, 동쪽 바다와 타마르까지 이른다. 이것이 동쪽 경계선
이다.
19 남쪽으로는, 타마르에서 시작하여 므리밧 카데스 샘까
지, 그리고 거기에서 '이집트 마른내'를 거쳐 큰 바다까지
이른다. 이것이 남쪽 경계선이다.
20 서쪽으로는, 큰 바다가 경계를 이루어 르보 하맛 건너
편까지 이른다. 이것이 서쪽 경계선이다.
21 너희는 이 땅을 이스라엘의 지파에 따라 나누어 가져야
한다. 22 너희뿐 아니라, 자식들을 낳으면서 너희 가운데에

47,13-23. 외부 경계선은 이상적이며, 다윗의 정복과 아람인들에 대한 그의 승리에 대한 기억을 반영한다. 에제키엘은 영토를 기하학적으로, 정확히 평행을 이루는 띠 모양으로 나누어 열두 지파 각각에게 분배한다.

47,22. 여기서 말하는 "이방인들"은 할례를 받았고, 그래서 파스카와 하느님의 유산에 참여할 수 있다.

47,10 마태 4,19. 47,12 묵시 22,2. 47,13-23 민수 34,1-12; 여호 13,1-6; 15,1-4.

48,8. 하느님 몫으로 정해진 지역이 언급된다. 여기에는 사제, 레위인, 제후가 산다.

머무르는 이방인들도, 제비를 뽑아 이 땅을 상속 재산으로 나누게 하여라. 그들을 이스라엘 본토인처럼 대해야 한다. 그들도 이스라엘의 지파들 가운데에서 너희와 함께 제비를 뽑아 상속 재산을 받아야 한다. 23 이방인이 어느 지파에서 살든, 그곳에서 그에게 상속 재산을 나누어 주어야 한다. 주 하느님의 말이다."

북쪽 지파들의 몫

48 1 "지파들의 이름은 이러하다. 북쪽 끝에서 헤틀론 길을 따라 르보 하맛과 하차르 에난까지,
다마스쿠스 영토를 북쪽으로 두고 하맛 옆으로, 동쪽에
서 서쪽까지 이르는 땅이 단을 위한 한몫이다. 2 단의 경계
에 잇닿아 동쪽에서 서쪽까지는 아세르를 위한 한몫이다.
3 아세르의 경계에 잇닿아 동쪽에서 서쪽까지는 납탈리를
위한 한몫이다. 4 납탈리의 경계에 잇닿아 동쪽에서 서쪽
까지는 므나쎄를 위한 한몫이다. 5 므나쎄의 경계에 잇닿
아 동쪽에서 서쪽까지는 에프라임을 위한 한몫이다. 6 에
프라임의 경계에 잇닿아 동쪽에서 서쪽까지는 르우벤을
위한 한몫이다. 7 르우벤의 경계에 잇닿아 동쪽에서 서쪽
까지는 유다를 위한 한몫이다."

주님의 몫

8 "유다의 경계에 잇닿아 동쪽에서 서쪽까지는, 너희가 따로 떼어 놓아야 하는 구역으로, 그 너비는 이만 오천 암마이고 길이는 다른 몫과 같이 동쪽에서 서쪽까지다. 그 한가운데에 성전이 자리 잡게 된다.
9 너희가 주님을 위하여 떼어 놓아야 하는 구역은, 길이
가 이만 오천 암마이고 너비가 이만 암마이다. 10 이 거룩
한 구역은 다음 사람들의 차지다. 사제들을 위한 땅은 북쪽으로 길이가 이만 오천 암마, 서쪽으로 너비가 만 암마,

---

48,8-20 45,1-6. 48,10-12 45,3-4.

48,1-35. 이 장에서 제시하는 약속된 땅 안에서 지파들의 위치는 다른 성경 전승에서 말하는 바와 늘 일치하는 것은 아니다. 에제키엘서 본문에서 요르단강 동편의 영토들은 이스라엘의 경계에 포함되지 않는다. 따라서 그 지역에 거주하던 지파들은, 한 지파는 남쪽 끝에 배치되고(가드) 르우벤 지파는 유다 바로 옆에 자리하는데, 이는 아마도 고대에서 중시한 가치 때문이다(르우벤은 야곱의 아들들 가운데 맏이였다). 특별한 위치라고 여긴 것은 성전 가까운 곳과 레위인들의 몫이다. 성전에 가까운 땅은 벤야민과 유다에게 할당되었고, 다음으로 성조 설화들에서 야곱의 아내들인 라헬과 레아의 자녀들로 표현된 중요한 지파들이 자리했다. 본래 팔레스티나 북부에 살던 이사카르와 즈불룬은 남쪽으로 옮겨져, 성전에 할당된 거룩한 땅의 중심 위치를 차지하게 된다. 이러한 순서는 예루살렘의 성문들이 각각 한 지파의 이름을 지니고 있다는 묵시 21,12의 묘사에서 부분적으로 다시 사용된다.

동쪽으로 너비가 만 암마, 남쪽으로 길이가 이만 오천 암
마이다. 그 한가운데에 주님의 성전이 자리 잡게 된다. 11
이것이 차독의 자손들인 성별된 사제들이 차지할 땅이다.
그들은 이스라엘 자손들이 나를 떠나 헤맬 때, 레위인들
이 헤맨 것처럼 헤매지 않고, 나를 위한 직무를 수행하였
다. 12 그래서 그들은 이 땅에서 따로 떼어 놓은 구역 가운
데에서도 특별한 구역을 차지하게 된다. 그것은 가장 거룩
한 땅으로, 레위인들의 경계와 잇닿아 있다. 13 레위인들은
사제들의 경계와 나란히, 길이가 이만 오천 암마, 너비가
만 암마 되는 땅을 차지한다. 그래서 전체길이는 이만 오
천 암마, 너비는 이만 암마이다. 14 이 땅은 떼어서 팔지도
못하고 바꾸지도 못한다. 그것은 이 땅의 가장 좋은 부분
으로, 남에게 넘기지 못한다. 그 땅은 주님을 위한 거룩한
것이다.

15 그리고 너비가 오천 암마에 길이가 이만 오천 암마 되는
나머지 땅은, 거주지와 빈터로서 도성에 속하는 속된 땅
이다. 도성은 그 한가운데에 자리 잡게 된다. 16 도성의 치
수는 다음과 같다. 북쪽 사천오백 암마, 남쪽 사천오백 암
마, 동쪽 사천오백 암마, 서쪽 사천오백 암마이다. 17 이 도
성의 빈터는 북쪽으로 이백오십 암마, 남쪽으로 이백오십
암마, 동쪽으로 이백오십 암마, 서쪽으로 이백오십 암마
이다. 18 그러고 나면 거룩한 구역에 잇대어 길이가 동쪽으
로 만 암마, 그리고 다시 거룩한 구역에 잇대어 서쪽으로
만 암마 되는 땅이 남게 되는데, 이 땅의 소출은 도성 일
꾼들의 양식이 된다. 19 이 땅을 경작하는 도성의 일꾼들
은 이스라엘의 모든 지파에서 와야 한다. 20 따로 떼어 놓
은 구역 전체는 이만 오천 암마에 이만 오천 암마이다. 이
네모진 땅을 도성의 소유지와 함께 거룩한 구역으로 떼어
놓아야 한다.

21 거룩한 구역과 도성의 소유지 이쪽과 저쪽에 있는 나머
지 땅은 제후가 차지한다. 이만 오천 암마 되는, 이 따로
떼어 놓은 구역에서 동쪽 경계선까지, 그리고 서쪽으로는
이만 오천 암마 되는 서쪽 경계선까지, 지파들의 몫과 나
란히 놓인 땅이 제후의 차지다. 이렇게 해서 거룩한 구역
과 주님의 집 성전이 그 한가운데에 자리 잡게 된다. 22 그
리고 레위인들의 소유지와 도성의 소유지는 제후가 차지
하는 땅 사이에 놓인다. 또 제후가 차지하는 이 땅은 유다
의 경계선과 벤야민의 경계선 사이에 자리 잡는다."

48,15-20 민수 34,6-12. 48,16 묵시 21,16.

48,23-29. 거룩한 지역에 가장 가까운 곳에는 예루살렘 남쪽의 벤야민이 있다(북쪽으로 거룩한 지역에 가장 가까운 지파는 유다였다). 다음으로 시메온, 이사카르, 가드가 이어진다. 나누어진 땅들은 언제나 사각형으로 서로 동일하여, 공평함과 일치를 나타낸다. 유일한 특권은 성전에 가까이 있는 것이고, 이 특권은 레위인들 외에도 히브리 민족의 시조 야곱에게 특별히 축복을 받은 유다와 벤야민 지파에게 주어진다.

남쪽 지파들의 몫

23 "나머지 지파들의 몫은 이러하다. 동쪽에서 서쪽까지는
벤야민을 위한 한몫이다. 24 벤야민의 경계에 잇닿아 동쪽
에서 서쪽까지는 시메온을 위한 한몫이다. 25 시메온의 경
계에 잇닿아 동쪽에서 서쪽까지는 이사카르를 위한 한몫
이다. 26 이사카르의 경계에 잇닿아 동쪽에서 서쪽까지는
즈불룬을 위한 한몫이다. 27 즈불룬의 경계에 잇닿아 동
쪽에서 서쪽까지는 가드를 위한 한몫이다. 28 가드의 경계
에 잇닿아 남쪽으로는 이스라엘의 경계가 타마르에서 시
작하여, 므리밧 카데스 샘과 '이집트 마른내'를 거쳐 큰 바
다에 이른다.
29 이것이 너희가 이스라엘의 지파에 따라 제비를 뽑아 상
속 재산으로 나눌 땅이고, 이것이 지파들이 차지할 몫이
다. 주 하느님의 말이다."

48,30-35. 각 지파는 땅의 한몫을 받았다(그들은 모두 하느님께 동일한 중요성을 갖는다). 마찬가지로, 각 지파는 도성 안에서도 그 열두 대문 가운데 하나 근처에 자신의 위치를 갖게 된다. 바빌론에 있던 마르둑 신의 지구라트에도 열두 개의 문이 있었던 것으로 보인다.

예루살렘의 성문들

30 "도성의 출구는 이러하다. 도성 북쪽의 치수는 사천오
백 암마이다. 31 도성의 대문들은 이스라엘의 지파 이름을
따서 부른다. 그래서 북쪽에 대문이 셋 있는데, 하나는 르
우벤 대문, 하나는 유다 대문, 하나는 레위 대문이다. 32 사
천오백 암마 되는 동쪽에도 대문이 셋 있는데, 하나는 요
셉 대문, 하나는 벤야민 대문, 하나는 단 대문이다. 33 치수
가 사천오백 암마 되는 남쪽에도 대문이 셋 있는데, 하나
는 시메온 대문, 하나는 이사카르 대문, 하나는 즈불룬 대
문이다. 34 사천오백 암마 되는 서쪽에도 대문이 셋 있는
데, 하나는 가드 대문, 하나는 아세르 대문, 하나는 납탈
리 대문이다.
35 이렇게 도성의 둘레가 만 팔천 암마이다. 그리고 이 도
성의 이름은 이제부터 '야훼 삼마'이다."

48,35. 에제키엘은 이 도성을 한 번도 '여루살라임'(예루살렘)이라는 이름으로 부르지 않는다. 이제 그 도성에게 새로운 이름을 부여하는데, 그 이름은 첫 이름과 발음이 유사한 '야훼 삼마'("주님께서 여기에 계시다")이다. 새로운 점은 주님의 영광이 돌아와 영원히 그곳에 머물며 그 주민들이 이제는 그분의 현존에 합당하게 살아갈 것이라는 데 있다.

48,31 묵시 21,12. 48,35 묵시 3,12.

다니엘서

제목과 정경 내의 위치

다니엘은 정의와 공정으로 유명한 전설적 인물로, 이스라엘 전통과(에제 28,3 참조) 가나안 전통에 알려져 있다(우가릿에서는 아크하트 서사시에서 과부와 고아의 재판에 관심을 기울이는 임금으로 나온다. 그는 신들의 마음에 들며, 신들은 자식이 없던 그에게 아들을 허락한다). 다니엘서에서는 이름 자체로 "하느님께서 심판하신다"는 것을 증언하는 그가 사건들을 겪고 환시들을 보았다고 이야기하는데, 이들은 예루살렘 점령과 키루스의 등장 사이의 기간에 일어난 일들로서 주님의 왕권을 찬양하며 그분께서 역사와 사람들을 심판하시는 최고 구원자 재판관이심을 기념한다.

이 책은 구약 성경의 책들 가운데 유일하게 히브리어(다니 1,1-2,4ㄱ; 8,1-12,13), 아람어(2,4ㄴ-7,28), 그리스어로(3장의 첨가 부분과 13-14장) 전해진다. 히브리어-아람어로 편집된 것은 기원전 167년부터 164년 사이이며, 그리스어로 편집된 것은 기원전 100년 무렵이다. 히브리어 성경에서는 성문서에 들어가 있고(에스테르기와 에즈라기 사이), 주요 그리스어 사본들에서 예언서 안에서 구약 성경을 끝맺는 특별한 위치를 차지하여 마태오 복음의 바로 앞에 놓였다. 다니엘서에서 사람의 아들의 도래(7,13 참조), 무죄하게 죽임 당한 그리스도(9,26 참조), 의인들의 부활에 대한(12,2 참조) 정확한 예고를 보기도 했다. 라틴 전통에서는 에제키엘서 다음, 열두 소예언서 앞에 놓였다.

구조와 문학적 특성

외관상으로는 네부카드네자르의 성공 속에서도 주님께서 신비롭게 역사를 이끄신다는 것을 보여 주는 1장에 이어, 2-7장은 동심 구조로 조직되어 인간 제국들의 운명과 그에 대조되는 충실한 이들에게 마련된 상태를 고찰한다. 힘의 폭력적 사용을 중심으로 조직된 제국들은 점점 더 낮아질 것이며, 마지막 왕국인 영원하고 파괴되지 않는 천상 왕국이 그들을 멸망시킬 것이다(2장; 7장).

믿는 이들은 불의하게 고통을 겪지만, 신비롭게 구원될 것이다(3장; 6장). 구체적인 현재 안에서 임금들에게는 겸손하게 하느님의 뜻에 복종하는 길만이 남는다. 그렇지 않으면 임박한 멸망을 겪게 될 것이다(4-5장).

소위 "궁정 설화"의 특징들에 따라 작성된(이는 창세 37-50장 요셉 이야기와 에스테르기의 문학 유형이기도 하다) 첫 여섯 장은 한 영웅의 이야기를 다룬다. 그는 왕궁에 들어가는 데 성공하고, 임금에게 높은 평가를 받으며 매우 중요한 위치를 차지하고 또한 같은 신앙을 가진 이들에게도 큰 유익을 가져다준다. 본래 대중적인 배경에서 생겨났고 여러 곳에서 유래한 것이기에, 여러 일화들이 아주 엄밀한 일관성을 갖고 있지는 않으며 바로 앞의 내용이 다음 내용과 일치하지 않는 경우도 흔하다. 환상적 요소들도 있지만 그 배경은 현실적으로 제시되며, 듣는 이들이 실제로 존재했다고 여기는 인물들에 대해 말한다. 정확히 좋은 결말을 향해 가는 이러한 설화들은 소수 집단을 상대로 그들이 전통적 가치에 확고하게 머물게 하며 그들의 자존감과 확신을 지탱해 주려 한다. 주인공들은 유배를 가 있고, 그들의 이야기는 그들과 마찬가지로 디아스포라의 상황에서 살고 있는 이들에게 삶의 방식을 제시한다. 외국 임금이 그들에게 호의를 베푼다는 사실은 주님께서 적국의 신정 통치 안에서도 최고신으로서 당신 자신을 확인할 수 있으심을 보여 준다. 이러한 이야기들은 듣는 이들에게 어떤 구체적인 삶의 방식에 대한 충실성을 갖게 하려 한다. 그러한 삶은 언젠가 반드시 갚음을 받을 것이다. 특수한 하나의 "약함의 신학"에 영감을 받아, 영광스러운 결말에 확신을 가지고 힘에 호소하지 않는 지혜와 정의의 이상에 항구하도록 권고한다.

아람어 설화들과 이들이 이야기하고 있는 시대와 중첩되면서 7-12장의 환시들은 방금 언급한 상황들에 대한 전혀 새로운 해석으로 이해된다. 이들은 보통 소위 "묵시문학적 담론"에 속한 것으로 간주되는 문학적 장치에 따라 작성되어(이 문학 유형은 본질적으로 요한 묵시록과 연관하여 정의된다) 순차적으로 전개된다. 먼저 특이한 요소와 초자연적 존재들이 들어 있는 환시들이 나오고, 이어서 키루스와 알렉산드로스 대왕을 등장하게 하며, 특히 프톨레마이오스와 셀레우코스 왕조에 관련된 환시들이 이어진다. 같은 사건들이 때로는 명백히 기적적 표현들을 통하여 상상적으로 이야기되고, 때로는 평범하게 이야기되어 누구나 자신의 시대에서 그 안에 나타난 신적 무엇의 표지들을 알아보도록 한다. 하느님께서는 악의 종말과 사람의 아들에 의하여 도래하게 되는 새 시대의 시작을 결정하셨고, 이것은 듣는 이들에게 열정과 고통을 불러일으키는 사건들 안에서 실현된다. 듣는 이는 확신을 갖고 오직 지극히 높으신 분의 능력을 신뢰하며 기도 정신으로 율법에 대한 충실성의 길을 따르며 지금 일어나고 있는 충돌에 참여해야 한다.

이 책의 마지막에는 다른 두 설화가 있다. 13장은 일부 사본들에서는 머리말처럼 이 책의 첫머리에 위치하는데, 이는 그 사건이 다니엘이 네부카드네자르의 눈에 들기 전 유다인 공동체에 있던 젊은 시절의 일로 제시되기 때문이다. 현재의 위치에서 이 설화는 모든 영역에서, 곧 외국 폭군과의 관계뿐만 아니라 같은 민족 안에서도 정의가 중요하다는 것을 가르친다. 한편 14장은 우상을 추종하는 이들의 멸망과 다니엘처럼 유일한 주님께 충실한 이들의 승리를 보여 준다. 의인이 죽었어야 할 구덩이에서 나오는 장면으로 끝을 맺음으로써 의로우신 분, 살아 계신 분을 발견하는 것으로 절정에 이르는 복음 설화들을 읽을 준비를 한다.

주요 신학 노선

전체적으로 헬레니즘 문화와 충돌이 심해지는 가운데(1마카 1-2장; 7장; 2마카 4-7장 참조) 다니엘은 하느님 나라의 도래에 대한 희망을 촉구한다. 이 책에서는 바빌론인들의 손에 성전이 모독된 과거와 같이 지금도 주님께서 당신 모습을 감추시고 당신에 대한 기억이 백성의 이름들에서도 지워지도록 허락하시는가 하면(다니 1,7 참조), 또한 그분께서 사람들을 지탱하시고(1,15 참조) 불길을 멈추시어 죽음을 이기시고(3,94-96 참조) 사자의 입을 막을 수 있는 분이심을(6,23 참조) 상기시킨다. 무엇보다도 그분은 참된 지혜를 베푸시어(1,17; 2,22-23; 4,15; 5,14; 7,1; 8,1; 9,22; 10,21 참조) 악에 뒤흔들리지만 그 속에서도 구원을 향해 나아가는 역사의 의미를 깨닫게 하신다.

메소포타미아에 유배를 갔기 때문이든 아니면 설화의 허구를 벗어나 더 사실적으로는 안티오코스 4세가 예루살렘의 제단 위에 그의 우상을 세웠기 때문이든, 예배가 중단될 때 비로소 하느님께서 기뻐하시는 제사는 믿는 이 자신을 바치는 제사임을 깨닫게 된다. 믿는 이는 증언과 찬미의 삶으로써 주님의 위대하심을 온전히 표현하고 죄를 속죄한다(3,38-40; 로마 12,1-2 참조).

죄에서의 정화, 계약의 회복, 모든 예언의 성취는(다니 9,24 참조) 현인들이 자신들의 안전을 희생하며 조상들의 율법을 실천하고 가르치는 데 항구할 때 실현된다. 그들을 새로운 문화와 새로운 종교로 끌어들이려는 이들의 압력에 저항함으로써, 그들은 사자, 곰, 표범과 같이 잔인한 폭군들에 맞서고 억압과 죽음을 겪으며 마침내는 지극히 높으신 분의 거룩한 이들의 무리에 받아들여져 하늘의 별처럼 빛나게 된다(7,4-8.21; 8,23-25; 11,32-35; 12,3 참조). 그들은 자신들의 행동으로 예언자 이사야가 찬양했던 종의 길을 보여 준다. 그들은 종과 같이 많은 이들을 의롭게 하기 위하여 고통을 받음으로써 성공을 보장받았다(이사 52,13; 53,8.11 참조). 이들은 많은 형제들을 가르쳤기에 이들에게 영광이 예고된다(다니 11,33; 12,3 참조). 그들의 삶에서는 천상의 연로하신 분의 어좌 앞에 있는 사람의 아들의 도래도 이루어진다(7,13-14 참조). 그들은 공격을 받고 억압을 당하지만, 악은 극복되고 인간은 온 세상의 임금으로서 아담의 옛 영광을 되찾는다(7,22.27 참조).

다니엘의 가르침은 복음서들에서 예수님께서 단죄를 받으실 때 역사 안에 일어난 동요를 설명하기 위하여 유용하게 사용될 것이다. 나자렛의 의로운 스승이 받는 박해 속에서 사람의 아들의 광채가 나타날 것이다(마태 26,64 참조). 그분께서는 인간이시며, 첫 임금이시자 마지막 임금이시다(요한 19,5.14 참조). 이미 다니엘과 그의 현인들이 했던 것처럼, 온유함의 복음을 받아들이고 가르침을 받을 따름이다. 하늘 나라가 이미 도래했기 때문이다(마르 1,15 참조).

본문의 작성과 전수

이 책의 작성 과정, 하나의 작품에 여러 언어들이 함께 나타난다는 점, 아람어와 그리스어본의 4-6장에서 서로 다른 본문들이 있다는 점, 그리고 그리스어본으로만 전해지거나(수산나 13장; 벨 14장) 쿰란에서 발견된 외경 본문에만 전해지는(4Q242-246) 다니엘에 관한 다른 자료가 존재한다는 점을 통해 이 책의 편집이 오랜 기간에 걸쳐 이루어졌음을 알 수 있다. 여러 가지를 고려할 때 본래 하나의 본문이 아니던 2-6장의 이야기들은, 먼저 페르시아 시대 말기에 다니 3,31(98)-6,29에 해당하는 부분이 하나로 모였고, 나중에 두 번째로 헬레니즘 시대에 1장의 도입문이 갖추어진 것으로 보인다. 안티오코스 4세 에피파네스(기원전 175-164년)의 박해 초기에 7장이 작성되었고, 성전이 모독된 후(기원전 167년) 8-12장이 첨가되고 1장이 현재의 히브리어 형태를 지니게 될 때까지 아람어로 된 하나의 책으로 전파되었을 것이다(1-7장). 이 책은 두 언어로 된 상태로 남아 있었을 것인데, 이는 전통적으로 거룩한 언어로 전달된 종교적 유산을 "일상적" 언어로, 곧 다른 문화 안에서 표현할 수 있게 된 확신을 분명히 표현해 준다.

다니엘서의 고대 번역본들이 특별한 중요성을 갖는다. 우리말 성경의 번역문은 예로니모의 대중 라틴말 성경의 순서를 따른다. 이 번역본은 마소라 전통의 히브리-아람어 본문을 수용하면서, 3장과(아자르야의 기도, 세 청년의 노래) 13-14장에서는 그리스어 전통의 고유한 부분들을 받아들인다. 또한 그리스어 전통 안에서는 4세기 첫 중요한 사본들 이래의 관습에 따라 셈어 원본과 많이 차이가 나는 칠십인역보다 소위 테오도시온을 우선한다.

마르코 세템브리니Marco Settembrini

다니엘서

다니엘과 그의 동료들이 왕궁에 들어가다

1 1 유다 임금 여호야킴의 통치 제삼년에 바빌론 임금
네부카드네자르가 쳐들어와서 예루살렘을 포위하
였다. 2 주님께서는 유다 임금 여호야킴과 하느님의 집 기
물 가운데 일부를 그의 손에 넘기셨다. 네부카드네자르는
그들을 신아르 땅, 자기 신의 집으로 끌고 갔다. 그리고 기
물들은 자기 신의 보물 창고에 넣었다.
3 그러고 나서 임금은 내시장 아스프나즈에게 분부하여,
이스라엘 자손들 가운데에서 왕족과 귀족 몇 사람을 데
려오게 하였다. 4 그들은 아무런 흠도 없이 잘생기고, 온
갖 지혜를 갖추고 지식을 쌓아 이해력을 지녔을뿐더러 왕
궁에서 임금을 모실 능력이 있으며, 칼데아 문학과 언어를
배울 수 있는 젊은이들이었다. 5 임금은 그들이 날마다 먹
을 궁중 음식과 술을 정해 주었다. 그렇게 세 해 동안 교
육을 받은 뒤에 임금을 섬기게 하였다.
6 그들 가운데 유다의 자손으로는 다니엘, 하난야, 미사
엘, 아자르야가 있었다. 7 내시장은 그들에게 다른 이름을
지어 주었다. 곧 다니엘은 벨트사차르, 하난야는 사드락,
미사엘은 메삭, 아자르야는 아벳 느고라고 지어 주었다.

1,1-2 2열왕 24,1-2; 2역대 36,5-7. 1,5 2열왕 25,29-30.

1,1-21. 이스라엘이 성전, 땅, 그리고 자신의 임금을 잃었을 때 주님은 당신 백성이 지혜 덕분으로 살아남게 하신다. 지혜는 그 백성에게 조상들의 전통에 온전히 충실하면서(8절) 다른 민족들과 함께 살아가며 그 언어를 배울 수 있게 해 준다(4절).

1,1-2. 네부카드네자르("나부 신이여, 후손을 보호하소서!") 2세는 바빌론의 가장 위대한 임금으로(기원전 605-562년), 예루살렘과 성전을 파괴했다. 이 역사적 배경은 전형적이다. "제삼년"은 기원전 606년이다(네부카드네자르는 그다음 해에야 임금이 된다). 예루살렘을 포위한 것은 기원전 597년이다(유다 임금 여호야킴은 그때 세상을 떠난다). 그 아들 여호야킨이 봉신이 되는 것은 기원전 604-601년까지이고, 여호야킨이 바빌론(고대에 시나르라고 불림) 왕궁에 유배된 것은 기원전 597년이다. 여기서 연대가 맞지 않는 것은 이들이 상징적 의미를 지님을 시사한다. 안티오코스 4세 에피파네스가 성전을 더럽히는 것으로(기원전 167년) 절정에 달한 헬레니즘 시대의 박해 상황을 말하기 위하여 오래전 네부카드네자르 시대를 말한 것이다.

1,2. "주님께서는" 하느님의 고유한 이름(야훼)은 이 책에서 9장에만 나타난다. 유배 때와 마찬가지로 주님께서는 당신을 감추시는 것으로 보인다. 그분의 행위는 해석하기 어렵고 신비롭다. 이 장에서 그분의 행위는 세 번만 나타나는데, 언제나 동사 '나탄'을 사용한다. 번역은 "넘기셨다"(2절), "해 주셨다"(9절과 17절)로 되어 있다.

1,4. 시종들과(헬레니즘 시대 왕궁의) 서기관들(동방 왕궁의) 가운데서 임금의 관료들이 나온다(5.19절). "칼데아"는 신바빌론인들의 조상인 셈족인데, 여기서는 이 단어가 바빌론 주술 문헌의 전문가들인 점성가와 점쟁이들에게 사용된다.

1,6-7. 다니엘("나의 재판관은 하느님이시다"), 하난야("주님은 자애로우시다"), 미사엘(아마도 "누가 하느님께 속하는가?"), 아자르야("주님께서 도우셨다")의 이름이 바뀌는 것은 소속과 운명이 바뀜을 의미한다. 그들은 이교 세계에서 신앙인으로 살게 된다. 새 이름은 아마도 벨트사차르는 "벨 신이여, 임금을 보호하소서", 사드락은 "나는 두려움에 사로잡혔다", 메삭은 "나는 낮추어졌다", 아벳 느고는 "나부 신의 종"을 뜻한다.

8 다니엘은 궁중 음식과 술로 자신을 더럽히지 않겠다고
마음속으로 다짐하고, 자기가 더럽혀지지 않게 해 달라고
내시장에게 간청하였다. 9 하느님께서는 다니엘이 내시장에
게 호의와 동정을 받도록 해 주셨다. 10 내시장이 다니엘에
게 말하였다. "나는 내 주군이신 임금님이 두렵다. 그분께서
너희가 먹을 것과 마실 것을 정하셨는데, 너희 얼굴이 너희
또래의 젊은이들보다 못한 것을 보시게 되면, 너희 때문에
임금님 앞에서 내 머리가 위태로워진다." 11 그래서 다니엘
이 감독관에게 청하였다. 그는 내시장이 다니엘과 하난야
와 미사엘과 아자르야를 맡긴 사람이었다. 12 "부디 이 종
들을 열흘 동안만 시험해 보십시오. 저희에게 채소를 주
어 먹게 하시고 또 물만 마시게 해 주십시오. 13 그런 뒤에
궁중 음식을 먹는 젊은이들과 저희의 용모를 비교해 보시
고, 이 종들을 좋으실 대로 하십시오." 14 감독관은 그 말
대로 열흘 동안 그들을 시험해 보았다. 15 열흘이 지나고
나서 보니, 그들이 궁중 음식을 먹는 어느 젊은이보다 용
모가 더 좋고 살도 더 올라 있었다. 16 그래서 감독관은 그
들이 먹어야 하는 음식과 술을 치우고 줄곧 채소만 주었
다. 17 이 네 젊은이에게 하느님께서는 이해력을 주시고 모
든 문학과 지혜에 능통하게 해 주셨다. 다니엘은 모든 환
시와 꿈도 꿰뚫어 볼 수 있게 되었다.
18 젊은이들을 데려오도록 임금이 정한 때가 되자, 내시장
은 그들을 네부카드네자르 앞으로 데려갔다. 19 임금이 그
들과 이야기를 하여 보니, 그 모든 젊은이 가운데에서 다
니엘, 하난야, 미사엘, 아자르야만 한 사람이 없었다. 그
리하여 그들이 임금을 모시게 되었다. 20 그들에게 지혜나
예지에 관하여 어떠한 것을 물어보아도, 그들이 온 나라
의 어느 요술사나 주술사보다 열 배나 더 낫다는 것을 임
금은 알게 되었다. 21 다니엘은 키루스 임금 제일년까지 그
곳에 머물렀다.

1,10. "너희 또래의 젊은이들보다" 칠십인역 그리스어 번역본에는 "다른 종족의"가 첨가되어 있다.

1,20. "요술사나 주술사" 이 두 단어는 각각 이집트의 해몽가들과 바빌론의 마법사들을 지칭한다. 지혜로 유명했던 이들은 미래에 대한 전조를 알아낼 수 있고 경우에 따라서는 임금을 보호하기 위한 주술 예식을 행할 수 있는 유능한 고문관들로 여겨졌다.

1,21. 키루스는 기원전 539/538년부터 바빌론을 지배했다. 그렇다면 다니엘은 여든 살이 넘었을 것이다!

1,8 토빗 1,10-11; 유딧 12,1-4; 에스 4,17㉘. 1,9 창세 39,21; 느헤 1,11; 예레 42,12. 1,12 묵시 2,10. 1,19-20 창세 41,8.24.39.

1,8. 고대 음식 규정은(기원전 6세기) 실제로는 훨씬 더 자유로웠다. 여기서 저자는 레위기의 규정을 언급하는데(레위 11,1-47 참조), 이들은 더 늦은 시기에 규정되었고 유배보다 훨씬 늦은 시기인 기원전 2세기에 이교인들과 비교되는 특징적 표지가 되었다. 그제야 음식 규정을 위반하는 것이 배교를 뜻하게 되었다(2마카 6,18-31; 7,1-42 참조; 또한 1마카 1,62-63 참조).

2,1. "제이년"은 기원전 604년이다.

2,4. 2,4ㄴ-7,28의 본문은 아람어로 되어 있다(원문의 본문 주해에서 이를 밝힌다). 아람어는 기원전 6세기부터 근동에서 국제적인 언어가 되었다. 아카드어로 된 임금에 대한 인사는("만수무강하시기를 빕니다.") 이슬람 제국 시대까지도 사용했다.

네부카드네자르가 꿈을 꾸다

2 1 네부카드네자르 통치 제이년에, 네부카드네자르
는 꿈을 꾸고 마음이 불안해져서 잠을 이루지 못하
였다. 2 임금은 자기 꿈을 풀이해 줄 요술사, 주술사, 마술
사, 점성가들을 불러오라고 분부하였다. 그들이 와서 임
금 앞에 서자, 3 임금이 그들에게 말하였다. "내가 꿈을 꾸
었는데 무슨 꿈인지 몰라 마음이 불안하다." 4 그러자 점성
가들이 아람 말로 임금에게 아뢰었다. "임금님께서 만수
무강하시기를 빕니다. 이 종들에게 꿈을 말씀하여 주시면
저희가 그 뜻을 밝혀 드리겠습니다." 5 그러나 임금은 점성
가들에게 이렇게 대답하였다. "나의 뜻은 확고하다. 너희
가 내 꿈과 그 뜻을 나에게 설명해 주지 못하면, 너희 사
지는 찢겨 나가고 너희 집들은 쓰레기 더미가 될 것이다. 6
그러나 너희가 꿈과 그 뜻을 밝혀 주면, 내가 선물과 상을
내리고 큰 명예를 누리게 해 주겠다. 그러니 그 꿈과 그 뜻
을 밝혀 보아라." 7 점성가들이 다시 아뢰었다. "임금님께
서 이 종들에게 꿈을 말씀해 주시면, 그 뜻을 밝혀 드리겠
습니다." 8 그러자 임금이 대답하였다. "너희가 나의 뜻이
확고함을 보고서 시간을 벌려고 한다는 것을 이제 내가
분명히 알았다. 9 너희가 꿈을 설명해 주지 못하면 너희가
받을 판결은 하나밖에 없다. 너희는 사정이 바뀔 때까지 내
앞에서 거짓되고 그릇된 말을 하기로 모의하였다. 그 꿈을
나에게 말해 보아라. 그래야 너희가 그 뜻을 밝힐 수 있는지
내가 알 수 있을 것이다." 10 점성가들이 임금에게 대답하였
다. "임금님께서 요구하시는 대로 그것들을 밝힐 수 있는 이
는 세상에 한 사람도 없습니다. 사실 아무리 위대하고 강력
한 임금이라 할지라도, 이와 같은 일을 어떠한 요술사나 주
술사나 점성가에게 물은 적이 없습니다. 11 임금님께서 물
으신 것은 너무 어려워, 인간과 멀리 떨어져 사는 신들 말
고는 그것을 임금님께 밝혀 드릴 수 있는 이가 아무도 없
습니다."

12 이 일 때문에 임금은 분노하고 격분하여, 바빌론의 현
인들을 모두 죽이라고 분부하였다. 13 그렇게 어명이 내려,
이제 현인들은 처형을 당하게 되었다. 사람들은 다니엘과
그 동료들도 처형하려고 찾아 나섰다.

2,1-3 창세 41,7-8. 2,4 3,9; 5,10; 6,7.22. 2,5 에즈 6,11. 2,12 3,13; 에스 1,12.

2. 꿈 전문가 다니엘의 지혜는 사건들의 변천 속에서 역사를 해석하는 능력에 있다. 이 능력은 창조 때부터 세상에 질서가 있도록 하늘에 별들을 두신 분에 대한 그의 믿음 때문에 그에게 허락된 것이다(21절; 창세 1,14-18 참조).

하느님께서 다니엘에게 꿈을 일러 주시다

14 그러자 다니엘은 바빌론의 현인들을 처형하려고 나온,
임금의 친위대장 아르욕에게 현명하고 신중하게 말을 걸
었다. 15 그가 임금의 무관 아르욕에게 이렇게 물었다. "임
금님께서 내리신 어명이 어찌 이토록 가혹합니까?" 그러
자 아르욕이 다니엘에게 사정을 알려 주었다. 16 그리하여
다니엘은 궁궐로 들어가서, 꿈의 뜻을 밝혀 줄 터이니 시
간을 달라고 청하였다.
17 그런 다음에 다니엘은 집으로 가서, 자기의 동료 하난
야와 미사엘과 아자르야에게 사정을 알렸다. 18 또 자기와
동료들이 바빌론의 나머지 현인들과 함께 죽지 않도록, 그
신비와 관련하여 하늘의 하느님께 자비를 청하자고 하였
다. 19 그러자 다니엘에게 그 신비가 밤의 환시 중에 드러
났다. 다니엘은 하늘의 하느님을 찬미하며 20 이렇게 말하
였다.

"지혜와 힘이 하느님의 것이니
하느님의 이름은
영원에서 영원까지 찬미받으소서.
21 그분은 시간과 절기를 바꾸시는 분,
임금들을 내치기도 하시고
임금들을 세우기도 하시며
현인들에게 지혜를 주시고
예지를 아는 이들에게 지식을 주시는 분이시다.
22 그분은 심오한 것과 감추어진 것을 드러내시고
어둠 속에 있는 것을 알고 계시며
빛이 함께 머무르는 분이시다.
23 저의 조상들의 하느님
제가 당신께 감사드리며 당신을 찬양합니다.
당신께서는 저에게 지혜와 힘을 주셨습니다.
그리고 이제 저희가 당신께 청한 것을 저에게 알려 주셨습니다.
임금이 원하는 것을 저희에게 알려 주셨습니다."

2,19 7,2. 2,21 7,12.

2,18. 칠십인역 그리스어 번역본은 다음과 같다. "이 신비와 관련하여 지극히 높으신 주님께 빛을 구하기 위하여 단식과 기도와 고행을 명했다"(9,3 참조). 수수께끼와 같은 꿈이 "신비"라고 일컬어진다. 페르시아어에서 차용한 이 단어는 여기서 다루고 있는 것이 특별한 의미를 지니고 있음을 시사한다. 쿰란에서 이 단어는 우주적이고 종말론적 문제들을 지칭할 때 또는 성경의 더 깊은 의미와 관련하여 사용한다. 2,19.27.28.47; 4,6 참조.

2,20-23. 이 찬가는 하느님을 진정한 임금으로 찬양한다. 그분께서는 지혜와 힘을 지니시고 가장 지혜로운 통치 체계를 만드시고 완전하게 이를 도우실 수 있다. 욥 12,13-25 본문은 같은 믿음을 더 길게 표현한다. 주님께서는 지혜와 능력, 경륜과 슬기가 있으시어(13절) 계획하신 것을 권력으로 성취하시고(16절), 자문관과 판관들의 행위를 헛일이 되게 하시고(17절), 임금을 낮추시고(18절), 사제와 성전 관리들(19절), 권위 있는 이들과 노인들(20절), 귀족과 힘센 자들(21절), 수령들을(24절) 꺾으신다. 그분께서 창조물 전체를, 바다와 땅과(15절) 저승까지도(22절) 지배하시기에 그분의 통치는 절대적이다.

다니엘이 꿈과 그 뜻을 밝히다

24 그리하여 다니엘은 바빌론의 현인들을 죽이라고 임금
이 임명한 아르욕을 찾아가서 이렇게 말하였다. "바빌론
의 현인들을 죽이지 마십시오. 저를 임금님 앞으로 데려
다 주십시오. 그러면 임금님께 꿈의 뜻을 밝혀 드리겠습
니다." 25 그러자 아르욕은 다니엘을 임금 앞으로 급히 데
리고 가서 이렇게 아뢰었다. "유다에서 온 유배자들 가운데
에서 임금님께 꿈의 뜻을 알려 드릴 수 있는 사람을 찾았습
니다." 26 임금이 벨트사차르라는 이름을 가진 다니엘에게,
"내가 본 꿈과 그 뜻을 네가 나에게 알려 줄 수 있다는 말이
냐?" 하고 묻자, 27 다니엘이 임금에게 대답하였다. "임금님
께서 물으신 신비는 어떠한 현인도 주술사도 요술사도 점
술사도 임금님께 밝혀 드릴 수 없는 것입니다. 28 그러나
하늘에는 신비를 드러내시는 하느님께서 계십니다. 그분
께서 뒷날 무슨 일이 일어날지 네부카드네자르 임금님께
알려 주셨습니다. 임금님께서 침상에 누워 계실 때에 머릿
속에 나타난 꿈과 환시는 이렇습니다.

29 임금님, 임금님께서 침상에 드시자 앞으로 무슨 일이
일어날지 여러 생각이 오갔습니다. 그때에 신비를 드러내
시는 분께서 앞으로 일어날 일을 임금님께 알려 주신 것입
니다. 30 저에게 이 신비가 드러난 것은 제가 다른 모든 사
람보다 더 큰 지혜를 가졌기 때문이 아닙니다. 임금님께
꿈의 뜻을 알려 드려서 임금님께서 마음에 떠오르는 생각
들을 아시게 하려는 것입니다.

31 임금님, 임금님께서는 무엇인가를 보고 계셨습니다. 그
것은 큰 상이었습니다. 그 거대하고 더없이 번쩍이는 상
이 임금님 앞에 서 있었는데, 그 모습이 무시무시하였습니
다. 32 그 상의 머리는 순금이고 가슴과 팔은 은이고 배와
넓적다리는 청동이며, 33 아랫다리는 쇠이고, 발은 일부는
쇠로, 일부는 진흙으로 되어 있었습니다. 34 임금님께서 그
것을 보고 계실 때, 아무도 손을 대지 않았는데 돌 하나가
떨어져 나와, 쇠와 진흙으로 된 그 상의 발을 쳐서 부수어

2,27. 온갖 점성술과(2,10-11절 참조) 신비술이 무력함을 강조한다.

2,28. "뒷날" 자구적으로는 "날들의 끝에"로, 반드시 역사의 종말을 말하는 것은 아니며 미래의 시간, 한 시대의 끝, 사건 전개의 전환점을 가리킨다. 10,14; 창세 49,1; 민수 24,14; 신명 31,29 참조.

2,31-35. 거대한 상의 무서운 모습은 하느님의 심판을 예고하는 환시가 초자연적인 것임을 표현한다.

2,25 창세 41,12; 1사무 16,15-18. 2,34-35 마태 13,32.

2,31-45. 시대 구분에 대한 고대의 사변과 연관된 상징에 따라 당시 알려진 세상을 지배했던 이교 왕국들의 순서는(31-35절) 다음과 같은 것으로 생각된다. "금으로 된 머리"는 바빌론이다(37-38절; 3장). 은으로 된 가슴과 팔은 메디아(39ㄱ절; 6장), 청동으로 된 배와 넓적다리는 페르시아(39ㄴ절; 10장), 쇠로 된 아랫다리는 알렉산드로스 대왕의 마케도니아(40절), 일부는 쇠로, 일부는 진흙으로 된 발은 이집트의 라지드 왕조와 시리아의 셀레우코스 왕조이다(41-43절; 11장), 산에서 떨어져 나온 돌은 바위이신 하느님의 당신 백성에 대한 통치이다(44-45절; 12장; 이사 51,1). 점점 좋지 않은 금속이 나오는 것은 왕국들의 점진적 몰락과 역사의 점차적인 퇴보를 가리킨다.

버렸습니다. 35 그러자 쇠, 진흙, 청동, 은, 금이 다 부서져
서, 여름 타작마당의 겨처럼 되어 바람에 날려가 버리니,
그 흔적조차 찾아볼 수 없게 되었습니다. 그런데 그 상을
친 돌은 거대한 산이 되어 온 세상을 채웠습니다.
36 이것이 그 꿈입니다. 이제 그 뜻을 저희가 임금님께 아
뢰겠습니다. 37 임금님, 임금님께서는 임금들의 임금이십
니다. 하늘의 하느님께서 임금님께 나라와 권능과 권세와
영화를 주셨습니다. 38 또 사람과 들의 짐승과 하늘의 새
를, 그들이 어디에서 살든 다 임금님 손에 넘기시어, 그들
을 모두 다스리게 하셨습니다. 임금님께서 바로 그 금으로
된 머리이십니다. 39 임금님 다음에는 임금님보다 못한 다
른 나라가 일어나겠습니다. 그다음에는 청동으로 된 셋째
나라가 온 세상을 다스리게 됩니다. 40 그러고 나서 쇠처럼
강건한 넷째 나라가 생겨날 것입니다. 쇠가 모든 것을 부
수고 깨뜨리듯이, 그렇게 으깨 버리는 쇠처럼 그 나라는
앞의 모든 나라를 부수고 깨뜨릴 것입니다. 41 그런데 일부
는 옹기장이의 진흙으로, 일부는 쇠로 된 발과 발가락들
을 임금님께서 보셨듯이, 그것은 둘로 갈라진 나라가 될
것입니다. 그러나 쇠와 옹기 진흙이 섞여 있는 것을 보셨
듯이, 쇠의 강한 면은 남아 있겠습니다. 42 그 발가락들이
일부는 쇠로, 일부는 진흙으로 된 것처럼, 그 나라도 한쪽
은 강하고 다른 쪽은 깨지기가 쉬울 것입니다. 43 임금님께
서 쇠와 옹기 진흙이 섞여 있는 것을 보셨듯이 그들은 혼
인으로 맺어지기는 하지만, 쇠가 진흙과 섞여 하나가 되지
못하는 것처럼 서로 결합되지는 못할 것입니다. 44 이 임
금들의 시대에 하늘의 하느님께서 한 나라를 세우실 터인
데, 그 나라는 영원히 멸망하지 않고 그 왕권이 다른 민족
에게 넘어가지도 않을 것입니다. 그 나라는 앞의 모든 나
라를 부수어 멸망시키고 영원히 서 있을 것입니다. 45 이는
아무도 돌을 떠내지 않았는데 돌 하나가 산에서 떨어져
나와, 쇠와 청동과 진흙과 은과 금을 부수는 것을 임금님
께서 보신 것과 같습니다. 위대하신 하느님께서 앞으로 무
슨 일이 일어날지 임금님께 알려 주신 것입니다. 꿈은 확
실하고 그 뜻은 틀림없습니다."

2,40. 칠십인역 그리스어 번역본은 이렇게 옮긴다. "그 다른 나라는 모든 것을 베고 모든 나무를 쓰러뜨리는 쇠처럼 될 것이며, 온 땅이 흔들릴 것입니다." 4,20; 7,23 참조.

2,43. "섞여 있는 것"은 정치적 혼인을 암시한다. 안티오코스 2세와 프톨레마이오스 2세 필라델포스의 딸의 결혼이나(기원전 252년) 안티오코스 3세와 프톨레마이오스 5세 딸의 혼인을(기원전 194년) 생각할 수 있다.

2,38 창세 1,26.28; 예레 27,6. 2,40 7,23. 2,44 3,100; 6,27; 7,14. 2,45 8,26; 11,2; 12,7.

임금이 다니엘을 중용하다

46 그러자 네부카드네자르 임금은 엎드려 다니엘에게 절하고
나서, 예물과 분향을 그에게 올리라고 분부하였다. 47 그리
고 임금은 다니엘에게 말하였다. "참으로 그대들의 하느님
이야말로 신들의 신이시고 임금들의 주군이시며 신비를
드러내시는 분이시다. 그래서 그대가 이 신비를 드러낼 수
있었다." 48 그러고 나서 임금은 다니엘의 지위를 높이고
큰 선물을 많이 주었으며, 그를 바빌론 지방 전체를 다스
리는 통치자이며 바빌론의 모든 현인을 거느리는 총감독
관으로 삼았다. 49 다니엘은 임금에게 청하여 사드락과 메
삭과 아벳 느고를 바빌론 지방의 일을 맡도록 임명하고,
자기는 대궐 문간에서 머물렀다.

네부카드네자르가 금 상에 경배하라고 명령하다

3 1 네부카드네자르 임금은 높이가 예순 암마, 너비가
여섯 암마 되는 금 상을 만들어, 바빌론 지방의 두라
평야에 세웠다. 2 그러고 나서 네부카드네자르 임금은 사람
들을 보내어, 총독들, 태수들, 지방관들, 고문관들, 재무
관들, 재판관들, 행정관들, 그리고 지방의 모든 관리를 모
아서, 자기가 세운 상의 봉헌식에 참석하게 하였다. 3 그리
하여 총독들, 태수들, 지방관들, 고문관들, 재무관들, 재
판관들, 행정관들, 그리고 지방의 모든 관리가 네부카드
네자르 임금이 세운 상의 봉헌식에 모여들었다. 네부카드
네자르가 세운 상 앞에 그들이 서자, 4 전령이 큰 소리로 외
쳤다. "민족들과 나라들, 언어가 다른 사람들이여, 그대들
에게 내리는 명령이오. 5 뿔 나팔, 피리, 비파, 삼각금, 수금,
풍적 등 모든 악기 소리가 나거든 엎드려, 네부카드네자르
임금님께서 세우신 금 상에 절하시오. 6 누구든지 엎드려
절하지 않으면, 곧바로 타오르는 불가마 속으로 던져질 것
이오." 7 그리하여 뿔 나팔, 피리, 비파, 삼각금, 수금 등 모
든 악기 소리가 나자마자, 민족들과 나라들, 언어가 다른
사람들이 모두 네부카드네자르 임금이 세운 금 상에 절하
였다.

2,47. 이스라엘의 하느님과 그분의 계획이(44절) 이교 신들보다 우위에 있음을 인정한다. 하느님께서 이스라엘에게 주신 지혜는 이교도들의 세속적 지혜보다 뛰어나다.

3,1.3. 오벨리스크 또는 돌기둥으로 네부카드네자르를 나타내는 이 상은 높이가 약 27m, 너비가 약 2.7m이다. 이것은 예루살렘 성전을 모독하고 올림피아의 신 제우스에게 바친 것을 암시한다(11,31 참조).

3,2. "상"의 존재는 이 이야기를 앞의 이야기와 연결시킨다(2,32 참조).

3,2.3.7. 칠십인역 그리스어 번역본은 임금이 소집한 고위 관리들의 명단을 반복하지 않고(3절) 모든 악기들을 언급하지 않아(7.10.15절) 전체적으로 이야기를 더 간략하게 만든다. 일곱 부류의 관리들(2절) 대신 여섯 가지를 말하는데, 이는 프톨레마이오스 시대 이집트의 체계를 반영한 것이다.

3,5-6. 언급된 악기들은 페르시아 문명과 헬레니즘 문명의 만남을 시사한다. 유다인들이 이교 예식에 참여하도록 명하고 이를 어길 경우 사형을 내렸던 안티오코스 4세 에피파네스를 암시한다.

3,7. 이 시대에는 정복된 민족들이 승리자들의 신을 공경하는 것이 보통이었다.

2,47 3,100; 4,31; 6,27. 3,4 6,24; 7,14. 3,6 7,11; 마태 13,42.

3,1-97. 가장 찬란한 권력, 곧 그 권력을 상징하는 금으로 된 상은(2,38 참조) 믿는 이들의 공경을 받기에 합당하지 않다. 믿는 이들은 장차 올 하늘 나라에 속하며(2,44 참조) 그 나라가 속한 임금이신 분을 흠숭한다.

다니엘의 세 동료가 고발되다

8 그때에 어떤 칼데아인들이 나서서 악의로 유다인들을
고발하였다. 9 그들이 네부카드네자르 임금에게 말하였다.
"임금님께서 만수무강하시기를 빕니다. 10 임금님, 임금님
께서는 칙령을 내리시어, 뿔 나팔, 피리, 비파, 삼각금, 수
금, 풍적 등 모든 악기 소리가 나면, 누구나 엎드려 금 상
에 절하라고 하셨고, 11 또 누구든지 엎드려 절하지 않으
면, 타오르는 불가마 속으로 던져질 것이라고 하셨습니다.
12 그런데 임금님께서 바빌론 지방의 일을 맡도록 임명하
신 유다 사람들이 있습니다. 곧 사드락, 메삭, 아벳 느고입
니다. 임금님, 이 사람들은 임금님께 경의를 표하지도 않
고 임금님의 신들을 섬기지도 않으며, 임금님께서 세우신
금 상에 절을 하지도 않습니다."
13 그러자 네부카드네자르는 몹시 화가 나서, 사드락과 메
삭과 아벳 느고를 끌어오라고 분부하였다. 이 사람들이
임금 앞으로 끌려오자, 14 네부카드네자르가 그들에게 물
었다. "사드락, 메삭, 아벳 느고! 너희가 나의 신들을 섬기
지도 않고 또 내가 세운 금 상에 절하지도 않는다니, 그것
이 사실이냐? 15 이제라도 뿔 나팔, 피리, 비파, 삼각금, 수
금, 풍적 등 모든 악기 소리가 날 때에 너희가 엎드려, 내가
만든 상에 절할 준비가 되어 있다면 몰라도, 그렇지 않으
면 곧바로 타오르는 불가마 속으로 던져질 것이다. 그러면
어느 신이 너희를 내 손에서 구해 낼 수 있겠느냐?" 16 사
드락과 메삭과 아벳 느고가 네부카드네자르 임금에게 대
답하였다. "이 일을 두고 저희는 임금님께 응답할 필요가
없습니다. 17 임금님, 저희가 섬기는 하느님께서 저희를 구
해 내실 수 있다면, 그분께서는 타오르는 불가마와 임금님
의 손에서 저희를 구해 내실 것입니다. 18 임금님, 그렇게
되지 않더라도, 저희는 임금님의 신들을 섬기지도 않고,
임금님께서 세우신 금 상에 절하지도 않을 터이니 그리 아
시기 바랍니다."

3,15. 사형 집행에도 사용되는 "불가마"(6절)가 바빌론의 도상(圖像)에도 나타난다. 아마도 여기서는 안티오코스 4세의 박해 때 산 채로 불태워진 유다인 순교자들을 암시한다.

3,17. 칠십인역 그리스어 번역본은 이렇게 옮긴다. "하늘에 계신 하느님께서는 우리가 두려워하는 유일한 주님이시므로, 그분께서는 불가마에서 저희를 구해 내실 수 있으며 임금님 당신의 손에서 저희를 구해 내실 것입니다."

3,12 2,49.

3,21. 페르시아식 옷의 이름들은 어떤 경우 무엇을 가리키는지 밝히기 어렵다.

3,24-90. 제2경전의 이 절들은 고대 번역본들에만 있다(칠십인역과 테오도시온). 어떤 이들은 이들이 에스 4,17①-㉖(그리스어 본문)의 기도와 같이 이야기를 신심 깊게 꾸민 것이라고 여기지만, 지금은 전해지지 않는 셈어 본문에서 유래한 것으로 보이며 부분적으로는 중세의 한 저술 안에도 나타난다.

다니엘의 세 동료가 불가마에 던져지다

19 그러자 네부카드네자르는 노기로 가득 찼다. 그리고 사
드락과 메삭과 아벳 느고를 보며 얼굴 표정이 일그러지더
니, 가마를 여느 때에 달구는 것보다 일곱 배나 더 달구라
고 분부하였다. 20 또 군사들 가운데에서 힘센 장정 몇 사
람에게, 사드락과 메삭과 아벳 느고를 묶어 타오르는 불
가마 속으로 던지라고 분부하였다. 21 그리하여 그 세 사
람은 겉옷과 바지와 쓰개와 그 밖의 옷을 입은 채로 묶여
서, 타오르는 불가마 속으로 던져졌다. 22 그런데 임금의
명령이 급박한 데다가 가마가 매우 뜨거웠으므로, 사드락
과 메삭과 아벳 느고를 들어 올렸던 사람들이 불꽃에 타
죽고 말았다. 23 사드락과 메삭과 아벳 느고, 세 사람은 묶
인 채로 타오르는 불가마 속으로 떨어졌다.

아자르야의 노래

24 그러나 그들은 하느님을 찬송하고 주님을 찬미하며 불
길 한가운데를 거닐었다. 25 그리고 아자르야는 불 한가운
데에 우뚝 서서 입을 열어 이렇게 기도하였다.

26 "주 저희 조상들의 하느님, 찬미받으소서, 칭송받으소서.
당신의 이름은 영원히 영광 받으소서.
27 저희에게 하신 모든 일마다 당신께서는 의로우시고
당신께서 하신 일은 모두 진실하며 당신의 길은 다 올바릅
니다.
당신의 판결은 모두 진실입니다.
28 그 모든 것을 저희에게,
저희 조상들의 거룩한 도성 예루살렘에 내리실 적에
당신께서는 진실하게 판정하셨습니다.
저희의 죄를 보시고 당신께서는 진실히 판결하시어
그 모든 것을 내리셨습니다.
29 저희는 당신에게서 멀어져 죄를 짓고 법을 어겼습니다.
정녕 저희는 모든 일에서 큰 죄를 지었고
당신의 계명들에 순종하지 않았습니다.
30 저희는 그것들을 따르지도 않고
잘되라고 저희에게 명령하신 대로 하지도 않았습니다.

3,26-45 9,3-19.

3,26-45. 이 단락은 집단적 참회와 탄원으로 되어 있다.

31 그러므로 저희에게 내리신 그 모든 것,
저희에게 하신 그 모든 것을
당신께서는 진실한 판결에 따라 행하셨습니다.
32 당신께서는 저희를 무도한 원수들, 가장 가증스러운 반
역자들,
불의한 임금, 온 세상에서 가장 사악한 임금에게 넘기셨
습니다.
33 이제 저희는 입을 열 수도 없습니다.
당신의 종들과 당신을 경배하는 이들에게는 수치와 치욕
뿐입니다.
34 당신의 이름을 생각하시어 저희를 끝까지 저버리지 마
시고
당신의 계약을 폐기하지 마소서.
35 당신의 벗 아브라함
당신의 종 이사악
당신의 거룩한 사람 이스라엘을 보시어
저희에게서 당신의 자비를 거두지 마소서.
36 당신께서는 그들의 자손들을 하늘의 별처럼,
바닷가의 모래처럼 많게 해 주시겠다고 약속하셨습니다.
37 주님, 저희는 모든 민족들 가운데에서 가장 작은 민족
이 되었습니다.
저희의 죄 때문에
저희는 오늘 온 세상에서 가장 보잘것없는 백성이 되고
말았습니다.
38 지금 저희에게는 제후도 예언자도 지도자도 없고
번제물도 희생 제물도 예물도 분향도 없으며
당신께 제물을 바쳐 자비를 얻을 곳도 없습니다.
39 그렇지만 저희의 부서진 영혼과 겸손해진 정신을 보시어
저희를 숫양과 황소의 번제물로,
수만 마리의 살진 양으로 받아 주소서.
40 이것이 오늘 저희가 당신께 바치는 희생 제물이 되어
당신을 온전히 따를 수 있게 하소서.
정녕 당신을 신뢰하는 이들은 수치를 당하지 않습니다.
41 이제 저희는 마음을 다하여 당신을 따르렵니다.
당신을 경외하고 당신의 얼굴을 찾으렵니다.
저희가 수치를 당하지 않게 해 주소서.

3,32. "불의한 임금"은 직접적으로는 네부카드네자르를 지칭하며 안티오코스 4세를 암시한다.

3,34. 기도의 동기는("당신의 이름을 생각하시어") 하느님의 영광, 그분의 약속과 영예를 가리킨다. 이사 43,24 참조.

3,37. "보잘것없는" 또는 "흩어진"(시리아어 번역본에 따라). 이 묘사는 바빌론 유배 시대에도 적합하고 헬레니즘 시대의 디아스포리 시기에도 적합하다.

3,36 창세 15,5. 3,39 시편 51,19; 로마 12,1; 1코린 11,25.

42 당신의 호의에 따라,
당신의 크신 자비에 따라 저희를 대해 주소서.
43 당신의 놀라운 업적에 따라 저희를 구하시어
주님, 당신의 이름을 영광스럽게 하소서.
44 당신의 종들에게 악행을 저지른 자들은 부끄러운 일을 당하고
모든 권세와 세력을 빼앗긴 채,
권력이 꺾인 채 수치를 당하게 하소서.
45 그리하여 당신께서 주님이심을, 하나뿐인 하느님이심을,
온 세상에서 영광스러운 분이심을 그들이 알게 하소서."

주님의 천사가 불가마에 내려오다

46 세 젊은이를 가마 속으로 던진 임금의 종들은, 석뇌유
와 송진과 삼 부스러기와 나뭇가지로 끊임없이 가마에 불
을 때었다. 47 그래서 불길이 가마 위로 마흔아홉 암마나
치솟아 오르고, 48 또 옆으로도 퍼져 나와 가마 둘레에 있
던 칼데아인들을 태워 버렸다. 49 그때에 주님의 천사가 가
마 속 아자르야와 그의 동료들 곁으로 내려와서, 불길을
가마 밖으로 내몰고, 50 가마 복판을 이슬 머금은 바람이
부는 것처럼 만들었다. 그렇게 하여 그들은 불에 닿지도
않고 아프거나 괴롭지도 않았다.

세 젊은이의 노래

51 그러자 세 젊은이가 가마 속에서 한목소리로 하느님을
찬송하고 영광을 드리며 찬미하였다.

52 "주님, 저희 조상들의 하느님, 찬미받으소서.
당신은 칭송과 드높은 찬양을 영원히 받으실 분이십니다.
당신의 영광스럽고 거룩하신 이름은 찬미받으소서.
당신의 이름은 드높은 칭송과 드높은 찬양을 영원히 받으실 이름입니다.
53 당신의 거룩한 영광의 성전에서 찬미받으소서.
당신은 드높은 찬송과 드높은 영광을 영원히 받으실 분이

3,47. "마흔아홉 암마"는 상징적 숫자로(7×7) 약 22m에 해당한다.

3,53-56. 하느님 거처에 대한 묘사는 예루살렘 성전을 지칭하는 것으로 볼 수 있는 요소들을 포함하고 있다. "거룩한 성전"과 "커룹들"(커룹들은 궤의 뚜껑을 장식했다)에 대한 언급이 이에 해당한다. 한편 다른 요소들은 천상 하느님의 어좌를 생각하게 한다(56절 참조). 고대 근동 특히 메소포타미아에서 성전은 천상 성전의 재현으로, 신이 머무는 곳으로 이해했다.

3,50 시편 66,12; 이사 43,2.

3,52-90. 이 긴 '브라카'("축복")는 피조물들의 찬양으로(시편 148편과 유사하다), 선창자 또는 성가대와 회중이 번갈아 노래하는(시편 136편처럼) 두 개의 기도로 되어 있다.

3,52-56. 가해 삼위일체 대축일에는 이 절들을 화답송으로 사용하며, 마치 모세가 하느님의 자비로운 권능 앞에 엎드리는 제1독서(탈출 34,4ㄴ-6.8-9)의 논리적 연속과 같이 읽는다.

십니다.
54 당신의 왕좌에서 찬미받으소서.
당신은 드높은 찬송과 드높은 찬양을 영원히 받으실 분이
십니다.
55 커룹들 위에 좌정하시어 깊은 곳을 내려다보시는 당신
께서는 찬미받으소서.
당신은 칭송과 드높은 찬양을 영원히 받으실 분이십니다.
56 하늘의 궁창에서 찬미받으소서.
당신은 찬송과 영광을 영원히 받으실 분이십니다.

57 주님의 업적들아, 모두 주님을 찬미하여라.
영원히 그분을 찬송하고 드높이 찬양하여라.
58 주님의 천사들아, 주님을 찬미하여라.
영원히 그분을 찬송하고 드높이 찬양하여라.
59 하늘아, 주님을 찬미하여라.
영원히 그분을 찬송하고 드높이 찬양하여라.
60 하늘 위 물들아, 모두 주님을 찬미하여라.
영원히 그분을 찬송하고 드높이 찬양하여라.
61 주님의 군대들아, 모두 주님을 찬미하여라.
영원히 그분을 찬송하고 드높이 찬양하여라.
62 해와 달아, 주님을 찬미하여라.
영원히 그분을 찬송하고 드높이 찬양하여라.
63 하늘의 별들아, 주님을 찬미하여라.
영원히 그분을 찬송하고 드높이 찬양하여라.
64 비와 이슬아, 모두 주님을 찬미하여라.
영원히 그분을 찬송하고 드높이 찬양하여라.
65 바람아, 모두 주님을 찬미하여라.
영원히 그분을 찬송하고 드높이 찬양하여라.
66 불과 열아, 주님을 찬미하여라.
영원히 그분을 찬송하고 드높이 찬양하여라.
67 추위와 더위야, 주님을 찬미하여라.
영원히 그분을 찬송하고 드높이 찬양하여라.
68 이슬과 소나기야, 주님을 찬미하여라.
영원히 그분을 찬송하고 드높이 찬양하여라.
69 서리와 추위야, 주님을 찬미하여라.
영원히 그분을 찬송하고 드높이 찬양하여라.
70 얼음과 눈아, 주님을 찬미하여라.
영원히 그분을 찬송하고 드높이 찬양하여라.
71 밤과 낮들아, 주님을 찬미하여라.

3,57-90. 주님을 찬미하라는 명령문은 먼저 하늘과 천체들에게(57-63절 참조), 이어서 자연의 요소들에게(64-73절 참조), 그리고 땅과 지상 동물들에게(74-81절 참조), 그리고 마지막으로 인간에게 향한다(82-90절 참조).

3,60. "하늘 위 물들" 창세 1,7 참조.

3,61. "군대들"의 자구적 번역은 "권능, 힘"이다. 시편 148,2에서와 같이 천상의 군대를 지칭하는 것으로 생각된다.

3,71. "밤과 낮들" 이 순서에는 하루가 저녁부터 시작된다는 개념이 반영되어 있다.

영원히 그분을 찬송하고 드높이 찬양하여라.
72 빛과 어둠아, 주님을 찬미하여라.
영원히 그분을 찬송하고 드높이 찬양하여라.
73 번개와 구름아, 주님을 찬미하여라.
영원히 그분을 찬송하고 드높이 찬양하여라.
74 땅아, 주님을 찬미하여라.
영원히 그분을 찬송하고 드높이 찬양하여라.
75 산과 언덕들아, 주님을 찬미하여라.
영원히 그분을 찬송하고 드높이 찬양하여라.
76 땅에서 싹트는 것들아, 모두 주님을 찬미하여라.
영원히 그분을 찬송하고 드높이 찬양하여라.
77 샘들아, 주님을 찬미하여라.
영원히 그분을 찬송하고 드높이 찬양하여라.
78 바다와 강들아, 주님을 찬미하여라.
영원히 그분을 찬송하고 드높이 찬양하여라.
79 용들과 물에서 움직이는 모든 것들아, 주님을 찬미하여라.
영원히 그분을 찬송하고 드높이 찬양하여라.
80 하늘의 새들아, 모두 주님을 찬미하여라.
영원히 그분을 찬송하고 드높이 찬양하여라.
81 들짐승과 집짐승들아, 모두 주님을 찬미하여라.
영원히 그분을 찬송하고 드높이 찬양하여라.
82 사람들아, 주님을 찬미하여라.
영원히 그분을 찬송하고 드높이 찬양하여라.
83 이스라엘아, 주님을 찬미하여라.
영원히 그분을 찬송하고 드높이 찬양하여라.
84 주님의 사제들아, 주님을 찬미하여라.
영원히 그분을 찬송하고 드높이 찬양하여라.
85 주님의 종들아, 주님을 찬미하여라.
영원히 그분을 찬송하고 드높이 찬양하여라.
86 의인들의 정신과 영혼아, 주님을 찬미하여라.
영원히 그분을 찬송하고 드높이 찬양하여라.
87 거룩한 이들과 마음이 겸손한 이들아, 주님을 찬미하여라.
영원히 그분을 찬송하고 드높이 찬양하여라.
88 하난야와 아자르야와 미사엘아, 주님을 찬미하여라.
영원히 그분을 찬송하고 드높이 찬양하여라.
그분께서 우리를 저승에서 구해 주시고

3,86. "의인들의 정신과 영혼아" 성경 언어에서 이 두 단어는 서로를 보충한다. 이들은 인간의 깊은 내면, 그 생명의 원리를 가리키지만, 또한 가장 중요한 욕구들도 지칭하며, 인간의 한 부분이 아니라 인간 실재 전체를 뜻한다.

3,87. "거룩한 이들과 마음이 겸손한 이들"이라는 표현은 하느님을 부르는 이들의 기도에 자주 나타난다. 이들은 하느님의 뜻에 복종하는 이들이다. 여기에 사용된 그리스어 '타페이노이'는 히브리어 '아나윔'의 번역일 수 있는데, 이 단어는 억눌린 이들, 가난한 이들, 고통받는 이들을 지칭할 수 있다(이사 61,1 참조). "마음이 겸손한 이들"이라는 호칭은 예수님도 사용하셨다(마태 11,29 참조). 다니 3,87에서는 히브리 백성의 구성원들을 지칭하는데, 이는 7,25에서 하느님 백성을 가리키는 "거룩한 이들"이라는 표현과 함께 사용된 데서 분명히 알아볼 수 있다.

죽음의 손아귀에서 구원하셨으며
불길이 타오르는 가마에서 건져 내시고
불 속에서 건져 내셨다.
89 주님께 감사하여라.
그분께서는 선하시고 그 자비는 영원하시다.
90 주님을 경배하는 이들아, 모두 신들의 신을 찬미하여라.
그분을 찬송하고 그분께 감사하여라.
그분의 자비는 영원하시다."

네부카드네자르가 기적을 보고 하느님을 찬미하다

91 그때에 네부카드네자르 임금이 깜짝 놀라 급히 일어서
서 자문관들에게 물었다. "우리가 묶어서 불 속으로 던진
사람은 세 명이 아니더냐?" 그들이 "그렇습니다, 임금님."
하고 대답하자, 92 임금이 말을 이었다. "그런데 내가 보기
에는 네 사람이 결박이 풀렸을 뿐만 아니라, 다친 곳 하나
없이 불 속을 거닐고 있다. 그리고 넷째 사람의 모습은 신
의 아들 같구나." 93 그러고 나서 네부카드네자르는 타오르
는 불가마 어귀로 다가가서 말하였다. "가장 높으신 하느님
의 종 사드락과 메삭과 아벳 느고야, 이리 나와라." 그러자
사드락과 메삭과 아벳 느고가 불 속에서 나왔다. 94 총독들
과 태수들과 지방관들과 임금의 자문관들이 모여 와서는,
불도 그 사람들의 몸을 어찌하지 못하여, 머리카락 하나
그을리지 않고 겉옷도 아무렇지 않을뿐더러, 불길에 닿은
냄새조차 나지 않음을 보았다. 95 네부카드네자르가 말하
였다. "사드락과 메삭과 아벳 느고의 하느님께서는 찬미받
으소서. 그분께서는 당신의 천사를 보내시어, 자기들의 하
느님을 신뢰하여 몸을 바치면서까지 임금의 명령을 어기
고, 자기들의 하느님 말고는 다른 어떠한 신도 섬기거나 절
하지 않은 당신의 종들을 구해 내셨다. 96 이제 나는 칙령
을 내린다. 어떠한 민족이나 나라나 언어권에서든, 사드락
과 메삭과 아벳 느고의 하느님께 욕되는 말을 하는 자는
사지가 찢겨 나가고 그의 집은 쓰레기 더미가 될 것이다.
이처럼 구원을 베푸실 수 있는 신은 다시 없다." 97 그러고
나서 임금은 사드락과 메삭과 아벳 느고에게 바빌론 지방
에서 높은 벼슬을 내렸다.

3,92. "신의 아들"은 초자연적 존재, 주님의 천사를 지칭한다. 천사는 보호자로서 하느님께서 가까이 계시고 구원해 주심을 표현한다(49절 참조).

3,95. 이 이야기는 명백하게 낙관적이다. 두려운 인물 네부카드네자르까지도 하느님을 찬미하는 데까지 이를 수 있다.

3,96. 이교인의 신앙 고백은 이야기의 절정이다.

3,97. 그리스어 번역본 테오도시온은 다음을 첨가한다. "그리고 그가 자신의 나라에 있는 모든 유다인들을 이끌기에 합당하다고 여겼다."

네부카드네자르가 다시 꿈을 꾸다

98 네부카드네자르 임금이 온 세상에 사는 모든 민족들과
나라들, 언어가 다른 모든 사람들에게 고한다. 그대들이
큰 평화를 누리기 바란다. 99 가장 높으신 하느님께서 나
를 위하여 베푸신 표징들과 기적들을 이야기하는 것이 좋
다고 여겨진다.

100 그분의 표징들은 얼마나 위대한가!
그분의 기적들은 얼마나 강력한가!
그분의 나라는 영원한 나라이고
그분의 통치는 대대로 이어지리라.

4

1 나 네부카드네자르는 집에서 편히 지내며 궁궐에
서 영화를 누리고 있었다. 2 그러다가 꿈을 꾸었는
데 그것이 나를 두렵게 하였다. 침상에서 일어나는 여러
상상과 머릿속의 환시들이 나를 놀라게 하였다. 3 그래서
나는 칙령을 내려, 바빌론의 현인들을 모두 데려다가 나
에게 꿈의 뜻을 설명하라고 하였다. 4 요술사, 주술사, 점성
가, 점술사들이 오자, 내가 그들에게 꿈을 이야기해 주었
지만, 그들은 나에게 그 뜻을 설명하지 못하였다. 5 마침내
다니엘이 나에게 왔다. 내 신의 이름을 따라 벨트사차르
라는 이름을 가진 그는, 거룩한 신들의 영을 지닌 사람이
었다. 그래서 내가 그에게 꿈을 이야기해 주었다.
6 "요술사들의 우두머리 벨트사차르야, 너는 거룩한 신들
의 영을 지녔으며 어떠한 신비도 너에게는 어렵지 않음을
나는 안다. 내가 본 꿈은 이러하니 그 뜻을 말해 보아라.
7 침상에 누워 있을 때에 나는 머릿속에 떠오르는 환시를
보았다.

나무가 한 그루 보였다.
세상 한가운데에 자리 잡은
높이가 엄청난 나무였다.

4,1. 자서전적 서간 형식이 3인칭의 설화 형식과 번갈아 나타나(16-30절 참조), 마치 임금 자신이 병에 걸린 기간 중에 일어난 일들을 논리적으로 이야기할 수 없음을 암시하는 듯하다.

4,5. "신들"은 아람어의 자구적 번역이다. 그래서 임금이 다신론자로서 말하고 있다고 여기지만, 아마도 이 단어는 히브리어 복수형인 '엘로힘'에 상응하여 단수형 "거룩한 신"으로 옮겨야 할 것이다. "거룩한 신들의 영"은 신적 영감을 지칭한다. 벨은 벨트사차르라는 이름의 첫 음절이기도 하다(1,6-7 참조). 14,3의 주 참조.

4,6. "요술사들의 우두머리"는 궁정의 지혜로운 고문관들의 책임자이다.

3,99 6,28. 3,100 2,44; 시편 145,13. 4,5 창세 41,38. 4,7 에제 17,1-10; 31,2-9.

4,1-6,29. 여기서 그리스어 번역본 본문은 아람어 본문과 상당히 차이가 난다. 4장에는 2-6.31-32절이 없고, 9절은 8절 앞에 있으며, 14.19.23.24.25.28.30.34절은 뚜렷하게 확장되어 있고, 11.17.20.22.33절은 축약되어 있다. 5장에서는 벨사차르의 잔치 앞에 요약이 있고, 그 이후의 본문은 축약되어 있다(1-4ㄱ.10-13.16절). 다만 일부 절들에는 세부 사항들이 첨가되어 있다(4ㄴ.6.7.9.17절). 6장에서 그리스어 본문은 아람어 본문보다 짧거나 길지 않지만, 설화 기법은 변형되어 있다.

4. 위대한 네부카드네자르까지도 주님의 통치에 종속되어 있다. 주님께서는 원하는 이에게 인간들의 나라를 주신다(14ㄴ절. 7,14 참조). 다른 한편으로 임금들에게 회개하여 하느님께 복종하는 것이 허락된다.

4,5. 이 단락에서 꿈을 해석하는 능력은 영의 선물과 결부된다. 요셉이 하느님의 영을 지니고 있음을 인정했던 파라오가 말한 바와 유사하다(창세 41,38 참조).

8 그 나무가 더욱 크고 튼튼하게 자라서
높이가 하늘까지 닿으니
세상 끝 어디에서도 그것을 볼 수 있었다.
9 잎은 아름답고
열매는 풍성하여
모든 사람의 양식이 될 수 있었다.
그 그늘 밑으로는 들짐승들이 찾아들고
그 가지에는 하늘의 새들이 깃들이며
모든 생물이 그 나무에서 양식을 얻었다.
10 침상에 누운 나는 계속 머릿속에 떠오르는 환시를 보
고 있었는데, 이번에는 하늘에서 거룩한 감시자가 내려와
11 큰 소리로 외쳤다. 그가 이렇게 말하였다.
'저 나무를 베어라. 가지는 잘라 내고
잎은 떨어 버리고 열매는 흩어 버려라.
짐승들을 그 밑에서,
새들을 그 가지에서 쫓아내어라.
12 그러나 뿌리등걸은
땅에 남겨 두어라.
쇠사슬과 청동 사슬로 묶어
들풀 사이에 남겨 두어라.
하늘에서 내리는 이슬에 젖은 채
땅의 잡초들 사이에서 짐승들과 운명을 함께하게 하여라.
13 그 마음이 바뀌어 사람의 마음이 아니라
짐승의 마음을 지니고
일곱 해를 지내게 하여라.
14 이는 감시자들의 결정에 따른 명령이며
거룩한 이들의 지시에 따른 판결로서
가장 높으신 분께서 인간들의 나라를 지배하심을
살아 있는 자들이 알게 하려는 것이다.
그분께서는 원하시는 이에게 그 나라를 주시고
가장 낮은 사람을 그 나라 위에 세우신다.'

15 이것이 나 네부카드네자르 임금이 본 꿈이다. 벨트사차
르야, 이제 네가 그 뜻을 말해 보아라. 내 나라의 현인들은
아무도 그 뜻을 나에게 설명하지 못하였다. 그러나 너는
거룩한 신들의 영을 지녔으니 할 수 있지 않느냐?"

4,10. "감시자" 곧 잠을 자지 않는 존재는(사람이 잠을 자고 죽는 것과 달리) 하느님 앞에 사는 초자연적 존재로, 심판을 알리는 천사이다.

4,13. "그 마음이 바뀌어" 그리스어 번역본 테오도시온은 "그의 마음이 사람들에 의하여 변화되어"로 해석하고, 칠십인역은 "그의 몸이 하늘의 이슬에 의하여 변화되어"로 이해한다. "일곱 해" 아람어 본문은 "일곱 때"이고, 칠십인역은 "일곱 해"로 옮긴다.

4,14. 천사들의 세계는 하느님의 명을 수행하고 전달한다. 하느님께서는 천사들을 통하여 역사를 지배하신다.

4,8 8,10-11; 11,36. 4,9-18 루카 13,19. 4,13 7,4.

다니엘이 꿈의 뜻을 밝히다

16 벨트사차르라는 이름을 가진 다니엘은 잠시 당황하였
다. 임금의 생각들이 그를 놀라게 한 것이다. 그러자 임금
이 말하였다. "벨트사차르야, 내 꿈과 그 뜻이 너를 놀라게
하지 않기를 바란다." 그제야 벨트사차르가 대답하였다.
"임금님, 그 꿈이 임금님의 원수들에게, 그 뜻이 임금님의
적들에게 해당되는 것이라면 얼마나 좋겠습니까? 17 임금
님께서 보신 그 나무는 크고 튼튼하게 자라서 높이가 하
늘까지 닿아, 세상 어디에서도 그것을 볼 수 있었습니다.
18 잎은 아름답고 열매는 풍성하여 모든 사람의 양식이 될
수 있었습니다. 그 그늘 밑에는 들짐승들이 깃들이고, 그
가지에는 하늘의 새들이 둥지를 틀었습니다. 19 임금님, 그
나무는 바로 임금님이십니다. 임금님께서는 크고 튼튼하
게 자라셨습니다. 임금님의 위력은 더욱 커져 하늘까지 닿
고, 임금님의 통치는 땅끝까지 이르렀습니다. 20 그런데 임
금님께서는 하늘에서 거룩한 감시자가 내려와 이렇게 말
하는 것을 또 보셨습니다. '저 나무를 베어 없애 버려라.
그러나 뿌리등걸은 땅에 남겨 두어라. 쇠사슬과 청동 사
슬로 묶어 들풀 사이에 남겨 두어라. 하늘에서 내리는 이
슬에 젖은 채, 들짐승들과 운명을 함께하게 하여라. 일곱
해를 지낼 때까지 그렇게 하여라.' 21 임금님, 꿈의 뜻은 이
러합니다. 그것은 저의 주군이신 임금님께 내리신 가장 높
으신 분의 결정입니다. 22 임금님께서는 사람들에게서 쫓
겨나 들짐승들과 함께 사시겠습니다. 그래서 소처럼 풀을
드시고 하늘에서 내리는 이슬에 젖으실 것입니다. 그렇게
일곱 해를 지내시고 나서야, 임금님께서는 비로소 가장 높
으신 분께서 인간들의 나라를 다스리시고, 그분께서 원하
시는 이에게 그 나라를 주신다는 것을 깨닫게 되시겠습니
다. 23 또 그 나무의 뿌리등걸을 남겨 두라고 한 것은, 하늘
이 세상을 다스림을 임금님께서 깨달으신 다음에야, 임금
님의 나라가 임금님께 되돌려진다는 것을 뜻합니다. 24 그
러니 임금님, 저의 조언이 임금님께 받아들여지기를 바랍
니다. 의로운 일을 하시어 죄를 벗으시고, 가난한 이들에

4,16. "임금님의 적들에게 해당되는 것이라면"은 불길한 예고에 대하여 기원하는 형식적인 표현이다.

4,17-18. 칠십인역은 이것이 임금에 관한 것임을 명시한다. "임금님, 땅에 심어진 나무는 임금님이십니다. 하늘의 모든 새들이 거기에 둥지를 틉니다. 땅과 민족들과 땅끝까지 이르는 모든 언어들의 힘과 모든 지방들이 임금님을 섬깁니다."

4,19. 칠십인역은 본문을 확장한다. "임금님의 마음이 거룩하신 분과 그분의 천사들 앞에서 매우 교만해졌습니다. 임금님이 하신 일들이, 축성된 백성의 죄 때문에 살아 계신 하느님의 집을 황폐하게 하신 것이 보였습니다." 이로써 네부카드네자르는 더 분명하게 안티오코스 4세와 근접하게 된다. 8,10-11 참조.

4,20. "뿌리등걸"은 미래에 다시 시작될 가능성을 표시한다.

4,22. 본문은 아마도 바빌론의 마지막 임금 나보니두스의(기원전 555-539년) 정신적 불안정에 관하여 떠돌던 대중적 이야기들을 출발점으로 한 것으로 보인다. 그는 오랜 기간을 아라비아 사막의 한 오아시스에서 홀로 지냈다. 쿰란에서 발견된 나보니두스의 기도는 이를 반향한다. 여기서 말하는 정신병은 인간이 스스로를 동물이라고 생각하는 병이다.

4,23. "하늘"은 유배 후 히브리어에서 하느님을 지칭하는 완곡한 표현이다.

4,20-21 마태 13,32.

4,24. 구약 성경의 가장 마지막 시기에 속하는 토빗기와 집회서 등에서는 선행 특히 자선이 죄를 용서받게 한다는 믿음이 나타난다(토빗 1,3 주해와 12,8-10의 주 참조). 이후 유다교 전통에서 자선은 여러 차례 탈무드에서 칭송된다. 사도행전에서 볼 수 있듯이 이러한 관습은 첫 그리스도인들에게도 널리 퍼졌다. 바오로 자신도 예루살렘 교회의 가난한 이들을 돕기 위하여 그리스도교 공동체들에서 기금을 모았다(2코린 8-9장 참조).

게 자비를 베푸시어 불의를 벗으십시오. 그리하시면 임금
님의 번영이 지속될지도 모릅니다."

꿈이 그대로 이루어지다

25 이 모든 것이 네부카드네자르 임금에게 그대로 일어났
다. 26 열두 달이 지난 뒤, 임금은 바빌론에 있는 왕궁 옥
상을 거닐면서 27 혼자 말하였다. "이것이 대바빌론이 아
니냐? 내가 영광과 영화를 떨치려고 나의 강력한 권세를
행사하여 왕도로 세운 것이다." 28 이 말이 임금의 입에서
채 떨어지기도 전에 하늘에서 말소리가 들렸다. "네부카드
네자르 임금아, 너에게 내리는 판결이다. 왕권이 너에게서
떨어져 나갔다. 29 너는 사람들에게서 쫓겨나 들짐승들과
함께 살 것이다. 그래서 너는 소처럼 풀을 먹을 것이다. 그
렇게 일곱 해를 지내고 나서야, 너는 비로소 가장 높으신
분께서 인간들의 나라를 다스리시고, 당신께서 원하시는
이에게 그 나라를 주신다는 것을 깨달을 것이다." 30 이 말
이 곧바로 네부카드네자르에게 이루어졌다. 그는 사람들
에게서 쫓겨나 소처럼 풀을 먹고, 몸은 하늘에서 내리는
이슬에 젖었으며, 머리카락은 독수리처럼, 손발톱은 새처
럼 자라기까지 하였다.

31 기한이 찼을 때에 나 네부카드네자르는 눈을 들어 하늘
을 바라보았다. 그때에 나는 정신을 되찾아, 가장 높으신
분께 영광을 드리고 영원히 살아 계신 분을 찬양하고 찬
송하였다.
그분의 통치는 영원한 통치이고
그분의 나라는 대대로 이어지리라.
32 세상의 모든 주민은 그분께 아무것도 아닌 것으로 여겨
진다.
그분께서 하늘의 군대와 세상 주민들에게 당신 뜻대로 하
시지만
그분의 손을 막고
"왜 그리하십니까?" 하고 말할 자 아무도 없다.
33 바로 그때에 나는 정신을 되찾았다. 그리고 내 나라의
영광을 드높이는 영화와 영예도 되찾았다. 나의 자문관
들과 대신들이 나를 찾아왔으며, 나는 내 왕권을 회복하
고 더욱더 큰 위력을 얻었다. 34 이제 나 네부카드네자르는
하늘의 임금님을 찬양하고 숭상하며 찬송한다.

4,27. 고대 세계에서 경이로움을 불러일으키던 바빌론은 교만의 상징이 된다.

4,28. 하늘의 말소리는(라삐 전통의 '밧 콜') 하느님의 목소리가 땅에 되울리는 것과 같이 이해할 수 있다.

4,31. 참하느님께로 회개하는 것은 치유를 가져온다.

4,31 묵시 4,9. 4,32 이사 24,21. 4,34 5,23.

그분께서 하시는 일은 모두 진실하고
그 길은 다 공정하니
그분께서는 교만 속에 걷는 자들을 낮추실 수 있는 분이
시다.

왕궁 벽에 글자가 저절로 쓰이다

5 1 벨사차르 임금이 천 명에 이르는 자기 대신들을
위하여 큰 잔치를 벌이고, 그 천 명 앞에서 술을 마
시고 있었다. 2 술기운이 퍼지자 벨사차르는 자기 아버지
네부카드네자르가 예루살렘 성전에서 가져온 금은 기물
들을 내오라고 분부하였다. 임금은 대신들과 왕비와 후궁
들과 함께 그것으로 술을 마시려는 것이었다. 3 예루살렘
에 있던 성전 곧 하느님의 집에서 가져온 금 기물들을 내
오자, 임금은 대신들과 왕비와 후궁들과 함께 그것으로
술을 마셨다. 4 그렇게 술을 마시면서 금과 은, 청동과 쇠,
나무와 돌로 된 신들을 찬양하였다.
5 그런데 갑자기 사람 손가락이 나타나더니, 촛대 앞 왕궁
석고 벽에 글을 쓰기 시작하였다. 임금은 글자를 쓰는 손
을 보고 있었다. 6 그러다가 임금은 얼굴빛이 달라졌다. 떠
오르는 생각들이 그를 놀라게 한 것이다. 허리의 뼈마디들
이 풀리고 무릎이 서로 부딪쳤다. 7 임금은 큰 소리로 주술
사들과 점성가들과 점술사들을 데려오라고 외쳤다. 임금
은 또 바빌론의 현인들에게 말하였다. "누구든지 저 글자
를 읽고 그 뜻을 밝혀 주는 사람은, 자주색 옷을 입히고
금 목걸이를 목에 걸어 주고 이 나라에서 셋째 가는 통치
자로 삼겠다." 8 그리하여 임금의 현인들이 모두 들어왔지
만, 그 글자를 읽지도 못하고 임금에게 그 뜻을 설명하지
도 못하였다. 9 벨사차르 임금은 크게 놀라며 얼굴빛이 달
라지고 대신들은 혼란에 빠졌다.
10 그때에 왕후가 임금과 대신들이 하는 말을 전해 듣고 연
회장으로 가서 말하였다. "임금님, 만수무강하시기를 빕
니다. 임금님께서는 이런저런 생각으로 놀라시거나 얼굴
빛이 달라지실 까닭이 없습니다. 11 임금님의 나라에는 거
룩하신 신들의 영을 지닌 사람이 하나 있습니다. 임금님의
아버지 시대에 그는 형안과 통찰력과 신들의 지혜 같은 지

5,1-2. 벨사차르, 아마도 벨 사르 우수르는(기원전 549년) 바빌론의 마지막 임금 나보니두스(기원전 555-539년)의 아들이며 공동 섭정이다. 그는 네부카드네자르의 후계자라는 의미에서 그의 "아드님"(22절)이다.

5,3. 역사적 허구로, 예루살렘 성전에서 이교 예식을 지내게 함으로써 성전을 모독하기 전, 기원전 169년 성전을 약탈한 안티오코스 4세를 암시한다.

5,5.24. "손가락, 손" 아람어로는 "손바닥"(24절)으로 되어 있으며, 손목을 포함하여 넓은 의미의 손을 지칭하는 것으로 이해된다.

5,7.16. "셋째"는 나보니두스와 벨사차르에 이어 세 번째 통치 권위라는 의미로 이해된다(5,29; 6,3 참조).

5,10. 이 왕후는 임금의 어머니이다. 모후의 중요성은 고대 근동에서 광범위하게 나타난다(1열왕 1,15-21; 2,13-19 참조).

5,2 1,2. 5,4 묵시 9,20. 5,11 4,5.

5,1-30. 꿈풀이에 이미 사용된(2장; 4장) 다니엘의 해석 능력이 이제 글자와 관련하여 사용된다(1,17 참조). 8-9장에서 분명히 나타나게 되듯이, 현인은 성경에 힘입어 하느님의 계획을 읽어 내는 사람이다.

혜를 지닌 사람으로 드러났습니다. 그리하여 임금님의 아
버지 네부카드네자르 임금님께서는 그 사람을 요술사들
과 주술사들과 점성가들과 점술사들의 우두머리로 세우
셨습니다. 임금님의 아버지께서 그렇게 하셨습니다. 12 네
부카드네자르 임금님께서 벨트사차르라는 이름을 지어
주신 그 다니엘이, 빼어난 정신과 지식과 통찰력을 지녀,
꿈을 해석하고 수수께끼를 풀며 어려운 문제들을 풀어내
는 사람으로 드러났기 때문입니다. 이제 다니엘을 부르십
시오. 그가 저 글자의 뜻을 밝혀 줄 것입니다."

다니엘이 글자를 해독하다

13 이렇게 하여 다니엘이 임금 앞으로 불려 왔다. 임금이 다
니엘에게 물었다. "그대가 바로 나의 부왕께서 유다에서 데
려온 유배자들 가운데 하나인 다니엘인가? 14 나는 그대가
신들의 영을 지녔을뿐더러, 형안과 통찰력과 빼어난 지혜
를 지닌 사람으로 드러났다는 말을 들었다. 15 저 글자를 읽
고 그 뜻을 나에게 설명하도록 현인들과 주술사들이 내 앞
으로 불려 왔지만, 그 뜻을 밝히지 못하였다. 16 또 나는 그
대가 뜻풀이를 잘하고 어려운 문제들을 풀어낼 수 있다는
말을 들었다. 이제 그대가 저 글자를 읽고 그 뜻을 나에게
설명해 줄 수 있다면, 그대에게 자주색 옷을 입히고 금 목
걸이를 목에 걸어 주고 이 나라에서 셋째 가는 통치자로
삼겠다."
17 그러자 다니엘이 임금에게 대답하였다. "임금님의 선물
을 거두시고 임금님의 상도 다른 이에게나 내리십시오. 그
래도 저는 저 글자를 임금님께 읽어 드리고 그 뜻을 설명
해 드리겠습니다. 18 임금님, 가장 높으신 하느님께서는 임
금님의 아버지 네부카드네자르 님께 왕권과 위력과 영광
과 영화를 베푸셨습니다. 19 하느님께서 그분께 베푸신 그
위력 때문에 민족들과 나라들, 언어가 다른 사람들이 모
두 그분 앞에서 떨며 무서워하였습니다. 네부카드네자르
님께서는 원하시는 대로 사람을 죽이기도 하시고 원하시
는 대로 사람을 살리기도 하셨으며, 원하시는 대로 사람
을 높이기도 하시고 원하시는 대로 사람을 낮추기도 하셨
습니다. 20 그러나 마음이 우쭐해지고 정신이 완고해져 오
만하게 행동하시다가, 왕좌에서 내몰리시고 영광도 빼앗
기셨습니다. 21 사람들에게서 쫓겨나시어 마음이 짐승처럼
되셨고, 들나귀들과 함께 사시면서 소처럼 풀을 드셨으며,

5,17 1열왕 21,20-24. 5,19 창세 40,20-22; 탈출 1,16; 1사무 2,6-8.

몸은 하늘에서 내리는 이슬에 젖으셨습니다. 그러다가 마
침내 가장 높으신 하느님께서 인간들의 나라를 다스리시
고, 당신께서 원하시는 이를 그 나라 위에 세우신다는 것
을 깨달으셨습니다. 22 그런데 이제 그분의 아드님이신 벨
사차르 님, 임금님께서는 그 모든 것을 다 아시면서도 마
음을 겸손하게 낮추지 않으셨습니다. 23 오히려 하늘의 주
님을 거슬러 자신을 들어 높이셨습니다. 주님의 집에 있던
기물들을 임금님 앞으로 가져오게 하시어, 대신들과 왕비
와 후궁들과 함께 그것으로 술을 드셨습니다. 그리고 은
과 금, 청동과 쇠, 나무와 돌로 된 신들, 보지도 못하고 듣
지도 못하며 알지도 못하는 신들을 찬양하셨습니다. 그러
면서 임금님의 목숨을 손에 잡고 계시며 임금님의 모든 길
을 쥐고 계신 하느님을 찬송하지 않으셨습니다.
24 그리하여 하느님께서 손을 보내셔서 저 글자를 쓰게 하
신 것입니다. 25 그렇게 쓰인 글자는 '므네 므네 트켈', 그리
고 '파르신'입니다. 26 그 뜻은 이렇습니다. '므네'는 하느님
께서 임금님 나라의 날수를 헤아리시어 이 나라를 끝내셨
다는 뜻입니다. 27 '트켈'은 임금님을 저울에 달아 보니 무
게가 모자랐다는 뜻입니다. 28 '프레스'는 임금님의 나라가
둘로 갈라져서, 메디아인들과 페르시아인들에게 주어졌
다는 뜻입니다."
29 그러자 벨사차르는 분부를 내려, 다니엘에게 자주색 옷
을 입히고 금 목걸이를 목에 걸어 주고 그가 나라에서 셋
째 가는 통치자가 된다고 선포하게 하였다.
30 바로 그날 밤에 칼데아 임금 벨사차르가 살해되었다.

6 1 그리고 메디아 사람 다리우스가 그 나라를 이어
받았다. 그의 나이 예순두 살이었다.

다니엘이 모함을 받다

2 다리우스는 자기의 뜻대로 나라에 총독 백스무 명을 세
워, 온 나라에 두루 주재하게 하고, 3 그들 위로 다시 재상
세 사람을 임명하였는데, 다니엘도 그 가운데 한 사람이
었다. 임금에게 손실을 끼치는 일이 없도록 총독들은 이
재상들에게 업무를 보고하게 되어 있었다. 4 다니엘은 빼

5,23 8,11.25; 11,36.

6. 사회에서 이방인처럼 살아가는 신앙인은 하느님께 충실하면서 정직하게 그 사회에 봉사할 수 있다(14절. 히브 11,13 참조). 그의 도덕적 온전함은 박해 속에서도 안전하도록 그를 신비롭게 지켜 준다.

5,25-28. '므네, 트켈, 파르신' 자구적으로 이 단어들은 서로 다른 화폐 가치인 미나(50세켈), 세켈, 1/2미나(25세켈)를 지칭한다. 세 개의 가치가 헬레니즘 시대 유다인들에게 알려져 있던 세 명의 바빌론 임금에게 적용된다는 가설도 있다(위대한 네부카드네자르, 보잘것없는 에윌 므로닥, 그리고 벨사차르). 다니엘은 셈어의 민간 어원에 따라 이들을 오히려 하느님을 주어로, 벨사차르를 목적으로 하는 동사들로 해석하여 그의 시간적 유한성, 도덕적 올바름의 결핍, 왕국의 분열을 표현하는 것으로 본다. 페르시아에 의해 바빌론이 패배할 것을 예고한다.

5,30. 역사적 자료들에 따르면 벨사차르는 도시 밖에서 전사했으며, 나보니두스 임금은 바빌론이 점령될 때 살해되었다.

6,1. 역사가들은 페르시아 임금 다리우스 1세를(기원전 522-486년) 폭군이자 제국을 효율적으로 조직한(제국을 총독이 다스리는 주로 분할했다) 인물로 전한다. 저자는 이 역사적 인물을 지칭하여 메디아의 다리우스를 도입한 것일 수 있다. 실제로 고대 메디아의 다리우스라는 임금은 알려져 있지 않다(9,1의 주 참조).

어난 정신을 지녀 다른 재상들이나 총독들보다 뛰어났다.
그래서 임금은 다니엘을 온 나라 위에 세우려고 생각하였
다. 5 그러자 다른 재상들과 총독들은 다니엘에게서 나라
와 관련된 죄과를 찾아내려고 애썼다. 그러나 그들은 어
떠한 죄과나 과실도 찾아낼 수가 없었다. 다니엘이 충실
한 사람이어서 아무런 태만이나 과실이 없었기 때문이다.
6 그래서 그들은 서로 "저 다니엘이 믿는 하느님의 법과 관
련하여 무엇을 찾아내기 전에는, 그에게서 아무런 죄과도
찾아내지 못할 것이다." 하고 말하였다.
7 그리하여 그 재상들과 총독들은 임금에게 몰려가서 이
렇게 말하였다. "다리우스 임금님, 만수무강하시기를 빕
니다. 8 나라의 모든 재상, 그리고 태수들과 총독들과 자
문관들과 지방관들은, 임금님께서 법령을 세우시고 금령
을 엄하게 만드셔야 한다고 의견을 모았습니다. 임금님, 앞
으로 서른 날 동안 임금님 말고 다른 어떤 신이나 사람에
게 기도를 올리는 자는 누구든지 사자 굴에 던져야 한다
는 것입니다. 9 이제 임금님, 금령을 세우시고 그 문서에 서
명하시어, 철회할 수 없는 메디아와 페르시아의 법에 따라
그것을 바꾸지 못하게 하십시오." 10 그리하여 다리우스
임금은 그 금령 문서에 서명하였다.

6,8. 다리우스 시대에는 없었던 한 사람에 대한 신격화는 안티오코스 4세의 주장들을 암시한다. 그는 자신이 페니키아의 신 바알 샤멤("하늘의 주인")과 동일시되는 그리스 신 올림피아의 제우스가 지상에 나타난 것("에피파네스")이라고 여겼다. 안티오코스 4세는 그에게 종속된 모든 유다인들에게 의무적으로 자신에 대한 숭배에 참여하게 하려 했다.

다니엘이 사자 굴에서 살아 나오다

11 다니엘은 임금이 그 문서에 서명하였다는 것을 알고 자
기 집으로 갔다. 그의 집 옥상 방 창문은 예루살렘 쪽으
로 나 있었다. 그는 이전에도 늘 그러하였듯이, 하루에 세
번 무릎을 꿇고 자기의 하느님께 기도하고 감사를 드렸다.
12 그때에 그 사람들이 몰려와서, 다니엘이 그의 하느님께
기도와 간청을 올리는 것을 발견하였다. 13 그래서 그들은
임금에게 다가가서 금령과 관련하여 말하였다. "임금님,
앞으로 서른 날 동안 임금님 말고 다른 어떤 신이나 사람
에게 기도를 올리는 사람은 누구든지 사자 굴에 던진다는
금령에 서명하지 않으셨습니까?" 임금이 "그것은 철회할
수 없는 메디아와 페르시아의 법에 따라 확실하오." 하고
대답하자, 14 그들이 다시 임금에게 말하였다. "임금님, 유

6,11. "세 번" 시편 55,18과 일치하는 이러한 언급은 칠십인역에서는 6.9.12.17절에도 도입되었다. 시편 119,164에서는 이와 달리 하루에 일곱 번 되풀이되는 기도를 시사한다.

6,9 에스 1,19; 8,8. 6,11 토빗 3,11.

✠ 6,11. 여기서는 유배 중과 기원전 2세기 디아스포라에서 히브리인들의 기도에서 사용된 리듬과(하루 세 번) 자세에(성전 방향으로 무릎 꿇음) 대한 간접적 증언을 볼 수 있다. 예루살렘 성전 또는 그 폐허를 향해 기도하는 관습은 유배 중에 생겨났으며 디아스포라에서(팔레스티나에서 멀리 떨어져 살아가던 히브리인들 사이에서) 계속되었다. 회당들이 세워졌을 때에는 회당들이 이 방향을 향했다.

다에서 온 유배자들 가운데 하나인 다니엘이 임금님께 경
의를 표하지도 않고, 임금님께서 서명하신 금령에도 경의를
표하지 않은 채, 하루에 세 번씩 기도를 올리고 있습니다."
15 임금은 이 말을 듣고 몹시 괴로웠다. 그는 다니엘을 살
려 내기로 결심하고 해가 질 때까지 그를 구하려고 노력하
였다. 16 그러자 그 사람들이 임금에게 몰려가서 말하였다.
"임금님, 임금이 세운 금령과 법령은 무엇이든 바꿀 수 없
다는 것이 메디아와 페르시아의 법임을 알아 두시기 바랍
니다." 17 그리하여 임금이 분부를 내리자 사람들이 다니
엘을 끌고 가서 사자 굴에 던졌다. 그때에 임금이 다니엘
에게, "네가 성실히 섬기는 너의 하느님께서 너를 구해 내
시기를 빈다." 하고 말하였다. 18 사람들이 돌 하나를 굴려
다가 굴 어귀를 막아 놓자, 임금은 자기의 인장 반지와 대
신들의 인장 반지로 그곳을 봉인한 다음, 다니엘에게 내린
어떠한 조치도 바꾸지 못하게 하였다. 19 그러고 나서 임금
은 궁궐로 돌아가 단식하며 밤을 지냈다. 여자들도 자기 앞
으로 들이지 못하게 하였다. 그는 뜬눈으로 밤을 새웠다.
20 새벽에 날이 밝자마자 임금은 일어나 서둘러 사자 굴로
갔다. 21 다니엘이 있는 굴에 가까이 이르러, 그는 슬픈 목
소리로 다니엘에게 외쳤다. "살아 계신 하느님의 종 다니엘
아, 네가 성실히 섬기는 너의 하느님께서 너를 사자들에게
서 구해 내실 수 있었느냐?" 22 그러자 다니엘이 임금에게
대답하였다. "임금님, 만수무강하시기를 빕니다. 23 저의
하느님께서 천사를 보내시어 사자들의 입을 막으셨으므
로, 사자들이 저를 해치지 못하였습니다. 제가 그분 앞에
서 무죄하다는 사실이 드러났기 때문입니다. 그리고 임금
님, 저는 임금님께도 잘못을 저지르지 않았습니다." 24 임
금은 몹시 기뻐하며 다니엘을 굴에서 끌어 올리라고 분부
하니, 사람들이 그를 굴에서 끌어 올렸다. 다니엘에게는
아무런 상처도 보이지 않았다. 그가 자기의 하느님을 믿었
기 때문이다. 25 임금은 분부를 내려, 악의로 다니엘을 고
발한 그 사람들을 끌어다가, 자식들과 아내들과 함께 사
자 굴 속으로 던지게 하였다. 그들이 굴 바닥에 채 닿기도 전
에 사자들이 달려들어 그들의 뼈를 모조리 부수어 버렸다.
26 그때에 다리우스 임금은 온 세상에 사는 모든 민족들과
나라들, 언어가 다른 모든 사람들에게 조서를 내렸다. "그
대들이 큰 평화를 누리기 바란다. 27 나는 칙령을 내린다.

6,23. 하느님의 심판으로 여겨진 시험의 결과가 다니엘이 무죄함을 보여 준다.

6,25. 이렇게 식구들을 연좌하는 것은 집단 책임과 처벌의 연대성 원리를 바탕으로 한다.

6,18 마태 27,66. 6,21 2티모 4,17. 6,23 2마카 10,29-30; 사도 12,11. 6,25 3,8. 6,27-28 3,96.98-100.

내 나라의 통치가 미치는 모든 곳에서는 누구나 다니엘의
하느님 앞에서 떨며 두려워해야 한다.
그분은 살아 계신 하느님
영원히 존재하시는 분이시다.
그분의 나라는 불멸의 나라
그분의 통치는 끝까지 이어진다.
28 그분은 구해 내시고 구원하시는 분
하늘과 땅에서 표징과 기적을 일으키시는 분
다니엘을 사자들의 손에서 구해 내셨다."
29 다니엘은 다리우스의 통치 때와 페르시아의 키루스 통
치 때에 이렇게 하여 성공을 거두었다.

다니엘이 네 마리 짐승의 환시를 보다

7 1 바빌론 임금 벨사차르 제일년, 다니엘은 침상에
누워 있을 때 꿈과 머릿속에 떠오르는 환시를 보았
다. 그는 그 꿈을 적어 두었는데 이야기는 이렇게 시작된
다. 2 다니엘이 말하였다. "내가 밤의 환시 속에서 앞을 보
고 있었는데, 하늘에서 불어오는 네 바람이 큰 바다를 휘
저었다. 3 그러자 서로 모양이 다른 거대한 짐승 네 마리가
바다에서 올라왔다. 4 첫 번째 것은 사자 같은데 독수리의
날개를 달고 있었다. 내가 보고 있는데, 마침내 그것은 날
개가 뽑히더니 땅에서 들어 올려져 사람처럼 두 발로 일
으켜 세워진 다음, 그것에게 사람의 마음이 주어졌다. 5 그
리고 다른 두 번째 짐승은 곰처럼 생겼다. 한쪽으로만 일
으켜져 있던 이 짐승은 입속 이빨 사이에 갈비 세 개를 물
고 있었는데, 그것에게 누군가 이렇게 말하였다. '일어나
고기를 많이 먹어라.' 6 그 뒤에 내가 다시 보니 표범처럼 생
긴 또 다른 짐승이 나왔다. 그 짐승은 등에 새의 날개가
네 개 달려 있고 머리도 네 개였는데, 그것에게 통치권이
주어졌다. 7 그 뒤에 내가 계속 밤의 환시 속에서 앞을 보

6,28 2티모 4,17. 6,29 3,97. 7,2 시편 74,13-14; 89,10-11; 하바 3,15. 7,4 신명 28,49; 시편 10,9; 22,14; 에제 22,25; 미카 5,7; 스바 3,3. 7,5 1사무 17,34; 호세 13,8.

7,1-28. 벨사차르에 관하여 5,1-2의 주 참조. 2,37-45의 주해에서와 유사하게 여기서도 왕국들이 순서대로 등장한다. 사자(신바빌론 제국), 곰(메디아), 표범(페르시아), 열 개의 뿔이 달린 짐승(알렉산드로스 대왕의 그리스 제국. 시리아의 셀레우코스 왕조는 그 후계자들이다). 바빌론의 도상들에는 이와 유사한 상징들이 있었다. 언급된 동물들이 점점 더 악해지는 것은 역사가 점차 악화됨을 나타낸다.

7,2. 셈족의 신화에서 바다는 악의 세력이며 바다에서부터 하느님을 거스르는 괴물 같은 적들이 나온다. 네 바람은 폭풍이 온 세상에(사방에서) 일어남을 뜻한다. 우주에 대한, 그리고 구원을 위한 하느님의 계획에 맞서는 악의 세력을 하느님께서 공격하실 때 그 악한 세력들은 거세게 터져 나온다.

6,28. 칠십인역에서는 임금이 이렇게 말하는 것으로 되어 있다. "나 다리우스는 나의 모든 날에 그분을 흠숭하고 섬길 것이다. 사람의 손으로 만들어진 우상들은 하느님께서 다니엘을 해방시키신 것처럼 구원할 수가 없다."

7,4. 사자와 독수리는 바빌론의 상징이다. 바빌론인들을 나타내는 사자는 힘을 뜻한다. 속도와 움직이는 능력을 나타내는 날개는 메디아의 다리우스가 바빌론을 정복했을 때 "뽑혔다." "마음"은 이해력이 있는 자리이고 그래서 인간다움을 가리킨다.

7,5. 메디아인들을 나타내는 곰은 사나움과 무서운 힘을 연상시킨다. "갈비 세 개"는 바빌론의 세 임금 네부카드네자르, 에윌 므로닥, 벨사차르이다. "고기를 많이 먹어라."는 자신의 권위로 다른 왕국들을 집어삼킴을 뜻한다. 명령을 받는 것은 그가 하느님의 계획을 실행하고 있음을 뜻한다.

7,6. 페르시아인들을 나타내는 표범은 빠름, 영리함, 민첩함을 연상시킨다. "새의 날개가 네 개"라는 것은 매우 빠름을 뜻한다. "머리도 네 개"는 페르시아인들이 온 세상을 지배함을 나타내거나 성경에 알려진 페르시아의 네 임금, 키루스와 크세르크세스와 아르타크세르크세스와 다리우스를 나타낸다.

7,7. 그리스인들을 나타내는 이 짐승은(알렉산드로스 대왕과 그 후계자들) "다르게" 생겼다. 동방 출신이 아니라 서방 출신이기 때문이다. "뿔 열 개"는 아마도 셀레우코스 왕조 또는 안티오코스 시대의 서로 다른 나라의 열 임금을 가리킨다.

7,8. 힘과 권력의 상징인 뿔에 이해력의 상징인 눈들이 달려 있다. 이 뿔은 악한 임금이며 경쟁자들을 능가하는 박해자인 안티오코스 에피파네스이다(19-25절 참조).

7,9-10. 역사 안에서 차례로 이어지는 일시적 제국들을 심판하기 위하여 하늘에 하느님의("연로하신 분") 법정 재판이 준비된다. 천사들의 군대 전체가 그 자리에 함께 있다. "옷… 머리카락… 불"은 하느님의 영광을 가리킨다(에제 1,4-28 참조).

7,10. "뿜어 나왔다. …터져 나왔다." 아람어 본문은 "흘러서 나왔다."이다. 그리스어 번역본들은 동사 하나만 사용한다("내려왔다"). 우리말 성경은 그 의미를 풀이하여 번역했다.

7,11-12. 박해자인 안티오코스 4세의 제국이 무너진 후 다른 제국들은 작은 왕국들처럼 얼마 동안 존재할 것이다.

고 있었는데, 끔찍하고 무시무시하고 아주 튼튼한 네 번
째 짐승이 나왔다. 커다란 쇠 이빨을 가진 그 짐승은 먹이
를 먹고 으스러뜨리며 남은 것은 발로 짓밟았다. 그것은
또 앞의 모든 짐승과 다르게 생겼으며 뿔을 열 개나 달고
있었다. 8 내가 그 뿔들을 살펴보고 있는데, 그것들 사이에
서 또 다른 자그마한 뿔이 올라왔다. 그리고 먼저 나온 뿔
가운데에서 세 개가 그것 앞에서 뽑혀 나갔다. 그 자그마
한 뿔은 사람의 눈 같은 눈을 가지고 있었고, 입도 있어서
거만하게 떠들어 대고 있었다."

연로하신 분과 사람의 아들에 관한 환시를 보다

9 "내가 보고 있는데
마침내 옥좌들이 놓이고
연로하신 분께서 자리에 앉으셨다.
그분의 옷은 눈처럼 희고
머리카락은 깨끗한 양털 같았다.
그분의 옥좌는 불꽃 같고
옥좌의 바퀴들은 타오르는 불 같았다.
10 불길이 강물처럼 뿜어 나왔다.
그분 앞에서 터져 나왔다.
그분을 시중드는 이가 백만이요
그분을 모시고 선 이가 억만이었다.
법정이 열리고
책들이 펴졌다.
11 그 뒤에 그 뿔이 떠들어 대는 거만한 말소리 때문에 나
는 그쪽을 보았다. 내가 보고 있는데, 마침내 그 짐승이 살
해되고 몸은 부서져 타는 불에 던져졌다. 12 그리고 나머지
짐승들은 통치권을 빼앗겼으나 생명은 얼마 동안 연장되
었다. 13 내가 이렇게 밤의 환시 속에서 앞을 보고 있는데
사람의 아들 같은 이가

7,8 1사무 2,3; 시편 12,2-5; 73,8; 이사 14,13-14; 37,10-13. 7,9 묵시 1,13. 7,10 이사 65,6. 7,11 레위 10,2; 시편 21,10. 7,13 마태 24,30; 26,64; 마르 14,62; 루카 21,26.

✠ 7,9-14. 이 환시 이야기는 주님의 거룩한 변모 축일에 읽으며, 나해 그리스도 왕 대축일에도 이 본문으로 전례주년을 끝맺는다. 두 경우 모두 전례에서 예수님과 성부의 긴밀한 유대를 강조한다. 본문에서 천상 군대를 언급해 9월 29일 성 미카엘·성 가브리엘·성 라파엘 대천사 축일에도 읽는다.

7,13-14. 신적 차원과 관련된("구름") 한 사람이(집단적으로 거룩한 이들의 백성을 가리킨다. 18절 참조) 하느님을 향해 가서 장엄하게 어좌에 앉는다. "사람의 아들"은 상징적 인물로, 집단을 대표하는 지도자이다. 이후 일부 유다교 조류에서는 다윗 집안의 메시아와 동일시되었다. 신약 성경에서는 예수 그리스도에게서 실현된다고 본다. "사람의 아들"이라는 표현은 단순히 "한 사람"을 뜻하며, 다른 제국의 짐승 같은 야만성과 대조되는 하느님 나라의 인간다움을 나타낸다.

하늘의 구름을 타고 나타나
연로하신 분께 가자
그분 앞으로 인도되었다.
14 그에게 통치권과 영광과 나라가 주어져
모든 민족들과 나라들, 언어가 다른 모든 사람들이 그를 섬기게 되었다.
그의 통치는 영원한 통치로서 사라지지 않고
그의 나라는 멸망하지 않는다."

천사가 환시의 뜻을 풀이해 주다

15 "나 다니엘은 정신이 산란해졌다. 머릿속에 떠오른 그
환시들이 나를 놀라게 하였다. 16 그래서 나는 그곳에 서
있는 이들 가운데 하나에게 다가가서, 이 모든 일에 관한
진실을 물었다. 그러자 그가 그 뜻을 나에게 알려 주겠다
고 말하였다. 17 '그 거대한 네 마리 짐승은 이 세상에 일어
날 네 임금이다. 18 그러나 지극히 높으신 분의 거룩한 백
성이 그 나라를 이어받아 영원히, 영원무궁히 차지할 것이
다.'
19 나는 다른 모든 짐승과 달리 몹시 끔찍하게 생겼고, 쇠
이빨과 청동 발톱을 가졌으며, 먹이를 먹고 으스러뜨리
며 남은 것은 발로 짓밟는 네 번째 짐승에 관한 진실을 알
고 싶었다. 20 그리고 그 짐승의 머리에 있던 열 개의 뿔과
나중에 올라온 또 다른 뿔에 관한 진실도 알고 싶었다. 그
다른 뿔 앞에서 뿔 세 개가 떨어져 나갔다. 그리고 그 다른
뿔은 눈을 가지고 있었고 입도 있어서 거만하게 떠들어
대고 있었으며, 다른 것들보다 더 커 보였다. 21 내가 보니
그 뿔은 거룩한 백성과 전쟁을 벌여 그들을 압도하고 있
었다. 22 마침내 연로하신 분께서 오셨다. 그리하여 지극히
높으신 분의 거룩한 백성에게 권리가 되돌려졌다. 이 거룩
한 백성이 나라를 차지할 때가 된 것이다.
23 그 천사가 이렇게 말하였다.
'네 번째 짐승은
이 세상에 생겨날 네 번째 나라이다.
그 어느 나라와도 다른 이 나라는
온 세상을 집어삼키고
짓밟으며 으스러뜨리리라.
24 뿔 열 개는
이 나라에서 일어날 열 임금이다.

7,23 예레 8,16; 미카 4,13.

7,15. 아람어에서도 '루아'는 인간의 내면을 지칭할 수 있으므로, 내적으로 동요되었다는 뜻으로 이해할 수 있다. 칠십인역은 "나는 힘이 빠지는 것을 느꼈다."로, (새) 대중 라틴말 성경은 "나는 놀랐다."로 옮긴다.

7,16. "그곳에 서 있는 이들 가운데 하나"는 하느님의 어좌 가까이 서 있는 천사를 시칭한다.

7,18. "지극히 높으신 분의 거룩한 백성"은 천사들과 충실한 사람들이다.

7,20. "다른 뿔"은(8절 참조) 안티오코스 4세 에피파네스이다.

그들 다음으로 또 다른 임금이 일어날 터인데
앞의 임금들과 다른 이 임금은
그 가운데에서 세 임금을 쓰러뜨리리라.
25 그는 가장 높으신 분을 거슬러 떠들어 대고
지극히 높으신 분의 거룩한 백성을 괴롭히며
축제일과 법마저 바꾸려고 하리라.
그들은 일 년, 이 년, 반년 동안
그의 손에 넘겨지리라.
26 그러나 법정이 열리고 그는 통치권을 빼앗겨
완전히 패망하고 멸망하리라.
27 나라와 통치권과
온 천하 나라들의 위력이
지극히 높으신 분의 거룩한 백성에게 주어지리라.
그들의 나라는 영원한 나라가 되고
모든 통치자가 그들을 섬기고 복종하리라.'
28 이야기는 여기에서 끝난다. 나 다니엘은 떠오르는 생각
들로 몹시 놀라 얼굴빛마저 달라졌지만, 이 일을 마음에
간직하였다."

다니엘이 숫양과 숫염소의 환시를 보다

8 1 벨사차르 임금의 통치 제삼년, 나 다니엘은 처음
본 것에 이어서 또 다른 환시를 보게 되었다. 2 나는
환시 속에서 앞을 보고 있었다. 그렇게 보고 있는데, 내가
엘람 지방의 수사성에 있는 것이었다. 나는 울라이강 가
에 있었다. 3 내가 눈을 들어 보니, 뿔이 두 개 달린 숫양 한
마리가 강 옆에 서 있었다. 그 두 뿔이 다 길었는데 하나가
다른 것보다 더 길었다. 더 긴 뿔이 나중에 올라온 것이었
다. 4 내가 보니 그 숫양이 서쪽으로, 북쪽으로, 또 남쪽으
로 들이받는데, 어떤 짐승도 그 숫양을 당해 내지 못하고
그 손에서 아무것도 빼내지 못하였다. 그 숫양은 제멋대
로 행동하며 더욱 강력해졌다.
5 나는 곰곰이 생각하고 있었다. 그때에 숫염소 한 마리가
서쪽에서 오는데, 발이 땅에 닿지 않을 만큼 재빠르게 온
세상을 가로지르며 오는 것이었다. 그 숫염소의 두 눈 사
이에는 당당한 뿔 하나가 나 있었다. 6 그 숫염소는, 강가

7,25. 이스라엘의 종교 달력 안에 있는 축일들을 언급한다. 안티오코스는 팔레스티나를 그리스화하면서 그 달력을 폐지한다. "일 년, 이 년, 반년"은 자구적으로는 "한 때, 두 때, 반 때"로, 성전의 예식이 강제로 중단된 삼 년 반을 뜻한다(기원전 167-164년. 삼 년 반은 42개월로, 한 달을 30일로 계산하면 묵시 12,6과 같은 1260일이다). 또한 이는 완전한 숫자인 칠 년의 절반으로, 시간 안에 제한된 악한 일이 하느님의 뜻에 의하여 실패함을 예고한다.

7,26. 박해자의 죽음과 순교자들의 영광을 가져오는 하느님의 심판이 가까웠다(안티오코스는 하느님의 백성에 대한 악의 마지막 공격으로 묘사된다).

8,2. 엘람의 옛 수도인 수사는 바빌론에게 정복되었고, 페르시아 시대에 그 중요성을 되찾았다(페르시아 임금이 여름에 머무는 곳이 되었다).

8,3-4. "숫양"은 머리가 둘이던 메디아와 페르시아 왕국을 나타낸다(20절 참조). 두 뿔(세력) 가운데 더 긴 뿔은 메디아인들의 뿔이다. 나중에 올라온 것은 페르시아의 안샨 왕조인데, 이들은 키루스 시대에 제국을 정복했다(기원전 549년). 숫양이 사방을 들이받는 것은 그 후 리디아(소아시아), 바빌론, 시리아, 페르시아, 이집트를 정복한 것을 암시한다.

8,5-7. "숫염소"는 그리스 왕국을 가리킨다(21절 참조). 두 눈 사이에 있는 "당당한 뿔"은 저항할 수 없는 저항을 이룩한 알렉산드로스 대왕이다.

8,1 묵시 1,9.

8,1-27. 당황스러우면서도 다른 여러 성경 본문들을 암시하는 다니엘의 환시들은 역사의 의미를 드러낸다. 진정한 환시가는 사건들의 전개 속에서 지금 일어나는 일들과 성경 사이의 연관을 통찰하는 사람이다.

에 서 있는 것을 내가 보았던 그 두 뿔 달린 숫양에게 다
가가서, 맹렬한 기세로 달려들었다. 7 내가 보니 그 숫염소
가 숫양 곁으로 가서는 분노를 터뜨리며 숫양을 쳐서 두
뿔을 부수어 버렸다. 숫양은 숫염소를 당해 낼 힘이 없었
다. 또 숫염소가 숫양을 땅에 내동댕이치고 짓밟아도, 그
손에서 숫양을 빼낼 자가 하나도 없었다. 8 그리하여 그 숫
염소는 매우 강력해졌다. 그러나 한창 힘이 셀 때에 그 큰
뿔이 부서지고, 그 자리에 당당한 뿔 네 개가 사방 하늘로
올라갔다.
9 그 뿔들 가운데 하나에서 작은 뿔 하나가 나와, 남쪽으
로, 동쪽으로, 그리고 영화로운 땅 쪽으로 몹시 커져 갔다.
10 그것은 하늘의 군대에 미칠 만큼 커지더니, 그 군대와
별들 가운데에서 일부를 땅에 떨어뜨려 짓밟았다. 11 또
그 군대의 장수에게까지 오만하게 행동하더니, 그분께 바
치는 일일 번제를 없애고 그분 성소의 토대를 뒤엎어 버렸
다. 12 그 군대는 죄악으로 바뀌어 버린 일일 번제와 함께
그 뿔에게 넘겨졌다. 그 뿔은 진리를 땅에 내동댕이치면서
도 하는 일마다 성공을 거두었다.
13 그런데 내가 들으니, 어떤 거룩한 이가 말을 하고 또 다
른 거룩한 이가 먼저 말한 거룩한 이에게 묻는 것이었다.
"일일 번제, 파멸을 가져오는 저 죄악, 성소가 넘겨지고 군
대가 짓밟히는 일, 환시에 나타난 이 일들이 언제까지나
지속되겠습니까?" 14 먼저 말한 거룩한 이가 그에게 대답
하였다. "저녁과 아침이 이천삼백 번 바뀔 때까지입니다.
그제야 성소가 복구될 것입니다."

8,8. 이 표상은 알렉산드로스의 죽음을 나타낸다(기원전 323년). 하늘로 올라가는 "뿔 네 개"는 네 명의 대장군이다(카산드로스, 리시마코스, 셀레우코스, 프톨레마이오스). 그들에게서 네 나라가 생겨났다("사방 하늘로" 마케도니아, 트라키아와 소아시아, 시리아, 이집트. 22절 참조).

8,9. "작은 뿔"은 안티오코스 4세가 물려받은 약한 나라이다(23-25절 참조). "남쪽으로"는 그가 자신의 지배를 이집트와 파르티아로 확장한 것을 뜻한다. "영화로운 땅"은 유다 또는 팔레스티나를 가리킨다.

8,13. '언제까지입니까?'라고 묻고 이에 대해 고통의 정확한 기간을 언급하는 두 천사의 대화를 다니엘이 듣고 있다. 이는 자주 즈카 1,12-13의 본문과 대조되어 설명된다. 이 본문도 질문과 대화 형식으로 되어 있는데, 예루살렘과 유다 성읍들에 주님께서 자비를 베푸실 것에 대한 예언자의 확신이 드러난다. 이것이 다니엘의 이 본문에도 유효하다.

8,14. "이천삼백"이라는 숫자는 예식이 폐지된 때부터(기원전 167년 가을) 성전 정화 때까지(기원전 164년 12월 14일) 제사를 계산하는 것으로, 7,25의 삼 년 반에 상응한다.

8,7 예레 25,14. 8,9 11,16.41; 예레 3,19. 8,10 이사 14,12-15; 묵시 8,10; 12,4. 8,13 즈카 1,12-17.

8,9-13. 안티오코스 4세가 성전을 모독한 것을 암시한다. 그는 유다 땅에서 그리스화를 명하고 히브리 예식을 중지시켰으며, 시온의 성전을 올림피아의 제우스에게 바쳤다(그래서 우상이 "파멸을 가져오는 저 죄악"이라고 일컬어진다. 13절). "하늘의 군대"는 하느님을 "장수"로 하는 거룩한 백성이다. "거룩한 이"는 하느님의 세계에 속하는 천사이다. 히브리어 표현 "파멸을 가져오는 저 죄악"('합페사 소멤')은 바알 신의 이름을 변형한 것으로 보이는데('바알 사마임'), 바알은 올림피아의 제우스와 결합되었다. "죄악"이 바알 대신 언급되며, 바뀌어 버린 예배의 상황에 대한 신학적 평가를 보여 준다(12절). "파멸"은 "하늘"('사마임')을 대체하여, 그 변화들이 예루살렘과 그 성전에 미친 영향을 나타낸다.

가브리엘 천사가 환시를 설명하다

15 나 다니엘이 이러한 환시를 보고서 그 뜻을 깨달아 보려
고 하는데, 장정처럼 보이는 이가 내 앞에 서 있었다. 16 그때
에 나는 울라이강 위에서 사람의 목소리를 들었는데, 이렇
게 부르며 말하는 것이었다. "가브리엘아, 저 사람이 환시를
깨닫게 해 주어라." 17 그러자 가브리엘이 내가 서 있는 곳으
로 다가왔다. 그가 다가오는 것을 본 나는 깜짝 놀라 엎드
렸다. 그가 나에게 말하였다. "사람의 아들아, 깨달아라.
환시는 종말의 때에 관한 것이다." 18 그가 나에게 말할 때
에 나는 얼굴을 땅에 대고 혼수상태에 빠졌다. 그는 나를
잡아 일으켜 세우고서 19 말하였다. "자, 진노의 심판 끝에
무엇이 일어날지 너에게 알려 주겠다. 이는 정해진 종말의
때에 관한 것이다. 20 뿔이 두 개 달린 숫양을 네가 보았는
데, 그것들은 메디아와 페르시아의 임금들이다. 21 숫염소
는 그리스 임금이고, 두 눈 사이에 있던 큰 뿔은 그 첫 임
금이다. 22 그 뿔이 부서지고 그 자리에 생긴 네 뿔은 한
왕국에서 생겨날 네 나라인데, 그것들이 그 왕국의 힘은
이어받지 못할 것이다.

23 그들의 통치 끝에
죄악이 가득 차면
얼굴이 뻔뻔하고
술수에 능란한 임금이 일어나리라.
24 그는 힘이 점점 세어질 터인데
제힘으로 그리되는 것은 아니다.
그는 끔찍스러운 파괴를 자행하면서도
하는 일마다 성공을 거두리라.
또 힘센 이들과
거룩한 백성을 파멸시키리라.
25 그는 재간이 좋아
제 손으로 속임수도 성공을 거두게 하니
마음속으로 오만해져
불시에 많은 사람들을 파멸시키리라.
그러나 제후들의 제후에게까지 맞서다가
사람의 손이 닿지 않아도 부서지리라.
26 내가 설명한
저녁과 아침의 환상은 진실이다.
그러나 아직 멀었으니

8,15. "장정처럼 보이는 이"는 16절의 가브리엘 천사이다.

8,16. "사람"은 "천사"를 나타낸다.

8,17.19. 박해와 성전 모독을 암시한다.

8,23. "술수에 능란한" 히브리어 표현은 "수수께끼의 전문가"이다. 그러나 이 말을 역설적으로 이해해야 한다고 보기도 한다. 전통적으로는 수수께끼를 푸는 것이 임금의 지혜를 드러내 주었지만, 이제 그것은 책략을 꾸미는 능력을 지칭한다는 해석이다.

8,25. "제후들의 제후"는 하느님이시다. "불시에"는 폭력에 의한 것이 아닌 안티오코스 4세의 죽음을 암시한다(그는 페르시아의 왕궁에서 기원전 163년에 세상을 떠났다).

8,16 루카 1,19. 8,17-18 에제 1,28-2,2. 8,18 창세 15,12; 이사 6,7; 예레 1,9; 묵시 1,17. 8,23 신명 28,50; 잠언 7,5.10-11.13.21.26. 8,26 묵시 10,4.

너는 이 환시를 봉인해 두어라."
27 나 다니엘은 기운이 빠져서 여러 날 동안 아팠다. 그런
다음에 일어나 임금의 일을 거들었지만, 그 환상 때문에
당황하였을 뿐만 아니라 그 뜻도 깨닫지 못하였다.

다니엘이 예레미야의 예언을 깊이 생각하다

9 1 메디아족 출신으로 칼데아 나라 임금이 된, 크세
르크세스의 아들 다리우스 제일년이었다. 2 그의 통
치 제일년에 나 다니엘은 성경을 펴 놓고, 예레미야 예언
자에게 내린 주님의 말씀대로, 예루살렘이 폐허가 된 채
채워야 하는 햇수를 곰곰이 생각하고 있었다. 그것은 일
흔 해였다. 3 그리하여 나는 단식하고 자루옷을 두르고 재
를 쓴 채, 기도와 간청으로 탄원하려고 주 하느님께 얼굴
을 돌렸다.

다니엘이 동포들을 위하여 기도하다

4 나는 주 나의 하느님께 기도하고 죄를 고백하며 아뢰었다.
"아, 주님! 위대하시고 경외로우신 하느님, 당신을 사랑하
고 당신의 계명을 지키는 이들에게 계약과 자애를 지키시
는 분! 5 저희는 죄를 짓고 불의를 저질렀으며 악을 행하고
당신께 거역하였습니다. 당신의 계명과 법규에서 벗어났
습니다. 6 저희는 저희의 임금들과 고관들과 조상들과 나
라의 모든 백성들에게 당신의 이름으로 말하는 당신의 종
예언자들에게 귀를 기울이지 않았습니다. 7 주님, 당신께
서는 의로우십니다. 그러나 저희는 오늘 이처럼 얼굴에 부
끄러움만 가득합니다. 유다 사람, 예루살렘 주민들, 그리
고 가까이 살든 멀리 살든, 당신께 저지른 배신 때문에 당
신께서 내쫓으신 그 모든 나라에 사는 이스라엘인들도 다
마찬가지입니다. 8 주님, 저희의 임금들과 고관들과 조상

9,1. 실제로 바빌론은 페르시아 임금 키루스에게 정복되었지만, 몇몇 성경 본문들은(6,1; 이사 13,17; 예레 51,11 참조) 바빌론의 멸망을 메디아와 연결한다. 이러한 전통을 토대로 다니엘서의 저자는 바빌론 왕국이("칼데아 나라") 역사가들에게 알려져 있지 않은 인물인 메디아의 다리우스에게 넘어갔다고 생각한다(다니 6,1의 주 참조).

9,3. "탄원하려고" 히브리어 동사 '빅케스'는 대답을 구한다는 의미를 갖는다.

9,3 마태 11,21. 9,4 신명 7,9; 느헤 1,5. 9,5 1열왕 8,47. 9,6 느헤 9,32. 9,7 에즈 9,7.

9. 다니엘이 7-8장과 10-12장에서 정적인 상태의 체험을 통해 역사의 흐름이 어떻게 될 것인지를 알게 되는 데 비해, 이 장에서는 그가 예레미야의 예언을 이해하려고 애쓰는 가운데 천사를 만나게 된다. 이 단락은 독자에게 자신을 열어 놓으려 한다고 이해할 수 있다. 독자가 계시를 전해 주는 꿈이나 환시를 보지 않더라도, 성경을 연구하는 가운데 자신이 살고 있는 시대를 해석할 수 있으리라는 것이다.

9,2. 예레 25,11-14(29,10 참조)은 바빌론의 멸망과 이스라엘의 해방이 상징적 기간인 칠십 년 후에 이루어지리라고 말한다. 칠십 년은 열 번의 안식년이 지나는 것을 뜻한다(레위 25,2-7; 2역대 36,21 참조). 예레미야의 칠십 년은 일종의 암호로 여겨지고, 현재의(예레미야 시대와 유사한) 위기와 그 끝에 대한 설명을 찾기 위하여 사용된다.

9,4-19. 유배 중의 이 전례 기도는 다니엘서 이전에 있던 것이며(바룩 1,15-3,8에 전개; 다니 3,25-45 참조), 하느님의 충실하심 앞에서 이스라엘의 불충실을 고백하는 것이다. 여기에 박해의 상황에 대한 탄원이 결합된다.

9,14. "간수하셨다가" 이 동사('사캇')로 예레 1,11-12과 연결되는데, 이 본문에서 "편도나무"('사켓')와 "지키시는 하느님"('소켓') 사이의 언어유희가 나타난다.

들을 비롯하여 저희는 모두 얼굴에 부끄러움만 가득합니
다. 저희가 당신께 죄를 지었기 때문입니다. 9 주 저희 하느
님께서는 자비하시고 용서를 베푸시는 분이십니다. 그러
나 저희는 주님께 거역하였습니다. 10 주 저희 하느님의 말
씀을 듣지 않고, 당신의 종 예언자들을 통하여 저희 앞에
내놓으신 법에 따라 걷지 않았습니다. 11 온 이스라엘은 당
신의 말씀을 듣지 않고, 당신의 율법을 어기고 그것에서
벗어났습니다. 그리하여 하느님의 종 모세의 율법에 쓰인
저주와 맹세가 저희에게 쏟아졌습니다. 저희가 주님께 죄
를 지었기 때문입니다. 12 그리하여 주님께서는 저희에게
큰 불행을 내리시어, 저희와 저희를 다스린 통치자들을 두
고 하신 말씀을 이루셨습니다. 예루살렘에 일어난 것과
같이 그렇게 큰 불행은 온 천하 어디에서도 일어난 적이
없습니다. 13 모세의 율법에 쓰인 대로 이 모든 불행이 저
희에게 닥쳤습니다. 그러나 저희는 저희의 죄악에서 돌아
서지도 않고 당신의 성실하심을 깨닫지도 못하였습니다.
그러면서 주 저희 하느님께 호의를 간청하지 않았습니다.
14 주님께서는 그 불행을 간수하셨다가 저희에게 내리셨습
니다. 정녕 주 저희 하느님께서는 하시는 일마다 의로우십
니다. 그런데 저희는 주님의 말씀을 듣지 않았습니다.
15 이제, 주 저희 하느님! 당신께서는 강한 손으로 당신의
백성을 이집트 땅에서 이끌어 내시어, 오늘날까지도 명성
을 떨치셨습니다. 그러나 저희는 죄를 짓고 악을 저질렀습
니다. 16 주님, 당신의 그 모든 의로운 업적을 보시어, 당신
의 도성 예루살렘에서, 당신의 거룩한 산에서 당신의 분
노와 진노를 거두어 주십시오. 저희의 죄와 저희 조상들
의 죄악 때문에, 예루살렘과 당신의 백성이 주위에 있는
모든 민족들에게 수치가 되고 말았습니다. 17 그러니 이제
저희의 하느님, 당신 종의 기도와 간청을 들어 주십시오.
주님, 당신 자신을 생각하시어 황폐한 당신의 성소에 당신
얼굴의 빛을 비추십시오. 18 저의 하느님, 귀를 기울여 들
어 주십시오. 눈을 뜨시어 저희의 폐허와 당신의 이름으
로 불리는 도성을 보십시오. 저희가 당신 앞에 간청을 올
리는 것은 저희의 어떤 의로운 업적이 아니라, 당신의 크
신 자비 때문입니다. 19 주님, 들어 주십시오. 주님, 용서해
주십시오. 주님, 귀여겨들으시고 행동해 주십시오. 지체하
지 마십시오. 저의 하느님, 당신 자신을 생각하시어 그리

9,10 묵시 10,7. 9,11 신명 28,15-68; 29,20; 묵시 16,1. 9,15 느헤 9,10. 9,17 1열왕 8,23; 느헤 1,6.11; 시편 31,17; 67,2-3; 119,135. 9,18 이사 37,17; 느헤 9,19.27.31.

하여 주십시오. 당신의 도성과 당신의 백성이 당신의 이름
으로 불리기 때문입니다."

가브리엘이 예언의 뜻을 설명하다

20 내가 이렇게 말하면서 기도하고 나의 죄와 내 백성 이스
라엘의 죄를 고백하며, 내 하느님의 거룩한 산을 위하여
주 나의 하느님 앞에 간청을 올리고 있었다. 21 내가 이렇
게 기도하며 아뢰고 있는데, 지난번 환시에서 본 가브리엘
이라는 이가 저녁 예물을 바칠 때에 빨리 날아서 나에게
다가왔다. 22 그렇게 와서 나에게 말하였다. "다니엘아, 내
가 너를 깨닫게 해 주려고 이렇게 나왔다. 23 네가 간청하
기 시작할 때에 이미 말씀이 내렸는데, 그것을 일러 주려
고 내가 왔다. 네가 총애를 받는 사람이기 때문이다. 그러
니 이 말씀에 주의를 기울여서 환상의 뜻을 깨닫도록 하
여라.

24 너의 백성과 너의 거룩한 도성에 정해진
일흔 주간이 지나야
악행이 그치고
죄가 끝나며
속죄가 이루어지리라.
또한 영원한 정의가 펼쳐지고
환시와 예언이 확증되며
가장 거룩한 곳에 기름이 부어지리라.
25 그러니 너는 이것을 알고 이해해야 한다.
예루살렘을 복구하고 재건하라는 말씀이 내린 때부터
기름부음받은 영도자가 나올 때까지
일곱 주간이 흐르리라.
또 예순두 주간이 흐르는 동안

9,21. 성전의 매일 전례에는 아침과 저녁에 예물을 바치도록 되어 있었다.

9,22. 히브리어 본문에는 "가르쳤다, 나에게 말을 걸었다, 말했다"라는 세 개의 동사가 있다(그리스어 번역본 테오도시온과 [새] 대중 라틴말 성경에서도 확인된다). 첫 번째 동사가 어려움을 가져오므로 칠십인역에 따라 옮기게 된다("와서 나에게 말했다").

9,21 8,15-16.

9,24. 날짜는(관습적으로 묘사된) 하느님의 계획 안에서 사건들이 지니는 의미를 제시한다. 예레미야가 말한 날짜는(9,2 참조) "일흔 주간"의 햇수만큼("주간"은 칠 일이 아니라 칠 년), 곧 열 번의 희년 주기만큼(490년) 연장된다(레위 25,8-17 참조). 그 끝에 마지막 위기와 최종 해방이 올 것이다. 이스라엘과 유다가 순종하지 않고 안식년을 존중하지 않았으므로(레위 25,1-7; 26,18.34-35 참조), 주님께서는 그 땅을 열 번의 희년 주기 동안 쉬게 하신다. 490년이라는 기간은 대략적이고 상징적이다. 아마도 예레미야가 처음 예언한 때로부터(기원전 605년) 다시 축성된 지성소에서 예배가 다시 시작되는 때(기원전 163년) 사이의 기간을 뜻할 수 있다.

9,25. 이 기간은 49년에 해당한다. 아마도 기원전 605년 예레미야의 예언과 페르시아 임금 키루스의 도래(기원전 551-529년) 사이의 기간을 가리킨다. 예루살렘의 재건 때까지의 기간으로 연장될 수도 있다. "예순두 주간"은 예루살렘의 재건을 위한 상징적 기간인 434년으로, 키루스 칙령부터(기원전 538년) 오니아스의 죽음까지(기원전 171년) 기간에 해당할 수 있다.

예루살렘이 복구되고 재건되어
광장과 외호까지 갖추겠지만
그 기간은 어려운 때가 되리라.
26 이렇게 예순두 주간이 흐른 다음
기름부음받은이가 잘려 나가
그에게 아무것도 남지 않으리라.
그리고 도성과 성소는
앞으로 일어날 군주의 군대가 허물어 버리리라.
그 종말은 홍수처럼 들이닥치리라.
전쟁이 끝날 때까지
황폐하게 남도록 결정되었다.
27 그 군주는 한 주간 동안
많은 이와 강력한 동맹을 맺고
반 주간 동안은
희생 제물과 곡식 제물을 바치지 못하게 하리라.
성전 날개에는 황폐를 부르는 혐오스러운 것이 세워져
황폐하게 만드는 그자에게 이미 결정된 멸망이 쏟아질 때
까지 서 있으리라."

9,26. 기원전 171년에 대사제 오니아스 3세가 살해된 것, 그리고 예루살렘 점령과 기원전 167년 예배가 중단되고 그 후 기원전 164년까지 박해가 있었던 것을 암시한다.

다니엘이 티그리스강 가에서 환시를 보다

10 1 페르시아 임금 키루스 제삼년에 벨트사차르
라는 이름으로 불리는 다니엘에게 말씀이 계시
되었다. 그 말씀은 진실이며 큰 싸움에 관한 것이었다. 그
는 그 말씀을 깨달았다. 환상 중에 깨달음을 얻은 것이다.
2 그때에 나 다니엘은 세 주 동안 고행을 하고 있었다. 3 나
는 세 주간을 다 채울 때까지, 맛있는 음식을 먹지 않고
고기와 술을 입에 대지 않았으며 향유를 바르지도 않았
다. 4 첫째 달 스무나흗날에 나는 큰 강 곧 티그리스강 가
에 있었다. 5 그때에 내가 눈을 들어 보니, 아마포 옷을 입
고 허리에는 우파즈 금으로 만든 띠를 두른 사람 하나가

10,2. 세 주간의 고행은 파스카 축제 때에도 단식했음을 내포한다(이는 율법으로 금지된 것이다). 아마도 안티오코스 4세 에피파네스가 축제를 금지했음을 암시한다.

10,5-6. 사제의 품위를 지니고("아마포 옷을 입고"), 신적 세계에서 온 천사가 나타난다.

10,5-6 탈출 3,2; 판관 6,11-12; 이사 6,1-4; 에제 1,4-28ㄱ; 묵시 1,13; 15,5.

9,27. "한 주간… 반 주간" 종말을 예고하는 마지막 7년을 가리키며, 기원전 170년부터(오니아스의 죽음 이후) 기원전 163년(예배 다시 시작) 사이의 기간이다. "반 주간"은 기원전 167년 가을부터 기원전 164년 12월 14일까지 예배가 중단된 것이 악한 일이며 성공할 수 없음을 가리키는 상징적 숫자이다. 마카베오 시대는 메시아 시대의 예고로 간주되었다. "혐오스러운 것"은 성전의 거룩한 곳에 세워져 거룩한 장소를 모독한 올림피아의 제우스 상을 가리킨다. 8,9-13 주해 참조.

10,1-12,13. 7-9장의 계시들이 구체화된다. 짐승들의 정체, 심판의 상황, 사람의 아들의 운명이(7,1-14 참조) 헬레니즘 시대의 사건들 안에서 특히 박해받는 현인들의 상황들 안에서 정확하게 지적된다(11,33 참조). 현인들은 박해를 받지만 하늘의 광채 속으로 들어가게 된다(12,3; 7,13 참조).

서 있었다. 6 그의 몸은 녹주석 같고 얼굴은 번개의 모습
같았으며, 눈은 횃불 같고 팔과 다리는 광을 낸 청동 같았
으며, 그가 말하는 소리는 군중의 아우성 같았다. 7 나 다
니엘만 그 환상을 보았다. 나와 함께 있던 다른 사람들은
그 환상을 보지는 못하고, 다만 커다란 공포가 그들을 덮
치는 바람에 달아나서 몸을 숨겼다. 8 나 혼자 남아서 그
큰 환상을 보았다. 나는 힘이 빠지고 얼굴은 사색이 되었
다. 힘이 하나도 없었다. 9 그때에 나는 그 사람이 말하는
소리를 들었다. 그가 말하는 소리를 듣고 나는 혼수상태
에 빠지면서 얼굴을 땅에 대고 쓰러졌다.
10 그러자 어떤 손이 나를 흔들어 무릎과 손으로 일어나게
하였다. 11 그러고 나서 그가 나에게 말하였다. "총애를 받
는 사람 다니엘아, 내가 너에게 하는 말에 주의를 기울여
라. 일어서라. 나는 파견되어 너에게 온 것이다." 그가 나에
게 이 말을 할 때에 나는 떨면서 일어섰다. 12 그가 다시 나
에게 말하였다. "다니엘아, 두려워하지 마라. 네가 깨달음
을 얻고 너의 하느님 앞에서 극기하기로 결심한 첫날부터,
하느님께서는 너의 말을 들으셨다. 너의 그 말 때문에 내
가 이렇게 온 것이다. 13 그런데 페르시아 나라의 제후 천
사가 스무하루 동안 내 앞을 가로막았다. 그래서 일품 제
후 천사들 가운데 하나인 미카엘이 나를 도우러 오자, 나
는 그를 그곳 페르시아 임금들 곁에 남겨 두었다. 14 그리
고 나는 뒷날 네 백성에게 일어날 일을 네가 깨닫게 해 주
려고 왔다. 이 환시는 그때와 관련된 것이다."
15 그가 이러한 말을 나에게 할 때, 나는 아무 말도 하지
못한 채 얼굴을 땅에 대고 있었다. 16 그때에 사람 형상을
한 이가 내 입술에 손을 대었다. 그래서 나는 입을 열고 내
앞에 서 있는 이에게 말하였다. "나리, 환상 때문에 고통
이 들이닥쳐 저는 힘이 하나도 없습니다. 17 나리의 이 종
이 어떻게 나리와 이야기할 수 있겠습니까? 이제 저는 힘
이 하나도 남아 있지 않고 숨조차 쉴 수가 없습니다."
18 사람 모습을 한 이가 다시 나에게 손을 대며 힘을 북돋
아 주었다. 19 그가 이렇게 말하였다. "총애받는 사람아, 두
려워하지 마라. 너에게 평화가 있기를! 힘을 내어라. 힘을
내어라." 그가 이러한 말을 할 때에 나에게 힘이 솟았다.
그래서 내가 말하였다. "나리께서 저에게 힘을 주셨으니

10,11. "총애를 받는"이라고 번역된 단어는 "값진, 귀한"(창세 27,15; 2역대 20,25; 에즈 8,27)의 뜻을 지녔으며, 다니엘이 하느님으로부터 은총을 입어 신적 계시를 받는 사람으로 선택되었음을 말해 준다.

10,13. "스무하루"라는 숫자는 상징적이며, 10,2에서 다니엘이 지킨 단식 기간에 상응한다. "페르시아 나라의 제후 천사"는 그 민족을 지키고 이들을 대표하는 수호자이다. 천상 세계는 지상 세계의 반영이다(땅에서 일어나는 일들이 하느님의 지배 아래 있음을 뜻한다). 이것이 천사들 사이의 싸움을 설명해 준다. "일품 제후 천사들 가운데 하나"는 대천사 미카엘인데(그 이름은 "누가 하느님과 같은가?"를 뜻한다), 그는 천상 군대의 지도자이며 하느님 백성의 보호자이다. 외경인 에녹서에서는 가브리엘("하느님의 사람"), 라파엘("하느님께서 치유하신다"), 우리엘("하느님의 빛")이라는 이름들도 언급한다.

10,14. "뒷날"은 박해의 끝을 나타낸다.

10,16. "사람 형상을 한 이"는 5절에 언급된 하느님의 사자이다.

10,6 마태 28,3; 묵시 1,14. 10,7 루카 1,22. 10,9 탈출 3,6; 이사 6,5; 예레 1,6; 에제 1,28ㄴ. 10,10 8,18. 10,11 에제 2,1. 10,12 판관 6,23; 예레 1,8; 에제 2,6. 10,16 루카 1,64; 묵시 1,13.

이제 말씀하시기 바랍니다.” 20 그러자 그가 말하였다. “너
는 내가 왜 너에게 왔는지 아느냐? 나는 이제 돌아가서 페
르시아의 제후 천사와 싸워야 한다. 내가 그 일을 마치면
그리스의 제후 천사가 올 것이다. 21 이제 나는 진리의 책
에 적힌 것을 너에게 일러 주려고 한다. 너희의 제후 천사
미카엘 말고는 나를 도와 그들을 대적할 이가 없다.

11 1 나는 이미 메디아 사람 다리우스 제일년에 미
카엘에게 힘을 북돋아 주고 그를 뒷받침해 주
려고 나선 적이 있다.”

천사가 이집트와 시리아에 관하여 설명하다

2 “이제 나는 너에게 진실을 일러 주겠다. 페르시아에는 앞
으로 세 임금이 더 일어날 것이다. 그리고 넷째가 나와 앞
의 어느 임금보다도 큰 재물을 모을 터인데, 그렇게 재물
을 모아 강력해지면, 그는 그리스 왕국을 치려고 온 나라
를 일으켜 세울 것이다. 3 그러나 용맹한 임금이 일어나 막
강한 통치력을 행사하며 제멋대로 행동할 것이다. 4 그렇
지만 그가 일어서자마자 그의 나라는 부서져 천하 사방으
로 나뉘는데, 그의 자손들에게는 아무것도 돌아가지 않
고, 통치력도 그의 때와 같지 않을 것이다. 그의 나라가 뿌
리째 뽑혀 그들이 아닌 다른 이들에게 넘어갈 것이기 때
문이다.
5 남쪽 임금이 강력해지겠지만, 그의 장수들 가운데 하나
가 그보다 더 강력해져서 그의 영토보다 더 큰 영토를 통
치할 것이다. 6 몇 해 뒤에 그들은 동맹을 맺고, 협약을 비
준하는 뜻으로 남쪽 임금의 딸이 북쪽 임금에게 시집갈
것이다. 그러나 그 여자는 세력을 유지하지 못하고 그 아
들도 자리를 지키지 못할 것이다. 그리하여 그 여자와 또
그 여자를 그리로 데려간 자들, 그 여자의 자식과 지지자
가 적의 손에 넘겨질 것이다. 그때에 7 그 여자와 같은 뿌
리에서 난 가지가 그 뒤를 이어 일어나, 북쪽 임금의 군대
를 공격하고 성채로 들어가 그들을 쳐 이길 것이다. 8 또한
그들의 신들과 주조 신상들, 은과 금으로 된 값진 기물들
을 전리품으로 이집트에 가져가고 나서, 몇 해 동안 북쪽
임금을 내버려 둘 것이다. 9 그 뒤에 북쪽 임금이 남쪽 임
금의 나라로 쳐들어가기는 하겠지만, 곧 자기 땅으로 되돌

10,20-21. 야완은 이오니아 또는 그리스이다. “진리의 책”에는 지상에서 일어나는 모든 일들을 지키는 하느님의 비밀들이 들어 있다. 미카엘은 히브리 민족의 수호 천사이다.

11,1. 다니엘서의 저자에 따르면 다리우스 제일년은 바빌론이 멸망한 해이다(9,1의 주 참조).

11,2. 가브리엘 천사는 다니엘에게 역사의 전개를 설명해 준다.

11,3-4. 이 구절은 알렉산드로스 대왕의 그리스 왕국과 그의 장군이며 후계자들인 네 대장군 사이에서 왕국이 갈라진 것을 요약한다.

11,6. 기원전 250년경 이집트 지역을 다스리던 프톨레마이오스 2세 필라델포스의 딸 베레니스는 시리아 지역인 셀레우코스 왕조의 안티오코스 2세와 혼인한다. 하지만 안티오코스 2세의 전처에 의해 베레니스와 그녀의 아들들, 이집트인 수행원들, 심지어 안티오코스 2세도 독살된다.

11,5-15. 저자는 대장군들과 그 후계자들의 역사에 대해 이야기하며, 팔레스티나와 연관된 두 왕국, 곧 셀레우코스 왕조의 지배하에 있던 북쪽 왕국 시리아와 프톨레마이오스 왕조의 지배하에 있던 남쪽 왕국 이집트의 전쟁과 결혼에 관한 복잡한 역사를 전한다.

아갈 것이다.
10 그러나 북쪽 임금의 아들들이 전쟁을 벌이면서 수많은
군대를 모은 다음, 그들 가운데 하나가 마침내 쳐들어가
는데, 물밀듯이 휩쓸고 지나가면서 남쪽 임금의 성채에 이
르기까지 다시 싸움을 벌일 것이다. 11 남쪽 임금도 분노를
터뜨리며 나가서 북쪽 임금과 싸울 것이다. 그러면 북쪽
임금이 수많은 군사를 일으키겠지만, 그 군사들은 남쪽
임금의 손에 넘어갈 것이다. 12 그 군사들이 제거되면 남쪽
임금은 마음이 우쭐해져 수만 명을 쓰러뜨리겠지만, 우위
를 차지하지는 못할 것이다. 13 북쪽 임금은 처음보다 더
많은 군사를 다시 일으켜, 몇 해 뒤에 많은 물자와 함께 큰
군대를 거느리고 쳐들어갈 것이다.
14 그때에 많은 사람이 남쪽 임금을 거슬러 일어날 것이다.
네 백성 가운데에서도 난폭한 자들이 환시를 실현시키겠
다고 봉기하겠지만 실패할 것이다. 15 북쪽 임금이 내려가
서 공격 축대를 쌓고 요새 성읍을 함락하는데, 남쪽의 병
력은 정예 부대까지도 그들을 당해 내지 못할 것이다. 당
해 낼 힘이 없기 때문이다. 16 남쪽 임금을 공격하는 자들
이 제멋대로 행동하는데도, 그들을 아무도 당해 내지 못
할 것이다. 그렇게 하여 북쪽 임금이 영화로운 땅에 자리
잡으면, 모든 것이 그의 손안에 들어가고 말 것이다. 17 그
는 남쪽 임금의 온 나라를 자기의 세력 아래로 끌어들이
겠다고 결심하고서는, 그와 화친을 맺을 것이나. 그러고
나서 그 나라를 멸망시키려고 남쪽 임금에게 여자를 하나
주지만, 그 계획은 이루어지지 않고 그에게 도움도 되지
않을 것이다. 18 그는 섬과 해안 지방으로 얼굴을 돌려 많
은 곳을 점령할 것이다. 그러나 장군 하나가 그러한 그의
행패를 끝장내는데, 그는 자기가 당한 행패를 그 장군에
게 되갚지도 못할 것이다. 19 그 뒤에 그는 자기 땅의 성채
들 쪽으로 얼굴을 돌리지만, 비틀거리다 넘어져 사라져 버
릴 것이다.
20 그의 뒤를 이어 다른 임금이 일어나 나라의 영광스러운
곳으로 조공 징수관을 보내기도 하지만, 다툼이나 전쟁이
일어나지 않았는데도 그 임금은 얼마 되지 않아 살해될
것이다."

11,16. "영화로운 땅"은 히브리어 표현 "광채의 땅"을 옮긴 것이다. 다니엘서의 저자는 이스라엘이 살고 있는 땅을 즐겨 이렇게 부른다(11,16.41 참조). 성경에서는 이 땅을 여러 이름으로 부르는데, 그 가운데 이 이름은 땅의 풍요로움과(젖과 꿀이 흐르는 땅) 그 땅이 주 하느님께서 이스라엘에 주신 선물임을 나타낸다(약속의 땅, 조상들의 땅).

11,10 이사 8,8. 11,14 에제 7,22; 아모 9,11. 11,16 8,9. 11,20 2마카 3.

11,16-20. 셀레우코스 왕조가 팔레스티나에 들어온 기원전 198년 이후의 역사가 요약된다.

시리아의 사악한 임금에 관하여 설명하다

21 "그의 뒤를 이어 멸시받아 마땅한 자가 일어나는데, 임
금으로 인정받지 못하면서도, 불시에 나서서 모략으로 왕
권을 잡을 것이다. 22 그 임금 앞에서 적군들이 완전히 쓸
려 나가고 부서지는데, 계약의 영도자까지 그렇게 될 것이
다. 23 다른 나라와 동맹을 맺고 나서부터는 속임수를 쓰
는데, 얼마 되지 않는 백성을 거느리면서도 위치가 올라가
고 더욱 강해질 것이다. 24 그는 불시에 그 지방의 비옥한
곳으로 쳐들어가, 자기 부하들에게 전리품과 노략물과 그
밖의 물자를 뿌리며, 자기 조상들 가운데 아무도 하지 않
은 짓을 할 것이다. 그리고 요새들을 칠 계략을 꾸미지만
한때에 지나지 않을 것이다.
25 그는 힘과 용기를 내어 큰 군대를 거느리고 남쪽 임금을
치려고 할 터인데, 남쪽 임금은 그보다 훨씬 더 크고 강한
군대를 거느리고 전쟁을 벌이면서도 당해 내지 못할 것이
다. 사람들이 남쪽 임금을 칠 계략을 꾸밀 것이기 때문이
다. 26 그와 함께 음식을 먹는 자들이 그를 파멸시키고, 그
의 군대는 휩쓸려 가며 많은 사람이 살해되어 쓰러질 것
이다. 27 그 두 임금이 마음속으로는 악을 품고서도 한 식
탁에 마주 앉아 거짓말을 주고받겠지만, 아무도 성공을
거두지 못할 것이다. 정해진 때가 아직 되지 않았기 때문
이다. 28 북쪽 임금은 많은 재물을 가지고 자기 나라로 돌
아가다가, 거룩한 계약을 해칠 마음을 품고 그 계획을 이
룬 다음에야 자기 나라로 돌아갈 것이다.
29 정해진 때가 되면 그가 다시 남쪽으로 쳐들어가겠지만,
그때는 먼젓번과 같지 않을 것이다. 30 키팀의 배들이 그를
치러 오는 바람에 그는 겁을 내고 말 것이다. 그러나 돌아
가는 길에 거룩한 계약에 분풀이를 할 것이다. 그는 다시
돌아가서 거룩한 계약을 저버린 자들에게 관심을 기울일
것이다. 31 그리고 그가 보낸 병력이 자리를 잡고서는, 성
소와 성채를 더럽히고 일일 번제를 폐지하며, 황폐를 부르
는 혐오스러운 것을 세울 것이다. 32 그는 계약을 깨뜨리는
자들을 달콤한 말로 배교하게 만들겠지만, 저희 하느님께
충성스러운 백성은 굳건히 서서 행동할 것이다. 33 또 백

11,28. 안티오코스 4세는 다시 돌아와 예루살렘 성전을 약탈한다(기원전 169년).

11,30-33. 로마의 함대와("키팀의 배들") 특사인 포필리우스 래나스는 안티오코스를 이집트에서 물러나게 만든다("남쪽" 29절). 돌아온 안티오코스 4세는 유다교에 대해 억압 정책을 시작하며, 우호적인 유다인들을 헬레니즘화에 이용한다. 미시아 용병 지휘관인(그래서 "미시아인들의 수령"이라는 명칭이 사용된다. 2마카 5,24) 시리아 장군 아폴로니우스는 아크라 요새를 건설하고, 성전은 올림피아의 제우스에게 바쳐진다(기원전 167년 12월 7일).

11,31. "황폐를 부르는 혐오스러운 것" 8,13의 주 참조.

11,28 1마카 1,20. 11,31 2마카 5,24; 마태 24,15; 마르 13,14. 11,32 잠언 2,16. 11,33 1마카 1,31-32.

11,21-45. 이 단락은 안티오코스 4세의 도착부터(그는 형제인 셀레우코스 4세의 왕위를 찬탈한다) 장차 그가 맞을 죽음까지를 이야기한다(기원전 175-164년). "계약의 영도자"는 아마도 사제 오니아스 3세를 나타내는 것일 수 있다. 그는 기원전 174년 직위를 빼앗겼고 171년 살해되었다.

성 가운데에서 현명한 이들은 많은 사람을 깨우쳐 줄 것
이다. 그러나 얼마 동안 그들은 칼과 화염에 쓰러지고 유
배와 약탈을 당할 것이다. 34 그들은 쓰러질 때에 도움을
조금밖에 받지 못하고, 많은 사람이 그들과 합류하겠지만
거짓으로 그렇게 할 것이다. 35 현명한 이들 가운데 일부
가 이렇게 쓰러지면서, 마지막 때가 되기까지 다른 이들이
단련되고 정화되고 순화되게 할 것이다. 아직 정해진 때가
되지 않았기 때문이다.
36 임금은 제멋대로 행동하고 교만스레 자신을 들어 높이
며 자기가 모든 신보다 위대하다고 여길뿐더러, 신들의 하
느님을 두고 끔찍한 말까지 해 댈 것이다. 이렇게 그는 진
노의 때가 다하기까지 성공을 거두리니, 결정된 것이 다
이루어져야 하기 때문이다. 37 그는 자기 조상들의 신들을
비롯하여, 여자들이 아끼는 신이며 그 밖의 모든 신을 무
시할 것이다. 자기가 그 모든 신보다 위대하다고 여기기 때
문이다. 38 그리고 그들 대신에 성채의 신을, 제 조상들은
알지도 못하던 신을, 금과 은과 보석과 그 밖의 보물들을
바쳐 가며 공경할 것이다. 39 그는 그 낯선 신을 모시고 가
장 견고한 요새들을 공격할 것이다. 그리고 그 신을 인정
하는 자들에게 영광을 더해 주고 많은 사람을 다스리게
하며, 보수로 토지도 나누어 줄 것이다.
40 마지막 때에 남쪽 임금이 그를 공격할 것이다. 그러면
북쪽 임금은 병거와 기병과 수많은 배를 거느리고 그에게
돌진해 갈 것이다. 여러 나라를 쳐들어가며 물밀듯이 휩쓸
고 지나갈 것이다. 41 북쪽 임금은 영화로운 땅으로도 쳐
들어가 수만 명을 쓰러뜨리지만, 에돔과 모압과 대부분의
암몬인들, 바로 그들은 그의 손을 피할 것이다. 42 그가 이
렇게 여러 나라에 손을 뻗으면 이집트 땅도 난을 피하지
못할 것이다. 43 그리하여 그는 이집트의 금과 은을 비롯
한 보화, 그리고 다른 모든 보물의 주인이 되고, 리비아인
들과 에티오피아인들도 그의 발아래 놓일 것이다. 44 그러
다가 동쪽과 북쪽에서 들려오는 소문들이 그를 놀라게 할
터인데, 그는 크게 화를 내며 나가서 많은 이를 죽이고 멸
망시킬 것이다. 45 그는 바다와 영화롭고 거룩한 산 사이에
임금이 머물 천막들을 칠 것이다. 그러나 거기에서 최후를
맞이하게 되는데 그를 도와주는 자가 아무도 없을 것이
다.”

11,34-35. 마타티아스의 항쟁은 마카베오 집안의 항쟁으로 이어진다(“도움을 조금밖에 받지 못하고”).

11,36-37. 안티오코스 4세의 자신에 대한 정의(7,8.11.25 참조). 그는 동전에도 “에피파네스”라는 단어를 새기게 하는데, 이는 “나타난 (신)”을 뜻한다.

11,37. “여자들이 아끼는 신”은 아도니스-탐무즈이다(에제 8,14 주해 참조).

11,41. 에돔, 모압, 암몬인들은 전통적으로 히브리인들의 적이며, 지금은 우상을 숭배하는 임금과 동맹을 맺었다.

11,44-45. 국경 지역의 파르티아, 아르메니아, 메디아는 안티오코스 4세를 반응하게 한다. 그는 기원전 164년 가을 엘람에서 죽는다.

11,35 집회 2,5; 묵시 7,14. 11,43 에제 38,5. 11,44 이사 37,7.

12,1-4. 마지막 때 의인들이 부활하여 갚음을 받을 것을 예고한다. 하느님 백성에게는 고통스러운 상황들을 극복할 때마다 그것이 최후의 결정적 승리의 표지가 된다.

12,4. "마지막 때"는 묵시문학 저자의 때를 가리킨다(8,26 "아직 멀었으니" 참조).

12,6. 아마포 옷을 입은 사람은 10,5-6의 천사이다.

마지막 때에 관하여 설명하다

12

1 "그때에 네 백성의 보호자
미카엘 대제후 천사가 나서리라.
또한 나라가 생긴 이래
일찍이 없었던 재앙의 때가 오리라.
그때에 네 백성은,
책에 쓰인 이들은 모두 구원을 받으리라.
2 또 땅 먼지 속에 잠든 사람들 가운데에서
많은 이가 깨어나
어떤 이들은 영원한 생명을 얻고
어떤 이들은 수치를, 영원한 치욕을 받으리라.
3 그러나 현명한 이들은 창공의 광채처럼
많은 사람을 정의로 이끈 이들은 별처럼
영원무궁히 빛나리라.
4 다니엘아, 너는 마지막 때까지 이 말씀을 비밀에 부치고
이 책을 봉인해 두어라. 많은 이가 이리저리 돌아다니며
더 많은 깨달음을 얻을 것이다."
5 그때에 나 다니엘이 바라보니 다른 두 사람이 서 있는데, 한
사람은 이쪽 강가에, 다른 한 사람은 저쪽 강가에 있었다. 6 그
가운데 한 사람이 아마포 옷을 입고 강물 위쪽에 있는 분
에게 물었다. "이 놀라운 일들은 언제 끝이 납니까?" 7 아마
포 옷을 입고 강물 위쪽에 있는 사람이 오른손과 왼손을
하늘로 쳐들고서는, 영원히 살아 계신 분을 두고 이렇게 맹
세하는 것을 나는 들었다. "일 년과 이 년과 반년이 지나야
합니다. 거룩한 백성의 세력이 산산이 부서져야 이 모든
일이 끝날 것입니다."
8 나는 이 말을 듣고 그 뜻을 깨닫지 못하여, "나리, 이 일
들은 어떤 결과를 가져오겠습니까?" 하고 물었다. 9 그가
대답하였다. "가거라, 다니엘아! 이 말씀은 마지막 때까지

12,1 10,21; 요엘 2,2. 12,2 이사 4,3; 66,24; 에제 37,1-14; 호세 6,2; 마태 25,46; 27,52; 요한 5,29; 사도 24,15. 12,3 11,33; 이사 53,11; 마태 13,43; 필리 2,15. 12,7 묵시 10,5-6.

12,1-3. 위기가 절정에 이르는 것은("재앙의 때") 언제나 해방이 가까웠다는 표지이다. 이 책은 의인들에게 보증이 된다. 하늘에 기록된 책에는 새 예루살렘에 속하게 될 산 이들의 이름이 들어 있다. 하느님께서는 당신께 충실한 이들을 불의하게 집어삼키던 마지막 원수인 죽음에게 승리를 거두신다. "수치, 치욕"은 죽음과 단죄의 장소인 지옥을 나타낸다. (다시 깨어남으로 이해된) 개인적이고 신체적인 부활의 약속은(이전 시기의 성경 본문에서는 상징적이고 집단적인 부활을 말했다) 순교를 경험하면서 제기된 문제에 대한 응답이다. 자신들의 가르침으로 백성이 참된 신앙을 지키게 한 백성의 영적 인도자들에게("현명한 이들") 부활의 약속이 보증된다.

✠ 12,1-3. 이 단락은 종말론적 어조를 띠고 있어 나해 연중 제33주일 전례에서 제1독서로 선택되었다. 장례 예식에서도 이 본문을 독서로 읽는다.

비밀에 부쳐지고 봉인되어 있어야 한다. 10 그동안에 많은
이가 정화되고 순화되고 단련되지만, 악인들은 줄곧 악을
저지를 것이다. 그리고 악인들은 아무도 깨닫지 못하지만,
현명한 이들은 깨달을 것이다. 11 일일 번제가 폐지되고 황
폐를 부르는 혐오스러운 것이 세워질 때부터, 천이백구십
일이 흐를 것이다. 12 행복하여라, 천삼백삼십오 일이 될
때까지 견디어 내는 이들! 13 그러니 너는 끝까지 가거라.
너는 잠들어 쉬겠지만 끝 날에 일어나 네 몫을 받을 것이
다."

12,13. 다니엘은 예언이 실현되는 것을 보지 못하겠지만, 내세에서 갚음을 받을 것이다. 그는 의인들의 몫인 영원한 생명에 참여할 것이다.

다니엘이 수산나를 구하다

13 1 바빌론에 요야킴이라고 하는 사람이 살고 있
었다. 2 그는 수산나라고 하는 힐키야의 딸을
아내로 맞아들였는데, 수산나는 매우 아름답기도 하거니
와 주님을 경외하는 여인이었다. 3 수산나의 부모는 의로운
이들로서 그 딸을 모세의 율법에 따라 교육시켰다. 4 한편
요야킴은 아주 부유한 사람으로서 넓은 정원이 그의 집에
맞붙어 있었다. 그는 누구보다도 큰 존경을 받았기 때문
에, 유다인들이 늘 그를 찾아오곤 하였다.
5 그런데 그해에 어떤 두 원로가 백성 가운데에서 재판관
으로 임명되었다. 바로 그들을 두고 주님께서 이렇게 말
씀하신 적이 있다. "바빌론에서, 백성의 지도자로 여겨지
는 재판관인 원로들에게서 죄악이 나왔다." 6 그들이 줄곧
요야킴의 집에 있었으므로, 소송거리가 있는 이들은 모두
그리로 그들을 찾아갔다.
7 한낮에 사람들이 떠나고 나면, 수산나는 남편의 정원에
들어가 거닐곤 하였다. 8 그렇게 그곳에 들어가 거니는 수
산나를 매일 눈여겨본 그 두 원로는 수산나에게 음욕을 품

13,2-3. 수산나라는 이름은 "백합"을 뜻하는 히브리어 '소산'에서 파생한다. 수산나는 율법 원칙들에 따라 교육된다. 율법은 최종적 형태를 지닌 다음 이미 히브리인들의 삶의 기초가 되고(61-62절) 모든 교육의 원리가 되었다.

13,5-14. 의인들은 자기 지위와 종교적 권위를 도구화하는 사람들에게 시련을 겪는다(예레 29,21-23; 에제 14,1 참조).

12,11 마르 13,14. 12,12 하바 2,3. 13,8 탈출 20,17.

12,11-12. 상징적 기간인 삼 년 반에(7,25의 천이백육십 일) 한 달이 첨가된다. 일일 번제가 폐지된 때부터(기원전 167년 12월 6일) 성전 정화까지를(기원전 164년 12월 14일) 계산하는 것이다. 천이백구십에서 시작하면 "천삼백삼십오 일"은 성전이 정화되고 두 달 후가 되어, 일일 번제가 폐지된 때부터 다니엘서가 나온 때까지를 뜻하게 된다(기원전 163년 2월). 이렇게 세심하게 날짜를 표시하는 것은 구원의 시기를 하늘에서 하느님께서 이미 자세하게 계획해 놓으셨음을 보증하려는 것이다.

13,1-64. 수산나 이야기는 유실된 셈어 원문에 기초한 기원후 2세기의 그리스어 번역본 테오도시온에서부터 번역되었다(이 번역본은 칠십인역보다 더 길다). 이 이야기는 처음에는 독립적으로 전해지다가, 수산나를 죽음에서 구하는 젊은이의 이름 때문에 다니엘서에 삽입되었다. 테오도시온의 번역본에서는 이 이야기가 다니엘서의 서두에 자리하며, 이로써 책의 해석에 흥미로운 영향을 미친다는 점을 상기할 필요가 있다. 12장 다음에 놓이게 된 것은 칠십인역 그리스어 번역본으로 거슬러 올라간다(예로니모의 라틴어 번역본도 이렇게 되어 있다).

13,22-23. 아내의 의무에 충실했던 수산나는 히브리 여인들의 모범이 된다.

게 되었다. 9 그들은 양심을 억누르고 하늘을 보지 않으려
고 눈을 돌린 채, 의로운 판결조차 생각하지 않았다. 10 둘
다 수산나 때문에 마음이 괴로웠지만 서로 고민을 말하지
않았다. 11 수산나와 정을 통하고 싶다는 자기들의 음욕
을 밝히기가 부끄러웠던 것이다. 12 그러면서도 그 여인을
보려고 매일 부지런히 기회를 엿보았다. 13 어느 날 그들은
"점심때가 되었으니 집으로 가세." 하고 서로 말하고서는,
그곳을 나와 헤어졌다. 14 그러나 그들은 되돌아오다가 마
주치게 되었다. 그리고 서로 까닭을 캐묻다가 마침내 자기
들의 음욕을 실토하게 되었다. 그리하여 그들은 혼자 있는
수산나를 만날 수 있는 시간을 함께 찾아보기로 약속하
였다.
15 그들이 알맞은 날을 엿보고 있을 때, 수산나가 여느 때
와 마찬가지로 하녀 둘만 데리고 정원으로 들어갔다. 그리
고 날이 무더웠으므로 그곳에서 목욕을 하려고 하였다. 16
거기에는 숨어서 수산나를 엿보는 그 두 원로 말고는 아
무도 없었다. 17 수산나는 하녀들에게, "내가 목욕을 하게
올리브 기름과 물분을 가져오고 정원 문들을 닫아걸어
라." 하고 말하였다. 18 하녀들은 수산나가 말한 대로 하였
다. 곧 정원 문들을 닫아걸고서는 분부받은 것들을 가져
오려고 옆문으로 나갔다. 원로들이 숨어 있었기 때문에 하
녀들은 그들을 보지 못하였다.
19 하녀들이 나가자마자 두 원로는 일어나서 수산나에게
달려가 20 말하였다. "자, 정원 문들은 잠겼고 우리를 보
는 이는 아무도 없소. 우리는 당신을 간절히 원하오. 그러
니 우리 뜻을 받아들여 우리와 함께 잡시다. 21 그러지 않
으면, 어떤 젊은이가 당신과 함께 있었고, 바로 그 때문에
당신이 하녀들을 내보냈다고 증언하겠소." 22 수산나는 탄
식하며 말하였다. "나는 꼼짝 못할 곤경에 빠졌소. 그렇게
하면 그것은 나에게 죽음이고, 그렇게 하지 않는다 하여도
당신들의 손아귀에서 빠져나갈 수가 없을 것이오. 23 주님
앞에 죄를 짓느니, 차라리 그렇게 하지 않고 당신들의 손
아귀에 걸려드는 편이 더 낫소." 24 그러고 나서 수산나는
크게 소리를 질렀다. 그 두 원로도 수산나를 향하여 소리
를 지르더니, 25 그 가운데 하나가 달려가서 정원 문들을
열어젖혔다. 26 집에 있던 사람들이 정원에서 나는 고함 소
리를 듣고, 옆문으로 뛰어들어 가 수산나에게 일어난 일
을 보았다. 27 원로들이 저희 쪽의 이야기를 하자 하인들

13,17 룻 3,3; 유딧 10,3. 13,23 창세 39,9. 13,24 신명 22,24.

은 매우 수치스럽게 생각하였다. 수산나를 두고 누가 그
와 같은 말을 한 적이 한 번도 없었기 때문이다.
28 다음 날, 수산나의 남편 요야킴의 집으로 백성이 모여
들 때, 그 두 원로는 수산나를 죽이겠다는 악한 생각을 가
득 품고서 그리로 갔다. 29 그들이 백성 앞에서 말하였다.
"사람을 보내어 요야킴의 아내, 힐키야의 딸 수산나를 데
려오게 하시오." 그러자 백성이 사람을 보냈다. 30 수산나
는 부모와 자녀들과 모든 친척과 함께 나왔다. 31 수산나
는 매우 우아하고 모습이 아름다웠다. 32 그는 베일을 쓰
고 있었는데, 그 악인들은 수산나의 아름다움을 보고 즐
기려는 속셈으로 베일을 벗기라고 명령하였다. 33 그러자
수산나 곁에 있던 이들과 그를 보는 이들이 모두 울었다.
34 그 두 원로는 일어나 백성 한가운데에서 수산나의 머리
에 자기들의 손을 얹었다. 35 수산나는 눈물이 가득한 채
하늘을 우러러보았다. 마음으로 주님을 신뢰하고 있었기
때문이다. 36 그 두 원로는 이렇게 말하였다. "우리가 단둘
이서 정원을 거닐고 있을 때, 이 여자가 여종 둘을 데리고
정원으로 들어가더니, 정원 문들을 닫아걸고서는 여종들
을 내보냈소. 37 그때에 숨어 있던 젊은이 하나가 이 여자
에게 가더니 함께 누웠소. 38 정원 구석에 있던 우리는 그
죄악이 벌어지는 것을 보고서 그들에게 달려갔소. 39 그리
고 둘이서 정을 통하는 것을 보기는 하였지만, 그자가 우
리보다 힘이 세어 붙잡을 수는 없었소. 그래서 그자는 문
을 열고 달아나 버렸소. 40 그 대신 이 여자를 붙들고 그
젊은이가 누구냐고 물었지만, 41 이 여자는 그것을 우리에
게 알려 주려고 하지 않았소. 이것이 우리의 증언이오."
그들이 백성의 원로이며 재판관이었기 때문에, 회중은 그
들을 믿고 수산나에게 사형을 선고하였다. 42 그때에 수산
나가 크게 소리 지르며 말하였다. "아, 영원하신 하느님! 당
신께서는 감추어진 것을 아시고 무슨 일이든 일어나기 전
에 미리 다 아십니다. 43 또한 당신께서는 이자들이 저에
관하여 거짓된 증언을 하였음도 알고 계십니다. 이자들이
저를 해치려고 악의로 꾸며 낸 것들을 하나도 하지 않았
는데, 저는 이제 죽게 되었습니다."

13,32 호세 2,3; 에제 16,37-40. 13,34 레위 24,14; 신명 17,6. 13,41 레위 20,10; 신명 22,21-22.

13,42-44. "주님께서 들으셨다"는 것이 이야기의 핵심 주제이다. 하느님께서는 당신을 부르는 무죄한 이들을 버려두지 않으신다.

13,45. "영"이라는 단어는 예언의 은사를 가리킨다.

13,54-55. 명사 "유향나무"('스키논')와 동사 "베어 버리다"('스키조') 사이에 언어유희가 있다.

13,58-59. 나무 이름 "떡갈나무"('프리노스')와 동사 "잘라 버리다"('프리오') 사이에 언어유희가 있다.

44 주님께서 수산나의 목소리를 들으셨다. 45 그리하여 사
람들이 수산나를 처형하려고 끌고 갈 때, 하느님께서는
다니엘이라고 하는 아주 젊은 사람 안에 있는 거룩한 영
을 깨우셨다. 46 그러자 다니엘이 "나는 이 여인의 죽음에
책임이 없습니다." 하고 큰 소리로 외쳤다. 47 온 백성이 그
에게 돌아서서, "그대가 한 말은 무슨 소리요?" 하고 물었
다. 48 다니엘은 그들 한가운데에 서서 말하였다. "이스라
엘 자손 여러분, 여러분은 어찌 그토록 어리석습니까? 신
문을 해 보지도 않고 사실을 알아보지도 않고, 어찌 이스
라엘의 딸에게 유죄 판결을 내릴 수가 있습니까? 49 법정
으로 돌아가십시오. 이자들은 수산나에 관하여 거짓 증
언을 하였습니다."
50 온 백성은 서둘러 돌아갔다. 그러자 다른 원로들이 그
에게 말하였다. "자, 하느님께서 그대에게 원로 지위를 주
셨으니 우리 가운데에 앉아서 설명해 보게." 51 다니엘이
"저들을 서로 멀리 떼어 놓으십시오. 제가 신문을 하겠습
니다." 하고 말하였다. 52 사람들이 그들을 따로 떼어 놓자,
다니엘이 그들 가운데 한 사람을 불러 말하였다. "악한 세
월 속에 나이만 먹은 당신, 이제 지난날에 저지른 당신의
죄들이 드러났소. 53 주님께서 '죄 없는 이와 의로운 이를
죽여서는 안 된다.' 고 말씀하셨는데도, 당신은 죄 없는 이
들에게 유죄 판결을 내리고 죄 있는 자들을 놓아주어 불
의한 재판을 하였소. 54 자, 당신이 참으로 이 여인을 보았
다면, 그 둘이 어느 나무 아래에서 관계하는 것을 보았는
지 말해 보시오." 그자가 "유향나무 아래요." 하고 대답하
였다. 55 그러자 다니엘이 말하였다. "진정 당신은 자기 머
리를 내놓고 거짓말을 하였소. 하느님의 천사가 이미 하느
님에게서 판결을 받아 왔소. 그리고 이제 당신을 둘로 베
어 버릴 것이오."
56 다니엘은 그 사람을 물러가게 하고 나서 다른 사람을
데려오라고 분부하였다. 그리고 그자에게 말하였다. "유다
가 아니라 가나안의 후손인 당신, 아름다움이 당신을 호
리고 음욕이 당신 마음을 비뚤어지게 하였소. 57 당신들
은 이스라엘의 딸들을 그런 식으로 다루어 왔소. 그 여자
들은 겁에 질려 당신들과 관계한 것이오. 그러나 이 유다
의 딸은 당신들의 죄악을 허용하지 않았소. 58 자 그러면,
관계하는 그들을 어느 나무 아래에서 붙잡았는지 나에게
말해 보시오." 그자가 "떡갈나무 아래요." 하고 대답하였

13,45 4,5. 13,46 마태 27,24.

다. 59 그러자 다니엘이 말하였다. "진정 당신도 자기 머리
를 내놓고 거짓말을 하였소. 하느님의 천사가 이미 당신을
둘로 잘라 버리려고 칼을 든 채 기다리고 있소. 그렇게 해
서 당신들을 파멸시키려는 것이오."
60 그러자 온 회중이 크게 소리를 지르며, 당신께 희망을
두는 이들을 구원하시는 하느님을 찬미하였다. 61 다니엘
이 그 두 원로에게, 자기들이 거짓 증언을 하였다는 사실
을 저희 입으로 입증하게 하였으므로, 온 회중은 그들에
게 들고일어났다. 그리고 그들이 이웃을 해치려고 악의로
꾸며 낸 그 방식대로 그들을 처리하였다. 62 모세의 율법에
따라 그들을 사형에 처한 것이다. 이렇게 하여 그 날에 무
죄한 이가 피를 흘리지 않게 되었다.
63 수산나가 수치스러운 일을 하지 않았다는 것이 드러났
으므로, 힐키야와 그의 아내는 수산나의 남편 요야킴과
모든 친척과 함께, 자기들의 딸 수산나를 두고 하느님을
칭송하였다. 64 그리고 그날 이후로 다니엘은 백성 앞에서
큰사람이 되었다.

다니엘이 벨 신상을 부수다

14 1 아스티아게스 임금이 조상들 곁으로 가자, 페르
시아인 키루스가 그의 나라를 이어받았다. 2 다니
엘은 임금의 벗으로서 임금의 어떤 친구보다도 존경을 받
았다. 3 한편 바빌론인들에게는 벨이라고 하는 우상이 있
었는데, 사람들은 날마다 고운 밀가루 열두 아르타바와
양 마흔 마리와 포도주 여섯 메트레테스를 바쳤다. 4 임금
도 그 우상을 숭배하여 날마다 그 앞으로 나아가 경배하
였다. 그러나 다니엘은 자기의 하느님만 경배하였다. 5 그래
서 임금이 다니엘에게, "너는 어찌하여 벨께 경배하지 않
느냐?" 하고 묻자, 다니엘이 대답하였다. "저는 손으로 만
든 우상이 아니라, 하늘과 땅을 창조하시고 모든 생물을
지배하시는 살아 계신 하느님을 숭배합니다." 6 임금이 다
시, "너는 벨께서 살아 계신 신이 아니라고 생각하느냐?
벨께서 날마다 얼마나 많이 마시고 드시는지 보고 있지
않느냐?" 하고 물었다. 7 다니엘이 웃으면서 말하였다. "임
금님, 속지 마십시오. 그것은 속은 진흙이고 겉은 청동으

14,1. 아스티아게스는 메디아의 마지막 임금으로, 페르시아 임금 키루스에게 기원전 555년에 패배했다.

14,2. "임금의 친구"는 더 늦은 시기 로마 황제의 고문관과 유사한 측근이다. 헬레니즘 시대에 이들은 궁정에 속했다.

14,3. 벨은 바빌론의 민족신 마르둑의 호칭들 가운데 하나로(예레 51,44 참조) "주인"을 뜻한다. "열두 아르타바"(페르시아의 도량형 단위)는 약 56리터에 해당한다. "여섯 메트레테스"(그리스의 도량형 단위)는 약 39리터이다.

14,7 2,33.

14,1-42. 그리스어 번역본 테오도시온을 번역한 것이다(테오도시온은 유실된 셈어 원문에 기초한다. 13,1-64의 주해 참조). 이교인들의 우상 숭배에 대한 풍자로, 그 사제들의 무능력함을 이야기 형태로 비판한다.

로서 무엇을 먹거나 마신 적이 전혀 없습니다." 8 그러자 임
금이 화를 내며 벨의 사제들을 불러 놓고 말하였다. "이
양식을 누가 먹는지 나에게 말하지 않으면 너희는 죽을
것이다. 그러나 너희가 그것을 벨께서 드신다는 것을 밝히
면 다니엘이 죽을 것이다. 그가 벨을 모독하였기 때문이
다." 9 다니엘은 "임금님의 말씀대로 이루어지기를 바랍니
다." 하고 임금에게 말하였다.
벨의 사제들은 일흔 명이나 되었고 그 밖에도 그들의 아내
들과 자녀들이 있었다. 10 임금은 다니엘과 함께 벨의 신전
으로 갔다. 11 그러자 벨의 사제들이 말하였다. "자, 저희는
나갑니다. 임금님, 임금님께서는 음식을 올려놓으시고 포
도주를 차려 놓으신 다음, 문을 잠그시고 임금님의 옥새
로 봉인하십시오. 내일 아침에 와 보시고, 벨께서 그것들
을 모두 드시지 않은 것으로 드러나면 저희가 죽을 것입니
다. 아니라면 저희에 관하여 거짓말을 하는 다니엘이 그렇
게 될 것입니다." 12 그러면서 그들은 걱정하지 않았다. 제
사상 밑으로 비밀 통로를 만들어 놓고, 늘 그 통로로 들어
가서 음식을 먹곤 하였던 것이다. 13 그들이 나간 다음에
임금은 벨에게 음식을 올려놓았다. 14 그러자 다니엘은 자
기 종들에게 분부하여 재를 가져오게 하고, 임금이 혼자
있는 앞에서 온 신전에 그 재를 뿌려 놓았다. 그런 다음,
그들은 밖으로 나가 문을 닫고 임금의 옥새로 봉인하고 나
서 떠나갔다. 15 그날 밤에도 사제들은 늘 하던 대로 아내
들과 자녀들을 데리고 안으로 들어가 모든 것을 먹고 마
셨다.
16 다음 날 아침에 임금은 일찍 일어났다. 다니엘도 그
와 함께 있었다. 17 임금이 "다니엘아, 봉인이 그대로 있느
냐?" 하고 묻자, 다니엘이 "임금님, 그대로 있습니다." 하고
대답하였다. 18 문들이 열리자마자 임금은 제사상 위를 살
펴보고서는 큰 소리로 외쳤다. "벨이시여, 당신께서는 위대
하십니다. 그리고 당신께는 거짓이 하나도 없습니다." 19 다
니엘은 웃으면서 임금이 안으로 들지 못하게 하고서는, "바
닥을 보십시오. 그리고 저것들이 누구 발자국인지 알아맞
혀 보십시오." 하고 말하였다. 20 임금은 "남자들과 여자들
과 아이들의 발자국이 보이는구나." 하고 말하더니, 21 분
노를 터뜨리며 사제들과 그들의 아내들과 자녀들을 체포
하게 하였다. 사제들은 자기들이 들어와서 제사상의 제물
을 먹곤 하던 비밀 문들을 임금에게 보여 주었다. 22 임금

14,13. 고대 문명에서 임금은 예배의 책임자였다.

14,8 2,5; 3,6; 6,7. 14,10 1열왕 18,22. 14,11 6,18. 14,22 이사 46,1; 예레 50,2.

은 그들을 사형에 처하고 벨은 다니엘에게 넘겨주었다. 다
니엘은 벨과 그 신전을 부수어 버렸다.

다니엘이 큰 뱀을 죽이다

23 그곳에 큰 뱀이 하나 있었는데 바빌론인들은 그것을 숭
배하였다. 24 임금이 다니엘에게 "너는 이분께서 살아 계
신 신이 아니라고는 말하지 못할 것이다. 그러니 이분께
경배하여라." 하고 말하자, 25 다니엘이 대답하였다. "저는
주 저의 하느님께만 경배합니다. 그분께서 살아 계신 하느
님이시기 때문입니다. 임금님, 저에게 허락을 내려 주십시
오. 제가 칼이나 몽둥이를 쓰지 않고서 저 뱀을 죽이겠습
니다." 26 임금은 "너에게 허락을 내린다." 하고 말하였다.
27 다니엘은 역청과 굳기름과 머리털을 가져다가 한데 끓
여 여러 덩어리로 만들고 나서, 그것들을 뱀의 입 쪽으로
던졌다. 뱀은 그것들을 먹더니 터져 죽었다. 그러자 다니엘
이 말하였다. "보십시오, 여러분이 숭배하던 것을!"
28 바빌론인들은 그 소식을 듣고 몹시 화가 나서 임금을 모
반하여 말하였다. "임금은 유다인이 되어 버렸다. 그래서 벨
을 부수고 뱀을 죽이고 사제들을 살해한 것이다." 29 그들
은 임금에게 가서, "다니엘을 우리에게 넘겨주시오. 그러
지 않으면 당신과 당신 가족을 죽여 버리겠소." 하고 말하
였다. 30 임금은 그들이 자기를 세차게 다그치는 것을 보
고, 다니엘을 그들에게 넘겨주지 않을 수가 없었다.

다니엘이 사자 굴에서 살아 나오다

31 사람들은 다니엘을 사자 굴에 던져 버렸다. 다니엘은 그
곳에서 엿새 동안 지냈다. 32 그 굴에는 사자가 일곱 마리
있었는데, 날마다 사람 몸뚱이 두 개와 양 두 마리를 먹이
로 주었다. 그러나 그때에는 사자들이 다니엘을 잡아먹게
하려고 아무것도 주지 않았다.
33 한편 유다에는 하바쿡 예언자가 있었다. 그는 국을 끓이
고 빵을 부수어 사발에 담아서 들에 있는 추수꾼들에게 가
져가는 길이었다. 34 그때에 주님의 천사가 하바쿡에게 말하

14,23. 메소포타미아 미술에 나타나는 신화적 동물인 "뱀(용)"은 메소포타미아 신화의 티아마트 여신과 결부되며, 성경에서는 악의 세력을 상징적으로 표현한다.

14,28. 유다교로 개종이 일어나면서 우상 숭배 예식이 파괴되었다.

14,28 유딧 14,10; 2마카 9,17.

14,23-32. 우상 숭배에 대한 투쟁에 관한 아람어로도 보존된 이야기이다(「여라므엘의 연대기」 안에). 신성한 동물에 대한 숭배는 메소포타미아에는 없었지만 이집트에서 번성했으며, 헬레니즘 시대에 다시 대중적이 되었다.

14,33-39. 예언자 하바쿡을 주인공으로 하는 그리스어 전설이다. 저자가 소예언자들 가운데 하나인 기원전 7-6세기의 예언자를 생각한 것인지 아니면 같은 이름의 다른 인물을 생각한 것인지 알기 어렵다.

14,36. 이 장면은 물리적 바람에도 적용될 수 있고, 하느님의 놀라운 업적들을 이루시는 그분의 "영"에도 적용될 수 있다. "머리채를 잡고"는 1열왕 18,12; 에제 8,3을 연상시킨다. 사도 8,39 참조.

였다. "네가 가지고 있는 그 음식을 바빌론으로 가지고 가
서 사자 굴에 있는 다니엘에게 주어라." 35 하바쿡은 "주님,
저는 바빌론을 본 적도 없고 그 굴은 알지도 못합니다." 하
고 대답하였다. 36 그러자 주님의 천사가 하바쿡의 정수리
를 붙들더니, 머리채를 잡고 자기 영의 위력으로 바빌론에
있는 그 굴 위에 데려다 놓는 것이었다. 37 하바쿡은 "다
니엘, 다니엘! 하느님께서 그대에게 보내신 음식을 받으시
오." 하고 소리를 질렀다. 38 다니엘은 "하느님, 당신께서 저
를 기억해 주셨습니다. 당신을 사랑하는 이들을 저버리지
않으셨습니다." 하고 말하였다. 39 그러고 나서 다니엘은 일
어나 음식을 먹었다. 하느님의 천사는 곧바로 하바쿡을
그의 고장으로 데려다 놓았다.
40 이렛날에 임금은 다니엘의 죽음을 애도하려고 그곳으
로 갔다. 굴에 다다른 임금이 안을 들여다보니 다니엘이
앉아 있는 것이었다. 41 임금이 큰 소리로 외쳤다. "주 다
니엘의 하느님, 당신께서는 위대하십니다. 당신 말고 다른
분은 계시지 않습니다." 42 그러고 나서 임금은 다니엘을
끌어 올리고, 그의 파멸을 꾀한 책임자들을 굴속으로 던
지게 하였다. 그들은 임금이 보는 앞에서 곧바로 사자들
에게 먹히고 말았다.

14,41 14,18; 이사 45,18.

열두 소예언서

열두 소예언서라는 "책"

"그리고 열두 예언자들이 있었으니 그들의 뼈가 그 무덤에서 다시 피어나기를! 정녕 그들은 야곱을 위로하고 굳센 희망으로 그들을 구원하였다"(집회 49,10). 집회서에서(또한 사도 7,42 참조), 그러니까 기원전 180년경에 이미 열두 소예언서를 명시적으로 하나의 단위로 지칭하고 있다. 이들을 소예언자들이라고 한 것은 예로니모인데, 이는 이들이 덜 중요해서가 아니라 이사야서, 예레미야서, 에제키엘서에 비하여 분량이 적기 때문이다. 하지만 이들이 여러 책을 모아 놓은 선집으로서만이 아니라 독립적인 하나의 "책"으로 간주되고(이는 과거에도 이미 그러했다) 특히 그렇게 해석될 수 있는가의 여부는(이 문제는 논쟁거리이다) 비교적 최근에 논의가 되었으며, 이러한 관점이 해석에 미치는 영향은 아직 연구할 부분이 많이 남아 있다.

또한 "책"이라는 단어 안에 내포된 현대의 의미들은, 바로 이 "책"이라는 단어가 고대에 어떤 문학적 산물에 대해 사용될 때 지녔던 의미들에 유사하게 또는 정확하게 대응되지 않는다(두루마리가 아닌 "제본" 형태로 오늘날과 같이 만들어진 제품, 출판 날짜와 장소, 저작권 등이 고대에는 없었다). 그렇지만 어떤 본문 전체를 "책"이라고 정의하는 것은 과거에나 현재에나 특히 그 안에 담긴 모든 것의 일관성과 의도에 관련된 불가피한 해석학적 함의를 갖는다. 더구나 그 물질적 단위 안에 전통적으로 언제나 각각 따로 읽고 설명해 온, 서로 다른 열두 저자들의 것으로 여겨진 열두 개의 저서가 들어 있다면 더욱 그러하다.

집회 49,10에 나타나는 바와 같은 통합적 표현("열두 예언자들")에 따라, 히브리 전통과 그리스도교 전통 모두 열두 소예언서를 문학적 독립성을 지닌 하나의 유기적 전체로 보았다. 예를 들어 예로니모는 대중 라틴말 성경의 열두 소예언서 서문에서, 소예언서들이 하나의 단일한(적어도 내용상으로) 책을 이룬다는 것을 분명히 강조한다. 그렇지만 각각의 책들이나(예외적으로 나훔 1,1에서만 그 책 스스로를 '세페르', "책/두루마리"라고 지칭한다) 고대의 히브리 사본들에서는(뚜렷하지 않은 몇 가지 표지를 제외하면) 열두 소예언서 전체를 보통의 우연적인 수집물들이 아니라 단일한 편집 계획에 의한 것이라고 생각하게 하는 명시적이고 직접적으로 확실한 본문 표지가 없다. 그래도 학자들 사이에서는 열두 소예언서 안에서 이런 단일한 편집 계획을 시사하는 전수 과정의 여러 요소에 대한 특별한 관심이 증가하고 있다. 적지 않은 현대의 주석 연구들은 그들 사이의 내적 연관들을 찾아내며, 이것들은 그 전체에 정확한 편집 의도가 있다는 증거로 여겨진다.

관심의 대상이 되는 기본 요소들 가운데에는 고대 표기법이(사해 주변에서 발견된 자료들에서 확인된) 있다. 이 표기법은 이후 라삐 전통에서도 다시 사용되었는데(바빌론 탈무드, 바바 바트라[Baba Bathra] 13b-15a와 말라키서 마지막에 삽입된 마소라 학자들의 표시 참조), 여기서는 열두 소예언서를 단 하나의 두루마리에 넣어 이를 하나의 책으로 간주한다(외경인 제4에즈라 14,44-47과 요세푸스 플라비우스의 『아피온에 대한 반박』 1,38-42에서도 이렇게 되어 있다). 이 두루마리는 분량으로 보면 대예언서 책들과 비슷하다. 또한 소예언서들의 순서는, 때로는 본문 전통들에 따라 차이가 나타나기는 하지만 우연적 기준에 의한 것으로 보이지 않는다. 개별 예언서들의 표제는 서로 매우 유사한 경우가 많으며, 서로를 비추어 준다(호세 1,1과 요엘 1,1; 아모 1,1; 미카 1,1; 스바 1,1; 나훔 1,1와 하바 1,1; 하까 1,1와 즈카 1,1 참조). 그 순서를 정하는 데 있어 연대순과 더불어(요엘, 오바드야, 요나, 나훔, 하바쿡, 말라키에는 명시적 표시가 없으나, 추정에 따라) 본문들의 분량도 분명 어떤 역할을 했다. 길고 오래된 책들이 첫 부분에 자리하고 있는 것이다(고대 그리스어 번역본인 칠십인역의 처음 다섯 권의 순서에서는 이 점이 더 중시된다). 현재 상태의 구조가 이스라엘에 대한 말씀들로 시작하여 민족들에 대한 신탁으로 이어지고 종말론적-구원적인 결말로 끝맺게 되어 있어, 어느 정도 이사야서와 예레미야서(칠십인역)의 체계를 반영하고 있다는 점도 눈에 띈다.

어떤 경우이든 순서를 결정하는 원칙은 거시 구조에 달려 있는 것으로 보이며, 특히 각 권의 시작과 끝에서 본문상의 연관과 연결 고리가 되는 단어들이 드러나, 경우에 따라 주제의 연속성 또는 병렬을 볼 수 있다. 이 모든 요소에 기초해서 적지 않은 학자들은 이들이 기껏해야 일종의 모음집, 무엇보다 "주님의 날"이라는 주제를 중심으로 묶인 것이라고 본다. 그러나 점차 명확해지는 본문들 사이의 연관들은(어휘 및 내용적) 하나의 신학적 이해를 촉진하기 위하여 의도적으로 본문들 간에 서로 대화하도록 배치된 것으로 예언서들을 보게 한다. 이 하나의 신학적 이해는 본문들 사이의 긴장과 연관들을 견지하면서 이 책들을 읽어 나가는 가운데 형성되는데, 이렇게 함으로써 각 권의 개별적 신학적 전망에 국한된 부적절한 축소나 해석학적 절대화를 피하게 되는 것이다.

구조와 신학적·문학적 특성

히브리 전통에서 나타나는 열두 소예언서의 배열과 칠십인역에서의 차이는, 개별 예언서의 배치가 무의미하거나 우연적임을 의미하지 않는다. 이들은 오히려 통일적인 전망에 대한 관심, 예언서들 전체와 그들 서로의 관계에 대한 다르거나 새로운 이해를 보여 주는 것으로 생각된다. 열두 소예언서에 대한 두 전망 모두 호세아서로 시작되어 말라키서로 끝나며, 이스라엘의 역사를 특징지었던 극적 사건들에도 불구하고 하느님의 사랑은 확실하고 변함없음을 드러내면서 동시에 계약에 대한 충실성을 요구한다. 특히 말라 3,22-24은(그리스어 번역본에서는 절들의 순서가 바뀌어 있기는 하지만) 두 본문 전통 모두에서 열두 소예언서 전체의 결론이 되며, 율법 또는 토라(오경)와의 상호 연관을 확인해 주고, "주님의 날"의 도래를 향한 긴장을 유지시킨다. 칠십인역과 달리 히브리 정경에서 이 결론은 예언서 전체를 끝맺으며(이 전통에서 예언서는 여호수아기로 시작된다), 그리스도교 정경에서는 대중 라틴말 성경의 영향으로 같은 구절이 예언서들을 끝맺을 뿐만 아니라 구약과 그 기다림의 성취로 이해되는 신약 사이의 경계가 된다.

처음 여섯 권에서는 순서에 차이가 있다. 그리스어 전통에서는 호세아서 다음에 요엘서, 아모스서, 오바드야서, 요나서, 미카서가 아니라 아모스서, 미카서, 요엘서, 오바드야서, 요나서가 나오면서 실제로 개별 책들이 생겨난 순서에 더 근접한다. 연대순으로, 더 오래된 책에서 더 후대의 책으로 이어진다는 원칙은 각각의 표제 또는 각 권에 담긴 주제 자체에서 암시적으로 알 수 있는 바에 근거한다. 그래서 처음 여섯 권은 기원전 8세기에 속한 것으로 볼 수 있으며, 다음 세 권은 7세기 말, 그리고 마지막 권들은 기원전 6세기 말로 볼 수 있다. 이러한 원칙이 타당하고 고대인들의 생각에 잘 부합하더라도, 현재 역사 비평은 오히려 그러한 구조가 인위적이라는 점을 부각시킨다. 이는 특히 요엘서, 오바드야서, 요나서, 말라키서에서 명백히 드러난다. 이들은 전통적으로 생각해 온 것보다 더 늦은 시기에 속할 뿐만 아니라, "문서 예언" 또는 "문학적"이라는 표현은 정확한 역사적 인물인 예언자들과 연결할 수 없다.

또 한 가지 중요한 문학적 현상은 예언을 받는 것이 두 가지 방식으로 표현된다는 점이다. 예언의 수용은 말씀의 "발생"과 받아들임으로 표현되기도 하고(

말씀이라는 사건을 나타내는 문장들을 통하여. 호세 1,1; 요엘 1,1; 요나 1,1; 스바 1,1; 하까 1,1; 즈카 1,1 참조) "환시"를 보는 것으로 표현되기도 한다(아모 1,1; 오바 1절; 미카 1,1; 나훔 1,1; 하바 1,1 참조). 양극성도 두드러지는 특징이다. 이는 문학적으로는 운문과 산문이 교차되는 것에서 나타나는데, 주로 신탁들로 되어 있는 예언 본문들 안에 요나서의 비유적인 이야기가 삽입됨으로써 그러한 결과가 나온다. 다른 소예언서 전체에 비해 요나서가 낯설어 보이는 것은 사실 대예언서들 안에서 말로 전달되는 예언과 행동 및 상징으로 전달되는 예언의 구분(예언자의 삶 안에서 말과 행적의 구분)을 열두 소예언서 안에서 재현하기 때문이다.

의도적인 배치를 보여 주는 것으로 생각되는 거시 구조의 편집은 복잡한 편이지만, 부분적으로는 적어도 두 가지 근본 주제들의 전개에 따라 이를 짚어 볼 수 있다. 그 주제들은 이스라엘과 다른 민족들의 관계와 "주님의 날"의 도래이다.

첫 번째 주제는 실상 구약 성경 전체를 통해 전개되는 것으로, 신약 성경과 관계에서도 핵심적이다. 열두 소예언서 안에서는 두 가지 태도가 대비되며, 일방적인 절대화를 피하고자 이에 관한 두 가지 견해가 서로 대화를 이룬다. 때로는 타협 없는 대립이 나타난다. 외국인은 이스라엘 신앙의 순수성을 위험에 처하게 하고 군사적인 위협이 되기 때문이다. 인접한 민족인 에돔과 아시리아의 옛 수도 니네베의 경우가 여기에 해당하는데, 이들은 영원히 하느님 백성의 적들을 나타내는 비유가 된다. 하지만 이스라엘의 정체성을 지키고 혼합주의를 물리치는 일은 오바드야서에서 에돔과 관계를 통해 시사하는 바와 같이 타자의 파괴를 요구하는 갈등 관계를 토대로 할 때만 가능한 것은 아니라는 사실이, 바로 이어지는 요나서에서 니네베에 대한 하느님의 자비에 의하여 허를 찔린 완고한 "통합주의" 예언자를 등장시킴으로써 드러난다.

"주님의 날"이라는 주제는 열두 소예언서에 자주, 그리고 의미 깊게 나타난다(요나서와 나훔서에만 나타나지 않는다). 다른 어떤 예언서에도 이러한 예는 없다. 이 주제는 각 소예언서에 흩어져 있는 서로 다른 일련의 주제들을 하나로 묶어 준다. 열두 소예언서의 잠재적 독자는, 호세아서에서 주님의 날이 몇 번 언급된 다음 곧 요엘서에서 이날이 다른 각도에서 강력하게 선포됨을 보게 된다. 이는 앞으로 주님의 날이 언급될 때 주의 깊게 이를 읽도록 경각심을 일깨운다. 아모 5,18-20에서 주님의 날이 다시 언급되는 것은 아모스의 반대편 대화 상대자들이 이미 그 "날"에 대해 알고 있고 그날이 오기를 기다리고 있음을 내포하지만,

그들은 그날의 의미를 곡해하고 있다. 주님의 날은 주님께로 회개하라는 부르심인데, 그들은 염치없이 계약에 충실하지도 않고 진리와 정의의 요구들을 지키지도 않으면서 구원을 기대한다(아모 5,4-7.14-15 참조). 이렇게 해서 아모스는 요엘이 예고한 주제와 대화하게 되며, 그의 개인적 전망을 통하여 주님의 날에 내포된 의미들을 상보적으로 통합한다. 오바드야서에서는 같은 주제가 보편주의적 의미를 띠게 되며(오바15-21절 참조), "에사우 집안"과 "에사우산"에 대한(에돔인들에 대한) "야곱 집안"의 압박과 승리를 뜻하게 된다. 악명 높은 도시 니네베가 상징하는 이교 민족들의 회개와 구원 가능성 문제는 오바드야서와 긴장을 이루는 요나서에서 제기된다. 그러나 니네베는 나훔서에서 다시 등장하며, 여기서는 심판을 받는다. 그 니네베가 무엇보다 먼저 하느님 백성에게 잔혹하고 적대적이며 이를 참회하지 않는 역사적 실재로 여겨지기 때문이다. 한편 하바쿡은 이 파괴의 "날"이 표현하는 형태의 정의 자체의 의미를 의문에 부치며, 보편적이면서도 동시에 개별적인 차원을 지닌 스바니야서와 함께 이스라엘의 죄라는 주제를 다시 다룬다. 마지막으로 밀라키서 마지막 장에서 주님의 날은 계약의 백성에게 남겨진 정화의 날로 예고된다. 그날에 율법과 예언서의 의미가 온전히 성취될 것이다(말라 3,22-24 참조).

이처럼 열두 소예언서를 일관된 해석학적 일체로 고찰하면 다양하고 복합적인 역사와 하느님의 얼굴을 해석하도록 고무하는 착상들을 만나게 된다. 이는 고대와 현대의 지나치게 단순화하고 너무 "분명한" 신학적·체계적 축소보다 분명 더 올바를 것이다.

해석학적 특성들

어떤 의미에서 "열두 소예언서의 기획" 가설이라고 부를 수 있을 단일성을 인정할 때 생기는 첫 번째 해석학적·신학적 특성은 성경 계시의 과정에서 살아 있는 전승에 의한 문서 및 구전 전승과 증언의 중단 없는 작업이 얼마나 중요했는가를 더 분명히 인식하게 되는 데 있다. 성경 이면에 그리고 그 안에는 선택된 개인들의 체험만이 아니라 신앙과 기도의 공동체가 있다. 그리고 교회 공동체는 오늘날 그 성경을 구술된 것이 아니라 감도된 것으로 인정하며, 그 안에서 육화의 원리가 마지막에만 나타난 것이 아니라 처음부터 작용했음을 알아본다. 거기에서 예수 그리스도께서는 낯선 예외가 아니라 그 완성이시다. 하느님의 말씀은 실제로 역사에 영향을 미치며, 인간의 다양한 언어로 말씀하시고,

케노시스적으로 모든 인간적 담화의 수용과 전수의 역동을 따른다. 난외 각주, 편집자의 개입, 본문들의 전체적 짜임 등으로 표현된 연속적 재해석은 그 자체로 계시적 역동성에 포함되는 것이지, 신학적으로 말해서 서로 충돌하면서 스스로를 신성화하여 자신을 정당화하려고 하는, 서로 대립하는 이념들로 환원될 수 없다. 전체적 영감이라는 개념에 비추어 보면, 전통적으로 각각의 책들과 결부된 개별 성경 저자들에게 속한 것으로 볼 수 있거나 그렇지 않은 부분들, 소위 "친저성이 있는 부분"과 "친저성이 없는 부분" 사이의 근대적 구분은(이러한 구분이 참으로 입증될 수 있다는 것을 인정한다고 치고) 입지와 관심을 잃게 되는 것으로 보인다.

두 번째 측면은 그러한 전망이 성경의 "정경 해석"의 의미를 강화해 준다는 사실과 관련된다. 이 전망은 복합적인 생성 과정 안에서 그 해석학을 파악하기 때문이다. 열두 소예언서의 편집적 배열에서는 특히 정경화의 과정에 있는 이스라엘의 기록된 전통 전체를 고려하는 전통적 시각의 역동성을 확인할 수 있다. 그러한 기록된 전통은 이미 의미의 단일성을 지닌 전체로서 존재했고, 이 책들은 그 전통 전체와 의식적으로 상호 작용을 한다. 열두 소예언서는 신명기와 신명기계 역사를 바라보면서(아마도 작성되고 있던 이사야서도 고려하면서) 말라키서로(특히 말라 3,22-24과 그 선행 본문 참조) 율법과 예언서를 봉인하는 동시에 "주님의 날"의 도래를 향한 묵시문학적 긴장을 향해 열어 놓는다.

세 번째로, 열두 소예언서가 독서 중에 점차 "하나의 책"으로 체험되는 책이라면, 그 전체는 개별 부분들의 총합과 같지 않다는 것을 알게 된다. 열두 소예언서를 하나의 연속(continuum)으로 읽을 때 이들은 신명기계 역사와(여호수아기-열왕기 하권) 역대기계 역사에(역대기, 에즈라기, 느헤미야기) 거의 병행되는 역사에 대한 하나의 폭넓은 예언적 재해석으로 나타난다. 실상, 대예언서들이 비교적 정확한 어떤 시기를 다룬다면(이사야서는 그 여러 부분들로 거의 240년을 다룬다. 예레미야서는 40년, 에제키엘서는 25년을 다룬다) 열두 소예언서는 대략 기원전 8세기부터 5-4세기까지의 기간을 배경으로 한다.

본문의 작성과 전수

소예언서들이 무엇보다 먼저 개별 책들로서 독립적이고 복잡한 형성 과정을 거쳤다는 것은 명백해 보인다. 그래서 당연히 분석적/개별적 사전 연구가 필요하다. 이는 그들의 고유한 신학적 특성과 개별적 본문 작성의 역사에 관한 연구가 된다. 그러나 근래에는 바로 그러한 작성의 과정에서도 이미 어떤 시점 이후로는 점차 더 넓은 범위의 정확한 신학적-편집적 의도가 함께 있었고, 그러한 의도를 따른 것은 아닌가 하는 비판적 질문이 제기되고 있다. 우리는 그러한 의도를 처음의 몇몇 모음들에서, 그리고 이어서 하나의 책으로 간주된 열두 소예언서 전체 안에서 파악했다.

이러한 연구는 아직 시작 단계에 있으나, 대개 늦어도 유배 중에(기원전 6세기) 신명기계 편집자들이 이들을 연결하기 시작했다고 생각한다. 예루살렘과 다윗 왕국의 멸망이라는 재앙에 대한 숙고에 집중하는 호세아서, 아모스서, 미카서, 그리고 아마도 스바니야서 사이에서 이러한 연결이 있었다고 본다. 이 첫 "여러 예언서"는 이어서 유배 후 시기에 다른 예언서들이 합쳐지면서 형성된 두 번째 "책"과 결합되었을 것이다(특히 하까이서와 즈카 1-8장). 이 부분은 성전의 재건과 귀향 공동체의 사회적·정치적·종교적 상황의 강화 문제를 주제로 한다. 그때 이후에야 요엘서, 오바드야서, 요나서, 나훔서, 하바쿡서가 삽입되었고(또한 즈카 9-11장;12-14장. 일부 학자들은 이들이 헬레니즘 시대에 작성되었다고 본다), 마지막으로 말라키서가(기원전 4-3세기) 전체를 끝맺는 역할을 하며, 이스라엘의 역사에 대한 하느님 계획의 완성을 향한 종말론적 개방이 된다. 일부 학자들은 이 통일적인 편집 기획 전체를 구성하는 중추 내지 열쇠가 요엘서라고 본다. 요엘서 안에서는 다른 소예언서들과 연결되는 고리가 되는 일련의 말들을 찾아볼 수 있기 때문이다. 그리고 바로 성서학자들의 특별한 연구 대상이 되는 이러한 연결 고리들에서 출발하여, 개별 책들의 소통 능력을 초월한 더 조직적이고 복합적인 메시지를 전달할 수 있게 된다.

이러한 방향에서 탐구할 것이 아직도 많이 남아 있지만, 어떤 경우이든 하나의 "책"으로 고찰되는 열두 소예언서 안에는 예언 메시지의 끊임없는 (영감 받은) 재해석과 재편집이 있었음이 이미 명백해 보인다. 이는 현재화를 위한 중개로, 이 책들이 과거·현재 미래의 모든 세대를 위한 것이라는 의식으로 고무된다.

살바토레 마우리치오 세사Salvatore Maurizio Sessa

호세아서

제목과 정경 내의 위치

왜 이 본문을 읽어야 하는가? 그리고 왜 이것을 이해하려고 애써야 하는가? 이러한 (겉에서 볼 때만) 자연스럽고도 함축적인 질문들에 호세아서의 머리글 혹은 제목이 대답한다. 이 머리글은 그 첫 단어들로 어떤 특정한 본문을 언급하던 메소포타미아 문학의(그리고 히브리 문학과 다른 문학들의) 관습을 따르고 있다.

우리에게 읽도록 제시되는 이 본문은 창녀, 피와 배신, 위협, 고발과 희망을 다루면서도 "주님의 말씀"으로, 이스라엘의 하느님이신 야훼의 말씀('다바르')으로 제시된다. 그러므로 그 전망을 파악하기 위해서는 이 제목에 마땅한 주의를 기울여야 한다. 모든 것이 이 하느님과 연관되기 때문이다. 다른 예언서들도 같은 말들로 시작되며(요엘 1,1; 미카 1,1; 스바 1,1 참조), 성경 전체의 제목이 될 수 있는 제목을 붙여 준다. 그러나 여기서는 이 책에 대한 상보적 표상, 곧 이 책이 주님의 말씀인 동시에 "인간의 말"이라는 것을 간과하지 말아야 한다. 호세아서와 다른 책들은 이와 동일한 교차점에 있어, 이 주님의 말씀을 뼈와 살을 지닌 한 구체적 인간과 결부시킨다. 그는 이 말씀을 받아들여 같은 백성에게 선포하도록 선택된 인간이다. 여기에서 본문의 작성 역사를 통해 찾아볼 수 있는, 또는 그렇게 구분할 수 없는 첨가나 편집적 개입들을 밝히는 것은 큰 중요성을 갖지 않는다. 이스라엘의 신앙과 교회의 신앙에 그것은 언제나 인간적이면서 신적인 역사일 것이다.

호세아의 이름과(히브리어 어근 '야사', "구원하다"에서 나온 것으로 "구원"을 뜻하고, 이를 '호사야'의 단축형으로 본다면 "주님께서 구원하신다"를 뜻한다) 시·공간의 좌표는 이 말씀이 인간 역사 안에서 그 역사에 대해서 선포된 것임을 상기시킨다. 그 역사 안에 하느님의 관점이 들어오는 것이다. 그리고 이는 명백히도 구원과 연관된다. 히브리어 정경에 따라 전기 예언서와(여호수아기부터 열왕기 하권까지) 후기 예언서를(이사야서부터 호세아서에서 시작되는 열두 소예언서까지) 시작하는 책들의 주인공 이름들이 같은 어근에서 시작되는 것은 아마도 우연이 아니다. 예수님의 이름에서도 그 어근을 찾아볼 수 있다. 이것이 바로 이 책의 의미이고, 근본적으로는 "성경"이라고 부르는 "책들" 전체의 의미이기도 하다.

구조와 문학적 특성

"호세아를 통하여 주님께서 하신 말씀의 시작…"(호세 1,2). 라삐들은 이 절을 호세아에게 하신 하느님의 말씀이 다른 "소예언자들"에게 전해진 말씀보다 시간상으로 앞선다는 표시로 보았다. 그래서 이 책이 연대상으로는 아모스서보다 조금 늦지만 열두 소예언서를 여는 책이 된다.

이 책은 보통 서로 불균등한 두 부분으로 구분된다. 1-3장은 예언자에게 요구된 뜻밖의 혼인 생활을 통하여 주님과 이스라엘 사이의 혼인 관계의 은유를 전개하며, 4-14장은 우상 숭배에 빠져 이미 멸망을 눈앞에 둔 북왕국 이스라엘의 정치·종교적 문제들을 중심으로 한다.

둘째 부분 안에서 구성 원리들은 지금도 많은 논란의 대상이 된다. 이 부분은 서로 다른 본문들로 합성된 편집적 단위로서 각각 상이한 역사적 순간들에 한정하여 연결하기가 어려우며, 적어도 4-11장과 12-14장의 두 단락으로 다시 나눌 수 있다(두 단락 모두 "법정 논쟁" 또는 '립'[rib]으로 시작되며, 첫 부분과 마찬가지로 희망의 말씀으로 끝난다). 이 안에는 여러 신탁이 있는데, 어떤 이들에 따르면 이들은 선포된 연대기적 순서를 따르는 것으로 보인다. 구조에 관한 많은 의견들 가운데 하나를 선택하면, 여섯 개의 서로 구분되는 담화들을 지적할 수 있다. 4,1-5,7(백성의 죄에 대해 첫째로 책임이 있는 사제와 지도자들에 대한 고발), 5,8-6,6(진실한 회개를 호소), 6,7-8,14(권고와 구원의 선포), 9,1-13,11(이집트 탈출, 광야, 성조사[聖祖史]의 일화와 같은 전통적 주제들에 대한 재고), 13,12-14,9(회개로 초대), 14,10(지혜문학적 후기). 주요한 두 부분은(1-3장과 4-14장), 형식적으로나 주제상으로는 서로 구별되지만, 전반적으로 서로 다른 두 저자에 의한 것으로 보지는 않는다. 그 안에 제자 또는 후대 편집자의 손에 의한 신탁이나 다른 첨가문들이 들어 있을 가능성은 매우 크다.

호세아서 전체의 주제인 하느님과 그 백성 사이의 파란만장한 관계를 이해하기 위하여 적합한 해석학적 열쇠를 제시하는 것은 첫 부분이다. 그 관계는 계약 관계로, 처음으로 혼인을 열쇠로 해석된다. 이 강렬한 표상은 중요한 인용과 편집을 거쳐(예레미야서와 에제키엘서 참조) 신약 성경에서는 그리스도와 교회 사이의 결합을 표현하기 위하여 폭넓게 사용된다. 호세아에게 고메르와 혼인하고 "창녀의 자식들"(1,2)을 낳고 상징적 이름을 붙이며(이스라엘에 내리는 하느님의 징벌에 대한 예언. 1-2장 참조) "간음"한 여인을 다시 부부의 지붕 아래로 데려오라는(3장) 하느님의 지시는 많은 의문들을 제기한다. 이렇게 요약할 수 있다. 이것은 문학적 허구인가 역사적 실제인가? 이 고통스러운 부부 관계의 다양한 단계들은 서로 어떤 관계에 있는가? 우리는 문학적 분석의 범위 안에 머물면서 이를 "예언적 비유"로 이해할 수 있다. 이는 예언자들이 흔히 상징적 행동으로 외치며 하느님 말씀을 눈앞에 보여 주었음을 의미한다. 그러나 여러 요소들에 비추어 오늘날 많은 학자들은 이 본문을 실제로 일어난 사실에 대한 기록된 증언(따라서 분명 새로운 적용이 있었을 것이다) 또는 적어도 역사적 기초가 있는 설화로 본다. 이것은 실패한 경험을 그 후에 종교적 관점에서 재해석한 것이라기보다, 인간적 상식으로 추론될 수 없는 예언자 사명의 규칙에 대한 순종으로 실행되고 받아들여진, 역설이 담긴 유일무이한 실존적 모험일 것이다.

우리는 이를 "신적인 것에 대한 인간의 공감"이라고 부를 수 있을 것이다. 이 공감이 호세아서에서 사용된 언어 자체를 구성하는데, 이것은 그 문학적 특수성으로도 하느님과 그 예언자 사이의 친밀한 관계를 표현한다. 가장 웅변적인 담론의 형태는 주님께서 직접 1인칭으로 백성을 향해 말씀하시는 것이지만, 이는 언제나 하느님의 행위나 말씀에 대해 말하는 3인칭으로 된 본문들로 중단된다. 서로 다른 화자 또는 상이한 문학 단위들을 구분하는 정확한 경계를 찾는 것이 때로는 쉽지 않다.

거의 모든 성서학자들은 호세아의 많은 고발과 징벌의 신탁들에서(보통 "심판의 신탁"이라 불린다) 법률적 배경을 강조하며 '립'이라는 문학 양식을 지적하지만, 성서 예언의 그러한 표현 방법에서 "법정 논쟁" 또는 "쌍방의 논박"의 가장 정확한 절차를 밝혀내는 경우는 적다. 이러한 문학 양식은 고유한 의미의 법률적 절차의 구조와 많은 공통 요소를 지니고 있지만(어휘, 처벌과의 관계 등), 법정에서 열리는 재판과는 분명히 구별된다. 당신 백성에 대한 하느님의 맹렬한 고발은 두 편 사이에서 선고를 내리는 재판관이기도 한 고소인의 고발이 아니라, 불충실(우상 숭배)로 상처 입은 관계를 회복시키고자 온갖 방법으로 애쓰는 계약 상대방(배신당한 신랑)이다. 두 절차의 목적, 그리고 이들 각각을 은유로 옮겼을 때의 목적은 근본적으로 다르다. 재판관은 어쩔 수 없이 선고를 내려야 한다(단죄 또는 석방). 하지만 배타적이고 영구적인 유대로 상대방과 결합된 연인은 화해를 위하여 온갖 방법을 사용하려 한다. 처벌을 경고하는 엄한 말들과 문학적으로 충돌하는 바로 이러한 애정과 친교의 측면이, 호세아서와 다른 많은 예언서들에서 외관상 서로 매우 다른 종류의 신탁들이(징벌의 신탁과 구원의 신탁을) 나란히 있는 이유를 설명해 준다.

첫째 부분에 들어 있는 두 개의 설화적 본문들에서 시작하여(1,2-9과 3,1-5 참조), 호세아의 특징적 문체는 운문적인 신탁이다(어떤 이들은 이를 "산문시" 또는 "고양된 산문"이라고 정의한다). 그 특징은 의고체와 희귀한 단어의 사용, 일반적인 단어들을 비유적 의미로 사용하거나 이전의 (법률적·역사적·지혜문학적) 전승들에서 나온 문구들을 다시 사용하면서도 저자의 두드러진 창의성을 드러내는 독창적 표현들 등이다. 아마도 구약 성경에서 어떤 책도 이스라엘과 그 하느님에 대해 말하기 위하여 이렇게 다양하고 효과적인 은유와 표상들을 사용한 경우가 없을 것이다(그 하느님은 때로는 질투하는 남편으로, 때로는 사랑 많은 아버지로, 때로는 사자, 곰, 농부 등의 형상으로 묘사된다).

호세아서 본문을 번역하는 것은 결코 쉬운 일이 아니다. 드문 단어들과 히브리 성경 전체에서 단 한 번 사용되는 많은 단어들이(hapax legomena) 퍼져 있어서 해석이 불확실하기 때문에도 그렇고, 여러 부분에서 본문이 손상되었다고 여겨지기 때문에도 그렇다. 이러한 본문의 어려움들은(이는 그리스어 번역본인 소위 칠십인역에서도 나타난다) 필사자의 불가피한 실수 때문이거나 책 자체가 아시리아에 의해 사마리아가 멸망한 후 유다 왕국으로 옮겨졌기 때문이라기보다, 우리가 북왕국 이스라엘 출신의 유일한 문서 예언자인 호세아가 사용한 독특한 방언을 잘 알지 못하기 때문일 것이다.

주요 신학 노선

이 자리에서는 몇 가지 핵심적인 좌표만을 언급할 수 있을 뿐이지만, 예언 말씀이 내어난 역사적 맥락을 깊이 이해할수록 그 말씀이 우리의 "오늘"에 도전하며 그 안에 뿌리를 내리고 있음이 드러날 것이다. 예언은 구조적으로 역사와 관련되어 있기 때문이다. 이것은 호세아서의 경우에 특히 그러하다. 호세아서는 그 자체로 해석하기 쉽지 않은 책이지만, 이러한 사전 설명이 없으면 더 불분명한 책이 된다. 호세아의 직무 활동은 예로보암 2세 재위(기원전 783-743년경) 말년에 시작되며, 북왕국 이스라엘에서 대략 748년부터 724년 사이에 전개된다. 기원전 8세기 후반은 국제 관계의 균형이 불안하게 바뀌고 이스라엘 내부에서도 사회·정치적 동요가 일어난 시기이다. 신아시리아 제국이 저항할 수 없이 부상하던 순간으로, 이 제국은 티그랏 필에세르 3세(기원전 745-727년. 2열왕 15,29; 16,7.10 등 참조) 때 체계적으로 확장을 추구하여 주변 나라들을 해치고 그들을 점진적으로 봉신과 연합국이 되게 하고 저항할 경우에는 속주로 만들어 버렸다.

예로보암 2세가 세상을 떠난 다음 북왕국 이스라엘은 내부에서 왕권 계승을 둘러싼 유혈 분쟁이 일어났다. 또한 이 시기에는 괄목할 만한 경제적 성장이 있었으나 상류 계층만이(부유한 토지 소유주들) 그 혜택을 누렸으며, 대다수는 오히려 더욱 가난해지고 불의와 착취까지 당했다. 이것만으로도 호세아에게는 용납할 수 없는 것이다. 그것은 주님과의 계약 관계와 관련된, 종교적 차원과 무관하지 않은 영역이기 때문이다(호세 4,1-7.18; 6,9; 10,4 참조. 사회 불의라는 주제는 아모스와 같은 다른 예언자들에게서 더 많이 전개된다). 하지만 여기에 우상 숭배와 혼합주의의 확산(아무 문제의식 없이 주님을 바알, 바알림, 아마도 아세라와 아스타롯 등 풍요 다산의 예식 및 성적 상징과 연관된 가나안 전통적 신들과 함께 섬김. 2,9-10; 4,17-18; 8,1-7; 14,9 참조), 형식적 예배들이 더해진다(6,6; 8,13; 9,4 참조). 이는 호세아의 경고와 고발의 주된 대상이다.

소위 시리아-에프라임 전쟁의 파괴적 결과로(이스라엘과 아람의 연합군이 유다 왕국에 침입한 것으로, 이에 유다는 아시리아의 원조를 받는다) 영토의 온전성과 정치적 독립성이 심각히 손상되고 어려운 국제적 상황의 소용돌이에 휘말린 이스라엘은 기원전 721년 역사에서 사라지고, 반면 유다 왕국은 기원전 587년까지 남아 있게 된다. 종말을 경고했던 호세아의 말은 실현된다. 그래서 그 말들은, 종말론적 회복의 약속들 역시 실현되리라는 희망 속에 재해석되고 전수된다.

그러나 호세아서에서 역사와 예언은 명확한 역사 신학을 규정하는 수평적 차원과 수직적 차원의 이 깊은 교차를 훨씬 더 넘어선다(이 역사 신학은 이스라엘의 "창립 설화"들과 수많은 연결 고리로 이어진다). 호세아서의 전반적인 신학을 이해하려면 첫 세 장에 간략하고 핵심적이면서 간결한 필치로 묘사한, 그의 삶에서 체험한 극적 사건들을 들여다보아야 한다. 모든 것이 분명하지는 않다. 하지만 이 예언이 (먼저) 체험되고 이해되고 (그다음에) 삶으로 선포되기를 요구하는 예언이라는 것은 명백하다. 호세아의 혼인 체험은 주님과 그분 백성 사이의 어려운 관계의 은유가 된다(고메르는 이스라엘의 지도층과 제도를 나타내고, 자녀들은 일반 백성을 나타내는 것으로 보인다). 이는 임박한 마지막 재앙을 앞둔 간절한 호소의 모습을 띤 극단적 메시지이다.

호세아에게 우상 숭배는 멸망을 가져오는 문제이고(4,12-19; 8,4-7; 10,1; 13,1-

3 참조) 다른 모든 무질서의 원천이다. 폭력과 불의(4,1-2 참조), 거짓(10,4; 12,1-2.8 참조), 형식적 예배(4,4-8; 6,1-7 참조), 하느님의 계획과 무관한 정치적 결정이(5,13; 8,1-4.8-10 참조) 모두 거기서 나온다. 그의 언어에 담긴 강한 진노와 분노는 주님께 드리는 예배를 아무렇지도 않게 가나안 신들이나 혼합주의적 예배 관습들과 섞어 놓고 겹쳐 놓는 백성의 무관심이 깊어지는 만큼 강해진다. 백성은 다른 종교 전통들에서와 달리 한 남편과 한 아내 사이의 혼인 관계의 전형적 배타성을 특징으로 하는 주님과의 관계를 변질시킨다. 성적 예식 관습 때문만이 아니라 혹은 그것 때문이라기보다(4,12-19 참조) 바로 이러한 배타성 때문에 호세아에게서(그리고 이후의 예언자들에게서) 우상 숭배는 창녀 짓과 동의어가 된다(1,2; 2,4.6-7; 5,4 참조). 이와 관련하여 오늘날에는 바알 숭배와 "신전 매춘" 관습과의 관계는 물론, 고대 근동 종교들에서 신전 매춘이 역사적 실제로 존재했는지 여부가 논란이 되고 있다는 점을 지적해 두는 것도 필요하다.

창녀 짓은 분명 문화적으로 남성적 시각에서 조건화된 은유이다. 하지만 맥락 안에서 본다면 그 은유는 더욱 효과적이 된다. 창녀인 신부와 불충한 아내가 가져다주는 고통과 수치, 분노와 복수심, 돌아오라는 호소, 간음한 아내의 속량과 절제의 요구, 그러면서도 평온한 관계를 되찾으리라는 보장이 없다는 것(한때 그런 관계가 있었는지조차 알 수 없지만. 2,17 참조), 이 모든 인간적 과정이 하느님께서 말씀하시는 바가 된다. 이 인간적 과정에서 호세아의 예언 사명의 의미가 그 자신에게 계시되는 정도에 따라 하느님께서 말씀하시는 바도 드러나는데, 이 계시의 중심점은 불충한 아내 고메르와의 관계에서 호세아 자신이 해야 할 일이 그녀를 회개시키는 것이 아니라 단순히 사랑하는 것임을 발견하는 것에 있다. 주님께서 당신 백성에게 과거에 하셨고 지금도 하시듯이 말이다. 이것은 하느님의 얼굴에 대해 영원히 타당한 무언가를 말해 준다. 그분의 얼굴은 절대적인 은혜이고 유혹하는 사랑이며(2,16 참조), 자신을 내어 주는 남편으로서(2,18-25 참조) 그리고 아버지인 동시에 어머니의 모습으로 당신 자신을 알게 하시고(11장 참조), 호소하고 열정적으로 고발하고 경고하시며(2,4-15; 9,7-9; 13,7-8; 14,1 참조), 동정심으로 가만히 계시지 않고(11,8 참조) 화해를 갈구하신다(14,2-9 참조). 그분의 용서는 자유로운 받아들임을 요구하면서, 아직 종말을 넘어 명백하게 약속되지는 않더라도(예레미야에서처럼. 그러나 호세 2,16-25; 11,10-11 참조) 분명 마땅히 받아야 할 것 이상으로 은혜로이 주어진다(11,7-9; 로마 5,8; 1요한 4,10 참조).

본문의 작성과 전수

호세아서의 머리글은 호세아 자신이 실제적인 저자라고 말하지 않는다. 하지만 이 머리글은 여러 세기 동안 이 책의 독서와 재해석, 체계적 편집과 전수의 동기가 되었다. 호세 1,1에 따르면 예언자는 북왕국 이스라엘에서 예로보암 2세 때 설교를 시작했다. 아마도 수도 사마리아와 베텔의 성소, 그리고 다른 지역 성소들에서 설교했을 것이다. 호세아가 활동하던 시대의 다윗 왕조 임금들 네 명을 (미리) 언급하는 것에 비하여 예로보암 2세의 후계자들이 생략되는 것은, 언제나 이론의 여지는 있지만 작은 본문 보충 설명들이 삽입되어 있다는 점과 더불어(예를 들어 1,7; 2,2; 3,5 참조), 본문의 최종 편집이 기원전 721년 북왕국 이스라엘 붕괴 후 유다 왕국에서 이루어졌음을 보여 주는 것으로 이해된다. 호세아는 북왕국의 붕괴를 언급하지 않으며, 이는 그가 수도 사마리아의 멸망 직전에 사라졌음을 생각하게 한다.

성경의 여러 책들의 작성 역사에 관한 문헌 비판의 견해들은 일치되고 고정된 동의에 이르는 경우가 드물다. 호세아서도 예외는 아니다. 겨우 몇 절만 역사적인 예언자에게 속한 것으로 보고 이 책이 유배 후 시대의 (요시야 시대에 수집된 이전의 모음에 기초한) 신명기계 편집의 산물이라고 보는 이에서부터, 전체적으로 호세아와 그의 구두 설교에 약간의 편집적 개입만이 첨가되었다고 보는 이까지, 현재의 문학적 형태에 대하여 제자들 또는 편집자들의 비중은 서로 달리 본다. 한편에서는 일관되지 않은 부분이나 유배 중 또는 유배 후의 신학 조류의 영향을 받은 표현들을 증거 또는 표지로 지적하고, 다른 한편에서는 서로 무관한 본문들을 모아 놓은 것이라고는 볼 수 없으며 하나의 일관된 전체로서 그 안에 최소한의 본문 형성과 편집의 역사의 흔적이 나타난다고 주장하기도 한다.

일부 학자들은 성경의 예언자들이 복합적이고 조직화된 메시지 혹은 의도적으로 역설적인 메시지를 전할 수 없었다고 믿으면서, 구원 신탁들은 호세아의 것으로 볼 수 없다고 여긴다. 이들에게서 호세아는 다른 유배 전 예언자들과 마찬가지로, 무엇보다도 (배타적으로는 아니라 하더라도) "심판"의 예언자로 간주된다. 그러나 근래의 비판적 입장에서는 두 종류의 신탁을 담은 상이한 본문들 사이에 존재하는 깊은 상호 연관을 지적하며, 그 문학적 기획과 그것을 선행하고 인도하며 감도했던 구두 설교의 본래적인 단일성을 강조한다.

호세아서의 히브리어 본문에 관하여 지적했던 어려움들은 고대 번역본들을 대조함으로써도 알아볼 수 있는데, 이들은 현대어로 제시된 번역문들 간의 차이에서도 나타난다. 현대어 번역본들은 부분적으로는 기원전 3-2세기의 훌륭한 번역인 칠십인역의 그리스어 본문의 도움으로 난점들을 극복하는데, 때로 칠십인역은 우리에게 전해진 히브리어 본문과 다른 특징들을 지닌 원문에 기초한 것으로 보인다. 마소라 학자들이 히브리어 본문에 붙인 모음점들이 문맥상 가장 이해할 만한 의미를 제시한다는 점은 언급해 두어야 할 것이다.

여러 차례 신약 성경에 인용된 호세아서의 정경성에 대해서는 반대 의견이 전혀 없었으며, 호세아서는 적어도 기원전 2세기부터는 분명 집회 49,10에서 그 존재를 증언하는 열두 소예언서에 속했음이 확실하다.

살바토레 마우리치오 세사Salvatore Maurizio Sessa

호세아서

머리글

1 [1]유다 임금 우찌야, 요탐, 아하즈, 히즈키야 시대
에, 그리고 이스라엘 임금 여호아스의 아들 예로보
암 시대에 브에리의 아들 호세아에게 내린 주님의 말씀.

호세아가 하느님의 명령으로 혼인하다

2 호세아를 통하여 주님께서 하신 말씀의 시작.
주님께서 호세아에게 말씀하셨다.
"너는 가서 창녀와
창녀의 자식들을 맞아들여라.
이 나라가 주님에게 등을 돌리고
마구 창녀 짓을 하기 때문이다."
3 호세아는 가서 디블라임의 딸 고메르를 아내로 맞아들
였다. 그 여자가 임신하여 그에게 아들을 낳아 주자, 4 주
님께서 호세아에게 말씀하셨다.
"그의 이름을 이즈르엘이라고 하여라.
머지않아
나는 이즈르엘의 피에 대한 책임을 물어
예후 집안을 벌하고
이스라엘 집안의 왕조를 없애 버리리라.
5 또 그날에
이스라엘의 활을
이즈르엘평야에서 꺾어 버리리라."

1,1. 유다 왕조의 임금들이 먼저 언급된다(기원전 781-687년). 예언자의 활동 시기는 실제로 이렇게 오랜 기간을 포함하지 않으며, 이스라엘 임금 예로보암 2세 통치(기원전 783-743년경) 마지막 시기에만 해당한다. 이 머리글은 대예언서들의 도입과 병행된다(이사 1,1 참조).

1,2-9. 고메르가 결혼 이전에 이미 가나안 성소에서 매춘을 했는지, 결혼 후 이러한 성향을 보였는지는 확정하기 어렵다. "창녀의 자식들"은(자구적으로는 "창녀 짓의 아들들") 그들의 기원을 나타낸다기보다 그들이 어머니의 나쁜 행실을 본받음을 뜻한다. 첫째 아들의 이름 "이즈르엘"은 "하느님께서 흩으시리라"를 뜻하지만, 2,25에서는 "하느님께서 씨를 심으시리라"를 의미한다. 막내 아들의 이름 "나의 백성이 아니다"(1,9)는 계약이 깨짐을 뜻하고 특히 하느님께서 "있는 나"(탈출 3,13-15 참조)라는 이름을 거두심을 선언한다. 예후에 관하여 2 열왕 9,14-10,14 참조.

1,1 이사 1,1; 미카 1,1; 루카 3,1-2.

1,2-3,5. 해석자들은 호세아가 고메르와 결혼한 것을 문학적 허구로 이해해야 하는지 역사적 사실로 보아야 하는지를 논의한다. 두 번째 견해가 예언의 본성과 일관되기에 더 지지할 만하다. 호세아는 자신의 극적인 삶 안에서 주님과 이스라엘의 관계가 반영되어 있음을 보게 된다. 그 관계는 하느님의 큰 사랑에 기초한다. 이스라엘은 그 사랑을 깨닫지 못하고 배반하지만, 마지막에는 하느님의 주도권에 정복된다.

1,2-8. 주님께서는 이상적이지 않은 한 가정의 역사를 당신 계시의 장소이며 도구가 되게 하신다. 결혼에서 자녀가 부부의 희망을 나타내듯이, 이 경고의 내용은 주님과 이스라엘 사이의 계약에 미래가 없으며 그 결말은 백성의 죄와 주님의 망각이라는 것이다.

6 고메르가 다시 임신하여 딸을 낳자, 주님께서 호세아에
게 말씀하셨다.
"그의 이름을 로 루하마라고 하여라.
나는 더 이상
이스라엘 집안을 가엾이 여기지도 않고
용서하지도 않으리라.
7 그러나 유다 집안은 가엾이 여기고
주 그들의 하느님으로서 그들을 구해 주리라.
그렇다고 활이나 칼이나 전쟁
군마나 기병들로 그들을 구해 주지는 않으리라."
8 고메르가 로 루하마에게 젖을 뗀 다음에 다시 임신하여
아들을 낳았다. 9 그러자 주님께서 말씀하셨다.
"그의 이름을 로 암미라고 하여라.
너희는 내 백성이 아니며
나는 너희를 위하여 있지 않다."

이스라엘 사람들에게 행복한 날이 온다

2 1 이스라엘 자손들의 수가 바다의 모래처럼 불어나
헤아릴 수도 셀 수도 없으리라.
그들에게 "너희는 내 백성이 아니다." 하던 그곳에서
"너희는 살아 계신 하느님의 자녀들이다." 하리라.
2 유다 자손들과 이스라엘 자손들이 함께 모여
우두머리 하나를 내세우고
이 땅에서 크게 일어나리라.
이즈르엘의 날이 큰 날이 되리라.
3 너희 형제들에게 "암미!"라 하고
너희 자매들에게 "루하마!"라 하여라.

1,7. 유다 왕국은 아시리아가 침입하여 이스라엘 왕국을 멸망시킨 기원전 733-721년의 재앙 속에서도 살아남을 것이며, 2열왕 19,32-36에서 전하는 바와 같이 기원전 701년 예루살렘에 대한 산헤립의 침공 때에도 주님의 섭리로 구원될 것이다. 예레 7,4의 주 참조.

2,1. 이 말은 성조들에게 하신 하느님의 약속(창세 22,17; 32,13)에 근거하며 이 약속은 하느님의 심판으로 중단된 것처럼 보였지만 여기서 다시 선포된다. 그리고 '백성이 아니다'라는 저주가 '하느님의 자녀들'이라는 축복으로 바뀌는 것으로 구원이 표현되고 있다.

1,6 2,25; 이사 27,11; 1베드 2,10. 1,7 14,4; 시편 20,8; 잠언 21,31; 이사 7,14; 30,16; 31,1; 49,6; 미카 5,9; 즈카 4,6; 9,9-10; 마태 1,21. 1,9 1베드 2,10; 예레 15,1. 2,1 로마 9,26; 창세 13,16; 22,17; 32,13; 이사 48,19; 요한 1,12; 갈라 4,6.

2,1-3. 주님과 백성 사이 계약 관계의 상징인 호세아와 고메르의 관계가 끝나고 만다는 생각은 유지될 수 없어서, 최종 편집자는 여기에 뒤에서 말할 내용을 예고한다(25절 참조).

배신한 이스라엘을 고발하여라

4 고발하여라. 너희 어미를 고발하여라.
너희 어미는 내 아내가 아니고
나는 그의 남편이 아니다.
그 얼굴에서 불륜을,
그 젖가슴 사이에서 간음을 치워 버리라고 하여라.
5 그러지 않으면 태어나던 날처럼
그 여자를 발가벗겨 밖에 내세우리라.
그 여자를 광야처럼 만들고
메마른 땅처럼 되게 하여
목이 타 죽게 하리라.
6 나는 그 자식들도 가엾이 여기지 않으리니
창녀의 자식들이기 때문이다.
7 그들의 어미가 불륜을 저지르고
그들을 배었던 그 여자가 부끄러운 짓을 저질렀다.
"양식과 물
양털과 아마
기름과 술을 주는
내 애인들을 쫓아가야지." 하고 말한 것이다.
8 그러므로 내가 이제
가시나무로 그 여자의 길을 막고
담을 둘러쳐
길을 찾지 못하게 하리라.
9 그 여자가 애인들을 쫓아가도
그들을 따라잡지 못하고
그들을 찾아다녀도 찾아내지 못하리라.
그제야 그 여자는 말하리라.
"이제 가야지.
첫 남편에게 되돌아가야지.
그때가 지금보다 더 좋았는데 ……."

2,4 이사 50,1; 58,1; 예레 2,2.9; 3,1-10; 에제 16,20; 마태 23,37. 2,5 이사 47,3; 예레 13,22.26; 17,6; 에제 16,37; 아모 8,11; 묵시 17,16. 2,7 3,1; 8,9; 9,10; 예레 2,20.25; 14,10; 18,12; 묵시 2,20; 17,1. 2,8 애가 3,7. 2,9 5,13; 6,1-3; 이사 30,2-3; 31,1; 예레 2,28; 3,22; 50,4-5; 루카 15,17-19.

2,4-25. 어떤 이들은 이 본문 안에 서로 이질적인 부분들이 있다고 지적하지만(4-15절과 16-25절), 실제로는 단일한 법정 논쟁에('립' 또는 쌍방의 논쟁) 두 단계가 포함되는 것이다. 고발, 위협, 징벌의 단계에(4-15절) 약속과 화해의 초대 단계가 이어진다(16-25절). 혼인의 은유를 통하여 간음과 매춘으로 묘사된 죄의 비천함이 나타나지만, 처음부터("젊을 때" 17절) 당신 백성과 결합되신 하느님의 줄기찬 사랑도 나타난다. "논쟁"의 역동은 이 계약 관계에 기초하며, 그 유일한 목적은 이 관계를 진정으로 회복시키는 것이다(예레 2,9의 주; 미카 6,1-8 주해 참조).

10 그 여자는
내가 곡식과 햇포도주와 햇기름을 주고
바알을 위하여 그들이 쓴 금과 은을
불려 주었음을 알지 못한다.
11 그러므로 나는 때가 되면 내 곡식을 되찾고
절기가 되면 내 햇포도주를 되찾으리라.
그리고 알몸을 가리라고 준
내 양털과 아마 옷을 벗겨 내리라.
12 이제 나는 그 여자의 애인들이 보는 앞에서
그 여자의 치부를 드러내리니
내 손에서 그를 빼낼 자 아무도 없으리라.
13 그 여자의 모든 기쁨
축제와 초하룻날과 안식일
그 여자의 모든 축일을 없애 버리리라.
14 '내 애인들이 준 해웃값'이라고
그 여자가 말하던 그 포도나무와 무화과나무를
내가 망쳐 놓으리라.
그것들을 수풀로 만들어
들짐승들이 먹어 버리게 하리라.
15 나는 바알들의 축제일 때문에 그 여자를 벌하리라.
그 여자는 바알들에게 분향하고
귀걸이와 목걸이로 단장한 채
애인들을 쫓아갔다.
그러면서 나를 잊어버렸다.
주님의 말씀이다.

하느님께서 다시 일치를 이루어 주시리라

16 그러나 이제 나는 그 여자를 달래어
광야로 데리고 가서
다정히 말하리라.
17 거기에서 나는 그 여자에게 포도밭을 돌려주고

2,15. 호세아 아내의 매춘은 백성의 우상 숭배를 상징한다. 백성은 주님의 선물을 알아보지 않고 가나안 주민들이 숭배하던 풍요와 다산 신들에게서 행복을 기대한다. 예언자의 고발은 이혼 선고로 시작하며, 이어서 구체적인 고발과 징벌의 경고가 뒤따른다.

2,16-17. 호세아에게 광야는 주님과 이스라엘의 관계에서 이상적인 시간과 장소가 된다. 아내를 광야로 다시 데려가는 것은 마치 다시 신혼여행에 데려가는 것과 같다. 호세아의 목소리 위에 신랑이신 하느님, 주님의 목소리가 겹쳐진다. 아내에게 잃어버린 사랑을 되찾게 하는 이 구애는 깊은 진리를 나타낸다. 하느님의 사랑이 언제나 인간 마음의 회개를 앞서간다는 것이다.

2,17. 아코르 골짜기는 "불행의 골짜기"를 뜻한다. 예리코 근처의 침울한 장소로, 여호 7,24-26에서 이야기하는 신성 모독과 연관된다. 여기서는 그 이름이 "희망의 문"으로 바뀐다.

2,10 신명 7,13; 8,11-20; 시편 144,13; 이사 1,3; 예레 44,17; 로마 1,28. 2,12 예레 13,22.26; 에제 16,37; 23,29; 루카 12,2. 2,13 이사 1,13-14; 예레 7,34; 16,9; 에제 26,13; 묵시 18,22-23. 2,15 창세 35,4. 2,16-17 묵시 12,14ㄴ. 2,16 판관 19,3; 아가 1,4; 이사 40,1-2; 51,3; 예레 2,2; 30,18; 요한 6,44; 12,32; 묵시 12,6ㄱ.

✠ 2,16-25. 이 본문은 나해 연중 제8주일(2,16.17ㄷㄹ.21-22)에 읽으며, 고해성사 예식의 독서(2,18-25)에 들어가 있다. 본문은 혼인 과정의 첫 단계에 해당하는 약혼에서부터 혼인 예물을 주는 것까지 묘사한다. 혼인 예물은 신부에게 하느님의 속성인 정의·공정·신의·자비·진실을 주는 것이며, 이어서 동사 "알다"가 참되고 고유한 의미의 혼인을 표시한다. 이 주일의 복음 단락이 강조하듯이(마르 2,18-22) 그리스도인의 삶은 혼인 관계의 삶과 같이 해석되어야 한다.

'아코르 골짜기'를 희망의 문으로 만들어 주리라.
거기에서 그 여자는 젊을 때처럼,
이집트 땅에서 올라올 때처럼 응답하리라.

18 주님의 말씀이다.
그날에는
네가 더 이상 나를 "내 바알!"이라 부르지 않고
"내 남편!"이라 부르리라.
19 나는 그 여자의 입에서 바알들의 이름을 치워 버리리니
그 이름이 다시는 불리지 않으리라.

20 그날에
나는 그들을 위하여
들짐승과 하늘의 새와
땅바닥을 기어 다니는 것들과 계약을 맺고
활과 칼과 전쟁을
이 땅에서 없애 버려
그들이 편안히 자리에 누울 수 있게 하리라.

21 나는 너를 영원히 아내로 삼으리라.
정의와 공정으로써
신의와 자비로써
너를 아내로 삼으리라.
22 또 진실로써 너를 아내로 삼으리니
그러면 네가 주님을 알게 되리라.
23 그날에 내가 응답하리라.
주님의 말씀이다.
나는 하늘에 응답하고
하늘은 땅에 응답하리라.
24 땅은 곡식과
햇포도주와 햇기름에 응답하고
그것들은 이즈르엘에 응답하리라.
25 나는 그를 이 땅에 심고

2,18. "내 바알" "내 남편" 히브리어 본문은 '발리'에서 '이시'("내 남편")로 바뀌는 것을 말한다. '발리'는 자구적으로 "나의 주인/주님"을 뜻하며, 가나안 신 바알의 이름을 암시한다.

2,20. 고대 근동의 계약 조항에는 계약에 충실하지 않은 사람에 대한 저주들이 들어 있었고, 그중에는 맹수들의 공격과 전쟁의 침해도 포함되었다.

2,24. "이즈르엘"은 보통 남자 이름이며(1,4 참조) 북부의 중요한 곡창 지대로, 여기서는 여성 명사로 이해한다(25절의 히브리어 동사에서 이를 알아볼 수 있다). 이스라엘 온 땅이 다시 풍요로워질 것을 의미한다.

2,18 이사 54,5; 에제 16,8; 요한 3,29; 2코린 11,2; 묵시 19,7. 2,21 시편 45,11-18; 85,11; 예레 31,31; 에페 5,25-27; 묵시 21,2.9-10. 2,22 예레 9,23; 24,7; 31,34; 마태 11,27. 2,25 로마 9,25; 1베드 2,10.

2,18-25. 세 개의 구원 신탁이 혼인 관계의 회복을 선포한다. 호세아와 고메르의 사랑의 관계가 다시 꽃피는 데에서, 이스라엘의 신랑이신 주님의 사랑이 계약의 관계에 불어넣는 근본적인 새로움을 알아볼 수 있다. 이러한 새로움은 "아내로 삼으리라"(21절)라는 표현으로 암시되는데, 히브리어에서 이 문장은 젊은이가 처녀와 결혼하는 첫 번째 결혼에서만 사용된다. 이스라엘은 자신의 죄에서 완전히 치유되고, 신의와 주님을 알게 되는 것, 곧 하느님과의 배타적 친밀함이라는 선을 체험한다.

로 루하마를 가엾이 여기리라.
또 내가 로 암미에게 "너는 내 백성이다." 하고
그는 "저의 하느님!" 하고 말하리라.

호세아가 집 나간 아내를 찾아오다

3 1 주님께서 나에게 말씀하셨다. "너는 다시 가서, 다
른 남자를 사랑하여 간음을 저지르는 여자를 사
랑해 주어라. 주님이 이스라엘 자손들을 사랑하는 것처럼
해 주어라. 그들은 다른 신들에게 돌아서서 건포도 과자
를 좋아하고 있다."
2 그래서 나는 은 열다섯 세켈, 그리고 보리 한 호메르와
한 레텍으로 그 여자를 사들였다. 3 나는 그 여자에게 말
하였다. "당신은 오랫동안 내 곁에서 지내야 하오. 창녀 짓
을 해서도 안 되고 다른 남자와 관계를 맺어서도 안 되오.
나도 당신에게 그렇게 하겠소."
4 이스라엘 자손들도 이처럼 오랫동안 임금도 대신도 없
이, 희생 제물도 기념 기둥도 없이, 에풋도 집안 수호신도
없이 살 것이다. 5 그런 다음에야 이스라엘 자손들이 돌아
와 주 저희 하느님과 저희 임금 다윗을 찾을 것이다. 그 마
지막 날에 이스라엘 자손들은 두려워하며, 주님과 그분께
서 베푸시는 좋은 것을 향해 돌아올 것이다.

주님께서 이스라엘을 단죄하시다

4 1 이스라엘 자손들아
주님의 말씀을 들어라.
주님께서 이 땅의 주민들을
고소하신다.
정녕 이 땅에는 진실도 없고 신의도 없으며
하느님을 아는 예지도 없다.
2 저주와 속임수와 살인
도둑질과 간음이
난무하고
유혈 참극이 그치지 않는다.
3 그러므로 이 땅은 통곡하고
온 주민은 생기를 잃어 간다.
들짐승과 하늘의 새들

3,1-5. 고메르는 종이 되었다가 속량된다. 속량하려면 남편이 상당히 많은 액수를 지불해야 한다. 보리 "한 호메르와 한 레텍"은 거의 700kg의 곡식이다. 에풋과 수호신은 하느님의 뜻을 알아보기 위한 도구들로(판관 17,5; 18,14-20 참조), 그것들이 없다는 것은 정상적인 종교 제도가 무너짐을 뜻한다.

3,1. "남자(남편)"에 관하여 예레 3,20의 주 참조.

3,4. 이스라엘은 정화의 시간을 가지며, 이 기간에 주님의 선물들에 대한 체험 없이도 주님께 대한 사랑을 되찾는다. 이로써 신앙과 사랑은 순수하고 진실해질 것이다.

4,1-3. 이 구절은 예언자가 말할 다음 장들의 요약이다. 열거된 죄악에서 십계명과의 연결점을 알아볼 수 있다(탈출 20,2-17; 신명 5,6-21 참조).

4,1. "주님께서 고소하신다." 재판이 아니라 법정 논쟁('립')이다. 예레 2,9의 주 참조.

4,2. "난무하고" 이 동사는 그 자체로는 "뚫고 나가다, 터져 나오다"를 뜻하지만, 10절에서 "불어나다"로 번역한 것처럼 전이된 의미로 옮긴다.

3,1 1,2-3; 신명 7,6-7; 예레 3,1-5.20; 7,18; 마태 26,50. 4,2 예레 5,1-2; 7,4-10. 4,3 예레 4,26; 9,9; 12,4; 요엘 1,10-20.

4,1-13,11. 호세아서의 두 번째 부분은 권고들과 이스라엘 역사에 관한 숙고들을 제시한다. 그 의도는 백성과 책임자들을 진정한 회개로 이끌려는 것이다.

4,4-11ㄱ. 이 불의한 상황의 첫 번째 책임자는 혼합주의적인 예배를 대수롭지 않게 여기고 주님의 율법 가르치기에 소홀한 사제들이다. 벌은 이에 대한 갚음이다. 그들은 백성을 멸망하게 했으므로 후손을 갖지 못할 것이다.

4,8. 예배 제도가 사제의 생계 유지를 규정하고는 있지만(레위 7,28-38 참조), 여기서 예배는 하느님을 참으로 섬기는 것이 되지 못하고 이득을 위한 일이 되어 버렸다. 아마도 속죄 제물에 관련한 특정 악습을 암시할 것이다(레위 4장 참조). 히브리어에서는 단순히 "죄"를 뜻하는 단어가 속죄 제물을 지칭하는 데 사용된다(레위 4,1-5,26 주해 참조).

4,11ㄴ-14. 점술과 우상 숭배의 관습을 언급한다. "신전 창녀"로 번역한 히브리어 단어 '크데숏'은 그 의미가 분명하지 않으며, 고대 근동 종교들에서 신전 매춘 현상이 실제로 존재했는지도 근래에는 여러 학자들이 의문을 제기한다. "나무"는 아마도 아세라 여신을 나타내는 "거룩한 기둥" 또는 가지의 흔들림으로 앞날의 징조를 알아보던 특정 나무들을 암시한다. "가지"는 우림과 툼밈과 유사하게 점을 치는 데 사용한 도구를 가리킨다(탈출 28,30 참조).

바다의 물고기들마저 죽어 간다.

사제들의 죄

4 그러나 아무도 고소하지 말고
아무도 고발하지 마라.
사제야, 바로 내가 너를 고소한다.
5 낮에는 네가 비틀거리고
밤에는 예언자가
너와 함께 비틀거리리라.
내가 너의 어미를 망하게 하리라.
6 나의 백성은
예지가 없어 망하리라.
네가 예지를 배척하니
나도 너를 배척하여 사제직을 수행하지 못하게 하리라.
네가 네 하느님의 가르침을 잊었으니
나도 너의 자녀들을 잊으리라.
7 그들이 많아질수록 이렇듯 나에게 죄를 지었으니
나도 그들의 영광을 수치로 바꾸어 버리리라.
8 그들은 내 백성의 속죄 제물을 먹고 살며
내 백성이 죄짓기만 간절히 바란다.
9 백성도 사제도 똑같이 되리라.
나는 그들이 걸어온 길에 따라 벌하고
그들의 행실에 따라 갚으리라.
10 그들은 먹어도 배부르지 않고
불륜을 저질러도 자손이 불어나지 않으리라.
그들이 주님을 저버리고
11 불륜에 빠졌기 때문이다.

백성의 죄

그들은 포도주와 햇포도주에 마음을 빼앗겨 버렸다.
12 내 백성이
저마다 제 나무에게 묻고
그 가지가 대답을 하니
창녀기가 그들을 그릇 이끌어
자기 하느님을 버리고 불륜을 저지르게 하였다.

4,8 레위 6,19; 7,7; 이사 56,11; 예레 7,10; 미카 3,11; 티토 1,11. 4,9 이사 24,2; 마태 15,14.

4,4-11ㄱ. 주님 알기를 거부하고 하느님을 찾지 않는 사회는 모든 차원의 거짓과 불의에 떨어지게 된다. 피조물도 이러한 황폐함을 함께 겪는다. 하느님을 아는 것은 헤아릴 수 없는 선이다. 사제들의 첫 번째 임무는 예배보다도 먼저 공동체가 하느님을 알고 정의를 실천하도록 가르치는 것이다.

13 그들은 산꼭대기에서 희생 제물을 바치고
언덕 위에서 분향하며
그늘이 좋다고
참나무와 은백양과 향엽나무 아래에서도 분향한다.
너희 딸들은 불륜을 저지르고
너희 며느리들은 간음을 한다.
14 너희 딸들이 불륜을 저지른다고
너희 며느리들이 간음을 한다고
내가 그들을 벌하지는 않으리라.
남자들이 창녀들과 함께 빗나가고
신전 창녀들과 함께 희생 제물을 바치기 때문이다.
철없는 백성은 망하고 만다.
15 이스라엘아, 너희는 불륜을 저지른다 하여도
유다만은 잘못을 저지르지 말게 하여라.
너희는 길갈로 가지도 말고
벳 아웬으로 올라가지도 마라.
"주님께서 살아 계시는 한 ……." 하며 맹세하지도 마라.
16 고집 센 암소처럼
정녕 이스라엘은 고집이 세다.
그러니 주님이 어찌
그들을 어린양처럼 넓은 곳에 놓아기를 수 있겠느냐?
17 에프라임은 우상들과 한패가 되었으니
그대로 버려두어라.
18 술잔치가 끝나고 나면
그들은 언제나 불륜을 저지르면서
자기들의 자랑스러운 분보다 수치를 더 좋아한다.
19 바람이 날개를 펴서 그들을 에워싸면
그들은 자기들의 희생 제물 때문에 부끄러워하리라.

4,15-19. 길갈은 여호수아 시대로 거슬러 올라가는 성소로서(여호 5,2-9 참조) 순례의 중심지이고, 예언자 엘리야와 엘리사에게 중요한 곳이다. 벳 아웬은 경멸적으로 "죄악의 집"을 뜻하며, 혼합주의 예배로 고발된 이스라엘 왕국의 종교 중심지 베텔("하느님의 집")을 가리킨다. 10,1-8의 주 참조.

4,19. "바람"은 주님의 영을 암시한다. 그 영의 활동은 주님께 기초를 두지 않은 것들의 덧없음을 드러내는 데 있다.

지도자들이 백성을 멸망으로 이끌다

5 1 사제들아, 이 말을 들어라.
이스라엘 집안아, 주의를 기울여라.
임금의 집안아, 귀를 기울여라.
너희는 공정을 세워야 할 사람들.

4,14 14,10; 이사 1,5; 1코린 6,16; 히브 12,8. 4,17 14,9. 4,18 이사 1,21-22; 예레 2,21.

5,1-7. 사제들 외에 이스라엘의 정치 지도자들도 종교적·도덕적 타락에 책임이 있다. 예언자는 미츠파와 같이 정확한 위치를 알기 어려운 곳에 있는 예배 장소들, 타보르와 시팀 같은 산당들, 우상 숭배의 일화와 연결된 요르단 동편의 바알 프오르(민수 25장; 신명 4,3 참조) 등을 한데 묶는다. 호세아의 이스라엘을 향한 이 고발에 유다 출신의 편집자는 자신의 동족 유다를 포함한다(5절).

그러나 너희는 미츠파에 친 덫
타보르에 펼친 그물
2 시팀에 깊이 판 함정이 되어 버렸다.
그래서 내가 그들을 모두 징벌하리라.
3 나는 에프라임을 안다.
이스라엘은 내 앞에 다 드러나 있다.
에프라임아, 정녕 너는 지금 불륜을 저지르고
이스라엘은 더럽혀졌다.
4 그들은 그 행실 때문에
저희 하느님에게 돌아가지 못한다.
그들 안에 창녀기가 있어
주님을 알지 못하기 때문이다.
5 이스라엘의 교만이 저희 자신을 거슬러 증언하니
이스라엘과 에프라임은 저희 죄 때문에 비틀거리고
유다도 그들과 함께 비틀거리리라.
6 그들이 양 떼와 소 떼를 거느리고
주님을 찾아가도
찾아내지 못하리니
주님이 그들을 떠났기 때문이다.
7 그들이 주님을 배신하여
사생아들을 낳았으니
이제 초하룻날이
그들을 재산과 함께 삼켜 버리리라.

동족상잔의 죄와 벌

8 너희는 기브아에서 뿔 나팔을 불고
라마에서 나팔을 불며
벳 아웬에서 경보를 울려라.
벤야민아, 뒤를 보아라.
9 징벌의 날에
에프라임은 폐허가 되리라.
나는 이스라엘의 지파들에게

5,6. 주님께서는 정의와 진실로 당신을 찾지 않고 의심스러운 종교 행위로 그분을 조종하려 하는 이들에게 당신 자신을 드러내지 않으신다.

5,7. "초하룻날"은 히브리어 본문에 충실한 번역이다('호데스'). 초하룻날이 어떻게 에프라임을 삼킬 수 있는지 즉시 분명하게 드러나지 않으므로, 그리스어 번역본에서는 이 행위의 주체를 "벌레"로 보려 했다. 한편 (새) 대중 라틴말 성경은 그 주체가 하느님이라고 본다("초하룻날"은 시간을 나타내는 부사어로 표현함). 몇몇 현대어 번역본들은 히브리어 단어 '호데스'를 '마스힛'으로 수정하는 제안을 받아들여 "정복자, 파괴자"로 번역한다.

5,8-15. 하느님은 당신 이름으로 전쟁을 일으키는 것을 참지 않으신다. 유다와 이스라엘은 동맹에 의지하기보다 그들의 하느님께 의탁하기를 배워야 할 것이다. 주님께서는 백성이 진심으로 당신을 찾기 시작하기를 바라시며 당신 자신을 감추시겠다고 경고하신다. 그러나 이러한 하느님의 희망은 좌절되는 것으로 보인다.

5,3 4,18; 6,4; 아모 3,2; 히브 4,13; 묵시 3,15ㄱ. 5,4 1,2; 4,1; 예레 9,5.23; 요한 3,19; 8,55; 1요한 2,3-4. 5,6 탈출 10,9; 잠언 1,28; 아가 5,6; 이사 1,11; 애가 3,44; 에제 8,18; 아모 5,4.21.

5,8-15. 유다에 맞선 시리아-에프라임(또는 다마스쿠스와 사마리아) 전쟁을 가리키는지(2열왕 16,5 참조), 남북 왕국 사이의 다른 국경 분쟁을 가리키는지 분명하지 않다. 이스라엘과 유다의 정치적 동맹들은 실패한 것으로 선언된다. 벤야민의 기브아는 호세아서에서 여러 차례 언급하는데, 레위인의 아내에 대한 범죄 때문이다(판관 19장 참조). 여기서는 라마와 함께 국경 지역으로 언급되고, 그래서 그곳에 원수가 다가온다는 경고가 주어진다.

확정된 일을 알려 준다.
10 유다의 대신들은
경계를 무너뜨리는 자들이 되어 버렸으니
내가 그들 위로
나의 분노를 물처럼 쏟아부으리라.
11 에프라임은 억압당하고 공정은 꺾였다.
그는 헛것을 뒤좇으려고만 하였다.
12 그러므로 내가 에프라임에게는 좀벌레처럼 되고
유다 집안에는 뼈 고름처럼 되리라.

13 에프라임이 자기 병을 보고
유다가 자기 상처를 보았다.
그리하여 에프라임이 아시리아로 가고
대왕에게 사절을 보냈지만
그는 너희 병을 고치지도 못하고
너희 상처를 낫게 하지도 못한다.
14 나는 에프라임에게 사자처럼,
유다 집안에게 힘센 사자처럼 되리라.
바로 내가 잡아 찢어 가고 물어 가면
아무도 빼내지 못하리라.

주님께서 당신 백성을 떠나시다

15 그들이 죄를 깨닫고 내 얼굴을 찾을 때까지
나는 내 자리로 돌아가 있으리라.
그제야 그들은 환난 속에서 나를 찾으리라.

이스라엘의 불성실한 회개

6 1 자, 주님께 돌아가자.
그분께서 우리를 잡아 찢으셨지만 아픈 데를 고쳐 주시고
우리를 치셨지만 싸매 주시리라.

5,11. "에프라임은 억압당하고 공정은 꺾였다."를 "에프라임은 공정에 의해 쫓겨났다"라고 옮기기도 한다. 이렇게 옮길 경우 하느님의 행위를 재판의 은유를 통해 이해하는 것으로 보인다(예레 2,9; 3,12-13의 주 참조). 그러나 하느님께서는 죄인을 단죄하려는 재판관처럼 고발하시고 처벌하시는 것이 아니라 화해를 추구하는 배신당한 연인처럼 행하시므로(15절 참조) 적절한 번역으로 보이지 않는다.

6,1-6. 감동적인 죄의 고백으로, 진심으로 변화하고자 하는 의지와 하느님의 자비에 대한 진정한 신뢰에서 나온 것으로 보일 수 있으나 사실은 그렇지 않다. 이스라엘은 이러한 참회의 기도도 공허하게 만든다(예레 7,16의 주 참조). 하지만 하느님의 자비는 이러한 이중적 태도 앞에서도 멈추지 않는다. 그분께서는 예언자들에게 맡겨진 당신 말씀의 능력을 통하여 백성의 영적 질병과 헛된 회개를 치유하겠다고 약속하신다.

5,10 신명 19,14; 27,17; 시편 32,6.

6,1-7. 하느님의 징벌 기간은 짧을 것이다. "사흘"이라는 기간은 구원하시는 주님의 신비로운 개입을 암시한다. 테르툴리아노에서부터 이 단락은 그리스도의 부활에 적용된다. 1코린 15,4에 전해지는 가장 오래된 신경 양식에 들어 있는 "성경 말씀대로 사흗날에 되살아나시어"도 아마 이 구절을 암시한다(또한 루카 24,7 참조).

2 이틀 뒤에 우리를 살려 주시고
사흘째 되는 날에 우리를 일으키시어
우리가 그분 앞에서 살게 되리라.
3 그러니 주님을 알자.
주님을 알도록 힘쓰자.
그분의 오심은 새벽처럼 어김없다.
그분께서는 우리에게 비처럼,
땅을 적시는 봄비처럼 오시리라.

4 에프라임아, 내가 너희를 어찌하면 좋겠느냐?
유다야, 내가 너희를 어찌하면 좋겠느냐?
너희의 신의는 아침 구름 같고
이내 사라지고 마는 이슬 같다.

5 그래서 나는 예언자들을 통하여 그들을 찍어 넘어뜨리고
내 입에서 나가는 말로 그들을 죽여
나의 심판이 빛처럼 솟아오르게 하였다.
6 정녕 내가 바라는 것은 희생 제물이 아니라 신의다.
번제물이 아니라 하느님을 아는 예지다.

배신과 배반

7 그들은 아담에서 계약을 어기고
거기에서 나를 배신하였다.
8 길앗은 악을 저지르는 자들의 성읍
그곳에는 핏자국뿐이다.
9 강도떼가 숨어서 사람을 기다리듯
사제들이 무리를 지어
스켐으로 가는 길목에서 살인을 하니
정녕 부끄러운 짓을 저질렀구나.
10 나는 이스라엘 집안에서 끔찍한 일을 보았다.
거기에서 에프라임이 불륜을 저지르고
이스라엘이 몸을 더럽혔다.

6,5. 원문에서는 “너의 심판”이지만 칠십인역을 따라 “나의 심판”으로 번역한다. “너에 대한 심판”이라고 번역하는 경우도 있다. 법률적인 유형의 언어는(스바 3,5 참조) 대인 관계에서도(쌍방) 자주 사용된다. 이 경우, 표현상의 중첩에도 언제나 단죄가 아니라 화해를 추구하는 쌍방적인(하느님과 그분 백성의) 구조 안에 머문다.

6,6. 예배와 삶, 종교심과 정의, 신앙과 도덕의 긴밀한 연관에 관한 예언자의 핵심적 선포를 나타내는 유명한 구절이다.

6,7-7,2. 아마도 7절은 창세 3장의 죄를 가리킨다. 그 밖의 다른 암시들은 이해하기 어려우며, 사제들이 연관되었던 어두운 역사의 사건들을 나타내는 것으로 보인다. 이어서 베텔의 혼합주의를 고발한다.

6,2 13,14; 이사 26,19; 에제 37,1-14; 마태 16,21; 루카 9,22; 24,46; 요한 5,21; 사도 10,40; 1코린 15,4. 6,3 10,12; 신명 11,14; 이사 32,15; 예레 24,7; 야고 5,7-8. 6,4 11,8; 13,3; 시편 78,34-37; 106,12-13; 예레 3,10; 마태 13,21; 2베드 2,20-22. 6,5 12,11; 이사 58,1; 예레 1,9; 5,14; 23,29; 에제 3,9; 묵시 1,16ㄴ. 6,6 1사무 15,22; 시편 50,8; 이사 1,10-20; 58,6; 예레 6,20; 아모 4,4-5; 5,21; 미카 6,6-8; 마태 9,13; 12,7; 23,23; 마르 12,33. 6,9 5,1; 7,1; 에제 22,27; 스바 3,3; 마르 14,1.

✠ 6,3-6. 이 단락은 가해 연중 제10주일에 마태 9,9-13의 복음 단락과 함께 읽는다. 예수님께서는 세관에 앉아 있는 마태오를 보고 부르시며 그의 집에 가신다. 이 모든 것은 호세아의 말들의 의미를 잊어버린 바리사이들에게 걸림돌이 된다.

11 유다야, 너에게도 수확 때가 정해졌다.

7 1 내가 내 백성의 운명을 되돌려 주려고 할 때마다
이스라엘의 병을 고쳐 주려고 할 때마다
에프라임의 죄와
사마리아의 악행만 드러난다.
그들이 거짓을 일삼기 때문이다.
안에는 도둑이 들고
바깥에는 강도떼가 들끓는다.
2 내가 그들의 악을 모두 기억하고 있음을
그들은 마음에 두지 않지만
이제 그들을 둘러싼 행실들이
내 앞에 펼쳐져 있다.

배신과 정변

3 그들은 악행으로 임금을,
거짓말로 대신들을 기쁘게 한다.
4 그들은 모두 간음하는 자들
반죽을 하여 부풀 때까지
빵 굽는 이가 불을 키우지 않아도
저절로 타오르는 화덕과 같다.
5 우리 임금의 날에
대신들은 포도주 열기로 병이 들고
임금은 빈정꾼들에게 손을 내민다.
6 그렇지만 그들은 화덕처럼
마음을 음모로 가득 채우고 다가선다.
그들의 격정은 밤새 잠잠하다가
아침에 불꽃처럼 타오른다.
7 그들은 모두 화덕처럼 뜨거워져서
저희 통치자들을 집어삼킨다.
이렇게 임금마다 죽어 가건만
아무도 나에게 부르짖지 않는다.

이스라엘이 외세에 의지하다가 벌을 받다

8 다른 민족들과 뒤섞인 에프라임
그 에프라임은 뒤집지 않고 구운 부꾸미다.

7,1 8,5; 예레 51,9; 마태 23,37. 7,2 이사 5,12; 44,19; 시편 25,7; 예레 14,10; 아모 8,7; 히브 4,13. 7,3 1열왕 22,6.13; 예레 5,31; 37,19; 로마 1,32; 1요한 4,5. 7,5 이사 5,11-12.22-23; 마태 14,6-7. 7,8 5,7.13; 에즈 9,1.12; 시편 106,35.

7,1. "이스라엘… 에프라임… 사마리아" 실제로는 같은 대상을(북왕국 이스라엘) 다른 시각에서 바라본 것이다. 수도 사마리아는 왕궁을 연상시키고(3-7절 참조), 에프라임은 하느님과 관계를 맺고 있는 백성을 나타내며(8-12절 참조), 이스라엘이라는 이름은 두 가지를 모두 포함한다.

7,3-7. 이 단락은 예로보암 2세 사후에 이스라엘에서 있었던 일련의 어두운 음모의 쿠데타들을 암시한다. 여섯 임금 가운데 네 명이 암살되었는데, 흔히 연회 중에 살해된다.

7,6. 음모와 살인은 마음속에 감춘다. 그 마음은 분노와 거짓으로 타오르는 화덕과 같다. 예수님께서는 당신 말씀을 듣는 이들에게 마음 상태를 잘 지키라고 권고하신다(마르 7,18-23 참조). 성경에서 "마음"의 의미에 관하여 탈출 4,21 주해; 9,14; 예레 23,17의 주 참조.

7,8-12. 이스라엘은 군사 동맹으로 다른 나라의 도움을 받고 오락가락하는 정책들에 의지하려는 기대를 하고 있다. 그러다가 뒤집지 않은 부꾸미처럼 타 버린다.

9 제힘을 낯선 자들이 먹어 치우는데도
에프라임은 깨닫지 못한다.
백발이 번져 가는데도
깨닫지 못한다.
10 이스라엘의 교만이 저희 자신을 거슬러 증언하지만
그들은 주 저희 하느님에게 돌아가지 않는다.
이 모든 일을 겪고도 그를 찾지 않는다.
11 에프라임은 비둘기처럼
어리석고 지각이 없다.
그들은 이집트에 부르짖고
아시리아로 간다.
12 그러나 나는 그들이 갈 때
그 위로 그물을 던져
하늘의 새를 잡듯 그들을 잡아채리라.
그들의 죄악을 내가 들은 대로 징벌하리라.
13 그들은 불행하여라, 나에게서 도망쳤으니.
그들은 망하리라, 나에게 거역하였으니.
내가 구해 주고 싶어도
그들은 나를 거슬러 거짓말만 한다.
14 그들은 진실한 마음으로 나에게 부르짖지 않고
오히려 침상에 드러누워 울부짖는다.
곡식과 햇포도주를 달라고 제 몸에 상처를 내고 있으니
이 또한 나를 거스르는 것이다.
15 그들의 팔을 힘 있게 길러 준 이가 바로 나인데
그들은 나를 거슬러 악을 꾀한다.
16 그들은 헛것을 향해 돌아서고
뒤틀린 활처럼 되어 버렸다.
그들의 대신들은 함부로 혀를 놀렸으니
칼에 맞아 쓰러지리라.
이집트 땅에서
이것이 조롱거리가 되리라.

우상을 섬기다가는 망한다

8 1 네 입에 뿔 나팔을 대어라.
원수가 독수리처럼 주님의 집에 들이닥친다.

7,10 5,5; 7,7. 7,11 5,13; 이사 30,1-3; 예레 2,18; 13,1-11.

8,1-7. 하느님은 생명 없는 사물로, 인간의 뜻에 따라 조작되는 대상으로 축소될 수 없다. 계약 안에서 사는 것은 인간이 하느님을 조건 없이 순종할 유일한 임금으로 인정하는 것이다. 하느님의 징벌은 백성이 신뢰의 기반으로 삼은 종교심이 헛되고 어리석었음을 드러낸다. "그들이 바람을 심었으니 회오리바람을 거두리라."(7절).

7,10. 동맹을 맺는 정책 외에 이스라엘의 진정한 잘못이 드러난다. 그들은 하느님과의 계약에서 아무것도 배우지 못했고, 회개하고 그분께 돌아가기를 거부했다.

7,13-16. 고발에 이어 경고와 돌이킬 수 없는 재앙에 대한 애도가 뒤따른다. 본문은 주님께서 이스라엘을 꾸짖으시는 표현 "나를 거슬러"를 강조한다. 불의, 우상 숭배, 외국 세력과의 동맹 정책, 이 모두는 계약에 대한 배반이며 백성이 그들의 하느님과 가져야 할 친밀한 관계를 해치는 것이다.

7,14. "제 몸에 상처를 내고 있으니" 아마도 우상 숭배의 관습(1열왕 18,26-29 참조) 또는 예식적 행동을(예레 16,6; 41,5 참조) 암시한다. 이는 주님께 회개하기 위해서가 아니라 오직 물질적 재산을 얻기 위해서 행하는 것이다. 다른 번역으로, 앞에서 초조함을 묘사하고 있다는 점("침상에 드러누워 울부짖는다.")을 고려하여 "안달하니"로 옮길 수도 있다(곡식과 포도주를 잃었기 때문이다. 호세 2,10 참조).

8,1-7. 두 가지 죄악이 계약 위반으로 지적된다(1.5절). 그것은 주님을 임금으로 모시기를 거부한 것과 금송아지를 경배한 것이다. 호세아는 다른 민족들처럼 임금을 세우려는 갈망을 비난하는데, 이러한 갈망은 왕정 초기에 이미 나타났다(1사무 8장 참조). 금송아지가 베텔과 단에 세워졌고(1열왕 12,28-29 참조), 이로써 바알 숭배에 쉽게 물들었다. 독수리의 표상은 밖에서 갑자기 닥쳐오는 위험을 나타낸다(하바 1,8 참조).

이스라엘이 나의 계약을 어기고
나의 가르침을 거역하였기 때문이다.
2 "저희 하느님, 저희 이스라엘은 당신을 압니다." 하고
나에게 부르짖으면서도
3 이스라엘은 좋은 것을 뿌리쳤으니
원수가 그를 뒤쫓으리라.
4 그들이 임금들을 세웠지만 나와는 상관없고
대신들을 뽑았지만 나는 모르는 일이다.
그들은 은과 금으로
신상들을 만들었지만
그것은 망하려고 한 짓일 뿐이다.
5 사마리아야, 네 송아지를 내던져 버려라.
내 분노가 그들을 향해 타오른다.
그들이 언제면 죄를 벗을 수 있을까?
6 송아지 신상은 이스라엘에서 나온 것
대장장이가 만든 것일 뿐
결코 하느님이 아니다.
성녕 사마리아의 송아지는
산산조각이 나리라.
7 그들이 바람을 심었으니
회오리바람을 거두리라.
줄기에 이삭이 패지 못하니
알곡이 생길 리 없다.
알곡이 생긴다 하여도
낯선 자들이 그것을 집어삼켜 버리리라.
8 이스라엘은 먹히고 말았다.
이제 그들은 민족들 사이에서
쓸모없는 그릇처럼 되어 버렸다.
9 그들은 외로운 들나귀처럼
아시리아로 올라가고
에프라임은 돈을 주고 사랑을 샀다.
10 그들이 돈을 주고 민족들에게 사랑을 샀어도
이제 내가 그들을 끌어모으리니
그들은 임금과 대신들이 지우는 짐에 눌려
머지않아 몸부림치리라.
11 에프라임이 제단들을 많이도 만들었지만

8,2 6,1-3; 7,13-14; 예레 7,4; 티토 1,16; 1요한 2,4. 8,4 1사무 8; 1열왕 12,16-20; 마태 25,12; 갈라 4,9. 8,5-6 10,5; 2열왕 17,16.21; 이사 45,20. 8,7 10,2; 신명 28,33; 욥 4,8; 잠언 22,8; 코헬 5,15; 갈라 6,7. 8,8 예레 50,17; 애가 2,16; 2티모 2,20-21.

8,8-10. 이스라엘은 연인들을 얻었다. 이교 세력들과 관계를 맺었다는 뜻이다. 이는 주님께 대한 신뢰가 없음을 드러내는 것이고 계약에 충실하지 않은 것이다.

8,10. "짐에 눌려 머지않아 몸부림치리라." 이 절의 마지막 부분은 이해하기 어렵고, 번역에 여러 가지 의견들이 제시되었다. 그리스어 번역본은 "머지않아 임금과 대신들에 기름 붓기를 멈추리라"라고 제시한다. 우리말 성경은 히브리어 동사의 '시작하다'를 다른 단어로 고쳐 "몸부림치리라"로 번역한다. 다른 번역도 가능하다.

8,11-14. 호세아는 혼합주의로 흐려진 무수한 성소들이 있음을 비난한다. 하느님의 징벌은 이스라

엘과 유다 모두에 해당되며, 이에 대해 탄원하기 위하여 많은 제사를 바친다 해도 아무 소용이 없다. 많은 예식을 거행하는 것은 역설적으로 참된 종교심이 없음을 드러낸다. 주님의 명령에 순종하지 않는다면 더욱 그러하다(12절).

그것은 죄를 짓는 일이요
그 제단들은 죄짓는 제단일 뿐이다.
12 내가 그들에게 나의 가르침을 많이 써 주었지만
그들은 그것을 낯선 것으로만 여겼다.
13 그들은 희생 제물을 좋아하여 그것을 바치고
그 고기를 먹지만
주님은 그들을 받아들이지 않는다.
이제 주님은 그들의 잘못을 기억하고
그들의 죄를 벌하리니
그들은 이집트로 돌아가야 하리라.
14 이스라엘은 자기를 지은 이를 잊어버리고
궁궐들을 지었다.
유다는 요새 성읍들을 많이도 만들었지만
나는 그 성읍들에 불을 보내어
그 성채들을 삼켜 버리게 하리라.

이스라엘에게 경고하다

9,1-6. 풍요와 다산을 보장하기 위한 예식들은 주님께 대한 배신이다. 그러므로 그 징벌로 백성은 고국에서 추방될 것이며 땅은 더 이상 열매를 맺지 않을 것이다. 이스라엘은 초상집 음식을 먹게 될 것인데, 이는 우상들로 모독된 땅에 머물러 더럽혀진 부정한 음식을 뜻한다.

9,1. 하느님께서는 인간들의 축제를 반대하지 않으시지만, 그 축제가 참된 삶과 그분과의 진정한 관계를 표현하기를 바라신다.

9 [1] 이스라엘아, 기뻐하지 마라.
다른 민족들처럼 기뻐 뛰지 마라.
너희는 너희 하느님을 떠나 불륜을 저지르고
모든 곡식 타작마당에서
해웃값 받기를 좋아하였다.
2 그러나 타작마당과 포도 확은 그들을 먹이지 못하고
햇포도주는 그들을 속이고 말리라.
3 주님의 땅에서
그들은 살 수 없으리라.
에프라임은 이집트로 돌아가고
아시리아에서 부정한 음식을 먹으리라.
4 그들은 주님께 포도주를 부어 드릴 수 없고
그들의 희생 제물도 그분께 달갑지 않으리라.
그것은 초상집 음식과 같아
그것을 먹는 자마다 부정하게 되리라.
그들의 음식은 저희 목구멍을 위한 것일 뿐
주님의 집에는 들여갈 수 없다.
5 그러니 축일과 주님의 축제일에
너희는 어떻게 하려느냐?
6 보라, 그들이 파멸을 피해 간다 하여도

9,5. 수사 의문문으로, 예로보암에 의하여 기원전 930년경에 세워진 종교 축제들이 폐지됨을 예고한다(1열왕 12,32 참조). 기쁨은 비탄으로 바뀔 것이다.

8,12 4,6; 신명 4,6; 느헤 9,13-14; 시편 147,20. 8,13 9,4; 이사 1,11; 예레 7,21-23; 14,10.

이집트가 그들을 모아들이고
멤피스가 그들을 묻으리라.
은으로 된 그들의 보화는
쐐기풀이 차지하고
엉겅퀴가 그들의 천막에 들어앉으리라.

7 징벌의 날이 왔다.
보복의 날이 왔다.
이스라엘이 소리친다.
"저 예언자는 어리석다.
영을 받은 저 사람은 미쳤다."
네 죄악이 커서
적대심도 그렇게 큰 것이다.
8 예언자는 나의 하느님을 위한 에프라임의 파수꾼.
그러나 그가 가는 길마다 새잡이 그물이 쳐 있고
적대심이 그 예언자의 하느님 집에까지 자리 잡고 있다.
9 기브아의 그때처럼
그들은 깊이 타락하였다.
그분께서는 그들의 죄악을 기억하시고
그들의 죄를 벌하시리라.

9,7-9. 공동체는 예언자와 갈등을 빚는다. 그의 말이 거북하기 때문이다. 아마도(번역이 확실하지는 않지만) 그가 미쳤다고 뒤집어씌워 그를 제거하고 침묵시키려 한다(8절).

바알 프오르에서 지은 죄와 그 벌

10 내가 처음 만났을 때
이스라엘은 광야의 포도송이 같았다.
내가 처음 보았을 때
너희 조상들은 첫 절기의 무화과나무 맏물 같았다.
그러나 바알 프오르에 이르자
그들은 우상에 몸을 바쳐
저희가 사랑하던 것처럼 혐오스럽게 되어 버렸다.
11 에프라임의 영광은 새처럼 날아가 버려
더 이상 출산도 임신도 수태도 없으리라.
12 그들이 자식들을 기른다 하여도
나는 한 사람도 남김없이 앗아 가 버리리라.
내가 그들에게서 떠날 때

9,10-14. 이스라엘 역사의 사건들에 대한 묵상으로, 바알 프오르의 죄에서 시작한다. 민수 25장에 따르면 이스라엘인들은 바알 프오르에서 방탕한 우상 숭배 예식을 했다. 호세아는 언짢은 사건들을 기억하기를 좋아하는 것이 아니다. 자신의 공동체를 비하하려는 것이 아니라 회개를 촉구하고 있다. 그의 긴박한 경고는 바로 회개를 위한 것이며, 회개가 신앙인의 모든 역사 해석을 이끌어야 한다.

9,7 이사 10,3; 아모 8,2; 루카 21,22. 9,8 이사 21,11-12; 58,1; 예레 6,17; 20,1-6; 25,4; 아모 7,10-17; 에제 3,17. 9,10 민수 25,1-3. 9,11 창세 1,28; 12,2; 41,52; 48,16; 신명 28,18. 9,12 신명 32,25; 예레 15,7; 16,3-4; 애가 2,20; 루카 23,29.

9,7-9. "예언자… 영을 받은 사람… 파수꾼"이라는 세 가지 호칭이 예언의 신학적 본성을 말해 준다. 마지막 단어는 백성을 지키는 예언자의 임무를 상기시킨다. 그는 역사 안에서 주의 깊게 징벌의 표지와 하느님 구원의 표지들을 깨닫는다.

9,13. "심긴 티로와 같았습니다." 히브리어 본문이 매우 복잡하여 여러 해석이 가능하다. 칠십인역의 번역을 기초로(새 대중 라틴말 성경도 이를 따른다) "자녀들을 전리품으로 삼았다"로 옮길 수도 있다.

9,15-17. 길갈은 왕정의 시작과 연관된 도시이다(1사무 11,14; 13,15 참조). 호세아는 왕정을 부정적으로 보기 때문에 왕정의 시작은 불순종으로 평가된다.

10,1-8. 제단과 기념 기둥, 그리고 베텔의 국가 성소의 예배 대상인 금송아지를 통한 우상 숭배 예식에 대한 고발이 다시 이어진다. 베텔은 도전적으로 "벳 아웬", 곧 "죄악의 집"이라고 일컬어진다(4,15-19의 주 참조). 하느님의 징벌은 우상에게도 적용된다. 우상은 원수에게 넘어가 그의 재산을 늘릴 것이다.

그들은 진정 불행하게 되리라.

13 제가 보기에 에프라임은
풀밭에 심긴 티로와 같았습니다.
그러나 이제 에프라임은
제 자식들을 도살자에게 끌고 가야 합니다.
14 주님, 그들에게 주십시오.
무엇을 주시렵니까?
아이 배지 못하는 태를,
말라붙은 젖가슴을 주십시오.

길갈에서 지은 죄와 그 벌

15 그들의 모든 악이 길갈에서 드러나
그곳에서 내가 그들을 미워하게 되었다.
그들의 악한 행실 때문에
나는 그들을 내 집에서 쫓아내리라.
나는 더 이상 그들을 사랑하지 않으리라.
그들의 대신들은 모두 반항이나 하는 것들.
16 에프라임은 찍히고
뿌리가 말라
열매를 맺지 못하리라.
그들이 자식들을 낳는다 하여도
나는 그들의 태에서 나온 그 소중한 것들을 죽이리라.

17 그들이 그분의 말씀을 듣지 않았으니
나의 하느님께서 그들을 배척하시리라.
그리하여 그들은 민족들 사이에서 떠돌이가 되리라.

이스라엘이 우상 숭배로 벌을 받다

10 1 이스라엘은 가지가 무성한 포도나무
열매를 잘 맺는다.
그러나 열매가 많을수록
제단들도 많이 만들고
땅이 좋아질수록
기념 기둥들도 좋게 만들었다.

9,16 9,11-13; 에제 24,21; 마태 21,19. 10,1 2,7.10.14; 레위 26,1; 신명 4,22-28; 32,15; 이사 5,1-7.

10,1-8. 우상 숭배는 거짓, 불의, 그리고 헛된 안전을 찾는 생활 방식이 생겨나게 한다. 반면 하느님을 아는 예지는(4,1 참조) 진정한 인간관계와 정의로운 사회의 기초이다.

2 그들의 마음이 거짓으로 가득하니
이제 죗값을 치러야 한다.
그분께서 그 제단들을 부수시고
그 기념 기둥들을 허물어 버리시리라.
3 이제 그들은 말하리라.
"우리가 주님을 경외하지 않아서
임금이 없지만
임금이 있다 한들 우리에게 무엇을 해 주리오?"
4 그들은 말만 하고
헛맹세로
계약을 맺는다.
그리하여 법이라는 것이
밭고랑의 독초처럼 솟아난다.
5 벳 아웬의 송아지 때문에
사마리아 주민들이 떤다.
정녕 그 송아지 때문에 그 백성이 통곡하고
그 우상을 숭배하던 사제들도 통곡하리라.
그들을 기뻐 뛰게 하였던 그 송아지의 영광이
그곳에서 사라졌기 때문이다.
6 그 송아지도 아시리아로 옮겨져
대왕에게 선물로 바쳐지리라.
에프라임은 부끄러운 일을 당하고
이스라엘은 자기의 계획 때문에 부끄럽게 되리라.
7 사마리아는 망하리라.
그 임금은 물 위에 뜬 나뭇가지 같으리라.
8 이스라엘의 죄악인
아웬의 산당들은 무너지고
가시덤불과 엉겅퀴가
그 제단들 위까지 올라가리라.
그때에 그들은 산들에게 "우리를 덮쳐 다오!",
언덕들에게 "우리 위로 무너져 다오!" 하고 말하리라.

기브아에서 지은 죄와 그 벌

9 이스라엘아

10,4. 왕권 남용은 정의를 뒤집고 헛된 말과 거짓말을 하는 데서, 주님 뜻에 따르지 않은 계약들에서 나타난다. 임금의 무책임함 때문에 온 백성이 부패하게 된다(4,12 참조).

10,9-15. 호세아는 여러 차례 기브아의 수치스러운 죄, 곧 레위인의 아내에 대한 폭행과 벤야민 지파에 대한 복수를 상기한다(판관 19-20장 참조). 이 일화는 악의와 범죄, 인간적 힘에 대한 헛된 신뢰의 역사의 기원과 같다. 살만과 벳 아르벨의 파괴 전쟁에 대해서는(14절) 다른 사료들에서는 알려지지 않으며, 회개가 없을 때는 징벌을 피할 수 없음을 나타내는 은유가 된다.

10,2 1열왕 18,21; 에제 23,24; 마태 6,24. 10,3 미카 4,9; 요한 19,15. 10,5 4,15; 8,5-6. 10,8 4,13; 2열왕 23,15; 이사 2,10; 32,13; 루카 23,30; 묵시 6,16.

10,9-15. 잘못들을 기억하는 것은 언제나 당혹스럽지만, 쇄신과 회개의 기회가 될 수 있다. 이스라엘을 멍에를 멘 길든 암소에 비유한 것은 백성이 율법에 복종하기를 받아들이면 정의의 열매를 맺을 수 있음을 알게 한다. 이것이 하느님의 무서운 징벌을 피할 유일한 대안이다.

너는 기브아 시절부터 죄를 지었다.
거기에서 줄곧 그러하였으니
전쟁이 기브아에서
죄짓는 자들에게 닥치지 않겠느냐?
10 나는 그들을 징벌하러 가리라.
그들이 두 가지 죄악 때문에
벌을 받을 때
민족들도 그들을 거슬러 모이리라.

회개를 촉구하시다

11 에프라임은 길이 잘 든 암소
타작하기를 좋아하였다.
나는 그 아름다운 목에
멍에를 씌웠다.
나는 에프라임에게 쟁기를 끌게 하리라.
유다는 밭을 갈고
야곱은 써레질하게 하리라.
12 너희는 정의를 뿌리고
신의를 거두어들여라.
묵혀 둔 너희 땅을 갈아엎어라.
지금이 주님을 찾을 때다,
그가 와서 너희 위에 정의를 비처럼 내릴 때까지.

돌이킬 수 없는 멸망

13 너희는 악을 갈아서
불의를 거두어들이고
거짓의 열매를 먹었다.
너희가 병거와
수많은 전사들을 믿었기 때문이다.
14 그러므로 너희 백성 가운데에서 전쟁의 함성이 일고
너희의 요새들이 모두 무너지리라.
전투의 날에
살만이 벳 아르벨을 무너뜨렸듯이
적군이 어미를 자식들 위로 내동댕이치리라.
15 베텔아
너희가 그렇게 되리라.
너희가 지은 그 큰 죄악 때문이다.

10,13. "병거와"로 번역한 히브리어 본문은 "너의 길을"이다. 그리스어 번역본을 참조하고 "전사들"과의 병행을 고려하여 "너의 병거들"로 옮겼다(새 대중 라틴말 성경도 동일). 이와 유사한 우가릿어 어근을 근거로 "너의 힘"으로도 번역하는데, 예레 3,13; 시편 138,5에 대해서도 같은 의견이 있다. 잠언 31,3의 주 참조.

10,11 11,4; 예레 2,20; 5,5. 10,12 아모 5,15; 루카 13,24; 2코린 9,10. 10,13 8,7; 욥 4,8; 잠언 22,8; 갈라 6,7-8. 10,14 14,1; 나훔 3,12; 루카 19,44.

새벽녘에
이스라엘 임금은 반드시 망하리라.

배신당한 하느님의 사랑

11 1 이스라엘이 아이였을 때에 나는 그를 사랑하여
나의 그 아들을 이집트에서 불러내었다.
2 그러나 내가 부를수록
그들은 나에게서 멀어져 갔다.
그들은 바알들에게 희생 제물을 바치고
우상들에게 향을 피워 올렸다.
3 내가 에프라임에게 걸음마를 가르쳐 주고
내 팔로 안아 주었지만
그들은 내가 자기들의 병을 고쳐 준 줄을 알지 못하였다.
4 나는 인정의 끈으로,
사랑의 줄로 그들을 끌어당겼으며
젖먹이처럼 들어 올려 볼을 비비고
몸을 굽혀 먹여 주었다.
5 그러나 그들은 이집트 땅으로 돌아가고
아시리아가 바로 그들의 임금이 되리니
그들이 나에게 돌아오기를 마다하였기 때문이다.
6 그들의 계략 탓으로
칼이 그 성읍들에 들이닥쳐
성문 빗장들을 부수고 삼켜 버리리라.
7 내 백성은 나를 배반하려고만 한다.
그들이 위를 향해 부르짖어도
누구 하나 일으켜 세워 주지 않으리라.

11,1-11. 동사들 가운데 "사랑하여"가 가장 먼저 나오며, 다른 모든 동사들은 여기에 종속된다. 징벌의 경고는 아드마와 츠보임의 파괴를 기억하는데(신명 29,22 참조), 이들은 아마도 다른 본문들의 소돔과 고모라와 같은 위치를 차지한다. 그러나 마지막 말은 유배에서 돌아오는 것이며, 이는 이집트 탈출과 비교된다(10-11절).

11,3-4. 아마도 이스라엘의 광야 여정을 암시한다.

11,5. "이집트 땅으로 돌아가고" 히브리어 원문을 따른다면 "돌아가지 않고"이다. 우리말 성경은 그리스어 번역본과 새 대중 라틴말 성경에 따라, 부정을 나타내는 히브리어 '로'를 필사자의 오류로 보고, 대신에 4절의 마지막 부분에 ("[그에게] 먹여 주었다") 연결된 3인칭 대명사 '로'로 읽은 것이다.

11,6. "그들의 계략" 그리스어 번역본과 새 대중 라틴말 성경도 이렇게 되어 있다. 히브리어 단어의 자음을 약간 변경하여 "너의 성채들을 무너뜨리리라"로 옮길 수도 있다.

11,1 2,17; 탈출 4,22; 신명 7,7; 예레 2,1-9; 에제 16,6; 마태 2,15; 로마 9,4. 11,2 판관 2,13; 이사 30,9; 예레 35,13; 즈카 1,4; 7,11; 사도 7,51. 11,4 레위 26,13; 신명 8,16; 시편 105,40; 요한 6,32-58.

11. 구원 역사에 대한 뛰어난 묵상이다. 구원 역사는 당신 백성을 위한 하느님의 업적이며, 부모의 사랑의 상징을 통해 묘사된다. 호세아서 첫 부분에 주로 나온 부부의 은유와 명백한 병행을 이룬다. 하느님은 아기에게 걸음마를 가르치고 아기가 넘어질 때 보살피며 지친 아기를 안고 가는 배려 깊은 아버지에 비유된다(그래서 어머니와 같은 면모도 보인다). 이스라엘은 이 모든 것을 깨닫지 못하고 아시리아 유배라는 하느님의 경고를 초래하기에 이른다. 그러나 이러한 모습은 하느님의 마음을 무너뜨리고, 하느님께서는 말하자면 먼저 회심하시어 당신 백성과 떨어지지 않으신다. 그래서 히브리 해석에서는 "하느님의 회심"이라고 즐겨 말하는데, 이는 인간의 모든 회심에 선행한다. 본문의 정점은 하느님의 거룩하심에 대한 진술이다(9절). 그 초월성은 역설적으로 반항하는 백성에 대한 충실하고 끈질긴 사랑으로 드러난다.

✠ 11,1.3-4.8ㅁ-9. 나해 예수 성심 대축일 제1독서로 이 단락을 읽는다. 하느님 사랑의 현현, 특히 8ㅁ절("내 마음이 미어지고")이 강조된다. 고해성사 예식의 독서도 이 단락을 포함하며(11,1-11), 죄에 대한 하느님의 태도가 결코 보복이 아님을 강조한다.

11,8. "미어지고" "흔들리고" 또는 "나를 거슬러 향하고"(9절에 언급된 "분노"를 거슬러)라고 옮길 수 있다. 당신 백성과 친교를 이루시려는 하느님의 근원적 갈망을 강렬하게 표현한다.

하느님의 극진한 사랑

8 에프라임아, 내가 어찌 너를 내버리겠느냐?
이스라엘아, 내가 어찌 너를 저버리겠느냐?
내가 어찌 너를 아드마처럼 내버리겠느냐?
내가 어찌 너를 츠보임처럼 만들겠느냐?
내 마음이 미어지고
연민이 북받쳐 오른다.
9 나는 타오르는 내 분노대로 행동하지 않고
에프라임을 다시는 멸망시키지 않으리라.
나는 사람이 아니라
하느님이다.
나는 네 가운데에 있는 '거룩한 이'
분노를 터뜨리며 너에게 다가가지 않으리라.

유배에서 돌아오리라

10 그들이 주님을 따라오리라.
주님이 사자처럼 포효하리니
그가 포효하면
그의 자녀들이 떨면서 서쪽에서 오리라.
11 그들은 떨면서 이집트에서 새처럼 오고
아시리아 땅에서 비둘기처럼 오리라.
그리고 나는 그들을 다시 제집에 살게 하리라.
주님의 말씀이다.

이스라엘의 배신

12,1-2. 바람을 먹는 것은 분별이 없는 행동이며, 동맹 정책을 기획하는 것도 그러하다. 모든 것을 말리는 "동풍"은 아시리아의 침입을 상징한다(13,15 참조). 기름을 가져다주는 것은 이집트에 보내는 조공을 나타내지만(2열왕 17,3-4 참조), 이집트에서는 아무 도움도 오지 않을 것이다.

12,1. "여전히 하느님과 함께 걸으며" 히브리어 본문은 동사 하나와('랏') 전치사 하나로('임') 되어 있으며, 여러 가지로 해석할 수 있다. 몇몇 현대 번역본들은 문맥에 따라 "유다는 하느님께 반항했다"로 옮긴다.

12

1 에프라임은 거짓말로 나를 에워싸고
이스라엘 집안은 속임수로 나를 에워쌌다.
그러나 유다는 여전히 하느님과 함께 걸으며
'거룩한 이'에게 성실하다.
2 에프라임은 바람을 먹고
온종일 동풍을 쫓아다니며
거짓과 폭력을 늘려 간다.
그들은 아시리아와 계약을 맺고
이집트로 기름을 날라 간다.

11,8 6,4; 이사 1,9; 54,8; 예레 9,6; 31,20; 마태 23,37; 루카 15,20; 19,41-42. 11,9 민수 23,19; 시편 78,38; 이사 55,8-9; 미카 7,18; 로마 11,29. 11,10 예레 25,30; 아모 1,2; 묵시 10,3.

야곱의 자손들아, 회개하여라

3 주님께서 유다를 재판하시어
야곱을 그 걸어온 길에 따라 벌하시고
그 행실에 따라 갚으시리라.
4 그는 모태에서 제 형을 속이고
어른이 되어서는 하느님과 겨루었다.
5 그는 천사와 겨루어 이기자
울면서 그에게 호의를 간청하였다.
그는 베텔에서 하느님을 만났고
하느님께서는 거기에서 그와 말씀하셨다.
6 주님은 만군의 하느님
그 이름 주님이시다!
7 그러니 너는 네 하느님께 돌아와
신의와 공정을 지키고
네 하느님께 늘 희망을 두어라.

탐욕스러운 이스라엘

8 속임수 저울을 손에 든 장사꾼
속이기를 좋아하는 자
9 에프라임은 말한다.
"나는 정말 부자가 되었다.
한재산 얻었다.
내가 벌어들인 그 모든 것에서
죄가 되는 잘못을
아무도 찾아내지 못할 것이다."

새로운 미래

10 나는 이집트 땅에서부터
주 너의 하느님이다.
축일 때처럼
나는 다시 너를 천막에서 살게 하리라.
11 나는 예언자들에게 말하리라.
바로 내가 환시를 많이 보여 주고

12,3-7. 야곱의 역사 일화로 다시 돌아간다. 창세 25,23-26; 28,10-22; 32,23-33에 전해지는 야곱의 출생, 베텔에서 꾼 꿈, 야뽁 건널목의 씨름을 회상한다. 야뽁에서의 씨름은 승자가 호의를 간청하는 역설적 승리로 재해석된다. "재판하시어"로 번역한 히브리어 '립'은 법정 재판이라기보다 논쟁을 암시한다. 예레 2,9의 주 참조.

12,8-15. "장사꾼"으로 번역된 단어는 "가나안"이다. 에프라임은 자신이 범한 사회적 불의로 인하여 부정직한 장사꾼들인 가나안이라고 불린다. 호세아는 창세 29,15-30과 같은 다른 성조들의 전승과 모세의 고통스러운 체험을 회상한다. 라반의 딸들을 아내로 얻기 위한 야곱의 수고는 당신 백성을 해방시키기 위한 하느님의 수고와 유사하다. 하지만 그 백성은 자신의 주님께 응답하지 않는다.

12,10. 아마도 "만남의 천막"이나 (예를 들어, 탈출 33,7; 레위 1,1; 민수 1,1; 신명 31,14 참조) 시나이/호렙산을 암시할 것이다(탈출 3,12; 19,11; 신명 1,6 참조).

12,3 4,1; 9,9; 이사 3,11; 미카 6,2; 마태 16,27. 12,4 창세 25,23-26; 32,25. 12,5 창세 28,10-22; 32,25-31; 35,9.13-15. 12,6 탈출 3,15. 12,7 야고 4,8. 12,8 레위 19,35-36; 신명 25,13-16. 12,9 시편 49,7; 52,9; 예레 7,10; 즈카 11,5; 루카 12,16-21; 1코린 4,8; 묵시 3,17. 12,11 민수 12,6; 에제 21,5; 요엘 3,1; 마태 13,3.34; 사도 2,17; 2코린 12,1; 히브 1,1.

12,3-7. 하느님께 대한 인간의 승리는(야뽁에서의 야곱, 4-5절 참조) 회개와 하느님 자비의 체험이다.

예언자들을 통하여 비유로 말하리라.

이스라엘의 죄와 그 벌

12 길앗에 불의가 자리 잡고 있으니
그들은 진정 헛것이 되고 말리라.
그들이 길갈에서 황소들을 잡아 바치니
그들의 제단도
밭고랑의 돌무더기처럼 되리라.
13 야곱은 아람 땅으로 달아났다.
이스라엘은 아내를 얻으려고 종살이하고
또 아내를 얻으려고 양 떼를 돌보았다.
14 주님은 예언자를 통하여
이스라엘을 이집트에서 데리고 올라오고
이스라엘은 그 예언자를 통하여 보호를 받았다.
15 그러나 에프라임이 주님의 화를 크게 돋우었으니
주님은 그가 흘린 남의 피를 그 위에 쏟고
그가 준 치욕을 그에게 되돌리리라.

12,14. 모세는 구약의 모든 다른 (진정한) 예언자들에게 탁월한 의미의 원형이 된다(신명 18,15 참조). 이 원형은 하느님 얼굴의 최종적 계시를 중개하시는 종말론적 예언자 주 그리스도에게서 완성된다(요한 1,18 참조).

우상 숭배와 벌

13 1 에프라임이 말할 때에 모두 떨었다.
그는 이스라엘에서 뛰어났지만
바알 때문에 죄를 지어 죽었다.
2 그런데도 그들은 거듭 죄를 짓고 있다.
그들이 신상을 부어 만들고
은으로 솜씨를 부려 우상을 만들었지만
그 모든 것은 장인의 작품일 뿐이다.
그들이 "이것들에게 희생 제물을 바쳐라." 하자
사람들이 그 송아지들에게 입 맞춘다.
3 그러므로 그들은 아침 구름처럼,
이내 사라지고 마는 이슬처럼 되리라.
타작마당에서 날려 가는 겨처럼,
창문으로 새 나가는 연기처럼 되리라.

배은망덕과 벌

4 나는 이집트 땅에서부터
주 너의 하느님이다.

13,4-8. 이집트 탈출과 광야 여정에서 하느님께서는 이스라엘을 당신 백성으로 선택하셨음을 보여 주셨다. 그러나 이제 이스라엘의 배은망덕함이 하느님의 진노를 불러일으킨다. 그 진노는 여러 맹수들 특히 새끼 잃은 곰의 분노에 비유된다.

12,13 창세 29,18. 13,1 11,2; 잠언 18,12; 이사 66,2. 13,1 신명 32,33-34; 예레 7,4.10-11; 로마 2,5. 13,1 이사 25,8; 1코린 15,54-55; 묵시 6,8. 13,3 6,4; 시편 1,4; 68,3; 이사 17,13; 스바 2,2; 다니 2,35; 야고 4,14. 13,4 12,10; 탈출 20,2-3; 신명 5,6-7; 1열왕 12,28; 시편 81,10-11.

너는 나 말고 다른 신을 알아서는 안 된다.
나밖에 다른 구원자는 없다.
5 바로 내가 저 광야에서,
저 메마른 땅에서 너를 알았다.
6 내가 먹여 주자 그들은 배가 불렀고
배가 부르자 마음이 우쭐해져
나를 잊어버렸다.
7 그러므로 나는 그들에게 사자처럼 되고
표범처럼 길에서 숨어 기다리리라.
8 나는 새끼 잃은 곰처럼 그들을 덮쳐
그들의 가슴을 찢어발기리라.
사자처럼 그 자리에서 그들을 뜯어 먹고
들짐승이 그들을 찢어 먹게 하리라.

왕권의 종말

9 이스라엘아, 내가 너를 멸망시킬 터인데
누가 너를 도울 수 있겠느냐?
10 "저에게 임금과 대신들을 주십시오." 하더니
너를 구원할 임금이 지금 어디 있느냐?
너의 그 모든 성읍 어디에 통치자들이 있느냐?
11 나는 분노하며 너에게 임금을 주고
또 진노하며 그를 앗아 간다.

피할 수 없는 멸망

12 에프라임의 죄악은 잘 간수되어 있고
그의 죄는 잘 보관되어 있다.
13 그를 낳는 어미의 산고가 다가오지만
그는 지혜롭지 못한 아들,
때가 되어도
아기집에서 나오려고도 하지 않는다.
14 내가 그들을 저승의 손에서 구해야 하는가?
내가 그들을 죽음에서 구원해야 하는가?
죽음아, 네 흑사병은 어디 있느냐?
저승아, 네 괴질은 어디 있느냐?
내 눈은 연민 같은 것을 모른다.
15 에프라임이 형제들 가운데에서 번성하여도
동풍이 불어오리니
광야에서 차올라 오는
주님의 바람이 불어오리니

13,12-14,1. 사마리아의 죄는 실패한 출산과 동풍에 말라 버린 풀의 상징을 통해 묘사된다. 죽음과 질병의 힘들이 언급되며, 이들에 맞서 하느님께서는 행동하지 않으시려는 것처럼 보인다.

13,14. 이 장은 부정적 어조로 끝난다. 저승은 자신의 무기들로("흑사병"과 "괴질") 이스라엘에까지 지배를 확장시킨다. 이 표상은 이스라엘 왕국을 무너뜨릴 아시리아의 침입으로 실현된다(기원전 721년). 바오로는 이 단락을 자유롭게 해석한다. 그는 이 질문들을 수사적으로 해석하여, 그리스도의 부활 능력으로 죽음의 힘이 완전히 패배했음을 선언한다(1코린 15,55 참조).

13,15. "동풍"은 아시리아 군대와 그 파괴력을 암시한다.

그의 샘은 마르고
우물은 메말라 버리리라.
그 바람이 보물 창고에서
값비싼 기물들을 모조리 앗아 가 버리리라.

14

1 사마리아는 자기 하느님을 거역하였으니
죗값을 치러야 한다.
그들은 칼에 맞아 쓰러지고
젖먹이들은 내동댕이쳐지며
임신한 여자들은 배가 갈리리라.

이스라엘의 회개와 새로운 삶

2 이스라엘아
주 너희 하느님께 돌아와라.
너희는 죄악으로 비틀거리고 있다.
3 너희는 말씀을 받아들이고
주님께 돌아와 아뢰어라.
“죄악은 모두 없애 주시고
좋은 것은 받아 주십시오.
이제 저희는 황소가 아니라 저희 입술을 바치렵니다.
4 아시리아는 저희를 구원하지 못합니다.
저희가 다시는 군마를 타지 않으렵니다.
저희 손으로 만든 것을 보고
다시는 ‘우리 하느님!’이라 말하지 않으렵니다.
고아를 가엾이 여기시는 분은 당신뿐이십니다.”

5 그들에게 품었던 나의 분노가 풀렸으니
이제 내가 반역만 꾀하는 그들의 마음을 고쳐 주고
기꺼이 그들을 사랑해 주리라.
6 내가 이스라엘에게 이슬이 되어 주리니
이스라엘은 나리꽃처럼 피어나고
레바논처럼 뿌리를 뻗으리라.
7 이스라엘의 싹들이 돋아나
그 아름다움은 올리브 나무 같고
그 향기는 레바논의 향기 같으리라.

14,1. 전쟁의 맥락에서 이러한 종류의 폭력은 성경과(2열왕 8,12; 이사 13,16; 나훔 3,10 참조) 그 밖의 문헌들에 나타난다.

14,2-9. 이 단락은 두 가지 움직임을 포함한다. 예언자는 회개하여 더 이상 죄를 짓지 않겠다고 약속하는 백성에게 호소한다. 이어서 하느님의 응답에서 그분께서는 죄를 용서하시고 자비를 베푸신다. 회개와 용서의 결과는 하느님께서 비를 내려 주시는 훌륭한 정원에 비유된다.

14,3. 히브리어 본문에서 이 절의 마지막 부분은 “저희는 저희 입술의 황소들을(‘파림’) 바치렵니다.”로 되어 있다. 그리스어 번역본은 ‘프리’(“열매”)로 이해하고, 새 대중 라틴말 성경도 이를 따른다(“우리 입술의 열매를 돌려 드리렵니다.” 입술의 열매는 기도와 감사의 말을 뜻한다). 우리말 성경은 히브리어 본문의 요소들을 보존하면서 의미를 바로 이해할 수 있게 풀어 썼다.

14,5. “기꺼이” 또는 “깊이, 진심으로” (새) 대중 라틴말 성경은 “스스로, 자발적으로”로 되어 있다. 여기서 부사적으로 사용된 명사는 보통 자원 예물을 뜻하며, 이 맥락에서는 사랑하고자 하시는 하느님의 자유로운 결정을 표현한다.

14,1 7,1; 2열왕 8,12; 아모 1,13; 루카 19,44. 14,3 욥 34,31-32; 잠언 13,2; 요엘 2,17; 루카 11,2; 히브 13,15. 14,6 신명 32,2; 시편 72,6; 92,13; 이사 44,3; 미카 5,6; 에페 3,17-21.

✠ 14,2-10. 고해성사 예식의 독서에 이 마지막 장이 있다. “이스라엘아, 주 너희 하느님께 돌아와라.”라는 간절한 호소는 모든 참회자를 향한다.

8 그들은 다시 내 그늘에서 살고
다시 곡식 농사를 지으리라.
그들은 포도나무처럼 무성하고
레바논의 포도주처럼 명성을 떨치리라.

9 내가 응답해 주고 돌보아 주는데
에프라임이 우상들과 무슨 상관이 있느냐?
나는 싱싱한 방백나무 같으니
너희는 나에게서 열매를 얻으리라.

마지막 경고

10 지혜로운 사람은 이를 깨닫고
분별 있는 사람은 이를 알아라.
주님의 길은 올곧아서
의인들은 그 길을 따라 걸어가고
죄인들은 그 길에서 비틀거리리라.

14,10. 최종 편집자에 의해 첨가된 지혜문학적 권고이다. 호세아서의 메시지를 알아듣기 위해서는 지적인 노력만으로 충분하지 않고, 하느님의 계획을 알아보며 신앙과 실천으로 이를 받아들이는 순종과 믿음의 자세가 필요함을 강조한다.

14,9 4,17; 요한 1,16; 2코린 6,16; 갈라 5,22; 필리 1,11; 2,13; 4,13; 야고 1,17.
14,10 신명 32,4; 예레 9,11; 시편 107,43; 잠언 4,7.

요엘서

제목과 정경 내의 위치

"프투엘의 아들 요엘에게 내린 주님의 말씀"(요엘 1,1). 요엘서의 표제는 호세아서에서 이미 나타난(아마도 신명기계에서 유래한) 모델을 따르지만(호세 1,1; 또한 미카 1,1; 스바 1,1 참조), 예언자에 대한 전기적 사항이나 역사적 배경에 대해서는 전혀 언급하지 않는다. 어쨌든 이 간략한 서두에는 성경 예언의 본질을 특징짓는 인간과 하느님의 만남이 영원히 각인되어 있다. 하느님의 말씀이 인간에게 통교되고 그에 의하여 인간적 방법으로 전달되는 것이다. 인간은 언제나 구조적으로 "아들"이며, 이 경우 "프투엘의 아들"은(프투엘에 대해서는 아무것도 알려져 있지 않다) 한 시대, 한 장소, 한 문화, 한 특정한 역사의 아들이다. 그러므로 권위를 표시하기 위해서는 이것으로 충분한데, 이 권위로 신앙 전통은 이다음에 이어지는 말들을 받아들이고 전수했다. 이 책은 인간 예언자인 요엘의 이름을 따르는데, 하느님의 이름을 포함하는 그 이름은 "야훼는 하느님이시다"를 뜻하여 단호한 신앙 고백으로 들린다. 그러나 이 이름이 책의 맥락 안에서 특별한 상징적 의미가 있는 것으로는 보이지 않는다. 이방 신들에 대한 논박을 직접 다루지 않기 때문이다.

요엘은 히브리 성경에서 호세아서와 아모스서 사이에 자리하며(예로니모의 대중 라틴말 성경은 '히브리 진리'[hebraica veritas]라는 원칙에 따라 그 성경의 순서를 따른다. 이 번역을 따르는 현대 번역본들도 그와 같다), 그리스어 번역본인 소위 칠십인역에서는 네 번째 위치인 호세아서, 아모스서, 미카서 다음, 오바드야서와 요나서 앞에 이 책을 배치한다(동방 가톨릭교회와 정교회가 이 순서를 채택한다). 이러한 위치의 차이는 열두 소예언서들 사이의 관계와 상호 연관을 서로 다른 방식으로 강조한다는 사실에 상응한다. 이 순서가(사실상 정확하지 않고 전혀 언급되지 않은) 연대기적 순서에 따른 것이라고 본다면 요엘은 유배 전 예언자일 것인데 실제로는 그렇지 않다. 근래의 연구들은 현재의 배치 순서가 오히려 형식과 주제에 따른 것으로, 아모스서와의 접촉점들을 고려한 것이라고 본다(이러한 접촉점들은 편집을 통해 강조되었다). 예를 들어 요엘 4,16ㄱ에 나타나고 아모 1,2ㄴ의 머리말에서 동일한 단어들로 되풀이된 호령(사자의 부르짖음)이라는 주제와 "주님의 날"이라는 주제(또한 요엘 4,18과 아모 9,13 참조)에서 알아볼 수 있다(주님의 날은 서로 다른 전망에 따라 해석되며, 의도적으로 서로 대화하도록 배치되었다).

구조와 문학적 특성

학자들은 요엘서를 두 부분으로 나누는 데 동의하지만, 그 구분점에 대해 모두가 같은 의견인 것은 아니다. 보통 주제상의 이유로 1-2장과 3-4장을 구별한다(요엘서를 네 장이 아니라 세 장으로 구분하는 것은 1524-1525년에 이전의 구분을 개정할 때 생겨난 것이다. 세 장으로 나눌 때는 3,1-5은 2,28-32이 되고, 4,1-21은 3,1-21이 된다). 그러나 더 근래에는 1,1-2,17과 2,18-4,21로 나누는데, 이 단락들 가운데 앞부분은 메뚜기 재앙 및 여러 권고와 구원의 호소를 담고 있고, 뒷부분은 그 해결과 해석 및 종말의 시대를 향한 개방에 집중한다. 주제적 측면뿐만 아니라 형식적 측면에서도 이러한 구분을 지지하는 좋은 근거들이 있다.

문학적 움직임은 성전에서 거행되는 참회 전례의 두 단계의 역동을 따르는 것으로 보인다(예를 들어 예레 14장 참조). 그 전례에서는 백성이, 또는 백성의 이름으로 예식 예언자가 탄원 기도를 하고, 하느님께서 그 예언자를 통해 대답하신다. 요엘서의 문학적 전개의 출발점이 된 한 근본 주제는 땅을 황폐화하고 유다에게 그의 필수적 생존 수단들을 잃어버리게 한 메뚜기 재앙이다. 예언자는 이것을 하느님의 징벌과 "주님의 날"이 다가오고 있음을 알리는 표지로 본다. "주님의 날"은 인간 역사에 대한 심판의 날로서, 후에 묵시문학의 특징이 될 자연의 대변동(우주의 대변동으로 확장된다)이라는 주제와 연관된 과장과 은유들이 들어 있는 종말론적 어조로 묘사된다.

탄원하고 참회하라는 초대는 먼저 메뚜기와 가뭄으로 인한 기근의 상황과 연관되고(요엘 1,4-20 참조), 다시 하느님의 명을 받은 적군의 침입으로 비유된 영토의 침입에 대한 묘사와 연관된다(2,1-17 참조). 이 침입은 이스라엘의 원수 민족들의 실제적인 역사적 위협을 암시할 수 있으나, 정확히 밝혀지지는 않는다. 둘째 부분에서는 갑자기 당신 백성의 탄원에 구원하시는 하느님의 응답이라는 주제로 관심이 옮겨진다. 이 응답은 자연재해가 끝나고 다시 번영을 내려 주시는 것과(2,18-27 참조) 임박한 것으로 예고된 "주님의 날"로 구체화된다(3,1-4,17 참조). "그날"은 하느님 백성에게는 구원이 되고 적대 세력에게는 단죄의 심판이 될 것이다. 적들의 위협은 메뚜기 군단이 사라졌던 것과 같은 방식으로 사라지게 된다. 이 책은 마지막 담론으로 끝맺는데(4,18-21 참조), 여기서는 유다와 예루살렘의 구원을 말하는 이전 주제들을 되풀이한다(풍요로움이 되돌아오고 적들이 파괴된다).

대부분 운문 형태로 작성된 요엘서의 전형적 특징은 다른 예언서 본문들을 자주 다시 취하고 이를 다른 형태로 변화시킨다는 점인데(자구적 인용, 변형된 반복, 암시 등), 특히 세 가지 주요한 신학적·문학적 노선을 다시 취한다. 그것은 "주님의 날"과 연관된 주제(이는 아마도 아모 5,18-20; 8,9-14에서 시작해 특히 이사 13장; 34장; 에제 30장; 오바 15-18절; 스바 1,14-18; 말라 3장에서 발전한다), 북쪽에서 오는 원수(예레 4-6장 참조), 이방 민족들에 대한 하느님의 심판이다(예레 46-51장; 에제 25-32장 참조). 이러한 현상은 요엘서를 고전적인 예언과 상당히 다른 관점에서 바라보게 한다. 고전적 예언은 어느 정도 역사적 인물들과 구전 또는 문서로 전해지고 편집된 그들에 대한 기억으로 환원될 수 있다. 이와 달리 요엘서는 이전의 예언 전통을 종말론적 의미로 현재화하는 해석으로, 오늘날에는 주로 "문학적 예언"으로 간주한다. 다시 말하면 이것은 그 시대의 구두 설교에 대한 증언이라기보다 점점 더 권위가 커져 가던 과거 예언자들과 "파생된" 성격의 예언적 영감을 증언하는 문서상의 편집인 것이다. 이는 유배 후 시기의 다른 문학에서도 유사하게 나타나는 특징이다.

주요 신학 노선

요엘의 신학은 비판적인, 아니 극적인 체험의 한가운데에서 나온다. 근본적으로 농업과 목축에 기초한 사회에, 게다가 유배 직후의 특징인 곤궁한 생활 조건에 메뚜기 재앙은(기근까지 동반한) 통제할 수 없고 파괴적인 사건이다. 우리의 현대적 배경에서는 이를 멀고 낯설게 느낄 수 있지만, 실제로 지금도 세상의 일부에서는 메뚜기 재앙으로 타격을 입는다. 그러나 발전된 서구(또는 서구화된) 사회도, 비록 그 원인을 시장 경제의 불안정성과 변동 같은(때로는 메뚜기 못지않게 큰 재앙을 가져오는) 요인들로 환원시킬 수 있기는 하지만, 근본적으로 이와 유사한 구조적 취약성에서 자유롭지 않다.

1,1-2,17에서 묘사한 인간과 환경 사이의 깊은 연관은 지금도 그대로 현실적인 사실로 남는다. 창조물과 하느님 백성은 같은 고통을 함께 겪는다(1,12.19-20; 로마 8,22 참조). 역사가 불러일으킨 요엘의 예언은 다시 그 역사에 도전하는

해석을 제시하며, 자연재해 안에서(적군의 침입으로 묘사되는데, 이는 메뚜기 재앙 이면에 암시된 언제나 숨겨져 있는 구체적인 사건이다) 전통적인 "하느님의 징벌" 개념과 다른 무엇을 알아본다(다른 한편으로 우리는 이 안에서 예를 들어 도덕과 경제 사이의 연관이라는 영속적이고 괴로우며 언제나 현실적인 문제를 알아볼 수 있다). 요엘에게 그 재앙은 직접 또는 명시적으로 이스라엘의 특정 잘못과 연결되지는 않으며(그러나 요엘 2,13-14.17 참조), 그 재앙이 일어난 장소는 갑작스럽게 축복의 모태가 될 수 있다. 그래서 고전 예언의 전형적 주제이며 요엘서를 요약하는 표현인 "주님의 날"은(히브리어로 '욤 아도나이' 1,15; 2,1.11; 3,4; 4,14 참조) 그 편집 과정에서 이중적인 가치를 지니게 된다. 그날은 징벌의 날이면서(아모 5,18-20; 스바 1장; 에제 7장 참조) 동시에 구원의 날이다(이사 63,1-7; 오바 1절; 즈카 14장 참조).

무엇보다 먼저 주님의 날은 종말론적 실재로만 인식되는 것이 아니라 현재의 사건으로, 이미 일어나고 있는 일로, 옛 신탁들의 실현으로 인식된다. 여기서는 분명 인간 역사에 대한 하느님의 비판적 개입이 드러나지만(이 점에서 아모 5,18-20의 순선히 처벌적인 표현의 본래 맥락에서 거리를 두면서), 요엘은 바로 거기에서 번영과 평화의 새 시대의 구체적 가능성과 전조를 알아본다. "주님의 날"이 올 때 실제적으로는 온갖 불충과 불의를 "축성"해야 할 구원을 기다리던 이들에게 아모스는 고통과 징벌의 날을 예고했다(또는 역사적 순서가 아니라 현재의 정경 순서를 따른다면, 장차 예고할 것이다). 이미 불행의 노가니를 겪고 모든 것을 잃어버린 공동체에게(요엘 1,4-12; 아모 2,16 참조), 요엘은 오히려 구원의 날을 예고한다. 이제는 참으로 신뢰하고 그 구원의 날을 기다리며 간청할 수 있다. 요엘은 이미 그날을 본다. 그날이 도래하고, 역사 안에서 길을 열어 가고 있다. 이것은 백성의 탄원에 대한 하느님의 응답이다(요엘 2,18-19 참조). 그리고 그 탄원은 장엄한 전례적 행위로 표현되어야 한다(2,15-17 참조). 행위의 진정성에 대한 요구는 들어 있지만(2,13 참조) 요엘의 주된 관심은 그것이 아니다. 그는 오히려 신앙 공동체가 필요한 참회 예식을 거행할 것을 요구하고, 이 점에서 예식으로 핑계거리를 만들고자 하는 것에 대한 고전적인 예언자들의 금지와 거리를 보인다(예를 들어 이사 1장; 예레 7장 참조). 그 배경이 다르며, 기도에 대한 백성의 자세가 진실한 것으로 보인다. 축복은 전혀 당연한 것으로 보이지 않지만(요엘 2,14 참조), 지체하지 않고 올 것이다(2,18-27 참조).

그뿐 아니라, "그런 다음에"(3,1) 구원을 위한 주님의 개입은 종말론적 차원으로 확장될 것이다. 예언의 영이 어떤 차별도 없이 모든 이들에게 선물로 부어질 것이며(3장 참조), 시온과 그 거룩함을 살리실 하느님의 심판에로 모든 민족이 소환될 것이다. 주님의 절대적 주권은 하느님의 백성을 억압한 적대적인 민족들의 격퇴와 징벌, 그리고 유다와 예루살렘의 번영의 회복으로 드러날 것이다(4장 참조). 이러한 주제들은 철저하고 놀라운 변형을 특징으로 하는 새로운 시대와 세상의 도래를 예고할 묵시문학 발전의 길을 연다.

극적인 인간적 사건들로 야기된 요엘의 선포는 근본적으로 "주님의 이름"을 불러야 할 필요성을 역설한다(3,5; 로마 10,13 참조). 그는 동시에 예언자의 눈길이 하느님 응답의 흔적, 호소, 표지를 해독할 수 있는 곳에서 그분께서 역사 안에 계속해서 현존하심을 선포하기 때문이다. 이 "시대의 표징"들은(마태 16,3 참조) 이미 그리스도를 믿는 모든 이들에게 예언의 영이 부어진 지금(사도 2,17-21 참조), 완성을 향해 걸어가는 교회에 방향을 제시하는 결정적 좌표로 더 쉽게 식별되고 받아들여져야 할 것이다.

본문의 작성과 전수

요엘서는 복잡성으로 인하여, 그리고 사용할 수 있는 표지들이 매우 드물기 때문에 그 연대를 정확히 추정하기가 불가능하다. 그러나 몇 가지 사항은 의미가 있다. 우선 당시 히브리 왕정 제도에 대해서는 전혀 언급되지 않는다(반면 사제들은 공동체의 기준점으로 제시된다. 요엘 1,13-16 참조). 성전은 존재하는 것으로 전제되며(1,14.16; 4,18 참조) 티로와 시돈이 언급되어(4,4-8 참조) 이들이 아직 철저한 군사적 파괴를 겪지 않은 것으로 나타난다(티로는 알렉산드로스 대왕에 의하여 기원전 332년에, 시돈은 아르타크세르크세스 3세에 의하여 기원전 343년 직전에 파괴되었다). 이러한 요소들을 기초로, 요엘서가 형성된 것으로 보이는 시대는 기원전 515년부터(성전 재건이 완성된 해) 기원전 343년 사이로 볼 수 있다. 요엘의 메시지는 유다와 예루살렘을 대상으로 하고 "이스라엘"이라고 말할 때에는 북왕국 이스라엘이 아니라 하느님 백성 전체를 지칭한다는 점도 이를 확인해 주는 것일 수 있다. 4,1-8에서 말하는 폭력은 예루살렘 파괴와 유배기와 결부된 과거의 사건들로 암시되며, 바빌론은 전혀 언급되지도 않는다. 아마도 이미 페르시아 제국에 의하여 멸망했기 때문일 것이다.

흔히 여러 단계에 걸쳐 오랜 기간 동안 편집되었다고 생각했으나(오늘날에도 요엘서를 적어도 두 개의 서로 다른 본문이 더해진 것으로 보는 이들이 있다. 이들은 예언적·예식적인 1-2장에 종말론적이고 원·묵시 문학적이며 마카베오 시대에 첨가된 3-4장이 결합된 것으로 본다) 적지 않은 근래 연구들은 오히려 현재 구성의 단일성을 입증하려 한다. 이는 저자가 단 한 명임을 말하는 것이라기보다 문학적 기획의 유기적 짜임을 뜻한다. 그 유기적 구조는 서로 긴밀히 연결된 많은 요소를 통해 신학적으로 복합적인 메시지를 표현하지만, 그 자체로 일관성을 갖는다. 그러므로 본문을 단편화하는 것은 필요하지 않을 것이다. 오히려 현재의 문학적 구조가 제기하는 해석학적 도전을 받아들이는 것이 적절할 것이다. 자세히 살펴보면 이 문학적 구조는 1,1-2,17과 2,18-4,21로 구성된 두 부분을 구성하는 작은 문학적 단위들 사이의 정확한 대칭을 이룬다.

앞서 언급한 다른 성경 본문과의 수많은 연결점들은 저자의 정체성 문제에 영향을 미친다. 요엘은 누구인가? 요엘의 신학에서 유배 후 종말론적 성격이 분명해질수록(거기서부터 묵시문학이 발전된다) 그는 고전적으로 이해된 예언자의 모습을 버리고 (영감 받은) 서기관의 모습을 취한다. 그는 매우 잘 준비된 학자이고, 제2성전 시대 예루살렘의 문화적·사제적 배경에 가까우며, 사용할 수 있는 기록된 전승에 대한 폭넓은 지식을 지니고 있고, 신앙 공동체의 눈에 새롭지 않은 주제들을 독창성과 고유한 특징을 가지고 새롭게 엮어 내는 능력을 지니고 있다.

살바토레 마우리치오 세사Salvatore Maurizio Sessa

요엘서

머리글

1 [1] 프투엘의 아들 요엘에게 내린 주님의 말씀.

주민들아, 모두 들어라

2 원로들아, 이것을 들어라.
이 땅의 모든 주민아, 귀를 기울여라.
이러한 일이 너희 시대에 있었느냐?
이러한 일이 너희 조상 시대에 있었느냐?
3 이 일을 너희 자녀들에게 말하고
너희 자녀들은 또 그 자녀들에게,
그 자녀들은 또 그 다음 세대에게 말하게 하여라.

메뚜기 재앙

4 풀무치가 남긴 것은 메뚜기가 먹고
메뚜기가 남긴 것은 누리가 먹고
누리가 남긴 것은 황충이 먹어 버렸다.
5 술 취한 자들아, 깨어나 울어라.
술꾼들아
너희 입에 들어가다 만 포도주를 생각하며
모두 울부짖어라.
6 셀 수 없이 많고 힘센 족속이
내 땅을 쳐 올라왔다.
그들의 이빨은 사자 이빨 같고
암사자의 엄니 같다.

1,1. "말씀"('다바르') "사건"을 뜻할 수도 있다(또한 예레 1,1-3 주해 참조). 그 말씀을 표현하는 것이 예언자일 때 그는 하느님의 생각과 행위의 실현을 계시하는 의미 있는 사건을 선포한다.

1,2. "원로들"은 한 지파의 부족 내 사회적 지도자들이었다. 그들은 지역적 문제들에 관하여 통치와 사법 기능을 지닌 회의를 구성했다.

1,5. 메뚜기 재앙은 잔치를 열며 많은 포도주를 마시는 초막절 축제(곡식 추수와 포도 짜기)를 앞두고 닥친다.

1,6. "족속"을 지칭하는 히브리어 '고이'는 외국 족속을 말하며 메뚜기들을 나타내는 은유로 사용된다.

1,1 예레 1,2; 에제 1,3; 호세 1,1; 사도 2,16; 2베드 1,21.

1,4. "풀무치, 메뚜기, 누리, 황충"은 다른 식으로 번역되기도 한다. 네 종류의 서로 다른 곤충들을 가리키는 것으로 이해하거나, 서로 다른 성장 단계의 메뚜기들을 가리키는 것으로 볼 수 있다. 네 가지 요소를 열거하는 것은 파괴가 전면적임을 나타내는 상징적 의미도 지닌다. 이집트와 메소포타미아를 모두 포함하는 고대 근동의 여러 본문에서 메뚜기는 수많은 군대를 묘사하는 상징이 되기도 한다.

[7] 그들이 내 포도나무를 망쳐 놓고
내 무화과나무를 쪼개어
껍질을 벗기고 내던져 버리니
가지들이 하얗게 드러났다.
[8] 서럽게 울어라,
신랑을 잃고 자루옷을 두른 처녀처럼.
[9] 주님의 집에서는
곡식 제물과 제주가 동이 나고
주님을 섬기는
사제들은 통곡한다.

가뭄

[10] 들은 황폐해지고
땅은 통곡한다.
곡식 농사는 망하고
햇포도주는 말라 버렸으며
기름은 떨어졌다.
[11] 밀과 보리를 생각하며
농부들아, 질겁하여라.
포도나무를 가꾸는 자들아, 울부짖어라.
들의 수확이 다 망가졌다.
[12] 포도나무는 마르고
무화과나무는 시들었다.
석류나무 야자나무 사과나무 할 것 없이
들의 나무가 모조리 말라 버렸다.
정녕 사람들에게서
기쁨이 말라 버렸다.

단식하고 기도하여라

[13] 사제들아, 자루옷을 두르고 슬피 울어라.
제단의 봉사자들아, 울부짖어라.
내 하느님의 봉사자들아
와서 자루옷을 두르고 밤을 새워라.
너희 하느님의 집에
곡식 제물과 제주가 떨어졌다.
[14] 너희는 단식을 선포하고
거룩한 집회를 소집하여라.
원로들과 이 땅의 모든 주민을

1,10-20 예레 4,26; 9,9; 12,4; 아모 4,7-9.

1,8. 약혼했거나 혼인한 지 얼마 되지 않아 혼인이 아직 완결되지 않은 젊은 여인에 대해 말한다(‘브툴라’). 이스라엘 공동체는 그 약혼자이며 신랑이신 하느님과의 관계에서 이와 같은 모습으로 제시된다.

1,9. 지극히 중대한 재앙이 있을 때만 성전의 일일 제사를 중단할 수 있었다. 그 제사는 밀가루, 식물, 기름과 같은 땅의 산물들을 “제물”로 바치고 포도주를 “제주”로 제단 주위에 붓는 것이었다.

1,13. 자루옷은 염소털이나 낙타털로 만들어 허리에 두르는 참회용 옷이었다. 구약 성경에서 히브리어로 같은 단어를 46회 사용하는데, (새) 대중 라틴말 성경은 16회는 “cilicium(고행용 털옷, 고행대)”으로, 30회는 “saccus(자루)”로 번역한다.

주 너희 하느님의 집에 모아
주님께 부르짖어라.

주님의 날이 가까웠다

15 아, 그날!
정녕 주님의 날이 가까웠다.
전능하신 분께서 보내신 파멸이 들이닥치듯 다가온다.

가뭄

16 우리 눈앞에서
양식이 끊기고
우리 하느님의 집에서
기쁨과 즐거움이 끊기지 않았느냐?
17 흙덩이 밑에서는
씨앗들이 오그라들었다.
들의 곡식이 메말라
곳간은 황폐해지고
곳집은 허물어졌다.
18 짐승들이 어찌 저리 신음하는가?
풀밭이 없어
소 떼는 저리 헤매고
양 떼는 죽어 가는구나.

19 주님, 제가 당신께 부르짖습니다.
광야의 풀은
불이 삼키고
들의 나무는
불꽃이 모조리 살라 버렸습니다.
20 들짐승들마저
당신을 고대하고 있습니다.
물줄기들은 마르고
광야의 풀은
불이 삼켜 버렸습니다.

1,15. 고대 근동에서 임금은 단 하루에 군사적 정복을 행할 수 있는 강력한 전사로 여겨졌다. 이러한 표상은 원수에 대한 신속하고 결정적인 승리를 강조한다. 여기서 "주님의 날"이라는 표현이 생겨났다. "전능하신 분"(히브리어 '샤따이', "산[山]의" 창세 17,1의 주 참조)은 아마도 하느님의 가장 오래된 호칭일 것이다. 이 단어는 "파멸"과 언어유희를 이룬다('크솟 미샤따이').

1,19. "불"과 "불꽃"은 가뭄을 나타내는 은유이다.

1,15 // 이사 13,6; 시편 37,13; 에제 30,2-3; 야고 5,9; 묵시 6,17

주님의 날이 다가온다

2 [1] 너희는 시온에서 뿔 나팔을 불고
나의 거룩한 산에서 경보를 울려라.
땅의 모든 주민이 떨게 하여라.
주님의 날이 다가온다.
정녕 그날이 가까웠다.
[2] 어둠과 암흑의 날
구름과 먹구름의 날이다.
여명이 산등성이를 넘어 퍼지듯
수가 많고 힘센 민족이 다가온다.
이런 일은
옛날에도 없었고
앞으로도 세세 대대에 이르도록
다시 일어나지 않으리라.

[3] 그들 앞에서는 불이 삼켜 버리고
그들 뒤에서는 불꽃이 살라 버린다.
그들이 오기 전에는 이 땅이 에덴동산 같았지만
그들이 지나간 뒤에는 황량한 광야만 남는다.
그들 앞에서는 살아남는 것이 하나도 없다.
[4] 그들의 모습은 말과 같고
달리는 것도 군마처럼 달린다.
[5] 산꼭대기를 뛰어 달리는
병거들의 소리 같고
검불을 삼켜 버리는
불꽃 소리와 같다.
그들은 전열을 갖춘
막강한 군대 같다.

[6] 그들 앞에서 민족들은 두려워 떨고
얼굴이 모두 하얗게 질린다.
[7] 그들은 용사처럼 달려오고
전사처럼 성벽을 오른다.
저마다 제 길로 나아가고
아무도 제 진로를 벗어나지 않는다.
[8] 그들은 서로 밀치지 않고

2,1-11 탈출 10,14-15. 2,1 1,15; 이사 2,12; 예레 4,5; 에제 33,3.6; 아모 5,18; 1코린 15,52; 1테살 5,2; 야고 5,8; 1베드 4,7. 2,2 1,6; 3,4; 스바 1,15; 예레 13,16; 마태 24,21; 마르 13,19. 2,4-5 묵시 9,7. 2,6 이사 13,8; 예레 30,6; 나훔 2,11. 2,7-9 잠언 30,27; 묵시 9,2-11.

2,1. '소파르'(뿔 나팔)는 숫양의 뿔이다. 백성에게 큰 위험이 다가옴을 알리기 위하여, 사람들을 종교 집회로 소집하기 위하여, 또는 군대를 전투로 부르기 위하여 파수꾼이 뿔 나팔을 불었다.

2,2. 여기서 "민족"은 메뚜기를 나타내는 은유이거나 하느님께서 보내신 적군을 나타낸다. 후자의 가능성이 더 크다(1,4 주해 참조). 이 경우에 히브리어 본문에서 대명사가 쉽게 단수형에서 복수형으로 넘어가는 것을 이해할 수 있다. 단수형은 "수가 많고 힘센 민족"을 지칭할 수도 있고 그것을 보내신 주님일 수도 있다. 다른 한편으로, 그 적군 안에서 하느님께서 당신 자신을 드러내신다.

2,3. "그들"은 메뚜기의 "민족"일 수도 있고 하느님 자신일 수도 있다(11절 참조).

2,4. 요엘은 묵시문학적 표현으로 메뚜기 떼를 무장한 군대의 침입에 비유한다(1,4 주해 참조).

저마다 제 길로 나아간다.
무기 사이를 뚫고 지나가며
열을 흩뜨리지 않는다.
9 그들은 성읍으로 쳐들어가
성벽 위를 뛰어다니고
집 위로 올라가며
도둑처럼
창문으로 들어간다.

10 그 앞에서 땅은 떨고
하늘은 뒤흔들린다.
해와 달은 어두워지고
별들은 제 빛을 거두어들인다.
11 주님께서 당신 군대 앞에서
크게 소리를 지르신다.
정녕 그분의 군대는 많기도 하고
그분의 명령을 수행하는 이는 막강하기도 하구나!
정녕 주님의 날은 큰 날
너무도 무서운 날
누가 그날을 견디어 내랴?

2,10. 땅과 천체의 격변이라는 주제를 통하여(묵시문학의 전형적 묘사. 즈카 14,3 주해 참조) 여기서는 역사의 종말이라기보다 인간 역사 안에서 이루어지는 하느님의 특별한 개입을 나타낸다(예를 들어, 탈출 9,16-19; 시편 97,1-5; 하바 3,3-11 참조). 그리스도의 죽음과 부활에도 이와 유사한 현상들이 함께 나타난다(마태 27,45.51-52; 28,2 참조; 그러나 또한 마르 13,24-26 참조).

회개하여라

12 주님의 말씀이다.
그러나 이제라도
너희는 단식하고 울고 슬퍼하면서
마음을 다하여 나에게 돌아오너라.
13 옷이 아니라
너희 마음을 찢어라.

2,12. "그러나 이제라도"라는 표현은 하느님께서 언제나 당신께 돌아오는 이들을 받아들이고자 하심을 시사한다.

2,13. 입고 있는 옷자락을 찢는 것은 참회와 애도를 표현하는 외적 행동이다. "마음"은 이성, 의지, 사고, 계획이 있는 자리이다(탈출 4,21 주해; 탈출 9,14과 예레 23,17의 주 참조). 외적 표지들은 인간의 진정한 내적 변화가 이루어지기에 적합한 배경을 만들어 준다는 점에서 유용하다.

2,10 // 4,15; 이사 13,10; 예레 4,23-28; 에제 32,7-8; 마태 24,29; 마르 13,24-25; 루카 21,25-26; 묵시 6,12-13; 8,12; 9,2. 2,11 3,4; 예레 30,7; 말라 3,2.23; 루카 21,36; 묵시 6,17. 2,13 탈출 34,6-7; 2열왕 22,19; 이사 58,5-7; 아모 5,21; 마태 6,16.

2,10-11. "주님의 날"이라는 표현은 아마도 아모스 예언자에게서 비롯되며(아모 5,18-20 참조) 하느님께서 인간 역사를 심판하시는 때를 나타낸다. 그러한 심판은 우주적 혼란을 특징으로 한다. 요엘은 아마도 어둡고 짙은 구름의 움직임처럼 보이는 메뚜기 떼에서 착상했을 것이다. 이방 민족들이 신적 세력으로 경배하던 별들이 사라짐을 암시한다고 볼 수도 있다. 주님이 메뚜기 군대를 이끄신다고 말하는 것은(11절 참조) 자연과 역사가 자기 스스로 움직이는 것이 아니라 하느님의 지배 아래 있음을 뜻하고, 그분께서 마지막 날에 임금으로 오심을 진실하게 영적으로 준비할 것을 하느님의 백성에게 촉구한다.

2,13. 여기서 언급한 하느님의 속성들은 탈출 34,6 하느님의 자기 계시를 연상시키며, 언제나 이스라엘의 행복을 옹호하고자 하시는 그분의 흔들림 없는 의지를 증언한다.

주 너희 하느님에게 돌아오너라.
그는 너그럽고 자비로운 이
분노에 더디고 자애가 큰 이
재앙을 내리다가도 후회하는 이다.
14 그가 다시 후회하여
그 뒤에 복을 남겨 줄지
주 너희 하느님에게 바칠
곡식 제물과 제주를 남겨 줄지
누가 아느냐?
15 너희는 시온에서 뿔 나팔을 불어
단식을 선포하고
거룩한 집회를 소집하여라.
16 백성을 모으고
회중을 거룩하게 하여라.
원로들을 불러 모으고
아이들과 젖먹이들까지 모아라.
신랑은 신방에서 나오고
신부도 그 방에서 나오게 하여라.
17 주님을 섬기는 사제들은
성전 현관과 제단 사이에서
울며 아뢰어라.
"주님, 당신 백성에게 동정을 베풀어 주십시오.
당신의 소유를 우셋거리로,
민족들에게 이야깃거리로 넘기지 마십시오.
민족들이 서로
'저들의 하느님이 어디 있느냐?' 하고 말해서야 어찌 되겠습니까?"

주님의 응답과 강복

18 주님께서는 당신 땅에 열정을 품으시고
당신 백성을 불쌍히 여기셨다.
19 주님께서 당신 백성에게 대답하셨다.
"내가 너희에게
곡식과 햇포도주와 햇기름을 보내 주리니
너희는 그것들을 배불리 먹으리라.

2,14. 하느님과의 관계는 자동적일 수 없다. 참회 후에는 당연히 그분의 자비가 있으리라고 추정할 수 없고, 순종하는 마음으로 그분의 지고한 자유를 존중하며 그 자비를 바랄 뿐이다. "복"은 다시 수확이 풍요롭게 되는 것을 가리키며, 이는 삶과 예배를 다시 시작하게 해 준다.

2,17. "현관"은 성전 건물의 전면 앞에 있는 입구로, 번제물을 바치는 큰 제단이 그곳에 있다. "소유"라는 개념은 임금의 개인적 재산을 지칭한다. 이스라엘 백성은 하느님의 눈에 절대적으로 가장 귀한 보물이다(탈출 19,4-6의 주 참조).

2,17 1,9.13; 탈출 32,11-13; 신명 28,37; 시편 42,4.11; 74,10; 79,10; 이사 37,20; 호세 14,3; 미카 7,10; 말라 2,17. 2,18 신명 4,24; 32,16; 호세 11,8-9; 루카 15,20.

2,18. 주님께서는 당신 백성에게 열정을 보이신다. 그 백성에 대한 하느님의 질투는 당신과의 관계를 회복시키기 위하여 그 백성을 벌하기에 이르는 열정적인 사랑이다. 백성을 멸망시키려 하시는 것은 아니다.

2,20. 북쪽은 역사적으로나 전통적으로 이스라엘에 불행이 닥쳐오게 하는 방향이다(폭풍 또는 침략). "동쪽 바다"는 사해이고, "서쪽 바다"는 지중해이다.

2,23. "정의에 따라"라는 표현은 "적절한 양으로"로 옮길 수도 있다. "정의에 따라"라는 번역은 하느님께서 당신께 대한 순종에 충실하게 갚아 주심을 강조한다. 다른 번역으로 "정의의 스승인 비"라고 옮기기도 하는데, 이는 그 사건을 귀한 가르침의 실현으로 보는 것이다. 단순히 "첫 비"로 번역하기도 한다.

2,26-27. 구원하시는 하느님의 개입은 17절에서 다른 민족들이 조롱하며 "저들의 하느님이 어디 있느냐?"라고 물었던 것을 헛되게 한다(19절 참조).

내가 다시는 너희를
민족들에게 우셋거리로 넘기지 않으리라.
20 나는 북쪽에서 온 것들을
너희에게서 멀리 내쫓아
메마르고 황량한 땅으로
몰아내리라.
그 전위대는 동쪽 바다로,
후위대는 서쪽 바다로 몰아넣으리라.
그러면 그것들이 썩는 냄새가 올라오고
악취가 올라오리라."
정녕 그분께서는 큰일을 하셨다.

21 땅아, 두려워하지 마라.
즐거워하고 기뻐하여라.
주님이 큰일을 하였다.
22 들짐승들아, 두려워하지 마라.
광야의 풀밭이 푸르고
나무가 열매를 맺으며
무화과나무와 포도나무도 풍성한 결실을 내리라.
23 시온의 자손들아, 주 너희 하느님 안에서
즐거워하고 기뻐하여라.
주님이 너희에게
정의에 따라 가을비를 내려 주었다.
주님은 너희에게 비를 쏟아 준다.
이전처럼 가을비와 봄비를 쏟아 준다.
24 타작마당은 곡식으로 가득하고
확마다 햇포도주와 햇기름이 넘쳐흐르리라.
25 너희를 거슬러 내가 보낸
나의 대군
메뚜기와 누리
황충과 풀무치가 먹어 치운
그 여러 해를 갚아 주리라.
26 너희는 한껏 배불리 먹고
너희에게 놀라운 일을 한
주 너희 하느님의 이름을 찬양하리라.
다시는 내 백성이 수치를 당하지 않으리라.
27 너희는 내가 이스라엘 한가운데에 있음을,

2,22 1,18; 레위 26,4-5; 이사 30,23. 2,23 신명 11,10-14; 예레 3,3; 5,24; 마태 5,45; 야고 5,7.

주 너희 하느님이 바로 나요
나 말고는 다른 신이 없음을 알게 되리라.
다시는 내 백성이 수치를 당하지 않으리라.

영을 내리시고 구원을 약속하시다

3 1 그런 다음에
나는 모든 사람에게 내 영을 부어 주리라.
그리하여 너희 아들딸들은 예언을 하고
노인들은 꿈을 꾸며
젊은이들은 환시를 보리라.
2 그날에
남종들과 여종들에게도 내 영을 부어 주리라.
3 내가 하늘과 땅에 징조를 보여 주리니
곧 피와 불과 연기 기둥이다.

4 그 크고 두려운
주님의 날이 오기 전에
해는 어둠으로,
달은 피로 바뀌리라.
5 그때에 주님의 이름을 받들어 부르는 이는 모두 구원을
받으리라.
주님께서 말씀하신 대로
시온산과 예루살렘에는 살아남은 이들이 있고
생존자들 가운데에는 주님께서 부르시는 이들도 있으리라.

3,1. "그런 다음에"는 앞 절에서 말한 일들 이후에 이어지는 사건이 아니라 "주님의 날"이 실현됨을 암시한다. "영"은 하느님의 '루아'로, 처음부터(창세 1,2 참조) 생명의 원천으로 나타난다. 예언의 은총이 모든 이들에게 확산되는 것은 하느님의 내밀한 생명에 참여하는 전대미문의 사건 표지이다(로마 8,14-16 참조).

3,3. "징조"라는 단어는 불길한 표지를 나타낸다. 이것은 원수들에게는 죽음의 맛을 지니지만, 하느님 백성에게는 해방의 전조이다. 이미 이집트 탈출에서 사용된 이 표현은 새로운 이집트 탈출을 예고한다. 자연의 힘들이 뒤흔들리는 것은, 옛 세상에서 하느님께서 당신을 충만하게 계시하시는 새 세상으로 건너감을 표시한다. 이 모든 것은 시나이의 신현을 연상시킨다.

3,5. 거룩한 생존자, 새 이스라엘의 핵심인 "살아남은 이들"은 아마도 유다인들과 디아스포라의 이스라엘인들을 지칭한다.

3,1-5 사도 2,17-21. 3,1 창세 37,5,9; 민수 11,25-30; 12,6; 예레 23,25; 29,8; 티토 3,6. 3,2 1코린 12,13; 갈라 3,28; 콜로 3,11. 3,3-4 2,1-2.10; 4,15-17; 이사 34; 예레 13,16; 아모 5,18-20; 스바 1,14-18; 마태 24,29; 마르 13,24-25; 루카 21,25; 묵시 6,12-13; 8,7ㄱ. 3,5 창세 4,26ㄴ; 시편 50,15; 예레 33,3; 오바 17; 즈카 13,9; 로마 10,13; 4,12; 사도 2,39; 1코린 1,2; 묵시 14,1.

3,1. 영은 생명을 주고 창조력을 전해 주며 종교적 열정을 불러일으키는 하느님의 강력한 작용이다. 과거에는 특수한 임무를 지닌 몇몇 사람들에게만 주어졌다. 그러나 이제 하느님께서는 그 영을 계층·나이·성 구별 없이 모든 이들에게 부어 주심으로써 모세가 드러냈던 갈망을 실현시키신다(민수 11,29 참조). 오순절 날에 사도 베드로는 이 구절을 인용하여 그 성취를 선포한다(사도 2,14-21 참조). "예언자"가 되는 것은 사건들 안에서 하느님의 메시지를 읽어 내고, 자신의 삶 안에서 그것을 살며, 또한 그것을 다른 이들에게 전달할 줄 아는 것을 의미한다.

4,2. "여호사팟"은 "주님께서 심판하신다"를 뜻하는 상징적 이름으로, 민족들을 심판하시는 하느님을 연상시킨다(14절 참조). 기원후 4세기 이후에야 히브리 전승은 "여호사팟 골짜기"를 지금의 키드론 계곡 가운데 예루살렘에서 올리브산으로 내려가는 부분과 동일시하게 된다.

4,4. 어떤 행실을 그 사람의 머리 위로 되돌린다는 것은, 잘못을 저지른 사람이 그에 상응하는 대가를 치러야 함을 의미한다. 하느님 자신이 동태복수법을 적용하신다.

4,6. "그리스인들"로 옮긴 표현은 자구적으로는 "야완의 아들들"이다. 이는 이오니아 지방의 주민들, 곧 에게해의 섬들과 소아시아 서부의 그리스인들을 지칭한다.

4,8. 스바인들은 아라비아의 남쪽 끝에 사는 백성으로, 상업 활동으로 유명하다. 야완과 정반대 방향에 자리한다.

여호사팟 골짜기에서 민족들을 심판하시리라

4 1 보라, 나는 유다와 예루살렘의 운명을 되돌려 줄
그날과 그때에
2 모든 민족들을 모아
여호사팟 골짜기로 끌고 내려가서
나의 백성, 나의 소유 이스라엘에 한 일을 두고
그들을 거기에서 심판하리라.
그들은 내 백성을 민족들 가운데에 흩어 버리고
내 땅을 나누어 가졌다.
3 또 제비를 뽑아 내 백성을 나누고서는
소년을 창녀와 맞바꾸고
소녀를 팔아 술을 마셨다.

티로와 시돈과 필리스티아를 징벌하시리라

4 티로와 시돈아
그리고 필리스티아의 모든 지방아
너희가 나에게 무엇을 하려느냐?
무슨 보복이라도 하려느냐?
너희가 나에게 무엇을 하려고 하면
나는 곧 지체 없이
너희의 행실을 너희 머리 위로 되돌리리라.
5 너희는 나의 은과 금을 앗아 가고
나의 값진 보물들을 너희 신전으로 가져갔다.
6 너희는 유다의 자손들과 예루살렘의 자손들을
그리스인들에게 팔아넘겨
제고장에서 멀리 끌려가게 하였다.
7 그러나 이제 나는
너희가 팔아넘긴 그들을 그곳에서 깨워 일으키고
너희의 행실을 너희 머리 위로 되돌리리라.
8 나는 너희의 아들딸들을
유다의 자손들을 통하여 팔아넘기리라.
유다의 자손들은 그들을 스바인들에게,
멀리 떨어진 민족에게 팔아넘기리라.

4,2 예레 23,8; 즈카 12.

4,2. 기원전 587년 예루살렘과 성전이 파괴된 후, 외국인들에 대한 공감이 사라지고 하느님 백성의 재건은 그들을 괴롭힌 민족들의 쇠퇴와 함께 이루어지리라는 생각이 커진다.

4,4. 페니키아("티로와 시돈")와 필리스티아는 유다의 멸망에서 경제적 이득을 얻었기에 이스라엘에게 적대적인 모든 민족을 대표하는 이름이 된다. 주님께서는 이스라엘과 당신을 동일시하시어, 당신 백성에 대한 침해를 당신 자신을 향한 것으로 여기신다.

정녕 주님이 말하였다.

민족들을 '결판의 골짜기'로 불러 모으시다

9 민족들에게 이렇게 선포하여라.
"전쟁을 거룩히 준비하여라.
용사들을 깨워라.
전사들이 모두
가까이 올라오게 하여라.
10 보습을 쳐서 칼을 만들고
낫을 쳐서 창을 만들어라.
나약한 이도
'나는 용사다!' 하고 말하게 하여라.
11 사방의 모든 민족들아
서둘러 와라.
이곳으로 모여라."
— 주님, 당신의 용사들을 내려보내 주십시오! —
12 민족들은 일어나
여호사팟 골짜기로 올라가라.
내가 사방의 모든 민족들을 심판하려고
거기에 자리를 잡으리라.
13 낫을 대어라.
수확 철이 무르익었다.
와서 밟아라.
포도 확이 가득 찼다.
확마다 넘쳐흐른다.
그들의 악이 크다.

14 거대한 무리가
'결판의 골짜기'로 모여들었다.
'결판의 골짜기'에
주님의 날이 가까웠다.
15 해와 달은 어두워지고
별들은 제 빛을 거두어들인다.
16 주님께서 시온에서 호령하시고

4,11. 마지막 구절은 필사자가 삽입하여 하느님께 천사들의 군대를 보내 주시기를 청하는 것으로 생각된다("용사들").

4,13. 곡식의 추수와 포도를 짜는 것은 원수들의 징벌과 진멸을 나타내는 은유가 된다.

4,14. "결판('하루츠')의 골짜기"는 주님께서 4,2의 선고를 실행하시는 장소의 상징적 이름이다. '하루츠'는 "타작기"로 옮길 수도 있다(13절; 이사 41,15 참조).

4,16. 동사 "호령하다"는 전투의 외침을 나타내며, 하느님께서 당신의 절대적 주권을 드러내실 때 불러일으키시는 두려움을 표현한다.

4,9 에제 38-39; 즈카 14,2. 4,13 이사 17,5, 63,1-6; 마태 13,39; 묵시 14,15-19; 19,15ㄴ. 4,15 // 2,10; 마태 24,29; 마르 13,24; 묵시 6,12-13. 4,16 // 아모 1,2; 시편 46,2-3; 예레 17,17; 25,30; 하까 2,6.

4,9. 고대 근동에서 전쟁은 각 민족의 신들이 개입하는 것이기에 거룩한 것으로 여겨졌다. 반대편 민족을 없애는 것은 그들의 신을 없애거나 예속시키는 것을 의미했다. 저자는 하느님 백성에 대한 이방 민족들의 마지막 공격을 암시한다.

예루살렘에서 큰 소리를 치시니
하늘과 땅이 뒤흔들린다.
그러나 주님께서는 당신 백성에게 피난처가,
이스라엘 자손들에게 요새가 되어 주신다.

17 그때에 너희는 내가 나의 거룩한 산 시온에 사는
주 너희 하느님임을 알게 되리라.
예루살렘은 거룩한 곳이 되고
다시는 이방인들이 이곳을 지나가지 못하리라.

이스라엘이 회복되리라

18 그날에는
산마다 새 포도주가 흘러내리고
언덕마다 젖이 흐르리라.
유다의 개울마다 물이 흐르고
주님의 집에서는 샘물이 솟아
시팀 골짜기를 적시리라.
19 이집트는 황무지가 되고
에돔은 황량한 광야가 되리라.
그들이 유다의 자손들을 폭행하고
그 땅에서 무죄한 피를 흘렸기 때문이다.
20 그러나 유다에는 영원히,
예루살렘에는 대대로 사람들이 살리라.
21 나는 그들의 피를 되갚아 주고
어떤 죄도 벌하지 않은 채 내버려 두지 않으리라.
주님은 시온에 머무른다.

4,17. 고대 가나안인들은 바알과 다른 신들의 거처가 차폰에 있다고 여겼고(시편 48,3의 주 참조), 이스라엘인들은 시온산이 주님의 지상 거처라고 보았다.

4,18. "시팀 골짜기" 또는 "아카시아 골짜기"는 계약의 궤를 비롯한 성전 기물들에 사용된 나무를 암시한다. 이 상징적 이름은 풍요로움을 연상시킨다. 아마도 광야를 거쳐 사해에 이르는 키드론 골짜기의 한 구간을 지칭할 것이다.

4,17 2,17; 에제 20,40; 38,23; 오바 17; 묵시 21,27. 4,18 이사 30,25; 35,6; 에제 47,1-12; 아모 9,13; 즈카 14,8; 요한 7,37-38; 묵시 22,1. 4,19 마태 23,35; 묵시 11,8.

4,19. 이집트는 억압자인 외국 세력의 상징이며, 에돔은 불충한 형제의 상징이다. 과거의 사건들을 언급하면서 이스라엘의 전형적인 원수들을 단죄한다.

아모스서

제목과 정경 내의 위치

아모스서의 머리글은(1,1-2) 긴 편으로, 독자를 즉시 그의 신탁들이 문서로 전해진 이 첫 번째(연대기적 의미에서) 예언자의 고통스러운 세계 속으로 인도하는 기본 좌표들을 제시한다(호세아가 곧 그의 뒤를 이을 것이다). 그는 유다 왕국의 마을인 트코아 출신으로(예루살렘 남쪽으로 약 17km) 아마도 부유한 목양업자였으며, 북왕국 이스라엘에서 기원전 8세기 중반에 활동했다. 이 연대 표시가 큰 지진을 기준으로 하는 것은 우연이 아니다. 격변의 상징인 지진은 예언자 시대에 정의로운 관계들이 급격히 붕괴되었음을 상징하고, 또한 지진을 암시하면서(9,1.5 참조) 창조물과(4,13; 5,8; 9,6 참조) 역사에 대한(1,3-2,16 참조) 하느님의 징벌을 예고하는 것으로 끝날 그의 신탁들의 거센 위협의 어조를 연상시키기 때문이다.

지진은(가뭄과 다른 재앙과 더불어 7,1-3.4-6 참조) 인간적 불의의 왕국을 무너뜨리고, 예언자 제자들이나 궁정 예언자들과 거리가 먼(7,14-15 참조) 사람을 예언자로 부르는 놀랍고 당황스러우며 저항할 수 없는 부르심과 대응된다. 이스라엘의 하느님 목소리의 "호령"이(1,2; 3,8 참조) 남왕국 출신인 사람이 분열되어 적대적이지만(2,12; 7,10-12.16 참조) 사랑을 받는 땅에 관여하는 것을 정당화하고 더 나아가 의무로 부과한다. 그 백성은 열정적인 하느님께서 선택하신 백성이며(3,1-2 참조), 그래서 아모스는 그 자신이 가난한 이들을 위한 외침이 되고 회개의 마지막 호소가 된다. 억압자들에게 희생된 모든 이들이 구원되도록 하기 위해서이다.

구조와 문학적 특성

아모스서는 많은 이들을 대상으로 하는 신탁, 환시, 지혜문학적 표현과 찬가 단편들로 되어 있으며, 언뜻 보기에는 무질서하게 열거된 듯 보인다. 그러나 조금만 주의를 기울여 보면 편집 과정이 길고 복잡할 때 전형적으로 나타나는 문학적 요소들의 다양성 안에서도 현재 상태의 본문이 주요한 세 부분으로 짜여 있음을 알 수 있다. 머리글(1,1-2) 다음으로 이방 민족들과 유다와 이스라엘에 대한 심판 신탁(1,3-2,16), 이스라엘에 대한 신탁(3-6), 다섯 개의 환시(7,1-9,10), 그리고 의미 깊은 몇 개의 구원적·종말론적 부록이 이어진다(9,11-15).

첫째 부분은(1,3-2,16) 이스라엘의(사마리아를 수도로 하는 북왕국을 뜻한다. 아모스는 그 이스라엘을 대상으로 활동한다) 주변 민족들에 대한 심판의 신탁들로, 이스라엘을 둘러싸며 사방에서 점점 더 근접해 와서(아람/시리아, 필리스티아, 티로, 에돔, 암몬, 유다) 마지막으로 예언자의 고발의 주되고 진정한 대상인 이스라엘 자신을 치기에 이른다(2,6-16 참조). 이로써 민족들에 대한 신탁의 일반적 도식이 깨진다. 그러한 신탁들은 대개 인간 역사에 대한 하느님의 의로우신 심판을 예고하며 이방 민족들에게 불의하게 억눌린 하느님 백성의 구원을 알리는 것이었는데, 이 도식이 갑자기 역설적으로 뒤바뀐 것이다. 다른 민족들보다(이들은 명백한 범죄들로 더럽혀졌다) 오히려 이스라엘이 계약을 배반했기에 더 잘못이 있다고 심판을 받고 벌을 받는다. 겉으로 보기에는 예식 규정을 준수하지만, 가난한 이들을 무차별적으로 억압하면서 하느님의 율법을 (순전히 법률주의적으로) 적용하여 이를 정당화하기 때문이다.

둘째 부분은(3-6장) 다시 3,1-4,13과 5,1-6,14로 나뉜다. 앞부분의 비판을 심화하면서 아모스서의 절대적 중심인 사회 불의에 집중한다. 몇 가지 문학적 장치들로, 주님 말씀과 예언자의 말 사이에 깊은 협력을 드러낸다. 이 두 단락의 대화 상대와 대상자들은 (두 단락은 동일한 통사 구조로 말씀을 들으라고 초대하며 시작한다) 형식적으로 (그리고 적어도 처음에는) 서로 구별된다. 3,1-4,13은 직접적으로 "이스라엘 자손들"을 향한 "주님"의 "말씀"으로 전해지고, 반면 5,1-6,14에서는 아모스 자신이 "이스라엘 집안"에 대해 1인칭으로 발설한 "말"-탄원으로 (5,1과 그 이전의 1,1 참조) 강조점이 옮겨진다(그러나 그다음에는 소위 전언 양식이 다시 사용된다. "주 하느님께서 이렇게 말씀하신다." 5,3.4 참조). 둘째 단락은 다시 둘로 구분할 수 있다. 5,1-17에서는 하느님께서 이스라엘에게 선과 악, 축복과 저주 사이에서 최종적인 선택을 하게 하신다. 그리고 5,18-6,14에서는 일련의 불행 선언을 통하여(히브리어로 '호이'로, 실제로는 되풀이되는 탄식으로 들린다) 예언자가 이스라엘의 정치·종교 제도들이(사법 행정·예식·왕정) 처해 있는 암울한 상황을 드러내기 위한 조가를 시작한다. 이는 불행히도 계약에 불충하기를 선택한 데 따른 결과이다.

셋째 부분은(7,1-9,10) 다섯 개의 환시에, 이를 보충하는 자료들이 연결된다(7,10-17; 8,4-14; 9,5-10 참조). 마지막 환시를 제외하고(9,1-4 참조), 처음 네 환시는 형식적·주제적 관점에서 둘씩 짝지어져 있다(7,1-3; 7,4-6 + 7,7-9; 8,1-3 참조). 이로써 서로 반대되는 두 가지 주제가 대화적 긴장 속에서 병립된다. 예언자의 전구 역할과(7,2ㄴ-3.5-6 참조) 이스라엘의 죄를 드러내기 위한 마지막의 극단적 방법으로 이미 선포된 하느님의 징벌을 피할 수 없음이(7,8; 8,2 참조) 서로 대비된다. 마지막 환시는 구조와 표상이 상이하며(농촌을 배경으로 하지 않는 표상), 종말을 피할 수 없음을 강조하면서 이 책의 첫머리에 있었던 지진의 파괴를 연상시킨다(1,1 참조). 이어서 지혜문학적 어조의 찬가와(9,5-6 참조) 이스라엘 자신의 죄로 인하여 초래되는 불행을 예고하는 또 하나의 신탁이(9,7-10 참조) 뒤따른다. 마지막 절들은(9,11-15 참조) 후대에 첨가된 것으로서 아모스서의 방향을 의미 깊게 전환시킨다. 여기서는 재앙을 넘어(기원전 721년 북왕국 이스라엘의 멸망과 기원전 587년 남왕국 유다의 멸망) 종말론적 구원을 바라보기 때문이다.

언어적 특징과 농촌을 배경으로 하는 전형적인 풍부한 표상들 외에도 아모스는 형식적인 측면에서 법률적 은유를 매우 많이 사용한다는 점이 인상적이다. 이는 예언서들에서 일반적으로 자주 사용하는 표현 수단으로, 신학적 차원에서도 중요한 측면들이 분명 있지만 성경 저자들이 이를 매우 자유롭게 사용하기 때문에 때로는 그 의미들의 경계와 여러 변형들을 파악하기가 어렵다. 1-2장의 소위 "심판 신탁"에서는 이 현상을 더 깊이 분석함으로써 각 신탁들의 기틀이 되는 법률적 구도의 올바른 구별이 중요함을 보여 주는 증거를 볼 수 있다.

근래 연구들에서 강조하는 바와 같이 민족들에 대한 심판의 신탁들의 첫째이자 아마도 유일한 대상은 실제로는 이스라엘이라는 점을 가정한다면, 적어도 처음에는 이스라엘에 대한 신탁과 (외관상으로는) 다른 민족들을 향한 신탁을 구별할 필요가 없다. 1-2장에서는 민족들에 대한 신탁과 이스라엘에 대한 신탁이 함께 나오며, 동일한 것으로 추정되는 법률적 도식과 동일한 목적을 갖는다. 강조되어야 할 것은 오히려 그 신탁의 내용이다. 말하는 이(주님)가 제삼자(희생자)에 대한 범죄를 처벌하는 경우, 그분께서는 명백하게 심판관의 역할을 하신다. 심판관은 선고를 내림으로써 죄인의 처벌을 명하고, 그와 동시에 피해를 입은 쪽에는 정의를 회복시킨다(최소한 억압자에게서 해방시킨다). 1-2장에서 이러한 방식은 다른 민족들에 대한 신탁에서도 나타나고(그들 모두 다른 민족들에 대하여 죄를 지었다) 이스라엘에 대한 신탁에서도 나타난다(이스라엘은 가난한 이들을 학대한 죄가 있다). 그러나 유다에 대한 신탁은(이 부분은 후대의 것임이 거의 확실하며, 근래 견해들에 따르면 아모스서 첫 부분의 구조적 중심에 자리한다) 동기가 상당히 다르다. 우상 숭배의 죄는 주님과의 관계를 직접 문제 삼기 때문이다. 그러므로 성경 전통 안에서 우상 숭배가 언제나 이웃에 대한 억압과 함께 나타나지만, 이 범죄는 말하는 이 자신에 대한 죄이다. 이 경우에는 "재판" 행위라고 말하는 것이 부적절하다. 본문의 취지를 존중한다면 오히려 쌍방의 계약 규칙에 따른 법률적 행위라고 말해야 할 것이다(법적 논쟁인 '립'의 역동에 해당한다). 어쨌든 유다에 대한 짧은 신탁은 모든 범죄가 생명의 주님을(그리고 그분의 율법을) 거스르는 것임을 시사하는데, 이는 역사를(하느님 백성의 역사를, 그러나 모든 민족의 역사도 마찬가지로) 쌍방의 관계에 비추어 긍정적인 전망 안에서 바라보도록 길을 열어 준다.

주요 신학 노선

법률적 비유를 올바로 자리매김하는 것은 해석학적인 면에서 '하느님 정의'의 실현을 이해(또는 "논의")하는 데 신학적으로 즉각적인 영향을 미친다. 하느님의 정의는 가난한 이들을 착취하는 이들과 당신의 계약을 배반하는 이들에 대한 주님의 진노를 표현하는 이 책의 예언 말씀의 중심 주제이다. 첫 두 장뿐만 아니라 아모스서 전체에서는 끊임없이 사회적 범죄를 고발한다(5,26은 의문의 여지가 있다). 그 범죄는 불공평한 경제이고, 게다가 깊은 의미를 지니지 못하고 거짓스러운 형식이 되어 버린 예식으로 염치없이 (종교적) 의로움을 가장하고 있다. 그러므로 법률적 은유는 예언 말씀의 수신인인 이스라엘에 대하여 계속해서 재판이 된다.

하느님께서는 악을 묵인하지 않는 의로운 심판관이시며, 억압자들을 심판하심으로써 감추어진 정의를 드러내신다. 잘못이 있는 것은 특히 지배층이다. 그들은 아시리아 제국의 확장 정책으로 인한 위협에도 전혀 신경을 쓰지 않고, 무엇보다도 하느님과의 계약에 대한 의식과 이스라엘 역사의 기초가 되는 사건들에서(예를 들어 이집트 탈출 때의 해방. 아모 2,10 참조) 요구되는 해방적 연대성에도 전혀 마음을 두지 않는다. 그러므로 정치적인 면에서 극적 결과를 겪게 될 텐데(기원전 721년 아시리아인들에 의한 북왕국 이스라엘의 멸망과 유배), 여기에는 적어도 일부 잘못이 없는 피지배층도 불가피하게 연관된다. 여기서 미묘하고 복잡한 문제가 제기된다. 그다음에 주님께서는 무엇을 하실 것인가? 결국 모두가 타격을 입고 만다면 이러한 하느님의 정의는 어떻게 이해해야 하는가?

신학적-편집적으로 하나의 단위로 해석된 이 책의 마지막에 이르러서야, 주님께서 다윗의 초막을 다시 세워 주시고(9,11 참조) 이스라엘에게 번영을 주시겠다고 말씀하신다(9,14-15 참조). 이러한 행위는 엄밀히 법률적 도식에 의하여 이루어지는 것이 아니지만, 아모스서에서 이는 억압받는 이들을 위하여 정의('미스팟')를 이루기 위한 것으로 설명된다. 그렇지 않다면 억압받는 이들은 이중으로 희생된다. 먼저 사람들과 부패한 법정의 사악한 재판에 희생되고, 다음으로는 하느님의 불완전한 심판에 희생될 것이다. 다른 예언자들은(특히 늦은 시기의 예언자들은) 이와 다른 길을 따를 것이고, 그때에는 온 백성이 죄가 있는 것으로 여겨질 것이다(예를 들어, 예레 6,13 "낮은 자부터 높은 자에 이르기까지" 참조). 이 경우 재판의 도식은 해당되지 않으며(적지 않은 성서학자들은 계속 그렇게 생각하여 재판관, 희생자, 죄인 세 편 사이의 관계로 보는데, 그렇게 되면 희생자, 고발자 또는 재판관을 주님과 동일시하는 부적절한 결과가 나온다), 오히려 두 편 사이의 논쟁인 '립'으로 보아야 할 것이다(많은 이들은 이를 앞서 말한 재판 절차와 구별하지 않는다. 그러나 여기서는 '두 편' 사이의 계약과 대립을 가정한다). '립'에는 고유한 목적과(재판의 단죄가 아닌 화해) 전개, 그리고 결과가 있다.

단죄의 신탁과 구원의 신탁을 신학적으로 문제 있는 방식으로 병립시키는 것으로 보일 수 있는 아모스 예언의 궁극적인 역동도 '립'으로 보이지만(그 목적은 이스라엘을 하느님께 되돌아가게 하는 것이다), 여기서 사용된 방법(또는 은유)은 재판의 선고이다. 다른 말로 하면, 그 선고의 외적 형식은 심판관의 선고(피고인의 회개를 염두에 두지 않고 오직 죄인을 벌함으로써 무죄한 이를 구하고자 하는 최종적 선언)이지만, 그 내적인 실체, 곧 근본적 지향은 악을 저지른 이를 뒤흔들어 삶을 변화시키도록 이끄는 데 있다(특히 아모 5,4-6.14-15 참조). 이는 '립'의 특징이다.

본문의 작성과 전수

아모스에 대해서는 이 책에서 찾아낼 수 있는 것 외에는 아무것도 알려져 있지 않다. 그의 이름은 어근 '아마스'에서 유래하며 "(주님의) 보호를 받는 이"를 뜻한다. 부의 수준(소수의 사람들이 누리는), 신탁들에 묘사된 도시의 화려함은 그가 북왕국 이스라엘의 수도 사마리아와 베텔의 성소 근처에서 760년경, 곧 오랫동안 재위한 예로보암 2세 통치 기간 중(기원전 783-743년경) 활동했다고 생각하게 한다. 이 시기는 정치적인 면에서 국제적으로 평온한 시기였다. 당시 큰 세력들 편에서(이집트와 아시리아) 일시적으로 시리아-팔레스티나 국경을 위협하지 않고 있었기 때문이다. 히브리어 본문에서는 그를 단순한 목자('로에')가 아니라 비교적 부유한 양 떼의 소유주인 목양업자('노케드' 또한 2열왕 3,4 참조)라고 지칭한다. 이때는 유다가 강제적으로 이스라엘의 동맹이며 봉신이 된 시대였기에(2열왕 14,8-14 참조), 그가 드물지 않게 사마리아와 베텔의 왕실 성전에 갔으리라는 것을 알 수 있다(일시적으로 더 강한 북왕국 임금에게 세금으로 농산품 예물을 바치기 위하여). 이는 그의 예언 활동이 북왕국 이스라엘을 대상으로 이루어진 이유를 설명해 준다. 그가 활동한 시기는 기원전 760년경이라고 생각되는데, 하초르의 고고학 발굴에서 나타나는 대규모 지진의 흔적도 이를 시사한다.

근래 연구 일각에서는 아모스서에서 기원전 8세기의 역사적 인물인 예언자에게 직접 속하는 것으로 볼 수 있는 말들을 찾으려는 시도를 포기하는 경향이 있다(전에는 그러한 말들이 많다고 생각했다). 신학적 지향을 지닌 복합적인 문학적 기획이 점점 더 눈에 띄게 되었기 때문이다. 역사적 아모스와 이후의 제자들, 편집자들, 주해자들에 의해 형성된 아모스 사이의 정확한 구별 작업은 불가능해 보이더라도(그러한 작업은 정경적인 관점에서 볼 때 이론의 여지가 있다. 교회적인 해석에서 이 책 전체는 모두 동일하게 영감 받은 책으로 받아들여지고 전수되기 때문이다), 그 자신의 사회·문화적 배경에서 나왔을 가능성이 큰 표상들이 사용되어 농촌적 특성이 강하게 나타난다는 점은 부인할 수 없다. 서로 연결되어 있는 1-2장과 7-9장의 환시들은, 3-6장의 신탁 모음과 비교할 때 이 부분이 저자 자신의 것인지 여부는 아직 논의되고 있지만, 동일한 저자에 의한 것으로 보인다. 가장 오래된 부분은 북왕국 이스라엘에서 721년 이전에 준비되었을 수도 있다. 그 자료들이 유다 왕국으로 옮겨지면서 재편집과 현실화가 시작되었을 것이다(아마 페르시아 시대까지도).

유배 중 또는 유배 후의 재해석과 편집의 흔적들은 이 책의 핵심 부분들에 흩어져 있으며, 9,11-15의 구원적이고 종말론적인 후기는 전체가 그 시대의 것이다. 특히 여기에서는 가장 늦은 시기의 개입을 알아볼 수 있는데, 이는 열두 소예언서 안에서 아모스서의 위치를 염두에 두고 있다. 요엘서와 오바드야서 사이에(히브리 성경의 순서에 따를 경우이다. 그리스어 칠십인역은 다른 원칙들에 따라 아모스서를 호세아서와 미카서 사이에 두는데, 이들은 모두 기원전 8세기의 예언자들이다) 자리한 아모스서는 주제적·어휘적으로 정확하게 이들에 연결되며(아모 9,1ㄱ과 오바 17-19절; 아모 9,13ㄱ과 요엘 4,18ㄱ 참조), 몇 가지 일반적인 주제에 관하여 이 예언서들 사이에 대화가 이루어진다. 요엘 1-2장에서 메뚜기의 공격에 의한 자연재해로 예루살렘이 위협받는 것은(이 재해는 전쟁의 파괴를 연상시킨다) 아모 7,1-3에서 적군의 임박한 공격으로 이루어지는 징벌의 표지인 메뚜기 환시에 연결된다. 요엘 4,18에서 예견하는 예루살렘의 구원과 회복은 농경의 풍요로움을 나타내는 표상들로 묘사되는데, 이는 아모 9,11-15에서 다윗 왕조와 더 연관된 유사한 전망들로 이어진다. 오바드야서에 나타난 에돔의 징벌이라는 주제는 아모스서의 시작과 마지막에서 암시된다(아모 1,11-12; 9,12 참조). "주님의 날"에 관해서도 서로 다른 상보적 전망들이(징벌/구원?) 요엘 1,15; 4,14.18-21; 아모 5,18-20; 오바 15절에서 서로 대비된다.

살바토레 마우리치오 세사Salvatore Maurizio Sessa

아모스서

머리글

1 [1] 트코아의 목양업자 가운데 한 사람인 아모스가
전한 말씀. 유다 임금 우찌야 시대에, 곧 이스라엘
임금 여호아스의 아들 예로보암 시대에, 지진이 일어나기
이태 전 그는 이스라엘에 관한 환시를 보았다.

하느님의 말씀은 힘이 있다

2 아모스가 말하였다.
"주님께서 시온에서 호령하시고
예루살렘에서 큰 소리를 치시니
목자들의 풀밭이 시들고
카르멜 꼭대기가 말라 버린다."

다마스쿠스를 거슬러

3 주님께서 이렇게 말씀하신다.
"다마스쿠스의 세 가지 죄 때문에,
네 가지 죄 때문에 나는 철회하지 않으리라.
그들이 타작기로
길앗 사람들을 짓뭉갰기 때문이다.
4 그러므로 내가 하자엘 집안에 불을 보내리니

1,1 7,14; 8,7-8; 9,5; 이사 1,1; 예레 1,1; 호세 1,1; 미카 1,1. 1,2 // 요엘 4,16; 예레 12,4; 25,30; 이사 33,9; 나훔 1,4; 묵시 10,3.

1,1-2. 아모스의 메시지는 지진과 가뭄이라는 두 가지 표징으로 요약될 수 있다. 실재가 굳건하고 삶에 꼭 필요한 것으로 보인다 하더라도 사실은 전혀 그렇지 않다. 흔들림 없고 생명을 줄 수 있는 유일한 실재는 주님뿐이시기 때문이다.

1,3-2,16. 이 단락에서는 이스라엘의 주변 민족들이 열거된다. 민족들의 수가 일곱이라는 것은 보편성을 상징한다. 각 민족에 대하여 인간성을 거스르는 가장 중대한 죄를 고발한다. 유다에 대한 신탁은 예외이다. 마지막 신탁은 이스라엘에 대한 것으로, 다른 신탁들의 도식을 확장하면서 이를 부분적으로 벗어난다. 신탁들의 도식은 전언의 양식, 잘못에 대한 고발, 징벌의 경고로 되어 있다. 주님께서는 온 세상과 역사 전체를 지배하신다. 그분께서는 당신의 영예만이 아니라 인간에 대한 존중에도 마음을 쓰신다. 하느님의 권리가 침해되는 것은 곧 자유, 존엄성, 생명, 민족들에 대한 기억이 짓밟혀 인간의 권리가 침해될 때이다.

1,1-2. 예언자의 고향인 트코아는 베들레헴에서 남동쪽으로 9km 떨어져 있다. 그러므로 아모스는 유다 왕국의 주민이지만, 북왕국에서 예로보암 2세 통치 때(기원전 783-743년) 사명을 수행한다. 언급된 지진의 연대를 추정하기는 어렵다. 아마도 기원전 760년경일 것이다.

1,3-5. 숫자 표현은 여러 가지로 해석할 수 있다. 모든 죄악을 나타내는 상징적 숫자로 볼 수도 있고, 점차 증가해 마지막에 명시적으로 고발되는 가장 중대한 죄에서 절정을 이루는 것으로 볼 수도 있다. 여기서는 길앗에서 이스라엘과 여러 차례 전쟁을 하면서 저지른 잔학한 일들을 지칭하는 것으로 보인다. 다마스쿠스와 다른 모든 민족들에 대하여 선고되는 징벌은 철회될 수 없다. 여기서 선포되는 징벌은 아람인들이 키르로 잡혀가는 것인데, 이는 그들의 탈출을 거슬러 가는 것이다(9,7 참조). 아람인들이 메소포타미아의 키르에서 나왔기 때문이다(2열왕 16,9 참조).

1,3.6.9.11.13. 히브리어 문장을 자구적으로 옮기면, "네 가지 때문에 나는 그것을 뒤로 돌아가게 하지 않으리라."이다. 목적어는 명시되지 않는다(그리스어 번역본과 [새] 대중 라틴말 성경에서도 그렇다). 그러나 문맥상 그 목적어의 내용은 이어서 선포되는 징벌이다. 따라서 철회되지 않는 것은 "단죄의 선고"라고 말할 수 있다(2,1.4.6 참조). 이 문장은 독자/청자에게 호기심과 긴장을 유발한다.

그 불이 벤 하닷의 성채들을 삼켜 버리리라.
5 나는 다마스쿠스의 성문 빗장을 부러뜨리고
아웬 골짜기에서는 그 주민들을,
벳 에덴에서는 왕홀을 쥔 자를 없애 버리며
아람 백성은 키르로 잡혀가게 하리라."
주님께서 말씀하신다.

가자를 거슬러

6 주님께서 이렇게 말씀하신다.
"가자의 세 가지 죄 때문에,
네 가지 죄 때문에 나는 철회하지 않으리라.
그들이 사로잡은 이들을 모조리 끌고 가서
에돔에게 넘겨 버렸기 때문이다.
7 그러므로 내가 가자 성벽에 불을 보내리니
그 불이 성채들을 삼켜 버리리라.
8 내가 아스돗에서 그 주민들을,
아스클론에서는 왕홀을 쥔 자를 없애 버리고
내 손을 돌려 에그론을 치리니
필리스티아의 남은 자들까지 멸망하리라."
주 하느님께서 말씀하신다.

티로를 거슬러

9 주님께서 이렇게 말씀하신다.
"티로의 세 가지 죄 때문에,
네 가지 죄 때문에 나는 철회하지 않으리라.
그들이 형제 계약은 기억하지도 않고
사로잡은 이들을 모조리
에돔에게 넘겨 버렸기 때문이다.
10 그러므로 내가 티로 성벽에 불을 보내리니
그 불이 성채들을 삼켜 버리리라."

1,8. "남은 자들"은 이 구절에 언급되지 않은 이들을 뜻할 수도 있고(이미도 깃의 필리스티아인들) 일반적으로 재앙에서 살아남은 이들을 지칭할 수도 있다. 이 단어는 이사 4,3 이후로 깊은 신학적 의미를 지니게 된다.

1,8 5,15; 2역대 26,6; 이사 20,1; 에제 25,16; 로마 12,19.

1,6-8. 에돔으로 포로를 끌고 간 것을 고발한다. 아마도 구리 광산에서 일을 시키기 위해서였을 것이다. 필리스티아의 다섯 도시들 가운데 갓은 이미 파괴되었으므로 언급되지 않는다(6,2 참조).

1,9-10. 티로는 필리스티아와 같은 죄를 지었지만, 정도가 더 심하다. 형제 계약을 깨뜨렸다는 것은 아마도 솔로몬과 페니키아의 히람 사이의 계약을 암시한다(1열왕 5,26 참조).

에돔을 거슬러

11 주님께서 이렇게 말씀하신다.
"에돔의 세 가지 죄 때문에,
네 가지 죄 때문에 나는 철회하지 않으리라.
그가 칼을 들고 제 형제를 뒤쫓으며
동정심마저 버린 채
끊임없이 화를 내고
줄곧 분노를 품었기 때문이다.
12 그러므로 내가 테만에 불을 보내리니
그 불이 보츠라의 성채들을 삼켜 버리리라."

1,11. "화를 내고" 히브리어 동사 '타랍'은 "찢다"를 뜻하므로 자구적으로는 "그의 화가 찢었다"가 된다(욥 16,9 참조). 우리말 성경에서는 동사 형태 '와이트롭'을 '와이토르'로 수정하여(동사 '나타르') "화를 내고"로 옮기는데, 이는 "분노를 품었다"와 병행을 이룬다. (새) 대중 라틴말 성경은 이러한 해석을 제시한다.

암몬을 거슬러

13 주님께서 이렇게 말씀하신다.
"암몬 자손들의 세 가지 죄 때문에,
네 가지 죄 때문에 나는 철회하지 않으리라.
그들이 저희 영토를 넓히려고
길앗 여자들의 임신한 배를 갈랐기 때문이다.
14 전쟁의 날, 함성이 터지는 가운데
회오리바람이 몰아치는 날, 폭풍의 한가운데에서
내가 라빠 성벽에 불을 지르리니
그 불이 성채들을 삼켜 버리리라.
15 그들의 임금은 대신들과 함께
포로로 끌려가리라."
주님께서 말씀하신다.

1,13-15. 암몬은 영토 확장을 위하여 임신한 여자들의 배를 가르는 것과 같이 전형적인 전쟁 범죄들을 저질렀다.

모압을 거슬러

2 1 주님께서 이렇게 말씀하신다.
"모압의 세 가지 죄 때문에,
네 가지 죄 때문에 나는 철회하지 않으리라.
그가 에돔 임금의 뼈를 불살라
횟가루로 만들어 버렸기 때문이다.
2 그러므로 내가 모압에 불을 보내리니
그 불이 크리욧의 성채들을 삼켜 버리리라.
그리하여 모압은 전투의 아우성 속에서
함성과 뿔 나팔 소리가 나는 가운데 죽어 가리라.

2,1-3. 무덤을 모독함으로써 기억을 모욕하는 것을 단죄하는 것인지, 이웃 나라의 왕조를 횟가루로 만들기까지 해서 완전히 없애려 한 군사 행동을 단죄하는 것인지 결정하기 어렵다.

2,1.4.6. "철회하지 않으리라." 1,3.6.9.11.13의 주 참조.

1,11 창세 27,41; 민수 20,14-21; 신명 2,4-5; 이사 34; 예레 49,7-22; 에제 25,12-14; 35.
1,13 신명 2,19; 2열왕 8,12; 15,16; 예레 49,1-6; 에제 25,1-7; 호세 14,1; 스바 2,8-11.

1,11-12. 에돔은 이미 포로들을 학대한 죄가 있는데, 한 가지 더 죄가 더해진다. 에돔은 창세기의 이야기에 따르면 쌍둥이 형제인 민족에 대하여 동정심을 버리고 정도를 벗어난 복수를 했던 것이다.

3 나는 또 그 가운데에서 통치자를 없애 버리고
그의 대신들도 모조리 죽여 버리리라."
주님께서 말씀하신다.

유다를 거슬러

4 주님께서 이렇게 말씀하신다.
"유다의 세 가지 죄 때문에,
네 가지 죄 때문에 나는 철회하지 않으리라.
그들이 주님의 법을 배척하고
그 규정들을 지키지 않았으며
저희 조상들이 따라다니던 거짓 신들에게 홀려
길을 잃어버렸기 때문이다.
5 그러므로 내가 유다에 불을 보내리니
그 불이 예루살렘의 성채들을 삼켜 버리리라."

이스라엘을 거슬러

6 주님께서 이렇게 말씀하신다.
"이스라엘의 세 가지 죄 때문에,
네 가지 죄 때문에 나는 철회하지 않으리라.
그들이 빚돈을 빌미로 무죄한 이를 팔아넘기고
신 한 켤레를 빌미로 빈곤한 이를 팔아넘겼기 때문이다.
7 그들은 힘없는 이들의 머리를 흙먼지 속에다 짓밟고
가난한 이들의 살길을 막는다.
아들과 아비가 같은 처녀에게 드나들며
나의 거룩한 이름을 더럽힌다.
8 제단마다 그 옆에
저당 잡은 옷들을 펴서 드러눕고
벌금으로 사들인 포도주를

2,3. "그 가운데에서" 자구적 번역은 "그 내부에서부터"이지만, 이는 "그에게서"로 옮길 수 있다. (새) 대중 라틴말 성경은 우리말 번역처럼 되어 있다.

2,6-7. 채무자가 빚을 갚을 수 없으면 한시적으로 종이 되어야 했다(탈출 21,2; 신명 15,12; 레위 25,39 참조). 그러나 여기서는 하느님의 법의 깊은 의미를 왜곡시키는 율법주의가 승리하는 모습을 지적한다. "무죄한 이"를 사소한 일 때문에("신 한 켤레를 빌미로") 팔아넘기고, 부자비한 정의를 얻어 내려고 공정함을 내세운다("가난한 이들의 살길을 막는다."는 길, 곧 재판 절차를 왜곡시킨다는 뜻이다).

2,8. 고발의 절정은 불쌍한 이들에게 빼앗은 것으로(옷과 포도주) 가난한 이들의 하느님이신(9-10절 참조) 주님을 찬양한다는 것이다.

2,4-5 3,2; 레위 26,14-15; 이사 5,24-25; 호세 8,14; 로마 12,19. 2,4 신명 31,16; 판관 2,17; 예레 7,28. 2,8 6,6; 탈출 22,25-26; 신명 24,12-13; 에제 18,12; 1코린 10,21.

2,4-5. 이 신탁은 유다의 편집자에 의해 첨가된 것이다. 이 경우에는 인간성을 거스른 죄가 아니라 주님의 법을 무시하고 계약을 깨뜨린 죄를 지적한다.

2,6-16. 주변 민족들의 (명백한) 죄들에 대한 예언자의 단죄를 들으며 동의하던 청자에게(이스라엘인이다. 1,1 참조), 자신을 돌아보라고 말한다. 이렇게 이 긴 도입부의 목적이 무엇인지 드러난다. 죄악을 고발하는 문학적 양식은 다른 민족들과 동일하다. 이스라엘은 결코 무죄하지 않다. 고발을 더 중대하게 하는 차이는, 이스라엘에서는 범죄가 감추어져 있다는 것이다. 합법성이 승리하고 있는 것으로 보이지만(6절), 하느님께서 무력한 이들에게 땅을 주셨던 이집트 탈출이라는 근본적 사건에서 드러난 절대적 은혜의 의미는 변질된다(9-10절). 가난한 이들은 법의 이름으로 짓밟히고, 그들을 억압하면서 주님께 예배를 드리고(7-8절) 예언을 회피한다(11-12절). 마지막 치료법은 그들이 힘을 빼앗기게 되는 것이다(16절). 이것은 구원의 은총으로, 죄를 밝혀내고 무너뜨림으로써 삶의 진정한 의미는 선물에 있다는 것을 드러낸다.

저희 하느님의 집에서 마셔 댄다.
9 그런데 나는 그들 앞에서 아모리인들을 없애 주었다.
그 아모리인들은 향백나무처럼 키가 크고
참나무처럼 강하였지만
위로는 그 열매를,
아래로는 그 뿌리를 없애 주었다.
10 그리고 나는 너희를 이집트 땅에서 데리고 올라와
사십 년 동안 광야에서 이끈 다음
아모리인들의 땅을 차지하게 하였다.
11 너희 자손들 가운데 어떤 이들은 예언자로 세우고
너희 젊은이들 가운데 어떤 이들은 나지르인으로 세웠다.
이스라엘 자손들아, 사실이 그러하지 않으냐?
주님의 말씀이다.
12 그런데 너희는 나지르인들에게 술을 먹이고
예언자들에게 '예언하지 마라.' 하고 명령하였다.
13 그러므로 이제 나는
곡식 단으로 가득 차 짓눌리는 수레처럼
너희를 짓눌러 버리리라.
14 날랜 자도 달아날 길 없고
강한 자도 힘을 쓰지 못하며
용사도 제 목숨을 구하지 못하리라.
15 활을 든 자도 버틸 수 없고
발 빠른 자도 자신을 구하지 못하며
말 탄 자도 제 목숨을 구하지 못하리라.
16 용사들 가운데 심장이 강한 자도
그날에는 알몸으로 도망치리라."
주님의 말씀이다.

2,10. "너희를… 데리고 올라와" 자구적으로 번역하여 표현한 이 히브리어 동사는 성경 전체에서 신학적 중요성을 갖는다(창세 13,1의 주 참조).

2,13. 히브리어 '힌네'("이제")라는 단어는 흔히 "보라"로 번역하지만, 그 의미는 매번 경우에 따라 해석되어야 한다(사전들에는 열 가지에 이르기까지 여러 의미가 표시된다). 지금의 경우 "그러므로"로 옮겼다.

2,11-12 민수 6,1-4. 2,12 7,12-13; 1열왕 22,8.27; 이사 30,10-11; 예레 11,21; 12,5-6; 26,8; 38,4; 미카 2,6; 사도 4,18; 5,28; 7,51; 1테살 2,15-16. 2,16 5,18; 예레 48,41; 마르 14,52.

2,16. 징벌의 마지막 표상은("용사들 가운데 심장이 강한 자도 그날에는 알몸으로 도망치리라") 이스라엘에 대한 신탁의 요약이며, 그 감추어진 죄와 마음의 부패를 드러낸다. 하느님의 경고는 백성을 없애려는 것이라기보다 양심에 죄를 감추는 것을 제거하기 위한 것이다. 주님의 날에 도망치게 되는 것은 하느님께서 불의를 공모할 수 없으시며 거짓된 종교의 도구가 되지 않으심을 드러낸다.

이스라엘의 선택과 징벌

3 1 "이스라엘 자손들아, 주님이 너희를 두고, 이집트
땅에서 내가 데리고 올라온 씨족 전체를 두고 한
이 말을 들어라.
2 나는 이 땅의 모든 씨족 가운데에서
너희만 알았다.
그러나 그 모든 죄를 지은 너희를
나는 벌하리라."

하느님과 예언자의 행동

3 두 사람이 약속하지 않았는데도
같이 갈 수 있겠느냐?
4 먹이가 없는데도
사자가 숲속에서 으르렁거리겠느냐?
잡은 것이 없는데도
힘센 사자가 굴속에서 소리를 지르겠느냐?
5 미끼가 없는데도
새가 땅에 있는 그물로 내려앉겠느냐?
아무것도 걸리지 않았는데
땅에서 그물이 튀어 오르겠느냐?
6 성읍 안에서 뿔 나팔이 울리면
사람들이 떨지 않느냐?
성읍에 재앙이 일어나면
주님께서 내리신 것이 아니냐?
7 정녕 주 하느님께서는
당신의 종 예언자들에게
당신의 비밀을 밝히지 않으시고는
아무 일도 하지 않으신다.
8 사자가 포효하는데
누가 두려워하지 않을 수 있으랴?

3,1. "올라온" 2,10의 주 참조.

3,2. "벌하리라." 자구적으로는 "방문하리라."로, 계약 요구들을 존중하고 있는지 확인하기 위한 하느님의 방문을 지칭한다. 백성에게 잘못이 있다면 그 방문은 징벌이 될 것이다(3,14의 주 참조). "알았다." 친교와 선택으로 이루어진 체험적 앎을 지칭하여 "사랑했다"는 뜻이다. 선택은 공동체를 안전하게 해 주는 것이 아니라 오히려 계약에 온전히 응답하라는 부르심이 된다.

3,3-8. 아마도 아모스는, 그의 단호한 설교의 합법성에 대한 이의에 응답하고 있다. 일련의 수사적 질문들은 원인에 따른 불가피한 결과를 보여 주며, 그의 설교가 예언자 소명의 회피할 수 없는 결과임을 보여 준다.

3,2 탈출 19,5-6; 신명 7,6-8; 10,15; 이사 63,19; 마태 11,20-24; 루카 12,47-48; 로마 2,9; 1베드 4,17. 3,7 창세 6,13; 18,17-18; 1열왕 22,19; 시편 25,14; 다니 9,22; 예레 7,25; 묵시 1,1; 10,7. 3,8 1,2; 7,14-15; 예레 20,7-9; 사도 4,20; 5,20.29; 1코린 9,16; 묵시 10,3.

3,1-4,13. 이 단락은 이스라엘에 대한 고발과 징벌의 신탁들을 포함하며, 주제들의 유사성에 따라 사회적 불의, 형식적 예배, 회개하지 않는 백성에 대한 고발들로 구성된다. 하느님을 만나는 것은(4,12 참조) 계약 공동체의 첫 관심사가 되어야 한다.

3,3-8. 이 단락에는 두 가지 신학적 모티브가 나타난다. 모든 사건들에 대한 주님의 통치권을 단언하고(이로써 하느님께서는 역사의 사건들을 통하여 인류에게 말씀하신다) 또한 예언자와 그 하느님의 특별한 관계를 말한다. 예언자는 하느님의 일꾼(종)일 뿐만 아니라 신뢰하는 친구와 같다.

주 하느님께서 말씀하시는데
누가 예언하지 않을 수 있으랴?

사마리아를 거슬러

9 "너희는 아스돗의 성채들과
이집트 땅의 성채들에서 선포하여라.
'너희는 사마리아의 산들 위에 모여
그 안에서 일어나는 큰 혼란과
그 속에서 벌어지는 폭행을 보아라.'
10 그들은 옳게 행동할 줄을 모른다.
주님의 말씀이다.
그들은 자기들의 성채 안에
폭력과 억압을 쌓아 올리는 자들이다.
11 — 그러므로 주 하느님께서 이렇게 말씀하신다. —
적이 이 땅을 포위하고
너의 방어벽을 허물어뜨려
너의 성채들을 약탈하리라."

12 주님께서 이렇게 말씀하신다.
"목자가 사자의 입에서
다리 두 개나 귀 한쪽을 빼낸다.
사마리아에 사는 이스라엘 자손들도
침상 발치와 침대 머리맡에서 그렇게 구출되리라.
13 너희는 듣고
야곱의 집안을 거슬러 증언하여라.
만군의 하느님, 주 하느님의 말씀이다.
14 내가 이스라엘의 죄를
벌하는 날
베텔의 제단들도 벌하리니
제단의 뿔들이 꺾여

3,9. "그 속에서" 2,3의 주 참조.

3,11-12. 죄를 고발한 다음(9-10절) 동태복수법에 따라 징벌이 선포된다(11-12절). 억압과 불의의 기념비인 권세가들의 저택은(10절) 약탈을 당할 것이다. 불의를 행한 이는 그가 불의를 당하게 될 것이다(12절). 6,8.11의 주 참조.

3,14. "벌하리니" 히브리어 '파캇'의 번역이다. 이 동사는 본래 "조사하기 위하여 방문하다", "검사하기 위하여 살피다"를 뜻한다(지혜 3,13의 주 참조). 구약 성경에서 하느님께서 당신 백성을 찾아오시는 것은 구원을 위한 것일 수도 있고 징벌을 위한 것일 수도 있다(이사 10,3; 예레 6,15; 말라 3,2 참조). 여기서는 후자에 속하므로 "벌하다"로 옮길 수 있다.

3,9 2,6-8; 4,1; 6,1; 신명 29,23-28; 스바 3,8. 3,10 시편 14,4; 예레 4,22; 스바 1,9; 야고 5,3-4.

3,9-15. 아스돗은 필리스티아의 도시로, 여기서는 이집트와 함께 억압의 대표자로 언급된다. 사마리아를 덮칠 원수의 이름은 직접 언급되지 않았지만, 아시리아임이 분명하다. 12절에서는 이해하기 어려운 상징이 나타난다. 한 가지 가능한 해석은, 찢긴 동물의 귀 한쪽과 다리들은 그 짐승의 머리가 맹수에게 먹힌 것이므로 목자에게는 잘못이 없음을 주인에게 증명해 준다는 것이다. 그와 마찬가지로 사마리아에 남은 자들이 있다는 사실은 그들의 멸망이 주님 탓이 아니며 잘못은 백성에게 있음을 입증할 것이다. 화려함, 부, 권력은 너무나 자주 불의와 착취로 이루어진다. 주님께서는 이를 모른 체하지 않으시며 의로운 심판자로서 벌하시고 죄인의 힘을 빼앗으시어(11절) 그를 회복시키고자 하신다('립'의 역동에 따라. 예레 2,9의 주 참조).

땅에 떨어지리라.
15 나는 여름 별장에다 겨울 별장까지 쳐부수리라.
상아로 꾸민 집들이 사라지고
큰 집들이 없어지리라."
주님의 말씀이다.

사마리아의 여자들을 거슬러

4 1 사마리아산에 사는 바산의 암소들아
이 말을 들어라.
힘없는 이들을 억압하고
빈곤한 이들을 짓밟으며
"우리가 마실 술을 가져와요." 하고
저희 남편들에게 말하는 여자들아!
2 주 하느님께서 당신의 거룩함을 두고 맹세하셨다.
"보라, 정녕 그때가 너희에게 다가온다.
사람들이 너희를 갈고리로 끌어가고
너희 가운데 마지막 한 사람마저 낚시로 채 가리라.
3 너희는 뚫린 성벽으로 한 사람씩 곧장 끌려 나가
하르몬으로 내던져지리라."
주님의 말씀이다.

겉치레뿐인 예배

4 "너희는 베텔로 오너라. 그리고 죄를 지어라.
길갈로 오너라. 그리고 더욱더 죄를 지어라.
아침에 너희의 희생 제물을 바치고
셋째 날에 너희의 십일조를 바쳐라.
5 누룩 든 빵을 감사 예물로 살라 바치고
큰 소리로 자원 예물을 공포하여라.
이스라엘 자손들아
이런 것들이 너희가 좋아하는 것이 아니냐?"
주 하느님의 말씀이다.

4,1-3. 요르단 동편 바산고원은 소와 양으로 유명하다(신명 32,14; 에제 39,18 참조). 사마리아의 귀부인들이(또는 귀족들 자신이) "암소"라고 불리는 것은 그들이 가난한 이들을 희생시켜 잘 살기 때문이다. 그들은 하르몬(수정한 본문 번역으로 헤르몬)을 넘어 아시리아로 유배를 가게 될 것이다.

4,2. 갈고리와 낚시는 고대 메소포타미아에서 유배를 나타내는 표상들이었다. 그러나 번역이 확실치 않다.

4,4-5. 역설적인 네 개의 명령문으로, 혼합주의적 예식을 거행하던 고대의 성소들인 베텔과 길갈의 순례를 비판한다.

4,5. 하느님께서는 정의와 공정을 기뻐하신다(5,24 참조). 많은 제사와 예배를 바치는 것이 이스라엘을 구하지는 못한다.

4,3 2열왕 25,4; 에제 12,5.12; 스바 1,18. 4,4-5 3,14; 이사 1,11-15; 미카 6,6-7; 시편 50,8-13; 마태 6,2; 23,5.

4,1-3. 불의는 직접 잘못이 있는 이들뿐만 아니라, 사마리아 권세가의 부인들과 같이 간접적으로 사회적·경제적 이익을 누리는 이들에게서도 저질러진다.

4,6-13. 역사의 사건들에서 교훈을 깨닫지 못하는 백성은 회개의 기회를 놓친다. 소위 이집트의 재앙 때 파라오의 경우와 유사한 점이 있다(10절). 이번에도 마지막 경고는 피할 수 없을 것이다. 계약의 주님과 만나는 순간이 될 것이기 때문이다. 처벌에서 점진성을 볼 수 있다. 처음에는 기근과 가뭄이 있고(6-8절), 다음에는 수확이 황폐하게 되며(9절) 마지막으로는 흑사병과 추수를 망치는 일들이 일어난다(10-11절). 이는 재판의 선고와 같은 어조를 넘어, 하느님께서 죄인의 단죄를 바라지 않으시고(법정의 재판에서처럼) 그의 회개를 바라신다는 것을 보여준다('립'의 정신에 따라. 예레 2,9의 주 참조).

4,11. 징벌이 괴롭다 하더라도 그것은 계약을 끝내는 것이 아니다. 역사가 있는 한 회개의 가능성이 있다.

이스라엘의 고집

6 "나도 너희의 모든 성읍에 끼닛거리를 없애고
너희의 모든 동네에 먹을거리가 모자라게 하였다.
그런데도 너희는 나에게 돌아오지 않았다.
주님의 말씀이다.
7 나는 또 수확을 석 달 남겨 놓은 채
너희에게 비를 내리지 않았다.
어떤 성읍에는 비를 내려 주고
어떤 성읍에는 비를 내려 주지 않았다.
어떤 밭은 비가 내리고
어떤 밭은 비가 내리지 않아 말라 버렸다.
8 그리하여 물을 마시려고
두세 성읍에서 한 성읍으로 비틀거리며 몰려들어도
아무도 실컷 마시지 못하였다.
그런데도 너희는 나에게 돌아오지 않았다.
주님의 말씀이다.
9 나는 마름병과 깜부깃병으로 너희를 치고
너희 정원과 포도밭을 황폐하게 하였다.
또 너희 무화과나무와 올리브 나무는 메뚜기 떼가 먹어 치웠다.
그런데도 너희는 나에게 돌아오지 않았다.
주님의 말씀이다.
10 나는 너희에게 이집트 흑사병을 보내고
너희 젊은이들을 칼로 죽였으며 말들은 잡혀가게 하였다.
또 너희 진영의 악취가 올라와서 너희 코를 찌르게 하였다.
그런데도 너희는 나에게 돌아오지 않았다.
주님의 말씀이다.
11 나 하느님이 소돔과 고모라를 뒤엎은 것처럼
너희를 뒤엎어 버리니
너희가 불 속에서 끄집어낸 나무토막처럼 되었다.
그런데도 너희는 나에게 돌아오지 않았다.
주님의 말씀이다.
12 그러므로 이스라엘아, 내가 너에게 이렇게 하리라.

4,6 레위 26,14-39; 예레 2,30; 5,3; 7,26; 19,15; 스바 3,2; 묵시 16,9.11. 4,7 1열왕 8,35-36; 17,1; 예레 14,1-6; 하까 1,10-11; 묵시 11,6ㄱ. 4,8 1열왕 18,5; 이사 41,17-18; 예레 14,3; 에제 4,16. 4,9 신명 28,22. 4,11 7,1; 창세 19; 탈출 10,4; 시편 105,34-35; 이사 1,5-9; 요엘 1,4; 즈카 3,2; 말라 3,11; 유다 23. 4,12 말라 3,1-2; 마태 5,25; 24,44; 1테살 5,2; 묵시 3,3.

4,6-13. 백성은 역사의 표징을 보고 주님께로 되돌아가야 한다. 그분만이 창조하시고 구원하시는 분이다(13절 참조). 예배 행위에 진정한 회개의 표지가 없다면 아무 소용이 없다.

내가 너에게 이렇게 하리니
이스라엘아, 너의 하느님을 맞이할 준비를 하여라."

영광송

13 보라, 산을 빚으시고 바람을 창조하신 분
당신의 뜻을 사람에게 알려 주시는 분
아침노을을 어둠으로 만드시는 분
땅의 높은 곳을 밟고 가시는 분
그 이름 주 만군의 하느님이시다.

이스라엘을 위한 애가

5 1 "이스라엘 집안아, 이 말을 들어라,
내가 너희를 두고 부르는 이 애가를.
2 처녀 이스라엘이 쓰러져
다시는 일어나지 못하는구나.
제 땅에 내던져졌어도
일으켜 줄 사람 하나 없구나.
3 — 정녕 주 하느님께서 이렇게 말씀하신다. —
이스라엘 집안에서
천 명이 출정하던 성읍은
백 명만 남고
백 명이 출정하던 성읍은
열 명만 남으리라."

삶이냐 죽음이냐

4 정녕 주 하느님께서 이스라엘 집안에 이렇게 말씀하신다.
"너희는 나를 찾아라. 그러면 살리라.
5 너희는 베텔을 찾지 말고
길갈로 가지 마라.

4,13 3,7; 5,8.27; 9,6; 시편 139,2; 호세 12,6; 마태 9,4; 루카 7,39-40; 요한 1,18; 2,25.
5,4 신명 30,1-8; 시편 14,2; 27,8; 이사 55,6-7; 예레 29,12-13; 호세 5,6; 10,12; 스바 2,3; 마태 7,8.

5,1-3. 죽은 이에 대해 부르는 애가이다. 구체적으로는 이른 죽음을 맞은 처녀를 위한 노래로 되어 있다. 백성을 나타내는 표상인 처녀 이스라엘에 대한 애가는 하느님 말씀에서 오는 생명을 역설적으로 호소하는 역할을 한다.

5,4-7. 베텔과 길갈의 성소 외에 성조들의 전승들과 연관된 브에르 세바를 언급한다. 이들 모두 순례의 장소이지만 장차 파괴된다. 예언자는 베텔과 길갈에 대하여 언어유희를 한다(호세 4,15-19의 주 참조). 베텔은 "허무의 집" 곧 "폐허"가 될 것이고 길갈은 히브리어로 "유배"('골라')와 발음이 유사하기 때문이다. 성소나 그곳의 예식이 백성을 구원할 수 있는 것이 아니다. 백성은 그러한 조직에 의지할 것이 아니라 오직 참되고 의롭게 하느님을 찾아야 한다. 4절과 6절에서 되풀이하여 말하듯이 그분께서 참된 생명이시기 때문이다.

4,13. 창조주이시며 역사의 주인이신 하느님을 향한 세 개의 찬가 단편들 가운데 하나이다. 이들은 아모스서의 전략적 위치들에 자리한다(5,8-9; 9,5-6 참조). 이스라엘이 만나야 할 하느님은 저항할 수 없는 힘을 갖고 계시며, 회개의 권고에 완고하게 저항한 백성을 포함한 모든 것은 그분께 복종해야 한다.

5,4-6. 히브리어 동사 "찾다"('다라스')는 "주님"을 목적어로 할 때 전문적인 의미를 갖는다. 하느님의 신탁을 구하는 것을 뜻할 수도 있고(이는 중개자를 통해 주님의 뜻을 묻는 것이다. 창세 25,22; 탈출 18,15 참조), 성소를 순례하는 것을 뜻할 수도 있다(5절 첫머리에서와 같이). 아모스의 청자들에게 성소의 파괴를 예고하며 성소에 가지 않고 "주님을 찾아라." 하는 도전적 호소는 역설적이었을 것이다. 이로써 예언자는 구원이 외적 행위에 있는 것이 아니라 (5절 "베텔을 찾지 말고…") 충실과 순종의 진정한 관계에 있음을 역설한다(4절 "너희는 나를 찾아라. 그러면 살리라.").

브에르 세바로 건너가지도 마라.
길갈은 반드시 포로로 잡혀가고
베텔은 폐허가 되리라.
6 너희는 주님을 찾아라. 그러면 살리라.
그러지 않으면 그가 불처럼 들이쳐 요셉 집안을 삼켜 버리리니
베텔에는 그 불을 끌 자 없으리라.
7 아 너희, 공정을 쓴흰쑥으로 만들어 버리고
정의를 땅바닥에 내팽개치는 자들아!"

영광송

8 묘성과 오리온자리를 만드신 분
암흑을 아침으로 바꾸시고
낮을 밤처럼 어둡게 하시는 분
바닷물을 불러올리시어
땅 위에 쏟으시는 분
그 이름 주님이시다.

9 그분께서는 강한 자 위로 파멸이 번뜩이게 하시고
그 파멸이 요새를 덮치게 하신다.

경고

10 그들은 성문에서 올바로 시비를 가리는 이를 미워하고
바른말 하는 이를 역겨워한다.
11 너희가 힘없는 이를 짓밟고
도조를 거두어 가니
너희가 다듬은 돌로 집을 지어도
그 안에서 살지 못하고
포도밭을 탐스럽게 가꾸어도
거기에서 난 포도주를 마시지 못하리라.
12 정녕 나는 너희의 죄가 얼마나 많고
너희의 죄악이 얼마나 큰지 알고 있다.
너희는 의인을 괴롭히고 뇌물을 받으며

5,8-9. "묘성과 오리온자리"는 그리스어 번역본을 따른 것으로, 욥 38,31과 같이 두 개의 별자리를 지칭한다. 권세가들이 역사의 주인임을 주장할 때 하느님의 창조 능력을 이에 대비시킨다. 하느님의 징벌은 피할 수 없이 그 권세가들에게 내릴 것이다.

5,9. 동일한 히브리어 자음에 모음을 다르게 붙여 다른 단어를 만들 수 있다. 우리말 성경은 그리스어 번역본과 (새) 대중 라틴말 성경을 따라 "강한 자"('아즈')로 옮겼지만, 일부 번역본들은 "성채"('오즈')로 번역하여 이 절 끝의 명사 "요새"와 병행을 이룬다.

5,10. "성문에서 올바로 시비를 가리는 이" 히브리어 본문을 자구적으로 옮기면 "성문에서 꾸짖는 이"이다(창세 23,10의 주와 욥 5,4의 주 참조). 이사 29,11에서는 같은 히브리어 표현을 "성문에서 재판하는 사람"으로 옮겼다.

5,6 예레 4,4; 7,20; 에제 21,3. 5,7 6,12; 신명 29,17; 에제 3,20. 5,8 4,13; 9,6; 욥 9,9; 38,21. 5,10 6,12; 7,10; 1열왕 18,17; 21,20; 22,8; 잠언 9,7-8; 이사 29,21; 예레 20,7; 요한 7,7; 15,19; 묵시 11,10. 5,11 신명 28,30ㄴㄷ. 5,12 2,6-7; 1사무 8,3; 이사 1,23; 미카 3,11; 야고 5,4.6.

5,10-13. 가장 가난한 이들을 괴롭히던 불공평한 세금과 부패한 재판 같은 불의를 비판한다. "신중한 이"는 아마도 예언자 자신이다. 그는 이렇게 고통스러운 장면 앞에서 마치 징벌을 앞두고 침묵을 강요당한 것과 같다.

빈곤한 이들을 성문에서 밀쳐 내었다.
13 그러므로 신중한 이는 이러한 때에 입을 다문다.
때가 악하기 때문이다.
14 너희는 악이 아니라 선을 찾아라.
그래야 살리라.
그래야 너희 말대로
주 만군의 하느님이 너희와 함께 있으리라.
15 너희는 악을 미워하고 선을 사랑하며
성문에서 공정을 세워라.
어쩌면 주 만군의 하느님이
요셉의 남은 자들에게 자비를 베풀지도 모른다.

16 그러므로 주님께서,
주 만군의 하느님께서 이렇게 말씀하신다.
"광장마다 곡소리가 터져 나오고
거리마다 '아이고, 아이고!' 하리라.
사람들은 농부들을 불러 통곡하게 하고
곡꾼들을 불러 곡하게 하리라.
17 포도밭마다 곡소리가 터져 나오리니
내가 너희 가운데를 지나갈 것이기 때문이다."
주님께서 말씀하신다.

주님의 날

18 불행하여라,
주님의 날을 갈망하는 자들!
주님의 날이 너희에게 무슨 득이 되느냐?

5,14. "찾아라." 히브리어 동사 '다라스'를 다시 사용한다. 5,4-6의 주 참조.

5,15. "어쩌면" 예레 26,3의 주 참조.

5,16-17. 이스라엘의 죽은 이들에 대한 애가는 이집트 맏이들의 죽음에 대한 애도를 연상시키는 듯하다(탈출 12,30 참조). 두 경우 모두 주님께서 심판하러 "지나가시기" 때문이다(17절; 탈출 12,12.23 참조). 선택은 특권이 아니라 책임이며, 그래서 잘못에 대한 벌을 면해 주지 않는다는 것이 분명히 드러난다.

5,13 6,10; 미카 2,3; 7,5; 코헬 3,7; 에페 5,15-16. 5,14 5,4; 신명 7,12; 이사 1,19; 예레 7,5-6; 11,13; 17,24; 에제 20,20. 5,16 8,10; 이사 22,12; 예레 9,16; 미카 2,4; 묵시 18,10. 5,18 이사 5,19; 예레 13,16; 14,19; 17,15; 요엘 2,1-2; 스바 1,14-18; 요한 8,12.

5,14-15. 이 구절은 4-7절에 대응한다. "너희 말대로 주 만군의 하느님이 너희와 함께 있으리라."는 예식적인 인사말을 바탕으로 한 역설이다. 이스라엘이 진실하게 선을 찾지 않는다면 그 인사는 거짓이 된다. 선을 찾으라는 호소는 참된 선과 겉으로만 선으로 보이는 악을 식별할 줄 아는 것을 전제한다. 자신의 선을 찾는 것은 다른 이들에게 행해진 선을 사랑하는 데 있고, 그것은 정의를 찾는 것이다. 선을 행하고 악을 거부함으로써 참된 하느님을 찾는 것은 아모스의 긍정적 제의의 핵심이다.

5,18-6,14. 16-17절에서 예고된 탄식이 불행 선언들로 표현된다. 이들은 생명을 제안하시는 주님께 이스라엘이 부정적으로 응답했음을 암시한다. 그 제안은 그분을 찾고 선을 찾는 것을 전제한다.

5,18-20. "주님의 날"은 아모스서에서 자주 사용하는 표현으로, 당신 백성을 해방하고 악을 심판하시는 하느님의 개입들에 대한 기억에 기초한다. 예언자는 강한 시각적 효과를 주는 광경을 통해 그 절대적인 힘을 묘사한다(판관 4,14 참조). 이는 전례 거행에서 재현된다. 주님의 날은 해방 체험에서 징벌 또는 심판의 순간으로 바뀐다. 이는 그들의 희망이 헛된 안전의 기대가 아니라 오직 회개하려는 자세에 기초해야 함을 일깨운다.

그날은 어둠일 뿐 결코 빛이 아니다.

19 사자를 피해 도망치다가
곰을 만나고
집 안으로 피해 들어가
손으로 벽을 짚었다가
뱀에게 물리는 것과 같으리라.
20 주님의 날은 어둠일 뿐 빛이 아니지 않으냐?
불빛이라고는 전혀 없이 캄캄할 뿐이다.

5,19. 이스라엘이 무서운 위협에서 피하여 가장 안전하다고 생각하는 바로 그때 스스로의 무력함을 드러내는 피할 수 없는 재앙을 당할 것이다(이사 24,17-18; 예레 48,43-44; 마태 24,36-44; 루카 17,26-37; 1테살 5,3 참조). 역사의 주님과 본래적 관계에 기초하지 않은 안전은 순전한 허상이다.

이스라엘의 예배를 배척하시다

21 "나는 너희의 축제들을 싫어한다. 배척한다.
너희의 그 거룩한 집회를 반길 수 없다.
22 너희가 나에게
번제물과 곡식 제물을 바친다 하여도 받지 않고
살진 짐승들을 바치는 너희의 그 친교 제물도 거들떠보지
않으리라.
23 너희의 시끄러운 노래를 내 앞에서 집어치워라.
너희의 수금 소리도 나는 듣지 못하겠다.
24 다만 공정을 물처럼 흐르게 하고
정의를 강물처럼 흐르게 하여라.

25 이스라엘 집안아, 너희가 광야에서 지낸 사십 년 동안
나에게 희생 제물과 곡식 제물을 바친 적이 있느냐?

26 너희는 스스로 만든
너희 임금 사쿳 상과
너희 별 신 케완 상을 짊어지고 가리라.
27 그러므로 내가 너희를
다마스쿠스 너머로 유배를 보내리라."
주님께서 말씀하신다.
그 이름 만군의 하느님이시다.

5,21-27. 이 단락은 여러 예식적 행위들을 제시하는데, 예식과 삶, 신앙과 역사가 결합되어 있어야 한다는 예언자들의 전형적 가르침에서 말하듯이 주님께서는 이 예식 행위들 모두를 거부하신다. 여기서 아모스가 예식을 전면적으로 거부했다는 결론을 이끌어 내기는 어렵다. 그는 오히려 정의가 반드시 우선되어야 함을 명확하게 강조한다. "사쿳"과 "케완"은 아시리아와 바빌론에서 섬기던 별의 신인데, 히브리어 본문은 경멸하는 뜻에서 그 이름들을 변형하여 '시쿳'("혐오스러운 것")과 '키윤'("제조하여 만든 것")으로 읽고 있다.

5,21-24 4,4-5; 레위 3,1; 시편 50,8-15; 이사 1,11; 예레 6,20; 7,21-23; 호세 8,13; 미카 6,6-8; 마르 12,32ㄴ-33. 5,25-27 사도 7,42-43. 5,25 예레 7,22-23. 5,26 2열왕 17,16. 5,27 4,13; 2열왕 15,29.

흥청거리는 지도자들

6 [1] 불행하여라, 시온에서 걱정 없이 사는 자들
사마리아산에서 마음 놓고 사는 자들
으뜸가는 나라의 귀족들!
그들에게 이스라엘 집안이 의지하러 가는구나.
2 너희는 칼네로 건너가서 살펴보아라.
거기에서 큰 하맛으로 갔다가
필리스티아인들의 성읍 갓으로 내려가 보아라.
너희가 그 왕국들보다 더 나으냐?
너희의 영토가 그들의 영토보다 더 넓으냐?
3 너희가 재앙의 날은 밀어내려 하면서도
폭정은 끌어당기는구나.

4 그들은 상아 침상 위에 자리 잡고
안락의자에 비스듬히 누워
양 떼에서 고른 어린양을 잡아먹고
우리에서 가려낸 송아지를 잡아먹는다.
5 수금 소리에 따라 되잖은 노래를 불러 대고
다윗이나 된 듯이 악기들을 만들어 낸다.
6 대접으로 포도주를 퍼마시고
최고급 향유를 몸에 바르면서도
요셉 집안이 망하는 것은 아랑곳하지 않는다.
7 그러므로 이제 그들이 맨 먼저 사로잡혀 끌려가리니
비스듬히 누운 자들의 흥청거림도 끝장나고 말리라.

무서운 징벌

8 주 하느님께서 당신 자신을 걸고 맹세하셨다.

6,1-7. 재산은 구원을 주지 못하며 오히려 구원에 해롭다. "요셉 집안이 망하는 것"에 아랑곳하지 않는다는 것은 이중적인 표현이다. 한편으로는 북왕국(요셉)의 가난한 이들의 고통에 무관심하다는 뜻이 되고, 다른 한편으로는 부유한 이들이 자신들의 쾌락에 빠져 역사 안에서 이루어지는 하느님의 계획을 보지 못하여 왕국의 멸망이 다가옴을 깨닫지 못한다는 뜻이 될 수 있다(이사 5,11-14 참조).

6,3. "폭정" 또는 "폭력적인 종말" 본문이 불확실하며, 갑자기 닥치는 원수의 침입을 가리키는 것으로 생각된다.

6,5. "다윗이나 된 듯이 악기들을 만들어 댄다." 자구적인 번역이지만(새 대중 라틴말 성경도 이렇게 옮긴다), 본문이 불확실하다. "다윗이나 된 듯이 악기에 맞춰 즉흥적으로 노래를 불러 댄다."라고 번역하기도 한다.

6,8.11. 이스라엘에서 집은 하느님께서 이집트와 광야에서 끌어내신 당신 백성의 안정과 부의 상징이어야 하지만, 여기서는 가난한 이들의 착취를 기반으로 하는 체제의 표징이 된다. 이러한 인간적 건축물이 무너지는 것은 그러한 불의의 끝을 나타낸다(3,11-12의 주 참조).

6,1 이사 32,9-11; 예레 5,12-13; 애가 4,5; 루카 6,24 6,4-6 3,15; 느헤 12,36; 이사 5,11-12; 22,13; 루카 16,19; 로마 13,13-14; 야고 5,5. 6,7 5,5.27; 7,11; 루카 21,24.

6,1-7. 이 단락은 사마리아의 권세가들이 가난한 이들을 희생시켜 누리던 안락한 삶을 요약한다. 1절은 본래 사마리아를 향하던 내용을 예루살렘에도 적용한다. 칼네와 하맛은 시리아의 도시들이고 갓은 필리스티아의 다섯 도시들 가운데 하나이다. 이 유명하고 세력 있는 도시들은 모두 크게 파괴되었다. 사마리아와 시온이 겪을 재앙도 그에 못지않다.

✠ 6,1ㄱㄴ.4-7. 이 본문은 다해 연중 제26주일에 읽는다. 본문은 루카 복음 16,19-31에 나오는 가난한 라자로의 비유 이야기에서 명확하게 해석되고 현실화되어, 예언자가 연상시키는 고통스러운 유배의 전망을 훨씬 넘어서게 된다.

6,8-11. 죽은 이들, 무덤 파는 이들, 화장하는 이들의 비극적인 장면을 묘사한다. 파괴에서(그다음에는 절대적인 침묵이 뒤따른다) 살아남은 이들은 적에게서 도망치려 하며, 살아 있기보다 차라리 죽은 것으로 보이기를 원한다. 자신의 재산과 세력을 믿어 안심하고 그래서 하느님만이 영광이심을 인정하지 않는 사람에게 절대적인 침묵은 그 갚음과 같다.

주 만군의 하느님의 말씀이다.
"나는 야곱의 자만을 역겨워하고
그 성채를 싫어한다.
나는 성읍과 그 안의 모든 것을 넘겨 버리리라."

9 한 집에 열 사람밖에 남지 않는다 하여도 그들마저 죽을
것이다. 10 죽은 이를 불사르려고 온 친척이 그 집에서 시
체를 꺼내 가면서, 그 집 가장 안쪽에 있는 사람에게 "또
있느냐?" 하고 물으면, 그는 "없다." 하고 대답할 것이다.
그러면 그 친척이 "쉿! 주님의 이름을 불러서는 안 된다."
하고 말할 것이다.

11 보라, 주님께서 명령하신다.
그분께서 큰 집을 박살내시고
작은 집을 조각내시리라.

뒤틀린 공정과 정의

12 말이 바위 위를 달릴 수 있느냐?
소를 부려 바다를 갈 수 있느냐?
그런데도 너희는 공정을 독으로,
정의의 열매를 쓴흰쑥으로 만들어 버렸다.

무익한 승리

13 너희는 로 드바르에서 기뻐하며, "우리가 우리 힘만으로
카르나임을 차지하지 않았느냐?" 하는구나.
14 이스라엘 집안아
주 만군의 하느님의 말씀이다.
내가 지금 너희를 거슬러 한 민족을 일으킨다.
그들은 하맛 어귀에서 아라바 마른내까지
너희를 억누르리라.

6,12-14. 말을 바위 위로 달리게 하거나 소로 바다를 갈려고 하는 것은 어리석은 일이다. 이 금언은 정의에 기초한 사회생활을 전도시킨 어리석음을 표현한다. 아모스는 여기서 암몬인들의 도시 '로 드바르'를 언어유희로 사용한다. 그 이름이 "아무것도 아님"을 뜻하기 때문이다. 카르나임은 길앗 지방의 도시이다. 이스라엘은 요르단 동편의 작은 승리들을 기뻐한다.

6,11 3,11.15; 2열왕 25,9; 이사 10,5-6; 예레 22,13-15; 루카 19,44.

6,12-14. 이스라엘의 교만은 승리를 거둔 이 사람들에게서처럼 웃음거리가 될 뿐만 아니라, 그보다 더 큰 죄악이다. 그것이 주님을 잊은 것이고 그래서 불의를 증가시키고 사회생활을 해치기 때문이다.

첫 번째 환시: 메뚜기 떼

7 1 주 하느님께서 나에게 이러한 것을 보여 주셨다.
그분께서는 두 번째 그루 곡식이 올라오기 시작
할 무렵에 메뚜기 떼를 빚고 계셨다. 그 그루 곡식은 임금
에게 바치는 수확 다음의 두 번째 것이었다. 2 메뚜기 떼가
땅의 풀을 모조리 먹어 치웠을 때, 내가 이렇게 아뢰었다.
"주 하느님, 제발 용서하여 주십시오. 야곱이 어떻게 견디
어 내겠습니까? 그는 참으로 보잘것없습니다." 3 그러자 주
님께서 마음을 돌이키셨다. 그리고 "이 일은 일어나지 않
을 것이다." 하고 주님께서 말씀하셨다.

두 번째 환시: 불

4 주 하느님께서 나에게 이러한 것을 보여 주셨다. 주 하느
님께서 심판하시려고 불을 부르시니, 그 불이 커다란 심
연을 삼키고 들녘도 삼켜 버렸다. 5 그때에 내가 이렇게 아
뢰었다. "주 하느님, 제발 멈추어 주십시오. 야곱이 어떻게
견디어 내겠습니까? 그는 참으로 보잘것없습니다." 6 그러
자 주님께서 뜻을 돌이키셨다. 그리고 "이 일도 일어나지
않을 것이다." 하고 주 하느님께서 말씀하셨다.

세 번째 환시: 다림줄

7 그분께서 나에게 이러한 것을 보여 주셨다. 다림줄을 드
리워 쌓은 성벽 곁에 주님께서 다림줄을 손에 들고 서 계
셨다. 8 주님께서 나에게 "아모스야, 무엇이 보이느냐?" 하
고 물으시기에, 내가 "다림줄입니다." 하고 대답하였다. 그
러자 주님께서 말씀하셨다. "내가 지금 내 백성 이스라엘

7,1-3. 첫 번에 벤 곡식은 임금에게 내는 세금을 위한 것이었다. 그러므로 농부는 두 번째 수확의 풍성함을 기대해야 했다.

7,4-6. "심판"('립') 이 단어("재판"으로도 번역한다)는 하나의 표지일 뿐이지만(중재기도의 힘으로 확인된다), 이 본문은 예언자들이 즐겨 사용하는 법정 논쟁의 은유에 비추어 보면 더 쉽게 이해할 수 있다. 이는 회헤를 이루고지 히는 고발을 기초로 한다(예를 들어 이사 1,2-20; 예레 2,1-19; 3,19-4,4 참조). 지금의 경우에 고발하는 목소리는 불을 일으키는 가뭄이다.

7,7-9. "다림줄"로 번역한 히브리어 단어의 의미는 불확실하며, 환시의 전체적인 의미도 이론의 여지가 있다. 어떤 이들은 이 단어가 성벽의 담장이 수직으로 올바른지, 곧 그 견고함을 확인하기 위한 건축 도구를 가리킨다고 본다. 또 다른 이들은 포위된 성벽에 구멍을 내기 위해 사용하는 쇠로 된 무기라고 본다. 두 경우 모두 성벽(사마리아 왕국을 나타낸다)의 운명은 돌이킬 수 없다.

7,1-9 창세 18,16-33; 탈출 32,10-14; 예레 7,16; 11,14; 14,11; 15,1; 에제 22,30. 7,2-3 야고 5,16. 7,2 탈출 10,15; 예레 14,7.20-21; 42,2; 에제 9,8; 11,13; 묵시 9,4. 7,3 신명 32,36; 1역대 21,15; 호세 11,8; 요엘 2,14; 요나 3,10. 7,6 민수 23,19; 예레 4,28.

7,1-3. 예언자의 직무는 두 방향을 향한다. 백성에게 하느님의 말씀을 알리고, 주님께 백성을 위한 기도를 하는 것이다. 예언자 전구의 최고 본보기는 모세이다(탈출 32장 참조).

7,1-9,6. 아모스서의 이 단락은 다섯 개의 환시를 포함하는데, 셋째와 넷째 환시는 설화와 신탁으로 확장된다. 이 환시들은 이스라엘의 종말을 향하여 점차 상승한다. 처음 두 환시에는 예언자의 전구가 있는 반면, 셋째 환시에서 전구는 중단된다. 넷째, 그리고 특히 다섯째 환시에서는 아모스 자신이 징벌의 도구가 된다. 징벌은 악을 몰아내기 위해서뿐만 아니라 이스라엘의 하느님께서 정의와 자비의 하느님으로 계시되기 위해서도 필요하다.

7,4-6. 공동체의 삶을 위하여 필수적인 예언자의 전구는 야곱이 나약함을 근거로 제시한다. 마치 겸손한 이에게만 용서가 주어짐을 말하는 듯하다.

7,7-9. 예언자가 전구를 하지 않는 것은 뒤따르는 문맥으로 설명된다. 사람들이 그를 예언자로서 침묵하게 하므로, 그는 하느님 앞에서 여기 언급된 성벽처럼 위험에 처한 백성의 대변자가 될 수 없다.

7,10.13. 다윗 왕국의 분열 이후 예로보암 1세는 "베텔"을(그 이름은 "하느님의 집"을 뜻하며, 성조들에 대한 기억을 담은 장소이다. 창세 12,8; 13,3; 28,19; 31,13; 35,1 참조) 국가의 종교 중심지 두 곳 가운데 하나로 만들었다(단과 함께. 1열왕 12,26-33 참조). 이는 예루살렘 성전의 중요성을 축소시키기 위해서였다. 그래서 베텔 성소는 "임금님의 성소, 왕국의 성전"으로 여겨졌다(13절).

한가운데에 다림줄을 드리우려고 한다. 나는 더 이상 그
들을 그냥 지나쳐 버리지 않겠다.
9 이사악의 산당들은 황폐해지고
이스라엘의 성소들은 폐허가 되리라.
내가 칼을 들고 예로보암 집안을 거슬러 일어나리라."

아모스가 베텔에서 쫓겨나다

10 베텔의 사제 아마츠야가 이스라엘 임금 예로보암에게
사람을 보내어 말하였다. "아모스가 이스라엘 집안 한가
운데에서 임금님을 거슬러 음모를 꾸미고 있습니다. 이 나
라는 그가 하는 모든 말을 더 이상 참아 낼 수가 없습니
다. 11 아모스는 이런 말을 해 댑니다.
'예로보암은 칼에 맞아 죽고
이스라엘은 제 고향을 떠나 유배를 갈 것이다.'"
12 그런 뒤에 아마츠야가 아모스에게 말하였다. "선견자야,
어서 유다 땅으로 달아나, 거기에서나 예언하며 밥을 벌어
먹어라. 13 다시는 베텔에서 예언을 하지 마라. 이곳은 임
금님의 성소이며 왕국의 성전이다."
14 그러자 아모스가 아마츠야에게 대답하였다. "나는 예언
자도 아니고 예언자의 제자도 아니다. 나는 그저 가축을
키우고 돌무화과나무를 가꾸는 사람이다. 15 그런데 주님
께서 양 떼를 몰고 가는 나를 붙잡으셨다. 그러고 나서 나
에게 '가서 내 백성 이스라엘에게 예언하여라.' 하고 말씀
하셨다. 16 그러니 이제 너는 주님의 말씀을 들어라.
너는 '이스라엘을 거슬러 예언하지 말고
이사악의 집안을 거슬러 설교하지 마라.' 하고 말하였다.
17 그러므로 주님께서 이렇게 말씀하신다.
'네 아내는 이 성읍에서 창녀가 되고

7,10-11 1열왕 12,31-33; 14,23-24; 예레 18,18; 20,1-2; 26,8-11; 29,26-27; 37,13-15; 38,4; 루카 23,2; 사도 5,28. 7,14-15 1,1; 3,3-8; 2사무 7,8; 시편 78,70-71; 1코린 1,27.

7,10-17. 아모스의 예언을 문제 삼게 하는 것은 아미타이의 아들 요나의 예언이다. 그는 아마도 예로보암 2세에게 호의적으로 예언했다(2열왕 14,25 참조). 예로보암 2세는 실제로 암살되지 않았으나, 그의 후계자인 아들 즈카르야는 암살되었고 아모스가 예언한 왕조의 종말이 이렇게 실현되었다(2열왕 15,10 참조). 아모스는 아마츠야에게 자신이 왕실 예언자가 아니며 예언자들의 모임에("예언자의 제자") 속하지도 않는다고 대답한다. 아마츠야와 아모스의 충돌에서는 중요한 표지가 나타난다. 예언자는 세력가들을 섬기는 것이 아니라 그가 부르심을 받던 날 그를 붙잡았던 하느님 말씀을 섬긴다(15절). 예언자는 오직 그분께 온전히 순종하며, 그래서 인간적 세력에 대해 자유롭다. 아마츠야가 예언자를 이스라엘 왕국에서 쫓아내기 위해 논쟁한 것은 거북한 말씀을 체계적으로 거부함을 증언한다.

✠ 7,12-15. 예언자 아모스가 자신의 소명이 절대적으로 하느님에게서 오는 것임을 말하는 이 단락은 나해 연중 제15주일에 마르코 복음 6,7-13의 열두 사도의 파견과 함께 읽는다. 두 본문 모두 하느님의 계획에 전적으로 순응하는 내용을 담는다.

네 아들딸들은 칼에 맞아 쓰러지며
네 땅은 측량줄로 재어 나누어지고
너 자신은 부정한 땅에서 죽으리라.
그리고 이스라엘은 제 고향을 떠나
유배를 가리라.'"

네 번째 환시: 여름 과일 한 바구니

8 [1]주 하느님께서 나에게 이러한 것을 보여 주셨다.
그것은 여름 과일 한 바구니였다. [2]그분께서 "아모
스야, 무엇이 보이느냐?" 하고 물으시기에, 내가 "여름 과
일 한 바구니입니다." 하고 대답하였다. 그러자 주님께서
나에게 말씀하셨다.
"내 백성 이스라엘에게 종말이 다가왔다.
나는 더 이상 그들을 그냥 지나쳐 버리지 않으리라.
3 그날에 성전의 노래가 통곡으로 바뀌리라.
주 하느님의 말씀이다.
시체가 너무 많아
온갖 곳으로 던져지리라. 조용히 하여라!"

속이고 착취하는 자들을 거슬러

4 빈곤한 이를 짓밟고
이 땅의 가난한 이를 망하게 하는 자들아
이 말을 들어라!
5 너희는 말한다.
"언제면 초하룻날이 지나서 곡식을 내다 팔지?
언제면 안식일이 지나서 밀을 내놓지?
에파는 작게, 세켈은 크게 하고
가짜 저울로 속이자.
6 힘없는 자를 돈으로 사들이고
빈곤한 자를 신 한 켤레 값으로 사들이자.
지스러기 밀도 내다 팔자."

7 주님께서 야곱의 자만을 두고 맹세하셨다.
"나는 그들의 모든 행동을 결코 잊지 않으리라.

8,1-3. 발음이 매우 유사한 두 단어 "여름"('카이츠')과 "종말"('케츠') 사이에 언어유희가 있다. 마지막 단어 "조용히 하여라!"("침묵!")는 해석이 어렵다. 대규모 살상에 이어지는 침묵을 뜻하는 것일 수도 있고, 전구하려는 예언자에게 하느님께서 침묵을 명하시는 것일 수도 있다.

8,4-8. 축제들에 규정된 안식을 꼼꼼하게 지키는 척하지만, 오직 불법적인 거래와 부정직한 이득을 위한 일들을 다시 시작할 수 있기만을 기다린다. 에파는 부피를 나타내는 단위로, 45리터에 해당한다. 세켈은 귀금속 11.4g이었다. 8절은 나일강이 범람할 때처럼 땅이 오르락내리락하는 지진을 암시하는 듯하다(1,1 참조). 여기서 비판을 받는 범죄는 안식일이나 초하룻날 축일과 같은 종교심을 가장하여 약한 이들에게 저지른 불의이다. 하느님께서는 불의를 묵인하지 않으시기에 그러한 범죄를 잊지 못하신다.

8,2 예레 1,12; 5,31; 애가 4,18; 에제 7,2; 묵시 14,15-18. 8,4-7 2,6-8; 4,1; 시편 12,6; 14,4; 140,13; 잠언 30,14; 미카 6,10-11; 야고 5,6. 8,6 2,6; 레위 25,39-42.

✠ 8,4-7. 다해 연중 제25주일에는 이 본문을 루카 복음 16,1-13의 부정직하지만 영리한 집사의 비유와 함께 읽는다. 예수님께서는 당신 말씀에 긍정적 의미를 더하신다. 재산 자체가 악은 아니며, 잘 사용될 수도 있다. 그러나 어떤 재산도 전적으로 우리의 것은 아니다.

8 그 때문에 땅이 뒤흔들리고
온 주민이 통곡하지 않겠느냐?
온 땅이 나일강처럼 불어 오르고
이집트의 나일강처럼 부풀었다가 잦아들지 않겠느냐?"

주님의 날

9 주 하느님의 말씀이다.
그날에
나는 한낮에 해가 지게 하고
대낮에 땅이 캄캄하게 하리라.
10 너희의 축제를 슬픔으로,
너희의 모든 노래를 애가로 바꾸리라.
나는 모든 사람이 허리에 자루옷을 두르고
머리는 모두 대머리가 되어
외아들을 잃은 것처럼 통곡하게 하고
그 끝을 비통한 날로 만들리라.

11 보라, 그날이 온다.
주 하느님의 말씀이다.
내가 이 땅에 굶주림을 보내리라.
양식이 없어 굶주리는 것이 아니고
물이 없어 목마른 것이 아니라
주님의 말씀을 듣지 못하여 굶주리는 것이다.
12 그들이 주님의 말씀을 찾아
이 바다에서 저 바다로 헤매고
북쪽에서 동쪽으로 떠돌아다녀도
찾아내지 못하리라.

8,9. 고대 근동 전역에서 일식은 신들의 분노를 나타내는 불길한 징조로 여겨졌다. 이 문학적 모티브는 5,8에도 나타났으며 5,18.20에서는 "주님의 날"과 연관된다.

8,11-14. 젊은 세대에게 죽음을 가져오는 굶주림과 목마름은 삶의 미래가 없음을 보여 준다. 사마리아의 죄는 성소들에서 행한 혼합주의적이고 형식주의적인 예식들에 있다. 북쪽에서 남쪽까지, 단에서 브에르 세바까지 언제나 주님께서 단죄하신 예식이 거행되고 있다.

8,8 1,1; 9,5. 8,9 탈출 10,21; 요엘 2,10; 마태 24,29; 27,45; 마르 13,24-25; 15,33; 묵시 6,12; 8,12. 8,10 토빗 2,6; 1마카 9,41; 이사 3,24; 22,12-14; 예레 2,26; 에제 7,18; 27,30-31; 호세 2,13; 즈카 12,10; 루카 7,12-13. 8,11 4,2; 신명 8,3; 1사무 3,1; 시편 74,9; 이사 5,6; 30,20-21. 8,12 잠언 14,6; 호세 5,6; 마태 11,25; 12,30; 24,23; 로마 9,31; 11,7.

8,9-10. 자루옷을 입고 머리를 미는 것은 애도의 표시이다. 한낮에 어둠이 짙어지는 것은 이스라엘에서 생명이 갑자기 사라지고 하느님과의 관계에서 보증되는 빛이 없어짐을 상징한다. 이 은유들은 공관 복음서에서 예수님의 죽음을 전할 때 다시 사용되는데, 그 죽음 안에서 어떻게 하느님 자신과 사랑하시는 아드님의 죽음이라는 종말론적 사건에서의 그분의 개입이 드러나는지를 보여 준다(예를 들어 마르 15,33 참조).

8,11-14. 목마름과 배고픔은 하느님과 그분의 말씀에 대한 갈망을 나타내는 효과적인 비유이다(신명 8,3; 시편 63,2 참조). 이 징벌은 무섭다. 예언자가 말할 때 하느님의 말씀을 듣지 않았기에 채울 수 없는 배고픔과 목마름을 예고하는 것이다. 이제는 젊은이들이 삶의 의미를 찾아 헤매지만 발견하지 못하고 쓰러져 가는 것을 말없이 바라볼 뿐이다.

13 그날에
아름다운 처녀 총각들이
목이 말라 지쳐 쓰러지리라.
14 사마리아의 죄악을 두고 맹세하는 자들,
"단아, 살아 계신 너의 신을 두고 맹세한다."
"브에르 세바로 가는 길을 두고 맹세한다." 하는 자들은
쓰러져 다시는 일어나지 못하리라.

다섯 번째 환시: 성전의 진동

9 1 나는 주님께서 제단 옆에 서 계신 것을 보았다. 그
분께서 말씀하셨다.
"기둥머리를 쳐서 문지방들이 흔들리게 하고
기둥들이 모든 사람의 머리 위에 떨어지게 하여라.
그들 가운데 살아남은 자들은 내가 칼로 죽이리라.
아무도 도망치지 못하고
아무도 피신하지 못하리라.
2 그들이 저승으로 파고들더라도
내 손이 거기에서 잡아끌어 올리고
그들이 하늘로 올라가더라도
내가 거기에서 끌어 내리리라.
3 그들이 카르멜 꼭대기에 몸을 숨겨도
내가 거기에서 찾아내어 붙잡아 오고
그들이 내 눈을 피해 바다 밑바닥에 숨더라도
내가 바다 뱀에게 명령하여 거기에서 그들을 물게 하리라.
4 그들이 적군 앞에서 끌려가더라도
내가 칼에게 명령하여 거기에서 그들을 죽이게 하리라.
행복이 아니라 재앙을 겪도록
그들에게서 내 눈을 떼지 않으리라."

8,14. 우상 숭배의 혼합주의적 성격과 불법성("사마리아의 죄악"에 관하여 신명 9,21; 호세 8,6; 10,8 참조), 또는 순전히 형식적인 율법 준수로 위장된 불의를 비판한다(아모 5,4-6의 주 참조). "너의 신"은 아마도 단과 베텔에 세워진 금송아지 신상을 경멸적으로 지칭하는 것이다(7,10.13의 주 참조). 그 금송아지는 본래 이스라엘의 하느님을 섬긴다고 하는 것이었지만, 참된 하느님을 자신을 위한 도구로 여기는 우상 숭배로 변질되었다. 이러한 일이 "단"에서 "브에르 세바"에(순례와 관련하여 언급된 성소) 이르기까지, 곧 북쪽에서 남쪽까지, 이스라엘과 유다 모두에서 일어난다.

9,1 2,13-16; 3,14; 6,9-10; 하바 3,13.

9,1-4. 환시의 내용은 성전이 거기에 있는 이들 위로 무너지는 것이다. 예언자 자신이 이러한 재앙에 참여해야 한다. 전구자인 그는 이제 징벌을 집행하는 이가 된다. 환시는 하느님께서 죄인들을 찾으시는 것으로 확장되고 그들이 어디에 있더라도 그들을 찾아내신다. 갑작스러운 변화가 일어난다. 은혜롭고 자비롭던 하느님의 눈길이(사랑 어린) 진노의 모습을 띠게 된다. 이는 하느님과 그분의 의도를 알리려는 것이라기보다 예언자의 말을 듣는 이들을 일깨워 회개하게 함으로써 이러한 경고가 실현되지 않게 하려는 것이다.

9,5-6. 마지막 찬가 단편으로, 창조주이시며 역사의 주인이신 하느님을 찬양한다. 지진과 해일의 우주적 격변의 은유가 나타난다.

영광송

5 주 만군의 주님께서 땅에 손을 대시면
땅이 녹아 버리고
그 모든 주민이 통곡하며
온 땅이 나일강처럼 불어 오르다가
이집트의 나일강처럼 잦아든다.
6 하늘에 당신의 처소를 지으시고
땅 위에 당신의 궁창을 세우시며
바닷물을 불러올리시어 땅 위에 쏟으시는 분
그 이름 주님이시다.

9,7. "에티오피아 사람들"은 누비아의 주민들을 가리킨다(히브리어 '쿠시'로, 현재의 남수단). 이스라엘의(보잘것없는 민족 신명 7,7 참조) 특별한 선택은(아모 3,2 참조) 역사 안에서 하느님의 행위가 절대적인 은혜로 이루어짐을 드러낸다(신명 7,8 참조). 하지만 그분의 돌보심은 모든 이들, 땅 끝에 흩어진 이들에게 이른다. 이스라엘과 선택된 개인들의(예를 들어 아브라함) 사례에서, 모든 인간적 사건들 안에서 보이지 않게 작용하는 하느님의 단일한 사랑이 계시된다.

이스라엘에게 특전은 없다

7 이스라엘 자손들아, 너희는 나에게
에티오피아 사람들과 똑같지 않으냐?
주님의 말씀이다.
내가 이스라엘을 이집트 땅에서 데리고 올라왔듯이
필리스티아인들도 캅토르에서,
아람도 키르에서 데리고 올라오지 않았느냐?

죄인들의 처벌

8 보라, 주 하느님의 눈길이 죄 많은 이 나라 위에 있다.
나는 이 나라를 땅에서 없애 버리리라.
그러나 야곱 집안은 완전히 없애 버리지 않으리라.
주님의 말씀이다.
9 보라, 내가 이제 명령한다.
체를 흔들듯
내가 모든 민족들 가운데에서 이스라엘 집안을 흔들리니
돌멩이는 하나도 땅에 떨어지지 않으리라.
10 내 백성 가운데에서
"재앙이 우리에게 가까이 오지도
덮치지도 않을 것이다." 하는 죄인들은
모두 칼에 맞아 죽으리라.

9,5-6 4,13; 5,8; 8,8.

9,7-10. 이스라엘의 선택됨을 특권으로 생각하는 오해에 대한 또 하나의 신탁이다(3,1-2 참조). 캅토르와 키르는 아마도 메소포타미아 또는 그 인접 지역일 것이다. 필리스티아인들과 아람인들은 주님의 신비로운 계획에 따라 거기서 탈출했다. 체는 죄인들이 피할 수 없는 심판을 나타내는 전통적 상징이다(이사 30,28 참조). 하느님께서는 계약을 부정하거나 이스라엘을 이집트 종살이에서 해방시키신 것을 부인하시는 것이 아니다. 다만 그 백성이 이러한 하느님의 은총을 핑계로 회개를 하지 않고 계속 불의를 저지르며 살지 않도록 하시려는 것이다.

이스라엘의 회복

11 그날에 나는
무너진 다윗의 초막을 일으키리라.
벌어진 곳은 메우고
허물어진 곳은 일으켜서
그것을 옛날처럼 다시 세우리라.
12 그리하여 그들은 에돔의 남은 자들과
내 이름으로 불린 모든 민족들을 차지하리라.
— 이 일을 하실 주님의 말씀이다. —
13 보라, 그날이 온다.
주님의 말씀이다.
밭 가는 이를 거두는 이가 따르고
포도 밟는 이를 씨 뿌리는 이가 따르리라.
산에서 새 포도주가 흘러내리고
모든 언덕에서 새 포도주가 흘러넘치리라.
14 나는 내 백성 이스라엘의 운명을 되돌리리니
그들은 허물어진 성읍들을 다시 세워 그곳에 살면서
포도밭을 가꾸어 포도주를 마시고
과수원을 만들어 과일을 먹으리라.
15 내가 그들을 저희 땅에 심어 주리니
그들은 내가 준 이 땅에서
다시는 뽑히지 않으리라.
— 주 너의 하느님께서 말씀하신다.

9,11-12. 여기서 고대의 국경선들로 표시된 다윗 왕국의 정치적 회복은 역사적으로는 이루어지지 않았다. 하느님께서는 정치적 꿈을 복구시키지 않으신다. 그분의 개입은 충만하고 최종적이어서, 어떤 인간 왕국도 여기에 이를 수 없다.

9,13-15. 이 표상들은 농경의 넘치는 풍요로움과, 농경지와 도시 전체가 깊은 변형을 겪음을 나타낸다. 에돔에 대한 언급은(12절) 아모스서 다음에 나오는 오바드야서와의 연결 고리가 된다. 오바드야서의 주제가 에돔에 대한 심판이기 때문이다. 땅과 노동의 축복, 백성의 운명이 바뀜, 그들의 일에 대한 축복은 하느님께서 역사 안에서 이루고자 하시는 새로움의 측면이다. 그 새로움은 사랑, 충실함, 용서, 은총의 힘이기 때문이다.

9,11-12(칠십인역) 사도 15,16-18. 9,13 레위 26,5.

9,11-15. 이 마지막 단락은 유다의 편집자가 첨가한 것으로, 징벌을 피할 수 없다는 주제에 집중된 예언자의 설교를 미래를 향하여 열어 놓는다(아모스서에서 징벌은 공식적으로 "심판"으로 표현된다. 1-2장에서 주님께서는 제삼자에 대한 죄악을 벌하는 심판관 역할을 하신다. 이와 달리 유다에 관한 2,4-5의 단락은 법정 논쟁이다. 우상 숭배의 죄에 관한 것으로, 하느님과 그분의 백성에게만 관련되기 때문이다). 아모스서에서 징벌 행위는 거의 재판의 선고 형식으로 표현되지만, 사실상 죄와 그 결과들을 드러냄으로써 회개하라고 호소하는 것이다(5,4-6.14-15 참조). 이것은 위기이지만 생명과 은총의 하느님 계획이 드러나고 실현되기 위해서 필요한 단계이다. 이러한 목적을 추구하는 것은 법정 논쟁('립')의 특징으로, 예언자의 모든 말들의 최종 지향은 바로 여기에 있다.

오바드야서

제목과 정경 내의 위치

"오바드야의 환시." 그 이상도 이하도 아니다. 이것이 21절밖에 안 되는, 구약성경에서 가장 짧은 이 책의 매우 간결하고도 분명한 제목이다. 메시지도 오직 한 가지, 역사적으로 이스라엘의 이웃으로서 이중적인 의미를 갖는 에돔에 대한 신탁이다. 오바드야는 오직 한순간 영원하신 분의 목소리가 울려 퍼지도록 나타났다가("주 하느님께서… 이렇게 말씀하신다." 1절) 다시 침묵 속으로 돌아가는 예언자이다. 본문은 복잡한 편집 과정을 거쳤지만, 전달하는 인상은 단순하고 효과적이다. 글은 짧고, 전령은 한 명이고 소식도 하나이다. 완수된 그 사명이(이것은 작은 일이 아니다!) 우리에게까지 전수된다. 빠른 암시들 안에는 이미 관계들이 얽혀 있다. "환시"는 적어도 하나의 주체와 하나의 "대상"을 내포하고, 성경 안에서 그것은 하느님, 인간, 백성, 그리고 그들의 운명을 결합시키는 메시지이다.

"환시"('하존')라는 단어는 다른 신탁 모음들을 연상시키며(이사 1,1; 2역대 32,32; 나훔 1,1 참조), "선견자"를 전제한다(예를 들어 2사무 7,17 참조). 선견자는 하느님께서 당신 뜻을 계시하시는 사람인데, 그 방법은 정확하게 개념화할 수 없으며 "보는 것"과 "듣는 것"을 구별하지 않는 편이다(이사 1,1; 2,1 참조). 분명 이것은 어떤 메시지를 받는 것으로(하지만 "보다"를 뜻하는 '라아'는 어떤 것에 도달하는 것 또는 그렇지 못한 것을 가리킬 수도 있다. 시편 128,5 참조) 단순한 감각적 지각만을 뜻하지 않는다(1사무 3,1 참조). 등장하는 인물은 "오바드야"인데, 히브리어로 이 이름은 "주님(Yhwh, '야')의 종('에벳')"을 뜻한다. 하느님의 이름을 담고 있는 이름이지만(예를 들어 1열왕 18,3 참조), 하느님을 섬기는 일에 순종하는, 형제들을 위하여 일으켜지고 살게 되는(흔히는 고통을 받게 되는) 예언 사명의 본질을 나타내는 비교적 흔한 호칭이기도 하다(탈출 14,31; 1열왕 14,18; 18,36; 이사 20,3; 다니 6,21 참조)

구조와 문학적 특성

오직 한 명의 저자가 있었든 편집되어 구성된 것이든, 제목은("오바드야의 환시") 그 모든 절들을 통일되고 일관된, 하나로 전체를 이루는 에돔에 대한 "심판의 신탁"의(일반적으로 이렇게 정의된다) 일부로서 읽도록 초대한다. 그러나 구조는 겉에서 볼 때만 단순할 뿐 실제로는 논쟁의 여지가 있다. 본문 안에서 형식이나 주제에 있어서 다른 본문들과의 연관이 많이 나타나기 때문이다. 일반적으로 크게 두 부분으로 나누는데, 이들은 내용상 서로 구별되지만 긴밀히 연관되어 있어 정확히 경계를 나누기가 쉽지 않다. 문제가 되는 연결점은 14-16절이다. 어떤 문학적 요소가 잘못 옮겨졌음을 가정하고 1-14.15ㄴ과 15ㄱ.16-21로 구분하는 고전적인(그러나 필요하지 않은) 가설을 되풀이하기보다, 현재의 짜임을 조직했고 그것이 완전히 합당하다고 여겼던 이를 신뢰하는 것이 때로 더 적합해 보인다. 예를 들어 이 논리보다 덜 현학적인 설명에서는 순서를 바꾸는 것이 필요해 보이는(15ㄱ절과 15ㄴ절 사이에서) 갑작스러운 주제의 전환은 본문에서 주된 두 부분을 (학문적으로 구별할 뿐만 아니라) 시석으로 서로 독립적이 되게 한다고 생각할 수 있다. 그 두 부분은(경계를 유연하게 본다면) 1-14/15절과 15/16-21절이 된다. 물론 "주님의 날"이 도입됨으로써 강조점이 옮겨지는 것을 부각시키려 한다면 14절과 15절 사이에 단절이 있다고 보는 것이 타당성이 크다.

1-14절은 예루살렘이 함락될 때 에돔이 유다에게 행한 구체적인(이것이 우리에게는 완전히 분명하지는 않다 하더라도) 범죄에 관한 고발을 나타내고, 15-21절은(일부 학자들은 첨가된 것으로 여긴다) 에돔에게 선포된 징벌을 하느님 백성에게 적대적인 모든 민족들에 대한 하느님의 심판이라는 종말론적 맥락 안에서 확장시킨다. 그들의 단죄에 상응하여 시온과 이스라엘 전체가 구원될 것이다.

주요 신학 노선

"재앙"의 체험은 언제나 복잡하고 구조화된 세상이 전복되는 체험이다. 삶의 여러 영역에서 겪는 고통과 그에 따른 괴로운 질문들은 그만큼 다양한 대답들을 찾는 간절한 호소가 된다. 오바드야의 간결하고 격한 말들은 이스라엘의 기억 안에 유다 왕국의 몰락이(기원전 587년) 새겨 놓은 궤적을 따라가는 이러한 선상에 있다.

바빌론의 막강한 권력, 약속된 땅의 상실과 유배, 그리고 다윗 왕국의 상상할 수 없는 종말과 성전 파괴의 이유를 묻는 큰 질문들은 더 "큰" 예언자들의 책들 안에 금실로 새겨져 있다. 반면 오바드야는 아마도 이보다 작지만 덜 격렬하지는 않은 다른 질문에 집중한다. 그것은 배반한 형제 에돔이다. 에돔은 유다의 불행에서 이득을 본 이웃으로, 강한 동맹이며 피신처였다가 쉽게 원수가 되어 버렸고(14절 참조) 유다의 죽음을 기뻐하고 있다(12-13절 참조). 이것은 첨예한 정의의 문제이다. 이 모든 것은 어떤 의미를 갖는가? 역사의 의로운 심판관이신 주님의 통치는 어떻게 된 것인가? 이에 관하여 하느님의 말씀이 있는가?

오바드야는 그렇다고 대답한다. 에돔에게는 동태복수법이 적용될 것이며(15ㄴ절; 탈출 21,23-25 참조), 다른 원수들에게도 정의가 실현될 것이다. "주님의 날"에는(15ㄱ절) 시온을 구하시고 모든 이교 민족들을 징벌하시는 주님의 통치가 드러날 것이다(15ㄱ.16절 참조). 그러나 정경적 해석, 특히 그리스도교적 해석에서는 이것이 하느님의 말씀 안에서 곧 "그리스도 사건"에 비추어 해석한 성경 전체의 맥락 안에서 해석되어야 함을 전제한다. 예를 들어 요나서에서 보여 주는 정반대의 전망을 생각해야 한다. 요나서가 오바드야서 바로 다음에 놓인 것은 우연이 아니다. 이러한 전망을 고려하지 않는다면 모든 것이 과격한 국수주의 또는 순전한 외국인 혐오로 보일 것이다.

에돔은 유다 왕국 남서쪽에 인접한 요르단 동부의 민족으로, 이스라엘의 전승에 따르면 이사악의 아들이고 야곱의 쌍둥이 형제인(창세 25,21-22 참조) 에사우의 후손이다(그는 에돔이라고도 불린다. 창세 25,30; 36,8 참조). 혈연상은 이렇게 극히 가깝지만, 그들의 운명은 그에 반비례하여 거리가 멀다(창세 25,23; 27,1-40 참조). (아모 1,6.9.11에서 이미 고발의 대상이 되었던) 에돔은 바빌론이 패권을 쥐고 있던 시대에(기원전 6세기) 처음에는 유다와 동맹을 맺어 제국에 저항했던 것으로 보이지만(예레 27,3 참조) 후에 방향을 바꾸었으며, 예루살렘이 파괴될 때 유다의 불행을 기뻐함으로써(오바 11-12절 참조) 네부카드네자르의 공격을 피했을 뿐만 아니라 이 기회를 틈타 습격하여 정치적 이득을 얻었고(13.14절 참조) "아우"(10.12절)에게 피해를 입히면서 영토를 확장했다. 그러므로 에돔은 원수일 뿐만 아니라 공범이기도 하다(이는 형제의 계약을 배반한 것이기에 더욱 중대한 문제이다. 시편 55,13-14 참조). 격렬한 분노의 반응은 다른 여러 본문들에서도 나타나는 문학적 반향에서 그 정도를 알 수 있고(시편 137,7; 이사 34; 63,1-6; 예레 49,7-22; 애가 4,21-22; 에제 25,12-14; 35,1-15; 요엘 4,19 참조), 지나친 교만에 대한 하느님의 개입이라는 주제도 다른 곳에서 나타난다(이사 10,5-16; 47,7-11 참조).

그러므로 에돔이(역사 안에서 유다로부터 겪은 이와 유사한 횡포에 대하여 앙심을 품고 있어) 끝없는 복수의 순환을 시작할 마땅한 권리를 갖고 있었다 해도(1사무 14,47; 2사무 8,14; 1열왕 11,14-16 참조) 이것은 순전히 수평적 차원에서 생각하고 바란 개인적 복수가 아니다. 에돔이 상징하는 다른 적대 국가들에 대한 이와 유사한 관계의 바탕이 되는 개념은 선택, 그리고 불의를 용납하지 않는다는 것이다. 하느님께서는 시온을 당신 "산"으로, "거룩한 곳"으로 선택하셨다(오바 16-17절 참조). 이러한 신학적 노선에 따르면 예루살렘을 공격한다는 것은 정의를 다시 세우시는 하느님 자신에 맞서 싸우려 하는 것이 된다(따라서 결국은 실패할 수밖에 없다). 그러나 이것 역시 절대적이지 않으며, 하느님 자신이 이스라엘의 원수가 되시고 침입자는 그분의 징벌을 수행하는 도구가 된다는 다른 예언 전망들과 균형을 이루어야 한다(예를 들어, 이사 10,5-6; 예레 21,1-10; 25,9 참조).

전쟁과 군대로 이루어진 문화적 배경 때문에 오바드야가 시온의 구원을 군사적 정복과 승리로 생각할 수밖에 없다면("구원받은 이들은 시온산으로 올라와 에사우산을 다스리리니" 오바 21절), 인간의 운명이 펼쳐지고 엮이는 것 모두가 주님의 거룩하고 창조적인 주권에 맡겨진다는 것도 사실이다("이 나라는 주님의 나라가 되리라"). 하느님께서 마지막에는(그분의 "날"에, 15절 참조) 역사의 의로운 심판자가 되실 것을 확신하는 것이다(15-21절 참조). 그러한 진리는 신약 성경에서 그리스도께서 "영광에 싸여"(마태 25,31-46) 다시 오실 때에 "비천한 이들"을 끌어올리시고 "통치자들을 왕좌에서" 끌어내리심으로써(루카 1,52) 심판하시는 동시에 구원하시는 하느님의 주권을 드러내시리라고 말하는 데서 확인될 것이다.

본문의 작성과 전수

"짧을수록 어렵다." 예로니모가 이미 그의 주해에서 오바드야서의 본문에서 제기되는 다양한 문제들에 대해 이렇게 말했다. 오바드야의 조상 이름이나 지명이 전혀 언급되지 않기 때문에 그 저자에 대해 정확히 알 수 있는 것은 아무것도 없다. 라삐 전통은 그를 1열왕 18,3-16에 나오는 아합의 궁내 대신 오바드야와 연결시키지만(기원전 875-854년경), 이는 창의적인 연결에 지나지 않는 것으로 보인다. 특히 2-14절을 고려할 때, 적어도 간접적으로는 야곱/이스라엘과 에사우/에돔 사이의 불안한 관계의 역사 안에서 전개되어 온 갈등 관계로 거슬러 올라갈 수는 있다. 이 구절들을 여러 시대의 사건들에 결부시킬 수 있다는 것은 사실이다(기원전 9세기. 2열왕 8,20-22; 2역대 21,16-17; 또는 오바 2-9절을 나바테아인들의 에돔 정복 사건 묘사로 본다면 기원전 5세기. 말라 1,3 참조). 하지만 다른 민족들에 대한 고발에 비해 자주 강하게 에돔을 고발하는 것을 볼 때 대부분의 학자들은 기원전 587년의 재앙과 관련한 사건들을 생각한다. 이렇게 본다면 13-14절은 역사적 사실들을 언급하는 것으로 생각된다. 같은 주제를 다룬 다른 본문들에서는 이와 같은 정확함은 찾아볼 수 없다.

그러나 이는 첫 부분에만 해당한다(1-14). 둘째 부분은 일반적으로 종말론적이며(요엘 3-4장과 같이 "주님의 날"이라는 주제를 전개한다) 후대에 첨가된 재해석으로 보인다(오바 20절 "스파랏에 사는 예루살렘 출신 유배자들"은 아마도 소아시아의 히브리인 디아스포라를 암시한다). 이는 이전 시대의 예언 신탁들에 종말론적 본문을 첨가하던 페르시아 또는 헬레니즘 시대의 전형적 특징을 보인다. 다른 한편으로 어떤 이들은 오바드야서의 본문 전체가 늦은 시기에 작성되었다고 보아, 이 책이 역사적 사건들을 이전 신탁들의 실현으로 재해석하며 "주님의 날"이 다가옴을 알아보는 "저술 예언"(profezia scribale)의 첫 모습을 보인다고 여기기도 한다. 그러한 예언은 요엘서와 제2즈카르야서에서 분명히 나타나는 마지막 예언 조류를 이룬다.

예레 49,7-11과 오바 5-7절, 그리고 예레 49,14-16과 오바 1-4절 사이의 긴밀한 관계는 연대 추정에 있어 쉽게 풀리지 않는 문제가 된다. 의존 관계는 불확실하며, 예레미야의 친저성도 의심스럽다. 공통의 사료가(아마도 구전으로 전해진) 있었을 가능성이 있다. 그러나 이것 역시 이전의 문학적 자료를 다시 사용하고 편집하는 유배 이후 예언의 전형적 모습일 수 있다.

마지막으로 언급할 것은, 열두 소예언서가 신학적으로 근거가 있는 (연대기적으로 배열된 것만이 아닌) 통일된 "책"으로 의도적으로 구조화되었다고 보는 근래의 연구에서(아직 모든 이가 동의하는 것은 아니지만), 오바드야서가 아모스서와 요나서 사이에 자리하는 (히브리 성경의) 위치를 우연으로 여기지 말 것을 강조한다. 특히 아모스서 마지막 장에서는 "다윗의 초막" 재건과 "에돔의 남은 자들"의 정복을 암시하는데, 이는 바로 오바드야서의 주제이다(오바 15절과 요엘 4,18-19 참조). 또한 요나서는 이스라엘과 이방 민족들의 관계에 대한 신학적 숙고를 계속하며, 그 관계를 극적으로 전도시킨다.

살바토레 마우리치오 세사Salvatore Maurizio Sessa

오바드야서

머리글

1 [1] 오바드야의 환시.

에돔에 내린 심판

주 하느님께서 에돔을 두고 이렇게 말씀하신다.
우리는 주님께 말씀을 들었고
민족들에게는 사자가 파견되었다.
"너희는 일어나라. 에돔과 싸우러 일어나 가자."

2 보라, 내가 너를 민족들 가운데에서 보잘 것 없게 만들리니
너는 크게 멸시를 받으리라.
3 네가 바위틈에 살고
높은 곳에 자리를 잡고서는
'누가 나를 땅으로 끌어 내리랴?' 하고
마음속으로 생각한다마는
네 마음의 교만이 너를 속였다.
4 네가 독수리처럼 높이 치솟아도
네가 별들 사이에 보금자리를 틀고 있어도
내가 너를 거기에서 끌어 내리리라.

1. 이 머리글은 오바드야의 예언을 환시로 정의한다. 그 내용은 에돔에 맞선 민족들의 연합이다.

3. "바위틈" 히브리어 단어 '셀라'("바위")는 관사 없이 사용되었다(예레 49,16; 아가 2,14에는 관사가 있다). 아마도 구체적인 도시-요새를 지칭하는 것일 수 있다(판관 1,36; 2열왕 14,7; 이사 16,1; 42,11 참조). 그러나 페트라가 아니라(성경에 나오는 보츠라에 가까이 있는) 셀라 유적지로 보아야 할 것이다.

1-4 // 예레 49,14-16. 1 민수 24,18; 신명 2,1-8; 시편 137,7; 예레 9,24-25; 애가 4,21-22; 에제 25,12-14; 아모 1,11-12; 말라 1,3-4. 2 1사무 2,7-8; 이사 23,9; 에제 29,15; 미카 7,10; 루카 1,51-52. 3 잠언 16,18; 18,12; 29,23; 아가 2,14; 이사 10,13-16; 14,13-15; 47,7-8; 말라 1,4; 묵시 18,7. 4 민수 24,21; 욥 20,6-7; 이사 51,53; 아모 9,2; 하바 2,9.

2-9. 연합한 민족들이 에돔을 꺾을 것이다. 교만한 에돔은 난공불락의 산지에 자리한 영토에서 스스로 안전하다고 생각하고 있다. 도둑이나 포도를 수확하는 사람은 언제나 남기는 것이 있지만, 하느님의 징벌은 에돔과 주변 지역(테만)을 완전히 파괴하고 그 현인과 용사들을 모두 제거할 것이다. 이 절들은 대부분 예레 49,7-22에 그대로 들어 있다. 어떤 지혜나 힘도 주님께 맞설 수 없다. 인간이 교민해지면 오히려 경멸스럽고 천박해진다(2절).

주님의 말씀이다.

에돔의 멸망

5 너에게 도둑이 들고
밤에 강도가 들어도
제가 원하는 것만 훔쳐 가지 않느냐?
포도를 따는 사람들이 너에게 들이닥쳐도
지스러기는 남기지 않느냐?
그런데 너는 어찌 그토록 망해 버렸느냐?
6 에사우가 어찌 그리 털리고
숨겨 둔 보물마저 빼앗겼는가?
7 너와 계약을 맺은 자들이 모두
너를 국경까지 쫓아내고
너와 동맹을 맺은 자들이
너를 속이고 제압하였다.
너와 함께 너의 빵을 먹던 자들이
"저자는 슬기가 없구나." 하면서
네 밑에 올가미를 놓았다.

8 주님의 말씀이다.
그날에 내가 에돔에서 현인들을,
에사우산에서 슬기를 없애 버리리라.
9 테만아, 너의 용사들이 겁에 질려
에사우산에서 한 사람도 남지 않고 전멸하리라.

에돔의 죄악

10 네 아우 야곱에게 저지른 살인과 폭행 때문에
너는 치욕으로 뒤덮여

6. "숨겨 둔 보물" 여기에만 단 한 번 사용된 히브리어 단어를 그리스어 번역본과 (새) 대중 라틴말 성경에 따라 번역했다. "숨겨진 장소" 곧 "은신처"로 이해할 수도 있다.

8. 여기서 말하는 "슬기"는 지혜로운 정치적·군사적 식별로 나타나는 것으로, 행복과 안전과 번영의 원천이 된다(이사 19,11-14; 29,14 참조).

10. "네 아우 야곱" 형제라는 것은 고대 조약문들에서 일반적으로 사용되던 단어일 뿐만 아니라(1열왕 9,13; 아모 1,9.11 참조), 중요한 성조 전통을 암시한다(창세 25,21-34; 27장; 32,4-33,16; 신명 2,8; 23,8 참조). 여기서 "야곱"은 유다 왕국을 지칭한다(18절에서는 이스라엘이 "요셉"이라고 일컬어진다).

5 // 예레 49,9; 이사 17,6; 24,13. 6 // 예레 49,10; 이사 10,14; 45,3; 마태 6,19-20. 7 시편 41,10; 55,13-14; 예레 20,10; 38,22; 호세 13,13. 8 욥 5,2; 시편 33,10; 이사 19,3.13-14; 29,14; 예레 8,8-9; 49,7; 1코린 3,19-20. 9 // 예레 49,22. 10-15 창세 27,41; 민수 20,14-21; 시편 137,7; 애가 4,21; 에제 25,12; 35,5-6.12; 아모 1,11-12; 요엘 4,19.

10-14. 에돔은 지리적으로나 민족적으로나 유다에 가까우며, 아모스서에서 이미 여러 가지 죄로 고발되었고(아모 1,6.9.11-12 참조), 특히 지나치게 폭력을 사용한 점이 비난을 받았다. 요엘서에서도 같은 비난이 나타나는데(요엘 4,19 참조), 여기서는 유다의 아들들에 대한 폭력을 말한다. 오바 10-14절에서는 예루살렘 포위와 관련된 사건들을 언급한다(기원전 587년). 에돔인들은 바빌론인들을 지원했고, 유다가 불행을 겪는 틈을 타 습격과 학살을 저지르고 영토를 확장했다. 성경의 다른 본문에서도 같은 비난이 확인된다(시편 137,7; 애가 4,21-22; 에제 25,12-14; 35장 참조). 에돔의 죄악이 더욱 중대한 것은 이스라엘과의 형제 관계를 깨뜨린 것이다. 에돔의 잘못을 기억하는 것이 원한을 품는 것처럼 보일 수 있지만, 그 기억은 악에 익숙해지거나 체념하지 않고 정의감을 간직하게 한다.

영원히 멸망하리라.
11 네가 저만치 떨어져 서 있던 그날
이민족들이 야곱의 재산을 끌어가고
낯선 자들이 그의 대문으로 쳐들어가
예루살렘을 두고 제비를 뽑던 그날
너도 그들과 마찬가지였다.
12 너는 네 아우의 날을,
그 재난의 날을 흐뭇하게 바라보지 말아야 했다.
유다의 자손들이 멸망하던 날
너는 그를 두고 기뻐하지 말아야 했다.
환난의 날에
너는 입을 크게 벌리지 말아야 했다.
13 내 백성의 재앙의 날에
너는 그의 대문 안으로 들어가지 말아야 했다.
그 재앙의 날에
너라도 그의 불행을 흐뭇하게 바라보지 말아야 했다.
그 재앙의 날에
너는 그의 재산에 손을 대지 말아야 했다.
14 너는 갈림길에 서서
그 피신하는 이들을 전멸시키지 말아야 했다.
환난의 날에
너는 살아남은 이들을 넘겨주지 말아야 했다.

민족들의 심판과 이스라엘의 구원

15 모든 민족들에게
주님의 날이 가까웠으니
네가 한 그대로 너도 당하고
너의 행실이 네 머리 위로 돌아가리라.

16 너희가 나의 거룩한 산에서 쓴잔을 받아 마신 것처럼
모든 민족들도 그것을 끊임없이 마시리라.
그들은 마시고 또 들이켜
아예 없었던 자들처럼 되리라.
17 그러나 시온산에는

---

11 2열왕 24,10-16; 25,11; 시편 50,18; 예레 52,28-30; 요엘 4,3. 12 욥 31,29; 시편 22,18; 37,13; 잠언 17,5; 24,17-18; 애가 4,21; 에제 25,6-7; 35,15; 미카 4,11; 7,8. 13 시편 22,18; 즈카 1,15. 14 예레 30,7; 아모 1,6.9 15 시편 110,5-6; 137,8; 예레 9,24-25; 25,15-29; 에제 35,15; 요엘 4,7-8; 미카 5,14; 하바 2,8; 마태 7,2; 야고 2,13. 16 시편 75,9; 이사 51,22-23; 예레 25,15-16.27-29; 49,12; 애가 4,21-22. 17 이사 4,3-4; 46,13; 예레 46,28; 요엘 3,5; 4,17; 아모 9,8; 즈카 8,3.

14. 성경의 사료들 가운데 오바드야만 기원전 587년 예루살렘이 바빌론 군대에 함락된 직후에 일어난 일을 대단히 자세하게 전한다.

15.17. 에돔에 맞서 "주님의 날"이 올 것이다. 그날은 동태복수법에 따른 단죄가 이루어지는 날이다(15절). 에돔과 예루살렘에게 고통을 준 모든 민족들이 마셔야 할 잔은 하느님 진노의 잔이다(예를 들어 예레 25,15-29 참조). 여기서 "야곱 집안"은 북부 왕국이 아니라 주님께서 구해 주시는 유다를 가리킨다.

19-21. 주님께서 구원하시는 이스라엘이 차지할 영토의 지도가 세심하게 묘사된다. 알려진 지명들 사이에 알려져 있지 않은 지명 "스파랏"이 나타나는데, 여기서부터 이베리아 반도 출신의 히브리인들을 가리키는 "스파랏인"이라는 이름이 생겨났다.

살아남은 이들이 있고
그 시온산은 거룩한 곳이 되리라.
야곱 집안은
저희를 소유하던 자들을 소유하리라.
18 야곱 집안은 불이,
요셉 집안은 불꽃이 되고
에사우 집안은 검불이 되리라.
그 불과 불꽃이 검불을 태우고 삼켜 버려
에사우 집안에는
살아남은 자가 아무도 없으리라.
— 주님께서 정녕 이렇게 이르셨다.

새로운 이스라엘

19 네겝 사람들은 에사우산을,
평원 지대 사람들은 필리스티아 땅을 소유하리라.
그들은 에프라임의 영토와 사마리아의 영토를,
벤야민은 길앗을 소유하리라.
20 그리고 유배자들, 이스라엘 자손들의 이 무리는
사렙타에 이르기까지 가나안 땅을 소유하리라.
스파랏에 사는 예루살렘 출신 유배자들은
네겝의 성읍들을 소유하리라.
21 구원받은 이들은 시온산으로 올라와
에사우산을 다스리리니
이 나라는 주님의 나라가 되리라.

---

18 이사 10,17; 31,9; 요엘 4,19; 미카 5,7; 즈카 12,6. 19 민수 24,18-19; 이사 11,13-14; 아모 9,12; 말라 1,4-5. 20 예레 3,18; 33,26; 에제 34,12-13; 호세 2,1-2; 아모 9,14-15. 21 시편 22,29; 2,6; 이사 9,5-6; 다니 2,44; 7,14.27; 미카 4,7; 루카 22,30; 1코린 6,2-3; 묵시 11,15; 19,6ㄴ.

19-21. 오바드야 메시지의 국수주의적 정신은 마지막 문장 "이 나라는 주님의 나라가 되리라."에서 승화되는 듯하다. 결국 중요한 것은 정치적 지배가 아니라 이스라엘과 모든 민족들에 대한 하느님의 통치이다(시편 22,29 참조).

요나서

제목과 정경 내의 위치

"요나"는 예언자인가 반(反)예언자인가? 이 이름이 2열왕 14,25의 갓 헤페르 출신 아미타이의 아들 요나를 뜻한다고 보면 그는 예언자이고 또한 "구원의" 예언자이다. 그 요나는 이스라엘 임금 예로보암 2세 때(기원전 8세기) 설교했다고 전해진다. 그러나 오늘날 (거의) 모든 성서학자들이 생각하듯이, 요나서가 여러 세기가 지난 후에 가상의 인물을 등장시켜 그를 신학적으로 강한 도전이 되는 일종의 "예언적 비유"의 주인공으로 삼았다고 본다면 그는 반항적 예언자의 표상이 된다.

"요나"는 히브리어로 "비둘기"를 뜻하고 "아미타이"("주님께서는 진실하시다")라는 이름은 어근 '아만'에서 나오는데, 우리가 말하는 "아멘"과 히브리어 '에멧'("진리, 진실")도 여기서 파생한다. 진리-진실의 아들인 비둘기라는 뜻일까? 이 표상과 개념은 너무 의미가 풍부하여, 이로써 이미 약하게 말해서도 놀랍다고 할 이 반항적인 예언자의 행동을 의도적·역설적으로 암시하려 한 것이 아닌가 묻게 된다. 그는 처음에는 자신의 사명에 불충실하고, 그다음에는 인간에(그리고 당신의 고집스러운 예언자에!) 대한 하느님의 지나칠 정도의 관대한 충실하심을 외면한다. 다른 한편으로 그의 태도는 호세아 예언자가 완고한 불순종 때문에 단죄했던 이스라엘의 태도와 그리 다르지 않다("에프라임은 비둘기처럼 어리석고 지각이 없다. 그들은 이집트에 부르짖고 아시리아로 간다." 호세 7,11). "요나"("비둘기")라는 단어는 도망과(시편 55,7-8 참조) 수동성을 암시할 수도 있고(나훔 2,8 참조), 무조건적인 사랑을 나타낼 수도 있다(아가 2,14; 즈카 2,12 참조). 하지만 본문이 이러한 암시들 가운데 어떤 것도 확증해 주지 않는다는 점은 분명히 해 두어야 한다. 다른 본문과 문맥은 또 다른 여러 가지 상징들을 연상시키고, 이 의미들은 그 본문들에 서로 다른 정도로 부합한다(레위 1,14; 아가 1,15; 2,14; 예레 48,28; 에제 7,16 참조).

구조와 문학적 특성

요나서는 여러 측면에서 유일무이한 책이다. 학자들이 이 책을 정확한 하나의 문학 유형으로 분류하는 데 어려움을 겪는다는 것이 그 한 증거이다. 역사적 사실들에 기초한 고대 이야기를 순전한 허구의 설화와 구별하는 것은 결코 쉬운 일이 아니다. 그러나 이 본문의 여러 특징들은(본문의 통시적 측면을 다루면서 이를 더 자세히 살펴볼 것이다) 이것이 특정 시대의 구체적인 역사적·신학적 문제들을 분명히 염두에 둔 "예언적 상상력"의 세련된 작업이라고 생각하게 한다. 열두 소예언서 안에 삽입되어 있으면서도(여기서는 운문으로 된 신탁이 절대적 우위를 차지한다), 거의 전부 산문으로 작성되어 있다는 점에서 다른 책들과 구별된다(의미심장한 예외가 2,3-10이다). 이 책은 성서 히브리어의 다른 고전적 본문들에 비견되는 훌륭한 산문을 사용한다.

또한 열두 소예언서 안에 삽입되면서 다른 위대한 예언서들이 지닌 문학적 특성을 되풀이하는데(이는 성서 예언 자체의 특징이기도 하다), 그것은 메시지와 그 메시지를 전하는 사람 사이의 결합, 다시 말해 "예언적인 몸"의 역사와(예를 들어 이사 20,2-3; 예레 1,5; 16,1-9; 에제 24,15-27; 호세 1,2 참조) 선포된 말씀이 마치 단일한 복합체이자 효과적인 소통 행위처럼 긴밀하게 연관되어 있다는 점이다. 요나서에서도 2,3-10 감사 시편의 (문제가 있는) 삽입으로 이러한 특징이 반복된다.

히브리 전통은 특히 참회를 호소한다는 점에서 이 책을 중시하며, 그래서 속죄일('욤 키푸르')에 이를 읽는다. 그리스도교에서 이 책은 많은 경우에 우의로(모든 요소들이 다른 어떤 것을 나타내는 것으로) 해석되었다. 요나는 하느님의 사랑을 받지만 순종하지 않고 이방인들에 대한 자비를 질투하는 이스라엘을 뜻한다. 물고기 배 속에서 삼 일은 유배 체험을 나타내며 바닷가에 내리는 것은 귀환을 의미한다. 이것은 전반적으로 부적절한 해석이며(많은 대응들이 임의적이며, 본문의 일부 요소는 설명되지 못한다) 불행히도 이 책이 반유다적으로 이용되게 하기도 했다.

그렇다면 본보기적 소설인가? 비유('마살')인가? 미드라쉬인가? 분명 어떤 면에서는 엘리야와 엘리사 설화와 비교할 수 있는 본문으로 보인다(1열왕 17-2열왕 9장; 13장 참조). 그러나 전설적 특성들을 강화하여 우화에, 더 정확히 말하면 "예언적 비유"에 근접한다. 엄청난 물고기가 요나를 삼키고, 사흘 후에는 그를 무사히 뱉어 놓는다. 아주까리는 놀랍게 자라나고 죽으며, 니네베는 지나치게 큰 도시로 과장되어 있으며 한순간에 회개한다.

이 모든 것은 특별하거나 기적적인 것으로 묘사되지 않는다. 이와 달리 엘리야와 엘리사 이야기에는 하느님 권능의 표지들이 더 분명하게 강조된다. 또한 그 이야기들에 비해 요나서에서는 이스라엘 역사와의 연관은 전혀 나타나지 않는다. 특정 시대에 대한 암시는 없으며, 등장하는 유일한 이름은 요나이고 그는 일련의 전형적으로 만들어진 가상의 인물들을 마주한다. 문체는 과장적이고 풍자를 사용하며, 익살과 패러디도 나타난다(그러나 이러한 문학 유형들은 밝혀내기 어렵다. 다른 성서 본문들을 매우 많이 암시하고 있고, 우리가 그 문화적 배경을 잘 알지 못하기 때문이다). 그래서 이 이야기는 다차원적이며, 엄밀하게 분류할 수 없다.

구성은 두 부분으로 되어 있으며(1-2장과 3-4장), 이 설화체적인 두 부분은(먼저 예언자의 외적인 도망을, 그다음에 내적인 도망을 묘사한다) 각각 세 개의 대칭적이고 병행되는 장면들을 포함한다(1,1-3과 3,1-3ㄱ; 1,4-16과 3,3ㄴ-4,5; 2,1-11과 4,6-11 참조). 첫째 부분의 배경은 바다이다. 요나는 자신의 사명을 피해 니네베 정반대편인 타르시스로 달아난다. 배는 거센 폭풍을 만나고, 예언자는 물결 속에 던져진다. 바다 괴물에게 삼켜진 예언자는 미침내 하느님을 부른다. 이렇게 해서 두 번째 장소로 옮겨가게 되는데, 그 배경은 아시리아 제국의 수도이다. 그는 자신의 사명으로 돌아와 결국 이를 완수하지만, 이스라엘의 무자비한 원수인 도시의 징벌을 기대했던 그에게 그 결과는 견딜 수 없었다. 화가 난 그에게 하느님께서 직접 도전하며 응답하시어 질문을 던지시는데, 이 질문은 본문 밖으로 나와 모든 시대의 독자들을 향한다. 요나의 운명은 기이하다. 그는 영웅이라고는 할 수 없다. 그러나 예수님께서 그가 니네베인들에게 했던 참회 설교를 언급하시며 그의 "심연 같은" 체험을 말씀하신다. 그는 예수님의 죽음과 부활의 웅변적 예표이다("요나의 표징" 마태 12,39-40; 16,4; 루카 11,29-32 참조). 그러나 그보다 앞서, 성경에서 어떤 예언자의 사명도 그처럼 예상 밖의 큰 성공을 거둔 일이 없었다. 아미도 근본적으로 성경의 예언자들이 그렇게 바랐으나 그렇게도 얻지 못했던(적어도 즉각적으로는) 이 영광스러운 결과는, 요나서를 역사적 이야기와는 상당히 다른 무엇으로 읽어야 함을 시사한다고 말할 수 있을 것이다.

주요 신학 노선

히브리 성경에서 의도한 순서를 따른다면 독자는 오바드야 예언자의 강렬한 말, 이를테면 원수인 이방 민족의 억압에 대한 분노에 동참하는 것, 돌이킬 수 없는 주님의 심판, 하느님께서 모든 민족을 통치하시는 종말의 날에 대한 기다림 등에 강한 인상을 받은 채(충격을 받았다고 해도 될 것이다) 요나서를 만나게 된다. 여기서부터 이 새 소우주로 들어가는 것은 매끄럽고 연속되는 듯 보이지만, 그것은 겉모습일 뿐이다. 여기에도 예언자가 있고, 선포할 말씀이 있으며, 이방 민족과 그들의 악행이 있다. '그러나 이러한 인상은 3절을 넘어서지 못한다. '그러나 요나는 주님을 피하여 타르시스로 달아나려고 길을 나서 야포로 내려갔다.'(요나 1,3 참조)

대조는 이보다 더 격렬하고 혼란스러울 수 없을 것이다. 요나는 부르심을 받은 이들의 전통적인 이의 제기(예를 들어 탈출 3,11; 4,1.10.13; 판관 6,15; 이사 6,5; 루카 5,8 참조)에 그치지 않는다. 오히려 그는 아무 말도 하지 않고 돌아서서 가 버린다. 가장 반대 방향으로, 가장 먼 은신처로, 점점 더 멀어져 간다(처음에는 타르시스로 가는 배에 타고, 이어서 "밑창으로" 내려가고, 그다음으로는 깊은 잠 속으로, 그리고 바다 깊은 곳으로, 물고기 배 속으로 간다). 이러한 점들은 오바드야서와 반대되는 관계로 인하여 더 격하게 보이게 된다. 신앙을 가진 지성을 촉구하는 것, 이것이 성경의 문체이다. 기도하며 성경을 읽는 것은 놀라고, 숙고하고, 동참하는 것을 요구한다.

절정에 달하는 것은 예언자의 절망적 최후통첩이("이제 사십 일이 지나면 니네베는 무너진다!" 3,4) 뜻밖에 받아들여질 때이다(그러나 에제 3,5-6과 마태 11,23; 12,41-42 참조). 모든 이들이 참회를 하고, 하느님께서는 "큰 성읍"을 아끼신다(요나 3,5-10 참조). 즐거운 결말이라고 해야 할까? 요나에게는 그렇지 않다. 그는 민족들의 심판에 관한 오바드야의 말들을 생각하고 있었던 것처럼 보인다. 아마도 그는 오바드야서의 독자로서 그것을 글자 그대로 받아들였는지도 모른다. 그러나 그 자신이 그와 다른 지평들을 열어 줄 다른 성경 구절을 암시한다("저는 당신께서 자비하시고 너그러우신 하느님이시며, 분노에 더디시고 자애가 크시며, 벌하시다가도 쉬이 마음을 돌리시는 분이시라는 것을 알고 있었습니다." 요나 4,2). 그러므로 진리는, 요나가 그 하느님과 그분의 한없는 자비를 받아들이지 않는다는 데 있다. 그는 다른 식으로 일들이 전개되리라고 생각했을 것이다. 그의 마지막 침묵은 순종하며 항복하는 것으로 보이지 않는다. 라삐 해석에서는 시간이 흐른 다음 다시 악에 떨어진 니네베에 나훔 예언자의 엄한 말들이 내렸다고 하지만(나훔서는 요나서 가까이에 배치되어 있다), 그것은 다른 이야기이며 또한 나훔서에서도 자비는 간과되지 않는다. 이렇게 하여 본문은 단순한(그리고 편안한) "아주까리"(히브리어 '키카욘'의 뜻은 불분명하다. 요나 4,10 참조)에 대해 예언자가 지나치리만큼 정당하다고 여기는 "연민"을 강조한 다음, 독자들을 향한 상징적인 질문으로 끝맺는다(루카 15,11-32의 유명한 비유의 열린 결말과 어떤 점에서 유사하다). 문제는(우리의 근본적인 관심은) 당신 자비의 지평 안에 인간을 동참시키려 하시면서 "오른쪽과 왼쪽을 가릴 줄도 모르는 사람이 십이만 명이나 있고, 또 수많은 짐승이 있는 이 커다란 성읍 니네베를 내가 어찌 동정하지 않을 수 있겠느냐?"(요나 4,11) 라고 말씀하시는 그 하느님이 되시도록 우리가 허락해 드릴 수 있는가에 있다(마태 20,15; 루카 9,54-55 참조).

본문의 작성과 전수

요나서는 직접적으로 작성 연대와 역사적 배경을 알 수 있는 표지를 전혀 제시하지 않는다. 어떤 논거라도 하나의 논거만 따로 떼어서 볼 때는, 작성 연대를 유배 이후로 보는 결정적 논거가 되지는 않는다. 그러나 우리가 사용할 수 있는 표지들의 관계를 살펴보면 의문의 여지는 많지 않다. 언어학적 관점에서는 이후의 성경 문학과 어휘의 많은 유사점을 볼 수 있고(역대기, 코헬렛, 다니엘서 등) 유배 이후의 제국 아람어 어휘들이 나타나며, 문학적인 관점에서는 다른 많은 중요한 성경 본문들에 대한 의존, 또는 상호 작용을 볼 수 있다(하느님의 자비라는 주제에 관하여, 예를 들어 탈출 34,6; 느헤 9,17; 시편 86,15 참조). 특히 예레미야서(예레 18,7-8과 요나 3장 참조), 요엘서(요엘 2,13-14과 요나 4,2 참조)가 그러하다. "소예언서" 중 하나인 요엘서는 거의 분명하게 요나서 이전의 것이다. 어떤 이들은 그리스 신화의 전형적 요소들을 취했다고도 보는데, 이는 헬레니즘 시대 이후에만 가능했을 것이다. 대부분의 학자들은 이 책이 유배 이후, 기원전 4세기부터 3세기 초에 작성되었으리라고 본다. 더 이상 내려갈 수는 없다. 집회서 저자가 요나서가 열두 소예언서에 포함되었음을 암묵적으로 증언하기 때문이다(집회 49,10 참조).

교부들은 요나서의 역사성을 부인하는 것을 생각할 수 없었고, 이후의 해석 전통에서도 대부분 그러했다. 성경 전체를 위험한 회의주의에서 보호하려 했기 때문이다(그리고 이것이 유일한 방법으로 생각되었다). 예를 들어 탈무드에 나타나는 히브리 전통에서도, 아무런 의심의 여지없이 "아미타이의 아들 요나는 참된 예언자였다"라고 말한다(예루살렘 탈무드, 산헤드린 11,5). 요나에 관한 예수님의 말씀도 그 시대의 확신을 반영한다. 예로보암 2세 시대에(기원전 783-743년경) 살았던 역사적 인물을 언급하는 것은(그는 불경한 임금에게 자비의 메시지를 선포하도록 파견되었다. 2열왕 14,25 참조) 현대 주석에서 볼 때는 같은 이름의 이 책에서 이야기하는 사명을 오히려 불가능하게 만든다. 니네베는(요나 3,3에서 말하는 것처럼 크지도 않고 외국 예언자에 의해 회개한 일도 없다) 산헤립 시대에야(기원전 705-681년) 아시리아 임금들의 수도가 되었기 때문이다. 한편 여러 시대에 걸쳐 요나서 이면에 에즈라와 느헤미야 시대의 배타적 국수주의를 반대하는 인물이 있는 것으로 보았는데, 이는 가능하기는 하지만 오늘날에는 그러한 측면이 덜 강조된다.

본문이 형성되어 온 역사에 관하여 과거에는 이 책의 첫째 부분과 둘째 부분 사이의 차이점들을 강조하면서 여기에 서로 다른 두 개의 이야기가 있다고 생각하기도 했다. 그러나 오늘날에는 대칭적이고 균형 잡힌 구조를 볼 때 본래 단일성을 지니고 있음이 상당히 분명하다고 본다(물론 기존 자료들을 다시 사용했을 가능성은 배제하지 않는다). 요나 2,3-10의 감사 시편 기도는 더 문제가 된다. 어떤 이들은 이 부분이 늦은 시기에 삽입되었으며 연결도 매끄럽지 않다고 본다. 여기에 묘사된 기도자 요나는 그 후에 그리스도교 미술사와 주석에는 영향을 미쳤지만, 그 앞뒤에 이어지는 산문에 나타나는 완고한 인물의 실존적 상황이나 언어나 인성과는 연관이 적어 보이기 때문이다. 성경의 다른 책들에도 기도문들이 후에 삽입된 경우들이 있지만(다니엘서 또는 에스테르기에는 마소라 본문에는 없는 기도문들이 그리스어 본문에 삽입되어 있다), 그렇다고 해서 최종 본문이 구체적인 신학적 의도에 부합하지 않는다는 것은 아니다. 이 본문들은 외관상의 모순을 통하여 쉽지 않으면서도 치밀하고 깨우침을 주는 해석학적 도전을 제기할 수 있다.

살바토레 마우리치오 세사Salvatore Maurizio Sessa

요나서

요나가 주님을 피하여 달아나다

1 [1] 주님의 말씀이 아미타이의 아들 요나에게 내렸
다. [2] "일어나 저 큰 성읍 니네베로 가서, 그 성읍을
거슬러 외쳐라. 그들의 죄악이 나에게까지 치솟아 올랐
다." [3] 그러나 요나는 주님을 피하여 타르시스로 달아나려
고 길을 나서 야포로 내려갔다. 마침 타르시스로 가는 배
를 만나 뱃삯을 치르고 배에 올랐다. 주님을 피하여 사람
들과 함께 타르시스로 갈 셈이었다.
[4] 그러나 주님께서 바다 위로 큰 바람을 보내시니, 바다에
큰 폭풍이 일어 배가 거의 부서지게 되었다. [5] 그러자 뱃사
람들이 겁에 질려 저마다 자기 신에게 부르짖으면서, 배를
가볍게 하려고 안에 있는 짐들을 바다로 내던졌다. 그런데
배 밑창으로 내려간 요나는 드러누워 깊이 잠들어 있었다.
[6] 선장이 그에게 다가가 말하였다. "당신은 어찌 이렇게 깊
이 잠들 수가 있소? 일어나서 당신 신에게 부르짖으시오.
행여나 그 신이 우리를 생각해 주어, 우리가 죽지 않을 수
도 있지 않소?"

1,1-16. 요나는 자신을 원수들의 성읍으로 보내시는 하느님의 말씀을 피해 반대쪽으로 도망치는 방책을 취한다. 그는 동쪽을 향하는 것이 아니라 서쪽, 타르시스로 떠난다. 타르시스의 위치는 밝히기 어려우나, 그곳은 주님의 말씀을 들어보지 못한 곳이다(이사 66,19 참조). 수평적 도망에 이어 수직적 도망이 뒤따른다. 그는 배 밑창으로, 그리고 깊은 잠 속으로 빠져든다. 바다에 던져지는 것도 같은 방향을 향한다. 바다는 혼돈이 지배하는 장소이다. 그러나 요나는 주님께서 바다 깊은 곳에서도 죄인을 찾아내신다는 것을 잊고 있다(시편 139,7-8 참조). 상황을 먼저 이해한 것은 배이고(4절을 자구적으로 옮기면 "배가 부서지려고 생각했다"이다), 다음으로는 선원들이다. 바다의 냉혹한 늑대들이던 그들은 그저 곤궁에 처한 사람들로 바뀌고, 이교인들에서 주님을 경배하는 이들로 바뀐다(16절).

1,1 2열왕 14,25; 마태 12,39; 16,4; 루카 11,29-30. 1,2 3,2; 창세 10,11; 18,20-21; 이사 58,1; 예레 1,7; 에제 2,7; 3,5-9; 나훔 1,1-2; 3,19; 스바 2,13; 묵시 18,5. 1,3 4,2; 탈출 4,13-14; 1열왕 19,3.9; 시편 139,7; 예레 20,7-9. 1,4-6 마태 8,24-25; 마르 4,37-38. 1,5 1열왕 18,26; 시편 107,23-30; 이사 44,17-20; 사도 27,18. 1,6 예레 2,27-28; 마태 7,7; 26,41; 요한 15,7; 16,24.

1. 이 단락의 신학적 풍요로움은 명백하다. 요나의 사명이 예언자의 불순종에도 역설적으로 결실을 맺기 시작한다는 점만으로도 이미 충분하다. 선원들은 그의 뜻과 무관하게 주님께 회개한다. 말씀의 능력은 인간이 아무리 저항하며 맞서도 멈추게 할 수 없다.

7 뱃사람들이 서로 말하였다. "자, 제비를 뽑아서 누구 때
문에 이런 재앙이 우리에게 닥쳤는지 알아봅시다." 그래서
제비를 뽑으니 요나가 뽑혔다. 8 그러자 그들이 요나에게
물었다. "누구 때문에 우리에게 이런 재앙이 닥쳤는지 말
해 보시오. 당신은 무엇하는 사람이고 어디서 오는 길이
오? 당신은 어느 나라 사람이며 어느 민족이오?" 9 요나는
그들에게 "나는 히브리 사람이오. 나는 바다와 뭍을 만드
신 주 하늘의 하느님을 경외하는 사람이오." 하고 대답하
였다. 10 그러자 그 사람들은 더욱더 두려워하며, "당신은
어째서 이런 일을 하였소?" 하고 말하였다. 요나가 그들에
게 사실을 털어놓아, 그가 주님을 피하여 달아나고 있다
는 것을 그들이 알게 되었던 것이다.
11 바다가 점점 더 거칠어지자 그들이 요나에게 물었다.
"우리가 당신을 어떻게 해야 바다가 잔잔해지겠소?" 12 요
나가 그들에게 대답하였다. "나를 들어 바다에 내던지시
오. 그러면 바다가 잔잔해질 것이오. 이 큰 폭풍이 당신들
에게 들이닥친 것이 나 때문이라는 것을 나도 알고 있소."
13 사람들은 뭍으로 되돌아가려고 힘껏 노를 저었으나, 바
다가 점점 더 거칠어져 어쩔 수가 없었다. 14 그러자 그들이
주님께 부르짖었다. "아, 주님! 이 사람의 목숨을 희생시킨
다고 부디 저희를 멸하지는 마십시오. 주님, 당신께서는
뜻하신 대로 이 일을 하셨으니, 저희에게 살인죄를 지우지
말아 주십시오." 15 그러고 나서 그들이 요나를 들어 바다
에 내던지자, 성난 바다가 잔잔해졌다. 16 사람들은 주님을
더욱더 두려워하며 주님께 희생 제물을 바치고 서원을 하
였다.

1,12. 이것은 하느님을 향한 기도도 아니고 용서를 청하는 것도 아니며, 여행을 함께하는 이들을 위한 간구도 아니고 구원이나(5절 참조) 하느님 말씀을 요청하는 것도 아니며(14절), 약속도 아니다(16절 참조). 요나는 바닥을 친다. 그는 주님에게서 극단적으로 멀어지는 행위인 죽음만을 바라는 것으로 보인다.

1,14. 다시 한번 의도적으로 이교인 선원들을 긍정적으로 부각시킨다(10.13.16절 참조). 그들은 무죄한 사람을 죽이게 되는 것을 두려워한다. 반면 이스라엘인들은 여러 차례 그러한 죄악을 저질렀다(이사 59,7; 예레 2,34; 19,4 참조).

1,7-8 여호 7,14-19; 20,9-10; 1사무 10,20-21; 14,41-43. 1,9 창세 1; 시편 95,5-6; 146,5-6; 사도 14,15; 17,23-25. 1,12 여호 7,12.20-21; 코헬 9,18; 2사무 24,17; 요한 11,50. 1,14 창세 9,6; 신명 21,8; 예레 26,15. 1,15 레위 16,10.21-22; 여호 7,24-26; 시편 89,10. 1,16 판관 13,19; 2열왕 5,17; 시편 50,14; 66,13; 107,22; 코헬 5,3; 다니 4,31-34; 6,27; 사도 5,11.

요나가 회개하고 살아나다

2 [1]주님께서는 큰 물고기를 시켜 요나를 삼키게 하셨
다. 요나는 사흘 낮과 사흘 밤을 그 물고기 배 속에
있었다. [2]물고기 배 속에서 요나는 주 그의 하느님께 기도
드리며, [3]이렇게 아뢰었다.

"제가 곤궁 속에서 주님을 불렀더니
주님께서 저에게 응답해 주셨습니다.
저승의 배 속에서 제가 부르짖었더니
당신께서 저의 소리를 들어 주셨습니다.
4 당신께서 바닷속 깊은 곳에 저를 던지시니
큰 물이 저를 에워싸고
당신의 그 모든 파도와 물결이
제 위를 지나갔습니다.
5 그래서 제가 이렇게 아뢰었습니다.
'당신의 눈앞에서 쫓겨난 이 몸
이제 제가 어찌 당신의 거룩한 성전을
다시 바라볼 수 있겠습니까?'
6 물이 저의 목까지 차오르고
심연이 저를 에워쌌으며
바닷말이 제 머리를 휘감았습니다.
7 저는 산의 뿌리까지 내려가고
땅은 빗장을 내려 저를 영원히 가두려 하였습니다.
그러나 주 저의 하느님
당신께서는 구렁에서 제 생명을 건져 올리셨습니다.
8 제 얼이 아득해질 때
저는 주님을 기억하였습니다.
저의 기도가 당신께,
당신의 거룩한 성전에 다다랐습니다.
9 헛된 우상들을 섬기는 자들은
신의를 저버립니다.

2,1 4,6; 창세 1,21; 시편 104,25-26; 마태 12,40; 16,4; 루카 11,30. 2,2 2역대 33,11-13; 시편 50,15; 91,15; 이사 26,16; 호세 5,15; 6,1-3; 사도 16,24-25. 2,3 시편 18,6-7; 86,13; 120,1; 130,1; 애가 3,54-55. 2,6-7 마태 7,25; 묵시 12,15-16. 2,6 시편 69,2-3; 88,8; 마태 26,37-38. 2,7 시편 16,10; 30,4; 40,3; 146,7; 예레 38,1-13. 2,8 시편 18,7; 20,8; 42,6; 2코린 1,9-10.

2. 요나가 물고기 배 속에서 올린 시는 탄원이다. 여기서 그는 기도를 들어주시기를 기다리지 않는다. 하느님께서 기도를 들어주신다는 것을 이미 알기 때문이다. 그래서 그는 찬양을 시작하고 하느님의 충실하심을 고백한다. "구원은 주님의 것입니다."(10절)

2,1-11. 요나를 삼킨 큰 물고기는 여성이다. 이는 모태와 연관된 일련의 다른 상징들과 더불어(물, 머리를 휘감는 바닷말 2,6 참조) 예언자의 새로운 탄생을 묘사한다. 본문은 환상과 아무 연관이 없으며, 자신의 하느님을 부르는 요나의 기도에 집중한다. 7절은 핵심이다. 그의 깊은 번민을 상징하는 하강의 움직임이 이제 멈추고, 상승의 움직임이 마치 새로운 탄생처럼 시작되기 때문이다. 신약에서는 물고기 배 속에 삼 일 밤낮을 머무는 상징이 그리스도의 부활을 나타내는 예표로 사용된다(마태 12,39-41 참조).

2,9. "신의"로 번역한 히브리어 단어 '헤셋'은 주님의 가장 중요한 속성 가운데 하나이며, 자애(4,2)나 은혜(창세 19,19) 등으로도 번역한다.

10 그러나 저는 감사 기도와 함께
당신께 희생 제물을 바치고
제가 서원한 것을 지키렵니다.
구원은 주님의 것입니다."
11 주님께서는 그 물고기에게 분부하시어 요나를 육지에
뱉어 내게 하셨다.

요나가 니네베로 가다

3 1 주님의 말씀이 두 번째로 요나에게 내렸다. 2 "일
어나 저 큰 성읍 니네베로 가서, 내가 너에게 이르
는 말을 그 성읍에 외쳐라." 3 요나는 주님의 말씀대로 일어
나 니네베로 갔다. 니네베는 가로지르는 데에만 사흘이나
걸리는 아주 큰 성읍이었다. 4 요나는 그 성읍 안으로 걸어
들어가기 시작하였다. 하룻길을 걸은 다음 이렇게 외쳤다.
"이제 사십 일이 지나면 니네베는 무너진다!"
5 그러자 니네베 사람들이 하느님을 믿었다. 그들은 단식
을 선포하고 가장 높은 사람부터 가장 낮은 사람까지 자
루옷을 입었다. 6 이 소식이 니네베 임금에게 전해지자, 그
도 왕좌에서 일어나 겉옷을 벗고 자루옷을 걸친 다음 잿
더미 위에 앉았다. 7 그리고 그는 니네베에 이렇게 선포하
였다. "임금과 대신들의 칙령에 따라 사람이든 짐승이든,
소든 양이든 아무것도 맛보지 마라. 먹지도 말고 마시지도
마라. 8 사람이든 짐승이든 모두 자루옷을 걸치고 하느님
께 힘껏 부르짖어라. 저마다 제 악한 길과 제 손에 놓인 폭
행에서 돌아서야 한다. 9 하느님께서 다시 마음을 돌리시
고 그 타오르는 진노를 거두실지 누가 아느냐? 그러면 우
리가 멸망하지 않을 수도 있다."

3,1-10. 마침내 요나는 니네베로 가라는 명령에 순종하고, 그곳에서 역사상 가장 짧은 설교를 한다. 그는 단순히 소돔과 고모라의 파괴를 연상시키는 표현들로 성읍의 파괴를 선포한다. 놀랍게도 니네베인들은 그 말을 믿고 회개하며, 모든 이들이 단식과 고행, 머리에 재를 얹는 것과 같은 참회의 행위를 시작한다.

3,6. "자루옷"에 관하여 요엘 1,13의 주 참조.

2,10 시편 3,9; 22,26; 50,14.23; 66,13; 요한 4,22; 사도 4,12; 묵시 7,10. 3,1 마태 12,41; 루카 11,32. 3,5 2역대 20,3; 느헤 9,1; 에스 4,16; 예레 6,26; 36,9; 요엘 1,13; 2,12; 즈카 7,5; 8,19. 3,6 시편 2,10; 예레 13,18; 애가 3,29; 에제 26,16; 다니 9,3; 마태 11,21; 루카 10,13; 야고 4,6. 3,8 1,6.14; 유딧 4,10; 이사 1,16-18; 55,6-7; 58,6; 에제 18,21.27-28; 27,30-31; 마태 3,8; 사도 3,19; 26,20; 묵시 11,3.

3. 하느님의 백성에게 많은 고통을 주었던 성읍이 하느님의 말씀을 믿고, 특히 폭력을 포기하며 행실을 바꾸고자 한다. 니네베 임금이 명령을 내리는 순간이(8-9절) 요나서의 중심이다. 인간이 변화하면 하느님께서는 변할 수 있으시고, 심지어 인간이 변화할 수 있도록 당신께서 먼저 변하신다. 1장에서 선원들의 이야기로 드러난 요나서의 보편주의가 여기서 명백해진다.

✠ 3,1-5.10. 나해 연중 제3주일에는 하느님 말씀의 효과를 강조한다. 전례에서는 요나가 니네베에서 한 설교의 효과와 함께, 예수님께서 첫 제자들을 부르신 단락을 읽는다. 마르코 복음서 저자는 요나의 설교를 닮은 예수님의 설교와 당신을 따르라고 어부들을 부르시는 초대를 결합한다(마르 1,14-20).

10 하느님께서는 그들이 악한 길에서 돌아서는 모습을 보
셨다. 그래서 하느님께서는 마음을 돌리시어 그들에게 내
리겠다고 말씀하신 그 재앙을 내리지 않으셨다.

하느님께서 요나에게 자애를 깨우쳐 주시다

4 1 요나는 이 일이 매우 언짢아서 화가 났다. 2 그래서
그는 주님께 기도하였다. "아, 주님! 제가 고향에 있
을 때에 이미 일이 이렇게 되리라고 말씀드리지 않았습니
까? 그래서 저는 서둘러 타르시스로 달아났습니다. 저는
당신께서 자비하시고 너그러우신 하느님이시며, 분노에 더
디시고 자애가 크시며, 벌하시다가도 쉬이 마음을 돌리시
는 분이시라는 것을 알고 있었습니다. 3 이제 주님, 제발 저
의 목숨을 거두어 주십시오. 이렇게 사느니 죽는 것이 낫
겠습니다."
4 주님께서 "네가 화를 내는 것이 옳으냐?" 하고 말씀하
셨다. 5 요나는 그 성읍에서 나와 성읍 동쪽에 가서 자리
를 잡았다. 거기에 초막을 짓고 그 그늘 아래 앉아, 성읍
에 무슨 일이 일어나는지 보려고 하였다. 6 주 하느님께서
는 아주까리 하나를 마련하시어 요나 위로 자라 오르게
하셨다. 그러자 아주까리가 요나 머리 위로 그늘을 드리
워 그를 고통스러운 더위에서 구해 주었다. 요나는 그 아
주까리 덕분에 기분이 아주 좋았다. 7 그런데 이튿날 동이
틀 무렵, 하느님께서 벌레 하나를 마련하시어 아주까리를
쏠게 하시니, 아주까리가 시들어 버렸다. 8 해가 떠오르자
하느님께서 뜨거운 동풍을 보내셨다. 거기에다 해가 요나
의 머리 위로 내리쬐니, 요나는 기절할 지경이 되어 죽기
를 자청하면서 말하였다. "이렇게 사느니 죽는 것이 낫겠
습니다." 9 그러자 하느님께서 요나에게 물으셨다. "아주까
리 때문에 네가 화를 내는 것이 옳으냐?" 그가 "옳다 뿐입
니까? 화가 나서 죽을 지경입니다." 하고 대답하니, 10 주님
께서 이렇게 말씀하셨다. "너는 네가 수고하지도 않고 키
우지도 않았으며, 하룻밤 사이에 자랐다가 하룻밤 사이에

4,1-11. 요나는 니네베인들의 회개가 항구하리라고 믿지 않기 때문에 분노에 가득 차서 성읍의 파괴를 기다린다. 하느님께서 이스라엘의 원수들에게 자비로우시다면 어떻게 니네베에게 많은 고통을 당한 이스라엘에 대한 연대성을 드러낼 수 있으신가? 그래서 예언자는 주님께서 시나이에서 당신 자신을 계시하신 자비로운 하느님이심을 비난한다(탈출 34,6 참조). 그에게 그것은 걸림돌이 된다. 주님과 대조적인 관계를 맺고 있는 예언자의 감추어진 면모는, 주님께서 의도적으로 아주까리의 넓은 잎으로 그에게 생기를 되찾게 하시고 벌레를 통하여 그 아주까리를 사라지게 하실 때 더 극적으로 드러난다.

4,6. "아주까리"에 해당하는 히브리어 단어('키카욘')는 요나서에서만 사용하며, 번역이 확실치 않다. 고대 예로니모와 아우구스티노가 이 문제로 충돌했다. 예로니모는 담쟁이를 생각했고, 아우구스티노는 "호박"으로 옮긴 그리스어 번역본과 고대 라틴어 번역본들을 옹호했다. 기원후 403년 트리폴리의 주교는 예로니모의 번역을 따랐다는 이유로 신자들에게 쫓겨났다.

3,10-4,1 마태 20,15; 루카 7,39; 15,28; 사도 13,46. 4,2 1,3; 탈출 34,6-7; 민수 14,18-19; 시편 78,38; 86,5; 호세 11,8; 요엘 2,13-14. 4,3 민수 11,15; 1열왕 19,4; 욥 3,20-21; 6,8-9; 7,15-16; 코헬 7,1; 예레 20,14. 4,4 미카 6,3; 마태 20,15. 4,6 2,1; 시편 69,17; 103,10-14; 145,9; 예레 31,20. 4,8 1,4; 2,1; 4,3; 2사무 15,25-26; 욥 2,10; 묵시 3,19.

4,11. "십이만 명"은 타당해 보인다. 학자들에 따르면 니네베는 전성기에(기원전 7세기) 인구가 30만 명이었다(그에 비하면 예루살렘은 작았다. 저자는 이를 암시적으로 드러낸다). 하느님께서 동정하시는 대상은(일반적 단어인 '아담'을 사용하므로) 인간적 한계를 지닌 주민 전체로 보인다("오른쪽과 왼쪽을 가릴 줄도 모르는 사람"은 어린이뿐만 아니라 하느님 율법의 지혜를 모르는 사람이다. 신명 5,32; 28,14; 1열왕 3,9; 히브 5,14 참조). 그 숫자를 볼 때 동물들을 포함할 수도 있다(또한 신명 22,6-7; 25,4; 잠언 12,10; 마태 10,29-31 참조). 동물들도 사람과 함께 니네베의 운명에 동참한다(요나 3,7-8 참조).

죽어 버린 이 아주까리를 그토록 동정하는구나! 11 그런
데 하물며 오른쪽과 왼쪽을 가릴 줄도 모르는 사람이 십
이만 명이나 있고, 또 수많은 짐승이 있는 이 커다란 성읍
니네베를 내가 어찌 동정하지 않을 수 있겠느냐?"

4,11 1,2; 3,2-3; 이사 1,18; 시편 36,7; 104,14.27-28; 145,8-9.15-16; 마태 18,33; 루카 15,28-32.

4,11. 마지막에 하느님께서 예언자에게 하시는 말씀은 실제로는 독자에게 던지는 질문이다. 하느님 은총의 "아주까리" 없는 세상에서는 살 수 없음을 깨닫게 하시려는 것이다. 신앙인이라도 창조주의 자비 체험이 필요하다. 분명 그 자비는 때로 도발적이고 어떤 의미에서는 걸림돌이 된다. 하느님에 대해서, 그분의 정의를 역사 안에서 드러내시는 방식에 대해서 다른 방식으로 생각하게 하기 때문이다.

미카서

제목과 정경 내의 위치

예언서들에서 머리글은 거의 전형적이지만 그래도 언제나 특별히 주의를 기울일 필요가 있다. 한 예언서의 머리글은 매번 계시 방법의 본질을 요약해서 말해 주며, 이를 올바로 해석하기 위한 기본적 전망을 독자에게 전달하기 때문이다. 이어서 나오는 모든 것이 "주님의 말씀"(미카 1,1)이라고 말하는 것은, 아마도 기계적 방식으로는 이해할 수 없는 식별과 전수의 복잡하고 섬세한 행위를 완성한 공동체의 첫 행위이고 또한 마지막 행위일 것이다.

역사 안에서(따라서 인간의 말들 안에서) 지리적으로("모레셋 사람 미카에게" 호세 1,1; 요엘 1,1; 스바 1,1 참조), 그리고 시간적으로("요탐… 시대에" 이사 1,1; 호세 1,1 참조) 위치가 정해지고 정확한 수신인이 있는("사마리아와 예루살렘에 관하여" 이사 1,1; 2,1; 아모 1,1 참조) 하느님으로부터 오는 말씀/사건('다바르')을 알아보았다고 밝히는 것은, 단순히 어떤 예언자가 말하고 기록한 것을 방부 처리하여 그대로 되풀이하는 것을 뜻하지 않는다(여러 문학 비평 연구에 따르면 미카 예언자가 말하고 기록한 것은 처음 세 장에만 들어 있을 것이다). 그것은 오히려 영감을 받은 전승의 흐름을 알아보고 짚어 내는 것이다(이는 편집과 재해석으로도 이루어지지만, 고유한 의미의 "문서 예언"으로도 이루어진다. 미카 7,14-20의 공동체적 전망 참조). 그 전승의 흐름은 인간적 중개(역사적 인물인 미카)를 통하여 사실적으로 표현된 것 못지않게 영감을 받은 것으로 여겨야 한다. 예언 메시지의 시공간 좌표를 진지하게 고려하는 통시적 연구를 가로막으려는 것은 아니지만, 본문의 작성 역사에서 찾아낸 "진정한" 본문과 "그렇지 않은" 본문(미카가 쓴 본문과 그렇지 않은 본문)의 구별은 이러한 전망에 따르면 큰 의미가 없다. 이와 같은 해석학적 틀은 어떤 예언서에나 적용되는데(근본적으로는 영감을 받은 것으로 믿어지고 전수된 성경 전체에 적용된다), 여기에 초점을 맞춘다면 미카서의 도입에서 찾아낼 수 있는 다른 모든 요소들과 이 책을 읽기 위한 지침들에 더 쉽게 집중할 수 있다. 여기서는 몇 가지만 지적해 둔다.

무엇보다 먼저 그의 이름이 있다. "미카"는 다양하게 변형되어 널리 사용된 이름으로(수메르-아카드에서도 나타난다) '미카야'의 축약형이며(그리스어 번역본인 칠십인역에는 '미카이아스'로 보존된다), 히브리어로 "누가 주님(Yhwh)과 같은가?"를 뜻한다. 신약 성경에서 가장 널리 알려진 변이형은 '미카엘'("누가 하느님과 같은가?")이다(유다 1,9; 묵시 12,7 참조. 히브리 전통에서 "하느님"을 지칭하는 단어 '엘'은 고대 근동 종교들에서 그들의 여러 신들 가운데 주신을 가리켜 일반적으로 사용되었다). 자신의 책을 통해서만 알려진(그리고 예레 26,18에 인용된) 미카는 "모레셋" 사람이라고 일컬어지는데, 아마도 모레셋 갓 출신일 것이다(미카 1,14 참조). 모레셋 갓은 세펠라의 시골 지역에 위치한 유다 마을로, 예루살렘 남서쪽으로 35km 떨어져 있다. "환시"를 보는 것으로 일컬어진 그의 활동은 유다 임금 요탐, 아하즈, 히즈키야 시대에(기원전 8세기 후반) 사마리아와 예루살렘, 곧 북왕국 이스라엘과 남왕국 유다 각각의 수도에서 전개된 것으로 전해진다.

구조와 문학적 특성

미카서의 구조는 보통 고발과 징벌의 신탁과 구원의 신탁이 번갈아 나타나는 단락들로 구분한다. 그러나 이 책의 정확한 짜임을 규정하는 데 의견이 일치하지 않는다. 여러 제안들 가운데 비교적 설득력이 있는 것은 길이가 다른 두 큰 부분으로 이 책을 나누는 것이다(1,2-5,14과 6,1-7,20). 이것은 다시 각각 재앙의 선포와 구원의 선포로 나뉜다. 이에 따라 재앙과(1,2-3,12) 구원(4,1-5,14), 그리고 다시 재앙과(6,1-7,7) 구원이(7,8-20) 이어진다.

크게 나눈 두 부분은 모두 들으라는 권고로 시작한다("민족들아, 들어라. 땅과 그 안에 가득 찬 것들아, 귀를 기울여라." 1,2; "너희는 주님께서 하시는 말씀을 들어라." 6,1). 권위 있는 주석서들에서 지금도 자주 그렇게 말하지만(많은 번역자들도 그렇게 번역한다), 이는 재판('미스팟')에 참여하라는(그렇다면 주님께서 원고인 동시에 재판관이 되어 그 위치에서 행하는 고발이 자동적으로 선고가 될 텐데, 이는 전혀 적절하지 않다.) 호소가 아니다. 그 표현들은(분명 법정에서도 사용하는 것이지만), 그 본래의 배경을 볼 때(삶의 자리), 그리고 그 목적을 볼 때 이와는 상당히 다른 법적 절차에(성경에 나타나는) 적용하는 것이 더 옳다고 생각된다.

그 배경은 법적 논쟁 또는 논박으로(히브리어 '립'), 계약에 의한 유대 또는 관계의 위기 상황을 전제하면서(이 경우 배신 또는 거부당했다고 느끼는 것은 하느님이시다) 피해자가(언제나 명시적으로 규정된 것은 아니라도 어떤 권리를 가진 사람, 예를 들어 가장, 신랑, 친척 등) 고발을 시작하게 하여, 진실을 확인하거나 잘못을 인정함으로써 정의로운 본래의 관계를 회복시키는 것이다. 이 배경은 법정이 아니라 가정이며, 구조는 쌍방적이다(재판에서와 같이 원고/피해자-피고-재판관이 있는 것이 아니다). 계약의 유대로 연결된 두 편이 있으며, 그 목적은 죄인의 단죄가 아니라(재판에서라면 반드시 여기에 도달해야 한다) 두 편의 화해이다. 이 절차가 실패할 경우에만 고발에서 위협한 바가 실행된다(징벌, 재판, 전쟁 등). 그러나 성경 전체에서 그렇듯이 미카서에서도 역사(이스라엘의) 안에서 하느님의 행위는 근본적으로 언제나 쌍방적인 논쟁의 논리를 따른다.

그래서 어떤 이들에게는 미카서가 회개의 권고 없이 최종 "심판"만을 선포하는 것으로 보일지라도, 실제로는 고발과 위협의 모든 말들이 아무리 폭력적이라 해도 화해의 마지막 호소이다(7,18-20의 의미 깊은 마지막 전망 참조). 예레 26,17-19의 해석에 비추어 보면, 예루살렘에 대하여 미카가 선포한 재앙은(미카 3,12 참조) 히즈키야 임금의 참회하는 태도로 인하여 실현되지 않는다. 이와 달리 하느님께서(원고-피고-재판관이 있는 관계에서) 억압받는 이를 억압자에게서 구하기 위해 개입하시는 재판관으로 나타나는 경우는 물론 재판에 비유되는 것이다(예를 들어 2,1-5.8-10; 3,1-4.9-12 참조). 이러한 재판의 비유가 하느님과 이스라엘에게 적용되는 것은 성경에서는 의로운 심판관이 양과 염소를 갈라놓을(마태 25,31-46 참조) 역사의 마지막에, 역사를 넘어 이루어지는 종말론적 지평 안에서만 나타난다.

주요 신학 노선

역사 안에 뿌리를 둔 미카의 예언은, 그 본래의 맥락을 풀어내는 만큼 이해할 수 있고 독자의 현재 차원을 건드릴 수 있는 것이 된다. 이렇게 되면 기원전 8세기 후반은 갑자기 그리 멀지 않게 느껴질 것이다. 이 시기에는 불안한 국제 정세와 외부의 침략과 파괴가 있었고(스스로를 정당화하면서 제국의 확장을 지향하는 아시리아의 침입), 내부적으로는 당시 세력자들의(임금, 귀족, 사제, 직업 예언자) 권력 남용으로 사회적 약자 계층(특히 농민)에 피해를 줬다. 합법화된 횡포, 불의한 재판, 화려함에 열광하는 지배층을 만족시키기 위한 착취(미카 2,1-5; 3장 참조)로 인하여 약자들은 극단적인 가난으로 내몰렸다. 그들은 이스라엘에서 "온 세상의"(4,13) 하느님의 정의를 가시적으로 드러내 보여야 하는 이들이었고, 원초적 해방 사건인 이집트 탈출이 재현되도록 해야 할 이들이었다(6,4-5 참조).

이 모든 것은 근본적인 관계, 곧 주님과의 관계가 상실된 것과 늘 긴밀하게 연관된다. 이스라엘은 계약의 백성이며(2,8; 3,5; 6,2-3 참조), 사회적 불의는 다름이 아니라 우상을 숭배하는 배신의 수평적 측면이다(탈출 20,1-17 참조). 백성 전체가 죄악에 연루되어 있다(미카 6-7장 참조). 한 백성의 의식 안에서 타자 곧 참된 하느님의 얼굴이 흐려질 때 나와 비슷한 타자는 인간으로서 그리고 형제로서의 존엄성을 잃고 교환을 위한 상품이나 노동력, 수익의 원천으로 축소된다. 이는 이집트 탈출에 반대되는 것이며, 하느님께서는 그에 상응하여 행동하실 것이다. 과거에 이스라엘을 외국 민족(이집트)의 억압에서 해방시키셨듯이 이제는 당신 징벌의 도구인 다른 외국 민족을 통하여 우상과 불의를 제거하실 것이다(1,6-7.10-16; 4,10.14 참조).

이러한 죄의 구조는 종교적 차원의 문제에서 비롯되고 또한 자신을 정당화하기 위하여 종교를 이용하므로(6,6-7 참조), 예배의 진정한 의미를 되새기고 계약의 요구들을 주장하는 예언은(6,8 참조) 그 악이 극심하기에 극단적이고 격렬한 어조를 취한다(7,18-20 참조). 그 예언은 생명을 주는 화해를 목적으로 하므로, 예언자의 고발은 선고로서의 면모를 띠고(그러나 인과응보의 법칙에 따라 지혜문학적 징벌은 시작되지만, 법정에서의 형벌 선고는 없다) 재앙이 닥쳐올 것을 예고한다. 이 재앙이 역사의 마지막 말이 아니라는 것은, 징벌의 신탁과 구원의 신탁이 계속해서 차례로 함께 나타나는 데서 알아볼 수 있다(예를 들어 4,6-8 참조). 구원은 베들레헴 출신의 다윗 후손 메시아가 가져올(5,1-5와 또한 이사 7,14-17; 9,1-6; 11,1-10 참조) 평화와 보편적 정의의 지평 안에서 묘사된다(미카 4,1-4, 그러나 또한 5,7 참조).

그러나 경고는 중대하게 받아들여야 한다. 일시적으로 회개의 표지를 보이고는 다시 되돌아오는 이들은 예루살렘 파괴와 바빌론 유배에서 그 극적 실현을 보게 될 것이다. 이는 죄스러운 세상은 오직 마지막을 거침으로써만 속량될 수 있음을 보여 주는 표지이다. 미카서를 전수해 준 이는 우리가 그와 유사한 잘못을 범하지 말고 "당신의 소유인 남은 자들, 그들의 허물을 용서해 주시고 죄를 못 본 체해 주시는 당신 같으신 하느님이 어디 있겠습니까? …먼 옛날 당신께서 저희 조상들에게 맹세하신 대로 야곱을 성실히 대하시고 아브라함에게 자애를 베풀어 주십시오."(7,18-20)라는 기도의 확실함에 믿음을 두도록 이 책을 그 재앙과 이후의 구원에 비추어 재해석했다.

본문의 작성과 전수

미카 예언자는(1열왕 22,8-9과 2역대 18,7-8에서 언급한 "이믈라의 아들 미카야"와 구별해야 한다) 분명 유다 시골 출신으로, 기원전 730-700년 사이에 활동했다. 따라서 이사야와 동시대 사람이지만 이사야처럼 다윗 왕조와 연결되거나 유다 왕국의 수도 귀족 관료들과 연관되지는 않는다. 그에 관하여 전해지는 유일한 보도는 예레 26,17-19에 나타나는데, 그 해석도 의견이 갈라진다. 이 단락에서는 한 세기가 더 지난 후대를 역사적 배경으로 미카 3,12 심판의 신탁을 히즈키야 임금과 백성이 순종하고 참회하며 받아들였을 때 예루살렘이 아시리아의 공격에서 구원되었다고 말한다.

미카는 거짓된 구원 신탁을 선포하는 직업 예언자들('느비임')과 구별되며(미카 3,5-12 참조), 아마도 이러한 논쟁적 맥락에서 그에게 "예언자"('나비')라는 용어가 사용되지 않는다. 그가 부족장 또는 지역 원로였으리라는 이론은(1열왕 8,3; 20,7 참조), 그리고 다른 원로들이 그의 예언을 보존하고 그의 신원을 아버지의 이름이 아닌 출신지로 표시했다는 것은 확실하다고 받아들이기에는 너무 불충분하고 다른 해석의 여지가 있는 자료들에 기초한다. 히브리 전통이 미카서에 들어 있는 여러 문학적 특성들에서도 드러나는 바와 같이(예를 들어 미카 1,6; 2,3; 3,5.8 등 참조) 그를 주변 마을의 존경받는 원로가 아니라 온전한 의미의 예언자로 여겼다는 사실에는 변함이 없다.

모레셋-갓. 이 지역에 대해 알려진 것은(텔-에드 주데이데와 동일시된다), 아시리아 군대가 라키스를(니네베 왕궁 발굴 때 발견된 라키스 함락 장면이 새겨진 부조가 유명하다) 향해 가던 길 곁에 있다는 점과, 아시리아 임금 산헤립이 기원전 701년 유다 왕국을 침입하여 라키스를 정복하면서 파괴했다고 자랑하는 46개 성읍(마을, 도시, 요새) 가운데 하나였으리라는 것이다(미카 1,14 참조). 그러나 이 지역에서 이스라엘과 유다를 공격하는 아시리아의 군사 행동은 그보다 수십 년 전인 소위 시리아-에프라임 전쟁(기원전 734-732년), 히즈키야 임금의 반란과 특히 북왕국 이스라엘의 침략 때(기원전 721년) 이미 시작되었다. 재앙을 선포하는 미카의 예언은 이러한 고통스러운 맥락 안에 자리한다. 그는 이러한 상황들을 직접 체험했을 것이다(이 사건들 속에서 예루살렘으로 피난했을 수도 있다).

대부분의 학자들은 1-3장에 있는 위협적 배경의 신탁들만을 역사적 인물인 미카 예언자의 것으로 돌리는 편이다. 나머지 부분은 한 저자나 한 편집인의 글로 보기에는 너무 상이하거나 손질되어 있다. 특히 6,1-7,7에 있는 그와 유사한 경고와 징벌에 관한 주제들은, 이 책의 첫 세 장을 유배기에(또는 더 늦게, 페르시아 시대 말기에) 재해석하여 현재화한 것으로 보인다. 4-5장과 7,8-20은 신학적으로 매우 상이해 보인다(또한 2,12-13 참조). 이 부분은 분명하게 구원적 전망을 지니고 있어, 많은 학자들은 유배 후의 새로운 희망이 들어 있다고 보고 종말론적 요소도 있어 헬레니즘 시대까지도 생각할 수 있다.

그러나 더 근래의 경향은 미카서의 균형 잡힌 구조를 고려하여 "문서 예언"의 개념을 향하며, 이 작품이 서기관들에게서 생겨난 것으로 보기도 한다. 그들에게 전해진 전승은 그 후에는 기록으로 다음 세대들에게 전수되었고, 처음부터 일관성 있는 통일된 기획으로 이루어졌을 것이다(미카의 신탁과 그렇지 않은 신탁들을 꿰맨 것이 아니라). 그래도 일부 성서학자들은 이 책에서 나타나는 현저한 주제적·신학적 변화(또는 병립)들이 미카가 체험한 최초의 예언자적 체험에서 시작된 발전 과정의 최종 결과의 표현이라고 믿고 있다. 어떤 경우이든 이 본문의 작성과 전수 과정은 다른 예언서들과 마찬가지로 바빌론 유배 이후에야 결정적 순간을 맞게 되었다.

미카의 신탁들의 권위에는 의심의 여지가 없었다. 쿰란의 본문들에도 미카서는 자주 인용된다(여기에는 미카서 주해도 있다. 1Q14). 특히 신약 성경에서(미카 4-5장이 마태 1-2장과 루카 1-2장에 인용된다) 가장 유명한 예로 미카 5,1은 메시아적-그리스도론적인 해석으로 마태 2,6에 인용된다. "유다 땅 베들레헴아, 너는 유다의 주요 고을 가운데 결코 가장 작은 고을이 아니다. 너에게서 통치자가 나와 내 백성 이스라엘을 보살피리라."

살바토레 마우리치오 세사Salvatore Maurizio Sessa

미카서

머리글

1 [1] 유다 임금 요탐, 아하즈, 히즈키야 시대에 모레셋
사람 미카에게 내린 주님의 말씀. 그가 사마리아와
예루살렘에 관하여 본 환시다.

이스라엘을 단죄하시다

2 민족들아, 모두 들어라.
땅과 그 안에 가득 찬 것들아, 귀를 기울여라.
주 하느님께서 너희를 거슬러 증인으로 나서신다.
주님께서 당신의 거룩한 성전에서 나오신다.
3 보라, 주님께서 당신의 거처에서 나오시어
땅의 높은 곳으로 내려와 밟으시니
4 산들이 그분 아래에서 녹아내리고
골짜기들이 갈라진다.
불 앞에서 녹아내리는 밀초 같고
벼랑에서 쏟아져 내리는 물과 같다.
5 이 모든 것은 야곱의 죄,
이스라엘 집안의 죄악 때문이다.
야곱의 죄가 무엇이냐?
사마리아가 아니냐?
유다의 죄악이 무엇이냐?
예루살렘이 아니냐?
6 그러므로 나는 사마리아를 빈 들의 폐허로,
포도나 심는 곳으로 만들리라.

1,1. 머리글은 예언자의 사명의 배경을 기원전 8세기 말로 보게 한다. 주된 관심의 대상은 유다와 예루살렘이지만, 그의 설교는 사마리아의 이스라엘 왕국을 향하기도 한다.

1,2-7. 기원전 721년에 있었던 사마리아의 함락 이전의 신탁이다. 주님의 발현은 우주적 특성을 갖는데, 이는 주님의 초월적 능력을 부각시킨다. 사마리아가 등장하여 우상 숭배로 비판을 받는다. 호세아의 말들이 되울린다(특히 7절. 호세 1,2; 2,14; 9,1 참조). 문학 양식인 '립'(혹은 쌍방의 논쟁. 예레 2,9; 3,12-13의 주 참조)을 사용하는 것은 계약의 요구들에 대한 백성의 책임을 생각하게 한다.

1,5. "유다의 죄악" 히브리어 본문은 "유다의 산당들"이다. 그러나 "(야곱의) 죄"에 병행하는 단어가 오는 것이 자연스러우므로, 그리스어 번역본을 참조하여 "죄악"으로 옮겼다. 산당들에서 행해지는 불법적 종교 예식 자체가 죄이다.

1,2 3,5; 6,1-2; 신명 32,1; 시편 49,2; 이사 1,2; 28,1-4; 예레 22,29; 마르 7,14.
1,6 3,12; 예레 9,10; 호세 14,1; 마태 24,2.

1,2-3,12. 이 단락은 주로 경고로 되어 있지만, 중간에 다른 민족들이 아니라 사마리아와 예루살렘을 향한 약속들이 들어 있다. 사회적·법률적 불의에 대한 굳센 저항이 지배적이다. 사회적 불의의 책임은 첫째로 백성의 지도자들에게 있다. 예언자는 공동체의 비판적 양심으로서 잘못을 지적하고 처벌을 경고하며 구원에 이르는 유일한 길을 보여 준다.

나는 그 돌들을 계곡에 쏟아붓고
그 기초들을 드러나게 하리라.
7 그곳의 신상들은 모두 산산이 부서지고
그 모든 해웃값은 불에 타 버리리라.
나는 또 그곳의 우상들을 모두 조각내리라.
창녀의 해웃값으로 그것들을 모았으니
창녀의 해웃값으로 돌아가리라.

예언자의 애가

8 이 때문에 나는 슬퍼하고 울부짖으며
맨발에 알몸으로 걸어 다니고
승냥이처럼 슬피 울며
타조처럼 애처롭게 울리라.
9 나을 길 없는 그 상처가
유다까지 다다라
내 백성의 성문까지,
예루살렘까지 이르렀기 때문이다.
10 너희는 갓에서 이 일을 알리지 말고
울지도 마라.
벳 르아프라에서는
먼지 위에서 뒹굴어라.
11 사피르의 주민들아
벌거벗은 채 부끄러워하며 지나가라.
차아난의 주민들은 나오지 마라.
통곡하는 벳 에첼은
더 이상 너희에게 도움이 되지 못하리라.
12 정녕 마롯의 주민들은
행복을 기다렸으나
주님께서 내리신 재앙이
예루살렘 성문에 내려왔을 뿐이다.
13 라키스의 주민들아
군마에 병거를 매어라.
그곳은

1,8. 애도 예식(그리고 그 밖의 참회 행위들)을 사용하는 것은 아끼는 사람을 잃었을 때(2사무 1,17 참조) 또는 도시의 파괴를 슬퍼할 때 나타난다(이사 15,3-5; 예레 48,37-38; 애가 2,10-11 참조).

1,10. 히브리어 본문에서는 전형적인 강조 표현으로, 같은 동사를 반복한다(자구적으로 옮기면 "울고 울지 마라"이다). 그리스어 번역본을 토대로 일부 현대 번역본들은 두 번째 동사 형태를 지명으로 여기기도 한다("아크리[또는 아코]에서 울지 마라"). (새) 대중 라틴말 성경은 고유한 의미를 생각해 낸다("눈물을 흘리며 울지 마라"). 우리말 번역문에서는 동사 형태 하나가 생략되어 있다.

1,7 레위 26,30; 2열왕 17,5-18; 18,9-12.23; 23,14-15. 1,13 여호 15,39; 1열왕 14,19; 2열왕 18,13-14.17; 2역대 32,9; 묵시 2,14.20.

1,8-16. 유다와 예루살렘에 덮친 재앙에 대한 길고 줄기찬 탄식이다. 그 재앙은 예언자의 고향인 모레셋 갓을 포함한 남부 여러 지역에도 미친다. 악의와 불행을 연상시키는 이 도시의 이름을 사용한 예언자의 언어유희이다. 마지막에는 유배된 이들에 대한 애도의 표시로 밀어 버린 머리만 남을 뿐이다(16절). 예언자는 그가 선포한 피할 수 없는 징벌의 결과들에 무심한 채 있지 않는다. 그는 하느님과 결합하여 있지만 자신의 동족과도 결합하여 있기 때문이다.

딸 시온이 지은 죄의 근본.
너에게서 이스라엘의 죄악이 드러났다.
14 그러므로 너희는 모레셋 갓에게
작별의 선물을 주어야 한다.
악집의 집들은
이스라엘 임금들에게 속임수가 되리라.
15 마레사의 주민들아
나는 너희에게 점령자를 다시 불러들이리니
이스라엘의 영광이
아둘람까지 달아나리라.
16 귀여운 자녀들을 생각하여
너희는 머리를 밀어라, 머리털을 깎아라.
그들이 너희를 두고 사로잡혀 가리니
너희는 독수리처럼 대머리가 되어라.

착취자들을 거슬러

2 1 불행하여라, 불의를 꾀하고
잠자리에서 악을 꾸미는 자들!
그들은 능력이 있어
아침이 밝자마자 실행에 옮긴다.
2 탐이 나면 밭도 빼앗고
집도 차지해 버린다.
그들은 주인과 그 집안을,
임자와 그 재산을 유린한다.
3 그러므로 주님께서 이렇게 말씀하신다.
"보라, 내가 이 족속을 거슬러 재앙을 내리려고 하니
너희는 거기에서
목을 빼내지 못하고
으스대며 걷지도 못하리라.
재앙의 때이기 때문이다.
4 그날에는 사람들이 너희를 두고서
조롱의 노래를 부르고
너희는 서럽게 애가를 읊으리라.

2,1 에스 3,8; 5,14; 9,25; 시편 1,2; 36,5; 잠언 4,16; 에제 11,2; 마태 27,1-2; 요한 19,11. 2,2 탈출 20,17; 1열왕 21; 욥 31,38; 이사 5,8; 예레 22,17; 아모 8,4; 1티모 6,10. 2,3 아모 5,13; 예레 18,11; 27,12; 애가 1,14; 야고 2,13.

2,1-5. 예언자의 고발은 사회적 영역의 구체적 죄들인 착취, 횡령, 불법 행위를 드러낸다. 착취하는 이들이 꾸며 낸 악한 계획들에 주님께서 계획하신 마땅한 처벌이 상응한다. 고리대금업자들의 땅은 빼앗겨 나누어질 것이고, 종교적인 회중에는 그들을 도와줄 이가 없을 것이다. 인간이 가난하고 약한 이들을 희생시키는 계획을 만들어 낼 때 하느님의 계획은 그 인간의 계획을 흩으신다.

1,14. "작별의 선물" '실루힘'의 의미는 그 명사가 파생되어 나온 동사 어근 '살라흐'("보내다")에서 찾은 것이다. 다른 현대어 번역본들은 딸이 집을 떠날 때 아버지가 하는 선물인 "지참금"을 뜻한다고 보기도 한다.

2,1.3. "불의를 꾀하고 잠자리에서 악을('라') 꾸미는('하삽') 자들! …내가 이 족속을 거슬러 재앙을('라') 내리려고 하니('하삽')" 권세가들이 밤에 계획한 악행은 대낮에 염치없이 저질러진다(겉으로는 합법적으로 보인다. 아모 2,6-16 주해 참조). 그러나 주님께서는 인과응보의 법칙에 따라 당신 계획을 맞세우신다. 그들은 파괴되고 모든 재산을 잃을 것이며(애가 5,2 참조), 유배의 종살이로 수치를 겪을 것이다.

2,5. "줄을 드리워 줄 이" 땅은 줄로 측량했고, 줄을 드리우는 것은 땅의 일부를 할당해 주는 것을 뜻했다.

'우리는 완전히 망했네.
그분께서 내 백성의 몫을 바꾸어 버리셨네.
어떻게 우리 밭을 빼앗으시어
변절자들에게 나누어 주실 수 있단 말인가?'
5 그러므로 너희를 위하여
제비를 뽑고 줄을 드리워 줄 이가
주님의 회중에는 아무도 없으리라."

거짓 설교자들을 거슬러

6 "너희는 설교하지 마라." 하고 그들은 설교한다.
"아무도 이 일에 관하여 설교하지 마라.
치욕이 우리를 덮치지 못할 것이다.
7 야곱 집안이 저주를 받아야 하겠느냐?
주님의 인내가 모자란단 말이냐?
그분께서 그러한 일을 하시겠느냐?
바르게 걷는 이에게
그분의 말씀이 유익하지 않단 말이냐?"
8 그러나 너희는 내 백성에게
원수가 되어 일어났다.
싸울 뜻 없이 안심하고 지나가는 이들에게서
너희는 겉옷을 벗겨 냈다.
9 너희는 내 백성의 아내들을
정든 집에서 쫓아내고
그 아이들에게서는
내가 준 영예를 영원히 빼앗아 버렸다.
10 너희는 어서 떠나라.
이곳은 안식처가 아니다.
쓰디쓴 파멸을 부르는 부정 때문이다.
11 누가 바람을 쫓아다니며 거짓말을 퍼뜨리고
"나는 너에게
포도주와 독주에 관하여 설교할 것이다." 한다면
그자야말로 이 백성의 설교자가 되리라.

2,10. 히브리어 본문의 마지막 구절이 분명치 않으며 여러 가지 해석이 가능하다. 새 대중 라틴말 성경은 "부정 때문에 쓰디쓴 파멸로 너희는 멸망할 것이다"라고 번역한다.

2,6 이사 30,10; 예레 26,8-9; 에제 3,26; 아모 2,12; 7,13; 8,11; 사도 4,17; 5,28. 2,7 이사 59,1-2; 즈카 4,6; 2코린 6,12. 2,9 2열왕 4,1. 2,11 3,5.11; 예레 5,31; 14,14; 에제 13,3-14; 1요한 4,1.

2,6-11. 권세가들에 예속된 거짓 예언자들이 말을 한다. 그들은 주님께 거짓된 신뢰를 두고, 그분의 자비를 당연하게 여긴다(7절). 미카는 그들을 비난하며 단죄를 선포한다. 하느님의 선하심은 악을 계속하기 위한 구실이 될 수 없다. 양심을 일깨우지 않는 거짓 예언자들의 안일함에 대한 예언자의 조롱은 강력하다(11절).

구원을 약속하시다

12 야곱아, 나는 기어이 너희를 모두 모으리라.
이스라엘의 남은 자들을 반드시 모아들이리라.
우리에 있는 양 떼처럼,
풀밭 가운데에 있는 가축 떼처럼 그들을 한데 모아 놓으리니
사람들로 북적거리리라.
13 길을 뚫는 이가 앞장서 올라가면
그들도 길을 뚫고 성문을 지나 밖으로 나가리라.
그들의 임금이 앞장서 가고
주님이 그들의 선두에 서리라.

백성을 억압하는 지도자들을 거슬러

3 1 나는 말하였다.
"야곱의 우두머리들아
이스라엘 집안의 지도자들아, 들어라.
공정을 바로 아는 것이 너희 일이 아니냐?
2 그런데 너희는 선을 미워하고
악을 사랑하며
사람들의 살갗을 벗겨 내고
뼈에서 살을 발라낸다.
3 그들은 내 백성의 살을 먹고
그 살갗을 벗기며
그 뼈를 바순다.
내 백성을 냄비에 든 살코기처럼,
가마솥에 담긴 고기처럼 잘게 썬다."
4 그러고 나서 그들이 주님께 부르짖겠지만
그분께서는 그들에게 응답하지 않으시리라.
그때에 그분께서는 그들에게서 얼굴을 감추시리니
그들이 악하게 행동하였기 때문이다.

거짓 예언자들을 거슬러

5 내 백성을 잘못 이끄는
예언자들을 거슬러 주님께서 이렇게 말씀하신다.
"그들은 먹을 것이 있으면
평화를 외치지만

2,12-13. 본문은 주님께서 흩어진 백성을 모아들이신다는 약속으로 보인다. 화자가 누구인지 규정하기가 어렵다. 거짓 예언자들의 말이라면 조롱의 어조가 되며, 허황된 확신을 고발하는 것이 된다. 주님의 말씀이라면 백성의 목자이며 흠 없는 임금이신 하느님의 구원을 알리는 것이 된다.

3,1-4. 이스라엘 지도자들에 대한 고발로, 여기서는 정치적 신분보다 선택된 백성 일반을 지칭하는 것일 수 있다. 저질러진 범죄는 지극히 사실적으로, 거의 식인 행위와 같이 묘사된다. 지극한 불의 앞에서 아무도 무관심하게 머물 수 없고 주님께서도 그러하시기에 예언자는 직접 개입한다("나는 말하였다").

3,3. "살코기처럼" 히브리어 본문은 이해하기 어려운 "…처럼"만 있다. 예로니모의 라틴어 번역본과 시리아어 번역본은 이를 지지하지만 그리스어 번역본에 따라 단어를 삽입했다.

3,5-8. 거짓 예언자들은 이익에 대한 욕심 때문에 인도자가 아니라 잘못된 길을 주장하는 이들이 된다. 그러나 그들이 다른 이들에게 행한 일이 바로 그들에게도 닥친다.

2,13 이사 45,2; 49,9; 요한 10,4. 3,2 시편 53,5; 이사 5,20.23; 에제 22,27; 34,3; 아모 5,10; 8,4; 스바 3,3; 요한 7,7; 15,19. 3,4 잠언 1,28; 예레 11,11; 14,12; 이사 59,2; 에제 8,18. 3,5 1사무 9,7-8; 1열왕 14,3; 2열왕 4,42; 5,15.22; 8,8-9; 아모 7,12.

저희 입에 아무것도 넣어 주지 않는 이들에게는
전쟁을 선포한다."
6 그러므로 밤은 너희에게 환시 없는 밤이 되고
점을 칠 수 없는 암흑이 되리라.
예언자들 위에서는 해가 저물고
낮이 어두워지리라.
7 선견자들은 부끄러운 일을 당하고
점쟁이들은 수치를 당하리라.
그들은 모두 콧수염을 가리리니
하느님에게서 응답이 없기 때문이다.
8 그러나 나는
야곱에게 그 죄를 밝히고
이스라엘에게 그 죄악을 선포할
힘과 주님의 영으로,
공정과 능력으로 가득 차 있다.

3,7. "모두 콧수염을 가리리니" 이 행동은 애도의 표시로(에제 24,17-22 참조), 아무 할 말이 없음을 역설적으로 드러낸다. 그들의 입에는 하느님의 말씀이 없다.

예루살렘의 멸망

9 올바른 것을 역겨워하고
올곧은 것마다 왜곡하는
야곱 집안의 우두머리들아
이스라엘 집안의 지도자들아, 이 말을 들어라.
10 너희는 피로 시온을,
불의로 예루살렘을 세운다.
11 그 우두머리들은 뇌물을 받아 판결을 내리고
사제들은 값을 받아 가르치며
예언자들은 돈을 받고 점을 친다.
그러면서도 그들은 주님을 의지하여
"주님께서 우리 가운데에 계시지 않느냐?
우리에게는 재앙이 닥칠 리 없다." 하고 말한다.
12 그러므로 너희 때문에
시온은 갈아엎어져 밭이 되고
예루살렘은 폐허 더미가 되며
주님의 집이 서 있는 산은 수풀 언덕이 되리라.

3,9-12. 지배층의 부패를 고발한다. 재판관, 사제, 예언자 모두 탐욕에 빠져 있고 양심이 잘못되어 있다. 12절은 한 세기 후에 예레미야의 성전 설교와 관련한 재판에서 인용된다(예레 26,18 참조).

3,8 이사 11,2-3; 58,1; 예레 1,18; 6,11; 마태 7,29; 사도 4,8.19; 1코린 2,4. 3,11 7,3; 민수 16,15; 1사무 9,7; 이사 1,23; 예레 6,13; 7,3-4; 8,10; 에제 22,12.27; 1베드 2,1; 5,2. 3,12 1,6; 4,1-2; 6,16; 예레 26,18; 이사 2,2-3; 마태 24,2.

3,8. 이 절은 우리에게 거짓 예언자의 모습과 대조되는 참된 예언자의 도덕적 자질들의 힘찬 모습을 보여 준다. 주님의 영에게서 받은 내적 힘, 권세가들을 고발하는 용기, 정의에 대한 열정, 백성의 운명에 대한 깊은 관심이 그의 특징이다.

3,9-12. 여기서의 고발은 종교인에게 언제나 있을 수 있는 위험을 지적한다. 그 위험은 회개하지 않고 오히려 하느님을 보증으로 이용하는 것이다.

모든 민족들이 예루살렘으로 모여 오리라

4 1 마지막 때에
주님의 집이 서 있는 산은
산들 가운데에서 가장 높이 세워지고
언덕들보다 높이 솟아오르리라.
백성들이 이리로 밀려들고
2 수많은 민족이 모여 오며 말하리라.
"자, 주님의 산으로,
야곱의 하느님 집으로 올라가자.
그분께서 당신의 길을 우리에게 가르쳐 주시어
우리가 그분의 길을 걷게 될 것이다."
시온에서 가르침이 나오고
예루살렘에서 주님의 말씀이 나오기 때문이다.
3 그분께서 수많은 백성 사이의 시비를 가리시고
멀리 떨어진 강한 민족들의 잘잘못을 밝혀 주시리라.
그러면 그들은 칼을 쳐서 보습을 만들고
창을 쳐서 낫을 만들리라.
한 민족이 다른 민족을 거슬러 칼을 쳐들지도 않고
다시는 전쟁을 배워 익히지도 않으리라.
4 사람마다 아무런 위협도 받지 않고
제 포도나무와 무화과나무 아래에 앉아 지내리라.
만군의 주님께서 친히 말씀하셨다.
5 정녕 모든 민족들은
저마다 자기 신의 이름으로 걸어가지만
우리는 주 우리 하느님의 이름으로
언제까지나 영원히 걸어가리라.

4,1-5. 폐허가 된 시온의 광경에(3,12 참조) 민족들의 순례 목적지가 될 종말론적 시온의 광경이 대비된다. 본문은 아마도 이사 2,1-5에서 나온 것이다(어떤 이들은 미카서의 본문이 이사야서에 인용되었다고 가정한다). 평화롭던 솔로몬 시대에 이스라엘이 그 아래 앉아 있던, 포도나무와 무화과나무의 이미지는(1열왕 5,5 참조) 모든 민족들이 누리게 될 종말론적 평화를 나타내게 된다.

4,4. "포도나무"와 "무화과나무"는 그 귀한 열매로 인하여 풍요의 상징이 된다. 무화과나무는 종종 포도나무 사이에 심는다(루카 13,6 참조). 평화롭게 그 그늘에 앉아 있는 것은 평화와(솔로몬 시대 1열왕 5,5 참조) 번영의(2열왕 18,31; 이사 36,16 참조) 시대를 상징한다.

4,1-3 // 이사 2,2-4. 4,1 3,12; 시편 68,16-17; 이사 11,9; 66,20; 에제 17,22; 43,12; 다니 7,14. 4,2 예레 31,6; 50,4-5; 즈카 8,20-23; 마태 11,25-30; 사도 13,46-47. 4,3 시편 46,10; 이사 11,3-10; 요엘 4,10; 즈카 9,10; 마태 25,31-32; 사도 17,31.

4,1-5,14. 이 책의 둘째 단락은 주로 시온을 향한 구원의 약속으로 되어 있어 앞 장들에 비해 어조가 달라진다. 여기 들어 있는 본문들은 아마도 미카 시대부터 유배기까지 여러 시대에서 나온 것으로, 이로써 미카서는 메시아적-종말론적 지평을 지니고 희망을 향해 열린다.

4,1-5. 오직 주님만이 당신 약속과 법으로 역사 안에서 상승적이고 구심적인 움직임을 시작하게 하신다. 이스라엘은 이를 알고 있다(5절). 바벨탑을 거스르는 이러한 움직임 안에서 여러 민족들이 도덕적·종교적으로 고양되고 죽음을 가져오는 힘들이 생명의 능력으로 변모된다.

4,6-8. 예루살렘을 향한 순례를 계속 묘사한다. 유배된 유다인들이 시온에 다시 모인다. 시온은 "가축 떼의 탑" 곧 양 우리로 지칭된다.

흩어진 이스라엘인들이 다시 모이리라

6 주님의 말씀이다.
그날에
나는 절뚝거리는 이들을 모으고
내쫓긴 이들과
내가 고생시킨 이들을 모아들이리라.
7 나는 절뚝거리는 이들을 남은 자들로 만들고
쫓겨난 이들을 강한 민족으로 만들리라.
주님이 시온산에서
이제부터 영원토록
그들을 다스리리라.

8 너 가축 떼의 탑아
딸 시온의 언덕아
이전의 통치권이
딸 예루살렘의 왕권이
너에게 오리라, 돌아오리라.

4,9-10. 바빌론 유배는 큰 고통이고, 그래서 해산의 고통을 비유로 사용한다. 유배는 아이를 낳는 것과 같이 고통스럽지만 결실을 가져온다. 하느님께서는 구원을 이루시기 위하여 시련을 사용하신다.

시온의 시련과 구원

9 어찌하여 너는 지금 큰 소리로 부르짖느냐?
너에게 임금이 없어서냐?
너의 고문관이 죽었느냐?
아이 낳는 여인의 진통과 같은 괴로움이 너를 덮친 것이냐?
10 딸 시온아
해산하는 여인처럼 몸부림치며 신음하여라.
이제 네가 성을 떠나
들에서 살아야 하기 때문이다.
너는 바빌론까지 가야 하리라.
거기에서 너는 구출되고
거기에서 주님이 너를
네 원수들의 손에서 구원하리라.
11 그러나 지금은 수많은 민족이
너를 거슬러 모여
"시온이 망하는 꼴을

4,11-14. 시온의 구원에 상응하여 민족들에게는 심판이 선고된다. 이들은 타작마당에서 밟히는 곡식에 비유된다. 침입자들이 시온을 포위했으나 실패했다는 것은 기원전 701년 산헤립이 예루살렘을 공격했던 것을 지칭할 수 있다. 하느님의 의도를 알지 못하는 인간의 계획은 실패하고 파멸한다(12절).

4,6 2,12; 이사 35,3-6; 예레 31,8; 에제 34,12; 스바 3,19; 요한 10,16. 4,7 5,2.6-7; 7,18; 이사 4,3; 6,13; 호세 2,1; 루카 1,33. 4,10 묵시 12,2.

4,6-8. 주님께서는 바로잡기 위하여 엄하게 다루시지만, 그보다 더 강력하고 감동적으로 구원하신다. 그분께서는 작은 이들과 소외된 이들을 특별히 돌보신다.

우리 눈으로 지켜보자." 하고 말한다.
12 그렇지만 그들은
주님의 뜻을 알지 못한다.
그들은 주님의 의도를 깨닫지 못한다,
곡식 단들을 타작마당으로 모으듯 그들을 모아들이신 것을.
13 딸 시온아, 일어나 밟아라.
내가 네 뿔을 쇠로 만들고
네 굽을 놋쇠로 만들리니
너는 수많은 민족을 짓밟아
그들이 노획물을 주님에게,
재물을 온 세상의 주님에게 바치게 하리라.

현재의 임금과 미래의 메시아 임금

14 약탈대의 딸아, 이제 네 몸에 상처를 내어라!
우리가 포위되었다.
그들이 몽둥이로
이스라엘 판관의 뺨을 친다.

5 1 그러나 너 에프라타의 베들레헴아
너는 유다 부족들 가운데에서 보잘것없지만
나를 위하여 이스라엘을 다스릴 이가
너에게서 나오리라.
그의 뿌리는 옛날로,
아득한 시절로 거슬러 올라간다.
2 그러므로 해산하는 여인이 아이를 낳을 때까지
주님은 그들을 내버려 두리라.
그 뒤에 그의 형제들 가운데 남은 자들이
이스라엘 자손들에게 돌아오리라.
3 그는 주님의 능력에 힘입어
주 그의 하느님 이름의 위엄에 힘입어

4,14. "네 몸에 상처를 내어라!" 율법에 의하여 금지된(레위 19,28; 신명 14,1 참조) 예식적 행위를(1열왕 18,28; 예레 16,6; 48,37 참소) 소롱조로 권고한다. 하지만 이 히브리어 동사는 "(군대로) 모이다"의 의미도 지닌다(예레 5,7; 시편 94,21에서와 같이). 이 의미가 여기에 더 적합할 수도 있다.

5,1-5. 하느님께서는 의로운 임금을 통하여 당신 백성을 다시 태어나게 하시지만, 예루살렘이 아니라 다윗의 고향인 작은 마을 베들레헴에서 시작하신다(1절). 그러나 지금은 먼저 정화가 필요하고(2절), 이 기간에 이스라엘은 다른 세력들에게 종속되어 있을 것이다. 그 종속은 새 임금의 탄생과 더불어 끝날 것이며, 그는 단호하면서도 양을 돌보는 목자와 같은 배려로 통치할 것이다. 무엇보다 그는 "주 그의 하느님 이름"으로 행동할 것이고 그래서 그 자신이 평화가 된다(이사 9,5 참조). 5절은 장차 아시리아를 꺾을 것을 예고한다.

4,12 이사 55,8-9; 예레 29,11; 루카 3,17. 4,14 마태 27,30; 마르 15,19. 5,1 창세 35,19; 마태 2,6; 요한 7,42. 5,2 1열왕 14,16; 2역대 30,7; 이사 7,14; 호세 11,8; 마태 1,21; 묵시 12,1-2. 5,3 7,14; 이사 49,9-10; 에제 34,22; 요한 10,27-30.

5,1-5. 이 예언은 이스라엘에서는 그 후 예루살렘에서 왕위에 앉은 임금들 가운데 누구에 의해서도 성취되지 않은 말씀으로 남았다. 반면 신약 성경에서 마태오는 이 말씀이 베들레헴에서 태어나신 예수님에게서 실현됨을 본다(마태 2,6 참조). 그분께서는 흩어지고 지친 당신 양떼를 돌보시는 참된 목자이시다(마태 9,36 참조).

✠ 5,1-4ㄱ. 이 단락은 다윗의 고장과 메시아가 오리라는 약속을 연결한다. 다해 대림 제4주일에 이 본문을 읽는다. 가해와 나해의 제1독서는 각각 이사 7,10-14과 2사무 7,1-5.8ㄷ-12.14ㄱ.16로, 모두 다윗과 연관된다.

목자로 나서리라.
그러면 그들은 안전하게 살리니
이제 그가 땅끝까지 위대해질 것이기 때문이다.
4 그리고 그 자신이 평화가 되리라.

아시리아가 우리 나라를 쳐들어와서
우리 땅을 밟으면
우리는 그들을 거슬러 일곱 목자와
여덟 제후를 세우리라.
5 그들은 아시리아 땅을 칼로 다스리고
니므롯 땅을 검으로 다스리리라.
아시리아가 우리 나라를 쳐들어와서
우리 국경을 밟으면
그가 우리를 아시리아에서 구출하리라.

마지막 때에 남은 자들

5,6-7. 민족들 사이에서 이스라엘은 그를 받아들이는 이들에게는 은혜로운 이슬과 같고, 원수들에게는 집어삼키는 사자와 같다.

6 그때에 야곱의 남은 자들은
수많은 민족 가운데에서
주님께서 내려 주시는 이슬처럼,
풀 위에 내리는 비처럼 되리라.
사람에게 바라지도 않고
인간에게 희망을 두지도 않는 비처럼 되리라.
7 야곱의 남은 자들은 민족들 가운데에서
수많은 백성 한가운데에서
숲속 짐승들 사이에 있는 사자처럼,
양 떼 속에 있는 힘센 사자처럼 되리라.
지나다니며 먹이를 밟고 찢어도
누구 하나 빼내지 못하는 힘센 사자처럼 되리라.

5,8-14. 하느님께서는 이스라엘에게서 모든 군사적·종교적(마술과 우상) 안전을 사라지게 하실 것이다. 이스라엘은 그러한 안전을 갖고 어리석게 자기 자신을 의지한다. 순종하지 않으려던 민족들에게는 하느님의 진노가 내린다.

8 너의 손은 적들 위로 높이 들리고
너의 원수들은 모두 파멸하리라.

주님께서 이스라엘을 정화하시다

9 주님의 말씀이다.

5,4ㄱ 시편 72,7; 이사 9,5-6; 루카 2,14; 요한 14,27; 16,33; 에페 2,14. 5,5 창세 10,8-10. 5,7 창세 49,9.

5,6-7. 하느님의 백성이 민족들 사이에서 지닌 임무는, 구원의 표지가 되고 또한 악인들에게 징벌의 표지가 되는 것이다.

5,8-14. 주님의 손은 당신 백성이 더 이상 자기 자신을 의지하지 않고 그분께 의지하게 한다.

그날에
나는 네 가운데에서 군마들을 없애고
병거들을 부수어 버리리라.
10 네 땅의 성읍들을 없애 버리고
요새들을 모두 허물어 버리리라.
11 나는 또 네 손에서 마술을 없애 버리리니
너에게 다시는 마술사들이 없으리라.
12 너의 우상들을 없애고
네 가운데에서 기념 기둥들을 없애 버리리니
너는 네 손으로 만든 것에
더 이상 절하지 않으리라.
13 나는 네 안에서 아세라 목상들을 뽑아 버리고
성읍들을 파괴하리라.
14 나는 또한 복종하지 않는 민족들에게
분노와 진노로 보복하리라.

주님께서 이스라엘을 고발하시다

6 1 너희는 주님께서 하시는 말씀을 들어라.
"너희는 일어나 산들 앞에서 고소 내용을 밝히고
언덕들이 네 목소리를 듣게 하여라."
2 산들아
땅의 견고한 기초들아, 주님의 고소 내용을 들어라.
주님께서 당신 백성을 고소하시고
이스라엘을 고발하신다.

6,1-2. "고소 내용을 밝히고"(1절), "고소하시고"(2절) 동사 '립'은 "고발하다, 논박하다"로 옮기는 편이 좋을 것이다(예레 2,9의 주 참조). 명사 '립'도 마찬가지다. "고소"(2절)로 번역되지만, (법적인) "다툼"으로 옮길 수 있다. 번역자들은 고발 절차가 산들 "앞에서"(새 대중 라틴말 성경) 또는 산들에 "맞서"(내중 라틴말 성경) 진행되는 것으로 이해했다. 쌍방의 논쟁으로 본다면 두 가지 해석이 모두 가능하다(첫 번째 경우는 이사 1,2과 같은 수사적인 부름이고 재판의 증인으로 소환하는 것이 아니라고 본다). 그러나 여기에 사용된 히브리어 표현은('립 엣 헤하림') 고유한 의미에서 "권세가들"을 향한 고발의 행위이다("산", "언덕", "땅의 견고한 기초"와 같은 장소들은 권세가들을 상징한다. 에제 6,3; 36,4.6; 시편 82,5 참조).

6,2. "땅의 견고한 기초들아"는 자연스럽지 않은 표현이어서 히브리어 형용사를 동사 형태로 수정하기도 한다("땅의 기초들아, 귀를 기울여라"). 그렇게 함으로써 첫 부분("산들아, 들어라")과 완벽한 병행을 이룰 수 있게 된다(새 대중 라틴말 성경은 이렇게 옮긴다).

5,11 이사 2,6; 8,19-20; 묵시 19,20ㄱ. 5,13 탈출 34,13.

✠ 6,1-15. 고해성사 예식의 독서에는 이 단락이 들어가 있으며, 공정을 실천하고 신의를 사랑하며 겸손하게 하느님과 함께 걷는(8절) 긍정적 측면을 강조한다.

6,1-8. 이 본문(그리고 6,9-7,7에 전개된 부분)을 일종의 재판으로 해석한다면 하느님의 표상에 일관성이 없어진다. 하느님께서는 원고이면서 동시에 재판관이 되어야 하는 것이다. 여기에 사용된 은유는 쌍방의 논쟁이다(그러한 논쟁이 문학 유형인 '립'의 기초가 된다). 이 논쟁도 법적인 절차이지만, 어휘가 때로는 겹친다 해도 판결을 내리는 절차(그리고 그 은유)와는 구별된다. 논쟁은 "가정"에서 전형적으로 이루어지고, 재판은 "법정"에서 주로 이루어진다. 이 절들에서는(1-3장에서와 마찬가지로) 재판관이 범죄자에게 철회할 수 없는 징벌을 선고하는 것이 아니라, 법적 계약의 유대로 상대방(백성)과 결합한 한편(하느님)이 불의의 행위로 상처 입은 관계를 (고발, 꾸짖음, 위협 등으로) 회복하는 것이다. 그러므로 그 목적은 (때로는 징벌이 있다 해도) 최종적인 단죄의 선고를 내리는 것이 아니라 화해이다(예레 2,9의 주와 호세 2,4-25 주해 참조). 이 단락은 세 부분으로 나뉠 수 있다. 들으라는 호소와 논쟁의 시작(1-2절), 주님께서 이루신 구원 행위들에 대한 기억을 기초로 하는 말씀(3-5절), 올바른 화해 방법의 제시(6-8절)이다.

6,3. 변론은 고발의 특징적 형태인 질문법을 취한다(이사 5,4; 예레 2,5 참조). 이는 지금 진행되고 있는 논쟁의 대화적(쌍방적) 문맥을 확증해 준다(1사무 12,6.8 참조). 하느님께서는 당신의 의로우심을 인정받고자 하신다. 그분의 의로우심은 당신 백성과의 계약에 대한 일방적인 충실함이라는 구체적 상황 안에서 드러난다(5절 참조).

3 내 백성아, 내가 너희에게 무엇을 하였느냐?
내가 무엇으로 너희를 성가시게 하였느냐? 대답해 보아라.
4 정녕 나는 너희를 이집트 땅에서 데리고 올라왔고
종살이하던 집에서 너희를 구해 내었으며
너희 앞으로 모세를,
아론과 미르얌을 보냈다.
5 내 백성아, 기억해 보아라,
모압 임금 발락이 무슨 계략을 꾸몄는지
브오르의 아들 발라암이 그에게 무엇이라 대답하였는지
시팀에서 길갈에 이르기까지 무슨 일이 있었는지.
그러면 너희가 주님의 구원 업적을 알게 되리라.

참다운 경신례

6 내가 무엇을 가지고 주님 앞에 나아가고
무엇을 가지고 높으신 하느님께 예배드려야 합니까?
번제물을 가지고
일 년 된 송아지를 가지고 그분 앞에 나아가야 합니까?
7 수천 마리 숫양이면,
만 개의 기름 강이면 주님께서 기뻐하시겠습니까?
내 죄를 벗으려면 내 맏아들을,
내 죄악을 갚으려면 이 몸의 소생을 내놓아야 합니까?

6,8. 이 신탁은 이스라엘의 질문들에 대한 응답이다. 하느님의 얼굴을 우상과 같이 왜곡시키는 제의적 해결책이 아니라, 계약에 대한 충실성에 따르는 근본적인 도덕적 요구들이 반드시 갖추어져야 함을 제시한다.

8 사람아, 무엇이 착한 일이고
주님께서 너에게 요구하시는 것이 무엇인지
그분께서 너에게 이미 말씀하셨다.
공정을 실천하고 신의를 사랑하며
겸손하게 네 하느님과 함께 걷는 것이 아니냐?

6,3 예레 2,5; 12,8; 호세 9,15. 6,4 탈출 1,13-14; 2,11; 3,10; 5,4-8; 6,6-7; 민수 20,14-16; 33,1; 신명 5,6; 7,8; 여호 24,5; 시편 81,7. 6,5 민수 22-25. 6,6-7 레위 18,21; 1열왕 16,34; 시편 50,8-15; 이사 1,11-15; 예레 6,20; 7,21-23; 아모 4,4-5; 5,21-25. 6,8 신명 10,12-13; 32,4; 이사 7,9; 30,15; 예레 5,1; 호세 2,21; 아모 5,24.

✠ 6,3-4. 이 구절로 기원후 9세기부터 성 금요일 전례에서 십자가 경배 때 사용하는 비탄의 노래가 시작된다. 여기서 주님께서는 구원 행위들을 확인하시며, 그 가운데 어떤 이유로 십자가를 응답으로 받게 되었는지 백성에게 물으신다.

예루살렘의 불의와 징벌

9 주님께서 도성에 외치시는 소리다.
— 당신의 이름을 경외함은 슬기입니다. —
지파야, 도성의 회중아, 들어라.
10 "내가 악인의 집에 있는 악의 보물들과
저주받은 엉터리 에파를 잊을 수 있겠느냐?
11 내가 부정한 저울을
거짓 추가 담긴 주머니를
옳다고 할 수 있겠느냐?
12 도성의 부자들은 폭력을 일삼고
그 주민들은 거짓을 말하며
그들 입 안의 혀는 속이는 말만 한다.
13 그러므로 나도 너의 죄 때문에
너를 치고 파멸시키기 시작하였다.
14 너는 먹어도 배부르지 않고
배고픔이 네 안에서 없어지지 않으리라.
네가 무엇을 따로 떼어 놓아도 그것을 보존할 수 없고
무엇을 보존하더라도 내가 그것을 칼에 넘겨 버리리라.
15 네가 씨를 뿌려도 거두어들이지 못하고
올리브를 짜도 네 몸에 기름을 바르지 못하며
포도를 밟아도 포도주를 마시지 못하리라.
16 너는 오므리의 규정과
아합 집안의 모든 행위를 따르고
그들의 뜻에 따라 걸었다.
그러므로 나는 너를 폐허로 만들고
너의 주민들을 비웃음거리로 만들리라.
그리하여 너는 내 백성의 치욕을 짊어지리라."

6,9. 본문이 많이 훼손되어 다양한 번역이 있다. 우리말 성경의 번역은 새 대중 라틴말 성경과 비슷하며, 칠십인역 그리스어본은 "당신의 이름을 경외함은 슬기입니다." 대신에 "그분은 당신의 이름을 두려워하는 사람들을 구원하실 것이다."라고 제시한다.

6,10-11. 에파는 부피의 단위로 (곡식, 밀가루 등) 약 45리터에 해당한다. 단죄를 받는 것은 보물들 그 자체가 아니라 재산을 축적하는 죄스러운 방법이다. 고대 바빌론의 함무라비 법전에서도 이미 (기원전 18세기) 상거래에서 기만적인 조작에 대한 형벌이 있었다.

6,16. "내 백성의 치욕" 히브리어 본문과 대중 라틴말 성경은 이렇게 되어 있다. 새 대중 라틴말 성경은 그리스어 번역본을 따라 "백성들의 치욕"으로 옮긴다.

6,12 2,1-2; 3,1.9; 7,2; 시편 120,2-3; 예레 5,5-6; 로마 3,13. 6,13 레위 26,16; 신명 28,21-22; 이사 1,5-6; 사도 12,23. 6,14 레위 26,26. 6,15 레위 26,16; 신명 28,30ㄷ.33.38-40; 예레 12,13; 아모 5,11; 하까 1,6; 마태 12,30.

6,9-16. 널리 퍼진 시기, 폭력, 기만에 대해 다시 예루살렘을 고발한다. 악한 임금 오므리와 아합, 곧 사마리아를 본받았던 도성 예루살렘에게 저주가 내린다.

7,1-7. 백성의 죄를 묘사하며, 경건하고 의로운 사람이 없음을 탄식한다. 예언자는 남은 나뭇가지와 이삭을 줍는 사람처럼 되었지만, 율법에서 규정하는 바와 달리 그에게 남겨진 것은 아무것도 없다(레위 19,10; 23,22; 신명 24,19-22 참조).

7,5-6. 고통스러운 광경이지만 일관성이 있다. 생명의 주님과 충실한 관계가 깨지고 나면 다른 관계들도 깨진다. 가장 친밀하고 신성한 계약들에 기초한 관계들까지도 개인주의로 허물어지고, 모두에게 죽음의 장소가 된다(티토 3,3 참조).

온 백성의 타락

7 1 아, 슬프다!
나는 여름 과일을 수확한 뒤에 남은 것을 모으는
사람처럼,
포도를 딴 뒤에 지스러기를 모으는 사람처럼 되었건만
먹을 포도송이도 없고
내가 그토록 바랐던 햇무화과도 없구나.
2 경건한 이는 이 땅에서 사라지고
사람들 가운데 올곧은 이는 하나도 없구나.
모두 남의 피를 흘리려고 숨어 기다리고
저마다 제 형제를 그물로 잡는다.
3 그들의 손은 악을 저지르는 데에 이력이 나 있고
관리와 판관은 뇌물을 달라 하며
권력자는 제가 원하는 것만 지시한다.
이처럼 그들은 모든 것을 그르친다.
4 그들 가운데 가장 좋다는 자도 가시덤불 같고
올곧다는 자도 가시나무 울타리 같다.
그들의 파수꾼들의 날, 재앙의 날이 다가왔다.
이제 그들에게 혼란이 일어나리라.
5 친구를 믿지 말고
벗을 신뢰하지 마라.
네 품에 안겨 잠드는 여자에게도
네 입을 조심하여라.
6 아들이 아버지를 경멸하고
딸이 어머니에게,
며느리가 시어머니에게 대든다.
집안 식구가 바로 원수가 된다.
7 그러나 나는 주님을 바라보고
내 구원의 하느님을 기다리리라.
내 하느님께서 내 청을 들어 주시리라.

7,1 레위 19,9-10; 23,22; 신명 24,19-22; 이사 17,6; 예레 8,13; 룻 2,3.7; 마태 21,19; 루카 13,7. 7,2 창세 4,8; 시편 14,1-3; 예레 5,1; 로마 3,10. 7,3 3,11; 잠언 4,16-17; 이사 1,23; 예레 4,22; 에제 22,6; 마태 26,15; 루카 12,1-2. 7,6 탈출 20,12; 레위 19,3; 말라 3,24; 마태 10,21.35-36; 루카 12,53. 7,7 창세 49,18; 시편 34,6-7; 루카 6,11-12.

7,1-7. 예언자는 파수꾼처럼 지키고 있으며, 징벌의 위협 속에서도 신뢰한다. 구원은 사람들이 아니라 오직 하느님에게서 오기 때문이다.

✠ 7,2-7.18-20. 고해성사 예식의 독서에서는 7절의 "그러나 나는 주님을 바라보고 내 구원의 하느님을 기다리리라."를 중심으로 이 장의 첫 절들과 마지막 절들을 선택하여 참회 예식의 독서로 제시한다.

시련과 복구

8 내 원수야, 나를 두고 기뻐하지 마라.
나는 넘어져도 다시 일어나고
어둠 속에 앉아 있어도
주님께서 나의 빛이 되어 주신다.
9 내가 그분께 죄를 지었으니
그분께서 나에게 판결을 내리시고
권리를 찾아 주실 때까지
나는 주님의 분노를 짊어지리라.
그분께서 나를 빛 속으로 이끌어 주시리니
나는 그분의 의로움을 보리라.
10 "주 너의 하느님이 어디 계시느냐?" 하고
나에게 말하던 원수는
그것을 보고 수치를 느끼리라.
그리하여 내 눈은 원수의 몰락을 보고
그 원수는 이제
거리의 오물처럼 짓밟히리라.

11 너의 벽을 쌓는 날
그날에 너의 국경이 넓혀지리라.
12 그날에 아시리아에서 이집트까지
이집트에서 유프라테스강까지
이 바다에서 저 바다까지
이 산에서 저 산까지
온갖 곳에서 사람들이 너에게 오리라.
13 세상은 그 주민들 때문에,
그들의 행동 때문에 황폐하게 되리라.

7,8-13. 백성의 삶 안에서 하느님의 현존을 부인하는 냉소적 태도에 대하여 억눌린 이스라엘을 들어 높이시고 원수를 낮추시는 하느님께 대한 믿음과 희망의 행위를 대비시킨다.

7,8 시편 13,5; 35,15-16; 애가 4,21-22; 요한 8,12; 16,20. 7,9 2사무 16,11-12; 24,16; 로마 1,18; 히브 12,6-7; 묵시 6,10-11; 18,20. 7,10 시편 42,4.11; 이사 37,10-11; 요엘 2,17. 7,13 레위 26,33; 이사 6,11; 예레 25,11; 루카 21,20; 갈라 6,7-8.

7,8-20. 이 글은 희망으로 가득한 전망으로 끝맺는다. 파괴된 도성은 재건되고, 유배된 이들이 돌아오며, 죄가 용서된다. 8-13절에서는 예루살렘이 불특정한 원수인 어떤 도시에게 자신을 조롱하지 말라고 권고하며, 백성을 회복시키시는 하느님의 약속에 대한 믿음을 고백한다. 13절은 이스라엘의 원수를 향한 것으로 보이며, 그들의 영토를 저주한다.

7,14-17. 탄원의 기도에 이어 하느님의 기적이 예고된다. 그 기적은 이집트에서의 해방과 같은 모습으로, 하느님 백성의 원수들을 혼란에 빠뜨리는 것으로 묘사된다. 이 기도에서는 하느님과 이스라엘 사이에 존재하는 특별한 관계를 강조하는데, 이 관계는 이집트 탈출과 계약의 기적들에 기초한다.

7,18-20. 한없는 용서로 약속에 대한 충실함을 드러내시는 하느님의 자비를 찬양한다. 파라오의 병거와 기마가 아니라 이스라엘의 죄악이 바다 깊은 곳에 가라앉아 파묻힌다. 백성의 가장 위험한 원수는 죄이다. 하느님께서는 그 죄에 대하여 전쟁을 선포하시며, 이로써 당신께서 다른 신들과 비교될 수 없다는 것과 당신의 유일성과 초월성을 드러내신다.

예루살렘의 기도

14 과수원 한가운데
숲속에 홀로 살아가는 당신 백성을,
당신 소유의 양 떼를 당신의 지팡이로 보살펴 주십시오.
옛날처럼
바산과 길앗에서 그들을 보살펴 주십시오.
15 당신께서 이집트 땅에서 나오실 때처럼
저희에게 놀라운 일들을 보여 주십시오.
16 민족들이 아무리 힘이 세더라도
그들은 그것을 보고 부끄러워하며
손을 입에 댈 것입니다.
그들의 귀가 막힐 것입니다.
17 그들은 뱀처럼,
땅 위를 기어 다니는 것처럼 먼지를 핥고
저희 요새에서 떨며
주 우리 하느님께로 나오고
무서워하면서 당신을 경외할 것입니다.

18 당신의 소유인 남은 자들,
그들의 허물을 용서해 주시고
죄를 못 본 체해 주시는
당신 같으신 하느님이 어디 있겠습니까?

그분은 분노를 영원히 품지 않으시고
오히려 기꺼이 자애를 베푸시는 분이시다.
19 그분께서는 다시 우리를 가엾이 여기시고
우리의 허물들을 모르는 체해 주시리라.

당신께서 저희의 모든 죄악을
바다 깊은 곳으로 던져 주십시오.
20 먼 옛날
당신께서 저희 조상들에게 맹세하신 대로
야곱을 성실히 대하시고
아브라함에게 자애를 베풀어 주십시오.

7,16 5,7; 이사 26,11; 52,15; 로마 3,19. 7,17 창세 3,14. 7,19 이사 38,17; 예레 31,20; 호세 14,5; 로마 6,14; 8,2-3. 7,20 창세 12,2-3; 22,16-18; 28,13-15; 루카 1,72-73.

나훔서

제목과 정경 내의 위치

"니네베에 관한 신탁. 엘코스 사람 나훔이 본 환시의 책."(나훔 1,1) 신탁, 책, 환시. 이 빈약하면서도 특이한, 두 부분으로 된 나훔서의 머리글은 예언 체험 또는 예언 현상과 관련된 의미 깊은 세 단어를 한데 모아 놓으면서 동시에 그 메시지의 발신인과 수신인을 밝힌다.

"신탁"을 뜻하는 히브리어의 전문 용어는('마싸' 1,1의 주 참조) 이 작은 책의 내용 전체를 이스라엘의 경계를 넘어서야 할 예언적 선포로 규정한다. 이 신탁은 그 경계를 침입하여 역사에서 지워 버린 이들에게 이른나. 니네베는 신아시리아 제국의 수도인데, 그 제국은 기원전 8세기 후반부터 7세기 말까지 고대 근동 전체에 세력을 확장했고 그 군사적 팽창으로(한때 이집트를 복속시키기까지 했다) 북왕국 이스라엘을 무너뜨리고(기원전 721년) 그 주민을 유배시키며 살아남은 유다 왕국을 강하게 예속시켰다. 열두 소예언서 가운데 나훔서에서만 그 메시지가 "책"(더 정확히는 "두루마리")의 형태로 제시되어, 계시된("환시"라는 단어로 분명히 이를 암시한다. 이사 1,1; 2,1 등 참조) 역사의 의미를 보존하고 전수하기 위한 기록 과정을 증언해 준다. 메시지의 의미가 개별적인 한 사건을 초월하여 다른 세대들에까지 이른다는 것이 감지되기 때문이다.

이어서 살펴보겠지만, 예언자의 출신지는 확인하기 어렵다. 그러나 "나훔"이라는 이름은 히브리어 동사 어근 '나함'("위로하다")에서 나온 것으로 "연민/위로", "위로하는 사람"을 뜻할 수 있고, 본래 하느님의 이름을 포함하는 '나훔-야'가 축약된 것으로 본다면 "주님(Yhwh)께서 위로하셨다"로 볼 수 있다.

구조와 문학적 특성

예언자의 이름 자체가 이 본문을 해석하는 열쇠가 되는 듯하다. 다른 한편으로, 그리고 처음 보기에는 역설적인 방식으로, 이 책은 곧이어 같은 절에서 세 번에 걸쳐 주님께 "보복하시는 분"('노켐' 1,2)이라는 호칭을 부여한다. 보복하시는 하느님과 위로하시는 하느님은 서로 반대되는 것으로 보이지만(그러나 히브리어에서 두 행위가 같은 자음으로 시작하는 동사로 표현된다는 점에 주목해야 할 것이다) 실제로는 그 두 측면의 관계가 민족들의 역사에 대한 심판의 말씀으로 나타나는 이 책의 근본 주제가 된다. 인간적 요인들과 중개를 통하여 이루어지는 정의의 개입은 억압받는 백성을 억압자에게서 해방시킴으로써 그들을 위로하지만, 니네베(그 잔인하고 잔혹한 권력의 중심인)에게는 모든 폭압적인 악한 권세가 받게 될 운명을 나타내는 문학적 상징이 된다. 나훔서는 마치 이스라엘의 하느님의 신적 요구를 비웃는 것처럼 보이는 아시리아 절대 권력이 계약의 백성에게 제기한 의문에서 비롯된 질문에 세 단계로 대답하는 듯한 구조로 되어 있다.

첫째 부분은(1,2-8) 알파벳 시의 절반으로 되어 있다. '알렙'에서 시작하여 '카프'로 끝나므로, 단편적이어서 논란이 되기는 하지만 정확히 히브리어 알파벳의 절반을 포함한다. 이 시편은 하느님의 진노가 강력하게 드러나는 것을 의인화된 표현으로 묘사하며, "전사이신 하느님"과 같이 고대 근동 신화에서 나온 표상들도 사용한다. 주님께서는 기본적으로 정의로운 재판관으로(이 관계 구조에는 피해자, 가해자, 재판관이 있다) 그 원수인 온갖 불의를 물리치시며(1,2-6 참조) 억압받는 당신 백성에게 열정을 보이시고 그들에게 안전한 피난처가 되시는 분으로 나타난다(1,7-8 참조).

둘째 부분은(1,9-2,3) (원수들에 대한) 심판과 (유다에 대한) 구원이라는 주제들을 이어 가며, 판결과 같은 유형의 신탁 선언들을 통하여 하느님의 공정한 행위를 표현한다. 이 부분의 해석이 쉽지 않은 것은 말하는 주체와 대상이 분명하지 않기 때문이기도 하고, 이 단락이 아마도 복합적이기 때문이기도 하다. 여기에 묘사된 하느님의 개입이 우주적이고 니네베가 아직 명시적으로 언급되지 않는다는 점으로 인하여, 독자는 다음에 이어지는 아시리아 제국의 수도의 운명에 대한 적나라한 묘사를 인간 역사 안에서 이루어지는 모든 형태의 악한 권력에 대한 단죄로 해석할 수 있게 된다.

셋째 부분은(2,4-3,19) 다시 세 단락으로 구분되며, 갑자기 니네베를 치시는 주님의 전투 장면으로 들어간다. 그 장면은 마치 공격을 받고 주체할 수 없는 공포에 사로잡힌 도시 안에 들어와 있는 것처럼 생생하게 묘사된다(2,4-14 참조). 이어서 잔혹한 도시의 멸망을 애도하는 조가가 시작된다. 이 도시는 자신이 저지른 학살과 약탈과 기만으로 인하여 공공연한 창녀처럼 마땅한 벌을 받고 수치를 당한다(3,1-7 참조). 죽음은 불의를 기초로 세워진 제국주의적 "지배" 구조를 폐허와 시신 더미로 만들어 놓는 파괴적 혼돈 속으로 나아간다. 그 고집스러운 악에게는 어떤 위로도 없다(3,7 참조). 이 부분의 마지막 단락은(3,8-19 참조) 짧은 신탁들로 끝나는데, 이들은 직접적으로 니네베를 향해 던지는 씁쓸한 지혜문학적 어조의 질문으로 시작된다. "네가 테베보다 낫단 말이냐? 나일강 곁에 자리 잡아 강물이 둘러싸고…."(3,8ㄱ) 그 세력이 절정에 달한 아시리아는 아수르바니팔 시대에 오랫동안 강대국이던 이집트의 수도 테베를 정복하고 파괴하기에 이르렀다. 고대 세계에서 테베는 그 군사력과 강한 자연적 방어로 인하여 난공불락으로 여겨졌지만, 아시리아의 손에 넘어가 약탈당한 것이다. 응보의 법칙에 따라 니네베도 같은 운명을 맞을 것이다. 교만하게 자신을 들어 높이는 인간이 피할 수 없이 겪게 되는 환멸이다.

나훔서의 문체는 구약 성경의 문학 작품들 가운데 가장 높은 강도의 충격을 주며, 그 메시지의 전투적인 힘에 완전히 부합한다. 그 정교한 시적 특성, 강력한 표상들, 생생하고 선명한 색채, 장엄한 리듬은 번역이 결코 쉽지 않은 농축된 언어를 만들어낸다. 학자들은 첫 부분의 알파벳 구조에 대해 많은 논의를 했다. 앞서 언급한 바와 같이 여기서 알파벳은 온전하지 않다. 온전한 구조라면 모든 단위가 정확히 알파벳 순서에 따른 한 글자로 시작해야 할 것이다(예를 들어, 시편 119편 참조). 그런데 나훔 1,2-8은 여러 가지로 이를 벗어나며, 알파벳 순서가 정확히 지켜지지 않고, 중간에 이르러서는 완전히 중단된다. 문체적 관점에서 이러한 현상은(이는 여러 가지로 해석된다), 결론이 나지 않는 본문 수정을 요구하는 것이라기보다 오히려 의도적인 효과를 위한 것으로 보인다. 이는 본문의 전수 과정에서 일어난 손상의 결과가 아니다. 예를 들어 애가에서와 같이 알파벳 순서에 따라 일정하게 정렬된 구조가 다른 기능들과 더불어 고통의 "억제"를 표현하는 역할을 한다면, 여기서는 반대로 역사와 민족들을 심판하시는 분의 징벌이 엉망스럽게 나타나 우주를 뒤흔들고 있다. (의도적으로) 문학적 도식의 경계를 깨뜨리며 넘쳐흐르는 혼돈의 힘이 터져 나와, 그 원수들과 불의와 배신의 모든 구조를 무너뜨리는 것이다.

주요 신학 노선

군사적 어휘들은 성경의 여러 부분에서 나타나고 구약 성경에서만 사용되는 것도 아니지만, 구약 안에서 가장 높게 집중된 것이 분명하다. 이는 다른 어떤 이유보다도 구약이 그 책장들을 넘길 때 여러 세기에 걸친 역사를 훑어가게 하는 책이기 때문에 그럴 것이다. 그 인간 역사는 불행히도 수많은 전투, 폭력, 피로 얻어진 승리와 패배의 역사이기도 하다. 놀랍게도 오늘의 독자에게는 보통 걸림돌이 되는 것이 어제의 청중들 특히 나훔서의 청중들에게는 희망과 위로가 되었다. 그러나 잘 살펴보면, 지금 우리의 일상 언어에서도 도전, 전투, 포위, 항복, 승리 등 군사적인 의미론 분야에서 나온 수많은 중요한 단어들이 사용되며 이들은 이미 대체할 수 없다.

무방비하고 폭력에 짓눌리면서도 지극한 사랑을 베푸는 인간의 모습을 지닌, 골고타에서 나타날 하느님의 얼굴과는 매우 거리가 먼 문화적 지평 안에서(그러나 이사 52,13-53,12에 이미 나타나는 주님 종의 모습을 보라), 하느님께서는 이 역사가(처음에는 아마도 미미하게, 그러나 점차 더 분명하게) 당신의 신비를 받아들이고 드러낼 기회를 가질 수 있기를 바라시며 시도를 포기하지 않으신다. 하느님의 신비는 본질적으로 충실, 동정, 사랑, 그리고 위격들의 친교이다(요한 17,3; 1요한 4,8.16 참조). 죽음을 이기신 그리스도 안에서(2티모 1,10 참조) 구약의 모든 "예표"가 성취된다는 인식을 바탕으로 형성된 신약 성경의 언어는, 당신 백성을 방어하는 전쟁 신으로 주님을 인식하던(탈출 14,14 참조) 과거의 인간이 극적이고 잔인한 정치·군사적 사건들에서 파악할 수 있었던 것을 영적이면서도 구체적인 비유들로 표현할 것이다(예를 들어 루카 22,36-38; 2코린 10,3-5; 에페 6,12-17 참조). 그러나 이 과정은 나훔서에서 그리고 그 구성적·주제적 구조 안에서도 부분적으로는 이미 알아볼 수 있다.

가장 오래된 부분으로 여겨지는 마지막 부분은(나훔 2,4-3,19) 아마도 역사적 인물인 예언자 자신의 것으로 보이며(그는 므나쎄 임금 시대, 기원전 699-643년에 살았을 것이다) 역사적·정치적 사건들에 대한 실제적인 언급들이 많다. 테베의 함락과 니네베의 멸망, 극적인 전투와 죽음과 공포의 장면, 단죄와 조롱의 말들, 폭력을 당하고 자신의 땅에서 멀리 흩어진 백성의 기억과 살갗에 새겨진 상처에 책임이 있는 원수에 대한 주님의 권능 등이 언급된다. 무적의 아시리아가 지배하고 있었고, 정복하거나 예속시킨 모든 나라와 민족들을 약탈하던 시대가 그 지리적·정치적 배경이다. 놀랍게도 나훔서에는 이스라엘이나 유다에 대한 심판의 신탁이 전혀 없고, 오직 재앙을 죄에 대한 징벌로 보는 논리가 아니라 신학적 차원에서 바라볼 것이 요구된다. 더 강력한 민족들의 다른 신들이 자기 뜻을 관철하는 것으로 보이는 역사적 지평 안에서 하느님의 실제적 통치가 문제되고 있는 것이다. 인간적인 국수주의와 겪었던 폭력에 대한 복수심이라는 감정 속에 육화하여, 이스라엘의 하느님께서 인간의 손에 기초한 모든 제국에 대한 지배권을 행사하신다는 것을 강조하고 고백한다. 니네베에 대한 심판의 방법에 문제가 있는 것은 사실이고, 이는 오늘날만 그러한 것이 아니다. 그 방법이 회개의 여지를 남겨 두지 않고 오직 무차별적으로 단죄를 경고하기 때문이다(도성의 모든 주민이 단죄된다).

정경의 순서대로 열두 소예언서를 읽는다면 요나서는 이미 앞서 잔인하게 보복하시는 하느님 개념을 문제 삼았다. 나훔서는 오히려 그러한 모습을 다시 제시한다. 하지만 나훔서를 눈여겨보면 성경의 다른 부분에서와 마찬가지로, 주님의 "진노"와 "보복"은 비이성적이고 폭력적인 복수자 하느님의 모습을 표현하는 것이 아니라, 불의에 희생된 이들을 보호하는 정의롭고 공평한 하느님의 표상을 보존하기 위하여 사용된 법률적 범주들로 이해해야 한다. 그러므로 니네베가 무자비하게(달리 말하면, 개인적 편애 없이. 탈출 23,1-8 참조) 심판을 받는 것은 억눌린 백성이 구원과 위로를 받게 하려는 것이다. 이러한 심판은 온 땅에 대한 종말론적 심판의 예표가 된다(마태 25,31-46; 루카 1,52 참조). 첫 부분에 우주적이고 보편적인 성격의 찬양시편이 삽입됨으로써, 이러한 해석은 나훔서를 이해하는 핵심적인 전제가 된다. 이 찬양시편은, 니네베에 대해 직접적인 군사적 표상과 어휘들을 사용한 것 전체를 역사 안에서 나타나는 애국 열정(예를 들어 쿰란)으로(혹은 오직 그런 식으로만) 해석할 것이 아니라, 결코 용납할 수 있는 온갖 형태의 악과 불의에 대한 하느님의 진노로 해석해야 함을 말해 준다.

하지만 배신과 횡포는 일반적인 것이 아니라 언제나 구체적인 현실이다. 지금은 니네베가, 내일은 바빌론이, 마카베오 시대에는 안티오코스 4세 에피파네스가, 그리고 그 후에는 이교적인 로마가, 그다음에는 다시 수많은 역사적 주인공들이 있을 것이다. 같은 "원수"의 많은 얼굴들에 대해서(마태 13,28.39; 루카 10,19; 1코린 15,26; 1베드 5,8 참조) 요한 묵시록은 이와 유사한 전쟁의 표상들을 사용할 것이고, 동시에 그 완전한 반대편으로 "피에 젖은 옷을" 입고 말을 타신 분을 보여 줄 것이다. 그분은 악과 죽음을 결정적으로 물리치시는 하느님의 말씀이시다(묵시 19,11-21 참조).

본문의 작성과 전수

현재 상태의 나훔서가 작성되기까지 몇 번의 편집 작업이 있었다는 점은 그 머리글에서부터 이미 분명해 보이지만, 적지 않은 성서학자들은 이 작품을 기본적으로 유배 이전 한 사람의 저자에 의한 것으로 본다. 기원전 664년에 있었던 테베의 함락을 언급하는 것은 그 사건과 너무 거리가 멀고 테베가 이미 재건된 시대에는 큰 의미가 없었을 것이며, 니네베에 대한 나훔의 신탁들도 기원전 612년(메디아와 바빌론의 공격으로 니네베가 함락된 해)에서 너무 먼 시기에는 의미가 없었을 것이다. 아시리아의 권세가 무너진 다음 기원전 605년 이후로는 바빌론이 세계적인 위협이 되었으므로, 많은 학자들이 적어도 이 책의 가장 오래된 부분들은 유다 왕국에서 아시리아 말기에(기원전 664년부터 612년 사이) 작성되었으리라고 생각한다. 아시리아는 기원전 732-721년에 이전에 북왕국 이스라엘에 속했던 지역을 제국의 속주로 만들었다. 어떤 이들은 니네베 함락 직전 또는 직후의 시기로 추정하고, 다른 이들은 아수르바니팔 임금이 세상을 떠나고 아시리아 내부에 무질서와 폭동이 일어나 히브리인들에게서 민족주의가 되살아나고 요시야의 개혁이 일어나게 된 기원전 630년경으로 추정한다.

여러 단계로 편집되었다고 여기는 이들은 특히 알파벳 시편 절반을 포함하는 이 책의 첫째 부분을 근거로 삼는다(1,2-2,3). 본래 니네베의 단죄와 그 운명을 중심으로 하던 더 오래된 자료에, 유배 중 또는 유배 후에 이루어진(이사 44-55장의 일부 본문들과 병행을 볼 수 있다) 재해석의 결과로 이 부분이 앞에 덧붙여졌으리라는 것이다. 이러한 견해에 따르면 이와 같은 첨가는 이미 본 바와 같이 역사에 대한, 그리고 온갖 형태의 악에 대한 주님의 지배를 선포하는 더 장기적인 시각의 은유적 해석을 도입하기 위한 것이었다.

나훔서를 "책"(1,1)이라고 제시하는 편집자의 말에서 이미 내포된 것으로 보이는 편집 작업은, 특히 문서화된 전달의 차원에서 알아볼 수 있는 본문의 치밀하고 의도적인 문학적 특징들에서 더 분명하게 확인된다. 많은 학자들은 매우 분명하고 직선적인 이 책의 구조 역시 나훔서의 본문이 구두로 전수된 적이 없음을 시사하는 것으로 본다.

이 책의 저자에 대해서는 수많은 추측이 있다. 어떤 이들은 나훔은(그의 이름이 다른 곳에서는 토빗 14,4에만 언급된다) 가명이고 실제 저자는(아마도 궁정 서기관) 그의 신랄한 반아시리아적인 논박이 가져올 보복과 박해를 피하여 가명 뒤에 숨었으리라고 생각한다. 그의 고향에 대해서도 의견이 많다. "엘코스"의 위치를 찾기 위한 상세한 정보가 없기 때문이다. 중세 동방의 한 전승에서는 이를 이라크 모술 근처의 알-쿠쉬로 본다(모술은 고대 니네베의 유적이 있는 티그리스강 반대편에 있다). 어떤 이들은 예로니모의 견해대로 갈릴래아의 한 지역으로 보는 것이 근거가 있다고 여기고, 또 어떤 이들은 카파르나움으로 본다(이들은 카파르나움이 어원상 '카파르-나훔' 곧 "나훔의 고장"으로 풀이할 수 있다고 여긴다). 그렇다면 나훔 또는 그의 가족은 북왕국 이스라엘의 유배자들 가운데 하나였을 것이다.

살바토레 마우리치오 세사Salvatore Maurizio Sessa

나훔서

머리글

1 [1] 니네베에 관한 신탁.
엘코스 사람 나훔이 본 환시의 책.

열정을 지니신 하느님

2 (알렙) 주님은 열정을 지니신 분, 보복하시는 하느님
주님은 보복하시는 분, 진노하시는 분이시다.
주님은 당신의 적들에게 보복하시는 분
당신의 원수들에게 화를 터뜨리시는 분이시다.
3 주님은 분노에 더디시고 힘이 뛰어나신 분.
그러나 벌하지 않으신 채 내버려 두지는 않으신다.
(베트) 폭풍과 회오리바람은 그분께서 다니시는 길이며
구름은 그분 발밑에 이는 먼지다.
4 (기멜) 그분께서는 바다를 꾸짖어 말려 버리시고
강들을 모조리 바닥까지 드러내신다.
(달렛) 바산과 카르멜이 시들고
레바논의 초목이 시든다.
5 (헤) 그분 앞에서 산들이 떨고
언덕들이 비틀거린다.
(와우) 그분 앞에서 땅이,

1,1. "신탁"은 히브리어 '마싸'를 옮긴 것이다(예레 23,33-40 주해 참조). 이 단어는 (흔히 다른 민족들에 맞서) "목소리를 높이는 임무", "무게 있는 말"을 뜻한다. "환시"는 히브리어 '하존'으로, 외부에서 받은 계시를 나타낸다.

1,4. 바산, 카르멜, 레바논은 풍요로운 지역들로 땅이 비옥하고 가축과 숲과 물이 풍부하다.

1,5-8. 신현을 나타내는 전형적 표현인 5-6절은 강한 자연 현상들인 지진과 화산을 연상시킨다. 주님께 의탁하는 이에게 안전한 피신처가 되어 주시는 든든한 하느님의 표상을 제시한다. 주님께서는 원수들을 끝까지 추격하여 꺾으시는 분이다(7-8절).

1,2 탈출 20,5-6; 신명 4,24; 여호 24,19; 에제 38,18; 39,25; 미카 7,18; 즈카 8,2. 1,4 ㄱ 창세 8,1. 1,5-6 2사무 22,8-16; 시편 18,7-16.

1,2-8. 이 절은 시편으로 되어 있다. 알파벳 시로 된 찬가로, 신현을 묘사한다. 이 시편은 억눌린 이들을, 배타적인 관계를 기대하실 만큼 우선적이고 강렬하게 각별한 열정으로 사랑하시는 하느님의 표상으로 시작한다. 그분은 "열정을 지니신 분"이다. 히브리어 '노켐'("보복하시는 분")에서도 하느님은 확실한 정의를 이루시고, 당신 백성을 멸망시키려는 원수의 강한 횡포에 맞서 그들을 옹호하시는 분이다. 하느님의 전능하심은 악을 일시적으로 인내하시는 것에서(3절), 선택에서(7-8절), 그리고 미래의 확실한 응보에서 드러난다. 하느님은 인간의 모습으로(우주 생성 이야기들에서처럼) 전사로 묘사된다(2,14 참조). 주님께서는 무서운 자연 현상들보다 더 강하시므로(당시 자연 현상들은 신적 표현으로 여겨졌다) 그것들을 당신께 충실한 이들을 억압에서 해방하는 데 도구로 사용하신다.

세상과 그 모든 주민이 황폐해진다.
6 (자인) 그분의 노기 앞에서 누가 버틸 수 있으랴?
그분의 타오르는 분노에 누가 맞설 수 있으랴?
(헤트) 그분의 진노가 불같이 쏟아지니
그분 앞에서 바위들이 부서진다.
7 (테트) 주님은 선하신 분
환난의 날에 피난처가 되어 주시는 분
(요드) 당신께 피신하는 이들을 알아주시는 분이시다.
8 (카프) 그러나 그분께서는 당신께 맞서는 자들을
넘쳐흐르는 홍수로 끝장내시고
당신의 원수들을 어둠 속까지 쫓으신다.

유다와 니네베에 내리는 신탁

9 너희는 주님께 무슨 음모를 꾸미느냐?
그분은 모조리 끝장내시는 분
어떤 적대자도 두 번 다시 일어나지 못한다.
10 그들은 가시나무처럼 뒤엉키고
술고래처럼 곯아떨어졌다.
그들은 바싹 마른 검불처럼 타 버리리라.

11 주님을 거슬러 악을 꾀하는 자
사악한 일을 꾸미는 자가
너에게서 나왔다.

12 주님께서 이렇게 말씀하신다.
"그들이 빈틈없고 그토록 많아도
잘려 나가 사라지고 말리라.
내가 너를 괴롭혔지만
다시는 너를 괴롭히지 않으리라.
13 이제 나는 그가 너에게 메운 멍에를 부러뜨리고
너를 묶은 사슬을 끊어 주리라."

1,10. 히브리어 원문에서도 본문은 이해하기 어렵다. 고대 번역본들도 이 문제에 부딪혔다. 특히 둘째 구절은 번역을 시도해도 문맥에 조화되지 않는다.

1,11. "악을 꾀하는 자"는 아마도 니네베의 임금 산헤립을 지칭한다(2열왕 19,4.6 참조). "사악한 일을 꾸미는 자"는 히브리어 본문의 두 단어 '요에츠 블리야알'을 옮긴 것이다. 이 표현은 "사악한 책사"로 번역할 수 있다. 고대 번역본들과 새 대중 라틴말 성경에도 그대로 되어 있다. "사악한"으로 번역한 단어는 "무익한, 가치 없는, 법에 어긋나는"을 뜻할 수 있다(시편 18,5의 주 참조). 신약 성경에서 "벨리아르"는 사탄의 호칭이 된다(2코린 6,15 참조).

1,7-8 마태 7,24-27. 1,7 시편 18,3; 100,5; 136,1; 이사 25,4; 예레 33,11.

1,6. "그분의 노기", "분노"는 인간의 감정을 하느님께 적용한 표현들로, 자신을 공격하는 사람을 물리적으로 배척하는 감정을 나타낸다. 당시의 다신론적 개념에서와 달리 주님께서는 인간의 죄에 대해서만 이러한 태도를 취하시며, 이유가 있고 합리적이며 과도하지 않고 드물게 일시적으로 분노를 드러내신다.

1,9-2,3. 유다와(1,9-10.12-13; 2,1.3 참조) 니네베를 향한(1,11.14; 2,2 참조) 신탁들이다.

1,12. 주님께서 당신 백성을 벌하시는 것은 일시적이며 교육적 목적을 지닌다(히브 12,7-13 참조).

14 주님께서 너를 거슬러 명령을 내리셨다.
"다시는 너의 이름을 이을 자손이 나지 않으리라.
나는 조각 신상과 주조 신상을
너의 신전에서 없애 버리고
네 무덤을 파 놓으리니
네가 쓸모없기 때문이다."

2,1. "서원"은 원수에게서 해방된 것에 감사하며 하느님께 어떤 것을 드리기로 약속하는 것이다. 백성이 축일을 지낼 수 있는 것은 하느님께서 개입하시리라는 것이 분명하기 때문이다. 히브리어 본문에서는 '블리야알'이 다시 사용된다("불한당"으로 번역되었다). 1,11의 주 참조

2

1 보라, 기쁜 소식을 전하는 이,
평화를 알리는 이의 발이
산을 넘어온다.
유다야, 축일을 지내고
서원을 지켜라.
불한당이 다시는 너를 넘나들지 못할 것이다.
그는 완전히 망하였다.

2 파괴자가 너를 치러 올라갔다.
성채를 지키고
길을 살피며
허리를 동여매고
힘을 모두 모아라.

2,3. 몇몇 현대어 번역본들은 "포도나무 가지"를 고려하여 이 절에서 "영예"로 번역한 '가온'을 '게펜'("포도밭")으로 수정한다. 우리말 성경에서는 "영예"를 그대로 두었다. 긍정적인 의미로 이해된 "영예"는 땅을 지칭한다. "포도나무 가지"는 땅의 풍요로움의 표지이고 하느님 백성의 상징인 포도밭을 상징한다(시편 80,9; 예레 2,21; 호세 10,1 참조).

3 약탈자들이 그들을 약탈하고
그들의 포도나무 가지들을 망쳐 버렸지만
정녕 주님께서는 이스라엘의 영예처럼
야곱의 영예를 되돌려 주시리라.

니네베의 패망

4 그의 용사들의 방패는 붉고
군사들은 자주색 옷을 입었다.
그가 전열을 갖추는 날
병거의 쇠붙이들은 불타는 듯하고
창들은 물결친다.
5 병거들이 거리에서 치닫고
광장에서 앞다투어 달려가니
그 모습이 횃불 같고
번개처럼 여기저기 번쩍인다.
6 그가 군관들을 부르자

2,6. 침입자들은 성벽 위에서 날아오는 것에서 자신을 방어하기 위하여 방패로 몸을 덮었다.

2,1 1,11; 2열왕 18,13-14.30; 이사 40,9; 52,7-10; 루카 2,10.14; 사도 10,36. 2,3 이사 5,1-7; 예레 25,29. 2,4 에제 23,5-6; 묵시 6,4; 12,3.

그들은 비틀거리면서도 나아간다.
그들은 성벽으로 서둘러 가서
화살 막이를 세운다.
7 강의 수문들이 열리니
왕궁은 불안에 떤다.
8 왕후는 끌려 나와 사로잡혀 가고
시녀들은 비둘기 소리처럼 한숨지으며
가슴을 친다.
9 오래전부터 물웅덩이 같던 니네베,
물이 빠지기 시작하자
"멈추어라, 멈추어라!" 하고 소리치지만
돌아보는 자 아무도 없다.
10 너희는 은을 털어라! 금을 털어라!
보물이 얼마든지 쌓여 있다.
온갖 값진 기물들이
수북이 쌓여 있다.
11 황량, 황폐, 폐허!
심장은 녹아내리고 무릎은 후들거리며
허리는 모두 떨리고
얼굴은 죄다 하얗게 질린다.

12 사자들의 굴이 어디 있느냐?
새끼 사자들의 소굴이 어디 있느냐?
수사자와 암사자와 새끼 사자가
아무런 위협도 받지 않고 드나들던 그곳.
13 그 수사자가 새끼들에게 먹을 것을 넉넉히 찢어 주고
암컷들에게 먹이를 잡아 주더니.
제 바위 굴을 먹이로,
찢어 놓은 고기로 제 굴을 가득 채우더니.

14 보라, 내가 너에게 맞서리라.
만군의 주님의 말씀이다.
나는 너의 병거를 연기 속에 불태워 버리고
칼이 네 새끼 사자들을 삼키게 하리라.
또 너의 먹이를 이 땅에서 없애 버리고

2,7. "강의 수문들"은 도시 주변과 그 내부에서 티그리스강으로 연결되는 수로들의 문이다.

2,8. "왕후"는 아마도 니네베 주민들을 가리키거나 그 도시의 수호신 이슈타르("아름다움") 여신상을 가리킨다. 이슈타르는 사랑과 전쟁의 여신으로, 지금 그 신상이 끌려 나가는 것이다.

2,11. 허리가 떨리는 표상은 해산의 고통스러운 체험에서 유래한다(이사 21,3 참조). 다른 한편으로 허리는 신체적 힘이 머무는 자리로 간주된다(욥 40,16; 잠언 31,17 참조). 그러나 지금 그 힘은 약함과 공포에 사로잡혀 있다.

2,12. "굴" 히브리어 본문은 "목초지"('미르에') 곧 "그들이 길러지던 곳"으로 제시하지만(대중 라틴말 성경의 번역도), 앞 구절과의 병행에 의지하여 히브리어 단어의 자음들을 약간 변경하여 "굴"('므아라')로 번역했다(새 대중 라틴말 성경의 번역도).

2,14. "너의 병거" 히브리어 본문은 '릭바'("그녀의 병거")로 제시하지만, 여러 번역본은 본문을 수정하여 번역한다. (새) 대중 라틴말 성경은 '릭벡'("너의 병거들")으로 읽고 그리스어 번역본은 '루뻭'("너의 군중")으로 읽는다.

2,9 3,17; 예레 51,13.30; 묵시 17,1.15.

2,12. 잘 알려진 포식자인 사자는 힘, 용기, 잔인함, 강인함의 상징이다. 여기서는 아시리아 임금을 상징한다. 임금의 품위를 상징하는 사자의 표상은 아시리아의 조각들에 자주 나타나며, 흔히 이슈타르 여신과 연관된다. 아시리아 군대의 깃발에도 나타난다.

다시는 전령들의 전갈이 들려오지 않게 하리라.

3 1 불행하여라, 피의 성읍!
온통 거짓뿐이고
노획물로 가득한데
노략질을 그치지 않는다.
2 채찍 소리
요란하게 굴러가는 바퀴 소리
달려오는 말
튀어 오르는 병거
3 돌격하는 기병
번뜩이는 칼
번쩍이는 창
수없이 살해된 자들
시체 더미
끝이 없는 주검.
사람들이 주검에 걸려 비틀거린다.

4 수없이 불륜을 저지르고
마술사가 되어 사람들을 홀린 탓이다.
불륜으로 민족들을,
마술로 부족들을 팔아먹은 탓이다.
5 보라, 내가 너에게 맞서리라.
만군의 주님의 말씀이다.
나는 네 옷자락을 얼굴 위로 걷어 올려
네 알몸을 민족들이 보고
네 치부를 왕국들이 보게 하리라.
6 나는 너에게 오물을 던지고
너를 욕보이며 구경거리가 되게 하리라.
7 너를 보는 자마다
너에게서 달아나며
"니네베가 망하였다!
누가 그를 가엾이 여기겠느냐?" 하고 말하리니
내가 어디서 너를 위로해 줄 자들을 찾으랴?

3,1. "불행하여라!"라는 탄식은 조가를 시작하는 것이다.

3,4. 니네베는 교역에서의 성과, 속임수를 쓰는 외교, 아첨과 위선의 정치로 작은 민족들에 대해 음모를 꾸몄으므로 "불륜"을 저질렀다고 일컬어진다.

3,5. 옷자락을 걷어 올리는 것은 모든 이들에게 치부를 드러내어 수치를 주는 형벌이다. 여기서는 패배를 상징한다.

3,6. "오물"로 번역한 단어는 자구적으로는 "공포, 혐오"를 뜻하며 우상 숭배의 대상을 지칭하여 사용하는 표현이다.

3,4 이사 47,7-13; 묵시 17,2. 3,5-6 2,14; 이사 47,2-3; 예레 13,22.26; 에제 16,37; 23,29; 호세 2,5; 하바 2,16; 스바 2,15; 말라 2,9. 3,7 이사 51,19; 예레 15,5; 51,9; 애가 2,13; 묵시 18,10.

8 네가 테베보다 낫단 말이냐?
나일강 곁에 자리 잡아
강물이 둘러싸고
바다가 방어벽이며
물이 성벽인 그곳.
9 에티오피아가 그 힘이 되고
이집트도 끝없이 그 힘이 되어 주었다.
풋과 리비아인들은 그 협조자들이었다.
10 그러한 테베도 유배를 가고
포로로 끌려갔다.
젖먹이들도
거리 모퉁이마다 내동댕이쳐지고
귀족들을 놓고서는
제비를 뽑으며
고관들은 모조리
사슬로 묶였다.
11 너도 얼이 빠져
숨어야 하리라.
너도 원수를 피해
숨을 곳을 찾아야 하리라.

12 너의 모든 요새는
첫 열매들이 달린 무화과나무 같다.
그것들은 흔들기만 하면
먹을 사람의 입에 떨어진다.
13 보라, 네 군대를!
네 한가운데에 있는 그 군대는 여자들뿐이다.
네 땅의 성문들은
원수들에게 활짝 열리고
그 빗장들은 불이 삼켜 버린다.
14 포위에 대비하여 물을 길어 두고
요새들을 튼튼하게 하여라.
흙 밭에 들어가

3,8. 테베는 히브리어로는 '노-아몬'으로, "아몬 신의 도시"를 뜻하는 이집트어 이름에서 유래한다. 남부 이집트의 수도였으며 정치적·군사적으로 큰 세력을 가졌다. 기원전 663년 아시리아 아수르바니팔의 군대에게 약탈당했다.

3,9. 에티오피아(현재의 수단), 풋, 리비아는 이집트에 인접하여 예속된 백성들이었다.

3,11. 동사 "얼이 빠지다, 취하다"는 패배와 파괴의 상징으로 사용한다. 니네베는 "원수"인 이집트에게 수치스럽게 도움을 청하며 살아남으려 하지만 소용이 없을 것이다.

3,14. 벽돌은 공격으로 피해를 입은 성벽을 보수하는 데 필요하다.

3,12 이사 28,4; 묵시 6,13.

3,8. 테베처럼 강력한 난공불락의 도시가 어떻게 정복되고 파괴될 수 있었는지 니네베는 누구보다 잘 알고 있다. 그러나 힘에 기초한 모든 제국은 그와 같은 운명을 피할 수 없다. 예언 말씀이 깨닫게 하려는 것은, 오직 포식자-먹이 관계에 기초한 관계 체계의 논리 안으로 들어가기를 선택한 이는(2,12-13 참조) 언젠가 자신의 횡포에 희생된 이들과 같은 운명을 겪게 된다는 것이다(2,14; 3,1-19 참조). 다른 논리도 가능하지만, 그것은 이 세상 힘의 개념에 기초하지 않은 논리이다(요한 18,36 참조). 그리스도 사건은 영원한 그 통치를 충만하게 계시해 줄 것이다(이사 9,6; 다니 7,14; 루카 1,33; 1코린 13,8 참조).

진흙을 밟고
벽돌 찍는 틀을 잡아라.

15 거기에서 불이 너를 삼키고
칼이 너를 베어 버리리라.
불이 누리 떼를 삼키듯 너를 삼켜 버리리라.

누리 떼처럼 불어나고
메뚜기 떼처럼 불어나 보아라.
16 너는 상인들을
하늘의 별들보다 더 많게 하였다.
그러나 누리 떼는 허물을 벗고 날아가 버리리라.
17 네 수비병들은 메뚜기 떼처럼 많고
네 관리들은 풀무치 무리 같다.
추운 날에는
울타리에 붙어 있다가
해만 뜨면 날아가 버리니
그것들이 어디에 있는지 아무도 모른다.

18 아시리아 임금아
네 목자들은 졸고
군관들은 드러누워 있다.
네 백성이 산에 흩어졌으나
모을 자가 하나도 없다.
19 네 상처는 아물 길 없고
부상은 나을 길이 없다.
네 소식을 듣는 이들은 모두
너를 두고 손뼉을 쳐 댄다.
너의 끊임없는 악행을
겪어 보지 않은 이가 있느냐?

3,15-17. 메뚜기 표상은 갑자기 완전히 사라짐을 나타낸다.

3,18. "네 목자들은 졸고"는 지도자들이 죽었음을 완곡하게 나타낸 표현이다.

3,19. "상처"라는 단어는 니네베와 그 왕실의 파괴를 나타낸다. "아물 길 없다"는 것은 그 도성과 왕조에 희망이 없음을 뜻한다. "손뼉을 쳐 대는" 이들은 안도감에서 또는 경멸의 뜻으로 그렇게 하는 것이다. 유다는 주님의 개입을 찬양하기 위하여 환호한다. 마지막의 수사적 질문은 이 보편적 환호의 이유를 설명한다. 아시리아의 한없는 잔인함에 상응하여, 그 징벌도 끝이 없다. 기원전 612년에 파괴된 니네베는 재건되지 않을 것이다.

3,19 예레 30,13; 애가 2,15; 스바 2,15; 묵시 18,20.

하바쿡서

제목과 정경 내의 위치

하바쿡서는 분명하게 두 부분으로 나뉘며, 각 부분에 고유한 제목이 있다. "하바쿡 예언자가 환시로 본 신탁."(하바 1,1) "하바쿡 예언자의 기도. 시그요놋에 맞추어."(3,1) 예언자의 '하바쿡'은 동사 어근 '하박'에서 파생되는데, 이는 "붙잡다, 끌어안다"를 뜻한다. "신탁"('마싸') 또는 "짐"이라는 단어의 어원적 의미는 그가 받은 예언 메시지의 강도를 표현한다(1,1에서 "환시로 본 신탁"으로 옮겼다. 자구적으로는 "그가 본 신탁"이다). 이 메시지는 시각적 또는 청각적인 전달로 축소될 수 없으며 하느님이 개입을 청하는 신뢰의 기도로 끝난다(3장). 아마도 나훔, 스바니야(열두 소예언서 안에서의 위치 참조), 예레미야와 같은 시대에 살았던 하바쿡은 기원전 7세기 말과 6세기 초의 불안한 상황을 그들과 공유한다. 이 시기는 이스라엘의 역사적 체험에서 가장 결정적인 시대 가운데 하나였는데, 바빌론이 아시리아 제국을 멸망시키고 유다 왕국도 멸망시켰다(그다음에는 유배가 이어진다). 그러한 정치적·종교적 동요 속에서 독자 역시 하느님의 정의 문제, 그리고 세상 안에서 일어나는 일들의 논리를 과연 파악할 수 있는지를 묻게 되고, 그 질문에 대한 대답은 2,4에 간결하게 표현된 의로움, 믿음, 생명 사이의 특별한 관계 안에서 제시된다. 이것은 바로 신약 메시지의 핵심으로 이어지며, 바오로의 의화 신학에서 결정적인 역할을 하게 된다(로마 1,17; 갈라 3,11-12 참조). 이스라엘과의 관계, 또한 민족들과의 관계에서 이루어지는 하느님의 정의라는 주제 안에서 나타나는 공통점과 차이점들은 하바쿡서를 나훔서 뒤에, 그리고 스바니야서 바로 앞에 배치한 정경의 순서를 의미 있게 만든다(그리고 그 순서가 해석을 촉구한다).

구조와 문학적 특성

"어찌하여?" 이와 유사한 질문이 일반적으로 신앙의 깊은 체험을 규정하고 지칭하기 위하여 그어진 한계선 안에 들어올 수 있는지 의심하는 사람이 있다면 (성경이 제공하는 다양한 가능성 가운데) 짧은 하바쿡서를 접해 보는 것도 유익할 것이다. 이 책의 기본 구조는 (환시 안에서 이루어지는) 예언자와 그의 하느님 사이의 대화로 되어 있다. 그러나 평온한 의견 교환은 아니다. 욥기와 같은 극적 강도에는 이르지 않더라도 여기에는 그만큼이나 간절한 호소, 고통스러운 질문, 그리고 어쩌면 진정한 충돌이 있다. 어조는 더 이상 나훔서에서와 같이 확고하지 않다. 나훔서는 하느님의 의로우심이 만족스럽게 드러날 것과, 그분께서 잔인한 아시리아 제국의 수도를 파괴하고 원수를 물리치실 것을 언제나 확신하고 있었다.

제목들이(1,1; 3,1) 이 책을 두 부분으로 나누고, 또 각 부분의 문학 유형도 서로 다르지만(1,2-2,20은 기본적으로 신탁들의 모음이고 3,1-19은 시편이다), 전체 구성은 서로 다른 세 부분으로 짜여 있는 것으로 보는 편이 좋다(1,2-2,6ㄱ; 2,6ㄴ-20; 3,1-19).

1,1의 머리글에 바로 이어서 이 책의 첫째 부분이 나온다(1,2-2,6ㄱ). 이 부분은 예언자가 1인칭으로 말하는 것으로 시작하며, 이것은 본문 전체에 세상 안에서 하느님의 의로우심과 그분의 역할에 관한 질문을 중심으로 하는 자서전적 드라마의 역동을 새겨 놓는다. 여기에 내포된 전제는, 하바쿡이 주님께서 의로우신 최고의 하느님이시라는 사실을 확신한다는 점이다. 하지만 그렇다고 해서 절박한 질문이 덜해지는 것은 전혀 아니다. "주님, 당신께서 듣지 않으시는데 제가 언제까지 살려 달라고 부르짖어야 합니까? 제가 언제까지 '폭력이다!' 하고 소리쳐야 합니까?"(1,2) 나훔서에 이스라엘이나 유다에 대한 신탁이 없었다면 하바쿡서에서는 주로 다윗 왕국 자체 안에서 일어나는 불의의 문제가 다시 나타나며(1,2-4 참조), 하느님의 응답에서는 징벌 도구로 침입자들이 예고된다(1,5-11 참조). 그들은 아시리아인들이 아니라 "칼데아인들"이다(바빌론인들 이사 47,1; 예레 25,12 참조). 그래서 "어찌하여"(하바 1,3.13)라는 질문 곧 역사의 의미에 대한 질문은 유다 백성 내부의 사회적 관계들을 강력하게 지배하는 불의 앞에서, 그리고 외국 침략자들의 저항할 수 없는 폭력 앞에서도 제기된다(1,12-17 참조). 칼데아인들은 첫 번째 악에 대해서는 치료법이 되지만, 그들 자신이 무차별적으로 계약의 백성 전체를 괴롭힘으로써 하느님의 계획을 더 알 수 없게 만들고 전통적인 신학적 해석들의 카드를 뒤섞어 놓는 더 큰 악이 되어 버린다. 그러나 예언자는 역사의 의미의 지평을 모색하려고 애쓰는 "보초"처럼(2,1) 자신의 탄원에 대한 응답을 기다리고 요구하며 저항한다. 장엄하고 간략한 하느님의 응답

이 온다. 그 응답은 미래의 모든 시대에 가치가 있고, 그래서 "판에다 분명하게"(2,2) 적어 두어야 한다. "때", "끝" 곧 분명히 성취될 것이 예고된다. "보라, 뻔뻔스러운 자를. 그의 정신은 바르지 않다. 그러나 의인은 성실함으로 산다."(2,4)

둘째 부분은(2,6ㄴ-20) 악인의 운명에 관한 짧은 도입부(2,5-6ㄱ 참조)에 이어(이 책의 처음 두 부분 사이의 정확한 연결점이 분명하지 않지만, 이 주제는 2,4에 연결된다), 명백한 개방성을 특징으로 하는 다섯 개의 단죄 신탁들이 이어진다. "불행하여라!"('호이') 이것은 조가로("아아!"로 번역하는 것이 좋다), 고리대금업을 하고 불의의 결과로 이득을 얻는 사람(2,6ㄴ-8 참조), 영광의 꿈을 추구하면서 이웃에게 폭력을 가하는 사람(2,9-11.12-14 참조), 유일하신 참하느님을 인정하지 않고 인간과 자연을 남용하며 술에 취해 우상 숭배에 빠져 살아가는 사람의(2,15-18.19-20 참조) 종말이 확실함을 예언적으로 선취한다(여기서 이스라엘 사람인 악인의 모습과 외국의 원수가 중첩된다).

마지막 셋째 부분은 앞 단락에서 예언자와 주님 사이에 있었던 대화의 결과로 생겨난다. 이것은 다시 질문을 던지는 응답이며, 그 질문은 이미 신뢰에 찬 호소가 되어 하느님의 자유로운 개입을 기다린다. 첫 번째 요청은 그분께 선택된 백성의 기억 안에 남아 있는 구원의 위대한 업적을 다시 행하시기를 청하는 것이다(3,1-2 참조). 이어서 신현을 기리는 장엄한 찬가로(3,3-15 참조) 빛을 발하며 오시는 주님을 묘사한다. 재앙은 피할 수 없으므로 장차 일어나야 할 일들을 두려워하면서도, 다시 한번 탄원하고(3,16-17 참조) 신뢰를 고백하며(3,18-19 참조) 기도를 끝맺는다.

주요 신학 노선

하바쿡의 "심각한 문제"는 변신론(辯神論)의 첨예한 문제이다. 하바쿡서에서, 그리고 성경의 다른 부분에서도(적어도 양적으로는 더 많은 것으로, 욥의 "비판적 지혜"를 생각해 보라) 유일하신 하느님께 대한 믿음은 온갖 반대 증거들에도 그분의 위대하심에 대한 신앙주의적인(따라서 비합리적인) 고백으로 기울지 않고, 역사적 지평 안에서 그분의 신비롭고 문제성 있는 현존(또는 부재) 앞에서의 말 없는 포기로 끝나지도 않는다. 기존의 신학적 전망은 평화, 건강, 장수, 그리고 다른 모든 형태의 번영을(이는 '샬롬'이라는 단어로 요약된다. 예를 들어 레위 26,3.6 참조) 인간의 의로움(과 계약의 율법 준수)의 결과로 주어지는 하느님 축복의 표지로 보고 그렇게 약속해 주었다. 그런데 이 전망은 자구적으로(그리고 물질주의적으로) 이해된 원인-결과의 엄밀한 적용에서 이미 뿌리까지 흔들리고 있었다. 여기서 신앙인은 혼란을 느끼며 하느님 바로 그분을 의문에 부치게 되지만, 그러면서도 인간이 삶의 사건들 안에서 겨우 파악하거나 알아볼 수 있는 것보다는 덜 감추어진 형태로 그분의 진정한 얼굴을 관조할 수 있게 되기를 진심으로 갈망한다.

"온 세상의 심판자께서는 공정을 실천하셔야 하지 않겠습니까?"(창세 18,25). 모든 믿는 이들의 아버지인 아브라함의 신앙은 이미 신비를 더 깊이 아는 데 도달하기 위해서 바로 그 도전을 받아야 했고, 진솔한 대화로 하느님과 부딪혀야 했으며 그 결과는 분명치 않았다. 여기에 사용된 문학적 형태는 분명 탄원이지만, 과거와 다른 전망이 새겨진다. 여기에는 하느님의 의로우심 앞에서 백성의 불충실을 고발하는(하바 2,5-20 참조) 유배 전 예언자들의 전형적인 탄원이 되울리고 있으나, 이미 유배 후 예언자들의 질문도 들린다. 희생자의(적어도 억압자와의 관계에서 이 희생자는 의롭다) 체험이 하느님의 올바르심을 의문에 부치게 하고 있는 것이다. 그분께서 정의를 행하시는 방식에는 문제가 있다. 그분께서 참으신다면 무방비 상태의 약한 이들은 피해를 입고 악인은 번영하게 된다(1,2-4 참조). 반면 벌하신다면 그분께서는 무차별적으로 벌하시는 듯 보이며 의인도 그 결과를 겪게 된다(1,12-17 참조).

이러한 딜레마에 대한 "응답"은 하바쿡서가 2,4에서 도달하는 신학적 절정에서 나타난다. 이것은 영구적으로 타당한 지혜문학적 금언의 형태로 발설된 예언 신탁이다. 하지만 역설적이게도(그러나 너무 지나친 정도는 아니다) 바로 이 구절이 본문 자체나 문법적으로나 불확실하고 거의 수수께끼와 같다(그리고 그것은 우연이 아니다). 실제에 있어서 여기 사용된 금언 형태가 그 자체로 이미 숙고와 성찰을 요구한다(예레 9,11ㄱ; 호세 14,10 참조). 역사 안에서 하느님의 행위는 신비롭고(이사 45,5; 시편 78,2 참조), 인간의 교만한 신학적 억측들을 배제한다. 글자 그대로, 이렇게 말한다. "보라, 뻔뻔스러운 자를. 그의 정신은 바르지 않다. 그러나 의인은 성실함으로 산다." 유다교에서 의인이 된다는 것은 율법에 대한 충실성을 통하여 주님과의 관계를 사는 것을 뜻하고(신명 6,25 참조), 이러한 관점에서 보면 하바쿡의 말은 그렇게 특출한 것으로 보이지 않는다. 응보의 고전적 가르침을 다시 한번 제시하는 것이기 때문이다(예를 들어 신명 11,26-28; 30,15-20; 시편 1편 참조). 다른 이유들과 함께, "성실함"으로 번역한 단어는 "믿음"('에무나')으로 번역될 수 있으며 주로 사람들 사이의 올바른 관계의 정의를 지칭한다(따라서 "충실함, 신뢰할 수 있음"으로 옮길 수 있다). 그러나 이 구절의 도전은 다른 데,

곧 그것이 적용되는 특수한 실존적 맥락에 있다. 하바 2,4의 "의인"('차딕')은 선행을 하는 사람이 아니라 폭력의 희생자이다. 하느님은 그를 지켜 주지 않으시는 듯하고 그래서 예언자는 항의한다(1,13 참조). 예언자의 첫 번째 탄원은 '립'(rib)의 논리에 따른 고발로, 이미 하느님의 응답을 들었다. 그것은 역사에 대한 하느님의 지배를 확인하는 것이었다. 그러나 하바쿡은 이에 만족하지 못하고 다시 반문하는데, 이제 여기에 새로운 응답이 주어진다. 억압받는 의인은(그는 악인의 무죄한 희생자이다) 살 것이다. 그러나 이를 위한 조건으로, 그는 그의 "의로움"을 지키고 유지해야 한다. 그 자신이 폭력을 겪을 때 폭력을 쓰는 사람과 같은 논리를 취하고 교만하게 주님을 거슬러, 역사가 궁극적으로는 순종하게 되는 사랑 어린 현존을 거부하는 위험에 빠질 수 있는 것이다. 진정한 의로움은 온유함에, 곧 탄원과 고발로 표현되더라도 결국은 하느님께서 말씀하시도록 자리를 내어 드리는 데 있다(욥 31,40ㄴ에서 욥의 침묵과 같이. 그 침묵은 욥 38-41장 하느님의 마지막 응답을 선행한다). 이러한 신앙 태도는 마지막 말이 생명의 하느님 말씀이 되리라는 것을 확신하면서(이사 25,8; 묵시 7,17; 21,4 참조) 순교를 선디기에 이르는 인내의 전망을 용기 있게 받아들인다(이사 53,7; 마태 10,22; 루카 21,19 참조).

하바쿡에 대해서도 욥에 대해서와 같은 말을 할 수 있다. 의인의 고통 문제에 대한 참된 대답은 훌륭한 신학적 표현에서 찾을 것이 아니다. 소중한 지침들이 없지는 않지만, 본문에서 그 대답을 찾는 일은 헛될 것이다. 하느님께서는 응답하셨다. 그러나 욥에게, 하바쿡에게 대답하신 것이지, 기계적으로 그리고 즉각적으로 독자에게 대답하신 것은 아니다. 곧 그분께서는 직접적으로 이 열정적인 대화에 참여하는 사람에게 대답하셨고 지금도 대답하신다. 언젠가 그분의 정의가 모든 이들에게 드러나게 되리라고 주저 없이 단언하기도 하지만, 또한 독자에게는 한 가지 대답이 이미 주어져 있다고도 말할 수 있을 것이다. 그 대답은 하느님께서 분명히 주시지만 오직 진정으로 이러한 관계에 동참하기를 받아들이는 사람에게만, 믿음으로 기다릴 줄 아는 사람에게만 주신다는 것이다(루카 18,3-8 참조). 이와 같은 고통스러운 친교의 체험 안에 대답은 이미 담겨 있고 보존되어 있고 곧 드러나도록 준비되어 있다. 의인은 살겠지만, 바로 이 관계 안에 표현되는 믿음/성실함을 통하여 살게 될 것이다.

본문의 작성과 전수

제2경전인 다니 14,33-42에서는 하바쿡이 사자굴에 갇혀 있는 다니엘 예언자를 기적적으로 방문하여 위로했다고 전하지만, 역사적 인물 하바쿡에 대해서는 알려진 바가 전혀 없다. 그의 이름으로 된 책을 근거로 희미하게 재구할 수 있는 것이 전부이다. 두 차례, 곧 이 책의 도입부와 둘째 부분의 도입부에서(하바 1,1; 3,1 참조) 그를 명시적으로 "예언자"('나비')라고 부른다. 본문을 그가 쓴 것이라고 나타내는 전례적 요소들이 단지 관습적인 문학적 형태들을 자유롭게 모방하여 예언을 다시 사용한 것이라면 그는 소위 "예식 예언자들" 중 하나라고 볼 수 있을 것이다. 역대기 상권에서는 그들의 기원을 증언하면서, 예루살렘 성전에서 봉사하는 이들을 열거할 때 이렇게 말한다. "다윗과 예배 책임자들은 아삽과 헤만과 여두툰의 자손들을 뽑아, 그들에게 비파와 수금과 자바라를 연주하며 예언하는 일을 맡겼다."(1역대 25,1; 또한 시편집에서 취한 하바 3,19의 마지막 문장도 보라. "합창 지휘자에게. 현악기와 더불어.") 이러한 유형의 예언자들 역할은 제도화되었고 성전과 연관되어 있었으며, 아마도 신자들의 청원을 받아들여 이를 주님께 전달하고 그 응답으로 하느님의 이름으로 신탁을 전해 주는 것으로 보인다. 왕궁이나 다른 어떤 것에 모호하게 경제적으로 종속된 공식적 영역과 차별화되는 것을 특징으로 진정성을 인정받은 예언자들은 이런 형태의 예언을 비판하기도 했다(예를 들어 1열왕 22,5-38과 아모 7,14-15). 그러나 성경 안에서는 제도적 영역에 속한 진정한 예언자들이 나타난다는 것도 사실이다(2사무 7,1-17; 1열왕 1; 2역대 20,14-17; 24,20-22 참조).

이 책의 작성 연대를 추정할 수 있는 열쇠는 하바 1,6에서 칼데아인들('카스딤')이 언급된다는 점이다. 이는 기원전 625년 나보폴라사르가 세운 신-바빌론 제국을 지칭하는데, 그 제국의 급속한 군사적 확장은 아시리아를 멸망시켰고 시리아-팔레스티나 전역에서 이집트 세력을 몰아냈으며 유다 왕국을 멸망시키는 결과를 가져왔다. 어떤 이들은 1,4에서 말하는 "악인"이 악한 임금이라고 보고, 어떤 이들은 바빌론의 세력을 지칭한다고 본다. 어느 경우든지 하바쿡서에 깔려 있는 논쟁은 기원전 605년, 유다가 새로운 세력을 지니게 되었고 그럼에도 바빌론에게 굴복해야 했던 시기 이후를 배경으로 할 수 있다.

본문의 작성 역사와 연관해서도 학자들의 의견은 다양하다. 문체와 주제 면에서 이질적인 부분들에 대하여, 어떤 이들은 문학적으로 서로 다른 층이 있고 여러 차례 편집과 서로 다른 저자들이 있었다고 본다. 반면 적지 않은 성서학자들은 작품에 전체적인 일관성이 있다고 주장한다. 많은 이들이 받아들이는 발전 모델에 따르면, 역사적 인물인 예언자는 사회적 불의에 대한 심판을 선고하고 바빌론의 침입을 예고하는 이 책의 토대를 썼을 것이다. 그 후 유배 시기에 파국에 대해 숙고하고 징벌의 역사적 도구인 바빌론이 지닌 모호성을 성찰하면서 바빌론 자체에 대한 징벌이라는 전망이 들어왔고, 유배 이후에는 이러한 신학적 방향이 더 전개되어 3장의 시편에 들어 있는 종말론적 전망에 이르기까지 보편적으로 확장되었을 것이다(그러나 신현을 묘사하는 3,2-15의 찬가는 오래된 것일 수 있다).

하바쿡서에는 적지 않은 본문 자체의 문제들이 있고, 특히 3장에 많은 난점이 있다. 그러므로 특히 과거에는 히브리어 본문을 수정하려는 의견이 많았다. 그러한 의견들은 매우 가설적이므로 오늘날에는 훨씬 더 신중해진 편이며, 꼭 필요한 경우에만 개입하려 한다. 1947년 쿰란에서 발견된 하바쿡서 주해('페세르', 1QpHab)는 이러한 문제들을 위하여 매우 중요하다(특히 현재의 3장을 다루지 않고 있어, 본문의 역사에 대해 새로운 질문들을 제기한다. 여섯 개의 사본들에는 히브리어 본문과 상이한 그리스어 번역문이 들어 있기에 문제가 더 커졌다). 이 주해는 대략 기원전 63년경 곧 로마인들이 팔레스티나에 들어온 시기의 것이나. 여기서 옮겨 적고 주해한 히브리어 본문은 때로 오늘날 우리에게 전해진 마소라 본문과 일치하지 않아, 고대에 다른 전거(典據, Vorlage)가 있었음을 생각하게 한다. 그리스어 번역본인 소위 칠십인역도 여기에서 나온 것일 수 있다(기원전 3-2세기). 이 번역본도 여러 가지 번역의 난점들을 제기하며, 몇 군데에서 문제가 있는 본문을 번역해야 했음을 드러낸다.

살바토레 마우리치오 세사Salvatore Maurizio Sessa

하바쿡서

머리글

1 [1]하바쿡 예언자가 환시로 본 신탁.

1,1. "신탁" 이 히브리어 단어는 "짐, 부담"의 뜻도 지니는데, 이는 하바쿡 예언자와 그의 말을 듣는 이들을 향한 경고의 신탁을 말한다(예레 23,33-40 주해 참조). 이 신탁은 일반적으로 "환시"라고 정의된 신적 계시를 기초로 한다(나훔 1,1의 주 참조).

예언자가 탄원하다

2 주님, 당신께서 듣지 않으시는데
제가 언제까지 살려 달라고 부르짖어야 합니까?
당신께서 구해 주지 않으시는데
제가 언제까지 "폭력이다!" 하고 소리쳐야 합니까?
3 어찌하여 제가 불의를 보게 하십니까?
어찌하여 제가 재난을 바라보아야 합니까?
제 앞에는 억압과 폭력뿐
이느니 시비요 생기느니 싸움뿐입니다.
4 그러니 법은 스러지고
공정은 영영 모습을 드러내지도 못합니다.
악인이 의인을 에워싸니
왜곡된 공정만 모습을 드러냅니다.

1,2-4. 역사 안에 존재하는 악의 드라마는 신앙에 질문을 던진다. 신앙인에게 확실한 것은 오직 한 가지, 마지막 말은 하느님의 충실하심이라는 것이다. "언제까지?"라는 질문은 믿음이 없음을 드러내는 것이 아니라 하느님께서 개입하시기를 간청하는 것이다.

하느님께서 응답하시다

5 너희는 민족들을 보고 또 바라보아라.
잘겁하고 또 질겁하여라.
너희 시대에 어떤 일이 이루어지리니
그것을 듣더라도 너희는 믿지 못하리라.

1,5-11. 뜻밖의 대답이다. 도움을 청하는 예언자에게 주님께서는 당신에게서 비롯되는 새로운 위협을, 곧 칼데아인들의 군사적 침입을 예고하신다. 칼데아인들은 저항할 수 없는 군대로, 자신의 힘을 신으로 삼는다.

1,2 시편 13,3; 74,9-10; 94,3; 예레 14,9; 애가 3,8; 묵시 6,10. 1,3 시편 55,10-12; 예레 6,7; 9,2-5; 20,8; 2베드 2,8. 1,4 1열왕 21,13; 시편 94,20-21; 이사 59,2-4.14; 아모 5,12; 미카 7,2-3. 1,5 사도 13,41.

1,2-2,6ㄱ. 이 부분은 대화 형식으로 되어 있다. 두 차례에 걸쳐 예언자가 탄원하며, 악의 문제에 대한 설명을 청한다(1,2-4.12-17 참조). 그리고 두 차례에 걸쳐 "환시" 형태로 하느님의 대답을 받는다(1,5-11; 2,1-6ㄱ 참조).

1,5-11. 신앙인들의 질문에 대한 하느님의 대답은 흔히 당황스럽지만, 그분께서는 그러한 방식을 통해서도 당신의 구원 계획을 이루어 가신다.

6 이제 내가 사납고 격렬한 민족
칼데아인들을 일으키리니
그들은 넓은 세상으로 진군하여
남들이 사는 곳을 차지하리라.
7 그들은 두렵고 무서운 민족
법과 권위를 멋대로 내세운다.
8 그들의 말들은 표범보다 날렵하고
저녁 이리보다 민첩하며
그 군마들은 당당히 내달린다.
기병들은 먼 곳에서 달려온다.
먹이를 덮치는 독수리처럼 잽싸게 날아온다.
9 얼굴은 모두 앞을 향하고
저마다 폭력을 휘두르러 와서는
포로들을 모래알처럼 모아 놓는다.
10 그들은 임금들을 업신여기고
통치자들을 비웃는다.
어떤 성채도 우습게 여기며
흙을 쌓아 그것을 점령한다.
11 그러나 제힘을 하느님으로 여겨 죄를 지은 자들
그들은 바람처럼 지나가 사라지리라.

예언자가 다시 탄원하다

12 주님, 당신은 옛날부터
불멸하시는 저의 하느님, 저의 거룩하신 분이 아니셨습니까?
주님, 당신께서는 심판하시려고 그를 내세우셨습니다.
바위시여, 당신께서는 벌하시려고 그를 세우셨습니다.
13 당신께서는 눈이 맑으시어 악을 보아 넘기지 못하시고
잘못을 그대로 바라보지 못하시면서
어찌하여 배신자들을 바라보고만 계시며
악인이 자기보다 의로운 이를 집어삼켜도 잠자코 계십니까?
14 당신께서는 사람을 바다의 물고기처럼 만드시고

1,9. "얼굴은 모두 앞을 향하고" 이 구절은 이해하기 어려운데, 칠십인역 그리스어본은 " 그들의 적수에 정면으로 맞서면서"라고 번역한다.

1,11. 정복자는 자신의 승리를 하느님께 돌리지만 실제로는 자신의 힘을 신격화하는 죄를 지으며 그들의 운명은 바람과 같다. (새) 대중 라틴말 성경은 "바람"을 주어로 보고 번역하지만, 히브리어의 문장 구조에 따르면 그 해석의 가능성은 적기 때문에 칼데아인들이 바람에 비유된 것으로 번역하는 것이 좋다.

1,13-17. 역사 안에서 징벌과 자비로 이루어지는 하느님의 행위는 신비로 남으며(시편 78편; 이사 45장; 예레 49장 참조), 인간적 도식에 머무는 논리를 충족시키지 않는다(에제 18,25.29 참조).

1,8 예레 4,13; 애가 4,19. 1,9-10 1,6; 예레 4,7; 5,15-17; 25,9.

1,12-17. 예언자의 두 번째 질문에서 탄원을 계속한다. 거룩한 분이신 하느님께서는 어째서 칼데아 정복자들의 폭력을 허락하시고 심지어 그것을 원하시는 듯이 보이는가? 정복자들은 많은 물고기를 잡기 위하여 사용한 도구들을 우상으로 숭배하는 잔인한 어부들에 비유된다. 하바쿡은 왜 악이 선을 이기고 불의가 정의를 이기는 것으로 보이는지, 그리고 이러한 걸림돌 앞에서 하느님의 태도는 무엇인지 근본적인 질문을 다시 제기한다.

우두머리 없이 기어 다니는 것처럼 만드셨습니다.
15 그는 사람들을 모두 낚시로 낚아 올리고
그물로 끌어 올리며
좽이로 모으고 나서는
기뻐 날뛰며
16 자기 그물에다 제물을 바치고
좽이에다 분향을 합니다.
그것들 덕분에 그의 몫이 기름지고
음식이 풍성하기 때문입니다.
17 이렇게 그가 줄곧 그물을 비워 대고
민족들을 무자비하게 죽여도 됩니까?

2,1-3. 대답을 기다리는 예언자는 지평선을 살피는 보초와 같다. 하느님의 대답은 기록해야 할 환시로 예고된다. 늦게 이루어지더라도 분명 완전히 실현될 것이기 때문이다.

2

1 나는 내 초소에 서서,
성벽 위에 자리 잡고서 살펴보리라.
그분께서 나에게 무어라 말씀하시는지,
내 하소연에 어떻게 대답하시는지 보리라.

주님께서 다시 응답하시다

2 주님께서 나에게 대답하셨다.
"너는 환시를 기록하여라.
누구나 막힘없이 읽어 갈 수 있도록 판에다 분명하게 써라."
3 지금 이 환시는 정해진 때를 기다린다.
끝을 향해 치닫는 이 환시는 거짓말하지 않는다.
늦어지는 듯하더라도 너는 기다려라.
그것은 오고야 만다, 지체하지 않는다.
4 보라, 뻔뻔스러운 자를.
그의 정신은 바르지 않다.
그러나 의인은 성실함으로 산다.
5 참으로 재물은 믿을 수 없다.
거만한 사람은 견디어 낼 수 없다.
저승처럼 목구멍을 넓게 벌린 그자는
죽음과 같아 만족할 줄 모르고
모든 민족들을 끌어들이며
모든 백성들을 모아들인다.

2,4. "의인은 성실함으로 산다." 이 문장은 헬레니즘 시대와 로마 시대 유다교에서 대단히 중시되었는데, 여러 가지 해석이 있다. 히브리어 본문에서 "의인"은 유배 상황에서 주님께 계속 "성실"하고 그분을 신뢰하는 히브리인들을 지칭한다. 반면 그리스어 번역본에서는 하느님의 "충실하심"('피스티스')을 중심에 둔다. 그것이 유배 중의 유다인에게 생명의 원천이 된다("나의 충실함으로 살리라"). 바오로는 이 구절을 소유 형용사 없이 인용하며("믿음으로") "의인"의 범주에 유다인이든 이교인이든 예수님 안에서 하느님께서 이루신 구원의 복음을 "믿는 누구나"를 포함시킨다(로마 1,16-17; 갈라 3,11 참조).

2,5. "재물은 믿을 수 없다." 절대적 원칙이 아니라, 재물이 일으키는 도덕적·종교적 위험에 대한 경고이다.

2,2 신명 27,8; 이사 8,1; 30,8; 예레 30,2; 36,2; 묵시 1,19. 2,3-4(칠십인역) 히브 10,37-38. 2,3 예레 25,12; 다니 9,24; 사도 1,7; 2베드 3,9. 2,4 로마 1,17; 갈라 3,11. 2,5-6 이사 14,4-19; 미카 2,4; 루카 6,24-25ㄱ; 야고 5,1-4.

2,1-6ㄱ. 이 부분은 하바쿡 메시지의 신학적 중심이다. 박해자들은 오래 지속되지 못할 것이며, 반면 의인은 하느님께 대한 성실함 안에서 안정과 생명을 찾게 될 것이다.

[6] 그러나 이들은 모두 그를 두고 조롱의 노래를 부르고
이렇게 그를 비웃는 수수께끼를 지어 내지 않겠느냐?

다섯 가지 불행 선언

불행하여라, 남의 것을 긁어모으고
담보로 잡은 것을 쌓아 두는 자!
언제까지 그러할 셈인가?
[7] 갑자기 너의 빚쟁이들이 일어나고
너를 떨게 하는 자들이 깨어나지 않겠느냐?
그러면 너는 그들의 약탈물이 되리라.
[8] 네가 수많은 민족을 강탈하였으니
살아남은 모든 백성이 너를 강탈하리라.
네가 사람의 피를 흘리고
세상과 성읍과 그 주민들에게 폭력을 휘두른 탓이다.

[9] 불행하여라, 자기 집안을 위하여
부당한 이득을 취하고
재앙의 손길에서 벗어나려고
높은 곳에 둥지를 트는 자!
[10] 네가 수많은 민족을 멸망시키며 꾀한 것이
네 집안에 수치가 되고
너 자신에게도 죄가 되었다.
[11] 벽에서 돌이 울부짖으면
골조에서 들보가 대답하리라.

[12] 불행하여라, 피로 성읍을 세우고
불의로 성을 쌓는 자!
[13] 백성들이 애써 한 일이 불에 타 버리고
민족들이 힘들여 한 일이 쓸모없게 된 것은
만군의 주님의 뜻이 아니겠느냐?
[14] 물이 바다를 뒤덮듯
땅은 주님의 영광을 아는 지식으로 가득하리라.

2,6-17 마태 23,13-32. 2,7 잠언 29,1; 1테살 5,3. 2,8 // 2,17; 이사 33,1; 예레 27,7; 30,16. 2,11 창세 4,10; 루카 19,40; 야고 5,3-4. 2,12 예레 22,13; 다니 4,24; 미카 3,10. 2,13 // 예레 51,58; 이사 55,2; 말라 1,4. 2,14 이사 6,3; 11,9; 민수 14,21; 즈카 14,9.

2,6ㄴ-20. 억압자에 대한 다섯 개의 저주 모음으로, 5-6ㄱ절에서 시작된 악한 침략자의 운명에 관한 주제를 발전시킨다. 이 절들은 칼데아인들의 침입 문제를 넘어 악인들의 운명이 죽음이라는 것을 선포한다.

2,12-14. 정복자들의 폭력에 대한 세 번째 저주이다. 아름다운 건물들이 피와 폭력을 감출 수는 없다.

2,6ㄴ-8. 주님의 응답에 표현된 단죄에서는(이 단죄는 1,2-11에 연결된다) 하나의 주체 안에서 개인의 탐욕으로 인한 사회적 불의와 칼데아인들에 의한 폭력과 약탈이 중첩된다.

2,9-11. 높은 곳에 있는 둥지는 안전한 피신처를 뜻할 것이다. 이 피신처의 상징인 집은 그 안에 있는 이들 위로 허물어져 내린다. 칼데아인들에 대한 고발은 재산에 의지하는 모든 이들에게 확장된다. 재산이 안전을 보장해 주지는 못한다.

2,14. 징벌 가운데에서 한 줄기 빛이 나타난다. 오직 주님의 영광이 땅과 바다를 가득 채우고, 다른 모든 것은 헛된 것이다.

2,15. "화를 퍼붓고는" 히브리어 본문의 자구적 번역은 "너의 진노와 분노를 섞고는"이다. 이러한 표현은 문맥에 잘 맞지 않는데, 그리스어 번역본은 "탁주를 마시게 하고는", [새] 대중 라틴말 성경은 "독을 주고는" 등의 다른 해석들을 제시한다. 이 번역들은 "술을 먹이고"와 병행을 이룬다.

2,16. "포피를 드러내어라." 히브리어 본문이 이렇게 되어 있다('헤아렐'). 고대 번역본들에 따라 자음들의 순서를 바꾸어 '헤라엘'로 읽을 수도 있다("비틀거려라, 어지럽게 되어라").

2,18-19. 몇 가지 암시에 이어(1,11; 2,16 참조) 이제 직접적으로 우상을 만드는 이들을 향해 말한다. 이들은 타자를(절대적 의미에서 그 타자는 오직 하느님이시다) 향하고자 하는 본성적 요구를 변질시키면서 자기 자신을 신뢰하는 이들의 상징이다(신뢰는 근본적인 인간학적 요소이다). 하느님께서는 당신 백성이 오직 당신을 신뢰하기를 요구하신다(시편 62,8; 115,9-11; 이사 26,3-4; 30,15 참조). 그러나 여기서도 형식적 예식이 진정한 순종을 대체할 수 있다고 생각하면서 착각할 수 있다(예레 7,3-15 참조).

15 불행하여라, 이웃들에게 술을 먹이고
취할 때까지 화를 퍼붓고는
그들의 알몸을 바라보는 자!
16 너는 영광은커녕 능욕이나 실컷 당하리라.
너도 술을 마시고 포피를 드러내어라.
주님의 오른손에 들린 잔이 너에게 돌아가고
수치가 네 영광을 덮으리라.
17 레바논에게 휘두른 폭력이 너를 뒤덮고
짐승들에게 저지른 살육이 너를 질겁하게 하리라.
네가 사람들의 피를 흘리고
세상과 성읍과 그 주민들에게 폭력을 휘두른 탓이다.
18 조각 신상이 무슨 소용이 있느냐?
장인이 조각한 것일 따름이다.
주조 신상은 또 거짓 스승일 뿐이다.
장인이 자기가 빚은 것에 의지함은
벙어리 우상을 만드는 짓일 따름이다.

19 불행하여라, 나무에게 "깨어나십시오." 하고
말 못하는 돌에게 "일어나십시오." 하는 자!
그것이 가르칠 수 있느냐?
금과 은으로 입힌 것일 뿐
그 안에 숨결이라고는 전혀 없다.
20 주님께서는 당신의 거룩한 성전에 계시다.
온 세상은 그분 앞에서 조용히 하여라.

2,15 창세 9,20-25; 19,32; 2사무 11,13; 예레 25,15; 51,7; 묵시 18,3. 2,16 이사 51,17; 예레 25,15-29; 애가 4,21. 2,17 // 2,8. 2,19 1열왕 18,26; 이사 40,20; 다니 3,18; 사도 17,29. 2,20 시편 11,4; 115,3; 132,13-14; 스바 1,7; 즈카 2,17; 에페 2,21-22; 묵시 8,1; 21,22.

2,15-18. 인간의 존엄성을 훼손하는, 패배자에 대한 성적 학대와 같은 악습에 대한 저주이다. 자연에 대한 파괴도 칼데아인들에 대한 저주에 포함된다(17절). 마지막으로는 정복자들의 우상 숭배를 비판한다.

2,19-20. 마지막 저주는 헛된 우상 숭배에 대한 것이다. 주님의 엄위하심이 여기에 대조된다. 온 세상에게 조용히 하라고 하는 것은 인간이 하느님의 계시를 받아들이는 경청과 흠숭의 자세를 나타낸다(시편 76,9-10; 이사 41,1 참조).

하바쿡의 노래

3 [1]하바쿡 예언자의 기도. 시그요놋에 맞추어.

[2] 주님, 저는 당신의 명성을 들었습니다.
주님, 저는 당신의 업적을 두려워합니다.
저희 시대에도 그것을 되살리시고
저희 시대에도 그것을 알게 해 주십시오.
노여우셔도 자비를 잊지 마십시오.

[3] 하느님께서 테만에서 오신다.
거룩하신 분께서 파란산에서 오신다. 셀라
그분의 영광이 하늘을 뒤덮고
그분을 찬미하는 소리가 땅을 가득 채운다.
[4] 그분의 광채는 빛과 같고
두 줄기 빛이 그분 손에서 뻗어 나온다.
거기에 그분의 힘이 숨어 있다.
[5] 흑사병이 그분 앞에 서서 가고
열병이 그분 발꿈치의 뒤를 따른다.
[6] 그분께서 멈추시고 땅을 흔드시며
그분께서 보시고 민족들을 떨게 하신다.
예로부터 있던 산들이 무너지고
처음부터 있던 언덕들이 내려앉는다.
그분의 길만이 영원하다.
[7] 나는 쿠산의 천막들이 환난을 당하고
미디안 땅의 천막 휘장들이 흔들리는 것을 보았다.

[8] 당신께서 말을 모시고
승리의 병거를 모시니
주님, 강들에게 진노하시는 것입니까?

3,3. 여기서 구약의 가장 정교한 신현의 묘사가 시작되어 15절까지 이른다(탈출 19,9.16.18-19 참조). "테만"은 에돔의 한 지역으로, 유다의 남동쪽 방향에 있다. "파란"은 유다 남동쪽의 산지로, 이집트 탈출 전승들과 연관된다(신명 33,2 참조).

3,2 시편 138,7-8; 이사 53,1; 63,15-19; 요한 10,10ㄴ. 3,3 신명 33,2. 3,4 탈출 13,21; 14,20; 시편 104,2; 마태 17,2; 루카 24,40; 요한 20,20. 3,5 탈출 5,3; 9,3; 민수 14,12; 신명 32,24; 시편 78,50; 묵시 6,8. 3,6 마태 24,35. 3,8 신명 33,26; 여호 3,16-17; 시편 114,3-5; 마르 4,39.

3. 흠숭을 드리는 침묵 가운데 예언자는 주님께 위대한 시편 기도를 올린다. 대개 몇몇 시편들에서 머리글로 나타나는 표현들이 마지막 부분에 나타난다(19ㄹ절). 이 기도는 장엄하고 공포스러운 우주적 신현을 묘사하는데, 여기서 주님께서 혼돈의 세력에 맞서 싸우시는 것은 원수인 민족들과의 싸움과 한데 얽힌다(3-15절). 이집트 탈출의 서사시를 연상시키는 표현들이 사용된다. 주님의 날에 대한 예언자의 반응이 이어지며(16-17절), 구원하시는 하느님께 환호하는 감사로 기도가 끝난다. 하바쿡서의 결말은 큰 확신을 준다. 악이 승리를 거두는 상황은 예언자를 괴롭히지만, 주님께서는 그분을 자신의 하느님으로 인정하는 이에게 구원을 약속하신다. 분명 그분께서는 신비로운 하느님이시고, 영광스럽게 당신 자신을 계시하시는 바로 그 순간에 피조물들을 없애 버리지 않기 위하여 당신의 초월적 능력을 감추신다(4절).

강들에게 화가 나셨습니까?
바다에게 분노하시는 것입니까?
9 당신께서는 활을 꺼내시어
시위에 화살을 메우십니다. 셀라
당신께서는 강줄기로 땅을 가르십니다.
10 산들이 당신을 보고 몸부림칩니다.
폭우가 휩쓸고 지나갑니다.
심연은 소리를 지르고
그 물줄기가 치솟습니다.
11 당신의 화살이 날아갈 때 번쩍이는 빛 때문에
당신의 번뜩이는 창의 광채 때문에
해와 달은 그 높은 거처에 멈추어 섭니다.
12 당신께서는 진노하시어 땅을 짓밟으시고
분노하시어 민족들을 내리밟으십니다.
13 당신께서는 당신 백성을 구원하시려고,
당신의 기름부음받은이를 구원하시려고 나오셨습니다.
악인의 집 지붕을 부수시고
그 집을 주춧돌에서 천장까지 발가벗겨 버리셨습니다. 셀라
14 숨어 있는 가련한 이를 삼키려는 듯이
그의 용사들이 기뻐 날뛰며 저희를 흩으려고 들이닥쳤지만
당신께서는 당신의 화살로
그들의 머리를 꿰뚫으셨습니다.
15 당신께서는 거대한 물결이 출렁이는 바다를
말을 타고 짓밟으셨습니다.

16 그것을 듣고 내 배 속이 뒤틀린다.
그 소리에 내 입술이 떨린다.
뼈는 썩어 들어가는 듯하고
다리는 밑에서 후들거린다.
그러나 나는 우리를 공격하는 백성에게 들이닥칠
환난의 날을 조용히 기다린다.
17 무화과나무는 꽃을 피우지 못하고
포도나무에는 열매가 없을지라도
올리브 나무에는 딸 것이 없고
밭은 먹을 것을 내지 못할지라도
우리에서는 양 떼가 없어지고
외양간에는 소 떼가 없을지라도

3,9. "시위에 화살을 메우십니다." 이 부분은 번역상의 많은 어려움들을 제기하여 다양한 번역이 시도된다. 히브리어 원문에 대한 직역은 "맹세들은 말씀의 막대기들"인데, 하느님의 맹세와 말씀은 그 자체로 효력을 발생하며 그 힘이 막대기(화살)에 빗대어 표현된다고 볼 수 있다.

3,10. "심연"은 태초의 바다로(창세 1,2에서 이와 같은 단어가 사용된다), 홍수의 물을 암시하기도 한다(창세 7,11; 8,2 참조).

3,13. 주님의 "기름부음받은이"가 구원을 받는다는 개념이 나타난다. 이 절의 두 행 사이의 병행을 고려하면, 선택된 백성 전체를 메시아적 백성으로 본다는 것을 알 수 있다.

3,16. 하느님을 고발하는 질문으로 시작된(1,2 참조) 예언자의 말은 이제 역사에 대한 하느님의 통치권을 확신하는 인내롭고 충실한 기다림에 자리를 내어 준다.

18 나는 주님 안에서 즐거워하고
내 구원의 하느님 안에서 기뻐하리라.
19 주 하느님은 나의 힘.
그분께서는 내 발을 사슴 같게 하시어
내가 높은 곳을 치닫게 해 주신다.

합창 지휘자에게. 현악기와 더불어.

3,18-19. 피할 수 없는 재앙의 체험에도 불구하고(17절), 탄원도 찬양으로 바뀌게 된다. 이 찬양은 하느님 자비의 승리를 신뢰하며 증언한다. 이것이 역사 안에서 하느님의 모든 행위의 궁극적인 의미이다.

3,18 탈출 15,2; 이사 61,10; 루카 1,46-47. 3,19 신명 32,13; 시편 18,34; 27,1; 이사 58,14; 2코린 12,10; 필리 4,13.

스바니야서

제목과 정경 내의 위치

이 책의 1,1은 다른 예언서의 머리글에 일반적으로 들어 있는 요소들과 더불어(호세 1,1; 요엘 1,1; 미카 1,1 참조) 특이하게도 저자로 제시된 예언자의 족보를 강조하여 네 세대를 거슬러 올라간다. 이 점은 그의 출신에 관하여 몇 가지 의문을 품게 한다. 스바니야라는 이름은 흔한 편이며 "주님께서 보호하셨다/보존하셨다"라는 뜻이다(그의 메시지와는 특별한 관계가 없다). 그의 활동은 2열왕 22,1-23,30에서 "주님의 눈에 드는 옳은 일"(22,2)을 한 다윗 왕조의 임금으로 기록된 요시야 때 이루어졌다(아마도 예루살렘에서). 요시야 임금은 가장 순수한 야훼 종교를 회복시키는 개혁 운동을 추진했고, 아시리아와 가나안의 영향을 받은 혼합주의에 맞서 예루살렘으로 경신례를 집중시켰다. 2열왕 22장에 따르면 율법서가 재발견됨으로써(기원전 622년으로 추정되며, 어떤 이들은 이것이 신명기의 초기 형태라고 본다) 촉발되거나 강화된 이러한 조처들이 실행되기 직전의 시기가 스바니야의 설교에 잘 반영되어 있는 것으로 보인다.

히브리 본문의 전승과 그리스어 번역본의 전승에서, 그리고 그리스도교 정경에서도 스바니야서는 언제나 열두 소예언서 가운데 아홉 번째 자리에 놓인다. 그래서 이 책은 하바쿡이 이미 선포한 억압과 파괴와 징벌의 장면과 하까이서에서 성전 재건 문제를 중심으로 나타나는 유배 후 재건의 새로운 전망 사이에서 (유동적인) 경계선이 된다.

구조와 문학적 특성

스바니야서 앞에 있는 하바쿡서 3장의 기도는 인간 역사의 고통스러운 지평 안에 의로우신 하느님의 개입을 신뢰하며 예고했다. 바로 그 두려운 "주님의 날"('욤 아도나이' 스바 1,7.14 참조)의 도래가 스바니야서의 핵심이 되고(또한 이사 13장; 22장; 예레 46장; 요엘 2-3장; 아모 5,18-20; 오바 15절; 말라 3,2 참조), 이를 주축으로 세 가지 근본 주제가 있다. 그것은 유다의 징벌, 민족들에 대한 징벌, 그리고 구원의 예고들이다. 이사 1-39장, 예레미야서(그리스어 번역본인 소위 70인역의 배치에 따라), 에제키엘서가 마찬가지로 세 가지 주제로 나뉜다는 점을 근거로(유다/이스라엘에 대한 심판의 신탁, 민족들에 대한 심판의 신탁, 구원 약속의 신탁), 여러 주해자들은 스바니야서를 서로 구별되는 세 부분으로 나누고 현재의 세 장이 정확히 그 각 부분들에 해당한다고 본다. 그러나 이러한 구조는 너무 엄밀하고, 여러 주제가 완전히 동질적이지는 않은 방식으로 배치된다는 점을 간과한다. 다른 여러 의견 가운데 한 가지를 제시해 보면, 머리글(스바 1,1)에 이어 첫째 부분에는 유다와 예루살렘에 대한 징벌의 신탁들이 모여 있고(1,2-2,3), 그다음 둘째 부분에는(2,4-3,8) 민족들에 대한 심판과 예루살렘에 대한 심판 신탁(그리고 다시 민족들에 대한 심판 신탁이)이 담겨 있다. 마지막 부분은(3,9-20) 다른 민족들과 "이스라엘의 남은 자들"과 예루살렘 모두에 대한 구원의 약속을 전개한다. 몇몇 학자들은 세 부분의 순서를(그리고 그 하위 단락들의 순서도) 문제가 있는 것으로 여긴다. 그래서 그들은 이런 문제점들을 설명해 주는 이 책의 작성 역사를 재구성하려 한다. 한편 다른 이들은 그러한 전망을 부인하지 않으면서, 본문의 최종 형태 안에서 의도적인 단락 구분과 상당히 정확한 논리를 지닌 대화적 흐름을 알아볼 수 있다고 믿는다. 이를 더 자세히 살펴보자.

첫째 부분(1,2-2,3)은 충격적인 첫마디 "나는 모든 것을 땅 위에서 말끔히 쓸어버리리라."(1,2)로 연다. 독자가 갖는 암묵적인 질문은 "왜?"이다. "사람도 짐승도"(1,3) 모두 포함하는 이 놀라운 전면적 파괴의 예고는 왜 선포되는가? 거의 즉시, 주님께서 "비틀거리게" 하실(그들의 사악한 의도를 마침내 막아 버리실) "악인"을 언급하면서 징벌 개념이 나타난다(1,3 참조). 그러나 다시 즉시 무차별적으로 모든 사람을 땅 위에서 없애 버리시리라는 것이 되풀이된다. 이렇게 극적인 서두가 전달하는 큰 충격은 이어지는 말들 한 마디 한 마디에 주의를 집중하게 하고, 여기서 그 첫 대상은 유다 왕국과 예루살렘임을 깨닫게 된다. 불의에 대한 단죄는 주님을 찾지 않음(1,6 참조), 주님께 대한 예배가 우상 숭배에 물듦(1,4-5 참조), 외국의 유행을 좋아함(우상 숭배와 연관된 주제), 사회적 불의, 역사에 대한 하느님의 통치를 인정하지 않음(1,12 참조)으로 구체화된다. 이 모든 것 때문에, "주님에게 죄를 지은 까닭"(1,17)으로, "주님의 분노의 날"이 피할 수 없이 닥쳐온다. 주님께서는 온 땅을 삼킬 "열정"을 터트리실 것이다. 주님을 찾음이라는 주제로 시작하고 끝나는(1,6과 2,3 참조) 이 부분의 결말은 적어도 부분적으로는 처음의 긴장을 해소한다. 앞의 위협적인 신탁들이 엄밀한 의미의 선고라기보다 아직 구원의 가능성을 열 수 있는, 회개의 역동을 끌어내기 위한 극단적 시도로 해석해야 함을 보여 주기 때문이다("그러면 주님의 분노의 날에 너희가 화를 피할 수 있으리라." 2,3).

둘째 부분으로 건너가면서(2,4-3,8) "주님의 날"의 도래가 다시 주제가 된다. 그날의 위협적인 그림자는 이방 민족들 위에 펼쳐지지만, 동시에 유다에게는 희망의 전조가 된다. 징벌은 이제 필리스티아 도시들과 그들의 출신지인 크렛 지방(2,4-5 참조; 이로써 유다에게는 회복의 전망이 열린다. 2,6-7 참조), 모압과 암몬(이들은 교만과 계약의 백성에 대한 모욕으로 인하여 단죄를 받는다. 이스라엘의 하느님께서는 그들의 거짓 신들을 꺾으실 것이다. 2,8-11 참조), 에티오피아('쿠스'), 아시리아를 향한다. 아시리아의 거만한 수도 니네베는 그 교만으로 인하여 황무지가 될 것이다(2,12-15 참조). 자신의 나라 경계 밖으로 주의를 잘못 돌리고 있었을 독자(유다인)에게 놀랍게도 갑자기 유다에 대한 격렬한 신탁이 다시 나온다. 주님께서는 거절당하신 데에 대하여, 꾸짖음이 받아들여지지 않은 데에 대하여 행동을 취하신다(3,1-2 참조). 불의와 죄악이 만연해 있다(3,3-5 참조). 하느님께서 다른 민족들에게 이미 행하신 징벌은 유다가 구원을 얻도록 경고가 되었어야 하지만, 회개의 초대로 해석되거나 받아들여지지 않았다(3,6-7 참조). 그래서 이제 전면적인 심판의 전망이 다시 나타나게 된다(3,8 참조).

이러한 극적 사건은 어쩌면 이전의 갑작스러운 변화와 동요보다 더욱 놀랍게도 이 책의 마지막 부분인 셋째 부분(3,9-20)에서 분명한 구원적 전망을 지니게 된다. 그 구원은 징벌의 사건으로 예고되었던 "주님의 날"이 전면적인, 그만큼이에 정비례하여 보편적이다. 그리하여 민족들은 이스라엘이 지닌 주님과의 특수한 관계 안으로 들어오게 될 것이며(3,9-10 참조), 예루살렘은 모든 교만에서 정화되고, 겸손하게 하느님과의 관계를 충실히 살아갈 가난한 "남은 자들" 가운데 특별한 하나가 될 것이다. 독자가 이러한 전례 없는 전환 앞에서 놀라고 당황해 있을 때 약속들에서 다시 기쁨의 초대로 건너간다. 이 초대는 당신의 가장 내밀하고 본질적인 속성, 당신께서 "승리의 용사"이심을 계시하시는(3,14-18) 주님의 "환성"에 동참하게 하려는 것이다(3,14-18). 마지막으로 회복의 약속이 되풀이되어, 스바니야서의 끝맺음에 그리고 독자의 마음속에 그 약속이 성취되리라는 희망을 새겨 준다(3,19-20 참조).

주요 신학 노선

이스라엘의 하느님께서 초월적이시고 그래서 모든 인간적 표현에 비하여 "타자"이실 뿐만 아니라, 이스라엘과 민족들 역사의 의로운 심판자시라는 신학적 가정은 예언서들에서 다양하게 확인된다. 스바니야서의 최종 본문에서 제시된 특별한 표현은(마치 짧은 요약처럼 다른 예언서 본문들의 공통된 주제인 우상 숭배에 대한 논박, 사회적 불의, 민족들에 대한 심판 신탁 등을 모아 놓으면서도) "주님의 날"의 도래가 임박했음을 특히 강조한다. 그러한 사건은 독특한 방식으로 "이스라엘의 남은 자들"(이사 6,13; 10,20-22; 11,11-16 등 참조)에 대한 특별한 관심과 연관된다(이사 14,30; 26,4-6; 29,19; 49,13; 예레 39,10 참조). 그 남은 자들은 가난한 이들, 시련을 겪은 이들로 구성되며 구원은 그들에게 받아들여지고 실현될 것이다(스바 2,3; 3,12-13 참조).

그러한 징벌 사건의 보편적 규모는 충격적이고 당황스럽다(1,2.18; 3,8 참조). 이 사건은 문제가 있는 법률적 용어들로 표현되지만(부당하게 일반화된 것으로 보이기 때문에), '립'(계약 상대방 사이의 논쟁)의 전형적인 관계적 구조 안에 자리한다. 그 구조 안에서는 적어도 계약의 백성에게 가장 심한 벌이라도 언제나 회개를 호소하는 역할을 한다. 이방 민족들도 잘못이 있지만, 그들이 경고를 받는 징벌의 동기가 늘 명시되는 것은 아니다. 어떤 경우든지 유다나 다른 민족들에게서 특징적인 태도 두 가지가 눈에 띄는데, 이것이 재앙을 중심으로 하는 반복된 주제에서 폭력의 이유를 설명해 준다. 그 태도들은 종교적 "무관심"과 거기에 전제된 자만이다.

"주님은 선을 베풀지도 않고 악을 내리지도 않으신다."(1,12) 역사에 대한 주님의 실제적이고 절대적인 주권을 부인하고 자신의 이익을 삶과 물질적 안전의 근본이 되는 정의의 척도로 삼는 이들은 유다 왕국과 예루살렘에서 이렇게 말한다. 우상 숭배, 혼합주의, 부끄러운 줄 모르는 불의, 탐욕은(1,4-11 참조) 이러한 실존적 태도 안에 뿌리를 두고 있다. 다른 한편으로 탐욕스러운 아시리아 제국의 드높은 수도 니네베는 교만하게 "나야, 나밖에 없어!"(2,15)라고 주장한다(2,13-15 참조). 이 니네베는 하느님 백성의 원수인 이방 민족들의 교만의 전형적 표현이지만(2,4-12 참조), 근본적으로는 불충한 이 백성 자신을 나타내는 모델이기도 하다(3,1-8 참조). 그러한 전제들에 기초한 모든 사회적·정치적·종교적 구조는 반드시 멸망하게 되어 있다. 그래서 무서운 재앙이 예고되고, 그 거짓된 안전들을 기초부터 뒤흔든다. 그러므로 이것은 어떤 구체적 처벌이 아니라, 온 땅과 모든 이를 덮치는 피할 수 없는 파괴적 물결과 같다. 이제 중요한 것은 그 재앙을 당하지 않을 가능성을 찾는 것이 아니라, 오직 몸을 피할 수 있는 유일한 참된 피신처(주님)를 찾기로 결단하는 것이다. 여기서 징벌의 역동은 탈출 12,1-13에 나오는 파멸의 천사 모습을 다시 취한다. 하느님의 백성은 파스카 어린양의 피가 상징하는 예식적인 순종을 통하여 그 재앙에서 보호되었다.

스바니야는 다른 예언자들과 마찬가지로, 자신의 나약한 본성을 안전인 듯이 착각하고 다른 이들의 권리를 짓밟으며 재산을 축적하는 이들을 고발하고 인간적 권력의 기초를 뒤흔든다(끊임없이 사회 상류층인 지도자들, “임금의 딸들”, 재판관, 예언자, 사제, 부자와 상인들을 비판한다. 스바 1,8-9.11-13; 3,3-4 참조). 그러나 스바니야의 특징은 재앙 속에서 살아남고 불행으로 빈곤해진 가난한 이들의 상태가 주님 앞에 선 참된 인간의 조건을 발견하는 자리라고 보는 데에 있다. 나약함을 인정하고 받아들이는 것, 유일하게 참되고 확실한 안전인 이스라엘의 하느님을 신뢰하는 것, 이것이 서로 융합되고 혼동되는 사회적 가난과 종교적 가난의 차원이다(2,3; 3,11-13 참조). 극단적인 빈곤함을 뜻하는 가난은 스바니야서에서 저주가 아니라 역설적인 축복의 면모를 지니게 된다. 그것은 생명의 원천이신 하느님을 인정할 수 있게 해 주는 올바른 겸손의 태도와 함께 있을 수 있기 때문이다(그래서 “알몸”을 통하여 구원될 수 있다. 아모 2,16 참조). 그러므로 구원의 가능성은 여전히 높다. 민족주의적인 색채가 있기는 하지만, 모든 거짓 신들이 파괴되고 나면 모든 민족들이 이스라엘과 마찬가지로 같은 구원의 상태로 인도되고 그 구원을 받아들이게 될 것이다(스바 2,11; 3,9-10 참조). 이 구원은 가능할 뿐 아니라 확실한 것으로 예고된다. “그날에” 구원이 나타날 것이며(3,16), 지금 곧 그 구원을 찬양하고 마치 이미 이루어진 것과 같이 환호할 수 있다(3,14-18 참조). 이스라엘의 하느님께서 주님으로서 역사 안에서 현존하시고 활동하시기 때문이다.

본문의 작성과 전수

다른 예언자들과 마찬가지로 스바니야도 신명기계 역사에 전혀 언급되지 않으며, 성경의 다른 책들에도 나타나지 않는다. 그에 대해 알아보는 것은 오직 그의 이름으로 된 본문에서 추론할 수 있는 자료들을 기초로 한다. 가장 중요한 요소는 1,1의 족보이다. 이 족보는 네 세대를 거슬러 올라가고 있어(또한 예레 36,14 참조), 어떤 사람의 신원을 밝히기 위해 아버지 또는 조부의 이름을 표시하는 관습을 넘어선다(로마 시대와 대부분의 현대 사회에서 성을 사용하는 것과 같은 역할). 어떤 이들은 아버지 "쿠시"와 "히즈키야"라는 조상 이름에서 그가 아프리카 출신으로("쿠시", 히브리어로 '쿠스'는 시편 7,1에서와 같이 단순한 이름이 아니라면 이집트 남부를 지칭할 수 있다. 스바 2,12 참조) 유다인이 되었으리라는 가설을 세웠다(신명 23,8-9 참조). 다른 이들은 그가 왕족이라고 보았다(이 경우 히즈키야는 2열왕 18-20장; 2역대 29-32장; 이사 36-39장의 히즈키야 임금일 것이다. 이는 여기에 그의 이름이 언급된 이유와 왕실에 대한 스바니야의 논쟁적 태도를 설명해 주는 것이 될 수도 있다). 그러나 이에 관하여 확실한 것은 아무것도 말할 수 없다.

스바니야가 요시야 시대에(기원전 640-609년, 2열왕 22-23장과 2역대 34-35장 참조) 활동했다고 말하는 머리글은 일반적으로 믿을 수 있다고 여기지만, 연대를 더 정확히 밝히는 데 있어서는 학자들의 의견이 일치하지 않는다. 우상 숭배에 대한 비판, 그리고 임금에 대한 언급이 없다는 점(요시야는 여덟 살에 임금이 되었다), 아시리아의 문화적 영향에 대한 비판을 볼 때 대부분의 성서학자들은 본문의 일부 또는 대부분이 요시야의 개혁(기원전 622년) 직전 아시리아의 위협이 아직 강했던 시기의 것이라고 본다(스바 2,13-15 참조). 그러나 다른 이들은 그가 개혁 운동과 같은 시기 또는 그보다 늦은 시기에 활동했다고 볼 수 있거나(1,4; 2,4-13; 3,14-20 참조), 아니면 그의 사상에서 발전 과정을 볼 수 있다고 생각한다(기원전 630년부터 니네베가 함락된 612년 사이). 어떤 경우든 유다 왕국은 기울고 있고, 바빌론은 기원전 587년에 유다 왕국을 멸망시킬 것이다.

여러 주해자들은 이 책의 편집 과정은 요시야 시대에 실질적으로 이미 끝났으며 이 책이 전반적으로 스바니야 자신의 것이라고 본다(3,16-20 제외). 그러나 다른 이들은 제한된 일부 본문만이 그가 쓴 것이고, 이어서 유배 중 및 유배 후에 신명기계에 의하여 본문이 확장되었다고 본다. 편집 과정이 기원전 3세기까지 연장되었다고 보는 이도 있다. "이스라엘의 남은 자들"과 예루살렘의 운명의 회복이라는 주제는(3,9-20 참조) 제2이사야의 고유한 주제들과 초기 묵시문학 조류와 연관된 개정을 생각하게 한다. 스바니야서의 히브리어 본문은 여러 가지 해석과 번역이 가능한 몇몇 단락을 제외하고는(2,2.14; 3,10.17 등) 별로 어려움이 없다.

살바토레 마우리치오 세사Salvatore Maurizio Sessa

스바니야서

1,1. 예언자의 긴 족보. "쿠시"는 "에티오피아 사람"을 뜻한다. 그의 활동 시기는 위대한 개혁자 요시아 통치 때로 소개된다.

머리글

1 1 아몬의 아들, 유다 임금 요시야 때에 스바니야에
게 내린 주님의 말씀. 스바니야는 쿠시의 아들, 쿠
시는 그달야의 아들, 그달야는 아마르야의 아들, 아마르
야는 히즈키야의 아들이다.

땅 위 모든 것에 내리는 심판

2 나는 모든 것을
땅 위에서 말끔히 쓸어버리리라.
주님의 말씀이다.
3 나는 사람도 짐승도 쓸어버리고
하늘의 새와
바다의 물고기도 쓸어버리며
악인들을 비틀거리게 하리라.
사람도 땅 위에서 없애 버리리라.
주님의 말씀이다.

1,4-9. 우상 숭배, 부패, 지배층과 부유한 상인과 부자들의 탐욕으로 인하여 유다와 그 수도에 징벌이 내린다. 7절에서는 주님께서 그 책임자들을 장엄한 전례에 초대하시는데, 실상 그 전례는 무서운 징벌이 될 것이다.

유다와 예루살렘에 내리는 심판

4 나는 유다에,
예루살렘의 모든 주민에게 손을 뻗어
그곳에서 나머지 바알 신상들을
그 우상 숭배 사제들의 이름과 함께 없애 버리리라.
5 지붕 위에서
하늘의 군대를 경배하는 자들,

1,1 2열왕 22,1; 예레 1,2; 에제 1,3; 호세 1,1. 1,5 신명 4,19; 1열왕 11,7.33; 2열왕 21,3-5; 예레 19,13; 32,29.

1,2-2,3. 온 세상에 대한 심판 예고로 시작된다. 유다와 예루살렘도 심판을 피할 수 없다. 주된 주제는 "분노의 날"로 일컬어지는 "주님의 날"이 가까워졌다는 것인데, 과장된 표현으로 그 심판의 보편성을 말한다. 예언자는 위협하기 위해서가 아니라 회개로 부르기 위해서 경고한다(2,1-3 참조). 모든 창조물이 인간의 죄로 인한 징벌을 함께 겪는다.

주님을 경배하고 그분께 맹세하면서도
밀콤을 두고 맹세하는 자들,
6 주님에게서 돌아선 자들,
주님을 찾지도 않고
주님에게 문의하지도 않는 자들을 나는 없애 버리리라.
7 주 하느님 앞에서 조용히 하여라.
주님의 날이 가까웠다.
주님이 희생 제물을 마련하고
초대받은 이들을 성별하였다.

8 주님이 희생 제물을 잡는 날
대신들과
왕자들과
외국 옷을 입은 자들을 벌하리라.
9 그날에 나는
문지방을 뛰어넘는 자들을 모두 벌하리라.
제 주인의 집을
폭력과 속임수로 가득 채우는 자들을 벌하리라.
10 주님의 말씀이다.
그날에
'물고기 대문'에서는 아우성 소리가,
신시가지에서는 울부짖는 소리가,
언덕들에서는 크게 부서지는 소리가 나리라.
11 막테스의 주민들아, 울부짖어라.
상인들이 모두 멸망하고
장사꾼들이 없어졌다.

12 그때에
나는 등불을 켜 들고 예루살렘을 뒤지리라.
하는 일 없이 태평스럽게
'주님은 선을 베풀지도 않고
악을 내리지도 않으신다.' 하고
마음속으로 생각하는 자들을 나는 벌하리라.
13 그들의 재산은 약탈당하고
그들의 집은 황폐하게 되리라.
그들이 집을 짓는다 해도

1,7. "성별하였다." 제의 양식을 배경으로 하고 있다. 희생 제사에는 보통 초대받은 이들과의 공동 식사가 이어지는데, 그들은 먼저 자신을 성별 혹은 정화해야 했다.

1,9. "문지방을 뛰어넘는 자들" 어떤 미신 행위를 암시하는 듯하다(1사무 5,4-5 참조).

1,10-13. 도시의 여러 지역인 "물고기 대문", "신시가지", "언덕들", "막테스"의 주민들에게 울부짖으라고 말한다. 주님께서는 이 지역들을 돌아다니며 악인을 찾아내 벌하신다.

1,12. 역사 안에서 하느님의 현존을 알아보지 못하고 당신 백성에게 행하신 은혜들을 인정하지 못하는 이의 냉소적이고 물질주의적인 생각이다(예레 5,12 참조).

1,7 이사 2,12; 에제 7,7; 요엘 2,1-2; 하바 2,20; 즈카 2,17; 묵시 8,1. 1,8 이사 24,21; 2열왕 24,12-13; 25,6-7; 예레 22,11; 39,6. 1,12 시편 10,4; 14,1; 욥 22,13; 예레 5,12; 16,16-17; 48,11; 아모 6,1; 요한 3,20.

거기에서 살지 못하고
포도밭을 가꾼다 해도
거기에서 난 포도주를 마시지 못하리라.

주님의 날

1,14-15. 아모스와 마찬가지로 스바니야에게도 "주님의 날"은 빛이 아니라 어둠의 날이며, 어떤 인간적 힘도 저항할 수 없을 것이다(아모 5,18-20 참조). 이 극적 예고는 두려움을 불러일으키려는 것이 아니라 하느님과 그분 백성 사이의 관계를 회복시키기 위한 것이다(스바 2,1-3 참조).

14 주님의 위대한 날이 가까웠다.
가까울뿐더러 득달같이 다가온다.
주님의 날에 들리는 소리는 쓰라리니
용사조차 비명을 지르리라.
15 그날은 분노의 날
환난과 고난의 날
파멸과 파괴의 날
어둠과 암흑의 날
구름과 먹구름의 날이다.
16 견고한 성읍과
드높은 망대를 향하여
뿔 나팔 소리와 전쟁의 함성이 터지는 날이다.
17 내가 사람들에게 환난을 보내리니
그들은 눈먼 이들처럼 걸으리라.
그들이 주님에게 죄를 지은 까닭이다.
그들의 피는 먼지처럼 쏟아지고
그들의 살은 오물처럼 쏟아지리라.
18 주님의 분노의 날에
그들의 은도 그들의 금도
그들을 구하지 못하리라.
온 땅은 주님의 열정의 불에 타 버리리라.
주님은 세상의 모든 주민에게
정녕 무서운 파멸을 내리리라.

1,14-18 로마 2,5. 1,14 예레 30,7; 에제 30,3; 요엘 2,1.11; 3,4; 아모 5,18-20; 말라 3,23; 사도 2,20; 묵시 6,17. 1,15 2,2; 요엘 2,2; 이사 22,5; 루카 21,22-23; 로마 1,18. 1,18 신명 4,24; 이사 30,22; 에제 7,19; 루카 12,19-20.

1,14-18. 선은 강요되지 않고 악은 그 악을 행하는 이에게 그 자체로 "징벌"이므로, (온 세상에 대한) 심판의 은유는 인간의 자유가 최고도로 존중되고 악이 최종적으로 선에서 분리될 "때"(마태 25,31-46에서 그때는 명백하게 종말론적이며 역사를 초월한다)를 나타낸다(스바 2,1-3; 마태 13,24-43 참조).

✠ 1,14-18. 이 본문은 매우 유명하며 전례학자, 시인, 음악가들에게 영감을 주었다(유명한 Dies irae). 스바니야는 아모스, 호세아, 미카 등 이전의 예언자들의 메시지를 다시 취하여 과장된 언어로 이 심판의 날이 임박했고 피할 수 없으며 무서운 날임을 강조한다.

회개하여라

2 [1] 함께 모여라, 모여 오너라,
수치를 모르는 민족아!
[2] 쓸려 가는 검불처럼
너희가 내쫓기기 전에
주님의 타오르는 분노가
너희에게 닥치기 전에
주님의 분노의 날이
너희에게 닥치기 전에
[3] 주님을 찾아라,
그분의 법규를 실천하는
이 땅의 모든 겸손한 이들아!
의로움을 찾아라.
겸손함을 찾아라.
그러면 주님의 분노의 날에
너희가 화를 피할 수 있으리라.

필리스티아에 벌이 내리리라

[4] 정녕 가자는 인적이 끊기고
아스클론은 폐허가 되리라.
아스돗 주민들은 대낮에 쫓겨나고
에크론 사람들은 모조리 내몰리리라.
[5] 불행하여라,
해안 지방에 사는 크렛 민족!
— 주님께서 너희를 거슬러 말씀하신다. —
필리스티아 땅 가나안아
내가 너를 없애 버려

2,1-2 3,8; 2역대 20,4; 느헤 8,1; 9,1; 에스 4,16; 요엘 1,14; 2,12; 말라 3,19. 2,3 이사 55,6-7; 57,15; 예레 3,13-14; 4,1-2; 아모 5,4; 루가 21,36.

2,1-3. 주님을 찾고 의로움을 찾는 것은 이전 예언자들이 이미 말한 것이다. 그러나 여기서는 겸손함이 새롭게 첨가된다. 이 단어는 빈궁한 상태를 말하는 사회학적 의미를 넘어, 주님께 복종하고 순응하는 종교적 태도를 가리킨다.

✠ 2,3; 3,12-13. 이 본문은 가해 연중 제4주일에 읽으며, 마태 5,1-12의 참된 행복에 관한 복음 단락을 듣고 열매를 거두기 위한 필수적 조건으로 제시된다("의로움을 찾아라. 겸손함을 찾아라."). 1코린 1,26-31에서 취한 제2독서에서는 "하느님께서는 강한 것을 부끄럽게 하시려고 이 세상의 약한 것을 선택하셨습니다."라고 말한다.

2,4-3,8. 여러 민족들에 대한 심판의 선고로, 갑자기 유다를 고발하는 데에서 절정에 이른다. 다른 민족들에 대한 징벌은 그 백성에게 "교훈"처럼 경고가 되었어야 했다. 그러므로 이스라엘의 반항과 불충실은 더 중대한 문제가 된다. 경고들은 필리스티아 도시들을 열거하는 것으로 시작되며, 거기에 필리스티아인들의 출신지인 크렛섬이 추가된다(2,4-7 참조). 그들의 징벌을 통하여 유다의 남은 자들의 운명이 바뀔 것이 묵시적으로 예고된다.

2,1-3. 종말론적 심판 사건의 묘사를 마치고, "주님의 날"을 경고받는 이를 향한 훈계로 넘어간다. 제때에 회개하도록 하기 위하여 "…전에"를 강조한다. 그 땅의 가난한 이들은 이 권고에 귀를 기울일 것이다. 여기서 가난한 이들은 억눌린 이들뿐만 아니라 겸손하게 살아가는 이들도 포함한다.

2,4. 아모 1,6-8에서와 마찬가지로, 필리스티아의 중요한 도시들 가운데 갓은 언급되지 않는다. 기원전 711년에 이미 아시리아인들에 의하여 멸망했기 때문일 것이다. 계산된 방식으로 예언자는 먼저 가장 남쪽에, 예루살렘에서 가장 멀리 떨어진 곳에 있는 도시(가자)를 향하여 경고하고, 이어서 점차 유다에 가까운 도시들을 공격하여(아스클론, 아스돗, 에크론) 진정한 목표가 무엇인지를 예감하게 한다(스바 3,1-8 참조).

2,5. 스바니야는 필리스티아인들을 가나안과 결합시킨다. 아마도 이들이 같은 운명을 겪을 것임을 말하기 위해서이다. 주님께서 그들을 그들의 땅에서 쫓아내실 것이다.

주민들이 하나도 남지 않게 하리라.
6 해안 지방은 풀밭이 되고
목자들의 움막이 되며
양 떼의 우리가 되리라.
7 그 지방은
유다 집안의 남은 자들 소유가 되리라.
그들은 거기에서 양 떼를 먹이다가
저녁에는 아스클론에 있는 집에 누우리라.
정녕 주 그들의 하느님께서 찾아오시어
그들의 운명을 되돌려 주실 것이다.

모압에 벌이 내리리라

2,8-11. 모압인들과 암몬인들의 팽창주의적 의도에 대한 비판이다. 그들의 교만에 대한 벌로 그 땅은 황폐하게 되거나 유다의 남은 자들에게 정복될 것이다.

8 나는 모압이 모욕하고
암몬 자손들이 야유하는 소리를 들었다.
그들은 내 백성을 모욕하고
자기들의 국경에 서서 으스대었다.
9 이스라엘의 하느님, 만군의 주님의 말씀이다.
그러므로 내가 살아 있는 한
모압은 소돔처럼 되고
암몬 자손들은 고모라처럼 되리라.
쐐기풀이 자라는 땅이 되고
소금 구덩이가 되어
영원한 폐허가 되리라.
내 백성의 남은 자들이 그들을 털고
내 민족의 살아남은 자들이 그것들을 차지하리라.

10 이것은 그들 교만의 대가이니, 그들이 만군의 주님의 백
성을 모욕하며 으스댄 탓이다. 11 주님께서는 그들에게 두
려우신 분으로 드러나실 것이다. 정녕 그분께서는 세상의
신들을 모두 사라지게 하실 것이다. 모든 섬나라 민족들
이 저마다 제고장에서 그분을 경배할 것이다.

에티오피아에 벌이 내리리라

2,12-15. 북부의 큰 세력인 아시리아인들과 이집트 남쪽의 세력을 대표하는 에티오피아인들의 교만과 거짓된 안전을 무너뜨리는 징벌을 선포한다.

12 에티오피아 사람들아
너희도 내 칼에 맞아 죽으리라.

2,6-7 즈카 9,6-7; 루카 1,68; 7,16. 2,9 창세 19,1-29; 이사 14,2; 미카 5,6-7; 즈카 2,12-13. 2,10 1사무 17,43; 다니 4,34. 2,12 2열왕 19,9; 이사 18-20; 예레 46; 에제 29-32.

아시리아에 벌이 내리리라

13 그분께서는 북녘으로 손을 뻗으시어
아시리아를 없애시고
니네베를 폐허로,
광야처럼 메마른 땅으로 만드시리라.
14 가축 떼가,
골짜기의 온갖 짐승이 그 한가운데에 눕고
사다새와 부엉이도
니네베 기둥 꼭대기에서 지내리라.
올빼미는 창문턱에서,
까마귀는 문지방에서 노래하리니
향백나무 들보가 드러났기 때문이다.
15 이것이 "나야, 나밖에 없어!" 하면서
희희낙락 태평스레 지내던 그 성읍이냐?
어찌하여 그 성읍은 들짐승이 깃들이는
폐허가 되었는가?
그곳을 지나가는 사람마다 휘파람을 불며
손을 흔들어 대리라.

예루살렘을 단죄하다

3 1 불행하여라, 반항하는 도성, 더럽혀진 도성
억압을 일삼는 도성!
2 말을 듣지 않고
교훈을 받아들이지 않는구나.
주님을 신뢰하지 않고
자기 하느님께 가까이 가지 않는구나.
3 그 안에 있는 대신들은
으르렁거리는 사자들
그 판관들은 저녁 이리 떼
아침까지 아무것도 남기지 않는다.
4 예언자들은 허풍쟁이
믿을 수 없는 사람들
사제들은 거룩한 것을 더럽히고

2,14. 고대 본문에 나오는 동물들의 이름을 우리 시대의 이름과 연결하는 것은 언제나 어렵다. 어쨌든 이들은 사람이 살지 않는 황무지에 사는 동물들이다. "올빼미"라는 번역은 본래 "목소리"를 뜻하는 '콜'을 '코스'로 수정하여 얻은 번역이다. 이 단어는 고대 번역본들에서도 문제가 되어, 예를 들어 "카멜레온"(그리스어 번역본) 또는 "사다새"([새] 대중 라틴말 성경) 등으로 옮겼다.

2,15. 휘파람을 부는 것은 조롱하는 행동이다. 손을 흔드는 것은 놀람, 혐오, 경멸의 표시이다. 아시리아는 악명 높은 군사력으로 여러 세대 동안 정복만을 거듭했으며, 정복된 민족들을 희생시키며 막대한 부를 축적했다.

3,2. "교훈"은('무사르', 전형적인 지혜문학 전승의 단어) 가르침, 꾸짖음 또는 처벌로 나타나며 언제나 사랑하는 사람의 성장과 완성을 위한 것이다(7절과 잠언 1,7-9; 3,11-12 참조). 그러나 예루살렘은 주님께서 계속 관심을 기울이심에도(예를 들어, 아모 4,6-11 참조) 그것을 받아들이려 하지 않는다. 백성 전체를 위하여, "우리의 평화를 위하여" 그 '무사르'를 받는 것은 주님의 종이 될 것이다(이사 53,5 참조).

2,15 이사 47,8.10; 예레 18,16; 19,8; 49,17; 에제 27,36; 묵시 18,7-10.

3,1-8. 다른 민족들에 대한 징벌을 선포한 다음, 놀랍게도 반항하는 도성(예루살렘)을 단죄한다. 부정하고 폭력적인 그 도성은 하느님의 백성 전체를 대표한다. 민족들은 그러한 수많은 악행을 벌하기 위한 도구이다. 죄악에 첫 번째로 책임이 있는 것은 사회적·종교적 지도층이다. 민족들에 대한 징벌은 예루살렘에게 교훈이 되지 못했다. 하느님께서는 질투하시는 하느님으로 나타나시지만, 그분의 질투는 실상 무수한 실패 속에서도 백성과의 계약을 포기하지 않으려 하시는 사랑의 표현이다.

율법을 짓밟는다.

결실 없는 경고

5 그 한가운데에 계신 주님은 의로우신 분
불의를 행하지 않으신다.
아침마다 당신의 공정을 펴신다.
동틀 녘마다 어김없이 하신다.
그러나 불의한 자는 수치를 모르는구나.

6 나는 민족들을 없애고
성 모퉁이 망대들을 헐어 버렸다.
그들의 거리를 황폐하게 하고
지나가는 자가 아무도 없게 만들어 버렸다.
그들의 성읍들은 황폐해져
사람이 없다.
주민들이 하나도 없다.
7 '너만은 나를 경외하려니
내 교훈을 받아들이려니
이 도성만은 내가 내린 모든 벌에서
눈을 떼지 않으려니.' 하고 나는 생각하였다.
그러나 너희는 새벽같이 일어나
모두 못된 짓만 하였다.
8 그러므로 너희는 나를 기다려라.
주님의 말씀이다.
내가 증인으로 나설 그날을 기다려라.
나는 민족들을 불러 모으고
왕국들을 모아서
그들에게 나의 진노를,
나의 타오르는 분노를 모조리 쏟아붓기로 결정하였다.
정녕 온 세상이 내 열정의 불에 타 없어지리라.

민족들의 회개

9 그때에 나는 민족들의 입술을
깨끗하게 만들어 주리라.

3,7. "이 도성만은 내가 내린 모든 벌에서 눈을 떼지 않으리니." 그리스어 번역본과 새 대중 라틴말 성경에 따른 번역이다. 히브리어 본문은 "그 거처는 없어지지 않으리니"이다.

3,8. 아마도 아직 예루살렘을 향해 말하고 있다. 예루살렘은 그 모든 것에도 하느님께 진심으로 회개하기를 주저한다(6-7절 참조). 주님의 진노에 관한 표현들은 신인동형론적 표현으로, 하느님께서 불의를 용납하지 않으시며 악을 묵인하지 않으심을 나타낸다.

3,9-10. 주님께서 정화하신 민족들은 그분의 이름을 부르며 그분께 참된 예배를 드릴 수 있게 된다. 10절 둘째 행에서 히브리어 본문은 의미가 불확실한 단어들을 사용하는데, "나의 숭배자들"을 "나에게 탄원하는 이들"로 옮기기도 한다.

3,6-7 이사 5,4; 63,8; 예레 8,6; 아모 4,1-12; 1코린 10,6.11. 3,8 1,18; 탈출 20,5; 신명 32,21-22; 에제 36,6; 즈카 14,2-3; 2베드 3,10; 묵시 16,1. 3,9 창세 4,26ㄴ; 시편 22,28; 이사 6,5-7; 19,18; 말라 1,11; 로마 15,6.

3,9-20. 이사야의 메시지를 반향하는 이방인들의 회개에 대한 약속에 이어 예루살렘에게 구원의 약속이 주어진다. 처음에 모든 이들이 징벌을 받았던 것과 같이, 이제는 모두가 함께 한없는 희망에 동참한다.

그들이 모두 주님의 이름을 받들어 부르며
어깨를 나란히 하고 주님을 섬기게 하리라.
10 에티오피아강 너머에서
나의 숭배자들,
흩어진 이들이 선물을 가지고 나에게 오리라.

이스라엘의 회개

11 그날에는
네가 나를 거역하며 저지른 그 모든 행실을
부끄러워하지 않아도 되리라.
그때에는 내가 네 가운데에서
거만스레 흥겨워하는 자들을 치워 버리리라.
그러면 네가 나의 거룩한 산에서
다시는 교만을 부리지 않으리라.
12 나는 네 한가운데에
가난하고 가련한 백성을 남기리니
그들은 주님의 이름에 피신하리라.
13 이스라엘의 남은 자들은
불의를 저지르지 않고
거짓을 말하지 않으며
그들 입에서는 사기 치는 혀를 보지 못하리라.
정녕 그들은 아무런 위협도 받지 않으며
풀을 뜯고 몸을 누이리라.

예루살렘의 재건

14 딸 시온아, 환성을 올려라.
이스라엘아, 크게 소리쳐라.
딸 예루살렘아,
마음껏 기뻐하고 즐거워하여라.
15 주님께서 너에게 내리신 판결을 거두시고
너의 원수들을 쫓아내셨다.
이스라엘 임금 주님께서 네 한가운데에 계시니
다시는 네가 불행을 두려워하지 않으리라.

3,12-13. "가난하고 가련한"은 이 문맥 안에서 순전히 사회적 의미뿐만 아니라 종교적 의미도 지니는 범주를 표현한 형용사이다. 이들은 백성 가운데 하느님 앞에서 자신의 구조적 부족함을 인정하고 그분께 의탁하며("피신하리라" 시편 118,8 참조), 그분의 율법을 준수하는 이들이다(13절). 진리의 날, "주님의 날"에 구원된 이들도 "이스라엘의 남은 자들"에 속하게 될 것이다(또한 스바 2,7.9 참조).

3,14-18. "딸 시온"은 이스라엘 전체를 나타내며, 임금처럼 당신 백성과 당신 도성을 위해 싸우시는 주님의 현존을 환호하도록 초대된다(이사 9,5 참조). 하느님의 왕권은 당신께서 가난한 이들을 구원하시고 채워 주시는 데서 드러난다.

3,10 이사 11,11; 18,7; 27,13; 사도 8,26-40. 3,12 시편 118,8; 즈카 13,8-9; 마태 5,3. 3,13 레위 26,6. 3,14-15 루카 1,28. 3,14 에즈 3,11-13; 느헤 12,43; 이사 12,6; 54,1; 예레 33,11; 즈카 2,14; 마태 21,9; 묵시 19,1.

3,11-13. 이미 2,3에서 주어졌던 약속이 실현된다. 주님의 현존을 신뢰하고 그분께만 의지하는 것이 참된 겸손이고, 구원의 수혜자가 될 백성의 "남은 자들"의 영적 특징이다.

✠ 3,14-18. 이 지극히 아름다운 본문은 다해 대림 제3주일 전례에서 읽는다. 5월 31일 복되신 동정 마리아의 방문 축일에는 성모님께 비추어 읽는다.

16 그날에 사람들이 예루살렘에게 말하리라.
"시온아, 두려워하지 마라.
힘없이 손을 늘어뜨리지 마라."
17 주 너의 하느님,
승리의 용사께서 네 한가운데에 계시다.
그분께서 너를 두고 기뻐하며 즐거워하신다.
당신 사랑으로 너를 새롭게 해 주시고
너 때문에 환성을 올리며 기뻐하시리라.
18 축제의 날인 양 그렇게 하시리라.

나는 너에게서 불행을 치워 버려
네가 모욕을 짊어지지 않게 하리라.
19 그때에
너를 억누르는 자들을
내가 모두 처치하리라.
나는 절뚝거리는 이들을 구하고
흩어진 이들을 모으리라.
온 세상에서 그들의 수치를
칭송과 명성으로 바꾸어 주리라.
20 그때에 내가 너희를 데려오리라.
그때에 내가 너희를 모으리라.
너희가 보는 앞에서 너희의 운명을 되돌릴 때
세상 모든 민족들 가운데에서
너희가 칭송과 명성을 얻게 해 주리라.
— 주님께서 말씀하신다.

3,18. 히브리어 본문에서 이 절 전체가 이해하기 어렵다. 고대 번역본들도 모든 문제를 해결하지는 못했다.

3,19-20. "너희가 보는 앞에서"라는 표현으로 스바니야는 구원이 최종적으로 성취될 가까운 날짜를 지정하기보다 희망을 확증하려 한다. 하느님께서는 가장 약한 이들을 구하시며 흩어진 이들을 모으신다. 그분께서는 당신 백성을 인도하시는, 이집트 탈출의 하느님이시기 때문이다.

3,20. "너희의 운명(들)"이라는 복수형은 드물다(2,7에서도 사용). 유배에서 돌아옴을 지칭하거나 더 일반적으로는 이전의 좋은 상황으로 회복됨을 가리킨다.

3,16 이사 35,3-4; 41,10.13; 예레 46,27; 사도 23,11; 에페 3,13; 히브 12,3; 묵시 2,3. 3,17 이사 62,4-5.12; 예레 32,41; 루카 15,5-6.23-24.32; 요한 15,11. 3,20 2,7.

3,20. 끝맺음은 아모스서와 유사하며, 이상적인 미래를 가리켜 보인다. 그러나 아모스의 환시는 훨씬 구체적이고 상세하며, 유배에서의 귀환과 재건을 강조한다. 스바니야의 예언은 더 불분명하며, 농경이나 도시의 모습을 그려 보이지 않는다.

하까이서

제목과 정경 내의 위치

하까이서의 머리글은 일반적인 시공간 좌표를 제시하고 예언자가 말씀을 받은 사건을 언급하면서도(1,1 참조), 문체적인 면에서는 표준을 벗어난다. 이 머리글이 이 책의 본론 내용에 직접 연결되며, 그 본론 안에서도 머리글 양식이 본문을 시작하게 하기 때문이다. 그의 이름 "하까이"(그리스어로는 '아까이오스')는 "축제"를 뜻하는 히브리어 단어에서 파생된다(자구적으로는 "나의 축제"를 뜻한다). 성경에는 드물게 나오지만(이와 유사한 이름들이 창세 46,16; 민수 26,15; 1역대 6,15에 나타난다), 성경 밖의 여러 사료들을 보면 흔한 편인 이름이었다. 그의 이름으로 된 책은 히브리어 정경에서나 그리스도교 정경에서나 열두 소예언서 가운데 열 번째에 자리하며, 유배 후인 페르시아 시대의 세 예언자들 가운데 첫 번째에 놓인다(하까이, 즈카르야, 말라키). 하까이는 히브리 전승에 따르면 바빌론 유배에서 돌아온 이들 가운데 한 명으로, 즈카르야 예언자와 함께(에즈 6,14 참조) 계약 공동체의 복구 과정에 능동적으로 참여했고, 토라 해석을 위한 유배 후 유다교의 공식 기준이 된 조직인 소위 대회의의 기초를 놓았다고 전해진다.

구조와 문학적 특성

하까이서는 그 최종 형태에서 분명하고 조화로운 구조를 보여 준다. 이 구조는 예언사의 중개를 구분 짓고 그 배경을 알려 주는 정확한 연대기적 표시를 통하여 쉽게 알아볼 수 있다(그 예언은 네 단계로 이루어진 여섯 개의 신탁으로 구분된다. 1,1-2; 1,3-11; 1,12-15; 2,1-9; 2,10-19; 2,20-23). 이들은 네 개의 문학적 단위에 대응되며(1,1-15; 2,1-9; 2,10-19; 2,20-23), 결정적인 순간들을 거치면서 주제가 발전하여 찬란한 미래의 전망을 향해 열려 있는 마지막 단락의 종말론적 결말에 이른다. 메시지는 단순하고 간략하며, 성전 재건의 필요성과 평화와 번영의 메시아적-종말론적 시대의 도래라는 서로 긴밀히 연관된 두 가지 주제로 요약할 수 있다. 네 부분은 내용적, 형식적 요소들에 의하여 둘씩 짝지어진 대칭 형태를 이룬다(예를 들어 농경의 주제는 첫째 부분과 셋째 부분에 나타나며, 둘째 부분과 넷째 부분에는 우주적 동요와 관련된 종말론적 표상과 민족들의 역사에 개입하시는 하느님께서 등장하신다).

첫째 부분(1,1-15) - 유다 백성은 예루살렘 성전 재건의 필요성이 절박함을 깨달아야 한다. 다른 개인주의적 관심을 추구하는 것이 아니라 신학적으로 큰 의미를 지닌 이 선택을 할 때 지금까지 간절히 바라며 애써 노력해도 이루어지지 않던 행복이 실현될 것이다. 반대와 망설임은 극복되고, 총독 즈루빠벨과 대사제 예수아, 그리고 온 백성이 하까이의 메시지를 긍정적으로 받아들인다.

둘째 부분(2,1-9) - 어려움은 없지 않다. 좌절, 경제적 어려움, 새 성전이 결코 솔로몬이 지은 영광스러운 성전과 비교될 수 없으리라는 굴욕적인 의식(에즈 3,12에서는 새 기초가 보잘것없음이 노인들에게 명백히 드러난다)이 있었다. 그러나 하까이는 주님의 도우심을 확신하며, 그러한 명백한 상황 속에서도 하느님께서 당신 계약에 충실하심을 신뢰할 것을 권고한다. (우주적 동요와 같은) 종말론적 표지들로 나타나는 제2성전의 찬란함은 첫 번째 성전의 화려함을 능가할 것이다.

셋째 부분(2,10-19) - 제물을 축성할 곳이 없는 상태에서 바치는 희생 제물은 부정한 것으로 간주되며, 일을 시작하고 나면 하느님의 축복과 다시 주어지는 번영을 확인하게 될 것이다. 첫 번째 돌을 놓는 것은 새 시대를 시작하는 순간이 될 것이고, 백성 자신이 부정함을 벗어나 예식적 품위를 회복하고 하느님께 온전히 인정을 받게 될 것이다.

넷째 부분(2,20-23) - 이 축복은 유다 총독 즈루빠벨에게도 약속된다. 그는 다윗의 후손으로서 하느님에게 "나의 종", 주님의 "인장 반지"라고 일컬어진다(이 호칭은 그의 조부 여콘야/여호야킨에게도 주어진다. 예레 22,24 참조). 그는 이미 하까 2,6에서도 언급된 우주적 동요로 시작될 종말론적 행복의 전망 안에서 메시아적 인물로 칭송된다.

하까이서의 문체는 신탁들을 전달하면서도 분명히 서사적이다. 이는 예언자의 첫 발언이 공동체에 미친 영향을 묘사하는 데에서 명백히 드러난다(1,12-15 참조). 언어는 상당히 반복적이고, 전형적 표현들이 나타난다. 예를 들어 주님께서는 열두 번에 걸쳐 "만군의 주님"으로 일컬어지고(1,2.5.7.9.14; 2,4.6.7.8.9.11.23 참조), 이 표현은 다섯 번의 메시지 양식과 결합된다("주님께서 이렇게 말씀하신다." 1,2.5.7; 2,6.11). "주님의 말씀"과(1,1.3; 2,1.10.20) 하까이에게 적용된 "예언자" 호칭도(1,1.3.12; 2,1.10 참조) 다섯 번씩 사용된다. 두 번 반복되는 표현으로 "너희가 살아온 길을 돌이켜 보아라."라는 구절과(1,5.7) "주님의 말씀이 하까이 예언자에게 내렸다."(2,10.20)가 있고, "주님의 말씀이 하까이 예언자를 통하여 내렸다."(1,1.3; 2,1)는 세 번 반복된다. 이 책의 최종 본문에서 그의 예언직을 이렇게 특별히 강조하여 정당화한 것은 아마도 저자가 살던 시대에 하까이라는 인물과 그의 메시지의 신빙성을 확인해 주기 위해서였을 뿐만 아니라, 재건된 성전과 백성의 종교 지도자들이 대표하는 신학적-상징적 중심을 출발점으로 하여 유배 후 이스라엘의 통일과 정체성 회복의 과정을 촉진하고 성별하기 위해서였을 것이다.

주요 신학 노선

기원전 539년 키루스 칙령 이후, 바빌론에 유배된 유다인들의 공동체는 약속의 땅으로 돌아올 수 있게 되었다. 분명 많은 어려움 속에 무리를 지어 귀환 길에 올랐을 이들이 돌아온 땅은 여전히 황폐하고 바빌론인들이 남겨 놓은 유다인들과(예레 39,10에 따르면 "가진 것 없는 일부 가난한 백성") 쉽게 몰아낼 수 없는 이방인들이 차지하고 있었다. 옛 수도는 폐허가 되었고, 성전은(또는 그 남은 부분은) 허물어져 모두 재건해야 했다(기원전 587년 예루살렘이 파괴된 후에 남은 흔적 앞에서 어떤 형태의 예식이 계속되었을 가능성은 크다. 예레 41,5 참조). 이십 년이 지났지만 성전 재건 공사는 아직도 이루어지지 않은 꿈이었고(제단과 모세 전통에 더 부합하는 예식의 복구만이 이루어졌다. 에즈 3,1-6 참조), 돌아온 이들의 곤궁한 상황과 예상치 못한 여러 어려움으로 인하여 그 실현은 더 멀어졌다. 이러한 배경에서 예언자 하까이(와 즈카르야)의 목소리는 단호하게 지도층과 백성 전체에게 현재 역사의 의미를 밝혀 주며 계약의 백성 정체성에 충실히 머물기 위한 길을 보여 준다.

어떤 의미에서 하까이는 종말론적이고 메시아적인 감각을 지니고 "우선성의 신학"을 제시한다. 건축과 예식을 아직 시작하지 않는 것은 합리적인 이유가 있는 것으로 보이며(하까 1,2 "주님의 집을 지을 때가 되지 않았다." 다시 말하면 아직 그럴 상황이 아니며 재원도 부족하고, 그러므로 다른 일들이 더 급하다는 것이다. 1,4 참조), 이 문제들은 유배 후 예언자들의 관심사에서도 거리가 멀어 보인다. 그러나 하까이는 유배 후의 상황 속에서도 그러한 특별한 지시를 통하여 성경 예언의 한 가지 근본적인 특징을 권위 있게 제시한다. 그것은 바로 역사적 순간에 따라 하느님께 대한 충실성의 구체적 형태를, 지금 여기서 계시된 역사의 의미를 순종하며 받아들일 수 있는 "예언적 행위"를 찾아내고 제의하는 것이다.

그 해석은 받아들여질 수도 있고 거부될 수도 있다. 하느님의 언어가 받아들여지기 위해서는 하느님의 사람들(예언자들과 아들들. 예레 1,5.9 참조)이 필요하기 때문이다. 하까이에게는 역사의 연출가가 주님임이 분명하다(하까 1,9.11; 2,7.17.19.21-23 참조). 그러나 가뭄, 흉작, 경제적 어려움은(1,6.9.11; 2,17 참조) 관점에 따라서 훨씬 실제적이고 근시안적인 다른 이유들로 해석될 수 있다. 어쨌든 맹목적 신앙을 요구하는 것은 아니다. 성경의 신앙은 언제나 이성에는 도전이 되기 때문이다. 그러므로 여기서 호소하는 내용은 올바로 식별하라는 것, 사건들의 의미를 파악하라는 것이다. 한마디로 성찰이 필요하다(1,5.7; 2,15.18 참조). 그 후에는 사실들로 확인하고 판단할 수 있을 것이다(2,15-19 참조). 현대인이 생각하는 것처럼 단순히 하느님의 집이 폐허가 되었다는 것과 빈약한 수확을 미신적으로 연결 짓는 것도 아니다.

왕정 제도와 정치적 독립이 사라진 지금이 바로(예레 25,11-12; 29,10-14 참조), 하느님께 대한 순종은 자원과 힘을 성전 재건에 투입하는 것과 일치한다는 것을 깨달아야 하는 때이다. 성전은 백성 가운데 하느님께서 현존하심을 인정하고 받아들이는 표지이며, 주님과 또한 형제들과의 올바른 관계의 중심이다. 이것은 단순히 정통 예식의 복구나 건설 공사의 문제가 아니다. 오히려 그것은 신앙 안에서 백성 자신의 정체성의 중심을 재확인하는 구체적인 상징적 행위이고, 계약의 지평 안에 미래를 재건하기 위한 올바른 기초를 다시 놓는 행위이다. 인간이 살고 있는 세상은 비록 그의 손에 맡겨져 있어도 언제나 하느님의 세상이다. 인간이 자신의 집을 짓고 자신의 희망을 씨 뿌리는 땅은 하느님의 땅이다. 이스라엘인들은 자신들이 그분 곁에서 "이방인이고 거류민"이며(레위 25,23 참조), 참으로 우선해야 할 것은 삶의 여러 필요들을 충족시키는 것이 아니라 삶 자체의 완성임을 기억해야 한다.

예언자 하까이는 그 이상을 본다. 하느님 관점에서 현재를 바라보면서 그는 그 현재가 지금은 유토피아처럼 보이는 축복들로 채워져 있음을 깨닫는다. 지금 성전이 그 처음의 찬란함에 비하여 아무것도 아닌 것처럼 보이더라도(하까 2,3; 에즈 3,12 참조), 그는 이 폐허가(그리고 새로 놓인 보잘것없는 기초가) 헤아릴 수 없는 하느님의 영광의 무게를 지탱할 수 있으며, 모든 민족들의 보화가 여기로 모여들어 평화의 거처가 될 이 성전을 영광스럽게 할 것임을 말한다(하까 2,7-9 참조).

신약 성경에서는 하까이서를 거의 사용하지 않지만(그러나 마태 24,29; 루카

21,26; 히브 12,26에서 하까 2,6.21의 종말론적 요소 사용), 그리스도론적인 성취에 비추어 보면 제2성전의 영광은 참으로 솔로몬 성전의 영광보다 더 클 것이다. 기원후 1세기에 헤로데가 복구하고 확장한 이 성전은 마침내 이스라엘의 희망이신 주 그리스도께서 오심을 보게 될 것이며(루카 2,22-32; 19,45-48 참조), 그분은 하느님 영광의 유일하고 최종적인 성전이 되실 것이다(요한 2,21; 1코린 6,19; 콜로 2,9 참조). 그래서 그리스도교 전례 전통은 특히 대림 시기에 "모든 민족들이 기다려 온 분이 오시리라."라고 즐겨 되풀이한다.

본문의 작성과 전수

하까이에 대해서는 그의 책과 에즈 5,1-2; 6,14에서 찾아낼 수 있는 몇 가지 정보들을 고려하더라도 알려진 바가 별로 없다. 그의 예언 활동은 기원전 520년에 석 달가량(8월 29일부터 같은 해 12월 18일까지) 이루어진 것으로 보인다. 페르시아의 다리우스 1세 통치 때였고(기원전 522-486년), 유다 총독 즈루빠벨과 대사제 예수아의 시대였다(에즈 3장 참조). 페르시아 달력이 알려져 있어 그가 공적으로 활동한 날짜들을 매우 정확히 재구성할 수 있다(하까 1,1.15; 2,1.10.20 참조).

본문에서 모호한 부분이 있어, 그가 노인으로 당시 일부 사람들처럼 과거에 솔로몬 성전을 보았을지, 또는 기원전 587년의 재앙을 겪고 바빌론인들의 파괴 이후 그 땅에 남아 있던 유다인 생존자라기보다는 오히려 유배지에서 돌아온 이들 가운데 한 사람이었을지(2,3 참조) 확실히 알 수는 없다. "성결법"에 관한 언급과(2,11-13. 그러나 사제들만 이 법을 아는 것은 아니다) 사제계 신학의 언어를 사용한다는 점을 볼 때 그가 사제 가문 출신이었는지(또는 예식 예언자였는지) 여부도 확인할 수 없다. 분명한 것은 영감 받은 그의 공헌이(즈카르야 예언자의 공헌과 함께) 유다 공동체가 성전 재건에 힘과 뜻을 모으는 데 결정적이었다는 점이다. 그가 성전의 완성을 보았는지는 우리에게 알려져 있지 않다.

이 책의 편집 과정은 추적하기가 쉽지 않다. 여러 학자들은 하까이 자신이 처음으로 그의 예언 메시지를 편집했다고 보며, 기록이 비교적 가능했던 상황에서 신탁들을 즉시 기록했을 가능성이 크다고 본다(그리고 스스로 자신이 하느님의 메시지를 전달하는 통로라고 여긴 사람이라면 그렇게 했을 수 있다고 본다). 다른 이들은 여러 표지들 가운데 특히 2,15-19의 특이한 견해와 하까이가 언제나 3인칭으로 언급된다는 점을 지적하면서, 이 작품이 하까이 자신이 아니라 그의 신탁을 수집하고 편집한 제자들에 의해 작성되었다고 생각했다. 그러한 편집은 분명 매우 짧은 기간 안에 이루어졌다. 건축 활동이 시작되고 5년 후인 기원전 515년에 성전 재건이 완성되고 성전이 봉헌되었는데, 이 책 안에는 성전 봉헌에 대한 언급이 전혀 없기 때문이다(에즈 1-6장 참조; 즈루빠벨은 그 자리에 있었던 이들 가운데 언급되지 않는다. 6,13-18 참조).

많은 성서학자들은 예언 신탁들과 그 연대기적 상황을 묘사하는 설명 사이에 문체와 내용에서 차이가 있다는 점을 지적하면서, 서로 다른 두 개의 문헌층이 있고 따라서 작성 과정에도 적어도 서로 다른 두 단계가 있었다고 본다. 특히 편집적인 구절들은(이들은 즈카 1-8장에 들어 있는 서사적 틀의 문체를 연상시킨다) 유배에서 돌아온 이들의 공동체에 속하는 "연대기 작가"에 의한 것이라고 보아야 할 것이다. 이 부분에서는 실상 다른 본문들과 비교하여 여러 가지 긴장이 나타나고, 하까이를 "전령"보다 "예언자"로 정의하며 유배에서 돌아온 이들과("남은 자들") 그들의 종교적(예수아) 및 사회적(즈루빠벨) 대표자들을 부각시킨다. 이들이 주님의 말씀을 듣는 주된 대상들이며, 신앙으로 듣고 받아들이는 모범이 된다.

하까이서의 히브리어 본문은 잘 보존되었으며 특별한 수정이 필요하지 않다. 그리스어 번역본인 소위 칠십인역은 비교적 자유로운 번역으로, 그 기준이 되는 원문을 확장하는 경향이 있다(그 전거가 우리에게 전해진 마소라 본문과 다른 것으로 보이지는 않는다).

살바토레 마우리치오 세사Salvatore Maurizio Sessa

하깨이서

머리글

1 [1] 다리우스 임금 제이년 여섯째 달 초하룻날, 주님
의 말씀이 하깨이 예언자를 통하여 스알티엘의 아
들 즈루빠벨 유다 총독과 여호차닥의 아들 예수아 대사
제에게 내렸다.

하느님의 독촉으로 성전 재건을 시작하다

2 만군의 주님께서 이렇게 말씀하신다. "이 백성은 '주님의
집을 지을 때가 되지 않았다.'고 말한다."
3 주님의 말씀이 하깨이 예언자를 통하여 내렸다.
4 "주님의 집이 무너져 있는데
너희가 지금
판벽으로 된 집에서 살 때냐?
5 — 만군의 주님께서 이렇게 말씀하신다. —
너희가 살아온 길을 돌이켜 보아라.
6 씨앗을 많이 뿌려도 얼마 거두지 못하고
먹어도 배부르지 않으며
마셔도 만족하지 못하고
입어도 따뜻하지 않으며
품팔이꾼이 품삯을 받아도
구멍 난 주머니에 넣는 꼴이다.

7 — 만군의 주님께서 이렇게 말씀하신다. —
너희가 살아온 길을 돌이켜 보아라.

1,1-15. 이 날짜는 기원전 520년 8월 29일에 해당하는 것으로 보인다. 하깨이 예언의 수신인인 즈루빠벨과 예수아는 각각 사회적·종교적 권위를 나타낸다. 여기서 재촉하고 있는 일은 성전의 보수와 재건이다. 공동체는 이를 주저하고 무기력에 빠져 있으며, 각자 이 이익을 염려하고 있는 것으로 보인다. 그러나 경제적 어려움은 그들이 하느님께서 뜻하신 이 일에 착수하지 않고 있는 데에 대한 경고로 받아들여야 한다. 신탁에 이어 예언자를 통하여 하느님의 권고가 전해지고 24일이 지난 후에 성전의 공사를 시작했다는 소식이 뒤따른다.

1,1 1,15; 2,1.10.20; 에즈 4,24; 5,1-2; 즈카 1,1; 3; 4,6-10. 1,2 에즈 4,23; 느헤 4,4; 잠언 22,13; 26,13; 아가 5,2-3; 마태 16,2-3. 1,4 2사무 7,2; 시편 74,7; 102,15; 132,3-5; 예레 26,6.18; 52,13; 마태 6,33; 필리 2,21. 1,5 2,15; 애가 3,40; 에제 18,28; 루카 15,17; 2코린 13,5; 갈라 6,4. 1,6 레위 26,16.20; 신명 28,38; 예레 12,13; 호세 4,3; 미카 6,14-15.

1,9-11. "무슨 까닭이냐?", "…때문이다"(9절), "그러므로"(10절)라는 표현들은 현재에 대한 식별을 촉구한다. 지금 일어나는 일들에는 의미가 있다. 자기 일들에 골몰하는 것, 생명의 원천이신 분께 대한 무관심, 그리고 적은 수확과 황폐한 삶 사이에는 정확한 연관이 있다.

8 너희는 산에 올라가서
나무를 가져다가
집을 지어라.
그러면 나는 그 집을 기꺼이 여기고
그것으로 영광을 받으리라.
— 주님께서 말씀하신다. —
9 너희는 많이 거두기를 바랐지만 얼마 거두지 못하고
집으로 거두어들인 것조차 내가 날려 버렸다.
무슨 까닭이냐?
만군의 주님의 말씀이다.
내 집이 무너져 있는데도
너희가 저마다 제집 돌보는 데에만 바빴기 때문이다.
10 그러므로 하늘은 너희에게 이슬을 내리지 않고
땅은 제 소출을 내주지 않았다.
11 나는 땅에
산과 곡식에
햇포도주와 기름에
밭에서 나는 것에
사람과 짐승에게
그들이 하는 모든 일의 결실에 가뭄을 불러들였다."

12 스알티엘의 아들 즈루빠벨과 여호차닥의 아들 예수아
대사제와 나머지 모든 백성은, 주 저희 하느님의 말씀과
주 저희 하느님께서 보내신 하까이 예언자의 말을 잘 들었
다. 그리고 백성은 주님을 경외하게 되었다. 13 주님의 사자
하까이는 주님의 말씀을 백성에게 전하였다. "내가 너희
와 함께 있다. 주님의 말이다." 14 주님께서 스알티엘의 아
들 즈루빠벨 유다 총독의 영과 여호차닥의 아들 예수아
대사제의 영과 나머지 모든 백성의 영을 일으키셨다. 그래
서 그들은 가서 저희 하느님, 만군의 주님의 집을 짓는 일
을 하였다. 15 그날은 여섯째 달 스무나흗날이었다.

1,8 2,9; 2역대 2,7-10; 에즈 3,7; 요한 13,31-32. 1,12 이사 50,10; 콜로 1,5-6; 1테살 1,5-6. 1,13 2,4; 시편 46,8.12; 이사 41,10; 43,2; 예레 1,8; 마태 1,23; 18,20; 28,20ㄴ. 1,14 1역대 5,26; 2역대 36,22; 에즈 1,1.5; 7,27-28; 2코린 8,16; 필리 2,12-13.

1,8. 인간의 마음은 경제적 번영이나 사치스러운 집과 같은 작은 성취로 충족되지 않으며 오직 그의 자유에 합당한 일, 곧 하느님의 계획에 협력함으로써만 충족된다. 성전 재건은 그 계획의 한순간일 뿐이며, 궁극적으로 그분의 계획은 계약 공동체의 재건에 있다.

새 성전의 영광

다리우스 임금 제이년이었다.

2 [1] 그해 일곱째 달 스무하룻날에 주님의 말씀이 하
까이 예언자를 통하여 내렸다. [2] "너는 스알티엘의
아들 즈루빠벨 유다 총독과 여호차닥의 아들 예수아 대
사제와 나머지 백성에게 말하여라.

3 '너희 가운데
이 집의 옛 영화를 본 사람들이
남아 있지 않느냐?
지금은 이 집이
너희에게 어떻게 보이느냐?
너희 눈에도
있으나마나 하지 않느냐?
4 그러나 즈루빠벨아, 이제 용기를 내어라.
주님의 말씀이다.
여호차닥의 아들 예수아 대사제야
용기를 내어라.
이 땅의 모든 백성아, 용기를 내어라.
주님의 말씀이다.
내가 너희와 함께 있으니 일을 하여라.
만군의 주님의 말씀이다.
5 너희가 이집트에서 나올 때에 내가 너희와 맺은 언약대로
나의 영이 너희 가운데에 머무를 터이니
너희는 두려워하지 마라.
6 — 정녕 만군의 주님께서 이렇게 말씀하신다. —
머지않아 나는 다시
하늘과 땅
바다와 뭍을 뒤흔들리라.
7 내가 모든 민족들을 뒤흔들리니
모든 민족들의 보화가 이리 들어오리라.
그리하여 내가 이 집을 영광으로 가득 채우리라.
— 만군의 주님께서 말씀하신다. —

2,1-9. 예언은 기원전 520년 10월 17일, 초막절 축제의 마지막 날로 소급된다(즈카 14,16 주해 참조). 낙담하여 일이 지체되고 위협받고 있을 때 하까이는 성전 재건과 결부된 새로운 세상의 시작을 바라보며 더 힘을 내어 일할 것을 권고한다. 여기에 사용된 표상들은 민족들의 순례의 중심지인 예루살렘에 관한 예언서 본문들을 연상시킨다(예를 들어 이사 2,2-4; 60,5-9; 66,18-23 참조).

2,4 신명 31,23; 여호 1,6.9; 1역대 22,13; 28,20; 즈카 8,9; 1코린 16,13; 2티모 2,1. 2,5 탈출 29,45-46; 33,12-14; 34,10; 민수 11,25; 느헤 9,20.30; 이사 63,11-14; 즈카 4,6; 요한 14,16-17. 2,6 2,21-22; 이사 34,4; 요엘 3,3; 4,16; 마르 13,24-25; 히브 12,26. 2,7 창세 22,18; 49,10; 이사 60,7-11; 다니 2,44-45; 즈카 9,9-10; 루카 2,10-11; 갈라 3,8.

2,1 9. 하까이의 예언은 물질적 번영을 나타내는 언어로 표현된 약속을 제시하지만, 우연적인 역사적 실현을 초월하는 성취를 향하여 확장된다.

2,10-14. 상징적 행위를 전하는 이야기 형태로 된 신탁으로, 사제들에게 정결과 부정에 관한 율법을 묻는다. 그 대답은 부정이 전염된다는 것을 보여 준다. 마찬가지로 폐허가 된 채 버려진 성전은 공동체의 종교 생활 전체를 부정하게 만든다. 사제들은 기원전 537년에 복구된 제단에서 제물을 바칠 수 있다는 데 만족하지만(에즈 3,1-6 참조), 성전을 재건하는 일은 긴급하다. 아홉째 달 스무나흗날은 기원전 520년 12월 18일이다.

2,15-19. 하까이의 논증은 성전 재건의 긍정적 측면을 고려하게 하고 일을 독려하려는 것이다. 경제적인 어려움 때문에 성전을 짓는 이들이 좌절해서는 안 되며, 그 어려움은 공동체의 무기력함을 하느님께서 일깨우시는 것으로 해석해야 한다.

8 은도 나의 것, 금도 나의 것이다.
만군의 주님의 말씀이다.
9 이 집의 새 영광이
이전의 영광보다 더 크리라.
— 만군의 주님께서 말씀하신다. —
내가 이곳에 평화를 주리라.
만군의 주님의 말씀이다.'"

사제들에게 문의하다

10 다리우스 제이년 아홉째 달 스무나흗날에 주님의 말씀
이 하까이 예언자에게 내렸다. 11 "만군의 주님이 말한다.
너는 사제들이 어떤 가르침을 내릴지 이렇게 물어보아라.
12 '어떤 사람이 봉헌된 고기를 옷자락에 담아 가져가는
데, 그 옷자락이 빵이나 삶은 요리나 포도주나 기름이나
다른 어떤 음식에 닿으면, 그것들도 거룩해집니까?'" 그렇
게 하자 사제들은 "아닙니다." 하고 대답하였다. 13 하까이
가 다시 "주검에 닿아서 부정하게 된 이가 이 모든 것 가
운데 어느 것에라도 닿으면, 그것이 부정하게 됩니까?" 하
고 물으니, 사제들이 "부정하게 됩니다." 하고 대답하였다.
14 그러자 하까이가 말하였다.
"내 앞에서는 이 백성도 그러하고
이 민족도 그러하다.
주님의 말씀이다.
그들의 손이 하는 일도 모두 그러하다.
그들이 거기에서 바치는 것들도 다 부정하다."

주님께서 다시 복을 내리시리라

15 "그러므로 이제
오늘부터 앞으로 어떻게 될지
생각해 보아라.
주님 성전의 돌을 쌓기 전에
16 너희가 하는 일들이 어떠하였느냐?

2,9 시편 24,7-10; 이사 9,5-6; 루카 2,22-38; 요한 1,14; 2코린 3,9-10; 1티모 3,16. 2,12 탈출 29,37; 레위 6,20.22; 7,6; 에제 44,19; 마태 23,19. 2,13-14 민수 19,22. 2,14 잠언 15,8; 21,27; 28,9; 이사 1,11-15; 64,5; 애가 1,8.17; 티토 1,15. 2,16 1,6.9; 호세 4,3; 즈카 8,10-12; 말라 2,2; 마태 12,30.

2,10-14. 예식적인 차원에서 도덕적인 차원으로도 건너갈 수 있다. 하느님의 영광을 찾는 것이 아니라 우선적으로 자신의 이익을 찾는 공동체는 확산되고 전염되는 죄의 힘에 노출된다.

2,15-19. 성전의 기초를 놓는 날, 축복의 시기인 새로운 세상이 시작된다. 현재의 어려움들 속에서 하느님의 통치가 도래하는 표지를 알아볼 수 있어야 한다.

누가 스무 섬 더미에 가면
열 섬밖에 없고
쉰 동이를 푸려고 포도 확에 가면
스무 동이밖에 없었다.
17 내가 마름병과 깜부깃병과 우박으로
너희가 손으로 가꾼 모든 것을 쳤지만
너희는 나에게 돌아오지 않았다.
주님의 말씀이다.
18 오늘부터 앞으로 어떻게 될지
생각해 보아라.
아홉째 달 스무나흗날부터
주님의 성전에 기초를 놓은 날부터
생각해 보아라.
19 곳집에 씨앗이 없지 않으냐?
포도나무 무화과나무 석류나무 올리브 나무에
열매가 없지 않느냐?
오늘부터 내가 너희에게 복을 내리리라."

주님께서 즈루빠벨을 선택하시다

20 그달 스무나흗날에 주님의 말씀이 다시 하까이에게 내
렸다.
21 "너는 유다 총독 즈루빠벨에게 이렇게 말하여라.
'나는 하늘과 땅을 뒤흔들리라.
22 나는 왕국들의 왕좌를 뒤엎고
민족들의 왕국의 권세를 없애 버리리라.
또 병거와 거기에 탄 자들을 뒤엎으리라.
군마와 기병들은
서로 동료의 칼에 맞아 쓰러지리라.
23 만군의 주님의 말씀이다.
그날에
스알티엘의 아들, 나의 종 즈루빠벨아
— 주님의 말씀이다. —
내가 너를 받아들여

2,20-23. 메시아적 특징으로 제시된 즈루빠벨을 향한 말이다. 문서의 권위를 확인하고 효력을 부여하기 위하여 사용되던 "인장 반지"의 표상은 긴밀한 개인적 소유를 나타내며, 주님께서 즈루빠벨과 매우 각별한 유대를 원하셨음을 뜻한다.

2,19 창세 26,12; 레위 26,3-13; 신명 15,10; 28,2-14; 말라 3,10; 마태 6,33. 2,21-22 2,6-7; 이사 60,12; 다니 2,25.44; 요엘 4,16; 스바 3,8; 마태 24,7; 히브 12,26-27. 2,21 마르 13,24-25. 2,23 이사 42,1; 예레 22,24; 즈카 4,6-14; 6,12-13; 마태 12,18; 요한 6,27; 1베드 2,4.

2,20-23. 즈루빠벨은 약속을 맡은 이며 오직 주님에 의하여 이루어질 그 성취를 기다리고 있는 하느님 백성과 동일시된다. 이러한 기다림은 현재에 용기를 주고 팔에 힘을 주며 마음을 뜨겁게 한다.

너를 인장 반지처럼 만들리니
내가 너를 선택하였기 때문이다.'
만군의 주님의 말씀이다."

즈카르야서

제목과 정경 내의 위치

즈카르야서는 바로 앞에 있는 하까이서와 긴밀히 연결되며, 역사적 맥락과 신학적 배경이 동일하다. 다른 예언서들의 문체와 같이 머리글 역할을 하는 첫 절은 다시 우리를 페르시아의 다리우스 1세 시대로 이끈다(기원전 522-486년. 즈카 1,1.7; 7,1 참조). 유배에서 돌아오는 중요한 시대였다(귀환은 기원전 538년 키루스 칙령으로 가능해졌다). 이로써 유다 왕국의 종말로(기원전 587년) 자신의 정체성과 민족적·종교적 일치를 위한 근본 요소인 땅, 다윗 왕조, 예루살렘, 성전을 모두 잃어버렸던 하느님 백성에게 새롭고 민감한 희망의 시대가 열린다. 그러므로 이 책의 저자로 여겨지는 예언자의 이름은 매우 의미 깊은, 표제와 같은(또는 단순히 상징적인) 의미를 지니는 것으로 보인다. 즈카르야는 "주님께서 기억하셨다"를 뜻하기 때문이다. 이 이름은 히브리어 어근 '자카르'("기억하다")에서 파생되며, 단순히 기억하는 주체 내면의 활동을 가리키는 것이 아니라 그러한 의식이 가져오는 실제적이고 외적인 결과들을 포함한다. 따라서 기억한다는 것은 행함을 뜻하고, 주님께서 "기억하셨다"고 말하는 것은 하느님께서 구원하시기 위하여 당신 백성의 역사 안에 개입하셨다는(그리고 앞으로도 개입하시리라는) 것을 고백함을 의미한다.

구조와 문학적 특성

열두 소예언서 가운데 마지막 세 권은 분명하게 유배 후 시대의 어려움과 희망을 주제로 한다. 이 세 권 중 즈카르야서는 중간 위치에 있으며, 이는 주제상 전략적인 위치이다. 하까이가 다윗 후손으로서, 페르시아인들이 유다 속주에 임명한 총독 즈루빠벨에게 전한 메시아적 약속과(하까 2,20-23 참조) 말라키가 예고한 예식과 사제 지파 전체를 정화할 레위 지파의 "사자"(使者)의 도래를 기다리는 전망(말라 2,4-7; 3,1-5 참조) 사이에 위치하기 때문이다.

이 책은 적어도 크게 두 부분으로 나뉘며(즈카 1-8장과 9-14장) 작성 연대와 문체, 언어, 주제 전개 면에서 뚜렷이 구별된다. 첫째 부분은 주로 산문으로 되어 있고 기원전 520-518년의 날짜를 언급한다. 둘째 부분에는 정확한 날짜가 없고, 거의 전부 운문으로 되어 있으며 분명 첫째 부분보다 늦은 시기에 작성되었다(이를 제2즈카르야서라고 한다). 제1즈카르야서는(1-8장) 다시 세 단락으로 나뉘는데, 다리우스 1세의 통치 시기에 속하는 연대 표시로 구분된다(1,1; 1,7; 7,1 참조). 그 첫째 단락은(1,1-6) 서문으로, 조상들이 겪은 징벌들을 본보기로 삼아 회개함으로써 진정으로 새 역사를 시작할 수 있기를 권고한다. 가운데 단락은(1,7-6,15) 즈카르야가 밤에 본 여덟 개의 환시들로 구성된다(이 부분은 상징이 풍부한 묵시문학적 언어로 되어 있다). 천사의 해석으로 중개되는 이 환시들의 주제는 하느님께서 예루살렘에게 자비를 베푸시고 동시에 그 원수들을 없애시리라는 것이다. 하느님의 개입은 특히 주님께서 축성하신 두 사람, 곧 사제와 "새싹"인 임금을 통하여 이루어질 것이다(직접적으로는 차독 집안의 사제 예수아와[3,1-10 참조] 다윗 집안의 총독 즈루빠벨이지만[4,1-14 참조] 이는 미래의 성취를 향하여 열려 있다). 이들에게서 두 명의 지도자가 있는 일종의 신정 통치가 시작된다(4,14; 6,11-13 참조).

환시들 다음으로는 예언적 상징 행위가 뒤따른다. 셋째 부분은(7-8장) 형식적으로나 내용적으로 서문에 연결되며(그럼으로써 환시들로 구성된 단락을 감싼다), 실제로는 유다가 근래 겪은 역사에서 가장 슬픈 사건들을 기념하는 단식들이 주님께서 예루살렘을 위해 행하실 일들을 기리는 행사로 바뀌는 새 시대를 알리는 긴 결문을 구성한다. 요약하면 1-8장은 하까이의 예언이 제기한 문제들을 다시 다루려 한다고 말할 수 있다. 새 성전의 첫 돌을 놓고 두 달이 지났으나(1,1 참조), 유다의 재건과 함께 일어날 것으로 하까이가 예고한 변혁은 전혀 일어나지 않는 것으로 보인다(하까 2,20-23 참조). 땅은 "평온하게" 지내고 있다(즈카 1,11). 그러나 즈카르야의 예언적 환시들은 예루살렘과 민족들에 대한 하느님의 계획이 실현됨을 확증한다. 여기에는 이스라엘이 순종하며 응답할 것이 요구된다.

제1즈카르야서는 문학적인 관점에서는 아모스, 예레미야, 특히 에제키엘의(예를 들어, 에제 1,4; 40,2 참조) 전형적 환시 이야기들을 새로운 변화의 요소와 함께(해석자 천사 등) 다시 다루며, 묵시문학 장르의 출현(이는 특히 헬레니즘 시대에 발전할 것이다) 및 다니엘서와 요한 묵시록으로 들어갈 표상과 문학적 장치들의 사용, 정결한 것과 부정한 것 사이의 구별에 대한 사제적 관심 등을 특징으로 한다. 주목할 것은 일부 성서학자들이 넷째와(즈카 3,1-10 참조) 다섯째 환시를(4,1-14 참조) 단일한 이야기의 두 부분으로 보려 한다는 점이다. 그럼으로써 일곱 개의 환시 이야기로 구성된 동심(同心) 구조가(셈어의 수사학에서 드물지 않다) 있게 되는데, 이 구조는 중요한 위치인 4,2에 자리한 일곱 가지로 된 촛대의 표상을 배경으로 투사하게 된다. 넷째 환시와 다섯째 환시가 "성별된 두 사람"을 중심으로 독립된 문학적 단위를 형성한다는 점은 명백하며(이들은 촛대 오른쪽과 왼쪽에 자리한 올리브 나무 두 그루이다. 4,3.11-14 참조), 그들은 지상에서 하느님의 권한을 대행하는 이들을 상징한다. 또한 첫 세 환시와 마지막 세 환시는 서로 연결된 두 묶음으로 짜여 있으며, 천상 차원과 지상 차원을 결합한다.

제2즈카르야서인 9-14장에서는 문학적으로 다른 세계로 들어가는 느낌을 받는다. 해독하기 어려운 언어·배경·표상·신학적 입장 등은 더 이상 앞부분과 같지 않아 보인다. 그러나 1-8장과의 접촉점은 없지 않다. 이들 역시 특히 정경적 관점에서는 "즈카르야서"의 자연적인 연속으로 작성되고 생각된 본문들이다. 이들은 앞부분의 선집과 같은 문제를 계속 사용하지만, 지금 우리가 구약성경으로 간주하는 거의 모든 책들에 대한 인용과 암시가 많이 나타나며, 특히 당시 이미 존재했고 권위 있는 것으로 여긴 정경 예언서 부분을 많이 사용한다. 하지만 역사적 배경에 대한 정확한 연결점은 없으며, 종말론적 색채가 강해지며 현저히 시적인 문체가 된다.

9-14장은 두 부분으로 나눌 수 있으며(9-11장과 12-14장), 둘 다(9,1; 12,1) '마싸'라는 전문 용어로 시작한다("신탁" 또는 "발언", "예언 임무", 자구적으로는 "짐"). 첫 "신탁"은(9,1-11,17) 모든 적대적 세력이 정복됨을 예고한다. 평화로운 메시아가 예루살렘에 오시고 이스라엘은 다시 통일될 것이다. 그러나 극적인 요소가 있다. 하느님께서 보내신 착한 목자는 거부를 당할 것이고, 하느님 백성 안팎에서 나쁜 목자들(타락한 권위)을 제거할 필요성이 드러난다. 두 번째 "신탁"은(12,1-14,21) 하느님께서 유다와 예루살렘을 공격하는 민족들에게 맞서 종말론적으로 개입하시고 백성을 정화하실 것을 재확인하고(이는 하느님에 대한 거부를 상징하는 신비로운 "찔린" 이와, 이사 53장 종의 죽음과 유사한 그의 대속적 죽음에 힘입어 이루어진다. 그 후에 이 죽음을 크게 애도한다. 즈카 12,10; 13,1 참조), 주님의 종말론적 승리와 세상에 대한 그분의 통치를 예고한다. 그러한 구원적 역동의 진원지는 예루살렘이 될 것이며, 예루살렘은 하느님의 거룩하심으로 충만한 도시가 되고 살아남은 모든 민족들의 순례와 예배의 목적지가 될 것이다.

9-14장과 1-8장의 상호 의존 문제와 서로 다른 문학적 자료들을 단 하나의 책에 결합시킨 신학적-편집적 의도의 문제는 더 깊은 연구가 필요하지만, 그 두 부분 사이에서 대화를 이루는 주제들의 의미 깊은 연결 몇 가지는 이미 다음과 같은 신학적 연결점들에서 나타난다. 열려 있는 도시 예루살렘(2,8-9; 9,8; 14,11 참조), 낙원에서와 같이 다시 회복된 번영(8,12; 14,6.8 참조), 계약이라는 단어가 다시 사용됨(8,8; 13,9 참조), 저주(5,3-4; 8,13-15 참조)가 축복으로 변화함(14,11 참조), 민족들에 대한 심판(1,15; 2,1-4; 14,12-13 참조), 민족들의 주님께의 회개(2,15; 8,20-23; 14,16 참조), 유배된 이들의 귀환(8,7; 10,9-10 참조), 참회 예식이 새 시대에는 기쁨의 예식이 됨(8,18-19; 14,16-21 참조), 정화하시는 하느님의 영이 부어짐(4,6; 12,10 참조), 겸손하고 평화로운 메시아가 약속됨(3,8; 4,6; 9,9-10 참조)이다.

주요 신학 노선

하까이와 즈카르야는 나이가 같아 보이지는 않지만 거의 동시에 활동했으며(기원전 520년경), 고전 예언의 상보적 두 측면을 다시 제시하고 현재화했다. 이는 예언 메시지를 고발(또는 "심판")의 신탁과 위로의 신탁으로 구분하는 것을 말하는 것이 아니라, 그보다 덜 연구된, 예언의 호소에서 사용된 서로 다른 두 인간학적 차원 사이의 구별을 말한다. 더 잘 알려지고 발전된 차원은 윤리적 측면이고("회개"의 필요성, 율법과 하느님께 돌아갈 필요성), 다른 차원은 순종하며 들으라는 호소의 상징적·예언적 의미이다.

하느님과 당신 백성 사이의 계약 위기를 배경으로 성경 예언자들은 계명을 충실히 준수할 필요성을 상기시킨다. 계명은 계약의 유대를 규정하는 일련의 규범들로, 그 도덕적 본성에 의하여 언제나 어떤 경우에나 유효하다. 그러나 토라에도 상징적 가치가 있는 규정들이 들어 있으며(안식일 휴식의 계명을 생각해 보라) 때로는 상이한 역사적 맥락에 따라 특수한 계명들이 (예언적으로) 율법 전체에 대한 충실성을, 그리고 계약 관계의 전반적 의미를 표현할 수 있는 것으로 여겨졌다(예를 들어, 예레 17,20-27에서는 여호야킴 시대에 안식일이 그러한 계명이 된다. 아모 5,15에서는 법정에서 정의를 회복시킬 의무가, 2마카 7장에서는 마카베오 시대에 돼지고기를 먹지 않는 금령이 그 예가 된다). 이러한 노선에서 늦은 시기의 예레미야에게는 의미 깊은 변화가 나타난다. 바빌론인들에게 포위된 예루살렘의 마지막 극적 날들에(치드키야 시대), 필요한 것은 회개(윤리적 계명 준수)가 아니라 항복이다.

항복은 하느님께 순종하며 현재 역사의 의미를 받아들임을 뜻하는 "예언적 행동"이다(예레미야서 입문 참조). 앞서 보았던 것처럼 하까이서에서도 매우 비슷한 경우가 나타난다. 예언자는 윤리적 차원을 언급하지 않고, 고전적 의미의 회개를 권고하지 않는다. 오히려 첫 절부터 구체적으로 현 순간의 의미를 식별하고 하느님의 계획에 순종하며 응답하기 위한 상징적 행위를 요구한다. 주님의 성전을 재건해야 한다는 것이다(하까 1,2.7-8ㄱ 참조).

그러나 즈카르야는(특히 즈카 1-9장) 예루살렘에 관한 메시지와 재건해야 할 새 성전을 마찬가지로 강조하면서도 예언의 윤리적 차원을 되찾는다(예를 들어 7,8-14; 8,16-17 참조). 이점 역시 처음부터 분명하다. 그는 히브리어 동사 '슙'("돌다, 물러나다, 회개하다")을 다시 사용한다. "주님이 너희 조상들에게 크게 화가 났다. 그러므로 너는 그들에게 말하여라. '만군의 주님이 말한다. 너희는 나에게 돌아와라. 만군의 주님의 말씀이다. 그러면 나도 너희에게 돌아가리라. — 만군의 주님께서 말씀하신다."(1,2-3) 의미 깊게 서두에서 듣지 않음을 특징으로 하는 실패한 조상들의 역사를 기억한 다음 여덟(또는 일곱) 개의 환시 부분에서는 그 중심부에서 대사제 예수아에게 하느님의 계명을 준수할 것을 권고하고(3,7 참조), 마지막에는 하느님의 새 약속들에 조건이 있음을 강조하며 끝맺는다. 이 약속들은 순종할 줄 안다면 실현될 것이다. "너희가 주 너희 하느님의 말씀을 잘 들으면 이 일이 이루어질 것이다."(6,15) 이어지는 단락도 마찬가지로 권고로 끝맺는다("그러므로 너희는 진실과 평화를 사랑하여라." 8,19).

개인과 집단의 책임을 강조하는 것 외에 즈카르야의 또 한 가지 중요한 신학적 주제는 역사에 대한 하느님의 통치이다. 분명 이는 민족들에 대한 "심판"으로도 표현되지만(심판은 무엇보다 그들에게도 구원의 길을 열어 주는 구원적인 징벌이다), 임박한 것으로 강조되는 종말론적 발현은 이스라엘에게는 현재의 어려움들과 앞서 예언된 우주적 표지들이 지체됨으로 인하여 좌절하고 지친 희망을 되살리라는 초대이기도 하다(하까 2,21-23 참조). 실제로 즈카르야서에서 묘사된 유배 이후의 시기는 새로운 위협들이 없지 않았으나 하느님의 은총으로 새로운 미래의 가능성이 드러나고 있다. 이러한 미래의 가능성은 약속의 땅을 향한 귀환(그 땅은 즈카 2,16에서 처음으로 "거룩한 땅"으로 일컬어진다), 되풀이되는 메시아적 선포, 성전 재건 및 예루살렘에게 그 재건이 지니는 의미에 기초한다. 예루살렘은 하느님의 거처로 다시 선택되고(1열왕 11,36; 즈카 2,16; 3,2 참조), 이스라엘의 하느님이신 주님의 유일한 보편적 주권 아래 종속되고 평화를 이루게 될 이방 민족들에게도 새로운 우주 질서의 중심이 될 것이다(14,8-9 참조).

신약 성경의 저자들은 특히 제2즈카르야서의 강력한 표상들에 강한 인상을 받아 이를 메시아적이고 종말론적인 의미로 재해석하여, 하느님의 나라가 가까이 왔고 예수 그리스도 안에서 이미 현존하고 있음을 말한다(3,8; 6,12의 메시아적 새싹 참조). 마태 21,4-5과 요한 12,15은 예수님의 예루살렘 입성에서 즈카 9,9에 약속된 겸손한 평화의 임금의 도래를 본다. 마태 26,31과 마르 14,27에서는 그리스도가 즈카 13,7에서 하느님께서 보내신 분이 겪게 되는 모욕을 체험한다. 마태 27,9에서는(여기서는 예레미야서의 단락도 결합된다) 예수님 안에서 즈카 11,4.12-13의 멸시받는 성실한 목자의 모습을 알아보며, 요한 19,37은 십자가에 달려 창에 찔린 메시아에게서 즈카 12,10의 신비로운 찔린 이의 면모를 본다. 그에게서 하느님 백성 전체의 죄를 정화하는 샘이 솟아 나온다(즈카 13,1 참조).

본문의 작성과 전수

하까이와 즈카르야는(즈카르야는 사제 지파에 속한다) 에즈 5,1; 6,14에 따르면 적어도 부분적으로는 서로 협력하여 활동했다(또한 즈카 8,9 참조). 그러나 즈카르야는 더 젊었던 것으로 보이며, 그의 책은 하까이의 근본 주제들에 더해진 것으로 생각된다(성전의 첫 돌을 놓는 것과 연관된 하까 2,20-23의 예언에서 출발하여). 즈카르야는 독창적, 창조적으로 하까이의 주제들을 발전시키며, 당시에 사용할 수 있고 이미 상당한 정경적 권위를 갖고 있던 예언 전승들과 다른 많은 전승들을 풍부하게 인용하면서도 현학적이지는 않다. 이 책의 연대 표시에 따르면 그의 활동도 제한적이었던 것으로 보이며, 기원전 520년부터 518년까지의 기간에 그친다. 하까이와 마찬가지로 정보가 부족하여 그가 기원전 515년 성전 완공을 보았는지 여부는 알 수 없다.

이 책의 복잡한 작성 과정에 관한 학문적 연구 결과, 거의 모든 학자들은 즈카르야서 안에서 서로 다른 저자들에게서 나온 두 개 또는 세 개의 서로 다른 본문 층들을 구별한다. 이들은 편집 작업을 통해서 연결되었다. 그래서 이사야서 연구와 유사한 방식으로 1-8장을 제1즈카르야서, 9-14장을 제2즈카르야서라고 부르고, 일부 학자들은 그 안에서 12-14장을 제3즈카르야서로 구분하기도 한다. 하까이서에서 종말론적 약속의 성취는 성전 공사를 시작하는 것과 긴밀히 결부된 것으로 나타난다(기원전 520년 8월 29일). 1-8장은(비록 그 연대 추정에는 이론의 여지가 있지만) 연대기적으로 이와 근접하여 그러한 기대와 기대의 지연으로 인한 무기력 상태와 대화하며, 하느님의 종말론적 개입의 때를 좀 더 불특정한 미래로 옮겨 놓는다. 한편 제2즈카르야서와 제3즈카르야서는 더 늦은 시기에 작성된 것으로 보아야 한다. (9-11장에 대해서는) 기원전 4세기 말 알렉산드로스 대왕의 승리로 시작된 헬레니즘 시대 초기(9,1-8 참조), 그리고 (12-14장에 대해서는) 기원전 3세기 프톨레마이오스 시대의 정치적 혼란기를 간접적으로 시사하고 있기 때문이다.

살바토레 마우리치오 세사Salvatore Maurizio Sessa

즈카르야서

1,1. 이 날짜는 기원전 520년 10-11월로, 하까이의 예언 이후 두 달이 지난 때이다.

1,3-6. 동사 "돌아오다"는 재건을 위해 필요한 자세인 회개를 상기시킨다.

1,4. "이전의 예언자들"(7,7.12 참조). 즈카르야만 이 표현을 사용하는데, 이미 거의 정경적 권위를 지녔던 예언 전승을 생각하게 한다.

머리글

1 [1] 다리우스 제이년 여덟째 달에 주님의 말씀이 이
또의 손자이며 베레크야의 아들인 즈카르야 예언
자에게 내렸다.

회개하여라

[2] "주님이 너희 조상들에게 크게 화가 났다. [3] 그러므로 너
는 그들에게 말하여라. '만군의 주님이 말한다.
너희는 나에게 돌아와라.
만군의 주님의 말씀이다.
그러면 나도 너희에게 돌아가리라.
— 만군의 주님께서 말씀하신다.'
[4] 너희는 너희 조상들처럼 되지 마라. 이전의 예언자들은
'만군의 주님께서 이렇게 말씀하신다. 너희는 부디 너희
의 악한 길과 악한 행동을 버리고 돌아와라.' 하고 외쳤으
나, 그들은 듣지도 않고 나에게 주의를 기울이지도 않았
다. 주님의 말씀이다. [5] 너희의 그 조상들은 어디에 있느
냐? 또 그 예언자들은 아직도 살아 있느냐? [6] 그러나 내가
나의 종 예언자들에게 내린 말과 규정들이 너희 조상들에
게 이루어지지 않았느냐? 그래서 그들은 돌아와, '만군의
주님께서 우리를 두고 계획하신 대로, 우리의 길과 행동에
따라 우리를 다루셨다.' 하고 말하였다."

1,1 에즈 4,24; 5,1; 6,15; 하까 1,1.15; 2.1.10.20; 마태 23,35; 루카 11,51. 1,2 2열왕 22,16-17; 느헤 9,26-27; 애가 5,7; 마태 23,30-31; 사도 7,52. 1,3 // 말라 3,7; 또한 이사 31,6; 예레 3,12.22; 루카 15,18.20; 야고 4,8 참조. 1,4 이사 55,7; 호세 14,2; 예레 6,17; 8,5; 35,17; 2역대 30,6-9; 36,15; 묵시 2,21. 1,6 7,7-14; 예레 12,16-17; 애가 2,17; 묵시 10,7.

✠ 1,1-6. 고해성사 예식의 독서는 이 본문을 택하며, 제목부터 "너희는 나에게 돌아와라. 그러면 나도 너희에게 돌아가리라."라고 해석한다. 이러한 말로 하느님과 당신 백성 사이에, 회개하는 죄인과 "악한 길"을 버리고 돌아갈 그의 주님 사이에 회복되는 관계의 역동을 요약한다.

첫 번째 환시: 말 탄 기사

7 다리우스 제이년 열한째 달, 곧 스밧 달 스무나흗날에 주
님의 말씀이 이또의 손자이며 베레크야의 아들인 즈카르
야 예언자에게 내렸다.

8 내가 밤에 보니, 붉은 말을 탄 사람이 골짜기의 도금양
나무 사이에 서 있었다. 그 사람 뒤에는 붉은 말들과 검붉
은 말들과 흰말들이 서 있었다. 9 그래서 내가 "나리, 저것
들은 무엇입니까?" 하고 물었더니, 나와 이야기하던 천사
가, "저것들이 무엇인지 너에게 보여 주겠다." 하고 대답하
였다. 10 그러자 도금양나무 사이에 서 있던 그 사람이, "이
것들은 주님께서 세상을 두루 다니도록 보내신 것이다."
하고 대답하였다. 11 말 탄 사람들이 도금양나무 사이에
서 있던 주님의 천사에게 말하였다. "저희가 세상을 두루
다녀 보니, 온 세상은 평온하게 지내고 있었습니다."
12 그러자 주님의 천사가 아뢰었다. "만군의 주님, 당신께
서는 예루살렘과 유다의 성읍들을 가엾이 여기지 않으시
고 언제까지 내버려 두시렵니까? 그들에게 진노하신 지 일
흔 해나 되었습니다." 13 주님께서는 나와 이야기하던 천사
에게 다정하고도 위로가 되는 말씀으로 대답하셨다.

하느님께서 시온을 가엾이 여기시다

14 나와 이야기하던 천사가 나에게 말하였다. "너는 외쳐
라. 만군의 주님께서 이렇게 말씀하신다.
'나는 예루살렘에, 시온에
커다란 열정을 지니고 있다.
15 그러나 태평스러운 민족들에게는
몹시 화가 나 있다.
내가 조금밖에 화를 내지 않았는데도
그자들이 그들을 더 불행하게 만들었기 때문이다.
16 — 그러므로 주님께서 이렇게 말씀하신다. —
나는 동정심을 가지고 예루살렘에 돌아왔다.
그 안에 나의 집이 다시 지어지리라.
만군의 주님의 말씀이다.
측량줄이 예루살렘에 펼쳐지리라.'
17 너는 또 외쳐라.
만군의 주님께서 이렇게 말씀하신다.

1,7. 이 날짜는 기원전 519년 2월 중순에 해당한다.

1,8-12. 사람과 말들은 각각 주님의 천사와(11절 참조) 세상을 살피는 천사(6,1-8 참조), 곧 하느님의 사자들을 뜻한다. 이들은 하느님의 통치 아래에서 메시아 시대의 번영을 누린다(예식에 사용되는 "도금양나무"가 이를 나타낸다). 이들은 땅을 돌아다니며 조사한 바를 보고하려고 한다. 오랜 유배가 지나고("일흔 해") 다리우스 시대(기원전 522-486년) 반란들이 가라앉은 다음, 하느님 계획의 실현은 지체되는 것으로 보인다("온 세상은 평온하게 지내고 있었습니다.").

1,13.17. "위로"와 "위로하다"는 의도적으로 이사 40,1의 예언 메시지를 암시하는 것일 가능성이 크다.

1,16. "측량줄"은 집을 지을 때 기준을 잡기 위해 사용한다.

1,8 6,1-7; 여호 5,13; 묵시 6,2.4; 19,11ㄴ. 1,12 다니 9,2; 하바 1,2; 묵시 6,10. 1,13 이사 40,1-2; 2코린 2,7. 1,14 8,2; 탈출 20,5; 이사 54,5; 호세 11,8; 나훔 1,2; 2코린 11,2.

2,1-4. "넷"은 상징적 숫자이며, 이스라엘을 억압하는 모든 민족들은 비록 그들이 성난 황소처럼 강력하다 하더라도("뿔" 1열왕 22,11의 주와 욥 16,15의 주 참조) 그와 똑같이 강력한 천사적 힘들에 의해("대장장이 네 명") 패배할 것이다.

2,5-9. 더 넓은 예루살렘을 건설할 수 있기를 바라는 희망은(천사의 손에 있는 "측량줄"은 이를 나타낸다), 충돌이 없어지고 큰 번영을 이루어 도시에 방어벽이 없게 되리라는 확신을 수반한다.

2,8. "젊은이"는 재건을 준비하는 천사이다.

2,9. 이집트 탈출 때와 마찬가지로 하느님께서 직접 개입하시며, "불"과 "영광"으로 당신의 현존을 드러내신다.

'내 성읍들은 다시 좋은 것으로 넘쳐흐르리라.
주님이 시온을 다시 위로하고
예루살렘을 다시 선택하리라.'"

두 번째 환시: 뿔과 대장장이

2 [1] 내가 눈을 들어 보니 뿔이 네 개 있었다. [2] 나와 이
야기하던 천사에게 내가 물었다. "이것들은 무엇입
니까?" 그가 나에게 대답하였다. "이것들은 유다와 이스
라엘과 예루살렘을 흩어 버린 뿔이다."
[3] 그때에 주님께서 나에게 대장장이 네 명을 보여 주셨다.
[4] "이 사람들은 무엇하러 옵니까?" 하고 내가 묻자, 그가
대답하였다. "이 뿔들은 유다를 흩어 버려, 아무도 머리를
들지 못하게 하였다. 그러나 이 대장장이들은 민족들을
떨게 하려고, 곧 유다 땅의 주민들을 흩어 버리기 위하여
치켜들었던 민족들의 그 뿔들을 던져 버리려고 온 이들이
다."

세 번째 환시: 측량줄

[5] 내가 눈을 들어 보니, 손에 측량줄을 쥔 사람이 하나 있
었다. [6] 내가 "어디로 가십니까?" 하고 묻자, 그가 나에게
"예루살렘을 측량하여, 그 너비와 길이가 얼마나 되는지
알아보러 간다." 하고 대답하였다. [7] 그때에 나와 이야기하던
천사가 앞으로 나가자, 다른 천사가 그에게 마주 나와 [8] 말하
였다. "저 젊은이에게 달려가서 이렇게 일러 주어라.
'사람들과 짐승들이 많아
예루살렘은 성벽 없이 넓게 자리 잡으리라.
[9] 주님의 말씀이다.
내가 예루살렘을 둘러싼
불 벽이 되고
그 한가운데에 머무르는 영광이 되어 주리라.'

주님께서 당신 백성을 돌보시다

[10] 주님의 말씀이다.
'내가 너희를 하늘 아래 사방으로 흩어 버렸지만
너희는 어서어서

2,2 신명 33,17; 다니 7,8. 2,5-6 예레 31,38-39; 에제 40,3; 41,13; 묵시 11,1; 21,15. 2,9 이사 4,5; 12,6; 26,1; 묵시 21,22; 22,3-5. 2,10-17 마르 13,27. 2,10-11 6,5; 창세 19,17; 이사 48,20; 52,11; 예레 50,8; 51,6.45; 미카 4,10; 묵시 18,4.

2,10. 강제로 흩어져("사방으로") 유배를 갔던 이들에게 바빌론에("북녘땅") 뿌리를 내리지 말고 돌아갈 것을 재촉한다.

그 북녘땅에서 도망쳐 나와라.
주님의 말씀이다.
11 딸 바빌론과 함께 살고 있는 백성아
어서 시온으로 빠져나와라.
12 — 만군의 주님께서
나에게 권위를 주어 파견하신 그분께서
너희를 약탈한 민족들을 두고 말씀하신다. —
너희를 건드리는 자는
정녕 내 눈동자를 건드리는 자다.
13 보라, 내가 그들 위로 손을 휘두르면
그들은 자기 종들의 약탈물이 되리라.
— 그때에 너희는 만군의 주님께서 나를 보내셨음을 알게
되리라. —
14 딸 시온아
기뻐하며 즐거워하여라.
정녕 내가 이제 가서
네 한가운데에 머무르리라.
주님의 말씀이다.
15 그날에 많은 민족이 주님과 결합하여
그들은 내 백성이 되고
나는 그들 한가운데에 머무르리라.'

그때에 너는 만군의 주님께서 나를 너에게 보내셨음을 알
게 되리라.
16 주님께서는 이 거룩한 땅에서 유다를 당신 몫으로 삼으
시고 예루살렘을 다시 선택하시리라.
17 모든 인간은 주님 앞에서 조용히 하여라.
그분께서 당신의 거룩한 처소에서 일어나셨다."

2,12. 히브리어 본문은 "내 눈동자"가 아닌 "그의 눈동자"로 되어 있다. 이는 고대 필사자들이 수정한 것인데, 하느님의 초월성에 대한 존중으로, 그분께 인간의 신체 부위들이 있는 것으로 말하지 않으려 한 데서 기인한다(말라 1,13의 주 참조).

2,17. 침묵은 당신의 처소 안에서 당신 말씀을 계시하시는 주님께 귀를 기울이기 위하여 필요하다.

2,14-15 이사 7,14; 45,22; 스바 3,14; 마태 21,9; 루카 1,28; 요한 1,14. 2,17 신명 7,6-8; 하바 2,20; 스바 1,7; 묵시 8,1.

2,15. 모든 민족들에 대한 하느님의 구원하시는 사랑과 민족들 편에서의 사랑을 증언하여, 보편주의가 나타난다.

2,16. 성경에서 처음으로 히브리인들이 살고 있는 땅을 "거룩한 땅", 곧 성지라고 부른다. 이러한 명칭은 "약속의 땅"이라는 더 널리 알려진 이름을 대신하며, 예루살렘과 지극히 거룩하신 하느님의 거처인 그 성전의 재건으로 시작되는 가나안에서의 새 시대를 강조한다.

3,1-2. 하느님의 옥좌가 있는 방에서, 천상 회의에서 한 천사가 유배에서 돌아온 이들의 첫 번째 합법적 지도자인 예수아에 대해 고발을 제기한다('사탄'은 "반대자"를 뜻한다). 예수아는 유배라는 "불"에서 나온 "나무토막"으로 일컬어진다. 고발 내용은 즈카르야 시대 사람들에게 알려져 있던 것으로, 아마도 성전 재건에서의 무력함이나 유배 동안 부정하게 된 것에 관련될 수 있다.

3,9. 아마도 메시아 시대의 성전 기초가 되는 "돌"과, 모든 활동을 보고 이끄시는("눈은 일곱") 하느님의 관심 어린 현존을 가리킨다. "비문"은 성전을 완공한 다음 주님께 봉헌함을 뜻한다.

네 번째 환시: 예수아 대사제

3 [1] 그가 주님의 천사 앞에 서 있는 예수아 대사제를
나에게 보여 주었다. 그의 오른쪽에는 사탄이 그를
고발하려고 서 있었다. [2] 주님의 천사가 사탄에게 말하였
다. "사탄아, 주님께서 너를 꾸짖으신다. 예루살렘을 선택
하신 주님께서 너를 꾸짖으신다. 이 사람은 불 속에서 꺼
낸 나무토막이 아니냐?" [3] 그때에 예수아는 더러운 옷을
입고 천사 앞에 서 있었다. [4] 천사가 자기 앞에 서 있는 사
람들에게, "저 사람에게서 더러운 옷을 벗겨라." 하고서
는, 예수아에게 말하였다. "보아라, 나는 너에게서 네 허
물을 치워 버렸다. 나는 너에게 예복을 입혀 주겠다." [5] 그
리고 "너희는 그의 머리에 깨끗한 터번을 씌워라." 하고 말
하였다. 그래서 그들은 그의 머리에 깨끗한 터번을 씌우고
그에게 예복을 입혔다. 그동안 주님의 천사가 곁에 서 있
었다.

[6] 주님의 천사가 예수아에게 선언하였다. [7] "만군의 주님께
서 이렇게 말씀하신다.
'네가 내 길을 따라 걷고
내 명령을 지키면
너는 내 집을 다스리고
내 뜰을 지키리라.
나는 네가 여기에 서 있는 사람들 사이를
드나들게 하리라.
[8] 예수아 대사제야!
너와 네 앞에 앉아 있는 너의 동료들은 들어라.
— 이들은 정녕 예표가 되는 사람들이다. —
보라, 내가 나의 종 '새싹'을 데려오려고 한다.
[9] 내가 예수아 앞에 놓은 돌을 보아라.
돌은 하나인데 눈은 일곱이다.
만군의 주님의 말씀이다.

3,1-2 로마 8,33; 묵시 12,10. 3,1 욥 1,6; 2,1; 루카 22,31; 1베드 5,8. 3,2 2,16; 아모 4,11; 로마 16,20ㄱ; 1요한 3,8; 유다 9ㄴ.23. 3,3 에즈 9,15; 이사 64,5. 3,4-5 이사 6,7; 예레 31,34; 에제 36,33; 루카 15,22; 묵시 19,8. 3,7 레위 10,3; 신명 11,1; 1열왕 2,3; 예레 15,19; 말라 2,7; 마태 19,28; 묵시 3,21. 3,9 시편 118,22; 이사 28,16; 마태 21,42; 사도 4,11; 로마 9,33; 1베드 2,4.

3,3-4. 더러운 옷은 일반적으로 애도의 표지이지만(국가적 차원에서, 기원전 587년부터), 죄를 인정함을 가리킬 수도 있다. 옷을 갈아입는 것은 근본적인 변화, 새로운 축성, 사제 직무의 표지이다.

3,8. "새싹"의 상징은 다윗 지파의 후손을 가리킨다. 처음에는 즈루빠벨을 가리켰고, 나중에는 하느님의 임명을 받는 사회 지도자를 지칭했다. 이 표현은 메시아적 해석이 가능하다.

거기에 내가 비문을 새기고
이 땅의 허물을 단 하루에 치워 버리리라.
10 그날에
만군의 주님의 말씀이다.
너희는 서로 이웃들을
자기 포도나무와 무화과나무 아래로 초대하리라.'"

3,10. 포도나무와 무화과나무는 평화, 번영, 형제적 관계를 상징한다(미카 4,4의 주 참조).

다섯 번째 환시: 등잔대와 두 올리브 나무

4 1 나와 이야기하던 천사가 돌아와, 사람을 잠에서
깨우듯이 나를 깨웠다. 2 그가 나에게 "무엇이 보이
느냐?" 하고 물었다. 내가 대답하였다. "온통 금으로 된 등
잔대가 보입니다. 등잔대 머리에는 기름 그릇이 있고, 그
그릇에는 등잔이 일곱 개 있습니다. 그 머리에 등잔 부리
가 일곱 개 있는 것입니다. 3 등잔대 곁에는 올리브 나무가
두 그루 있는데, 하나는 기름 그릇 오른쪽에 있고 다른 하
나는 그 왼쪽에 있습니다."
4 나는 나와 이야기하던 그 천사에게 물었다. "나리, 이것
들은 무엇입니까?" 5 나와 이야기하던 천사가 나에게, "너
는 이것들이 무엇을 뜻하는지 모르느냐?" 하고 묻자, 나
는 "나리, 모릅니다." 하고 대답하였다. 6 그가 나에게 말
하였다.
"이것은 즈루빠벨을 두고 하신 주님의 말씀이다.
'권력으로도
힘으로도 되지 않고
나의 영으로만 될 수 있다.
— 만군의 주님께서 말씀하신다. —
7 큰 산아, 너는 무엇이냐?
즈루빠벨 앞에서는 평지일 따름이다.
'좋다, 좋다!' 환호하는 가운데
그는 머릿돌을 빼내리라.'"

4,6-10. 즈루빠벨을 향한 이 짧은 신탁들이 삽입됨으로써 본문이 단절된다. 그래서 여러 성서 번역본들에서는 6-10절을 14절 다음으로 옮긴다.

4,7. "머릿돌"은 성전 건축의 완성을 표시하는 돌로, 그 지역에 쌓인 파편들에서("큰 산") 뽑힌다.

8 주님의 말씀이 나에게 내렸다.
9 "즈루빠벨의 손이 이 집의 기초를 놓았다.
그리고 그의 손이 이 일을 마치리라."

4,1-14 묵시 1,12. 4,1-3 묵시 11,4. 4,2 탈출 25,31-40; 묵시 4,5ㄱ. 4,6 시편 33,16; 이사 11,2-4; 30,1; 에제 37,11-14; 호세 1,7; 1코린 2,4-5. 4,7 다니 2,34-35; 미카 4,1; 루카 3,5. 4,9-10 3,9; 에즈 3,10-13; 하까 2,3.

4,3. 올리브 나무 두 그루의 상징을 통하여 사제와 정치 지도자의 역할을 구분한다. 이들은 모두 축성된 이들이고, 그래서 이후의 유다교에서는 두 메시아, 곧 사제 메시아와 다윗 후손 메시아를 기다리게 된다.

4,14. "성별된 두 사람"은 영적 권위인 예수아와 사회적 권위인 즈루빠벨이다. 구원의 시대에는 그 두 역할이 결합될 것이다(6,11-13 참조).

5,3-4. 두 무리의 죄인들은 모세 계약의 핵심인 정의로운 관계에서 필수적인 두 차원(하느님과 이웃)을 가리키는 것으로 보인다.

5,6. "죄악"이라는 번역은 그리스어 번역본과 새 대중 라틴말 성경을 따른 것이다. 본래 히브리어 단어는 "눈들"로 번역되지만 이해하기 어렵다.

그러면 너희는 만군의 주님께서 나를 너희에게 보내셨음
을 알게 될 것이다.
10 누가 감히 미약하게 시작한 날을 비웃느냐?
사람들은 즈루빠벨이 손에 든 측량 추를 보고 기뻐하리라.
"이 일곱 눈은 바로 온 세상을 두루 살피시는 주님의 눈이
시다." 11 나는 그 천사에게 물었다. "등잔대 오른쪽과 왼
쪽에 있는 올리브 나무 두 그루는 무엇입니까?" 12 나는 다
시 그에게 물었다. "두 금 대롱으로 금빛 기름을 흘려보내
는 저 올리브 나무 가지 두 개는 무엇입니까?" 13 그 천사
가 나에게 "너는 이것들이 무엇을 뜻하는지 모르느냐?"
하고 물었다. 내가 "나리, 모릅니다." 하고 대답하자, 14 천
사가 "이것들은 온 세상의 주님 곁에 서 있는 성별된 두 사
람을 뜻한다." 하고 말하였다.

여섯 번째 환시: 두루마리

5 1 내가 다시 눈을 들어 보니 날아다니는 두루마리
가 하나 있었다. 2 그 천사가 나에게 "무엇이 보이느
냐?" 하고 물었다. "날아다니는 두루마리 하나가 보입니
다. 그 길이는 스무 암마이고 너비는 열 암마입니다." 하고
대답하였다. 3 그러자 그 천사가 나에게 말하였다. "이것은
온 세상에 내릴 저주이다. 도둑질하는 자는 이 두루마리
의 한쪽 내용에 따라 모두 제거되고, 거짓으로 맹세하는
자는 이 두루마리의 다른 쪽 내용에 따라 모두 제거될 것
이다.

4 '나는 저주를 내린다.
만군의 주님의 말씀이다.
이 저주는 도둑질하는 자의 집과
내 이름으로 거짓 맹세하는 자의 집에 들어가
그 집 안에 머무르며
들보와 돌을 없애 버리리라.'"

일곱 번째 환시: 뒤주

5 나와 이야기하던 천사가 앞으로 나와서 나에게 말하였
다. "눈을 들어 가까이 오는 것이 무엇인지 보아라." 6 "저것

4,10 묵시 5,6. 4,11-14 묵시 11,4. 4,14 6,5; 여호 3,11; 미카 4,13. 5,1-2 에제 2,9-10.

5,1-4. 두루마리는 아마도 약 10m×4.5m 크기로 기록된 계약 본문을 암시한다. 이 크기는 솔로몬 성전의 현관 크기에 상응하며(1열왕 6,3 참조), 이 말들은 사람들과 하느님을 거스른 죄로 인하여 성소에 들어갈 수 없는 이들을 제거한다.

이 무엇입니까?" 하고 내가 물었다. 그가 나에게 "가까이
오는 것은 뒤주이다." 하고 대답하였다. 이어서 "이것은 온
땅에 퍼져 있는 그들의 죄악이다." 하고 말하였다. 7 그러
자 납 덮개가 들어 올려지면서, 뒤주 한가운데에 앉아 있
는 여자가 보였다. 8 "이 여자가 악이다." 하고 천사가 말하
였다. 그러고 나서 그 여자를 뒤주 속으로 밀어 넣고는 그
아가리를 납덩어리로 덮었다.
9 내가 또 눈을 들어 보니 여자 둘이 앞으로 나오고 있었
다. 그들은 황새 날개처럼 생긴 날개를 달고 있었는데, 그
것으로 바람을 일으키고 있었다. 그들은 뒤주를 땅과 하
늘 사이로 들어 올렸다. 10 나는 나와 이야기하던 천사에
게, "저들이 뒤주를 어디로 가져 가는 것입니까?" 하고 물
었다. 11 그가 나에게 "뒤주를 둘 집을 지으려고 신아르 땅
으로 간다. 그 집이 세워지면 뒤주는 받침대 위에 놓일 것
이다." 하고 대답하였다.

여덟 번째 환시: 병거

6 1 내가 다시 눈을 들어 보니, 두 산 사이에서 병거 넉
대가 나오고 있었다. 그 산들은 청동 산이었다. 2 첫
째 병거는 붉은 말들이, 둘째 병거는 검은 말들이 끌고, 3 셋
째 병거는 흰말들이, 넷째 병거는 점박이 말들이 끌고 있
었다. 모두 건장한 말들이었다. 4 내가 나와 이야기하던 천
사에게, "나리, 저것들은 무엇입니까?" 하고 물었다. 5 그러
자 천사가 나에게 대답하였다. "이것들은 온 세상의 주님
을 뵙고 나서 이제 길을 나서는 하늘의 네 바람이다. 6 검
은 말들이 끄는 병거는 북쪽 땅으로 떠나고, 흰말들이 끄
는 병거는 서쪽 땅으로 떠나고, 점박이 말들이 끄는 병거
는 남쪽으로 떠날 것이다." 7 건장한 말들이 그곳을 떠나
세상을 두루 돌아다니고 싶어 하자, 그 천사가 말하였다.
"가서 세상을 두루 돌아다녀라." 그리하여 병거들은 세
상을 두루 돌아다녔다. 8 천사가 나에게 소리쳐 말하였다.
"보아라, 북쪽 땅으로 떠난 말들이 나의 영을 북쪽 땅에
편안히 자리 잡게 하였다."

5,9-11. 어떤 이들은 두 여자가 악마적 힘들을 나타낸다고 보고, 어떤 이들은 신적 중개자들이라고 본다.

6,1. "병거 넉 대"는 하느님의 사자인 천사들이다(1,8 참조). 청동 산들의 표상은 메소포타미아 문화에서 나오는 것으로, 신들의 거처로 가는 길을 나타낸다.

6,5-6. "바람"이 상징하는 하느님의 사자들은 "북쪽 땅"(바빌론)과 "남쪽"(이집트)을 돌아다닌다.

6,8. "나의 영을 편안히 자리 잡게 하였다."는 바빌론을 무너뜨리고 유배된 이들을 돌아오게 하는 하느님 영의 지속적 작용의 도구가 됨으로써 안식을 가져다주었음을 뜻한다.

5,7-8 예레 3,1-2; 묵시 17. 6,2 묵시 6,4.5. 6,3 묵시 6,2; 19,11ㄴ. 6,5 1,8; 예레 49,36; 에제 37,9; 마태 24,31; 묵시 7,1. 6,6 예레 1,14; 에제 1,4; 묵시 6,2.5; 19,11ㄴ.

5,7. "뒤주"로 번역한 '에파'는 곡식을 재기 위한 45리터가량 되는 바구니 또는 통이다. "악"은 하느님의 뜻에 반대되는 것을 지칭한다. 이 단어가 여성으로 표현된 것은("여자") 아마도 바빌론의 여신 이슈타르를 연상시키기 위해서일 것이다("신아르"는 메소포타미아 저지대로, 바빌론이 있던 곳이며 이슈타르 여신의 신상이 있어 이교 세계의 상징적 중심이었다). 성경에서 신아르 땅은 대제국과 이교 세력의 상징이다(창세 10,10 참조).

예수아에게 왕관을 씌워라

9 주님의 말씀이 나에게 내렸다. 10 "너는 유배자들, 곧 헬
다이와 토비야와 여다야에게서 예물을 받아라. 그들이 바
빌론에서 돌아와 스바니야의 아들 요시야의 집에 있으니,
오늘로 그곳에 가거라. 11 너는 은과 금을 받아 왕관을 만
들어, 여호차닥의 아들 예수아 대사제의 머리에 씌우고,
12 그에게 말하여라. '만군의 주님이 이렇게 말한다.
이 사람을 보아라.
그의 이름은 '새싹'이니
그가 제자리에서 돋아 나와
주님의 성전을 지으리라.
13 그가 주님의 성전을 지을 것이며
바로 그가 엄위를 갖추고
자기 왕좌에 앉아 다스리리라.
그의 왕좌 곁에는 한 사제가 있을 터인데
그 두 사람은 평화롭게 조화를 이루리라.'
14 그 왕관은 헬다이, 토비야, 여다야, 스바니야의 아들 요
시야를 기념하여 주님의 성전에 두어라."

15 또한 먼 곳에 사는 사람들이 와서, 주님의 성전을 함께
지을 것이다. 그러면 너희는 만군의 주님께서 나를 너희에
게 보내셨음을 알게 될 것이다. 너희가 주 너희 하느님의
말씀을 잘 들으면 이 일이 이루어질 것이다.

참된 단식

7 1 다리우스 임금 제사년 아홉째 달 곧 키슬레우 달
초나흗날, 주님의 말씀이 즈카르야에게 내렸다. 2 베
텔 사르에체르가 레겜 멜렉과 그의 부하들과 함께 주님께
은총을 간청하려고 사람들을 보내어, 3 만군의 주님의 집
에 있는 사제들과 예언자들에게 물어 왔다. "내가 지금까
지 여러 해 동안 해 온 대로, 다섯째 달에 애도하며 단식해

6,11. 예수아에게 관을 씌우는 것은 유배 후 사제들이 공동체 내부의 통치를 맡던 것에 연관된다.

6,13. "그의 왕좌 곁에는 한 사제가 있을 터인데" 히브리어 본문과 대중 라틴말 성경에는 그 사제가 "자신의 왕좌 위에 있을 것이다."로 되어 있다. 그리스어 번역본(과 새 대중 라틴말 성경)에 따라 사제 예수아의 역할이 즈루빠벨에게 종속됨을 전제하고 "그의 오른편에 있을 것이다"로 옮기기도 한다.

7,1. 이 날짜는 기원전 518년 11월에 해당한다.

7,2. 베텔에서 온 이들은 공적 임무를 지닌 이스라엘인들로 보인다.

6,15 신명 28,1; 이사 60,10; 사도 2,39; 에페 2,13.

6,12. 3,8과 마찬가지로 새싹의 상징은 다윗 지파의 후손을 가리킨다(예레 23,5 참조). 본래는 즈루빠벨에게 적용하며, 메시아적 의미로 재해석한다. 본문은 즈카 4,14처럼 종교적 권위와 정치적 권위가 따로 있는 쌍두 통치의 이상을 제시한다.

6,15. 즈카르야가 바빌론 유배에서 돌아온 이들이 살던 시대에 하느님의 행위 아래 이루어지는 역사의 전개를 묘사하기 위하여 기술했던 여덟 개의 환시들이 여기서 끝난다.

7,3. 정해진 때에 형식적으로 했던 단식은 가치를 지니지 못할 수 있다. 참된 단식은 법정의 불의, 사회적 관계의 불충실, 약자에 대한 억압과 착취, 온갖 악행과 이웃에 대한 횡포를 끊어 버리는 것이다.

야 합니까?"

4 그때에 만군의 주님의 말씀이 나에게 내렸다.
5 "너는 이 땅의 온 백성과 사제들에게
이렇게 말하여라.
'너희가 지난 일흔 해 동안
다섯째 달과 일곱째 달에
단식하며 슬퍼할 때
참으로 나를 위하여 단식하였단 말이냐?
6 너희가 먹고 마실 때에도
자신을 위하여 먹고 마신 것이 아니냐?'
7 이는 예루살렘과 그 주변 성읍들에서 사람들이 편안히
살고 있을 때, 그리고 네겝과 평원 지대에도 사람들이 살
고 있을 때, 주님이 이전의 예언자들을 통하여 선언한 말
씀이 아니냐?"

8 주님의 말씀이 즈카르야에게 내렸다.
9 "만군의 주님이 이렇게 말한다.
'너희는 진실한 재판을 하여라.
서로 자애와 동정을 베풀어라.
10 과부와 고아
이방인과 가난한 이를 억누르지 마라.
서로 남을 해치려고
마음속으로 궁리하지 마라.'"
11 그러나 그들은 들으려 하지 않고 등을 돌렸으며, 듣지
않으려고 귀를 막았다. 12 그들은 만군의 주님께서 당신의
영으로 이전의 예언자들을 통하여 자기들에게 보내신 율
법과 말씀을 듣지 않으려고, 마음을 금강석처럼 굳게 만
들었다. 그리하여 만군의 주님에게서 커다란 분노가 내렸
다. 13 만군의 주님께서 말씀하셨다. "내가 부를 때에 그들
이 듣지 않은 것처럼, 그들이 부를 때에 나도 듣지 않겠다.
14 나는 그들도 모르는 그 모든 민족들 가운데로 그들을
날려 버렸다. 그들이 떠난 이 땅은 오가는 사람 하나도 없
이 황폐하게 되었다. 그들이 이 탐스러운 땅을 폐허로 만
들어 버린 것이다."

7,5. 성전 재건을 시작하면서 아직도 애도의 표시인 단식을 해야 하는지 묻는다. "다섯째 달"(7월)에는 기원전 587년의 성전 파괴와 예루살렘 함락을 기념했고, "일곱째 달"(9월)에는 두 달 후에 일어난 유다 총독 그달야의 암살을 기념했다.

7,7.12. "이전의 예언자들"에 관하여 1,4의 주 참조.

7,9 8,16; 이사 1,17; 58,6; 예레 7,5; 에제 18,8; 미카 6,8; 마태 23,23. 7,12 느헤 9,29-30; 이사 6,10; 예레 5,3; 에제 2,4; 마태 13,15; 사도 7,51-52. 7,14 2,10; 신명 4,27; 28,62.

8,2. 하느님의 "열정, 질투"에 관하여 탈출 20,5; 즈카 1,14; 에제 36,5의 주 참조.

8,3. "진실한 도성"(예루살렘에 대하여)과 "거룩한 산"(시온)이라는 이름은 내적 변화와 다시 하느님의 은혜가 내림을 나타낸다.

메시아 시대의 행복

8

1 만군의 주님의 말씀이 내렸다.

2 "만군의 주님이 이렇게 말한다.
나는 시온에 커다란 열정을,
격렬한 열정을 지니고 있다.

3 주님이 이렇게 말한다.
내가 시온으로 돌아가
예루살렘 한가운데에 살리라.
예루살렘은
'진실한 도성'이라고,
만군의 주님의 산은
'거룩한 산'이라고 불리리라.

4 만군의 주님이 이렇게 말한다.
나이가 많아
저마다 손에 지팡이를 든
남녀 노인들이
다시 예루살렘 광장마다 앉아 쉬리라.
5 도성의 광장마다
뛰노는
소년 소녀들로 가득 차리라.

6 만군의 주님이 이렇게 말한다.
그때에
이것이 이 백성의 남은 자들 눈에
신기하게 보인다 할지라도
내 눈에까지 신기하게 보이겠느냐?
만군의 주님의 말이다.

7 만군의 주님이 이렇게 말한다.
이제 내가 내 백성을
해 뜨는 땅과
해 지는 땅에서 구해 내리라.
8 나는 그들을 데리고 와서

8,2 1,14; 탈출 20,5; 이사 54,5; 호세 11,8; 나훔 1,2; 2코린 11,2. 8,3 1,16; 이사 1,26; 에제 48,35; 요엘 4,17; 요한 1,14; 콜로 2,9. 8,6 창세 18,14; 민수 11,23; 2열왕 7,2; 예레 32,27; 마르 10,27; 루카 1,37; 18,27.

예루살렘 한가운데에 살게 하리라.
그러면 진실과 정의 안에서
그들은 나의 백성이 되고
나는 그들의 하느님이 되리라.

9 만군의 주님이 이렇게 말한다.
너희는 힘을 내어라.
만군의 주님의 집, 성전을 지으려고 기초를 놓던 날에
예언자들이 전한 그 말들을
너희가 오늘 듣고 있다.
10 전에는
사람이 품삯을 받지 못하고
짐승의 품삯도 받지 못하였으며
원수 때문에
안전하게 드나들 수도 없었다.
내가 모든 사람을
서로 맞서게 하였던 것이다.
11 그러나 이제 내가 이 백성의 남은 자들에게는
전과 같이 대하지 않으리라.
만군의 주님의 말이다.
12 정녕 평화의 씨앗이 뿌려지리라.
포도나무는 열매를 내주고
땅은 소출을 내주며
하늘은 이슬을 내주리라.
나는 이 백성의 남은 자들이
이 모든 것을
차지하게 하리라.
13 유다 집안과 이스라엘 집안아!
너희가 전에는 민족들 가운데에서
저주의 대상이 되었지만
내가 너희를 구원하면
너희는 복이 되리라.
두려워하지 말고
힘을 내어라!

8,9. 이 예언자들은 하까이와 즈카르야이다(7,3과 같이).

8,10. 유배에서 돌아온 직후 예루살렘의 상황을 사실적으로 묘사한다. 소득의 원천이 빈약하며, 내적으로나 외적으로나 안전이 없다. "원수"는 성전 재건을 반대했던 사마리아인들의 위협을 가리킨다.

8,13-15. 역사 안에서 저주의 경고가 실현되었듯이, 같은 하느님의 능력으로 위로의 약속도 실현될 것이다(1,13.17 참조). 주님께서는 예루살렘의 운명을 복으로 바꾸실 것이며, 민족들 사이에서 이스라엘의 현존의 의미를 새롭게 하실 것이다. 이스라엘은 복을 전하는 이가 될 것이다(20-23절; 2,15; 창세 12,3; 시편 72,17 참조).

8,9 여호 1,6.8; 에즈 5,1; 하까 1,1.12.14.

8,19. 7,5에 언급한 단식들에 바빌론인들이 예루살렘 성벽을 뚫은 날을 기억하는 "넷째 달"(6-7월)의 단식과 기원전 588년 예루살렘 포위를 기억하는 "열째 달"(12-1월)의 단식이 첨가된다.

8,20. 2,15과 같은 보편주의적 전망이다.

14 만군의 주님이 이렇게 말한다. 너희 조상들이 나의 분
노를 돋우었을 때, 나는 너희에게 재앙을 내리기로 작정하
고 가엾이 여기지 않았다. 만군의 주님이 말한다. 15 그러
나 이제는 다시 내가 예루살렘과 유다 집안에 잘해 주기
로 작정하였으니, 너희는 두려워하지 마라. 16 너희가 해야
할 일은 바로 이것이다. 너희는 서로 진실을 말하고, 성문
에서는 평화를 이루는 진실한 재판을 하여라. 17 남을 해
치려고 마음속으로 궁리하지 마라. 거짓 맹세를 좋아하
지 마라. 이 모든 것은 내가 미워하는 것이다. 주님의 말이
다."

단식에 대한 답변

18 만군의 주님의 말씀이 나에게 내렸다. 19 "만군의 주님
이 이렇게 말한다. 넷째 달의 단식과 다섯째 달의 단식, 일
곱째 달의 단식과 열째 달의 단식은, 유다 집안에 기쁨과
즐거움의 때가 되고 흥겨운 축제가 되어야 한다. 그러므로
너희는 진실과 평화를 사랑하여라."

메시아 시대의 행복

20 "만군의 주님이 이렇게 말한다.
민족들과
많은 성읍의 주민들이 오리라.
21 한 성읍의 주민들이
다른 성읍으로 가서
'자, 가서
주님께 은총을 간청하고
만군의 주님을 찾자.
나도 가겠다.' 하고 말하리라.
22 많은 민족들과 강한 나라들이
예루살렘에서
만군의 주님을 찾고
주님께 은총을 간청하러 오리라.

8,16 신명 10,12-13; 마태 5,9; 루카 3,8; 에페 4,25. 8,17 7,10; 잠언 3,29; 말라 3,5. 8,20-23 2,15; 14,16-17; 이사 2,3; 예레 12,16; 에페 2,11-22.

8,14-15. 여기서 하느님 안에서 일어나는 변화는 "주님께서 너희가 잘되고 번성하게 하시기를 좋아하신 것처럼, 너희를 멸절시키고 멸망시키시기를 좋아하실 것이다."(신명 28,63)라는 표현과 반대 방향을 향한다. 고대인들의 전통적 개념에 따르면 행복과 불행은 직접 하느님에게서 온다. 성경은 하느님께서 계획을 바꾸신다고도 자주 말하는데, 요나서에서 말한 바와 같이 그분은 위협을 약속하시다가도 자애로운 용서를 베푸신다.

23 만군의 주님이 이렇게 말한다. 그때에 저마다 말이 다른
민족 열 사람이 유다 사람 하나의 옷자락을 붙잡고, '우리
도 여러분과 함께 가게 해 주십시오. 우리는 하느님께서
여러분과 함께 계시다는 말을 들었습니다.' 하고 말할 것
이다."

이웃 민족들에 대한 심판과 정화

9 1 신탁.

주님의 말씀이 하드락 땅에 내리고
다마스쿠스에 머무른다.
아람의 성읍과 이스라엘의 모든 지파가 주님께 속하기 때문이다.
2 그 가까이에 있는 하맛도
매우 지혜롭다는 티로와 시돈도 그분의 것이다.
3 티로가 요새를 세우고
은을 흙처럼 쌓고
금을 거리의 진흙처럼 쌓았다.
4 그러나 주님께서 티로를 쫓아내시고
그 재물을 바다에 처박으시며
그 성읍을 불이 집어삼키게 하시리라.
5 아스클론이 보고 두려워하고
가자도 크게 무서워하며
에크론도 그러하리니 희망이 사라졌기 때문이다.
가자에서는 임금이 없어지고
아스클론에는 사람이 살지 않으며
6 아스돗에는 혼혈 민족이나 살리라.

나는 필리스티아의 교만을 꺾고서는
7 그 입에서 피를 닦고
그 잇새에서 역겨움을 없애리라.
그리하여 그곳 주민들도 우리 하느님께 남은 자들이 되어
유다에서 한 씨족처럼 되고
에크론은 여부스 사람들처럼 되리라.

8 나는 내 집 앞에 보초처럼 진을 치고
아무도 오가지 못하게 하리라.
압제자가 다시는 그들을 침범하지 못하리니

9,1-7. "신탁"을 뜻하는 히브리어 단어 '마싸'는 "목소리를 높이는 임무" 또는 "무거운 말"을 의미한다(나훔 1,1 참조). 이 절은 알렉산드로스 대왕이 페르시아인들을 물리치고(기원전 332년) 남쪽으로 진출한 것을 암시하는 듯하다. 그는 이때 시리아(하드락, 다마스쿠스, 아람), 페니키아(하맛, 티로, 시돈), 필리스티아를(아스클론, 가자, 에크론, 아스돗) 성공적으로 정복했다. 주님께서는 그를 통하여 새로운 일을 이루신다.

9,6. "혼혈 민족"은 유다인과 이방인을 부모로 하는 이들을 지칭한다. 신명 23,3 참조.

9,7. 이 절은 예식적으로 피를 빼지 않고 우상들에게 바쳐진 고기를 먹는 이교 풍습을 지칭하는 듯하다. 다윗이 예루살렘을 점령했을 때 그 주민인 여부스인들을 남겨 두었고 백성 가운데 살도록 허락했다.

8,23 1코린 14,24-25. 9,1 이사 17; 예레 49,23-27.

내가 직접 지켜볼 것이기 때문이다.

평화를 가져오는 겸손한 메시아

9 딸 시온아, 한껏 기뻐하여라.
딸 예루살렘아, 환성을 올려라.
보라, 너의 임금님이 너에게 오신다.
그분은 의로우시며 승리하시는 분이시다.
그분은 겸손하시어 나귀를,
어린 나귀를 타고 오신다.
10 그분은 에프라임에서 병거를,
예루살렘에서 군마를 없애시고
전쟁에서 쓰는 활을 꺾으시어
민족들에게 평화를 선포하시리라.
그분의 통치는 바다에서 바다까지,
강에서 땅끝까지 이르리라.

9,10. "강(유프라테스)에서 땅끝까지"라는 표현은 이스라엘 왕국이 가장 넓게 확장된 솔로몬 시대의 이상적 영토를 가리킨다. 여기서는 지중해에서 페르시아만까지의 문명 세계 전체를 지칭한다.

이스라엘의 회복

11 너에게는 나와 피로 맺은 계약이 있으니
포로가 된 내 백성을
내가 물 없는 구덩이에서 끌어내 주리라.
12 희망을 잃지 않은 포로들아
성채로 돌아와라.
바로 오늘 내가 선포한다.
나는 너에게 두 배로 갚아 주리라.
13 내가 유다를 활처럼 당기고
에프라임을 화살처럼 메웠다.
시온아, 내가 네 아들들을 일으켜 세우고
너를 용사의 칼로 쓰리라.
— 그리스야, 네 아들들을 거슬러. —

9,11. 시나이에서 계약에는 희생 제물이 있었고 피를 뿌렸다. 물 없는 구덩이는 포로들을 임시로 가두어 두는 장소로 사용했다. 이러한 표상은 바빌론을 암시한다.

9,13. "그리스"로 번역한 '야완'은 그리스 문화에 속한 지역들을 나타내며, 이스라엘에 적대적인 민족들을 상징한다. 여기서는 마카베오 시대 헬레니즘의 박해를 가리키는 것일 수 있다.

9,9 2,14-15; 스바 3,14-15; 이사 9,5-6; 40,9; 예레 23,5; 마태 11,29; 21,5; 요한 12,15. 9,10 이사 11,6; 호세 2,20; 미카 5,9; 에페 2,17. 9,11 탈출 24,4-8; 마태 26,28; 마르 14,24.

✠ 9,9-10. 이 본문은 메시아께 적용되며 가해 연중 제14주일에 마태 11,25-30 소위 "요한계 단락"과 함께 읽는다. 특히 가해 주님 수난 성지 주일에 읽는 마태오 복음(21,5)에 명시적으로 인용된다는 점에서 즈카리야서의 이 단락이 다시금 기억된다.

9,9. 말은 전쟁 때 사용했으므로, 어린 나귀를 (고대의 군주들처럼) 타는 것은 평화로운 의도를 나타낸다. 이 표상 안에서는 한 인물에게서 유배 후의 두 가지 메시아 운동, 곧 '아나윔'(겸손한 이들, 가난한 이들) 운동과 다윗 계통의 군왕 메시아 운동이 겹친다.

14 주님께서 그들에게 나타나시어
당신 화살을 번개처럼 쏘시리라.
주 하느님께서 뿔 나팔을 부시며
거센 마파람을 타고 진군하시리라.
15 만군의 주님께서 그들을 보호하시리라.
그들은 무릿매질하는 자들을 먹어 치우고 짓밟으며
그 피를 포도주처럼 마시어
제단의 모서리처럼, 쟁반처럼 피로 흠뻑 젖으리라.
16 그날에 주 그들의 하느님께서 그들을,
당신 백성을 양 떼처럼 구원하시리니
그들은 왕관의 보석들처럼 그분의 땅에서 빛나리라.
17 정녕 그들은 얼마나 좋고 얼마나 아름다운가!
곡식이 총각들을,
햇포도주가 처녀들을 피어나게 하리라.

구원을 약속하시는 참목자

10 1 너희는 봄철에 비를 내려 달라고
주님께 빌어라.
주님은 비구름을 만드시는 분.
그분께서는 비를 넉넉히 주시어
사람들의 밭에
푸른 싹을 내신다.

2 그러나 집안 수호신들은 헛소리를 하고
점쟁이들은 가짜 환시를 보며
거짓 꿈을 말하고
헛된 위로를 한다.
그래서 사람들은 양 떼처럼 방황하고
목자가 없어 고통을 당한다.

3 나의 분노가 목자들을 거슬러 타오른다.
나는 수령들을 벌하리라.

9,15. 학살의 맥락에서 피를 마시는 지극히 잔인한 표상은 히브리어 본문을("소란을 일으키리라") 몇몇 그리스어 사본들이("그들의 피"로 되어 있다) 수정한 데서 기인한 것으로 보인다. 피를 먹는 것이 엄격히 금지된 점을(레위 17,10-12 참조) 고려해도, 피를 마신다는 언급은 받아들이기 어려웠을 것이다. 그렇다면 이 본문은 승리를 기념하는 연회에서 술을 마시며 취해서 큰 소리를 내는 장면을 묘사할 것이다(즈카 10,7 참조). 그 풍요로움은 제사 때 제단 모서리에 부어진 피와 비교할 수 있다.

10,3. "목자들"과 "수령들"은 선택된 백성을 괴롭힌 외국 통치자들을 지칭하며 하느님께서는 그들을 찾아오시어 벌하신다.

9,17 예레 31,12-13. 10,1 신명 11,14; 시편 135,7; 마태 7,7-8. 10,2 창세 31,19; 호세 3,4; 에제 34,5; 마태 9,36.

9,14-15. 주님께 적용된 군사적 표상들을 사용함으로써 억압의 마지막 전초 기지들을 함락시키도록 당신 백성을 이끄시는 전사이신 하느님 개념을 시사한다. 전투는 장엄한 제사 행위와 같이 묘사된다.

10,2. "집안 수호신들"은 점을 치는 도구이고 각 가정의 우상으로, 그들에게서 풍요 다산에 관한 신탁들을 기대한다. 여기서는 백성의 종교적 신뢰 남용을 묘사한다.

10,4. 최종적인 해방의 때 선택된 백성은 자신의 지도자들에 의해 통치될 것이다. 그 지도자들은 여기서 "모퉁잇돌"(전체 회의에 모인 지도자들을 뜻한다), "천막 말뚝"(궁전의 주인), "활"(군사 지도자들)로 일컬어진다.

10,6. "요셉 집안"은 이전의 북왕국 이스라엘이다(1열왕 12 참조). 그 수도 사마리아는 아시리아인들에 의하여 기원전 721년 파괴되었다. 즈카 7,13에서 묘사한 결별의 전망이 완전히 뒤바뀔 것이다.

10,10-11. 이집트와 아시리아는 이스라엘의 오랜 원수들을 대표한다. 길앗은 이집트 탈출 후 모세가 정복한 첫 지역이며, 레바논은 약속된 땅의 북쪽 경계이다. 이러한 언급은 첫 번째 이집트 탈출보다 훨씬 훌륭한 새로운 이집트 탈출을 예고한다. 백성의 수도 많아질 것이다.

10,11. 히브리어 본문과 칠십인역은 "고난의 바다"이지만, 일부 현대어 번역본들은 문맥에 따라 "이집트 바다"로 수정하기도 한다.

만군의 주님께서 당신의 양 떼 유다 집안을 찾아오시고
그들을 전쟁터의 자랑스러운 군마처럼 만드시리라.
4 유다 집안에서 모퉁잇돌이 나오고
천막 말뚝이 나오며
전쟁에 쓸 활이 나오고
모든 통치자가 나오리라.
5 그들은 모두 용사가 되어
싸움터에서 적을 길바닥의 진흙처럼 짓밟으리라.
주님께서 그들과 함께 계시기에 그들은 싸워서
말 탄 자들을 부끄럽게 하리라.

6 나는 유다 집안을 강하게 하고
요셉 집안을 구원하리라.
나는 그들을 가엾이 여겨 돌아오게 하리니
그들은 내가 버린 적이 없는 사람들처럼 되리라.
나는 주 그들의 하느님이니 그들에게 응답하리라.
7 에프라임 사람들은 용사같이 되고
그들의 마음은 포도주를 마신 것처럼 기뻐하리라.
그들의 자녀들은 그것을 보고 기뻐하며
그들의 마음은 주님 안에서 즐거워하리라.
8 내가 그들을 속량하였으니
휘파람을 불어 그들을 모아들이고
전처럼 많아지게 하리라.
9 내가 그들을 민족들 가운데에 흩어 버렸어도
그들은 먼 곳에서 나를 기억하고
자녀들을 낳아 기르다가 돌아오리라.
10 나는 그들을 이집트 땅에서 돌아오게 하고
아시리아에서 모아 오리라.
내가 그들을 길앗 땅과 레바논으로 데려가리니
그 땅들도 그들에게 넉넉하지 못하리라.
11 그들이 고난의 바다를 건널 때
바다의 너울은 가라앉고
나일강의 깊은 곳도 모두 말라 버리리라.
아시리아의 교만은 꺾이고
이집트의 왕홀은 사라지리라.

10,7 시편 104,15. 10,8 이사 11,12; 27,12-13. 10,9 신명 30,1-3; 바룩 2,30-32; 루카 15,17. 10,11 탈출 14,21-22; 이사 11,15-16.

10,8-10. 목자처럼 휘파람을 불어 양들을 불러 모으는 주님의 표상은 특이하다. 이렇게 이스라엘인들은 이집트와 아시리아에서, 그리고 요르단 건너 길앗 지방에서 돌아올 것이다.

12 내가 주님 안에서 그들을 강하게 만들리니
그들은 그 이름을 모시고 걸으리라.
주님의 말씀이다.

강대국들의 멸망

11 1 레바논아, 문을 열어라.
불이 네 향백나무들을 살라 버리리라.
2 방백나무야, 울부짖어라.
향백나무가 넘어지고
커다란 나무들이 쓰러졌다.
바산의 참나무야, 울부짖어라.
우거진 수풀이 결딴났다.
3 목자들의 통곡 소리를 들어라.
그들의 영화가 쓰러졌다.
사자들이 울부짖는 소리를 들어라.
요르단의 자랑거리가 쓰러졌다.

사악한 통치자들에게 내리는 위협

4 주 나의 하느님께서 이렇게 말씀하셨다. "너는 도살될 양
떼를 돌보아라. 5 사람들은 그 양 떼를 사서 잡아도 벌을
받지 않을 것이다. 팔아넘긴 자들은 '주님께서는 찬미받으
소서! 나는 부자가 되었다.' 하고 말할 것이다. 목자들도 그
양 떼를 불쌍히 여기지 않을 것이다. 6 나도 다시는 이 땅
의 주민들을 불쌍히 여기지 않겠다. 주님의 말씀이다. 나
는 그 주민들을 저마다 제 이웃의 손에, 그리고 임금의 손
에 넘기겠다. 그들이 이 땅을 황폐시켜도, 나는 그들의 손
에서 아무도 구출하지 않겠다."
7 나는 양 장사꾼들의 도살될 양 떼를 돌보기로 하고, 지
팡이 두 개를 가져다가, 하나는 '호의'라고 하고 다른 하나
는 '일치'라고 하였다. 그렇게 하여 나는 양 떼를 돌보았다.
8 나는 한 달 사이에 목자 셋을 그만두게 하였다. 내가 그
들을 참고 볼 수가 없었으며 그들도 나를 싫어하였기 때문

11,1-3 예레 22,6-7; 25,34; 마태 24,1-2. 11,5 에제 22,25-27; 미카 3,9-12; 요한 10,1.12-13. 11,6 이사 27,11; 에제 8,18; 루카 21,22. 11,8 시편 106,40; 예레 12,8; 호세 9,15; 루카 19,14.

11. 바산은 길앗의 한 지방으로, 앞서 레바논과 연결된 땅이다(10,10 참조). 바산은 교만한 풍족함의 상징이다. 나무, 목자, 사자들은 이스라엘의 강한 원수들을 상징한다. 조롱조의 탄식으로 시적 표현들을 사용하여 이들이 산불에 붙잡히는 모습을 묘사한다. 목자의 우의는(4-17절) 상류층의 경제적 이익에("팔아넘긴 자들, 양 장사꾼들") 좌우되는 임금들에 대한 부정적 판단을 나타낸다. "양 떼"(유다 백성)는 사회적·종교적 혼란 상태로 묘사된다(8절 참조). 이 절들에서는 목자의 역할과 주님의 역할이 계속 얽힌다.

10,12. 그리스어 번역본은 '이트할라쿠'("걸으리라") 대신 '이트할랄루'("자랑하리라")로 읽었다.

11,7. "지팡이"는 권력을 연상시킨다. 지팡이를 부러뜨리는 행위는(10.14절 참조) 무관심한 백성을 억압자들에게 맡겨 두는 징벌을 가리킨다(9절 참조). "호의"는 이스라엘이 평화를 누리기 위한 민족들과의 암묵적 조약을 나타낸다. "일치"는 옛 하느님 백성의 구성원들 사이의 일치를 나타내는데, 이는 기원전 330년경 사마리아인들이 갈라져 나감으로써 깨졌다.

11,8. 목자 셋을 그만두게 한 것은 당시 사람들이 알던 세 명의 대사제 또는 통치자들의 살해를 암시한다. 이는 징벌로 해석된다.

11,13. 히브리어 본문은(대중 라틴말 성경의 번역도) "옹기장이"로 되어 있으나 단어를 수정하여 "금고"로 옮겼다(새 대중 라틴말 성경의 번역도). 칠십인역 그리스어본("용광로")에 기초해서 "주물공"으로 옮기는 현대어 번역도 있는데, 이는 성전 금고에 보관하기 위해서 봉헌된 금과 은을 녹여 금괴나 은괴 등으로 만드는 주물 공장이 성전 안에 있었기 때문이다.

11,16. "헤매는 것"은 그리스어 번역본과 (새) 대중 라틴말 성경에 따라 히브리어 본문("젊은이")을 수정한 번역이다. "지친 것"으로 번역된 히브리어 본문은 힘이 빠져 서 있지 못하는 것을 지칭하는 것으로 보인다.

11,17. "쳐서" 히브리어 전치사 '알'("맞은 편" 또는 "위")의 의미를 명시하기 위하여 번역문에 동사를 삽입했다.

이다. 9 그래서 나는 양 떼에게, "더 이상 너희를 돌보지 않
겠다. 죽을 놈은 죽고 없어질 놈은 없어져라. 남은 놈들은
서로 잡아먹어라." 하고 말하였다. 10 그러고 나서 나는 '호
의'라는 지팡이를 집어 들고 부러뜨려, 주님께서 모든 민
족들과 맺은 계약을 깨 버렸다. 11 그 계약은 그날로 깨졌
다. 그리하여 나를 지켜보던 양 장사꾼들은 그것이 주님의
말씀이었음을 깨달았다.
12 내가 그들에게 말하였다. "당신들이 좋다고 생각하면
품삯을 주고, 그러지 않으면 그만두시오." 그러자 그들은
내 품삯으로 은 서른 세켈을 주었다. 13 주님께서 나에게
말씀하셨다. "그들이 나의 값어치를 매겨 내놓은 그 잘난
품삯을 금고에 넣어라." 나는 은 서른 세켈을 집어 주님의
집 금고에 넣었다. 14 그러고 나서 나는 '일치'라는 둘째 지
팡이를 부러뜨려, 유다와 이스라엘의 형제 관계를 깨 버렸
다.
15 주님께서 또 나에게 말씀하셨다. "너는 어리석은 목자
의 도구를 다시 들어라. 16 이제 내가 이 땅에 한 목자를 세
우겠다. 그는 없어진 것을 찾아보지도 않고 헤매는 것을 찾
아오지도 않으며, 다친 것을 고쳐 주지도 않고 지친 것을 먹
이지도 않으며, 살진 것은 살을 발라 먹고 심지어 그 발굽까
지 뜯어 먹을 것이다.

17 불행하여라, 양 떼를 저버리는
쓸모없는 나의 목자!
칼이 그의 팔과
오른눈을 쳐서
그의 팔은 바싹 말라 버리고
오른눈은 아주 멀어 버리리라."

11,9 예레 23,33; 마태 23,38-39; 요한 8,21.24. 11,12-13 마태 27,3-10.

11,12-13. 은 서른 세켈은 소의 뿔에 받혀 죽은 종에 대한 보상액에 해당하며, 하찮은 액수이다(13절의 조롱 참조). 지도자들이 예언자의 활동을 무시함으로써 하느님의 행위를 경멸하고 하느님을 모독한다는 것을 뜻한다. 마태 27,9에서는 예수님을 배신한 가리옷 사람 유다에게 주어진 돈과 관련하여 이 본문을 인용하고 예레미야서의 단락들과 자유롭게 연결한다.

11,15-17. 악한 지도자를("어리석은 목자") 상징적으로 예고한다. 그는 처음에는 징벌을 위한 하느님의 도구였으나, 마지막에는 부당한 통치자로서 벌을 받는다.

예루살렘과 유다의 구원과 영화

12 1 신탁. 이스라엘에 관한 주님의 말씀. 하늘을
펼치시고 땅의 기초를 놓으셨으며 사람 안에
얼을 빚어 넣으신 주님의 말씀이다. 2 "보라, 내가 예루살
렘을 술잔으로 만들어, 주변의 모든 민족들이 취하여 비
틀거리게 하겠다. 예루살렘이 포위 공격을 당할 때에 유다
도 그러할 것이다. 3 그날에 나는 예루살렘을 모든 민족들
에게 무거운 돌이 되게 하여, 그것을 들어 올리는 자마다
큰 상처를 입게 하겠다. 세상의 모든 민족들이 예루살렘
을 거슬러 모여들 것이다. 4 주님의 말씀이다. 그날에 나는
말들을 모조리 쳐서 놀라게 하고, 말 탄 자를 쳐서 미치게
하겠다. 유다 집안에서는 눈을 떼지 않겠지만, 그 민족들
의 말들은 모조리 쳐서 그 눈을 멀게 하겠다. 5 그러면 유
다의 씨족들은 마음속으로, '예루살렘 주민들의 힘은 그
들의 하느님, 만군의 주님 안에 있구나!' 하고 생각할 것이
다. 6 그날에 나는 유다의 씨족들을 나뭇단 속에서 불붙은
도가니처럼, 곡식 단 속에서 불타는 횃불처럼 만들겠다.
그리하여 그들은 왼쪽과 오른쪽에 있는 주변의 모든 민족
들을 삼켜 버릴 것이다. 그러나 예루살렘은 같은 자리에
그대로 남아 있을 것이다.
7 주님은 먼저 유다의 천막들을 구원할 것이다. 그래서 다
윗 집안의 영화와 예루살렘 주민들의 영화가 유다보다 더
크지 않을 것이다. 8 그날에 주님이 예루살렘 주민들을 보
호할 것이다. 그날에 그들 가운데 가장 연약한 이도 다윗
처럼 되고, 다윗 집안은 하느님처럼, 곧 그들 앞에 선 주님
의 천사처럼 될 것이다."

'찔려 죽은 이'를 위한 애도

9 "그날에 나는 예루살렘을 치러 오는 모든 민족들을 없애
버리고 말겠다. 10 나는 다윗 집안과 예루살렘 주민들 위
에 은총과 자비를 구하는 영을 부어 주겠다. 그리하여 그
들은 나를, 곧 자기들이 찌른 이를 바라보며, 외아들을 잃
고 곡하듯이 그를 위하여 곡하고, 맏아들을 잃고 슬피 울

12,2-8. "술잔"을 마시게 하는 것은 하느님의 진노로 내려지는 징벌을 상징한다. 예루살렘은 하느님에게서 보호를 받기 때문에 안정을 누린다("무거운 돌"). 이 구절에서는 알렉산드로스 대왕에게 걸었던 희망이 좌절되는 것을 바라보며 느끼는 괴로움이 드러난다. 그 좌절감은 그리스인들에 대한 거센 적대감으로 표출된다.

12,7. 시골인 유다 지방과(대지주들) 대도시인 예루살렘(지배층) 사이의 대립을 언급한다.

12,10. 하느님께서 가시적으로도 표현되는 회개의 태도를 불어넣으심으로써 새 창조를 이루신다(1절). 하느님께서는 당신이 보내신 이가 당한 죽음이("찌른") 당신 자신에게도 이르렀음을 선언하신다("나를, 곧 자기들이 찌른 이를 바라보며"). 찔린 이는 누구인지 밝혀지지 않은 신비로운 인물로, 주님의 종이 겪은 구원적 고통에 민족주의적으로 병행되는 인물로 보인다(이사 52,13-53,12; 요한 19,37 참조).

12,3 2,12-13; 10,3; 14,3-4; 미카 5,7.14; 묵시 11,2ㄱ. 12,5 10,12; 이사 1,26; 32,1; 2코린 12,9-10. 12,6 묵시 20,9. 12,8 2,9; 필리 4,13. 12,10-12ㄱ 마태 24,30. 12,10 예레 31,9; 요한 3,14-16; 19,37; 콜로 1,15-18; 묵시 1,7.

✠ 12,10-11. 이 독서는 다해 연중 제12주일에 선포되며, 루카 복음(9,18-24)에 의하여 해석된다. 이는 예수님께서 제시하신 길의 불확실함 앞에서 인간적인 두려움이 있을 수 있다 해도 그리스도의 진리를 인정하고 그분을 따르라는 초대가 된다. "자기 목숨을 구하려는 사람은 목숨을 잃을 것이다."

듯이 그를 위하여 슬피 울 것이다. 11 그날에 므기또 벌판
에서 하닷 림몬을 위하여 곡하는 것처럼 예루살렘에서도
곡소리가 크게 울릴 것이다. 12 나라가 곡하고 가족마다 따
로따로 곡할 것이다. 다윗 집안의 가족이 따로 곡하고 그
들의 여자들도 따로 곡할 것이다. 나탄의 집안이 따로 곡
하고 그들의 여자들도 따로 곡할 것이다. 13 레위 집안의
가족이 따로 곡하고 그들의 여자들도 따로 곡할 것이다.
시므이의 가족이 따로 곡하고 그들의 여자들도 따로 곡할
것이다. 14 남은 자들의 가족마다 따로따로 곡하고 그들의
여자들도 따로 곡할 것이다."

우상 숭배와 거짓 예언자는 사라지리라

13 1 "그날에 다윗 집안과 예루살렘 주민들의 죄
와 부정을 씻어 줄 샘이 터질 것이다.
2 만군의 주님의 말씀이다. 그날에 나는 이 땅에서 우상들
의 이름을 없애 버려, 그들이 다시는 기억되지 못하게 하
겠다. 또한 나는 예언자들과 더러운 영을 이 땅에서 치워
버리겠다. 3 그런데도 어떤 사람이 계속 예언하면, 그를 낳
은 아버지와 어머니가 그에게, '너는 주님의 이름으로 거
짓을 말하였으니 이제 더 이상 살지 못한다.' 할 것이다.
그가 예언할 때, 그를 낳은 아버지와 어머니가 그를 찌를
것이다. 4 그날에 예언자들은 예언을 하면서도 저희가 본
환시를 부끄럽게 여기며, 속이려고 입던 털옷을 걸치지 않
을 것이다. 5 그러면서 '나는 예언자가 아니라 땅을 일구는
사람이오. 사실 젊어서부터 땅이 나의 전 재산이었소.' 하
고 말할 것이다. 6 누가 그에게 '당신 가슴에 있는 이 상처
들은 어찌 된 것이오?' 하고 물으면, 그는 '내 친구들의 집
에서 입은 상처요.' 하고 대답할 것이다.

남은 자들의 정화

7 "칼아, 나의 목자를 거슬러,
내 동료를 거슬러 깨어 일어나라.
만군의 주님의 말씀이다.

12,12-13. "나탄"(2사무 5,14 참조)과 "시므이"(탈출 6,17; 민수 3,21 참조) 집안에 대한 언급은 불분명하지만, 다윗/나탄과 레위/시므이를 짝짓는 것은 예루살렘의 정치-종교 체제를 암시하는 것으로 보인다(왕실 후손과 사제 계층). 나머지 백성이 여기에 결합된다(14절).

13,1. "샘"은 죄에서의 정화를 상징한다. 이는 신비로운 인물이 당한 폭력적 죽음의 결과이다.

13,4. 염소나 낙타 "털옷"은 예언자들의 신분을 표시하는 전형적인 고행용 옷이었다.

13,6. "상처"는 이교 예언자들이 흥분했을 때 또는 풍요 다산의 신("친구들")을 위한 예식에서 자신의 몸에 상처를 낼 때 스스로 입힌 상처들을 암시할 수도 있다.

13,7. 하느님께서 뜻하셨던 지도자(메시아?)는 공격을 받고, 이것이 최종적인 계약 이전에 백성이 겪는 마지막 시련의 표지가 된다.

12,11 묵시 16,16. 12,12ㄱ 묵시 1,7. 12,14 묵시 1,7. 13,1 시편 51,4.9; 이사 1,16; 에제 36,25; 47,1-12; 요한 1,29; 7,37-38; 19,34; 1요한 5,6. 13,3 탈출 32,27; 신명 13,5-11; 18,20. 13,4 2열왕 1,8; 예레 2,26; 미카 3,6-7; 마태 3,4; 마르 1,6. 13,6 1열왕 18,28; 시편 22,17; 요한 20,20.27. 13,7 마태 26,31.56; 마르 14,27; 요한 16,32.

12,11. 북부의 페니키아인들은 매년 아닷-림몬(또는 아도니스-탐무즈)을 기념하여 이즈르엘의 기름진 평원인 므기또에서 중요한 예식적 애도를 했다. 이 식물의 신은 추수가 끝날 때 죽고 비가 올 때 다시 살아난다고 믿었다.

너는 목자를 쳐서 양 떼가 흩어지게 하여라.
나도 손을 돌려 그 새끼들을 치리라.
8 주님의 말씀이다.
온 땅에서
삼분의 이가 잘려 죽고
삼분의 일만 살아남으리라.
9 나는 그 삼분의 일을 불 속에 집어넣어
은을 정제하듯 그들을 정제하고
금을 제련하듯 그들을 제련하리라.
그들은 나의 이름을 부르고
나는 그들에게 대답하리라.
나는 '그들은 나의 백성이다!' 하고
그들은 '주님께서는 우리의 하느님이시다!' 하리라."

13,9. 하느님과 그분 백성 사이의 관계 회복은 알려진 계약 양식으로 확증될 것이다(2,15; 8,7-8; 10,6 참조; 예레 24,7의 주와 다니 2,35의 주 참조).

주님의 날

14 1 "보라, 주님의 날이 온다. 너에게서 약탈한 것을
사람들이 네 가운데에서 나누어 가질 것이다.
2 예루살렘을 치라고 내가 민족들을 모두 모으겠다. 이 도
성은 함락되고 집들은 털리며, 여자들은 욕을 당하고 도
성의 절반이 유배 갈 것이다. 그러나 남은 백성은 이 도성
에서 잘려 나가지 않을 것이다. 3 그 뒤에 주님이 나가 전
투의 날에 싸우던 것처럼 저 민족들과 싸울 것이다. 4 그
날에 주님은 예루살렘 맞은편 동쪽에 있는 올리브산 위에
발을 딛고 설 것이다. 그러면 올리브산은 반으로 갈라져,
동서로 뻗은 매우 넓은 골짜기가 생기고, 그 산의 반쪽은
북쪽으로, 다른 반쪽은 남쪽으로 움츠러들 것이다.
5 그리하여 너희는 유다 임금 우찌야 시대에 지진을 피해
도망친 것처럼, 나의 산들 사이에 난 골짜기를 통하여 도
망칠 것이다. 그 산들 사이에 난 골짜기가 아첼까지 이르
기 때문이다."

14,5. 이 "지진"은 아마도 아모 1,1의 지진으로, 이로써 성전으로 가는 평평한 길이 열린다. "거룩한 이들"은 하느님의 어좌를 둘러싼 천상 존재들을 뜻한다. "도망칠 것이다"는 '나스템'(동사 '누스'에서)인데, 고대부터 '니스탐'(동사 '사탐'에서)으로 읽어 "산들 사이에 난 골짜기가 막힐 것이다"로 해석하기도 했다.

13,8 이사 4,3; 에제 5,12. 13,9 8,8; 이사 1,25; 48,10; 예레 31,31; 호세 2,25; 말라 3,2-3; 야고 1,12; 1베드 1,7; 묵시 8,7ㄴ. 14,4 마태 21,1. 14,5 신명 33,2-3; 아모 1,1; 마태 16,27-28; 1테살 3,13; 유다 14.

14. 이 장은 하느님의 마지막 개입을 네 단계로 예고한다. 주님께서 오심으로써 구원된 예루살렘이 회복되고(1-5절), 유다의 삶의 공간이 새롭게 창조되어 사회·경제·생태·우주의 구조가 놀랍게 변화해 평화의 시대가 이루어지며(6-11절), 예루살렘에 적대적인 민족들에게 징벌이 내리고(12-15절), 이어서 그들이 하느님의 보편적 통치와 거룩하심을 인정하며 참된 하느님을 만남으로써 구원된다(16-21절).

14,3. 전사이신 하느님에 관하여 9,14-15 주해 참조. 묵시문학적 인어에서 재앙과 우주적 동요는 마지막 심판과 유일신 신앙의 보편적 확장을 위한(9절) 하느님의 엄위한 개입을 시각적으로 표현한다. 승리에 앞서 파괴가 있다.

14,7. 끝없는 밝음은 하느님에게서 나온다. 주님께서 친히 예루살렘에서 빛나는 임금이 되신다.

14,8. 생수는 사해와("동쪽 바다") 지중해("서쪽 바다") 사이의 낙원적인 풍요로움을 상징한다.

14,10. 언급된 장소들은 옛 유다 왕국의 변모를 부각시킨다.

14,14. 첫 구절은 모호하며, 유다 땅의 히브리인들이 부당하게 거룩한 도성을 점령한 이들에 맞서 싸우리라는 뜻으로(2절), "유다도 예루살렘에 맞서 싸울 것이다"로 옮길 수도 있다(옛 그리스어 번역본과 예로니모의 라틴어 번역본은 그렇게 옮긴다).

그 뒤에 주 나의 하느님께서 거룩한 이들을 모두 데리고
오실 것이다. 6 그날에는 빛도 추위도 서리도 없을 것이다.
7 주님만 아시는 그날에는 낮과 밤이 없이 대낮만 이어지
고, 저녁때에도 빛이 있을 것이다. 8 그날에는 또 예루살렘
에서 생수가 솟아 나와 절반은 동쪽 바다로, 절반은 서쪽
바다로 흘러갈 것이다. 여름에도 겨울에도 늘 그러할 것이
다. 9 그리고 주님께서 온 세상의 임금이 되실 것이다. 그
날에는 주님이 한 분뿐이시고 그 이름도 하나뿐일 것이다.
10 게바에서 예루살렘 남쪽 림몬까지 온 땅은 평지로 바뀔
것이다. 그러나 예루살렘은 '벤야민 대문'에서 '첫 대문'이
있는 곳까지, 곧 '모퉁이 대문'까지, 그리고 '하난엘 탑'에
서 '왕실 포도 확'까지 그 자리에 우뚝 솟아 남을 것이다.
11 그곳에 사람들이 살며 다시는 멸망하는 일이 없을 것이
다. 예루살렘은 안심하고 살 것이다.
12 주님께서 예루살렘과 전쟁하는 모든 민족들을 치실 재
앙은 이러하다. 그들이 제 발로 서 있는 동안에 살이 썩고,
눈알은 눈구멍 속에서, 혀는 입 안에서 썩을 것이다. 13 그
날에 주님께서 내리신 커다란 공포가 그들에게 떨어지고,
그들은 서로 손을 들어 저희끼리 싸움을 벌일 것이다. 14 유
다도 예루살렘에서 싸울 것이다. 그리고 주변 모든 민족들
의 재물, 곧 매우 많은 금과 은과 옷가지들이 모일 것이다.
15 이와 같은 재앙이 말과 노새와 낙타와 나귀 할 것 없이,
그들의 진지에 있는 모든 짐승들에게도 내릴 것이다.
16 그러면 예루살렘을 치러 온 모든 민족들 가운데에서 살
아남은 자들이 모두, 임금이신 만군의 주님을 경배하러
해마다 올라와서 초막절을 지낼 것이다. 17 이 세상의 어
느 씨족이든 예루살렘으로 올라와 임금이신 만군의 주님
을 경배하지 않으면, 그들 위에 비가 내리지 않을 것이다.
18 이집트 씨족이 올라와 참석하지 않으면, 초막절을 지내
러 올라오지 않는 민족들에게 주님께서 보내시는 재앙이
그들에게도 내릴 것이다. 19 이것이 이집트가 받을 벌이고,
초막절을 지내러 올라오지 않는 모든 민족들이 받을 벌이
다.

14,6-7 마태 24,36; 27,45; 묵시 21,23.25; 22,5. 14,8 에제 47,1; 요한 4,10.14; 7,37-38; 묵시 22,1.17. 14,9 창세 49,10; 다니 2,44-45; 마태 28,18-19; 묵시 11,15; 19,6ㄴ. 14,10 이사 40,3-4; 예레 30,18. 14,12 이사 66,24; 요엘 4,1-2; 묵시 18,6. 14,16-17 2,15; 8,20-23; 이사 2,3; 예레 12,16; 에페 2,11-22.

✠ 14,16. 가을의 티스리 달에는 수콧(초막절) 축제를 지낸다. 이는 시나이 광야를 지날 때 하느님께서 보호해 주셨음을 기념하는 것이다. 한 해의 농사를 마치면서 추수에 대해 감사하는 축제이기도 하다. 후에 이 축제는 창조주 하느님의 주권과 세상에 대한 하느님의 통치를 인정하는 계기가 된다.

[20] 그날에는 말방울에도 '주님께 성별된 것'이라고 새겨지
고, 주님의 집에 있는 솥들은 제단 앞에 있는 그릇들처럼
될 것이다. [21] 예루살렘과 유다에 있는 모든 솥도 만군의
주님께 성별된 것이 되어, 제물을 바치려는 이들이 모두
와서, 그 솥들을 가져다가 고기를 삶을 것이다. 그날에는
만군의 주님의 집 안에 더 이상 장사꾼들이 없을 것이다.

14,20-21. 이전에 속된 것으로 여겨지던 모든 것이 하느님의 통치 아래 통합되며, 온전히 주님을 섬기고 추종함을 나타내게 될 것이다.

14,21. "장사꾼"은 자구적으로는 "가나안인"에 해당한다(옛 그리스어 번역본은 그렇게 되어 있다. 에제 16,29의 주 참조). 페니키아인들은 유명한 상인들이었다. 이로써 하느님 백성과는 거리가 먼 우상 숭배를 연상시킨다.

14,20-21 탈출 28,36; 39,30. 14,21 마태 21,12; 요한 2,16.

말라키서

제목과 정경 내의 위치

"신탁. 말라키를 통하여 이스라엘에 내리신 주님의 말씀."(1,1) 모든 고대 본문 전통들에서 열두 소예언서의 마지막 위치에 나타나는 이 책의 머리글은 예언서 본문들의 제목에서 전형적으로 사용하는 몇 가지 기본 요소들을 결합한다. 암묵적으로 연대 표시를 생략하면서(그러나 "이스라엘"이라는 단어에서 시대를 알 수 있다. 이 단어는 유배 후 기원전 721년에 사라진 북왕국에만 적용되지 않고, 유다 지파를 머리로 하여 하느님 백성의 남은 자들 전체에 적용되었다) 주님의 말씀('다바르')의 발신인, 전달자, 수신인을 규정한다. 그 모든 것은 "신탁"('마싸')이라는 전문 용어로 요약된다. 이 단어의 어원은 완전히 분명하지는 않으며(자구적으로는 "들다, 지다"를 뜻하는 동사 어근에서 파생되어 "짐"을 뜻하고, 목소리에 적용되어 "메시지, 예언 직무"를 뜻하게 된다. 이사 13,1; 14,28; 예레 23,33; 에제 12,10; 나훔 1,1 등 참조), 정경에서 가까운 위치에 있는 즈카 9,1과 12,1을 상기시키기도 한다.

"말라키"라는 이름은 하느님의 이름을 포함하는 다른 많은 이름들과 마찬가지로 축약된 형태로 보이지만, 성경의 다른 곳에는 나타나지 않는다. 여러 학자들은 이것이 실제 한 사람의 이름이 아니라고 보고, 단순히 글자 그대로 일반 명사에 소유격 대명사 접미사가 붙은 것으로('말라키', "나의 사자[使者]를 통하여") 이해해야 한다고 여긴다. 이것이 말라 3,1의 사자를 가리킨다는 것이다. 이러한 제안은 근래에 나온 것이 아니다. 존중받는 그리스어 번역본인 소위 칠십인역도(기원전 3-2세기), 3인칭 대명사를 삽입하기는 하지만 이 히브리어 본문을 같은 해석 노선에 따라 읽었던 것이다("그분의 사자를 통하여").

구조와 문학적 특성

열두 소예언서 가운데 말라키서의 구성은 비교적 단순하여 하까이서와 오바드야서에 비교될 수 있다. 여기에는 여섯 개의 서로 구별되는 문학적 단위들이 있고, 이들이 머리글(1,1)과 마지막 절들(3,22-24) 사이에 들어 있다. 이 마지막 절들은 말라키서의 결문일 뿐만 아니라 열두 소예언서의 결문이고, 더 넓은 시각에서 보면 이사야서에서 말라키서에 이르는 예언서 전체의 결문이다.

이 책의 특수성은 분명 그 대화적 구조에 있다. 그러나 이 담론 형태는 일반적 토론이나 훈계로 볼 수 없고, 법정 소송이나 재판과도 구별해야 하는 쌍방의 논쟁(또는 '립')에 비추어 이해해야 한다. 이 논쟁은 두 상대방(여기서는 주님과 이스라엘) 사이에 계약의 유대와 그 관계가 위기를 맞는 순간을 전제한다(어떤 잘못 또는 행하거나 당한 악행에 의하여. 여기서는 여러 가지 율법 위반에 의하여). 언제나 명시적 또는 묵시적으로 고발의 의미를 지닌 (다양하게 표현되는) 말로 시작된다. 그 목적은 단순한 권고나 고발당한 이에 대한 (재판에서와 같은) 단죄가 아니라 진리 안에서 이루어지는 화해이다. 그 화해는 위협과 징벌과 지혜문학적 깨우침을 통해서도 극단적이고 열정적인 방식으로 추구되며, 생명의 계약에 상처를 입힌 이에게 선과 진리의 길을 되찾게 한다. 이 경우 (다른 경우들에서와 마찬가지로) '립'의 모든 단계들이 차례로 모두 나타나는 것은 아니며, 법률적인 단어들이 명시적으로 사용되지도 않는다(이스라엘 또는 여기서 언급된 백성의 여러 구성원들이 마지막에 자신의 잘못을 인정하는지 여부도 분명치 않다). 그러나 여섯 개의 담론들을 그러한 절차의 구도 안에서 이해하지 않으면 협소하거나 빗나간 해석에 이를 위험이 있다.

말라키서에서 사용한 도식은 차례로 네 단계로 전개되며, 순환식으로 배치된 것으로 보이는 여섯 개의 단위에서 동일한 방식으로 되풀이된다. 1,2-5의 첫 번째 논쟁을 예로 들면, 1) 고발의 역할을 하는 처음의 단언(1,2ㄱ), 2) 대화 상대(이스라엘)의 응답/반발(2ㄴ절), 3) 주님의 반대 응답(2ㄷ-4절), 4) 여러 유형의 결과들(5절)이다.

첫 번째 논쟁은(1,2-5) 백성이 주님의 선택과 사랑을 인정하지 않는 것에 관련한다. 그 사랑은 이스라엘의 대표적 원수인 에돔이 받은 벌과의 대조를 통하여 증명된다. 둘째 논쟁은(1,6; 2,1-9) 사제들을 향한 것으로, 그들이 경신례와 올바른 가르침을 크게 소홀히 한 것이다. 그들의 축복이 저주로 바뀌리라고 경고하고, 무거운 징벌 조치를 예고한다. 셋째 논쟁은(2,10-16) 토라의 근본 본문들을 묵시적으로 언급하면서 쉬운 이혼과 간음을 단죄하고, 이로써 조상들에 의하여 전수된 하느님과의 계약의 의미를 변질시키는 이들을 고발한다. 넷째 논쟁은(2,17-3,5) 사회 불의를 중심으로 한다. 백성은 하느님이 역사를 올바로 통치하신다는 것을 인정하지 않지만, 주님께서는 억압받는 이와 억압자 사이에서 정의를 이루시기 위하여 심판자로 개입하실 것을 경고(또는 예고)하신다(삼자 구조, 재판의 은유이지만, 그 안에는 더 일반적인 하느님과 백성 사이의 논쟁 구조가 들어 있다). 다섯째 논쟁은(3,6-12) 사제단의 생계를 위하여 율법에 규정된 십일조와 예물을 바치지 않음을 지적한다. 그들이 율법에 순종한다면 주님께서는 풍부한 수확을 약속하시는데, 이는 화해가 이루어지고 정의로운 관계가 회복되었음을 보여 주는 표지가 된다. 여섯째, 마지막 논쟁은(3,13-21) 아마도 가장 핵심적인 문제이자 앞의 문제와 긴밀히 연결된다. 하느님을 섬기는 것이 쓸모없어 보이고, 그분의 계명을 준수한 이들이 주님께 대한 순종과 충실의 가치를 의심하거나 부인하게 된다. 악인들이 벌을 받지 않고 번영을 누리고 있는 것으로 보이기 때문이다.

여섯 개의 논쟁에 뒤따르는 첫 번째 결문은(3,22) 여호 1,7.13에 연결되며(그러나 또한 신명 5,1; 11,32; 12,1; 26,12-13 참조), 두 번째 결문은(말라 3,23-24) 1열왕 19장과 이사 66장에 이어진다. 두 결문 모두 이스라엘 성경 전통의 두 가지 근본 기둥인 율법과 예언서를 개입시킨다(이들은 이미 정경으로 정립되고 있었다). 율법('토라')은 모세라는 인물로 인하여 우위를 차지하며, 예언서('느비임')는 종말에 주님께서 오실 날을 앞두고 백성을 회개시키기 위하여 다시 파견되는 엘리야와 같이 율법을 위한 역할을 지닌다.

문체에 있어 말라키서에는 어휘 반복이 많으며 산문과 운문이 교차되는데, 그 분포의 구분이나 경계에 대해서는 학자들 사이에서 의견이 일치하지 않는다. 보통 출판된 성경들은 산문과 운문을 서로 다른 방식으로 정렬함으로써 이 점에 대하여 각각 자신의 해석을 제시한다.

주요 신학 노선

이 책의 가장 중요한 신학적 요점들을 깊이 있게 파악하기 위해서는 두 가지 관점에서 동시에 고찰할 필요가 있다. 한편으로는 말라키 예언의 맥락을 올바로 파악하는 것이고(그 전제와 목적 파악), 다른 한편으로는 정경적으로 명백하고 해석적으로 도전이 되는 사실, 곧 이 책이 이스라엘에서 기록된 성경 예언 체험의 마지막 봉인으로 자리한다는 점을 고려해야 한다.

말라키의 예언과 그 맥락. 올바른 해석학적 행위가 다름 아닌 예언의 물리적 전수라고 할 때 이를 위해서는 말라키서의 예언 말씀이 도전을 던진 상황을 염두에 두어야 한다. 이 상황은 바빌론 유배에서 돌아온 이들의 공동체가 처음부터(빈곤, 사회 불의, 이웃 민족들의 적대감. 예를 들어, 에즈 4-5장 참조) 그리고 제2성전 재건 후에도(예언의 "실패"로 인한 낙담) 시달린 사회적·경제적·종교적 문제 전체와 연관된다. 하까이와 즈카르야는 백성의 영적 노력을 고무했지만 성전 재건을 다시 시작하고 완성하려는 초기의 열성이 식고 나자 그들이 약속한 성전의 영광스러운 복구는 많은 이들에게 잔인한 농담이 되어 버리는 듯했다(말라 3,14-15 참조). 성전은 재건되었으나 즉각적으로 이루어진 것은 기대한 바에 비해 너무 적었다. 유다는 견고한 페르시아 제국의 120개 속주 가운데 주변의 작고 가난한 속주 하나로 머물러 있었고, 독립과 다윗 왕조의 회복이라는 꿈은 그저 꿈으로 남았다. 페르시아인들이 임명한 왕족 혈통의 유다 총독 즈루빠벨이 사라진 뒤 다른 어떤 메시아도 예고되지 않았고, 지평선에는 우주적 동요의 표지도 나타나지 않았다(하느님께서 개입하실 때에는 그런 표지가 있어야 했다. 예를 들어, 하까 2,4-9.20-23; 즈카 9,9-17; 12장; 14장 참조). 이것은 여러 면에서 영적 위기를 가져왔고, 말라키는 이를 주님과 그분 백성 사이의 계약이라는 근본 범주에 비추어 이해한다. 그 계약이 이 백성의 정체성의 종교적 핵심이고, 자신이 주님의 특별한 사랑의 대상임을 재발견하는 데서 시작하여 그 정체성을 되찾아야 할 것이었다(말라 1,2-5 참조). 사제들의 거짓된 가르침과 부끄러운 행실, 예배의 의무를 소홀히 하는 백성, 불법적으로 아내로 취한 "이방 신을 섬기는 여자들" 문제와 연관된 혼인 계약의 배반(2,11 참조. 이는 우상 숭배에 물들 위험을 암시한다), 이 모든 것은 말라키에게는 근본적인 계약에 대한 충실성과 연관된 것이었다. 계약을 존중하지 않는다면 다른 관계들도 일그러질 것이다. 그렇다면 어떻게 하느님의 축복을 기대할 수 있는가? 회개하라는 말라키의 단순한 호소의 의미는 이렇게 이해할 수 있다. 그의 회개 호소는 두 가지로 표현된다. 한편으로는 윤리적 요구가 있고(계명 준수, 혼인에 대한 충실성·맹세·사회 정의 등. 3,5 참조. 즈카르야와 같은 노선), 다른 한편으로는 율법 전체에 대한 순종을 구체적으로 실현하고 고백하는 상징적-예식적 선택을 요구하는 예언자적 권고가 있다(예식 규율과 십일조 준수, 혼종혼의 거부. 2장 참조. 하까이와 같은 노선이며 성전 재건의 상징적-예언적 문제와 연관됨).

말라키와 예언의 끝. 유다교 전승은 유배 후 예언자들인 하까이, 즈카르야, 말라키의 죽음으로 예언의 영이 이스라엘을 떠났음을 강조한다. 말라키서에서(그러나 뿐만 아니라 하바쿡, 그리고 욥과 코헬렛의 비판적 지혜도 보라) 말씀의 부재를 대체할 수 있는 유의미한 결정적 계시가 전달되는 것이 아니라 "공정의 하느님이 어디에 계시느냐?"(말라 2,17)는 괴로운 질문이 제시된다면 이것은 예언이 그치기에는 이상한 때라고 생각할 수 있을 것이다. 여러 차례 열정적으로 새로운 지평을 열며 이스라엘과 민족들의 역사를 관통하고 시험했던 예언 말씀은 말라키와 그의 장엄한 결말과 더불어 이 순간까지 하느님 백성의 고통을 동반해 온 그 모든 희망과 염려들을 큰 침묵에 부치는 것으로 보인다. 말라키는 그 마지막 절들로(3,22-24) 이 흔들림의 마지막 도착점이 된다. 희망, 염려, 기도가 이제는 오직 하나의 크고 불특정한 기다림으로 집약되는 것으로 보이기 때문이다. 그러므로 비록 지금으로서는 어떤 이들이 바랐던 것처럼 그 의미가 충분치 않다 해도 의미는 있다. 예언의 영이 마지막으로 전해 주는 것은 바로 분명히 일어날 일을 신뢰를 가지고 기다리라는 확고한 제안이다. "보라, 내가 나의 사자를 보내니… 너희가 찾던 주님, 그가 홀연히 자기 성전으로 오리라… 그가 나타날 때에 누가 버티고 서 있을 수 있겠느냐?"(3,1-2). 이 순간 이후로는 다른 예언자들의 입을 통한 새로운 말씀이 없는 가운데 영감을 받은 이전의 말씀들을 전수하면서, 인간 역사에 대한 하느님의 최종적인 말씀이 오심을 향하게 된다. 그날은 "주님의 크고 두려운 날"이 될 것이다(3,23). 그리스도교 전통에서 이러한 기다림은 예수 그리스도 사건에서 성취된다는 것은 말할 필요도 없다. 그러나 그리스도 사건은 다시, 이미 인간 역사 안에 퍼져 그 역사를 신화하는 신비의 풍요로움이 최종적으로 모든 이들에게 드러나게 되는 (희망으로 이미 성취된) 기다림을 향하는 "이미 그러나 아직 아니"의 상태에 있다. 그 성취는 (그 모든 것에도 불구하고) 전수된 예언자들의 신탁들 안에서 거짓된 예고로만 보였던 것이 아니라, 성령께서 인간의 나약한 말과 전망들 속에서도 참으로 표현하고자 하셨던 그 본질적이고 궁극적인 의미와 방향까지도 드러내게 될 것이다.

본문의 작성과 전수

고대와 현대의 여러 주해자들은 히브리어 단어 '말라키'가 한 사람의 실제 이름이라고 보지 않으며, 그리스어 번역본을 따라 이 책의 저자를 알 수 없다고 여긴다. 예로니모도 따랐던 어떤 라삐 전승에서는 저자가 에즈라라고 보지만, 그의 조상이 사제였다는 것은 말라키서의 주제나 전형적 어휘들에 나타나지 않는 것으로 생각된다. 말라키서는 오히려 신명기계 전통에 가깝다. 그러므로 앞서 언급한 가설은 지지할 수 없다. 전통적인 다수의(유다교든 아니든) 해석에 따라 '말라키'가 한 사람의 이름이라는 가능성을 배제할 수도 없다(그렇다면 그 뜻은 "나의 사자", "주님의 사자" 또는 "나의 천사/보호자"가 될 것이다). 근래의 주석에서는 말라키서를 소위 "문학적 예언" 또는 "저술 예언"(profezia letteraria o scribale) 현상에 포함시키는 경향이 있다(이 책의 경우 저자는 익명이 되고, 다른 경우에는 가명을 사용한다). 이 현상은 이전의 영감 받은 전승들을 현재화하는 편집 작업의 기록된 표현을 지칭한다(그렇다고 해서 원칙적으로 예언적 성격이 덜하다고 여길 것은 아니다).

다른 정확한 정보가 없으므로, 작성 연대는 오직 유배 후 시기의 특징적인 사회적·종교적 문제들을 다루는 이 책의 내용에서 추정할 뿐이다. 성전은 이미 재건되었고(1,7-8; 3,1 참조) 백성들 사이에서는 일종의 무관심, 또는 낙담이 생겨나고 모세 율법에 대한 공공연한 불충실도 있었다(3,6-12의 십일조 문제와 2,10-16의 혼인의 충실성 문제를 보라). 따라서 말라키서가 작성된 것은 제2성전 건립(기원전 515년) 이후 페르시아 시대이고, 에즈라의(그리고 느헤미야의. 에즈 9-10장; 느헤 10장 참조) 개혁보다 조금 이른 때일 것이다. 예언자는 에즈라와 대략 같은 시기에 살았을 것이다(기원전 400년경). 어떤 이들은 헬레니즘 시대나 그보다 더 늦은 기원전 200년경을 제안하기도 하지만, 기원전 2세기 초(기원전 180년경)보다 많이 내려갈 수는 없다. 이 시기에 집회서(집회 48,10에서 말라 3,24을 암시한다)는 이미 열두 소예언서라는 "책"이 있었음을 말하기 때문이다(집회 49,10 참조).

말라키서의 도입과(1,1 "신탁") 즈카르야서의 마지막 두 부분의 시작이(즈카 9,1; 12,1 참조) 매우 유사하다는 점을 지적하면서, 이 책의 저자-예언자가 익명이라고 보는 일부 학자들은 이 마지막 책을 즈카르야서에 등장하는 해석자 천사와 연결시키고, 말라키서가 본래 의도적으로 즈카 9-11장과 12-14장을 보충하는 세 번째 신탁('마싸')으로 작성되었다고 생각하기도 했다. 하지만 즈카르야서 9-11장과 12-14장이 1-8장과 맺고 있는 내재적 관계, 그리고 말라키서 자체의 내적 일관성 등 여러 요소들은(머리글에서도 첫 단어는 같지만 다른 점들에서는 서로 다르다) 이러한 문학 비평의 가설에 반대되며, 현재의 책을 근본적으로 독립된 작품으로 받아들이게 한다.

고대 번역본들과 대조해 볼 때 말라키서의 히브리어 본문은 매우 빠른 시기에 이미 수많은 본문상의 난점들을 지니고 있었음을 확인할 수 있다(그리스어 번역본인 칠십인역이 이미 같은 해석상의 문제들에 부딪히는 것을 볼 때 그 번역 이전에 이미 문제가 있었던 것이다). **그러므로 어떤 단락들에 대해서는 추정에 의한 번역을 제시할 따름이다**(그래서 여러 현대어 번역본들 사이에 차이가 나타난다. 특히 말라 1,13.14; 2,3.4; 2,15; 3,6.16).

살바토레 마우리치오 세사Salvatore Maurizio Sessa

말라키서

머리글

1 [1] 신탁. 말라키를 통하여 이스라엘에 내리신 주님의
말씀.

이스라엘과 에돔

2 나는 너희를 사랑한다.
— 주님께서 말씀하신다. —
그러나 너희는 "어떻게 저희를 사랑하셨습니까?" 하고 말
한다.
에사우는 야곱의 형이 아니냐?
주님의 말씀이다.
그러나 나는 야곱을 사랑하고
3 에사우를 미워하였다.
나는 그의 산들을 폐허로,
그의 상속지를 승냥이들이나 사는 광야로 만들었다.
4 '우리가 파괴되었지만
황폐해진 곳을 다시 세우리라.' 하고 에돔이 생각하지만
— 만군의 주님께서 이렇게 말씀하신다. —
그들이 세워도 내가 헐어 버리리라.
그래서 '죄악의 땅',
'주님께서 영원히 노여워하시는 백성'이라고 불리리라.
5 너희는 그것을 보고
"주님께서는 이스라엘의 국경 너머에서도 위대하시다!" 하
고 말하리라.

1,1. 머리글은 심판의 신탁을 지칭하는 고유한 표현으로 되어 있다. 말라키라는 이름은("주님의 사자, 전령") 이 작은 예언서를 하느님께서 보내신 메시지로 내놓는다.

1,2-5. 구원의 신탁이다. 주님께서 흠 없이 이스라엘을 사랑하신다는 말씀에 대해 백성은 이의를 제기하며 광포한 이들, 곧 에돔인들의 배신이라는 걸림돌을 지적한다. 말라키는 하느님께서 미워하시는, 고집스럽게 교만을 부리는 형제인 에돔에 대한 기억을 상기시킨다(4ㄱ절). 에돔은 단지 역사적인 한 민족이 아니라 악의 상징이 된다.

1,2-3 창세 25,23. 1,5 여호 24,7; 에제 38,16.23; 39,21; 사도 11,18.

1,2-5. 선택으로 드러난 하느님의 영원한 사랑이 어떻게 다른 누군가를 미워한다는 사실을 수반하는지 이해하기 어렵다. 본문에 사용된 언어는 냉정한 신학적 원리의 정의의 언어가 아니라 열정적인 언어로, 하느님께서 당신 백성의 고통 앞에서 그리고 여기서 에돔이 상징하는 악 앞에서 무관심할 수 없으심을 뜻한다.

1,6; 2,1-9. 경신례에 관련한 사제들의 잘못에 대한 긴 고발과 경고이다. 그들은 흠이 있고 부정한 제물을 받아들이고 직무에 태만해 비난을 받는다. 이 모든 것은 경신례를 그저 외적 형식이 되게 만든다.

그릇된 경신례

6 아들은 아버지를,
좋은 주인을 공경하는 법인데
내가 아버지라면 나에 대한 공경은 어디 있느냐?
내가 주인이라면 나에 대한 두려움은 어디 있느냐?
내 이름을 업신여기는 사제들아
만군의 주님이 너희에게 말한다.
"저희가 어떻게 당신의 이름을 업신여겼습니까?" 하고 너희가 말한다마는
7 내 제단에 부정한 빵을 바치는 것이 바로 그런 짓이다.
또 "저희가 어떻게 당신을 더럽혔습니까?" 하고 너희가 말한다마는
'주님의 제사상이야 아무러면 어떠냐?' 하고 생각하는 것이 바로 그런 짓이다.
8 너희가 눈먼 짐승을 제물로 바치면서도
잘못이 없다는 말이냐?
너희가 절름거리거나 병든 짐승을 바치면서도
잘못이 없다는 말이냐?
그런 것을 너희 총독에게 가져가 보아라.
그가 너희를 달가워하겠느냐?
그가 너희를 좋게 받아들이겠느냐?
— 만군의 주님께서 말씀하신다. —

9 그러니 이제 너희는, 자비를 베풀어 주시도록
하느님께 은총을 간청해 보아라.
너희 손이 그런 짓을 저질렀는데도
그분께서 너희에게 호의를 베푸시겠느냐?
— 만군의 주님께서 말씀하신다. —

1,10. 사제들의 또 다른 나태함을 지적하는 것이거나('힌남'을 "헛되이"로 번역할 경우), 아주 작은 경신례의 봉사를 위해서도 보상을 요구한다는 표지일 수 있다(같은 단어를 "무상으로"라고 번역하고 그 구절을 수정할 경우).

10 너희 가운데 누구라도 성전 문을 닫아걸어서
너희가 내 제단에 헛되이 불을 피우지 못하게 하였으면 좋겠다.
나는 너희를 좋아하지 않는다.
— 만군의 주님께서 말씀하신다. —
나는 너희 손이 바치는 제물을 받지 않으리라.

1,7-8 레위 2,11; 21,6; 22,18-25; 신명 17,1; 1코린 11,27.

1,6; 2,1-9. 사제 직무를 일관성 있게 살 때 그 직무에 효과가 있을 것이다. 그러나 사제직의 부패는 백성에게 파멸을 가져온다. 사제들의 부당한 행실은 사람들이 정의롭게 살고 하느님을 알도록 하는 데 도움이 되지 않는다.

11 그러나 해 뜨는 곳에서 해 지는 곳까지, 내 이름은 민족
들 가운데에서 드높다. 내 이름이 민족들 가운데에서 드
높기에, 곳곳에서 내 이름에 향과 정결한 제물이 바쳐진
다. — 만군의 주님께서 말씀하신다. — 12 그러나 너희는
"주님의 제사상이 더럽혀졌으니 그 위에 있는 음식이야 아
무러면 어떠냐?" 하고 말하여 내 이름을 더럽힌다. 13 너희
는 또 "이 얼마나 싫증나는 일인가!" 하면서 나를 멸시한
다. — 만군의 주님께서 말씀하신다. — 너희는 훔친 짐승,
절름거리거나 병든 짐승을 몰고 와서 제물로 바치는데, 내
가 그러한 것을 너희 손에서 달갑게 받겠느냐? — 주님께
서 말씀하신다. — 14 자기 짐승 가운데 수컷이 있어서, 그
것을 바치기로 맹세하고서는, 주님에게 흠 있는 것을 바치
며 속이는 자는 저주를 받을 것이다. 정녕 나는 위대한 임
금이다. — 만군의 주님께서 말씀하신다. — 민족들은 나
의 이름을 경외한다.

1,11. 이 절의 해석은 의견이 갈라진다. 여러 민족들이 하느님의 이름으로 합법적인 경신례를 바치게 됨을 예견하는 듯하다. 주님의 사제들이 바치는 경신례의 소홀함과 극심한 대조를 이룬다.

1,13. "나를 멸시한다." 히브리어 본문은 "그를 멸시한다"이다. 본래 "나를 멸시한다"를 하느님의 초월성을 존중하고자 필사자들이 (소위 '틱쿤 소프림') "그를"로 수정한 것이다(즈카 2,12의 주 참조).

참된 사제직

2 1 자 이제, 사제들아, 이것이 너희에게 내리는 계명
이다.
2 너희가 말을 듣지 않고, 명심하여 내 이름에 영광을 돌
리지 않으면, 내가 너희에게 저주를 내리고 너희의 축복을
저주로 바꾸어 버리겠다. — 만군의 주님께서 말씀하신다.
사실 나는 이미 너희의 축복을 저주로 바꾸어 버렸다.
너희가 명심하지 않았기 때문이다.
3 보라, 내가 너희 후손들을 꾸짖는다.
나는 창자에 든 오물을
너희 축제 제물의 창자에 든 오물을
너희 얼굴에 뿌리리라.
나는 너희를 내 앞에서 내다 버리리라.
4 그러면 너희는
레위와 맺은 나의 계약이 살아 있도록

2,4-7. 레위 곧 사제 계층과 맺은 계약을 상기한다. 그 계약은 존중, 복종, 공경을 요구하는데, 지금은 사제들 자신의 잘못으로 이러한 것들이 이루어지지 않는다(2,8-9 참조).

1,11 이사 49,6-7; 59,19; 스바 3,9; 묵시 15,4. 1,12 레위 22,32; 에제 36,21; 아모 2,7. 1,13 레위 22,18-25; 신명 17,1; 1사무 2,29. 1,14 시편 102,16; 2코린 9,7. 2,2 레위 26,14-17; 신명 28,15. 2,3 1사무 2,29-30; 나훔 3,6. 2,4-5 민수 25,12.

✠ 1,14ㄴ-2,2ㄴ.8-10. 가해 연중 제31주일에 이 단락을 읽는다. 강한 표현인 2,3을 생략하지만, 사제의 직무 활동에 관한 아름다운 진술인 2,7도 읽지 않는다("지식을 간직하고"). 이 구절은 교회법 제762조에 거의 글자 그대로 인용된다("하느님의 백성은 당연히 사제들의 입에서 요구하게 마련인 살아 계신 하느님의 말씀에 의하여 처음 모이게 되므로"). 복음의 단락은(마태 23,1-12) 관심을 사제들에게서 신자들에게로 옮겨 놓는다. "율법 학자들과 바리사이들은 모세의 자리에 앉아 있다. 그러니 그들이 너희에게 말하는 것은 다 실행하고 지켜라. 그러나 그들의 행실은 따라 하지 마라."

2,6. "진리의 법" 또는 "가르침"이 사제에게 속함을 보여 주는 예로(신명 17,8-13; 19,17; 판관 18,5; 1사무 28,6 참조.) "나와 함께 걸으며"는 하느님과 친교를 이루며 살았음을 뜻한다(에녹과 노아에 대해서만 이렇게 말한다. 창세 5,22.24; 6,9 참조). 이 히브리어 표현에 관하여 1사무 8,3.5의 주와 1열왕 2,4의 주 참조.

2,7. "주님의 사자"는 성경 본문에서 사람들에게 주님의 뜻을 계시해 주는 천사에게만 사용하는 호칭이다(예를 들어 창세 16,7; 민수 22,22; 판관 5,23; 13,13 참조). 이 경우에만 백성에게 말씀을 전달해 주는 사제를 지칭한다. 하까 1,13에서 이 호칭은 예언자인 하까이에게 사용된다. 또한 말라 3,1 참조.

2,10-16. 혼인 유대를 쉽게 푸는 것을 비판하는 신탁으로, 이혼과(10-11ㄱ.13-16절) 혼종혼이라는(11ㄴ.12절) 두 가지 문제가 결합된다. 혼종혼은 이방 여자들의 신을 인정하는 것을 내포하는데, 이는 주님께 대한 신앙과 양립될 수 없다.

내가 이 계명을 내렸음을 알게 되리라.
— 만군의 주님께서 말씀하신다. —
5 그와 맺은 나의 계약은
생명과 평화의 계약으로서 내가 그에게 베푼 것이다.
그 계약은 경외심을 일으켜 그가 나를 경외하고
내 이름을 두려워하게 하였다.
6 그의 입에는 진리의 법이 있고
그의 입술에는 불의가 없었다.
그는 나와 함께 평화롭고 바르게 걸으며
많은 이를 악에서 돌아서게 하였다.
7 사제의 입술은 지식을 간직하고
사람들이 그의 입에서 법을 찾으니
그가 만군의 주님의 사자이기 때문이다.
8 그러나 너희는 길에서 벗어나
너희의 법으로 많은 이를 넘어지게 하였다.
너희는 레위의 계약을 깨뜨렸다.
— 만군의 주님께서 말씀하신다. —
9 그러므로 나도 너희가 온 백성 앞에서
멸시와 천대를 받게 하리라.
너희는 나의 길을 지키지 않고
법을 공평하게 적용하지 않았다.

혼혈혼과 이혼에 대한 경고

10 우리 모두의 아버지는 한 분이 아니시냐?
한 분이신 하느님께서 우리를 창조하지 않으셨느냐?
그런데 어찌하여 우리는 서로 배신하며
우리 조상들의 계약을 더럽히는가?
11 유다 사람들은 배신을 저지르고
이스라엘과 예루살렘에서는 역겨운 짓이 벌어졌다.
유다 사람들은 주님께서 사랑하시는 그분의 성소를 더럽히고
이방 신을 섬기는 여자들과 혼인하였다.
12 주님께서는 이런 짓을 하는 사람들을

2,7 신명 21,5; 예레 2,8; 마태 23,13.15. 2,8 느헤 13,29; 에제 44,10; 루카 11,46. 2,9 1사무 2,30; 마태 5,13; 23,16; 루카 11,42. 2,10 1,6; 신명 1,31; 1코린 8,6; 에페 4,6. 2,11 신명 7,3-6; 에즈 9,1-2.12; 10,2; 느헤 13,23; 예레 7,10; 2코린 6,14.

2,10-16. 말라키는 이혼 관습이 퍼지는 것을 비판하는 데 그치지 않고, 혼인의 가치를 보여 주려고 한다. 그는 명시적으로 혼인의 가장 깊은 본질이 하느님을 증인으로 하는 "계약"이라고 말하는데, 이는 구약 성경에서 유일한 경우이다. 말라키의 이 신탁의 신학은 그 바탕이 되는 본문인 창세 2,18-24에 가깝다.

증인이건 보증인이건
만군의 주님께 제물을 바치는 사람이건
야곱의 천막에서 모두 없애 버리시리라.
13 너희는 또 이런 짓을 하고 있다.
그분께서 더 이상 제물을 굽어보지도 않으시고
너희 손에서 기꺼이 받지도 않으신다고
주님의 제단을 눈물과 통곡과 탄식으로 덮고 있다.
14 그러면서 너희는 "어찌 이러십니까?" 하고 묻는다.
네가 배신한 젊은 시절의 네 아내와 너 사이의 증인이
바로 주님이시기 때문이다.
그 여자는 너의 동반자이고 너와 계약으로 맺어진 아내이다.
15 한 분이신 그분께서 그 여자를 만들지 않으셨느냐?
몸과 영이 그분의 것이다.
한 분이신 그분께서 바라시는 것이 무엇이냐?
하느님께 인정받는 후손이다.
그러므로 너희는 제 목숨을 소중히 여겨
젊은 시절의 아내를 배신하지 마라.
16 정녕 나는 아내를 내쫓는 짓을 싫어한다.
— 주 이스라엘의 하느님께서 말씀하신다. —
그는 제 옷을 폭력으로 뒤덮는 자다.
— 만군의 주님께서 말씀하신다. —
그러므로 너희는 제 목숨을 소중히 여겨 배신하지 마라.

심판과 정화

17 너희는 말로 주님을 싫증나게 해 드렸다.
그런데도 너희는 "저희가 어떻게 싫증나게 해 드렸습니까?" 하고 묻는다.
너희는 "주님의 눈에는 악한 일을 하는 자마다 다 좋고
그분께서는 그러한 자들을 좋아하신다." 하고
"공정의 하느님이 어디에 계시느냐?" 하며
주님을 싫증나게 해 드렸다.

2,15.16. "너희는 제 목숨을 소중히 여겨…" 히브리어 표현 '루아'가 두 구절에서 동일하게 반복된다. 고대 번역본들에서도 그대로 옮겼다.

2,17-3,5. 경신례의 부정함에 대한 논의를 계속하는 신탁이다. 공정의 하느님이 어디에 계시느냐고 묻는 이들에게 신현이 약속된다. 임금들이 사절을 먼저 보내는 것과 같이, 주님께서 심판하고 정화하러 오시기 전에 먼저 주님의 사자가 올 것으로 보인다. 그러나 사람들이 좋아하고 기다린 이가 누구인지를 확정하기는 어렵다. 하느님 자신인지, 메시아인지, 아니면 신약 성경에서 해석하듯이 선구자를 말하는 것인지(마태 3,3 참조) 규정하기 어렵다.

2,14-15 창세 2,18.24; 탈출 20,14; 잠언 5,18-19; 마태 5,31-32; 에페 5,25-32. 2,16 신명 24,1-4; 이사 50,1; 마태 19,3-9; 루카 16,18.

2,17-3,5. 하느님 또는 그분 메시아의 발현은 사제들을 정화하는 심판이 되고, 그들은 마침내 하느님의 마음에 드는 경신례를 바칠 수 있게 되겠지만, 또한 정의를 실천하지 않는 이들에 대한 단죄의 심판이기도 하다.

3

1 보라, 내가 나의 사자를 보내니
그가 내 앞에서 길을 닦으리라.
너희가 찾던 주님,
그가 홀연히 자기 성전으로 오리라.
너희가 좋아하는 계약의 사자
보라, 그가 온다.
— 만군의 주님께서 말씀하신다. —
2 그가 오는 날을 누가 견디어 내며
그가 나타날 때에 누가 버티고 서 있을 수 있겠느냐?
그는 제련사의 불 같고
염색공의 잿물 같으리라.
3 그는 은 제련사와 정련사처럼 앉아
레위의 자손들을 깨끗하게 하고
그들을 금과 은처럼 정련하여
주님에게 의로운 제물을 바치게 하리라.
4 그러면 유다와 예루살렘의 제물이 옛날처럼,
지난날처럼 주님 마음에 들리라.

5 나는 심판하러 너희에게 다가가리라.
나는 주술사와 간음하는 자
거짓 맹세하는 자
품팔이꾼의 품삯을 떼어먹고
과부와 고아를 억압하는 자
이방인을 밀쳐 내는 자
나를 경외하지 않는 자들을 거슬러
곧바로 증인이 되리라.
— 만군의 주님께서 말씀하신다.

올바른 십일조와 예물 봉헌

6 나 주님은 변하지 않는다.
그러니 야곱의 자손들아, 너희는 아직 끝나지 않았다.
7 너희는 조상 때부터 나의 규정에서 벗어나
그것을 지키지 않았다.

3,6-12. 십일조를 바치는 데 있어서 불의에 대한 신탁으로, 이 의무에 충실한 이에게 축복이 약속된다. 십분의 일을 바치는 관습은 아브람이 살렘 왕 멜키체덱에게 했던 일에서 기원하며(창세 14,20 참조), 야곱이 베텔에서 꿈을 꾼 다음 하느님께 했던 서원으로 변형된다(창세 28,20-22 참조). 그 후에는 레위 27,30-33에서 "그것이 좋은지 나쁜지 살펴서도 안 되고 바꾸어서도 안 된다."라고 규정한다.

3,1 요한 1,6-7; 3,28; 사도 13,24-25; 19,4. 3,1ㄱ 마태 11,10; 마르 1,2; 루카 1,76; 7,27. 3,2 3,19; 나훔 1,6; 요엘 2,11; 묵시 6,17. 3,3 예레 6,29-30; 즈카 13,9; 루카 3,16; 1베드 1,7. 3,5 탈출 22,20-21; 레위 19,13; 야고 5,4. 3,6 민수 23,19; 히브 13,8. 3,7 // 즈카 1,3; 또한 야고 4,8 참조.

✠ 3,1-4. 2월 2일 주님 봉헌 축일에 이 본문을 읽음으로써, 전례에서는 이를 선구자가 아닌 메시아 자신에 대한 본문으로 해석한다. 복음은 루카 2,22-40이고, 이 축일이 주일일 경우에 제2독서는 히브 2,14-18이다.

나에게 돌아오너라. 나도 너희에게 돌아가리라.
— 만군의 주님께서 말씀하신다. —
그러나 너희는 "어떻게 하면 저희가 돌아갈 수 있습니까?"
하고 말한다.
8 사람이 하느님을 약탈할 수 있느냐?
그런데도 너희는 나를 약탈하면서
"저희가 어떻게 당신을 약탈하였습니까?" 하고 말한다.
십일조와 예물이 아니냐!
9 너희 온 백성이 나를 약탈하고 있으니
저주를 받으리라.
10 너희는 십일조를 모두 창고에 들여놓아
내 집에 양식이 넉넉하게 하여라.
그러고 나서 나를 시험해 보아라.
— 만군의 주님께서 말씀하신다. —
내가 하늘의 창문을 열어
너희에게 복을 넘치도록 쏟아붓지 않나 보아라.
11 내가 너희를 위하여 메뚜기 떼를 꾸짖으리라.
그래서 그것들이 너희 땅의 소출을 망치지 않고
너희 밭의 포도나무가 열매를 맺지 못하는 일이 없게 하리라.
— 만군의 주님께서 말씀하신다. —
12 그러면 모든 민족들이 너희를 행복하다고 하리니
바로 너희가 기쁨의 땅이 될 것이기 때문이다.
— 만군의 주님께서 말씀하신다.

주님의 날에 드러나는 정의

13 너희는 나에게 무엄한 말을 하였다.
— 주님께서 말씀하신다. —
그런데도 너희는
"저희가 당신께 무슨 무례한 말을 하였습니까?" 하고 말한다.
14 너희는 이렇게 말하였다.
"하느님을 섬기는 것은 헛된 일이다.

3,10. "양식"은 사제들과 레위인들을 위하여 마련된 음식을 말한다. 이스라엘의 다른 지파들이 땅을 유산으로 받은 것과 달리 그들의 생계는 오직 공동체의 예물 봉헌에 의존한다(신명 18,1-8 참조). 하느님 백성 안에서 이 특별한 신분으로 인하여 "가난한 이"는 거룩함의 인격적 표현과 의미 깊게 중첩된다.

3,13-21. 선행과 악행에 대한 갚음을 의심하던 이들에 대한 하느님의 응답이다. 교만한 이들뿐만 아니라 충실한 이들 자신도 시련의 때에는 의심에 시달린다. 이들에 대한 약속은 묵시문학적 언어로 표현되며, 주님의 업적으로 이루어지는 의인들의 승리와 악인들의 징벌을 보증한다.

3,8 1,8.13; 레위 27,30; 잠언 3,9-10; 마태 22,21. 3,10 창세 26,12; 레위 26,3-13; 27,30; 신명 15,10; 28,2-14; 하까 2,19; 마태 6,33. 3,11 탈출 10,4; 시편 105,34-35; 요엘 1,4; 아모 4,9; 7,1. 3,12 신명 4,6-7; 이사 61,9; 예레 33,9; 루카 1,46-48. 3,13 2,17; 이사 5,18-19; 37,23.

3,13-21. 의인이 악인보다, 선이 악보다 유익한가 하는 참으로 근본적인 질문은 많은 성경 본문에서 되풀이된다. 그 대답은 철학 체계가 아니라 충실하고 자비로우신 하느님의 약속으로 주어진다.

만군의 주님의 명령을 지킨다고,
그분 앞에서 슬프게 걷는다고 무슨 이득이 있느냐?
15 오히려 이제 우리는
거만한 자들이 행복하다고 말해야 한다.
악을 저지르는 자들이 번성하고
하느님을 시험하고도 화를 입지 않는다."
16 그때에 주님을 경외하는 이들이
서로 말하였다.
주님이 주의를 기울여 들었다.
그리고 주님을 경외하며 그의 이름을 존중하는 이들이
주님 앞에서 비망록에 쓰였다.
17 그들은 나의 것이 되리라.
— 만군의 주님께서 말씀하신다. —
내가 나서는 날에
그들은 나의 소유가 되리라.
부모가 자기들을 섬기는 자식을 아끼듯
나도 그들을 아끼리라.
18 그러면 너희는 다시 의인과 악인을 가리고
하느님을 섬기는 이와 섬기지 않는 자를 가릴 수 있으리라.

19 보라, 화덕처럼 불붙는 날이 온다.
거만한 자들과 악을 저지르는 자들은
모두 검불이 되리니
다가오는 그날이 그들을 불살라 버리리라.
— 만군의 주님께서 말씀하신다. —
그날은 그들에게
뿌리도 가지도 남겨 두지 않으리라.
20 그러나 나의 이름을 경외하는 너희에게는
의로움의 태양이 날개에 치유를 싣고 떠오르리니
너희는 외양간의 송아지들처럼 나와서 뛰놀리라.
21 그리고 너희는 악인들을 짓밟으리라.
내가 나서는 날에
그들은 너희 발바닥 밑의 재가 되리라.

3,17. "나의 소유"로 옮긴 히브리어의 특징적 표현인 '스굴라'는 당신 백성에 대한 하느님의 무상의 은혜를 명시하는 근본적인 본문들에서 나타난다. 그 백성은 다른 모든 백성들 가운데에서 그 자신의 공로와 상관없이 선택되어 자유롭고 책임 있는 친교의 관계를 맺게 된다(탈출 19,5; 신명 7,6; 14,2; 26,18; 시편 135,4 참조). 예언서들을 끝맺으면서 이 단어가 다시 사용되지만 특별한 점이 있다. 여기서 선택은 이스라엘 자체 안에서도 특히 주님께 충실한 이들에게, 악이 외관상으로 그리고 일시적으로는 승리를 거두는 것처럼 보일 때에도 그분의 부르심과 계약에 충실한 이들에게 구체화된다(루카 22,53 참조).

3,16 시편 73,15; 112,1; 이사 50,10; 다니 7,10; 묵시 3,5ㄴ. 3,18 창세 18,25; 시편 58,12; 이사 3,10-11; 마태 25,46; 로마 2,5-6. 3,19 3,1-2; 이사 5,19; 아모 5,18; 2베드 3,10. 3,20ㄱ 루카 1,78; 요한 8,12.

✠ 3,19-20ㄴ. 이 본문은 다해 연중 제33주일에 읽는다. 그 의미는 "만군의 주님"이라는 특별한 하느님의 호칭과 함께 나오는 "불붙는 날"이라는 표현에서 드러난다. 악인들을 불사르는 진리에 근거한 심판을 말하지만, 또한 그 심판은 은혜로운 태양처럼 하느님의 이름을 두려워하는 이들을 따뜻하게 해 준다.

— 만군의 주님께서 말씀하신다.

새로운 시대를 향하여

22 너희는 나의 종 모세의 율법,
내가 호렙에서 온 이스라엘을 위하여
모세에게 내린
규정과 법규들을 기억하여라.
23 보라, 주님의 크고 두려운 날이 오기 전에
내가 너희에게 엘리야 예언자를 보내리라.
24 그가 부모의 마음을 자녀에게 돌리고
자녀의 마음을 부모에게 돌리리라.
그래야 내가 와서
이 땅을 파멸로 내리치지 않으리라.

3,22-24. 이 구절은 히브리 성경에서 예언서를 끝맺으며, 그리스도교 성경에서는 구약 전체를 끝맺는다. 그리스어 번역본에서는 마지막 절들의 순서를 바꿈으로써(21.23.24.22절), 예언서를 "파멸"이라는 단어로 끝나지 않게 한다.

3,23-24ㄱ 마태 17,10-13; 마르 9,11-12ㄱ. 3,23 마태 11,14. 3,24ㄱ 집회 48,10; 루카 1,17.

3,22-24. 말라키서의 결말은 이중의 면모를 지닌다. 히브리 해석에서 엘리야라는 인물로 요약되는 예언의 의미는 모세가 호렙-시나이에서 준 율법을 깨닫고 준수하도록 돕는 것이다. 그리스도교 해석에서는 기다림, 곧 선구자인 세례자 요한의 "전형"으로 이해된 엘리야의 도래를 알아본다(마르 1,2; 마태 17,10-13 참조).